上海市志

新闻出版分志
出版卷

1978—2010

上海市地方志编纂委员会 编

上海古籍出版社

1978 年 1 月，上海文艺出版社恢复建制，在绍兴路 74 号挂牌

1979 年 2 月，《少年文艺》编辑部迎春座谈会，贺宜、陈伯吹、茹志鹃、徐迟、任溶溶、杜宣（左起）出席

1979年9月，《汉语大词典》第一次编委会在苏州召开

1980年代初，收获文学杂志社在北京召开座谈会，老中青三代作家齐聚一堂

1982 年 5 月，上海文艺出版社领导与部分员工合影

1983 年 3 月，上海辞书出版社发行所挂牌

1984 年 6 月 2 日，上海书展在
香港大会堂开幕

1985 年 3 月，吉少甫（右二）、
汤季宏（右三）代表中国大百
科全书出版社上海分社和香港
三联书店萧滋（左一）、蓝真（右
一）洽谈出版合作事宜

1985 年 4 月 30 日，上海外文图书公司与香港国际展览公司在上海展览中心举办上海国际书展

1986 年 9 月 13 日，《简明不列颠百科全书》整套发行仪式在上海书市期间举行

1986 年 10 月 14 日，《汉语大词典》第一卷出版发行仪式在北京王府井书店举行

1987 年 4 月，上海书店、群众书店在文庙首届旧书集市举办旧书、特价书展销

1987 年 11 月 5—10 日，上海音乐出版社主办首届上海国际音乐大赛

1988 年 6 月 18 日，在《刘海粟艺术文选》出版发行新闻发布会上，市新闻出版局局长袁是德（左一）向刘海粟（左二）赠书

1989 年 9 月，《辞海》89 年版缩印本出版新闻发布会在上海举行

1989 年 11 月，《中国百科年鉴》创刊十周年座谈会在上海文艺会堂举行，市政府顾问汪道涵、副市长刘振元（主席台左四、左五）等出席

1990 年 8 月 22 日，《教育大辞典》首发式在北京人民大会堂举行

1990 年 4 月，上海文艺出版社在南京东路新华书店举行《上海人一日》签名售书活动

1991 年 9 月，上海译文出版社在南京东路新华书店举行外国文学名著汇展

1994 年 10 月，上海图书公司图书城开业

1995 年 2 月 13 日，
上海贝塔斯曼文化
实业有限公司开业，
市新闻出版局局长
徐福生（前排左二）
出席开业仪式

1996 年 8 月 9 日，首届上海图书节
暨 '96 上海书市在上海展览中心开
幕，副市长龚学平致词

1996 年 11 月 15 日，上海市新闻出
版局、上海外文图书公司、商务印
书馆新加坡分馆在新加坡联合举办
'96 中国华东书展

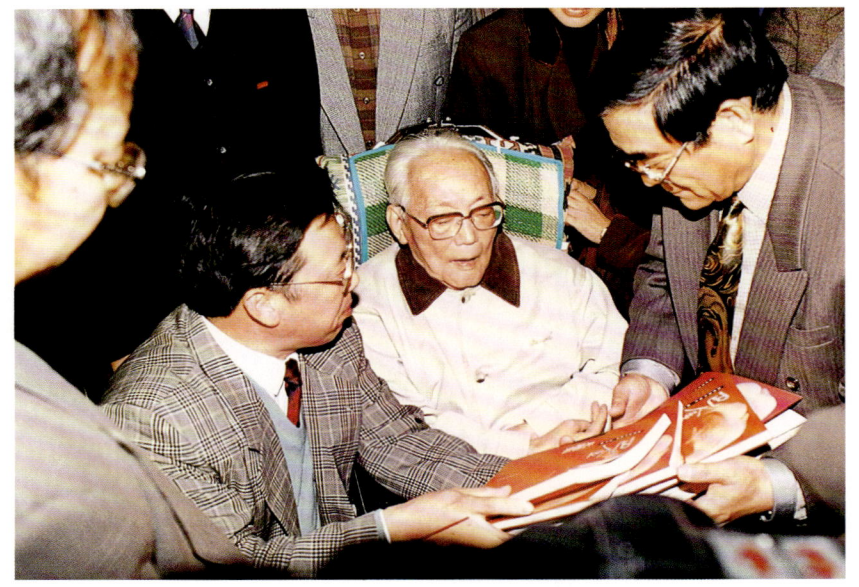

1998 年 11 月 25 日，巴金《随想录》
（手稿本）由上海文化出版社出版

1999 年 2 月 24 日，上海世纪出版
集团成立。中宣部副部长龚心瀚
（右）、上海市委副书记龚学平（左）
为集团揭牌

1999 年 10 月 6 日，市委常委、宣
传部部长金炳华（中）观看朵云轩
木板水印演示

2000年6月10日，上海新华发行集团成立

2001年5月，第二届上海版权贸易洽谈会在上海国际会议中心举行

2002年5月9日，《续修四库全书》出版座谈会在北京人民大会堂举行，徐福生、王兴康、李国章、孙颙、赵昌平、李伟国（左起）出席

2003 年 8 月 12 日，上海文艺出版社与美国读者文摘有限公司在上海举行《话说中国》海外版权签约仪式

2004 年 3 月，"世界最美的书"评选在德国莱比锡举行，市新闻出版局"中国最美的书"评委会选送 16 种"中国最美的书"参评

2004 年 7 月 28 日，上海书展在上海展览中心开幕

2004年7月，《辞海》主编会议在上海举行，马飞海、束纫秋、夏征农、巢峰（左起）等出席

2005年10月19日，上海世纪出版集团总裁陈昕（中）在法兰克福书展与德国朔特国际音乐出版公司代表签署战略合作伙伴关系协议

2004 年 11 月 30 日，第九届沪港出版年会在江西庐山举行

2004 年 12 月，盛大文学第一届年会，作者侯庆辰、吴文辉、林庭锋、商学松、罗立、郑红波（左起）出席

2005 年 8 月 9 日，复旦大学出版社和上海社科院文学所联合举办上海文学特色暨《上海文学通史》研讨会，徐俊西、孙颙、徐中玉、钱谷融、赵长天（左起）出席

2006 年 7 月 5 日，上海市出版工作者协会和上海古籍出版社在上海图书馆举行上海资深出版人（古籍）出版精神座谈会，执奖牌者：王勉、何满子、钱伯城、魏同贤（左起）

2006 年 10 月 17 日，上海新华传媒股份有限公司揭牌上市，成为全国出版发行行业第一家上市公司

2006 年 12 月，上海市印刷行业协会组织行业技能大赛

2007 年 1 月，《新牛津英汉双解大词典》出版新闻发布会在上海外语教育出版社举行

2007 年 7 月 11 日，中华商务上海基地开业典礼在青浦工业园区举行

2007 年 11 月 1 日，巨人网络在美国纽约证券交易所上市

2009 年 3 月 26 日，市新闻出版局举行"书香伴和谐 微笑迎世博——上海市书刊发行行业首批星级服务员证书颁发仪式"

2009 年 8 月 13 日，新闻出版总署署长柳斌杰（左二），上海市委常委、宣传部部长王仲伟（左三），上海市委宣传部副部长宋超（左四）等在上海书展欣赏《中华名花谱》

2009 年 10 月，在法兰克福书展上，上海外语教育出版社有限公司与德国施普林格出版社签约

2009 年 10 月，《世博会中国留影》《世博会奖牌收藏与鉴赏》等在法兰克福书展上海展台展出

2009 年 11 月，"中国最美的书"在上海评选，评委会主任焦扬、副主任祝君波和评委吕敬人、袁银昌、〔德〕舍莱斯（左起）在评选中

2010 年上海世博会期间，东方书报亭营业员
笑迎外国读者

2010 年 7 月 2 日，上海音乐出版社举行《华乐大典·二胡卷》首发式暨新闻发布会

2010 年 7 月 16 日，国家音乐产业基地音乐制作中心在虹口区建成

《续修四库全书》

上海古籍出版社 2002 年 3 月出版

《古文字诂林》

上海教育出版社 1999 年 12 月出版

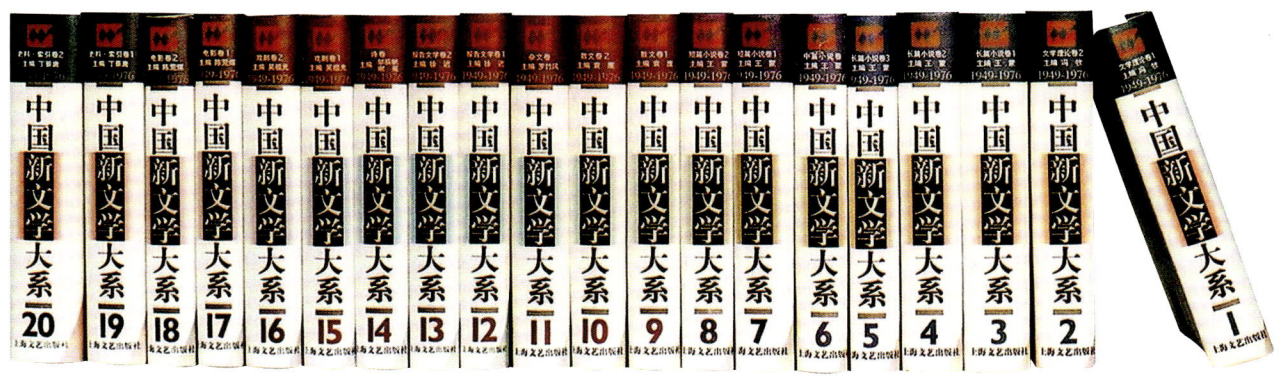

《中国新文学大系》第四辑（1949–1976）
上海文艺出版社 1997 年 12 月出版

《二十四史全译》
汉语大词典出版社 2004 年 1 月出版

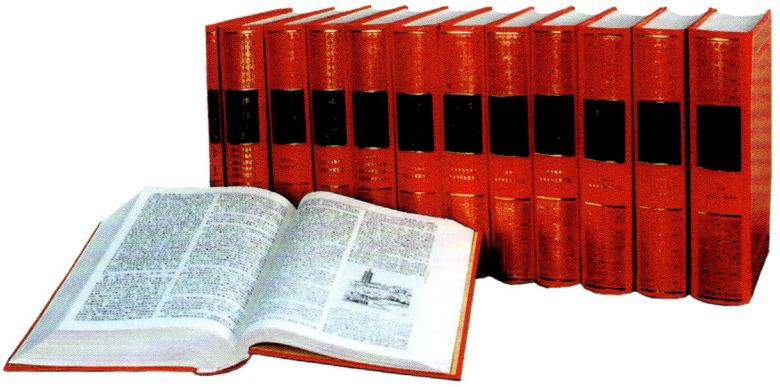

《汉语大词典》
汉语大词典出版社 1986 年 11 月出版第一卷，
1994 年 4 月出齐

《辞海》（三卷本）
上海辞书出版社 1983 年 9 月出版

《辞海》（彩图本）
上海辞书出版社 1999 年 9 月出版

《辞海》（第六版彩图本）
上海辞书出版社 2009 年 9 月出版

《大辞海》
上海辞书出版社 2003 年 8 月起出版

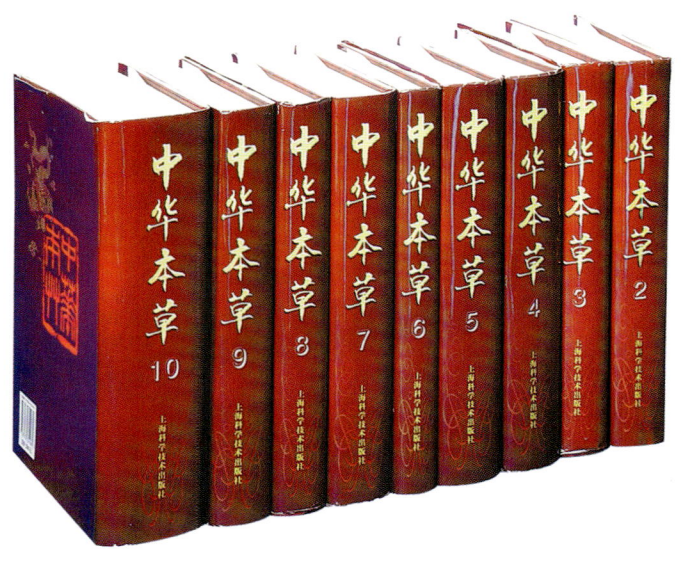

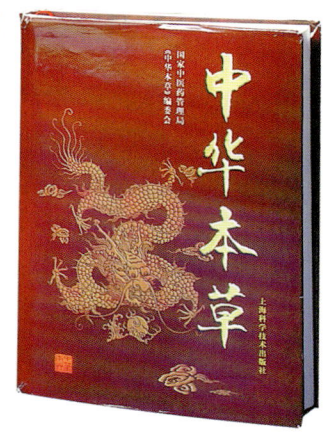

《中华本草》
上海科学技术出版社 1999 年 9 月出版

《家庭医学全书》
上海科学技术出版社 1982 年 1 月出版

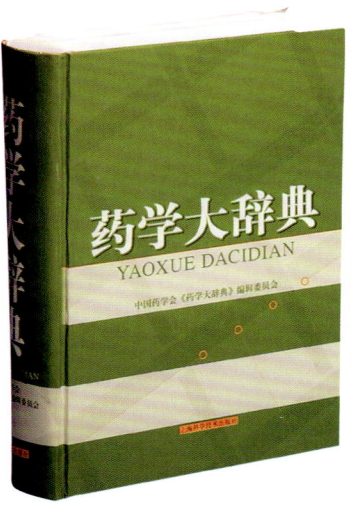

《中药大辞典》
上海科学技术出版社 2006 年 3 月出版

《药学大辞典》
上海科学技术出版社 2006 年 9 月出版

《英汉大词典》

上海译文出版社 1989 年 8 月（上卷）至 1991 年 9 月（下卷）出版

《新牛津英汉双解大词典》

上海外语教育出版社 2007 年 1 月出版

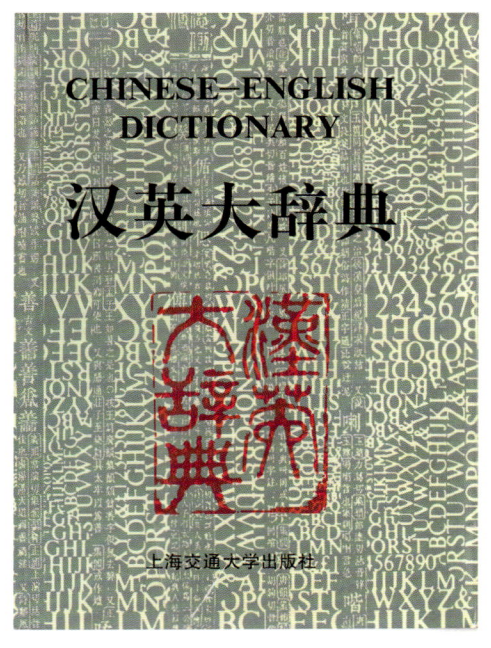

《汉英大辞典》

上海交通大学出版社 1993 年 8 月出版

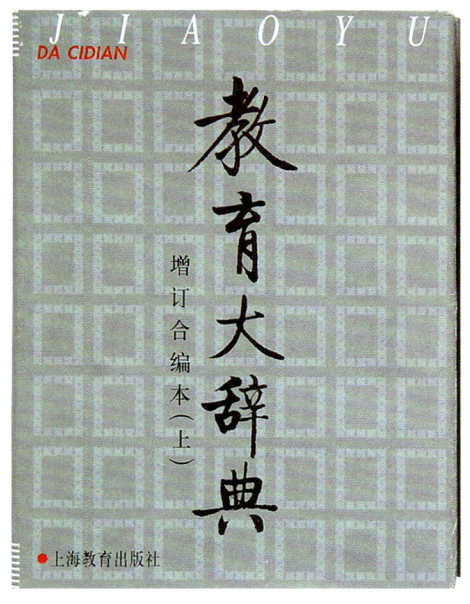

《教育大辞典》（增订合编本）
上海教育出版社 1998 年 8 月出版

《中学百科全书》
华东师范大学出版社 1994 年 6 月出版

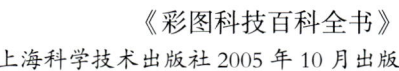

《彩图科技百科全书》
上海科学技术出版社 2005 年 10 月出版

敦煌西域文献集成
上海古籍出版社 1992 年起陆续出版

《话说中国》
上海文艺出版社 2005 年 3 月出版

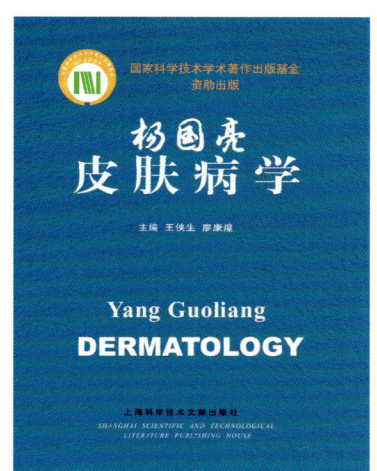

《杨国亮皮肤病学》
上海科学技术文献出版社
2005 年 7 月出版

《现代组织学》
上海科学技术文献出版社
2003 年 4 月出版

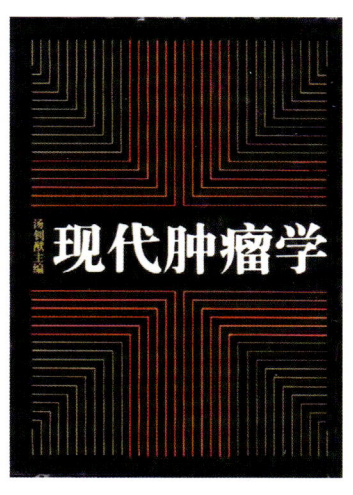

《现代肿瘤学》
上海医科大学出版社
1993 年 6 月出版

《韬奋全集》
上海人民出版社 1995 年 10 月出版

《中国茶经》
上海文化出版社 1992 年 5 月出版

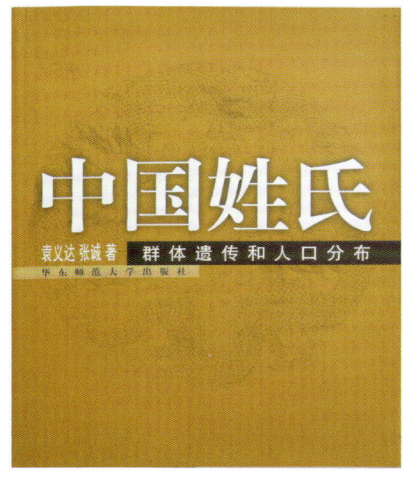

《中国姓氏：群体遗传和人口分布》
华东师范大学出版社 2002 年 3 月出版

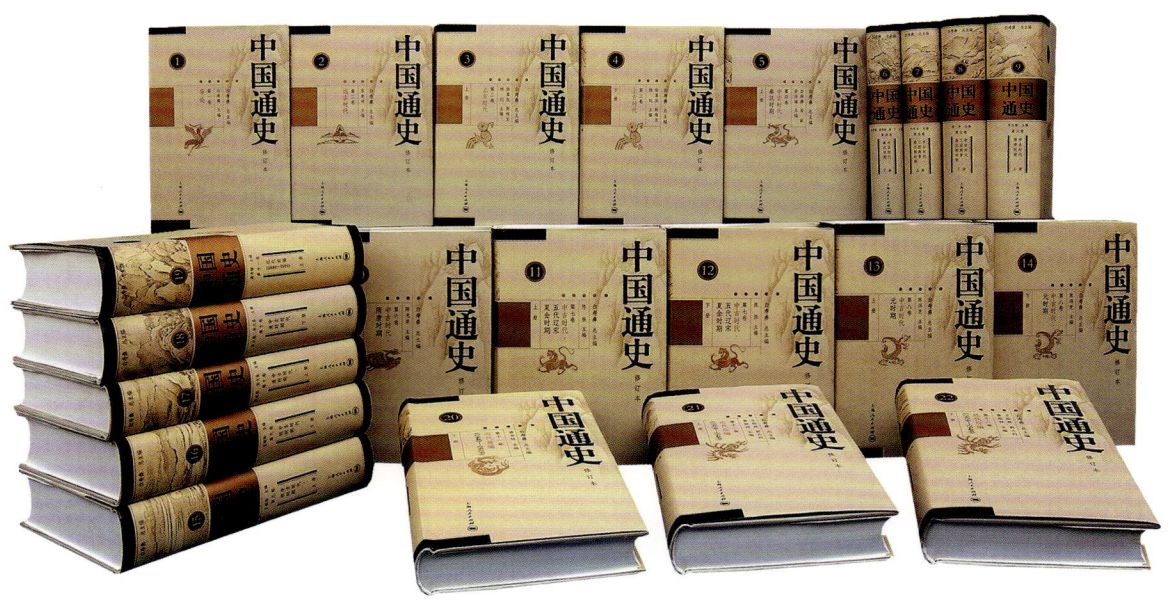

《中国通史》
上海人民出版社 1999 年 3 月出版

《中国家谱总目》
上海古籍出版社 2008 年 12 月出版

《朱子全书》
上海古籍出版社 2002 年 12 月出版

《竺可桢全集》（全 24 卷）
上海科技教育出版社 2004 年 7 月开始出版，
至 2010 年 12 月出版 19 卷

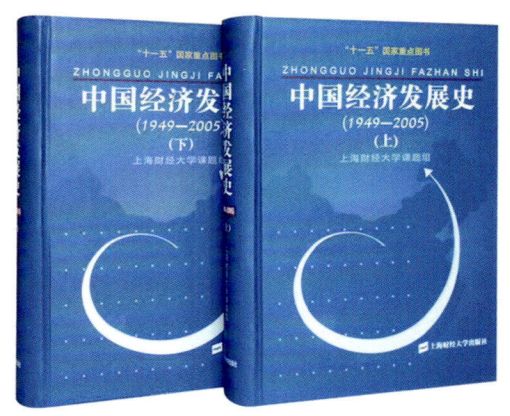

《中国经济发展史》（1949–2005）
上海财经大学出版社 2007 年 12 月出版

"青年学者丛书"
学林出版社 1986 年 3 月起出版

《图说高新技术应用》
上海科学普及出版社 1995 年 10 月出版

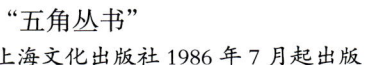

"五角丛书"
上海文化出版社 1986 年 7 月起出版

《重放的鲜花》
上海文艺出版社 1979 年 5 月出版

《汽车城》
上海文艺出版社 1999 年 9 月出版

《长街行》
上海文艺出版社 2009 年 1 月出版

《申报索引》（30 卷）
上海书店出版社 2008 年 4 月出版

《中国共产党 70 年图集》
上海人民出版社 1991 年 3 月出版

《中国共产党历史图志》
上海人民出版社 2001 年 10 月出版

《中华人民共和国 50 年图集》
上海人民出版社 1999 年 10 月出版

《山高水长：回忆父亲聂荣臻》
上海文艺出版社 2006 年 10 月出版

《中国文学史》

复旦大学出版社 1996 年 3 月出版

《清代诗文集汇编》

上海古籍出版社 2010 年 12 月出版

"外国文学名著丛书"

上海译文出版社 1978 年 11 月起出版

《365 夜》
少年儿童出版社 1980 年 10 月出版

《男生贾里全传》
少年儿童出版社 1997 年 10 月出版

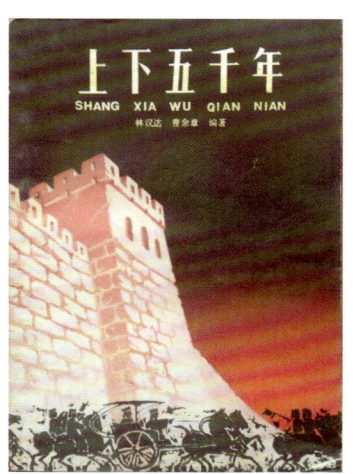

《上下五千年》
少年儿童出版社 1979 年 10 月出版

《十万个为什么》（新世纪版）
少年儿童出版社 1999 年 9 月出版

《潘序伦文集》
立信会计出版社 2008 年 10 月出版

《中国玉米栽培学》
上海科学技术出版社 2004 年 9 月出版

《超级杂交稻研究》
上海科学技术出版社 2006 年 11 月出版

《实用五金手册》（第三版）
上海科学技术出版社 1980 年 6 月出版

《汶川地震灾后重建学校规划建筑设计参考图集》
同济大学出版社 2008 年 10 月出版

《中国染织服饰史图像导读》
东华大学出版社 2006 年 12 月出版

《追星——关于天文、历史、艺术与宗教的传奇》
上海文化出版社 2007 年 1 月出版

《朱践耳交响曲集》（手稿版）
上海音乐出版社 2002 年 5 月出版

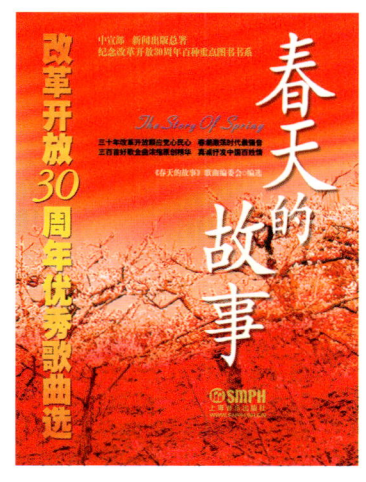

《春天的故事
——改革开放 30 周年优秀歌曲选》
上海音乐出版社 2008 年 8 月出版

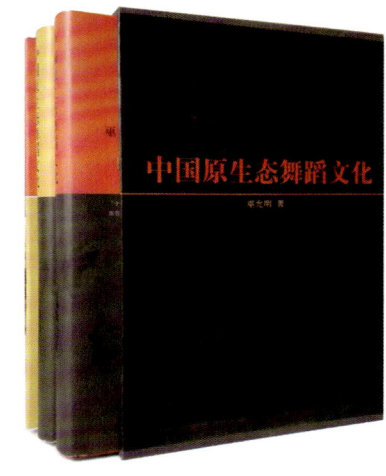

《中国原生态舞蹈文化》
上海音乐出版社 2010 年 12 月出版

连环画系列
上海人民美术出版社 1978 年起出版

《上海图书馆藏明清名家手稿》
上海古籍出版社 2006 年 11 月出版

《锦绣文章——中国传统织绣纹样》
上海书画出版社 2005 年 7 月出版

《私想着》
华东师范大学出版社 2008 年 8 月出版

拼搏！胜利！
上海人民美术出版社 1983 年出版

书籍是知识的窗户
上海人民美术出版社 1983 年出版

庆祝中华人民共和国成立三十五周年
上海人民美术出版社 1984 年出版

万象更新
上海人民美术出版社 1984 年出版

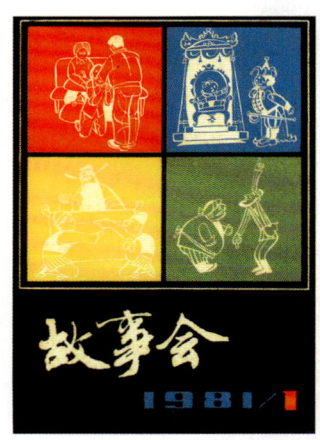

《收获》

1979 年第 1 期（复刊号）

《故事会》

1981 年第 1 期

《文汇增刊》

1980 年第 1 期（创刊号）

（1981 年 1 月更名为《文汇月刊》）

《萌芽》

2006 年改版第 1 期

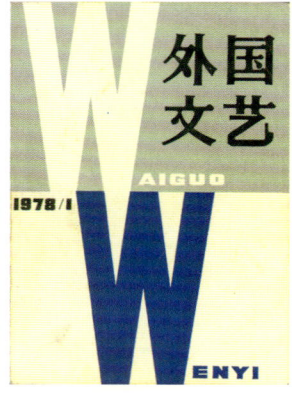

《世纪》

1993 年 7 月第 1 期（创刊号）

《上海文学》

2010 年第 1 期

《外国文艺》

1978 年第 1 期（创刊号）

《青年一代》

1979 年第 1 期（创刊号）

《文化与生活》

1979 年第 1 期（创刊号）

《世界时装之苑》

1988 年第 1 期（创刊号）

《现代家庭》

1985 年第 1 期（创刊号）

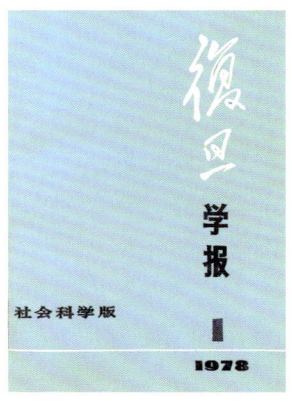

《学术月刊》

1979 年第 1 期（复刊号）

《科学画报》

1978 年第 1 期

《复旦学报》（社会科学版）

1978 年第 1 期（复刊号）

《印染》

1978 年第 1 期

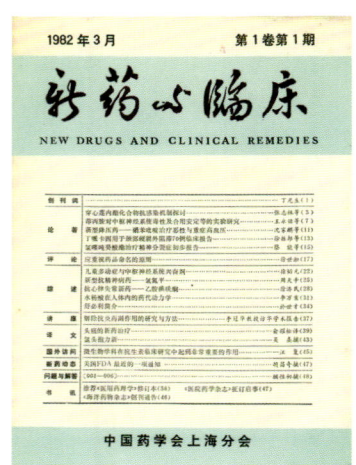

《新药与临床》

1982 年第 1 卷第 1 期（创刊号）

《时代建筑》

1984 年第 1 期

《水产科技情报》

1978 年第 1 期

《细胞研究》

1990 年第 1 期（创刊号）

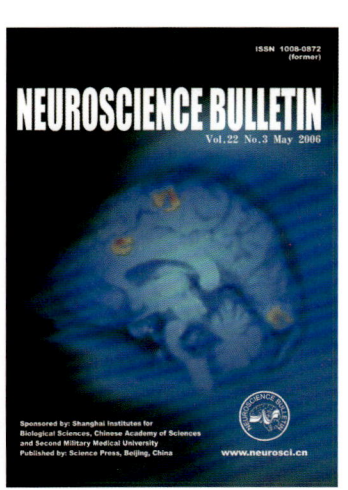

《神经科学通报》

2006 年第 3 期

《上海市志·新闻出版分志·出版卷(1978—2010)》编纂委员会(2011—2019)

《上海市志·新闻出版分志·出版卷(1978—2010)》撰稿及参编人员名单

（以姓氏笔画为序）

丁之翔	丁祎	丁琳	于文盛	万敏	马伟国	马华霞	王义炯
王云斌	王文才	王有文	王有布	王旭平	王志娟	王沂	王波
王茗斐	王荣伟	王洋	王爱琍	王涛	王彪	王敏	王清
王婧	王绮	王婷玉	王意如	王骞	王福康	王慧敏	王德荣
王德蓓	王德耀	王鑫	支绍和	毛巧儿	毛红文	卞秀戟	卞毓麟
亢培琳	方华	方守狮	方红艳	方济力	方颖芝	艾毅	厉强
石皓	卢卫	卢辅圣	卢源	叶连程	叶祝弟	叶露	田强
史金虎	史领空	付长珍	丛晶	乐坚	包怡然	冯天	冯志坚
冯芳	冯莹莹	冯晨阳	冯跃忠	宁秋雯	司徒任远		成曙平
吕正	吕晓刚	朱可鑫	朱永刚	朱永安	朱妙津	朱虹	朱俊刚
朱剑	朱萍	朱琳	朱琦	朱惠霖	朱雅莉	朱濛丹	伍慧玲
任顺平	任哥舒	任惟嘉	庄仲国	庄际虹	庄建荣	刘正兴	刘刚
刘志华	刘征	刘晓虹	刘琳	刘锦睿	关沪民	江勇	许华芳
许朋乐	阮光页	阮晨	阮锦荣	孙甘露	孙佳晨	孙诗韵	孙建越
孙珍霞	孙益恒	孙晶	孙颢	孙德华	纪大庆	花家镛	花巍
杜运泉	巫文结	李丰伟	李禾禾	李向红	李志棣	李丽峰	李宏瑞
李国章	李玲华	李亮	李莹	李党生	李晓民	李珺	李敏君
李锋	李智平	李毓彬	李震宇	杨元华	杨月刚	杨代藩	杨仪宁
杨华峰	杨兆云	杨玮	杨苗	杨英姿	杨国	杨炯	杨艳
杨益萍	杨逸峰	杨棣	杨惠仙	杨燕	杨蕾	吴文虎	吴丛艳
吴民淑	吴芝麟	吴伦	吴迪	吴佳丽	吴莹	吴敏慧	吴翊凡
吴新华	吴震琛	邱孟瑜	何叶丽	何丽萍	何智明	何锦新	余溢文
余嘉敏	余震琪	邹捷伟	应丽春	应点点	汪峰	汪海兵	汪涌豪
汪嘉媛	沈飞德	沈伟荣	沈宏	沈骁	沈维达	沈琪	沈皓
忻雁翔	宋人伟	宋文仙	宋世涛	张小平	张天蔚	张文静	张玉青
张吉容	张华	张旻浩	张怡琮	张建德	张秋	张衍	张洁
张勇	张艳君	张艳堂	张爱华	张凌云	张晨	张翌丹	张颖

张静影	张嘉穗	张翠芳	张璇	张蕊	张燕	张蕾	陆长荣
陆弘	陆伟明	陆迅	陆杰	陆怡	陆荣根	陆盛强	陆蓉
陈从公	陈今夫	陈月凤	陈世梁	陈纪宁	陈苏	陈丽菲	陈沛雪
陈宏华	陈迪	陈炜祺	陈茜	陈炯	陈勇毅	陈晓钧	陈润华
陈崎	陈逸凌	陈琪	陈琼	陈惠萍	陈雄伟	陈斌	陈雷
陈颖	陈瑶	陈翰琦	邵骏	范仁梅	范本恺	范进德	范榕
范耀华	茅子良	林为成	林智敏	郁蕙	欧聿红	罗龙	罗英
罗秋香	季青	金志明	金雨	金峰	周小玲	周公正	周丹
周幼瑞	周志龙	周奇	周虎	周河	周祎	周建华	周建潮
周勇芬	周逸敏	周智强	周皓	周融融	郑月林	郑红华	郑诗茗
郑贺	郑晓林	郑敏	单渭祥	定小蓉	郎晶晶	赵玉东	赵亚楠
赵国荣	赵泽毓	赵珊娟	赵敬芳	赵毅	胡冰	胡国友	胡昕
胡岩	胡佳瑜	胡莺春	胡清涛	胡键	钟红明	段劲楠	段艳芳
俞子林	俞琦	饶清逸	施贝璐	施勇勤	施维	姜佑福	姜春明
姜浩峰	姜静	费红	姚申	姚建中	姚倩卿	姚雪	姚逸林
姚望星	姚慧	秦文君	秦敏珠	秦维宪	秦静良	袁丽萌	袁彬
袁福寅	桂未明	桂荣华	贾永兴	贾安琪	夏一鸣	夏长铨	夏蓓艳
顾丽华	顾青	顾晓菁	顾菁	顾康慧	顾斌	柴建民	钱炳霖
倪力强	倪邑飞	倪骏	倪雪峰	徐川山	徐伟亮	徐林林	徐明松
徐润婷	徐敏霞	徐惟琦	徐新海	徐福生	徐静	徐慧	徐磊
殷晓岚	奚彤云	翁经义	凌荣华	凌燕	高云松	高仲滨	高逸
郭小舟	郭宝宏	郭眹歆	郭振宇	郭燕红	唐伟	唐丽芳	唐时风
唐兵	唐晓云	黄庆	黄安靖	黄丽招	黄英杰	黄育海	黄春进
黄健	黄惠	黄磊	黄慧	曹卓煜	龚怡汶	盛丹艳	崔欣
康华	康健	章艺冰	葛孟玲	葛振纲	董彦乐	董淮平	蒋小馨
蒋静智	韩绍伟	程永新	程林	程磊	程赟	傅勇	舒仁厚
舒光浩	鲁育才	温岚	谢莹	谢倩霓	靳伟华	楼进	裘主荣
赖倩	雷启立	虞信棠	蔡桔良	管叶	熊仕华	熊勇	滕莉
潘丹华	潘冰峰	潘晓	薛仁	薛锦清	戴庆民	魏晓峰	魏彬

《上海市志·新闻出版分志·出版卷(1978—2010)》评议专家名单

组　　　长　祝君波
成　　　员　（以姓氏笔画为序）
　　　　　　丁荣生　王后法　余震琪　张英光　陈丽菲　周建宝　周舜培
　　　　　　哈九如　胡大卫　顾　凯

《上海市志·新闻出版分志·出版卷(1978—2010)》审定专家名单

组　　　长　陈保平
成　　　员　（以姓氏笔画为序）
　　　　　　庄智象　许建刚　吕　健　刘　妮　余震琪　完颜绍元
　　　　　　陈　丽　郁椿德

《上海市志·新闻出版分志·出版卷(1978—2010)》验收单位和人员名单

验 收 单 位　上海市地方志办公室
验 收 人 员　洪民荣　姜复生　黄晓明　过文瀚　杨军益
业 务 编 辑　李洪珍

序

由市新闻出版局承编,众多出版、印刷、发行等单位参编的《上海市志·新闻出版分志·出版卷(1978—2010)》(以下简称《出版卷》)在2020年底终于编纂完成了。100多万字的书稿凝结着全体编纂人员10个寒暑的辛勤付出,是上海出版人在改革开放中砥砺奋进的真实记录。掩卷沉思,抚今追昔,我们的心情是不平静的。

《出版卷》是上海市第二轮新编地方志的组成部分,是2000年面世的上海市第一轮地方志书《上海出版志》的延续。编纂工作坚持以马克思列宁主义、毛泽东思想、邓小平理论、"三个代表"重要思想、科学发展观和习近平新时代中国特色社会主义思想为指导,尊重历史、忠于事实,力求真实、准确、全面反映1978年至2010年间上海出版业改革发展历程,承上启下、继往开来,服务当代、有益后世。由于时间跨度大,发展变化快,涉及领域宽,资料收集不易,为核对、弄清一个事实,常常几经周折。编纂人员以对历史高度负责的态度,在各出版、印刷、发行等参编单位帮助下,克服种种困难,终于完成编纂工作。这是上海出版界团结协作取得的又一项文化成果。

上海是中国近现代出版的发源地和中心,1912年至1949年间,全国80%以上的出版机构集中在上海,90%以上的近现代学术著作在上海出版。1921年中国共产党成立后,在上海创办了自己的第一个出版机构——人民出版社,翻译出版《马克思全书》《列宁全书》等马克思列宁主义原著,在上海出版史上留下了光辉的篇章。新中国成立后,在中国共产党领导下,上海出版业翻开新的一页,出版了包括《辞海》《十万个为什么》等一大批重要图书,凸显全国出版重要基地的地位。1990年启动、2000年出版的《上海出版志》比较完整地记录了上海出版的这一段历史。

按照《上海市第二轮新编地方志书编纂的通知》要求,《出版卷》和《上海出版志》衔接,主要记录1978年至2010年间上海出版业的发展历程。这是上海出版业在改革开放中解放思想、奋发有为的33年,也是出版的生产方式、传播手段、产业格局发生重大而深刻变化的33年。1978年底召开的党的十一届三中全会,重新确立了实事求是的思想路线,作出把党和国家的工作重点转移到社会主义现代化建设上来、实行改革开放的伟大决策。"文化大革命"中遭受挫折的上海出版界重整队伍,开始新的出发,以一大批优秀出版物点燃引领读者前行的火把,彰显出版传承文明、传播文化的本质内涵。同时,出版体制改革逐步深化,出版业态和传播手段不断推陈出新,出版的创造力和生命力竞相迸发。伴随改革开放的历史进程,上海出版业和上海这座城市一样,与时俱进、守正创新,向世人展开了一幅幅精彩的画卷。

《出版卷》按内容分为三大部分:第一部分包括图照、序、编纂说明、概述和大事记,是全卷的阅览提示;第二部分设出版管理机构和社团、图书出版、期刊出版、音像电子数字出版、编辑、印刷、发行、版权产业与版权保护、对外交流与合作、教育与科研等篇章,为全卷主干,细述1978年至2010年间上海出版业的变革和发展;第三部分为上海出版人物,包括人物传略、人物表等。此外,还有反映上海重大出版工程和重点图书编辑出版工作的专记及相关文件。《出版卷》编纂过程中积累的一批档案资料,对进一步深入研究上海出版史具有重要意义。

《出版卷》编纂工作是在市委宣传部、市新闻出版局领导下展开的,离不开市地方志办公室的指导和业内前辈及专家学者的帮助,在此一并表示衷心感谢。《出版卷》付梓之时,出版业仍处在激荡变革之中,特别是数字出版方兴未艾,传统出版和数字出版融合发展大势所趋。以史鉴今,如果把时间维度拉得足够长,我们会发现,纸本并非人类文明传承的唯一呈现方式。当纸张和印刷术还没有普及时,文字被书写在丝绸、羊皮、竹简甚至镌刻在巨石、龟甲或骨板上。每一次载体的转换,虽会给使用者带来习惯上、美学上的遗憾,但载体更迭,内容永存。出版人收集、筛选、核实、组织和分发的内容生产机制及这一机制创造的价值,非但不会因为新载体的出现而失色,反而在实践的反复检验之后越来越被尊崇和珍视。科技的发明和发展推动人类社会的进步,深刻地影响着人类的生产和生活方式。面对当下各种新的挑战,出版人需要顺势而为,张开双臂热情接纳包括数字出版在内的各种新技术,以融合发展放大出版的影响力,在新时代续写新的辉煌。

2016 年底，习近平总书记在致《大辞海》出版暨《辞海》第一版面世 80 周年的贺信中，对出版人提出"坚定文化自信，坚持改革创新，打造传世精品"的要求，这是我们做好出版工作的根本遵循。期待上海出版人牢记总书记嘱托，勇于担当作为，继续砥砺奋进，为上海在新起点上加快建设具有世界影响力的社会主义现代化国际大都市作出新的贡献。

是为序。

凡　例

一、本志坚持以马克思主义为指导，遵循辩证唯物主义和历史唯物主义原理，实事求是记述上海市自然、政治、经济、文化和社会的历史与现状。

二、本志为上海市首轮社会主义新方志中《上海通志》《上海市级专志系列丛刊》之续，续义不续例，体例方面创新调整，并对首轮志书补缺正误。采用小篇平列体，分别编纂，陆续出版，汇为全志。

三、本志记述地域范围，以 2010 年底上海市行政区划为准。由上海市辐射至全国其他地区及国外事物，兼及记述。

四、本志记述内容的时限，上起 1978 年，下迄 2010 年，反映这一时期上海改革开放全貌。首轮《上海市级专志系列丛刊》所缺或记述内容不够丰富的分志、分卷，上溯至事物发端。中国共产党分志、人民代表大会分志、人民政府分志、人民政协分志、民主党派分志，为保持同一届次内容记述的完整性，下延至 2010 年后的首个换届年份。

五、本志按自然、政治、经济、文化和社会为序设置分志、分卷，事以类从，类为一志，并兼顾当代社会分工的原则。全志除总述外，中国共产党分志、农业分志、工业分志、商业分志、服务业分志、城乡建设分志、金融分志、口岸分志设置综述卷，并设经济综述分志，加强全志整体性。各分志、分卷采用篇章节体，卷首设概述、大事记，以专记、附录、索引殿后。

六、本志体裁以述、记、志、传、图、表、录为主，力求内容与形式统一。

七、本志人物传遵循"生不立传"原则。入传人物排列先后以卒年为序，在世人物以人物简介（排列以生年为序）、人物表（人物录）记载。

八、本志采用规范的语体文、记述体，行文按《〈上海市志（1978—2010）〉行文规范》，力求严谨、朴实、简洁、流畅，以第三人称记述。

九、本志纪年，凡1949年5月27日上海市解放以前的用历史纪年，一般标示朝代、年号、年份，括注公元纪年；1949年5月27日上海市解放后，一律采用公元纪年。

十、本志所记述的地名、机构名称、职称及币种、计量单位，一般按当时称谓。

十一、本志所用统计资料，原则上根据统计部门公布的材料；未列入统计部门统计的，根据部门统计的材料。

十二、本志资料来源于国家档案馆、上海市及有关省市档案馆、部门档案馆（室），以及历史文献、口碑资料、社会调查、部门提供的材料等，均经考证核实，一般不注明出处。

编 纂 说 明

一、本卷以编纂大纲为统揽，大事记为年度要事概览，主干部分按出版管理机构和社团、图书出版、期刊出版、音像电子数字出版、编辑工作、印刷业、发行业等为序，分篇、章、节、目等层次记述，并有配合文字记事的若干历史图照和介绍上海部分重大出版工程和重点图书编辑出版工作的专记，力求全面客观记述1978年至2010年上海出版业改革、探索、创新、发展的轨迹和成果。

二、本卷记述的出版、印刷、发行等机构经政府相关部门批准设立，所述图书、期刊等为正式出版物。出版社和部分杂志社、编辑部及主要音像电子数字出版和印刷、发行单位等，有1978年至2010年沿革和发展现状介绍。

三、本卷记述的史实一般始于1978年，止于2010年，并非相关事项的全貌及发展的全部历史。所涉及领导机构、管理部门，仅记载其对上海出版业的领导、管理和相互关系等，并不全面记述其功能、职责、权限等方面的沿革与变化。

四、本卷收入全国和上海各类重要出版奖项的获奖名录。其中图书出版篇、期刊出版篇收入精神文明建设"五个一工程"奖、国家图书奖、中国出版政府奖、中国图书奖、中华优秀出版物奖、上海市优秀图书奖和国家期刊奖等获奖名录。图书出版篇还收入国家和上海获奖图书，没有获奖但社会效益和经济效益都比较好的图书，以及反映上海出版门类比较齐全特点的图书，力求勾勒出上海图书出版概貌。出版人物篇收入新中国60年百名优秀出版人物、百名有突出贡献的新闻出版专业技术人员、百名优秀出版企业家和中国出版政府奖优秀出版人物，中国韬奋出版奖、毕昇印刷技术奖、中国书刊发行奖、全国百佳出版工作者、全国新闻出版行业领军人才、上海出版人奖、国务院特殊津贴获得者和全国及上海市劳动模范、模范集体名录。

五、按照生不立传的志书编纂原则，出版人物篇中的人物传略收入2018年底以前去世的以下人物：1992年前被评为编审（教授、研究员等），在业界享有较高声誉的老出版工作者；2010年前被评为编审，并获中国出版政府奖优秀出版人物奖、中国韬奋出版奖、全国百佳出版工作者、上海出版人奖等奖项或荣誉的优秀出版工作者；1978年至2010年在上海和中央在沪出版机构工作的副局级以上领导干部。2000年出版的《上海出版志》已经收入的，不再重复收入。对上海出版界其他领导干部和出版工作者的经历和业绩，用人物表形式加以介绍。

六、本卷记述机构或事物名称，在同一篇章首次出现时一般用全称，以后用简称。为行文简洁，中共上海市委、上海市人民政府和中共上海市委宣传部简称"上海市委""上海市政府""上海市委宣传部"，或"市委""市政府""市委宣传部"。其他机构以此类推。出版、印刷、发行等机构名称，只要不产生歧义，一般用简称。获国务院表彰的有突出贡献的专家学者享受政府特殊津贴，简称获"国务院特殊津贴"。

七、本卷以《上海市志(1978—2010)编纂行文规范》和国家语言文字相关规定为行文的基本原则，所用数字，除约定俗成的固定词组或局部统一外，一般都用阿拉伯数字；图书、期刊名一般都加书名号，图书在表格中出现、期刊作为社名或在标题出现时，可以不加书名号。

八、本卷相关统计资料分别由原新闻出版署（新闻出版总署）、上海市委宣传部、上海市新闻出版局、上海市统计局及各相关出版单位等提供，一般不注明出处。

目　　录

CONTENTS

概　述

上海是中国近现代出版业的发源地和中心。上海开埠后，受西方现代出版业的影响，先后诞生了墨海书馆、江南制造局翻译馆、申报馆、商务印书馆、中华书局等一批近现代重要出版机构。到新中国成立时，上海出版机构云集，名家辈出，出版书刊繁多，行销各地。20世纪50年代，国家调整出版布局，商务印书馆、中华书局等一批重要出版机构迁往北京，但上海出版业凭借文化积淀深厚、文脉传承绵延的优势，包容开放，兼收并蓄，保持了中国出版重要基地的地位。"文化大革命"中，上海出版业受到很大冲击，市出版局和局属各出版社的组织架构发生多次变化。1972年组建含原市出版局及局属各出版社和上海新华书店等在内的上海人民出版社(简称大人民社)。原有的出版社改为一个个编辑部(室)，一大批编辑下放劳动，不少资深编辑受到迫害，书店无书可卖，读者无书可读，上海出版业遭受严重挫折。

1978年底召开的党的十一届三中全会，重新确立解放思想、实事求是的思想路线；停止使用"以阶级斗争为纲"的口号，作出把党和国家的工作重心转移到社会主义现代化建设上来，实行改革开放的伟大决策。在这一历史性转折中，上海出版界志存高远，锐意进取，迈出坚实步伐。全市出版社从"文化大革命"期间的1家增加到2010年的41家，出书品种从1977年的1 334种增加到2010年的19 256种。期刊和电子音像数字出版、印刷发行业发展、出版体制改革、技术进步、对外交流与合作、版权交易和全民阅读等，也都取得引人注目的成就。

一

1977年11月，上海市委同意恢复"文化大革命"中被撤销的市出版局。1980年1月，市出版局正式重建，下属10家出版社。原由上海人民出版社(大人民社)管理的上海新华书店和"文化大革命"中被划到市轻工业局的上海印刷工业公司改由市出版局管理。

1987年5月，为加强对全市新闻出版工作的领导，市政府决定撤销市出版局，建立市新闻出版局，承担市政府新闻出版行政管理职能。1988年6月，按照中宣部和新闻出版署《关于当前出版社改革的若干意见》，市新闻出版局下放出版选题权、经营权和人事权，由出版社自主组织生产和经营。1988年5月和12月，上海市版权处和上海市图书报刊市场管理处先后成立，分别承担全市图书、期刊、音像、影视等的版权工作和图书报刊市场管理以及"扫黄打非"工作。

1997年10月，市政府批准设立市版权局，与市新闻出版局一个机构、两块牌子，明确市新闻出版局是市政府主管全市新闻出版事业的职能部门，市版权局是市政府主管全市著作权管理工作的职能部门。市新闻出版局(市版权局)适应社会主义市场经济条件下新闻出版事业建设和发展的需要，加强对全市新闻出版事业的管理，注重从微观管理转向宏观管理，从部门管理转向行业管理，强化协调、指导、监督、服务的职能。

从2003年6月起，按照中央深化文化体制改革的要求，市新闻出版局加快转变政府职能，实行政企政事分开和管办分离改革，将政府直接管理企事业单位的相关职能逐步剥离，同时重点加强和充实社会公共管理和行政管理部门的力量。转变管理理念，从"管脚下"转为"管天下"，"弱化"政府对出版企事业单位生产经营活动的直接"干预";转变管理方式,以宏观调控、社会监管、行政执法为重点加强行业管理;转变管理手段,为上海出版市场健康繁荣和出版产业发展壮大提供服务和保证。局属出版社、印刷企业和发行机构划归市委宣传部领导。上海出版业结束延续了几十年的"管办一体"模式。市新闻出版局履行制定发展规划、完善宏观调控、加强行业监管、做好公共服务等方面的政府职能,同时加强协会、学会等行业社团建设。上海出版行业社团以服务会员、推动行业建设和发展为己任,在为政府提供决策咨询和加强行业自律、创新社会治理、履行社会责任等方面发挥了桥梁和纽带作用。

上海出版界大胆探索社会主义市场经济条件下的发展模式,勇于探索,敢为人先。学林出版社和百家出版社率先尝试自费出版和委托出版;上海辞书出版社最早成立发行所自办发行并实行社长负责制;上海译文出版社率先与外国出版商合作出版中文版《世界时装之苑》杂志;上海书画出版社(朵云轩)成立艺术品拍卖公司敲响中国大陆艺术品拍卖第一槌;中国科技图书公司和德国贝塔斯曼公司合资成立上海贝塔斯曼文化实业有限公司。这些改革举措,在全国具有标志性意义。世纪之交,上海出版界在集团化建设和产业结构调整、深化出版体制改革等方面进行新的探索。1999年2月,上海组建全国第一家出版集团——上海世纪出版集团;2000年6月,按照现代企业制度组建的上海新华发行集团挂牌;2004年6月,上海文艺出版总社成立,以裂变加聚变的方式打造专业化出版主体;2004年9月,上海新华发行集团改制为混合所有制企业;2005年11月,上海世纪出版集团转企改制,成立上海世纪出版股份有限公司;2006年10月,上海新华发行集团投资设立的上海新华传媒股份有限公司借壳上市,成为全国出版发行行业第一家上市公司;2009年6月,上海文艺出版总社更名为上海文艺出版(集团)有限公司(简称上海文艺出版集团),转企改制;2009年8月,新闻出版总署批复同意上海7家高等院校出版社转企改制方案,上海在全国率先全面完成出版单位转企改制。2009年,市新闻出版局着手部分报刊出版单位转企改制的试点,2010年全市期刊社转企改制全面铺开。

二

以重建市出版局为起点,"文化大革命"中被打倒的一大批老干部重新走上局和出版单位领导岗位,上海出版界开展真理标准大讨论,在思想理论上拨乱反正,开始新的出发。缓解"书荒"是第一步。上海科学技术出版社突击重排出版"文化大革命"前的"数理化自学丛书",创造"一本书改变一代人的命运"的奇迹。上海译文出版社出版的《斯巴达克思》《红与黑》《简·爱》等被列入国家出版局重印的中外文学名著,消息传出,读者在新华书店彻夜排队争购。上海文艺出版社编辑出版《重放的鲜花》,收入王蒙、邓友梅、陆文夫、流沙河等在反右中被错误批判的作品,成为全国文艺界拨乱反正的里程碑事件。

在党的十一届三中全会精神鼓舞下,上海出版界解放思想,大胆冲破"左"的束缚。为确保《辞海》出版,向新中国成立30周年献礼,1979年1月,《辞海》编委会和上海辞书出版社反复酝酿,拟定了"《辞海》(合订本)处理稿件的几点具体意见",否定"以阶级斗争为纲"等一系列"左"的提法和观点,对全国出版工作冲破思想禁区发挥了重大作用。《辞海》(1979年版)出版后受到全社会关注,其中三卷本销售62万套,缩印本销售达298万部。

改革开放激发出巨大的出版活力。上海出版工作坚持为人民服务、为社会主义服务的方针,先后完成了一批高质量、有影响的大型出版工程。以工具书出版为例,被誉为"辞书出版里程碑"的

《汉语大词典》，是中国第一部反映汉语词汇发展全貌的巨著；作为国家出版"七五"规划重点项目的《英汉大词典》，是中国第一部独立研编的大型英汉语词详解词典；著录全国782个单位收藏的约6万种13万部古籍善本的《中国古籍善本书目》，对有史以来中国古籍作了第一次大规模清理、编录工作。

上海出版物以质量优良著称，众多图书在全国性评选中获奖。截至2010年，《中国共产党70年图集》《英汉大词典》（缩印本）等13种图书获精神文明建设"五个一工程"奖，《辞海》（1989年版）《中国美术全集》（60卷）等70种图书获国家图书奖，《超级杂交稻研究》《山高水长：回忆父亲聂荣臻》等19种图书获中国出版政府奖图书奖，《社会主义宏观经济分析》等近80种图书获中国图书奖，《技术史》等31种图书获中华优秀出版物图书奖，《十万个为什么》等4种图书获国家科学技术进步奖二等奖。

1978年后，一批资深编辑重新走上出版工作岗位，为上海出版业的繁荣发展呕心沥血，作出重要贡献，其中不少在全国享有盛誉。一大批中青年编辑脱颖而出，他们既是图书策划者，有敏锐的观察能力和反应能力，善于捕捉图书市场信息，提出好的选题，组织作者、学者编写；又是项目管理者，把编辑思想贯穿于图书出版与印刷的整个流程之中；还是图书营销者，参与策划宣传、市场营销，将图书推向市场。上海还有一支过硬的校对人员队伍。在排版公司实行代校、不少出版社将校对工作外包的情况下，上海人民出版社、上海辞书出版社、上海古籍出版社、上海译文出版社、上海书画出版社等一些专业性较强的大型出版社，仍设有校对科，坚持"三审三校"，确保图书编印质量。

上海是中国书籍设计高地，书籍装帧设计整体水平一直领先全国，出现过不少在全国有影响的书籍装帧设计大家。2003年，上海市新闻出版局开始组织"中国最美的书"评选，面向全国各出版单位征集作品，入选的"中国最美的书"代表中国参加在德国莱比锡举行的"世界最美的书"评选。截至2010年，先后有8种"中国最美的书"在"世界最美的书"评选中获奖，其中1种获金奖。中国书籍设计者通过不断与外界的沟通交流，在立足本民族文化特质和精髓的基础上，融合世界设计潮流不断创新和探索，取得令人瞩目的成绩。"中国最美的书"已成为中国文化"走出去"的样本和中国优秀图书设计、优秀设计师走向世界的平台。

三

上海期刊和电子音像数字出版也在改革开放中得到迅速发展。上海是中国近现代期刊发源地，早在19世纪下半叶就出现了第一批近现代期刊。"文化大革命"中，上海期刊发展受到挫折，到1978年登记出版的期刊仅42种。

1978年后，上海期刊出版进入蓬勃发展期，《收获》《青年一代》等一批期刊复刊和创办，还有一批丛刊改为期刊出版。到1986年，上海登记出版的期刊已达541种。期刊发行量稳步上升，上海人民出版社《青年一代》《少女》、上海文艺出版社《故事会》、上海科学技术出版社《上海服饰》、少年儿童出版社《故事大王》、上海市群艺馆《上海故事》、解放日报社《支部生活》、上海市妇联《现代家庭》、上海科学技术出版社《大众医学》、上海市教委《好儿童》成为当时上海发行量最大的10种期刊。上海学术期刊在国内享有较高声誉，上海市社联《学术月刊》、上海社会科学院《社会科学》、复旦大学《复旦学报（社会科学版）》、华东师范大学《华东师范大学学报（哲社版）》、上海大学《社会》、中科院上海有机化学研究所《化学学报》《中国化学（英文）》、中科院上海生命科学院生物化学与细胞学研究所《细胞研究（英文）》、中科院上海技术物理研究所《红外与毫米波学报》等的学术影响力在全国同类期刊中名列前茅。上海出版的期刊以品种多、门类全、印数大、质量高、影响深远著称。《收获》《故事会》《低压电器》《细胞研究》等分别获中国出版政府奖、国家期刊奖等重要奖项,入选中国科技期刊国际影响力提升计划、百强期刊等。

20世纪80年代初,随着对外开放不断扩大和新技术广泛应用,出版介质加快更新。上海音像出版业通过复制、出版录音、录像、唱片等有声读物,逐渐走向市场,进入家庭。在历来以出版图书、期刊为主的上海出版界,音像出版开始占有一席之地,并取得长足的发展。1981年,少年儿童出版社出版全国第一套系列儿童配乐故事音带《365夜》,1982年又出版了儿童歌曲音带《春天》《好朋友》等。1983年,上海有声读物公司、中国唱片上海公司相继成立,开展音像制品出版业务。上海多家出版社也相继成立音像部,配合本版图书出版音像制品。到2010年,上海已有28家音像电子出版单位。

从20世纪90年代起,上海积极拓展以数字化生产、网络化传播为主要特征的数字内容产业;加快发展民族动漫产业,提高国产动漫产品的数量和质量;积极发展网络文化产业,鼓励扶持民族原创的、健康向上的网络文化产品的创作和研发;坚持环境营造、政策支持和产业引导,数字出版产业集聚度、关注度和影响力日益提高。1994年,上海电子出版公司成立,成为国内首家制作、出版和销售电子读物的专业出版机构。2001年,上海科学技术出版社与北大方正电子公司合作推出首批100本电子书,开始数字化图书和网络出版的探索。2008年,在市委宣传部支持下,上海出版图书内容数字化等传统出版数字化转型项目立项,相继完成《大辞海》《中国通史》《资治通鉴》《话说中国》《中国新文学大系》等数字化图书。

上海是中国游戏产业的发源地,并一直扮演引领者角色。单机游戏时代,暴雪、育碧、EA等国际顶尖企业纷纷在上海建立中国区总部;网络游戏时代,盛大、九城、巨人、世纪天成、久游等企业齐聚上海,独领风骚。它们见证上海游戏产业发展的历史。1999年上海榕树下网站成立,2002年起点中文网创立,网络文学发展迅猛,成为上海的一种重要文化现象。2004年10月,在新闻出版总署等中央部委支持和推动下,第二届中国国际数码互动娱乐产品及技术应用展览会(ChinaJoy)落户上海,很快成为全球顶尖的游戏展会。2008年7月,全国首个国家数字出版基地在上海张江设立,这是新闻出版总署批准建设的全国第一个国家级数字出版基地。2010年,上海已有新闻出版总署核发互联网出版许可的企业31家,数字出版产业营业收入220亿元。

四

书刊印刷技术落后、产能不足,是改革开放初期制约上海出版业发展的瓶颈之一。20世纪80年代,上海书刊印刷业投入2亿元资金引进技术和设备,提高印刷产能和印制质量。由于印刷业开放较早,上海国有老印刷企业受原有格局制约,在激烈的市场竞争中困难重重。面对发展瓶颈,上海从印刷业改革重组中寻找出路。1995年2月,上海出版印刷公司和上海出版印刷物资公司合并组建上海印刷(集团)有限公司,着手资源整合资产重组,一批老国有印刷企业脱胎换骨,形成"中华""商务""新华"三足鼎立的经营格局。通过深化改革,转换经营机制,增强企业活力,推进下岗分流、减员增效,实施再就业工程,上海书刊印刷业逐步走出困境。

在推动国有企业改革重组的同时,上海加大书刊印刷领域的开放力度,引进外资和先进技术,提升上海书刊印刷业的整体水平并加快与国际接轨。上海当纳利印刷有限公司、上海利丰雅高印刷有限公司、中华商务联合印刷有限公司等中外合资合作企业先后建成投产。民营书刊印刷企业在印刷领域扩大开放中得到迅速发展。多种所有制企业的相互竞争,提高了上海印刷的产业能级,出版物印刷水平达到国内领先水平,多种产品还获中国出版政府奖印刷复制奖、美国印刷大奖、亚洲印刷大奖,并带动上海印刷企业打开境外出版物印刷的大门。到2010年,上海市印刷业总产值585.70亿元,利润总额47.68亿元,对外加工贸易总额46.24亿元。年产值5 000万元以上的印刷企业数量235家,占上海4 606家印刷企业的5.1%;总资产435.97亿元,占上海印刷业总资产的57.65%。印刷业总产值、增加值等经济指标增长率明显高于全市平均水平。

市新闻出版局搭建上海国际印刷周、上海印刷大奖赛等平台,鼓励上海印刷业创新发展。上海还率先在全国对印刷业总部经济模式进行探索与实践,先后建起当纳利亚太总部、上海界龙集团总部、上海包装集团包装印刷科技产业园等。总部经济模式有效解决印刷企业的供应链问题,使印刷企业从加工营利向服务增值转型。2010年10月,经新闻出版总署批准,金山国家绿色创意印刷示范园区在金山区揭牌。这是全国首个绿色创意印刷示范园区,上海印刷企业环保质量意识正在进一步和国际接轨。

五

从1978年开始,上海图书发行以改革、开放、搞活为主线,逐渐形成以国有书店为主体,多种经济成分,多条流通渠道,多种购销形式,少流转环节的"一主三多一少"图书发行网,迎来图书发行业的繁荣。

上海国有书店健康发展。新华书店(上海新华发行集团有限公司、上海新华传媒股份有限公司、上海新华传媒连锁有限公司)拥有覆盖城乡的零售门店和异军突起的专业、特色书店。1998年12月,上海书城在福州路开业,营业面积1万多平方米,陈列图书品种40万种,成为上海面积最大、品种最多、服务最好的超大型图书卖场。上海世纪出版集团旗下的上海图书有限公司,拥有上海古籍书店、艺术书坊、上海博古斋、艺苑真赏社等知名品牌,与新华书店既竞争又合作。国有书店通过开设专业书店、举办阅读活动为读者服务,让市民喜闻乐见。

1983年3月,经文化部出版局批准,上海辞书出版社成立发行所,自办本社图书发行。这是全国第一家出版社成立的发行机构。以此为开端,出版社自办发行在上海铺开,从开办邮购业务、建立门市部,到开展批发业务、产销直接见面等,弥补了新华书店主渠道的不足,扩大了图书发行量,成为图书发行的一支重要力量。民营图书批发零售企业从无到有、从小到大,随着社会主义市场经济的逐步建立和完善,呈现迅猛发展势头。民营书店机制灵活,反应灵敏,在转型升级和新技术应用等方面走在前面,打造出一批具有社会影响力的书店品牌。

上海重视实体书店建设,除本地书店扎根上海,全国优秀连锁书店也纷纷在上海生根开花。1997年,中图书店在虹桥国贸商城开业,销售来自世界各地的各种原版书籍、报刊。2005年,浙江新华书店投资的上海博库书城在徐家汇宜山路开业,经营面积超过1万平方米,经营图书、音像品种25万种,经营规模仅次于上海书城。也是2005年,从南京起步的大众书局进入上海市场,大众书局徐家汇美罗店、福州路店、浦东正大广场店先后开张营业。依靠良好的文化生态环境及政策鼓励,上海吸引全国各地连锁书店,各种新概念、新空间、新生活方式书店与上海本土实体书店同台竞技,上海的"码头"集聚效应开始彰显。

改革开放让被压抑的阅读需求迸发出来,书店新书一上架,常常被读者一抢而空。上海新华书店开始举办书市、书展。1981年9月举办的首届上海书市,半个月接待读者24万人,销售图书400

万册。1990 年 8 月举办的第三届全国书市,吸引全国 230 家出版社 4 万多种图书参展。一些新闻媒体和行业社团也举办各种书展、书市。1986 年 3 月《文汇读书周报》在上海工人文化宫举办首届文汇书展,1986 年 9 月《解放日报》等与上海新华书店共同主办 1986 上海书市,市长江泽民出席开幕式剪彩并题词勉励。丰富多彩的书市、书展,主办单位不同,举办时间和规模不一,影响力辐射面或强或弱,但都激发起上海市民的阅读热情,丰富了上海市民的精神生活,营造出浓厚的读书氛围。

20 世纪 80 年代初,振兴中华读书活动首先在上海出现。这一职工群众为提高自身素质而开展的群众性业余读书活动,成为提高职工群众政治觉悟、道德品质、文化水平以及各方面知识水平和技能的一种途径。1983 年经全国总工会倡议,受到党中央高度评价的上海职工振兴中华读书活动,在全国普遍开展,成为新中国成立以来持续时间最长、社会影响最大、参加人数最多的群众性读书学习活动。

2004 年起,上海每年在暑期举办上海书展,成为吸引众多读书人的节日。上海书展倡导“我爱读书,我爱生活”的理念,培育上海市民爱书、读书、尚书的良好氛围,受到市委、市政府高度重视。2007 年 8 月 20 日,市委书记习近平参观上海书展,提出要认真打造这张文化名片,让上海书展真正成为服务全国的文化大平台。经过多年努力,上海书展已成为全国全民阅读的示范平台和上海品牌性文化活动之一。

2006 年,按照党的十六大提出建设学习型社会的要求,中宣部、中央文明办和新闻出版总署在全国开展“全民阅读”活动。市新闻出版局通过市区两级出版文化主管部门联动机制、“上海首发全国畅销”机制、跨部门合作机制、上海重点新书集中发布推介机制等,孵化培育适合文化大都市特点的全民阅读新载体、新项目、新平台,并以世界读书日、上海书展等为契机,组织开展了一系列生动有效的全民阅读活动。

六

上海出版以兼收并蓄、博采众长的开放姿态,与多个国家和地区建立交流合作关系。20 世纪 70 年代末至 80 年代初,上海按照有关政策和国际规则开展图书出口、对外合作出版,合作对象主要是中国香港地区和日本、南斯拉夫等国。1978 年,上海科学技术出版社与香港商务印书馆合作出版《中药大辞典》(海外中文版)。1979 年,少年儿童出版社与日本贺尔布社合作出版《宝船》(日文版)。1980 年和 1981 年,上海人民美术出版社与南斯拉夫评论社合作出版摄影画册《中国》《西藏》。之后,合作出版项目扩大到美国、英国、法国、联邦德国、新加坡、加拿大、澳大利亚等国和中国台湾地区。与此同时,上海与世界各国和中国香港、台湾地区的版权合作、书刊进出口、人员交流互访、出版业务进修、各类书业会展、投资开办店等迈出较大步伐。1979 年 3 月上海外文书店第一次“请进来”,在上海举办美国利顿教育出版公司图书展览;1980 年 9 月上海人民美术出版社第一次“走出去”,在香港三联书店新门市部举办书籍绘画展览。1988 年,上海市新闻出版局和三联书店、中华书局、商务印书馆香港总管理处发起举办沪港出版年会。年会以研究出版、交流经验、洽谈合作为宗旨,每两年举办一届,由沪港双方轮流主办。上海与台湾地区的交流合作也在不断拓展。香港和台湾地区已成为上海出版界“走出去”的主要合作伙伴和与世界各国各地区交往的窗口。

上海作为中国版权产业的重要基地,认真贯彻落实《中华人民共和国著作权法》。1991 年 6 月,上海译文出版社购买海外畅销书《斯佳丽》中文简体字专有出版权。这是中国在加入国际版权公约前签订的国际版权许可合同,引起海内外广泛关注,《人民日报》专门作了报道。2000 年 3 月实施的

《上海市著作权管理若干规定》,通过地方立法完善法制体系,对产权保护进行探索。2006 年 10 月《上海市著作权合同备案办法》施行,率先在全国建立起著作权合同备案制度。上海还连续开展了一系列专项治理,严厉打击各类盗版侵权违法行为,以软件保护和打击网络盗版为重点,加强版权行政执法和社会监管。市版权处、市版权局、版权执法检查队,以及上海市版权代理公司、上海版权保护协会、上海版权服务中心、上海版权纠纷调解中心相继成立,版权管理、服务机构逐步齐全,版权保护工作不断推进。

进入 21 世纪后,上海出版界加快"走出去"步伐。市新闻出版局加强对外交流与合作工作,出资成立上海长江出版交流基金会,组建上海长江对外出版有限公司,并由下属上海新闻出版发展公司启动"文化中国系列丛书"项目,拓展海外主流销售渠道工作,在"北美上海书展""香港上海书展""台北上海书展"等沪版图书海外推广中,培育了一批出版"走出去"的企业和重点项目。

七

上海出版教育和科研工作在改革开放中迎来春天。1953 年创办的上海印刷学校是中国第一所印刷专业学校,1987 年升格为大专,1992 年更名为上海出版印刷高等专科学校。1962 年创办的上海市印刷职业学校,1972 年 7 月复校,1999 年更名为上海新闻出版职业技术学校。截至 2010 年,两所学校为新闻出版行业培养了上万名应用型专业技术人才。复旦大学、华东师范大学等高校设置编辑、出版专业,为上海乃至全国出版界输送了大批人才。

上海印刷发行企业办学培养行业人才。1978 年,上海新华书店发行学校(技校性质)、商务印书馆技校等开始面向社会招收应届高中毕业生,学期两年,主要学习专业课程,毕业后到上海新华书店、外文书店和印刷厂工作。"文化大革命"中创办的上海市印刷工业公司"七二一"工人大学,后更名为市新闻出版局职工大学,1994 年 9 月和上海市印刷技工学校合并组建上海新闻出版教育培训中心,2006 年 3 月中心开通"新闻出版知识在线"学习平台,先后开办 290 门课程。

上海印刷技术研究所汉字印刷字体的设计、汉字信息处理及照排系统、微机管理软件、印前图文制作数据库等受业界瞩目,印刷材料包括 PS/CTP 版、热熔胶、橡皮布、水性油墨、装帧材料、柔性版材和金属网纹辊等的研制开发也取得不少成果。2000 年研究所转企改制,组建上海印刷新技术(集团)有限公司。上海韬奋纪念馆发掘、阐释韬奋佚文及手稿等资料,组织研究论文和学术研讨会,推出《韬奋全集》《邹韬奋研究》等十几部著作,弘扬韬奋精神,先后被市政府命名为上海市青少年教育基地和爱国主义教育基地。

八

党的十一届三中全会以来,随着上海出版事业迅猛发展,出版队伍构成发生了较大变化,一支包括编辑、印刷、发行、教育、科研等在内的门类齐全的出版从业人员队伍,给出版业持续发展注入了生机活力。

自 1996 年开始,市新闻出版局实施"九五"期间高层次人才工程、"十五"期间人才工程、"十一五"期间人才工程,以高层次人才和紧缺人才的培养为重点,进一步加大人才工作的力度,深化人才工作的制度创新和机制创新,优化人才队伍的知识结构和年龄结构,提高人才队伍的整体素质。

2001 年 8 月,人事部和新闻出版总署联合发布《出版专业技术人员职业资格考试暂行规定》,出版专业职业资格制度正式建立。2002年9月,首次全国出版专业技术人员资格考试在各地开考,上海984名专业技术人员报名参加,其中173人参加初级资格考试,合格率达54.34%,名列全国第二;811人参加中级资格考试,合格率达57.09%,名列全国第一。2002年至2007年,上海考区总合格率6年来5次居全国之冠,平均合格率高出全国近20个百分点。2002年至2010年,初、中级出版职业资格考试合格人数达3 888人次。

2008年2月,新闻出版总署颁布实施《出版专业技术人员职业资格管理规定》,明确从2008年6月起,国家对出版单位的编辑、校对和部分主要管理岗位的人员实行登记注册管理。2009年上海有3 300人完成职业资格登记注册申报申请工作,2010年有2 942人获得责任编辑注册证书。2000年12月,上海市职称改革工作领导小组办公室发布《上海市出版系列高级专业技术职务任职资格审定条例(试行)》。截至2010年,上海有727人获出版高级专业技术职称,其中编审189人,副编审538人。

高素质队伍是高质量出版的基础。上海积极推动出版行业人才队伍建设,以培养领军人才为重点,实施领军人才培养工程。从在校博士、硕士研究生和优秀大学生中物色和遴选出版业的紧缺人才。通过特聘、兼职、选题策划、项目合作与攻关等方式,吸引海内外高层次人才。设立上海学术著作出版基金,支持优秀人才科学研究、著书立说。举办上海出版人奖与上海出版新人奖评选,上海出版行业涌现出一批优秀人才和领军人物。

1978年到2010年的发展历程表明,改革开放是决定当代中国命运的关键一招,也是上海出版业繁荣发展的关键一招。多出精品力作,满足人民群众不断增长的精神文化需求,是出版人义不容辞的使命担当。海阔潮平风正劲,奋起扬帆正当时。让我们在以习近平总书记为核心的党中央领导下,坚持以习近平新时代中国特色社会主义思想和党的十九大精神为指导,坚持为人民服务、为社会主义服务的方针,坚定文化自信,不断改革创新,打造传世精品,在新起点上书写上海出版业的新篇章。

大 事 记

1978 年

1月1日　上海市委决定，上海出版系统恢复原建制，撤销"文化大革命"中组建的"大人民社"，重建上海市出版局，马飞海任党委书记、局长。下属 10 个出版社：恢复原上海人民出版社、上海文艺出版社、上海人民美术出版社、上海科学技术出版社、上海教育出版社、少年儿童出版社；中华书局上海编辑所改组为上海古籍出版社，中华书局辞海编辑所改组为上海辞书出版社；成立以翻译出版外国文学、外国社科图书和双语工具书等为主的上海译文出版社；上海书画社更名为上海书画出版社，在传统经营领域沿用朵云轩品牌。各出版社领导班子陆续组建。

此前，国家出版局批复同意重建上海市出版局，并编定 10 个出版社社号。

1月19日　新华书店上海发行所制订《图书订印数审批范围试行办法》，规定重点图书订印数由经理审批。

1月25日　《解放日报》报道，上海人民出版社科技编辑室（即上海科学技术出版社）突击重排的"数理化自学丛书"，一出现在各地新华书店书架上，便被读者抢购一空。

是月　市委宣传部为华东地区宣传部部长座谈会汇集相关统计数据：1. 上海公开出版报刊发行量：《解放日报》65 万份，《文汇报》90 万份，《红小兵报》70 万份；《上海文艺》（月刊）21 万份，《少年文艺》（月刊）22.6 万份，《工农兵歌曲》（双月刊）21.3 万份，《红小兵歌曲》（双月刊）20 万份，《革命故事会》（月刊）11.2 万份，《文艺轻骑》（双月刊）9.3 万份，《科学画报》（月刊）40.2 万份，《科学种田》（月刊）21 万份，《群众医学》（月刊）18.1 万份，《中学科技》（月刊）10 万份，《少年科学》（月刊）10 万份。2. 上海出版系统有职工 16 415 人。

同月　上海市印刷工业公司划归出版系统。

2月11日　河南中路新华书店恢复上海科技书店名称。1984 年 7 月更名为中国科技图书公司。

3月18日　全国科学大会在北京举行。上海印刷系统 19 个单位 18 项科研成果获奖，上海印刷技术研究所"电子刻版机研制项目"获重大科技成果奖。

3月30日　《人民日报》刊登中国福利会《儿童时代》复刊的消息和全国人大常委会副委员长宋庆龄《祝贺〈儿童时代〉复刊》的贺词。

是月　市出版局发出《关于执行全国统一的图书定价试行标准的通知》，纠正"文化大革命"中压低图书定价标准的错误做法，图书定价调高 10％～30％。

同月　为解决"文化大革命"造成的"书荒"，国家出版局决定动用印制毛泽东著作的备用纸重印新中国成立后出版的 35 种中外文学名著。

同月　市出版局制定《八年（1978—1986）出版工作规划初步设想（草稿）》。

同月　上海教育出版社配合人民教育出版社出版全国通用中小学教材出版教学挂图。截至 1982 年底，共出版 23 个学科的教学挂图约 1 000 幅，发行 5 300 万张（套）。

4月20日　国家出版局布置上海中华印刷厂排印《毛泽东选集》第五卷大字线装本。

4月24日　西藏中路新华书店恢复上海音乐书店名称。1990年10月更名为上海音乐图书公司,门市部仍用上海音乐书店名称。

是月　上海译文出版社出版新一版《新英汉词典》。

5月1日　重印的35种中外文学名著在北京、上海等城市新华书店门市部发行,读者通宵达旦排队买书,南京东路新华书店排队买书最多一天达1.6万人。到6月底,新华书店上海发行所向全国发运中外文学名著累计达200万册。

5月10日　上海科学技术文献出版社成立。

是月　市出版局召开出版系统干部会议,要求各单位就如何缩短出版周期,增加出书品种,揭露矛盾,制定措施。

6月23—24日　国家出版局召开北京、上海等12省市出版发行部门负责人会议,要求做到学校教材"课前到手,人手一册"。

7月18日　国务院批转国家出版局《关于加强和改进出版工作的报告》。

是月　上海古籍出版社主办的《中华文史论丛》复刊。

同月　上海译文出版社主办的《外国文艺》创刊,双月刊。

8月　上海书画出版社主办的《书法》创刊,丛刊。1979年改双月刊。2001年改月刊。

是月　上海外文书店等在市工人文化宫举办为期一个月的外国科技图书展览,展出图书14万种、期刊样本3 000种,以及录音机、录像放映机等。同时放映外国科技电影供专业人员观摩,共计放映172场,观看者达11万多人次。

9月9—29日　上海市出版局党委书记、局长马飞海随中国出版印刷代表团访问日本。

是月　市出版局决定上海外文书店、上海书店从市新华书店划出,恢复由市出版局直接领导。

同月　上海新华书店发行学校成立。

10月11—19日　国家出版局、团中央等在庐山召开全国少年儿童出版工作座谈会,对少儿读物出版和整个出版界思想解放都起到重要的推动作用。少年儿童出版社社长刘培康和儿童文学作家陈伯吹、鲁兵等出席。12月21日,国务院批转国家出版局、团中央等《关于加强少年儿童读物出版工作的报告》。

10月28日　上海市包装技术研究会成立。1980年9月9日更名为上海市包装技术协会。

是月　《复旦学报》(社会科学版)复刊,开设关于真理标准问题的讨论专栏,集中发表9篇论述真理标准问题的文章,在全国引起巨大反响,中共中央党校副校长胡耀邦给予很高评价。中央党校《理论动态》转载林永民在专栏发表的文章《理论由实践赋予活力》。

11月9日　国家出版局同意上海文艺出版社用上海文化出版社名义出书。

11月15日　新华书店总店在北京召开10大城市书店开架售书经验交流会,上海科技书店在全国新华书店系统率先开架售书,受到表彰。

11月18日　中国大百科全书出版社上海分社成立,陈虞孙任社长。

11月22日　上海市委同意恢复和充实《辞海》编委会,夏征农任主编,罗竹风等任副主编。《辞海》(未定稿)开始集中修订。

是月　上海人民出版社出版《实践是检验真理的唯一标准论文集》,第一版发行25万册。

同月　为扩大中外文工具书排印能力,上海市印刷三厂扩建厂房,1979年底竣工,增加面积3 241平方米。

12月6日　财政部、国家出版局发出《关于恢复县(市)新华书店财务由省、市、自治区书店统一管理的联合通知》,1979年起调整。

12月21日　市出版局召开上海新华书店、上海外文书店、上海书店关于在宾馆设点供应外宾图书座谈会,形成《关于设点供应外宾图书分工商谈纪要》。

12月22日　上海印刷学校恢复建制,举行开学典礼。

是月　上海科学技术出版社启动由卫生部主持编著的《中国医学百科全书》出版工程。全书共93卷,1980年开始出版,1993年出齐,含条目2万余条,近4 000万字。

同月　上海出版系统对1957年被划为"右派分子"的人员进行复查。经复查,上海出版系统所有"右派分子"均属错划,全部予以改正。

同月　联合国教科文组织亚洲文化中心在日本东京举办"野间儿童图书插图奖"评选,少年儿童出版社出版的《陈胜与吴广》(作者戴敦邦)、《小蝌蚪找妈妈》(作者陈秋草)获二等奖。这是改革开放后上海出版物获得的第一个国际奖项。

同月　上海人民美术出版社主办的《艺苑掇英》创刊,季刊。

是年　上海译文出版社与人民文学出版社计划合作出版"外国文学名著丛书",巴金等任编委。丛书200个选题上起希腊、罗马的古典文学,下讫第一次世界大战和十月革命前的世界文学,由国内一流文学翻译家翻译,并由专家撰写学术性序言。

同年　上海书店恢复古旧书影印工作,当年出版古旧书刊22种。古籍书店收购到明万历刻本《嘉量算经》、明嘉靖刻本《娄子静文集》《蓬窗日录》、明凌濛初朱墨套印本《西厢记》等善本古籍60余种。

同年　全市各出版社共出版图书1 711种,其中新书1 377种,再版重印334种,总印数3.92亿册(张)。

1979年

1月9日　为纠正"左"的错误思想,《辞海》编委会夏征农、罗竹风、巢峰提出《辞海》(合订本)处理稿件的几点具体意见,否定"以阶级斗争为纲"等一系列"左"的提法和观点,对《辞海》修订和全国出版界拨乱反正、解放思想起到重要作用。意见后由国家出版局转发,作为全国各出版社处理书稿类似问题的基本准则。

1月16—18日　国家出版局代局长陈翰伯在上海召开10家出版社部分编辑座谈会,讨论编辑队伍建设、三审制、编辑职称、出版社体制等问题。

是月　中国作协上海分会(上海市作协)主办的《收获》复刊。

同月　中国作协上海分会(上海市作协)主办的《上海文艺》恢复《上海文学》刊名。

同月　上海文艺出版社主办的《革命故事会》恢复《故事会》刊名。

同月　上海文化出版社主办的《文化与生活》创刊,季刊。1984年改为双月刊,1994年改为月刊。

2月20日　上海科学技术出版社出版《纪念爱因斯坦文集》,纪念爱因斯坦诞辰100周年。

2月23日　中宣部同意《收获》《上海文学》恢复向海外出口。

3月22日—4月10日　国家出版局、中国美术家协会在北京举办全国书籍装帧艺术展览。展览后到杭州展出,市出版局组织各出版社领导及美术编辑前往观摩。

是月　上海外文书店在店内举办美国利顿教育出版公司图书展览，展出图书400种。

4月13日　国家出版局在北京召开全国图书发行工作会议，上海新华书店黄浦区店等10家单位被评为全国书店系统红旗单位。

是月　上海人民出版社主办的《青年一代》创刊，丛刊。1980年改为双月刊，1993年改为月刊，2001年改为半月刊，2004年9月恢复为月刊。

5月　上海文艺出版社出版《重放的鲜花》，收入王蒙、邓友梅、陆文夫、流沙河等在20世纪50年代产生过较大影响的文学作品。

是月　上海辞书出版社主办的《辞书研究》创刊，双月刊。

同月　上海书画出版社主办的《书法研究》创刊，季刊。

同月　被誉为"三毛之父"的画家张乐平加入中国共产党，时年70岁。至1981年底，上海出版系统有23名高级知识分子加入中国共产党。

6月13—27日　中宣部出版局局长许力以、上海人民美术出版社社长李槐之应南斯拉夫评论社邀请赴南斯拉夫访问。上海人民美术出版社与南斯拉夫评论社草签合作出版《中国》摄影画册的协议。

6月29日—7月2日　中宣部理论局、国家出版局在北京召开编写通俗政治读物会议，拟订组织编写43种通俗政治读物计划。上海市出版局副局长宋原放出席。

是月　上海人民出版社主办的《党的生活》创刊，双月刊。

同月　少年儿童出版社主办的《万花筒画报》创刊，月刊。

同月　少年儿童出版社儿童图画故事丛书《宝船》（5册）在日本出版发行日文版，后重版4次，印数达10万余册。

7月　上海文艺出版社主办的《艺术世界》创刊，双月刊，2001年改月刊。

是月　上海译文出版社主办的《世界之窗》创刊，双月刊。1994年改月刊。

8月6—26日　为纪念《中日和平友好条约》签订一周年，由中国图书进口公司、上海外文书店等主办的日本图书展览会在上海展览馆举行。

8月27日—9月10日　国家出版局在太原召开全国书刊印刷工作会议，上海市出版局副局长王韬等出席。

是月　市出版局和市工商局等联合发出《关于整顿印刷行业开展登记管理的试行办法》。

9月3日　市出版局恢复上海图书发行公司建制。1981年7月公司改为中国出版对外贸易总公司上海分公司。

9月5日　上海新华书店和上海人民出版社等联合举办庆祝建国30周年图书展览会，在市工人文化宫举行。

是月　国家出版局和上海市委决定，罗竹风任《汉语大词典》主编。

同月　国家出版局下发《关于认真做好古旧书收购和发行工作的通知》，重申北京、上海的古旧书店可以影印和复制部分流传稀少、较为珍贵的古旧书。上海市出版局也明确上海书店可以收购旧字画，并继续兼营新旧字画的销售业务。

同月　《辞海》（1979年版）由上海辞书出版社出版。

同月　上海人民出版社主办的《书林》创刊，双月刊。1986年起改月刊。

同月　经市出版局批准，上海市印刷工业公司恢复上海出版印刷公司名称。

10月17日　英国蒙纳公司中文激光照相排字系统在上海展出。

是月　新华书店上海发行所储运部汽车运输队被国家出版局评为先进集体。

11月22日　教育部就各大学参加《汉语大词典》《汉语大字典》等大型辞书编写人员评定职称等问题,向有关省市教育部门发出通知,要求制定相应措施,让他们安心工作。

12月8—19日　国家出版局在长沙召开全国出版工作座谈会,通过《出版社工作条例(草案)》,明确提出出版工作"为社会主义服务、为人民服务"的基本方针,地方出版社可以"立足本省,面向全国"。

12月20—21日　中国出版工作者协会成立。胡愈之当选为名誉主席,陈翰伯当选为主席,上海马飞海等当选为副主席。

12月28日　国务院在北京举行授奖仪式,嘉奖农业、财贸、教育、卫生、科研战线的全国先进单位和全国劳动模范。上海辞书出版社被评为全国先进单位。

12月30日　上海外语教育出版社成立。

是月　上海书店影印出版《鲁迅先生纪念集》。

同月　少年儿童出版社召开全国中长篇小说作者座谈会,秦牧、袁静、何公超等出席,茅盾、冰心发来贺信。

是年　全市各出版社出版图书2 097种,其中新书1 612种,再版重印485种,总印数4.58亿册(张)。

1980 年

1月1日　上海新华书店主办的《书讯报》创刊。1988年改由市新闻出版局主办。

1月9日　市出版局转发国家出版局《1980年出版事业计划要点(草案)》,要求各单位据此制订1980年工作计划。

是月　汉语大词典编纂处在上海成立。

同月　文汇报主办的《文汇增刊》创刊,次年1月更名为《文汇月刊》。

同月　上海外文书店举办美国时代——生活丛书出版社书展,展出书刊1 000余种。

2月5日　市出版局提出《1980年工作纲要》,要点是努力提高出版物质量;认真调整出版工作各环节的关系;积极改善经营管理;扩大图书出口;培养接班人;关心群众生活;加强党的领导。

3月12日　上海文艺出版社召开纪念"左联"成立50周年座谈会。

3月12—13日　中国印刷技术协会在北京成立。王益当选为理事长,上海万启盈等当选为副理事长。

3月24日　市出版局召开上海出版系统1979年先进集体、先进生产者授奖大会。市委副书记陈沂到会讲话。

4月22日　中宣部转发国家出版局《出版社工作暂行条例》。

4月28日　上海新华书店成立集体事业管理处(科),负责对全市集体个体书店(书摊)的扶助、协调和管理。

是月　少年儿童出版社第三次修订《十万个为什么》,同年推出第四版。

5月4—9日　国家出版局在北京召开全国出版工作座谈会,通过制止滥编滥印书刊和加强出版管理的有关文件。中央书记处书记、中宣部部长王任重和国家出版局代局长陈翰伯在会上讲话。

5月上旬　国家出版局在上海举办版权学习班,邀请英国出版协会前主席彼得·杜索托伊和英国版权协会主席丹尼斯·戴·弗里特斯授课。上海和南方13个省市的出版局和出版社共50余人参加学习。

5月28日—6月12日　国家出版局代局长陈翰伯率中国出版代表团访问美国。上海译文出版社社长周晔参加。

是月　全国少年儿童读物文学创作评奖会在北京举行。任大霖的《蟋蟀》等26种作品获奖。陈伯吹、贺宜、包蕾、张乐平获荣誉奖。

6月2—11日　上海外文书店等在上海展览馆举办法国书展,展出新书7 428种。

6月7日　华东师范大学出版社恢复建制。

是月　市印刷工业公司"七二一"工人大学更名为市出版印刷公司职工大学。1984年4月更名为市出版局职工大学。1989年2月更名为市新闻出版局职工大学。

是月　上海古籍出版社开始出版《陈寅恪文集》(7种9册),1982年2月出齐。

8月15日　《辞海》(1979年版缩印本)由上海辞书出版社出版。

是月　陈遵妫著《中国天文学史》第1册由上海人民出版社出版。第2至4册分别在1982、1984、1989年出版。

同月　市政府同意恢复郊区各县新华书店实行市、县双重领导体制,即县店人事、财务、业务归市店管理,党、工、团组织及思想政治工作仍由县领导。

9月16—30日　上海人民美术出版社在香港三联书店举办书籍绘画展览,展出美术图书141种,年画、连环画、宣传画原稿及上海知名画家油画、版画、水彩画等原作204件,参观者2万余人次。

9月21日　上海召开《辞海》出版汇报大会。市委领导彭冲、王一平、陈沂和国家出版局代局长陈翰伯到会祝贺。《辞海》主编夏征农主持会议,副主编罗竹风汇报《辞海》修订出版情况。

是月　上海人民出版社出版《做一个合格的共产党员》,发行达700万册。

同月　上海书店与香港商务印书馆签订补偿贸易协定,引进小型胶印设备2台。上海书店成立影印厂。

同月　中国药理学会主办的《中国药理学报》创刊,月刊,2001年9月增补中科院上海药物研究所为第二主办单位。

10月27日　国家出版局、教育部联合发出通知,聘请吕叔湘、王力、叶圣陶、朱德熙、陈原、陆宗达、张世禄、张政烺、周有光、周祖谟、俞敏、姜亮夫、倪海曙、徐震堮14人为《汉语大词典》学术顾问,吕叔湘为首席顾问,增补编委会成员21人,陈落为编委会副主编。

是月　上海人民出版社开始出版《陈望道文集》(4卷),1983年出齐。

11月13日　国务院批转国家出版局、国家人事局制订的《编辑干部业务职称暂行规定》。

11月25—28日　市出版局召开书刊印刷会议,通过《关于书刊印刷调度工作的规定》《关于书刊印刷短版印件印刷工价、纸张伸放和考核的补充办法》。1981年1月10日起实行。

是月　上海人民出版社出版白寿彝主编的《中国通史纲要》。

同月　上海人民出版社和上海古籍出版社向社会公开招聘编辑,在众多应聘者中,上海人民出版社录取10名,上海古籍出版社录取11名,1981年1月起陆续报到。

同月　上海书店影印《中国现代文学史参考资料》第一种《徐志摩年谱》,到1988年12月共出版十辑100种,后续印"文学研究会""创造社""新月派""京派""海派""现代都市小说"六个专辑,共60种。

12 月 10 日　在日本东京举办的"野间儿童图书插图奖"评选揭晓,少年儿童出版社出版的《中国古代寓言》(守株待兔、滥竽充数)获一等奖(作者张世明),上海人民美术出版社出版的《孙悟空三打白骨精》获三等奖(作者赵宏本、钱笑呆)。

12 月 16 日,上海人民美术出版社和南斯拉夫评论社在贝尔格莱德举行合作编辑出版的大型画册《中国》出版仪式。画册为 8 开本,收有彩照 200 余幅,用英、法、德、日、意多个语种出版。这是改革开放后上海在海外的第一个合作出版发布活动。

是月　市委决定,宋原放任市出版局局长。

是年　全市各出版社出版图书 2 396 种,其中新书 1 846 种,再版重印 550 种,总印数 5.62 亿册(张)。

1981 年

1 月 6 日　上海市出版工作者协会成立,李俊民当选为主席。中国出版工作者协会副主席陈原到会祝贺。

1 月　上海人民美术出版社社长李槐之等出访南斯拉夫,为大型摄影画册《西藏》定稿。

同月　上海人民美术出版社与日本京都美乃美出版社合作出版《中国陶瓷全集》第一、二册。

2 月 18 日　文化部、国家出版局、中国美术家协会在北京举办全国第二届连环画授奖会。上海贺友直、汪观清等的 21 种作品获奖,赵宏本、张乐平、颜梅华获荣誉奖。

2 月　上海人民美术出版社和日本美乃美出版社合作出版《中国农民画》日文版。

是月　少年儿童出版社主办的《儿童文学选刊》《巨人》创刊。《儿童文学选刊》为月刊;《巨人》为季刊,后改双月刊。

同月　上海人民出版社编审胡道静被选为国际科学史研究院通讯院士。这是改革开放后上海出版界人士在国际组织获得的第一个终身荣誉称号。

4 月 27 日　上海市印刷技术协会成立,万启盈当选为理事长。

5 月 23 日　1980 年度全国书籍装帧优秀作品评选揭晓,上海范一辛、陶雪华、陆震伟等 18 人获奖。

5 月 28 日　复旦大学出版社成立。

是月　上海文艺出版社主办的《小说界》创刊,季刊。1984 年改双月刊。

同月　上海外文书店等在上海展览馆举办美国书展,展品 18 000 种,包括图书、复印机、阅读机、电化教育用品等。

6 月 1 日　中国出版对外贸易总公司上海分公司成立。

6 月 29 日　中共中央总书记胡耀邦对上海科学技术出版社出版的《副业生产手册》作出批示,希望征求农村干部的意见,使这本书有更长久的生命力。

是月　少年儿童出版社主办的《娃娃画报》创刊,月刊。

同月　中国作协上海分会、少年儿童出版社等在儿童文学作家陈伯吹捐献 5.5 万元稿费的基础上设立儿童文学园丁奖,每年评奖一次,以鼓励儿童文学创作。1988 年,儿童文学园丁奖更名为陈伯吹儿童文学奖。

7 月 1 日　学林出版社成立。

9 月 6—20 日　首届上海书市在上海展览馆(北馆)举办,展销书刊 2 万多种,销售图书 400 万册,接待读者 24 万人次。

9 月 17 日　人民文学出版社新版《鲁迅全集》(16 卷本)由上海中华印刷厂排印出齐,在鲁迅诞辰 100 周年前夕向全国发行。

9 月 18 日　上海画报社成立。

10 月 28 日　中共中央办公厅向国家出版局并教育部、上海市委等转发《关于加强〈汉语大词典〉工作的报告》,要求有关省市委和有关部门予以更大支持,保证《汉语大词典》完成出版。

11 月 4 日　上海教育书店开业。

11 月 7—10 日　上海书画出版社、上海书店参加香港集古斋等联合举办的中国近代画展。

11 月 19—28 日　中国图书进出口总公司和上海外文书店联合举办联邦德国施普林格出版社医学书刊展览,展出书刊 500 多种。

是月　上海书店影印邹韬奋主编的《生活日报》《大众生活》(香港版)。

同月　上海文艺出版社出版国内第一部将帅回忆录《刘伯承回忆录》,后加印 7 次,印数超过 26 万册。

12 月 5 日　市出版局召开古籍整理出版工作座谈会,30 位专家学者出席。

12 月 10 日　国家出版局、国家文物局联合发出《关于允许中国书店上海书店到全国各地收购古旧书刊的通知》。

是月　上海人民美术出版社出版《朱屺瞻画集》《刘海粟油画选集》《长江》《中国新兴版画五十年(1931—1981)》和《红楼梦》连环画等。

同月　市出版工作者协会主办的 1980 年度优秀图书、优秀编辑评选揭晓。

是年　全市各出版社出版图书 2 801 种,其中新书 1 949 种,再版重印 852 种,总印数 6.01 亿册(张)。出版期刊 266 种,平均期印数 1 873 册,总印数 1.22 亿册。

1982 年

1 月 18 日　市出版局召开图书发行工作会议,提出解决发行工作中供需、产销和社店之间矛盾的一些设想。

是月　上海画报社主办的《上海画报》创刊,双月刊。1999 年第六期改为月刊。

同月　中科院上海技术物理研究所和中国光学学会主办的《红外研究》创刊,双月刊,1991 年更名为《红外与毫米波学报》。

同月　学林出版社为老中医何时希自费出版《何嗣宗医案》《横泖病鸿医案》。

2 月 10—12 日　上海教育出版社和新华书店上海发行所召开中小学教学挂图出版发行工作座谈会。

2 月 15 日　上海辞书出版社和日本东方书店签订合作出版《简明同义辞典》(日文版)协议。

是月　上海人民出版社开始出版《章太炎文集》(6 卷),1986 年 12 月出齐。

3 月 1 日　少年儿童出版社和香港新雅文化事业有限公司签订协议,合作出版《中国童话》繁体字版。

3 月 31 日　少年儿童出版社和中国国际书店签订出版《中国寓言》外文版协议,其中英文版 3 万套、法文版 7 000 套、德文版 4 000 套、西班牙文版 7 000 套,由中国国际书店在国外发行。

是月　中国药学会和上海市医药管理局科技情报所主办的《新药与临床》创刊,双月刊。1998

年更名为《中国新药与临床杂志》，改月刊。

4月6—10日　1983年度全国年画订货会议在上海举行。

5月21日　首届儿童文学园丁奖授奖大会在上海举行，辽宁吴梦起、山东邱勋获一等奖，12人获优秀奖。

是月　上海辞书出版社出版《绘图儿童成语辞典》。

同月　上海人民出版社出版龚清浩、徐政旦主编的《会计辞典》，累计印数97万册。

同月　上海人民出版社出版《塑造美的心灵：李燕杰报告集》，累计印数422万册。

6月1日　上海文艺出版社庆祝建社30周年，周扬、夏衍、叶圣陶、夏征农、匡亚明等发来贺信、贺电和纪念文章。巴金抱病撰文《对默默无闻者的极大敬意——为上海文艺出版社成立三十周年而作》。

6月12—18日　文化部在北京召开全国图书发行体制改革座谈会。7月10日下发《关于图书发行体制改革工作的通知》，提出在全国组成一个以新华书店为主体，多种经济成分，多条流通渠道，多种购销形式，少流转环节的图书发行网，简称"一主三多一少"。

是月　新华书店上海发行所沪太路新仓库竣工通过验收，发行所储运部迁入。

7月15日　上海辞书学会成立，汤季宏当选为会长。1989年11月更名为上海市辞书学会。

是月　上海书画出版社主办的《书与画》创刊，月刊。

8月16日　上海人民美术出版社庆祝建社30周年，江丰、华君武发来贺信。

8月25日　上海文化出版社恢复为上海文艺出版社副牌。

9月24日　上海社会科学院出版社成立。

是月　上海辞书出版社出版《简明社会科学词典》。

同月　上海人民出版社和日本萨伊玛尔出版会合作出版《将军与孤女》，中文版印数为6.5万册、日文版印数为1万册。

同月　上海市古籍整理出版规划小组成立，市委宣传部副部长陈其五任组长，舒文等任副组长，王元化等25人任顾问。

10月　为祝贺中国科技史专家李约瑟80寿辰，上海古籍出版社出版《中国科技史探密》（国际版）。

10月—12月　上海辞书出版社出版《辞海·语词增补本》《辞海·百科增补本》。

11月6—21日　以中国出版工作者协会副主席许力以为团长，上海市出版局局长宋原放为副团长的中国出版代表团访问英国。

11月14日　由上海10家出版社和上海新华书店共同投资、管理的全国第一家省际联营沪渝书店在重庆开业。

11月23日　上海艺术书店开业。

12月16日　市出版工作者协会举行"生活·读书·新知书店"革命出版工作50年纪念会，市长汪道涵、市委书记夏征农和邹韬奋夫人沈粹缜等出席并讲话。

12月25日　上海书店启动《申报》影印工程。影印本根据上海图书馆收藏的全套原版报纸，按时间顺序分为400卷。

12月28日　少年儿童出版社在市少年宫举行建社30周年座谈会。市委副书记、宣传部部长陈沂到会讲话。

是月　上海出版系统原有私方人员661人，经市出版局根据中央政策规定，266人改定为劳动者,占 40%。

同月　市出版工作者协会主编的《出版史料》由学林出版社出版。1985 年起改出季刊。

同月　上海文艺出版社启动《中国新文学大系》第二辑(1927—1937)编撰工作。社长兼总编辑丁景唐和老出版家赵家璧等在北京、上海拜访叶圣陶、周扬、夏衍、聂绀弩、吴组缃、巴金、丁玲、师陀等作家。

是年　全市各出版社出版图书 3 395 种,其中新书 2 057 种,再版重印 1 338 种,总印数 6.06 亿册(张)。出版期刊 308 种,平均期印数 2 203 册,总印数 2.31 亿册。

1983 年

1 月 20 日　上海省版书店开业。

1 月 22 日　上海书店成立出版部。

是月　少年儿童出版社主办的《故事大王》创刊,丛刊。1984 年改双月刊,1985 年改月刊。

同月　上海译文出版社编辑吴莹赴英国牛津巴兹尔·布莱克威尔出版社进修编辑出版业务。

同月　中国化学会和中科院上海有机化学研究所《化学学报》增出英文版,开始为半年刊,后改季刊、双月刊。1990 年更名为《中国化学》,改月刊。

2 月 7 日　上海市古籍整理出版规划小组召开会议,市领导汪道涵、夏征农到会讲话。

是月　上海批发书店开业。

3 月 18 日　上海新华书店创办上海有声读物公司。1985 年 1 月公司归市出版局领导,1988 年 5 月更名为上海声像读物出版社。1991 年 12 月更名为上海声像出版社。1999 年 11 月主管单位变更为上海新汇光盘(集团)有限公司。

3 月 24 日　中国作协在北京举行全国优秀新诗(诗集)、报告文学、短篇小说、中篇小说评奖授奖大会,上海文艺出版社《流沙河诗集》、舒婷诗集《双桅船》,《小说界》中篇小说《苦夏》《普通女工》,《收获》中篇小说《人生》《祸起萧墙》《驼峰上的爱》《远去的白帆》,《文汇月刊》报告文学《海河边的一间小屋》《与祖国的文明共命运》和短篇小说《老霜的苦闷》获奖。

3 月 25 日　新华书店总店在北京召开表彰先进大会。上海南京东路新华书店等 10 家书店被评选为全国红旗单位。

是月　经文化部出版局批准,上海辞书出版社成立发行所自办发行。上海文艺出版社、上海古籍出版社、上海科学技术出版社、上海人民美术出版社、少年儿童出版社、华东师范大学出版社等在委托新华书店上海发行所发行的同时,开始建立发行部门,开拓销售渠道。

同月　文汇报和市新闻学会主办的《新闻记者》创刊,月刊。

同月　上海教育出版社为新疆维吾尔自治区印刷维吾尔文版中小学教学挂图,首批 29 种发往新疆。

4 月 9 日　上海翻译出版公司成立。

4 月 11 日　上海书店与中国书店、扬州古籍书店在扬州联合召开全国古旧书店工作座谈会,全国 39 家古旧书店参加。

4 月 30 日　文化部在北京召开科技成果授奖大会,上海印刷技术研究所 13 个项目获奖,占全部出版印刷科技成果四分之一。

5 月 10 日　学林出版社在文艺会堂举行《中国历代服饰》出版新闻发布会。

6月6日　中共中央、国务院发布《关于加强出版工作的决定》,对全党完成拨乱反正和中国进入社会主义建设新时期后出版工作的指导思想和工作方针作出了全面系统的阐述和规定。市出版局多次组织各出版社领导学习,认真领会和贯彻新时期出版工作的指导思想和工作方针。

6月25日　上海交通大学出版社成立。

7月6日　1982年度全国优秀科技图书发奖大会在北京举行。上海科学技术出版社出版的《晶体生长的物理基础》《中国花生栽培学》《肺癌》《防火检查手册》和上海科学技术文献出版社出版的《离散数学》获奖。

7月22日　文化部出版局在西安召开全国出版系统税后利润集中和使用问题座谈会。8月27日,文化部、财政部下发《关于集中部分省市出版部门税后利润的通知》。

7月28日　新华书店总店在太原召开全国新华书店发展集体个体书店经验交流会。至此,上海新发展集体书店(亭)53个,个体书店和书贩29个,大集体书店(亭)21个。

7月29日　中国出版工作者协会主办的首届全国通俗政治理论读物授奖大会在北京举行。上海人民出版社出版的《中国通史纲要》《浅谈毛泽东思想》《简明哲学原理》《政治经济学教材》获奖。

8月中旬　市出版工作者协会举办1982年度优秀书籍装帧设计评选,上海各出版社118种书籍参评,24种入选装帧设计优秀书籍。

是月　上海书店重印杜重远《狱中杂感》,纪念杜重远逝世40周年。

9月29日　由中国美术家协会、中国出版工作者协会举办的全国宣传画展在上海美术馆开幕。11月21日在北京举行授奖大会,上海人民美术出版社参展作品获一等奖1个,二等奖3个,钱大昕、翁逸之、哈琼文获荣誉奖。

10月8日　上海印刷学校举行建校30周年庆祝会。

10月20日　市出版局下发《重申关于出版管理有关规定的通知》。

是月　市委、市政府决定,宋原放任市出版局党委书记,王国忠任市出版局局长。

11月8日　为纪念徐光启逝世350周年,上海古籍出版社出版线装本《徐光启著译集》。

11月13日　中国出版工作者协会在桂林阳朔举行首届出版研究年会,上海马飞海、宋原放、赵家璧、吉少甫等参加,宋原放在会上作"迫切需要建立社会主义出版学"的发言。

12月19日　全国书刊印刷企业整顿工作会议在上海召开。

12月31日　上海远洋航海图书公司成立。1994年3月15日更名为上海远洋运输公司海图公司。

是月　上海辞书出版社出版《中国历史大辞典·史学史卷》《唐诗鉴赏辞典》。

同月　上海书店影印《王国维遗书》《佩文韵府》《明实录》。

同月　上海人民美术出版社出版《上海博物馆藏明清折扇书画集》《贺天健画集》《中国绘画史》。

同月　上海人民出版社开始出版《柳亚子文集》(5种6册),1987年出齐。

是年　全市各出版社出版图书3 653种,其中新书2 254种,再版重印1 399种,总印数4.65亿册(张)。出版期刊349种,平均期印数2 572册,总印数2.51亿册。

1984 年

1月20日　上海旅游书店开业。

1月26日　《辞海》编委会召开主编扩大会议,通过《辞海》(1979年版)修订方案。后市委宣传部批复同意《辞海》编委会夏征农、罗竹风关于修订《辞海》(1979年版)的报告。市委宣传部、市教卫办要求有关单位将修订工作列入科研规划。

是月　上海人民出版社出版刘国光主编《中国经济发展战略问题研究》、廖盖隆著《全国解放战争简史》。

同月　上海人民出版社修订出版《编辑工作手册》。

2月17日　少年儿童出版社与中国出版对外贸易总公司上海分公司合作出版《宝船》《神笔》《金瓜儿、银豆儿》《哪吒闹海》英文版盒装本,向国外发行。

是月　上海书店重印《四部丛刊》。

3月28日—4月1日　上海市辞书学会等在上海举办第一次全国年鉴编纂经验交流会。

4月12日　中宣部出版局、文化部出版局在北京召开《中国美术全集》编辑出版工作会议。上海人民美术出版社、上海书画出版社承担部分编辑出版任务。

5月1日　上海人民出版社和牛津大学出版社(香港)合作出版《中国古代青铜器》英文版。

5月5日　上海各界人士纪念韬奋逝世40周年座谈会在市政协礼堂举行。市政协主席李国豪主持座谈会,市委第二书记胡立教讲话。萨空了、沈粹缜、张承宗、吉少甫、陆诒、方学武等发言。

5月20日　同济大学出版社成立。

6月2日　由上海市出版工作者协会和香港三联书店联合举办的上海书展在香港大会堂开幕,上海出版代表团团长宋原放等为开幕式剪彩。书展展出上海出版物6 000种,其中精品出版物600种,9天接待观众6万人次。

6月14日　全国优秀通俗历史读物颁奖大会在北京举行。上海人民出版社、上海科学技术出版社、上海教育出版社7种图书获奖。

6月17日　全国第二次书刊印刷优质产品表彰大会在北京举行,上海140种产品受到表彰,其中中华印刷厂48种,名列全国第一,上海美术印刷厂和商务印书馆印刷厂各25种,并列全国第二。

是月　上海教育出版社《长江万里行》《黄河万里行》由日本恒文社棒球杂志社在日本翻译出版。

7月10日　1983年度全国优秀科技图书在北京举行颁奖大会,上海科学技术出版社出版的《人类的智能》《中国棉花栽培学》《妇产科理论与实践》和上海科学技术文献出版社的《中国骨科技术史》获奖。

7月24日　少年儿童出版社举办首届全国故事大王选拔邀请赛,12省市25位小故事员参加,评出12位全国故事大王。

7月30日　市出版工作者协会召开印刷、书店革命史编写会议,确定成立商务工人革命斗争史、中华工人革命斗争史、富通事件、利群书报发行所事件、书店斗争史、上海印联6个专题编写小组。市委顾问张祺、市党史征集办公室副主任马飞海到会讲话。

9月1日　上海新华书店在衡山宾馆举行茶话会,庆祝上海新华书店建店35周年、新华书店上海发行所成立30周年。市委宣传部部长王元化、新华书店总店经理汪轶千及上海市出版局领导到会祝贺。

9月3日　市出版局职工大学及上海电视大学出版局辅导站开学。职大有学员176人,辅导站有学员153人。

9月3日　英中了解协会主席李约瑟在学者胡道静陪同下访问上海古籍书店。

9月15日　上海工具书店开业。

9月17日 《中国新文学大系》第二辑(1927—1937)由上海文艺出版社出版。

是月 上海新华书店发行学校停办。上海新华书店职工中等专业学校成立。

10月5日 美籍物理学家杨振宁访问上海书店及上海古籍书店。

10月21日—11月4日 上海市出版局局长王国忠随中国出版代表团访问英国。

11月1日 市出版局、市出版工作者协会邀请商务印书馆总经理陈原作世界新技术革命对出版工作挑战的报告。

11月5日 文化部发出《关于调整图书定价的通知》。

11月10日 上海新华书店组建的上海书刊服务公司开业。

同日 上海新华书店省版图书门市部主办的省版图书展销会在市工人文化宫开幕,全国104家出版社参加,展出图书近万种。

11月23日 上海书店更名为上海图书公司,出版图书仍用上海书店名称。

11月 由上海各出版社和上海新华书店投资联营的东方图书公司成立。

12月8日 为祝贺巴金80诞辰,市出版局、市文联和中国作协上海分会等在文艺会堂举办巴金书刊著作展览。

12月12日 上海市连环画研究会成立,杨涵当选为会长。

是月 香港商务印书馆和学林出版社合作出版的《中国服饰五千年》(英文版)在海外发行。

同月 上海人民美术出版社出版《吴昌硕作品集》《中国雕塑史图录》。

是年 全市各出版社出版图书3 848种,其中新书2 328种,再版重印1 520种,总印数5.37亿册(张)。出版期刊402种,平均期印数3 502册,总印数3.1亿册。《故事会》《青年一代》期印数超过500万册,《民主与法制》《文化与生活》《看图说话》《电影故事》《上影画报》期印数超过100万册。

1985 年

1月3日 少年儿童出版社主办的《幼儿文学》报创刊,半月刊。

1月9日 上海艺苑真赏社重新开业。

1月19日 由市出版工作者协会主办的上海市优秀图书(1982—1984)评选揭晓,《上海经济(1949—1982)》等24种图书获奖。画册《中国服饰五千年》获美国、民主德国书籍奖。中国出版工作者协会副主席赵家璧、市出版局局长王国忠向获奖者颁发奖状。

1月30日 市出版工作者协会和上海古籍出版社举行茶话会,祝贺上海古籍出版社名誉社长李俊民从事文化出版工作55周年。

是月 上海书店成立《申报索引》编委会,牵头组织上海图书馆《全国报刊索引》编辑部、中国大百科全书出版社上海分社《中国百科年鉴》编辑部、华东师范大学图书馆学情报系、上海大学文献信息管理系和上海师范大学图书馆等单位近百位专家学者开始编纂《申报索引》。

同月 上海印刷技术研究所《印刷技术动态》更名《印刷杂志》,公开发行。

2月5日 上海中医学院出版社成立。

2月6日 上海辞书出版社举行茶话会,庆祝老编辑杨荫深从事出版工作50年、王知伊从事出版工作40年。

2月13日 新华书店上海发行所被新华书店总店评为年度全国"最佳发运店"。

2月24日 上海画报社更名为上海画报出版社。

3月2日　文汇报主办的《文汇读书周报》创刊。

3月22日　新华书店上海发行所开设上海版图书贸易中心（原为延安东路新华书店）。

是月　经过两年整顿，上海出版印刷公司和上海出版物资公司24家厂完成企业整顿验收工作。

4月18日　上海教育出版社在北京科学会堂举行《华罗庚科普著作选集》出版发行仪式，华罗庚接受赠书并讲话。

是日　上海印刷技术研究所"照排系统精密型数字字库及字体"获文化部文化科技成果二等奖。

4月30日　上海外文书店改为上海外文图书公司。

4月30日—5月6日　1985年上海国际书展（上海国际图书博览会）在上海展览中心举行，展出16个国家和地区113家出版社的1.1万多种图书，这是改革开放后国内第一个大规模国际书展，由上海外文书店更名的上海外文图书公司和香港国际展览公司等联合举办。

5月15日　中宣部出版局在济南召开全国图书评论工作会议。7月24日，文化部出版局转发中宣部《关于印发〈全国图书评论工作会议纪要〉的通知》。

5月16日　文汇出版社成立。

是月　少年儿童出版社与市教育局、团市委、市妇联等8个单位联合举办全市小青蛙讲故事邀请赛，近万名小朋友参加，评出44名获奖者，辅导老师获园丁奖。

6月9日　市出版局顾问、市印刷技术协会理事长万启盈等随中国印刷代表团赴香港参加第三届世界印刷会议。

6月15日　由上海市文化局主管的上海韬奋纪念馆改由上海市出版局主管。

6月22日　上海市编辑学会成立，宋原放当选为会长。

7月7—28日　上海市出版工作者协会副主席吉少甫率中国出版代表团赴英国考察出版机构经营管理。

是月　少年儿童出版社举办《少年科学》创刊100期纪念活动，周培源、苏步青、李国豪、谢希德、金善宝、王淦昌等科学家分别题词表示祝贺。

8月1日　少年儿童出版社和香港华汉文化事业公司合作出版《上下五千年》《世界五千年》繁体字版。

8月20—21日　应国家出版局邀请，苏联出版代表团一行3人访问上海，与上海出版界进行交流座谈。市出版局局长王国忠、市出版工作者协会副主席宋原放等会见代表团。

8月30日　上海市古籍整理出版规划小组召开会议。王元化任组长，宋原放、方行、章培恒、郭豫适、钱伯城、魏同贤任副组长，蔡尚思等31人任顾问。会议审议了《1982—1990年上海古籍整理出版规划》。

是日　上海古籍出版社影印出版《林则徐书札手稿》，纪念林则徐诞辰200周年。

9月21—25日　上海教育出版社在浙江淳安召开"中学生文库"出版规划会议，学者吕叔湘、刘佛年、谷超豪、卢鹤绂和国家出版局局长边春光等出席。截至2010年，"中学生文库"出版超过300种。

9月24日　上海书画出版社（朵云轩）举行用木版水印工艺印制的明代《十竹斋书画谱》豪华本、仿古本发行仪式。

是月　历时3年半的全市基层新华书店企业整顿工作通过验收。

10 月 16 日　少年儿童出版社和香港上海书局协议出版《一年级小朋友的书》(5 种)繁体字版。12 月底,更名《小泰莱莎》以盒装本在香港推出。

11 月 2 日　市出版工作者协会举行开明书店创建 60 周年纪念座谈会。汪道涵、叶至善到会祝贺并讲话。

11 月 5 日　中国图书进出口总公司上海分公司成立。1991 年 9 月 23 日更名为中国图书进出口上海公司。

11 月 20 日　由人民出版社、中国青年出版社和上海人民出版社出版的"祖国丛书"在北京王府井新华书店举行出版发行仪式,胡乔木、朱厚泽、朱穆之等出席。

12 月 5—30 日　少年儿童出版社和新华书店上海发行所在上海、重庆、太原联合召开看样订货会,迈出图书发行体制改革重要一步。

是月　上海人民美术出版社出版《黄宾虹画集》《金梅生作品选集》《李慕白、金雪尘年画选》《簪花仕女图》《河南汉代画像砖》和潘天寿著《中国绘画史》。

同月　上海人民出版社"中国文化史丛书"第一批图书《中西文化交流史》《中国甲骨学史》《中国彩陶文化》出版。第二批《禅宗与中国文化》《中国染织史》《方言与中国文化》《楚文化史》《中国古代戏剧史》1986 年陆续出版。

同年　全市各出版社出版图书 4 176 种,其中新书 2 634 种,再版重印 1 542 种,总印数 4.96 亿册(张)。出版期刊 491 种,平均期印数 3 423 册,总印数 3.45 亿册。《故事会》《青年一代》《故事大王》《看图说话》《上影画报》期印数超过 100 万册。

1986 年

1 月 1 日　上海法学书局开业。

1 月 7 日　国务院副总理李鹏参观上海图书公司及上海古籍书店。

1 月 9 日　上海辞书出版社在上海召开《汉语大词典》(第一卷)出版发行会议,28 个省、自治区、直辖市新华书店经理参加。2 月 3 日,国家出版局下发做好《汉语大词典》征订发行工作的通知。

1 月 15 日　上海科学技术出版社在文艺会堂举行成立 30 周年纪念会,市长江泽民到会祝贺。

1 月 18 日　由三联书店《读书》主办,上海博物馆、市出版工作者协会和《文汇读书周报》协办的傅雷家书墨迹展在上海开幕。

2 月 25 日　《书讯报》与上海各出版社联合举办上海版新书发布会。

是月　市编辑学会主办的《编辑学刊》《杂家》创刊,均为双月刊,学林出版社出版。

同月　上海科学技术出版社主办的《上海服饰》创刊。开始为季刊,1993 年改双月刊,1999 年改月刊。

3 月 1 日　由《文汇读书周报》主办的首届文汇书展开幕,市长江泽民参观书展并题词：建设精神文明 振兴四化大业。文汇书展后连续 12 年每年举办,并成立东方书林俱乐部,与湖南省新闻出版局共同组织湘版读书俱乐部等,推荐好书,推广阅读。

3 月 6—9 日　中国出版工作者协会召开第二次会员大会。王子野当选为主席,上海宋原放、赵家璧等当选为副主席。

3 月 11 日　上海教育出版社《看图说话》出版 100 期。全国政协副主席、全国妇联主席康克清发来贺信,全国妇联书记处书记范崇嬿专程来上海祝贺。

是月　学林出版社出版"青年学者丛书",有多种图书填补中国经济学科空白,引起中国经济理论界关注。

4月7日　国家出版局局长边春光在上海新华书店调研。

4月22日　国家教委在北京召开《教育大辞典》编纂会议,上海教育出版社承担辞典出版任务。

4月29日　全国优秀青年读物授奖大会在北京举行,上海人民出版社《塑造美的心灵:李燕杰报告集》获一等奖。

5月15日　中宣部部长朱厚泽、文化部副部长高占祥到上海图书公司调研。

5月16日　上海人民出版社在文艺会堂举行庆祝建社35周年茶话会,市委书记芮杏文等到会讲话,石西民、杨西光专程从北京赶来祝贺。会前,上海人民出版社向本社49位老出版工作者颁发荣誉证书。

6月12日　中共中央政治局委员胡乔木到汉语大词典编纂处调研,对《汉语大词典》编纂工作给予具体指导。

6月19日　市出版工作者协会召开第二次会员代表大会,宋原放当选为主席。

7月14日　国家出版局发出《关于实施〈中国标准书号〉的通知》,1987年1月1日起实施。1988年1月1日,中国标准书号取代全国统一书号。

7月20日　少年儿童出版社和香港上海书局合作出版《司马光救小朋友》《马神医挑徒弟》《曹冲称象》繁体字版和英文版。

是月　上海文化出版社出版"五角丛书",第一批3辑共30种。截至1995年底,累计出版15辑150种,平均每种印数超过50万册。

8月6日　市政府发布《上海市图书报刊市场管理规定》,9月1日起施行。

8月29日　上海企业家书店开业。

8月30日　三联书店上海分店成立。1998年7月24日更名为上海三联书店。

是日　上海文艺出版社和香港三联书店合作出版《故宫博物院藏宝录》。

是月　上海科学技术出版社与美国约翰·威利父子出版公司就引进《图解量子力学》中文版签约。这是改革开放后上海从海外引进图书版权的第一例。

9月1日　上海大学书店开业。

9月5—11日　首届北京国际图书博览会在北京举行。来自35个国家、地区和国际组织的1 055家出版机构、5万余种图书参展。市新闻出版局组织上海11家出版社组团参加,参展图书660余种。至2010年,北京国际图书博览会举办了十七届,市出版局(市新闻出版局)组织上海各出版社参展,与国外及港台出版商洽谈合作。

9月6日　由上海新华书店和解放日报、文汇报、新民晚报、上海人民广播电台、上海电视台联合主办的1986年上海书市在上海展览中心开幕。市长江泽民出席开幕式剪彩并题词:愿上海书市为大家提供更多更好的精神食粮。书市举办15天,接待读者20多万人次,销售各类图书25万册。

9月10日　立信会计图书用品社恢复建制;上海科技教育出版社成立;上海科学普及出版社恢复建制。

9月17日　上海出版社经营管理干部联谊会成立,张瑛文当选为会长。1991年7月,联谊会更名为上海出版社经营管理协会。

9月19日　1979—1985年上海市哲学社会科学优秀成果评奖揭晓。上海辞书出版社出版的《辞海》(1979年版)获特等奖。上海人民出版社出版的《章太炎思想研究》《西方史学史概要》《蔡元培传《中国古代哲学的逻辑发展》（上、中、下）《柏拉图哲学述评》《社会必要产品伦》《政治经济学》《中国经济思想史》（下）《中国经济发展战略研究及文集》《会计词典》、上海文艺出版社出版的《文学沉思录》《〈雷雨〉人物谈》、上海译文出版社出版的《新英汉词典》、上海古籍出版社出版的《洪升年谱》、上海教育出版社出版的《现代汉语》《教育心理学——学与教的原理》、上海辞书出版社出版的《中国历史大词典·宋史卷》《简明社会科学词典》、上海外语教育出版社出版的《现代英国小说史》和华东师范大学出版社出版的《中国人口地理》（上）20 种图书获优秀著作奖。

10 月 14 日　上海辞书出版社《汉语大词典》（第一卷）出版发行仪式在北京王府井书店举行，中共中央政治局委员胡乔木出席并讲话。

10 月 23 日　上海古籍出版社出版反映中国传世古籍善本总貌的大型目录工具书《中国古籍善本书目》第一部《经部》，发行仪式在锦江小礼堂举行。

10 月 31 日　上海古籍出版社在文艺会堂举行庆祝建社 30 周年座谈会。市委书记芮杏文和上海文学、出版、新闻界 300 人出席。

是月　中共中央政治局常委、中纪委第一书记陈云为商务印书馆上海印刷厂建厂 90 周年题词：发扬革命传统，做好印刷工作。

同月　市委决定，袁是德任市出版局代理党委书记。1987 年 1 月任市出版局局长、代理党委书记。

11 月 17 日　上海医科大学出版社、华东化工学院出版社成立。

11 月 18 日　汉语大词典出版社成立。

11 月 25 日　上海辞书出版社和汉语大词典编纂处在和平饭店联合举行《汉语大词典》（第一卷）出版发行新闻发布会，市委书记芮杏文、市长江泽民和国家出版局局长边春光出席。《汉语大词典》（第一卷）国内预订 12 万部，英、美、日、德、加、澳等国预订 3 000 多部。

是月　上海书店与文物出版社、天津古籍出版社联合影印出版《道藏》第一册。全部 36 册 1988 年 3 月出齐。

12 月 12 日　上海书店在北京民族文化宫召开影印全套重庆《新华日报》发行会议，全国人大常委会副委员长朱学范等到会讲话。

是月　上海书店和上海古籍出版社影印出版《二十五史》，包括《二十四史》和《清史稿》，其中《二十四史》采用涵芬楼影印清武英殿本，《清史稿》采用关外二次印本，拼版缩印，全书 12 册。

同月　上海新华书店新建的七宝书库竣工，总面积为 11 800 平方米，由市店、黄浦区店、徐汇区店、卢湾区店、静安区店和中国科技图书公司共同使用。

是年　全市各出版社出版图书 4 531 种，其中新书 3 045 种，再版重印 1 486 种，总印数 3.66 亿册（张）。出版期刊 541 种，平均期印数 3 071 册，总印数 3.03 亿册。

1987 年

1 月 1 日　市长江泽民到中华印刷厂向节日坚持生产赶印《上海投资环境和涉外经济法规》的职工祝贺新年。

是日　上海出版印刷公司改为经营性公司，所属印刷厂由市出版局领导。

1 月 5 日　上海文艺出版社举行《巴金六十年文选》出版发行仪式，并邀请作家柯灵等作"巴金与中国文化"的报告，祝贺巴金从事文学创作 60 年。

1月11日　《辞海》编委会召开《辞海》(1989年版)修订工作汇报会。市领导芮杏文、江泽民和老领导汪道涵听取汇报并讲话。《辞海》主编夏征农、常务副主编罗竹风、副主编巢峰等出席。

1月27日　新闻出版署在哈尔滨召开1987年度科技进步奖评审会。上海印刷器材制造厂、上海印刷技术研究所、上海外文图书公司获奖。

是月　市出版局举行新春联谊会,市长江泽民到会讲话。

同月　上海辞书出版社与三联书店香港分店合作出版《汉语大词典》(第一卷)香港版,在海外发行。

2月17日　上海音乐出版社恢复为上海文艺出版社副牌。

是月　上海书店影印出版民国时期大型综合性画报《良友》画报第一册。

3月5日　商务印书馆在和平饭店举行创立90周年纪念会。商务印刷厂恢复原名商务印书馆上海印刷厂。

3月6日　《书讯报》和上海图书馆联合创办全国新书展销厅,并举行上海版新书发布会。

4月21日　上海新华书店庆祝新华书店总店建店50周年,向从事图书发行工作30年以上老同志颁发荣誉证书。

4月24日　上海生活书店开业。

4月29日　1986年度孙冶方经济科学奖在北京授奖。上海人民出版社出版的《社会必要产品论——社会主义政治经济学探索》《论联产承包责任制》和学林出版社出版的《国际竞争论》获奖。

是月　上海图书公司在文庙举办首届古籍书展。

5月21日　新闻出版署、全国妇联等联合举办幼儿图书授奖大会,少年儿童出版社、上海教育出版社获奖。

5月24日　由上海市出版工作者协会、上海出版社经营管理干部联谊会主办的上海出版社首届联合书市暨全国少儿书市在上海展览中心开幕,市领导江泽民、刘振元、陈铁迪和老领导汪道涵等出席。书市接待读者10万人次,营业额518万元。

5月27日　为加强对全市新闻出版工作的管理,市政府决定,撤销市出版局,建立市新闻出版局。

6月8日　上海新华书店首次试行租赁经营,闸北区店彭浦新村第二门市部租赁给职工个人经营,店名改为"闻喜书店"。

6月25日　中国韬奋基金会在北京成立,张友渔为主席,巴金、叶圣陶、沈粹缜等为名誉理事。基金会常设机构设在上海。

7月4日　新加坡出版印刷贸易代表团参加在上海举行的新加坡图书展,与上海近20家出版社、印刷厂洽谈合作。

7月17日　首届中国图书奖评选揭晓,颁奖大会在北京举行。上海古籍出版社出版的《中国古籍善本书目(经部)》、学林出版社出版的《社会主义宏观经济分析》、上海人民出版社出版的《禅宗与中国文化》、少年儿童出版社出版的《少年自然百科辞典》(生物、生理卫生)获奖。

是月　市委、市政府决定,袁是德任市新闻出版局局长、局代理党委书记。

同月　上海三联书店策划"当代经济学系列丛书",分"当代经济学文库""当代经济学译库""当代经济学教学参考书系""当代经济学新知文丛"四个系列,由上海三联书店、上海人民出版社联合出版。截至2010年底共出版近300种,其中12种获孙冶方经济科学奖。

9月5日　全国优秀科普作品授奖大会在北京举行。上海教育出版社、上海科学技术出版社6

种图书获奖。

9月8日　上海辞书出版社和国家民委文化司等在北京举行《民族词典》出版发行新闻发布会。

9月9日　中国出版工作者协会在北京举行首届中国韬奋出版奖授奖大会。上海人民美术出版社范志民、少年儿童出版社鲁兵获首届中国韬奋出版奖。

9月15日　上海印刷学校升格为大专,受新闻出版署和上海市政府双重领导,1992年4月更名为上海出版印刷高等专科学校。

是月　上海新华书店及各区(县)店、专业书店共23个独立核算单位与有关部门签订"确保基数承包"或"上缴财政收入目标承包"合同。

10月6日　上海科学技术出版社在第39届法兰克福书展单独设立展台,引起国际出版界关注。《解放日报》刊登报道《国际书展上第一个中国展台》。

是月　上海教育出版社《语文学习》出满100期,周谷城、叶圣陶、秦牧等寄语祝贺。编辑部在西安、成都、武汉、广州、北京、上海召开纪念座谈会,吕叔湘、朱德熙、张志公、叶至善等出席。

11月3日　中国印刷技术协会在北京举行首届毕昇印刷技术奖颁奖大会,上海印刷学校吕纪、上海凹凸彩印厂陈岳兴获首届毕昇印刷技术奖。

11月13日　日本新闻学会学术交流访华团访问上海人民出版社。

11月18日　南京东路新华书店"学术书苑"开业。

12月25日　百家出版社成立。

12月28日　由国家教委主办的全国高等学校优秀教材评选揭晓,21种教材获奖,上海科学技术出版社出版的《计算机硬件实验教程》《人体解剖挂图》获特等奖。

是月　上海书店影印全套400卷《申报》出齐。

同月　上海人民美术出版社出版《安徽博物馆藏青铜器》《吴湖帆画集》《法国绘画史》。

同月　上海古籍出版社出版《华阳国志校补图注》《敦煌歌辞总汇》《黄侃手批说文解字》。

是年　上海译文出版社出版"当代学术思潮译丛",丛书以鲜艳的明黄作为封面、封底的底色,被学界和读者称为"黄皮书"。

同年　全市各出版社出版图书5 103种,其中新书3 151种,再版重印1 952种,总印数4.26亿册(张)。出版期刊546种,平均期印数3 058册,总印数3.13亿册(张)。新华书店上海发行所储运部发运图书320万件,为历史最高纪录。

1988 年

1月1日　中国科技图书公司与上海新华书店脱钩,隶属市新闻出版局。

1月11日　上海辞书出版社和上海市美协、上海中国画院在静安宾馆举行《中国美术辞典》出版发行仪式。

1月18日　上海市新闻出版局局长袁是德等赴香港与三联、中华、商务香港总管理处洽谈沪港合作事宜。

是日　上海辞书出版社和北京新华书店在北京人民大会堂举行《经济大辞典》(财政卷)出版新闻发布会。

同日　美国中英译会代表团访问上海译文出版社,洽谈合作出版《英汉大词典》事宜。

同日　法国阿歇特出版集团组团访问上海译文出版社,洽谈合作出版《世界时装之苑》。

是月　《汉语大词典》从第二卷起改由汉语大词典出版社出版。

3月26日—4月4日　由新闻出版署等主办的首届全国图书交易会暨上海出版社第二届联合书市、全国地方科技出版社首届联合书市、全国古籍出版社首届联合书市、全国大学出版社第二届联合书市、港台图书展销等在上海黄浦区体育馆同时举行，订货码洋2040万元。全国100多家出版社、500家书店参加。

5月6日　中宣部、新闻出版署发出《关于当前出版社改革的若干意见》和《关于当前图书发行体制改革的若干意见》。《关于当前出版社改革的若干意见》提出要逐步实行社长负责制。根据中宣部、新闻出版署要求，市新闻出版局在上海辞书出版社实行社长负责制。随后，汉语大词典出版社、上海教育出版社、上海古籍出版社、学林出版社、上海三联书店、上海科技教育出版社、上海书画出版社、上海文艺出版社、上海科学技术出版社、少年儿童出版社、上海译文出版社及上海翻译出版公司等也相继实行社长负责制。

是日　市印刷技术协会召开三届一次理事会，陈振康当选为理事长。

5月11日　少年儿童出版社和台湾童年书店合作出版《十万个为什么》繁体字版。台湾童年书店同时委托少年儿童出版社组织大陆画家为其《中国名人传》《幼儿新故事》绘制画稿。

5月13日　台湾商务印书馆总经理张连生参观商务印书馆上海印刷厂。

5月24日　新华书店上海发行所实行承包经营责任制，与市新闻出版局、市财政局第四分局签订为期5年的合同。

是月　市版权处成立，为市政府领导的版权管理机构，统一管理全市图书、期刊、音像、影视及文化艺术、科学技术、建筑设计等的版权工作。

6月30日　由原市轻工业局包装行业管理处转制的上海包装装潢公司成立。

是月　上海译文出版社与法国阿歇特出版集团合作出版的《世界时装之苑》创刊。这是改革开放后中国内地第一本与外国版权合作的期刊。开始为季刊，1995年改为双月刊，1997年改为月刊。

7月5日　新闻出版署下发《关于重申严禁淫秽出版物的规定》和《关于出版物封面、插图和出版物广告管理的暂行规定的通知》。市新闻出版局转发并作出补充规定。

7月14日　市新闻出版局、市出版工作者协会向从事出版工作30年以上的老同志颁发荣誉证书。

7月20—30日　中国出版对外贸易总公司及上海分公司在上海图书馆举办新西兰图书展。

8月6日　新闻出版署批准上海书店为正式出版单位。

8月22日　上海市新闻出版局和三联书店、中华书局、商务印书馆香港总管理处发起的第一届沪港出版年会在上海举行。年会以研究出版、交流经验、洽谈合作为宗旨，由沪港双方轮流主办，两年一届，到2006年共举办十届。

是月　受市政府委托，市新闻出版局编辑、设计、印制《上海投资环境和涉外经济法规》，获全国优秀对外出版物金鸡奖。

9月5日　市人大常委会副主任李家镐及部分市人大代表到市新闻出版局视察图书报刊市场管理工作。

9月9日　上海文艺出版社为老编辑赵家璧、秦瘦鸥、朱曼华80寿辰举行祝寿活动。

9月14日　第二届中国图书奖颁奖大会在北京举行。上海人民出版社出版的《生命伦理学》获荣誉奖。

9月15日　市人大常委会主任叶公琦、副主任陈铁迪及部分市人大代表来市新闻出版局视察

《上海市青少年保护条例》执行情况。

是月　罗马尼亚政治出版社代表团访问上海人民出版社。

10月1日　上海音乐书店与上海新华书店脱钩,隶属市新闻出版局领导。

10月8日　少年儿童出版社和香港纪元电脑排版有限公司协议合作出版《新编十万个为什么》图画本繁体字版。

10月20—25日　中国出版对外贸易总公司等主办,中国出版对外贸易总公司上海分公司和中国科技图书公司协办的海峡两岸图书展览会在中国科技图书公司举行,展出大陆版图书2万多种,台湾版图书4 000余种,隔绝两岸出版交流近40年的坚冰开始打破。

11月1日　少年儿童出版社和台湾智茂文化事业有限公司协议合作出版《中国古代寓言》《中国古代科学家的故事》《中国古代劳动人民的创造发明》等5种图书繁体字版。

11月3日　市新闻出版局、市工商局联合发出通知,自12月1日起,凡在上海市从事图书报刊批发零售业务的单位和个人,须申领经营许可证。

11月16日　上海教育出版社举行庆祝建社30周年座谈会。

11月18日　上海人民出版社和台湾星光出版社协议合作出版《中外史地知识手册》繁体字版。

11月29日　1988年上海市"十佳期刊"评选揭晓。《世界之窗》《书林》《现代家庭》《语文学习》《故事会》《收获》《青年一代》《小朋友》《科学画报》《大众医学》获"十佳期刊"称号。

是月　上海市印刷技工学校设置平版印刷、平版制版、凸版印刷、凸版制版等专业,招收初中毕业生,学制3年。1999年4月更名为上海新闻出版职业技术学校。

12月1日　上海辞书出版社举行庆祝建社30周年座谈会。

12月23日　中国国际图书贸易总公司在上海召开关于中文图书出口和合作出版外文图书座谈会。

12月25日　新闻出版署、国家工商行政管理局发出《关于加强集体、个体、私营书店(摊)管理的暂行规定的通知》。

12月26日　第二届全国通俗政治理论读物授奖大会在北京举行。上海人民出版社出版的《名誉：人的第二生命》《新编中国史话》、上海教育出版社出版的《法律纵横谈》和上海三联书店出版的《历史与现实》获奖。

12月30日　上海各出版社和上海新华书店、上海书店、上海外文书店联合举办第三届联合书市在上海展览中心举行,展出图书1万多种,订货码洋2 400万元。市委副书记、宣传部部长陈至立、老领导汪道涵等出席开幕式。

是月　上海市图书报刊市场管理处成立,负责制定图书报刊市场管理的各项规章制度,对从事发行业务的单位和个人进行指导,承担书刊市场稽查工作,查禁淫秽出版物,打击非法出版活动。

是年　东方编译所成立。汪道涵任学术委员会主任,委员有夏征农、王元化等。

同年　全市各出版社出版图书5 538种,其中新书3 658种,再版重印1 880种,总印数4.33亿册(张)。出版期刊533种,平均期印数2 624册,总印数2.66亿册。《青年一代》《故事会》《剑与盾》《故事大王》《上海故事》《看图说话》《小朋友》《娃娃画报》《现代家庭》期印数在40万册以上。

1989 年

1月5日　市新闻出版局设立学术著作出版基金,当年拨款300万元,支持局属出版社出版优秀学术著作、社会效益好的重点图书和对繁荣上海出版事业有促进作用的著述。

1月18日　上海古籍出版社和苏联科学院东方文献研究所就影印出版列宁格勒所藏敦煌文献签署会议纪要,影印出版工作列入中俄文化交流项目。

1月21日　上海书店出版周谷城主编的"民国丛书"第一编。截至1996年底共出版五编,收入民国时期学术著作1 082种,合订500册。

1月31日　上海市印刷二厂、上海市印刷六厂从捷克购置四开四色机试生产成功。

2月2日　上海人民出版社出版的《上海市民办事指南》首发式在南京东路新华书店举行。

2月10日　市版权处、市图书报刊市场管理处对上海机电工业局印刷厂擅自翻印销售人民音乐出版社《克莱德曼演奏的钢琴轻音乐曲选》《巴赫初级钢琴曲集》的侵权行为进行查处,责令作出检查,赔偿经济损失,追缴非法所得,没收尚存图书。

2月23日　上海美术印刷厂、上海市印刷二厂、上海市印刷七厂、上海市印刷十一厂印制上海人民美术出版社出版的《中国美术全集》4个分册印刷质量优秀,市新闻出版局召开总结授奖大会予以嘉奖。

是月　市委决定,潘维明任市新闻出版局党委书记。

3月15日　市委书记江泽民为《辞海》(1989年版)题词:发扬一丝不苟、字斟句酌、作风严谨的"辞海"精神,为提高中华民族的文化素质而努力。

是日　市新闻出版局召开合作出版研讨会,副局长刘培康和有关出版社社长、总编辑,市有关部门专家及版权工作者出席研讨。

5月3日　在莱比锡国际书籍艺术博览会上,朵云轩木版水印印制的明代《十竹斋书画谱》获最高奖——国家大奖,上海书店出版的《丁丑劫余印拓》获银奖,学林出版社出版的《中国历代服饰》获铜奖,上海人民美术出版社出版的《鲁迅与书籍装帧》获荣誉奖。

5月6日　上海文化出版社出版《性风俗》一书,违反党和国家民族宗教政策,受到严肃查处。

5月10日　新闻出版署发出《认真检查涉及民族、宗教问题书刊的通知》。

5月19日　市新闻出版局局长袁是德因病逝世。

5月30日　文化部、新闻出版署下发《关于加强书刊市场管理工作的通知》。

6月1日　全国少儿读物优秀编辑奖评比揭晓,少年儿童出版社的《少年自然百科辞典》(生物生理卫生分册)《虎孩》《中外影视名曲选》《儿童小说创作论》获优秀编辑奖。

6月8—17日　上海辞书出版社和台湾东华书局有限公司、中华书局(香港)有限公司签订合作出版《辞海》(1989年版)繁体字台湾版、香港版协议。

6月18日　汉语大词典出版社与台湾东华书局有限公司签订在台湾地区出版《汉语大词典》繁体字版协议。

是日　市委宣传部决定每年拨款200万元,建立上海市马克思主义学术著作出版基金,用以扶持马克思主义学术著作的出版。

7月1日　经修订的《上海市图书报刊市场管理规定》由市政府发布,7月15日起执行。

7月3日　中国图书进出口总公司上海分公司等联合举办1989年上海进口图书展览开幕,20个国家和地区100多家出版社参加。

7月24日　上海文艺出版社和上海博物馆联合举行《上海博物馆藏宝录》出版新闻发布会。

8月1—5日　新闻出版署第三次科技进步评奖会议在烟台召开,上海印刷技术研究所柔性版中试生产线等4个项目获奖。

8月22日　市出版工作者协会和市新闻出版局各民主党派联合举行近代出版家章锡琛诞辰100周年纪念会。

8月24日　中共中央、国务院召开全国整顿清理书籍、报刊及音像市场的电话会议,中共中央办公厅、国务院办公厅下发《关于整顿、清理书报刊和音像市场严厉打击犯罪活动的通知》。

8月28日　第三届中国图书奖评奖揭晓。上海三联书店出版的《社会主义微观经济均衡论》、学林出版社出版的《中国历代妇女妆饰》、上海书画出版社出版的《沙孟海书法集》获荣誉奖。

是日　上海译文出版社出版《英汉大词典》(上)。

9月8—17日　上海新华书店在上海美术馆举办1989上海书展,市委副书记、宣传部部长陈至立等参加开幕式。书展接待读者3万人次,销售图书10万册,约27万元。

9月12日　上海辞书出版社召开《辞海》(1989年版)出版新闻发布会,市委副书记、宣传部部长陈至立,老领导汪道涵和《辞海》主编夏征农等出席。

9月15日　市委、市政府召开上海市整顿清理书报刊及音像市场会议,动员部署上海市“扫黄”工作。市政府发布《关于查禁不良出版物的通告》。

9月18日　上海书画出版社举行董其昌国际学术研讨会,美国、日本、英国等8个国家和地区59位专家出席,上海市副市长刘振元到会致贺。

9月22日　少年儿童出版社召开“少年文库”和《世界儿童文学名著故事大全》《彩图世界名著100集》新书介绍会。

9月26日　上海人民出版社召开《上海人民革命史画册》出版新闻发布会。画册收入1 600幅反映百年来上海人民革命斗争历程的重要历史图片。市委副书记、宣传部部长陈至立等出席。

10月3日　朝鲜民主主义人民共和国主席金日成授予曾在朝鲜工作的中国专家、上海译文出版社副编审高宗文二级友谊勋章,授予其夫人刘锦岫友谊奖章,表彰他们为两国文化交流作出的贡献。

10月5日　由市新闻出版局、市出版工作者协会主办的上海市优秀图书(1985—1988)评选揭晓,《辽宁博物馆藏画》《申报》(影印)等91种图书获奖。

是日　中国大百科全书出版社上海分社副牌社知识出版社(沪)违反规定与上海艺术家杂志社协作出版《世界人体摄影艺术》明信片。新闻出版署批复同意上海市新闻出版局处理意见:销毁全部成品和半成品,不得发行,没收非法所得并处以罚款。

10月14日　中共中央办公厅、国务院办公厅发出《关于压缩整顿报刊和出版社的通知》。上海开展调研,着手压缩整顿报刊和出版社工作。

10月21日　唐振常主编的《上海史》由上海人民出版社出版。

是月　市委决定,冯士能任市新闻出版局党委代理书记。

同月　少年儿童出版社《少年文艺》《小朋友》《少年科学》等和台湾《小鹰日报》联合举办的第一届儿童文学创作奖评选揭晓,少年儿童出版社获一等奖1名,二等奖6名,三等奖14名。

11月4日　上海印刷技术研究所周寿彭获第二届毕昇印刷技术奖。

11月5日　在奥地利维也纳召开的世界航海模型联合会代表大会上,上海科技教育出版社出版的《中学科技》被授予荣誉奖章。

11月25日　新闻出版署、国家工商行政管理局联合发布《关于加强集体、个体、私营书店(摊)管理的暂行规定》。

11月26日　市政府发布《上海市查禁有害出版物暂行规定》,12月5日起实施。

12月2日　首届全国编辑出版理论优秀图书评奖授奖大会在北京举行,学林出版社出版的《韬奋与出版》,上海科学技术出版社出版的《科普编辑概论》获奖。

是月　上海人民出版社出版张岱年主编的《中华的智慧——中国古代哲学思想精粹》。

同年　全市各出版社出版图书6 765种,其中新书4 960种,再版重印1 805种,总印数3.28亿册(张)。出版期刊527种,平均期印数1 793册,总印数1.86亿册。

1990 年

1月20日　上海翻译出版公司出版江泽民译著《机械制造厂电能的合理使用》。

是月　中科院上海生物细胞研究所主办的《细胞研究(英文)》创刊。创刊时为半年刊,1998年改为季刊,2002年改为双月刊,并改由中科院上海生命科学研究院生物化学与细胞生物学研究所主办,2007年增加中国细胞生物学会为第二主办单位。

2月12日　新闻出版署批复同意上海停办《文汇月刊》等19种期刊,9种内容相近的期刊合并。

2月26日　市新闻出版局拨款700万元,设立出版、印刷和发行三项基金,分别用于学术著作出版、印刷技术改造和发行网点建设。

2月28日　上海文艺出版社首届长篇小说大奖评选揭晓,《皖南事变》获二等奖,《危楼记事》《橄榄》获三等奖,另有4部小说获提名奖。

3月9日　少年儿童出版社和台湾牛顿出版股份有限公司合作出版《故事大王》台湾版。

3月11—14日　上海出版社第四届联合看样订货会在仙霞宾馆举行,订货码洋2 885万元。

3月20日　新闻出版署在郑州召开全国书刊印刷定点工作会议,下发《关于实施书刊印刷定点制度有关问题的通知》。

4月4日　上海图书公司等合资组建上海香港三联书店有限公司成立。

4月9—18日　新闻出版署署长宋木文在上海调研,并召开上海、江苏、浙江三省市新闻出版局和山东出版总社负责人座谈会。

4月21日　市新闻出版局所属企业首次评出48名工人技师。

5月21日　上海新华书店、少年儿童书店联合举办的'90上海少儿书展开幕,展出全国近百家出版社3 000多种图书。

是月　上海人民出版社出版《青年人生观向导》,李瑞环、朱学范、康克清、项南等题词。

6月5日　上海人民出版社和台湾丹青图书有限公司协议合作出版《上海浦东开发简介》《上海概览》繁体字版,少年儿童出版社和新加坡泛太平洋出版有限公司协议合作出版《365夜故事图画本》《365夜谜语》新加坡中文版。

6月10—15日　市出版工作者协会和少年儿童出版社联合举办少儿读物编辑培训班,16省市24家出版社近50名学员参加,陈伯吹、任大霖等为培训班授课。

6月30日　上海重新换发书报刊印刷许可证工作基本完成。登记的印刷企业1 885家,其中书刊印刷厂263家,包装印刷厂1 059家,其他563家。从业人员14万人。

是月　上海人民出版社出版任继愈主编《中国道教史》。

7月5日　上海人民出版社在北京人民大会堂举行《马克思主义哲学导读》首发式,习仲勋、廖汉生和60多位专家学者出席。

7月19日　中国意大利印刷培训中心在上海出版印刷高等专科学校成立。

8月8日　新闻出版署决定，徐福生任中国大百科全书出版社上海分社社长、总编辑。

8月18日　少年儿童出版社和台湾全美出版社签订《彩图全本三国演义》《彩图世界名著100集》《彩图中国古典名著100集》《水浒》（连环画）和《上下五千年》《中国古代寓言》《聊斋故事》等图书台湾版版权贸易协议。

8月22日　上海教育出版社出版的《教育大辞典》（1至5卷）首发式在北京人民大会堂举行。中共中央政治局委员、国务委员兼国家教委主任李铁映会见《教育大辞典》主编、副主编和编印发代表。

8月30日—9月12日　由市新闻出版局、新华书店总店、上海新华书店主办的第三届全国书市在上海展览中心举行，全国230家出版社4万多种图书参展，书市接待读者22万人次，销售图书144万册。

8月31日　第四届中国图书奖在北京颁奖。上海译文出版社出版的《英汉大词典》（上）和上海人民出版社出版的《中国印刷史》、上海外语教育出版社出版的《朱生豪传》分别获一、二等奖，另有3种图书受评委提名表扬。

是月　经市委宣传部批准，市新闻出版局重组上海出版印刷公司，委托公司行使对11家中小型书刊印刷企业的行政管理职能。

9月2日　由新闻出版署主办的全国期刊展在北京开幕，4 000余种期刊参展。上海有15种期刊获奖，《上海画报》等获印刷质量一等奖。

9月4—7日　台北出版人访问团访问上海，与上海出版界人士座谈，并参观了第三届全国书市。

9月8日　科学出版社和上海古籍出版社在北京联合举行李约瑟主编的《中国科学技术史》第1卷《导论》、第2卷《科学思想史》和第5卷第1分册《纸和印刷》中译本首发式。

是日　上海体育书店开业。

9月14日　市印刷技工学校新校舍落成，举行开学典礼。

9月22日　少年儿童出版社和台湾纪元电脑排版有限公司协议合作出版《新编十万个为什么》图画本繁体字版。

是日　上海新闻出版发展公司、市印刷二厂等合资上海安全印务有限公司成立。

10月17日　由上海图书公司、上海三联书店和香港三联书店合资经营的上海香港三联书店门店开业，老领导汪道涵等出席开业仪式。

11月2—3日　中国韬奋基金会、上海市新闻出版局和上海韬奋纪念馆等联合举办韬奋研究首届学术研讨会。

11月6日　上海文艺出版社赵家璧获第二届中国韬奋出版奖。

11月8日　上海翻译出版公司更名为上海远东出版社。

11月12—16日　少年儿童出版社和中日儿童文学交流上海中心联合召开上海儿童文学研讨会，国内外140多位作家、理论家、出版家参加。

11月22—27日　上海国际印刷设备和技术展览在上海展览中心举行。

12月4日　上海中华印刷厂等21家印刷厂被新闻出版署确定为国家定点企业。

是月　上海人民美术出版社出版大型摄影画册《上海》和《苏黄米蔡墨迹大观》《朱屺瞻百岁画集》《石涛》《吐鲁番伯孜克里克石窟》等图书。

是年　全市各出版社出版图书7 767种，其中新书4 887种，再版重印2 880种，总印数2.98亿册（张）。出版期刊522种，平均期印数1 735册，总印数1.73亿册。

1991 年

1月16日　新闻出版署公布1990年度科技进步奖获奖项目。上海印刷技术研究所4个项目获奖。

1月24日　上海市书刊发行业协会成立，赵世杰当选为会长。2007年6月更名为上海市书刊发行行业协会。

1月28日　少年儿童出版社和新加坡新亚出版社签订《新编十万个为什么》新加坡版出版合同。

是月　《中国新文学大系》第三辑（1937—1949）由上海文艺出版社出版。

3月2—3日　上海出版社第五届联合看样订货会在宝山宾馆举行，订货码洋5 000万元。

3月14日　市九届人大常委会第二十五次会议通过《上海市图书报刊市场管理条例》，7月1日起施行。

是月　中国革命博物馆编纂的《中国共产党70年图集》由上海人民出版社出版。中共中央总书记、国家主席江泽民题词：为国为民、矢志不渝；前仆后继，百折不挠；愚公移山、众志成城；任重道远、自强不息。

5月4日　上海出版印刷公司徐志放、上海人民机器厂施旦民获第三届毕昇印刷技术奖。

6月16日　少年儿童出版社和台北博远出版有限公司签订《彩图幼儿知识百科》台湾版版权贸易协定。

6月19日　上海人民出版社建社40周年座谈会在上海展览中心友谊会堂举行。中共中央总书记、国家主席江泽民题词：社会主义的思想阵地，人民群众的良师益友。市委副书记陈至立、老领导汪道涵及专家学者和各界代表出席。

6月22日　中共党史出版社出版的《上海商务印书馆职工运动史》首发式在市工人文化宫举行。

是日　少年儿童出版社向350位《少年文库》作者、编辑授奖。

7月　上海人民美术出版社出版《西藏艺术》绘画卷、民间工艺卷、雕刻卷。

是月　上海龙樱彩色制版有限公司成立。

8月1日　新闻出版署批复同意上海外文图书公司恢复部分外国和港澳台报刊进口业务。

8月2日　苏联儿童出版社原总编辑雷平、艺术部主任齐雅娜访问少年儿童出版社。

9月12日　新闻出版署发出《关于控制新出图书品种的通知》。

10月9—15日　由市科委、市新闻出版局和解放日报、文汇报、新民晚报等主办、中国科技图书公司和上海外文图书公司协办的首届上海科技博览会科技书市在上海展览中心举行，展出全国400余家出版社2.5万种科技图书及音像制品、仪器、电脑软硬件等，接待读者5.2万余人。

10月14日　全国优秀美术图书评选在北京颁奖。上海29种图书获奖。

11月16日　首届全国优秀外国文学图书奖颁奖会在北京举行。上海译文出版社出版的"外国文学名著丛书""二十世纪外国文学丛书""外国文学研究资料丛书"和《安娜·卡列尼娜》《泰戈尔抒情诗选》《海涅诗选》分别获特别奖和一等奖。全国优秀外国文学图书奖共评选过6次，上海译文出版社等先后有近 30 种图书(丛书)获奖。

11 月 21 日　上海医学书店开业。

是月　市委决定,冯士能任市新闻出版局党委书记。

12 月 4 日　《人民日报》转发《新闻出版报》报道,上海译文出版社按照国际版权贸易惯例,从海外购买世界畅销小说《斯佳丽》版权,获得在中国大陆独家出版权。

12 月 25 日　以杜淑贞为顾问、任大霖为团长的上海儿童文学界代表团赴香港参加沪港儿童文学研讨会。

12 月 26 日　第五届中国图书奖在北京人民大会堂颁奖。学林出版社出版的《隋唐文化》、上海人民出版社出版的《中国文化史》获一等奖,上海三联书店出版的《公有制宏观经济理论大纲》获评委提名表扬。

12 月 27 日　中日合资上海西口印刷有限公司成立,这是改革开放后上海第一家中外合资印刷企业。

是月　上海人民美术出版社出版《宋徽宗赵佶全集》、杨仁恺著《国宝沉浮录》、刘旦宅绘《杜甫》连环画等。

同月　上海书店开始出版《中国近代文学大系》,12 集 30 卷,2 000 万字。1996 年出齐。

是年　全市各出版社出版图书 8 141 种,其中新书 4 756 种,再版重印 3 385 种,总印数 3.10 亿册(张)。出版期刊 504 种,平均期印数 1 749 册,总印数 1.79 亿册。《青年一代》《故事会》《故事大王》《康复》期印数超过 50 万册。

1992 年

1 月 15 日　上海召开"扫黄"工作会议,市委副书记陈至立出席并讲话,市委宣传部副部长龚心瀚作工作部署。

1 月 24 日　由市新闻出版局、市出版工作者协会主办的上海市优秀图书评选(1989—1990)揭晓,《英汉大词典》《辞海》(1989 年版)等 57 种图书获奖。

1 月 28 日　中国出版对外贸易总公司上海分公司并入上海外文图书公司,更名为上海图书出版贸易公司。

是月　市委、市政府决定,徐福生任市新闻出版局局长。

2 月 27 日　《汉英综合辞典》由上海外语教育出版社出版。

2 月 28 日　上海画报出版社举行庆祝建社 10 周年茶话会。中共中央总书记江泽民为《上海画报》题词:弘扬民族文化,展现现代风采。

2 月 29 日　上海文艺出版社举行编辑、校对人员错别字改正考试,包括社长、总编辑在内共 110 人参加。

是月　少年儿童出版社出资 20 万元设立儿童读物发展基金。

3 月 10 日　全国古籍整理图书奖颁奖大会在北京举行。上海古籍出版社、上海书店多种图书获奖。

3 月 20—22 日　新华书店上海发行所和上海各出版社联合举办图书联合看样订货会在宝山宾馆举行,订货码洋 7 300 万元。

4 月 6 日　中顾委常委胡乔木为南京东路新华书店题词:做好图书发行工作,做读者的良友。

4月14日　日本编辑出版学校代表团访问上海,与上海出版印刷高等专科学校开展出版教育学术交流。

5月6—8日　新闻出版署在上海召开全国书稿档案工作会议,讨论出版社书稿档案工作规定。

5月8—18日　上海新华书店、上海艺术书店举办'92上海艺术图书大联展,汪道涵、金炳华、夏征农等领导参观。全国50多家出版社5 000多种艺术书刊参展。中国图书进出口总公司上海分公司与日本出版贩卖株式会社主办的日本艺术图书展同时进行,展出日本近年出版的艺术类图书700多种。

5月20日　上海人民出版社出版的《中国共产党70年图集》获第一届精神文明建设"五个一工程"奖。

5月27日—6月3日　南京东路新华书店、少年儿童出版社和《文汇读书周报》联合举办的全国优秀少年儿童读物展,展出1 000余种优秀读物。

6月6日　上海文艺出版社举行建社40周年纪念会,市委副书记陈至立,市委常委、宣传部部长金炳华到会祝贺。

6月14日　新闻出版署在北京召开1992年度科技进步奖评审会,评出25个获奖项目。上海印刷技术研究所等单位获奖。

6月26日　市科委、市新闻出版局、市科协联合举办首届上海优秀科技期刊表彰大会,《数学年刊A辑》《中国药理学报》《电世界》《科学画报》《科学》《大众医学》《上海服饰》《无线电与电视》被评为优秀期刊。

是月　中国微型小说学会成立,江曾培任会长。学会挂靠中国作协,办公地址在上海文艺出版社。

7月25日—8月4日　应日本国外务省邀请,市新闻出版局局长徐福生等赴日本访问,走访文化界人士并参观岩波书店等文化机构。

8月3—7日　新闻出版署在上海举办出版经营管理高级培训班,邀请英国出版管理专家洛克授课,湖南、陕西、上海等9省市部分出版社负责经营管理的领导参加。

8月17日　中国纺织大学出版社成立。

9月7日　《教育大辞典》(12卷)由上海教育出版社出齐。

9月12日　《政治经济学教材》1980年出版以来,累计发行达1 557万册。上海人民出版社奖励主编蒋学模2万元。

9月16日　上海交通书店开业。

9月17日　上海建筑书店开业。

9月18日　市卫生局、市书刊发行业协会、上海新华书店和上海医学书店在市工人文化宫举办首届全国医学图书展销,展出图书3 000多种。

10月9—15日　上海新华书店、上海省版书店在市工人文化宫举办'92全国地方版图书大联展,100多家出版社展出5 000多种新版图书。

10月13日　中国编辑学会在北京成立,刘杲任会长,上海宋原放等任副会长。

10月14日　国家版权局在北京举行中国加入国际版权公约新闻发布会。《保护文学艺术作品伯尔尼公约》《世界版权公约》10月15日和10月30日在中国生效。

10月14—17日　上海文艺出版社和华东地区其他6家文艺出版社在上海主办九十年代国际文艺图书出版合作研讨会,美国、日本、德国、澳大利亚、荷兰、韩国等国家及中国香港地区的专家就国际文艺图书出版合作与版权贸易展开研讨。

10月16—26日　上海图书出版贸易公司和香港三联书店联合主办的上海书展在香港举行,展出上海各出版社出版的图书6 000余种。

10月27日　中国辞书学会成立,曹先擢任会长,上海罗竹风等任顾问。

11月10日　市新闻出版局所属上海久远经营公司成立。

11月25—26日　京津沪三市新华书店举行业务技术竞赛,上海获团体总分第一名。

12月15日　中共中央政治局委员、国务委员李铁映到商务印书馆上海印刷厂调研。

12月18—20日　全国农村图书发行工作先进单位表彰大会在北京召开。上海金山县委、县政府和南汇县新华书店被评为先进单位。

12月26日　新闻出版署和人事部表彰全国新闻出版系统先进集体、先进工作者。上海译文出版社等7家单位获先进集体称号,叶麟鎏等8人被评为先进工作者。截至2006年,全国新闻出版系统先进集体、先进工作者先后表彰过三次,上海16家单位、15位个人获先进集体、先进工作者和劳动模范称号。

12月26—28日　国家科委、中宣部、新闻出版署在北京召开全国优秀科技期刊表彰及经验交流会。上海科学技术出版社《科学画报》《大众医学》《上海服饰》等获奖。

12月30日　第六届中国图书奖在深圳颁奖。上海人民出版社出版的《中国共产党70年图集》、上海文艺出版社出版的《中国新文学大系》第三辑(1937—1949)等5种图书获一、二等奖。

是月　由俄罗斯科学出版社东方文学部和上海古籍出版社合作出版的《俄藏敦煌文献(一)》问世。《俄藏敦煌文献》是《敦煌吐鲁番文献集成》主体部分之一。

是年　全市各出版社出版图书8 095种,其中新书4 179种,再版重印1 916种,总印数2.75亿册(张)。出版期刊527种,平均期印数1 794册,总印数1.84亿册。

1993 年

1月5—7日　上海出版社第七届联合看样订货会在千鹤、田林宾馆举行,订货码洋5 100万元。

2月15—21日　上海市新闻出版局和中国版协科技出版委员会主办的第三届全国地方版科技图书交易会在上海举行。30多家科技出版社的5 000多种图书参加,成交码洋3 000万元。

2月20日　上海朵云轩艺术品拍卖公司成立。

是月　中国和新加坡合资经营的上海丽佳分色制版有限公司成立。

3月17—26日　由新闻出版署等8单位联合举办第二届全国优秀少年儿童读物评奖在济南举行。少年儿童出版社、上海科学技术出版社、上海教育出版社、上海科学普及出版社获奖。

3月19—21日　中宣部、新闻出版署在上海召开加强书报刊市场管理工作(上海片)研讨会。

3月26日　世界图书出版公司上海公司成立。

是月　新华书店上海发行所被新闻出版署命名为全国新华书店图书储运"最佳发运店"。

4月14—18日　由中国图书进出口总公司、上海市出版工作者协会、上海广播电视发展公司与荷兰中港贸易中心主办的'93上海——鹿特丹中国文化节在荷兰鹿特丹市举行。中国17个省市70余家出版单位、音像公司、工艺品公司及新华书店、外文书店2 600余种图书、音像制品及工艺品、字画作品参展。

4月16—21日　第三届国际包装和印刷机械展览会在上海举行,日本、德国、印度以及中国香港、台湾等150余家厂商的包装设备、印刷机械和包装新技术、新材料参展。

4月28日　立信会计图书用品社更名为立信会计出版社。

是月　上海油墨厂杨海蛟获第四届毕昇印刷技术奖。

5月1日　由中国微型小说学会和新加坡作家协会发起,《小说界》等20多家报刊联合举办的"春兰·世界华文微型小说大赛"启动,冰心、汪道涵、夏征农、施蛰存、萧乾任大赛顾问,柯灵任组委会主任。获奖作品由上海文艺出版社结集出版。

5月24日　上海译文出版社吴莹获第三届中国韬奋出版奖。

6月20日　朵云轩首届中国书画拍卖会在希尔顿大酒店举行,吸引海内外艺术品收藏家和有志于艺术品投资的各界人士700余人参加。拍卖会总成交830万港币,张大千、任伯年两件书画作品成交价突破100万港元。截至2010年底,朵云轩共举办春、秋拍卖会34次,成交总额28.94亿元;拍卖交易会43次,成交总额2.93亿元。

7月6日　上海科学技术出版社《中国医学百科全书》93卷本出齐,在北京人民大会堂召开新闻发布会。

是月　市出版工作者协会和市编辑学会主办的《书城》创刊,月刊。1998年1月改由市出版工作者协会和上海三联书店主办。

8月4—7日　由上海教育学院、中国地图出版社主办的"面向21世纪的历史课程与教材"国际研讨会在上海举行。

8月9日　新闻出版署发出《关于在出版物上全面推广使用条码的通知》。

8月15日　上海图书公司所属专门经营线装古籍、新旧字画和旧期刊的上海博古斋开业。

8月18—30日　'93上海科技节科技书市在上海展览中心举行,3万余种科技图书、声像读物、音响设备、科技仪器及计算机软件参展。

8月24日　全国首家地方专业版权代理机构——上海市版权代理公司成立。公司先后在纽约、东京和斯图加特设立办事处。

8月24—25日　中国出版工作者协会举行第三次会员代表大会,宋木文当选为主席,上海徐福生等当选为副主席。

8月28日　上海新华书店图书批销中心开业。

是月　中国国际图书贸易集团有限公司上海分公司成立。

10月18日　上海译文出版社、上海科学技术出版社、少年儿童出版社被评为第一批全国优秀图书出版单位,受到中宣部、新闻出版署表彰。

10月27日　新闻出版署在上海召开会议庆祝《中国大百科全书》完成出版任务。市委书记吴邦国、市委副书记陈至立、新闻出版署署长宋木文等到会祝贺。

10月30日　第七届中国图书奖在广西南宁颁奖。上海书店出版的"新编文史笔记丛书"和上海科学技术出版社出版的《扫描隧道显微术及其应用》等6种图书获奖。

是月　上海人民出版社和香港智慧出版有限公司联合出版介绍市场经济知识的"市场经济学普及丛书",包括《大众市场经济学》《简明宏观经济学》《现代家庭经济学》等14种。

11月20日　市出版工作者协会召开第三次会员代表大会,徐福生当选为主席。

11月23日　沪港合资上海大一包装设计印刷有限公司成立。

是月　市委决定,王仲伟任市新闻出版局党委副书记,主持党委工作。

是年　全市各出版社出版图书7 721种,其中新书4 272种,再版重印3 449种,总印数2.26亿册(张)。出版期刊 535 种,平均期印数 1 667 册,总印数 1.82 亿册。

1994 年

1月 9—11 日 第八届联合看样订货会在田林宾馆举行,汇集沪版书近万种,其中初版新书 2 500 种,订货码洋 9 269 万元。

1月 30 日 第一届国家图书奖评选揭晓。上海人民美术出版社、上海书画出版社等出版的《中国美术全集》、上海辞书出版社出版的《辞海》(1989 年版)获荣誉奖;上海古籍出版社出版的《华阳国志校补图注》等 4 种图书获图书奖;上海人民出版社出版的《中国共产党 70 年图集》等 12 种图书获提名奖。

是月 中共中央总书记、国家主席江泽民为正在编写的《中华文化通志》(101 卷)题词:弘扬中华民族优秀文化传统,加强社会主义精神文明建设。

同月 市新闻出版局拨专款 150 万元,建立学术著作出版基金,支持鼓励各出版社多出优秀学术著作。

同月 上海文化出版社在衡山宾馆召开"市场经济热点系列丛书"首发式暨研讨会,老领导汪道涵、复旦大学校长杨福家、经济学家蒋学模和市新闻出版局副局长孙颙和丛书主编伍柏麟等出席。

2月 24 日 新闻出版署在北京召开辞书出版质量座谈会,中国社会科学院、北京大学、中国人民大学、北京师范大学和商务印书馆、上海辞书出版社、汉语大词典出版社等出版单位的 20 多位专家学者参加。

3月 11 日 当代中国出版社出版的《当代中国的上海》在上海首发,中共中央总书记、国家主席、中央军委主席江泽民题词:以史为鉴,继往开来,建设新上海。中共中央政治局常委、国务院副总理朱镕基作序。

3月 20—22 日 由中国出版工作者协会、中国出版工作者协会美术出版研究委员会主办的 1994 全国美术图书交易会在上海举行,40 家美术出版社参加,参展美术图书 7 000 余种,订货码洋 3 500 万元。

3月 26 日 由市新闻出版局、市出版工作者协会主办的上海市优秀图书(1991—1993 年 10 月)评选揭晓,《汉语大词典》《中国共产党 70 年图集》等 71 种图书获奖。

5月 10 日 《汉语大词典》编纂出版庆功会在北京举行。中共中央总书记、国家主席、中央军委主席江泽民,中共中央政治局常委、国务院总理李鹏会见与会专家学者。江泽民题词:弘扬中华民族优秀文化,建设社会主义精神文明。李鹏题词:继往开来,源远流长。《汉语大词典》12 卷,按部首编排,另有附录及索引 1 卷,全书 5 000 多万字,词语 37.5 万余条。

5月 17 日 第一届"巨人"中长篇儿童文学奖在上海颁奖。

6月 21 日 上海市第二届长中篇小说优秀作品颁奖仪式举行,上海文艺出版社出版的张炜《九月寓言》获长篇小说一等奖。

6月 23 日 上海市哲学社会科学优秀成果(1986 年 1 月—1993 年 12 月)颁奖会在上海举行,汉语大词典出版社出版的《汉语大词典》、上海译文出版社出版的《英汉大词典》获特等奖。

7月 4 日 上海新华书店音像公司成立。

7月 4—5 日 《续修四库全书》编纂工作会议在北京举行,上海图书馆名誉馆长、目录版本学家顾廷龙任主编,中国出版工作者协会主席宋木文任工作委员会主任。会议确定上海古籍出版社承担全书出版任务。

7月8日　上海译文出版社出版的《英汉大词典》(缩印本)获第三届精神文明建设"五个一工程"奖。

7月10—16日　由中国福利会、上海宋庆龄基金会、上海文化发展基金会联合举办的1994上海国际儿童文化艺术节及国际少年儿童读物展在上海举行。

7月16日　市委宣传部和市新闻出版局召开会议,表彰《汉语大词典》编撰人员,新闻出版署副署长刘杲到会表示祝贺,学术界、教育界、新闻界、出版界共400多人出席。

7月21日　上海市出版工作者协会与中国韬奋基金会、上海新闻工作者协会、上海韬奋纪念馆、三联书店上海联谊会、上海三联书店、上海香港三联书店联合举行纪念邹韬奋逝世50周年座谈会。市委常委、宣传部部长金炳华出席并讲话。

7月28日　上海故事家协会成立,何承伟当选为会长。

9月20日　华东化工学院出版社更名为华东理工大学出版社。

是月　在市新闻出版局职工大学、上海市印刷技工学校基础上组建的上海新闻出版教育培训中心成立,保留局职工大学、印刷技工学校及教育职能。

10月31日—11月1日　第四次中日出版教育交流会在上海出版印刷高等专科学校举行。

是月　上海电子出版公司成立。这是新闻出版署批准的全国第一家电子出版单位。

同月　上海书店出齐"新编文史笔记丛书"。丛书分4辑共50册,约500万字。

11月11日　中宣部、新闻出版署在北京召开第二批全国优秀出版单位表彰大会,上海辞书出版社受到表彰。

11月11—14日　新闻出版署在天津召开1994年度科技进步奖评审会,上海印刷技术研究所、上海印刷器材制造厂获奖。

11月28日　上海图书出版贸易公司恢复上海外文图书公司名称。

是日　由中国出版工作者协会、中国编辑学会主办的首届全国优秀中青年图书编辑评选揭晓,上海陈克俭、张良一、张建平、虞厚安4人获奖。全国优秀中青年图书编辑评选举办过五届,上海共有16人获奖。

12月17日　由团中央等4单位联合举办的中国青年优秀图书奖在北京颁奖。上海人民出版社、上海科技教育出版社、少年儿童出版社获奖。

12月21日　第八届中国图书奖评选在北京揭晓。上海人民出版社出版的"市场经济学普及丛书"、少年儿童出版社出版的"幼儿画库"等5种图书获奖。

是年　全市各出版社出版图书7 812种,其中新书4 382种,再版重印4 330种,总印数2.35亿册(张)。出版期刊556种,平均期印数1 569册,总印数1.72亿册。

1995 年

1月1日　上海文化出版社主办的《咬文嚼字》创刊,月刊。国家语委主任许嘉璐在创刊号发表文章《贺〈咬文嚼字〉创刊》。

1月5—8日　国家教委、新闻出版署召开第四次全国高校出版社工作会议,华东师范大学出版社、上海交通大学出版社、上海外语教育出版社等17家高校出版社受到表彰。

1月14日　市政府召开上海市知识产权工作会议,提出全年上海保护知识产权工作的目标,加大打击严重的侵权活动的力度。

1月16—20日　第九届联合看样订货会在上海市委党校举行。上海各出版社展出1万多种图书,订货码洋1.3亿元。

1月27日　上海印刷(集团)有限公司成立,隶属市新闻出版局。

是日　上海财经大学出版社成立。

是月　集金文研究大成的《金文大字典》由学林出版社出版。

2月11日　全国首家沪版图书专卖店在北京中国书店开业,汇集上海23家出版社6 000余种书刊。

2月13日　市新闻出版局所属中国科技图书公司和德国贝塔斯曼股份有限公司合资经营的上海贝塔斯曼文化实业公司开业。

2月14—21日　市书刊发行业协会和市出版社经营管理协会主办的'95年新春特价书市在市工人文化宫举行。

4月5日　由市出版工作者协会主办的上海市图书编校质量奖评选揭晓,在上海17家出版社参评的23种图书中,评出一等奖2名、二等奖1名、三等奖3名、鼓励奖9名。市出版工作者协会与市新闻出版局举办的'94上海优秀书籍装帧设计作品评选同时揭晓并颁奖。

4月15日　解放日报主办、《上海支部生活》编辑出版的《党课教材》创刊,双月刊。

5月11日　上海市版权保护协会成立,徐福生当选为会长。

5月18日　上海钟书实业有限公司成立。

5月22日　市印刷技术协会召开五届一次理事会,俞志惠当选为理事长。

5月26日　市委宣传部和《文汇报》向部分中小学生赠阅文汇出版社出版的《爱国诗选一百首》。

同月　市委党史资料征集委员会、市委党史研究室、市委宣传部党史资料征集委员会合编的《上海革命文化大事记》(1919—1937)由上海书店出版。

6月7日　上海文艺出版社在北京召开《中国新文学大系》第四辑(1949—1976)分卷主编会议,中宣部副部长龚心瀚和分卷主编王蒙等出席。

6月26日　市新闻出版局、《解放日报》《文汇报》《新民晚报》、上海文艺出版社和《咬文嚼字》联合举办报刊编校质量有奖竞查活动。当天《解放日报》第12版、《文汇报》第2版、《新民晚报》第7版获优胜版面称号。

6月29日　新闻出版署发出《关于转发上海市新闻出版局〈关于禁止用新闻形式进行企业形象广告宣传的通知〉的通知》。

7月20日　第一届国家辞书奖评选揭晓。上海辞书出版社和香港商务印书馆出版的《中国文物精华大全》、上海科学技术出版社出版的《中药大辞典》获一等奖。

8月25日　上海音乐出版社与美国威利斯公司授权来华寻求合作伙伴的美国雅歌文化公司签订合同,出版《约翰·汤普森钢琴教程》系列(三套九册)中文简体字版,享有中国境内的独有出版权。

8月31日　上海书城举行奠基仪式,市委副书记陈至立,市委常委、宣传部部长金炳华,副市长龚学平等出席。

是月　市委决定,郭开荣任市新闻出版局党委书记。

9月10日　展示中国古代小说风貌的《古本小说集成》由上海古籍出版社影印出版。

10月10日　新闻出版署表彰全国127家良好出版社，上海古籍出版社、上海科技教育出版社、上海交通大学出版社、上海外语教育出版社、上海文艺出版社、上海教育出版社、上海书画出版社、上海人民出版社、华东师范大学出版社、汉语大词典出版社受到表彰。

10月20日　中国大百科全书出版社上海分社和海峰印刷厂等联合组建的东方出版中心在上海成立。

10月23日　上海人民出版社出版的"邓小平理论与实践研究丛书"（10册）获第四届精神文明建设"五个一工程"奖。

是月　由张钟俊、殷之文、翁史烈、杨福家等各学科领域专家按专题撰写的《图说高新技术应用》由上海科学普及出版社出版。市委副书记陈至立作序。

11月5日　首都各界人士200多人在人民大会堂集会纪念韬奋诞辰100周年。中共中央总书记、国家主席江泽民为纪念大会题词。国务院总理李鹏、副总理邹家华等出席大会。上海人民出版社出版的《韬奋全集》（14卷）首发。

11月6日　为纪念韬奋诞辰100周年和逝世50周年，中国韬奋基金会、上海韬奋纪念馆等在上海举办韬奋思想研讨会。

是日　上海辞书出版社鲍克怡获第四届中国韬奋出版奖。

11月7—12日　由新闻出版署、中国出版工作者协会、中国美术家协会主办的第四届全国书展装帧艺术展览在北京展出并颁奖。上海陶雪华、沈兆荣等9人获奖。

11月10—14日　由中国图书进出口总公司上海分公司主办的'95中外图书音像制品展销会在上海举行，30多家中外出版社3 000余种图书参展。

11月15日　邹韬奋塑像揭幕仪式在上海华东政法学院举行。中共中央政治局委员、国务院副总理邹家华，中共中央政治局委员、上海市委书记黄菊为塑像揭幕。邹家华和司法部部长肖扬、上海市委副书记陈至立在仪式上讲话。

11月21日　《科学》杂志召开纪念创刊80周年暨复刊10周年大会。中共中央总书记、国家主席江泽民为《科学》杂志题写办刊宗旨：传播科学，提高国力。中科院院长、《科学》杂志主编周光召，上海市委副书记陈至立出席纪念大会并讲话。

12月11日　中宣部在北京召开全国"送书下乡"工作总结表彰会，上海新华书店南汇县店、青浦县店和嘉定区徐行镇供销社分别获全国先进组织单位和先进发行单位称号。

12月21日　第九届中国图书奖颁奖大会在北京举行。上海社会科学院出版社出版的《公平分配——理论和战略》、华东师范大学出版社等出版的《中学百科全书》等4种图书获奖。

12月22日　首届全国优秀社会科学期刊评选颁奖大会在北京举行。上海《社会科学》获奖。

是月　上海古籍出版社和香港三联书店在香港联合举办上海古籍出版社书展。

是年　全市各出版社出版图书8 338种，其中新书4 185种，再版重印4 153种，总印数2.44亿册（张）。出版期刊595种，平均期印数1 584万册，总印数1.78亿册。

1996 年

1月4—8日　第十届联合看样订货会在宝钢体育馆举行，1万余种图书参展，订货码洋2.6亿元。

1月30日　第二届国家图书奖在北京人民大会堂颁奖。上海文艺出版社出版的《思辨随笔》、上海辞书出版社和香港商务印书馆出版的《中国文物精华大全》获图书奖;上海古籍出版社出版的《上海博物馆藏敦煌吐鲁番文献》等4种图书获提名奖。

2月7日　上海文艺出版社出版《中华民族故事大系》。

3月9日　首届上海市优秀少年儿童读物评选揭晓,少年儿童出版社《男生贾里》等22部作品获奖。

是月　章培恒、骆玉明主编的《中国文学史》由复旦大学出版社出版。

4月3日　上海人民出版社出版《陈毅年谱》,纪念陈毅诞辰95周年。

4月30日　由市新闻出版局、市出版工作者协会主办的上海市优秀图书(1993.10—1995.10)评选揭晓,《中国文物精华大全》《思辨随笔》和"邓小平理论与实践丛书"等61种图书获奖。

5月15日　上海科学技术出版社用举办40周年社庆节省的费用,向江西革命老区学校捐赠各类科技图书7万册。

5月29日　第三届全国优秀儿童文学奖颁奖大会在北京举行,少年儿童出版社《男生贾里》等19种图书获奖。

6月4日　上海教育出版社《中国科学院院士自述》新书发布会在北京举行。全国政协副主席、中国工程院院长朱光亚,中国科协主席、中国科学院院长周光召和两院院士严东生、谢希德、刘东生、李国豪等出席。

6月26日　上海大学出版社成立。

7月13日　中国出版成就展在北京举行,上海有3 000种图书参展,包括国家图书奖和精神文明建设"五个一工程"获奖图书、大型工具书和艺术画册及社会科学、科学技术、文艺文化、古籍整理、少儿教育等重点图书,显示了上海出版的整体实力和综合优势。党和国家领导人江泽民、乔石、刘华清等参观成就展。上海电子出版公司制作出版的《儿童辞海》首次展出。

7月26日—8月6日　上海市出版工作者协会主席徐福生率团访问台湾,在台北、台中、高雄等地走访《中国时报》、时报出版公司、《工商时报》等新闻出版机构及新学友书店等书刊发行公司。

7月中旬　上海"九五"重点图书出版规划编制初步完成,共列入项目250种(套),其中85种(套)是国家"九五"重点图书。

8月9—18日　市委宣传部、市新闻出版局主办,上海新华书店承办的首届上海图书节暨1996上海书市在上海展览中心举行,全国500多家出版社的10万余种图书、音像制品及电子出版物与读者见面。陈至立、金炳华、龚学平等市领导出席开幕式。

8月14日　上海书店召开《中国近代文学大系》出版座谈会。市委宣传部副部长贾树枚,市新闻出版局局长徐福生、副局长孙颙,上海古籍整理规划小组副组长钱伯城及专家学者共70多人出席。

9月25日　上海科学普及出版社出版的《图说高新技术应用》获第五届精神文明建设"五个一工程"奖。

9月26日　全国新华书店1993年至1995年储运系统最佳店表彰会在北京举行,新华书店上海发行所、上海新华书店静安区店被评为最佳店。

10月2日　中国少儿出版物成就展在北京开幕,上海展厅展出少儿读物1 000种,分名牌系列、文库百科、文学艺术、低幼读物、知识读物和音像电子读物6大版块,受到参观者关注。

10月5日　由新闻出版署、国家教委联合举办的首届全国优秀教育音像出版物评奖颁奖大会在北京举行。少年儿童出版社、华东师范大学出版社、上海外语音像出版社获奖。

11月15—25日　应商务印书馆新加坡分馆邀请,市新闻出版局局长徐福生率团赴新加坡、马来西亚访问,并参观'96 中国华东书展。

11月24日　《上海年鉴》(1996)出版,市长徐匡迪为年鉴作序。

11月26日　上海古籍出版社用举办 40 周年社庆节省的费用,向全市 14 个区、6 个县和文明小区赠送价值 20 万元的中华传统文化普及读物。

12月3日　新闻出版署公布 1996 年度科技进步奖获奖项目。上海印刷器材制造厂、上海印刷技术研究所等单位获奖。

12月18日　第十届中国图书奖颁奖大会在北京举行,复旦大学出版社出版的《现代西方经济学》、华东师范大学出版社出版的《非洲通史》等 9 种图书获奖。

12月27日　首届全国百佳出版工作者评选揭晓,上海辞书出版社巢峰等 5 人获全国百佳出版工作者称号。截至 2004 年,全国百佳出版工作者评选共举办五届,上海 28 人获全国百佳出版工作者称号。

是年　《咬文嚼字》开辟众矢之的栏目,锁定《人民日报》《光明日报》《工人日报》《中国青年报》和《解放日报》《文汇报》《新民晚报》等国内 12 家大报,逐月公布检查结果。3 月 21 日,《光明日报》以《感谢广大读者为本报咬文嚼字》为题转载"咬嚼"内容,3 月 22 日,《文汇报》发表通讯《〈咬文嚼字〉:冷门刊物越办越红火》,对"咬嚼"活动作了报道。

同年　全市各出版社出版图书 9 071 种,其中新书 4 417 种,再版重印 4 654 种,总印数 2.79 亿册(张)。出版期刊 582 种,平均期印数 1 530 册,总印数 1.66 亿册。

1997 年

1月　市委统战部原部长张承宗主编的《沪港经济手册(1997)》出版,国务院副总理、香港特区筹委会主任钱其琛和全国政协副主席吴学谦题词祝贺。

1月2日　国务院发布《出版管理条例》,2 月 1 日起实施。《条例》对出版事业的方向、指导思想、任务以及对出版单位的设立与管理、出版物的出版、印制或复制、发行等作出明确规定。

1月4—6日　第十一届联合看样订货会在上海冶金高等专科学校体育馆举行,订货码洋 2.8亿元。

1月10日　上海科技教育出版社在北京举行"现代科学技术博览丛书"(8 册)出版座谈会。丛书主编、全国政协副主席、中国科协名誉主席、中国工程院院长朱光亚,副主编、国家教委副主任柳斌等出席。

1月19日　《辞海》编委会会议在上海宾馆举行。市委副书记陈至立,市委常委、宣传部部长金炳华等出席。

1月21日　上海科学技术出版社在北京举行"科学大师佳作系列"出版座谈会。"科学大师佳作系列"编译委员会主任、中国工程院院长朱光亚,中宣部副部长龚心瀚和在北京的编译委员会委员、译者出席。

是月　贝塔斯曼书友会在上海成立。

2月1日　市政府召开上海光盘音像产业化工作会议,副市长龚学平等出席。

2月4日　市委副书记陈至立,市委常委、宣传部部长金炳华登门看望印刷厂特困职工。

2月17日　市长徐匡迪在市十届人大五次会议的《政府工作报告》中提出,上海要加快发展出版业,尤其将彩色精印列为重点发展的上海城市型工业之一。

2月19日　上海新华书店召开规范服务达标工作会议,按照市新闻出版局要求,组织全市基层书店开展规范服务达标竞赛活动,并制定了27项达标要求。

是月　市新闻出版局对上海23家书刊印刷企业进行为期3个月的实地调研,分析存在问题,探寻应对之策,形成了深化书刊印刷业改革的一系列措施。

3月3日　新闻出版署发布《图书质量管理规定》。

是日　上海市期刊协会成立,徐福生当选为会长。

3月10日　洛杉矶长青书局刘冰将朵云轩1904年出版的《朵云诗笺》捐赠给朵云轩收藏,捐赠仪式在朵云轩举行。

是月　市委、市政府决定,孙颙任市新闻出版局局长。

4月7日　中共中央政治局委员、国务院副总理李岚清在上海召开座谈会,要求编纂一本以中学生为主要对象、文白对照的诸子语录。副市长龚学平、市委宣传部副部长尹继佐和上海古籍出版社总编辑赵昌平等出席。会后,古籍社组成工作小组,确定编纂体例,两个月后完成《二千年前的哲言》编纂并出版。

4月24日　上海古籍出版社与中国社会科学院在北京联合举办《俄藏黑水城文献》首发式。全国人大常委会副委员长铁木尔·达瓦买提,全国政协副主席司马义·艾买提,俄罗斯驻华大使馆临时代办杰尼索夫、文化参费扎哈洛夫,俄方主编、圣彼得堡东方所所长克恰诺夫,中方主编、中国社科院民族研究所副所长史金波和上海古籍出版社社长李国章,学者周绍良、蔡美彪、史树青等60余人出席。

是日　上海举行纪念新华书店成立60周年座谈会。市委副书记陈至立,市委常委、宣传部部长金炳华,老领导夏征农、陈沂和市教卫党委书记王荣华等出席。

4月25日　上海科学技术出版社在北京举行《中国藏药》出版座谈会暨赠书仪式。国家民委副主任李晋、青海省副省长贾锡太、甘肃省副省长洛桑、西藏自治区人大常委会副主任郑英、国家中医药管理局副局长任德全等出席座谈会。全国政协副主席阿沛·阿旺晋美为《中国藏药》出版题词。

是月　市新闻出版局所属印刷企业作出质量不合格可100%退款的承诺,得到上海各出版社积极回应。

5月9日　市新闻出版局举行商务印书馆上海印刷厂建厂100周年暨上海印刷100周年纪念会,市委常委、宣传部部长金炳华,副市长龚学平等出席。

5月16日　商务印书馆在上海广电大厦举行创立百年纪念会,上海市委副书记陈至立等出席表示祝贺。

是日　上海三联书店出版的中国首张城市综合信息光盘《上海大典》举行首发式。

5月27日　市新闻出版局召开"社厂携手重振上海书刊印刷业雄风"动员大会,强调出版社、印刷厂携手,并出台相关举措,缓解局属书刊印刷厂印刷业务量不足的矛盾。

是月　市新闻出版局万启盈获第五届毕昇印刷技术奖。

6月4日　全国新华书店精神文明示范单位座谈会在北京举行,向上海南京东路新华书店等10家书店颁发全国新华书店精神文明示范单位铜匾。

是日　第二军医大学出版社成立。

6月7—14日　经海峡两岸关系协会会长汪道涵安排,应台湾《中国时报》董事长余纪忠邀请,市新闻出版局副局长陈昕率东方编译所代表团赴台湾访问,并在台北作题为"中国大陆出版业发展的三个阶段"的学术报告。

6月23日　纪念商务印书馆创立百年暨香港回归主题书展在上海图书公司博古斋开幕。同日在衡山宾馆举办论坛,陈原、陈万雄、陈昕作主题演讲。

是日　上海文艺出版社为庆祝建社45周年制作"当代文坛大家文库"羊皮封面精装编号本,由巴金、冰心、夏衍、施蛰存、柯灵钤印,委托上海国际商品拍卖有限公司拍卖。拍卖所得20万元在安徽大别山区岳西县捐建上海文艺石关希望小学,巴金题写校名。

是月　上海人民美术出版社在北京举行《老将军书画集》首发式。

同月　上海图书公司收购海内外孤本《监本纂图重言重意互注礼记》,为开业40多年来收购的最完整、最重要的一套宋版书。

同月　为迎接香港回归祖国,上海人民出版社出版《香港全纪录》(第一、二卷)。

7月1日　文化部主办、上海书画出版社承办的97迎接香港回归·中国艺术大展·当代中国画展在上海开幕,《中国艺术大展作品全集》(15卷)出版发行。

是月　上海人民出版社出版《中国人民解放军70年图集》。中共中央总书记、国家主席、中央军委主席江泽民为图集题词:弘扬光荣传统,为建设革命化、现代化、正规化的军队而努力。

同月　为庆祝中国政府对香港恢复行使主权,《儿童时代》推出喜迎香港回归专栏,发表沪港两地作者的作品,并派出小记者赴港采访香港儿童文艺协会作家。

同月　市新闻出版局组织上海各出版社向全国少数民族优秀图书出版基金捐款100万元。

同月　上海古籍出版社出版《中国古籍善本书目》。这一大型书目编纂历时20年,现存国内浩如烟海的中国古代文化典籍因此有了完整记录。

同月　《汉语大词典(缩印本)》由汉语大词典出版社出版。

同月　上海教育出版社出版摄影画册《永恒的瞬间——世纪伟人邓小平》。

8月　上海外文图书公司协助香港联合出版集团组织上海版图书在美国、加拿大等城市巡展。

9月1日　上海新汇光盘(集团)有限公司成立,由市广播电影电视局、市新闻出版局、中科院上海冶金研究所、中科院上海光机精密机械研究所、上海联合投资有限公司投资组建,是国内首家跨媒体经营的音像产业集团。

9月2日　上海教育出版社出版的《中国科学院院士自述》、少年儿童出版社出版的《宝贝当家》获第六届精神文明建设"五个一工程"奖。

9月6日　第三届国家图书奖评选揭晓。上海人民出版社出版的《韬奋全集》、上海书店出版的《中国近代文学大系》获荣誉奖;复旦大学出版社出版的《复杂系统中的电磁波》、上海古籍出版社出版的《中国文学批评通史》、上海辞书出版社出版的《中国戏曲剧种大辞典》获图书奖;上海社会科学院出版社出版的《法哲学经纬》等8种图书获提名奖。

9月22日—10月22日　1997上海—巴黎书展在法国巴黎举行,这是上海出版界在法国巴黎首次举办书展。

是月　经市新闻出版局同意,上海文艺出版总社成立,包括上海文艺出版社、上海文化出版社、上海音乐出版社。总社实行两级管理,出版社负责选题和出书,人事、财务及出版、发行等由总社负责。

同月　上海译文出版社原社长兼总编辑骆兆添获法国政府颁发的法国荣誉骑士勋章。

10月10日　市政府批准设立市版权局,与市新闻出版局一个机构、两块牌子。这是继成立市版权处后,上海市加强和完善著作权管理工作的又一重要举措。

10 月 21 日　市编辑学会召开第二次代表大会,巢峰当选为会长。

11 月 1—5 日　第二届国家辞书奖颁奖大会暨中国辞书学会第三届年会在无锡举行,上海辞书出版社出版的《中国戏曲剧种大辞典》获一等奖。

11 月 12 日　上海中医学院出版社更名为上海中医药大学出版社。

11 月 13 日　《中国新文学大系》第四辑(1949—1976)由上海文艺出版社出版。

是日　《二十五史新编》由上海古籍出版社出版。

11 月 24 日　上海博古斋与上海国际商品拍卖有限公司举办首届古籍善本拍卖会,成交 375 万元,成交率达 76％。

是日　美国故事工作者代表团访问上海文艺出版社《故事会》编辑部。

是月　国家"九五"重点图书出版项目《贺绿汀全集》(6 卷)由上海音乐出版社陆续出版。

12 月 3 日　市委副书记龚学平,市委常委、宣传部部长金炳华等到市新闻出版局调研。

12 月 9 日　上海辞书出版社巢峰、《中国药理学报》丁光生获第五届中国韬奋出版奖。

12 月 18 日　上海新华书店图书批销中心建成开业。中心集图书现货批发、仓储、配送于一体,沪版和外版品种达 4 万多种。

12 月 21—25 日　第十二届联合看样订货会在上海冶金高等专科学校体育馆举行。上海各出版社展出图书 1.6 万余种,其中新书及重点书 4 800 余种。全国大中城市新华书店、部分专业书店、集体书店 1 200 余名代表参加订货会,订货总码洋 2.82 亿元。

12 月 26 日　市书刊发行业协会召开第二次会员代表大会,张金福当选为会长。

12 月 31 日　新闻出版署对全国 23 家出版社 1993 年至 1996 年出版的 26 种工具类图书进行编校质量检查,上海辞书出版社《外国名句辞典》为编校质量优质品图书中唯一的无差错图书。

是年　全市各出版社出版图书 9 902 种,其中新书 4 827 种,再版重印 5 075 种,总印数 2.71 亿册。出版期刊 587 种,平均期印数 1 513 册,总印数 1.66 亿册。

1998 年

1 月 6 日　市委常委、宣传部部长金炳华看望上海印刷系统困难职工,送上慰问金,并致以新年问候。

1 月 8 日　国家"九五"重点图书出版项目、以世界绘画史为脉络的大型系列画册《世界绘画珍藏大系》由上海人民美术出版社出版。

1 月 15 日　学林出版社召开"笔会文丛"新书发布会,吴冠中、秦怡等出席。

1 月 17 日　《辞海》主编会议在静安宾馆召开。市委副书记龚学平,市委常委、宣传部部长金炳华,市新闻出版局党委书记郭开荣、副局长陈昕、杨益萍等出席。《辞海》副主编巢峰作关于《辞海》(1999 年版)编纂工作进展情况和今后工作安排的汇报,龚学平、金炳华讲话。

1 月 20 日　上海中医学院出版社更名为上海中医药大学出版社。

是月　市新闻出版局编制重点图书出版计划,336 种图书列入上海市 1998 年重点图书出版计划,50 余种图书列入上海市纪念党的十一届三中全会 20 周年重点图书出版计划,90 种献礼图书列入上海市庆祝新中国成立和上海解放 50 周年重点图书出版计划。

同月　上海译文出版社为庆祝建社 20 周年举办中外文化交流及出版研讨会,专家学者陈原、陆谷孙、陈思和、吴建中等出席。原计划庆典活动的 25 万元费用,用于资助西藏自治区 500 名失学藏族孤儿。

2月1日　全国人大常委会副委员长、《科学》杂志主编周光召在市科协主席叶叔华陪同下，到上海科学技术出版社考察。

2月15日—3月24日　为纪念周恩来诞辰100周年，上海人民出版社出版《周恩来的最后十年》。作者、周恩来保健医生张佐良应邀来沪作报告，参加多项纪念活动。

2月20日　经市新闻出版局批准，市出版工作者协会与市编辑学会发起首届上海市优秀中青年编辑的评选活动，评出8位优秀中青年编辑。

2月27日　《文渊阁四库全书》电子版由上海人民出版社和香港迪志文化出版有限公司联合出版。

是月　记录上海1847年至1911年间上海道契全部档案的《上海道契》开始由上海古籍出版社影印出版。

同月　1950年代立项的《中国近代史资料丛刊》由上海人民出版社出齐。

3月1日　上海音乐出版社出版由市委宣传部组织选编的大型歌曲典籍《走进新时代·中华百年歌典》。2002年11月又出版了姐妹篇《放歌新世纪·中华百年歌典》。

3月17日　中国古籍整理工作的一项新成果《清代官员履历档案全编》由华东师范大学出版社影印出版。

是月　华东理工大学出版社出版的《精细化学品化学》（修订版）获上海市高校优秀教材一等奖及第三届全国高校出版社优秀双效益图书称号。

4月20日　由市新闻出版局、市出版工作者协会主办的上海市优秀图书（1995.11—1997.10）评选揭晓，《中国人民解放军70年图集》《二千年前的哲言》《陈洪绶》等45种图书获奖。

是月　上海文艺出版社出版的"小说界文库·长篇小说系列"《九月寓言》《醉太平》获新闻出版署"八五"优秀长篇小说奖。

5月　上海文化出版社《咬文嚼字》编辑部被评为全国语言文字工作先进集体。

6月2日　第二届上海市优秀少儿读物图书评选揭晓。上海教育出版社出版的《中国科学院院士自述》（青少版）等11部作品获优秀作品奖。

6月3日　市委副书记龚学平视察上海书城工地。

是月　以原上海中华印刷厂为基础，吸纳上海美术印刷厂、上海市印刷二厂、上海市印刷十厂部分先进印刷生产设备重组的上海中华印刷有限公司成立。重组后的上海中华印刷有限公司成为上海最大的彩色印刷生产基地。

同月　为纪念党的十一届三中全会召开20周年，市委宣传部组织上海理论工作者编写的《邓小平理论与上海改革开放》由上海人民出版社出版。

7月6日　东方出版中心与新华书店总店合作成立上海东华图书发行代理公司。

是日　中图上海公司武定路新业务楼举行落成典礼，市人大常委会副主任叶叔华、市委宣传部副部长许德明、中图总公司董事长陈为江等揭牌。

7月15日　市委副书记龚学平，市委常委、宣传部部长金炳华到上海市印刷三厂调研。龚学平为上海市印刷三厂IC卡基生产线投产题词：发扬拼搏精神　勇攀印刷高峰。

7月23日　以原商务印书馆上海印刷厂为基础，由多家出版社、书店、印刷厂共同投资的商务印书馆上海印刷股份有限公司成立。重组后的商务印书馆上海印刷股份有限公司成为上海最大的书刊印刷生产基地。

是月　市版权局成立版权执法检查队,加强反盗版力量。

8月4日　《汉语大词典》光盘1.0版由汉语大词典出版社和香港商务印书馆合作出版。

8月8—25日　1998北美上海书展在加拿大温哥华和美国旧金山、洛杉矶举办。

8月20日　庆祝《上海画报》出版100期暨老上海风情——奥地利画家希夫画展开幕式在上海图书馆举行。

8月25日　上海科学技术出版社举行纪念《大众医学》创刊50周年活动。

8月26日　上海新闻出版系统向长江流域和嫩江、松花江流域遭受特大洪灾的灾区学生提供课本专项捐款120万元。

是月　上海人民出版社出版《刘少奇的故事》,纪念刘少奇诞辰100周年。

同月　中国革命博物馆致函上海译文出版社,征集《斯佳丽》版权合同,作为纪念十一届三中全会召开20周年展览的展品。

9月9日　上海教育出版社在上海图书馆举办庆祝建社40周年出版成就展。

9月10日　由市版权局、市出版工作者协会、市音像出版制作行业协会、市计算机软件协会和上海版权保护协会发起的上海反盗版联盟成立。

是月　《世界时装之苑》创刊10周年。上海译文出版社与法国合作方将计划用于庆典的200万元人民币,通过中国红十字会捐赠给遭遇长江特大洪水的灾区人民。

同月　首届上海地区优秀少儿期刊评选揭晓。《巨人》《故事大王》《看图说话》3种期刊获最佳奖;《中学科技》《儿童时代》《少年文艺》《小朋友》《中文自修》《好儿童》6种期刊获优秀奖。

同月　上海人民出版社出版的"学习党的十五大精神丛书"(22种),被列为上海市哲学社会科学"九五"规划重点课题。

10月24日　上海版权保护协会召开第二次会员大会,孙颙当选为会长。

10月27日　上海科技教育出版社在上海图书馆举行赠书仪式,向全市784所中学和56个市级科普村及上海图书馆赠送《科教活页文选》。

是月　《中华文化通志》由上海人民出版社出版。《通志》分10典,每典10志,另有"总目提要"(即序卷)一册,共101卷,约4 000万字,全方位、多视角记述了以汉文化为主体、包括55个少数民族文化在内的中华五千年灿烂文化。1997年10月江泽民访美在哈佛大学作关于中国文化的演讲独立成篇,以《大力弘扬中华民族的优秀历史文化》为题置序卷之首,作为代序。

11月5日　生活·读书·新知三联书店成立50周年和上海韬奋纪念馆开馆40周年图片展在上海图书馆开幕。

11月9日　中共中央总书记、国家主席江泽民在北京人民大会堂会见中华炎黄文化研究会会长、《中华文化通志》编委会主任萧克及部分编委和出版社编校人员。江泽民说,中华文明源远流长,博大精深,不仅是中华民族的巨大宝库,也是人类社会的宝贵财富。我们应该继承和发扬中华文明的优秀传统,同时积极吸取世界各国人民创造的优秀文化成果,更好地为我们从事的伟大事业服务。

11月28日　由市邮政局、文汇新民联合报业集团、市新闻出版局和解放日报社共同投资的上海东方书报刊服务有限公司成立。

是月　市委决定,钟修身任市新闻出版局(市版权局)党委书记。

同月　上海印刷技术研究所高感度书报弹性薄版(柔性版)项目获国家重点新产品证书。

12月22日　《汉语大词典简编》由汉语大词典出版社出版。简编利用《汉语大词典》语言资料重新编写,既保留《汉语大词典》"古今兼收、源流并重"特色,又简明实用,兼及普及与提高。

12月23日　第十一届中国图书奖在北京颁奖,上海人民出版社出版的《香港全纪录》(第一、二卷)、上海交通大学出版社出版的《英汉计算机技术大词典》等8种图书获奖。

12月25日　上海人民出版社获第三批全国优秀图书出版单位称号。

12月30日　作为市政府实事工程和上海主要标志性文化设施建筑之一的上海书城建成开业,第二届上海书市同时开幕。上海书城占地3713平方米,总建筑面积39830平方米,营业面积1万平方米,拥有图书、音像制品等共15万个品种。上海书城网上书店同日开通。

12月31日　上海科技教育出版社在上海书城为"哲人石丛书"和"绘图科幻精品丛书"召开新书发布会。中科院院士、上海生理研究所所长杨雄里,市科协副主席钱雪元,市新闻出版局局长孙颙,华东师范大学原校长袁运开,上海天文台台长赵君亮,华东理工大学理论物理研究所所长李新洲,科普作家谈祥柏等嘉宾出席。

12月　江泽民为《大辞海》题写书名。中共中央办公厅同意上海辞书出版社选用江泽民"大辞海"题词中"辞海"二字用于《辞海》(1999年版)书名。

是月　上海社会科学院港澳研究与培训中心和沪港经济杂志社共同策划、编辑的《沪港经济年报(1998)》出版,市长徐匡迪题词:推动沪港合作　迎接国际挑战;香港特别行政区行政长官董建华题词:沪港合作　共同繁荣。市人大常委会副主任厉无畏撰写前言。

是年　在新闻出版署实施的"百刊工程"建设中,上海出版的《故事会》《收获》《现代家庭》《青年一代》《故事大王》《少年文艺》《小朋友》《巨人》8种期刊入选1998—1999年度全国百种重点社科期刊名录,入选数量为全国各省、自治区、直辖市之首。

同年　《咬文嚼字》"咬嚼"《半月谈》《故事会》《读者》《家庭》《知音》等12种知名刊物,众矢之的栏目逐月公布咬嚼结果。

同年　全市各出版社出版图书10 708种,其中新书5 086种,再版重印5 622种,总印数2.84亿册。出版期刊591种,平均期印数1 503册,总印数1.65亿册。

1999 年

1月1日　上海东方书报刊服务有限公司1 012个标准化东方书报亭对外营业。

1月3—7日　第十三届沪版图书订货会在宝钢体育馆举行,订货码洋2.27亿元。

1月4日　文汇新民联合报业集团主办的《新民周刊》创刊。

1月8日　第二届上海书市落下帷幕,共接待读者81万人次,销售图书1 073万元,其中上海书城接待读者13万人次,销售达470万元。

是日　东方出版中心举行东方世纪大厦奠基仪式。

1月10日　1998年度全国科学技术奖励大会在北京举行。少年儿童出版社出版的《十万个为什么》获国家科学技术进步奖二等奖。

1月15日　《辞海》主编会议在静安宾馆召开。市委常委、宣传部部长金炳华,副市长周慕尧,老领导汪道涵,市委宣传部副部长贾树枚,市新闻出版局党委书记钟修身、局长孙颙,和《辞海》主编夏征农,副主编马飞海、石美鑫、叶叔华、刘佛年、束纫秋、李国豪、李储文、杨福家、钱伟长、翁史烈、谈家桢、谢希德、巢峰等出席。

1月17日　上海市集中销毁非法音像制品和电子出版物现场会在市体育宫举行,20万张盗版碟片和电子出版物被当场销毁。

1月18日　上海印刷(集团)有限公司所属上海中华印刷有限公司和商务印书馆上海印刷股份有限公司完成改建重组,市委副书记龚学平,市委常委、宣传部部长金炳华为两家企业揭牌。

1月25日　上海复星书刊发行有限公司成立。2007年12月更名为上海复星书刊发行产业有限公司。

是月　萌芽杂志社联合北京大学、复旦大学等七所大学发起并共同主办"新概念作文大赛"。到2月28日,收到海内外来稿4 000多件。经初评复赛,评出一等奖20名,其中9名高三学生被北京大学、复旦大学、华东师范大学、南京大学和南开大学提前录取。20余篇获奖作品在《萌芽》发表。作家出版社出版由作家、教授、资深编辑点评的《首届全国新概念作文大赛获奖作品选》。

2月10日　《中国经典画本珍藏系列·三国演义》由上海人民美术出版社出版。

2月24日　经中宣部和新闻出版署批准,上海世纪出版集团成立。中共中央政治局委员、上海市委书记黄菊发来贺信。在当天成立大会上,新闻出版署副署长杨牧之宣布:新闻出版署同意由上海人民出版社、上海教育出版社、上海译文出版社、汉语大词典出版社、上海图书公司组建上海世纪出版集团。中宣部副部长龚心瀚、市委副书记龚学平为集团揭牌。市委常委、组织部部长罗世谦宣读市委、市政府关于上海世纪出版集团党政领导班子的批复,陈昕任党委书记、社长。龚学平、龚心瀚和市委常委、宣传部部长金炳华在大会上讲话。副市长周慕尧、老同志夏征农和上海文化界、出版界300多人参加成立大会。

是月　上海辞书出版社承担的国家重大出版工程《大辞海》由新闻出版署批准立项。《大辞海》在《辞海》基础上扩展而成,全书约5 000万字,分38卷,陆续出版。

3月2日　汉语大词典出版社向全国人大常委会办公厅、国务院办公厅呈送《汉语大词典简编》和《汉语大词典》光盘。中共中央政治局常委、全国人大常委会委员长李鹏和中共中央政治局委员、国务院副总理吴邦国称赞汉语大词典出版社做了一件很有意义的工作,对词典出版表示祝贺。

3月24日　北京、广东、吉林版新书上海订货会暨东华图书代理公司批销大楼开业庆典举行。新闻出版署副署长于永湛、出版发行司司长王俊国,新华书店总店总经理邓耘,上海市新闻出版局局长孙颙出席庆典。

4月16日　市出版工作者协会召开第四次会员代表大会,江曾培当选为主席。

4月26日　白寿彝主编的12卷22册《中国通史》由上海人民出版社出版,祝贺白寿彝从事学术活动70周年暨多卷本《中国通史》出版大会在北京师范大学举行。江泽民、李鹏、李瑞环、李岚清等党和国家领导人来信来电表示祝贺。

5月22日　为纪念上海解放50周年,展示上海新建筑、新景观的大型画册《上海标志性建筑与景观》由上海教育出版社出版。

5月24日　以珍贵图片史料记录上海解放史实全过程的大型图册《上海解放》由上海书店出版。

6月11日　为展示西藏民主改革40年成就,应西藏自治区党委、政府邀请,新闻出版署上海办事处主任、东方出版中心总经理乔友农率上海、江苏、浙江三省市记者采访团一行37人赴西藏采访。

6月21日　新华书店上海发行所被评为全国新华书店1996—1998年度"最佳发运店"。

6月22日　上海人民出版社和香港迪志文化出版公司在北京人民大会堂举行《文渊阁四库全书》(电子版)出版座谈会暨赠送仪式。彭珮云、许嘉璐、钱伟长、雷洁琼及首都各界知名人士200多人出席。

6月28日　在上海图书版权贸易洽谈会上,上海教育出版社与英国牛津大学出版社签订合作出版《牛津英语》上海版合同。《牛津英语》原版教材被改编为上海版《英语》和上教版《英语》两个版本,经上海市教委和教育部审查通过,陆续在上海和全国发行。这是中国第一次引进、改编外国原版教材作为中小学教材。

6月28—30日　市新闻出版局、市版权局主办,上海外文图书公司承办的'99上海图书版权贸易洽谈会在上海书城举行。这是上海首次举办版权贸易洽谈会,23家外国出版单位、13家港台出版单位和华东地区90多家出版社参加,达成版权贸易协议45份,贸易意向652份。

7月15日　复旦大学出版社出版"上海社会科学博士文库",集中展示上海社会科学博士研究成果,检阅恢复学士制度以来上海的社科博士培养工作。

是月　上海外文图书公司中标上海浦东国际机场候机楼商业区域书店项目,共设5个销售点,图书销售面积计140平方米。

8月2日　上海市地铁总公司、上海复星信息产业发展有限公司、上海复星书刊发行有限公司合资组建的上海地铁书刊服务有限公司成立。

8月27日　《不列颠百科全书》国际中文版座谈会在上海大学召开,全国政协副主席、《不列颠百科全书》国际中文版编委、顾问、上海大学校长钱伟长,市委宣传部副部长贾树枚,市新闻出版局局长孙颙,上海大学党委书记方明伦等出席。

8月30日　上海新华书店成立50周年系列活动在上海书城举行,市委副书记龚学平,市委常委、宣传部部长金炳华等出席并讲话。

是月　Gamenow(第九城市前身)成立,这是国内第一个网络虚拟社区。

9月10日　上海科学技术出版社在北京人民大会堂举行《中华本草》出版座谈会,全国人大常委会副委员长吴阶平、彭珮云、何鲁丽等出席。

9月13日　上海人民出版社在北京人民大会堂举行《中华人民共和国50年图集》出版座谈会。中共中央总书记、国家主席、中央军委主席江泽民题词:中华人民共和国的成立,开创了中国历史的新纪元。站起来的中国人民将对人类作出更大的贡献。全国政协副主席朱光亚、中宣部副部长龚心瀚、新闻出版署署长于友先、中央党史研究室副主任李君如出席座谈会。

9月14日　《辞海》(1999年版彩图本)精装本5卷由上海辞书出版社出版。

9月15日　上海人民出版社出版的《中国人民解放军70年图集》、少年儿童出版社出版的长篇小说《男生贾里全传》获第七届精神文明建设"五个一工程"奖。

9月16日　上海世纪出版集团发行中心成立。中心整合集团所属出版社的发行业务,负责集团除中小学教材、报刊以外的图书发行。

9月20日　第四届国家图书奖评选揭晓。上海人民出版社出版的《中华文化通志》(101卷)获荣誉奖;上海科学技术出版社出版的《肿瘤的诱导分化和凋亡疗法》、上海辞书出版社出版的《敦煌学大辞典》获图书奖,上海文艺出版社出版的《民俗学概论》等7种图书获提名奖。

9月24日　市政府授予上海丽佳分色制版有限公司总经理陈永明(新加坡籍)白玉兰荣誉奖。

9月26日　中共中央总书记、国家主席、中央军委主席江泽民在上海展览中心友谊会堂会见《辞海》主编夏征农及编委会主要负责人并题词:祝贺1999年版《辞海》出版。

9月27日　上海新汇光盘(集团)有限公司、中国唱片社上海分社、上海音像出版社联合制作的《上海50年优秀艺术作品》CD光盘首发式在上海图书馆举行。

是月　少年儿童出版社出版《十万个为什么(新世纪版)》,分《数学》《物理》《化学》《动物》《植物》《人体科学》《地球科学》《宇宙科学》《环境科学》《信息科学》《工程科学》《索引资料》12个分册。

同月　上海社会科学院历史所专家学者历时 5 载撰写的 15 卷本《上海通史》，由上海人民出版社出版。

10 月　中国图书进出口上海公司与上海美影厂合作，出版发行动画影片《宝莲灯》VCD、DVD音像制品。

11 月 10 日　上海市印刷技术协会更名为上海市印刷协会。

11 月 18 日　上海浦东新华图书发行有限公司（浦东图书销售中心）开业。

11 月 25 日　上海科学技术出版社举行 1999 年版《上海百科全书》首发式。

11 月 27 日　中共中央政治局委员、国务院副总理吴邦国为朵云轩百年庆典题词：翰墨长青。

11 月 30 日　上海人民出版社举行《孙中山与澳门图集》新书出版座谈会。

是月　上海文艺出版社江曾培获第六届中国韬奋出版奖。

同月　第三届国家辞书奖评选揭晓。上海辞书出版社出版的《敦煌学大辞典》《法学大辞典》获一等奖。

同月　上海书画出版社完成国家重点出版工程《中国美术全集分册·中国玺印篆刻全集》（全四册）的编辑出版工作，获中宣部、新闻出版署颁发的荣誉证书。

同月　上海盛大网络发展有限公司成立。

12 月 12—16 日　第十四届沪版图书订货会在宝钢体育馆举行，订货码洋 2.5 亿元。

12 月 14 日　《辞海》（1999 年版彩图本）获市委宣传部嘉奖，黄菊、徐匡迪、陈铁迪、王力平等市领导会见上海辞书出版社巢峰、李伟国。同时获嘉奖的还有《中华本草》《肿瘤的诱导分化和凋亡疗法》的作者和出版工作者。

12 月 22 日　市委宣传部、市新闻出版局和《辞海》编委会召开《辞海》（1999 年版彩图本）出版工作座谈会。中共中央政治局委员、市委书记黄菊发来贺信。市委副书记龚学平出席座谈会并讲话，市委常委、宣传部部长金炳华主持座谈会。全国政协副主席钱伟长、上海市老领导胡立教、《辞海》主编夏征农及部分副主编、分科主编等出席座谈会。

12 月 29 日　上海印刷技术研究所和上海出版印刷物资公司、上海印刷器材制造厂、上海字模一厂、上海市印刷十厂转企改制，组建上海印刷新技术（集团）有限公司。

是月　科技部、中国科协、中科院组织的"科学家推介的 20 世纪科普佳作"活动评选出 93 种科普佳作，上海科学技术出版社出版的《宇宙的起源》、上海科技教育出版社出版的《超越时空》、上海译文出版社出版的《发现者》、少年儿童出版社出版的《十万个为什么》、上海教育出版社出版的《华罗庚科普著作选集》、上海远东出版社出版的《上帝掷骰子吗》等 15 种入选。

是年　全市各出版社出版图书 11 373 多种，其中新书 5 878 种，再版重印 5 495 种。出版期刊606 种，平均期印数 1 493 册，总印数 1.78 亿册。《故事会》《上海服饰》期印数在全国同类期刊中位居前列。

2000 年

1 月 3 日　市政府颁布《上海市著作权管理若干规定》，3 月 1 日起施行。

1 月 7 日　上海书画出版社出版的《中国书画全书》《洛神赋图卷》，获市新闻出版局嘉奖。

1 月 14 日　上海人民出版社出版国内第一部反映上海地区历史、地理变迁轨迹的《上海历史地图集》。

1月23日 首届国家中国期刊奖在北京颁奖。《收获》《故事会》《上海服饰》《故事大王》《化学学报》《中国药理学报》《生理学报》《中国化学》(英文版)《红外与毫米波学报》《上海环境科学》《中国新药与临床杂志》《大众医学》获首届中国期刊奖;《现代家庭》《生物化学与生物物理学报》获首届中国期刊奖提名奖。

是月 上海科学技术出版社主办的《车迷》创刊,月刊。

同月 《社会科学》《学术季刊》入选中国社科院文献信息中心数据库暨社会科学文献计量评价研究中心编制的《中国人文社会科学核心期刊要览》。

同月 学林出版社与上海科技教育出版社签订"中华五千年文化系列"合作出版协议,进行社际合作出版重大项目探索。

2月1日 上海久远经营公司和上海复星信息产业发展有限公司合资组建的上海久远出版服务公司成立。

3月6日 上海新华书店出资600万元与全市多家出版社共同投资组建的上海和文图书发行有限责任公司开业。

3月10日 由市新闻出版局、市出版工作者协会主办的上海市优秀图书(1997.11—1999.10)评选揭晓,《西方美术通史》《中华本草》等56种图书获奖。

3月22日 《章士钊全集》(10卷)由文汇出版社出版。

是月 文汇出版社联合《新民晚报》等16家晚报共同发起并主办"晚报杯"全国创新作文大赛。

同月 上海外文图书公司首次组团参加在美国举办的第52届亚洲研究协会年会展览会,展出一批国内文史哲图书,受到与会研究中文问题的各国专家学者及美国各大学东亚图书馆欢迎。

4月5日 《中国历史大辞典》由上海辞书出版社出版。全书7万余条条目,1 100万字,附有大量图片、附表和各朝代历史地图。

4月19日 规模宏大的中国古文字汇释类专业工具书《古文字诂林》(第一册)由上海教育出版社出版。

是日 上海中华印刷有限公司引进具有世界先进水平的M—600海德堡八色商用胶印轮转机。

同日 上海包装造纸集团有限公司成立。

4月27日 上海新华书店营业员尹鹏被评为全国先进工作者,赴北京参加全国劳动模范和先进工作者表彰大会。

6月10日 上海新华发行集团成立。

是日 上海书画出版社被列为上海中小学课程教材改革二期工程1—7年级美术教材出版单位。

6月18日 上海新华发行集团反盗版自律公约签约仪式在上海书城前门广场举行。集团下属151家门市部当天悬挂反盗版绿色标志,接受社会监督。

7月8日 "翰墨传情——上海书画出版社40年木版水印·图书回顾展"在朵云轩展厅开幕,市委副书记龚学平,市委常委、宣传部部长金炳华等出席开幕式。

7月13日 上海商报社划归上海世纪出版集团。

8月2日 上海科学技术出版社在上海图书馆召开《院士展望21世纪》出版座谈会,主编叶叔华、陈灏珠等出席。

是月 学林出版社与上海科技教育出版社联合召开"中华五千年文化系列"《秦汉文化》《魏晋

南北朝文化》出版座谈会。两书主编、文博专家王仁波、邵文良,专家学者马承源、陈燮君、郭豫适、王家范、江晓原、顾晓鸣和上海出版界领导钟修身、孙颙、巢峰、江曾培等出席。

9月20—22日,全国印刷管理工作会议在上海召开,新闻出版署署长于友先,上海市委副书记龚学平,市委常委、宣传部部长金炳华等出席。上海市新闻出版局在会上作《一手抓管理,一手抓改革,促进上海印刷业繁荣发展》的发言。

9月29日　受国家主席江泽民委托,中国驻美大使李肇星向美国宾夕法尼亚大学图书馆赠送上海人民出版社出版的《中华文化通志》(101卷),祝贺图书馆成立250周年。

9月30日　李政道主编的海内外第一本以中国传统艺术手法表现当代科学主题的画册《科学与艺术》由上海科学技术出版社出版,中英文对照。国家主席江泽民题写书名,中国科技协会主席周光召作序。

10月1日　纪念朵云轩成立100周年名人书画展在加拿大温哥华集雅斋画廊举行。

10月12日　《上海文化报》更名为《上海壹周》报出版,上海文艺出版社主办。

10月15—20日　为纪念鲁迅逝世60周年,上海鲁迅纪念馆、市出版工作者协会装帧艺术委员会、市期刊协会、市编辑学会联合举办"鲁迅杯"首届版面设计艺术展暨研讨会。

10月16日　上海世纪出版集团组建上海新汇世纪物流有限公司,对集团图书物流进行整合。

10月22日　中共中央政治局委员、中宣部部长丁关根视察上海新汇世纪音像中心大剧院店。

10月25—30日　华东地区首届书籍设计双年展与全国高校百家出版社成果回顾展在上海鲁迅纪念馆展出。上海古籍出版社出版的《中国京剧》、上海教育出版社出版的《古文字诂林》(第一册)等8种图书获整体设计金奖,上海人民出版社出版的《上海历史地图集》、上海科学技术出版社出版的《水稻基因组研究》等16种图书获封面设计一等奖。

是月　上海新闻出版教育培训中心成为新闻出版总署教育培训中心上海分中心。

11月8日　上海长宁路新华书店开业。

11月15日　教育部主管、上海市教委和上海师范大学主办《高等学校文科学报文摘》,变更为教育部委托上海市教委主管、上海师范大学主办。

11月20日　上海大一包装设计印刷有限公司更名为上海大一印刷有限公司。

是月　市新闻出版局与市科委共同出资设立上海科技专著出版资金,每年用120万元资助指定出版社出版的科技专著系列,60万元资助上海列入国家和上海市重点图书出版规划的科技学术、应用技术著作,20万元奖励优秀科普作品的创作、出版。

12月6日　上海世纪出版集团、上海新汇光盘(集团)有限公司、上海联和投资有限公司投资组建的上海数字世纪网络有限公司成立。公司通过经营性出版专业网站易文网开展业务,具备互联网出版、信息服务与电子商务等多重功能。

12月17—19日　第十五届沪版图书订货会在光大会展中心举行,订货码洋2.77亿元。

12月18日　上海市印刷三厂与新加坡时报出版有限公司合资的上海三印时报印刷有限公司开业,市委副书记龚学平,市委常委、宣传部部长殷一璀出席仪式。

12月22日　首届上海出版人奖评选揭晓,上海世纪出版集团副社长陈和、上海科学技术出版社社长吴智仁、上海人民出版社总编辑郭志坤、上海外语教育出版社社长庄智象等获上海出版人奖。截至2010年,上海出版人奖评选共举办过五届,48人获奖。

12月31日　上海新华书店、上海音乐图书公司与上海新华音像公司共同投资组建的上海东方音像连锁有限公司开业。

是月　宋原放、孙颙主编的《上海出版志》由上海社会科学院出版社出版,全书近200万字,收入图照350余幅。

是年　《咬文嚼字》举办"咬嚼"作家活动,锁定王蒙、叶辛、刘心武、沙叶新等12位作家,众矢之的的栏目逐月公布"咬嚼"结果。活动得到各位作家的支持。

同年　全市各出版社出版图书12 683种,其中新书6 926种,再版重印5 757种,总印数2.54亿册。出版期刊613种,平均期印数1 489册,总印数为1.85亿册。

2001 年

1月2日　上海科学技术出版社、上海文艺出版总社等分别启用上海科技音像出版社、上海文艺音像出版社等副牌,开展音像制品出版业务。

1月12日　上海教育报刊总社成立,由少年报社、上海中学生报社、家庭教育时报编辑部、上海教育期刊社、上海康复杂志社和中国教育报上海记者站6个单位组成,拥有3报7刊。

是月　《新英汉词典》(世纪版)出版。上海译文出版社召开出版座谈会,并举办北京、上海老读者"以旧换新"等营销活动。

2月7日　中国纺织大学出版社更名为东华大学出版社。

2月12日　上海书画出版社出版《中国书画全书》(珍藏版)。

2月15日　上海古籍出版社出版《中国旅游文化大辞典》。

2月20日　第十二届中国图书奖揭晓。上海人民出版社出版的《中国通史》(导论)、东方出版中心出版的《中国诗学》等7种图书获奖。

2月27日　上海市青少年科技教育中心主办的《上海青少年科技报》划转少年儿童出版社主办。

是月　上海印刷技术研究所车茂丰、上海界龙实业股份有限公司费钧德获第六届毕昇印刷技术奖。

同月　上海人民出版社被评为全国图书对外版权贸易先进单位。

3月1日　上海科技教育出版社《竺可桢全集》第一次编辑工作会议在中科院召开,成立《竺可桢全集》编委会,中科院院长路甬祥任编委会主任。

3月5日　国际期刊业联合会总裁、首席执行官波·莫挺森率团访问上海文艺出版社。

3月9日　法国作家、《美丑》作者多米尼克·费尔南访问上海文艺出版社。

3月13日　上海召开东方书报亭工作会议,市委副书记龚学平肯定建立东方书报亭的积极作用,提出年底前再增加1 000个东方书报亭。市委常委、宣传部部长殷一璀,市新闻出版局副局长杨益萍等出席会议。

3月30日　《中国佛教百科全书》由上海古籍出版社出版。

是月　上海世纪出版集团创办《理财周刊》,财政部原部长项怀诚题词:你不理财,财不理你。

4月5日　市新闻出版局确定庆祝中国共产党建党80周年献礼图书书目,其中《中国共产党历史图志》《中国新民主革命通史》(12卷)《上海改革开放的故事》等15种图书,被中宣部和新闻出版总署列为庆祝建党80周年重点图书选题。

4月9日　日本万代株式会社社长杉浦幸昌率团访问上海世纪出版集团。

4月20日　上海书店与上海图书公司分离,分别成为上海世纪出版集团下属机构。上海书店使用上海书店出版社社名。

是日　复旦大学出版社和上海医科大学出版社合并,组建新的复旦大学出版社。

5月24日　由市新闻出版局和市出版工作者协会主办的"出版与网络"网上研讨会在浦东电子出版社网站举行。这是上海出版界第一次借助互联网就传统出版如何转型开展讨论。

5月25—29日　第二届上海版权贸易洽谈会上海国际会议中心举办。来自美国、英国、法国、德国、日本、新加坡、俄罗斯、爱沙尼亚、韩国、越南、埃及等国家和中国台湾、香港地区的90余家出版商及中国内地160余家出版单位参加。洽谈会签订版权贸易协议近百份,达成版权贸易意向逾千份,涉及图书约1 800种,输出版权达三分之一。

是月　上海新汇光盘(集团)有限公司与索尼音乐国际合资成立全国最大的音乐制作企业——上海新索音乐有限公司。

6月5日　新一代东方书报亭出现在上海街头。

6月7日　中共中央政治局常委、国务院副总理李岚清在中共中央政治局委员、上海市委书记黄菊,上海市委副书记、市长徐匡迪陪同下考察上海新汇世纪音像中心大剧院店。

6月25日　应上海世纪出版集团邀请,德国哲学家哈贝马斯访沪,海峡两岸关系协会会长汪道涵会见哈贝马斯。

7月27日　上海首家专业出版网站——易文网开通。

8月24日　上海人民出版社庆祝建社50周年。中共中央政治局委员、上海市委书记黄菊,新闻出版总署分别发来贺电。市委副书记龚学平,市委常委、宣传部部长殷一璀出席座谈会并讲话。

8月20—29日　上海世纪出版集团党委书记、社长陈昕率团访问澳大利亚,考察索尼音乐澳大利亚公司、麦克米伦公司、哈泼·柯林斯澳大利亚出版公司等机构。

8月30日　新闻出版总署同意上海新华发行集团作为全国发行改革试点单位。

9月21日　上海人民出版社出版的《中华人民共和国50年图集》、上海文艺出版社出版的长篇小说《汽车城》获第八届精神文明建设"五个一工程"奖。

是月　上海人民出版社出版"上海抗日战争史丛书"(10种)。

同月　盛大网络开启大型网络游戏《传奇》公开测试序幕。11月,《传奇》正式上市,登上各软件销售排行榜首。

同月　为配合22种新版"世界文学名著普及本"出版,上海译文出版社组织面向全国青少年的"画我心中的名著"大奖赛,并请作家、画家、翻译家以及教师和学生代表座谈,就中学生阅读名著和"动漫热"各抒己见。

同月　上海外语教育出版社推出《大学英语》(全新版)系列教材,开发配套的多媒体教学光盘、试题库和网络教学系统,成为外语教材出版领域的品牌。

10月29日　上海世纪出版集团与台湾秋雨物流行销股份有限公司合资组建上海世纪秋雨物流有限公司成立。这是中国大陆第一家运用电子标签和自动识别输送流道进行拣货、集货的现代出版物流企业。

是月　上海书画出版社主办的《艺术当代》创刊,月刊。

同月　第四届国家辞书奖评选揭晓。上海辞书出版社出版的《辞海(1999年版彩图本)》获特别奖;上海辞书出版社出版的《中国历史大辞典》《外国哲学大辞典》和上海外语教育出版社《新世纪英语新词语双解词典》获一等奖。

同月　上海科学技术出版社与北大方正电子公司深度合作,推出首批100本电子书,电子出版物与传统出版物开始成为相互补充的两种出版形态。

11月1日　首届中国期刊展在北京开幕,《故事会》《上海环境科学》《故事大王》《大众医学》《现代家庭》等进入新闻出版总署实施精品战略而设立的"中国期刊方阵"。

11月9日　市出版工作者协会吸纳个人会员,并举行颁证仪式。

11月10日　市新闻出版局主办、上海10多家出版社和商务印书馆承办的科技出版百年回顾展在上海书城开幕。展览以文字、图片和实物结合的形式,勾勒一个半世纪来上海近现代科技出版发展的轮廓,折射中国近现代科技发展的轨迹。

是月　第五届国家图书奖评选揭晓。上海科学技术出版社出版的《中华本草》《科学与艺术》获荣誉奖;上海人民出版社出版的《上海通史》(15卷)、上海辞书出版社出版的《中国历史大辞典》获图书奖;复旦大学出版社出版的《外国哲学大辞典》等8种图书获提名奖。

12月2日　上海东方音像连锁有限公司在南京路步行街世纪广场举行"反盗版、用正版"活动。

12月4日　中宣部、中央文明办、新闻出版总署和国家邮政局在上海召开东方书报亭建设经验交流会,中宣部副部长李从军、新闻出版总署署长石宗源、上海市委副书记龚学平和国家邮政局局长刘立清等出席。

12月5日　新闻出版总署署长石宗源到上海世纪出版集团调研。

12月9—11日　第十六届沪版图书订货会在光大会展中心举行,订货码洋2.68亿元。

12月13日　党和国家领导人朱镕基、李岚清、丁关根到新闻出版总署调研。在参观优秀出版物成果展时,朱镕基热情称赞精益求精的"辞海精神"。

12月17—21日　上海书画出版社暨《朵云》编辑部主办海派绘画国际学术研讨会,并同时举办海派绘画大展,出版《海上绘画全集》《海派绘画研究文集》。

12月22日　以"读书,新世纪上海人的终身选择"为主题的首届上海读书节开幕,读书节组织了"我最喜爱的20本书"评选。截至2010年,上海读书节共举办了十二届。

12月25日　上海新闻出版发展公司与美国当纳利控股公司合作经营的上海当纳利印刷有限公司成立,公司位于青浦工业园区,为中国大陆规模最大的商业(书刊)印刷企业之一。

12月28日　东方出版交易中心、东方书城举行开业典礼在浦东新上海商业城举行,上海新华发行集团等主办的第三届上海书市同日开幕。同日,中国出版交易网开通。

是日　经新闻出版总署批准,上海新索音乐有限公司光盘生产线正式开工,上海光盘复制单位增加到4家。

同日　上海8家音像出版社24种音像选题入选新闻出版总署"十五"重点音像出版规划。

是月　上海文艺出版总社何承伟、上海科学技术出版社吴智仁获第七届中国韬奋出版奖。

同月　上海世纪出版集团、上海新汇光盘(集团)有限公司与日本OAKS株式会社合资成立上海世纪华创文化形象管理有限公司。

是年　《咬文嚼字》"咬嚼"明星图书,并在众矢之的栏目逐月公布"咬嚼"结果。

同年　全市各出版社出版图书14 000种,其中新书7 947种,再版重印6 053种,总印数2.68亿册。出版期刊616种,平均期印数1 413册,总印数为1.85亿册。

2002 年

1月4日　上海新华发行集团举行所属200余家书店全线进入东方出版交易中心网上采购仪式。市委副书记龚学平,市委常委、宣传部部长殷一璀由市新闻出版局党委书记钟修身陪同出席仪式并视察东方出版交易中心。

1月11日　以上海文化为专题的大型史书《上海文化通史》由上海文艺出版社出版。

1月21日　上海音乐出版社首次引进"外援",聘请12位上海音乐学院各专业科系的专家、教授和中青年学科带头人,成立专家指导委员会。

3月12日　由市新闻出版局、市出版工作者协会主办的上海市优秀图书(1999.11—2001.10)评选揭晓,《中国新民主革命通史》《世界文明史年表》《两系法杂交水稻的理论与技术》《辽西早期被子植物及伴生植物群》等63种图书获奖。

3月15日　上海外语教育出版社第一家异地销售公司——陕西外教社图书发行公司成立。

是月　上海人民出版社陆续出版一批主题图书,其中《政党执政史比较研究》《非公有制企业党的建设》被新闻出版总署列为迎接党的十六大重点图书。

4月5日　经新闻出版总署批准,西藏自治区新闻出版局报刊出版中心主办的《旅游导报》更名为《外滩画报》,由上海文艺出版社主办。10月31日,《外滩画报》创刊,周刊。

4月9日　中国出版集团成立,东方出版中心成为集团成员单位。

4月26日　由中国台湾"吴大猷学术基金会"主办的第一届吴大猷科学普及著作奖评选揭晓,上海科技教育出版社出版的原创作品《中国恐龙》和翻译作品《完美的对称——富勒烯的意外发现》获奖。

是月　经新闻出版总署批准,上海世纪出版集团跨地区组建的北京世纪文景文化传播有限公司成立。

5月9日　上海古籍出版社在北京人民大会堂举行《续修四库全书》出版座谈会。这一国家重点出版工程历时8年编纂完成,全书1800册,收书5000余种,是18世纪清朝编修《四库全书》后在全国范围对中国古典文献又一次较大规模的清理与汇集。全国政协主席李瑞环出席并讲话,称赞《续修四库全书》的出版是功在当代、泽及后世的盛举。新闻出版总署署长石宗源主持座谈会。

5月20—21日　由市新闻出版局主办、上海外文图书公司承办的"中华文化与出版——上海论坛"举行。来自10多个国家和港台地区的嘉宾以及国内部分出版社社长、总编辑参加论坛,近20位专家学者作主题发言。

6月5日　书法碑帖墨迹出版工程《中国碑帖经典》(100种)、《中国墨迹经典》(100种)由上海书画出版社出齐。

6月10日　上海文艺出版社举行成立50周年庆祝大会。中国作协党组书记金炳华,上海市委副书记殷一璀,市委常委、宣传部部长王仲伟等出席表示祝贺。

6月23—26日　2002年上海图书交易会在光大会展中心举行,交易会以"立足上海,面向全国,服务全国"为宗旨,首次引进各地出版社设展交易。

8月8日　上海印刷(集团)有限公司对上海新华印刷厂和上海市印刷一厂、上海市印刷四厂实行资产重组,设立上海新华印刷有限公司。

8月20日　中共中央政治局候补委员、国务委员吴仪参观上海书城。

8月27日　上海销毁3000部盗版《辞海》,历时两年多的严打《辞海》盗版案取得重大阶段性成果。

9月10日　中华地图学社获准成为独立出版单位,出书范围及主管主办单位不变。

9月22日　首次全国出版专业技术人员资格考试在各地开考。上海图书、期刊、音像、电子等出版单位从事编辑、出版、校对、发行业务的984名专业技术人员参加上海地区考试。

9月25日　特大型综合性辞典《大辞海》编纂工作动员大会在市政协江海厅举行。全国政协副主席钱伟长,新闻出版总署署长石宗源和上海市委副书记殷一璀,市委常委、宣传部部长王仲伟等出席,对《大辞海》编纂工作启动表示祝贺。

是月　上海译文出版社出版的多功能综合性日汉双语词典《日汉大词典》首发式在北京举行。

10月22日　少年儿童出版社举行成立50周年庆祝大会和少儿社怡德大楼揭牌仪式,市委副书记殷一璀,市委常委、宣传部部长王仲伟、市政协副主席谢丽娟、中国版协主席于友先出席表示祝贺。

10月25日　今日中国出版社更名为中国福利会出版社。

10月28日　市十一届人大常委会第四十四次会议通过《上海市出版物发行管理条例》,2003年1月1日起施行。原《上海市图书报刊市场管理条例》废止。

10月29日　上海音乐学院出版社成立。

是日　新华书店上海发行所等6家省级新华书店被新闻出版总署批准为1999—2001年度全国最佳发运店。

是月　市委常委、宣传部部长王仲伟对《新英汉词典》销量突破1 000万册作出批示:抓好工具类图书的出版,保持在这一领域的优势是上海出版界的一项重大课题。

同月　上海外语教育出版社出版的《交际英语教程》获2002年全国普通高等学校优秀教材一等奖。

同月　2002年台湾期刊展在北京和上海同时举行,展出期刊400余种。台北市杂志商业同业公会代表团参加开幕式,与上海同行交流。

12月6日　市编辑学会召开第三次代表大会,贺圣遂当选为会长。

12月15—17日　第十七届沪版图书看样订货会在光大会展中心开幕,共推出各类图书2万余种,订货码洋2.08亿元。

12月26日　文博学家马承源《中国青铜器研究》(专著)、《上海博物馆藏战国楚竹书》第二册(主编)及大学文博教材《中国青铜器》修订本由上海古籍出版社出版。

12月27日　第十三届中国图书奖评选揭晓。上海人民出版社出版的《中国共产党历史图志》(三册)、复旦大学出版社出版的《国际投资争端仲裁——"解决投资争端国际中心"机制研究》等8种图书获奖。

12月28日　上海音像图书城在徐家汇商业圈开业。

是年　《咬文嚼字》组织"编校质量擂台赛",登台参赛的有浙江文艺出版社《残雪散文》、作家出版社《流动的短章》、上海三联书店《苦楝树》、学林出版社《我说》等,众矢之的栏目逐月公布比赛结果。

同年　全市各出版社出版图书14 537种,其中新书8 156种,再版重印6 381种,总印数2.59亿册。出版期刊621种,平均期印数1 332册,总印数1.8亿册。

2003 年

1月17日　第二届国家期刊奖评选揭晓。《上海服饰》《故事会》《上海环境科学》获国家期刊奖;《学术月刊》《现代家庭》《故事大王》《收获》《少年文艺》《生物化学与生物物理学报》《化学学报》《中国新药与临床杂志》《大众医学》获提名奖;《人民警察》《青年一代》《同济大学学报(自然科学版)《中国化学(英文)》《上海交通大学学报》《细胞研究(英文)》《印染》《低压电器》入选国家期刊奖百种重点期刊。

是月　上海纺印印刷包装有限公司蔡春华获第七届毕昇印刷技术奖。

2月20日　市新闻出版局主办、上海外文图书公司承办的"2003年中华文化与出版——上海论坛"在上海举行。

3月5日　文汇新民联合报业集团主办、上海教育报刊总社《家庭教育时报》协办的《新读写》创刊,月刊。

3月11日　列为国家哲学社会科学"九五"规划项目的《中国学习者英语语料库》由上海外语教育出版社出版发行。

3月13日　上海新华发行集团召开西区连锁分公司成立大会。新闻出版总署副署长柳斌杰和上海市新闻出版局局长孙颙为公司揭牌。

是月　《学术月刊》被《新华文摘》《高等学校文科学术文摘》《中国社会科学文摘》《人大复印报刊资料》等全国主要转摘媒体转载、引用率,连续10年名列全国社科类杂志前茅。

4月25日　上海新华发行集团音像分公司成立。

是月　市政府决定,上海出版印刷高等专科学校划归上海理工大学管理,组建上海理工大学出版印刷学院,增设出版印刷学科方向的本科教育。

同月　《依法防治非典基本知识手册》由上海人民出版社出版,首印50万册全部赠送上海各区县、街道和居(村)民委员会。

6月11日　上海人民出版社历时半个世纪组织编撰的"中国断代史系列"出齐,13卷16册,近1 000万字,完整再现了中华数千年文明演进史。

6月23日　市委副书记殷一璀,市委常委、宣传部部长王仲伟到上海世纪出版集团调研,提出上海出版业下一步改革发展要求。市委副秘书长、市委研究室主任胡延照,市委副秘书长张学兵,市委副秘书长、市委办公厅主任赵为民,市委宣传部副部长宋超等参加调研。

是月　上海世纪出版集团被中宣部列为全国文化体制改革试点单位。

同月　市版权局为第一批25件世博会作品办理著作权登记,以有效保护世博会知识产权,制止未经授权擅自使用的侵权行为。

7月24日　《海外新发现永乐大典十七卷》由上海辞书出版社出版。

7月28日上海科技出版大楼奠基。

是月　盛大网络自主研发的第一款网络游戏《传奇世界》公开测试,9月开始商业化运营。

8月10—13日　2003年上海图书交易会在光大会展中心举行。上海和各地370多家出版单位参会。副市长杨晓渡、市委宣传部副部长宋超出席开幕式并剪彩。市人大常委会主任龚学平、新闻出版总署副署长柳斌杰等参观交易会。

是日　《大辞海·哲学卷》《大辞海·医药科学卷》首发式暨出版座谈会在光大会展中心举行。新闻出版总署副署长柳斌杰,上海市委常委、宣传部部长王仲伟,副市长杨晓渡,市政协副主席左焕琛及《大辞海》主编夏征农等出席。

8月12日　上海文艺出版总社将《话说中国》(15卷)海外版版权授予美国《读者文摘》有限公司。双方确定同步出版《话说中国》海外繁体字版,条件成熟后出版英文版。

8月16日　市委副书记殷一璀作序,市委常委、宣传部部长王仲伟题跋,上海人民出版社出版的《上海人民难忘——抗击非典的日日夜夜》首发式暨来自抗击非典一线的各界代表签名售书活动在上海书城举行。

9月5日　市委宣传部在上海图书馆召开推进上海世纪出版集团改革发展大会,宣布市委关于调整和扩大上海世纪出版集团的决定。市新闻出版局所属的上海科学技术出版社、上海辞书出版社、少年儿童出版社、上海古籍出版社、上海科技教育出版社、学林出版社、上海远东出版社并入上海世纪出版集团,对外保留7家出版社牌子。调整后的上海世纪出版集团党的关系由隶属市新闻出版局改为隶属市委宣传部,市新闻出版局对上海世纪出版集团实行行业管理。市委副书记殷一璀,市委常委、宣传部部长王仲伟出席大会并讲话。

9月11日　首届上海出版新人奖评选揭晓,8位40岁以下、表现突出的青年出版工作者受到表彰。截至2010年,上海出版新人奖评选共举办过三届,25人获奖。

9月20日　上海三联书店由市新闻出版局主管改为解放日报报业集团主管。

10月25日　首届"外教社杯"全国大学英语写作大赛总决赛在陕西西安举行。大赛由全国大学外语教学研究会等联合举办,是中国第一次由权威外语教育机构在全国范围内组织的大学英语写作大赛。

10月28—30日　第三届上海版权贸易洽谈会在上海国际会议中心举行。美国、英国、德国、法国、日本、新加坡、泰国和中国香港、台湾地区的37家出版商参展,共签订200多份版权贸易合同和意向书,其中输出版权占三分之一。

是月　经新闻出版总署批准,上海东方网股份有限公司(东方网)、上海数字世纪网络有限公司(易文网)和上海盛大网络发展有限公司获得互联网出版许可证,成为全国首批互联网出版机构。

11月18日　第五届国家辞书奖评选揭晓。上海辞书出版社出版的《中国文物定级图典》和《中国美术大辞典》《伦理学大辞典》分别获特别奖和一等奖。

11月20日　上海出版界在巴金百岁诞辰前推出多种相关出版物,其中有上海文艺出版社《巴金与文化生活出版社》《百年巴金——名家诗文书画手迹集藏》《巴金传》,上海人民出版社《感觉巴金》,上海辞书出版社宣纸线装本《随想录绘本》,文汇出版社《我亲历的巴金往事》《晚年巴金》。

11月25日　中共中央政治局常委李长春由上海市委副书记、市长韩正陪同考察上海世纪出版集团,详细了解上海大力发展先进文化,坚持正确舆论导向,加快文化体制改革,加强基层文化阵地建设等方面的情况。

11月28日　上海举行首届年鉴优秀成果表彰大会,《上海年鉴(2002)》和《上海经济年鉴(2002)》分别获综合年鉴和专业年鉴一等奖。

是月　出版博物馆(筹)成立。2007年9月与上海韬奋纪念馆合署办公。2008年7月,上海市政府和新闻出版总署签署部市合作框架协议,正在筹建的出版博物馆作为部市合作共建项目,后经新闻出版总署批复同意,更名为中国近现代新闻出版博物馆。

同月　市出版工作者协会与市编辑学会联合选编的《上海出版人》由学林出版社出版。

同月　上海市新闻出版局主办的"中国最美的书"评选揭晓,河北教育出版社《梅兰芳(藏)戏曲史料图画集》、上海文艺出版社《沈从文和他的湘西》等16种图书获奖。获奖图书被送往德国莱比锡推荐参加2004年度"世界最美的书"评选。

12月10日　上海世纪出版集团与上海百联集团、锦江国际集团、上实集团上海实业发展股份有限公司、上海电影集团签约组成战略联盟,发挥各自优势,联手拓展全国市场。

12月12日　上海市新闻出版局宋原放、上海辞书出版社李伟国获第八届中国韬奋出版奖。

是日　理财周刊社主办的首届上海理财博览会在上海展览中心开幕。市委常委、副市长冯国勤,市委宣传部副部长宋超出席开幕式。

　　12月18日　上海人民出版社出版的《中国共产党历史图志》获第九届精神文明建设"五个一工程"奖。

　　12月19日　上海人民出版社召开《青年毛泽东》新书发布会,纪念毛泽东诞辰110周年。

　　12月26日　第六届国家图书奖评选揭晓。上海辞书出版社出版的《中国文物定级图典(一、二、三级品)》、上海古籍出版社出版的《续修四库全书》获荣誉奖;上海书店出版社出版的《民国诗话丛编》等8种图书获提名奖;上海人民出版社出版的《上海人民难忘——抗击非典的日日夜夜》获特别奖。

　　是年　遭受上半年"非典"影响的上海出版界克服种种困难,以最快速度出版20余种抗击"非典"图书,总印数达330万册。

　　同年　上海网络游戏出版产业获得迅猛发展,全年销售收入超过13亿元,税后利润6.5亿元,成为全国网络游戏产业高地和大企业集聚地。

　　同年　全市各出版社出版图书15 631种,其中新书8 721种,再版重印6 892种,总印数2.74亿册。出版期刊626种,平均期印数1 335册,总印数1.83亿册。

2004 年

　　1月13日　上海外语教育出版社"新理念大学英语"教学系统通过教育部高教司评审验收,向全国高等院校推广使用。

　　是月　许嘉璐主编的《二十四史全译》由汉语大词典出版社出版,江泽民题写书名。

　　3月1日　以亚历山大·霍尔茨曼为团长的德国杂志出版商协会代表团访问上海文艺出版社。

　　3月6日　由上海外国语大学、上海外语教育出版社承办的首届中国外语教学法国际研讨会在上海举行。教育部副部长吴启迪出席研讨会并致辞。

　　3月25日　国际期刊联盟主席唐纳德·克默菲尔德访问上海文艺出版社。

　　3月29日　上海九久读书人文化实业有限公司成立。

　　是月　2004年度"世界最美的书"评选在德国莱比锡揭晓。上海市新闻出版局"中国最美的书"评委会选送16种"中国最美的书"参评,河北教育出版社《梅兰芳(藏)戏曲史料图画集》获"世界最美的书"金奖。

　　4月7日　上海新华发行集团出资组建的上海新华传媒股份有限公司成立。

　　4月17日　上海第九城市信息技术有限公司取得世界顶级网络游戏《魔兽世界》中国大陆独家运营权。

　　4月28日　上海市印刷行业协会成立,印德明当选为会长。原上海市印刷协会注销。

　　4月30日　由市新闻出版局、市出版工作者协会主办的上海市优秀图书(2001.11—2003.10)评选揭晓,"中国断代史系列"、《顾恺时胸心外科手术学》《俄藏敦煌吐鲁番文献集成》等70种图书获奖。

　　5月9日　上海世纪出版集团主办的《漫动作》创刊,周刊。

　　5月13日　盛大网络在美国纳斯达克证券交易所上市。

　　5月16日　由江苏新华发行集团与民营上海英特颂图书有限公司共同投资组建的上海万卷新华图书有限公司成立。

5月23日　中共中央政治局委员、书记处书记、中宣部部长刘云山等到上海世纪出版集团考察。上海市委副书记、市长韩正,中宣部副部长、中央文明办主任胡振民,上海市委副书记殷一璀,上海市委常委、宣传部部长王仲伟等陪同考察。

5月27日　上海出版行业人才工作会议在上海图书馆召开,市新闻出版局提出未来5年要围绕建设现代出版中心,以高层次急需人才为重点,实施领军人才培养工程的人才发展目标。

是月　上海画报出版社主办的《至爱》创刊,月刊。

6月19日　市委副书记殷一璀主持召开上海市文化体制改革试点工作领导小组第六次会议,听取上海世纪出版集团党委书记、社长陈昕汇报。会议通过《上海世纪出版集团改革发展方案》(修正稿)。

6月22日　市委宣传部召开上海文艺出版总社建设与发展工作会议,宣布市委、市政府决定:以上海文艺出版社(含上海文化出版社、上海音乐出版社、上海文艺音像出版社)、上海书画出版社、上海人民美术出版社、上海画报出版社、百家出版社为基础,组建上海文艺出版总社。市委副书记殷一璀要求总社走专业出版集团发展新路,建成以文学艺术出版物为主要特色的专业化、集团化、内涵式发展的新型出版机构。市委常委、宣传部部长王仲伟,副市长杨晓渡出席会议。会上宣读了新闻出版总署副署长柳斌杰的贺信,宣布市委、市委宣传部关于总社党政领导班子的任职通知,杨益萍任总社党委书记、社长。

6月25日　上海图书公司艺术书坊开业。

6月28日　上海外语教育出版社新大楼建成暨启用典礼在上海外国语大学举行。

7月10—14日　由中国出版集团和上海市新闻出版局等主办的首届上海国际儿童图书博览会在东亚体育文化中心举行,海外37家出版社和国内57家出版单位参展。

7月26日　中共中央总书记、国家主席胡锦涛看望《辞海》主编夏征农。

7月28日　2004上海书展在上海展览中心开幕,市委副书记殷一璀,市委常委、宣传部部长王仲伟,副市长杨晓渡,新闻出版总署副署长于永湛和市委宣传部副部长宋超等出席开幕式。全国24个省市130多家出版机构和众多期刊参展。从这一年起,每年暑期举办书展,成为上海市民期盼的文化节日。

是月　上海译文出版社与法国桦榭菲力柏契出版社合作出版的《家居廊》创刊,月刊。

同月　为纪念邓小平诞辰100周年,上海人民出版社相继推出《邓小平之歌》《邓小平战略思想与21世纪的中国战略》《邓小平理论发展史》(修订本)和《邓小平在上海》等图书。

8月3日　由中国印刷技术协会、上海市印刷行业协会、江苏省印刷技术协会、浙江省印刷协会共同主办的"长三角印刷业发展高峰论坛"在上海举行。

是月　上海印刷(集团)有限公司改制为国有多元企业,文汇新民联合报业集团、上海世纪出版集团、上海文艺出版总社、上海精文投资有限公司成为集团股东。

同月　盛大网络收购起点中文网等一批文学网站,成立盛大文学公司,并创建数字出版连载——付费以及版权运营新模式。

9月9日　经市国资委批准,上海新华发行集团资产分别划转给上海精文投资有限公司、解放日报报业集团、上海文广影视集团、上海世纪出版集团和上海文艺出版总社,由国有独资企业改制为国有多元企业。新一届董事会、监事会成立。

9月22日　上海音乐出版社出版的《中国昆曲精选剧目曲谱大成》首发式,在全国政协会议中心举行,全国政协副主席张思卿、白立忱、张怀西等出席。

10月5—7日　第二届中国国际数码互动娱乐产品及技术应用展览会(ChinaJoy)在上海国际博览中心举办。新闻出版总署宣布,ChinaJoy从第二届起永久落户上海。

10月18日　上海中华商务联合印刷有限公司成立。

10月18—24日　全国宣传文化系统"四个一批"人才工程研讨班在北京举行。上海陈昕、秦文君入选全国首批"四个一批"人才。

10月20日　上海古籍出版社张晓敏、上海音乐出版社费维耀和上海中华印刷厂薛克获全国有突出贡献的中青年专家称号,受到新闻出版总署表彰。

10月29日—11月8日　市新闻出版局在刘海粟美术馆举办"世界最美的书"设计艺术展。这是"世界最美的书"首次在中国展出,上海和各地出版、装帧专业人员近万人次参观展览。

10月30日　上海外文图书公司与日本中文产业株式会社在东京、大阪两地举办上海书展。

是月　中华地图学社成为国家测绘局直属事业单位,由中国地图出版社代为管理。

11月4日　《人文江南关键词》等10种图书获2004"中国最美的书"称号,推荐参加2005年"世界最美的书"评选。

11月18日　上海征途网络科技有限公司成立。

11月29日　"文化中国系列丛书"在美国最大的连锁书店本和罗伯斯书店及一些独立书店销售,并进入亚马逊网上书店。这是中国文化英文版图书首次全品种进入美国主流图书市场。

是日　上海科技教育出版社和英国总领事馆文化教育处联合举办《为世界而生——霍奇金传》中文版新书首发式。英国生理学家和细胞生物学家霍奇金1964年获诺贝尔化学奖。

是月　上海韬奋纪念馆编辑的"邹韬奋研究丛书"第一辑由学林出版社出版,邹家华题写书名。

12月8日　上海新华发行集团49%的股份通过上海联合产权交易所公开挂牌竞价,以高出评估价20%的价格转让给上海绿地(集团)有限公司,成为全国文化单位通过市场竞价转让股权、实现混合所有制的第一家企业。

12月15日　第九城市在美国纳斯达克证券交易所上市。

12月28日　全国人大常委会副委员长许嘉璐致信国务院总理温家宝,并代表《二十四史全译》编委会和汉语大词典出版社向温家宝赠书。温家宝回信称赞《二十四史全译》的出版为我国文化事业办了一件好事,向编委会和出版单位表示祝贺。

是年　《咬文嚼字》组织"给城市洗把脸"活动,将目标锁定为北京、上海、天津等12座城市,集中检查各城市街头店招、商店橱窗、旅游景点等语言文字运用状况,众矢之的栏目逐月公布结果。

同年　全市各出版社出版图书16 420种,其中新书9 375种,再版重印7 045种,总印数2.67亿册。出版期刊612种,平均期印数1 184册,总印数1.93亿册。

2005 年

1月18日　第十四届中国图书奖评选揭晓在北京颁奖,上海书店出版的《马克思画传》、复旦大学出版社出版的《晚明史》(1573—1644)等7种图书获奖。

1月25日　上海世纪出版集团与上海联和投资有限公司、上海大盛资产有限公司、上海精文投资公司、东方网股份有限公司、浙江出版联合集团联合召开上海世纪出版股份有限公司发起人会议,签署发起人协议。这标志上海世纪出版集团整体转企改制初步完成。市委常委、宣传部部长王仲伟出席并讲话。

是月　美国作家罗伯特·劳伦斯·库恩著《他改变了中国：江泽民传》由上海译文出版社出版。

2月2日　陈佩芬编著的《夏商周青铜器研究——上海博物馆藏品》由上海古籍出版社出版。

2月28日　第三届国家期刊奖评选揭晓。《故事会》《低压电器》《健康娃娃》获国家期刊奖；《学术月刊》《咬文嚼字》《上海服饰》《收获》《故事大王》《第二军医大学学报》《大众医学》《自我保健》获提名奖；《社会科学》《萌芽》《上海交通大学学报》《化学学报》《同济大学学报》(自然科学版)《应用数学和力学》(英文版)《生理学报》《印染》《科学画报》入选国家期刊奖百种重点期刊。

是日　儿童时代社与上海文广新闻传媒集团举行《哈哈画报》联合主办刊物签约仪式，市委常委、宣传部部长王仲伟，中国福利会秘书长艾柏英、上海文广影视集团总裁叶志康等出席。

是月　中华地图学社与上海市测绘院共同发起成立上海地图反盗版联盟组织。

3月8日　上海文艺出版总社与上海大一印刷有限公司合资的上海文艺大一印刷有限公司揭牌。

3月25—27日　2005中国国际音像电子博览会在上海国际展览中心开幕。近200家中外企业参展，展品近4万种，包括最新的影音产品、数字化音像产品、网络音库、EVD技术视听等高科技产品。

3月28日　文汇新民联合报业集团和上海印刷(集团)有限公司在青浦工业园区投资兴建的青浦现代印刷基地举行奠基仪式。

3月30日　市出版工作者协会召开第五次会员大会，曹培章当选为主席。

4月5日　上海韬奋纪念馆成为上海市红色旅游基地。

4月7日　纪念钱学森归国50周年活动暨上海交通大学出版社出版的《智慧的钥匙——钱学森论系统科学》首发式在上海图书馆举行。市委常委、宣传部部长王仲伟出席并讲话。

4月14日　上海版权保护协会召开第三次会员大会，胡大卫当选为会长。

4月22日　《咬文嚼字》创刊10周年，发布当代汉语出版物中最常见的100个别字。

4月23日　少年儿童出版社《青少年科技报》主办的第十五届上海市青少年"金钥匙"科技活动颁奖典礼在卢湾区青少年活动中心成功举行，国际科学与和平周中国组委会向《青少年科技报》颁发国际科学与和平周特别贡献奖。

是月　上海译文出版社完成《中国2010年上海世界博览会注册报告》中、英、法三种版本出版工作。注册报告经国际展览局执委会审核后，提交国际展览局全体成员国代表大会审查通过，最终完成中国举办2010年上海世博会的法律手续。

同月　上海印刷新技术(集团)有限公司划归上海文艺出版总社。

5月12日　经过8年时间编纂，《话说中国》16卷本出齐。中宣部出版局、上海市委宣传部在北京联合召开民族精神史诗出版工程暨《话说中国》出版发行座谈会，新闻出版总署副署长邬书林、教育部副部长袁贵仁等出席并讲话。上海市委宣传部颁发嘉奖令，嘉奖上海文艺出版总社出版《话说中国》取得的成绩。

5月13—20日　市新闻出版局和市出版工作者协会主办以考察全国书市(2007年更名为书博会)为主要内容的培训班，23位青年编辑参加在天津举办的第十五届全国书市。此后，每年组织考察全国书市(书博会)成为青年编辑培训的常规工作。

5月15日　文汇出版社联合人民日报出版社等15家媒体出版社，成立中国媒体出版社联盟。

是月　上海印刷(集团)有限公司李成忠、雅昌企业(上海)集团有限公司万捷获第八届毕昇印刷技术奖。

6月　上海新闻出版发展公司出版的《沈从文和他的湘西》(英文版)获美国富兰克林出版奖艺

术类图书奖和装帧设计一等奖。这是国内英文出版物首次获此国际重要图书奖。

是月　上海人民出版社出版《开国财头陈云》《陈云的故事》,纪念陈云诞辰 100 周年。

7月5日　辞海编纂处成立。

7月8日　上海音乐书店入驻福州路(中国科技图书公司原址)暨上海新华音像公司大卖场和 22 家音像品牌专卖店开业。

是日　上海世纪出版集团"世纪人文系列丛书"已出版 94 种,在北京召开出版座谈会。

7月30日　《中国古今地名大词典》由上海辞书出版社出版。

是月　市委、市政府决定,孙颙任市新闻出版局(市版权局)党组书记、局长。

8月8日　上海辞书出版社"中国文学鉴赏辞典大系"《古代小说鉴赏辞典》(下册)和《明清传奇鉴赏辞典》(上下册)出版。从《唐诗鉴赏辞典》开始,大系出版前后历时 22 年,累计销售达 500 万册。

8月12日　徐家汇美罗城、福州路和浦东正大广场三家思考乐书局,由南京大众书局图书连锁公司接盘重新开张。

8月14日　巴金创作的最后一部长篇小说《寒夜》手稿珍藏本,由上海文艺出版社出版。

8月20日　上海文化建设又一标志性工程——中国规模最大最齐备的古文字汇释工具书《古文字诂林》12 册出齐。在学者王元化指导下,上海教育出版社历时 14 年完成的这一大型文化项目,汇集 1 万余字头,1 000 万字考释资料。

8月30日,上海外贸印刷厂改制为沪港合作企业。2006 年 2 月 16 日更名为上海利丰雅高印刷有限公司。

9月22日　复旦大学出版社举行陈尚君新著《旧五代史新辑会证》发布会,复旦大学党委书记秦绍德、校长王生洪和国内外约 80 位知名学者出席。

9月—10月　市新闻出版局和市作家协会主办,上海外文图书公司和台湾联经出版公司承办的首届上海书展在台北、台中、高雄展出。上海 40 家出版单位近 6 000 种新书参展。

10月8日　上海科学技术出版社入驻上海科技出版大楼。

10月18日　为悼念巴金逝世,《历经百年"雾雨电"至今仍忆"家春秋"——隆重纪念文坛巨擘巴金》主题书展在上海书城开幕。

10月19日　上海出版界积极落实"走出去"战略,26 种英文版"文化中国系列丛书"在法兰克福书展集中亮相,包括大型图文画册《上海》《沈从文和他的湘西》、文化知识读本《中国读本》《中国昆曲》和文学作品《中国短篇小说选》《天堂街 3 号》等,从不同角度帮助世界英语读者认识中国自然地理、历史风俗及当代中国丰富多彩的文化。

10月22日　上海文艺出版总社与法国爱克西里奥期刊集团版权合作、上海壹周传媒公司(筹)主办的《新发现》创刊,月刊。

11月1日　上海市政府与新闻出版总署签署协议,共建上海理工大学出版印刷学院和上海出版印刷高等专科学校。

11月3日　上海韬奋纪念馆举行建馆 50 周年纪念活动,召开上海纪念韬奋诞辰 110 周年座谈会,《韬奋手迹》《浩气长存——纪念韬奋诞辰 110 周年画集》《少年邹韬奋》出版。

11月9日　国家网络游戏动漫产业发展(上海)基地揭牌仪式在张江高科技园区举行。

11月12日　反映中国社会科学百年发展全貌的重大文化建设工程《二十世纪中国社会科学》由上海人民出版社出版,市委副书记殷一璀,市委常委、宣传部部长王仲伟出席出版座谈会并讲话。

11月17日　《科学》杂志编委会在上海科学会堂举行纪念《科学》杂志和中国科学社成立 90 周

年座谈会,中国科协主席周光召等出席。

11月22日 上海世纪出版股份有限公司召开第一次股东大会,选举产生公司董事会和监事会成员。上海世纪出版集团党委书记、社长陈昕任公司董事长、总裁。

11月22—25日 由上海现代国际展览有限公司、中国印刷及设备器材工业协会、上海市印刷行业协会、上海印刷技术研究所等联合主办的第13届上海国际印刷包装纸业展览会在上海新国际博览中心举办。来自中国、美国、德国、意大利、日本、法国、英国等20多个国家和地区的近400家厂商参加展览。

11月26日 《辞海》(2009年版)编纂动员大会在上海展览中心友谊会堂举行。上海市委副书记殷一璀,新闻出版总署副署长邬书林,上海市委常委、宣传部部长王仲伟,副市长杨晓渡,市政协副主席左焕琛,《辞海》主编夏征农,新闻出版总署图书司司长吴尚之,市委副秘书长姜樑,市委宣传部副部长宋超和在上海的《辞海》副主编、分科主编等出席。

是日 上海世纪出版集团转企改制暨上海世纪出版股份有限公司成立大会在上海展览中心举行。这是国内出版业第一家股份有限公司。新闻出版总署副署长邬书林、上海市委副书记殷一璀出席并讲话,上海市委常委、宣传部部长王仲伟和上海市副市长杨晓渡揭牌。

11月28日 上海印刷(集团)有限公司股东单位变更为上海文汇新民联合报业集团和上海精文投资有限公司。

12月1日 少年儿童出版社出版的"葛翠林山林童话"系列《核桃山》《栗子谷》《红枣林》和《张洁月光少女小说》获2005年冰心儿童图书奖大奖。

12月7日 上海世纪出版集团下属上海辞书出版社等7家出版社法人资格取消,成为上海世纪出版股份有限公司下属独立核算的非法人经营单位。

12月10日 上海人民出版社和上海社科院出版社联合出版的《上海通志》首发。至此,首轮上海社会主义新方志(即"一纲三目"体系:一纲为《上海通志》10册47卷1100万字;三目为县志10部、区志12部、专志110部,由上海人民出版社和上海社科院出版社分别出版,总计1.6亿字)编纂出版任务全部完成。2006年12月,《上海通志》获上海市第八届哲学社会科学优秀成果著作类一等奖。

12月25日 上海财经大学出版社举办成立10周年庆祝活动。

12月27日 上海新华发行集团整合上海书城读者俱乐部、发行集团西区分公司书虫俱乐部和书香读者俱乐部,组建统一的书香俱乐部。

是月 新闻出版总署批复同意上海远洋海图公司继续从事英版航海图书资料进口经营业务。2009年6月30日,上海远洋运输有限公司被中远集装箱运输有限公司收购,上海远洋海图公司随母公司进入中国远洋,更名为上海远洋运输有限公司海图公司。

同月 市音像出版制作行业协会召开第一次会员大会,周建潮当选为会长。

同月 上海辞书出版社出版的《中国古代车舆马具》《上海FASHION》,上海古籍出版社出版的"中国民俗文化丛书"(第二辑5种),上海书店出版社与大象出版社联合出版的《天边的彩虹》被评为2005年度"中国最美的书",参加2006年在德国莱比锡举办的"世界最美的书"评选。

是年 《动画大王》主管单位由市新闻出版局变更为上海文艺出版总社。

同年 《咬文嚼字》组织"'咬'定晚报不放松"活动,将目标锁定为《北京晚报》《新民晚报》《扬子晚报》《羊城晚报》等12家晚报,众矢之的栏目逐月公布结果。

同年 全市各出版社出版图书16 501种,其中新书9 269种,再版重印7 232种,总印数2.59亿册。出版期刊612种,平均期印数1 130册,总印数1.90亿册。

2006 年

1月6日　集中反映当代中药学科发展水平的综合性巨著《中华本草》最后4卷"民族药卷"由上海科学技术出版社出版,为这一大型出版工程画上句号。《中华本草》分34卷,收入中医药物8 980种,2 400万字,是至2006年为止所收药物种类最多的一部本草专著。

1月21日　上海市音像制品批发交易市场开市。

1月26日　长宁路新华书店改扩建后并入上海书城,更名为上海书城长宁店。

1月28日　《咬文嚼字》发起"咬嚼"2006年中央电视台春节联欢晚会,查出28处差错。央视总导演为此向观众道歉,并对《咬文嚼字》表示感谢。

是月　上海外语教育出版社庄智象获第九届中国韬奋出版奖。

同月　上海世纪高等教育图书分公司、上海世纪外语教育图书分公司成立。

3月31日　上海文艺出版社(含上海文化出版社、上海音乐出版社、上海文艺音像出版社)、上海书画出版社、上海画报出版社、上海人民美术出版社和百家出版社撤销事业单位建制。

4月13日　市新闻出版局、市出版工作者协会主办的上海市优秀图书(2003.11—2005.10)评选揭晓,《古文字诂林》《技术史》《话说中国》等80种图书获奖。

是日　上海文艺出版总社所属上海故事会文化传媒有限公司成立。

4月17日　上海新华发行集团投资上海新华传媒股份有限公司成立。同日,上海新华传媒股份有限公司成立上海新华传媒连锁有限公司。

4月20日　文化部第八届音像市场法制宣传活动暨正版音像制品经营示范店授牌大会举行,上海50家音像制品经营门店被命名为首批正版音像制品经营示范店。

4月21日　国家主席胡锦涛访问美国期间,向耶鲁大学赠送用故事体写成的中华文明史《话说中国》和文化艺术画册《锦绣文章——中国传统织绣纹样》《中国碑帖经典》等一批上海出版的图书。

同月　中国出版工作者协会第五次会员代表大会在北京举行。于友先当选为主席,上海陈昕等当选为副主席。

5月18日　中国出版集团上海中版图书公司举行开业典礼。中国出版集团副总裁王俊国、东方出版中心总经理乔友农等出席。

5月21日　上海辞书出版社巢峰、徐庆凯获中国辞书学会颁发的首届辞书事业终身成就奖。

5月22日　在北京举行的易中天《品三国》(上)书稿竞标会上,上海文艺出版社竞标成功。《品三国》出版后持续热销,到2007年底发行超过410万册。

5月24日　上海新华发行集团收购华联超市45.06%的股份,成为华联超市控股股东,同时将上海新华传媒股份有限公司100%股份置换到上市公司,实现上海新华发行集团"借壳上市"。

5月29日　新闻出版总署向青少年推荐百种优秀图书,上海出版的《过目不忘——50则关于荣辱观的故事》等9种图书上榜。

是月　新闻出版总署发布"十一五"期间(2006—2010)国家重点图书出版规划,上海140种选题入选,其中上海世纪出版集团有80种,位居全国各出版集团前列。

同月　因研究和翻译俄罗斯文学取得突出成绩,上海译文出版社资深编辑郭振宗、戴际安获俄罗斯作家协会颁发的马克西姆·高尔基奖。

6月11日　上海雅昌彩色印刷有限公司成立。雅昌总部设在深圳,有北京、深圳、上海三个运营基地。

是日　上海书画出版社暨《书法》编辑部举办首届中国书坛中青年百强榜评奖及作品展览活动，出版《百强榜作品集》。

6月11—25日　上海书画出版社暨《朵云》编辑部在和平饭店举办20世纪山水画国际学术研讨会，并在上海美术馆举办20世纪山水画大展，出版发行《中国山水画通鉴》《20世纪山水画集》《20世纪山水画国际学术研讨会论文集》。

6月20日　《电世界》举办创刊60周年庆祝活动。中国科协副主席、中国电机工程学会理事长陆延昌，上海市副市长、上海交通大学教授严隽琪等题词祝贺。

6月28日　《夏征农文集》（8卷）由上海人民出版社出版。

是月　上海人民出版社出版的《中国共产党在上海85年图志》《中共党史百人百事》《中国共产党执政理论体系研究》《二万五千里》等入选中宣部和新闻出版总署纪念中国共产党建党85周年和长征胜利70周年全国重点图书选题。

7月5日　市出版工作者协会和上海古籍出版社在上海图书馆举行上海资深出版人（古籍）王勉、何满子、金性尧、钱伯城、魏同贤出版精神座谈会。

7月6日　法国阿歇特·菲利帕契出版集团总裁顾问、执委会委员梅尔勒等访问上海文艺出版总社，双方就出版理念、图书出版品种、中法出版差异等作了沟通交流。

7月13日　《华东师范大学学报》（哲学社会科学版）入选教育部名刊工程。

8月9日　上海人民出版社召开《李济文集》出版座谈会，纪念中国现代考古学奠基人李济诞辰110周年。

8月10日　上海市宝山区、中国作协儿童委员会、上海市作协和少年儿童出版社联合召开纪念陈伯吹诞辰100周年大会。市委副书记殷一璀出席大会，代表市委、市政府对陈伯吹为中国文学事业特别是儿童文学事业作出的贡献表示敬意。

8月31日　上海辞书出版社、安徽教育出版社《全宋文》出版座谈会在北京人民大会堂举行。全国人大常委会副委员长许嘉璐、新闻出版总署副署长邬书林、全国政协文史委副主任龚心瀚、安徽省副省长文海英及专家学者冯其庸、瞿林东等80余人出席。

9月7日　市人大常委会主任龚学平等到上海世纪出版集团调研，希望集团加快改革，早日成为全国乃至世界具有影响力的出版集团。

9月11日　上海画报出版社更名为上海锦绣文章出版社。

是月　市新闻出版局出资成立上海长江出版交流基金会。这是全国唯一一家以资助出版方式专业从事对外出版和出版国际交流的基金会组织。

同月　上海科学技术出版社《蔬菜生产技术操作规范》《母猪饲养新技术》（第二版）《大菱鲆养殖技术》（第二版）入选中宣部、新闻出版总署、农业部评定并推荐的服务"三农"优秀图书。

同月　被列为上海市重点图书项目的《药学大辞典》由上海科学技术出版社出版。

10月17日　上海新华传媒股份有限公司正式上市，成为全国出版发行行业第一家上市公司。

10月28日　上海大学出版社举办成立10周年庆祝活动。

11月3—5日　儿童时代社组织作家代表团赴香港参加"儿童文学与社会关怀"2006沪港儿童文学研讨会。

11月16日　上海音乐出版社举行成立50周年庆祝大会，市委副书记殷一璀，市委常委、宣传部部长王仲伟，市委副秘书长姜樑，市委宣传部副部长宋超，市新闻出版局局长孙颙等出席。中共中央政治局原常委、国务院原副总理李岚清等发来贺词。

11月25日　上海人民出版社在北京京西宾馆举行《郑必坚论集》出版座谈会。

12月3日　在世界残疾人日前夕,市新闻出版局联合上海出版界向233家"阳光之家"捐赠70万元图书、期刊和音像制品。

12月5日　上海书城网上书店重组,新华淘书网开通。

12月6日　上海科学技术出版社、上海古籍出版社举行成立50周年庆祝大会。全国政协副主席徐匡迪和新闻出版总署等发来贺词贺信。市委副书记殷一璀,市委常委、宣传部部长王仲伟出席并讲话。

12月8日　上海博古斋拍卖有限公司成立,上海世纪出版股份有限公司及上海图书公司控股,主要经营古籍善本和中国书画的拍卖业务。

12月22日　中宣部、新闻出版总署和中国期刊协会在上海召开专题会议,推广《咬文嚼字》办刊经验。

12月23日　上海书城五角场店开业。

12月28日　由文汇新民联合报业集团、上海印刷(集团)有限公司投资,集商业印刷、书报刊印刷等功能为一体,生态环保节能型印刷基地——文新青浦现代印刷中心建成。

12月30日　首届中华优秀出版物奖评选揭晓。上海科技教育出版社出版的《技术史》、上海科学技术出版社出版的《中国玉米栽培学》等获图书奖、图书提名奖;盛大网络推出的网络游戏《疯狂赛车》、上海音乐出版社出版的《音乐之门——音乐学习4＋1》等获音像电子和游戏出版物奖;郭志坤论文《构建"以人为本"的战略高地》、贺圣遂论文《关于科学出版观的初步思考》等获全国优秀出版科研论文奖。截至2010年,中华优秀出版物奖评选过三届,上海共有31种图书、19种音像电子和游戏出版物、14篇优秀出版科研论文获奖。

是月　上海世纪出版集团、上海文艺出版总社所属各出版单位完成转企改制。

同月　袁隆平主编的《超级杂交水稻研究》由上海科学技术出版社出版。

是年　《咬文嚼字》举办"请给荧屏亮分"活动,检查中央电视台等12家电视台播出节目的差错,众矢之的的栏目逐月公布检查结果。

同年　全市各出版社出版图书18 180种,其中新书10 012种,再版重印8 168种,总印数2.51亿册。出版期刊612种,平均期印数1 125册,总印数1.83亿册。

2007 年

1月1日　《上海市报刊主管单位审读工作实施办法》颁布,办法规定报刊主管单位应设专人负责审读工作,并向市新闻出版局报送相关审读报告。这是市新闻出版局转变职能,加强依法行政的重要举措。

1月11日　海派书法晋京展在北京中国美术馆开幕,上海书画出版社出版的《海派代表书法家系列作品集》同时首发。

1月16日　上海外语教育出版社、上海古籍出版社分别与美国麦格劳·希尔出版集团签订授权出版《中国文化寓言故事》等中国文化系列图书的协议和意向协议。

是日　市版权局集中查办侵权传播电影、音乐、软件、文学等网络案件38件,关闭存在侵权行为的非法网站21家,责令13家网站加强网络监管,作出行政罚款处罚案件3起,移送司法机关案件1起。

1月24日　上海外语教育出版社举行《新牛津英汉双解大词典》新书发布会。

是月　上海外文图书公司与新加坡Page One图书出版公司签署协议,Page One图书出版公司成为英文版"文化中国系列丛书"海外销售代理商。

3月　《咬文嚼字》发布2006年十大语文差错,并从2007年起,每年公布上一年度十大语文差错。

4月1日　上海图书公司艺苑真赏社复业。艺苑真赏社1915年创办,1955年并入上海图书公司,是享誉海内外的老字号。

4月6日　首届上海印刷大奖评选揭晓,上海118家印刷单位547个产品参评,评出金奖9个、银奖30个、铜奖33个。

4月9日　《英汉大词典》(第2版)出版。上海译文出版社举行出版座谈会,市委副书记殷一璀,市委常委、宣传部部长王仲伟出席并讲话。

4月19日　上海辞书出版社举行《甲骨文校释总集》出版座谈会,总集20卷,500余万字,被海内外古文字、甲骨学领域的学者视为21世纪初最重要的甲骨学研究成果。

4月21日　《学术月刊》举行创刊50周年纪念大会,国务委员陈至立发来贺信。

4月28日　上海纪念新华书店成立70周年座谈会在锦江小礼堂举行。市委副书记殷一璀,市委常委、宣传部部长王仲伟,副市长杨定华及宣传、新闻出版界历任领导和出版、印刷、发行系统200多人出席。

是日　市十二届人大常委会第四十次会议表决通过《关于修改〈上海市出版物发行管理条例〉的决定》。

是月　新闻出版总署组织的全国首届"三个一百"原创出版工程入选图书揭晓。上海科学技术出版社出版的《城市环境土工学》《超级杂交稻研究》《中华民族遗传多样性研究》《皮瓣外科学》,上海科学技术出版社、上海科技教育出版社合作出版的《彩图科技百科全书》,复旦大学出版社出版的《中草药生物技术》《江南市镇:传统的变革》《中国经济史(上下卷)》,上海辞书出版社出版的《数学的魅力》,上海文化出版社出版的《力量——改变人类文明的50大科学定理》10种图书入选。

同月　上海香港三联书店、上海远洋运输有限公司远洋海图公司获新闻出版总署出版物进口经营许可证。

同月　上海市2006年度十大版权典型案例公布:彭某某销售侵权音像制品案;迪开音像店销售盗版音像光盘案;超级女声上海巡回演唱会歌曲使用费纠纷案;网络服务提供商侵权传播电影作品《七剑》案;"上海律师在线"网站页面被侵权案;"九天音乐网"侵权传播他人音乐作品案;赵渭凉画作被侵权复制销售案;"豆豆软件"网站复制销售侵权软件案;谢某某复制销售侵权地图案;侵权复制使用外国高等院校教材案。

5月17日　上海新华发行集团主办的专业类文摘报《新华书摘》创刊,周报。

5月　上海新汇光盘(集团)有限公司更名为上海新汇文化娱乐(集团)有限公司。

6月12日　上海电气印刷包装机械集团胡雄卿获第九届毕昇印刷杰出成就奖。

是日　上海咬文嚼字文化传播公司成立,隶属上海文艺出版总社。

同日　上海音乐出版社、上海文化出版社独立建制。

6月20日　中国福利会儿童时代社和中国福利会出版社合并,组建新的中国福利会出版社。

6月21日　汉语大词典出版社更名为格致出版社。

6月29日　市书刊发行行业协会召开第三次会员代表大会,哈九如当选为会长。

是日　中国版协、上海世纪出版集团、上海市社联举行巢峰《出版论稿》《政治经济学论稿》出版座谈会,《辞海》主编夏征农和中国版协等分别发来贺信贺电。

是月　在庆祝香港回归10周年之际,上海人民出版社出版《香港全纪录》第三卷,记录香港回归后的发展历程。

同月　英汉大词典编纂处成立。

7月2日　上海外语教育出版社《大学英语》(第三版)入选2007年度普通高等教育精品教材。

7月11日　中华商务上海印刷基地开业典礼在青浦工业园区举行。

7月22日　第五十八届美国印刷大奖评选揭晓,上海市印刷行业协会选送的12件作品,共获金、银、铜奖10个,上海界龙艺术印刷有限公司的《汤臣一品》获金奖,实现上海印刷品在美国印刷大奖金牌数零的突破。

7月23日　大辞海编辑委员会、中国人民解放军军事科学院和上海世纪出版集团在北京人民大会堂联合举行《大辞海·军事卷》出版座谈会。由上海辞书出版社出版的《大辞海·军事卷》被新闻出版总署列入中国人民解放军建军80周年重点图书。

7月28日　中国改革三十年研究与出版工程在上海举行签约仪式。蔡昉等14位专家被聘请为特约研究员,承担14项关系国计民生的重大课题,内容涉及经济增长与结构变迁、制度创新与经济改革、公共部门与政府体制、农业改革与农村经济、科技与产业创新、银行业与资本市场等。研究成果最终中文版由上海世纪出版集团出版,同时由集团与美国汤姆森学习出版集团合作在全球发行英文版。

是日　列入"十一五"国家重点图书出版规划和解放军建军80周年重点图书的《中国人民解放军历史图志》由上海人民出版社出版。

是月　世界上第一本汉语版希伯来语词典《简明希伯来语汉语—汉语希伯来语词典》由上海外语教育出版社出版。

同月　全球最大英汉双解词典《新牛津英汉双解大词典》由上海外语教育出版社出版。这是牛津大学出版社授权在中国大陆编译出版的英汉双解词典。

同月　《中国馆藏满铁资料联合目录》(30卷)由东方出版中心出版,为研究中国近代史、世界近代史、中日关系史和第二次世界大战史提供了大量文献史料。

同月　"中国国家博物馆馆藏文物研究丛书"由上海古籍出版社出版。丛书19卷,基本涵盖中国国家博物馆馆藏中国古代文物的重要部分。

8月16日　市新闻出版局制定《上海市出版物进口单位进口图书在沪印制管理办法》,10月15日发布实施。

8月20日　市委书记习近平参观在世贸商城举办的上海书展,提出要认真打造这张文化名片,让上海书展真正成为服务全国的文化大平台。市委副书记殷一璀,市委常委、宣传部部长王仲伟,市委常委、市委秘书长丁薛祥陪同参观。

是日　上海市作协和上海文艺出版总社共同启动"锦绣文学新人大奖"评选活动。活动由上海文艺出版社、《收获》《上海文学》《小说界》《萌芽》杂志和《上海壹周》报等共同主办。

是月　上海世纪出版集团与香港好易通集团合资成立上海世纪创荣数字信息科技有限公司,专门从事数字教育出版业务。

同月　市新闻出版局以购买服务方式拨款50万元,支持发行、印刷、报业、期刊等行业协会针对行业面临的重大瓶颈问题开展"一业一策"课题研究。

9月7日　上海文艺出版社出版的《山高水长：回忆父亲聂荣臻》获第十届精神文明建设"五个一工程"奖。

9月13日　市新闻出版局主办、上海外文图书公司承办的"中华文化与出版"上海论坛在上海图书馆举行。论坛主题是"华文出版与图书馆阅读"。澳大利亚、埃及、俄罗斯、美国、法国、新加坡等国家和中国香港地区的专家学者,从不同视角对海外华文图书市场和读者需求进行分析,为解决中国图书走向世界"把脉开方"。

是日　英文版"上海系列丛书"出版座谈会在上海图书馆举行。丛书由上海世纪出版股份有限公司与世界第三大出版集团——美国汤姆森学习出版集团合作在海外出版,包括《上海世博会》《上海产业》《上海金融》《上海城市规划》《上海浦东》《上海教育》《上海手册》。

同日　上海科学技术文献出版社和英国Amber出版公司在法兰克福书展签约,共同开发"世界文明古国"系列图书。中文版由上海科学技术文献出版社在中国出版发行,外文版由Amber出版公司在全世界出版发行。

同日　《英汉军事大词典》由上海外语教育出版社出版。

10月12日　上海征途网络科技有限公司更名上海巨人网络科技有限公司,简称巨人网络。11月1日,巨人网络在美国纽约证券交易所上市。

10月21日—11月2日　上海世纪出版集团党委书记、社长陈昕率全国宣传文化系统"四个一批"出版人才考察团赴美国考察数字出版现状和趋势,先后访问9家大型国际出版传媒集团和IT企业。2008年8月,上海人民出版社出版陈昕主编《美国数字出版考察报告》。

11月6日　国际安徒生奖评委会主席佐拉·甘尼访问少年儿童出版社,双方就国际儿童读物联盟、国际安徒生奖、伊朗儿童文学发展及伊朗儿童教育等话题进行了广泛深入的交流。

11月10日　2007年度"中国最美的书"在上海评出,22种入选图书代表中国参加2008年度德国莱比锡"世界最美的书"评选。

11月22日　新闻出版总署在杭州召开新闻出版行业标准《图书流通信息交换规则》实施工作研讨会,上海世纪出版集团副社长郁椿德和浙江省新华书店集团有限公司总经理周立伟宣布双方在图书交易业务的发布、采购、发货、退货、统计、对账和结算七个环节全面实现"社店信息对接"目标。

是月　上海世纪出版股份有限公司获商务部、文化部、广电总局、新闻出版总署颁发的"2007—2008年度国家文化出口重点企业"称号。上海外文图书公司"阅读上海"中文图书海外联展获商务部、文化部、广电总局、新闻出版总署颁发的"国家文化出口重点项目"称号。

同月　上海浦东新区在张江高科技园区建设国家级数字出版基地。基地将建立数字出版技术研发、数字出版综合业务信息服务交易和数字出版专业人才培养等10个平台,成为数字出版企业的孵化器。

12月13日　上海复星书刊发行有限公司更名为上海复星书刊发行产业有限公司。

12月23日　上海外语教育出版社出版《新世纪大学英语》。这套教材由全国近30所高等院校英语专业和大学英语教学专家及海外教材专家编写,为国内首套完全按照《大学英语课程教学要求》编写的新一代大学英语系列教材。

是年　上海互联网游戏出版产业继续高速增长。全年实现销售收入63.7亿元,比上年增长了63.8%,占全国市场份额的60.3%。正在运营和即将运营的网络游戏约70款,从业人员5 500余人。游戏产品结构进一步优化,音乐舞蹈、体育竞技、休闲益智类游戏大量增加。

同年　《咬文嚼字》举办"商品文字体检"活动,对商品名称、计量单位、说明文字和广告等进行

"体检",众矢之的的栏目逐月发布"体检"报告。

同年 全市各出版社出版图书 16 935 种,其中新书 9 063 种,再版重印 7 872 种,总印数近 2.24 亿册。出版期刊 624 种,平均期印数 1 117 册,总印数 1.83 亿册。

2008 年

1月4日 市新闻出版局召开促进上海出版"走出去"调研座谈会。与会者对政府在实施出版"走出去"战略中如何更好地发挥统筹协调的功能,制定战略规划,整合各方资源等方面提出了很多积极的建议。

1月16日 为纪念改革开放 30 周年,东方出版中心与上海市作协精选新时期上海知名作家长篇代表作 15 部,以"白玉兰文学丛书"形式集中呈现。

1月17日 国家"十一五"重点图书《欧洲历史大辞典》由上海辞书出版社出版。

是月 经新闻出版总署批准,上海新闻出版发展公司与美国读者文摘公司版权合作的《普知》创刊,月刊。

同月 上海新华传媒图书物流中心启用。中心占地 2.5 万平方米,库房面积 3 万平方米,采用了多项新技术,涵盖图书物流配送的各个方面。

2月1日 新修订的《上海市出版物发行管理条例》正式实施。

2月27日 首届中国出版政府奖评选揭晓。上海科学技术出版社出版的《超级杂交稻研究》、上海文艺出版社出版的《山高水长:回忆父亲聂荣臻》等 7 种图书获图书奖,复旦大学出版社出版的《中国人口史》、上海人民出版社出版的《中国史学史》等 12 种图书获图书奖提名奖。上海古籍出版社出版的《上海图书馆藏明清名家手稿》获装帧设计奖。上海界龙艺术印刷有限公司印刷的上海书画出版社《锦绣文章——中国传统织绣纹样》获印刷复制奖;上海新华传媒股份有限公司上海书城、上海市作协收获文学杂志社获先进出版单位奖。陈昕、何承伟、赵昌平获优秀出版人物奖。

是月 市委、市政府决定,焦扬任市新闻出版局(市版权局)党组书记、局长。

同月 被列入上海市哲学社会科学规划重点项目的《上海大辞典》由上海辞书出版社出版。

同月 上海市法学会和上海人民出版社主办的《东方法学》创刊,双月刊。

3月10日 市新闻出版局、市出版工作者协会主办的上海市优秀图书(2005.11—2007.10)评选揭晓,《全宋文》《山高水长:回忆父亲聂荣臻》《海派代表书法家系列作品集》等 91 种图书获奖。

3月31日 上海文艺出版总社主管主办的《故事会》被评为中国驰名商标。

是月 上海世纪出版集团陈昕、上海辞书出版社张晓敏、上海人民美术出版社李新、少年儿童出版社秦文君、上海古籍出版社王兴康、上海外语教育出版社庄智象、上海社会科学院出版社缪宏才、上海音乐出版社费维耀、上海出版印刷高等专科学校陈敬良、上海盛大网络发展有限公司陈天桥入选全国新闻出版行业第一批领军人才。

同月 上海印刷(集团)有限公司启动资源整合与资产重组,中华印刷厂、商务印书馆上海印刷厂、上海美术印刷厂等五家企业逐步搬迁到青浦现代印刷基地,构建新的"中华"品牌版块。

同月 朵云轩木版水印技艺列入第二批国家级非物质文化遗产名录推荐项目名单。

4月3日 《走进世博会——世博知识 150 问》由东方出版中心出版。

4月10日 在全国文化体制改革工作会议上,上海世纪出版股份有限公司、上海新华传媒股份有限公司被评为全国文化体制改革优秀企业,受到中宣部、文化部、广电总局和新闻出版总署表彰。

4月25日　淘米网国内第一款绿色健康儿童网页游戏《摩尔庄园》开始公测。

4月26日　巨人网络推出的网络游戏《征途》同时在线达到210万人，用户数量居全国首位。

是月　复旦大学出版社贺圣遂获第十届中国韬奋出版奖。

同月　国家"十一五"重点图书出版项目《申报索引》（30卷），由上海书店出版社出齐。重新影印的400卷《申报》同时出版。

5月　上海人民出版社出版的《心理面面观——古今人物心理探析》、少年儿童出版社出版的"淘淘丛书"、上海辞书出版社出版的《孔子的智慧生活》、上海译文出版社出版的《寂静的春天》入选新闻出版总署"向全国青少年推荐的百种优秀图书"。

5月26日　上海少儿读物促进会成立，秦文君当选为会长。

6月1日　《儿童时代》在上海书城举行创刊58年精选本"珍藏的儿童时代丛书"首发暨"宋庆龄爱心书库"援助地震灾区儿童活动。

6月11日　专门讲述危机与灾难心理干预及心灵创伤治疗的《救治心理创伤——从灾难现场到心灵重建》由上海人民出版社出版，首印1万册全部捐赠给四川省红十字会及全国相关心理咨询、培训机构。

6月13日　市新闻出版局组织实施的"世博图书出版工程"进入选题策划阶段，被列为上海市实施重大出版产业项目带动战略和"走出去"战略的重大项目。

7月2日　市新闻出版局、市印刷行业协会、市包装技术协会等主办的2008上海国际印刷包装产品交易会在上海市新国际博览中心开幕，第二届上海印刷大奖评选同时揭晓，上海雅昌彩色印刷有限公司《上海中国画院作品集》获全场大奖，上海界龙艺术印刷有限公司《流沙梦痕》等10个产品获金奖。

7月8日　全国人大常委会副委员长华建敏到上海世纪出版集团调研，上海市人大常委会副主任杨定华、市人大常委会秘书长姚明宝和上海市作协党组书记孙颙等陪同。

7月16日　新闻出版总署署长柳斌杰和上海市市长韩正共同签署新闻出版总署和上海市政府部市合作框架协议，发挥各自优势，共同探索和推动数字出版产业的发展。

7月17日　由上海辞书出版社与大辞海编辑委员会、上海体育学院主办的《大辞海·体育卷》出版座谈会在上海大厦举行。新闻出版总署署长柳斌杰、副署长邬书林，上海市委常委、宣传部部长王仲伟，市委宣传部副部长宋超，市新闻出版局局长焦扬等出席。国家体育总局局长刘鹏发来贺信。

7月31日　贝塔斯曼在中国15个城市的36家零售门店和中国书友会歇业。

是月　经新闻出版总署批准，全国首个国家级数字出版基地落户上海张江高科技园区。

同月　盛大文学有限公司成立，整合起点中文网、晋江原创网、红袖添香网等原创文学网站，通过全版权运营，进入互联网环境下网络文学发展新阶段。

8月13日　上海书展组委会和上海市版协在朵云轩举行《上海出版人书画作品展》开幕式暨新书首发式。中国版协主席于友先，上海市新闻出版局局长、上海书展组委会副主任焦扬出席剪彩。

8月16日　上海市体育局与学林出版社举办"迎奥运，全民健身推广咨询暨《上海健身地图》发布会"，运动员张德英、周鹿敏、丛学娣等出席。

9月6日　上海外语教育出版社出版从国外引进的《语言与语言学百科全书》（第二版）。这套百科全书由剑桥大学主编，全球70多个国家和地区的700多位专家、学者历时10多年编纂完成。

9月9日　上海外语教育出版社"新世纪大学英语系列教材"综合教程和视听说教程，获2008年度普通高等教育精品教材。

10月4日　原中顾委委员、上海市委原书记、《辞海》主编夏征农逝世。

10月13日　上海空港文化传播有限公司成立。

10月19日　江泽民学术专著《中国能源问题研究》和译著《机械制造厂电能的合理使用》由上海交通大学出版社出版。新书首发式暨出版座谈会在上海交通大学举行。上海市委常委、常务副市长杨雄出席首发式,代表市委、市政府表示祝贺。上海交通大学党委书记马德秀、校长张杰和市新闻出版局局长焦扬出席并讲话。

是月　第七届茅盾文学奖(2003—2006)揭晓。《收获》2005年第1、2期发表的贾平凹长篇小说《秦腔》、2005年第6期发表的迟子建长篇小说《额尔古纳河右岸》获奖。

11月6日　上海教育出版社、上海辞书出版社、上海译文出版社和上海书店出版社召开社庆大会。党和国家领导人吴邦国、韩启德、陈至立、严隽琪分别题词表示祝贺。上海市委常委、宣传部部长王仲伟出席并讲话。

11月19日　东方出版中心举行建社30周年纪念会。中国出版集团公司总裁聂震宁,上海市委常委、宣传部部长王仲伟,市新闻出版局局长焦扬等出席。

是月　上海人民出版社策划出版40余种相关图书纪念中国改革开放30年,其中"上海改革开放30年丛书"(7卷)和《法治精神的探究》被列入全国纪念改革开放30年重点出版项目。

12月12日　上海外语教育出版社双语词典编纂系统研发项目通过市科委、市经信委和市新闻出版局立项评审,市科委给予200万元科研经费资助。

12月14日　"改革开放30年中国外语教育发展丛书"由上海外语教育出版社出版。

12月22日　美国作家罗伯特·劳伦斯·库恩著《中国30年:人类社会的一次伟大变迁》由上海人民出版社出版。上海世纪出版集团在北京举行座谈会,国务院新闻办公室主任王晨、中央文献研究室主任冷溶、国务院新闻办原主任赵启正等出席并讲话。

12月23日　2010版《上海百科全书》编纂工作启动。市委副书记、市长韩正任编委会主任,市委常委、宣传部部长王仲伟,市委常委、副市长屠光绍等任副主任。编委会由30多位专家、学者和上海市关部门领导组成。2010版《上海百科全书》2010年4月由上海科学技术出版社出版,向上海世博会献礼。

12月26日　市编辑学会召开第四次代表大会,贺圣遂当选为会长。

是年　《咬文嚼字》举办"登坛品酒"活动,锁定央视《百家讲坛》12位"坛主",众矢之的的栏目逐月发布"品酒报告"。

同年　四川汶川大地震后,上海世纪出版集团和所属出版单位、上海文艺出版总社及所属出版单位、高等院校出版社、社会出版社积极支援参与抗震救灾活动。截至5月30日,向四川地震灾区捐款捐物总金额近1 022万元。上海出版界还迅速组织策划了近20种抗震救灾图书,营造众志成城、战胜灾难的积极、和谐的舆论氛围。

同年　全市各出版社出版图书17 732种,其中新书9 903种,再版重印7 829种,总印数2.64亿册。出版期刊623种,平均期印数1 105册,总印数1.9亿册。

2009 年

1月8日　书号实名申领全面推开启动仪式在新闻出版总署举行,标志书号管理改革从试点阶段进入到全面实施阶段。

是日　上海新华传媒股份有限公司被评为全国新闻出版行业抗震救灾先进集体。

1月9日　2008年度全国科学技术奖励大会在北京举行。上海科学技术出版社和上海科技教育出版社出版的《彩图科技百科全书》获国家科学技术进步奖二等奖。上海市委宣传部颁发嘉奖令予以嘉奖。

是日　第二届"三个一百"原创出版工程表彰大会在北京举行。格致出版社出版的《产业集聚与中国地区差距研究》《崛起中的全球城市：理论研究及中国模式研究》、华东师范大学出版社出版的"领导教育学大系"、上海财经大学出版社出版的《中国经济发展史1949—2005》、上海辞书出版社出版的《大辞海·军事卷》《欧洲历史大辞典》《上海大辞典》、上海古籍出版社出版的《佛教戒律与中国社会》、上海教育出版社出版的"汉字构形史丛书""中国当代语言学丛书"、上海科学技术文献出版社出版的"中国古代历史与文明丛书"、上海人民出版社出版的《西夏社会》《边界意识和人的解放》、上海远东出版社出版的《中国农村金融调查》《中国新农村建设调查》《中国农村卫生调查》、上海锦绣文章出版社出版的《外滩十二号》、上海书画出版社出版的《中国现代油画史》、上海文艺出版社出版的《俞林·留汉》、上海文化出版社出版的《追星——关于天文、历史、艺术与宗教的传奇》、上海交通大学出版社出版的《湿空气透平循环的基础研究》、上海科学技术出版社出版的《中药资源生态学研究》《再生医学原理与实践》《民族植物学》等28种图书入选。

1月19日　上海信息传播音像出版社更名为上海出版物编校质量检测中心，主管单位由上海图书馆上海科学技术情报研究所变更为上海市委宣传部。市委宣传部决定，将上海出版物编校质量检测中心委托上海文艺出版总社管理。

是月　少年儿童出版社联合上海市作协、上海市中小学德育研究会、上海少儿读物促进会开展为期5个月的"新中国60年上海儿童文学作家作品巡展"，展示60年上海儿童文学发展成果。

同月　上海科学技术出版社实施薪酬体系改革，围绕编辑分工改革出台两个效益相统一的考核办法，兼顾部门和个人双重考核激励。

2月　上海文艺出版总社《老舍和他的北京》《孙悟空三打白骨精》《中国人的思维》《中国瑰宝》《江南古镇》《中国地标》《恋恋摩梭》《中国民居》8种图书获新闻出版总署2009年法兰克福书展中国主宾国翻译出版资助。

3月　中国国家博物馆编纂的《中华人民共和国六十年图集》由上海人民出版社出版。

是月　上海印刷（集团）有限公司启动新一轮资源整合与资产重组工作，上海市印刷三厂、商务票据、商务柔印等企业整合迁入新华印刷有限公司齐齐哈尔路厂区，构建新的"商务""新华"品牌版块。

4月9日　为进一步推动文化体制改革，财政部、国家税务总局公布《关于文化体制改革中经营性文化事业转制为企业的若干税收优惠政策的通知》。

4月15日　上海世纪出版集团举行成立10周年庆祝大会。中共中央政治局委员、上海市委书记俞正声，全国人大常委会副委员长、全国妇联主席陈至立，新闻出版总署党组书记、署长、国家版权局局长柳斌杰，上海市委副书记、市长韩正分别发来贺信、贺词。新闻出版总署副署长邬书林，市委常委、宣传部部长王仲伟出席大会并讲话。

是日　上海世纪出版股份有限公司物流中心在上海青浦工业园区竣工运营，新闻出版总署副署长邬书林、上海青浦区委书记巢卫林、上海市委宣传部副部长张止静和各界来宾近200人出席仪式。

4月16日　上海世纪出版集团主办转企改制后的中国出版集团建设峰会，新闻出版总署副署长邬书林,上海市委常委、宣传部部长王仲伟出席会议并讲话。全国20多家出版、发行集团领导出席。

4月18日　陈至立兼任辞海编辑委员会主任、《辞海》主编、《大辞海》主编。

是月　江泽民著《论中国信息技术产业发展》由中央文献出版社和上海交通大学出版社联合出版。

5月7日　汶川地震一周年前夕,上海音乐出版社用《瓦砾下的花朵》《我们众志成城》两种CD产品销售所得购买一台施特劳斯钢琴,连同出版的图书和音像制品1 000本(张),送往遭受地震创伤的四川省大邑县安仁镇学校。

是月　上海外文图书公司与美国夏威夷大学出版社签署英文版"文化中国系列丛书"协议,美国夏威夷大学出版社成为英文版"文化中国系列丛书"海外销售代理商。

6月13日　新闻出版总署公布纪念改革开放30周年百种重点图书选题,格致出版社《制度变迁背景下的中国"三农"问题》《农业改革与农村经济社会变迁》、上海人民出版社"上海改革开放30年研究丛书"(7种)、上海大学出版社《中国改革开放三十年文化发展史》、上海教育出版社《新的伟大革命——中国改革开放30年》、上海音乐出版社《春天的故事——改革开放优秀歌曲作品选集》入选。

6月16—18日　中共中央政治局常委李长春在中共中央政治局委员、上海市委书记俞正声和上海市委副书记、市长韩正分别陪同下,到上海文艺出版总社、上海新华传媒股份有限公司、上海印刷集团现代印刷中心和上海世纪出版股份公司物流中心,就做好上海世博会宣传工作、深化文化体制改革等进行调研。

6月18日　东方出版中心召开《茅台酒秘史》新闻发布会。市人大常委会副主任胡炜、王培生,市政协原副主席、上海社会科学院院长王荣华,中国出版集团总裁聂震宁,中国作协副主席叶辛等出席。

6月22日　上海文艺出版总社在成立5周年之际,更名为上海文艺出版(集团)有限公司(简称上海文艺出版集团),以全新面目启动新一轮改革发展。全国政协副主席厉无畏等发来贺信。

是日　上海印刷技术研究所汉字印刷字体书写技艺被列入第二批上海市非物质文化遗产项目名录。

是月　《中国新文学大系》第五辑(1976—2000)由上海文艺出版社出版,后入选2009上海文化十大事件。至此,经过近80年几代出版人跨世纪努力,《中国新文学大系》五辑100卷全部编纂完成。

同月　市出版工作者协会与上海译文出版社在上海图书馆联合举办上海资深翻译出版人出版精神座谈会,授予孙家晋、骆兆添、叶麟鎏、杨心慈、任以奇(任溶溶)资深翻译出版人纪念牌。

同月　上海书画出版社主办的《公共艺术》创刊,双月刊。

7月7日　2009上海国际印刷周暨上海国际印刷包装产品交易会在上海新国际博览中心开幕,第三届上海印刷大奖评选同时揭晓,上海中华商务联合印刷有限公司《玛雅(德版—Mummin)》获全场大奖,上海同昆数码印刷有限公司《2008国际摄影周暨上海第九届国际摄影艺术展览》获数字印刷全场大奖,另有13个产品获金奖。

7月19日　由上海世博局、市语委、解放日报、文汇报、新民晚报、东方网、上海文艺出版集团主办,上海咬文嚼字文化传播公司承办的"迎世博国家电网杯咬文嚼字大赛"启动。到7月30日,共收到近20万人寄来的答题卡。

8月5日　上海人民美术出版社主办的"珍藏的记忆——新中国60年经典宣传画展"在上海城市规划展示馆开幕,展出《毛主席万岁》等60幅经典宣传画。市政协副主席李良园、市委宣传部副部长宋超出席开幕式。

8月13日　聚焦新中国成立60年来上海杰出人物、英模群体的《大写的人——城市魂英雄谱》由上海锦绣文章出版社出版,市委常委、宣传部部长王仲伟作序。

8月14日　全国文化体制改革经验交流会在南京举行。上海世纪出版股份有限公司、上海新华传媒股份有限公司被评为全国文化体制改革先进企业,受到中宣部、文化部、广电总局和新闻出版总署表彰。

8月31日　文汇出版社、复旦大学出版社等出版单位改制方案获新闻出版总署批复。上海市38家图书出版社和27家音像电子出版社完成转企改制,比新闻出版总署规定时间提前4个月,进度在全国领先。

是月　上海烟草包装印刷有限公司俞志康获第十届毕昇印刷杰出成就奖。

9月18日　上海复星书刊发行产业有限公司通过公开竞标获得虹桥机场T2航站楼书报刊经营权。

9月21日　上海文艺出版社出版的长篇小说《长街行》获第十一届精神文明建设"五个一工程"奖。

是日　辞海编纂处、上海辞书出版社举行《辞海》(2009年版)新书发布会。

9月27日　上海科学技术出版社出版的国家"十一五"重点图书《中华海洋本草》首发仪式在北京举行。《中华海洋本草》由《中华海洋本草》主篇(5卷)和《海洋药源微生物》(1卷)、《海洋天然产物》(3卷)两个副篇构成,约1400万字。全国人大常委会副委员长周光召为新书首发揭幕,全国政协原副主席宋健发来贺信。

是日　百家出版社更名为上海世界书局。

9月29日　上海科学技术出版社出版的《电子管手册》《赤脚医生手册》《家庭医学全书》获"新中国60年中国最具影响力的600本书"称号。

是月　在首次全国经营性图书出版单位等级评估中,上海人民出版社、上海科学技术出版社、上海文艺出版社、上海译文出版社、复旦大学出版社、华东师范大学出版社、上海外语教育出版社被评为国家一级出版社。新闻出版总署对首次被评为一级出版社的100家图书出版单位,授予全国百佳图书出版单位荣誉称号。

同月　上海故事会文化传媒有限公司出版的"行走中国系列"获中国出版工作者协会颁发的2008年度输出版优秀图书奖。

同月　朵云轩总公司(筹)成立,和上海书画出版社分别成为上海文艺出版集团直属单位。

同月　上海世纪出版集团成立海外事业部,加快"走出去"布局。集团在香港成立香港世纪传媒有限公司,与新加坡世界科技出版有限公司在美国合资成立双世出版有限公司,在美国成立斯帕格出版有限公司。

10月12日　上海人民出版社出版的《我的父辈——开国元勋、开国将帅、开国功臣后代深情回忆》在北京人民大会堂举行新书发布会,新闻出版总署副署长蒋建国,中国记协党组书记翟惠生和50多位老一辈革命家家人出席。

10月14日　上海交通大学出版社出版的江泽民著《论中国信息技术产业发展》和《中国能源问题研究》英文版在德国法兰克福书展举行全球首发式,中国国家副主席习近平将图书转交德国总理默克尔。

是日　上海世纪出版集团在法兰克福书展举办"中国的经济改革与发展论坛",德国前总理施罗德、中国新闻出版总署署长柳斌杰等出席。诺贝尔经济学奖得主、美国哥伦比亚大学教授菲尔普斯等经济学家在论坛做演讲。

10月30日　在第五届海峡两岸图书交易会上,上海市出版工作者协会和台湾图书出版事业协会签订建立合作机制与交流平台协议书,上海市新闻出版局局长焦扬参加签约仪式并发表讲话。上海市政协副主席李良园,中国出版工作者协会主席于友先等参加签约仪式。

11月　上海世纪出版集团、上海外文图书公司、中国唱片上海公司被商务部、文化部、广播电影电视总局、新闻出版总署授予年度"国家文化出口重点企业"称号。上海新闻出版发展公司、上海外文图书公司"文化中国系列丛书"被评为国家文化出口重点项目。

是月　国家音乐产业基地(上海)落户虹口,汇聚上海新汇文化娱乐集团、上海声像出版社、缪尚网络信息科技(上海)有限公司、上海市音像出版制作行业协会等特色企业和机构,形成了较为完整的音乐产业链,创作生产了一批在海内外有一定影响力的中国原创音乐作品。

12月7日　上海外语教育出版社举行建社30周年庆典。新闻出版总署署长柳斌杰发来贺词。"新中国成立60周年外语教育发展研究丛书"同时首发。

12月8日　《辞海》(2009年版)出版总结表彰大会在北京召开。中共中央政治局常委李长春会见参加《辞海》(2009年版)编纂出版工作的专家学者和出版工作者代表。中共中央政治局委员、书记处书记、中宣部部长刘云山在会上讲话。中共中央政治局委员、国务委员刘延东,全国人大常委会副委员长、《辞海》(2009年版)主编陈至立,最高人民检察院检察长、《辞海》(2009年版)副主编曹建明出席会议。中宣部副部长雒树刚宣读中宣部、新闻出版总署对《辞海》(2009年版)编纂出版工作的表彰决定。大会由新闻出版总署署长柳斌杰主持。

12月9日　上海文艺出版社举行莫言小说《蛙》首发式。

12月24日　上海人民出版社撤销事业单位建制,更名为上海人民出版社有限责任公司。

12月25日　首届中国美术奖在北京人民大会堂颁奖,上海人民美术出版社编审、连环画家贺友直等6位艺术家获终身成就奖。

是年　《咬文嚼字》举办"向电视剧'亮剑'"活动,锁定《士兵突击》《闯关东》《亮剑》等12部热播电视剧,众矢之的栏目逐月发布结果。

同年　全市各出版社出版图书18 598种,其中新书10 386种,再版重印8 212种,总印数2.7亿册。出版期刊621种,平均期印数1 039册,总印数1.79亿册。

2010 年

1月9日　上海科技教育出版社"哲人石丛书"出版10周年座谈会在北京召开。胡亚东、李元等多位科普界和科学文化传播领域的专家学者及尹传红、姬十三等科普新锐出席。

1月13日　新中国成立60年来新闻出版系统百名优秀出版人物、百名优秀出版企业家、百名有突出贡献新闻出版专业技术人员在北京受到表彰。上海万启盈等12人获百名优秀出版人物称号,庄智象等9人获百名优秀出版企业家称号,陈敬良等5人获百名有突出贡献的新闻出版专业技术人员称号。

1月19日　市印刷行业协会二届三次理事会暨上海科技教育出版社出版的《变革图新——上

海印刷业 60 年》首发式在上海出版印刷高等专科学校举行。

1 月 22 日　《清华大学藏战国竹简》出版签约仪式暨上海世界书局成立座谈会在北京举行。

1 月 25 日　上海古籍出版社在北京人民大会堂召开《清代诗文集汇编》出版座谈会,全国政协副主席孙家正出席并讲话。

是月　上海交通大学出版社组织实施"大飞机出版工程",《超声速飞机空气动力学和飞行力学》等 3 种图书在北京图书订货会上首发。

2 月 5 日　东方出版中心举行中国大百科全书出版社上海分社原址暨陈虞孙、汤季宏塑像揭幕仪式。

2 月 17 日　2009 年度全国科学技术奖励大会在北京举行。上海科学普及出版社出版的《多彩的昆虫世界》获国家科学技术进步奖二等奖。

2 月　市版权局发布《上海版权产业报告(2004—2007)》。这是国内第一份研究版权产业对国民经济贡献的专业报告。

3 月 11 日　上海雅昌彩色印刷有限公司用 36 小时完成 1 万册世博会开幕式节目单印制。

3 月 19 日　由市新闻出版局、市出版工作者协会主办的上海市优秀图书(2007.11—2009.10)评选揭晓,《辞海》(2009 年版)《长街行》《中华海洋本草》等 102 种图书获奖。

是月　上海世纪出版集团推出辞海悦读器,中共中央政治局常委李长春批示肯定集团推动自主创新、发展数字出版的探索。

同月　上海外语教育出版社与教育部高等学校外语专业教学指导委员会、大学外语教学指导委员会联合主办首届"外教社杯"全国大学英语教学大赛。

4 月 1 日　上海世博局和上海世纪出版股份有限公司在上海书城举办《中国 2010 年上海世博会官方导览手册》首发仪式。

4 月 18 日　上海人民出版社出版《日出江花——青年江泽民在上海》,出版座谈会在上海图书馆举行。市委副书记殷一璀,市委常委、宣传部部长杨振武出席并讲话。

4 月 19 日　上海世博局、中国出版集团公司举行《中国 2010 年上海世博会官方图册》首发式,市委常委、宣传部部长杨振武出席并向部分驻沪领事馆、志愿者、图书馆代表赠书。

4 月 23 日　上海人民出版社出版的《中国 2010 年上海世博会传播手册》首印 50 万册,市委常委、宣传部部长杨振武出席首发式。

4 月 25 日　上海科技教育出版社社长、党总支书记张英光当选为全国劳动模范,赴北京参加全国劳动模范和先进工作者表彰大会。

4 月 28 日　为迎接上海世博会,朵云轩在南京东路门店举办木版水印精品展,展出任伯年《群仙祝寿图》等 80 余幅作品。市委宣传部副部长、市政府新闻办主任宋超在开幕式上致辞。

是月　上海人民出版社出版的《中国 2010 年上海世博会官方导览手册》在上海书城首发,单月销量 46 万多册。

5 月 1 日　百家出版社出版的《希腊之魂——米基·山奥图拉基斯画传》中文版发布会在上海世博会希腊馆举行。希腊副总理塞奥多洛斯·潘加洛斯等希腊嘉宾和上海文艺出版集团社长张晓敏等出席发布会。

5 月 1 日—10 月 31 日　上海文艺大一印刷有限公司与上海邮政联手进入世博园,将最先进的数码印刷机搬入园区,为游客当场制作明信片。

5 月 4 日　上海世界书局更名为中西书局。

5月14日　东方出版中心、上海市文联举行上海世博会万国印谱艺术展暨《万国印谱——中国2010年上海世界博览会》新书发布会。

5月23日　《儿童时代》创刊60周年庆典在上海国际会议中心举行。中共中央政治局委员、上海市委书记俞正声,全国人大常委会副委员长陈至立,中国福利会主席胡启立,中国福利会副主席、新闻出版总署署长柳斌杰发来贺信贺词。中国福利会副主席、上海宋庆龄基金会主席鲁平,市人大常委会副主任杨定华等各界人士出席庆典。

5月28日　上海新华传媒股份有限公司和解放日报报业集团、易狄欧电子科技公司成立上海新华解放数字阅读传媒有限公司,推出"亦墨"世博版电子阅读器以及"新华e店"网上内容平台。

是月　经新闻出版总署批准,中国图书进出口上海公司创办的中国出版蓝桥创意产业园被授予国家数字出版基地(虹口园区)。中国图书进出口上海公司新办公大楼正式启用。

6月20日　朵云轩2010年春季艺术品拍卖会收槌,总成交额首次突破3亿元。

6月29日　上海世博会事务协调局、上海市城乡建设交通委主编,上海科学技术出版社出版的"上海世博会建设丛书"(5卷)举行首发式。中共中央政治局委员、上海市委书记俞正声作序,市委副书记、市长韩正任编委会主任。

7月3日　市政府新闻办、市文联、新民晚报和上海文艺出版集团主办,上海市摄影家协会和《上海画报》社承办的"我们的笑脸——上海世博会精彩瞬间"摄影大赛向社会各界征稿。

7月7日　2010上海国际印刷周暨上海国际印刷包装产品交易会在上海新国际博览中心开幕,第四届上海印刷大奖评选同时揭晓,上海丽佳制版印刷有限公司《英国国家档案馆上海博物馆庋藏近代中文舆图》获全场大奖,另有33个产品获金奖。

7月19日　上海社会科学院哲学所和上海人民出版社主办的《哲学分析》创刊。

8月10日　上海市出版工作者协会和台湾图书出版事业协会联合主办的首届"沪台合作出版论坛·2010上海"在上海图书馆举行,上海市新闻出版局局长焦扬出席并致辞。

8月20日　全国人大常委会副委员长华建敏参观上海书画出版社和朵云轩。

8月26日　上海文艺出版集团与荷兰凡·高美术馆、荷兰文学基金会合作出版中文版《凡·高书信全集》签约仪式在上海荷兰文化中心举行。上海文艺出版集团社长张晓敏与荷兰文学创作和翻译基金会会长亨克签署出版协议。荷兰文化教育部代表玛赫德·施赫玲出席并致辞。

8月30日　新闻出版总署批复同意在上海设立金山国家绿色创意印刷示范园区。

是月　上海市作协主编的大型地域性文学丛书"海上文学百家文库"由上海文艺出版社出版。文库以131卷的规模,精选19世纪初至20世纪末上海地区的270位作家的代表作,近6000万字。

9月1日　上海书刊交易市场迁至大宁路1139号,上海书刊交易网开通。

9月27日　朵云轩创立110周年和上海书画出版社成立50周年纪念大会在上海图书馆举行。中共中央政治局常委、全国人大常委会委员长吴邦国,中共中央政治局委员、上海市委书记俞正声等分别发来贺信贺词。市委常委、宣传部部长杨振武出席纪念大会并讲话。

10月1日　上海文艺出版集团发行中心正式运作,负责集团旗下上海文艺出版社、上海文化出版社、上海锦绣文章出版社、中西书局和上海故事会文化传媒公司、上海咬文嚼字文化传播公司、上海壹周文化传媒公司等的图书和报刊发行业务。

10月16—19日　圆明园罹难150周年纪念活动在北京举行,中西书局和圆明园管理处合作出版的"圆明园劫难记忆译丛"受到各方关注,法国前总理拉法兰撰写序言。

是月　华东师范大学出版社在复旦大学举行《杜威全集》(1—5卷)新书发布会。

同月　上海世纪文睿文化传播分公司成立。

11月8日　中国图书进出口上海公司世博会服务团队圆满完成世博服务保障任务,撤出世博园。世博会期间,中图上海公司组织158名工作人员为152个参展国家和地区的36种语言、4 383种展品(3 300余万件/份的出版物、音像制品、印刷品)提供安检、转送服务,实现零漏核、零差错、零投诉,受到国家和上海市相关部门好评。

11月9日　在甘肃汉简保护整理出版座谈会上,中西书局与甘肃简牍保护研究中心就居延肩水金关汉简的出版签订协议。居延肩水金关汉简是继《上海博物馆藏战国楚竹书》《清华大学藏战国竹简》《岳麓书院藏秦简》后又一批集中公布的简牍文献。

11月15日　"我们的笑脸——上海世博会精彩瞬间"摄影大赛颁奖、摄影展开幕式暨画册首发式在上海图书馆举行。市委常委、宣传部部长杨振武等为大赛获奖者颁奖。

是月　上海世纪出版集团施宏俊、上海文艺出版社陈徵、上海外语教育出版社张宏、上海复星高科技(集团)有限公司梁信军、上海出版印刷高等专科学校滕跃民入选全国新闻出版行业第二批领军人才。

同月　新闻出版总署向全国首批21家企业颁发电子书相关业务资质证书,上海4家企业入选:上海人民出版社获准电子书出版资质,上海盛大网络发展有限公司获准电子书复制资质、电子书总发行资质,上海世纪创荣数字信息科技有限公司获准电子书复制资质,上海外文图书公司获准电子书进口资质。

12月8日　上海中医药大学出版社有限公司更名为上海浦江教育出版社有限公司。

12月10日　《汉语大词典》(第二版)编纂出版启动会议在北京人民大会堂召开。全国人大常委会副委员长、第二版主编华建敏,新闻出版总署署长、第二版工委会主任柳斌杰,教育部副部长、国家语委主任、第二版工委会副主任李卫红,上海市委常委、宣传部部长、第二版工委会副主任杨振武出席会议并讲话。

12月15日　上海人民出版社出版的《永远的世博会——中国2010年上海世博会典藏》,全景式再现上海世博会的盛况和精彩瞬间。市委常委、宣传部部长杨振武出席首发式。

12月20日　中国福利会出版社更名为中国中福会出版社。

12月26日　中共中央政治局委员、上海市委书记俞正声提议编写的《世博的故事》由上海人民出版社出版,新书首发式暨出版座谈会在北京举行。中宣部副部长、上海世博会新闻宣传协调小组组长蔡名照、新闻出版总署副署长邬书林为新书首发揭幕,上海市委常委、宣传部部长杨振武在座谈会上讲话。

是月　第二届中国出版政府奖评选揭晓。上海古籍出版社出版的《中国青铜器综论》、华东师范大学出版社出版的《中国教育史研究》等7种图书获图书奖。华东师范大学出版社出版的《私想者》获装帧设计奖。《低压电器》《收获》获期刊奖,《细胞研究(英文)》《化学学报》《故事会》《社会》获期刊奖提名奖。上海音像有限公司制作的《中国民族器乐典藏》、上海淘米网络科技有限公司推出的《摩尔庄园》获音像制品电子出版物网络出版物奖。上海中华印刷有限公司印制的《辞海》(2009年版彩图本)、上海新索音乐有限公司制作的《冰川时代》(3)获印刷复制奖。上海科学技术出版社、上海外语教育出版社、上海界龙实业集团股份有限公司、上海新索音乐有限公司获先进出版单位奖。朱杰人、贺圣遂、俞志康、张晓敏获优秀出版人物奖。

同月　在"迎世博600天窗口服务行业行动"活动中,上海新华传媒连锁有限公司25家单位获"迎世博窗口优质服务集体奖",20名营业员获"迎世博窗口优质服务个人明星奖",61名营业员获

"迎世博窗口优质服务个人示范奖"。

同月　上海文化出版社出版的《追星——关于天文、历史、艺术与宗教的传奇》获 2010 年度国家科学技术进步奖二等奖,在 2011 年 1 月全国科学技术奖励大会上受到表彰。

是年　《咬文嚼字》举办"点击文坛十二家"活动,目标锁定毕飞宇、毕淑敏、陈忠实、池莉、迟子建、方方、刘震云、莫言、苏童、铁凝、王安忆、张贤亮 12 位作家,众矢之的栏目逐月发布"点击报告"。

同年　全市各出版社出版图书 19 256 种,其中新书 11 055 种,再版重印 8 201 种,总印数 2.84 亿册。出版期刊 622 种,平均期印数 1 019 册,总印数 1.77 亿册。

第一篇

出版管理机构和社团

上海是中国近现代出版业发源地，出版机构众多。1949年5月上海解放后，相继成立华东出版委员会、华东新闻出版局和上海市政府新闻出版处，领导上海出版工作。1952年6月合并成立华东出版局，负责华东和上海的出版、印刷、发行工作。1954年4月，华东出版局撤销，成立上海市出版事业管理处，1957年7月改为上海市出版局，下设一室五处。"文化大革命"期间，市出版局和局属各出版社的组织架构发生多次变化，1972年组建含原市出版局及出版社和新华书店等在内的上海人民出版社（简称大人民社）。机构撤并带来人员流失，上海出版业遭受严重挫折。

1977年11月，上海市委决定撤销"文化大革命"中合并建立的"大人民社"，恢复上海市出版局建制。1978年1月1日，市出版局重建，下属10个专业出版社和上海新华书店等单位。市出版局和所属出版社高举解放思想、实事求是的旗帜，深入开展真理标准讨论，"文化大革命"中被打倒的一大批老干部重新走上局和出版单位领导岗位，上海出版业在拨乱反正中翻开新的一页。

党的十一届三中全会后，上海出版业焕发生机和活力。恢复和新建的出版社一个接一个亮相，进入发展黄金期。1989年12月，新闻出版署下发《关于出版社重新登记注册的通知》，上海有33家出版社重新登记。到2010年底，上海共有41家出版社、28家音像电子出版单位、88家互联网出版单位，形成了门类比较齐全、实力比较雄厚的出版格局。

1987年5月27日，为贯彻《中共中央关于坚决妥善地做好报纸刊物整顿工作的通知》精神，加强对全市新闻出版工作的管理，市政府决定撤销市出版局，建立市新闻出版局。1997年10月10日，市政府批准设立市版权局，作为主管全市著作权管理的职能部门，与市新闻出版局实行一个机构、两块牌子。

从2003年6月起，按照中央深化文化体制改革的要求，市新闻出版局加快转变政府职能，实行政企政事分开和管办分离改革，将政府直接管理企事业单位的相关职能逐步剥离，同时重点加强和充实社会公共管理和行政管理部门的力量，转变管理理念，从"管脚下"转为"管天下"，"弱化"政府对出版企事业单位生产经营活动的直接"干预"；转变管理方式，以宏观调控、社会监管、行政执法为重点加强行业管理；转变管理手段，为上海出版市场健康繁荣和出版产业发展壮大提供服务和保证。

市出版局重建后，恢复了工会组织的活动。1987年4月，市出版局工会第一届会员代表大会选举产生了工会委员会，工会各项工作走上正轨。局和各出版社工会及共青团组织在参与和推进改革，完善职代会制度，提高职工队伍整体素质等方面发挥了重要作用。

1981年1月6日，上海市出版工作者协会成立。之后，上海市书刊发行业协会、上海市印刷行业协会、上海市期刊协会、上海市编辑学会、上海版权保护协会、上海出版社经营管理协会等相继成立。这些出版社团围绕中心，服务大局，各展所长，积极作为，成为党和政府团结上海出版界的桥梁和纽带。

第一章 上海市新闻出版局

第一节 机构沿革和职能

1977年初,上海市委工作组委派洪泽、马飞海领导上海人民出版社(大人民社)的"揭批查"和出版工作。同年4月成立上海人民出版社革命委员会,洪泽、马飞海任正副主任。

1977年11月,上海市委同意恢复"文化大革命"期间被撤销的上海市出版局。1978年1月1日,市出版局重建,下属10个专业出版社和上海新华书店等单位,马飞海任局党委书记、局长。

1987年5月27日,为贯彻《中共中央关于坚决妥善地做好报纸刊物整顿工作的通知》精神,加强对全市新闻出版工作的领导,市政府决定撤销市出版局,建立市新闻出版局。主要职能是:加强对全市报纸、刊物、图书出版的规划、审读和管理,加强对全市印刷行业、发行单位和图书市场的统一管理。

为履行上述职能,局内设机构如下:

党的工作部门设党委办公室、组织处。根据党章规定设立纪律检查委员会。

行政、业务部门设办公室、报纸管理处、刊物管理处、图书(出版)管理处、研究室(包括审读任务)、发行管理处、版权处、外事处、计划财务处、劳动工资处(下设集体事业办公室)、基建处、教育处。编制数由原来的104名增加为159名,管理其直属的50个单位。

为加强图书报刊市场管理,1988年12月22日,成立上海市图书报刊市场管理处,与局发行处为两块牌子、一套班子。

1997年10月10日,市政府印发《上海市新闻出版局(上海市版权局)职能配置、内设机构和人员编制方案的通知》,明确市新闻出版局是市政府主管全市新闻出版事业的职能部门,上海市版权局是市政府主管全市著作权管理工作的职能部门。市新闻出版局与市版权局实行一个机构,两块牌子。同时对转变职能提出了要求:市新闻出版局(市版权局)要适应社会主义市场经济条件下新闻出版事业建设和发展的需要,进一步转变职能,加强对全市新闻出版事业的管理,要注重从微观管理转向宏观管理,从部门管理转向行业管理,强化协调、指导、监督、服务的职能。

局设14个职能处室:办公室、政策法规处、图书处、报刊处、电子出版处、发行处、印刷处、版权处、事业发展处、计划财务处、人事教育处、外事处、党委办公室(宣传处、统战处、保卫处)、组织处。按有关规定设置党的纪律检查委员会(监察室与纪律检查委员会合署)、机关党委(与组织处合署),局工会、局团委按有关规定设置。行政编制为164名(其中机关工勤编制10名)。

2000年8月3日,市政府办公厅印发《上海市新闻出版局职能配置、内设机构和人员编制规定的通知》,调整市新闻出版局职能。划入职能:新闻出版署下放的报纸开张、刊期和期刊开本、刊期等项目变更的审批,内部报刊转化为内部资料的审批和管理,电子出版物制作单位的备案和管理,承接境外一般出版物印制的审批,图书二级批发单位的审批和管理职能。转变职能:将图书展销活动的组织协调、各类岗位工作人员的培训、考核和职业技能鉴定、法定许可使用作品的监督等工作,分别交给有关单位或社会中介组织。

局设11个职能处室:办公室(党委办公室)、政策法规处、出版管理处(发行管理处)、报刊管理处、印刷管理处、版权管理处、事业发展处、计划财务处、人事教育处、对外合作处、组织处(老干部办公室)。按有关规定设置纪检监察机构和机关党委,局工会、局团委按有关规定设置。行政编制为85名。

2003年6月起,按照中央深化文化体制改革的要求,市新闻出版局加快转变政府职能。转变管理理念,由"管脚下"转向"管天下","弱化"政府对出版企事业单位生产经营活动的直接"干预",依法履行对全社会、全行业的管理和服务职能,积极探索政府行政管理的有效模式。转变管理方式,以宏观调控、社会监管、行政执法为重点,加强全行业管理,综合运用政策、法规、规划、经济等手段促进全市出版业健康繁荣发展。转变管理手段,推进电子政务,推进政府法制化管理创新,搭建版权交易平台,促进版权交易,为上海出版市场的健康繁荣和出版产业发展壮大提供服务和保证。

2005年7月,市委决定,市新闻出版局党委改建为市新闻出版局党组,市新闻出版局纪委改建为市新闻出版局党组纪检组。

2006年2月,市机构编制委员会同意市新闻出版局调整部分内设机构。调整后内设机构为:办公室、政策法规处、图书出版处、音像电子和网络出版管理处、报刊管理处、印刷管理处、版权管理处、发行管理处、计划财务处、组织人事处(老干部办公室)、外事处。按规定设置监察室、机关党委、工会、团委。

2009年5月21日,市政府办公厅印发《上海市新闻出版局主要职责内设机构和人员编制规定的通知》,明确了市新闻出版局主要职责:贯彻执行有关新闻出版和著作权工作的法律、法规、规章和方针、政策;结合上海实际,研究起草新闻出版和著作权管理工作的地方性法规、规章草案和政策,并组织实施有关法规、规章和政策。负责制定新闻出版(版权)业发展规划并指导实施;制定上海出版、印刷、复制、发行和出版物进出口单位总量、结构、布局的规划并组织实施;推进新闻出版业的体制机制改革。负责出版(含互联网出版)、印刷、复制、发行等单位设立和变更的审核或审批;对从事出版活动的民办机构进行监管。负责出版物内容监管,指导并依法审核出版物的出版计划和选题,组织审读出版物;组织指导重点出版物和教科书的出版、印刷和发行工作。负责对互联网出版活动和开办手机书刊、手机文学业务进行审核和监管。负责上海新闻单位记者证的管理,组织查处新闻违法活动。负责图书、报纸、期刊、音像、电子出版物市场的监管工作。拟订出版物市场"扫黄打非"计划并组织实施,组织协调"扫黄打非"工作。负责印刷业的监管。负责实施著作权行政管理,依法查处著作权侵权行为。组织开展新闻出版和著作权对外交流与合作的有关工作;负责出版物的进口管理工作,协调、推动出版物的进出口贸易。会同有关部门制定上海新闻出版人才队伍建设规划,指导新闻出版人才队伍建设。负责有关行政复议受理和行政诉讼应诉工作。承办市委、市政府交办的其他事项。

通知对市新闻出版局部分职责作了调整。将市文化广播影视管理局音像制品批发、零售、出租、放映和音像制品进口管理的职责划入市新闻出版局。将市文化广播影视管理局广播电视机构记者证的管理职责划入市新闻出版局。将市新闻出版局的动漫、网络游戏管理(不含网络游戏的网上出版前置审批)及相关产业规划、产业基地和项目建设、会展交易和市场监管的职责划给市文化广播影视管理局。将出版物质量检测鉴定和网络出版内容信息检测鉴定工作交给直属事业单位。与所属企业脱钩,不再直接管理企业及企业生产经营活动。取消已由市政府公布取消的行政审批事项。取消或停止已由市政府公布取消或停止的行政事业性收费项目。增加对从事出版活动的民办机构进行监管的职责。加强指导著作权保护工作的职责。

根据工作职责,市新闻出版局设11个内设机构:办公室(财务处)、政策法规处(业务受理处)、组织人事处(老干部处)、出版产业发展处、新闻报刊管理处、出版管理处、科技与数字出版处、印刷管理处、发行管理处(市"扫黄打非"工作办公室)、版权管理执法处(版权产业促进处)、对外交流与合作处(港澳台办公室)。按有关规定设置纪检监察机构(监察室与纪检组合署)、机关党委。此外,根据局和行业实际,设置了市新闻出版工会、团委。行政编制为85名。

市新闻出版局管理直属事业单位4家:上海新闻出版教育培训中心(上海新闻出版职业技术学校)、上海韬奋纪念馆、上海市出版物管理事务中心、局老干部活动室。

地址:上海市绍兴路5号　　邮编:200020

第二节　领　导　成　员

1978年1月,上海市出版局恢复建制,一批在"文化大革命"中被打倒或受冲击的老同志重新走上领导岗位。之后,市出版局和新闻出版局领导班子调整充实常态化,一批年轻同志被启用,干部队伍实现了新老交替。

表1-1-1　1978—2010年市出版局、市新闻出版局领导成员任职表

姓　名	职　　务	任　职　时　间
马飞海	市出版局局长	1978年1月—1980年12月
	市出版局党委书记	1978年1月—1982年8月
李　信	市出版局党委副书记兼政治部主任	1978年1月—1983年9月
王　韬	市出版局党委副书记、副局长	1978年1月—1983年12月
洪荣华	市出版局副局长	1978年1月—1980年1月
戚铭渠	市出版局副局长	1978年1月—1983年12月
吉少甫	市出版局副局长	1979年1月—1983年10月
	市出版局顾问	1983年10月—1985年9月
束纫秋	市出版局副局长	1979年1月—1982年1月
李俊民	市出版局顾问	1979年1月—1993年6月
赵超构	市出版局顾问	1979年1月—1982年1月
宋原放	市出版局副局长	1979年2月—1980年12月
	市出版局局长	1980年12月—1983年10月
	市出版局党委书记	1982年8月—1985年9月
蒯斯曛	市出版局顾问	1979年3月—1983年12月
杜淑贞	市出版局副局长	1979年5月—1984年5月
万启盈	市出版局副局长	1979年10月—1983年10月
	市出版局顾问	1983年10月—1985年9月
刘培康	市出版局副局长	1982年6月—1987年5月
	市新闻出版局副局长	1987年5月—1993年8月

（续表一）

姓　名	职　　务	任　职　时　间
王国忠	市出版局局长	1983 年 10 月—1986 年 8 月
赵　斌	市出版局副局长	1983 年 10 月—1992 年 6 月
方联亮	市出版局纪委书记	1984 年 3 月—1985 年 9 月
袁是德	市出版局副局长	1985 年 9 月—1987 年 1 月
	市出版局局长	1987 年 1 月—1987 年 7 月
	市出版局代理党委书记	1986 年 10 月—1987 年 6 月
	市新闻出版局局长	1987 年 7 月—1989 年 5 月
	市新闻出版局代理党委书记	1987 年 6 月—1989 年 2 月
贾树枚	市新闻出版局副局长	1987 年 5 月—1991 年 12 月
赵世杰	市新闻出版局副局长	1987 年 5 月—1992 年 6 月
陈振康	市新闻出版局副局长	1987 年 5 月—1995 年 8 月
	市新闻出版局副巡视员	1995 年 8 月—1997 年 4 月
赵　鉴	市出版局纪委书记	1985 年 9 月—1987 年 11 月
	市新闻出版局党委副书记	1987 年 6 月—1997 年 10 月
	市新闻出版局纪委书记	1987 年 11 月—1997 年 10 月
潘维明	市新闻出版局党委书记	1989 年 2 月—1989 年 7 月
冯士能	市新闻出版局党委代理书记	1989 年 10 月—1991 年 11 月
	市新闻出版局党委书记	1991 年 11 月—1993 年 11 月
徐福生	市新闻出版局副局长	1989 年 10 月—1990 年 8 月
	市新闻出版局局长	1992 年 1 月—1997 年 3 月
叶恒庆	市新闻出版局党委副书记	1991 年 10 月—2000 年 11 月
	市新闻出版局巡视员	2000 年 11 月—2003 年 3 月
孙　颙	市新闻出版局副局长	1992 年 6 月—1997 年 3 月
	市新闻出版局党委副书记	1997 年 3 月—2005 年 7 月
	市新闻出版局局长	1997 年 3 月—2008 年 2 月
	市新闻出版局党组书记	2005 年 7 月—2008 年 2 月
贾安坤	市新闻出版局副局长	1993 年 4 月—1994 年 11 月
王仲伟	市新闻出版局党委副书记(主持党委工作)	1993 年 11 月—1995 年 3 月
郭开荣	市新闻出版局党委书记	1995 年 8 月—1998 年 11 月
陈　昕	市新闻出版局副局长	1995 年 8 月—2000 年 4 月
杨益萍	市新闻出版局副局长	1997 年 1 月—2004 年 6 月
曹培章	市新闻出版局党委副书记、纪委书记	1997 年 10 月—2005 年 7 月

（续表二）

姓　名	职　务	任　职　时　间
楼荣敏	市新闻出版局副局长	1997 年 12 月—2008 年 10 月
钟修身	市新闻出版局党委书记	1998 年 11 月—2005 年 7 月
祝君波	市新闻出版局副局长	2000 年 4 月—2006 年 6 月
李新立	市新闻出版局党委副书记	2000 年 11 月—2005 年 7 月
	市新闻出版局党组纪检组长	2005 年 7 月—2009 年 8 月
	市新闻出版局副局长	2005 年 8 月—2009 年 9 月
	市新闻出版局巡视员	2009 年 9 月—
哈九如	市新闻出版局副巡视员	2000 年 11 月—2005 年 4 月
顾行伟	市新闻出版局巡视员	2004 年 1 月—2010 年 10 月
陈颂清	市新闻出版局副局长	2008 年 1 月—2010 年 8 月
焦　扬	市新闻出版局党组书记、局长	2008 年 2 月—
阚宁辉	市新闻出版局副局长	2008 年 7 月—
蔡纪万	市新闻出版局副局长	2010 年 4 月—

说明：按任职时间先后排序。

第二章　出　版　社　团

第一节　上海市出版工作者协会

上海市出版工作者协会1981年1月6日成立。1986年开始下设专业工作委员会，到2010年，共有学术工作委员会、装帧艺术委员会、青年编辑工作委员会、校对工作委员会、对外合作交流委员会和女编辑工作委员会6个专业委员会。

协会是由上海出版、印刷、发行、出版教育及中央出版单位在上海分支机构自愿组成的专业性非营利性社会团体法人。业务范围为开展学术交流和出版专业论证，组织专业培训，奖先评优，加强会员自律，维护会员合法权益，推进出版文化交流。

协会搭建平台，开展各类出版专题研讨会，为出版单位在经营管理、体制改革、图书质量、选题策划、合作交流等提供帮助。为提高青年编辑的业务水平，协会和市新闻出版局从2005年起每年组织青年编辑考察全国书市（书博会），至2010年，共有6批100多名青年编辑参加考察培训。利用平台优势，协会积极开展与兄弟省市和港澳台地区的出版研讨和合作。2009年、2010年上海书展期间，和上海市作协、台湾大块文化出版股份有限公司联合主办"经典3.0——两岸文化名家讲座系列"活动，邀请两岸名家诠释中外经典名著。

按照中宣部、新闻出版总署和中国版协关于开展"三项学习教育"活动的要求，从2004年起，协会在市委宣传部和市新闻出版局领导下，先后举办大型讲座、开展征文和知识竞赛等活动。同时积极开展专题调研，为上海出版改革发展建言献策。2005年至2010年，先后完成《网络时代的上海音像出版业》《构造与时俱进的出版文化高地》《建设上海文化大都市工程选题备录》《标志性出版工程的运作模式》《上海出版社校对状况》以及《上海图书出版从业人员职业道德状况》等专题调研报告，并编辑出版了《上海出版人》《上海出版人书画作品集》和"青年出版人学术丛书"。

协会积极组织、参与各类奖项评选工作。至2010年，上海出版界有14人获中国韬奋出版奖、28人获全国百佳出版工作者称号、11位资深出版人士被评为新中国60年百名优秀出版人物。在中国出版政府奖、中华优秀出版物奖及华东六省一市书籍设计双年展等评选活动中，上海出版界也涌现出一批优秀出版物和出版人才。为弘扬上海出版业的优良传统，表彰成绩突出的上海出版工作者，经市新闻出版局、市人事局同意，2000年，协会举办首届上海出版人奖评奖活动。至2010年，先后举办过五届，48人获奖。从2003年起，协会又组织上海出版新人奖评选，至2010年，先后举办过三届，25人获奖。

成立至2010年，历任主要领导为李俊民、宋原放、徐福生、江曾培、曹培章。

地址：上海市绍兴路5号517室　　邮编：200020

第二节　上海市书刊发行行业协会

上海市书刊发行行业协会1991年1月24日成立，2007年6月更名为上海市书刊发行行业协会。协会是由依法从事书报刊发行业务的单位（含个体工商户）及其他经济组织自愿组成、实行行业服务和自律管理的非营利性社会团体。业务范围是行业培训、协调、管理、调研和统计、中介咨询。会展及招商、出版会刊、国内外同行业交流。截至 2010 年底,协会有会员单位 161 家,会员销售网点 5 260 个,占上海总销售网点的 73% 左右。会员单位年销售总额 70 亿元左右,占全行业年销售总额的 70% 左右。

协会成立以来,在促进出版单位与发行单位合作、发展的同时,关注民营书业的发展,积极发展民营会员单位。协会坚持开展对新开书店的法人代表及从业人员的"出版物发行与市场管理"的法规政策培训和开业后的业务技能、规范服务等培训;积极推进行业诚信体系建设,经多年努力,到 2010 年全行业有 56 家单位通过审核、评估获"诚信企业"称号;加强行业自律,提倡销售正版出版物,反对非法出版物、配合政府部门开展"打黄扫非"活动。

协会组织会员单位与国内外同行业开展业务考察活动;承接并完成政府部门委托事项,推进市政府关于文化企业优惠政策的落实;2009 年开展了书刊发行业星级服务资质考评活动;2010 年开展了上海市图书发行业考评活动,制定了上海市图书销售行业考核指标体系《试行办法》、书刊发行业窗口单位公众测评服务标准指标体系;完成市新闻出版局委托的"上海市民营书业供销结算诚信保障体系""星级服务标准""英语导购标准""手语培训"等调研课题,编制了《上海市出版物发行星级服务培训手册》。

成立至 2010 年,历任主要领导为赵世杰、张金福、哈九如。

地址:上海市北苏州路 360 号 875 室　　邮编:200085

第三节　上海市印刷行业协会

上海市印刷行业协会 2004 年 4 月 28 日成立,是上海从事出版物、包装装潢印刷和其他印刷经营活动及相关印刷机械、设备、器材生产经营和印刷教育、科研等企事业单位自愿组成的非营利行业性社会团体法人。截至 2010 年底,协会有各种所有制会员单位 532 家,其中会长单位 1 家,副会长单位 26 家,常务理事单位 55 家,理事单位 105 家,下设有闸北区办事处、嘉定区办事处 2 个分支机构。

上海市印刷行业协会的前身是 1981 年成立的上海市印刷技术协会,1999 年 11 月 10 日更名为上海市印刷协会。21 世纪初,中国加入世界贸易组织,印刷业进一步对外开放。为适应外资企业加快进入和民营企业迅速发展,改变行业分块管理的弊端,市新闻出版局筹建上海市印刷行业协会。上海市印刷行业协会成立后,原上海市印刷协会注销。

上海市印刷行业协会积极参与印刷产业发展规划调研编制,为行业、企业长远利益服务,倡导并坚持实施"品牌战略",推动企业加强品牌建设,提升综合竞争力。2007 年起,协会与市质检局、市工商局、市经信委、市征信办等政府部门加强联系和沟通,把印刷行业纳入市级信用、品牌、著名商标的实施、评价范围,12 家企业通过上海市著名商标认定,16 家企业产品获上海市品牌产品(服务)称号,38 家企业被评为上海市诚信企业。2009 年,协会开展上海印刷行业"品牌企业"评选暨向世博会推荐印刷品牌特色企业活动,在当年 7 月上海国际印刷周期间,向上海世博会组委会递交了经评选产生的 71 家各类印刷品牌企业名录。

从 2005 年起,协会组织部分企业走出国门,参加年度美国印刷大奖赛和亚洲印刷大奖赛,界龙公司、烟草印刷包装公司、中华商务公司、中华印刷公司、人民塑料印刷公司等单位的印刷精品在美国印刷大奖和亚洲印刷大奖等国际顶级赛事上获奖。通过参与国际赛事,为印刷企业进入国际印刷市场开辟了渠道。

协会多层次培育人才,为企业提供技术、智力支撑。经市社局审核通过,2006年协会获试点举办市级职业技能大赛资格,主办光华杯上海市多色胶印机高级印刷工技能竞赛。2008年协会组团参加全国印刷行业职业技能大赛。2009年上海烟草印刷包装公司总经理俞志康获毕昇印刷杰出成就奖,上海紫丹印务有限公司总经理陆卫达获杰出优秀新人奖。

协会与有关各方加强联系和沟通,理顺工作关系,形成工作合力。协会选送秘书处工作人员参加岗位业务培训,提高工作能力和水平。协会重启华东印协交流合作机制,并就建立信息交流平台、建立人才库、开展技术培训、提升印刷质量等工作进行交流协商,还制定出台了"上海书刊印刷指导工价"。

成立至2010年,主要领导为印德明。

地址:上海市河南北路485号　　邮编:200071

第四节　上海市包装技术协会

上海市包装技术协会1978年10月28日成立,为上海市包装行业企事业单位与科技工作者自愿组成的非营利社会团体法人,有400余家团体会员和400余名具有中级以上专业技术职称的个人会员。协会下设包装印刷委员会、纸容器包装委员会、塑料制品委员会、木制品包装委员会、绿色包装委员会、包装设计委员会、金属容器委员会、包装机械委员会、包装标准委员会等9个专业委员会和《上海包装》杂志编辑部。

协会以《上海包装》杂志、上海市包装网等媒体为平台,专业委员会开展活动为抓手,协助政府部门做好包装行业管理工作;开展包装业态调查、编制行业统计报表和行业发展规划;组织国内外包装业学术交流,推广新技术、新材料活动;举办各类包装展览;提倡适度包装;推进包装原创设计,开展行业课题研究、专家咨询、行业评选。协会还对包装企业进行星级评估,举办亚洲包装设计交流会和"东方之星"设计大奖赛等品牌活动,开展包装工程师及各类人才培训等。2002年,协会被中国科协学术部评为"1999—2002年省级之星三连冠";2006年起被上海市科协评为"三星级学会";2006—2010年被上海市工业经济联合会评为上海市先进协会;2010年被中国包装联合会评为中国包装行业先进地方协会。

成立至2010年,历任主要领导为白烽、金其达、明志澄、李晓航、庄英杰。

地址:上海市南昌路47号3319室　　邮编:200020

第五节　上海市音像出版制作行业协会

上海市音像出版制作行业协会2005年12月1日成立。协会宗旨是遵守国家宪法、法律法规和国家政策,遵守社会道德风尚,维护会员合法权益,保障音像及数字电子出版行业公平竞争,为促进上海音像以及数字出版行业的健康发展提供服务。

协会主要任务是宣传贯彻国家关于音像与数字出版行业的各项方针、政策,沟通会员与行业、政府的联系;建立行业自律机制,制订并监督本行业行规行约;承担行业评估论证、技能资质考核、行业统计调查等;打击侵权盗版等不法活动,维护会员合法权益;开展国内外音像与数字出版行业的技术交流和合作等。

协会发起单位 21 家,包括中国唱片上海公司、少年儿童(电子)音像出版社、上海音像有限公司、上海联合光盘有限公司、上海声像出版社、新索音乐有限公司上海工厂、上海外语音像出版社、上海华德光电科技有限公司、上海高教电子音像出版社、上海金像光盘制作有限公司、上海音像出版社、上海俏佳人文化传播有限公司、上海电影音像出版社、上海韵律音乐制作有限公司、华东师范大学电子音像出版社、上海天地行音乐制作有限公司、海文音像出版社、上海创世影音制作有限公司、上海文艺音像出版社、上海新丝雨文化发展有限公司、上海交通大学(电子)音像出版社。

成立至 2010 年,主要领导为周建潮。

地址:上海市辽宁路 46 号　　邮编:200080

第六节　上海市期刊协会

上海市期刊协会 1997 年 3 月 3 日成立。协会宗旨是推动上海期刊业健康繁荣发展;为会员单位服务;努力做好政府与广大期刊单位之间的"桥梁"和"纽带"。业务范围是开展行业调研、技术培训、出版会刊、展览评比、提供咨询、国内外同行信息业务交流。协会按期刊门类设立了文化综合文学艺术类、政法社科类、经济类、教育少儿类、科技技术类、科技学术类、社科综合科普类 7 个专业委员会。截至 2010 年底,协会有团体会员 425 家。

协会成立以来,为提高期刊质量,多次举办期刊交流、研讨活动,积极开展培训活动,组织参加"海峡两岸图书交易会期刊展销"活动。协会积极联系多种发行渠道,努力帮助会员单位扩大发行量。为维护会员单位正当权益,协会邀请律师事务所免费为会员单位提供法律咨询;经协会推荐,《故事会》等 8 家期刊获上海市著名商标称号。

受市新闻出版局委托,协会认真做好国家期刊奖上海社科类期刊初评工作,做好全国百佳出版工作者上海期刊界候选人、上海出版人奖候选人的推荐工作。2009 年,中国期刊协会举办新中国 60 年有影响力的期刊及期刊人活动,上海有 14 种期刊和 4 人入选。

协会围绕大局积极开展专题调研活动,包括上海期刊行业人才队伍建设调查,上海期刊竞争力综合评价指标体系研究,上海期刊的数字化进程及发展战略,上海期刊行业领军人才现状、对策及测评指标体系研究,期刊工作者评职称难和期刊单位自主权等,为政府部门决策提供参考。

2002 年,协会与台北市杂志商业同业公会、上海外文图书公司联合举办台湾地区期刊展。这是台湾地区期刊首次在上海展览,3 000 多名读者前往参观。

成立至 2010 年,历任主要领导为徐福生、陈和。

地址:上海市肇嘉浜路 366 号　　邮编:200031

第七节　上海版权保护协会

上海版权保护协会 1995 年 5 月 11 日成立,是由从事版权理论研究、实务工作以及版权产业相关领域的单位和个人自愿结成的专业性非营利社会团体法人。协会宗旨是加强对著作权法、版权相关国际公约以及版权法律理论的学习和宣传,增强社会各界及公众的版权意识,保障著作权人、作品使用者及传播者的正当权益,促进上海文化创意产业及高技术产业的发展。

协会业务范围包括宣传普及版权知识,组织版权专业培训,开展国内外学术讨论及交流;组织相关版权评奖活动,表彰与奖励上海优秀的版权单位和个人;为权利人提供软件著作权登记、涉外作品登记、著作权许可使用、转让合同备案、著作权质押合同登记办理等确权服务;提供知识产权法律咨询,代理相关法律事务,维护会员的合法权益;为会员提供知识产权质押贷款融资渠道,促进版权项目的应用和推广。

协会积极开展著作权法宣传培训活动,普及著作权法,提高社会公众,尤其是版权从业人员著作权法律意识。1995年至2010年,协会开展各类版权培训、讲座50余场。

协会开展会员服务工作,推荐会员单位参加各类版权评比活动,指导会员单位办理各类作品著作权登记,组织会员单位与国内外同行业开展业务研讨活动,以借鉴国际先进概念和管理经验。

成立至2010年,历任主要领导为徐福生、孙颙、胡大卫。

地址:上海市绍兴路5号308室　　邮编:200020

第八节　上海出版社经营管理协会

上海出版社经营管理协会原名上海出版社经营管理干部联谊会,1986年9月17日成立,1991年7月更名。

协会实行团体会员制,会员大会即理事会,会员单位的法人代表(或法人代表指定、委托的社领导)为理事,有45家会员单位,下设出版、发行、财务、电脑管理四个工作部。业务范围是围绕出版工作大局,组织有关经营管理业务活动;以改革精神,组织会员单位研讨业务、互通信息、规范行为;协调与印刷、发行行业业务关系;为会员单位提供服务。

1987年至2002年,协会组织所属会员单位每年举办沪版图书看样订货会;2002年与2003年,与上海出版工作者协会和上海书刊发行业协会联合主办了两届上海图书交易会;2004年至2010年,先后承办七届上海书展图书交易会;组织会员单位参加每年的北京图书订货会与全国书市(全国图书交易博览会),推动了出版社自办发行和图书发行体制的改革。

1993年至1996年,根据新闻出版署、上海市新闻出版局、上海市物价局关于放开图书定价、实行除教材外的书刊指导价与自主定价等文件精神,协会成立价格协调管理小组,制订价格协调管理工作试行规定,调查价格执行情况,提出加强管理建议等,使书刊定价逐步适应市场发展。

1991年至2003年,协会先后六次与印刷(集团)公司就调部分调整书刊印刷工价、简化工价计算办法、彩色印刷制版工价、书刊照相排版工价等进行协调并取得共识,发挥了协调出版社与印刷厂业务关系的作用。1993年至1998年,协会就上海各出版社与新华书店上海发行所供货折扣及向市新华书店所属门店直接供货等,与上海市书刊发行业协会、上海新华书店、新华书店上海发行所沟通、协商,取得一致意见,发挥行业协调作用。

成立至2010年,历任主要领导为张瑛文、吴智仁、郁椿德。

地址:上海市福建中路193号　　邮编:200001

第九节　上海故事家协会

上海故事家协会1994年7月28日成立。协会宗旨是遵守宪法、法律、法规和国家政策,遵守社会道德风尚,按照党的路线、方针、政策,团结全市故事活动者,为促进故事行业的发展、提高故事创作的质量而努力。围绕这一宗旨,协会团结上海市故事理论研究者、故事创作者、故事活动组织者、讲演者,积极开展各种活动。

协会利用多种故事传播阵地,包括《故事会》《上海故事》《故事大王》等杂志,上海人民广播电台"故事频道"及协会官方网站,为故事作家提供交流平台;在城乡接合处建立创作基地,培养作者,开展故事讲演活动,实现"出作者、出作品"的目标;协办全国法制故事大奖赛;联合举办新十二生肖故事大赛及孝德故事大赛;联合上海民间文艺家协会举办"迎世博故事创作演讲大赛";举办了"京津沪渝故事大赛";把繁荣校园故事作为工作重点,认真辅导少儿故事演讲和少儿故事创作。

成立至 2010 年,主要领导为何承伟。

地址:上海市嘉定区安亭镇墨玉路 621 号　　邮编:201805

第十节　上海少儿读物促进会

上海少儿读物促进会 2008 年 5 月 26 日成立。宗旨是推广儿童阅读,引领儿童成长,携手为孩子们创造一个明亮而美好的书香世界。促进会成立以来,围绕宗旨积极开展各种活动:组织形式多样、内容丰富的阅读活动,推荐经典儿童读物,为儿童营造良好阅读氛围;组织相关的研讨会,努力提高作家、插图画家、翻译、教师、编辑人员的专业水平,帮助他们深化与其他一些儿童书籍出版与发行机构跨专业合作,开展儿童文学从业人员学术研究和专业培训。

成立至 2010 年,主要领导为秦文君。

地址:上海市延安西路 1538 号　　邮编:200052

第十一节　生活·读书·新知三联书店上海联谊会

生活·读书·新知三联书店上海联谊会 1991 年 5 月 15 日成立。宗旨是竭诚为读者服务,竭诚为社会服务。促进出版事业发展建设,促进海内外文化交流。

联谊会成立以来,积极开展各项活动:收集生活·读书·新知三联书店店史;组织三联老同志撰写回忆录;鼓励会员研讨韬奋思想;组织各种形式的联谊活动和纪念活动宣扬韬奋精神等。通过这些联谊活动,使韬奋精神和三联书店"竭诚为读者服务"的宗旨得以传播和弘扬,不仅推广了先进文化,也加强了同海内外学术出版界的交流,促进了各地三联书店同仁的友谊和联系。

成立至 2010 年,历任主要领导为吉少甫、戴承平、徐剑俊、鲁育才。

地址:上海市淮海中路 624 号　　邮编:200020

第十二节　上海长江出版交流基金会

上海长江出版交流基金会 2006 年 9 月 27 日成立,由上海新闻出版发展公司、上海外文图书公司、上海宏图房地产开发公司三家单位联合发起组建。宗旨是以资助出版的方式,推动中华文化更好地走向世界,提高国际影响力。

基金会成立以来,以资助出版、发行、合作、交流、研究、教育、展览、培训、咨询等各种方式,促进中国文化在国际文化市场上的传播。业务范围包括创办并组织实施符合基金会宗旨的资助项目;接受国家、政府的划拨资金和管理运作国家、政府的相关专项资金;接受国家或其他机构委托管理企业为实现基金会宗旨服务;面向法人、自然人或其他组织开展符合基金会宗旨的募捐活动;开展和资助中国文化产品在国际文化市场上的出版、发行工作;创办和资助中华文化的国际合作项目;组织和资助传播中华文化的国际交流活动;组织和资助推进传播中华文化"走出去"的研究、咨询活动;设立和资助开展中华文化的教育、培训项目;创办和组织开展中华文化的展览、会议活动;奖励和表彰为中华文化"走出去"作出贡献的团体和个人;对以其他文字形式翻译的中国文化作品及传播予以资助;开展与海外友好团体、人士和国际友好组织、企业、人士的交流和合作;符合章程的投资。

成立至 2010 年,基金会理事长吴莹。

地址:上海市淮海中路 110 号东湖别墅 F 座　　邮编:200021

第十三节　上海市编辑学会

上海市编辑学会 1985 年 6 月 22 日成立,隶属上海市社会科学界联合会,是由上海市书、报、刊、音像等部门和出版编辑教学、科研等机构从事编辑工作者自愿组成的学术性非营利性社会组织,也是中国最早成立的编辑学研究社会团体之一。学会最高权力机构为会员代表大会,设理事会和常务理事会,组织业务活动,开展日常管理工作。

学会以"提高编辑的业务水平,促进社会主义出版事业的繁荣和发展,更好地为社会主义现代化建设服务"为宗旨,研究编辑理论,组织学术交流,开展编辑业务培训及宣传。

学会会刊《编辑学刊》1986 年 2 月 1 日创刊,以打造"编辑学的理论高地,出版人的精神家园"为目标,弘扬学术精神,传递人文关怀,至 2010 年 12 月共计出刊 134 期,是中国出版类核心期刊和 CSSCI 来源期刊。1986 年 2 月至 1987 年 12 月,学会还编辑出版刊物《杂家》12 期,并先后组织编写出版了《图书编辑学概论》《图书编辑学》等 12 部专著和图书。受国家有关部门委托,学会组织编写和修订了全国编辑考试用教材《出版专业理论与实务》(中级)和《出版专业基础知识》(中级)。

学会每年举办编辑学研究学术年会,先后组织开展了"编辑沙龙""海上人文讲堂""四季沙龙"等品牌学术活动。与中国编辑学会、中国韬奋基金会、上海韬奋纪念馆等联合举办了"韬奋新闻出版思想研讨会"等系列学习宣传"出版事业模范"韬奋和韬奋精神的研讨活动。

学会服务会员单位,组织开展编辑业务培训,举办出版物编校质量报告会,对上海的语言文字工作者和编辑人员进行通用规范汉字文件的宣讲。与《咬文嚼字》编辑部合作,举办咬文嚼字讲习所,培训全国各省市的骨干编辑和青年编辑。受上海世纪出版集团委托,举办青年编辑培训班。学会与上海出版工作者协会联合举行上海优秀中青年编辑评选和首届上海出版人奖获奖者的推荐评选和宣传工作。2003 年、2006 年,学会两次获上海市社联优秀学会称号。

成立至 2010 年,历任主要领导为宋原放、巢峰、贺圣遂。

地址:上海市建国西路 384 弄 11 号甲　　邮编:200031

第十四节　上海市辞书学会

上海辞书学会 1982 年 7 月 15 日成立,1989 年 11 月更名为上海市辞书学会。学会宗旨是以马列主义、毛泽东思想和中国特色社会主义理论体系为指导,遵守国家宪法、法律、法规和政策,遵守社会道德风尚,积极开展辞书编纂、出版、教学与理论研究工作,发展和繁荣辞书事业,为社会主义文化建设事业服务。

学会成立辞书理论组、百科全书组、专科词典组、语文词典组、双语词典组和综合组,结合辞书编纂出版中的现实问题开展学术活动,先后就中文词典的编排、查检、词条排列、部首编排、辞书学正名、辞书学与语言学科的关系以及怎样确定语文词典的义项等内容进行了研讨。学会还与《辞书研究》编辑部、中国百科年鉴、中国统计年鉴、中国经济年鉴、中国文艺年鉴、中国出版年鉴等16家单位筹建成立了年鉴研究中心。

学会通过学术研讨会、学术报告会、培训讲座和编校学习班等多种形式积极开展辞书编纂、出版、教学与研究工作。学会承接政府部门委托事项,对科技杂志和各学科教辅读物文字质量进行审读检查。学会还通过各种形式服务大众,让读者更加了解辞书,学会使用辞书。

成立至2010年,历任主要领导为汤季宏、尚丁、鲍克怡、朱明钰。

地址:上海市陕西北路457号　　邮编:200040

第十五节　上海市报纸行业协会

上海市报纸行业协会1994年4月29日成立,是上海报业界行业组织。协会宗旨是发挥报社与政府间的桥梁和纽带作用,探讨报业经营管理,加强行业自律,维护行业和从业人员的合法权益,努力为会员单位服务。

协会有会员单位66家,下设经济研究委员会、广告委员会、发行委员会、印刷物资委员会、信息技术委员会、计划财务委员会六个专业委员会,开展行业统计、调查、信息发布、价格协调等工作;根据市场需求,协调平衡新闻纸价格,解决供需矛盾,以及报纸发行费等问题;参与报业品牌、报业管理和产经时评的改版研讨等活动,扩大上海报业的辐射力。协会还与市新闻出版局联合召开专业报、行业报及生活服务类报纸研讨会,举办上海市报业改革与发展经验交流会,联合上海、江苏、浙江部分媒体开展"洁净太湖水、迎接世博会"公益活动。协会参与策划"中国农村财富论坛""中国创业与资本论坛"。2010年上海世博会期间,协会组织上海15种报纸进世博园,免费提供给参观者和工作人员阅读。

围绕报业改革与发展,协会多次进行调研:2007年组织开展"一业一策"报业调查,走访上海、北京等十多家报业集团、报社,撰写"一业一策"行业报告;2009年完成《上海报纸评估与退出机制研究》和《上海报纸发行市场研究》课题报告;2010年又完成《上海报纸综合评估实施办法(试行稿)》,对报纸转制创新和报业发展提出建议和对策。

2009年6月,协会主办的上海报协网开通,成为全国报业协会系统首家开通的网站,是上海市报业经济动态情况的信息窗口、报业交流合作的服务平台、报社与政府主管部门的沟通渠道。

成立至2010年,历任主要领导为冯士能、孙洪康。龚学平、贾树枚为首届名誉会长。

地址:上海市威海路755号　　邮编:200041

第二篇

图书出版

1978 年至 2010 年,上海出版工作坚持为人民服务、为社会主义服务的方针,经历了快速发展、优化调整和深化改革等几个不同阶段。不同阶段的特点不尽相同,但目标始终如一:多出精品力作,奉献人民大众。

　　1978 年 1 月,市委撤销"大人民社",重建市出版局,下属 10 个出版社。上海出版界在拨乱反正中重整队伍,用最快的速度突击重排重印"数理化自学丛书"和沪版中外文学名著等一批"文化大革命"前出版的优秀图书,缓解"书荒"。十一届三中全会开启中国改革开放的历史新时期。顺应时代大潮,上海出版界出书品种逐年大幅度增加,并推出一些大型出版物和系列丛书,如《辞海》(1979 年版)、《英汉大词典》(上卷)、《汉语大词典》(第一卷)、《中国新文学大系》(1937—1949)和"五角丛书"等一批知识性、实用性图书。1991 年,上海各出版社出版图书 8 141 种,比 1977 年的 1 334 种增长 5 倍多。

　　1992 年邓小平发表南方谈话和党的十四大召开,确立了社会主义市场经济体制,中国改革开放进入新的历史时期。经历快速发展的上海出版业优化结构,调整布局,提高质量,开始从数量增长为主要特征的阶段向优质高效为主要特征的阶段转移,出版了《教育大辞典》《中国通史》《中国书画全书》《中国近代文学大系》《十万个为什么》(新世纪版)和"当代经济学文库""哲人石丛书"等一批代表国家水平的重点图书。同时,满足人民群众多方面的精神文化需求,优秀文学作品和原创著作出版数量增加,质量提高。针对出书品种增长过快、部分图书质量下降及出版社经济效益下降等问题,上海推出一系列治理和改革措施,查处买卖书号,调整出书结构,提高图书质量,规范图书市场。1999 年 2 月,上海世纪出版集团率先成立,全国出版企业集团化改革由此起步。

　　2002 年党的十六大将文化分为文化事业和文化产业,提出文化建设和文化体制改革的主要任务。2003 年 9 月,上海世纪出版集团扩容,上海文艺出版总社随后成立。2008 年 8 月,上海各出版社先后完成转企改制。深化改革进一步解放了出版生产力。上海先后出版了《续修四库全书》《全宋文》《古文字诂林》《话说中国》等大型图书,同时开拓各学科高质量原创性、独创性学术著作,出版了一批有重要文化积累价值的重点图书。科普图书和少儿读物出版得到加强。出版走出去、开拓国际市场等也有新的突破。

第一章　出版单位

第一节　上海世纪出版集团及所属出版社

一、上海世纪出版集团

经中宣部和新闻出版署批准,上海世纪出版集团1999年2月24日成立。这是全国第一家出版集团,标志中国出版业迈出集团化改革的第一步。2003年9月,上海市委决定调整和扩大上海世纪出版集团,原属市新闻出版局的7家出版社加入集团行列,集团划归市委宣传部直接领导。

上海世纪出版集团以图书、报刊、电子音像等出版物的出版和销售为主业,业务涵盖图书、报刊、电子音像读物、网络出版,并涉足图书发行、零售、物流等相关领域。到2010年,集团已从最初的5家成员单位发展成包括17家图书编辑出版机构、4家音像出版社、3家电子出版社、1家网络出版单位、1家动漫制作单位和1家数字出版单位的大型出版企业,成为国内最具影响力的文化生产和内容提供企业之一。

上海世纪出版集团的改革发展得到中央领导和中宣部、新闻出版署(总署)、上海市委、市政府的关心支持。2003年6月,集团被列入全国文化体制改革试点单位。2005年11月,经新闻出版总署和上海市政府批准,集团发起成立上海世纪出版股份有限公司,整体转企改制,成为全国第一家出版股份公司,13家事业单位转为股份公司分支机构。公司实行财税统一政策,推行全面预算管理制度,增强企业留存收益,提升整体经营绩效。

集团以努力成为一代又一代中国人的文化脊梁为使命,坚持把文化责任放在首位,推出了一大批价值厚重、影响深远的精品力作。据不完全统计,从1999年到2010年,集团有90多种图书获精神文明建设"五个一工程"奖、国家图书奖中国出版政府奖、中国图书奖等国家级奖项,150多个项目、2 200余种图书列入国家"十五""十一五"重点出版规划,在全国地方出版集团中名列首位。

集团成立后聚焦战略领先和运营优化,对发行和物流业务进行整合重组,提高了产品的市场营销能力;通过财务整合,推行全面预算管理,统一资金调度,提升了经营绩效。在精品战略实施过程中,集团建设六大图书产品线和三大报刊产品线;成立了辞海编纂处、英汉大词典编纂处,加强汉语大词典编纂处,拥有若干具有自主知识产权和创新能力的机构;合并上海辞书出版社和汉语大词典出版社,启动汉语类工具书产品线的建设;调集各出版社教育产品资源,建立高等教育图书公司和外语教育图书公司,积极拓展全国教育图书市场;建设世纪文景、世纪新文本、世纪音乐、世纪文睿等中心,打造专业品牌实体;组建北京世纪文景文化传播有限公司,实施跨地区业务拓展。此外,集团积极推进ERP建设,进行流程再造。

2010年,集团主营业务收入13.3亿元,利润总额1.3亿元;总资产23.2亿元,净资产约12亿元。

成立至2010年,主要领导为陈昕。

地址:上海市福建中路193号　　邮编:200001

二、上海人民出版社

上海人民出版社的前身为华东人民出版社,1951年3月6日由新华书店华东总分店编辑部和出版部为基础组建成立,是一家以出版党建与社会科学、人文科学读物为主的综合性出版机构,1955年1月1日更名为上海人民出版社。"文化大革命"中,上海出版系统下属各出版社等合并为一家出版社,也称上海人民出版社。

1978年1月1日,上海出版系统恢复原建制。上海人民出版社重建政治、哲学、经济、历史等图书编辑室,先后创办了《青年一代》《中外书摘》等期刊。1987年1月,经市委批准,上海人民出版社明确为副局级单位。1999年2月上海世纪出版集团成立,上海人民出版社成为首批成员单位。2009年12月转企改制,更名为上海人民出版社有限责任公司。

上海人民出版社先后获全国优秀图书出版单位、全国百佳图书出版单位等荣誉称号。截至2010年,共有21种图书获28个国家级奖项,其中《中华文化通志》《韬奋全集》等6种图书获国家图书奖;《中国通史》(导论)和"邓小平理论研究书系"的《社会主义初级阶段的基本纲领》等14种图书获中国图书奖;《中国人民解放军70年图集》《中华人民共和国50年图集》等5种图书获精神文明建设"五个一工程"奖;"500年来环境变迁与社会应对丛书"及《中国史学史》《中国人民解放军历史图志》3种图书获中国出版政府奖图书奖或图书奖提名奖。2010年,出版初重版图书639种。

1978年至2010年,历任主要领导为宋原放、赵斌、巢峰、陈昕、曹培章、郭志坤、丁荣生、李伟国、王为松。

地址:上海市福建中路193号　　邮编:200001

三、上海教育出版社

上海教育出版社1958年5月2日成立,由新知识出版社和教育图片出版社合并而成。"文化大革命"中,上海教育出版社成为上海人民出版社教育读物编辑室。1978年1月1日上海教育出版社恢复重建。1999年2月上海世纪出版集团成立,上海教育出版社成为首批成员单位。2005年11月转企改制,更名为上海世纪出版股份有限公司教育出版社。

上海教育出版社主要出版发行各级各类学校教材、教学参考书、教育图书、报刊、音像电子读物,并开始探索发展数字出版。教材出版以服务基础教育为主,兼顾学前教育、高等教育、职业教育、成人教育、老年教育、特殊教育。出书范围包括教师读物、学生课外读物,以及教育理论、教育学、心理学、语言文字等学术著作和适用于学校教育的各种工具书。

1999年6月,上海教育出版社与英国牛津大学出版社正式签订《牛津英语》上海版的出版合同,同年10月经教育部批准《牛津英语》教材上海版在上海和全国推广。2005年9月出版社下属牛津英语编辑出版中心组建成为上海世纪出版集团外语图书公司,同年12月更名为上海世纪出版股份有限公司外语教育图书分公司,隶属上海世纪出版股份有限公司。

1978年到2010年,上海教育出版社出版了大批优秀图书,其中《教育大辞典》获国家图书奖提名奖和中国图书奖,"数学教育研究丛书"(6种)获国家图书奖提名奖,《中国科学院院士自述》获第六届精神文明建设"五个一工程"奖,《古文字诂林》获首届中国出版政府奖图书奖和首届中华优秀出版物图书奖。上海教育出版社主办的《语文学习》获新闻出版署社科优秀期刊提名奖,《看图说话》被评为国家教委推荐读物,《汉语拼音小报》被评为全国语言文字工作先进集体。2010 年,出版初重版图书 1 761 种。

1978 年至 2010 年,历任主要领导为郭云、陈怀白、陆子淳、陈义君、曹余章、陈和、包南麟、袁正守、朱明钰、张跃进。

地址:上海市永福路 123 号　　邮编:200031

四、上海译文出版社

上海译文出版社 1978 年 1 月 1 日成立,是一家以翻译出版世界各国文学、外国社会科学著作以外汉词典、外语参考读物和外语教学用书、外国文化生活图书、音像制品等为主的综合性出版社,先后创办《外国文艺》《世界之窗》《外国故事》《世界时装之苑》等期刊。

1986 年 7 月,上海译文出版社成立上海译文电子音像出版社。1992 年 8 月成立英汉大词典编纂处。1999 年 2 月,上海世纪出版集团成立,上海译文出版社成为首批成员单位。2005 年 11 月转企改制,更名为上海世纪出版股份有限公司译文出版社。

上海译文出版社拥有近 10 个主要语种的专业外语编辑和大批享誉国内外的译者队伍,年出版各类图书、音像制品 700 余种,期刊 5 种。1993 年,上海译文出版社被评为全国第一批优秀图书出版单位,2009 年又被新闻出版总署评为全国百佳出版单位。至 2010 年,获国家级大奖的图书有 40 多种,其中《英汉大词典》获第一届国家图书奖,《英汉大词典》(缩印本)获第三届精神文明建设“五个一工程”奖,“外国文学名著丛书”“二十世纪外国文学丛书”“外国文学研究资料丛刊”获第一届全国优秀外国文学图书特别奖,《安娜·卡列尼娜》等 30 余种图书获第一至第六届全国优秀外国文学图书奖,《新法汉词典》获第四届国家辞书奖,《洛丽塔》获首届中国出版政府奖装帧设计奖提名奖。另有近 10 种音像制品获第二、四、五届全国优秀教育音像制品奖。

成立至 2010 年,历任主要领导为周晔、蒯斯曛、包文棣、彭子铃、孙家晋、骆兆添、叶麟鎏、杨心慈、吴莹、叶路、韩卫东、史领空。

地址:上海市福建中路 193 号　　邮编:200001

五、格致出版社

2005 年 9 月,上海世纪出版集团组建集团高等教育图书公司(简称世纪高教公司)。2006 年 2 月世纪高教公司成立。2007 年 6 月 21 日,上海世纪出版集团下属汉语大词典出版社更名为上海世纪出版股份有限公司格致出版社,2008 年 1 月原世纪高教公司整体并入格致出版社。格致出版社成为承担上海世纪出版集团高教产品线开发与建设的专业出版机构。

格致出版社整合出版了一批经管类的经典图书,如 20 世纪八九十年代的“当代经济学系列丛书”、常销教材《进出口贸易实务教程》《西方经济学简明教程》《营销管理》等,陆续出版了“中国改革 30 年研究丛书”等一批有较大影响的经济学学术著作。《中国资本市场的发展与变迁》入选中宣部和新闻出版总署“强国之路——纪念改革开放 30 周年重点书系”;《制度变迁背景下的中国“三农问题”》《农业改革与农村经济社会变迁》入选新闻出版总署纪念改革开放 30 周年百种重点图书;《崛起中的全球城市:理论框架及中国模式研究》《产业集聚与中国地区差异研究》入选新闻出版总署第二届“三个一百”原创出版工程。

成立至 2010 年,历任主要领导为何元龙、金福林。

地址:上海市福建中路 193 号　　邮编:200001

六、汉语大词典出版社

汉语大词典出版社 1986 年 11 月 18 日成立,是一家以出版《汉语大词典》和汉语语文性工具书为主的专业出版社。《汉语大词典》第一卷 1986 年 11 月由上海辞书出版社出版。第二卷起改由汉语大词典出版社出版。1994 年 4 月,《汉语大词典》12 卷和附录索引 1 卷全部出齐,被联合国教科文组织认定为世界权威工具书、联合国汉语翻译指定工作用书。

汉语大词典出版社是在汉语大词典编纂处的基础上成立的,编辑出版《汉语大词典》的同时也策划出版其他工具书,先后出版有《汉语大词典》三卷缩印本、《汉语大词典简编》两卷本、《汉语大词典词目音序索引》《多功能汉语大词典索引》《秦汉文化史大词典》《宋代文化史大词典》《唐代文学百科词典》《现代汉语大词典》两卷本、《汉大成语大辞典》《元明戏曲中的蒙古语》《现代汉语分类词典》《汉语新词词典》《康熙字典》标点本等。1995 年 1 月,汉语大词典出版社与香港商务印书馆、香港联合电子出版公司合作成立上海汉语术语数据电子有限公司,联合开发《汉语大词典》光碟版。1998年 7 月,中国第一张辞书光碟《汉语大词典》CD‐ROM 出版并在国内外发行,迈出了汉语辞书编纂史和中国出版走向数字化的重要一步。

1999 年 2 月,汉语大词典出版社加入上海世纪出版集团。2007 年 6 月更名为格致出版社,保留汉语大词典编纂处机构。

成立至 2007 年 6 月,历任主要领导为王涛、阮锦荣、阮智富、李梦生、王界云、刘文祥、张晓敏(兼)。

地址:上海市新华路 200 号　　邮编:200052

七、上海书店出版社

上海书店出版社前身是 1954 年 9 月成立的上海图书发行公司下属上海书店(原上海古旧书店)。1977 年,国家出版局同意上海出版系统恢复"文化大革命"前的建制,明确上海书店可以影印部分过去出版的古旧版本书刊。1983 年 11 月 22 日,上海书店成立出版部。1984 年 11 月 23 日,上海书店更名为上海图书公司,出版部以上海书店名义从事出版业务。1988 年 8 月 6 日,经新闻出版署批准,上海书店成为正式出版单位。2001 年 4 月 20 日,使用上海书店出版社社名并与上海图书公司体制分离,分别成为上海世纪出版集团下属分支机构。

上海书店出版社以编辑出版近代文史文献资料及人文、艺术、都市生活的学术著作和大众读物为主。从 20 世纪 90 年代开始从影印出版为主转向以影印出版与排印出版并重的图书出版阶段,先后出版了《中国古籍稿抄校本图录》《宋拓郁孤台法帖》《宋拓凤墅法帖》《中国诗歌宝库》《中国散文宝库》《发现之旅》和"民国丛书""古玩宝斋丛书"等图书,其中《中国近代文学大系》获第三届国家图书奖荣誉奖;《宋拓郁孤台法帖》获第五届国家图书奖提名奖;《中国古籍稿抄校本图录》获第十三届中国图书奖;《民国诗话丛编》获第六届国家图书奖提名奖;《马克思画传》获第十四届中国图书奖;《天边的彩虹》获"中国最美的书"称号;《当代中国城市雕塑·建筑壁画》《玄奘西游记》获上海市优秀图书一等奖;《崇善楼书系》获中国出版政府奖图书奖提名奖。进入 21 世纪后,上海书店出版调整出版方向,以出版美术、近代文史文献和都市文化图书为主要产品线,形成以美术教育、艺术鉴赏收藏、近代文史文献与学术人文读物为主的出版特色。

1978 年至 2010 年,历任主要领导为俞子林、张美钧、樊秀珍、林国华、罗伟国、王为松、金良年。

地址:上海市福建中路 193 号　　邮编:200001

八、上海古籍出版社

上海古籍出版社前身是古典文学出版社和中华书局上海编辑所,1956 年 11 月 1 日古典文学出版社成立,1958 年改组为中华书局上海编辑所。"文化大革命"中,中华书局上海编辑所并入上海人民出版社,1978 年 1 月 1 日恢复建制,定名为上海古籍出版社。2003 年 12 月上海古籍出版社加入上海世纪出版集团。2005 年 11 月转企改制,更名为上海世纪出版股份有限公司古籍出版社。

上海古籍出版社作为一家专业出版社,出版物以文学、历史、哲学、语言、科学技术、医学、军事及综合性古籍整理和相关研究为核心,兼及各个层次的传统文化通俗读物,并办有《古籍新书报》《中华文史论丛》一报一刊。成立至 2010 年底,共出版图书 8 345 种,其中初版图书 5 382 种,大型图书如《续修四库全书》《清代诗文集汇编》"中国古典文学丛书""敦煌西域文献集成"等在社会上产生了很大影响。按照"普及读物要出精品"的指导思想,上海古籍出版社出版了"中华古籍译注丛书"《周易译注》《仪礼译注》《孟子译注》《论语译注》等,由 20 多位史学名家用正史纪传体撰写的历史普及读物《二十五史新编》引起社会广泛关注。

截至 2010 年,上海古籍出版社已有数十种图书获国家级大奖:《华阳国志校补图注》《文心雕龙义证》获首届国家图书奖和提名奖;《上海博物馆藏敦煌吐鲁番文献》获第二届国家图书奖提名奖;《中国文学批评通史》《中国古籍善本书目》获第三届国家图书奖和提名奖;《全祖望集汇校集注》获第五届国家图书奖提名奖;《续修四库全书》《朱子全书》获第六届国家图书奖荣誉奖和图书奖提名奖。《肇域志》《大麦地岩画》《战国策笺证》《上海图书馆藏明清名家手稿》获首届中国出版政府奖图书奖、图书奖提名奖及装帧设计奖;《中国家谱总目》《中国青铜器综论》获第二届中国出版政府奖图书奖。《中国家谱通论》入选新闻出版总署第三届"三个一百"原创出版工程。《中国奇石》《中国古代军戎服饰》《中国历代人名大辞典》《戴敦邦新绘全本红楼梦》分别获第九届、第十届、第十二届、十三届中国图书奖。

1978 年至 2010 年,历任主要领导为李俊民、戚铭渠、钱伯城、魏同贤、李国章、赵昌平、王兴康。

地址:上海市瑞金二路 272 号　　邮编:200020

九、少年儿童出版社

少年儿童出版社 1952 年 12 月 28 日成立,是新中国第一家以少年儿童为读者对象的大型综合性专业少儿读物出版社,宋庆龄题写社名。"文化大革命"中,少年儿童出版社和上海出版系统其他出版社合并为上海人民出版社,1978 年 1 月 1 日恢复建制。2003 年 12 月,少年儿童出版社加入上海世纪出版集团。2005 年 11 月转企改制,更名为上海世纪出版股份有限公司少年儿童出版社。

从 1978 年到 2010 年,少年儿童出版社始终把出版富有创新意识的优秀品牌图书放在首位,策划、出版了树立自己整体形象的标志性图书,形成了以儿童文学作家、编辑家鲁兵主编的《365 夜故事》为代表的"365夜系列",以数十名院士参与策划编写的《十万个为什么》为代表的"十万个为什么系列",以历史学家林汉达、曹余章编写的《上下五千年》为代表的"五千年系列",以漫画家张乐平的传世杰作《三毛流浪记》为代表的"三毛系列"等一批标志性的图书品牌。在期刊方面,除建社初期的《小朋友》《少年文艺》《儿童文学研究》陆续复刊外,新创办了《少年科学》《万花筒连环画报》《娃娃画报》《幼儿文学》《故事大王》《儿童文学选刊》及《巨人》等,读者对象从幼儿、小学低年级、中年级、高年级到初中,形成相互衔接的系列。

成立以来,少年儿童出版社编辑出版儿童文学、人文科学、自然科学、低幼读物、动漫读物、教育读物、音像电子读物等上万种。《少年自然百科辞典》(生物生理卫生分册)获首届中国图书奖。《365夜故事》获首届国家图书奖。《上下五千年》"幼儿画库""三毛大世界"和《大头儿子和小头爸爸全集》分别获国家图书奖和国家图书奖提名奖。《宝贝当家》《男生贾里全传》获第六、第七届精神文明建设"五个一工程"奖。《新版小灵通漫游未来》获中国图书奖。《十万个为什么》和《十万个为什么(新世纪版)》分别获国家科学技术进步二等奖和中国出版政府奖图书奖。1992年少年儿童出版社获全国新闻出版系统先进集体称号,1993年被评为全国第一批优秀图书出版单位。1998年获全国优秀出版社称号。

1978年至2010年,历任主要领导为刘培康、陈向明、张瑛文、任大霖、周舜培、应新华、王一方、王伟海、李远涛。

地址:上海市延安西路1538号　　邮编:200052

十、上海科学技术出版社

上海科学技术出版社1956年2月成立。"文化大革命"中,上海科学技术出版社和上海出版系统其他出版社合并为上海人民出版社,1978年1月1日恢复原建制。2003年12月,上海科学技术出版社加入上海世纪出版集团。2005年11月转企改制,更名为上海世纪出版股份有限公司科学技术出版社。

上海科学技术出版社是一家多学科、综合性的科技类出版社。主要出版自然科学、工程技术、农业技术、医药卫生等领域的学术专著、实用技术图书、科普读物、专业工具书和大中小学适用教材、学习辅导读物及职业培训教材等。同时编辑出《科学》《科学画报》《大众医学》《上海服饰》《无线电与电视》等期刊及与图书配套的音像出版物,下属上海科技音像出版社为出版社副牌。

上海科学技术出版社是全国第一批优秀图书出版单位,2009年被新闻出版总署评为全国百佳图书出版单位,2010年获第二届中国政府出版奖先进出版单位称号。1978年至2010年间出版的"数理化自学丛书"《受控热核反应》《中国医学百科全书》《实用五金手册》《电工手册》《家庭医学全书》"中国主要农作物栽培丛书"等在社会上产生过重要影响。《超级杂交稻研究》《中药大辞典》分别获第一届、第二届中国出版政府奖图书奖,《药学大辞典》《中华民族遗传多样性研究》《电子晶体学与图像处理》获中国出版政府奖图书奖提名奖,《中国医学百科全书》《人类的智能》《肿瘤的诱导分化和凋亡疗法》等获国家图书奖或国家图书奖荣誉奖,与上海科技教育出版社合作出版的《彩图科技百科全书》获国家科学技术进步奖二等奖,《中国玉米栽培学》获首届中华优秀出版物图书奖。《大众医学》《科学画报》《上海服饰》获国家期刊奖。

1978年至2010年,历任主要领导为王国忠、高孝湛、徐福生、龚刚、孙鹤鸣、徐荣生、吴智仁、胡大卫、周建国、毛文涛。

地址：上海市钦州南路 71 号　　邮编：200235

十一、上海辞书出版社

上海辞书出版社前身是 1958 年成立的中华书局辞海编辑所，"文化大革命"中并入上海人民出版社。1978 年 1 月 1 日恢复建制，成立上海辞书出版社，主要出版综合性辞典、语文词典、专科辞典及手册、年表、索引、年鉴等。

1978 年 1 月成立后，创办《辞书研究》等刊物。1980 年 1 月，汉语大词典领导小组办公室从上海辞书出版社迁出，单独成立汉语大词典编纂处。2003 年 12 月，上海辞书出版社加入上海世纪出版集团。2005 年 11 月转企改制，更名为上海世纪出版股份有限公司辞书出版社。同年 7 月，辞海编纂处成立。2007 年 1 月，汉语大词典出版社工具书产品线整合到上海辞书出版社。

上海辞书出版社在编纂《辞海》等工具书过程中，形成了一丝不苟、字斟句酌、作风严谨的辞海精神和严谨细致的工作作风，先后被中宣部、新闻出版总署授予全国优秀出版单位、全国新闻出版系统先进集体等荣誉称号。截至 2010 年底，共出版图书 5 282 种，其中获国家级大奖的有 33 种 46 个奖项，《辞海》（1989 年版）《哲学大辞典》《中国文物精华大全》等 14 种获国家图书奖；《全宋文》《上海博物馆藏甲骨文字》《欧洲历史大辞典》等 4 种获中国出版政府奖图书奖；《辞海》（2009 年版）获中华优秀出版物图书奖；《补遗雷公炮制便览》《全宋文》等 2 种获全国优秀古籍图书奖一等奖；《儿童辞海》《中国戏曲剧种大辞典》《世界地名大辞典》等 25 种获国家辞书奖。

1978 年至 2010 年，历任主要领导为束纫秋、巢峰、鲍克怡、李伟国、朱明钰、张晓敏、刘文祥、彭卫国、潘涛。

地址：上海市陕西北路 457 号　　邮编：200040

十二、学林出版社

学林出版社 1981 年 7 月 1 日成立，目的是解决"出书难"，尝试自费出版，以出版人文科学、社会科学学术理论著作兼及各类相应的学习辅导读物和知识性读物为主，注重开发弘扬中国优秀传统文化的大型学术文化著作。2003 年 12 月，学林出版社加入上海世纪出版集团。2005 年转企改制，更名为上海世纪出版股份有限公司学林出版社。

学林出版社成立以来，把"拾遗补缺"作为办社特色，出版了一批有价值的学术著作，如梁漱溟的《中国文化要义》《人心与人生》、吕叔湘的《近代汉语指代词》、陈原的《社会语言学》、田昌五的《古代社会形态析论》，祝慈寿的《中国古代工业史》、岑家梧的《图腾艺术史》等。1984 年出版兼具学术性、实用性、欣赏性的大型图册《中国历代服饰》，同时与商务印书馆香港分馆合作出版内容略微精简的《中国服饰五千年》。《中国服饰五千年》先后出版英文版、法文版、德文版，并获莱比锡国际书籍艺术博览会铜奖。1986 年出版"青年学者丛书"，内容涉及哲学、经济学、史学、美学、宗教学等众多领域。《金文大字典》等一批图书在国际、国内获奖。

成立至 2010 年，历任主要领导为刘培康、雷群明、柳肇瑞、曹维劲、刘文祥、王界云。

地址：上海市钦州南路 81 号　　邮编：200235

十三、上海远东出版社

上海远东出版社前身是上海翻译出版公司,1983 年 4 月 9 日成立。1990 年 11 月 8 日更名为上海远东出版社。2003 年 12 月加入上海世纪出版集团,2005 年 11 月转企改制,更名为上海世纪出版股份有限公司远东出版社。

上海远东出版社是一家综合性专业出版社,以"引进国外信息,交流中外文化"为宗旨,著译并重,同时出版《上海译报》和音像制品等。注重引进出版国内外以经济类为重点的社会科学、自然科学及文化、生活、艺术等方面的最新信息和优秀科研成果,逐渐形成以专业图书为核心,基础教育图书和大众普及类图书互为支撑的出版架构和图书、期刊、报纸、音像出版多元互动的出版业态。截至 2010 年,上海远东出版社出版了一批有社会影响力的图书,其中 50 多种图书获国家级奖励,《中国农村卫生调查》《中国农村金融调查》《中国新农村建设调查》入选新闻出版总署第二届"三个一百"原创出版工程,《信息改变了美国:驱动国家转型的力量》被评为 2008 年度引进版社科类优秀图书奖和第四届国家图书馆文津图书奖推荐图书。

成立至 2010 年,历任主要领导为有贺崇寅、杨泰俊、陈达凯、贾建明、张跃进、罗伟国、高克勤。

地址:上海市仙霞路 357 号　　邮编:200336

十四、上海科技教育出版社

上海科技教育出版社前身是 1985 年 3 月成立的上海教育出版社科技教育出版中心,以上海教育出版社《中学科技》编辑部为基础,出版《中学科技》《小学科技》《业余无线电》杂志和《小学手工劳动课纸模型》系列教材等。1986 年 9 月 10 日,上海科技教育出版社成立,主要出版中小学幼儿园教材、教学用书、科普图书和学术专著。2003 年 12 月,上海科技教育出版社加入上海世纪出版集团。2005 年 11 月转企改制,更名为上海世纪出版股份有限公司科技教育出版社。

上海科技教育出版社成立后,在基础教育、科学技术普及和青少年科技活动出版领域辛勤耕耘,逐渐形成中小学教材和科普类图书两大产品线,前者是出版社销售收入的主要来源,后者在国内出版业排名居于前列。截至 2010 年,连续 9 次被评为上海市文明单位,出版图书获国家级奖的有 11 种 13 个奖项,其中"现代科学技术博览丛书"等 3 种获国家图书奖提名奖;"名家讲演录"等 3 种获中国图书奖;《中国古天文图录》等 3 种获中华优秀出版物图书奖;《技术史》等 3 种获得中国出版政府奖图书奖提名奖;与上海科学技术出版社合作出版的《彩图科技百科全书》获国家科学技术进步奖二等奖。引进版图书"哲人石丛书""普林斯顿科学文库""加德纳趣味数学系列""百大画库"等广受好评。"哲人石丛书"中的《暗淡蓝点》《生物技术世纪》《终极抉择》《分子探秘》《人生舞台——阿西莫夫自传》和"普林斯顿科学文库"中的《天遇》,分别被评为全国十大科普好书或最佳科普图书。此外,《辽西早期被子植物及伴生植物群》《青少年科技活动大全》等 26 种图书获上海市优秀图书奖。

成立至 2010 年,历任主要领导为胡启明、顾方本、吴智仁、翁经义、张英光、张莉琴。

地址:上海市冠生园路 393 号　　邮编:200235

第二节 上海文艺出版总社及所属出版社

一、上海文艺出版总社

2003年12月,市委决定,市新闻出版局所属的上海文艺出版社(含上海文化出版社、上海音乐出版社、上海文艺音像出版社)、上海书画出版社、上海人民美术出版社、上海画报出版社、百家出版社等5家单位组建上海文艺出版总社。2004年2月,新闻出版总署批复同意。2004年6月22日,上海文艺出版总社成立。总社实行党委领导下的社长负责制,国有资产监督管理及党的关系隶属上海市委宣传部,市新闻出版局对总社实行行业管理。2006年3月,总社下属各出版社由经营性事业单位转制为企业单位。2009年6月22日,上海文艺出版总社更名为上海文艺出版(集团)有限公司(简称上海文艺出版集团),总社与集团一个机构、两块牌子。

上海文艺出版总社是以文学艺术出版为主要特色的大型专业出版传媒机构。2004年组建后,秉承巴金"把心交给读者"的理念,坚持专业化、集团化、内涵式发展道路,深化体制机制改革,加快推进以业务为主线的内部资源整合,形成传统纸质出版、平面传媒和艺术品经营等三大经营版块和以"专、精、特、新"为标志的业态结构,在全国文学艺术出版领域的专业优势得到强化,艺术创造力、文化影响力和市场竞争力明显上升,成为上海文化产业的中坚力量,在国内出版、艺术品拍卖等领域具有雄厚的专业实力和广泛的社会影响。

总社旗下拥有12家出版单位和《故事会》《咬文嚼字》《上海壹周》等30种报刊,拥有百年老字号朵云轩的拍卖、经纪、古玩等经营实体,拥有上海出版物编校质量检测中心等专业机构,控股上海印刷新技术(集团)有限公司。2010年,总社所属出版机构出版初重版图书3 398种,销售收入12.88亿元,利润总额1.11亿元。

成立至2010年,历任主要领导为杨益萍、胡国强、张晓敏、何承伟。

地址：上海市延安西路593号　　邮编：200040

二、上海文艺出版社

上海文艺出版社前身是新文艺出版社。1958年9月,新文艺出版社、上海文化出版社、上海音乐出版社合并成立上海文艺出版社。1964年改为人民文学出版社上海分社。"文化大革命"期间改为上海人民出版社文艺读物编辑室。1978年1月1日上海文艺出版社恢复建制。1978年11月,国家出版局同意上海文艺出版社用上海文化出版社名义出书。1982年8月,上海文化出版社挂牌,成为上海文艺出版社副牌。1987年2月,恢复上海音乐出版社社名,同为上海文艺出版社副牌。

1997年9月,上海文艺出版社实行二级管理体制改革,成立上海文艺出版总社,机构级别不变,拥有上海文艺出版社、上海文化出版社、上海音乐出版社、上海文艺音像出版社4家出版社和《故事会》《咬文嚼字》等刊物。2003年12月,市委、市政府决定,以上海文艺出版社等为基础组建上海文艺出版总社。

1978年1月恢复建制到2010年,上海文艺出版社坚守高品位、高质量的出版理念,策划编辑出版了一大批底蕴深厚、品质上乘、影响广泛的文艺作品和学术著作,其中《思辨随笔》获第二届国家图书奖;《中国新文学大系》(1937—1949)获第一届国家图书奖提名奖;《民俗学概论》获第四届国家图书奖提名奖;《汽车城》《山高水长:回忆父亲聂荣臻》《长街行》获第八、第九、第十一届精神文明建设"五个一工程"奖;《山高水长:回忆父亲聂荣臻》获首届中国出版政府奖图书奖;《中国新文学大系》(1976—2000)获第二届中国出版政府奖图书奖提名奖;《震中在人心》《病了的字母》《柠檬叶子》获第五届鲁迅文学奖。2009年,上海文艺出版社被新闻出版总署评为全国百佳出版单位。

　　1978年至2010年,历任主要领导为杜淑贞、姜彬、丁景唐、孙颙、江曾培、何承伟、陈保平、郏宗培、陈徵。

　　地址:上海市绍兴路74号　　邮编:200020

三、上海文化出版社

　　上海文化出版社是1955年5月由多家出版单位联合组建而成的,1958年9月与新文艺出版社、上海音乐出版社合并成立上海文艺出版社。1964年恢复建制。1978年11月,国家出版局同意上海文艺出版社用上海文化出版社名义出书。1982年8月,经市出版局同意,上海文化出版社成为上海文艺出版社副牌,主要负责群众文艺、戏剧、曲艺、电影、旅游、体育及文化生活等编辑业务。上海文化出版社先后创办了《故事会》《文化与生活》《旅游天地》《咬文嚼字》等期刊,在文化生活、文学创作、时尚休闲和社会语文等领域拥有众多的读者。2003年12月上海文化出版社独立建社,主要出版文化理论、通俗文化、地方戏曲、旅游、体育、文化史地及生活实用知识图书。2004年6月加入上海文艺出版总社。2007年6月12日独立建制,成立上海文化出版社有限公司。

　　上海文化出版社先后有一大批优秀图书获国家级大奖,其中《追星——关于天文、历史、艺术与宗教的传奇》获国家科学技术进步奖二等奖;《中国茶经》获国家科学技术进步三等奖;《5·12中国汶川大地震》获第二届中华优秀出版物抗震救灾特别奖;《农村实用手册》获全国农村优秀读物一等奖;《革命烈士遗文大典》获第八届全国优秀青年读物二等奖;《力量——改变人类文明的50大科学定理》等入选新闻出版总署首届"三个一百"原创出版工程。另外,《中国实用文体大全》和"五角丛书"(1—3辑)分别获1986年、1987年全国优秀畅销书奖;《鲁迅和他的绍兴》获2009年输出版优秀图书奖;《三峡记忆》获"中国最美的书"称号。

　　2003年至2010年,历任主要领导为郝铭鉴、陈鸣华、纪大庆、王刚。

　　地址:上海市绍兴路7号　　邮编:200020

四、上海音乐出版社

　　上海音乐出版社1956年8月成立。1958年9月,与新文艺出版社、上海文化出版社合并组成上海文艺出版社。1987年2月,经市出版局同意,恢复上海音乐出版社社名,成为上海文艺出版社副牌。2001年1月,在上海文艺出版社音像部基础上组建上海文艺音像出版社,与上海音乐出版社紧密合作,实施音乐图书与音像制品一体化出版。2004年6月,上海音乐出版社与上海文艺音像出版社加入新组建的上海文艺出版总社。2006年5月,上海文艺音像出版社更名为上海文艺音像电子出版社。2007年6月12日,上海音乐出版社、上海文艺音像电子出版社独立建制,后更名为上海音乐出版社有限公司、上海文艺音像电子出版社有限公司。

　　上海音乐出版社以"既富有文化品位,又符合市场需求"为办社宗旨,立足上海,服务全国,接轨世界,成为引导中国音乐图书出版主流、具有广泛社会影响力的专业化音乐出版机构。截至2010

年,共有 10 多种产品获国家级大奖,其中《振飞曲谱》获中国图书奖,歌剧《江姐》总谱获首届全国优秀艺术图书三等奖,《音乐之门——音乐学习 4＋1》获首届中华优秀出版物音像电子和游戏出版物奖,《朱践耳管弦乐曲集》获首届中国出版政府奖音像制品电子出版物网络出版物奖提名奖,《朱践耳管弦乐曲集》(手稿版)获首届中国出版政府奖图书奖提名奖,《红旗颂》获 2005—2007 年度中国金唱片奖;交响组曲《井冈山》获第二届中华优秀出版物音像电子和游戏出版物提名奖;《瓦砾下的花朵——小荧星爱心合唱专辑》获第二届中华优秀出版物抗震救灾特别奖(音像电子游戏);《小荧星爱心合唱系列 3 叫卖小调》获第七届中国金唱片奖少儿类专辑奖;《神奇秘谱乐诠》获第三届中华优秀出版物图书提名奖;《越从心中来——钱惠丽越剧唱腔精选》获第三届中华优秀出版物音像电子和游戏出版物奖;《中国民歌一百首》获第二届中国出版政府奖音像制品电子出版物网络出版物奖提名奖。《永乐大典·二胡卷 文论篇》入选新闻出版总署第三届"三个一百"原创出版工程。

2004 年至 2010 年,历任主要领导为费维耀、叶建初、余震琪。

地址:上海市绍兴路 7 号　邮编:200020

五、上海人民美术出版社

上海人民美术出版社原为华东人民美术出版社,1952 年 8 月成立,1955 年 1 月更名为上海人民美术出版社。1956 年 1 月,以出版连环画为主的公私合营新美术出版社并入上海人民美术出版社。1958 年 8 月,以出版年画为主的公私合营上海画报社并入上海人民美术出版社。"文化大革命"期间,上海人民美术出版社改为上海人民出版社美术编辑室。1978 年 1 月 1 日恢复建制后,在出版美术和摄影类画册、画辑、史论技法、期刊、连环画、图片、挂历、生活图书、旅游读物等的同时,先后创办《艺苑掇英》《美术丛刊》《版画艺术》《摄影丛刊》《动画大王》等艺术类杂志。2004 年 6 月,上海人民美术出版社加入上海文艺出版总社。2006 年 6 月转企改制,更名为上海人民美术出版社有限公司。

1978 年至 2010 年,上海人民美术出版社先后被中宣部、新闻出版总署、全国总工会授予全国新闻出版行业文明单位、全国模范职工之家等称号。出版的图书获国家级大奖的有 21 种 24 项,其中《宋人画册》《中国陶瓷》等 20 种获中国优秀美术图书奖;《陈洪绶》《世界绘画珍藏大系》(20 卷)等获中国图书奖;《贺友直画三百六十行》获中国出版政府奖图书奖提名奖;《汶川大地震》获中华优秀出版物抗震救灾特别奖。此外,在全国第二届、第三届、第四届全国连环画创作评奖中有 44 部连环画作品获奖,在全国第三届、第四届年画评奖中有 22 种年画作品获奖。1978 年至 2010 年,上海人民美术出版社先后有 20 余种图书通过版权贸易推向意大利、日本、南斯拉夫、越南和中国香港、台湾地区。

1978 年至 2010 年,历任主要领导为李槐之、居纪晋、龚继先、邓明、袁春荣、吴士余、祝君波、李维琨、李新、唐宝顺。

地址:上海市长乐路 672 弄 33 号　邮编:200040

六、上海锦绣文章出版社

上海锦绣文章出版社的前身为上海画报社,1981 年 9 月成立,1985 年更名为上海画报出版社。2004 年 6 月加入上海文艺出版总社。2006 年 9 月 11 日更名为上海锦绣文章出版社。后转企改制更名为上海锦绣文章出版社有限公司。

上海锦绣文章出版社以出版美术、摄影、设计、文化生活类图文书与画册为主要特色,并编辑出版《上海画报》《至爱》等期刊及《上海摄影》《上海美术》等连续性读物,年历、月历曾以精良的图片与印制质量,在全国占有很大市场份额。

成立到2010年,累计出版图书2 000多种,其中2010年出版图书358种。一批图书获国家和上海市奖项,大型画册《江南古镇》获第四届国家图书奖提名奖、第五届全国书籍装帧优秀奖,《大英博物馆藏古埃及艺术珍品》获1999年上海市优秀图书一等奖、上海市书籍装帧一等奖。

成立至2010年,历任主要领导为朱延龄、邓明、张仲煜。

地址:上海市长乐路672弄33号　　邮编:200040

七、上海书画出版社

上海书画出版社前身是1900年在上海成立的朵云轩笺扇庄。1960年11月朵云轩重建,直属市出版局领导,成为集编辑、出版、经营中国书画艺术品为主体的专业出版机构。1966年8月,朵云轩更名为东方红书画社。1972年1月更名为上海书画社。1978年1月1日更名为上海书画出版社,在传统经营领域沿用朵云轩品牌。2004年6月,上海书画出版社(朵云轩)加入上海文艺出版总社。2009年9月,朵云轩品牌的八家公司组建成立朵云轩总公司(筹),与上海书画出版社分别成为独立的市场主体和上海文艺出版总社下属机构。后上海书画出版社转企改制,更名为上海书画出版社有限责任公司。

1978年后,上海书画出版社不断巩固和拓展书画专业和艺术品经营方面的生长点,先后创办《书法》《书法研究》《朵云》《书与画》等有社会影响力的专业刊物,初步形成以出版与传统书画艺术经营并重、互为依存、相互促进的出版格局。出版业务方面,构建起以学术研究为龙头,艺术普及与美术教育为两翼的出版体系,建立起六大出书支柱,形成了书画作品集、书画学术文献书、书画工具技法书、书画期刊、书画教材教辅、木版水印特种出版物为特色的出书结构;朵云轩经营方面,开拓朵云轩传统品牌,探索艺术品经营的多种模式,先后成立上海朵云轩艺术品拍卖公司、上海朵云轩古玩有限公司、上海朵云轩文化经纪公司、上海浦东朵云轩等。

至2010年,上海书画出版社有5种图书获4个国家级大奖,其中《中国书画全书》获中国图书奖提名奖,《海派代表书法家系列作品集》获中国出版政府奖图书奖,《锦绣文章——中国传统织绣纹样》获中国出版政府奖图书奖提名奖。此外,朵云轩木版水印印制的《十竹斋书画谱》获莱比锡国际书籍艺术博览会最高奖——国家大奖。《锦绣文章——中国传统织绣纹样》《中国碑帖经典》被列为国家领导人出访礼品图书。

1978年至2010年,历任主要领导为周蔚芸、续靖宇、黎鲁、蔡大搏、祝君波、卢辅圣、崔晓力、顾林凡。

地址:上海市延安西路593号　　邮编:200050

八、中西书局

中西书局前身为百家出版社,1987年12月25日成立,是全国首家以接受机关事业单位和大中型国有企业委托,出版各行各业工作成果和科研成果为主要业务的出版社。进入21世纪后,随着出版业改革发展,开始突破委托出版业务范围,在市场类图书开发方面有所发展,出书品种涉及文学艺术、文化教育、生活、少儿等多个领域,在教辅图书出版方面形成了一定的品牌效应,并先后编辑出版《买卖世界》《美术博览》《理财一周报》等报刊,创办上海百新图书有限公司。2004年6月,百家出版社加入上海文艺出版总社。2009年9月,上海文艺出版总社对百家出版社进行重组,调整经营范围,更名为上海世界书局。2010年5月,上海世界书局更名为中西书局。

中西书局是一家综合性、多学科的社科类出版社,业务范围为出版中外文学、艺术、历史、经济、哲学、人文社会科学著作。重点出版门类有哲学社会科学、文献整理与研究、教育理论与实践。成立到2010年,共出版图书近2 000种,其中《重读近代史》《晚清史》《清华大学藏战国竹简(壹)》以及教辅读物《走向成功》《灿烂在六月》等在社会上产生了较大影响。

成立至2010年,历任主要领导为蒋维强、顾林凡、朱士信、胡南榆、丁国联、梅雪林、姜逸青、徐忠良、秦志华。

地址:上海市打浦路443号荣科大厦　　邮编:200023

第三节　高等院校出版社

一、上海外语教育出版社

上海外语教育出版社1979年12月30日成立,是出版包括教材、教学参考书、工具书、学术专著等的专业外语出版机构,同时编辑出版《外语界》《外国语》《阿拉伯世界》《国际观察》《中国比较文学》和《英语自学》6种期刊。2002年,上海外语教育出版社获电子出版物许可证,2008年获网络出版许可证。2009年4月转企改制,更名为上海外语教育出版社有限公司。

上海外语教育出版社成立到2010年,累计出版近30个语种的图书和数字出版物7 000多种,成为中国重要的外语出版基地。百余种出版物入选国家"十五""十一五"重点图书、音像、电子出版物规划,或获国家和上海市重要奖项。其中《汉俄大词典》获中国出版政府奖图书奖及中华优秀出版物图书奖提名奖,《新牛津英汉双解大词典》获中国出版政府奖图书奖提名奖、上海市优秀图书一等奖,思飞小学英语网获中国出版政府奖音像制品电子出版物网络出版物奖提名奖。各语种数十套、千余册教材先后被列入教育部普通高等教育"九五""十五""十一五"国家级规划教材,15种教材获普通高等教育精品教材称号,《大学英语》《新编英语教程》等获全国高等学校优秀教材特等奖、一等奖等奖项。2009年,在首次全国经营性出版单位等级评估中,上海外语教育出版社被评为国家一级出版社,获全国百佳图书出版单位称号。2010年,上海外语教育出版社获中国出版政府奖先进出版单位奖。

成立至2010年,历任主要领导为李仲、浦允南、张坚、邬孝先、林秉申、陆金忠、李良佑、王益康、王彤福、庄智象、汪义群、谈志耀、孙玉。

地址:上海市大连西路558号　　邮编:200083

二、华东师范大学出版社

华东师范大学出版社1957年6月成立,为新中国最早创建的大学出版社之一,1959年因国家调整出版事业而停办。1980年6月7日恢复重建,定位是出版教材与教育学、心理学、历史、哲学等社会科学、人文科学读物的综合性出版机构。2009年6月转企改制,更名为华东师范大学出版社有限公司。

华东师范大学出版社以"大教育"为出版宗旨,坚持为教育和学术服务、注重出版物的高质量,先后获教育部和国家教委授予的先进高校出版社称号,新闻出版总署授予的全国良好出版社、全国百佳图书出版单位称号。1980年至2010年,华东师范大学出版社8种图书获国家级大奖,其中《中学百科全书》《非洲通史》《中国姓氏》获中国图书奖,《朱子哲学研究》获国家图书奖提名奖,《中国教育史研究》《中古汉字流变》《儿童心理学手册》获中国出版政府奖图书奖或图书奖提名奖,《私想者》获中国出版政府奖装帧设计奖。2010年,华东师范大学出版社出版初重版图书1045种。

1980年至2010年,历任主要领导为林远、杜曰喜、王世云、郭豫适、万中一、洪本健、王铁仙、戎甘润、朱杰人、朱文秋。

地址:上海市中山北路3663号　　邮编:200062

三、复旦大学出版社

复旦大学出版社1981年5月28日成立。2001年4月20日与上海医科大学出版社合并,组建新的复旦大学出版社。2009年9月转企改制,更名为复旦大学出版社有限公司。

复旦大学出版社传承复旦大学"博学而笃志,切问而近思"的人文精神,秉持"人为书本,书为社本;名校风范,一流出版"的办社宗旨,坚守"以人类的良知与社会的理性传播科学和思想文化"的传统,致力于中国思想文化的传播与发展,追踪世界科技发展前沿和教育创新,关注人类幸福生存方式及永续未来,在社会科学、自然科学以及技术科学学术出版方面形成特色,尤其在人文、社科、经管、科技、外语、医学以及学前教育等学科前沿方面,以原创性学术著作、高水准规划教材及优秀社会读物赢得读者信任,是全国百佳图书出版单位、国家一级出版社。

复旦大学出版社有一大批图书获中国图书奖、中国出版政府奖图书奖和中华优秀出版物图书奖在内的各种奖励,《中草药生物技术》入选新闻出版总署首届"三个一百"原创出版工程。2010年,出版初重版图书600种。

成立至2010年,历任主要领导为李龙牧、汤金年、徐余麟、刘宏谊、强义国、王智、张德明、施岳群、高若海、徐志伟、李振华、陈丽琴、贺圣遂、王凤霞。

地址:上海市国权路579号　　邮编:200433

四、上海交通大学出版社

上海交通大学出版社1983年6月25日成立,主要出版包括科技图书、教材、期刊等。1987年经新闻出版署、国家教委同意,出版录音录像制品。2000年又增加电子出版物出版业务。2001年1月,新闻出版总署批准设置上海交通大学电子音像出版社。2009年取得网络出版资格。2009年8月转企改制,更名为上海交通大学出版社有限公司。

上海交通大学出版社成立以来,组织出版了一大批优秀图书,曾获国家教委授予的先进高校出版社称号。截至2010年,有8种图书分别获国家级省部级奖项,其中《光纤通信原理》获电子工业部全国工科电子类专业教材优秀教材二等奖,《交流调速系统》获国家机械委全国工科机械类专业教材优秀教材二等奖,《汉英大辞典》获中国图书奖,《走进殿堂的中国古代科技史》获中华优秀出版物图书奖,《超声速飞机空气动力学和飞行力学》获中国出版政府奖图书奖提名奖。此外,《湿空气透平循环的基础研究》等图书入选新闻出版总署第二届"三个一百"原创出版工程和国家重点图书出版规划。2010 年,上海交通大学出版社出版初重版图书 1 286 种。

成立至 2010 年,历任主要领导为朱雅轩、林栋梁、施福升、盛振邦、张泉宝、徐德胜、张天蔚、陈鑫木、韩正之、杨祥玉、韩建民。

地址:上海市番禺路 951 号　　邮编:200030

五、同济大学出版社

同济大学出版社 1984 年 5 月 20 日成立,主要出版高等教育所需要的教材、教学参考书、教学工具书,依托学校专业特色出版的学术专著、译著等,形成以城市与建筑和土木工程为品牌,以德语、理工基础和人文社科为特色的出版格局。下属电子音像出版社,为本版图书配套出版音像读物,同时出版网络游戏等电子出版物。2009 年 8 月转企改制,更名为同济大学出版社有限公司。

成立到 2010 年出版图书 4 000 余种,获多项国家和上海市重要奖项。其中《吴孟超肝脏外科基础与临床》入选新闻出版总署第二届"三个一百"原创出版工程,《说园》获全国优秀科技图书二等奖,《音乐厅和歌剧院》获国家科技图书三等奖、上海市优秀图书一等奖,《外国建筑历史图说》获全国首届图书金钥匙奖,《建苑拾英:中国古代土木建筑科技史料选编》(第一辑)《中国桥梁》《室内室外局部・细部设计与装修系列全书》《中国桥梁史纲》获上海市优秀图书一等奖。

成立至 2010 年,历任主要领导为余安东、黄国新、叶守仁、叶传满、郭超、王国伟。

地址:上海市四平路 1239 号　　邮编:200092

六、上海中医药大学出版社

上海中医药大学出版社原名上海中医学院出版社,1985 年 2 月 5 日成立,为全国中医院校中唯一的高校出版社,办社宗旨是为教学和科研服务,立足本校,发挥自己的优势和特色,主要出好教材和本校教师的著作。1998 年 1 月上海中医学院更名为上海中医药大学,上海中医学院出版社更名为上海中医药大学出版社。2001 年起与上海中医药杂志社合署办公,同时出版发行《上海中医药杂志》《上海中医药大学学报》《中医药文化》3 种期刊。

上海中医药大学出版社积极为中医教学、医疗、科研以及对外交流、科普等出好书,在英汉对照类、图谱类、老中医经验类图书及研究生教材的出版方面形成较为鲜明的特色。到 2010 年,共出版图书 1 192 种,其中《英汉对照实用中医文库》《中医诊疗图谱》《名医特色经验精华》等获上海市优秀图书二等奖,上海市研究生教材《金匮指要》获上海市优秀图书一等奖。此外,还有多种图书获教育部、国家中医药管理局等嘉奖。

2009 年 12 月,上海中医药大学出版社转企改制,更名为上海中医药大学出版社有限公司。2010 年底,上海中医药大学与上海海事大学决定联合主办出版社,上海中医药大学出版社有限公司更名为上海浦江教育出版社有限公司。

成立至 2010 年,历任主要领导为严世芸、徐平、洪嘉禾、金文明、翁志芳、潘朝曦、周敦华、王伶俐、朱邦贤、陈秋生、黄健、华卫国。

地址:上海市蔡伦路 1200 号　　邮编:201203

七、立信会计出版社

立信会计出版社原名立信会计图书用品社,1941年潘序伦、邹韬奋在重庆创办,主要出版会计、财经类图书和印制会计用品。1945年迁至上海。1980年立信会计专科学校复办后,恢复设立立信会计编译所,负责编译"立信会计丛书""立信财经丛书"。1984年9月,上海市财贸党委同意立信会计编译所作为学校附设机构。1986年9月10日,国家出版局批准恢复立信会计图书用品社,隶属于立信会计专科学校,立信会计编译所撤销。1993年4月28日,经新闻出版署批准,立信会计图书用品社更名为立信会计出版社。2009年5月转企改制,更名为立信会计出版社有限公司。

立信会计出版社成立以来,有13种获国家、省部级奖图书,其中《潘序伦文集》获第三届中华优秀出版物图书提名奖;《会计准则理论研究》《中国经济运行风险研究报告2008》等6种图书获上海市优秀图书二等奖和提名奖。2010年出版初版重版图书588种。

1986年至2010年,历任主要领导为孙庆元、欧阳仲华、马钟榆、詹文锦、朱祖萱、陈惠丽、孙时平、黄汉江、窦瀚修、邬敏懿、陆盛强。

地址:上海市中山西路2230号　　邮编:200235

八、上海医科大学出版社

上海医科大学出版社1986年11月17日成立,为全国第一家综合性医科大学出版社。主要出版上医大内外科教材、参考书和学术专著、译著、工具书和期刊,以及计算机软件和音像制品,同时,编著出版面向广大读者的通俗医药卫生书籍。出版社主办的期刊有《上海医科大学学报》《国家医学微生物分册》《中国医学基础医学文摘分册》。先后出版近千种各类医学专著、教材与教学参考书和医药卫生读物,教材、教学参考书和学术专著占出版物的84%。

依靠上海医科大学重点学科和人才资源密集的优势,上海医科大学出版社约请国内一流专家、教授,策划和编著了不少富有特色、有一定影响的大型学术著,59种图书获全国和上海市重要奖项,其中《现代肿瘤学》获中国图书奖和卫生部医药卫生杰出科技著作科技进步一等奖等7个奖项;《手的修复和再造》获中国图书奖;《全身CT和MRI》获卫生部科技著作科技进步三等奖,并获上海市优秀图书一等奖。《胸部CT》《颈面部CT》和《现代皮肤病》获华东地区大学出版社优秀图书一等奖。2000年,上海医科大学和复旦大学合并办学,组建新的复旦大学。2001年4月20日,上海医科大学出版社与复旦大学出版社合并,组建成立新的复旦大学出版社。

成立至2001年,历任主要领导为朱世能、薛光华、汪家禄、萧俊、曹世龙、王德耀、何剑秋。

地址:上海市医学院路138号　　邮编:200032

九、华东理工大学出版社

华东理工大学出版社前身为华东化工学院出版社,1986年11月17日成立。1994年9月20日更名为华东理工大学出版社。2003年12月16日,华东理工大学电子音像出版社成立。2009年7月转企改制,更名为华东理工大学出版社有限公司。

华东理工大学出版社是一家综合性大学出版社,依托华东理工大学学科专业优势,出版化学化工、英语日语、社会工作等领域的学术著作和专业教材,同时注重面向市场和读者,调整产业结构,改进选题结构模式和运营模式,在中小学辅导读物等方面有所拓展,逐步形成在高校教材、学术专著、教辅图书等方面的出版特色。《应用酶学》《化工原理》《工科无机化学》《社区发展论》《大学英语语法——讲座与测试》《新编日语教程》等一批优质图书在社会上产生了很大影响,有的还被列为国家级规划教材。

成立至 2010 年,历任主要领导为吴东棣、朱学存、郑斯雄、荣国斌、朱广忠、徐宏。

地址:上海市梅陇路 130 号　　邮编:200237

十、东华大学出版社

东华大学出版社原名中国纺织大学出版社,1992 年 8 月 17 日成立。2001 年 2 月 7 日更名为东华大学出版社。2009 年 12 月转企改制,更名为东华大学出版社有限公司。

东华大学出版社坚持走专业化发展之路,主要出版以纺织、服装等学科领域的学术专著,纺织、服装、艺术设计等研究生、本科生和专科生系列规划教材,以及引进版教材、其他学科教材、外语教育读物、文化生活类读物等,编辑出版《东华大学学报(自然科学版)》《东华大学学报(英文版)》《东华大学学报(社会科学版)》《纺织服装教育》等。成立至 2010 年,共出版图书 2 693 种,《服装设计艺术》《平面构成》《立体构成》《色彩构成》《丝网花艺术》《大学英语阅读教程(1—4 级)》《大学英语 4—6 级考试用书》《服装市场营销》《美国服装画技法》《基础服装设计》《品牌服装设计》《手工印染艺术》和《现代棉纺技术》等图书在社会上有较大影响。

成立至 2010 年,历任主要领导为孙俊康、秦鸿昌、陈旭伟、孙福良、贾平、王克斌、蒋智威。

地址:上海市延安西路 1882 号　　邮编:200051

十一、上海财经大学出版社

上海财经大学出版社 1995 年 1 月 27 日成立,主要出版上海财经大学所设置学科、专业、课程需要的教材、教学参考书和教学工具书,以及与学校主要专业方向相一致的学术专著、译著。2009 年 8 月转企改制,更名为上海财经大学出版社有限公司。

成立至 2010 年,共出版图书 2 950 种,202 种获省部级以上奖项,其中《战略资产配置——长期投资者的资产组合选择》获中华优秀出版物图书提名奖,《回溯历史——马克思主义经济学在中国的传播前史》获中国出版政府奖图书奖提名奖,《中国经济发展史(1949—2005)》入选新闻出版总署第二届"三个一百"原创出版工程,《1929 年大崩盘》入选"改革开放 30 年 300 本书"和"新中国 60 年 600 本书"。

成立至 2010 年,历任主要领导为谈敏、裴逸娟、丛树海、熊诗平、曹均伟、黄磊。

地址:上海市武东路 321 号　　邮编:200434

十二、上海大学出版社

上海大学出版社 1996 年 6 月 26 日成立,主要出版高等学校教材、教学参考书、学术专著、译著、教学工具书,专业范围包括文学、美学、历史学、哲学、法学、经济学、理学、工学等。2009 年 12 月转企改制,更名为上海大学出版社有限公司。

上海大学出版社依托上海大学学术资源,坚持以学术为中心,扎实做好出版主业。截至 2010 年,共出版图书 1 735 种,较好地完成了"黎族研究大系""上大院士文库"等国家出版基金项目。同时服务学校教学科研工作,突出专业特色,教材覆盖面广泛,特别是在人文社科、艺术理论、理学工科等领域,出版了一系列有影响力的高校重点教材。

成立至 2010 年,历任主要领导为周哲玮、汪元章、李顺祺、冯兆荣、姚铁军、欧阳华、陈基明、陈志宏、郭纯生。

地址:上海市上大路 99 号　　邮编:200444

十三、第二军医大学出版社

第二军医大学出版社 1997 年 6 月 4 日成立,解放军总后勤部主管、第二军医大学主办,依托学校门类齐全的学科、雄厚的师资力量、高水平的科研成果和地处上海的优势,面向全军,服务全国,开展出版业务,并出版发行《第二军医大学学报》(中文版)、《军医大学学报》(英文版)等学术期刊,书刊互动,优化出版资源。

出版社秉承以学术专著为主体,以教材建设和科普养生为衍生的"一体两翼"出版的发展思路,开拓进取,攻坚克难。截至 2010 年 12 月,共出版图书(初版)850 余种,其中《肝胆病理学》《实用外科重症监护与治疗》《神经肽基础与临床》等 50 多种图书获解放军图书奖、上海市优秀图书奖、国家引进版权科技类优秀图书奖,此外,《百名专家谈百病》获全国优秀畅销书奖(科技类),《护理心理学》《脊柱侧凸三维矫形理论与技术》《人体系统解剖学实物图谱》等获全国高校出版社优秀畅销书奖等。

成立至 2010 年,历任主要领导为殷学平、曹金盛、李春德、石进英、陆小新。

地址:上海市翔殷路 800 号　　邮编:200433

十四、上海音乐学院出版社

上海音乐学院出版社 2002 年 10 月 29 日成立。2009 年 6 月转企改制,更名为上海音乐学院出版社有限公司。

上海音乐学院出版社主要出版上海音乐学院主要学科、专业课程所需的教材和教学所需要的参考书、工具书,与上海音乐学院主要专业方向一致的学术专著、译著及上述范围的上海音乐学院教师专著、译著。全社提倡策划、编写、制作、销售和消费为一体的循环互动模式。成立至 2010 年共出版图书 810 种,其中初版图书 524 种,《20 世纪中国音乐学经典文献导读》《音乐文化史论丛》《21 世纪上海音乐学院新作品系列》《海上回音叙事》《书写民族音乐文化》等在社会上产生较大影响。《人文江南关键词》《江南文化诗性阐释》获 2004"中国最美的书"称号。《江南的两张面孔》被评选为第五届中国大学装帧艺术评奖整体设计及十佳最美的图书奖。

成立至 2010 年,主要领导为洛秦。

地址:上海市汾阳路 20 号　　邮编:200031

第四节　上海其他出版单位和
中央在沪出版机构

一、上海科学技术文献出版社

上海科学技术文献出版社 1978 年 5 月 10 日成立,隶属上海科学技术情报研究所。前身是上海科学技术情报研究所所属上海科技编译馆,1995 年,上海科学技术情报研究所和上海图书馆合并后,改为隶属上海图书馆(上海科学技术情报研究所)。2009 年 8 月,上海科学技术文献出版社转企改制,更名为上海科学技术文献出版社有限公司。2010 年,上海信息传播音像出版社的音像出版权转入上海科学技术文献出版社,具有图书出版权、电子出版权、音像出版权和期刊出版权,是一家出版科技类(科学技术类、科普文化类、科技生活类、医药卫生类)和历史文献类(馆藏资源类、历史文化类)图书的专业出版社。上海图书馆(上海科学技术情报研究所)丰富的馆藏、多元的信息,是上海科学技术文献出版社出版多种载体出版物的资源保障。

上海科学技术文献出版社成立以来,出版各类图书、期刊、电子出版物 5 000 余种,300 多种图书获奖,其中《通俗〈资本论〉》被中宣部和新闻出版总署评为第二届全国优秀通俗理论读物。《杨国亮皮肤病学》获首届中国出版政府奖图书奖提名奖,《现代组织学》获第十四届中国图书奖,《人类疾病动物模型复制方法学》获上海市优秀图书一等奖。

成立至 2010 年,历任主要领导为荣绛蓉、康诗英、王林珍、项暑烽、陈燮君、朱家骅、王世伟、童志强、何剑秋、赵炬。

地址:上海市长乐路 746 号　　邮编:200040

二、上海社会科学院出版社

上海社会科学院出版社 1982 年 9 月 24 日成立,是一家以出版经济、法律、哲学、史学、文教等领域学术专著、科普读物和地方志为主的社会科学综合性出版机构。2009 年 12 月转企改制,更名上海社会科学院出版社有限公司。

建社至 2010 年,共出版图书 4 000 多种,其中 2010 年出版初版图书 180 种,重版图书 41 种。获国家级大奖图书 3 种:《学者书库 史丛·论丛》16 部图书获第六届中国图书奖二等奖;《公平分配——理论和战略》获第九届国家图书奖;《法哲学经纬》获第三届国家图书奖提名奖。

成立至 2010 年,历任主要领导为徐阳、朱庆祚、陈俊言、陈惠丽、孙克勤、张家骏、承载、陈军、朱金元。

地址:上海市淮海中路 622 弄 7 号　　邮编:200020

三、文汇出版社

文汇出版社 1985 年 5 月 16 日成立,文汇报主管主办。1998 年 7 月划归文汇新民联合报业集团。2009 年 6 月转企改制,更名上海文汇出版社有限公司。

文汇出版社成立至 2010 年,获各种奖项的图书有"全国中小学优秀作文选丛书"获第五届全国图书"金钥匙"奖优胜奖,《中国历代祝词贺语大观》获第六届全国"金钥匙"图书奖优胜奖,《世界奇迹大观》获第七届全国"金钥匙"图书奖三等奖,《秦始皇帝陵兵马俑词典》获第四届全国装帧艺术展览封面设计三等奖,《闲寂日记·昭苏日记》获第六届全国装帧艺术展封面设计银奖。《画眼》入选新闻出版总署第三届"三个一百"原创出版工程。

建社25年间,文汇出版社共出版新书3 000余种。2010年出版初版重版图书405种。

成立至2010年,历任主要领导为马达、吴振标、郭志坤、黄胜铭、陶顺良、萧关鸿、桂国强。

地址:上海市威海路755号　　邮编:200041

四、上海三联书店

上海三联书店开始称三联书店上海分店,1986年8月30日成立。1998年7月24日更名为上海三联书店。2003年9月划归解放日报报业集团。2009年7月转企改制,更名为上海三联书店有限公司。

上海三联书店成立以来,有百余种图书获包括中国图书奖在内的各类奖项。"当代经济系列丛书""猫头鹰文库""20世纪人类思想家文库""上海三联人文经典书库""上海三联法学文库""上海三联·思想与社会文库"和《第五项修炼:学习型组织的艺术和实务》《路德文集》等学术著作,有重要思想文化价值和深广社会影响力。《学习的革命》《叫魂》《民主的细节》等文化类读物畅销不衰。《书城》杂志经过两次改版后,品牌影响力得到进一步提升,发行量稳定在2万册以上。

上海三联书店成立至2010年间,共出版图书各类图书4 000余种,2010年出版初重版图书233种。

成立至2010年,历任主要领导为林耀琛、陈昕、陈保平、朱国安、吴士余、戴俊、陈启甸。

地址:上海市乌鲁木齐南路396弄10号2楼　　邮编:200031

五、上海科学普及出版社

上海科学普及出版社1957年成立,1958年并入上海科学技术出版社。1986年9月10日经国家出版局批准恢复建制。2009年12月转企改制,更名为上海科学普及出版社有限责任公司。

上海科学普及出版社1999年被中宣部和中国科协评为全国科普工作先进集体。出版社本着敬业、求精、诚信、创新的精神,以普及科学技术知识、倡导科学方法、传播科学思想、弘扬科学精神、提高全民科学素养为己任,出版了许多科普精品图书,《图说高新技术应用》获精神文明建设"五个一工程"奖;"数学故事丛书"和《现代科技与上海》获上海市科学技术进步奖;《真空动力学》《现代排序论》获上海市优秀图书奖;《2009上海科技年鉴》获全国年鉴编纂综合奖一等奖、全国地方志系统年鉴评奖特等奖;《科学大师》获上海市优秀图书一等奖;《简明中国冰川目录》获上海市优秀图书二等奖;《多彩的昆虫世界》获国家科学技术进步奖二等奖、上海市科学技术进步奖二等奖。1986年至2010年共出版图书6 336种,其中2010年出版初重版图书337种。

1986年至2010年,历任主要领导为李敦厚、张千里、毕淑敏、李立波、金培奇、陈纪宁、夏桂芳、胡名正。

地址:上海市中山北路832号　　邮编:200070

六、中国福利会出版社

2002年10月25日,新闻出版总署同意将中国外文局主管的今日中国出版社划归中国福利会,更名为中国福利会出版社。2007年6月,中国福利会儿童时代社与中国福利会出版社合并,组建集书、报、刊为一体的新的中国福利会出版社,主要出版有关海内外宋庆龄研究的学术成果,有关学前教育、校外教育的研究成果,有关对少年儿童进行启蒙教育的读物,有关中小学生课余文化活动所需读物等。

中国福利会出版社走"精、专、特、优"之路,为广大读者提供优秀的精神食粮。出版图书曾获冰心儿童图书奖、陈伯吹儿童文学奖和"中国最美的书"等荣誉。2004年10月,与日本株式会社倍乐生签署战略合作协议,成立"儿童挑战项目组",由中国福利会出版社负责运作。2010年12月转企改制,更名为中国中福会出版社有限公司。

2010年,中国福利会出版社出版初重版图书139种。

2002年至2010年,历任主要领导为张鸣、秦文君、姜复生、张绍军、顾琳敏。

地址:上海市常熟路157号　　邮编:200031

七、辞海编纂处

辞海编纂处2005年7月成立,是上海市委宣传部下属非营利性事业单位,由上海世纪出版(集团)有限公司代为管理,业务上受辞海编辑委员会指导。辞海编纂处主要承担国家重大出版工程《辞海》《大辞海》的编纂出版工作。具体任务是从事《辞海》《大辞海》编纂的总体设计,组织联系作者队伍,聘请、落实各分科主编,编写制订统一的编纂体例;安排各学科或各卷的编纂进度,做好有关《辞海》《大辞海》出版的各项协调工作;开展建设《辞海》数据库的相关工作,为《辞海》《大辞海》持续修订不断积累资料。

辞海编纂处成立后,配合《辞海》(2009年版)编纂出版,组织研究历版《辞海》的编纂体例,编订新的体例;协助完善质量保障体系建设,制定《审核百科类词目的要求和细则》《修订原释文和编写新释文的要求》等,并在收词阶段组织专家论证,安排专家通读稿件,进行多轮多项专项检查;协助组织对编辑进行"辞海精神"、业务能力等方面培训;协助制定《辞海》编纂出版时间表,推动各学科制定《辞海》工作计划;承担《辞海》部分学科的发稿工作等。2009年9月,《辞海》(2009年版)出版,12月在北京人民大会堂召开出版总结表彰大会。

2005年至2010年,《大辞海》数理化力学卷、天文学·地球科学卷、中国古代史卷、中国文学卷、环境科学卷、外国文学卷、军事卷、机械电气卷、体育卷、农业科学卷、化工轻工纺织卷、政治学·社会学卷等12卷相继出版,其中《大辞海·军事卷》被新闻出版总署列为中国人民解放军建军80周年重点图书,入选第二届"三个一百"原创出版工程,并获2005—2007年度上海市优秀图书一等奖,2007年7月在北京人民大会堂举行出版座谈会。2008年北京奥运会举办前夕,在上海举行《大辞海·体育卷》出版座谈会。

成立至2010年,历任主要领导为张晓敏、彭卫国。

地址:上海市陕西北路457号　　邮编:200040

八、汉语大词典编纂处

汉语大词典编纂处1980年1月成立,是上海市委宣传部下属非营利性事业单位,由上海市出版局领导。编纂处是《汉语大词典》工作委员会和《汉语大词典》编辑委员会的执行和办事机构,负责协调、处理浙江、江苏、安徽、山东、福建和上海五省一市的编纂工作,同时也承担部分编写任务。1986 年,《汉语大词典》第一卷由上海辞书出版社出版。同年,成立汉语大词典出版社,保留汉语大词典编纂处(两块牌子,一套班子)。其后的 11 卷《汉语大词典》由汉语大词典出版社出版。1994 年《汉语大词典》12 卷全部出版后,汉语大词典编纂处主要承担词典的修订补充工作,收集有关信息和汉语语言数据。1999 年,汉语大词典出版社并入上海世纪出版集团。2007 年,汉语大词典出版社更名为格致出版社,保留汉语大词典编纂处。2010 年,汉语大词典编纂处编纂的《〈汉语大词典〉订补》由上海辞书出版社出版。

在《汉语大词典》编纂过程中,汉语大词典编纂处拟定体例,设计流程,组织协调,处理《汉语大词典》工作委员会和《汉语大词典》编辑委员会各项工作,对于完成编纂《汉语大词典》起到重要作用。《汉语大词典》全部出版后,汉语大词典编纂处在《汉语大词典》的宣传、语词辞典的编纂、学界意见的汇总、汉语语料的收集、资料卡片的制作等方面持续做了大量的工作,为《汉语大词典》(第二版)的全面修订打下坚实基础。

成立至 2010 年,历任主要领导为陈落、王涛、阮锦荣、李梦生。

地址:上海市延安中路 955 弄 14 号　　邮编:200040

九、英汉大词典编纂处

英汉大词典编纂处 1992 年 8 月成立,原为上海译文出版社一个编辑部,主要负责《新英汉小词典》《新英汉词典》《英汉大词典》等英汉类工具书的编纂工作。1999 年,上海译文出版社成为成员后,为保持上海英汉语言工具书编纂领先地位,更好地发挥《英汉大词典》的综合效益,2007 年集团成立英汉大词典编纂处,由上海世纪出版集团管理,成为市委宣传部下属非营利性事业单位。编纂处主要从事英汉类辞书的自主研编,在维护现有英汉词典品牌的基础上,研究语料库辞书编纂和辞书数字出版,着力开发新的词典品种,探索新媒体形式下的辞书形态。

《英汉大词典》是国家确定由上海市承担的文化建设重点科研项目,也是国家哲学社会科学"七五"(1986—1990)规划的重点项目之一,由复旦大学外文系陆谷孙教授担任主编,是中国第一部自建第一手资料语库、独立研编而非编译的大型英汉词典,已替代《远东英汉大词典》成为联合国编译人员使用的主要英汉工具书,曾获上海市优秀图书特等奖、国家图书奖和精神文明建设"五个一工程"奖。

2007 年 3 月,《英汉大词典》第 2 版问世,对 1991 年出版的《英汉大词典》进行了全面的修订和增订;编纂处还对主体内容编写于 20 世纪 70 年代的《新英汉词典》进行全面的修订、补充和更新。

成立至 2010 年,历任领导为骆兆添、吴莹、叶路、史领空。

地址:上海市福建中路 193 号　　邮编:200001

十、上海新闻出版发展公司

上海新闻出版发展公司前身是 1988 年成立的上海百佳出版公司,隶属市新闻出版局。2007 年 3 月,公司产权划转给上海精文投资有限公司,2007 年 6 月并入上海长江对外出版有限公司。

上海新闻出版发展公司是国有独资、专业的外向型出版文化企业,按照中央关于出版和文化"走出去"要求,承担"文化中国系列丛书"编辑出版发行工作,并开展与新闻出版有关的投资和投资管理业务。公司重视出版、发行、印刷行业的增值服务及外向型合作,关注新技术的延伸产业发展,着力建设海外中国文化图书的销售和传播网络。编辑出版的"文化中国系列丛书"已成为知名文化产品品牌。公司成立以来,先后被商务部、文化部、新闻出版总署、广播电影电视总局授予"国家文化出口重点企业"称号。成立至 2010 年,共出版图书 192 种。

成立至 2010 年,历任主要领导为石磊、臧令仪、王有布。

地址:上海市东湖路 7 号　　邮编:200031

十一、中华地图学社

中华地图学社作为中国地图出版社副牌 1975 年 1 月 27 日在上海成立。1980 年 1 月 10 日,上海市政府批准国家测绘总局在上海设立地图制印管理处,与中华地图学社两块牌子、一套机构。1981 年,8 开本和 16 开本《中国历史地图集》(内部发行)以中华地图学社出版。2002 年 9 月 10 日,经新闻出版总署同意,中华地图学社独立建制。2004 年 10 月,经中央编办批准,中华地图学社为国家测绘局直属事业单位,由国家测绘局委托中国地图出版社代为管理。2009 年 10 月转企改制,更名为中华地图学社有限公司。

中华地图学社是江、浙、沪地区唯一的专业地图出版机构,主要出版学术专业地图、实用性参考地图、城市图和游览图、手绘地图出版、港澳台版科技图书、中小学使用教材、学习教辅读物等。中华地图学社出版的《中国历史地图集》曾获第一届国家图书奖荣誉奖、首届郭沫若中国历史学奖荣誉奖。《中华人民共和国恶性肿瘤地图集》获卫生部(甲)级科学技术成果奖。建社以来共出版各类地图 1 000 余种,大中型图集 10 余种。2010 年出版图书 113 种。其中初版图书 41 种,总印数 69 万多册。

成立至 2010 年,历任主要领导为洪森泉、李治浩、姚志雄、言道良、路丽华、杨树德。

地址:上海市武宁路 419 号　　邮编:200063

十二、东方出版中心

东方出版中心前身是 1978 年 11 月 18 日成立的中国大百科全书出版社上海分社。1995 年 10 月 20 日,经中宣部、中央编办和新闻出版署批准,中国大百科全书出版社上海分社、上海海峰印刷厂合并组建东方出版中心,为新闻出版署直属出版社。2002 年 4 月,新闻出版总署直属出版社组建为中国出版集团,东方出版中心成为中国出版集团成员单位。

东方出版中心出版了《马克思主义经济思想史》《美国对华情报解密档案》《中国馆藏满铁资料联合目录》《中国道教》《中国儒学》《中国理学》《中国诗学》和"中华文化专题史系列""断代文化史系列""东方学术丛书""世界历史文库""白玉兰文学丛书""文化大散文丛书"等一批有社会效益和经济效益的图书,其中《中国诗学》获第十二届中国图书奖,《中国馆藏满铁资料联合目录(30 卷)》获第二届中华优秀出版物图书提名奖,《美国对华情报解密档案》获第二届中国出版政府奖图书奖提名奖,《画说红楼梦》获第二届中国出版政府奖装帧设计奖提名奖。1978 年到 2010 年,中心共出版图书初版 2 700 余种,其中 2010 年出版初重版图书 248 种。

1998 年 7 月,东方出版中心与新华书店总店合作成立东华图书发行代理有限责任公司、1999年 8 月参股北京中新联科技有限公司、2004 年 3 月与维维集团合作组建上海东方维京文化发展有

限公司等。2004 年和 2008 年先后建造了东方世纪大厦和东方维京大厦,并依托房产资源,至 2010
年,建有东方世纪宾馆、上海东怡房地产经纪有限公司、东昊物业管理有限公司等。

成立至 2010 年,中国大百科全书出版社上海分社历任主要领导为陈虞孙、汤季宏、罗洛、徐福
生、何兆源;东方出版中心历任主要领导为乔友农、祝君波、宋焕起。

地址:上海市仙霞路 345 号　　邮编:200336

十三、世界图书出版上海有限公司

世界图书出版上海有限公司原名上海世界图书出版公司,系世界图书出版公司在上海的子公
司,1993 年 3 月 26 日独立建制。2010 年 8 月 31 日,更名为世界图书出版上海有限公司。

按照世图公司"把世界介绍给中国,把中国介绍给世界"的发展方针及"以购权引进国外科技图
书、科技期刊为主"的出版定位,世界图书出版上海有限公司初期以购权图书《新概念英语(New
Concept English)》为龙头,出版外语学习的教材与教辅,同时积极引进外文科技期刊,与英国麦克
米伦出版公司签约的《自然(Nature)》杂志自 1990 年在中国重印,开创了购买国外优秀科技期刊重
印权先例以后,又与美国电子与电气工程师协会(IEEE)、美国土木工程师协会(ASCE)两个协会达
成协议,1993 年起有 39 种科技期刊在中国重印发行。

至 2010 年,世界图书出版上海有限公司获国家级大奖图书 4 种,其中《当代药用植物典》(4 册)
获第二届中国出版政府奖图书奖。

公司成立近 20 年间共出版图书 2 300 种、印数近 1 800 万册。2010 年,出版初重版图书 374 种。

1993 年至 2010 年,历任主要领导为裘承裕、严炬新、冯国雄、陆琦。

地址:上海市广中路 88 号　　邮编:200083

表 2-1-1　上海 41 家图书出版机构沿革情况表(截至 2010 年)

单　位	沿　　革	备　注
上海人民出版社	1978 年 1 月 1 日恢复建制	1978 年 1 月 1 日撤销"大人民社",组建上海市出版局,恢复原上海人民出版社、上海文艺出版社、上海人民美术出版社、上海科学技术出版社、上海教育出版社等出版社建制。
上海文艺出版社	1978 年 1 月 1 日恢复建制	
上海人民美术出版社	1978 年 1 月 1 日恢复建制	
上海科学技术出版社	1978 年 1 月 1 日恢复建制	
上海教育出版社	1978 年 1 月 1 日恢复建制	
少年儿童出版社	1978 年 1 月 1 日恢复建制	
上海古籍出版社	1978 年 1 月 1 日成立	由中华书局上海编辑所改组
上海辞书出版社	1978 年 1 月 1 日成立	由中华书局辞海编辑所改组
上海译文出版社	1978 年 1 月 1 日成立	
上海书画出版社	1978 年 1 月 1 日成立	由上海书画社更名
上海文化出版社	1982 年 8 月 25 恢复为上海文艺出版社副牌。2007 年 6 月 12 日独立建制。	1978 年 11 月 9 日上海文艺出版社用上海文化出版社名义出书。

（续表一）

单 位	沿 革	备 注
上海音乐出版社	1987 年 2 月 17 日恢复为上海文艺出版社副牌。2007 年 6 月 12 日独立建制。	
中西书局	前身为 1978 年 12 月 25 日成立的百家出版社。2009 年 9 月 27 日更名为上海世界书局。2010 年 5 月 4 日再次更名为中西书局。	
学林出版社	1981 年 7 月 1 日成立	
上海锦绣文章出版社	前身为 1981 年 9 月 18 日成立的上海画报社。1985 年 2 月 24 日更名为上海画报出版社。2006 年 9 月 11 日再次更名为上海锦绣文章出版社。	
上海书店出版社	1983 年 1 月 22 日，上海书店成立出版部。1984 年 11 月 23 日，上海书店更名为上海图书公司，出版部以上海书店名义从事出版业务。1988 年 8 月 6 日，上海书店成为正式出版单位。2001 年 4 月 20 日起使用上海书店出版社社名。	
上海远东出版社	前身为 1983 年 4 月 9 日成立的上海翻译出版公司。1990 年 11 月 8 日更名为上海远东出版社。	
上海科技教育出版社	1986 年 9 月 10 日成立	
格致出版社	前身为 1986 年 11 月 18 日成立的汉语大词典出版社。2007 年 6 月 21 日更名为格致出版社。	
上海外语教育出版社	1979 年 12 月 30 日成立	
华东师范大学出版社	1980 年 6 月 7 日恢复建制	
复旦大学出版社	2001 年 4 月 20 日由复旦大学出版社和上海医科大学出版社合并组建。	原复旦大学出版社 1981 年 5 月 28 日成立，原上海医科大学出版社 1986 年 11 月 17 日成立。
上海交通大学出版社	1983 年 6 月 25 日成立	
同济大学出版社	1984 年 5 月 20 日成立	
上海浦江教育出版社	前身为 1985 年 2 月 5 日成立的上海中医学院出版社。1998 年 1 月 20 日更名为上海中医药大学出版社。2010 年 12 月 8 日再次更名为上海浦江教育出版社。	
立信会计出版社	前身为 1986 年 9 月 10 日成立的立信会计图书用品社。1993 年 4 月 28 日更名为立信会计出版社。	
华东理工大学出版社	前身为 1986 年 11 月 17 日成立的华东化工学院出版社。1994 年 9 月 20 日更名为华东理工大学出版社。	
东华大学出版社	前身为 1992 年 8 月 17 日成立的中国纺织大学出版社。2001 年 2 月 7 日更名为东华大学出版社。	
上海财经大学出版社	1995 年 1 月 27 日成立	

（续表二）

单　位	沿　革	备　注
上海大学出版社	1996 年 6 月 26 日成立	
第二军医大学出版社	1997 年 6 月 4 日成立	
上海音乐学院出版社	2002 年 10 月 29 日成立	
上海科学技术文献出版社	1978 年 5 月 10 日成立	
上海社会科学院出版社	1982 年 9 月 24 日成立	
文汇出版社	1985 年 5 月 16 日成立	
上海三联书店	三联书店上海分店 1986 年 8 月 30 日成立，1998 年 7 月 24 日更名为上海三联书店。2009 年 7 月 24 日完成转企改制，更名为上海三联书店有限公司。	
上海科学普及出版社	1986 年 9 月 10 日恢复建制	
中国福利会出版社	2002 年 10 月 25 日今日中国出版社更名为中国福利会出版社。2007 年 6 月 20 日中国福利会儿童时代社与中国福利会出版社合并组建新的中国福利会出版社，2010 年 12 月 20 日更名为中国中福会出版社。	
中华地图学社	1975 年 1 月 27 日为地图出版社副牌，2002 年 9 月 10 日独立建制。	
东方出版中心	前身为 1978 年 11 月 18 日成立的中国大百科全书出版社上海分社，1995 年 10 月 20 日组建成立东方出版中心。	
世界图书出版上海有限公司	前身为 1993 年 3 月 26 日成立上海世界图书出版公司，2010 年更名为世界图书出版上海有限公司。	

说明：以 2010 年底统计为准，排名不分先后。

第二章 出版图书

1978年后，上海出版进入繁荣发展的新时期。33年里，上海的出版社由一家增加到41家，年出版图书由1977年的1334种增加到2010年的11200多种，且门类比较齐全，涵盖不同学科，体现了上海出版专业力量雄厚的特点。

本章从1978年至2010年上海累计出版的17.4万种新书（丛书）中选取近1200种，分"马克思列宁主义、毛泽东思想、邓小平理论、'三个代表'重要思想、科学发展观""社会科学""人文科学""教育""自然科学与工程技术""综合"等六个大类，每个大类下又分若干小类，按出版时间为序加以介绍，收入图书主要是全国和上海获奖图书，或尽管没有获奖但社会效益和经济效益都比较好的图书，以及能够反映上海出版门类比较齐全特点的图书，力求勾勒出这一时期上海出版图书的概貌。

第一节　马克思列宁主义、毛泽东思想、邓小平理论、"三个代表"重要思想、科学发展观

本节共著录图书63种，其中马克思列宁主义、毛泽东思想29种，邓小平理论、"三个代表"重要思想、科学发展观34种。

一、马克思列宁主义、毛泽东思想

《从古典经济学派到马克思》　陈岱孙著。上海人民出版社1981年1月出版。根据1975年至1977年作者为北京大学经济系学生做的经济学说史专题讲座内容编写，概述了从古典经济学派到马克思这一历史阶段的价值、剩余价值、再生产和经济危机等学说的产生和发展，阐述了马克思如何批判地继承古典经济学派的研究成果和创立无产阶级政治经济学的伟大历程。

《浅谈毛泽东思想》　马齐彬、陈登才著。上海人民出版社1981年10月出版。用通俗易懂的语言，分四章阐述毛泽东思想是马克思列宁主义普遍原理和中国实际相结合的产物、毛泽东思想的形成和发展、毛泽东思想的基本原理和坚持和发展毛泽东思想。

《马克思恩格斯思想史》　中国人民大学马列主义发展史研究所编著。上海人民出版社1982年11月出版。论述没有马克思主义理论就没有我们今天的一切胜利。实践的经验尤其是"文化大革命"的教训告诉我们，只有完整准确地掌握马克思主义，并和自己的具体实际正确地结合起来，才能取得真正的胜利。

《马克思哲学思想研究》　邢贲思主编。上海人民出版社1983年2月出版。纪念马克思逝世100周年论文集，收入历年来马克思主义哲学领域的论文18篇，其中有《马克思的认识论与中国的社会主义现代化建设》《马克思的历史辩证法与共产主义思想的实践》《马克思和美学中的革命》《马克思历史唯物主义的创立在伦理学领域引起的革命变革》《马克思的异化理论和"西方马克思主义"》等。

《马克思经济理论探索》　陶大镛主编。上海人民出版社1983年2月出版。纪念马克思逝世

100周年学术论文集,收入17篇学术论文,论述马克思逝世后特别是第二次世界大战以来各国出现的新情况和新问题,探索《资本论》的科学体系对认识现代资本主义和社会主义经济的指导意义。

《毛泽东思想论文集》 上海市委宣传部编。上海人民出版社1984年7月出版。由一篇序言、一篇后记、一篇附录和21篇专题论文组成,分别论述了毛泽东的实事求是思想、能动的革命的反映论思想、正确处理十大关系的思想、毛泽东思想对马克思主义政治经济学的发展、中国共产党的建设理论、统一路线和独立自主的理论和思想、毛泽东思想对马克思主义国家理论的发展、三个世界理论、新民主主义理论、毛泽东新闻学和毛泽东思想在国外的传播。

《马克思恩格斯认识论的形成和发展》 林京耀、张帆、张向东、陈荷清、林锡安著。上海人民出版社1987年11月出版。包括16章和结束语,对马克思、恩格斯认识论形成发展的历史过程进行系统研究,认为不能把马克思恩格斯简单地分为早期思想和成熟期思想,从哲学认识论来说,马克思恩格斯早期著作中有些重要思想已经是成熟的,构成马克思主义哲学认识论的重要内容。

《对资本论历史观的沉思》 孙承叔、王东著。学林出版社1988年11月出版。从社会有机体学说、人的劳动实践活动、生产力系统理论、社会经济形态、精神生产与日常意识生产、科技革命和社会发展、人的发展与解放、人与自然、人的需要等方面对《资本论》及其三大手稿所蕴含的思想进行了详尽、独特的发掘与阐发,并在此基础上提出了现代历史哲学体系的整体构想。

《马克思的经济学——价值和增长的双重理论》 〔日〕森岛通夫著,袁镇岳、庄宗明、高鸿桢译,石景云校。上海人民出版社1990年4月出版。由劳动价值论、剥削理论、转型问题、再生产图式、资本和价值等5篇14章构成,涉及马克思经济学的经典主题,包含了马克思经济学基本原理的主要内容,并采用数理方法进行研究,为理解马克思经济学提供了一种新的视角。

《马克思社会研究方法论》 瞿铁鹏著。上海人民出版社1991年10月出版。围绕马克思的社会科学研究方法论,对马克思的唯物史观和辩证分析方法作了历史和逻辑相统一的系统阐述。作者考察马克思社会研究方法论的形成、马克思在社会研究中运用的一些重要方法等,对马克思社会研究方法等作了系统概括,指出它本质上是一种历史的方法,是历史和逻辑的统一。

《马克思主义哲学在中国》 李其驹、王炯华、张耀先主编。上海人民出版社1991年11月出版。系统阐述从清末民初到新中国成立这一历史时期马克思主义哲学在中国的传播、应用和发展以及它的沿革、变化和风貌,为读者提供了一些鲜为人知的人物和史料。

《历史选择了毛泽东》 叶永烈著。上海人民出版社1992年7月出版。描写中国共产党1921年诞生到1935年遵义会议确立毛泽东领袖地位的坎坷历程。以翔实的史料、流畅的笔调写出了毛泽东被选择作为中国共产党领袖的历史必然性以及毛泽东当年的沉浮,并披露了许多鲜为人知的史实。

《毛泽东智慧》 俞吾金著。上海人民出版社1993年3月出版。由现象与启示——"寻找毛泽东热"面面观,人格与智慧——毛泽东的精神境界博大精深,见微知著——毛泽东的哲学智慧,高瞻远瞩,明察秋毫——毛泽东的政治智慧,运筹帷幄,决胜千里——毛泽东的军事智慧,独立自主,走向世界——毛泽东的外交智慧,情系山河——毛泽东的艺术智慧,智慧与幽默——毛泽东的人生态度等篇章组成,展示了伟人毛泽东的智慧。

《马克思的哲学历程》 张奎良著。上海人民出版社1993年3月出版。内容包括马克思哲学的基本问题、孕育时期的马克思哲学、确立时期的马克思哲学、扩展时期的马克思哲学、升华时期的马克思哲学。马克思哲学的贯通研究主要论述了马克思哲学思想的形成及发展历程,重点研究了马克思晚年的哲学思想。作者认为,马克思晚年思想是马克思关于历史发展理论的新升华。

《毛泽东思想研究大系》　罗洛、冯契、蒋学模、严家栋、巢峰等主编。上海人民出版社 1993 年 11 月出版。分 7 卷,分别从哲学、政治、经济、文化、军事、党建等领域,阐述了毛泽东思想体系的形成和发展;总论卷着重讲毛泽东思想是中国化的马克思主义、毛泽东关于新民主主义的理论,以及邓小平继承和发展毛泽东思想的中国特色社会主义理论。

《毛泽东思想大辞典》　巢峰主编。上海辞书出版社 1993 年 12 月出版。分重点、一般和参考三部分共收入条目 2 065 条,其中重点条目 10 条,系统介绍毛泽东思想及其各个方面,即哲学、政治、法律、经济、军事、外交、教育、文艺、党建等;一般条目 1 878 条,包括有关毛泽东思想的词语、论点、时间、会议、文献、人物等;参考条目 177 条,不属于或基本不属于毛泽东思想本身,但对了解和研究毛泽东思想有一定参考价值。

《毛泽东思想:文献导读》　段治文主编。上海人民出版社 2000 年 6 月出版。由总论、伟人毛泽东的思想之路、中国社会各阶级的分析、湖南农民运动考察报告(节选)、中国的红色政权利为什么能够存在、星星之火可以燎原、反对本本主义、《共产党人》发刊词、中国革命和中国共产党(节选)、新民主主义论(节选)、在中国共产党第七届中央委员会第二次全体会议上的报告、论人民民主专政等篇章汇成。

《统帅毛泽东》　肖显社、王丽文著。上海人民出版社 2000 年 8 月出版。研究毛泽东军事思想以及其生平事迹,分 8 章,全方位、多侧面追寻毛泽东的成长道路特别是他的军事生涯。

《马克思画传》　韩玲、侯桂芳编著。上海书店 2003 年 3 月出版。以简洁生动的文字、配以丰富多彩的插图,表达了马克思一生的光辉业绩、主要学说及其学习、交往、情趣等多方面的生活细节,以及马克思主义的伟大的历史影响。叙述了马克思在共产主义同盟的创立和活动中所发挥的重大作用,以及共产国际建立的历史,同时也对马克思多方面的生活细节,作出生动活泼的描述。

《马克思主义哲学大辞典》　金炳华主编。上海辞书出版社 2003 年 6 月出版。收入与马克思主义哲学有关的术语、人物、著作报刊、运动事件、会议机构等条目约 4 300 多条。正文分类编排,包括马克思主义哲学理论来源、马克思主义哲学创立与系统化、马克思主义哲学基本内容、马克思主义哲学相关学科、马克思主义哲学在中国、马克思主义哲学在西方、马克思主义哲学在现时代 8 大类。

《马克思主义与当代西方社会思潮》　张之沧主编。上海人民出版社 2003 年 7 月出版。概述马克思主义的五大流派,即经验主义的马克思主义,黑格尔式的马克思主义,批判主义的马克思主义,试验主义的马克思主义和后现代主义的马克思主义,同时概述了最主要的几种西方哲学理论和社会思潮,有助于解读马克思主义的过去、现在和将来。

《青年毛泽东》　赵遵生著。上海人民出版社 2003 年 12 月出版。围绕毛泽东、蔡和森及如今鲜为人知而当年却风头颇健的萧子升这三位湖南"一师"人杰,较为翔实地记述了在袁世凯称帝、张勋复辟、黎元洪下野、段祺瑞黩武、徐世昌登台等历史背景下,青年毛泽东的磨砺与求索过程,揭示中国革命的道路和毛泽东成为中国革命的领路人,是历史发展的必然。

《资本的历史极限与社会主义》　邵腾著。上海大学出版社 2005 年 9 月出版。解读马克思原著出发,阐述资本不等于资本主义的观点,对马克思的社会主义理论作了解读,认为其本质首先是无产阶级国家政权。中国选择社会主义市场经济的改革之路,就是一条在社会主义制度下发展和占有资本文明的历史之路。

《马克思主义经济思想史》　程恩富主编。东方出版中心 2006 年 7 月出版。论述马克思主义经典作家经济思想史、中国马克思主义经济思想史、苏联与俄罗斯马克思主义经济思想史、欧美马克思主义经济思想史、日本马克思主义经济思想史,勾勒出马克思主义经济思想史的基本框架和变动趋势。

《论马克思的现代性批判及其当代意义》　罗骞著。上海人民出版社 2007 年 11 月出版。收入以现代性批判为视角,从历史重构、逻辑重构和批判性对话三个方面对马克思思想展开系统研究。作者认为,历史唯物主义视野中的政治经济学批判可以看成是现代性批判的基础存在论,而不是一种还原主义的经济决定论,马克思为现代性批判奠定了历史唯物主义的思想基础,资本全球化带来的危机和困境迫切呼唤对马克思思想的重新阐释,使之焕发出新的批判潜力。

《回溯历史——马克思主义经济学在中国的传播前史》　谈敏著。上海财经大学出版社 2008年 9 月出版。收入分上下两册,全面介绍了 1840 年以后到 1916 年间马克思主义经济学传入中国的起源、沿革和演变过程,其代表人物和代表著述,以及相关的历史背景和时代因素等基本线索和史料面貌,探求了马克思主义经济学在这一时段传入中国的源流、路径、形式和方式、内涵、演变和特征等。

《马克思主义中国化新论》　夏斯云、张云主编。上海人民出版社 2009 年 1 月出版。以党的十七大精神为指导,分专题论述马克思主义中国化的发展历程,中国共产党人对马克思主义中国化的杰出贡献,毛泽东思想和中国特色社会主义理论的形成、发展和完善,"三个代表"重要思想和科学发展观是中国共产党人运用马克思主义基本原理,是马克思主义中国化的最新成果。

《马克思主义经济学的数学原理》　冯金华著。上海人民出版社 2010 年 8 月出版。收入用数学方法演绎了马克思主义政治经济学:在劳动价值论基础上,通过引入生产函数,推导了价值函数;在价值函数基础上,推导了企业的收益函数、成本函数和剩余价值函数;在剩余价值函数基础上,讨论剩余价值最大化的企业行为;根据剩余价值最大化行为推导了企业劳动需求函数和产品供给函数;在劳动需求函数和产品供给函数基础上推导了劳动市场和产品市场理论;把劳动市场理论和产品市场理论结合起来,推导了关于劳动市场和产品市场的一般均衡。

《马克思主义视野下的公平与正义》　上海市社联编。上海人民出版社 2010 年 11 月出版。上海市社会科学界第八届学术年会论文集,收入《马克思的公平观与社会主义市场经济》《论国民收入初次分配中的公平正义》《效率优先原则的理论修正问题研究》《马克思主义的公平理论及其时代价值》等论文,系统分析与阐述了马克思主义公平理论。

二、邓小平理论、"三个代表"重要思想、科学发展观

《邓小平:在历史的天平上》　俞吾金著。上海人民出版社 1994 年 8 月出版。论述邓小平在中国共产党历史的重要关头或重大事件中的所持的正确立场、观点及其杰出贡献,也反映了邓小平作为政治家的人格魅力和智慧,是研究邓小平生平事迹和中国特色社会主义理论的参考书。

"邓小平理论与实践研究丛书"　夏禹龙、桑玉成、周尚文、黎明等著。上海人民出版社 1994 年10 月出版。包括《加速发展、达到共同富裕的捷径——中国地区发展战略与布局》《改革向前推进的一个标志——建立与经济发展相适应的政治体制》《中国的发展离不开世界——时代特征和国际战略》《企业改革主要是搞活国有大中型企业——宝山钢铁(集团)公司的探索》等 10 部有关邓小平理论与实践的研究著作,展示了上海理论界学习、研究邓小平理论的最新成果。

《邓小平思想理论大辞典》　巢峰主编。上海辞书出版社 1994 年 12 月出版。正文分为重点条目和一般条目两部分。重点条目每条有数万字,系统介绍邓小平建设有中国特色社会主义理论及

邓小平的哲学、政治、经济、军事、法律、外交、文艺、科技、教育、党建等各方面的思想。

《邓小平——当代中国马克思主义的创立者》 李君如著。上海人民出版社 1995 年 12 月出版。分邓小平的奉献、邓小平的探索、邓小平选择的突破口、邓小平的理论创造、邓小平处理的难题、邓小平的理想等六个部分，论述邓小平创立建设有中国特色社会主义理论的主要历程和主要经验，阐明邓小平是中国特色社会主义理论这一当代中国马克思主义的创立者。

《邓小平传》 ［英］理查德·伊文思著，武市红等译。上海人民出版社 1996 年 12 月出版。作者与邓小平多次面对面接触，潜心研究邓小平和他的著作多年。书中以平和的眼光看待并展示邓小平波澜壮阔的一生，全方位揭秘许多鲜为人知的史实，带领读者重温 20 世纪中国跌宕起伏的历史。

《图说邓小平理论》 李君如文，史建期、汤智勇、臧亮轩绘。上海人民出版社 2000 年 6 月出版。以《邓小平文选》为蓝本，结合邓小平一生丰富的革命实践和经历，用通俗易懂的语言，系统而精辟地概括了邓小平理论的主要内容。这些内容由几位画家用一幅幅图画表现出来，图文并茂，生动形象。

《科学社会主义理论与实践》 段治文、张继昌主编。上海人民出版社 2001 年 9 月出版。论述马克思列宁主义、毛泽东思想和中国特色社会主义理论是一脉相承的科学理论体系，中国特色社会主义理论体系是当代中国的科学社会主义，它所开创的中国特色社会主义道路为社会主义在当代的新发展创造了美好前景。

《江泽民军队思想政治建设论述研究》 刘定昌、沈国权、毛林根、卜松林主编。上海人民出版社 2001 年出版。围绕把思想政治建设摆在全军各项建设的首位、努力实现新时期军队思想政治建设的历史使命、把坚持党对军队的绝对领导作为思想政治建设的核心、用邓小平理论武装全军是新时期军队思想政治建设的根本等，对江泽民军队思想政治建设论述展开了深入研究。

《邓小平理论发展史》 卫炜、刘客主编。上海人民出版社 2002 年 2 月出版。系统论述邓小平理论从 20 世纪五六十年代萌芽、酝酿到形成，又在七八十年代改革开放的实践中不断丰富、完善和发展，直到九十年代确立在全党的指导地位的全过程。书中还用相当篇幅论述了"三个代表"重要思想是对邓小平理论的继承和发展。

《"三个代表"重要思想概论》 王荣华主编。上海人民出版社 2003 年 5 月出版。分析介绍"三个代表"重要思想形成的时代背景和国际条件，顺应新科技革命和经济全球化浪潮，把握世界多极化和世界多样性的发展趋势，并总结了当代社会主义的经验教训。

《"三个代表"主体的精神文化研究》 奚洁人等著。上海人民出版社 2004 年 1 月出版。论述马克思主义中国化与中国共产党人精神自觉的关系，以及世界发展大趋势对共产党人的精神挑战，共产党人精神世界改造的主要途径、基本方法等。

《邓小平战略思想与 21 世纪的中国战略》 单秀法、王晓辉著。上海人民出版社 2004 年 7 月出版。分邓小平战略思想的特色与科学价值，战争与和平的战略新判断，改革开放的战略总设计，和平方式解决国际争端的战略新探索，处理中美关系的战略新思维，解决台湾问题的战略构想，积极防御的军事战略方针，韬光养晦、有所作为的战略策略等篇章，阐述邓小平战略思想与 21 世纪的中国战略。

《邓小平在上海》 上海市委党史研究室编著。上海人民出版社 2004 年 7 月出版。真实记述邓小平早年在上海投身革命活动和领导解放上海的革命历程；全面反映邓小平在新中国成立后作为党的第一代领导集体重要成员和第二代领导集体核心，对上海社会主义建设和改革开放的高度关注和悉心指导,推动上海社会主义事业的新发展。

《他改变了中国:江泽民传》 〔美〕罗伯特·劳伦斯·库恩著,谈峥、于海江等译,陆谷孙校。上海译文出版社 2005 年 1 月出版。介绍江泽民的人生历程,阐述和评价江泽民担任中国主要领导人 10 多年中创立的历史功绩,并披露了若干重大外交事件始末。在侧重国事活动的同时,也涉及家庭生活、业余爱好、人品风格等方面,多角度、多侧面地展现了传主的风采。

《中国特色社会主义理论发微》 周中之主编。上海人民出版社 2005 年 3 月出版。导论篇主要从历史角度阐述中国特色社会主义理论形成和发展的进程,并介绍了国外马克思主义的社会主义观,其余三篇分别从经济、政治和文化三方面探讨中国特色社会主义理论与实践的热点、难点问题。

《江泽民和他的母校上海交通大学》 上海交通大学编著。上海人民出版社 2006 年 3 月出版。紧扣"同窗情、师生情、母校情",反映江泽民的中华民族优良道德情怀。他"尊师重德",对母校建设和发展寄予了殷切关怀,多次提出"努力把上海交大办成第一流大学""世界一流大学"。书中还收入 50 多幅珍贵的资料照片,有些是第一次公开发表。

《"三个代表"重要思想的哲学基础》 胡振平、黄凯锋著。上海人民出版社 2006 年 10 月出版。以"马克思主义的又一次与时俱进"切入,分别就"三个代表"重要思想的认识论基础、历史唯物主义基础及其新贡献、对马克思主义价值论的继承和发展以及辩证唯物主义方法论基础及其新贡献,进行了深入开掘。

《社会转型中的和谐社会构建》 李琪等主编。上海人民出版社 2007 年 3 月出版。以科学发展观为统领,围绕建设中国特色社会主义这个主题,从理论与实践、历史与现实、国内与国际等方面,研究社会主义经济建设、政治建设、文化建设、社会建设和党的建设面临的一系列重大课题,努力回答干部群众普遍关心的理论和现实问题。

《"三个代表"重要思想和科学发展观研究》 郝铁川著。上海人民出版社 2007 年 4 月出版。论述在中国改革开放与现代化建设的关键时期,新情况新问题层出不穷,国际政治经济形势复杂多变,党和国家工作面临新的考验,迫切要求理论工作者运用马克思主义的立场、观点、方法,研究回答重大理论和现实问题,深化对建设中国特色社会主义规律的认识,推进理论创新。

《江泽民执政党建设思想研究》 杨德山著。上海人民出版社 2007 年 7 月出版。从两个方面说明"建设什么样的党"的问题。纵向以江泽民为核心的党的第三代领导集体针对党的建设面临的不同形势提出的不同问题为线索,展现江泽民执政党建设思想的发展历程。横向以"历史方位"发生变化的判断为基点,明确当今的"执政党"与以往"革命党""执政党"建设相比较的特点。

《科学发展观百科辞典》 奚洁人编。上海辞书出版社 2007 年 10 月出版。从多个角度介绍科学发展观的基本概念,分中国特色社会主义,科学发展观基本内涵,构建社会主义和谐社会,建设社会主义新农村,建设创新型国家,走和平发展道路,加强党的执政能力和先进性建设,党的十六大以来重要会议、文件和三代中央领导集体关于发展的重要思想,马克思主义经典作家关于发展的重要思想,外国关于经济社会发展的思想,中国传统文化关于和谐、发展的思想等,加以阐述。

《社会建设:理论与实践创新》 郑杭生主编。上海人民出版社 2007 年 12 月出版。分"社会建设:理论传统与现实议题""社会建设:社区与非营利组织的经验"和"社会建设:社会工作的机遇与挑战"三篇,论述制度变迁必然引起意识形态的分化重构,而无论分化重构到何种程度,意识形态都一定要发挥社会整合的作用。

《建设社会主义核心价值体系》 黄凯锋、唐志龙著。上海人民出版社 2007 年 12 月出版。围绕贯彻落实科学发展观是一项伟大的社会工程,着重研究贯彻落实科学发展观的实践过程和实践过程的不同环节和领域,论证科学发展观对于这些环节和领域提出的具体要求,分析在这些环节和领域中贯彻落实科学发展观的实践遇到的问题和矛盾,并提出许多有益的政策建议。

《中国特色社会主义理论新进展》 赵存生著。上海人民出版社 2007 年 12 月出版。围绕科学发展和社会和谐展开,包括从马克思主义理论及中国化的角度对科学发展、社会和谐的理论来源进行分析,对科学发展观、社会和谐及与之密切相关的其他一些新的战略思想的研究等。

《科学发展语境下的领导实践与理论》 陈熙春、郭庆松、金荣根主编。上海人民出版社 2008 年 1 月出版。论述中国特色社会主义就是坚持把马克思主义的普遍真理与中国社会主义建设实际相结合。马克思主义普遍真理,就是科学社会主义的基本原则,马克思主义的中国化,符合中国社会主义建设实际,具有鲜明的时代特征和中国特色。

《在构建和谐社会中国家的角色和作用》 夏禹龙等著。上海人民出版社 2008 年 1 月出版。依据马克思主义的国家学说,论述国家在构建社会主义和谐社会中的角色和作用,提出国家作用一是妥善处理各类社会矛盾,二是正确对待效率和公平的关系,三是加强对文化的引领和整合。

《中国特色社会主义理论体系探源——从邓小平理论到科学发展观》 袁秉达著。上海人民出版社 2008 年 6 月出版。围绕中国特色社会主义主题,系统地阐述中国共产党推进马克思主义中国化的理论创新与中国特色社会主义实践发展的伟大历史进程及其基本经验。

《中国特色社会主义理论探微》 周鸿刚、李进主编。上海人民出版社 2008 年 7 月出版。主要论述中国特色社会主义理论体系是马克思主义中国化最新成果,是全国各族人民为夺取全面建成小康社会新胜利的共同思想基础。十七大报告提出了一系列重大战略思想,进一步回答了新形势下建设中国特色社会主义的一系列重大问题,进一步丰富和发展了中国特色社会主义理论体系。

《中国能源问题研究》 江泽民著。上海交通大学出版社 2008 年 10 月出版。收入作者关于能源问题的两篇学术论文和一篇首次公开发表的讲话,分析世界能源基本状况和发展趋势,探讨中国能源发展面临的机遇和挑战,提出走中国特色新型能源发展道路的战略思路和相应的能源政策设想。

《社会转型中的和谐社会构建》 陈新汉主编。上海人民出版社 2008 年 11 月出版。分东西方社会核心价值体系研究的启示、国际共产主义运动中的核心价值体系思考、中国共产党探索社会主义核心价值体系的历程、社会转型与社会主义核心价值体系、社会主义核心价值体系与社会共识等,对社会转型中的和谐社会构建进行了阐述。

《论中国信息技术产业发展》 江泽民著。中央文献研究室和上海交通大学合作编辑,中央文献出版社和上海交通大学出版社 2009 年 4 月联合出版。收入作者 1983 年至 2008 年间关于信息技术产业和信息化问题的重要论文、报告、讲话、文章 27 篇,附录 2 篇,17 万余字,其中许多文稿是首次公开发表。

《中国特色社会主义道路探究》 袁秉达等著。上海人民出版社 2009 年 9 月出版。从经济、政治、文化、和谐社会、生态文明、和平发展等诸角度,系统阐述了中国特色社会主义道路从初步探索、道路开辟到不断发展与深化的历史轨迹,系统地阐述中国共产党推进马克思主义中国化的理论创新与中国特色社会主义实践发展的伟大历史进程及其基本经验。

《日出江花——青年江泽民在上海》 《日出江花——青年江泽民在上海》编委会编写。上海人民出版社 2010 年 4 月出版。由 4 个分册组成,真实记录了江泽民青年时代在上海的创业实践、成长轨迹、精神风貌和品格修养,展现了青年时代江泽民的事业追求和胸怀才智、务实作风和远见卓识。作者采访与青年时代江泽民一起工作过的近百名老同事、当事人,查阅大量档案、史料,征集并拍摄了 200 余幅图片,披露了相当数量的珍贵图片和文档,材料翔实,生动可读。

《社会主义民主价值论——中国特色社会主义政治发展的价值逻辑》 赵建平著。上海人民出版社 2010 年 9 月出版。将中国特色社会主义政治建设研究的重心落在民主价值研究上,阐释社会主义民主价值的状况、动因与路径,并对社会主义民主价值的本质、内涵、基本特征、基本维度、实现途径等作了论述。

第二节 社 会 科 学

本节共著录图书 142 种,其中社会科学总论 28 种,哲学宗教 45 种,政治法律 17 种,经济 52 种。

一、社会科学总论

《科学发现纵横谈》 王梓坤著。上海人民出版社 1978 年 5 月出版。以清新独特的风格,简洁流畅的笔调,纵谈古今中外科学发现的一般规律和过程,横谈成功者所具备的品质——德、识、才、学,情理交融,不少章节堪称优美动人的散文,使人陶醉于美的享受之中。有的篇章后来被选入中学语文课本。

"现代化知识文库" 倪海曙主编。知识出版社(沪)1982 年 7 月陆续出版。用通俗的文字全面介绍自然科学到社会科学各个部门的最新成就,特别是边缘性、交叉性学科的新进展以及它的难题和解决方向。有些内容在国内还是第一次作系统介绍,引导读者探索科学文化新境界。

《上海交通大学管理改革初探》 上海交通大学党委办公室编。上海交通大学出版社 1983 年 12 月出版。介绍上海交通大学在党的十一届三中全会路线、方针指引下,面对新时期、新任务,大胆进行一系列管理改革的实践探索。

"多学科学术讲座丛书" 朱光潜、黄药眠、常任侠等著。知识出版社(沪)1984 年 4 月陆续出版。丛书汇编中国民主同盟 1983 年举办的"多学科学术讲座"演讲稿内容,其中有朱光潜、黄药眠、常任侠的《美学和中国美术史》,商承祚、陆宗达的《中国文字学和训诂学》,徐铸成的《新闻艺术》,费孝通的《社会调查自白》,谈家桢的《生物工程》等。

"当代学术思潮译丛" 〔美〕普里戈金等著,沈小峰等译。上海译文出版社 1987 年 10 月出版。译丛前后共出版 50 余种,分别是《丛混沌到有序》《系统、结构和经验》《第三思潮:马斯洛心理学》《熵:一种新的世界观》《结构主义和符号学》《比较政治学:体系、过程和政策》《现代政治分析》《当代史学主要趋势》《供应学派革命:华盛顿决策内幕》《大众传播模式论》《新史学》《心我论:对自我和灵魂的奇思冥想》《禅与西方思想》《理想预期:八十年代的宏观经济学》《突变论:思想和应用》《未来启示录——苏美思想家谈未来》《决策过程》《经济管理改革——问题与探索》《哲学人类学》《市场非均衡经济学》《变动社会的政治秩序》《混沌:开创新科学》《超循环论》《人际传播——社会交换论》《计量史学方法导论》《后哲学文化》《X 效率:理论、论据和应用》《哲学的改造》《协同学》《现代化:理论与历史经验的再探讨》《混沌经济学》《比较现代化》《新现象学》《开放经济中的非均衡宏观经济学》《审美经验与文学解释学》《后现代主义与社会科学》《再看西方》《政治的正义性——法和国家的批判哲学之基础》《社会的麦当劳化——对变化中的当代社会生活特征的研究》《信息空间——组织、机构和文化中的学习框架》《人工智能哲学》《二十世纪的社会理论》《重构美学》《荣格崇拜——一种有超非凡魅力的运动的起源》《后形而上的希望——新实用主义、政治和法律哲学》等。

"东方学术丛书"　陈伯海等著。知识出版社(沪)1988年10月起陆续出版。包括陈伯海《唐诗学引论》《近四百年中国文学思潮史》,王昆吾《唐代酒令艺术》《中国早期艺术与宗教》,成中英《论中西哲学精神》,王春瑜《明清史散论》,李劼《历史文化的全息图像:论红楼梦》,何晓明《百年忧患——知识分子命运与中国现代化进程》,赵林《告别洪荒——人类文明的演进》,张振犁、陈江风《东方文明的曙光——中原神话论》,高瑞泉《中国现代精神传统》等。

《近代上海城市研究(1840—1949年)》　张仲礼主编。上海人民出版社1990年12月出版。比较全面、翔实地讨论了上海城市在整个近代背景下的经济、政治、社会、文化等各个方面状态,较好地把握了微观与宏观、局部与整体的关系,对研究上海城市、近代历史具有一定参考价值。

《和风堂文集》　柳存仁著。上海古籍出版社1991年10月出版。作者多年研究成果的荟萃,内容涉及文学、历史、哲学、宗教、科技、教育、版本目录等众多的学科,其中以对道教和中国古典小说的研究用功最勤。有些研究或者填补了学术界的空白,或者在国内少有人涉及。书中引用了许多国外汉学研究的成果,从某一侧面具体地反映了国外汉学研究的面貌。

"学者书库·史丛"　张仲礼、杜恂诚、费成康、廖士祥、高振农等著。上海社会科学院出版社1991年起出版。包括《中国绅士——关于其在19世纪中国社会中作用的研究》《民族资本主义与旧中国政府》《上海总商会史1902—1929》《中国租界史》《孟子思想评析与探源》《佛教文化与近代中国》《商品经济与社会主义》《经济学方法论》《财力经济学》《经济增长与汇率变动:百年美元汇率史》等16种。

《思辨随笔》　王元化著。上海文艺出版社1994年10月出版。收入作者1940年至1993年前后53年间的短文229篇,达25万言。"哲学是思辨的科学,真理愈辩愈明",在这跨越半个世纪的纪录中,可见出作者所经历的思想变迁和世事沧桑。

《第五项修炼——学习型组织的艺术和实务》　〔美〕彼得·圣吉著,郭进隆译,杨硕英审校。上海三联书店1994年10月出版。提出"学习型组织"的理论,认为企业持续发展的源泉是提高整体竞争优势和整体竞争能力。未来真正出色的企业是使全体员工全心投入并善于学习。通过营造学习型组织的工作氛围和企业文化,引领不断学习、不断进步、不断调整的新观念,从而使组织更具有长盛不衰的生命力。

《韬奋全集》　邹韬奋著。上海人民出版社1995年10月出版。全集共14卷,前10卷为著作卷,后4卷是译作卷。第一卷卷首收入韬奋逝世后的中共中央唁电,毛泽东、周恩来、朱德等的题词,周恩来致韬奋夫人沈粹缜的慰问信等。各卷还分别收入韬奋先生的部分手迹和生平照片。最后一卷附录胡愈之、范长江、胡绳等为过去出版的有关韬奋文录所著的序文以及韬奋年表等。

《释中国》　名誉主编王元化,胡晓明、傅杰主编。上海文艺出版社1998年3月出版。全书分4卷,选取五四前后许多知名文人学者的论文,或宏观论述,或小处着手,深入揭示中国历史文化中的某一个问题,均较前人的研究成果有所推进,展示了特定历史时期中国历史文化的研究成果。

《学习的革命》　〔美〕珍妮特·沃斯、〔新西兰〕戈登·德莱顿著,顾瑞荣、陈标、许静译,刘海明校译。上海三联书店1998年12月出版。以"通向21世纪的个人护照"为副标题,是一本有关学习方法的读物。书中提出要改变以往的学习理念,强调应该学会"怎样学",从而在最短时间获得最大效益和最佳结果。

《赵超构文集》　赵超构著。文汇出版社1999年8月出版。按时间顺序编选,收入作者1934年至1992年间在《朝报》《新民报》《新民晚报》等报刊上的各类时评、政论、杂文、随笔、长篇通讯等,反映作者青年、中年、晚年各个历史时期的思想、观点、感情、性格,为中国现代新闻史研究提供了重要史料。

《章士钊全集》 章士钊著,章含之编。文汇出版社 2000 年 2 月出版。收入作者 1903 年至 1973 年间撰写的专著、论文、通讯、时评、诗词、小说、译文、书信、电文、启事、题词等,包括与人联合署名发表或确知为人代拟之电文、函札、宣告等,所收篇目按写作时间先后编排,一律采用繁体字,基本囊括了作者一生的著述。

《社区发展论》 徐永祥著。华东理工大学出版社 2000 年 12 月出版。从中西历史比较的角度,叙述"社区发展"这一课题地域社会学研究和社会工作实践的重要意义,分析了社区的基本类型以及中国计划经济体制下的"亚社区"及其向现代社区转型的历史必然性。

"名家专题精讲系列" 朱维铮、李欧梵、葛兆光、谢稚柳、陆谷孙、裘锡圭、钱谷融、王德威、陈思和、陈平原、王汎森、傅熹年、胡道静、王运熙等著。复旦大学出版社 2002 年 10 月陆续出版。包括《中国大学十讲》《中国经学史十讲》《中国现代文学与现代性十讲》《中国当代文学关键词十讲》《域外中国学十论》《现在中国小说十讲》《中国古代书画研究十论》《当代文艺问题十讲》《中国古代典籍十讲》《中国建筑十论》《中国出土古文献十讲》《中国文论要义十讲》《晚明清初思想十论》等 30 种,以各家长期致力专攻的一个专题为中心,精选其最具研究心得的 10 篇相关力作,汇为一书。

《欧洲涅槃:过渡时期欧洲的发展概念》 朱孝远著。学林出版社 2002 年 12 月出版。对过渡时期的欧洲进行全面审视,提出世上只有旧结构自我崩溃但新结构尚未成熟时才会出现过渡期;当制度空白带来普遍的社会紊乱时,人们就看到了建立新的秩序的必要和政治革命的曙光。

《上海人民难忘——抗击非典的日日夜夜》 宋超主编。上海人民出版社 2003 年 8 月出版。记述 2003 年春天,面对突如其来的"非典",上海在党中央、国务院和市委、市政府领导下,各行各业守望相助,有力有序有效地推进各项防治措施,筑起一道道铜墙铁壁,抗击"非典"日子里涌现出的许多可歌可泣的感人故事。

《马达自述:办报生涯 60 年》 马达著。文汇出版社 2004 年 11 月出版。作者六十年办报生涯自述。在六十年办报生涯中,作者参加和领导过九张报纸的工作,并分别担任《人民报》《劳动报》《解放日报》《文汇报》等五家报纸的总编辑,积累了丰富的办报经验和理论思考。分"往事历历""理论探索""岁月留痕"三个部分,收入 70 多篇文章。

"中国社会科学院学术委员文库" 中国社会科学院学术委员会编。上海辞书出版社 2005 年 5 月出版。文库收集学术委员们数十年最优秀、最有代表性的学术论文、研究报告等,大部分发表在院内外各种学术刊物及报刊上,少部分为参加国际学术研究会的论文,共 41 种,记录下了 41 位学术委员的科研足迹。

《二十世纪中国社会科学》 上海市社联编。上海人民出版社 2005 年 9 月出版。分马克思主义、政治学、社会学、应用经济学、哲学、法学、历史学、新闻学、教育学、文学、理论经济学、语言文字学、宗教学等 13 卷,记叙中国社会科学百年形成与演进轨迹,展示中国社会科学世纪风云及主要成就。

《红色之源:上海革命历史遗址遗迹图文集》 上海市委党史研究室编。东方出版中心 2007 年 7 月出版。收入 38 处上海革命历史遗址、遗迹及相关图文资料,通过对这些革命历史遗址遗迹图文并茂的介绍,勾勒了一幅从 1921 年中国共产党在上海诞生至 1949 年上海解放的宏伟画卷,凸显上海成为中国革命红色之源的深厚历史渊源。

《崩溃:社会如何选择成败兴亡》 〔美〕贾雷德·戴蒙德著,江滢、叶臻译。上海译文出版社 2008 年 4 月出版。以发生在索马里和卢旺达等地的悲剧警醒人们,即便拥有现代科学和管理技术,一旦决策错误,也很可能堕入灾难性的后果之中。作者通过对失败的比较案例研究,试图为当今的人类社会提供一条生存与发展之道。

"中国改革 30 年研究丛书"　胡汝银、张军、蔡昉、姚洋、周黎安等著。格致出版社、上海人民出版社 2008 年 11 月出版。丛书涉及经济增长与结构变迁、制度创新与经济改革、公共部门与政府体制、农业改革与农村经济、金融创新与资本市场、对外开放与世界经济、市场体系与经济发展、企业改革与产业调整等 15 个重大课题,全国反映中国改革开放的伟大历程。全国数十位经济学家参与丛书著述。

《大写的人——城市魂英雄谱》　本书编委会编。上海锦绣文章出版社 2009 年 8 月出版。以"城市魂英雄谱——纪念上海解放 60 周年"大型主题展展览内容为主干,通过散文、诗歌、书法、绘画等艺术手法,热情讴歌为上海 60 年变迁作出重要贡献的杰出人物、英雄群体。这些引领城市精神的"大写的人",是上海这座城市的骄傲。

"辉煌 60 年·社会发展与学术成长丛书"　吕贵、袁秉达、周鹤龄、杨扬等主编。上海人民出版社 2009 年 9 月出版。共 15 卷,内容涉及马克思主义中国化、宗教、教育、对外关系、哲学、党建、管理学、人口学、政治学、国防与军事科学、新闻传播、法学、文学、社会学、经济学、历史学等。

二、哲学、宗教

《中国佛教》　中国佛教协会编。知识出版社(沪)1980 年 4 月至 1989 年 5 月出版。分 4 辑,第一辑介绍中国佛教史略、中外佛教关系史略、中国佛教宗派源流。第二辑介绍中国佛教人物、中国佛教仪轨制度。第三辑介绍中国佛教经籍。第四辑介绍佛教经籍(续)及中国佛教教理,对中国佛教重要的教理教义进行了阐释论述。

《中国哲学史稿》　孙叔平著。上海人民出版社 1980 年 8 月出版。运用马克思主义哲学史观,并结合中华文明发展历史及哲学思想特色,对中国有文字记载以来的各种哲学著述和观点进行全面的梳理和阐述,以辩证唯物主义和历史唯物主义的观点和作者自己的独到理解,揭示了人类思维发展的规律。

《美学散步》　宗白华著。上海人民出版社 1981 年 6 月出版。浓缩作者一生最精要的美学思想,用抒情的笔触引导读者领会和欣赏中外古今那些伟大艺术家的美学思想和美学作品,对"诗中有画,画中有诗"这一中国古典美学命题和追求进行了新的阐释。

《塑造美的心灵:李燕杰报告集》　上海人民出版社编。上海人民出版社 1982 年 5 月出版。根据李燕杰历次演讲报告整理,内容包括人生与理想、青春与事业、爱情与婚姻、创造与革新、演讲与美学、哲理与思辨。

《中国古代哲学的逻辑发展》　冯契著。上海人民出版社 1983 年 10 月出版。运用马克思主义的辩证方法,梳理了中国古代哲学从先秦到清末鸦片战争之前的逻辑发展轨迹,对中国古代哲学的历史特点作了深入剖析。重在揭示历代哲学思想的逻辑演变,并描述了中国古代哲学中知识与智慧、理论与方法、观念与德性之间的转化。

《人类的智能》　潘菽主编。上海科学技术出版社 1985 年 1 月出版。关于人类心理图说的大型科学画册,围绕什么是人类的智能,它的由来、演化、现状以及怎样卫护它、发展它等话题,进行了深入浅出的阐述。

"二十世纪西方哲学译丛"　〔德〕恩斯特·卡西尔等著,甘阳等译。上海译文出版社 1985 年

12月出版。译丛共55种,分别是:《人论》《猜想与反驳——科学知识的增长》《弗洛伊德后期著作选》《现象学的概念》《爱欲与文明——对弗洛伊德思想的哲学探讨》《科学研究纲领方法论》《从逻辑的观点看》《欧洲科学危机和超验象学》《存在主义是一种人道主义》《证明与反驳》《心的概念》《命名与必然性》《单向度的人——发达工业社会意识形态研究》《科学的唯物主义》《我们关于外间世界的知识——哲学上科学方法应用的一个领域》《自由社会中的科学》《理由与求知》《科学与怀疑论》《进步及其问题——科学增长理论刍议》《非理性的人》《存在主义哲学研究》《哲学与解释学》《结构人类学》《心灵、自我与社会》《理性、真理与历史》《林中路》《时代的精神状况》《生活的意义与价值》《逻辑研究(第一卷)》《逻辑研究(第二卷第一部分)》《逻辑研究(第二卷第二部分)》《真理与方法——哲学诠释学的基本特征(上卷)》《真理与方法——哲学诠释学的基本特征(下卷)》《世界的逻辑构造》《结构人类写(第二卷)》《客观知识——一个进化论的研究》《二十世纪哲学》《心、脑与科学》《反对方法——无政府主义知识论纲要》《生存哲学》《现象学的方法》《论文字学》《人的问题》《心灵、语言和社会——实在世界中的哲学》《科学的形象》《生活世界现象学》《政治中的理性主义》《历史与真理》《活的隐喻》《人文科学的逻辑》《理与人》《分析哲学的起源》《语言、真理与逻辑》《叙述与认识》《后形而上学现代性》。

《禅宗与中国文化》 葛兆光著。上海人民出版社1986年6月出版。从中国文化史角度叙述禅宗在中国的产生和传说以及兴起和盛衰演变的过程,研究禅宗亦僧亦俗的性质以及与中国士大夫的人生哲学与审美情趣、与中国士大夫艺术思维的关系等文化现象。

《关于思维科学》 钱学森主编。上海人民出版社1986年7月出版。首先提出"思维科学"的概念,探讨在现代科学技术的体系结构中,有无思维科学这样一个平行于自然科学、社会科学大部门的新领域;进而分析并推断思维科学的具体构筑及内部组成等问题,以期引起学术界的重视和讨论。

《尼采:在世纪的转折点上》 周国平著。上海人民出版社1986年7月出版。叙述尼采的生平、哲学观点、对现代西方思想发展的作用和影响及其现实意义,提出一些与学界过去习惯说法不同的见解,对尼采作出新的评价。

《名誉:人的第二生命》 张之著。上海人民出版社1987年2月出版。"青年之友丛书"之一,分为九部分,以青年喜闻乐见的形式讲述做人的基本道理,教导青年争取荣誉,珍惜名誉。

《道藏》 上海书店编。上海书店1988年3月出版。为明代《正统道藏》《万历续道藏》合集影印本,收入各类道书1 476种,5 485卷,编为16开36册。现代学者可利用其所收各种教外古籍,作为校勘、辑佚古籍和研究古代学术的资料。

《中华的智慧——中国古代哲学思想精粹》 张岱年主编。上海人民出版社1989年12月出版。阐述孔子、老子等中国古代35位著名思想家的哲学理论,围绕中华的智慧,通俗易懂地介绍各个哲学家思想最精华、最重要的命题,既述又作,为读者深入研究中国哲学史提供向导。

《中国道教史》 任继愈主编。上海人民出版社1990年6月出版。介绍中国道教的产生、传播、发展、衰落过程,对汉魏晋南北朝时期的道教、隋唐道教、宋元道教、明清时期的道教、明清民间宗教与道教作全面、系统分析和阐述,并对各个时期留存的几千卷道教典籍的内容、时代、作者,提出自己的看法。

《中国道教》 卿希泰主编。知识出版社(沪)1994年1月出版。分4卷,第一卷主要介绍道教史略、宗派源流和道教人物;第二卷主要介绍道教经籍书文和教义规诫;第三卷主要介绍神仙谱系和科仪方术;第四卷主要介绍道教文化艺术以及仙境宫观。附有"中国道教大事年表""国际道教研究概况"等。

《道德理想国的覆灭——从卢梭到罗伯斯庇尔》　朱学勤著。上海三联书店1994年9月出版。论述从卢梭到罗伯斯庇尔的哲学演变,反思法国大革命的思想基础——道德理想国。卢梭继承中世纪救赎传统,与坚持世俗理性的启蒙运动发生根本性的分歧。用罗伯斯庇尔的话说,那一场革命不仅仅是一场国内战争,也是一场国际战争,更是一场宗教战争。

《反美学——在阐释中理解当代审美文化》　潘知常著。学林出版社1995年12月出版。通过对经典美学的审美趣味同当代中国大众审美趣味差异的对比,从现状研究、文本考察、条件辨析、本质反诘、根源探询、本体阐释六个层面,对当代审美文化作了深刻而独到的解读与审视,并特别指出了这种"反美学"文化特征在工业社会中正面与负面的影响。

《法哲学经纬》　倪正茂著。上海社会科学院出版社1996年6月出版。分经篇和纬篇。经篇论述自古至今中西法哲学家的思想,分析各家各派法哲学观的渊源和流变,梳理整个中西法哲学思潮发展的来龙去脉。纬篇从法哲学定义与特征、对象与范围、地位与作用到法哲学研究的重大课题,初步构建起法哲学学术体系。

《海德格尔选集》　〔德〕海德格尔著,孙周兴选编。上海三联书店1996年12月出版。分上下册,收入海德格尔的42篇文章,所选篇目多为海氏生前发表的,如《存在与时间》的导论(1927)、《尼采的话"上帝死了"》(1943)等,这些文字是进入海氏思想之门的基本读物。

《中国儒学》　庞朴主编。东方出版中心1997年1月出版。共4卷对儒学这一中国历史上影响最大的思想流派作较全面、系统的介绍,收入中国儒学发展史上200多位代表人物的生平、思想、著作及其学术贡献;介绍重要的学派和书院40多个,列述各自的学术特色(或办学宗旨)、主要人物的活动及其兴衰概况以及先秦至现代儒学的重要典籍、典故等。

《二千年前的哲言》　上海古籍出版社编著。上海古籍出版社1997年8月出版。辑选先秦哲人语录561则,编为修养篇、行为篇、思维篇三部分,又按内容主题各分成若干专章,每章按内容的内在联系,分若干层次。除在章前作简要题解外,并在每一层次后殿以提纲挈领的小结,题解、小结与卷首绪论构成全书纲领作为导读。

《中国思想史》　葛兆光著。复旦大学出版社1998年4月至2001年12月出版。共3卷,以个人的观察角度与理解视野,对中国知识、思想与信仰的历史进行历史的研究与描述,不仅关心古代中国精英与经典思想的发展,而且分析这些思想得以形成与确立的知识来源和终极依据,也描述产生这些思想的土壤的一般知识、思想与信仰的历史,以及中国思想世界的最终确立和逐渐瓦解的过程。

《西方美学通史》　蒋孔阳、朱立元主编,曹俊峰、陆扬等著。上海文艺出版社1999年11月出版。共7卷,叙述自古希腊至20世纪90年代末西方美学的发展历史,第一卷为古希腊罗马时期的美学;第二卷为中世纪和文艺复兴时期的美学;第三卷为17、18世纪的美学;第四卷为德国古典美学;第五卷为19世纪的美学;第六卷、第七卷为20世纪的美学。

《朱子哲学研究》　陈来著。华东师范大学出版社2000年9月出版。对朱子的理气论、心性论、格物致知论的主要内容进行综合考察和全面分析,认为朱子哲学的形成是个复杂演变的动态体系,需要辩证地分析朱子在不同时期所持的不同观点,通过考辨和义理分析,把握朱子思想在不同时期的发展脉络。

"当代心理科学名著译丛"　〔美〕班杜拉等著。华东师范大学出版社2000年出版。共36种,涉及基础心理、实验心理、教育与学习心理、发展心理、智力心理、认知心理、工业心理、管理心理及消费心理,涵盖心理学主要分支领域。

《拯救与逍遥(修订本)》 刘小枫著。上海三联书店 2001 年 7 月出版。论述人类精神冲突的价值问题以及人类精神的终极关怀之可能。通过与东西方精神史上的哲人、诗人的个体相遇和对话,从中国人的立场,讨论承担人类精神的终极关怀的不同的价值和道路之可能。

《词与物——人文科学的考古学》 〔法〕米歇尔·福柯著,莫伟民译。上海三联书店 2001 年 12 月出版。米歇尔·福柯的代表作,作者对文艺复兴以来直至 20 世纪的整个西方文化和知识史作了细致入微、富有创见和深度的梳理和剖析,批判了笛卡尔、康德以来 200 多年西方哲学传统的先验意识哲学和主体主义。

《基督教导论》 〔德〕约瑟夫·拉辛格著,静也译,雷立柏校。上海三联书店 2002 年 6 月出版。围绕"三位一体"的天主信仰来对宗徒信经加以现代精神的系统诠释,引言论述当代世界的信仰处境及教会信仰形式的历史发展,后面三大部分则分别论述基于宗徒信经之理解的"天主"观、"耶稣基督"论以及圣神(圣灵)与教会。

《朱子全书》 (宋)朱熹撰,朱杰人、严佐之、刘永翔主编。上海古籍出版社 2002 年 12 月出版。共 27 册,收入朱熹全部著述文字及已失传朱熹文字的辑录,并附有历代文献家对各种版本朱熹著作的著录、序跋、考订等。采用所存的最好版本为底本,对原书精心校勘整理,并在此基础上进行了新式标点,是一部最完备的朱熹全书。

《中国理学》 潘富恩、徐洪兴主编。东方出版中心 2002 年 6 月出版。共 4 卷,系统全面阐述中国理学千年以来的发展轨迹,并按中国理学的发展历程,对有影响、有代表性的历史人物、学术流派作了客观而平实的介绍,介绍了宋至清初有代表性的理学著述及理学概念、术语、命题、事件典故、书院讲堂。

《中国文化的展望》 殷海光著。上海三联书店 2002 年 12 月出版。采用西方社会科学(特别是文化人类学)的一些概念及逻辑分析的方法,讨论近代百年中国历史文化的变迁。作者视野开阔,在分析中国文化时总是把"中国"作为世界体系中的一部分对待,认为人类社会存在着最低限度的普世标准,是不同文化的共同底线。

《道德哲学史讲义》 〔美〕罗尔斯著,张国清译。上海三联书店 2003 年 4 月出版。根据约翰·罗尔斯在哈佛大学开设"现代政治哲学"课程的相关讲义、录音和笔记整理而成,内容包括关于霍布斯、洛克、休谟、卢梭、密尔、西季维克、巴特勒和马克思政治哲学的讲座,以及罗尔斯关于"政治哲学之功能与特征"的导论等。

《太极哲学》 杨成寅著。学林出版社 2003 年 12 月出版。研究"太极哲学"的学术专著,从范畴体系、命题体系和有关中国传统哲学史料诸方面,比较深入地论述了"太极"观念的基本内涵,特别是太极和谐辩证法。

《近代来粤传教士评传》 雷雨田主编。百家出版社 2004 年 5 月出版。介绍 16 位来粤传教士的生平与活动,并收集了百余位其他传教士的小传和散记,提供了来粤传教士的总体概貌,客观反映了西方传教士来中国进行的传教活动。

《宗教思想史》 〔美〕米尔恰·伊利亚德著,晏可佳译。上海社会科学院出版社 2004 年 6 月出版。全方位展示人类历史上各种纷繁复杂的宗教现象,特别注重那些对人类发展产生重要作用的宗教思想的创新,强调任何宗教思想的创新都不是凭空而起的,都是以一定的传统宗教思想为基础的。

《路德文集》 《路德文集》中文版编辑委员会编。上海三联书店 2005 年 3 月出版第一、第二卷。《路德文集》中文版计划出版 15 卷,分别为改革运动文献、信仰与社会、圣经讲章、神学与其他文选等五个主题,基本上收齐了路德的主要著作。

《变态心理学》　〔美〕劳伦·B.阿洛伊、约翰·H.雷斯金德、玛格丽特·J.玛诺斯著,汤震宇等译。上海社会科学院出版社 2005 年 7 月出版。变态心理研究领域的经典著作,分变态心理学介绍、理论观点、情绪障碍和行为障碍、精神和神经心理障碍、发育障碍、变态心理学中的法律和道德问题等六个部分,介绍变态心理疾病的症状、理论和治疗方法。

《心理咨询导论》　〔英〕约翰·麦克里奥德著,潘洁译。上海社会科学院出版社 2006 年 1 月出版。以清晰易懂的笔触介绍了心理咨询中所有的核心理论。作者将每一种心理咨询理论都放置在特定的社会历史背景之下,同时还介绍了许多当代咨询理论,其中包括叙事疗法、系统疗法、女权主义与多元文化咨询。

《中国学术思潮史》　尹继佐、周山主编,方松华、夏金华等著。上海社会科学院出版社 2006 年 5 月出版。分 8 卷,通过对各历史时期发生的主流学术思潮,即子学思潮、经学思潮、玄学思潮、佛学思潮、道学思潮、心学思潮、朴学思潮、现代多元学术思潮的深入研究,总结和把握学术思想的发展规律,探索弘扬中国传统文化的必要性和紧迫性。

《当代国际心理科学进展》　荆其诚主编,张厚粲、陈烜之、张侃编,张侃等译。华东师范大学出版社 2006 年 7 月出版。收入诺贝尔奖获得者卡尼曼(Kahneman,D)等世界各地心理学家的 58 篇特邀报告,内容涉及神经心理学、认知心理学、发展与教育心理学、健康心理学、社会文化心理学、组织心理学,反映了当时世界心理学前沿领域的发展概况。

"十力丛书"　熊十力著。上海书店出版社 2007 年 8 月至 2009 年 7 月出版。分 14 册,收入现代新儒学开创者熊十力的学术作品,包括以《新唯识论》《体用论》为代表的哲学思想著作,《读经示要》《韩非子评论》等用现代方式阐发传统学问的著作和熊十力书信、札记、谈话等的结集。

《对人的哲学理解》　袁贵仁主编。东方出版中心 2008 年 5 月出版。以马克思主义立场和方法,归纳分析中外哲学史上不同阵营、不同学派关于人的理论,深入阐述了马克思主义的人学体系和观点。

《中国心理学思想史》　汪凤炎著。上海教育出版社 2008 年 12 月出版。研究中国数千年心理学思想的学术著作,分中国古代心理学思想史和中国近现代心理学思想史两篇,着重阐述了中国传统文化中的心理学思想史。

《中外心理学比较思想史》　车文博总主编。上海教育出版社 2009 年 8 月出版。共 3 卷,从思想史角度和高度,比较研究中外心理学思想的发展,试图揭示中外哲学心理学发展的共同规律和特殊规律,以及它们的重要贡献和对后世的深远影响。

《哈耶克法律哲学》　邓正来著。复旦大学出版社 2009 年 8 月出版。以新的视角探讨哈耶克法律哲学研究中的诸多难题。为使读者更好地把握哈耶克的法律理论,作者还翻译了霍布金斯大学政治学教授迪雅兹所撰写的《哈耶克论法治》,收入附录供读者参阅。

三、政治、法律

《当代国际政治析论》　王逸舟著。上海人民出版社 1995 年 8 月出版。从全球化概念出发,分别论述了主权观念及其制约、民族和民族主义、科技进步与国际关系、地缘政治的观念与现实、意识形态辨识、国际冲突及其解决、霸权和平与"国际规则"、联合国与集体安全、"太平洋时代"等。

《改革政府：企业家精神如何改革着公营部门》 ［美］戴维·奥斯本、特德·盖布勒著，上海市政协编译组、东方编译所编译。上海译文出版社 1996 年 6 月出版。通过实例描述了美国官僚主义的弊端，提出了革命性的观念和措施来改革政府。作者指出，政府不应当成为一个庞大的无效率的机构，完全可以摆脱传统思维，通过挖掘企业家精神和自由市场的力量来实现真正的改革。

《大棋局：美国的首要地位及其地缘战略》 ［美］兹比格纽·布热津斯基著，中国国际问题研究所译。上海人民出版社 1998 年 2 月出版。描绘冷战后的世界格局，强调欧亚大陆依然保持着它地缘政治的重要性，美国持续关注欧亚大陆的地缘政治问题，并寻求在欧亚大陆运用它的影响。欧亚大陆成为了争夺全球首要地位而继续进行斗争的棋盘。

《西方国际政治学：历史与理论》 王逸舟著。上海人民出版社 1998 年 4 月出版。对西方国际关系理论的历史与现状进行全面系统的介绍，是一部西方国际政治理论的发展简史。作者试图从思想史的角度，记叙西方国际政治学 80 年以来的演进过程，包括各阶段的主要特征、成就和问题，对于中国的国际关系学科发展方向具有一定指导性。

《霸权体系与国际冲突：美国在国际武装冲突中的支持行为(1945—1988)》 秦亚青著。上海人民出版社 1999 年 8 月出版。通过对美国在 1945 年至 1988 年期间国际武装冲突支持行为的实证研究，以科学的态度和精神，遵循严格的推理和演绎途径，在国际系统理论的框架下，探究冷战时期美国在国际武装冲突中立场选择的规律，得出许多很有启发性的结论。

《左右未来：美国国会的制度创新和决策行为》 孙哲著。复旦大学出版社 2001 年 3 月出版。全景式展现美国国会政治，从历史到现实、从制度到行为、从宏观到微观进行了条分缕析的新阐释，是对美国国会进行深度研究的一种尝试。

《理解国际冲突：理论与历史》 ［美］小约瑟夫·奈著，张小明译。上海人民出版社 2002 年 8 月出版。作者运用国际政治中传统的现实主义方法，以伯罗奔尼撒战争为引子，用简洁的语言和历史事例来阐述复杂的国际政治现实，尤其是 20 世纪以来的历次重大冲突，对冷战后的相互依存现象进行思考，对新的世界秩序提出构想。

《运送正义的方式》 贺卫方著。上海三联书店 2002 年 12 月出版。法学类论文及评论集，由具体问题入手，阐释法治建设尤其是司法建设的诸多相关问题，比如司法考试、司法智慧、法律职业化、法言法语等。

《大国政治的悲剧》 ［美］米尔斯海默著，王义桅、唐小松译。上海人民出版社 2003 年 4 月出版。作者指出，冷战结束后国际体系中的大国安全竞争和战争隐患并未消亡，在一个没有国际权威统治他国的世界里，大国损人利己，追逐权力，成为支配性国家，在此过程中大国间必然产生冲突，这是国家的悲剧。

《自由主义之前的自由(修订版)》 ［英］昆廷·斯金纳著，李宏图译。上海三联书店 2003 年 10 月出版。作者捍卫和发展思想史研究的内在特性、目的和目标，通过研究 17 世纪英国思想家们对"自由"的论述，阐释了"自由"的含义。这种理解完全不同于伯林所提出的自由的概念，其观点被学术界广为引用。

《帝国的惆怅：中国传统社会的政治与人性》 易中天著。文汇出版社 2005 年 8 月出版。以作者在中央电视台《百家讲坛》汉代风云人物系列讲座为基础，解读中国传统社会的政治与人性之间的冲突，渗透，帝国体制由来去向，改革派的命运沉浮，得失奥妙。

《信用政府的逻辑》 何显明著。学林出版社 2007 年 1 月出版。在对社会信用与政府信用涉及的基本问题进行一般性理论分析的基础上，着眼于社会结构转型和体制转轨的社会历史背景，围绕转型期地方政府行为的外在约束条件与内在动力机制的演变,就地方政府信用危机发生的内在逻辑进行了深入具体的探讨,并就建设信用政府的政治前提及涉及的相关制度建设问题进行初步分析。

《信息改变了美国:驱动国家转型的能量》　[美]阿尔弗雷德·D·钱德勒、詹姆斯·W·科塔达编,万岩、邱艳娟译。上海远东出版社 2008 年 1 月出版。作者揭示北美大陆早在 18 世纪就已踏上"信息高速公路"。到美国建国,北美已有邮政系统和专门用于信件投递的驿路,有保护知识产权的著作权法律,报纸、书籍和招贴(broadsides,一种海报)将信息带给民众,使这个国家有了知情的选民。

《罗伯特议事规则(第 10 版)》　[美]亨利·罗伯特著,袁天鹏、孙涤译。格致出版社 2008 年 4 月出版。罗伯特议事规则 125 年发展创新的结晶,概括如何提出议事事项、如何听取和发表意见、如何提出动议和表决等最新发展的议事规则体系,是一本经典、全面、权威的议事规则工具书。

《上海基层党建的探索与创新》　上海市党建研究会编著。东方出版中心 2008 年 12 月出版。总结改革开放以来上海党建工作的成绩与经验,通过许多实际事例,勾勒出上海各级党组织围绕中心、服务大局,努力探索适应社会主义市场经济发展要求和特大型现代化城市特点的上海基层党建探索之路。

《美国对华情报解密档案(1948—1976)》　沈志华、杨奎松主编。东方出版中心 2009 年 4 月出版。以中央情报局为主的美国情报机构收集的中国情报以及对这些情报进行分析和评估的报告,是国内第一部以美国对华情报为主题的译著。全书 8 卷,按文件主题分为十五编:中国综合状况、中国内战、中国政治、中国经济、中国军事、中国外交、台湾问题、"文化大革命"、中苏关系、国际共产主义运动、中国与第三世界、中国与朝鲜战争、中国与印度支那战争、中国与南亚、美国情报机构,并附有"外国人名译名对照表""专有名词译名对照表"。

《民主的细节》　刘瑜著。上海三联书店 2009 年 6 月出版。作者为《南方人物周刊》等报刊撰写专栏文章的结集,以讲故事的形式,把"美国的民主"这样一个概念性的东西,拆解成点点滴滴的事件、政策和人物加以描述,生动可读。

四、经济

《上海经济(1949—1982)》　上海社会科学院《上海经济》编辑部编。上海人民出版社 1983 年 8 月出版。分上海概况、工业、农业、交通运输、商业、对外经济贸易、城市建设与基本建设、旅游经济等 13 编,收入文章 756 篇,彩色照片 266 幅,介绍 1949 年至 1982 年上海经济发展概况。

《中国经济发展战略问题研究》　刘国光主编。上海人民出版社 1984 年 1 月出版。以马克思列宁主义、毛泽东思想为指导,贯彻理论联系实际的原则,围绕党的十二大提出的战略要求,总结中国 30 多年来经济建设正反两方面的历史经验,并以某些外国的经验为借鉴,对中国经济发展战略问题提出解决方案。

《审计学》　王文彬、黄履申编著。上海社会科学院出版社 1984 年 1 月出版。分审计的意义和任务、审计的种类和方法、审计的程序、内部控制制度的审计、货币资金的审计、固定资产的审计等 15 章,系统介绍审计学的基本内容,叙述由浅入深,理论联系实际,各章还有思考题和习题。

《上海经济区工业概貌》　上海市经济学会主编。学林出版社 1986 年 2 月起出版。分 30 卷,收入上海经济区杭州、嘉兴、湖州、宁波、绍兴、苏州、无锡、常州、南通等城市和上海 10 个市区、10 个郊县基本情况、工业发展概况、行业及乡镇企业概貌、主要产品介绍、统计附表、工厂名录及产品照片等。

《国际竞争论》 陈琦伟著。学林出版社1986年3月出版。系统论述中国对外开放理论和体系的专著,分古典比较利益论、国际价值论和国际竞争论三篇,提出并阐明了当今时代处于国际竞争时代的新观点以及现代比较利益原则等。作者认为,马克思主义经济学的价值分析可以令人信服地说明比较利益存在的客观原因,因而完全可以对古典比较利益理论加以改造和补充。

《社会主义宏观经济分析》 符钢战、史正富、金重仁著。学林出版社1986年12月出版。中国第一部社会主义宏观经济学著作。除导论外,分6篇15章。前3篇对宏观经济活动中总供求的平衡和失衡,从实物形式到价值形式展开了静态分析;第4、第5两篇对宏观经济运动作了动态分析,探讨了国民经济增长、波动和产业结构的变化;第6篇研究了开放经济条件下的宏观经济运行问题。

《进出口贸易实务(增订版)》 吴百福、沈祖楫主编。知识出版社(沪)1987年3月出版。对第一版作全面增订,充实了对外开放形势下新的业务知识,增添了"协定贸易"等章节。主要内容有:商品买卖的交易条件及有关国际惯例;交易磋商、合同签订和合同履行;传统的、新型的贸易方式;合资经营;技术转让;国际劳务合作等。书末附录《中华人民共和国涉外经济合同法》《跟单信用证统一惯例》等。

《竞争与垄断:社会主义微观经济分析》 胡汝银著。上海三联书店1988年6月出版。以马克思的微观经济分析框架为基础,对动态发展中最主要部分——市场竞争与垄断进行深入分析,同时探讨微观行为与宏观行为之间相互作用机制。

《中国东部、中部、西部三带的人口经济和生态环境》 胡焕庸等著。华东师范大学出版社1989年1月出版。"七五"时期讨论中国东部、中部、西部的人口分布与差异情况、自然条件与生态环境、经济发展与其制约因素等问题的论文结集,以便明确未来各个区域的发展方向。

《社会主义经济通货膨胀导论》 史晋川著。上海三联书店1989年11月出版。从通货膨胀的定义、类型到它的发生机制、后果和控制,以及通货膨胀同社会主义经济体制改革的关系等方面进行论述,同时介绍了当时苏联、东欧和中国经济学家的观点。在对社会主义各国通货膨胀实际情况的研究方面,考察了南斯拉夫、匈牙利、波兰、苏联等国,也着重分析了中国通货膨胀的特点。

《中外合资经营企业会计》 石人瑾等主编。立信会计出版社1990年8月出版。系统阐述中外合资经营企业会计的理论和方法,适当介绍合资企业会计人员应该掌握的有关中外合资经营企业的基本知识。

《国际经济法新论》 曹建明、陈治东、周洪钧主编。同济大学出版社1990年12月出版。分3卷,根据国际经济形势和中国改革开放发展的需要介绍国际经济法基本理论、框架,并以与时俱进的科学精神进行补充、修订和完善。

《西方经济学说史》 胡寄窗、胡永刚、朱钟棣编著。立信会计出版社1991年9月出版。从马克思主义立场出发,对19世纪中叶尤其是1870年以来被忽略的西方经济学家和他们的学说进行较多的介绍和分析。先对他们作客观的真实表述,然后实事求是地批判其缺点或指出其可能有的优点,揭示各重要经济理论的演变过程及其相互关系。

《经营管理大系》 徐涤新、刘国光总主编。上海人民出版社1993年3月出版。大系分基础经济知识卷、领导卷、经营卷、管理方法卷、管理组织卷、对外经济关系卷、经济法卷、实例卷,收集了有关企业经营管理的理论知识、技能方法和应用实例。

"市场经济学普及丛书" 段先胜等著。上海人民出版社1993年9月出版。市场经济知识的通俗读物,包括《大众市场经济学》《简明宏观经济学》《现代家庭经济学》《现代企业的结构与管理》《货币浅说》《现代证券,期货市场》《国际贸易:理论·政策·实践》《国际技术转让价格》《外汇·风险·保值》《外国直接投资》《看的见的手——市场经济中的政府职能》《公共选择理论导论》《简明经济统计与计量经济》《生活中的经济学——对美国市场的考察》14 种。

《公有制宏观经济理论大纲》 樊纲主笔。杨仲伟、张燕生、袁刚明著。上海三联书店、上海人民出版社 1994 年 9 月出版。从现实公有制经济的基本关系出发,通过说明宏观经济各主要行为主体的利益目标、行为方式和它们之间的利益矛盾,论证了在改革前后不同经济运行体制下,各种宏观经济变量的决定方式和决定过程,系统分析了各种宏观经济现象和经济问题。

《制度、技术与中国农业发展》 林毅夫著。上海三联书店、上海人民出版社 1994 年 11 月出版。运用现代经济学方法,详尽论述了在社会主义制度下,经济制度和技术的快速变动对农业发展的影响,并深刻分析了这种制度和技术变迁的内在原因。

《现代西方经济学(宏观经济学)》 宋承先著。复旦大学出版社 1994 年 11 月出版。把社会整体的经济运行作为考察对象,有别于以单个经济主体行为为考察对象的微观经济学。分宏观经济基本概念和计量、国民收入决定的静态均衡模型、货币理论与货币政策、后凯恩斯主义宏观经济学、动态经济学、国际经济学 6 篇 22 章。

《公平分配——理论与战略》 钱世明主编。上海社会科学院出版社 1994 年 12 月出版。在对中国收入分配历史和现状作详尽分析的基础上,将规范分析与实证研究相结合,具体阐述中国市场经济条件下的收入分配和国有企业工资改革的途径,率先提出"按劳分配市场"理论,建立了"国有企业两级按劳分配"模型。

《现代经济增长中的结构效应》 周振华著。上海三联书店和上海人民出版社 1995 年 3 月出版。根据中国经济发展情况,揭示经济增长中的结构效应,探讨结构效应得以发挥的实现机制,特别是从产业结构的内部关联、外部联系及发展成长和开放等分析产业结构机理,并考察了其对经济增长的影响。

《集体行动的逻辑》 〔美〕曼瑟尔·奥尔森著,陈郁、郭宇峰、李崇新译。格致出版社、上海三联书店、上海人民出版社 1995 年 4 月出版。表达作者对利益集团理论的理解,是公共选择理论的奠基之作,聚焦传统经济学不予关心的非市场决策问题,可以给经济学、政治学和社会学等领域的各类研究人员有启示。

《新编工业企业管理(新版本)》 穆庆贵、陈文安主编。立信会计出版社 1995 年 4 月出版。分 5 篇 20 章。第一篇管理原则与组织,阐述企业运行的基本原理;第二篇经营战略管理,阐述企业经营战略与导向、跨国经营、经营决策与计划、定价与促销策略;第三篇生产管理与控制,阐述企业生产组织与控制、人力资源管理、物流控制原理与方法等;第四篇科技开发管理,阐述企业科技创新、新产品开发、质量管理与质量认证以及国有资产管理;第五篇财务信息管理,阐述企业财务成本信息管理系统的应用。

《社会主义微观经济均衡论》 潘振民、罗首初编著。上海三联书店、上海人民出版社 1995 年 4 月出版。分 7 章。第一章是导论,包括微观经济分析、公有制和按劳分配、计划和市场、社会主义初级阶段与两种体制、分析主体和分析方法。第二章至第七章,以企业行为为主,以既定的行政体制和双轨体制为前提,对社会主义微观经济运行过程进行了分析与描述。

《当代中国经济改革:战略与实施》 吴敬琏著。上海远东出版社 1999 年 1 月出版。运用比较制度分析的方法,观察 10 多年来中国经济改革和经济发展的过程以及企业、价格、金融、财政、国际经济以及有关的社会政治等方面的制度演进,帮助读者认识中国经济发展的过去和现在,并以此把握未来的走势。

《新中国经济发展史(1949—1998)》 丛树海、张桁主编。上海财经大学出版社 1999 年 10 月出版。分上、中、下三册共六编,分行业对新中国成立至 1998 年经济发展的相关情况进行研究。第一编综述,第二编新中国农业发展史,第三编新中国工业发展史,第四编新中国运输业发展史,第五编新中国商业发展史,第六编新中国外贸发展史。

《中国的奇迹:发展战略与经济改革(增订版)》 林毅夫、蔡昉、李周著。格致出版社、上海三联书店、上海人民出版社 1999 年 11 月出版。以诱发性制度变迁理论为框架来分析中国的发展战略、经济体制、经济改革和经济发展的关系。作者目睹中国经济改革与发展一系列重要进展,对初版涉及一些理论和政策问题作了更加深入的阐述。

《博弈论》 施锡铨著。上海财经大学出版社 2000 年 2 月出版。全面介绍博弈论的相关知识,分引论、完全信息静态博弈、完全信息动态博弈、不确定结局的博弈问题、不完全信息静态博弈、不完全信息动态博弈六部分,对博弈理论在中国的传播有重要作用。

《国际投资争端仲裁——"解决投资争端国际中心"机制研究》 陈安主编。复旦大学出版社 2001 年 9 月出版。绪论简要阐述了解决投资争端国际中心仲裁体制出现的历史背景及其主要内容、中国与"中心"关系及面临的新形势和待决问题。第一编为中心仲裁专题研究,分仲裁管辖权、仲裁法律适用、仲裁临时措施制度、仲裁撤销制度、仲裁裁决的承认与执行等专题;第二编剖析了一些个案;第三编收入与中心仲裁体制相关的文献。

《比较制度分析》 〔日〕青木昌彦著,周黎安译。上海远东出版社 2001 年 12 月出版。系统介绍经济学比较制度分析理论及最新发展,通过比较制度分析不同制度的差异,揭示日本德川时代的灌溉系统制度一直到硅谷崛起的多种制度的形式和结构。

《中国十位著名经济学家批判》 梁正等著,王子奇策划。学林出版社 2002 年 6 月出版。对吴敬琏、厉以宁、萧灼基、茅于轼、林毅夫、张维迎、樊纲、温铁军、胡鞍钢、张五常的主要学术观点进行批判质疑,指出这十位经济学家存在的理论片面性、倾向性和认识上的失误,用另类方法"批判书"完成了新学人与老权威的对话。

《当代国际垄断——巨型跨国公司综论》 李琼著。上海财经大学出版社 2002 年 12 月出版。通过介绍国际垄断及其历史演变、国际垄断与国际竞争、当代金融机构与跨国公司、新科技革命和新经济发展中的大跨国公司、跨国公司的管理和企业文化、巨型跨国公司与国家、大跨国公司与经济全球化等内容,从对大跨国公司的实质、特性、所起的作用和产生的影响进行研究。

《入世 博弈 共赢——互补性竞争与规则性合作》 刘光溪著。上海财经大学出版社 2003 年 11 月出版。用博弈论理念和思维来阐明 WTO 共赢性博弈的全球多边贸易体制,从认识、体制、实践和参与区域经济合作四大层面,论述中国入世后在融入经济全球化潮流中如何博弈,在争取自身利益最优的同时与 WTO 其他成员共赢。

《战略资产配置——长期投资者的资产组合选择》 〔美〕约翰·Y.坎贝尔、路易斯·M.万斯勒著,陈学彬等译。上海财经大学出版社 2004 年 1 月出版。打破资产定价和投资理论中广泛使用的传统资本市场研究框架,第一次系统讨论了长期资产组合选择问题,创立了一个可以与标准均方差分析相媲美的跨期实证分析方法;证明了长期通货膨胀指数化债券是对于长期投资者的无风险资产;揭示了股票作为对于长期投资者比短期投资者更为安全的资产的条件;证明了劳动收入怎样影响资产组合选择。

《十年沧桑：东欧诸国的经济社会转轨与思想变迁》　金雁、秦晖著。上海三联书店 2004 年 8 月出版。介绍东欧各国经济社会转轨与思想变迁，认为东欧各国在转轨期间普遍出现经济衰退是事实，问题在于如何认识和解释这种现象。在对中国与东欧改革前经济与社会的不同模式进行实证分析的基础上，重新比较和解释了中国与东欧改革的不同进程。

《中国经济史》　朱伯康、施正康著。复旦大学出版社 2005 年 9 月出版。分上下卷，描述上起远古、下讫新中国成立前夕中国经济发展的历史脉络，尽可能真实再现各种经济成分发生、发展、演变的历史图景，探索其间的因果关系，也包括经济与政治、文化、社会、军事、法律、宗教之间的相互影响和联系，揭示中国经济盛衰的规律和制度演进的特点。

《中国增长模式抉择》　吴敬琏著。上海远东出版社 2006 年 1 月出版。根据包括中国在内的世界各国经济发展的历史经验和现代经济学的研究成果，提出慎重选择适合于时代潮流和中国国情的工业化道路和增长模式，是关乎中国今后长时期经济社会发展成败的关键决策。

《21 世纪的服装产业：世界发展动向和中国实施战略》　杨以雄等著。东华大学出版社 2006 年 10 月出版。以中国加入 WTO 为背景，以中国服装产业发展的相关理论和实证研究为视点，重点论述 21 世纪服装产业发展环境以及中国服装产业的发展趋势、全球竞争、信息化、国内外产业结构比较、服装企业生产与经营管理实施战略和策略等。

"中国社会经济制度变迁前沿研究丛书"　桂勇、李健、王小卫、陆前进、朱秋霞、朱国林、王安宇等著。立信会计出版社 2006 年 1 月至 2010 年 12 月出版。共 10 种，作者有经济学、社会学、管理学、历史学和法学等学科的不同学术背景，通过对中国社会经济制度变迁的某一前沿问题系统深入的研究和思考，推动学术界的交流走向深入。

《1929 年大崩盘》　〔美〕约翰·肯尼斯·加尔布雷思著，沈国华译。上海财经大学出版社 2006 年 10 月出版。描述和评介美国 1929 年证券市场崩溃的前因后果，旨在"揭出病苦，引起疗救的注意"。英文版 1955 年初版以后，不断再版，已成为学术界和证券投资界大量引用的代表性作品。

《香港金融业百年》　冯邦彦著。东方出版中心 2007 年 1 月出版。从历史角度对一个半世纪以来香港金融业的演变、发展脉络进行细致的梳理和深入的剖析，从中探索香港金融业发展的一般规律、香港金融制度变迁的路径依赖以及 20 世纪 90 年代中期以来香港金融业面临的挑战和机遇。

《浦东逻辑——浦东开发与经济全球化》　赵启正著。上海三联书店 2007 年 3 月出版。分 12 章记录浦东开发的全历程，包括浦东开发——迟到的历史跨越、经济全球化的呼唤、面向世界的浦东规划、金融先行——浦东开发的点睛之笔、浦东开发是社会的全面进步等。

《中国经济发展史（1949—2005）》　上海财经大学课题组编著。上海财经大学出版社 2007 年 12 月出版。主要介绍 1949 年新中国成立到改革开放后的 2005 年间的中国经济发展史，分为 18 编，阐述了新中国的农业、制造业、建筑业、运输业、外贸、财政、社会保障、金融、保险、证券期货、房地产、信息产业、旅游业等各个领域的发展历程。

《中国经济运行风险研究报告 2008》　唐海燕主编。立信会计出版社 2008 年 9 月出版。将中国经济运行的风险引致因素划分为经济增长、通货膨胀、就业水平和国际收支四个基本因素以及金融系统、财政收支、能源安全、微观经济主体四个扩展特征因素，并分别对这些风险因素的动态变化进行深入研究，以此为基础对中国经济运行的总体风险状况作了综合评价。

《潘序伦文集》　潘序伦著。立信会计出版社 2008 年 10 月出版。收入作者 1931 年至 1985 年发表的文章 62 篇 51 万字，内容涉及会计理论与实务、会计职业道德以及会计人才研究等方面，集中反映了潘序伦的会计理论、会计实务、会计教育思想对中国会计事业和会计教育的贡献。

《中国近代股份制企业研究》 朱荫贵著。上海财经大学出版社 2008 年 12 月出版。从近代中国企业史角度,探讨股份制企业在近代中国诞生、发展、演变过程中显现出的有别于西方股份制企业的特点,内容包括中国近代股份制企业的类型、资金运行特点、经营管理的特点,股份制企业发展中"官商"和"政企"关系以及 20 世纪初国人对股份制企业的认识。

《自由与市场经济》 许小年著。上海三联书店 2009 年 2 月出版。收入有关社会主义市场经济的论文。作者认为,搞市场经济,一定要有哲学上的信念,或者说要有信仰。在市场面前,就像环境工作者在大自然面前,意识到自然之伟大,意识到我之渺小。经济学家要怀着敬畏认识市场规律,顺从市场规律。

《中国农村金融调查》 韩俊等著。上海远东出版社 2009 年 5 月出版。全面介绍国务院发展研究中心农村经济研究部关于农村金融的最新调查成果,收入大量写实报告,细致描述中国农村金融需求和供给的现状,分析了正规与非正规金融对农村金融需求的满足程度,评价了农村金融改革实施的效果和存在的问题,并对如何按照农村特点和农民需求解决好农村金融问题提出了建议。

《中国新农村建设调查》 李剑阁主编。上海远东出版社 2009 年 5 月出版。国务院发展研究中心重点研究课题"推进社会主义新农村建设研究"成果,分综合研究、专题研究和地区案例研究三篇,收入研究人员对若干典型案例的调研报告,系统介绍课题组对新农村建设重大政策问题的思考和建议,涉及社会主义新农村建设的主要政策问题。

《中国农民工战略问题研究》 韩俊主编。上海远东出版社 2009 年 5 月出版。国务院发展研究中心"中国农民工战略问题研究"课题成果,系统介绍课题组 2007 年组织完成的覆盖全国 28 个省(直辖市、自治区)、99 个县、301 个村、3 026 名农民工回乡创业大型调查的主要发现,并首次披露2009 年初组织完成的对全国 105 个村庄在国际金融危机背景下农民工返乡回流大型调查的最新发现。

《十年轮回:从亚洲到全球的金融危机》 [马来西亚]沈联涛著,杨宇光、刘敬译。上海远东出版社 2009 年 8 月出版。以中国银监会首席顾问、前香港证监会主席的身份和金融监管者、危机亲历者与受害者的视角,回顾东亚金融危机的发生与发展全过程,同时结合 2008 年由美国次贷危机引发的全球金融危机,揭示金融危机的形成机制,提出值得关注的若干重大问题。

《营销管理(第十三版)》 [美]菲利普·科特勒、凯文·莱恩·凯勒著,王永贵译。格致出版社、上海人民出版社 2009 年 11 月出版。强调"全面营销"理念,涵盖营销人员所应具备的全新思维方式:公司要以顾客为中心,尽力发挥和协调各个部门和管理层次的营销作用,以在实现总体效果最大化的过程中为顾客创造价值;公司也要从与顾客和其他利益相关者建立长期关系中获利;公司要把营销看作是对顾客的投资。

"会计经典丛书" [意]卢卡·帕乔利、潘序伦、蔡锡勇、杨汝梅等著。立信会计出版社 2009年 12 月出版。包括《簿记论》《高级商业簿记教科书》《连环帐谱》《无形资产论》《改良中式簿记概说》《银行簿记学》6 部在世界会计发展史上具有一定学术地位的名著,展示数百年来中外会计学术演变与发展的历史路径及其运行规律。

第三节　人 文 科 学

本节共著录图书 443 种,其中文学 144 种,艺术 119 种,语言文字 20 种,历史地理 117 种,文化43 种。

一、文学

"外国文学名著丛书"　［希腊］荷马等著,杨宪益等译。上海译文出版社 1978 年 11 月起陆续出版。由上海译文出版社与人民文学出版社分工合作翻译出版,内容包括古希腊罗马直至第一次世界大战这 2 000 余年来世界各国最杰出的作家的代表作品,共 200 种,上海承担其中 65 种图书:《奥德修纪》《失乐园》《坎特伯雷故事》《莎士比亚喜剧五种》《福尔赛世家》《玛丽·巴顿》《大卫·考坡菲(上、下)》《荒凉山庄(上、下)》《简·爱》《呼啸山庄》《巴塞特耶纪事》《傲慢与偏见》《汤姆大伯的小屋》《白鲸——莫比·迪克》《红字》《最后的莫希干人》《章鱼——一个加利福尼亚的故事》《马丁·伊登》《哈克贝里·芬历险记》《罗兰之歌》《农民》《喜剧六种》《巴马修道院》《红与黑——1830 年纪事》《木工小史》《拉辛戏剧选》《托尔斯泰中短篇小说选》《莱蒙托夫诗选》《当代英雄》《奥勃洛摩夫》《谁在俄罗斯能过好日子》《罪与罚》《谢德林童话集》《诗选》《戏剧两种》《艾菲·布里斯特》《小说戏剧选》《雄猫穆尔的生活观》《托马斯·曼中短篇小说选》《阿马罗神父的罪恶》《傀儡(上、下)》《十字军骑士》《十日谈》《斯巴达克思(上、下)》《戏剧选》《复活》《英国诗选》《金驴记》《戏剧三种》《高乃依戏剧选》《裴多菲诗选》《熙德之歌》《格林兄弟童话选》《戏剧选》《弃儿汤姆·琼斯史(上、下)》《瓦尔登湖》《草叶集(上、下)》《法朗士小说选》《寓言集》《董贝父子(上、下)》《都德小说选》《约婚夫妇》《臣仆》和《德国诗选》。

《重放的鲜花》　王蒙、邓友梅、陆文夫、流沙河等人作品合集,上海文艺出版社 1979 年 5 月出版。收入 1956 年至 1957 年上半年一些有鲜明个性的诗歌和揭露社会弊端的特写和小说。这些在反右中受到错误批判的作品结集出版,成为全国文艺界拨乱反正的里程碑事件。

《楚辞集注》　朵云轩刻印。上海书画出版社 1979 年 10 月出版。朵云轩众多木刻雕版书中具有代表意义的最佳刻本之一,选用宋瑞平本,为现存最早、最完整的《楚辞》刊本和楚辞研究的最善本,刻工、用墨、刷印上乘,有"当代宋版书"之誉。

《中国文学批评史》　郭绍虞著。上海古籍出版社 1979 年 12 月出版。阐释自周秦迄清代中国文学批评的产生和发展,对文学史上各种流派、思潮,以及一些代表性作家的文学观点,都溯流探源,作系统阐述,提出自己的见解,为中国文学批评史学科的建立奠定了坚实基础,是中国文学批评具有开创意义的著作。

《外国现代派作品选》　袁可嘉等编选。上海文艺出版社 1980 年至 1985 年陆续出版。分四册 11 个专辑,收入后期象征主义、表现主义、未来主义、意识流小说、超现实主义、存在主义、荒诞派、新小说、垮掉的一代、黑色幽默等属于现代派文学范围的代表作品,为改革开放初期的中国作家打开了一扇眺望当代世界文学的窗口。

"二十世纪外国文学丛书"　上海译文出版社从 1981 年起陆续出版。由上海译文出版社与外国文学出版社合作出版,共 200 余种,其中上海出版 63 种:《刀锋》《城堡》《权利的走廊》《丧钟为谁而鸣》《喧哗和骚动》《小城畸人》《土生子》《雨王汉德森》《菲茨杰拉德小说选》《考德威尔中短篇小说选》《蒂博一家》《伪币制造者》《告别》《在轮下》《亨利四世(上、中、下)》《莱尼和他们》《蜜蜂脑袋奥勒》《赤手斗群狼》《缩影》《雪国》《农民》《无产者安娜》《大地的成长》《血与沙》《加布里埃拉》《堂塞贡多·松布拉》《百年孤独》《旋涡》《养身地》《达洛卫夫人·到灯塔去》《劳伦斯之女克里斯丁》《裸者与死者(上、下)》《莎尔卡·瓦尔卡》《北纬四十二度》《美国》三部曲之一)、《一九一九年》《美国》三部曲之二)、《赚大钱》《美国》三部曲之三)、《铁皮鼓》《好伙伴》《魔山》(上、下)、《幸运的彼尔》(上、下)、《人树》《迷雾》《愚人船》《风雪》《红颜薄命》《风中芦苇》《虚假的事实》(上、下)、《烟草路》《侏儒》《农民》(上、下)、《细雪》《缩影》《阿尔塔莫诺夫家的事业》《青春——康拉德小说选》《蝇王》《曼斯菲尔德短篇小说选》《三个女人》《长夜行》《成功——一个省三年的历史》《大街》《幼狮》(上、下)、《小城畸人》《赤裸在狼群中》。

"外国文学研究资料丛刊" 上海译文出版社1981年3月开始陆续出版。丛刊主要编译有关世界各国古代、中世纪、近代和现代的重要文学资料,选材以有代表性、有重大影响或有较高学术价值为主,兼收正面和反面教材。分辑出版。每辑有一个或几个中心。一般为资料汇编,个别也选收专著,如《马克思恩格斯和文学问题》《狄更斯评论集》《德莱塞评论集》等。

《浮华世家》 〔日〕山崎丰子著,叶渭渠、唐月梅译。上海译文出版社1981年3月起出版。叙述阪神银行总经理万表大介过着妻妾同房的荒淫生活。他通过操纵女儿与达官显贵联姻缔结裙带关系,妄图实现吞并其他银行的野心。大介的长子铁平长相酷似祖父,大介怀疑他是自己的妻子与父亲乱伦后所生,设计圈套将铁平一步步引向深渊。以金融界为舞台,真实反映银行内部的卑鄙阴暗及银行家与政界相互勾结、狼狈为奸的丑恶行径,揭露了资本的"原罪"。

《鲁迅诗歌选译(英汉对照)》 吴钧陶译注。上海外语教育出版社1981年7月出版。收入译注的鲁迅诗歌50多首,几乎包括鲁迅用文言文写的全部诗篇,扉页有鲁迅《自嘲》诗的手迹。

《汉堡剧评》 〔德〕莱辛著,张黎译。上海译文出版社1981年9月出版。莱辛继《拉奥孔》之后又一部重要理论著作,收入作者为汉堡民族剧院历次演出而撰写的评论104篇。因其对德国资产阶级民族戏剧发展的科学原则作了最早、最成功的描述,在欧洲美学发展史上占有重要的地位。

《大饭店》 〔加拿大〕阿瑟·黑利著,杨万、林师明译。上海译文出版社1981年11月出版。以日记形式记叙美国一家旅馆五天内发生的事。故事一开始就写圣格雷戈里饭店面临财政危机,可能被大财阀收购,从经理到清洁工都面临着生存与工作的选择,各方势力在争夺经营控制权上使尽手段。书中弥漫着紧张的角力,一定程度上反映了当代美国资本主义社会的现实。

《双桅船》 舒婷著。上海文艺出版社1982年2月出版。诗集运用朦胧诗的写法,采用象征、意象来表达人的主观情绪,展现诗人双重的心态与复杂的情感,语言自然流畅,感情凝重细腻,既有浓烈的个人感叹,又有开阔的时代情怀。

《流沙河诗集》 流沙河著。上海文艺出版社1982年12月出版。诗集收入诗人20世纪70年代末回归文坛创作的诗作,主要记叙诗人以往的生活遭遇和心理体验,感情自然真挚,表现了诗人觉醒的选择和从历史的痛苦思索中升腾起对真理的渴求。

《唐声诗》 任半塘著。上海古籍出版社1983年4月出版。分上下两册,从音乐和舞蹈的制作与演奏方面对唐代五、六、七言近体诗及其少数变体进行研究,涉及变文和后代南曲"滚唱"、弹词"开篇"等多种吟唱近体诗的曲艺,资料宏富,考订精审,条分缕析,眉目清楚,反映了唐诗研究的重要成果。

《博尔赫斯短篇小说集》 〔阿根廷〕豪尔斯·路易斯·博尔赫斯著,王央乐译。上海译文出版社1983年6月出版。从博尔赫斯短篇小说集《世界性的丑闻》《交叉小径的花园》《手工艺品》《阿莱夫》《造物主》《布罗迪的报告》和《沙之书》中精选40余篇,可以感受博尔赫斯短篇小说自成一派的独特风格。

《彩虹坪》 鲁彦周著。上海文艺出版社1983年11月出版。通过彩虹坪大队大队长耿秋英上访、被捕、平反的过程以及她与干部子弟吴仲曦的爱情纠葛,紧凑而生动地展开了复杂的人物关系和故事情节,揭示了党的十一届三中全会前后中国农村正在酝酿的一场深刻变革。

《1981—1982全国获奖中篇小说集》 中国作协编。上海文艺出版社1983年11月出版。分上下册,收入李存葆的《高山下的花环》、蒋子龙的《赤橙黄绿青蓝紫》、韦君宜的《洗礼》、张承志的《黑骏马》等一批在社会上产生广泛影响的优秀中短篇小说。

《都柏林人》 〔爱尔兰〕詹姆斯·乔伊斯著,孙梁等译。上海译文出版社1984年10月出版。收入作者十五篇短篇小说,其中《阿拉比》《死者》《无独有偶》《一朵浮云》等在西方被视为乔伊斯的代表作。作者蔑视和嘲讽令人压抑的都柏林的习俗与市侩作风,对各种市民的感情和欲望以及隐秘的内心活动作了入木三分的描写。

《迪伦马特小说集》 〔瑞士〕迪伦马特著,张佩芬译。上海译文出版社1985年5月出版。收入迪伦马特《彼拉多斯》《圈套》《法官和他的刽子手》《嫌疑》《狗》《圣诞夜》《抛锚》和《诺言》八篇犯罪短篇小说,通过对犯罪问题的探讨来揭示犯罪的生理、心理原因和社会根源,语言简练,气氛压抑,有着很高的艺术技巧。

《烟壶》 邓友梅著。上海文艺出版社1985年8月出版。小说以清朝末年为背景,讲述曾经一无所长的八旗子弟乌世保机缘巧合学会了烟壶内画技术和"古月轩"瓷器烧制技术,以及他的师傅、鼻烟壶匠人聂小轩宁肯自毁手臂也不肯烧制"八国联军占北京"画样烟壶的故事。

《剑南诗稿校注》 (宋)陆游著,钱仲联校注。上海古籍出版社1985年9月出版。以明毛晋汲古阁刻本为底本,据多种宋、明版本校订,并据各种资料辑补佚诗多首,每首诗有题解,附陆游年表、传记材料、前人关于陆游著作的版本著录、题跋、篇目索引等,为研究陆游诗作提供了较好的整理本。

《小鲍庄》 王安忆著。上海文艺出版社1986年5月出版。收入《麻刀厂春秋》《人人之间》《一千零一弄》《阿跷传略》等中短篇小说作品。作品多取材于青年人的生活,反映青年人的欢乐、苦恼、追求和理想,贴近现实生活,内涵丰富,主题含蓄,有一定的历史纵深感。

《性格组合论》 刘再复著。上海文艺出版社1986年7月出版。着重从文学角度论述人的性格的多重性。作者指出,在现实生活和文学作品中,人或人物不能只用单纯的好坏来定义和评价。正面人物就是绝对的好,反面人物就是绝对的坏,这造成了人物塑造的扁平化,也脱离实际生活。生活在社会这个复杂的系统中,人的性格是双重甚至是多重的。

《中国散文史》 郭预衡著。上海古籍出版社1986年8月至1999年12月出版,共3册。系统阐述中国自先秦到清末散文发展的成就,明源清流,鸟瞰全局,综合考察,总结规律,反映中国散文发展史研究的成果。

《古典文学三百题》 上海古籍出版社编。上海古籍出版社1986年12月出版。选择有关中国古代文学的300个问题,分散文、诗、词、小说、戏曲、文论6大类,按时代先后编目。既有一般常识,也有学术性较强的专题。回答深入浅出,简明扼要。

《福尔图娜塔和哈辛塔》 〔西班牙〕贝尼托·佩雷斯·加尔多斯著,孟宪臣等译。上海译文出版社1987年2月出版。出身低微、相貌出众的女孩福尔图娜塔被富家子胡安尼托抛弃后,与一位好心的药剂师成婚。但婚后又和与表妹哈辛塔丈夫胡安尼托私通、受孕,因产后出血,自知性命不保,将儿子托付给自己情敌抚养。药剂师因失妻精神受到刺激,出家进了修道院。小说通过描写两个年轻女人的爱情及遭遇,揭露了当时西班牙社会生活的虚伪和黑暗。

《皖南事变》 黎汝清著。上海文艺出版社1987年10月出版。以皖南事变发生过程为线索,以真实的史料和历史的细节为支撑,全面反映了这一历史事件的真实面貌,再现惊心动魄、悲壮沉痛的历史场面,同时直面新四军领导人项英和叶挺的矛盾,不溢美不伪饰。

《唐宋词鉴赏辞典》 唐圭璋、缪钺、叶嘉莹、周汝昌等撰写。上海辞书出版社1988年8月出版。分两卷,收入 327 位词人的 1 518 篇作品,唐·五代·北宋卷收入词人 131 人的作品 799 篇;南宋·辽·金卷收入词人 196 人的作品 719 篇。赏析文字精雕细琢,字斟句酌,深入浅出,生动活泼,每一篇都称得上美文,与优美的唐宋词珠联璧合,相得益彰。另有"名句索引"作为附录。

《英国诗选》 王佐良主编,外国文学名著丛书委员会编。上海译文出版社 1988 年 9 月出版。收入上起古英语时期的史诗,中经中古英语时期的故事诗,下至近代英语时期的 1500 年的英国诗歌,是由国内专家编选的规模大、涉及年代长、篇目有代表性、译本权威的英诗选本。

《古文观止新编》 钱伯城主编。上海古籍出版社 1988 年 12 月出版。保留《古文观止》原有篇目,同时增补阙漏的金元时期和清代的优秀作品,所录作家从 60 位增加到 117 位,每篇作品都作了注释、翻译和题解,更全面反映了中国古代散文两千多年的发展历史。

《文心雕龙义证》 (南朝梁) 刘勰著,詹锳义证。上海古籍出版社 1989 年 8 月出版。分上中下三册,带有集解性质,博采国内外对《文心雕龙》的最新研究成果,广泛吸收国内外各家对《文心雕龙》校注、研究的精粹,体现了《文心雕龙》研究的新高度。

《安娜·卡列尼娜(珍藏本)》 〔俄〕列夫·托尔斯泰著,草婴译。上海译文出版社 1989 年 8 月出版。小说描写贵族青年妇女安娜·卡列尼娜憧憬幸福,最后被上流社会的虚伪冷酷的道德压力所扼杀,而贵族地主列文想改善地主和农民关系的幻梦也遭破灭。通过他们的遭遇,深刻反映了俄国农村在农奴制改革后的社会矛盾。

《俄罗斯文学史》 周敏显编著。上海外语教育出版社 1990 年 2 月出版。介绍俄罗斯文学发展的重要历史阶段,并详细阐述各个阶段的代表作家及作品,包括文学史概述、经典作家生平及作品介绍,重点是 19 世纪俄罗斯文学。

《乱世佳人(全译本)》 〔美〕玛格丽特·米切尔著,陈良廷等译。上海译文出版社 1990 年 5 月出版。以美国南北战争为背景,描写南方一个暴发户的女儿斯佳丽和几个男人的爱情纠葛,再现当时美国南方的社会生活,情节起伏跌宕,引人入胜。

《泰戈尔抒情诗选(珍藏本)》 〔印度〕罗宾德拉纳特·泰戈尔著,吴岩译。上海译文出版社 1990 年 8 月出版。收入泰戈尔《吉檀迦利》《园丁集》《新月集》《飞鸟集》《情人的礼物》《渡》《遐想集》《流萤集》等诗集中各种类型的抒情诗代表作。反映了作者的思想演变和诗歌艺术发展的轨迹,抒发作者对祖国、对人民、对大自然的爱。

《中国新文学大系(1937—1949)》《中国新文学大系(1937—1949)》编委会编。上海文艺出版社 1990 年 12 月出版。分 20 卷,收入文艺理论、小说、诗集、散文等题材的作品约 1 200 万字,反映 1937—1949 年间中国文学的概貌和取得的成就。

《王梵志诗校注》 (唐) 王梵志著,项楚校注。上海古籍出版社 1991 年 10 月出版。汇集所有敦煌写本王梵志诗照片,包括从未公布的列宁格勒藏 1456 号卷子,共编录 390 首,为全面的王梵志诗辑本,精校详注,解说透辟。附校注者论文五篇、王梵志诗语辞索引等。

《中国近代文学大系》 徐中玉等主编。上海书店 1991 年 12 月开始陆续出版,1996 年 7 月出齐。分 12 集 30 册,把浩似烟海、濒于佚失的近代文学资料,经分门别类地搜集、烛隐、筛选、点校、笺释,并撰写导言和作者小传,整理出一套有点有面、鲜明系统的资料系列。每集有主编撰写的长篇《导言》,每卷都有珍贵的书影、作家照片或手迹等插页。

《文化苦旅》 余秋雨著。知识出版社(沪)1992 年 3 月出版。文化散文集,主调是凭借山水风物以寻求文化灵魂和人生秘谛,探索中国文化的历史命运和中国文人的人格构成。《道士塔》《阳关雪》等通过一个个古老的物像,描述黄河文明的盛衰。《白发苏州》《江南小镇》等则以柔丽凄迷的小桥流水为背景,把清新婉约的江南文化和世态人情展现给读者。《风雨天一阁》《青云谱随想》等直接把笔触指向文化人格和文化良知,展示出中国文人艰难的心路历程。

《涅克拉索夫文集》　〔俄〕涅克拉索夫著,魏荒弩译。上海译文出版社 1992 年 6 月出版。文集分三卷,第一卷、第二卷是抒情诗,第三卷是叙事诗。涅克拉索夫的诗歌紧密结合俄国的解放运动,充满爱国精神和公民责任感,许多诗篇忠实描绘了贫苦下层人民和俄罗斯农民的生活和情感,同时以平易口语化的语言开创了"平民百姓"的诗风。

"新编文史笔记丛书"　萧乾主编。上海书店 1992 年 3 月至 1994 年 10 月陆续出版。中央文史研究馆组织全国 32 个地方文史研究馆编写,分 4 辑 50 册,收入各地文史馆馆员撰写的文史笔记,短小精悍、生动活泼,可大致反映各地近百年稗闻野史的整体风貌。

《九月寓言》　张炜著。上海文艺出版社 1993 年 5 月出版。小说描写海滨小村几代村民在艰难岁月中的劳动、生活和爱情,抒发他们顽强奋斗的精神和对未来的憧憬,以饶有趣味的农村生活、奇奇怪怪的传说故事,如掌故、仇杀、追逐、情爱等,编织成一个耐人寻味、咀嚼的寓言世界,将现实与幻想熔于一炉。

《欧美现代派文学概论》　袁可嘉著。上海文艺出版社 1993 年 6 月出版。对欧美六国现代派文学进行系统论述,全面分析现代派文学产生的渊源、现代派文学的成就与局限,并对六个具体流派作了评介。

《啊,拓荒者!》　〔美〕威拉·凯瑟著,杨怡译。上海译文出版社 1993 年 7 月出版。描写女主人公、瑞典移民亚历山德拉·伯格森幼时随父亲来到内布拉斯加州原始荒野,父亲去世后,她继承家业,在极端贫困的境况下,凭着坚韧不拔的毅力和信心,坚定不移地向前走,用勤劳和智慧及有远见的计划和科学的管理,征服了桀骜不驯的荒山野岭,使之变成千里沃野。

《旧址》　李锐著。上海文艺出版社 1993 年 8 月出版。小说以深沉的笔触描绘了一个大家族的独特历史,从 19 世纪 20 年代直至"文化大革命"结束后的 80 年代,用时空交错的手法再现历史的风云变幻,描绘李氏家族几代人在不同历史时期不同的心灵轨迹。

《弃儿汤姆·琼斯史(珍藏本)》　〔英〕亨利·菲尔丁著,张谷若译。上海译文出版社 1993 年 10 月出版。主人公弃婴汤姆·琼斯自幼遭到亏待,在成长中不断遭受小人的暗算,又被恩主兼养父误解逐出家门,同时也与恋人失散。后来苦尽甘来,身世大白,重获养父恩宠,与恋人终成眷属。

《新西兰文学史》　虞建华著。上海外语教育出版社 1994 年 4 月出版。介绍古老的毛利文化、移植的欧洲文化、新生的乡土文化等,用中文写成,共分 16 个章节,内容编排按照中国读者习惯的编年顺序,由远及近地呈现新西兰文学的盛衰起落与历史、社会的发展演变等。

《醉太平》　朱苏进著。上海文艺出版社 1994 年 5 月出版。小说描写从基层部队出来的军官季墨阳进入军区大院后,发现自己犹如进入了一个棋盘,进退去留不由自己。作者以现实手法描摹出当代军人对待事业与爱情的态度,从一个侧面折射出新时期军队与军人的人生百态。

《隋唐五代文学批评史》　王运熙、杨明著。上海古籍出版社 1994 年 10 月出版。系统全面阐述隋、唐及五代时期文学批评的发展过程,发掘出许多弥足珍贵的史料,对重要批评家论著及这一时期有创新意义的文学批评方法作了系统深入的研究和富有开拓性的分析。

《古本小说集成》　上海古籍出版社编。上海古籍出版社 1994 年 11 月出版。收入宋元明清小说 428 种,以白话小说为主,兼及部分文言小说,系统、全面地反映了中国小说的发展脉络与时代特色,有相当数量作品首次公之于世,对某些品种的缺损残破作了辑补。

《杜诗赵次公先后解辑校》　(唐)杜甫著,(宋)赵次公注,林继中辑校。上海古籍出版社 1994

年12月出版,分上下两册。杜甫被尊为"诗圣",杜诗一出,注家蜂起,宋朝即有"千家注"之说,其中赵次公所注"用思精密,繁而不杂",为后代研究者所看重。辑校者在几十种杜诗注本中极力搜辑,与现存残本合为全璧。

《二十世纪中国文学大典》 陈鸣树主编。上海教育出版社1994年12月出版。为1897年到1994年的编年文学史,每年列举文学创作、理论批评、译著、作者活动、文坛记事、文化思想和社会背景7个方面的内容,较翔实地记录了20世纪中国文学的历程。

《莎士比亚四大悲剧》 〔英〕莎士比亚著,孙大雨译。上海译文出版社1995年1月出版。收入莎士比亚四部最重要的悲剧《哈姆雷特》《李尔王》《奥赛罗》《麦克白斯》,译者多年潜心于莎士比亚戏剧研究和翻译,是中国第一位用诗体翻译莎士比亚诗剧的学者。译本以他创建的音组体制的五音组素体韵文移译原文的五音步素体韵文,具有独特的风格和魅力。

《毛姆文集》 〔英〕毛姆著,俞亢咏、周煦良、张柏然、傅惟慈等译。上海译文出版社1995年5月出版。文集共6卷,收入《剧院风情》《兰贝斯的丽莎·别墅之夜》《刀锋》《卡塔丽娜》《人生的枷锁》(上、下)和《月亮和六便士》等作品。其中《月亮和六便士》是毛姆最有影响力的长篇小说,以法国印象派画家保罗·高庚为原型描写了一个英国画家来到南太平洋中的塔希提岛,与土著人共同过纯朴原始的生活,表现了天才、个性与物质文明以及现代婚姻、家庭生活之间的矛盾。

《克雷洛夫寓言集》 〔俄〕克雷洛夫著,辛未艾译。上海译文出版社1995年6月出版。精选克雷洛夫的寓言163篇,包括《乌鸦与狐狸》《四重奏》《狼和小羊》《树叶和树根》等名篇。这些寓言短小精悍,故事生动,寓意深刻。有的揭露统治者的贪婪、残忍、为非作歹,有的表达了对弱小者、善良者的深深的同情,还有的针砭人们的虚伪、懒散和胆怯等缺点和恶习。

《契诃夫小说全集》 〔俄〕契诃夫著,汝龙译。上海译文出版社1995年7月出版。全集共10卷,收入契诃夫1880—1903年间创作的所有中短篇小说480篇。契诃夫是世界级短篇小说巨匠,与法国的莫泊桑、美国的欧·亨利并称为"世界三大短篇小说家",他的小说紧凑精炼,言简意赅,给读者以独立思考的余地。

《剑风楼诗文钞》 裴沛然著、徐伯清书录。上海中医药大学出版社1995年8月出版。分"诗钞"与"文钞"两部分。"诗钞"收入各类题材的诗作百首,由书法家徐伯清以小楷笔录,可作为习字临摹范本;"文钞"兼容古今十五篇医学散文,富有文学色彩。全书集"医、文、诗、书"于一体,颇具特色。

《苍天在上》 陆天明著。上海文艺出版社1995年9月出版。小说描写章台市一起千万元公款挪用大案侦破过程,表现了新任代理市长的励精图治、市委书记的沉着冷静,终于揭开了副省长的腐败问题。作品主题积极向上,情节跌宕起伏,弘扬了人间正气。

《喧哗与骚动》 〔美〕威廉·福克纳著,李文俊译。上海译文出版社1995年11月出版。小说讲述南方没落地主康普生一家的悲剧。老康普生游手好闲、嗜酒贪杯,其妻自私冷酷、怨天尤人。长子昆丁绝望地抱住南方所谓的旧传统不放,因妹妹凯蒂风流成性、有辱南方淑女身份而恨疚交加,竟至溺水自杀。次子杰生冷酷贪婪,三子班吉则是个白痴。全书通过三个儿子的内心独白,围绕凯蒂的堕落展开,最后由黑人女佣迪尔西对前三部分的"有限视角"作一补充,归结全书。小说大量运用多视角叙述方法及意识流手法,是意识流小说乃至整个现代派小说的经典名著。

"中华传统文化观止丛书" 严迪昌、吴国钦等编注。学林出版社1995年12月出版。分《中华古文观止》《中华古诗观止》《中华古词观止》《中华古曲观止》4种,是一套分体、断代的古典文学的全选本,收入上自先秦,下讫清末民初的众多名作。由国内数十位学者选编和注释,兼具资料性、欣赏性、学习性于一体,是了解中国传统文化的通俗读本。

　　《中华民族故事大系》　《中华民族故事大系》编委会编。上海文艺出版社 1995 年 12 月出版。大系共 16 卷，收入中华 56 个少数民族的 2 500 多个民间故事，1 200 多万字，神话传说、历史故事、笑话寓言，千姿百态，是一部空前规模的中华民族故事总集。

　　《中国文学史》　章培恒、骆玉明著。复旦大学出版社 1996 年 3 月出版。以人性的发展作为文学演变的基本线索，吸收西方形式美学的成果，把内容赖以呈现的文学形式作为考察的重点，通过对一系列作品的新的解读和若干长期被忽视的重要作家、作品以及其他文学现象的重新发现，以探寻和发掘中国古代文学本身的演化和中国文学古今演变的内在联系。

　　《务虚笔记》　史铁生著。上海文艺出版社 1996 年 4 月出版。作者半自传式的小说，由 22 个段落合成，叙述 20 世纪 50 年代以来社会嬗变带给残疾人 C、画家 Z、女教师 O、诗人 L、医生 F、女导演 N 等整整一代人的影响。

　　《走过半个世纪：笔会文萃》　文汇报笔会编辑部编。文汇出版社 1996 年 7 月出版。《文汇报》"笔会"副刊文章的精选结集，时间跨度为 1946 年至 1996 年，柯灵作序。

　　《壮士中华行——余纯顺孤身徒步走西藏》　余纯顺著。上海文艺出版社 1996 年 9 月出版。作者"壮士中华行"系列第一部，也是其留下的唯一一部完整的遗著，记叙二进拉萨，穿越川藏、青藏、滇藏、新藏、中尼五条天堑险道，踏遍"世界屋脊"的全过程，并收入在罗布泊遇难前最后的日记。

　　《湮没的辉煌》　夏坚勇著。东方出版中心 1996 年 9 月出版。以残存的漫灭不清的断垣残简为出发点，追述历史现象，描绘文人行状，解析文明兴衰，感叹文化命运，以感性的笔触探讨了文化与政治、文化与社会变革、文化与时代之间的关系，既揭示了中国文化的巨大内涵，使行将湮没的文明碎片重现辉煌，也有助于当下正进行的人文精神的反思与批判。

　　《宝贝当家》　秦文君著。少年儿童出版社 1996 年 11 月出版。收入作者三个中篇：《心香·可人》描写三个温馨浪漫的女孩，一件传奇的事打乱了她们的生活；《单身汉小韦》中小韦老师外表瘦弱，内心坚强，他从心里尊重学生，也深受学生欢迎；《宝贝当家》中宋宝贝和史金龙一个品学兼优，一个成绩排名最后，两人互相排斥，最后却成了亲密无间的好朋友。小说细腻地反映了当下孩子们的生活和学习，形象鲜明，情节生动，语言流畅，是作家继"男生贾里""女生贾梅"之后的力作。

　　《拉美文学流派的嬗变与趋势》　李德恩著。上海译文出版社 1996 年 11 月出版。分两部分，一部分是对拉美文学流派和文学现象的论述，另一部分是拉美主要文学流派的概略，前者是对后者的阐述，后者是对前者的注释，各章独立成篇，彼此又相互联系。

　　《中国文学批评通史》　王运熙、顾易生主编。上海古籍出版社 1996 年 12 月出版。分《先秦两汉卷》《魏晋南北朝卷》《隋唐五代卷》《宋金元卷》《明代卷》《清代卷》和《近代卷》7 卷，约 380 万字，展示了自先秦迄近代文学批评的发展历程和灿烂成就。

　　《海子诗全编》　海子著。上海三联书店 1997 年 2 月出版。海子，当代青年诗人，原名查海生，1964 年生于安徽省安庆城外的高河查湾，1989 年 3 月 26 日在河北省山海关卧轨自杀。全编收入海子在极端贫困、单调的生活环境里创作的诗及一些文论。

　　《马桥词典》　韩少功著。上海文艺出版社 1997 年 3 月出版。小说以词典形式集录湖南汨罗县马桥人日常用词，计 115 个词条，以这些词条为引子，讲述了古往今来一个个丰富生动的故事，引人入胜，回味无穷，透视了一个民族生存挣扎的真实情状，挖掘了民族苦难的历史根源。

　　《圣殿》　［美］威廉·福克纳著，陶洁译。上海译文出版社 1997 年 3 月出版。福克纳早期作品，描写 19 世纪 20 年代美国禁酒期间一个年轻姑娘误入歧途后的悲惨遭遇。小说情节黑暗狂暴，展示出一幅被败坏了的南方社会场景，是福克纳揭露和抨击美国南方丑恶现实的力作。

《长相思》 柯灵著。上海文艺出版社1997年8月出版。讲述20世纪40年代,围绕蜀南孟氏三姐妹出现了几群身份各异的人物:小城美人、闺中怨妇、朴素的学者、风流的演员、革命青年、爱国将士……场景也由深山而蓉城,后走出三峡,遍及全国乃至异国,人物命运交织,反映了当时的社会状况和不同人物的命运。

《巴金书简》 巴金著。文汇出版社1997年12月出版。汇集20世纪60年代起近30年间作者写给编辑王仰晨的几百封信,真切反映作家的生活和思想,成为研究巴金最直接、最切实可靠的资料。由于手稿发现时间较迟,还没来得及编入《巴金全集》。

《黄裳文集》 黄裳著。上海书店1998年4月出版。分锦帆卷、剧论卷、珠还卷、榆下卷、杂说卷和春夜卷,收入作者自20世纪30年代后期以来的散文作品,写作跨度超过半个多世纪,文体不一,风格各异,特别是早期散文多抒写少年哀乐,散发着感伤的情调。

《狄更斯文集》 〔英〕查尔斯·狄更斯著,王科一、荣如德、祝庆英、金绍禹、项星耀等译。上海译文出版社1998年8月出版。文集分《尼古拉斯·尼克尔贝》《匹克威克外传》《我们共同的朋友》《德鲁克疑案》《远大前程》《游美札记·意大利风光》《奥利费·退斯特》《老古玩店》《马丁·瞿述伟》《艰难时世》《荒凉山庄》《大卫·考坡菲》《董贝父子》《小杜丽》《中短篇小说选》《巴纳比·鲁吉》《圣诞故事集》《博兹特写集》《双城记》共19卷,作品反映了作者生活的那个年代英国复杂的社会现实。

《包法利夫人》 〔法〕福楼拜著,周克希译。上海译文出版社1998年11月出版。讲述受过贵族化教育的农家女爱玛的故事。她瞧不起当乡镇医生的丈夫包法利,梦想着传奇式的爱情。可是她的两度偷情非但没给她带来幸福,还使自己成为高利贷者盘剥的对象。最后积债如山,走投无路,只好服毒自尽。作者用细腻的笔触描写了主人公情感堕落的过程,引人找寻造成这种悲剧的社会根源。

《巴金随想录(手稿本)》 巴金著。上海文化出版社1998年11月。巴金晚年的重要作品。巴金在书中直面“文化大革命”带来的灾难,直面自己人格曾经出现的扭曲,用真实的写作,履行了一个知识分子应尽的历史责任,从而达到了自己文学和思想上的高峰。

《哈扎尔辞典》 〔塞尔维亚〕米洛拉德·帕维奇著,南山、戴骢、石枕川译。上海译文出版社1998年12月出版。描述哈扎尔这个民族在中世纪突然从世界上消失的谜,融世界三大宗教史料传说于一身。作者打破了小说的固有界限,把史诗和传说融在魔幻气质中,创辞典小说之先河。

《中国古代文学理论体系·范畴论》 汪涌豪著。复旦大学出版社1999年4月出版。对诸如范畴的构成方式、主要特征、基本类型和逻辑体系,范畴与创作风尚、与文学体系的关系等展开研究,将中国古代文学理论范畴体系定位为一种“潜体系”,并对这种因获得本民族独特的思维方式和审美趣味支持的“潜体系”所具有的极强抗异化能力给予很高评价。

《图文本三百首系列》 上海古籍出版社编。上海古籍出版社1999年5月出版。包含《唐诗三百首》《唐宋词三百首》《元曲三百首》《宋诗三百首》《古诗三百首》5册,注释准确精到,评语风雅隽永,每册配图百幅,图文精美,诗境画趣,相映生辉。

《门槛》 孙颙著。上海文艺出版社1999年5月出版。小说和《雪庐》《烟尘》为三部曲,回顾知识分子家族史、描绘当代知识分子的境况及知识分子对新世纪的迷惘与困惑。作者试图以这三部长篇小说来为父辈和自己做一个小结。2005年,《雪庐》《烟尘》《门槛》三部曲结集成册,以“知识分子的一个世纪”为主题重新出版。

《俄国文学批评史》 刘宁主编。上海译文出版社1999年5月出版。以史论结合的方式概括论述了18世纪到20世纪30年代俄国文学批评史的发展过程,详细阐述这一过程中各种思潮、流派、团体出现的前因后果,各种争论的内容和背景,各种观念、主张的基本含义。

《中国诗学》 汪涌豪、骆玉明主编。东方出版中心 1999 年 5 月出版。分 4 卷系统介绍中国诗学的发展演变及相关文化知识。第 1 卷介绍两千多年以来中国诗歌的发展史略;第 2 卷人物传略收入中国诗学发展史上 200 多位代表人物,诗歌流派介绍重要流派 90 多个;第 3 卷主要介绍先秦至现代的诗学著述及有关的研究作品;第 4 卷诗歌形式介绍诗歌的各种体裁、格式和技巧。

《汽车城》 殷慧芬著。上海文艺出版社 1999 年 9 月出版。反映上海轿车产业成为 20 世纪 90 年代上海新的支柱产业的艰难坎坷历程,真实细腻地刻画了上海俊友汽车公司艰辛的成长历程,讴歌了几代中国人为圆轿车梦所付出的泪水和辛劳。

《英国文学通史》 侯维瑞主编。上海外语教育出版社 1999 年 9 月出版。以历史进程为顺序,以文学体裁的演化为框架,以流派运动的转换为线索,记述公元六七世纪的英国口头文学至 20 世纪 80 年代前后英国文学的发展演变,介绍各种文学体裁的发轫和成熟,阐述各种文学流派的更迭和交融。

《海明威文集》 〔美〕海明威著,陈良廷、蔡慧、鹿金、林疑今、吴劳、汤永宽等译。上海译文出版社 1999 年 12 月出版。分《短篇小说全集》(上册)、《短篇小说全集》(下册)、《岛在湾流中》《危险的夏天》《有钱人和没钱人》《太阳照常升起》《永别了,武器》《丧钟为谁而鸣》《死在午后》《伊甸园》《过河入林》《非洲的青山》《春潮·老人与海》《不固定的圣节》《第五纵队·西班牙大地》和《曙光示真》,共 15 种 16 卷。

《闲话中国人》 易中天著。上海文艺出版社 2000 年 1 月出版。作者随笔体学术著作中国文化系列之一。在对中西文化研究中,作者从中国几千年文化积淀里,对中国人生活现象进行系统研究,从具体到抽象,从抽象到具体,努力发掘文化内核,给予理论阐述,于细微处阐发中国文化的要旨。

《新编美国文学史》 刘海平、王守仁主编。上海外语教育出版社 2000 年 5 月出版。按照美国文学发展的 4 个阶段分为 4 卷,时间跨度从北美印第安传统文学一直讲述到 20 世纪结束。覆盖广度增加了包括华裔美国文学在内的各少数族裔文学。在叙述形式上,各卷主撰邀请多位同仁根据各自的研究角度分写某些章节,使读者能在一个基本连续的历史述说中倾听不同的声音,接触不同的视角。

《押沙龙,押沙龙!》 〔美〕威廉·福克纳著,李文俊译。上海译文出版社 2000 年 7 月出版。小说讲述美国南方一个家庭从 1860 年到 1910 年左右所经历的激烈的分崩离析的故事,深刻表现了人与人、人与自己内心的种种冲突,触及与人类境遇有关的诸多带普遍性的问题。叙述方式独特,书中人物从不同的角度,带着不同的主观感情"解释"过去,体现出整部作品的悲剧格调。

《黄河边的中国》 曹锦清著。上海文艺出版社 2000 年 9 月出版。通过对黄河边一些乡镇和村落的观察,以日记形式,实证考察、记录了改革开放中的一段"中原信史",将"三农"问题纳入中国社会现代化进程的大视野中予以考量,并梳理了农村亟待解决的问题和出路。

《大雅村言》 李国文著。东方出版中心 2000 年 10 月出版。收入作者近作 45 篇,其中《义和拳百年祭》《苏东坡戒诗》等对一些有代表性的历史事件、人物作了重新审视,所抒发的观点发人深省;《犹太人悔》《吹的学问》等对文坛不正之风进行有力抨击;《丫环漫谈》《屁股的功能》等鞭辟入里剖析社会丑恶现象。此外,《永远的〈红楼梦〉》《重读〈范进中举〉》等解读古典文学名著,所揭示的道理具有启迪意义。

《大漠祭》 雪漠著。上海文化出版社 2001 年 1 月出版。小说以河西走廊为背景,描写以老顺一家为代表的西部农民物质匮乏、精神贫瘠的生活画面,以及西部农民对命运的勇敢抗争、对美好生活的不懈追求。

《红色康乃馨》 陈心豪著。上海文艺出版社2001年2月出版。小说描述一家大型国有钢铁企业以亿万巨款收购了一个海外钢铁基地,仅一年半时间就宣告破产,巨额国有资产离奇流失。仅仅是决策失误引起的破产吗? 由此引出一连串触目惊心的案件。小说贴近现实生活,情节跌宕起伏,悬念丛生。

《革命烈士遗文大典》 郝铭鉴、胡惠强主编。上海文化出版社2001年6月出版。收入1921年中国共产党诞生到1949年新中国成立,为民族革命和解放事业牺牲的301位烈士留下的诗歌、散文、书信、日记、对联等。每位烈士名下包括小传、遗文、写作背景、注释等内容及相关的照片,均以中国革命博物馆馆藏及研究资料为据,准确、翔实、可靠。

《柯灵文集》 柯灵著。文汇出版社2001年7月出版。文集共6卷,近300万字,荟萃柯灵不同时期创作的小说、散文、剧本等作品,反映了柯灵一生创作的风貌。

《英国小说批评史》 殷企平、高奋、童燕萍著。上海外语教育出版社2001年9月出版。将英国小说批评史分成萌芽时期、成熟时期、繁荣时期和反思时期四个时期,勾勒出英国小说理论批评史全貌。作者对"真实""现实主义""叙事教读"等概念的内涵进行深入研究,就小说许多基本的理论问题提出了自己的见解,体现出中国学者自主研究的特点。

《我的视觉日记:旅德生活十五年》 王小慧著。学林出版社2001年9月出版。作者自传性纪实文学,主要讲述她的亲身经历及由此引出的人生思考,穿插了一些她自己的摄影作品。

《我为歌狂》 曾炜、解嬿嬿著。上海人民出版社2001年7月出版。校园青春小说,反映校园生活及流行音乐、流行乐队、流行歌手的喜怒哀乐和青年生活中所欠缺而又热切渴望追求的感情生活。

《山居笔记(新版)》 余秋雨著。文汇出版社2002年1月出版。收入作者1992年至1994年创作的11篇文章,主要是对中华文化中不少超越具体遗迹的整体性难题的访谈,如对于政治功业和文化情节的互相觊觎和生死与共,对于稀有人格在中华文化中断绝的必然和祭奠的必要等。

《天使的指印》 〔加拿大〕南茜·休斯顿著,郑大民译。上海译文出版社2002年2月出版。小说借助于一个热烈的也是悲剧性的婚外恋故事,表现人性深处对爱的渴望,探索和反映了历史事件如何影响人们的生活和命运,探讨如何从法律与道德两个不同角度来理解犯罪以及什么是高层次的纯真无邪等问题。

《魔鬼与普里姆小姐》 〔巴西〕保罗·科埃略著,周汉军译。上海译文出版社2002年4月出版。与《维罗妮卡决定去死》《我坐在彼得拉河畔,哭泣》并称为作家的"七日三部曲"。以维斯科斯村镇为背景,通过维斯科斯的居民对金钱、权力、生与死的考验,向世人展示了一个发人深思的社会变革活动的缩影。

《民国诗话丛编》 张寅彭主编。上海书店出版社2002年12月出版。分6册汇辑37种重要或稀见的民国诗话著作,进行标点、校勘,反映了民国期间诗歌研究、评论的面貌与成就。

《苹果酒屋的规则》 〔美〕约翰·欧文著,刘国枝译。上海译文出版社2002年12月出版。小说讲述年轻人荷马的成长经历:荷马生活在孤儿院,孤儿院医生将自己的医术悉数传授给荷马。但荷马却向往医术之外的东西,跟随坎蒂及男友华力来到观海苹果园工作。二战爆发,华力奔赴战场,荷马与坎蒂坠入爱河。但面对从战场上残废归来的华力,他们只能选择分手。

《许寿裳文集》 倪墨炎、陈九英编。百家出版社2003年5月出版。许寿裳是中国现代文化史上有影响的教育家和学者,也是权威的鲁迅传记专家。编者潜心搜集相关文本,作了大量编纂、校勘、注释工作,不仅恢复了许寿裳不少作品的本来面目,还收入一些其生前未曾出版的专著,彰显了学术、文献价值。

"近代上海文学系年丛书" 胡晓明主编。上海教育出版社 2003 年 7 月出版。分《近代上海词学系年初编》《近代上海散文系年初编》《近代上海诗学系年初编》《近代上海戏曲系年初编》四种,以资料形式反映近代上海(1840—1919)文学发展的历史行程。

《法国文学史》 郑克鲁编著。上海外语教育出版社 2003 年 11 月出版。编写给中国人看的《法国文学史》,从中世纪一直叙述到 20 世纪末。作者熟悉各种版本《法国文学史》,了解各种研究方法和各个批评流派的观点,善于吸取行之有效的分析方法。作者大学和研究生毕业以后,没有放弃过法国文学研究,这部《法国文学史》是其大半生研究成果的结晶。

《笑忘录》 〔法〕米兰·昆德拉著,王东亮译。上海译文出版社 2004 年 1 月出版。作者移居法国后创作的第一部长篇小说,包含各种形式的文学体裁——历史叙述、寓言、随笔、哲学沉思等,它们与故事情节连接在一起,表现了昆德拉对人类普遍生存困境的关怀,也展现着他独特的政治和哲学思考。

《法国诗选》 程曾厚译。复旦大学出版社 2004 年 8 月出版。选译法国文学史上公认的 134 位诗人的代表作 388 首,从第一首法文诗到 20 世纪诗人阿波利奈尔的诗作,并附有诗人简介和诗歌题解和注释,基本上反映了法国诗歌的全貌。

《清园近作集》 王元化著。文汇出版社 2004 年 8 月出版。作者 20 世纪末 21 世纪初文化研究作品文集,包括《人文精神与二十一世纪的对话》《生命、人文和政治文明》《中国文学古今演变研究略谈》等,为作者晚年学术思想代表作之一。

《第六只手指:白先勇散文集精编》 白先勇著。文汇出版社 2004 年 11 月出版。分四辑收入文章 35 篇。第一辑为散文、论文,包括《第六只手指》《惊变》等。第二辑为书评,包括《秉烛夜游》《香港传奇》等。第三辑包括《〈现代文学〉的回顾和前瞻》《〈现代文学〉创立的时代背景极其精神风貌》等。第四辑为访谈,包括《与白先勇论小说艺术》《白先勇与青年朋友谈小说》等。

《遍地枭雄》 王安忆著。文汇出版社 2005 年 5 月出版。小说以全新视角讲述生活在城乡接合部的上海男孩韩燕来的故事,反映了位于社会底层的都市边缘人的抗争与宿命。

《兄弟》 余华著。上海文艺出版社 2005 年 7 月出版。小说分上下两册,围绕李光头和宋钢这对难兄难弟的成长历程,讲述他们所遭遇的苦难和欢乐以及刘镇所发生的诸多变迁,书中对现实生活的刻画,激起很多同时代经历者的共鸣。

《心是孤独的猎手》 〔美〕卡森·麦卡勒斯著,陈笑黎译。上海三联书店 2005 年 7 月出版。小说讲述以聋哑人辛格为核心和四个小人物之间的故事,他们都有着自己的想法和追求,可是却不被身边的人所明白与理解。小说主旨凸显了孤独是绝对的,最深切的爱也无法改变人类最终极的孤独。绝望的孤独与其说是原罪,不如说是原罪的原罪。

《野火集》 龙应台著。文汇出版社 2005 年 8 月出版。收入作者当年 27 篇"野火"文字,并有回忆当年每篇文字发表后的背后故事,一则则都有时代痕迹。作者还邀请了海内外最具代表的 19 位华人作家如柏杨、余秋雨等撰文,或追忆或评析走过野火时代的台湾。

《〈寒夜〉手稿珍藏本》 巴金著。上海文艺出版社 2005 年 10 月出版。《寒夜》是巴金创作的最后一部长篇小说,手稿由巴金捐赠给北京图书馆(现国家图书馆)。现存手稿中第 56 页整页缺失,第 57 至 62 页有部分破损,手稿最后部分即全书第 26 章至尾声遗失。为保证作品的完整性,珍藏本用《寒夜》首次在《文艺复兴》上发表的文本印刷体补齐。

《20世纪中国古代文学研究史》 黄霖主编。东方出版中心2006年1月出版。分7卷对20世纪中国古代文学研究的历史发展、演变规律、民族特点等进行全面的梳理和总结。第一卷为总论卷，其他各卷为诗歌卷、词学卷、散文卷、小说卷、戏曲卷、文论卷。

《唐人轶事汇编》 周勋初主编。上海古籍出版社2006年4月出版。从唐、五代、两宋人所著杂史、传记、故事、小说中辑录有关唐、五代人物事迹汇编而成，以时代先后为序，以人为目。全书收入近2 700人，引用书目近300种，是包罗最广的唐人轶事汇编，文字经过校勘，并附索引。

《追风筝的人》 ［美］卡勒德·胡赛尼著，李继宏译。上海人民出版社2006年5月出版。小说讲述关于人性的背叛与救赎的故事。12岁的阿富汗富家少爷阿米尔与仆人哈桑情同手足，然而在一场风筝比赛后，发生了一件悲惨的事，阿米尔为自己的懦弱感到自责和痛苦，逼走了哈桑。成年后，阿米尔为赎罪再度踏上离别20多年的故乡，却发现一个惊天谎言，儿时的噩梦再度重演。

《我的名字叫红》 ［土耳其］奥尔罕·帕慕克著，沈志兴译。上海人民出版社2006年8月出版。小说以一件发生在伊斯兰世界的谋杀案件作为故事主轴，以貌似侦探小说的结构性线索展开故事，讲述了一段古老的奥斯曼艺术史的往事，呈现给读者的是关于"文明冲突"的理性思考以及关于全球化语境中人类文明发展趋势的历史性解读。

《洛丽塔》 ［美］弗拉基米尔·纳博科夫著，主万译。上海译文出版社2006年8月出版。俄裔美国作家纳博科夫流传最广也最有争议的一部作品，绝大部分篇幅是死囚亨伯特的自白，讲述一个中年男子和一个未成年少女的畸恋故事，反映了人性的复杂性和多面性。

《全宋文》 曾枣庄、刘琳主编。上海辞书出版社2006年8月出版。收文17万余篇，作者近万人，字数约1亿字，内容遍及文学、艺术、历史、哲学等各个方面，分装360册，是篇幅最大、字数最多的断代文章总集，也是新中国完成的规模最大的古籍整理项目。

《山高水长：回忆父亲聂荣臻》 聂力著。上海文艺出版社2006年10月出版。从女儿的视角描写父亲的一生，既展现了聂荣臻元帅戎马倥偬的光辉岁月和为国防科技的发展鞠躬尽瘁、殚精竭虑，也描写了聂荣臻元帅作为丈夫、慈父的普通人情感。

《品三国》 易中天著。上海文艺出版社2007年4月出版。央视《百家讲坛》名牌栏目《品三国》图书版续篇，基本囊括了作者在《百家讲坛》讲三国的24集内容，以故事说人物，以人物说历史，以历史说文化，以文化说人生，比电视播出的内容更加丰富。

《挪威的森林》 ［日］村上春树著，林少华译。上海译文出版社2007年6月出版。小说讲述汉堡机场的一曲忧郁的《挪威的森林》，复苏了主人公渡边感伤的20岁记忆：娴静腼腆、多愁善感的直子，是他动情倾心的女孩，甚至在她花蚀香销之后，仍令他无法忘怀；神采飞扬、野性未脱的绿子，是他邂逅的情人，即使是他山盟已定之时，也觉得她的活力难以抗拒。

《稼轩词编年笺注(增订本)》 （宋）辛弃疾撰，邓广铭笺注。上海古籍出版社2007年6月出版。《稼轩词编年笺注》20世纪50年代问世后蜚声海内外。增订本对全书的笺注与编年作了大幅度的修改、调整，补充了大量具有学术价值的文字资料与研究心得，体现了最新的学术成果。

《西部羊皮书：小说系列》 陈忠实等著。东方出版中心2007年8月出版。收入陕西作家陈忠实的《关中风月》、四川作家阿来的《格拉长大》、青海作家风马的《羊皮开门》，为读者勾画出一个个真实丰满的西部人物形象，展现了关中、青藏高原特色浓郁的山川日月、风土人情。

《玄奘西游记》 钱文忠著。上海书店出版社2007年9月出版。根据百家讲坛同名电视讲座节目内容改编出版，讲述在1 300多年前玄奘渡过流沙，越过葱岭，跋涉千山万水。历经17个寒暑，走遍印度各国，为交流学术、增进学养及留学归来后收徒讲学、主持译述的事迹。

《人生漫谈》 季羡林著。文汇出版社 2007 年 11 月出版。收入作者在《新民晚报》副刊"夜光杯"发表的几十篇散文。这些文字按照作者自己的话说："我经常考虑和回忆过去的事情，研究和观察眼前的事。我的心是一面镜子，明亮照见众生相。"不仅是作者个人一生的写照，也是其坚守信仰、敢说真话的代表作。

《历代文话》 王水照编。复旦大学出版社 2007 年 11 月出版。所收内容主要以论评古文为主，亦酌情选取论评骈文、时文之集成性著作，按著者生卒年之先后排列。收书均作提要，介绍著者简历和主要版本情况。各书底本大多选取精刊精校之善本。附录日本学者所撰评论中国古代文章的文话，并附《知见日本文话目录提要》。

"白玉兰文学丛书" 王安忆、孙颙主编。东方出版中心 2008 年 1 月出版。精选新时期以来 15 位海派作家的长篇代表作，以经典呈现的方式集中展现新时期以来上海文学的历史发展和变迁。有王安忆的《长恨歌》、叶辛的《蹉跎岁月》、白桦的《每一颗星都照亮过黑夜》、赵长天的《不是忏悔》、陈村的《从前》、孙甘露的《呼吸》、王小鹰的《丹青引》、竹林的《女巫》、程乃珊的《金融家》、沈善增的《正常人》、蒋丽萍的《女生·妇人》、阮海彪的《死是容易的》、树棻的《末路贵族》、陆星儿的《痛》、胡万春的《苦海小舟》。

《惊天地 泣鬼神：汶川大地震诗钞》 赵丽宏、吴谷平主编。华东师范大学出版社 2008 年 6 月出版。收入汶川地震中情牵魂绕的诗篇 130 余首和一线记者拍摄的震撼人心的图片 100 余幅，展示受灾群众，尤其是孩子们坚强与天灾作斗争的勇气，记录国家领导人、人民子弟兵、白衣天使、志愿者及社会各界齐心抗震救灾的动人场景。

《渡边淳一自选集》 ［日］渡边淳一著，陆求实、高培明、杜勤、李重民、沈玲、马洪月、刘宗和等译。文汇出版社 2008 年 6 月至 2010 年 12 月陆续出版。自选集共 21 种，既有《紫阳花日记》《白色猎人》《冰纹》等畅销作品，也有获日本文学最高奖——直木奖的《光与影》。

《中国现代分体诗歌史》 吴欢章主编。上海大学出版社 2008 年 7 月出版。依据诗歌体裁，分别从抒情诗、叙事诗、讽刺诗、儿童诗、民歌、旧体诗词和诗歌形式演变诸方面全方位地论述中国现代诗歌的发展历程，探索了各种诗体发展的特殊艺术规律，借以对中国诗歌发展提供启示。

《中西戏剧比较论稿》 蓝凡著。学林出版社 2008 年 12 月出版。作者用比较研究的方法，将以中国戏曲为代表的东方戏剧（包括日本、印度等戏剧）和欧洲话剧为代表的西方戏剧作为东西方戏剧的两大基本系统和戏剧形态，进行平行、缺类、题材及历史比较的研究。

《水在时间之下》 方方著。上海文艺出版社 2008 年 12 月出版。小说描写一个唱汉戏的女艺人"水上灯"的传奇人生。经过与多舛的命运殊死对抗，她如愿以偿地成为汉剧舞台上最灿烂的明星，然而人生的恩怨纠葛，是是非非，最终使她选择退出舞台，隐没在人海中，在街头里巷赡养自己曾经最痛恨但在时间长河里折磨得毫无人形的仇人。

《长街行》 王小鹰著。上海文艺出版社 2009 年 1 月出版。小说以上海一条马路的变迁反映时代和社会的发展，全景式展现几代人曲折动荡的生活轨迹和命运遭际，揭示了上海独特的文化积淀。作者精心运用细节刻画人物性格，情感描写流畅自如细腻动人，上海方言更增添了作品浓郁的海派韵味，读来赏心悦目。

《只要心儿不曾老》 王蒙著。文汇出版社 2009 年 3 月出版。收入作者从 20 世纪 90 年代初开始在《新民晚报》副刊"夜光杯"发表的散文和诗词 100 余篇，作品时间跨度长，反映作者晚年所思所想。

《与"鬼"为邻》 萨苏著。文汇出版社 2009 年 4 月出版。作者在日本生活、工作 9 年中观察日本和日本人最真切的笔录,描写中国人在日本和日本人来中国的际遇,作者在日本的工作体验以及日本政坛人物和政治运作,配有近百幅图片,记录了日本社会的世相百态。

《金性尧全集》 金性尧著。百家出版社 2009 年 5 月出版。共 9 卷,收入作者生前出版的合集 2 部、专集 22 部,包括《边鼓集》《横眉集》《星屋小文》《风土小记》《文抄》《炉边诗话》《闲坐说诗经》《夜阑话韩柳》《清代笔祸录》《清代宫廷政变录》《六宫幽灵》《亡国之君》《奸佞春秋》《清宫掌故》《伸脚录》《不殇录》《饮河录》《土中录》《一盏录》《三国谈心录》《闭关录》《唐诗三百首新注》《宋诗三百首》《明诗三百首》。

《近代文学批评史(中文修订本)》 〔美〕雷纳·韦勒克著,杨自伍译。上海译文出版社 2009 年 9 月出版。分 8 卷论述从 1750 年到 1950 年跨度长达 200 年的西方各国文学批评的历史,资料丰富,大处着眼,小处着手,把一部常人想来艰涩难懂的理论专著写得深入浅出,颇多幽默风趣之处。

《蛙》 莫言著。上海文艺出版社 2010 年 1 月出版。小说通过讲述从事妇产科工作 50 多年的乡村女医生姑姑的人生经历,在形象描述国家为了控制人口剧烈增长、实施计划生育国策所走过的艰巨而复杂的历史过程的同时,塑造了一个生动鲜明、感人至深的农村妇科医生形象。

《柏杨家书》 柏杨著。文汇出版社 2010 年 12 月出版。选录台湾作家柏杨和女儿佳佳持续八年的两地家书,以及信中写给女儿的一则叫做"小棉花的故事"的童话,是一部关于心灵、关于成长、关于人生的读本,读者"管中窥豹",撕开台湾生活一角。

《清代诗文集汇编》 清代诗文集汇编编纂委员会编。上海古籍出版社 2010 年 12 月出版。收入从清军入关到中华民国建立 260 余年间重要人物的诗文集约 4 000 种,为修撰清史、研究清史、开发利用清代文化资源提供了大量足资参考的原始文献资料,很多善本、稿本、抄本、孤本均为首次面世。

二、艺术

《宋人画册》 上海博物馆、上海人民美术出版社编。上海人民美术出版社 1979 年 11 月出版。收入上海博物馆珍藏宋代绘画中的纨扇和册页 60 幅,题材广泛,风格多样,其中山水、人物、花鸟、草虫等俱备,兼及工笔、写意、青绿、设色、水墨等各种表现技法,从中可以窥见宋代绘画丰富多彩的艺术风格。

《鲁迅与书籍装帧》 上海鲁迅纪念馆、中国美术家协会上海分会、上海人民美术出版社编。上海人民美术出版社 1981 年 8 月出版。书中所辑图版,分正图和附录两部分。正图以书籍装帧的不同艺术特色选印 64 幅,各按原书设色予以复印,以反映鲁迅在书籍装帧方面的风貌。另将鲁迅的著作、译作、辑录编校的书籍、画册和刊物等封面图版 98 幅以出版时间先后为序,列为附录。并选辑了鲁迅对书籍装帧的有关论述 29 则。茅盾题签,钱君匋作序。

《中国新兴版画五十年选集 1931—1981》 中国新兴版画五十年选集编辑委员会编。上海人民美术出版社 1981 年 9 月出版。为纪念鲁迅诞生 100 周年而编辑出版的大型画集,入选 1931 年中国木刻运动兴起到 1980 年的 242 位作者的 438 幅作品,江丰作序,力群、李桦、王琦撰写《中国新兴版画五十年》概述,并附刊《中国新兴版画五十年大事记》、画家简历及有关木刻运动的历史图片。

《萝轩变古笺谱》 吴发祥辑。上海书画出版社 1981 年 9 月出版。萝轩变古笺谱由明代吴发祥天启六年(1626)刻于金陵,为中国彩色木版水印现存最早的刻本,1963 年在浙江西部发现,后由上海博物馆珍藏。1981 年由朵云轩木版水印复制成笺谱,郭绍虞作序,谢稚柳作跋,上海博物馆、朵云轩作后记。

《上海博物馆藏明清折扇书画集》 上海博物馆藏编。上海人民美术出版社 1983 年 8 月出版。收入明代绘画 76 帧、法书 24 帧,清代绘画 40 帧、法书 10 帧。分为四册,三册为书画扇面图版,每册 50 帧,原色原大精印;另一册为目录、释文说明、作者小传、英文等文字资料。作品涵盖绘画、书法各个流派,大抵反映了明清两代书画的艺术风貌。

《中国陶瓷》 中国陶瓷编辑委员会编。上海人民美术出版社 1983 年 9 月至 1994 年 2 月出版。包括《定窑》《广东陶瓷》《景德镇彩绘瓷器》《石湾窑》《越窑》《长沙铜官窑》《广西陶瓷》《唐三彩》《福建陶瓷》《宜兴紫砂》《景德镇民间青花瓷器》。每卷有彩色图版约两百幅,并有 2 万字左右的文章介绍各窑口的发展历史和艺术特点。

《书法自学丛帖》 上海书画出版社编。上海书画出版社 1983 年 12 月至 1986 年 6 月出版。出版较早、影响广泛、学书者印象深刻的书法临习读本,附有"临习须知"和"书法欣赏",介绍书法基础和书法欣赏等九个方面的知识。

《杂花图卷》 上海书画出版社(朵云轩)1983 年印制。图卷复制明代画家徐渭的水墨写意长卷《杂花图》,纵 30 厘米,横 1 053.5 厘米,作牡丹、石榴、荷花、梧桐、菊花、南瓜、扁豆、紫薇、紫藤、芭蕉、梅花、水仙、竹子等花卉蔬果十数种,历时 4 年半制作完成,为当时木版水印复制最长的一幅手卷。

《中国美术全集》 中国美术全集编委会编。上海人民美术出版社、上海书画出版社承担部分分册的编辑出版任务,1984 年至 1989 年陆续完成。全集按美术门类以年代为序结合专题汇编,其中古代部分 60 册,每册包括彩色图版 200 幅、论文和说明文字约 5 万字,以汉英两种文字出版。上海人民美术出版社和上海书画出版社编辑出版了《敦煌壁画》《敦煌彩塑》《明代绘画》《明代书法》《清代绘画》《清代书法》《画像石画像砖》和《版画》等分册。

《吴昌硕作品集》 西泠印社、上海人民美术出版社编。上海人民美术出版社 1984 年 4 月出版。作品集分《绘画编》和《书法篆刻编》两册,收入从各地公私收藏的吴昌硕作品中精选绘画 139 幅、书法 58 件、印章 730 方,全部彩色精印,并有潘天寿、王个簃、张振维的介绍文章。

《中国成语故事(连环画合订本)》 上海人民美术出版社编。上海人民美术出版社 1984 年 5 月出版。收入成语故事 500 则,每则约 10 幅画面,形象地说明每一成语的来龙去脉,介绍历史和语文知识。每条成语注明出处,摘引原文并解释意义,知识性、趣味性、艺术性并重。

《郑板桥书画月历》 郑板桥画。上海书画出版社 1984 年出版。挂历由皇历、日历、年画逐步演变而来,是历书与绘画相结合的艺术品,20 世纪 80 年代曾风靡国内。这本月历选取"扬州八怪"代表人物郑板桥的 13 件书画精品,有一定的艺术观赏价值。

《中国工艺美术史》 田自秉著。知识出版社(沪)1985 年 1 月出版。比较详尽、系统地阐述中国各种工艺美术的历史沿革和发展,分析不同时期的艺术特色、制作工艺,史料丰富,并附有详尽的图录。

《中国画学全史》 郑午昌编著,黄保戊校阅。上海书画出版社 1985 年 3 月出版。作者按时代先后,对各代的绘画从概况、画迹、画家、画论等方面作了系统介绍,详述各家师承和演变关系,是一部研究中国画发展的画学全史。

《黄宾虹画集》 浙江人民美术出版社、上海人民美术出版社合编。上海人民美术出版社 1985 年 5 月出版。画集收入黄宾虹代表作品 100 多幅。其山水画元气淋漓,墨华飞动,浑厚华滋,意境深邃,偶作花鸟虫草,亦奇崛有致。

《丁丑劫余印存》 沈叶青、童辰翊编。上海书店1985年9月出版。分上下两册汇辑明代文徵明、文彭父子至清达受、赵莲等273家印人的印作1900余方,收入的均为流传有绪的精品,是一部以作品形式呈现的简明明清篆刻史。

《十竹斋书画谱》 胡正言辑选。上海书画出版社1985年9月出版。中国早期木版彩印卷帙浩繁的精品,一函十六册,明代胡正言于1644年刻于金陵。1985年9月朵云轩木版水印复制出版。首印300部,编号发行。

"中国画技法入门丛书" 陆俨少、钱行健等编绘。上海书画出版社1986年2月出版。共50册,按国画入门的传统学画步骤来编写,在形式上采用了图解式编排,既有基本画法和步骤,又有作品示范,每一画辑分门别类介绍动植物的结构、种类,或工笔,或写意动态等画法,为初学者学习或临摹提供方便。

《梅兰竹菊画谱》 《艺苑掇英》编辑部编。上海人民美术出版社1986年3月出版。画谱精选自宋至清的历代画家作品600余幅,按时代先后编排,工笔、写意、设色、水墨各种表现方法和风格流派俱全。并附画家小传、画法图例,以及浅显易懂的画论和历代咏梅兰竹菊的诗篇。

《辽宁博物馆藏画》 杨仁恺、董彦明编。上海人民美术出版社1986年3月出版。画册收入辽宁博物馆馆藏绘画作品中具有代表性的作品83件,包括东晋顾恺之(传)《洛神赋图》、五代董源《夏景山口待渡图》、北宋李成《茂林远岫图》、元王蒙《太白山图》等,每幅图版均有简略文字说明,附英文前言、目录及图注说明。

《艺术创造工程》 余秋雨著。上海文艺出版社1986年7月出版。根据作者的课堂讲稿整理,主要论述艺术创作实践。作者一反以往不少艺术理论专著的结构框架,以开放的眼光、诗意的语言,探寻艺术活动的创造性,并力求贴近艺术家的具体创作实践展开论述,把思想化为形象,把论说语言变成艺术语言,既有思想的深刻性,又有艺术的感染力。

《斋藤清版画选集》 莫测、马克编。上海人民美术出版社1986年9月出版。选录日本当代版画家斋藤清1938年至1984年间创作的版画,包括彩色版88幅、黑白版20幅,有强烈的个性风格和浓郁的乡土气息。并附斋藤清生平、年表及编后小记。

《赵元任音乐作品全集》 赵如兰编。上海音乐出版社1987年5月出版。收入赵元任创作的音乐作品132首,包括其早年学生时代配以钢琴伴奏的中国民歌和器乐曲;20世纪20年代创作的、广为流传的抒情曲;抗战时期所作的爱国歌曲;儿童教育、大众教育的歌曲;专门为学校、社团和运动会写作的歌曲以及一些从未发表过的家庭儿童合唱歌曲等。

《沙孟海书法集》 沙孟海著。上海书画出版社1987年10月出版。收入沙孟海书法篆刻珍品100多件,其中不少是精品,从中可以感受书家在各个不同时期的风格衍变和艺术发展历程。

《中国历代法书墨迹大观》 谢稚柳主编。上海书店1987年10月出版。大型书法丛集,共18卷,收入从殷周到近代约3000年的法书精华,以及近年在日本发现的王羲之《妹至帖》、在台湾发现的李邕《出师表》以及甲骨、简牍、帛书、壁画上留下的不知名书法家的精彩墨迹。

《蔡元培画传》 蔡建国编。上海人民美术出版社1988年1月出版。画传以翔实的资料,分五个部分图文并茂地介绍了蔡元培为民族独立、民主自由奋斗的业绩。

《董其昌画集》 (明)董其昌绘。上海书画出版社1989年5月出版。画集收入明朝书画家董其昌传世的部分绘画作品。作为史论合一、开风气先的历史人物,董其昌在中国绘画史上褒贬不一、毁誉无定,但他的画作在流派纷呈年代,取得了超越古人的艺术成就,对明末清初的中国画坛影响甚大。

《真的感悟》　朱立元、王文英著。上海文艺出版社 1989 年 7 月出版。多学科结合系统探讨艺术真实的存在方式,建构探索艺术真实的立体理论构架,并用类型分析的方法,打破将艺术真实划一化和仅限于现实主义叙事艺术的传统习惯观念,指出艺术真实既是一切艺术的普遍要求,而在不同类别的艺术中,又具有不同的形态和特点,揭示艺术真实的多样性和各类别艺术真实性的独特性。

《中国美术分类全集》　中国美术分类全集编辑委员会编。上海人民美术出版社、上海书画出版社承担部分分册,1990 年起陆续出版。全集涵盖 5 大门类 30 个分类,收入中国从新石器时代至 20 世纪 90 年代的绘画、雕塑、建筑、书法和工艺美术方面数万件优秀作品,共 302 卷。上海人民美术出版社、上海书画出版社分工编辑了陶瓷全集、玺印篆刻全集等。

《艺术史:史前至现代》　〔法〕热尔曼·巴赞著,刘明毅译。上海人民美术出版社 1989 年 4 月出版。从世界范围阐述艺术作品的著作。作者是卢浮宫博物馆总馆长、法国艺术史专家。他以渊博的学养、生动的文笔叙述艺术史实、介绍艺术知识,从原始艺术至当代艺术、东西方的艺术成就都有涉猎。

"中国民族音乐大系"　东方音乐学会编,陈应时、刘国杰、李民雄、连波、黄允箴执笔。上海音乐出版社 1989 年 9 月—1991 年 11 月出版。全面介绍中国传统音乐文化的大型系列丛书,展现中国不同民族、不同地区音乐的表现手法、气质和形态特征,按音乐体裁分 5 卷:古代音乐卷、戏曲音乐卷、民族器乐卷、曲艺音乐卷、歌舞音乐卷。

《贵州傩面具艺术》　贵州省艺术研究室、上海人民美术出版社编。上海人民美术出版社 1989 年 10 月出版。从贵州众多的傩面具中选出部分精品汇编成册,率真、自由、质朴的造型和浑厚凝重的色彩效果构成一个和谐统一的整体,具有较高的艺术欣赏和学术研究价值。

《中国舞蹈发展史》　王克芬著。上海人民出版社 1989 年 10 月出版。论述中国舞蹈艺术自原始社会至明清时期产生、发展、传承、变异的历史轨迹,展现中国舞蹈艺术在不同历史时期的风貌、成就和艺术特色,引征的大量文献典籍和考古发现新成果,清晰地反映了中国舞蹈艺术的精华。

《朱屺瞻百岁画集》　朱屺瞻著。上海人民美术出版社 1990 年 3 月出版。画集收朱屺瞻晚年水墨画精品百幅,所绘山水、花卉无不精绝,雄浑、厚实、沉着、劲健的画风,体现了中国绘画的阳刚之美。

《中国书法大字典》　范韧庵、李志贤、蔡锦宝、张锦春等编著。上海书画出版社 1990 年 5 月至 1995 年 1 月出版。汇集中国历史上各个时期具有代表性的碑、铭、帖,共收书法字体 16 万多字,是书法创作、研究的史料,也是辨识、规范文字的实用工具书。

《中国画历代名家技法图谱》　上海书画出版社编。上海书画出版社 1990 年 9 月出版。中国画技法集大成画谱,以中国画名家经典原作,以图为主,作局部示例并作简要讲解和技法分析。分山水篇、花鸟篇、人物篇共 21 册。

《萧友梅音乐文集》　陈聆群、齐毓怡、戴鹏海编。上海音乐出版社 1990 年 12 月出版。为纪念上海音乐学院创始人萧友梅逝世 50 周年而出版的学术论著,收入萧友梅 1907 年以来的音乐著述 56 篇,展示其对于旧中国音乐的深刻思考。

《上海博物馆藏四高僧画集》　谢稚柳主编。上海人民美术出版社 1990 年出版。选取上海博物馆所藏的弘仁、髡残、八大、石涛四僧最具有代表性作品 94 件精印,每件作品均有详细解说,并附谢稚柳论研究四僧艺术生命的文章。

《新疆石窟·吐鲁番伯孜克里克石窟》　新疆维吾尔自治区博物馆编。上海人民美术出版社、新疆人民出版社 1990 年出版。画册收入吐鲁番伯孜克里克石窟壁画 212 幅，局部精彩部分放大。书后有专家研究伯孜克里克石窟的建筑和形旨、壁画布局、内容和绘画技法、古代回鹘人的衣冠服饰以及洞窟的分期和时代等诸问题的文章。

《西藏艺术》 西藏自治区文联编。上海人民美术出版社 1991 年 3 月出版。本画册分绘画、雕刻、民间工艺 3 卷。绘画卷选印的壁画、唐卡和喇嘛玛尼布画内容包括佛像、本行故事、经变故事等；雕刻卷收入各种木雕、铜雕、石雕、泥陶塑的佛像、神兽神禽，以及反映征战、狩猎等活动的浮雕；民间工艺卷载有服饰、配饰、编织、祭器、供品、面具和环境装饰工艺等多种类型的器物。每卷都有 200 多幅图版，并由汉、藏专家分别撰文评述西藏艺术的特点、渊源，以及与内地、外域的汲取和借鉴关系。

《港台海外藏历代法书作品集》 上海书画出版社编。上海书画出版社 1992 年 1 月出版。收入海外藏中国历代书法作品，以台湾地区以及欧美、日本的藏品为主，按书家出生年代编次，第一集晋唐、第二集宋、第三集宋、第四集宋元、第五集元明。每集后附有书家小传、法帖、流传、简介及草书释文。

《中国民间艺术》 顾森、龚继先主编。上海人民美术出版社 1992 年 5 月出版。画册按绘画、剪刻、织绣、编扎、埏烧、塑作和雕镂七个门类进行编选和撰文，书中的 1 000 多幅图版展示了民间艺术品的多姿多彩，反映了中华各民族古风习俗和民族性格。

《江寒汀画集》 李卓云、鸿飞编。上海人民美术出版社 1992 年 7 月出版。画集收入当代花鸟画家江寒汀的花鸟作品 121 幅，其中扇面 12 幅，另有两帧为画扇骨，编排用心，印刷精美。

《中国书画全书》 卢辅圣主编。上海书画出版社 1992 年 10 月至 2000 年 12 月出版。囊括中国自先秦至清代的书画专著 400 余种，计 2 400 万字，历代重要的书画理论思维成果得以全面系统呈现。

《四王画集》 上海书画出版社编。上海书画出版社 1992 年 10 月出版。清初王时敏、王鉴、王翚、王原祁（合称"四王"）的作品专集，收入故宫、上海、南京、浙江、常熟等博物馆所藏的具有代表性的精品，立轴、册页、手卷等形式俱全，彩色精印，后附每件作品图法。同时出版《四王画集》和《清初四王画派研究》论文集。

《中国四大古典小说连环画》 严绍唐、李铁生、赵仁年、刘斌昆、杨秋宝等绘。上海人民美术出版社 1993 年 3 月出版。连环画约请名家精心编绘，规模庞大，质量上乘，其中《三国演义》五册，8 000 多幅画面。《红楼梦》二册，2 000 多幅画面。《西游记》二册，2 000 多幅画面。《水浒传》三册，3 000 多幅画面。

《明清名家书法大成》 上海书画出版社编。上海书画出版社 1993 年 5 月出版。收入明清两代书法家以及其他名人的书法精品。图版以彩色、黑白版精印，书后附作品详细著录如尺寸、质地、藏家、释文、书家传略等。

《故宫博物院藏画》 上海人民美术出版社、故宫博物院编。上海人民美术出版社 1993 年 12 月出版。画册选印自顾恺之到吴昌硕的历代名家绘画精品 100 件，按作品和作者的时代先后编排，附有作品和作者的简要介绍，另附英译文的前言、目录和作品简介。

《徐竹初木偶雕刻艺术》 徐竹初著。上海人民美术出版社 1994 年 2 月出版。收入木偶雕刻艺术徐竹初创作并珍藏的近百件木偶雕刻珍品，既有传统名剧的名角，又有神话传说中的神仙、魔怪，神态各异，生动传神，让人一睹木偶雕刻艺术的精华。中英文对照。

《清代瓷器赏鉴》 钱振宗主编。上海科学技术出版社 1994 年 9 月出版。收集上海文物商店的清瓷藏品，并酌收上海博物馆的部分珍贵清瓷，附有专家瓷器辨伪经验谈。

《中国文物精华大全》　国家文物局主编。上海辞书出版社 1995 年 1 月出版。学术性与艺术性相结合的工具书，撰稿人均为国家级文物专家，收入的 5 000 余件藏品是从 10 万余件国家一级文物中精选出来的，在各地发掘、收藏、研究成果的基础上，发挥专家、学者的主导作用，体现了学术与艺术的完美结合和权威性。

《中国，我可爱的母亲（总谱）》　陆在易作曲，赵丽宏、张鸿西作词。上海音乐出版社 1996 年 10 月出版。混声合唱队与交响乐队而作的音乐交响诗总谱，陆在易作曲，歌词选自赵丽宏同名长诗（其中第一乐章的大部分取自于张鸿西词作的《可爱的中国——方志敏之歌》），用自白形式反映了方志敏矢志不渝的坚定信念及对党和人民的热爱。

《中国玉器赏鉴》　薛贵笙主编。上海科学技术出版社 1996 年 11 月出版。分欣赏篇、鉴辩篇、资料篇三篇，收入各类古玉 300 余件，并辅以说明文字，图文并茂，介绍各种玉器的特征和鉴别要点，编写特点是以民间藏品为主，强调以鉴为主，欣赏为辅，是一部比较实用的玉器鉴赏入门书。

《宋元明清书画家传世作品年表》　刘九庵编著。上海书画出版社 1997 年 1 月出版。分以纪年、纪时、事略、备考四大目编年，收入宋元明清时代书画家近 4 000 人的生卒、年岁、重要事略、传世作品及资料来源、作品藏处等。另辑入民国和新中国时期（截至 1996 年 9 月）书画家生卒、年俗及参考资料出处。

《中国艺术大展作品全集》　中国艺术大展组委会编。上海书画出版社 1997 年 7 月出版。为庆祝香港回归而编辑出版的中国近现代艺术名家作品集，分中国画卷、油画卷、版画卷、雕塑卷、名家卷、张大千卷、齐白石卷、黄宾虹卷、林风眠卷、刘海粟卷、徐悲鸿卷、潘天寿卷、艺术设计卷、主体创作卷、水彩粉画宣传画卷共 15 卷。

《陈洪绶》　翁万戈编著。上海人民美术出版社 1997 年 8 月出版。画册共分 3 卷：上卷为文字篇，收入 9 篇论文，论述陈洪绶的生平和绘画、书法、诗文艺术，并对其作品进行分析、鉴定，卷后附有陈洪绶书画、款印、编年表，共 30 余万字，附插图 160 余幅，款印 660 余方；中卷为彩色图版篇，入编作品 330 余幅；下卷为黑白图版篇，入编作品 320 余幅。

《贺绿汀全集》　《贺绿汀全集》编委会编。上海音乐出版社 1997 年 11 月出版。分 6 卷，收入贺绿汀创作的歌曲、大合唱、电影音乐、话剧配乐、音乐戏剧、独奏、管弦乐等不同体裁的音乐作品，以及涉及内容与形式、政治与艺术、生活与技巧、创作与批评、继承与借鉴、传统与创新、教学与研究等各方面的文章、专著和评论，反映了贺绿汀为中国音乐事业作出的贡献。

《世界绘画珍藏大系》　张少侠主编。上海人民美术出版社 1998 年 1 月出版。选自各时期代表画家的优秀作品，题材涉及宗教、神话、历史、肖像、风景、静物等，共 20 卷，分文艺复兴时期绘画（2 卷）、巴罗克绘画（3 卷）、罗可可绘画（1 卷）、新古典主义绘画（1 卷）、浪漫主义绘画（2 卷）、现实主义绘画（2 卷）、俄罗斯绘画（1 卷）、英国绘画（1 卷）、印象派绘画（2 卷）、后印象派绘画（1 卷）、现代派绘画（4 卷）。每卷彩图 150 幅，附 1 万字专论。

《文徵明年谱》　周道振、张月尊纂。百家出版社 1998 年 8 月出版。反映明代画家、书法家、文学家文徵明一生的文学艺术成就。文徵明诗文书画无一不精，在画史上与沈周、唐伯虎、仇英合称明四家（吴门四家）。在诗文上与祝允明、唐寅、徐祯卿并称吴中四才子。

《走进新时代·中华百年歌典》　上海市委宣传部编。上海音乐出版社 1999 年 3 月出版。为庆祝新中国成立 50 周年而编选的大型歌曲典籍，收入近百年来深受广大群众喜爱的经典作品 500 首，其中既有百唱不厌、脍炙人口的经典作品，又有改革开放特别是 90 年代以来广泛传播的优秀新作,比较全面地勾勒出一个世纪以来中国歌曲创作发展史的轨迹和概貌。

《熊秉明文集》 熊秉明著。文汇出版社1999年6月出版。文集包括《诗与诗论》《书法与中国文化》《展览会的观念》《关于罗丹》4卷。作者中国传统文化作基础深厚,加上吸收西方文化精华,无论是人生哲学的体悟还是对艺术创作的实践,都贯穿东西方文化,融合了中国的人文精神。

《黄宾虹文集》 黄宾虹著。上海书画出版社、浙江省博物馆编。上海书画出版社1999年6月出版。共6册,收入黄宾虹的著作,分书画、评述、鉴藏、题跋、诗词、金石、书信、杂著等,从中可窥视作者在文学、史学、哲学等诸多方面的造诣和修养。

《大英博物馆藏古埃及艺术珍品》 陈燮君主编。上海画报出版社1999年6月出版。为《大英博物馆藏古埃及艺术珍品展》在上海博物馆展出时为配套出版的画册,由大英博物馆精选馆藏古埃及艺术珍品100件,展示公元前尼罗河文明3 000余年由盛而衰的历史过程。

《中华舞蹈志》 《中华舞蹈志》编辑委员会编。学林出版社1999年9月起出版。记述中华民族各民族舞蹈的历史起源、衍变风格、演出形式、音乐伴奏、服饰道具以及有关风俗节令、信仰礼仪、工艺美术、文献考古等文化史料,反映了中国各民族传统舞的基本面貌。全书依据全国的行政区域已出版云南、四川等16卷,以图文并茂的形式,使读者在得到第一手形象资料的同时,感受到不同地区浓郁的文化气息。

《中国京剧(新版)》 陈多等主编。上海古籍出版社1999年10月出版。精选400多出剧目的1 400多幅剧照,展现京剧艺术底蕴深厚、后继有人的前景。所选剧照体现当代京剧舞台艺术摄影的最高水平,部分珍贵照片首次公开发表,还特邀学者对京剧的美学特征作深入浅出的解说和精辟的点评,是一部具有很高美学价值的大型艺术画册。

《北山谈艺录》 施蛰存著。文汇出版社1999年12月出版。施蛰存金石碑版之学的代表性著作,分三编,有101篇文字,以谈艺小品文、金石专题杂文为主,一文配一图。可大致窥见施蛰存在文史方面的深厚学养。

《现代设计大系》 潘公凯、卢辅圣主编。上海书画出版社2000年7月至2003年12月出版。21世纪初中国设计领域中规模最大的系统性理论著述之一。由《设计造型基础》《工业与工业设计》《染织与服装设计》和《视觉传达设计》《环境艺术设计》五个分册构成,每一分册正文约40万字,图片约2 000幅。在内容构成上,分历史状况、设计原理和应用实践三部分。在体例上采用条目化的编撰方式。

《戴敦邦新绘全本红楼梦》 戴敦邦绘画,史良昭编文。上海古籍出版社2000年11月出版。出版史上首部完整的《红楼梦》彩绘大型画册,240帧美轮美奂的画面,绎展了感人肺腑的宝黛爱情悲剧,刻画了上自皇妃国公、下至贩夫走卒各色人物形象,以及园林建筑、贵族家庭生活细节等。

《唐乐古谱译读》 叶栋著。上海音乐出版社2001年5月出版。收入作者在唐乐古谱解译方面的主要论著和译谱,包括研究论著10篇,及《敦煌曲谱》、唐传《五弦琵琶谱》、唐传十三弦筝曲、唐大曲筝曲、《仁智要录·高丽曲》《三五要录》琵琶谱等译谱149首。

"中国历代名画点读丛书" 邓明、王克文、韧石、诸文进、胡海超编著。上海画报出版社2001年8月出版。丛书包括《百美图说》《百马图说》《百梅图说》《百松图说》等,精选历代名作,邀请专家对作者、作品(包括技法、文化背景)等进行启发性评点,审美价值和知识性兼顾。

《海上绘画全集》 上海书画出版社编。上海书画出版社2001年12月出版。配合海派绘画国际学术研讨会出版的大型画集,分五册。前四册收入19世纪中叶直至20世纪90年代活跃于上海画坛的340位名家的作品共800余幅;第五册为资料集,有近500位海上画家小传和海上画坛150

年(1840—1990)大事年表。

《朱践耳交响曲集》 朱践耳著。上海音乐出版社 2002 年 5 月出版。分 3 卷,收入作者 11 部交响乐作品,代表了中国现代专业音乐创作的最高成就,其中《交响幻想曲》《第二交响曲》获全国交响音乐作品一等奖,《第四交响曲》获 1990 年瑞士玛丽·何塞皇后国际作曲比赛大奖;交响诗《百年沧桑》1996 年获"迎接香港回归"音乐作品金奖;《第十交响曲》获 2002 年上海文学艺术优秀成果奖。

《设计指南(创意、版式、色彩)》 〔美〕吉姆·克劳斯著,许骅、顾斌等译。上海人民美术出版社 2002 年 6 月出版。分三册,用大量案例激发设计师的灵感。《创意设计指南》包括图形效果与字体编排处理;《版式设计指南》分为手册、海报、网页、广告、简报、页面、信笺;《色彩设计指南》含有 1 100 多种 CMYK 和 RGB 色彩组合方案,以动感、静感、流行、自然、柔和等进行分类,帮助设计师探索适用于不同媒体的色彩组合。

《振飞曲谱》 上海昆剧团编。上海音乐出版社 2002 年 8 月出版。分上下册,从俞振飞的生平舞台演出和清唱中精选 40 出昆曲曲谱,以简谱的形式逐字逐腔进行订定,此外还收入《习曲要解》《念白要领》等说明性文字,阐述俞振飞 70 多年来积累的经验,对习曲者如何掌握唱念要领很有益处。

《钱镜塘藏明代名人尺牍》 钱镜塘辑。上海古籍出版社 2002 年 9 月出版。收入钱镜塘历年收藏的明代李应祯、张弼、吴宽、沈周、文徵明、董其昌等 400 多位名人的尺牍精品,可作为明代书画尺牍鉴定的标准器。全书共 6 册,仿真精印,编号发行。

《晋唐宋元书画国宝特集》 故宫博物院、辽宁省博物馆、上海博物馆编。上海书画出版社 2002 年 12 月出版。为庆祝上海博物馆成立 50 周年举办的《晋唐宋元书画国宝展》展览的图录,收入故宫博物院、辽宁省博物馆、上海博物馆珍藏国宝级古代书画名迹 72 件,其中有东晋王珣的《行草书伯远帖》、王羲之的《行书上虞帖》、王献之的《行书鸭头丸帖》,隋展子虔《游春图》,唐欧阳询的《行书仲尼梦奠帖》、韩滉的《五牛图》,五代南唐时期顾闳中的《韩熙载夜宴图》和北宋张择端的《清明上河图》等。

《中国京剧衣箱》 刘月美著。上海辞书出版社 2002 年 12 月出版。中国第一部系统研究京剧传统服饰的著作,分彩匣子、梳头桌、盔箱、大衣箱、二衣箱、三衣箱、旗把箱、角色扮相、剧目等 9 章,每章均以图带文,图与文有机结合,剧目内容和服饰形式有机结合,从"静""动"两个方面表现京剧艺术的魅力。

《中国苏州评弹》 周良主编。百家出版社 2002 年 12 月出版。展示苏州评弹令人怀念的历史和令人赞叹的成就,书坛传真,当年盛况,名家风采,幕后花絮,历史遗痕,海外足迹,雪泥鸿爪,发人幽想。书中收入 500 余幅照片,编排图文并茂。

《三国演义连环画收藏本》 罗贯中原著,卢汶、徐正平等绘画,章程、杨兆麟等改编。上海人民美术出版社 2003 年 1 月出版。根据罗贯中《三国演义》改编、绘制,描绘了三国时代魏、蜀、吴封建统治集团之间的矛盾和斗争,反映了动荡不安的历史状况,塑造了众多栩栩如生的人物形象,从"桃园结义"至"三国归晋"共 6 000 多幅画,分 60 册。

《淳化阁帖最善本》 上海博物馆编。上海书画出版社 2003 年 8 月出版。中国书法丛帖之祖《淳化阁帖》(宋太宗淳化三年命翰林院侍书编次刻拓)全 10 卷中的第 4、6、7、8 卷,第 4 卷为初唐名家之作,其余 3 卷为书圣王羲之之作,是研究中国书法文献和艺术价值的重要文本。

《百年巴金——名家诗文书画手迹集藏》 上海大可堂文化有限公司编。上海文艺出版社 2003 年 11 月出版。用线装形式,收入叶圣陶、冰心、曹禺等老一辈大家及蒋子龙、陆文夫、陈思和等新一代精英计 50 余人为巴金题写诗文的手迹,同时收入了画家丁聪、戴明德、戎戈和王仲清等创作的有关巴金的画作。书末附"巴金年谱""巴金荣获的部分国际奖章、勋章及证书"等资料。

《宋拓郁孤台法帖》 《宋拓郁孤台法帖》编委会编。上海书店 2004 年 3 月出版。《郁孤台法帖》为南宋聂子述在绍定元年(1228)辑刻于江西赣州府赣县郁孤台,帖中题跋及释文由龚心钊补录,所收大都为宋一流书家作品,以苏、黄为主,作品皆为传世稀见之作。

《中国昆曲》 李晓著。百家出版社 2004 年 5 月出版。系统介绍中国昆曲的发源和演变的历史以及昆曲艺术的特色,收入约 500 幅珍贵的文物图片、剧照、戏画,展示中国昆曲的悠久历史、艺术成就及对后起剧种之影响。

《贺友直画三百六十行》 贺友直文、绘。上海人民美术出版社 2004 年 7 月出版。汇集贺友直创作以老上海老行当为题材的作品,画家以自己独有的历史记忆和内心感知把 20 世纪上半叶上海各行各业人物瞬间的典型和表情生动地描绘下来,又用口语化的文字为绘画增添背景素材,自写自画,颇见功力。

《中国昆曲精选剧目曲谱大成》 全国政协京昆室编。上海音乐出版社 2004 年 8 月出版。曲谱大成分 7 卷,精选了全国 7 家有代表性的昆剧演出院团在各个时期排演的重要优秀剧目,其中有被誉为"一出戏救活一个剧种"的《十五贯》,有获奖经典剧目《牡丹亭》《琵琶记》《蔡文姬》等,从中可以看到中国昆曲艺术的发展历程和绚丽风采。

《中国近现代美术史》 潘耀昌著。百家出版社 2004 年 8 月出版。以绘画为主兼涉及其他相关美术门类,不作一般编年史的陈述和个别艺术家的介绍,而是围绕与中国美术近现代特性相关的因素,如赞助机制、教育机制、传播交流机制和审美机制等方面的历史变化,解释近现代中国美术的历史演变,涉及艺术市场、艺术教育、艺术组织、艺术传播、学术交流、艺术思潮与美学、社会意识形态等方面,并通过与传统的比较,思索中国近现代美术史的一系列理论问题。

《大麦地岩画》 西北第二民族学院编。上海古籍出版社 2004 年 9 月出版。系统介绍和分析大麦地岩画及其产生发展的过程,对大麦地的文化遗址、遗存及自然地理作了综述。首次向世人展示了大麦地岩画的整体风貌,力求完美再现大麦地岩画的丰富精彩。

《歌剧〈原野〉(总谱)》 金湘作曲,莫大伟译。上海音乐出版社 2005 年 6 月出版歌剧。以曹禺话剧《原野》为蓝本作曲,由曹禺女儿万方编剧而创作的四幕歌剧总谱,收入歌剧《原野》的全部唱段和乐队间奏曲共 36 首(附中英文对照),音乐富有歌唱性和激情,融多种风格技法为一体。

《黄宾虹年谱》 王中秀编著。上海书画出版社 2005 年 6 月出版。以年谱形式动态、感性和多方位展现黄宾虹的艺术生活,是一部关于黄宾虹生平内容最多、最翔实可靠的编年谱录。

《锦绣文章——中国传统织绣纹样》 高春明著。上海书画出版社 2005 年 7 月出版。作者辗转全国近 30 个省、市数百家文博单位收藏机构以及民间藏家处,钩沉索隐,遴选出 1 200 余幅经典图照,系统而形象地展示了中国传统织绣工艺的发展状况和演变轨迹。

《红楼梦植物图鉴》 潘复俊著、摄影。上海书店出版社 2005 年 8 月出版。书中收入所有在红楼梦中出现过的植物共 242 种,从每回故事大纲说起,言简意赅剖析每种植物在故事中的运用技巧。800 多帧精彩摄影具体体现丰富多变、赏心悦目的红楼世界。

《当代中国城市雕塑·建筑壁画》 于美成著。上海书店 2005 年 10 月出版。论述中国改革开放以来城市雕塑、建筑壁画发展、演变的历史过程,重点放在大城市,同时兼顾一些中小城市的环境艺术状况。作者总结城市雕塑、建筑壁画发展的成功经验和存在问题,探讨了 21 世纪中国城市雕塑、建筑壁画发展的前景。

《**中国清代官窑瓷器**》　南京博物院编。上海文化出版社 2006 年 1 月出版。从南京博物院 20 多万件宫廷收藏的清官窑瓷中遴选出 400 多件(套)典型藏品,通过 1 000 多幅实物彩照再现了清代官窑瓷器在装饰与造型上的最完美的结合,展示了中国各类瓷器的釉彩发展和创新而走向极致的盛况,并通过专家权威鉴定解说、点评,为巅峰时期的中国瓷器艺术作了精辟诠释。

《**肖邦钢琴全集(波兰国家版)(第一辑)**》　〔波〕扬·艾凯尔编订,朱建中、王嘉、伍维曦等译。上海音乐出版社 2006 年 4 月出版。由波兰肖邦音乐研究专家扬·艾凯尔主持编订,分为《叙事曲》《练习曲》《即兴曲》《玛祖卡舞曲 A》《夜曲》《波奈兹舞曲 A》《前奏曲》《回旋曲》《谐谑曲》《奏鸣曲》《圆舞曲 A》《钢琴作品合集 A》《大波洛奈舞曲》13 册。

《**环球经典名曲导读**》　环球唱片集团 DG 唱片公司提供版权。上海文艺音像电子出版社 2006 年 5 月和 2007 年 4 月先后出版第一集和续集。全套导读由 40 张金碟和 40 本精美手册组成,汇集 34 位各个时期大作曲家和他们的近 130 部经典代表作品,是欣赏古典音乐的入门曲目,也是了解这些大作曲家的必听作品。

《**朱践耳管弦乐曲集**》　朱践耳著。上海音乐出版社 2006 年 6 月。曲集共 4 册,收入作曲家管弦乐代表性作品总谱手稿 14 部,附激光光盘,其中《欢欣的日子》原名为《翻身的日子》,1953 年为电影配乐而作,是作者早期中唯一被收入的乐队作品,从中可以了解作者创作起步时期的状态。另一部《南海渔歌》组曲是 1965 年为民族舞剧《南海长城》而作,2003 年改编,旋律保持原貌。

《**插图的故事**》　黄裳著。上海书店出版社 2006 年 6 月出版。关于明清(以明代刻本为主)木刻版画旧作的结集,收入明清插绘共 30 幅,每幅配有一篇札记加以说明。这些木刻版画旧作除具有较高的艺术性外,还记录了当时的风俗民情,包括日常生活、家用器物到社会面貌、时代风习。

《**蒋月泉流派唱腔集**》　上海评弹团编。上海文艺出版总社、百家出版社 2006 年 9 月出版。蒋月泉谈艺录、唱腔曲谱、相关的研究和赏析文章及其流派传人的回忆文章汇编,比较全面地介绍了蒋月泉流派艺术。

《**二十世纪音乐的和声技法**》　〔德〕瓦尔特·基泽勒著,杨立青译。上海音乐学院出版社 2006 年 10 月出版。作者为德国的作曲家暨音乐理论家。他从西方当代音乐各个创作流派不同的人文背景及音乐传承关系出发,对近一个世纪以来西方当代音乐中和声思维发展的脉络进行了较为全面的考察和梳理。

《**上海图书馆藏明清名家手稿**》　上海图书馆编。上海古籍出版社 2006 年 11 月出版。汇编明祝允明《艳体诗册》、文徵明《诗文稿》、丰坊《南禺书画目》、陆治《孔子家语考证》、刘宗周《重修绍兴府儒学记》、倪元璐《倪文贞书画合璧卷》、清姜宸英《苇间诗稿》、王士禛《王文简公说部原稿》、惠栋《明堂大道录》等学者手稿本 120 多种,书信 200 余通,分专著编和书信编两部分。

《**海派代表书法家系列作品集**》　上海市书法家协会编。上海书画出版社 2006 年 12 月出版。吴昌硕、沈曾植、李叔同、沈尹默、王蘧常、来楚生、潘伯鹰、白蕉、谢稚柳、陆俨少分卷画册,介绍 10 位艺术家的书法艺术成就,为研究海派书法艺术的发展提供了一份翔实、完整、系统的文本。

《**上海电影 100 年**》　陈文平、蔡继福编著。上海文化出版社 2007 年 3 月出版。回望上海电影 100 年走过的道路,上海电影曾有过辉煌的过去,在世界影坛也占有一席之地。进入 21 世纪,上海电影事业将面临更加严峻的考验。

《**陆在易合唱曲集(总谱)**》　陆在易作曲。上海音乐学院出版社 2007 年 5 月出版。曲集收入陆在易创作的多种体裁的音乐作品,其中合唱及艺术歌曲创作成就最为卓著。作曲家创作各种类型的合唱曲 200 多首(部),受到广泛欢迎,一再重版,并在海内外不断上演。

《新世纪中国舞蹈文化的流变》 金浩著。上海音乐出版社 2007 年 9 月出版。通过对舞蹈创作领域中出现的新现象、新变化和新焦点的梳理、分析,探究各个舞种在新世纪如何完成对传统文化的传承,如何打通理论与实践之间的通道,以及如何应对艺术市场发展机遇等问题。

《中国古代美术史纲》 张长虹著。上海大学出版社 2007 年 12 月出版。分 10 个部分,介绍了史前美术、夏商周青铜器艺术、春秋战国时期的美术、秦汉时期的美术、魏晋南北朝的美术、隋唐时期的美术、五代两宋辽金美术、元代美术、明代美术、清代美术等内容。

《美国视觉传达完全教程》 [美]威廉·瑞恩、西奥多·柯诺瓦著,忻燕译。上海人民美术出版社 2008 年 4 月出版。图像编辑新手的入门书,作者用一种新的视觉语言,告诉读者视觉领域中的设计原理、设计组织、设计的字体、摄影、色彩和其他重要的要素、掌握其中的要领,懂得图形对话的原理、历史和要素,并与这一领域中的杰出人物密切交流。

《昆曲汤显祖"临川四梦"全集:纳书楹曲谱版》 汤显祖著,周雪华译谱。上海教育出版社 2008 年 8 月出版。由出身于梨园世家又师从音乐理论家周大风和昆剧表演艺术大师周传瑛的周雪华根据周传瑛和俞振飞的遗愿,把《纳书楹曲谱》汤显祖"临川四梦"全集的工尺谱译成简谱,并插入角色和念白,成为有唱有白口的完整全本。

《崇善楼书系》 王壮弘著。上海书店出版社 2008 年 10 月出版。由碑帖鉴定大师王壮弘毕生著述编成,分 6 种:《碑帖鉴别常识》《崇善楼笔记》《六朝墓志检要》(与马成名合著)、《帖学举要》《艺林杂谈》,都与碑帖鉴赏相关。

《神奇秘谱乐诠》 吴文光释谱。上海音乐出版社 2008 年 11 月出版。通过对明宁献王朱权花 12 年功夫编纂的中国第一部大型琴谱专集《神奇秘谱》的打谱整理与发掘研究,使汉魏到宋元各个时期的 64 首大小琴曲成为五线谱和减字谱相对应的乐谱,有利于古琴及传统音乐的研究和传播发展。

《中国花鸟画通鉴》 卢辅圣主编。上海书画出版社 2008 年 12 月出版。共 20 册,以图文映照方式进行专题阐述,全面系统展现中国花鸟画的价值内涵及发展轨迹。

《中国秦腔》 苏育生著。百家出版社 2009 年 3 月出版。对作为中国古老戏剧之一的秦腔进行研究,分秦腔概论、秦腔的孕育和形成、秦腔的发展、秦腔的成熟、秦腔的改良和秦腔的繁荣与振兴等章节,书中资料丰富,史论结合,反映了新时期秦腔研究的成果。

《新编世界名曲欣赏》 杨民望编著。上海音乐出版社 2009 年 5 月出版。介绍德国、奥地利、法国、意大利、英国、美国、西班牙、瑞士、比利时、苏联、波兰、匈牙利、捷克斯洛伐克、罗马尼亚、挪威和芬兰等 16 个国家 82 位作曲家的 350 多部作品,让读者能通过具体的交响音乐作品系统了解一个国家的交响音乐发展过程。

《二胡协奏曲 10 首》 王永德编。上海音乐学院出版社 2009 年 7 月出版。收入 10 首用钢琴伴奏的二胡作品,大多为协奏曲。这些曲目均是改革开放 30 年来创作的作品,历经海内外舞台的实践与检验,受到音乐工作者和爱好者肯定。

《哈琼文》 哈琼文绘。上海人民美术出版社 2009 年 8 月出版。画册选取哈琼文创作及与他人合作的大部分宣传画以及油画、水彩画 150 余幅,反映了 20 世纪 50 年代至 90 年代中国不同历史时期的政治、经济的各项方针政策和画家在这些时期的绘画风格和艺术探索。

《画眼》 吴冠中著。文汇出版社 2010 年 7 月出版。收入作者 171 幅画和相关的 171 篇创作谈随笔,由作者本人审定、作序,一文一画,全彩印,附图录(画名、尺寸、年份和收藏者信息),形式新颖,内容独到。

《怀袖雅物：苏州折扇》　赵羽主编。上海书画出版社 2010 年 7 月出版。详细记载"苏扇"历史沿革、制作工艺和扇面艺术的大型书籍,分"通释""扇骨""扇刻""扇面""苏州竹人录·文抄"5 卷,图文并茂,全面展现了明清以来折扇的历史沿革、材质、造型、雕刻技艺、制作工艺、扇面艺术等。

《藏传佛教艺术发展史》　谢继胜主编。上海书画出版社 2010 年 12 月出版。国内第一部藏传佛教艺术通史性著作,图文并茂地介绍藏传佛教艺术,并将藏传佛教艺术放在中国多民族文化相互依存与共同发展交融的背景下加以总体把握,揭示了中华民族文化自古以来多元一体,水乳交融的格局。填补藏传佛教艺术研究的一项空白。

《中国原生态舞蹈文化》　巫允明著。上海音乐出版社 2010 年 12 月出版。介绍中国原生态舞蹈与民俗研究成果,分析中国部分民族地区原生态舞蹈产生的渊源、历史,所处的生态环境和人文背景及形成各类"原生态舞蹈"的民族与群体。分上下两卷,上卷描写"人神沟通"的祭祀仪式类舞蹈,下卷讲述生活习俗类舞蹈。

《中国舞蹈通史》　刘青弋主编,孙景琛、彭松、王克芬等著。上海音乐出版社 2010 年 12 月出版。系统、完整的中国舞蹈史学通史类著作,代表中国舞蹈史学通史研究方面的成就,分先秦卷、秦汉卷、魏晋南北朝卷、隋唐五代卷、宋辽西夏金元卷、明清卷、中华民国卷(上、下)、古代文物图录卷 9 卷。

三、语言、文字

《修辞学发凡》　陈望道著。上海教育出版社 1979 年 7 月出版。把存在于汉语语文中的种种修辞方法、方式以及运用这些方法、方式的原理原则加以系统阐释,并指明它的发展趋向。在阐释和说明中,引用了丰富、适切的白话和文言的例证,是中国第一部有系统的兼顾古话文今话文的修辞学著作。

《汉语诗律学(增订本)》　王力著。上海教育出版社 1979 年 11 月出版。把汉语诗律方面的一般知识和比较高深的专门知识及自己的研究成果糅合在一起,分为两个部分:导言阐述了韵语的起源及其流变,平仄和对仗,句式和语法等有关知识、规律;本论分 5 章,分别叙述近体诗、古体诗、词、曲、白话诗和欧化诗。

《马氏文通读本》　吕叔湘、王海棻编。上海教育出版社 1986 年 6 月出版。对《马氏文通》版式作了调整,对原书中引例不当或解释错误未经前人指出的内容逐章逐节加以注释。导言介绍了《马氏文通》的语法体系,并酌加评论。

《吕叔湘自选集》　吕叔湘著。上海教育出版社 1989 年 8 月出版。收入作者自选的文章 48 篇,36 万字,时间跨度从 1942 年到 1987 年,内容既有专题研究,又有对语文修养和语文教学的论述,反映了作者的学术成就和学术思想。

《上海市区方言志》　许宝华、汤珍珠主编。上海教育出版社 1988 年 11 月出版。用现代语言学方法编写的上海市区方言志,有关上海市区的语音、词汇、语法、语料收集比较完备,重点是词汇部分,列举上海市区方言独特的词和熟语 8 000 余条,分类编排,查检方便。

《玉篇校释》　胡吉宣校释。上海古籍出版社 1989 年 9 月出版。南朝梁顾野王所著《玉篇》是继《说文解字》的又一部重要字典,原本在中国已经亡佚,通行的是唐宋人修订的简本。20 世纪初,在日本发现唐写本《玉篇》残卷,字头下释文字数要比通行本多出十倍甚至几十倍。校释以通行本为基础,加进新发现的原本内容,并从中日古辞书中辑出大量《玉篇》原本文字,是最详备的《玉篇》

校注本。手稿影印,附四角号码索引。

《当代吴语研究》 钱乃荣著。上海教育出版社 1992 年 9 月出版。在对吴语 30 多个代表地点作详细调查,获得大量语料基础上写成的,详细介绍吴语各地的音系、连读调和 2 000 多个字音、近千条词语及语法例句和标音举例等。

《甲骨文文字学》 李圃著。学林出版社 1995 年 2 月出版。继《甲骨文选注》后的又一部甲骨文专著,着重探讨殷商甲骨文字的本体系统,对甲骨文字的形成、性质特点、构字要素、造字法、表示法、结构类型及文辞用字等作了系统的有创见的论述。

《尚书文字合编》 顾颉刚、顾廷龙辑。上海古籍出版社 1996 年 1 月出版。搜集不同字体的传世《尚书》20 余种,有汉熹平石经、魏正始石经、敦煌写本多种、日本古写本,殿后者为唐开成石经,即今本《尚书》的祖本,为《尚书》原始文献最集中最齐全的合编本。书后附考订文章及藏本题跋等。

《世界文字发展史》 周有光著。上海教育出版社 1997 年 4 月出版。以时间顺序为主线,用通俗的语言叙述字母的历史演变和文字的发展,构架明了。分 3 卷:原始文字时期,古典文字时期,字母文字时期。绪论对世界文字发展史作宏观鸟瞰,简要介绍全书布局,为提纲挈领的导读。

《韵图考》 潘文国著。华东师范大学出版社 1997 年 9 月出版。介绍古代韵图的产生与发展、早期韵图的结构排列方式、"等韵"以及其他基本等韵学概念,是一本关于中国古音韵学专著。书中复原了一个唐代古音图,对中国古音韵学的研究发展具有重要价值。

《古文字诂林》 古文字诂林编纂委员会编,李圃主编。上海教育出版社 2000 年 4 月至 2005 年 8 月出版。分 12 卷,辑录历代学者对上自殷商下讫秦汉的甲骨文、金文、古陶文、货币文、帛书、简牍文、玺印文和石刻文八种古文字考释成果,约 1 万多个字头,考释资料总量约 1 000 万字,为百年来中国古文字考释研究成果的集大成者。

《上海博物馆藏战国楚竹书》 马承源主编。上海古籍出版社 2001 年 11 月出版。收入上海博物馆藏战国楚竹书 80 余种,包括原存书题 20 余篇,涉及历史、哲学、宗教、文学、音乐、文字、军事等内容,分为 10 册,每册由竹书彩色全图、文字放大彩色版、释文、诸本校勘和考证部分组成,集中了上海博物馆乃至国内外的有关研究成果。

《楚文字编》 李守奎编著。华东师范大学出版社 2003 年 12 月出版。楚文字识读字形工具书,论述在漫长的使用过程中,楚文字形体结构、记录词义、书写风格等方面形成的与他系文字有显著区别的特征。

"汉字构形史丛书" 王宁主编,郑振峰等著。上海教育出版社 2005 年 4 月至 2007 年 7 月出版。丛书为研究汉字构形史的专著,分为 8 册:《甲骨文字构形系统研究》《春秋金文构形系统研究》《战国东方五国文字构形系统研究》《东汉碑隶构形系统研究》《魏晋行书构形系统研究》《隋唐五代碑志楷书构形系统研究》《宋代雕版楷书构形系统研究》《云居寺明刻石经文字构形系统研究》。

"外教社认知语言学丛书" 沈家煊主编。上海外语教育出版社 2006 年 2 月起出版。丛书涉及语法、句法、语义、语用等,反映中国外语学界介绍、阐释、研究认知语言学的现状和水平,截至 2010 年底已出版 9 种。

《甲骨文校释总集》 曹锦炎、沈建华主编。上海辞书出版社 2006 年 12 月出版。总集校释的基础为海内外已正式发表的 9 种甲骨著录,包括《甲骨文合集》《甲骨文合集补编》《小屯南地甲骨》《英国所藏甲骨集》《东京大学东洋文化研究所藏甲骨文字》《怀特氏等收藏甲骨文集》《天理大学附属天参考馆甲骨文字》《苏德美日所见甲骨集》及最新的《殷墟花园庄东地甲骨》。同时,作者依据拓本及各家所作的释文,多重校勘,在原作者释文基础上逐字逐片校对,并吸收学术界最新研究成果,其中与《甲骨文合集》《甲骨文合集补编》释文有很大差异,重释部分多达三成。

《中古汉字流变》 臧克和主编。华东师范大学出版社 2008 年 12 月出版。首次以数据库原理和便捷检索方式聚合《说文解字》《原本玉篇残卷》《篆隶万象名义》《宋本玉篇》等重要字汇完整形音义信息,并与魏晋南北朝隋唐五代石刻等实物用字相比较,反映汉字基本资源及其发展层次。

《上海博物馆藏甲骨文字》 上海博物馆编。上海辞书出版社 2009 年 1 月出版。甲骨大型资料集,收入上海博物馆所藏全部甲骨计 70 余批、5 000 余片,以现代书印艺术介绍甲骨来源、征集、著录情况,对以往著录失联的甲骨正、反、臼,书中均予以匡正,凡过去甲骨墨拓不全者也完形刊布,为研究甲骨提供极大便利。

《清华大学藏战国竹简(壹)》 清华大学出土文献研究与保护中心编,李学勤主编。中西书局 2010 年 12 月出版。收入《尹至》《尹诰》《程寤》《保训》《耆夜》《金縢》《皇门》《祭公》和《楚居》等九篇文献,为学术界所争论的一些焦点话题提供了具有说服力的第一手材料。

四、历史、地理

《中国通史纲要》 白寿彝主编。上海人民出版社 1980 年 11 月出版。中国通史的古代史部分,作者精炼概括了从远古时代到 1911 年中华民国成立清皇朝灭亡的数千年的历史变革和进程,并展开分析和论述,既系统全面,又言简意赅。全书共分四章,内容涉及历朝历代的政治、经济、军事、思想、科技、文化等。

《徐霞客游记》 (明)徐弘祖著,褚绍唐、吴应寿整理。上海古籍出版社 1980 年 11 月出版。以乾隆本与过去从未刊刻过的原始抄本为底本,内容较解放前出版的通行本丰富翔实,增补了近年发现的新资料,与《徐霞客游记人名地名索引》合编成册,为前所未有的完整本。

《世界人口地理》 胡焕庸、张善余编著。华东师范大学出版社 1982 年 9 月出版。分 7 章对世界人口地理的一些热点问题及若干重要国家的人口地理进行了深入研讨,着重阐述了世界人口发展过程和人口现象的空间表现形式及其在各大洲和各国之间的主要分布差异,分析了世界范围人口与经济、资源、环境的协调发展,及人类可持续发展的前景。

《朱生豪传》 吴洁敏、朱宏达著。上海外语教育出版社 1983 年 6 月出版。记述莎士比亚戏剧翻译家朱生豪从少年时代到走上社会,后矢志译莎,以殉道者的精神将自己满腔热血和生命奉献给祖国翻译事业的一生。

《中国历代服饰》 上海戏曲学校中国服装史研究组编著。学林出版社 1984 年 4 月出版。综合各种正史、野史、笔记中的有关记载和各地博物馆提供的服饰实物,以及陶俑、壁画、彩塑、石雕、砖刻、名画等,按朝代分别论述各时期的服饰特点与演变过程以及与经济、政治、军事、思想、文化等方面的密切关系。全书图版 800 幅,其中彩色图 250 幅,有大量实物照片,还有近百幅精致的服装展示图,复原了历代服饰的优美的样式、色彩和纹样。

《新编中国史话》 郭伯南、刘福元著。上海人民出版社 1984 年 3 月出版。原以日文在《人民中国》月刊连载,后由上海人民出版社和日本讲谈社分别以中文和日文同时出版发行。作者注重运用新的史料再现一个个重要的历史事件,生动介绍中华 5 000 年悠久历史和灿烂文明。

《京杭运河巡礼》 鞠继武、潘凤英编著。上海教育出版社 1985 年 4 月出版。介绍世界上最长一条人工开凿的河道——京杭大运河的历史和现状,以及有关地理、历史、人文等方的情况,详述京杭大运河各段河道的开挖历史和变迁,反映运河沿岸的地理风光,名胜古迹和建筑成就。

《中国制度史》 吕思勉著。上海教育出版社 1985 年 5 月出版。对中国历史上重要的社会经济制度和政治制度,诸如农工商业、财产、钱币、饮食、衣服、宫室、婚姻、宗族、国体、政体、户籍、赋役、征榷、官制、选举、兵制、刑法等,作了概括而系统的论述。

《历史研究》 〔英〕汤因比著,曹未风等译。上海人民出版社 1986 年 8 月出版。全面阐述文明(即文化)的起源、生长、衰落、解体的原因和机制,研究新旧文明的交替继承,作者以一个历史学大师的冷静和道德观回答了人类文明的前途与命运,破除了欧洲中心论及其单一历史线性发展的史学观,在西方历史哲学著作中具有广泛影响。

《华阳国志校补图注》 (晋)常璩撰,任乃强校注。上海古籍出版社 1987 年 7 月出版。包含中国西南地区从远古到东晋咸康五年(339)的历史、地理内容。校注者引用近百种重要古典文献中的资料,凸显了《华阳国志》的学术价值。

《鲁迅辑校石刻手稿》 鲁迅博物馆编。上海书画出版社 1987 年 7 月出版。收入鲁迅 1916 年至 1918 年所辑校的自汉魏至隋唐的历史碑铭、造像、墓志等 700 余种作品,根据碑文订正各家金石著录之误,并详例碑阴、碑侧及后人刻于石上的跋文而书写的手稿,为研究古代石刻文字提供了宝贵资料。

《统计发展史》 陈善林、张浙编著。立信会计出版社 1987 年 9 月出版。系统和全面阐述古代社会的统计活动、封建社会的统计实践、国势学派、政治算术学派、概率论和统计学的结合、"统计时代"的凯特勒、社会统计学派、生物统计学派、农业实验学派、经济统计学的发展、抽样调查的发展、数理统计学的发展等内容。

《走出中世纪》 朱维铮著。上海人民出版社 1987 年 12 月出版。作者研究晚明至晚清的思想文化及历史问题的随想、杂文及发表于学术刊物上的短论、学术会议上的论文汇编而成,论说晚明至晚清"中国社会的确在酝酿一种不同往常的变化,一种明显脱离中世纪旧轨的变化"。

《历代职官沿革史》 陈同著。华东师范大学出版社 1988 年 3 月出版。介绍中国数千年来职官制度的主要内容。从各历史时期的社会需要,到行政机构设置,再到具体官职的设立,均详加叙说,并以朝代之序为线索,逐一梳理其发展脉络,征引古今典籍百余种,翔实全面,融会贯通。

《桂林岩溶》 朱学稳著。上海科学技术出版社 1988 年 3 月出版。反映地质矿产部岩溶地质研究所对桂林岩溶峰林地貌与洞穴方面的研究成果,精选 346 幅彩色照片和 37 幅插图,7 万多字,图文并茂介绍了桂林地区岩溶峰林地貌的特征、基本类型、发育模式、洞穴及其大小形态、次生化学沉积物的成因与类型划分等,并列出桂林一批重要的洞穴资料。

《历史与现实》 胡绳著。上海三联书店 1988 年 3 月出版。作者文章的结集,内容包括论五四新文化运动中的民主和科学;关于中国近代史研究的若干问题;辛亥革命的历史意义;关于如何深入进行太平天国历史研究的一些想法;马克思主义和中国国情;关于爱国主义的历史教育;纪念韬奋逝世 40 周年等。

《中国历代货币大系(先秦货币)》 马飞海总主编、汪庆正主编。上海人民出版社 1988 年 4 月出版。收入先秦货币(包括铸范)图版 4 343 件,有大量先秦时代政治、经济、文化和人民生活的历史文物和实物资料,可以看到早期具有东方文化特征的中国货币体系,为研究中国货币史和钱币学等提供了比较系统的科学数据。

《中国古代工业史》 祝慈寿著。学林出版社 1988 年 10 月出版。以历史时代为经,以工业部门为纬,运用大量的历史文献和考古资料,系统考察从旧石器时代到鸦片战争的中国古代手工业发展的历程,从中找到了中国古代手工业起源、发展和演变的道路,并介绍了中国古代工艺技术从粗趋精的过程及取得的成就。

《中国历代妇女妆饰》 周汛、高春明著。学林出版社、香港三联书店 1988 年 1 月出版。大型的精美画册,以 15 万字、600 幅(彩色 450 幅、黑白 150 幅)图片向读者展示数千年来中国女性的妆饰风貌,分发饰、首饰、冠饰、面饰、耳饰、颈饰、手饰、服饰、腰饰、足饰 10 类 30 个专题,形象而具体地介绍了历代妇女从头到脚的装饰。

《中国历代名人图鉴》 苏州大学图书馆编著。上海书画出版社 1989 年 9 月出版。从上古至清末历史人物图像中选择影响较大、形象较清晰、有一定代表性的 1 133 人编辑成书,为教学、科学研究提供历史人物的直观资料,也可用作艺术工作者人物造像创作的参考和借鉴。

《中国印刷史》 张秀民著。上海人民出版社 1989 年 9 月出版。关于中国印刷术发展的专著,阐述了各个时代的刻书地点、刻印的方法、刻本内容、版本特色以及刻工印工的生活和事迹;对版画、年画、报纸、纸币,以至印刷所用的各种物料如纸、墨等文房工具,也提供了新鲜的资料和独特的见解。

《中华文化史》 冯天瑜、何晓明、周积明著。上海人民出版社 1990 年 8 月出版。展现中华文化的生成机制和发展历程。从地理背景、经济土壤、社会结构等,分析远古至新中国成立中华文化自发生到一统、多元、隆盛、内省、融合、陈暮开新、烂熟式微、蜕变新生的发展历程,重描述又不乏精辟议论。

《天一阁藏明代方志选刊续编》 上海书店 1990 年 12 月影印出版。收入天一阁藏明代方志109 种,其中 84 种是传世仅存孤本,15 种是国内仅存二部的珍本,其余也都为世上少见的本子。初、续二编共得天一阁藏明代方志 216 种,荟萃天一阁明代方志精华。

《中国共产党 70 年图集(上、下)》 中国革命博物馆编纂。上海人民出版社 1991 年 3 月出版。为上下两集,汇集 4 000 余幅珍贵历史图片,真实而生动地记录建党以来以及在新民主主义革命时期、社会主义改造和建设时期的重大历史事件和重要人物,反映中国共产党 70 年光辉历程。书中所使用的图片和文物主要来自中国革命博物馆的藏品库,其中不少是首次公开发表。

《费正清对华回忆录》 〔美〕费正清著,陆惠勤、陈祖怀、陈维益、宋瑜译。知识出版社(沪)1991 年 5 月出版。费正清有关他与中国半个多世纪交往的回忆录,书中有关于中美合作所创建始末、抗战前后美国对国共两党政策的内情、麦卡锡时代的反共反华丑行、尼克松对华政策变化的曲折以及作者与国共双方名人(如乔冠华、梁思成、陈立夫、胡适)交往的轶事等。

《上海百年掠影(1840s—1940s)》 上海市历史博物馆、上海人民美术出版社编。上海人民美术出版社 1992 年 2 月出版。再现上海自开埠百年历史风貌。所收 300 余幅照片分郊野胜迹、老城风貌、租界辑略、建筑纵览、工商与市政、都市风情,记录上海的发展轨迹,展现上海滩方方面面。

《近代中国社会的新陈代谢》 陈旭麓著。上海人民出版社 1992 年 7 月出版。阐述中国近代社会经济、政治结构以及哲学、文学等方面的变革;研究中国近代社会变化的内部因素,寻找出外部冲击引起的社会习尚的改变;分析欧风美雨影响下的社会心态的变化,勾画出中国近代社会百年的新陈代谢和变革。

《李约瑟与中国》 王国忠著。上海科学普及出版社 1992 年 8 月出版。融知识和情节于一体,既有一般传记的特色又不同于传记,剖析中国科技史精深内涵,讲述李约瑟传奇一生:为科学事业献身的经历,充满科学智慧的学术生涯以及为中国人民科学事业不懈工作的种种事迹。

《俄藏敦煌文献》 上海古籍出版社、〔俄〕科学院东方研究所等编。上海古籍出版社 1992 年

12月—2001年9月出版。所收敦煌文献多为举世罕见的秘籍,共19 000余号,其中有历代刻本大藏经未收佚籍,有可与英藏敦煌藏品连缀合璧的变文。全书共17册,所有文献均为第一次发表。

《中国神农架》 刘民壮著。文汇出版社1993年2月出版。有关中国神农架野人考察的著作。作者从1977年起多次参加神农架野人考察,九上神农架,获野人毛发8 000余枚、野人脚印数百个,被称为中国唯一的"野人教授"。

《上海博物馆藏敦煌吐鲁番文献》 上海古籍出版社、上海博物馆编。上海古籍出版社1993年12月出版。所收上海博物馆藏敦煌吐鲁番文献均为首次发表,具有极高的文献和艺术价值,其中有时代最早的敦煌写卷,历代大藏经失收的孤本,多种失传文献的五代丛抄册。不少写卷还迭经鉴藏,留有大量题跋藏印。末附叙录、年表、索引等。

《西学东渐与晚清社会》 熊月之著。上海人民出版社1994年8月出版。全面论述晚清时期不同年代或大事变发生前后西学在中国传播的内容、特点、方式及其影响。如新式学校包括教会学校、报刊出版、传教士活动等与西学传播的关系,日本转口输入西学情况,以及西学传入以后的中国社会的几种具有典型意义的反应等。

《非洲通史》 艾周昌、陆庭恩等主编。华东师范大学出版社1995年4月出版。分古代、近代、现代3卷,参与编写的北京大学、华东师范大学、中国社科院世界历史所和西亚非洲所等20多个单位的专家学者,采取实事求是的科学态度,以历史发展统一性和多样性相结合的观点,叙述了从史前时代到20世纪80年代非洲发展的历史,为中国读者了解非洲打开了一扇窗户。

《犹太人在上海》 潘光主编。上海画报出版社1995年11月出版。以大量历史摄影图片资料,记录第二次世界大战期间上海接纳数万名法国犹太难民的生活场景和独特历史,向世界展现中国人民对世界反法西斯战争的特殊贡献,表明上海人民的友好态度和与世界人民携手共同创造人类美好未来的愿望。

《禹贡锥指》 (清)胡渭著,邹逸麟整理。上海古籍出版社1996年12月出版。中国最早的一部科学价值很高的区域地理著作,采撷众说,一扫前人在《禹贡》研究上的附会变乱,撰成集大成的《禹贡锥指》,为今日人们理解《禹贡》时代的地理面貌以及历代的变迁提供了极为丰富的数据和重要启示。

《求索真文明》 朱维铮著。上海古籍出版社1996年12月出版。通过对近代中国的深入研究,揭示腐朽清王朝覆灭并没有使学术走向没落。晚清的学术属于明末清初中西文化发生近代意义交往以后的过程延续,呈现出前所未有的异彩。

《中国古代服饰研究》 沈从文著。上海书店1997年6月出版。作者在新中国成立后从事中国古代服饰史学研究的代表著作,文字清丽,斐然可读,插图丰富且多为珍品,是一部深受专家赞誉和读者欢迎的文化读物,为研究中国古代服饰的经典著作。

《香港全纪录》(第一、二卷) 陈昕、郭志坤主编。上海人民出版社1997年6月出版。用编年体裁反映香港自远古至1997年回归所发生的重大的和具有代表性的事件及人物的活动、轶事和社会趣闻等。内容以一定的时段为相对独立单元,每单元由大事记、专题、图片三部分组成;每个历史时期之首均有专论,代作这一时期的历史纲要。

《中国人民解放军70年图集》 中国军事博物馆编。上海人民出版社1997年7月出版。图文并茂叙述中国人民解放军70年光辉历程。第一部分土地革命战争中创建成长,第二部分抗日战争中发展壮大,第三部分解放战争中越战越强,第四部分参加和保卫社会主义建设中不断前进,第五部分改革开放中跨入新阶段。

《二十五史新编》　李国章、赵昌平主编。上海古籍出版社 1997 年 11 月出版。新编既保持了原书的精华，又汲取了现代史学研究，尤其是考古发现新成果。体裁以脱胎于旧史的"纪""传""世家"的"传记"为主，辅以反映历史梗概的"纪事"、用专史形式表现各朝代政治制度、经济、文化、社会生活面貌的"志"和记载王朝帝系传承的"表"，多角度、经纬交织地展现了历史进程。

《资治通鉴皇家读本》　（明）张居正讲评，陈生玺等译解。上海古籍出版社 1998 年 3 月出版。分上下两册，按朝代年月为序，上起远古三代，下讫元朝灭亡，时间跨度广于《通鉴》，但文字大大减少，每段史事后附有张居正通俗的讲解与精要的评议。译解者对原书加以标点、注释、翻译、评议，以帮助今天的读者阅读理解。

《古突厥碑铭研究》　芮传明著。上海古籍出版社 1998 年 12 月出版。分两部分，第一部分解读后突厥汗国时期诸领袖的 5 种碑铭，对后突厥时期的历史、地理、民族作了系统研究。第二部分是对 5 种碑铭的译文及注释，译文弥补汉文旧译的缺陷，对碑文所作的每一条注释都有判断和分析。

《叫魂》　〔美〕孔飞力著。上海三联书店 1999 年 1 月出版。讲述了一个关于"盛世妖术"的故事。1768 年春天到秋天的几个月里，一股妖风冲击半个中国，百姓为之惶恐，官员为之奔命，连乾隆也寝食难安。作者细致入微的描写令人战栗，再现这种恐慌如何演变成一场全国性除妖运动的前前后后。

《故宫博物院藏文物珍品大系》　杨新主编。上海科学技术出版社 1999 年出版。大系共 60 卷，收入故宫博物院所藏最具代表性文物约 1.2 万件，按文物分类编排并做详细介绍，包括青铜、玉器、陶器、碑刻造像、法书名画、印玺、漆器、珐琅、丝织刺绣、竹木牙骨雕刻、金银器、文房珍玩、钟表、珠翠首饰、家具以及其他历史文物等。

《中国通史》　白寿彝总主编。上海人民出版社 1999 年 3 月出版。分 12 卷 22 册，运用马克思主义史学观，吸纳中国历史学研究最新成果，论述自远古时代至公元 1949 年的中国历史。书中借鉴古代纪传体史书的特点，采用新综合体的形式，各卷分为甲编序说、乙编综述、丙编典志、丁编传记，反映历史的重要方面与内容，是一部体系完整、编排独特的巨著。

《失落的文明》　沐涛等著。华东师范大学出版社 1999 年 7 月出版。分《失落的文明：玛雅》《失落的文明：埃及》《失落的文明：古罗马》《失落的文明：犹太王国》《失落的文明：古希腊》《失落的文明：古印度》《失落的文明：印加》《失落的文明：古巴比伦》和《再现的文明：中国》9 册。

《中国婚姻家庭史》　祝瑞开著。学林出版社 1999 年 8 月出版。分 18 章，详细阐述中国婚姻、家庭及其发展历史，在立足本国的基础上，借鉴、吸收了外国婚姻、家庭的长处，对发展具有中国特色的现代婚姻和家庭有理论和实践意义。

《上海通史》　熊月之主编。上海人民出版社 1999 年 9 月出版。共 15 卷 600 万字，插图 1 000 余幅，全面、系统地梳理了上海的历史。书中从考古发现的崧泽文化写到 1997 年，范围涵盖整个上海。内容丰富，资料翔实，征引浩繁的文献档案，部分史实还进行过实地调查和采访，汇聚了上海城市特点、发展轨迹、形象演变以及租界影响、上海人特点的最新研究成果。

《中华人民共和国 50 年图集》　中国革命博物馆编。上海人民出版社 1999 年 10 月出版。以翔实的历史图片记录党的三代领导集体带领全国各族人民艰苦创业、探索前行，建设社会主义现代化国家的历程，生动反映新中国 50 年的发展风貌，是一部形象化的国史教材。按时间顺序分开国奠基、艰苦探索、内乱年代、改革开放、继往开来 5 部分，收入照片 2 124 幅，有 16 万字的文字说明。

《世界文明史年表》　沈坚主编。上海古籍出版社 2000 年 9 月出版。采用大型纪年图表形式反映远古至现代世界历史变迁的大体脉络，以史事发生的空间范围，即世界各大地区为经，对照排列,以年代为纬,循序记述。所收历史大事,举凡政治、经济、军事、外交、法律、文化、科技诸项,基本史实按区域、国别记述。

《中国人口史》 葛剑雄主编。复旦大学出版社2000年9月至2002年11月出版。分为6卷:导论、先秦至南北朝时期(葛剑雄著),隋唐五代时期(冻国栋著),辽宋金元时期(吴松弟著),明时期(曹树基著),清时期(曹树基著),1910—1953年(侯杨方著)。各卷独立成书,体例基本统一,内容力求详尽。人口调查制度、人口数量变化、人口分布、人口与社会和历史的关系等为叙述重点。

《全祖望集汇校集注》 (清)全祖望撰,朱铸禹汇校集注。上海古籍出版社2000年12月出版。汇集清代史学家、思想家全祖望文集、诗集、《经史问答》等8种,汇校现存主要的版本、抄本及各家译、注文字,是搜罗最为齐全的全祖望作品集。

《訄书详注》 章炳麟著,徐复注。上海古籍出版社2000年12月出版。《訄书》是章太炎研究中国传统文化与近代中国各种问题的著作,文笔深奥,能读懂者屈指可数。徐复为章门弟子,20世纪70年代开始攻读《訄书》,写有大量札记,晚年将主要精力投入《訄书》注释,此书即为这项工作的结晶。

《中国新民主革命通史》 李新、陈铁健主编。上海人民出版社2001年4月出版。共12卷,全面系统记述1919年五四运动到1949年新中国成立中国共产党领导的中国新民主主义革命史。史论结合,论从史出,以丰富的材料、充实的内容、扎实的考订和准确的史实为特色,反映学术界对中国革命史的研究成果。

《昨天·今天·明天——新世纪图文系列读本》 陶伯康、谭力、陈锡喜、周敏凯等编著。上海人民美术出版社2001年6月出版。读本包括《上海——党的摇篮》《上海——今天的辉煌》《社会主义发展的历史进程》《资本主义发展的历史进程》《新世纪公民道德新形象》《当代国际政治、经济和科技竞争》,围绕中国共产党在上海的革命史和建设史,以绘图、照片、文字、资料相结合的方式,为读者提供一套涉及面广、可读性强的图文读物。

《中共上海党史大典》 上海市委党史研究室编纂。上海教育出版社2001年6月出版。反映中共上海党史的资料工具书,基本内容为重要活动与事件,重要会议、重要文献、重要人物、重要报刊、重要遗址遗迹及纪念地等。反映了中共上海80年历史的发展进程。

《图说中国古代战争战具》 陆敬严著。同济大学出版社2001年7月出版。以简笔线描形式介绍中国古代的冷兵器、战车、城垣攻防用具以及各种火器等等,展示了中国古代军事技术的发展历程,内容丰富,图文并茂,是一本颇具可读性的科学史读物。

《中国服饰名物考》 高春明著。上海文化出版社2001年9月出版。讲述古代衣饰演化过程,分发饰首饰考、首饰考、冠饰考、妆饰考、耳饰考、颈饰考、手饰考、服饰考、腰饰考、足饰考等10编,图文并茂地介绍中国历代服饰名物,是一部系统研究中国服饰史的专著。

《中国共产党历史图志》 上海人民出版社2001年10月出版。按党史分期编为3册,辑录图片1 000余幅,对中国共产党80年历史中的重大事件、重要人物、重要文献,均列条目予以介绍和评述。取材广泛新颖,着重挖掘第一手资料,反映最新党史研究成果,对党各个时期的路线、方针、政策及其成败得失进行总结和反思,图文并茂展现中国共产党80年光辉历程。

《工部局董事会会议录》 上海市档案馆编。上海古籍出版社2001年11月出版。收入工部局董事会1854年至1943年所有会议记录,从中可以看到上海公共租界内有关政治、经济、军事、市政、文教、宗教等事务讨论和决策的全过程。全书28册,每册前为英文原件。

《中国姓氏:群体遗传和人口分布》 袁义达、张城主编。华东师范大学出版社2002年3月出版。分上下两编,共 11 章,上编介绍姓氏的起源和群体遗传学的相关内容,下编叙述中国 100 个大姓的历史、分布和图谱内容丰富,条理清晰,结构合理,有一定的知识性与可读性。

《第二次世界大战战史》 〔英〕李德·哈特著,钮先钟译。上海人民出版社 2002 年 8 月出版。作者广泛搜集交战国官方档案、私人日记、函电及各种记录,多次采访轴心国与盟国的二战将领,并根据采访线索实地考察西欧战场,核对有关资料,对历时 6 年的第二次世界大战大小战役作了翔实叙述和冷静客观的分析。

"大国通史丛书" 钱乘旦、许洁明、丁建弘等著。上海社会科学院出版社 2002 起陆续出版。丛书介绍世界各大国起源、发展沿革中错综复杂的社会、政治、军事、外交等各方面的关系,到 2010 年底,已出版《英国通史》《法国通史》《德国通史》《印度通史》《墨西哥通史》《日本通史》6 种。

《中国古代军戎服饰》 刘永华著。上海古籍出版社 2003 年 1 月出版。关于中国古代军戎服饰史的学术专著,汇聚丰富的图像资料,多数是作者根据实物、塑像亲手绘制的,数量达 400 余幅。作者还为每一个朝代的军戎服饰绘制了复原图,不仅有真实性和实用性,而且有很强的观赏性。

"中国断代史系列" 王玉哲、胡厚宣、杨宽等著。上海人民出版社 2003 年 4 月出版。由国内各断代史研究领域权威专家力作汇成,其中有王玉哲的《中华远古史》,胡厚宣的《殷商史》,杨宽的《西周史》《战国史》,顾德融、朱顺龙的《春秋史》,王仲荦的《魏晋南北朝史》《隋唐五代史》,陈振的《宋史》,李锡厚、白滨的《辽金西夏史》,周良霄、顾菊英的《元史》,南炳文、汤纲的《明史》,李治亭主编的《清史》,共 13 卷 16 册。

《容闳自传:我在中国和美国的生活》 石霓编。百家出版社 2003 年 8 月出版。容闳自传。容闳是第一个毕业于美国耶鲁大学的中国留学生,被誉为"中国留学生之父",在中国近代西学东渐、戊戌变法和辛亥革命中,作出了不可磨灭的贡献。

《晚明史(1573—1644)》 樊树志著。复旦大学出版社 2003 年 10 月出版。以翔实的史料、细致的笔触,再现晚明王朝在内忧与外患的双重压力之下走向灭亡的全过程。在广泛吸收学术界研究成果的基础,对晚明时期"倭寇""市镇""新政""党争"等一系列问题上提出自己独到的见解。

《中国近现代出版史料》 张静庐辑注。上海书店 2003 年 12 月出版。本史料集共 7 编 8 册,收入自 1862 年京师同文馆创立至 1949 年新中国成立 87 年间中国出版事业的重要资料,包括图书、报刊、教科书、印订技术、发行、出版法令、报律等,另有近 400 幅图片和书影。

《二十四史全译》 许嘉璐主编。汉语大词典出版社 2004 年 1 月出版。收入从《史记》至《明史》二十四部史书,近一亿字,分 88 册。参加整理、今译的 200 多人都是全国各高校文史研究的专家、教授,编译阵容强大。这一大型文化工程始于 20 世纪 90 年代初,历经 8 年整理、今译,又用 5 年斟酌修改,统一体例、精心校对,具有译文准确、校勘精到、整理严谨、文白对照的特点。

《肇域志》 (清)顾炎武撰,谭其骧、王文楚、朱惠荣等校点。上海古籍出版社 2004 年 4 月出版。顾炎武呕心沥血 20 余年编纂而成的明代全国地理总志,内容涉及各地物产民风、商贸交通、赋役兵防、自然变迁乃至地震河决、应变抗灾等情况。原为顾氏札记初稿,未经厘正删定,错简迭出,经专家精心整理校勘,成为研究明代社会与顾氏学术思想的重要资料。

《盛宣怀年谱长编》 夏东元编著。上海交通大学出版社 2004 年 4 月出版。分上、下卷,是国内外第一部记述盛宣怀思想和生平业绩的编年体著作,以翔实可靠的历史文献资料和大量的档案材料,展示盛宣怀在中国近代经济和新式文化教育事业中的作用和贡献,反映了中国现代化的艰辛历程。

《中共上海历史实录(1949—2004)》 上海市委党史研究室编纂。上海教育出版社 2004 年

6月出版。客观真实地记述上海解放以来中国共产党领导社会主义革命、建设和改革开放的历史进程。

《中美关系史》 陶文钊著。上海人民出版社2004年7月出版。分上、中、下3卷：上卷为1911年至1949年新中国成立前；中卷为1949年新中国成立至1972年尼克松访华；下卷为尼克松访华至2000年中美"入世"谈判。通过对三个时期重大事件的叙述，展示中美两国外交政策的决策过程及影响双方决策的种种因素，以及两国外交政策对世界的影响；展示了双方经过多年的磨合、冲撞，从扶持、对抗走向和解、共同前进的脉络。

《近代中国女装实录》 包铭新著。东华大学出版社2004年12月出版。图片记录中国近代女装的发展趋势，分袍、上衣、裙、裤、坎肩、饰物、明清民国初期妇女日常服饰、20世纪30年代的上海时尚等内容，图文并茂反映了近代中国女装的变化及发展。

《陈丕显回忆录：在"一月风暴"的中心》 陈丕显著。上海人民出版社2005年1月出版。作者以亲身经历回忆"文化大革命"发动过程中的一些情况，特别是上海"一月夺权"，作者被"打倒"囚禁八年及后来得到"解放"重新工作，并于1975年调离上海赴北京的经过，表现了一个共产党人的铮铮铁骨与高风亮节。

《英藏黑水城文献》 西北第二民族学院、上海古籍出版社、英国国家图书馆编。上海古籍出版社2005年1月出版。收入斯坦因1915年从中国内蒙古黑水城发掘获取的黑水城文献，均为14世纪西夏文刻本和写本，内容包括大量的西夏文法律、语言学、社会生活文献及译自藏、汉的佛教典籍等，有版刻、活字本、手抄本各类形式。

《上海道契》 蔡育天主编。上海古籍出版社2005年1月出版。收入1847年至1911年间由江海关监督上海道台和中央派驻上海特任官员等签发给在上海租地外侨的土地契证，辑集英、美、法、德、日、意、比、荷、葡等20个册籍及部分华册道契，并收入相关附件，为上海乃至中国经济史、城市史、社会史研究提供丰富的史料来源。

《夏商周青铜器研究》 陈佩芬著。上海古籍出版社2005年3月出版。精选上海博物馆所藏夏商周青铜器700余件，每件均有精美的摄影和完整的铭文、纹饰拓片，著录时代、尺寸、重量，并有作者对器物形制、纹饰和铭文内容进行研究的文字约50万言。

《话说中国》 李学勤总顾问，何承伟总策划。上海文艺出版社2005年3月出版。全书16卷，是以历史学、考古学和社会学研究最新成果为底蕴，采用人们最喜闻乐见的故事方式，配以大量精美文物照片编辑而成的新体裁中国通史类读物，由中国史学界的一流学者担任撰稿、审读、顾问工作，融故事体文本阅读、精彩细腻图片鉴赏、便捷实用的检索功能于一体，展现中华民族上下五千年的灿烂文明。

《不能忘记的抗战》 杨克林等著。上海画报出版社2005年4月出版。反映近百年来中日关系演变发展、日本对华侵略及中国人民奋起抗战的浓缩型通俗文史图文画册，30万字，2 300多幅图片。史料采集前后长达20年，采访对象多达1 000多人，有张学良、陈香梅、杨成武、张爱萍、吕正操、孙毅、陈立夫、蒋纬国等国共名人，还有参加过抗战的老战士、平民、劳工及慰安妇等历史见证人。

《上海通志》 上海通志编纂委员会编。上海人民出版社和上海社会科学院出版社2005年4月出版。卷首设总述、大事记，下设建置沿革、自然环境、人口、政党、政府等46卷，1 083万字，分10册装订，图文并茂展示了上海从古至今各个方面的发展脉络，是一部资料翔实，有很强实用价值和学术价值的"上海百科全书"。

《斯坦因第三次中亚考古所获汉文文献：非佛经部分》　沙知、吴芳思编。上海辞书出版社2005年8月出版。英国国家图书馆所藏斯坦因在第三次中亚考察(1913—1916)时在敦煌及周边地区收集的汉文写本的新释录本，内容涉及政治、经济、文化、民族、语言、中西交通等。年代上起魏晋，下讫西夏、元，以晋、唐居多。包含1 500幅图片，原文影印，图文对照。

《十七史商榷》　〔清〕王鸣盛著，黄曙辉点校。上海书店出版社2005年12月出版。中国传统史学走向总结时期的一部重要历史考证学著作。中国史学每当一种史学思潮形成以后，都按其宗旨对前代的书籍加以整理和改造，这促进了史学的发展，但也不可避免出现古代史籍被歪曲和篡改的积弊。乾嘉时期的史家以前所未有的理性意识，对中国古代史籍作了一次全面清理。

《旧五代史新辑会证》　陈尚君辑纂。复旦大学出版社2006年3月出版。《旧五代史》的最新辑本，历时11年完成。全书约375万字，重新辑录纪、传、志53篇，新增列传60篇，删去清人错收者9篇，增补逸文数万字，改动、补定、删除、乙正史文近万处，并适当调整了原书编次，同时附录五代实录遗文达100多万字。

《清史纪事本末》　南炳文、白新良主编。上海大学出版社2006年6月出版。分10卷，每卷约30万字、记事约50件。记事范围上起清太祖，下讫宣统帝，包括入关、顺治、康熙、雍正、乾隆、嘉庆、道光、咸丰、同治、光绪、宣统，每个历史时期涉及政治、军事、经济、文化、民族关系、中外交往等领域，基本反映了有清一代的历史面貌。

《两头蛇——明末清初的第一代天主教徒》　黄一农著。上海古籍出版社2006年8月出版。尝试追索明末清初第一代天主教徒奉教的因缘、心态与历程，研究他们如何运用其人际网络以扩张西学、西教的影响力，以及在面对异文明碰撞所产生的糅合与冲突时如何自处。书名以两头蛇作为譬喻，形容这些夹在中西两大传统之间"首鼠两端"的奉教人士。

《李济文集》　李济著。上海人民出版社2006年8月出版。收入作者自20世纪20年代至80年代发表的中国人类学、考古学、上古史研究等论著，以及学术论坛、随笔、序跋、忆旧、书评、外文论著、早年文录等百余篇(部)。其中《中国民族的形成》《中国文明的开始》《西阴村史前的遗存》《安阳》《殷墟器物甲编：陶器(上辑)》等，均是海内外学术界公认的考古学经典学术名著。

《红一方面军长征日志》　费侃如著。东方出版中心2006年8月出版。以日志的形式记录红一方面军各军团在长征中经历的大小战斗以及所遇到的艰难险阻；记录中共中央、中革军委呕心沥血、运筹帷幄、指挥若定的各项决策；记录红军将士坚定不移的革命精神和必胜信念。日志所载，均有所据，历史事实与文献资料、研究成果融为一体。

《法国文化史》　〔法〕让·皮埃尔·里乌、让-弗朗索瓦·西里内利著，杨剑译。华东师范大学出版社2006年8月出版。法国最完善、最权威的文化史著作，分中世纪、从文艺复兴到启蒙前夜、启蒙与自由和大众时代4卷，图文并茂，不少历史文物插图为法国首次刊载。

《战国策笺证》　(西汉)刘向集录，范祥雍笺证，范邦瑾协校。上海古籍出版社2006年12月出版。以清嘉庆十九年黄丕烈士礼居覆刊宋剡川姚氏本为底本，间用湖北崇文书局翻刻黄本参校，并广罗高诱、姚宏、鲍彪、吴师道等古今中外各家校注，加以甄别考订，指正其缺失、错谬，补充其不足和遗漏，在此基础上提出许多富有独创性的见解，是一部全面系统的《战国策》笺证本。

《中国史学史》　白寿彝主编。上海人民出版社2006年12月出版。全书分6卷，就先秦时期的中国古代史学的产生、秦汉时期中国史学发展的情况、魏晋南北朝隋唐时期的中国古代史学的发展、五代辽宋金元时期的中国古代史学的继续发展、明清时期(1840年前)的中国古代史学的嬗变，以及近代时期(1840—1919)的中国史学等作了详尽阐述。

《中国古代历史与文明》 李学勤主编。上海科学技术文献出版社 2007 年 5 月出版。全书分 6 卷,对中国古代文明起源和夏、商、周、战国、春秋的历史与文明作了详细介绍,并大量吸收了最新的考古研究成果,是古代历史与文明研究的重要著作。

《洋商史——上海:1843—1956》 王垂芳主编。上海社会科学院出版社 2007 年 7 月出版。分 9 篇(另附录 3 篇)描述上海洋商企业的起源、发展到 1949 年后洋商企业的逐渐消失,较完整地勾画了上海洋商百年的发展轨迹。插图 150 幅,附表 142 份。

《走出中世纪二集》 朱维铮著。复旦大学出版社 2008 年 5 月出版。为《走出中世纪(增订本)》续篇。作者以宽广的学术视野、敏锐的学术思考、深厚的学术功力、不懈的学术追求,继续对中国"走出中世纪"及相关问题进行全面深入的探讨,取得了一系列相关成果。

《敦煌因明文献研究》 沈剑英著。上海古籍出版社 2008 年 6 月出版。整理收藏于法国、英国敦煌遗书中的文轨、净眼的论疏,分考论篇、释文篇、校补篇三部分进行完整的录文、校订和研究,并附录敦煌写卷精彩的草书原文。对佛教因明学的研究等,有一定参考价值。

《生命的力量:吴学华中国汶川抗震救灾纪实摄影》 吴学华摄著。上海锦绣文章出版社 2008 年 6 月出版。记录作者与上海公安消防总队跨区域地震应急救援队赶赴汶川参加抢险救援的八天八夜,真实再现汶川映秀镇遭受地震破坏的惨烈景象和上海消防官兵同灾区人民同呼吸共命运,抗震救灾的伟大壮举。

《5·12中国汶川大地震》 陈海汶主编。上海文化出版社 2008 年 6 月出版。用用一幅幅感人至深的照片定格汶川大地震的一个个刻骨铭心的瞬间,有大悲,更有大爱,有伤痛,更有坚强。

《天灾一瞬间——5·12大地震中的勇敢和爱心故事》 邱易东主编。少年儿童出版社 2008 年 8 月出版。由亲历汶川大地震的作家、教师、学生、现场交警、参加救援的普通市民和新闻工作者诉说或撰写,配有 30 多幅生动感人的现场图片,具有扣人心弦的情节和感人至深的力量。

《汶川大地震》 常河主编,《东方早报》编委会编。上海人民美术出版社 2008 年 8 月出版。收入 100 余幅照片,真实记录 5·12 汶川大地震的令人难忘的瞬间和感人肺腑的画面。

《上海分区地图》 上海市测绘院编制。中华地图学社 2008 年 8 月出版。反映上海 19 个区(县)道路、门牌号码、主要河网、居住小区或行政村以上的居民地,以及各区(县)域周边的地理情况等,包括 4 开大小 19 个区(县)折叠图及一份 4 开大小上海市地图,活页装帧,取存方便,信息丰富。

《上海图书馆未刊古籍稿本》 《上海图书馆未刊古籍稿本》编委会编。复旦大学出版社 2008 年 8 月出版。以现代化技术手段,严格按其原书原貌影印,以大 16 开布面精装的形式,成 60 册之数。每种之前冠以朱维铮、邹逸麟、葛兆光、周振鹤、陈尚君等专家精心撰写的解题文字,就作者生平行略、治学专长造诣及学术价值所在等作出全面客观的介绍和简明扼要的评述。

《国史札记·事件篇》 林蕴晖著。东方出版中心 2008 年 8 月出版。根据 1980 年代以来中央文献研究室、中央党史研究室、中央档案馆等编辑和出版的大量文献及领导人年谱、传记、日记及回忆录等,对长期以来共和国史研究中一些语焉不详或令人困惑的事件和问题逐一进行考证、研究和论证,廓清了一些历史之谜。

《绝版李鸿章》 张社生著。文汇出版社 2009 年 1 月出版。通过美国麻省理工学院、康奈尔大学、国会图书馆千余幅封存的陈年老照片和铜版画还原当年的形影,以轻松诙谐的笔调,为读者呈现李鸿章的另一半面影,拓展了李鸿章研究的史料空间。

《中华人民共和国 60 年图集》 中国国家图书馆编纂。上海人民出版社 2009 年 3 月出版。以国家博物馆藏的丰富历史照片和历史文物图片,再现新中国在中国共产党领导下,60 年来沿着社会主义道路,在政治、经济、文化、社会等各方面日新月异的变化和取得的重大成就。

《鲁平口述香港回归》 鲁平口述,钱亦蕉整理。中国福利会出版社 2009 年 3 月出版。由国务院港澳办公室原主任鲁平口述,详细介绍香港回归过程中的重要事件,如中央政府与英国政府的谈判、"一国两制"的提出、国务院港澳办在香港所做的工作、回归庆典的经过等。

《英国国家档案馆庋藏近代中文舆图》 华林甫编。上海社会科学院出版社 2009 年 4 月出版。分上、下两编。上编为专题研究,包括中英文前言及《英国国家档案馆庋藏传统中文舆图的学术价值》等三篇学术论文。下编收入了英国国家档案馆庋藏近代中文舆图,共 74 种 124 幅,并作了初步整理工作,为学术界利用这批珍贵史料提供了便利。

《晚清史》 戴鞍钢著。百家出版社 2009 年 5 月出版。用新的视角反映晚清丰富多彩的历史,谋篇布局详略得当,对以往论著叙述较详细的部分则简写,留出篇幅揭示尚被忽视的纷繁史实,人物传略、史事回眸、典章制度、宫苑陵寝、史实考辨等内容则用知识框的方式链接,使历史叙述的脉络更加清晰。

《国史札记·史论篇》 林蕴晖著。东方出版中心 2009 年 5 月出版。《国史札记·事件篇》的姐妹篇,作者本着重新审视历史,既要从当时的历史实际出发,弄清历史的来龙去脉,又必须站在今天的时代高度,去总结历史提供的经验教训的立场,对共和国 60 年来一些重大的理论问题进行了深入研究和论证,提出不少独立见解。

"图说世博系列丛书" 中华地图学社编制。中华地图学社 2009 年 8 月出版。丛书包括《图说世博:规划建筑篇》《图说世博:万国风采导游篇》《图说世博:规划建筑篇(英文版)》《图说世博——万国风采导游篇(英文版)》《图说世博——历史篇》5 种,用多种绘画形式展示上海世博会各国场馆风采,为读者游览世博园提供指引。

《郑观应年谱长编》 夏东元编著。上海交通大学出版社 2009 年 10 月出版。年谱按时间顺序,记载了中国近代早期资产阶级改良派思想家、民族工商业资本家郑观应一生的重要经历,并收入反映其思想、言行、事业等的函电、企业章程及《易言》《盛世危言》《盛世危言后编》等著作的全文或节录。

《中国青铜器综论》 朱凤瀚著。上海古籍出版社 2009 年 12 月出版。综合考古、收藏、科技、美术等领域的成就,对中国青铜器学科作了全面回顾及系统研究。上编通论,从青铜器的起源、发现和研究谈起,对历来各家的青铜器分类与定名作了科学的分析。下编分论,对二里头文化的青铜器、商代青铜器、西周青铜器、春秋青铜器、战国青铜器及东周边远地区的青铜器进行了综合研究。

《中国家谱通论》 王鹤鸣著。上海古籍出版社 2010 年 1 月出版。采取纵横交错的论述方法,广泛收集古今家谱资料和研究论著,按照中国家谱的发展轨迹论述各时期家谱的体例、内容、功能,多视角、多学科探索中国家谱史的发展,是家谱研究的重要论著之一。

《中国地方志集成·上海府县志辑》 上海书店出版社编。上海书店出版社 2010 年 6 月出版。全 10 册,收入今上海市范围内府县志 23 种,是研究地区风俗史、文化史不可多得的文献。

《重读近代史》 朱维铮著。中西书局 2010 年 8 月出版。作者研究近代史的集成之作,内容涉及政治、经济、思想、文化诸领域,并采取异于他人的视角,跳出以往历史研究局限于国内的狭隘视野,力求从全球框架俯视近代中国,通过重读大量文献,重新解读中国从中世纪走向现代化漫长而曲折的过程。

"上海世博人文地图丛书" 王仲伟总顾问,熊月之总主编。百家出版社 2009 年 8 月至 2010

年10月出版。展示上海各区历史人文的大型丛书,包括《那一片故地新天(闵行卷)》《北大门的前世今生(闸北卷)》《悬铃木下的记忆(徐汇卷)》《穿越经典(静安卷)》《先生带我回家(虹口卷)》《在精品魅力间徜徉(卢湾卷)》《回眸青龙翔翔(青浦卷)》《右岸·苏州河(普陀卷)》《聆听文明的步履声(金山卷)》《追寻先贤的足音(奉贤卷)》《载着史舟徜徉(松江卷)》《雕栏玉砌应犹在(杨浦卷)》《上海起步的地方(黄浦卷)》《行走在古典与现代之间(嘉定卷)》《江面吹来千年的风(浦东卷)》《悠游绿岛(崇明卷)》《吴淞文化之旅(宝山卷)》《繁华深处(长宁卷)》18卷,分区展示区划特点、建设成就、历史沿革、胜迹新景、今昔著名人物等。

《日本汉学史》 李庆著。上海人民出版社2010年12月出版。研究日本汉学的起源、发展的历史,完整论述100多年来日本学界对中国历史、哲学思想、民俗宗教、语言文字、艺术诸方面研究的总体状况,考察汉学对日本社会历史发展的影响。

《罗振玉学术论著集》 罗振玉著,罗继祖主编。上海古籍出版社2010年12月出版。为首次结集标点出版的罗振玉学术论著。全书分12集,由其嫡孙罗继祖从其著述中选编而成,内容包括甲骨、金石、汉简、石经、字书、校勘、辑佚、目录、补史等诸多方面,另附传记、行述等数种,可谓其"一生论学之语,考证之文,多在其中"。

五、文化

"五角丛书" 邵水富、姜金城等编著。上海文化出版社1986年起陆续出版。丛书价格低廉,以每本定价5角钱而闻名;品种丰富,10多年里共出版150种,平均每种印数超过50万册;题材多样,涉及人文历史、天文地理以及与人们生活密切相关的内容,是集知识性、趣味性、实用性的通俗文化读物。

《申报(影印本)》 上海书店影印。上海书店1987年底出齐。《申报》1872年4月创刊,1949年5月终刊,是旧中国出版时间最长的报纸,记录了中国近现代社会历史情况,保存了大量有价值的资料。1982年底,上海书店启动《申报》影印工程。影印本根据上海图书馆收藏的全套原版报纸。为节省篇幅,按原版缩小二分之一,按时间顺序分为400卷。

《士与中国文化》 余英时著。上海人民出版社1987年12月出版。用专题研究的方式展示"士"在中国文化史上的特殊地位,内容包括古代知识阶层的兴起与发展、中国知识分子的原始形态、汉晋之际士之新自觉与新思潮、名教思想与魏晋士风的演变等。

《生存智慧论》 金马著。知识出版社(沪)1988年4月出版。站在哲学智慧的高度,从"学会潇洒地生存""追求卓越的智慧""把握幸福的契机"三个方面,为现代生存智慧描绘了一幅理性的、具有全息色彩的肖像。

《老舍与中国文化观念》 宋永毅著。学林出版社1988年7月出版。抓住老舍作为一个"文化型"大作家的特点与其作品始终贯穿的对民族文化深刻反省的主线,广泛涉猎老舍与西方文化、满族民间文化、文人文化、北平士大夫文化、宗教文化、中国性文化、中国食文化等几十个文化学课题,对中国文化的生命观、价值观、伦理观、性爱观等抒发了独到的见解。

《隋唐文化》 王仁波主编。学林出版社1990年11月出版。卷首有总论,下分11章,分别论述隋唐都城、帝王陵墓、壁画、三彩俑、金银器和铜镜、书法、科学技术、音乐舞蹈、佛教艺术、社会风情、中外文化交流等,反映了对隋唐文化的最新研究成果。书中汇集了全国各地博物馆收藏的文物精品,包括台北故宫博物院的珍藏,近500幅照片全部彩色精印。

《中国文化在启蒙时期的英国》　范存忠著。上海外语教育出版社 1991 年 4 月出版。探讨中国与英国文化的关系,上溯到乔叟作品中的中国形象,下讫至威廉·琼斯对中国经典的译介与解读,跨越数百年。众多中国文化元素通过各种途径传入启蒙时期的英国,对英国各界尤其是学术界与文学界发生了复杂的影响。

《中国园林史》　安怀起编著。同济大学出版社 1991 年 7 月出版。系统阐述中国古典园林与现代园林的发展史,突出中国园林艺术的特点风格,对"妙极自然,宛如天开"的自然式山水园林理论作了深入分析。

《中国茶经》　陈宗懋主编。上海文化出版社 1992 年 5 月出版。阐述中国各个主要历史时期茶叶生产技术和茶叶文化的发生和发展过程,介绍六大茶类的形成和演变,对名优茶、特种茶的历史背景和品质特点作了详尽说明;通过对茶的属性、品种、栽培、加工、贮运、饮茶及茶与人类健康关系的叙述,展示历史悠久的中国茶叶文化。

《世纪回眸·人物系列》　陈思和、陈子善主编。上海文艺出版社 1993 年至 1998 年出版。现代文化和文学史上有影响的知识分子传记,包括鲁迅、钱锺书、沈从文、徐志摩、胡适、张元济、冯友兰、熊十力、李金发、陈寅恪、弘一法师、张爱玲、丁玲、周作人、郁达夫等,共 15 种,分两辑出版。

《中国文化常识》　王尔龄主编。上海教育出版社 1994 年 2 月出版。专门介绍中国文化常识的通俗读物,分社会、宗教、艺术、科教、文学、学术思想六大部分,上自三皇五帝下至五四运动,对漫漫五千年的各种重要文化常识作了系统整理。

《江南园林论》　杨鸿勋著。上海人民出版社 1994 年 8 月出版。从挖掘中国古典园林的基本理念入手,系统阐述中国古典园林的艺术理论及创作理论;在阐述理论的同时,对典型的江南园林作品进行深入赏析,揭示中国传统造园艺术的基本特征和规律。

《中华奇石》　上海古籍出版社编。上海古籍出版社 1994 年 11 月出版。收入 700 余幅观赏石精品,中英文对照,分"风景""人物""植物""动物""建筑""百物""文字""琼石""禅石"9 个版块 100 多个小类,每一小类均配有古诗词。

《二十世纪上海大博览》　夏东元主编。文汇出版社 1995 年 5 月出版。汇编 1900 年到 1994 年上海发生的重大和有代表性事件,记录上海从世纪之初的"冒险家的乐园"到成为初具规模的现代化国际大都市的百年历程,内容丰富,既有政治经济文化大事,又有许多社会新闻、名人轶事、市井风俗。

《世界百年掠影(1900—1992)》　里德生活图书有限公司编著,邓新裕、甄德译。上海人民美术出版社 1996 年 5 月出版。西方学者编辑的图片世界史,收入图片 1 500 幅,记录了 20 世纪截至 1992 年约百年间,世界部分国家和地区发生的重大事件,以及活跃于政治、经济、军事、文化诸多领域的知名人物,具有很高的资料价值。图片精彩珍贵,有相当一部分在国内是第一次面世。

"学苑英华"　金克木、季羡林、汤一介、施蛰存、张光直、张岱年、余英时、傅杰等著。上海文艺出版社 1996 年 8 月起出版。丛书 23 种,作者都是颇具影响的当代学坛英华,所收文章对中国历史、思想史的研究别开生面。编纂方法也富有创意,继承中国笔记体学术著作的传统,又有时代感,文字深入浅出。

《犹太的技艺》　陈超南编著。上海三联书店 1996 年 8 月出版。介绍犹太民族在各个领域的技艺,包括文字和书籍、农业、医学等各方面的文化与艺术状况,使读者能对犹太文化有一个宏观而全面的了解。

《翻译文化史论》　王克非编著。上海外语教育出版社 1997 年 10 月出版。重在研究翻译对于文化的意义和影响、在文化史上的作用以及文化对于翻译的制约,特别是在通过翻译摄取外域文化精华时,翻译起到什么样的作用,达到什么样的目的,发生什么样的变异。翻译文化史实际上是翻译史与思想史、文化史的结合。

《江南古镇》 阮仪三主编。上海画报出版社1998年7月出版。学术性和艺术性相融合的建筑类大型画册,内容涵盖苏南和浙北的江南古镇,主要介绍江南古镇的形成、成熟和变迁,并从江南古镇的形态、江南古镇的街巷、江南古镇的建筑、江南古镇的保护等四个侧面,向读者展示了气势恢宏的江南古镇全景图。

《民俗学概论》 钟敬文主编。上海文艺出版社1998年12月出版。32位学者参与编写,介绍民俗学基本概念、理论方法及主要的民俗文化知识,反映各民族不同的文化面貌,提出完整的中国民俗学体系,不仅纵述民俗历史、民俗事象,而且对民俗学基本理论、研究方法以及海外民俗学发展状况也作了充分论述。

《中华文化通志》 《中华文化通志》编委会编。上海人民出版社1999年1月出版。中华民族历史上第一部对中华文化由古到今、分门别类进行全面系统概括的巨型著作,涵盖十大文化领域,包括56个民族文化,涉及文史哲经等十个主要学科。全书分序卷和十典百志共101卷,4 000余万字。十典为历代文化沿革典、地域文化典、民族文化典、制度文化典、教化与礼仪典、学术典、科学技术典、艺文典、宗教与民俗典、中外文化交流典。每典十志,阐述详尽,内容丰富,全方位、多视角记述了中华五千年灿烂文化。

《魏晋南北朝文化》 罗宗真主编。学林出版社、上海科技教育出版社2000年12月出版。全国10余位专家学者参与编纂,分共12章,介绍都城、陵墓、石窟艺术、墓室壁画和线画、砖画、绘画与雕塑、书法碑、青瓷器、生活习俗、宗教、科学技术、音乐舞蹈及中外文化交流等。书中还收入精美文物图片600余幅,融学术、鉴赏和资料价值为一体。

《秦汉文化》 王仁波主编。学林出版社、上海科技教育出版社2000年12月出版。从多方面反映秦汉时期的风貌:车同轨,书同文、都城和陵墓、兵马俑、万里长城、汉赋乐府、画像石和石刻、器物、丝织品、风情和习俗、科学技术、张骞通西域和中外文化交流、西域各国及匈奴、滇和南越文化等,并收入精美文物图片700余幅,体现了秦汉文化研究的最新成果。

《中国晚报学》 中国晚报工作者协会编。上海辞书出版社2001年1月出版。分历史篇、理论篇、谋略篇、业务篇四部分,全面记述中国晚报兴起及曲折发展的历史轨迹,阐述中国晚报学形成的基础、框架和内容,以及晚报新闻的采访、写作、编辑,晚报言论、副刊、专刊等的特点。

"中华文化专题史系列丛书" 韦庆远、柏桦等著。东方出版中心2001年9月—2008年4月出版。丛书对上迄先秦、下至近代的中国官制史、学术史、书院史、科举史、礼俗史、会馆史、园林史等进行系统全面的梳理,具体展现中国文化各个部分的差别与多样性,包括韦庆远、柏桦的《中国官制史》,张国刚、乔治忠的《中国学术史》,邓洪波的《中国书院史》,刘海峰、李兵的《中国科举史》,武舟的《中国妓女文化史》,程维荣的《中国继承制度史》,王日根的《中国会馆史》,刘达临的《中国性文化史》,储兆文的《中国园林史》。

《世界文化史故事大系》 特邀顾问季羡林,总主编朱一飞、李润新。上海外语教育出版社2003年2月出版。大系包括中国卷、英国卷、德国卷、阿拉伯卷、美国卷、法国卷、印度卷、日本卷、澳大利亚卷、俄罗斯卷共10卷,荟萃世界各国各民族文化史精华,旨在弘扬各国各民族的优秀文化,推动国际文化交流和世界汉语教学,帮助广大读者熟悉和了解各国历史、文化、民俗和风情。

"中国民俗文化丛书" 完颜绍元等著。上海古籍出版社2003年8月出版。丛书包括《节庆趣谈》《婚嫁趣谈》《避邪趣谈》《寿诞趣谈》《风水趣谈》《占测趣谈》《祭拜趣谈》《饮食趣谈》《生肖趣谈》《福禄趣谈》，用比较通俗的文字介绍丰富多彩的中国民俗文化。

《江南文化的诗性阐释》　刘士林编著。上海音乐学院出版社 2003 年 12 月出版。感性与理性、情感与认识、联想与思考、哲学与艺术有机结合，从语言、历史、审美精神、市井风情、日常生活等层面，描绘出江南文化的结构与神韵。

"中国国家地质公园丛书"　汪诚、武法东、马长信、蒋志文、张翼等编。中华地图学社 2004 年 6 月出版。丛书分 8 种，以通俗易懂的文字和地图、示意图、素描图等，把风景壮丽的中国国家地质公园介绍给读者，阐述各公园中地质地貌景观的形成原因、发展变化过程，同时紧扣"科学导游"定位，把各景观物按游览路线串联起来，方便读者获得各景观点的科学知识、历史文化知识。

《汉族风俗史》　徐杰舜主编。学林出版社 2004 年 12 月出版。中国第一部系统地描述和研究中国汉民族风俗的专著，分 5 册，上至中华民族的源头，下到民国时期，涵盖汉民族风俗源起、发展的整个过程，并以历史为经，风俗事象为纬，把民俗事象置于广泛的社会环境、历史背景及人的生存环境中加以考察。

"世界名城掠影丛书"　中华地图学社编制、李原等编著。中华地图学社 2005 年 1 月出版。丛书包括《世界名城掠影——欧洲》《世界名城掠影——非洲、大洋洲》《世界名城掠影——亚洲》《世界名城掠影——美洲》4 种，分别展示世界五大洲 220 个城市的历史、文化及风土人情，文字简约生动。

《大都会从这里开始——上海南京路外滩段研究》　常青主编。同济大学出版社 2005 年 3 月出版。以多个观察视角，从空间形态与文化形态交汇的层面解读中国近代以来最具影响的商业街区之一——南京路外滩段所包含的历史信息。

"中华故都丛书"　王盛恩、王均、程遂营、杨雨蕾等编著。中华地图学社 2005 年 7 月出版。丛书以文字、图片、地图等多种形式分别介绍北京、洛阳、开封、杭州 4 个中华古都，讲述它们作为古都时最繁华的历史时期，以及现存的遗迹、发展状况和特色旅游等。

《追星——关于天文、历史、艺术与宗教的传奇》　卞毓麟著。上海文化出版社 2007 年 1 月出版。以天文学发展为主线，在广阔的历史背景中引出古今中外大量与之相关的文学、艺术等人文知识，把描述对象从星星本身扩展到人类"追星"的历程，以几千年来人类对宇宙的不断探索和思考，引领读者多方位地领略科学之美。

《断代文化史系列》　吕文郁等著。东方出版中心 2007 年 5 月出版。系列包括《春秋战国文化史》（吕文郁著）、《秦汉文化史》（熊铁基著）、《魏晋南北朝文化史》（万绳楠著）、《隋唐五代文化史》（孙昌武著）、《宋辽夏金文化史》（叶坦、蒋松岩著）、《明代文化史》（商传著）6 种，作者均为研究相关朝代的专家，学术观点与成果得到广泛认同，反映了中国断代文化史研究的成果。

《海上大师：中国现代科学奠基者萍踪》　程新国编著。上海科学普及出版社 2007 年 7 月出版。以中国现代科学奠基者在上海的活动为线索，展示众多自然科学和社会科学大师为开创中国现代化科学、传播科学文化所作出的贡献，材料翔实，脉络清楚，再现了中国现代科学史上的重要人物和重要事件。

"纸上纪录片系列"　张祖道、王福春、解海龙、陈锦、陆元敏、路泞著。上海锦绣文章出版社 2007 年 7 月出版。丛书包括《江村纪事》《火车上的中国人》《希望》《茶铺》《上海人》《寻常》，通过纪实摄影的方式渗透社会各个阶层，广阔而深入地展示了 20 世纪特别是 70 年代末以来中国社会经历的巨大变化。

"海派文化丛书"　杨扬、程乃珊、马尚龙等著。文汇出版社 2007 年 8 月至 2010 年 7 月出版。

丛书致力于深入研究海派文化所渗透的社会生活的各个方面,用客观公正、实事求是、追求真理的科学精神和以人为本、实现人生价值的人文精神,建立以科学精神和人文精神为两大支点的崇尚真善美的价值体系,对海派文化进行专题梳理及细细品读。

《明代文化》 单国霖、单国强主编。学林出版社、上海科技教育出版社 2008 年 8 月出版。"中华五千年文化系列"大型画册之一,多视角反映明代的都城、宫殿和陵寝、寺观、园林和民居、学术思潮与世俗风情、明代书画、寺院壁画和雕术、传统工艺和新兴工艺、俗文化、科技创新、郑和下西洋的历史和风貌。

《中国改革开放 30 年文化发展史》 张颐武主编。上海大学出版社 2008 年 11 月出版。通过对文化史资料的搜集整理和研究,系统反映中国改革开放 30 年来文化发展的轨迹,内容包括大众文化的兴起、从"文化热"的演化到传统文化的复兴、电影从"第三代"导演到"第六代"导演的发展、从潘晓的人生讨论到"80 后"成长等诸多议题。

《远逝的辉煌》 郭黛姮著。上海科学技术出版社 2009 年 8 月出版。突破以往单纯从历史、技术或艺术角度对圆明园进行研究的局限,运用"总体史"的史学研究方法探讨历史园林发展的诸多影响因素,揭示圆明园的辉煌成就,阐述历史园林保护的理念,对深入认识中国古典建筑园林成就和文化遗产保护具有重要价值。书中收入大量珍贵图照,提升了论著的鉴赏价值。

《中国智慧》 易中天著。上海文艺出版社 2010 年 7 月出版。是作者在 6 次演讲稿基础上整理而成的,分别是《周易的启示》《中庸的原则》《兵家的思考》《老子的方法》《魏晋的风度》《禅宗的境界》,妙析中国原典精髓,领悟中国智慧的真谛和内涵,从古人博大精深的哲学思想中获得启迪。

《清代文化》 朱诚如主编。学林出版社、上海科技教育出版社 2010 年 12 月出版。"中华五千年文化系列"大型画册之一,反映清代帝王皇宫,清代的文化建筑和清代的作家名人,学术思想、法律、法规,同时记述了清代的戏曲、工艺美术,制造和科学技术,也描述了清代的宗教传统。

第四节 教 育

本节共著录图书 121 种,其中教育理论 21 种,教材教辅 62 种,少儿读物 38 种。

一、教育理论

《中国近代学制史料》 朱有瓛主编。华东师范大学出版社 1983 年 1 月出版。分 4 辑共 7 册,选录原则以原始资料为主,择要选录少量有参考价值的当事人传述、杂记和后人的专著、论文等;各种观点的资料均予以选录,文字上不作改动;所有资料按内容分编、分节,依年代先后排列;力求详备,突出重点,顾及一般。

《中国外语教育史》 付克著。上海外语教育出版社 1986 年 11 月出版。分 12 章,内容包括中国早期的外语教育(1840 年以前),中国近代的外语教育(1840 年至 1919 年),新中国成立前出国留学及外国人在华办学对中国外语教育的影响(1870 年至 1949 年),史料翔实,有理有据,特别是对外语学界编纂、著述、译作情况有比较详细的记载。

《现代课程论》 钟启泉编著。上海教育出版社 1989 年 4 月出版。分两大部分,第一部分阐述"学问中心课程"和"人本主义课程"两大派别的基本观点的特点,现代课程的基本原理和实践等,第二部分介绍苏联和西方发达国家的课程实施,并作比较。

《名师授课录(中学数学　高中版)》　《名师授课录》(中学数学)编委会编。上海教育出版社1991年3月出版。收入58位全国中学数学特级、高级教师撰写的授课录,体现了名师的教育思想、教学经验、教学设计,介绍了高中数学中重点、难点内容的教学方法,对研究中国高中数学教学有较高的参考价值。

《外国教育家评传》　赵祥麟主编。上海教育出版社1992年8月出版。分3卷介绍外国教育史上近百位教育家的生平、活动、著作,并对他们的贡献、成就等进行了实事求是的评价。

《名师授课录(中学数学　初中版)》　《名师授课录》(中学数学)编委会编。上海教育出版社1992年8月出版。收入57位全国中学数学特级、高级教师撰写的授课录,体现名师的教育思想、教学经验和独特的教学设计,以及初中数学中重点、难点的教学方法,对研究中国初中数学教学有较高的参考价值。

《上海普通教育史(1949—1989)》　吕型伟主编。上海教育出版社1994年11月出版。"上海教育丛书"第一本,介绍1949年上海解放后各个历史时期普通教育的指导思想、方针政策、教育实践、教育理论及重大的教育事件,展示40年上海普教发展的历史轨迹。截至2010年,"上海教育丛书"已出版79种,内容涉及中小学教育、学前教育、师范教育、职业教育、校外教育、特殊教育、学校管理及国际教育交流等。

《中国教育地图集》　中国教育地图集编纂委员会编。上海科学技术出版社1995年6月出版。反映中国近百年来尤其是新中国成立以来教育事业发展全貌的大型综合性地图集,收入1 600万个数据、240幅彩色地图和400多幅图表,直观反映了各省、自治区、直辖市教育发展的不同水平。主要内容采用中英文对照,由国家教育发展研究中心和华东师范大学等单位联合编制。

《中国师范教育》　国家教委师范教育司编。上海科技教育出版社1996年8月出版。介绍中国师范教育概貌的图册,内容包括中国师范教育概况、普通高等师范教育、高等职业技术师范教育、普通中等师范教育、中等幼儿师范教育、中等特殊师范教育、少数民族师范教育、中小学教师在职培训、教材建设、对外交流与合作等。

《现代外语教学:理论、实践与方法》　束定芳、庄智象著。上海外语教育出版社1996年10月出版。吸取当代西方外语教学理论研究成果,结合中国外语教学实际,对影响外语教与学的各种重要因素进行了较为详细的分析和讨论,同时还介绍和探讨了外语教学所涉及的实践和方法等问题。

《学与教的心理学》　皮连生主编。华东师范大学出版社1997年5月出版。阐述教育工作中学与教的心理学理论与应用,打破公共课心理学教材长期沿用的普通心理体系,将普通心理学、儿童发展心理学、学科心理学和社会心理学等各门学科中有关的重要内容融为一体,逻辑结构比较严密。

《教育研究方法论初探》　叶澜著。上海教育出版社1999年6月出版。分两部分,第一部分是对教育研究方法论的思考和对中外教育研究的历史回顾;第二部分从哲学、横断科学(包括系统科学和数学)、专门科学(包括自然科学和社会科学)三个层面,研究教育研究的方法论价值并分析其特殊性。

《教育和教学问题的思考》　钱伟长著。上海大学出版社2000年12月出版。收入作者1951年到2003年间发表的重要文章和讲稿,内容涉及人文社会科学和自然科学,如哲学、历史、文学、教育学、数学、物理学、经济学、管理学、计算机等诸多学科。不少文章与教育和教学改革有关。书中还收入作者对两位老师(马约翰、叶企孙)和一位同学(郭永怀)的回忆文章。

《于漪教育文丛》　于漪著。上海教育出版社2001年10月出版。文丛分《站在大写的人字上》

《给语文教学加点钙》《和中学生交朋友》《可以做得更好》四种,内容涵盖教师专业成长,语文教育思想和教学实践,和中学生谈语文学习、谈成长等,反映了作者在长期基础教育教学实践形成的教育思想和育人理念,贯穿着"教文育人"的主线。

《中国书院》 朱汉民、邓洪波、陈和主编。上海教育出版社 2002 年 12 月出版。图文并茂介绍书院这一中国独特的教育制度,收入 400 多幅摄影作品,用镜头对准一座座书院建筑,从其优美的外部环境、古朴庄重的形貌、充盈儒雅文气之美的内部空间,透视书院传播学术、藏书刻书与祭祀三大文化功能。

《上海市教育地图集》 上海市教育地图集编纂委员会编。中华地图学社 2003 年 6 月出版。图集反映上海教育事业的资源条件、发展过程、发展规模以及改革开放以来所取得的成就,汇集了上海教育系统的丰富资源,除各级各类学校和有关机构的分布外,还以丰富的统计数据、有关图片和简要的文字说明,从不同的角度展示上海教育事业的全貌。

"海峡两岸课程与教学研究丛书" 钟启泉、罗厚辉、黄显华、朱嘉颖、单文经、杨明全、汪霞、夏惠贤等编著。上海科技教育出版社 2003 年 10 月出版。丛书分《课程范式的转换》《一个都不能少:个别差异的处理》《多元智力理论与个性化教学》《革新的课程实践者》《课程研究:现代与后现代》《教学引导》6 册,海峡两岸的专家学者和学术新人围绕 21 世纪初新一轮课程改革中的诸多热点问题展开深入探讨。

《研究性学习的理想与现实》 张华、李雁冰等著。上海科技教育出版社 2004 年 12 月出版。阐述研究性学习的本质,揭示了研究性学习所蕴含的知识观,介绍了不同学习理论学派对研究性学习的看法,收入中国普通高中研究性学习课程现状研究报告、上海市普通高中研究型课程研究报告,并介绍了美国芝加哥大学实验学校研究性学习活动的历史研究和现状考察结果。

"改革开放 30 年中国外语教育发展丛书" 戴炜栋总主编。上海外语教育出版社 2008 年 12 月出版。丛书记载中国高等院校外语专业教育和高等院校、高职高专外语教育等的发展状况,从理论高度和宏观视角,回顾、分析、展望改革开放以来中国外语教育发展的历史进程、显著成就、基本经验和发展目标。

"新中国成立 60 周年外语教育发展研究丛书" 戴炜栋、胡文仲主编。上海外语教育出版社 2009 年 12 月出版。丛书记录并解读新中国成立 60 年来中国外语教育的发展历程和得失成就,在梳理历史资料的基础上,从理论上作了提升和总结。

《中国教育史研究》 陈学恂等主编。华东师范大学出版社 2010 年 1 月出版。分先秦分卷、秦汉魏晋南北朝分卷、隋唐分卷、宋元分卷、明清分卷、近代分卷和现代分卷 7 卷,展示了两千年中国教育的演变轨迹。

二、教材教辅

《新编教学挂图》 上海教育出版社编绘。上海教育出版社出版。1978 年,上海教育出版社恢复出版根据全国统编教材编制的配套幼儿园和中小学各科教学挂图。1986 年,国家教委全国中小学教材审定委员会召开四次教学挂图审定会议,上海教育出版社编绘 1 500 幅教学挂图全部获得通过。新编教学挂图内容符合教学大纲要求,与通用课本配套,体现科学性、教育性和艺术性,形式也有所创新。

《政治经济学教材》 蒋学模主编。上海人民出版社 1980 年 7 月出版。大学公共课经典教材,作者以马克思主义立场、观点,系统讲解政治经济学的基本理论,并对资本主义和社会主义的实践及其性质作了全面论述。

《英汉翻译教程》　张培基等编著。上海外语教育出版社 1980 年 9 月出版。简明扼要阐述翻译的基本理论知识,通过英汉两种语言的对比和大量译例,介绍英语汉译的一系列常用方法和技巧。

《文学的基本原理》　以群主编。上海文艺出版社 1980 年 12 月出版。高等学校文科教材,分 11 章论述文学与社会生活,文学与政治,文学的继承、革新与各民族文学的相互影响,文学的形象与典型,文学的创作方法,文学作品的内容与形式,文学语言,文学的体裁,文学的风格、流派和民族特点,文学欣赏和文学评论等文学的基本原理。

《俄汉翻译教程》　郑泽生、耿龙明主编。上海外语教育出版社 1981 年 4 月出版。高等学校俄语专业高年级学生的教材。作者总结多年来翻译教学和翻译实践的经验,运用俄汉语对比方法阐述翻译理论、翻译方法,坚持理论联系实际,以实践为主,对翻译实践有一定指导意义。

《英国文学简史(英文版)》　刘炳善编著,陆佩弦审定。上海外语教育出版社 1981 年 7 月出版。原为河南师范大学英文系自编教材,后被定为高校本科教材,分 8 个章节介绍早期和中世纪、文艺复兴、资产阶级革命、十八世纪、浪漫主义、批判现实主义等时期的英国文学。

《语文(小学课本 1—8)》　北京、上海、天津、浙江小学语文教材联合编写组编写。上海教育出版社 1982 年 10 月出版。依据教育部《全日制十年制小学语文教学大纲(试行草案)》,以统编教科书为基础编写,除在北京、上海、天津四省市试用外,还曾在广州、厦门、辽宁、唐山等 17 个地区使用,1989 年改为彩色印制,成为中国第一套小学语文全彩色课本。

《简明汉语课本》　赵贤州、黎文琦等编著。上海外语教育出版社 1983 年出版。为初学汉语的外国人编写,分上、下两册,共 50 课。上册侧重于传授基本技能和基础知识,以增进对汉语的认识和了解;下册适当加强对学生的阅读训练,进一步提升实用能力。

《成人高中教材》　上海市工农教材编写组、上海市职工教材编写组、上海市教委教研室编。上海教育出版社 1983 年开始出版。根据教育部成人高中教学大纲编写,涵盖语文、政治、历史、地理、数学、物理、化学、英语等学科,并配有学生用练习册及教师教学参考书,主要供职工业余中等学校、成人高中班等使用。

《汉语口语 900 句》　张亚军等编著。上海教育出版社 1984 年 3 月出版。为帮助外国人尽快熟悉中国的语言环境,学会听、说汉语编写的,分 19 个会话专题 50 多个情境,每个情景由五个部分组成:汉英对照的句子、英汉对照的注释、会话、练习、词汇。

《聋哑学校课本》　上海市聋哑教材编写组编。上海教育出版社 1986 年起陆续出版。分语文(一至八年级)、数学(1 至 16 册)及《语文初步》《语文初步卡片》《会话》等,经国家教委审定 1986 年起陆续出版,为促进聋哑学校的教学工作发挥积极作用。

《小学手工劳动课纸模型》　上海市中小学美术教材编写组编绘。上海科技教育出版社 1986 年 10 月出版。分春秋季两个版本,16 开,共 12 册,每册 12 幅,1982 年先由上海教育出版社出版,供小学各年级使用。1986 年后改由上海科技教育出版社出版,并向全国发行。

《幼儿园教师进修教材》　华东六省一市和四川省幼儿园教师进修教材协编委员会等编。上海教育出版社 1987 年 2 月出版。教材分《幼儿教育学》《幼儿心理学》《幼儿卫生学》《语文基础知识》《幼儿文学》《音乐》《舞蹈》《美术》等多种,内容注重理论与实践结合,涵盖幼儿园教学的方方面面。

"上海中医学院中医基础系列教材"　何裕民、钱承辉、吴敦序、费兆馥、柯雪帆等主编。上海中医药大学出版社 1987 年 7 月至 1990 年 1 月出版。系列教材将传统的中医基础理论、中医诊断学、中医学、方剂学、中国医学史 5 门中医基础主干课程,分为《中医学导论》《中医脏象学》《中医病因病机学》《中医诊法学》《中医辨证学》《中医防治学总论》《中医学》《方剂学》《中医学术史》《中国医学史》10 种,主要面向中医系中医专业、针灸推拿伤科专业的本科学生。

《新编英语教程》 李观仪主编。上海外语教育出版社 1987 年出版。教程包括教师用书、练习参考答案、学生用书、练习册和学习指南等,分九级,其中预备级为学生提供最基本的英语语音、语法和词汇知识及其应用方法,基础级帮助学生掌握基本的英语专业知识及技能,第 1—4 级供英语专业本科基础阶段学生使用,第 5—8 级面向英语专业本科高年级学生。

《国际金融概论》 陈彪如著。华东师范大学出版社 1988 年 1 月出版。高等学校文科教材,以国际金融活动及其本质为研究对象,结合国际金融学理论和实践的最新发展,系统地阐述了开放经济中的货币金融问题、内外均衡的相互关系及汇率问题以及外汇市场与国际收支问题,反映了外汇交易、国际收支、国际金融市场、国际货币体系等领域的国内外最新成果。

《大学英语(文理科本科用)》 复旦大学、北京大学、华东师范大学和中国人民大学编著。上海外语教育出版社 1988 年 1 月出版。根据国家教委审定批准的《大学英语教学大纲(文理科本科用)》编写,分精读、泛读、听力、快速阅读、语法与练习五种教程,适用于综合大学、师范院校和文科院校。

《概率论及数理统计(第二版)》 王福保等编著。同济大学出版社 1988 年 2 月出版。分概率论及数理统计两部分,概率论包括预备知识、随机事件及其概率、条件概率、时间的相互独立性等;数理统计包括数理统计的基本概念、估计、假设检验、方差分析等。书中列举不少例题帮助读者理解并应用概率统计的理论及方法。

《中医诊法图谱》 顾亦棣、费兆馥主编。上海中医药大学出版社 1988 年 3 月出版。《中医诊断学》配套教材,由 200 余帧典型病例的照片组成,包括望全身与望局部,以教会学生掌握“望而知之谓之神”的本领。

《教育心理学》 邵瑞珍主编。上海教育出版社 1988 年 4 月出版。高等学校文科教材,从心理学角度,着重分析了学生的学习知识与技能的性质、基本过程、内容与方式,论述了影响学生学习的多种因素及其相互关系,揭示了学生学习的心理规律,同时阐明了教师的有效指导。

《六年制小学语文教材》 上海教育出版社 1988 年 11 月出版。全国第一套彩色语文教材,由特级教师参与编写,在继承传统教育精华,借鉴国外教材优点的基础上,吸取中国近几年小学语文教学实践的新成果、新经验,科学合理安排知识、能力、智力诸方面的教学内容,体现了教材改革的新意。

《世界语教程》 魏原枢主编。上海外语教育出版社 1988 年 11 月出版。为世界语教学工作者和有志学习这一人工语言的读者编写,共 30 课,适合作为高等学校第二外语或外语选修课的教材。

《学前班读本》 张亦浩等编。上海科技教育出版社 1989 年 4 月至 1994 年 11 月出版。读本根据《幼儿园工作规程》(试行)及《幼儿园教育纲要》(试行草案)编写,分为语言、计算、常识、美工、拼音、寓言等分册,还配有相应的练习册。图文并茂,趣味性浓。

“辅导 100 天丛书” 张越等编。上海科技教育出版社 1989 年 6 月至 1990 年 12 月出版。丛书将初、高中最后学期的复习迎考内容分隔成 100 天的学习内容,循序渐进,每天安排复习一个基础知识点,把知识内容学习透,并做相应的练习。

《九年制义务教育课本：劳动技术》 上海中小学课程教材改革委员会编。上海科技教育出版社 1991 年 6 月—1996 年 7 月出版。教材按照职业技术教育分类，把整个初高中劳动技术教育按技术种类分为若干个领域，每个领域一本教材（如电工、木工、缝纫、编织、打字等），知识介绍比较系统，技能介绍比较全面，并配有大量习作，以帮助学生掌握教材所介绍的知识与技能。

"全国中小学生优秀作文选"　童心主编。文汇出版社 1991 年 6 月出版。丛书包括《100 个中小学生心目中的家庭》《100 个中小学生心目中的家乡》《100 个中小学生心目中的妈妈》《100 个中小学生心目中的爸爸》《100 个中小学生心目中的名人》《100 个中小学生心目中的祖国》6 种。

"生活中的数理化丛书"　刘卫东主编。文汇出版社 1993 年 1 月出版。丛书包括《生活中的物理》《生活中的地理》《生活中的化学》《生活中的生物》《生活中的数学》《生活中的医学》共六册。

《新编日语》　周平、陈小芬主编。上海外语教育出版社 1993 年 5 月出版。国内大学最主要的日语专业教材之一，编写原则是从听说入手，听说与读写并重，听说训练采用情景教学法；每课由本文、会话、应用文、单词、词语与表达、功能用语、练习七部分组成；题材以学校、家庭、社会为主，兼顾日本文化和风俗习惯，主要面向大学日语专业学生 1—2 年级学生。

"星级题库"丛书　陈永明、陶莲云、马骁等编。上海科技教育出版社 1993 年 9 月至 1994 年 6 月出版。丛书包括《高中五星级题库》（5 种）、《初中四星级题库》（5 种）、《小学三星级题库》（2 种）。题库中的题目分基础（基础知识与基本技能）、提高（知识点的纵向加深）、拓展（知识点的横向拓展，含与其他知识点、学科的结合以及研究型、讨论型、开放型、应用型等题）；每题标明星级及解题所需时间。

《全国职业高中商品营销专业教材》　顾志跃主编。上海科技教育出版社 1994 年 6 月至 1995 年 6 月出版。教材共 22 册，内容包括商业基础知识、商品学概论、售货艺术、商业法规知识、商品广告与陈列等，为适应流通领域体制改革的深化和社会主义市场经济的客观要求，编写突出职业高中的独立性和商品营销专业的针对性。

《中小学科技活动课本》　各省中小学科技活动课本编写组。上海科技教育出版社 1994 年 10 月出版。从不同的角度指导学生初步学会科学研究、科技发明、制作科技作品的方法，扩大学生的知识面，提高学生的科学素养，培养学生的探索精神和创新意识，引导学生成为学科学、爱科学、用科学的一代新人。教材在湖南、贵州、福建、黑龙江、内蒙古等省区使用。

"21 世纪英语学习丛书"　戴炜栋等主编。上海外语教育出版社 1996 年出版。丛书包括《英语修辞与写作》《英语语音》《英语听力基础》《英语语言学》《通用英语语法》《简明英语惯用法》等共 23 分册，各分册后附练习答案，部分还配有辅导用书，以适应中高层次读者学习英语的需要。

《牛津英语》　牛津大学出版社授权。上海教育出版社 1998 年起出版。教材覆盖小学一年级至高中三年级共 12 个年级，为推动上海课程改革和基础学科的发展，提升学生的外语综合能力发挥重要作用，成为上海"二期课改"重要成果之一。2001 年教材通过教育部审查，先后被沈阳、深圳、广州、长春、太原、贵阳、芜湖等经济比较发达、师资力量较强的地市选用。

《中国古代文学史》　郭预衡主编。上海古籍出版社 1998 年 7 月出版。高等学校文科教材，共四卷八编，始于先秦，迄于清代中期，注意从史的角度立论，通过总结作家作品在文学史发展长河中新的成就与新的特点，探求文学发展及其变化的客观规律。

《大学英语语法：讲座与测试》　徐广联编著。华东理工大学出版社 1998 年 11 月出版。在对英语语法做系统讲解的基础之上，分析探讨英语学习中的语法难点问题及一般语法书和词典中没有论及的语法和惯用法问题，介绍了现代英语中一些新的用法和语言现象。

《会计学导论（第二版）》　葛家澍、刘峰主编。立信会计出版社 1999 年 8 月出版。国家高等学校文科教材,按会计信息的加工与报告、会计信息的分析与利用、会计信息在服务于企业经营管理中的地位和作用等环节设计框架,给学生提供完整的簿记方法和全面的"会计观"。

《新世纪高职高专英语》 戴炜栋主编。上海外语教育出版社 2000 年 8 月出版。根据教育部颁发的《高职高专教育英语课程教学基本要求》进行设计和编写,分《综合教程》和《听说教程》,各 6 册,主要面向高职高专学校学生。

《国家课程标准教材》 上海教育出版社编。上海教育出版社 2001 年起陆续出版。按国家课程教材改革要求组织编写,分《英语》(小学、初中)、《音乐》(小学、初中)、《美术》(小学、初中)、《化学》(初中)、《科学》(初中)、《历史与社会》(初中)6 种。2001 年至 2004 年陆续通过教育部审定出版,在全国 20 多个省、自治区、直辖市使用。

《大学英语(全新版)》 李荫华主编。上海外语教育出版社 2001 年 7 月出版。根据《大学英语教学大纲》(修订本)编写,供大学英语教学基础阶段使用,包括综合教程 6 册、阅读教程 6 册、快速阅读 6 册、听说教程 6 册和语法手册 1 本。除快速阅读外,各教程均配有教师用书;综合、听说教程配有相应的录音磁带和光盘。

《高中研究型课程·学习包(第一、二辑)》 国家基础教育课程改革项目"普通高中研究性学习实施指南"课题组编。上海科技教育出版社 2001 年 8 月出版。教材分两辑,第一辑包括"指导手册"和"综合主题",前者概述研究性学习的一般过程和方法,后者围绕各种综合研究主题提供相应的学习资料;第二辑包括"研究指导"和"课题背景",前者用案例分析的方式引导学生对研究经历进行反思,后者则介绍了各学科领域的研究前沿以及中学生可以做的研究。

"剑桥应用语言学丛书" 剑桥大学出版社授权,上海外语教育出版社 2001 年 10 月出版。在剑桥大学出版社应用语言学丛书中遴选 10 种,与上海外语教育出版社"牛津应用语言学丛书"相辅相成,内容涉及第二语言词汇、写作、教学,语言课程评估、语言迁徙、社会语言学、体裁分析、对比修辞、隐喻研究等。

《奥数教程》 单墫等主编。华东师范大学出版社 2002 年 1 月出版。依据最新修订的教学大纲要求,与教学同步编写,以讲解为主,以测试为辅,降低难度,注意与小升初、中考和高考衔接,多次修订再版。

《大学物理(第二版)》 王少杰、顾牡、毛骏健主编。同济大学出版社 2002 年 5 月出版。根据教育部理工科非物理类专业大学物理课程教学基本要求编写,系统阐述大学物理学的基本概念、基本理论和基本方法,上册分力学和电磁学两篇,下册分热学、振动、波动和光学以及近代物理基础三篇。全书以基本要求的 A 类知识点为核心内容,选材注重近代理论,关注物理前沿,突出物理图像,弱化数学推演。

"新世纪高等院校英语专业本科生系列教材" 戴炜栋主编。上海外语教育出版社 2002 年 7 月起陆续出版。普通高等教育"十五"国家规划教材。全国 30 余所高校百余位英语教育专家参加编写,内容深入浅出,反映各个学科领域的最新研究成果,目标是培养高素质、复合型外语创新人才,满足 21 世纪英语人才培养的需要。

《九年制义务教育课本:自然(试用本)》 顾志跃主编。上海科技教育出版社 2002 年 8 月至 2007 年 2 月出版。教材以小学生的科学探究兴趣与能力发展为主线,围绕生命世界、物质世界、地球与宇宙 3 个一级主题及多样的生物、生物的形态结构、生命与生命周期、生物与环境、健康生活、材料与物质、运动和力、能的表现形式、地球概貌、地球物质、地球与太阳系 11 个二级主题,按小学低、高两个学段要求,选择与设计课文内容,以探究活动为主要呈现形式,突出学生学习的主体性,实现玩中学、做中学、探中学的教学思想。

"五年中高考试题透视丛书"　曹家鳌等编。上海科技教育出版社 2002 年 12 月至 2004 年 7 月出版。丛书将近五年中高考试题依年份次序编排，逐年逐题全方位分析。每一题按出题背景、解题思路、考题拓展展开，通过对试题的横向比较、纵向归纳，透视中高考考题的奥秘，揭示每一学科不同知识块中各考点的冷热变化状况。

《新求精德语强化教程(中级 1·第二版)》　同济大学留德预备部编著。同济大学出版社 2003 年 9 月出版。从短期强化培训特点出发，修正传统教材中偏重语法脱离实用的缺点，所选语篇注重交际范围的内容，并有一些向国外介绍中国历史、文化的语篇，帮助学员具备一定的双向跨文化交际能力。

《普通高中课程标准实验教科书：信息技术》　应吉康主编。上海科技教育出版社 2004 年 6 月至 2005 年 7 月出版。教材分必修和选修两个系列，必修为信息技术基础 1 个模块，选修为算法与程序设计、多媒体技术应用、网络技术应用、数据管理技术、人工智能初步 5 个模块，在体现"课程标准"基本要求的基础上，构建开放的、富有活力的教材体系，以"做中学"落实课程标准提出的培养目标。

《普通高中课程标准实验教科书：物理》　束炳如、何润伟主编。上海科技教育出版社 2004 年 6 月—2005 年 7 月出版。教材分共同必修、理科选修、文科选修三个系列，内容贯彻"以人为本"的理念，在提升全体高中学生的科学素养的基础上，给学生向不同方向的发展提供选择空间。

《新编大学英语阅读教程》　欧阳俊林主编。东华大学出版社 2005 年 8 月出版。分四册，与大学英语教学课程设置平行，每学期一册，循序渐进，由浅入深，编者广泛收集现代英语特别是英美社会的多样式语言文本，帮助读者从接触真实语料入手，全面提高学生英语语言的阅读水平。

《新编日语教程》　许小明等编著。华东理工大学出版社 2006 年 5 月出版。以主人公留学日本的学习、生活为主线展开故事情节，内容生动活泼，知识性、趣味性、实用性兼备，读者通过学习可以体验丰富多彩的留学生活。

《大学英语(第三版)》　董亚芬主编。上海外语教育出版社 2006 年 6 月出版。根据教育部提出的"培养学生的英语综合应用能力"的教学目标，在 1998 年《大学英语(修订版)》基础上修订而成，包括精读、泛读、快速阅读、听说、语法与练习等教程。

"新世纪高等学校俄语专业本科生系列教材"　吴克礼主编。上海外语教育出版社 2006 年 7 月出版。中俄合作委员会教育合作分会项目，组织全国 20 余所高校和俄语界近百位专家编写，内容涵盖高校俄语专业全部课程。

"新世纪高等学校日语专业本科生系列教材"　谭晶华主编。上海外语教育出版社 2006 年 8 月出版。普通高等教育"十五"国家级规划教材，组织全国 20 余所高校和日语界近百位专家编写，内容涵盖高校日语专业全部课程。

"新标准高职高专公共英语系列教材"　王守仁主编。上海外语教育出版社 2006 年 8 月出版。按照根据"实用为主，够用为度，应用为目的"原则，结合高职高专英语教学特点和实际需要编写，主要包括实用综合教程、实用听说教程、实用写作教程、实用语法简明教程以及行业英语系列等课程。

"新世纪高等学校法语专业本科生系列教材"　曹德明主编。上海外语教育出版社 2006 年出版。教育部高等学校外语专业教学指导委员会法语组推荐使用教材，由全国 20 余所高校参与编写。教材涵盖高校法语专业全部课程，包括核心教材(《综合教程》)、主干教材(阅读、听说、写作、翻译、语法等)和特色教材(概况、文化、文学、语言学等)三大类 20 余种。

"新世纪大学英语系列教材" 秦秀白主编。上海外语教育出版社 2007 年 5 月出版。按照《大学英语课程教学要求》，由国内十余所高校英语教学专家和国际知名视听教学专家编写，内容包括综合教程、阅读教程、快速阅读、听力训练、视听说教程、写作教程等课程。

"新世纪高等学校德语专业本科生系列教材" 卫茂平主编。上海外语教育出版社 2007 年 5 月出版。普通高等教育"十一五"国家级规划教材，以德语综合教程为主，并辅有阅读、听力、口语、翻译、写作、语音、语法等 15 种课程，基本囊括高等学校德语专业教学大纲所涉课程类型及教学内容。

《综合实践活动课程研究》 张华等著。上海科技教育出版社 2007 年 5 月出版。分三部分：第一部分介绍综合实践活动课程的本质、价值，揭示课程在培养学生社会性、自主性方面的意义以及实施过程中存在的误区，呈现综合实践活动课程与学科教学的一体化的实验研究内容及成果；第二部分论述综合实践活动课程的设计框架、选题、组织形式、评价方法等；第三部分介绍综合实践活动课程的开发历程、课堂教学中会遇到的问题及指导方法等。

《中国历史地理概述》 邹逸麟编著。上海教育出版社 2007 年 7 月出版。普通高等教育"十一五"国家级规划教材，介绍中国各历史时期地理环境各要素变化的过程、特点和相互间的内在联系，以及人类活动与地理环境变化之间的相互关系及其规律。

《新公共法语》 吴贤良主编。上海外语教育出版社 2007 年 10 月出版。分初级、中级和高级教程三册，突出法语基本技能的训练和交际能力的培养，初级教程全面教授纯正的语音语调、语法知识及常用词汇，训练学生口语表达能力；中级教程着重讲解法语的各种时态和词的用法，培养学生阅读理解和书面表达能力；高级教程重点介绍法语各种文体的特点，培养学生翻译较难文章的能力。

"翻译专业本科生系列教材" 汪榕培、方梦之、潘文国等编著。上海外语教育出版社 2008 年 6 月起出版。全国部分外语院校、综合性大学、师范院校中长期从事翻译教学与研究的教授和专家编写，由翻译理论、翻译实践与技能和特殊翻译等数个版块组成，涉及中外翻译史论、中外翻译理论、英汉—汉英互译、文学翻译、应用文翻译、科技翻译等近 40 种课程。

三、少儿读物

《童话选》 郭沫若、叶圣陶等著。上海教育出版社 1978 年 10 月出版。编选五四以来 60 多位作家创作的童话 70 余篇，有郭沫若、叶圣陶、张天翼、严文井等老一辈作家反映社会生活的童话，也有中青年作家用生动活泼手法创作的科学童话。

《上下五千年》 林汉达、曹余章编著。少年儿童出版社 1979 年 10 月出版。讲述中国历史，上至三皇五帝，下至辛亥革命，是一本集中国发展史、重大历史事件及名人简介为一体的历史读物。作者选择重要人物和事件，根据史籍材料加以组织和剪裁，语言通俗易懂。

《365 夜故事》 鲁兵主编。少年儿童出版社 1980 年 10 月出版。荟萃世界故事宝库中脍炙人口的名篇佳作，既有充满神奇浪漫色彩的神话传说、民间故事，也有开启心智的童话、寓言、幽默故事、小品等，颂扬真善美，鞭挞假恶丑。一年 365 天，年轻父母每晚一个故事，引领孩子进入多姿多彩、奇妙变幻的故事王国。

《乱世少年》 萧育轩著。少年儿童出版社 1983 年 6 月出版。具有传奇色彩的历险记式小说，描写十年动乱中少年马强颠沛流离，历尽艰险，在逃亡大森林的过程中与野兽、饥饿、疾病作斗争，最后和侦查员郭天雄、大勇等生擒匪徒。故事惊险曲折，文笔辛辣幽默。

《九色鹿》　严霁改编,张世明绘。少年儿童出版社1983年12月出版。九色鹿救起采药时不慎落水的弄蛇人,弄蛇人见利忘义,向国王告密,设计将九色鹿引入包围圈。当守候的武士们就要万箭齐发时,九色鹿发出神光,利箭被化为灰烬。九色鹿向国王揭露弄蛇人忘恩负义的丑恶行为,恶人终究得到应有的惩罚。

《世界五千年(1—6)》　段万翰、顾汉松、陈必祥编著。少年儿童出版社1985年1月出版。以故事形式讲述世界历史的大型通俗读物,取材真实,知识广博,故事生动,文字活泼,是一部形象化的世界小通史,在青少年读者中有广泛影响。

《世界儿童文学名著故事大全》　陈伯吹主编。少年儿童出版社1989年10月出版。收入《红蜡烛和美人鱼》(小川未明)、《鼹鼠原野的小伙伴们》(古田足日)、《窗边的阿彻》(黑柳彻子)、《小坡的生日》(老舍)、《喀布尔人》(泰戈尔)、《水孩子》(查尔斯·金斯莱)、《巨人的花园》(王尔德)等世界儿童文学名著。

"数学故事丛书"　张远南著。上海科学普及出版社1990年4月出版。包括《偶然中的必然——概率的故事》《未知中的已知——方程的故事》《否定中的肯定——逻辑的故事》《无限中的有限——极限的故事》《变量中的常量——函数的故事》《抽象中的形象——图形的故事》6种,通过科学发现、科学研究的生动故事,让读者感受知识世界的奇幻、巧妙和内在规律。

"幼儿画库"　朱庆坪、俞理主编。少年儿童出版社1990年7月至1993年8月出版。画库面向学龄前儿童,包括《彩图世界名著100集》《彩图中国古典名著100集》《彩图中国古典诗词100首》《彩图幼儿故事100集》《彩图婴儿故事100集》《彩图中国儿歌100首》,强调语言的文学性和绘画的艺术性,陪伴小宝宝度过人生最初的也是最重要的幼年时期。

《彩图幼儿知识百科》　胡莲娟、茅绍颖、朱为编写,叶乃飞等绘画。少年儿童出版社1992年1月版。面向学龄前儿童的启蒙读物,分上下两册,图文并茂介绍丰富的自然科学知识。

《巴金对你说》　祁鸣著。少年儿童出版社1992年7月出版。图文兼备的摄影集,记录巴金从童稚到暮年的身世阅历、行止言谈,开卷摩挲,如夜静灯明,听他絮絮闲说平生,使人倍感亲切,引发许多思绪。从一个人透视一个时代,是一本作家的传记,也是一幅现代中国的历史风情画。

《青少年科学百科全书》　引进伦敦CK出版公司版权,堵南山译。上海译文出版社1995年6月出版。收入280多条主条目、1 900多条子条目和2 500幅图片,涉及物理科学、生物科学、地球科学、环境科学,熔最新科研成果与科学普及知识于一炉,附有彩色照片、时间图表、精细剖面图、地图等,内容生动活泼,并与中小学科学课程衔接。

《中国童谣》　张秋生选编。上海教育出版社1995年12月出版。以童谣对幼儿进行启蒙教育,分动物植物、生活礼仪、科学常识和故事游艺4部分,语言朗朗上口,适合儿童朗诵和阅读。配有生动有趣的画面,图文并茂。

《数:上帝的宠物》　谈祥柏编著。上海教育出版社1996年10月出版。围绕"登山要过十八盘""有魅力的数"等系列话题,以通俗浅显的文字、新奇的实例,向人们展示数这一奇妙世界的种种神秘属性,验证"上帝是一位算术家"的格言。

《看图学古诗》　郑万泽中文注释,陆佩弦英文译注。上海教育出版社1997年6月出版。挑选160首比较浅显的古诗精品,配以现代汉语和标准英语及各种流派的国画,成为熔古今中外文化于一炉的少儿读物。

《三毛大世界》　李名慈主编。少年儿童出版社1997年7月出版。借用张乐平笔下的经典漫画形象"三毛"衍生出的科普知识读物,通过一个个生动有趣的故事,向小读者展现精彩纷呈的大千世界,从中可以学到许多有益的知识,培养爱国主义情操。

《中国当代儿歌精品》 圣野主编。上海教育出版社 1997 年 12 月出版。收入儿歌 126 首,歌词贴近生活,语言朗朗上口,每首儿歌均配有图画,图文并茂。

《男生贾里全传》 秦文君著。少年儿童出版社 1997 年 10 月出版。男生贾里聪颖机智、热情侠义,周围的小伙伴一个个都不同凡响,经常会作出点令人意想不到的举动,干出点令人刮目相看的事情。小说展现当代中学生丰富多彩的生活画面,情节生动,语言幽默,人物鲜明,富有时代气息和艺术魅力。

《十万个为什么(新世纪版)》 卢嘉锡总主编。少年儿童出版社 1999 年 9 月出版。共 12 册,内容与时俱进,在保留基础科学知识部分的基础上,新增环境科学、材料科学、信息科学、基因科学等最前沿的科学知识,并首次设立索引资料分册,方便读者依照关键词查询有关内容。王建磐、赵君亮、杨雄里等科学家担任各分册主编。

"巨人丛书:多彩年华特辑" 贺国甫、张旻、陆平、沈石溪、李开杰著。少年儿童出版社 1999 年 10 月出版。丛书特辑共五册,收入《哎哟,妈妈》《成长是多么不容易》《大男生和小女生的秘密》《两小有猜》《青春留言》当代儿童文学优秀作品。

《大头儿子和小头爸爸全集》 郑春华著。少年儿童出版社 2000 年 4 月出版。表现中国现代家庭教育,通过一系列细小但有趣的故事,展示大头儿子、小头爸爸和围裙妈妈一家三口平凡生活,抒发真善美的情感,想象力丰富,语言生动幽默,可读性强。

《新版小灵通漫游未来》 叶永烈著。少年儿童出版社 2000 年 8 月出版。《小灵通漫游未来》《小灵通再游未来》《小灵通三游未来》合编本,通过小记者小灵通漫游未来的种种见闻,多角度、全方位、生动有趣地展示了未来上海的美好景象。

《历史数学名题赏析》 沈康身著。上海教育出版社 2002 年 9 月出版。分数量、图形、睿智三编共 10 章,系统介绍历史数学名题,包括各种命题(原理、定理、性质、法则、公式及多方位推导、推论和推广),各种算题(中外古典算题及各种算术解法、代数和数论考虑),各种图形和图像及历来益智趣闻、轶事和数学游戏等,还介绍了各种名题的历史、社会和文化背景,探讨数学内在的和谐之美。

《爱上QQ》 周晴、周桥著。少年儿童出版社 2003 年 1 月出版。校园题材小说,为《QQ 宝贝》一书的前传,续写发生在《QQ 宝贝》之前的故事,描述了几位主人公和 QQ 之间许多有趣的故事。

"抱抱丛书" 葛翠林、白冰、王一梅著。中国福利会出版社 2003 年 8 月出版。丛书分《最快乐的一天》《第十二只枯叶蝶》《飞上天的鱼》《吃黑夜的大象》《小蛋壳历险记》《小木偶山米》《花瓣儿鱼》《小巴掌童话》《大狗喀啦克拉的公寓》《小老鼠的魔法书》10 册,文字浅近、故事有趣。

"看看丛书" 沈石溪、周蜜蜜、彭懿、周锐、秦文君、任大星、冰波、张之路著。中国福利会出版社 2003 年 6 月—2004 年 10 月出版。丛书收入《动物神勇故事》《动物亲情故事》《动物智慧故事》《寻龙历险记》《女孩子城来了大盗贼》《鸡毛鸭全传》《穷女孩心香和富女孩可人》《书包里藏着两个多嘴的人》《蓝鲸的眼睛》《梦断三角蛋》10 种儿童文学作品。

《吃黑夜的大象》 白冰著。中国福利会出版社 2003 年 8 月出版。收入 14 篇风趣热闹、欢快幽默的童话故事:大象帮助不想睡觉的孩子把黑夜吃掉,豆豆兔子的妈妈会变色……作品充满想象力,是作者为孩子快乐成长送上的礼物。

《名人小时候》 顾军著。中国福利会出版社 2004 年 5 月出版。漫画连环画。由三毛当导游,在精彩故事和优美漫画的陪伴下,带小读者走进岁月隧道,回到巴金、王元化、丁聪等一大批名人的童年。

《蓝鲸的眼睛》　冰波著。中国福利会出版社 2004 年 10 月出版。讲述一条蓝鲸为一个小女孩奉献出自己眼睛的故事。蓝鲸是大海中不容冒犯的神灵，它最珍爱它的眼睛，因为大海的灵魂就在它的眼睛里。一个勇敢但是冒失的年轻人却向蓝鲸发起了挑战，是什么让他有这样的勇气和决心……作者用细腻的笔触，写下了一个动人的故事。

《趣味数学精品译丛》　［英］罗勃·伊斯特威、［美］约翰·艾伦·保罗士等著，蒋声、谈祥柏等译。上海教育出版社 2004 年 12 月出版。《绳长之谜》《三车同到之谜》《数盲世界》《数学走遍天涯》等分册组成，作者把深奥的道理变成一个个有趣的故事，不论数学能力如何，读后都能有所收获。

《嘀嗒嘀嗒嘀：双语儿歌六十首》　任溶溶译。中国福利会出版社 2005 年 5 月出版。收入原汁原味的英美传统儿歌 60 首。这些在英美国家几乎每个孩子都琅琅上口的儿歌，通过译者倾心译出，带给小朋友不一样的童趣。书中附有便于携带的生词卡片。

"新概念连环画系列"　潘修范、周锡山、周喆文、杜清华改编，叶雄工作室绘画。上海画报出版社和上海锦绣文章出版社 2005 年 7 月—2009 年 3 月出版。分《三国演义》《水浒传》《西游记》《红楼梦》4 种，在原著基础上改编，故事叙述中移用部分精彩的原著段落以及对旁白和相关知识链接的设计，便于读者在轻松阅读中了解故事情节的转换与相关知识点的把握，增加阅读的乐趣。

"原来如此丛书"　黄民生等主编。上海科学技术文献出版社 2005 年 8 月出版。分 10 册，反映宇宙变迁、生物进化、科学技术进步、文明成果传播、文化艺术创造等知识成果，尤其关注近年来新科学、新知识、新技术发展，将科学性、知识性、趣味性、启发性、探索性融为一体，培养广大青少年科学探索精神。

《数学与艺术：无穷的碎片》　［美］伊凡斯·彼得生著，袁振东、林磊译。上海教育出版社 2007 年 7 月出版。通过 200 多幅插图和彩图展示许多艺术作品，介绍数学与艺术交互作用的过程和一些数学家、艺术家的趣闻逸事。

《非常小子马鸣加》　郑春华著。少年儿童出版社 2007 年 8 月出版。马鸣加是一个调皮、善良、勇敢的小男孩，有男孩感知世界的神奇天赋，有真挚的情感和鲁莽的动力，有尚未遗失的童真，还有无穷的创造力和不凡的破坏力，他的生活就像一个大拼盘。全套 8 册，作品揭示进入小学的儿童面临的不适应、不协调、不确定等种种成长中的"痛"，情节生动有趣，语言轻巧幽默。

《科学梦与成才路：院士的故事》　何祖斌、吴强著。上海教育出版社 2008 年 3 月出版。讲述100 位中国科学院和中国工程院院士的精彩和鲜为人知的故事，让广大青少年读者体会到引领中国科技发展的科学家们如何在科学人文精神的引领下，通过不懈的努力一步步圆梦成才。

《开心女孩》　秦文君著。少年儿童出版社 2009 年 4 月版。讲述 50 个发生在校园内外的经典故事，双语呈现，作家以孩子观察生活的视角展示少年儿童面临的纷繁复杂的外部世界，文字灵动有趣，拙朴感人。风趣诙谐，有鲜明的时代特点。

"宇宙系列"　中华地图学社 2009 年 4 月出版。版权从意大利迪亚哥出版公司引进，详细介绍星空中的星座、太阳系各主要天体、月球的相关知识，图片精美、数据准确，可以帮助中小学生认识宇宙，也能激发学生的天文兴趣。

第五节　自然科学与工程技术

本节共著录图书 257 种，其中自然科学总论 38 种，数理科学和化学 58 种，生物科学 24 种，医药卫生 67 种，农业科学 21 种，工业技术 37 种，交通运输及航空航天等 12 种。

一、自然科学总论

《中国天文学史》 陈遵妫著。上海人民出版社 1989 年 11 月出版。分 11 篇 61 章,内容包括中国古代天文学、星象、天文测算、天象纪事、历法、历书、灵台与仪像,以及古人论天、中国近代天文学史、中国现代天文学史简介等,附录有大量历史文献资料和研究分析的统计、对照表。

《图说高新技术应用》 张钟俊、李必光、李育阳、殷之文、李培俊、翁史烈等著。上海科学普及出版社 1995 年 10 月出版。选择计算机技术、空间技术、生物工程技术、新材料技术、能源技术、海洋工程技术、核技术、激光技术、现代通信技术、机电一体化技术等 10 种高新技术的近百种应用实例,用"以图配文"的科普传播方式加以说明。

《中国科学院院士自述》 中国科学院学部联合办公室编。上海教育出版社 1996 年 5 月出版。收入 500 多位中国科学院院士撰写的自述,旨在褒扬中国科学界的优秀风范,激励后辈科学工作者,同时为中国和世界科技发展史的研究留下珍贵史料,字里行间充满哲理和激情。

《现代科技与上海》 杨福家主编。上海科学普及出版社 1996 年 6 月出版。从世界经济和科学发展的历史和现状出发,对信息技术、生物技术、空间科学技术、新材料等当代高技术的重要前沿领域和能源与交通、环境与防灾等人类社会共同面临的重大问题,以及科学管理和科学决策的基本知识等,作了深入浅出的论述,并着重介绍了迈向 21 世纪的上海科技发展战略。

"现代科学技术博览丛书" 朱光亚主编。上海科技教育出版社 1996 年 9 月至 1997 年 1 月出版。包括《爱护我们的"地球村"——环境保护技术》《继承普罗米修斯的伟业——能源技术》《向上帝挑战——生物技术》《大步跨越时空——信息技术》《向蔚蓝的世界进军——海洋技术》《在大自然的馈赠之外——材料技术》《永无止境的探索——自然科学基本问题》《摆脱地球的羁绊——空间技术》,内容不仅涉及基础研究,也涵盖各高新技术领域。

《现代科学技术基础知识(图画本)》 惠永正主编。上海教育出版社 1997 年 7 月出版。分《科学技术是第一生产力》《当代自然科学的基本问题》《当代技术发展的重要前沿》《科学技术推进传统生产现代化》《人与自然的协调发展》5 册,用通俗的图画和文字表现科学技术内容,介绍现代科学技术的最新进展。

《中国工程院院士自述》 中国工程院学部工作部编。上海教育出版社 1998 年 12 月出版。通过 360 位工程院院士富有哲理的自述,从不同侧面表现了科技精英的内心世界以及他们的平凡和不平凡处,不仅给读者以深刻的启迪,也为国家实施"科教兴国"战略增添了榜样的力量。

《青少年科技活动大全》 《青少年科技活动大全》编委会编。上海科技教育出版社 1998 年 12 月出版。涵盖物理、化学、生物、环保、天文、气象、地理、陆海空模型、摄影、无线电、计算机、创造发明等青少年科技活动领域,收集了 500 多个活动项目,是中国几十年来青少年科技活动内容的集中展示。

"哲人石丛书" 〔美〕伊利亚·普利高津、〔美〕卡尔·萨根、〔英〕约翰·格里宾等著,赵万里、李啸虎等译。上海科技教育出版社 1998 年 12 月开始出版。丛书是面向中高端读者的科普翻译图书,以"哲人石"冠名,既象征着科学技术对人类社会的推动作用,也隐喻科普图书对科学文化的促进效应,包括当代科普名著、当代科技名家传记、当代科学思潮、科学史与科学文化四个系列,截至 2010 年底已出版 95 种,成为国内有影响的科普品牌。

《名家讲演录》 周光召、朱光亚、路甬祥、宋健、汤钊猷、杨雄里等著。上海科技教育出版社

1999 年 8 月—2003 年 3 月出版。共 24 种,作者均为中国知名学者,内容小中见大,注重可读性和趣味性,尤其适宜大学生拓宽科学文化视野,被誉为是"装在口袋里的科学思想"。

《科学与艺术》　李政道主编。上海科学技术出版社 2000 年 9 月出版。以中国传统艺术手法表现现代科学主题的画册,收入艺术家为中国高等科学技术中心举办的国际学术研讨会创作的 20 余幅有深刻科学寓意、用不同艺术手法表现的主题画,如《核子重如牛,对撞生新态》《无尽无极》《天马行空》等,并附有每幅画的科学思想内容及画家的生平、代表作介绍,对科学与艺术的交融作了有益探索。

《系统科学》　许国志主编。上海科技教育出版社 2000 年 9 月出版。全面介绍系统科学的基础理论、应用理论和工程应用,阐述对各类系统结构、功能和演化有普适意义的动力学系统理论、自组织理论、随机性理论,以及简单巨系统、复杂适应系统、开放的复杂巨系统的理论,并对信息论、控制论、运筹学、系统工程方法论等系统工程技术作了简要介绍。

《诺贝尔奖百年鉴》　李新洲等著。上海科技教育出版社 2000 年 12 月至 2002 年 4 月出版。共 29 册,其中科学类诺贝尔奖奖项按内容被梳理为 26 个领域,以每个领域的科学进展为脉络各撰写一册,约 8 万字,使读者了解获奖成果的精华和这一领域的总体发展历程,同时还有《追寻自然之律——20 世纪物理学革命》《探究物质之本——20 世纪化学纵览》《叩开生命之门——20 世纪生命科学进展》3 册综述,帮助读者了解这三大学科的全貌。

《制造系统信息集成技术》　严隽琪主编。上海交通大学出版社 2001 年 8 月出版。介绍现代集成制造的新概念,论述生产经营管理、工程技术、数据库与网络等分系统中信息集成的方法与技术和数字化与网络化制造的新进展。

"华夏科学之光丛书"　魏洪钟、许良、余君、李剑君、陈洁琦等著。上海科技教育出版社 2002 年 1 月—2003 年 1 月出版。包括《厚积薄发——朱棣文的科学风采》《奇迹的奇迹——杨振宁的科学风采》《寻找带色的雨滴——丁肇中的科学风采》《宁静致远——崔琦的科学风采》《细推物理须行乐——李政道的科学风采》,分别介绍 5 位华裔诺贝尔奖获得者的生平事迹,再现他们的成长历程和对中国科技教育事业的深切关怀。

"八面风文丛"　刘华杰、〔美〕罗伯特·马克·弗里德曼、任鸿隽等著。上海科技教育出版社 2001 年 9 月至 2009 年 12 月出版。以科学社会学、科学史学、科学哲学三门学科为架构,收入了国内外 16 部佳作,包括《科学救国之梦——任鸿隽文存》《邮票上的数学》《技术创新进化论》《与真理为友——现代科学的哲学追思》《世界史上的科学技术》《背叛真理的人们——科学殿堂中的弄虚作假》《权谋——诺贝尔科学奖的幕后》《一点二阶立场——扫描科学》《泡沫——"搞笑诺贝尔奖"面面观》等。

"普林斯顿科学文库"　〔美〕阿尔伯特·爱因斯坦、〔美〕亨利·斯托梅尔、〔德〕赫尔曼·外尔等著。郝建纲、刘道军、王兰宇、刘式达、梁爽、李滇林等译。上海科技教育出版社 2001 年 12 月至 2004 年 12 月出版。精选普林斯顿大学出版社"普林斯顿科学文库"中的 10 种,包括《相对论的意义》《天遇》《机遇与混沌》《手》《海洋一瞥》《对称》《怎样解题》《日全食》《液晶》《贝壳的自然史》,内容涉及物理学、生物学、数学、天文学、海洋学、混沌理论等。

"金羊毛书系"　〔德〕赫尔曼·外尔、〔美〕詹姆斯·D·沃森、〔美〕罗尔德·霍夫曼等著。上海科技教育出版社 2002 年 11 月至 2004 年 12 月出版。精选 20 世纪 60 年代后诺贝尔奖得主撰写的科普著作,其中既有这些科学大师对有关学科领域的总结和最新进展的介绍,也有对亲历的重大科学事件的回顾,以及他们对哲学、社会、文化问题的思考。

《百年科技回顾与展望：中外著名学者学术报告》 路甬祥主编。上海教育出版社 2002 年 12 月出版。收入 11 位著名学者的学术报告，其中 6 位曾获诺贝尔奖。学术报告回顾 20 世纪人类科技的伟大历程，展望生命科学、物理学、化学、海洋科学、空间科学、分子生物学诸多领域的前沿，具有前瞻性。

《人民科学家钱学森》 涂元季著。上海交通大学出版社 2002 年 12 月出版。反映科学家钱学森的传奇人生，展示其学术成就和精神风采。作者曾任钱学森秘书 20 年，认真研读钱学森存放在办公室保险柜里的 60 多本工作手册。这些第一次向世人公开的工作手册，成为撰写的第一手资料。

《科学大师》 ［英］迈克尔·阿拉比、［英］德雷克·杰特森等著。上海科学普及出版社 2003 年 12 月出版。收入对世界发展具有深远影响的 40 多位西方科学家的传记，300 余位大科学家的重要成就，图文并茂，以通俗易懂的语言向广大青少年读者介绍这些科学巨匠的生平及贡献。

《钱伟长文选》 钱伟长著。上海大学出版社 2004 年 4 月出版。共 5 卷，涉及哲学、历史学、文学、自然科学、工程技术、区域经济、城市建设、管理学、中文信息学以及教育学等多个方面，反映钱伟长对发展祖国的科学教育事业和现代化建设事业的真知灼见。

《技术史》 ［英］查尔斯·辛格，E·J·霍姆亚德，A·R·霍尔主编，王前、孙希忠主译。上海科技教育出版社 2004 年 12 月出版。牛津大学出版社历时 30 年出齐的世界技术发展通史，分远古至古代帝国衰落、地中海文明与中世纪、文艺复兴至工业革命、工业革命、19 世纪下半叶、20 世纪上和 20 世纪下共 7 卷，涵盖自远古至 20 世纪中叶人类技术发展的历程。全书 800 余万字，附 3 000 余幅珍贵照片和专门绘制的插图。

《人工智能原理与应用》 邢传鼎等编著。东华大学出版社 2005 年 1 月出版。分知识表示、状态空间搜索、推理方法、知识获取、人工智能系统、新型人工智能算法、交互与通信系统 7 章，阐述人工智能的基础理论、方法和近年来发展的新技术，并引用了一些实用实例，对研究和开发人工智能应用的科研人员有一定参考价值。

《力量——改变人类文明的 50 大科学定理》 李啸虎、田廷彦、马丁玲编著。上海文化出版社 2005 年 2 月出版。选取科学发展史上最有影响、最具传奇色彩和历史内涵的 50 条科学定理定律，以通俗生动的语言进行介绍，并配以丰富多彩的图片，旨在从文化角度阐述科学定理定律的发现，突出其中的科学内核和人文理念，使读者能感受到这些定理定律的科学魅力和其中的人文思想。

《徐匡迪文选》 徐匡迪著。上海大学出版社 2005 年 4 月出版。收入作者关于钢铁冶金研究及有关中国钢铁工业发展的论文 95 篇，分上下两卷，200 余万字，既是作者数十年来在钢铁冶金及其相关工程领域进行学术研究取得成果的结晶，也是中国钢铁冶金工业高速发展的见证。

《简明中国冰川目录》 施雅风主编。上海科学普及出版社 2005 年 7 月出版。介绍中国冰川的分布、地质特点等方面知识，将详细冰川目录大量数据删繁就简，以便利用，同时补充冰川编目以来各区冰川和环境变化的新的信息，注明冰川变化对水资源的影响。

《微传感器——原理、技术及应用》 章吉良、周勇、戴旭涵等编著。上海交通大学出版社 2005 年 12 月出版。详细介绍各类机械微传感器，热微传感器，磁微传感器，辐射和光微传感器，声微传感器，化学和生物微传感器，集成、智能和灵巧传感器，微传感器阵列和微传感器网络的工作原理、制备技术和应用，重点介绍了各类传感器的最新发展动态，特别是传感器的小型化、集成化、阵列化、多功能化、智能化、系统化和网络化的情况。

"萨顿科学史丛书" ［美］乔治·萨顿著，江晓原、刘兵主编，陈恒六、仲维光、郑诚、郑方磊等译。上海交通大学出版社 2007 年 7 月出版。丛书共 6 册，包括《科学的历史研究》《科学史和新人文主义》《科学的生命》《文艺复兴时期的科学观（上、下）》《新人文主义的桥梁》五种萨顿的原著译本，较为全面地反映了萨顿的思想、观点和学术路径。

《嫦娥书系》 欧阳自远主编。上海科技教育出版社 2007 年 10 月出版。书系共 6 卷：《逐鹿太空——航天技术的崛起与今日态势》《蟾宫览胜——人类认识的月球世界》《神箭凌霄——长征系列火箭的发展历程》《翱翔九天——从人造卫星到月球探测器》《嫦娥奔月——中国的探月方略及其实施》和《超越广寒——月球开发的迷人前景》，以中国实施探月计划"嫦娥工程"为契机，普及航天及天文知识，全方位介绍中国探月方略。

"500 年来环境变迁与社会应对丛书" 邹逸麟主编。上海人民出版社 2008 年 8 月出版。丛书共 5 种，反映 500 年来中国历史环境变迁和人地关系的概貌。作者选择中国皖北地区、两湖平原、太湖平原、云贵高原、塔里木盆地南缘，对明清以来土地状况、人类活动、自然灾害及政府行为等相互关系和过程进行深入细致研究的成果，为制定可持续发展战略及生态文明建设规划提供了有价值的历史参考资料。

《上海百年建筑史 1840—1949》 伍江著。同济大学出版社 2008 年 12 月第 2 版。对近代上海各时期的建筑技术发展、建筑师及其建筑设计思想和建筑中表现出的风格特征进行了全面的考察和论证，并将其置于世界近代建筑史的大背景与上海近代史的大环境中进行了深入的分析与研究，是一部较为完整、全面、系统的上海近代建筑史。

《中国恒星观测史》 潘鼐著。学林出版社 2009 年 3 月出版。比较全面地论述中国自古以来历代恒星观测的发展历史与演变经过，并根据历朝文献、传世文物、考古发现及国内外各种资料进行论证，诠释了中国恒星观测作为中国天文历法之学主要组成取得的成就。

《中国历史上的科学发明（插图本）》 钱伟长著。上海大学出版社 2009 年 4 月出版。介绍对中国历史发展产生过重要影响的数百项科学进步和发明项目，涉及农业、水利、数学、天文历法、指南针、指南车、造纸、印刷术、火药、机械、建筑等多个方面，是科学大师写科普书的典范之作。

《走进殿堂的中国古代科技史》 路甬祥主编。上海交通大学出版社 2009 年 10 月出版。由 2008 年中国自然科学史研究所组织的中国古代自然科学史讲座的讲稿集结而成，内容包括中国古代科技发展概说、世界视角下的中国古代科技、科学史上若干理论问题和李约瑟难题、"天算农医"等知识体系及中国古代四大发明等。

《冰川学导论》 谢自楚、刘潮海著。上海科学普及出版社 2010 年 7 月出版。主要介绍冰的物理性质、成冰作用、物质平衡、冰川变化预测、冰川温度、冰川运动、冰芯研究、冰川地理等内容，涉及冰川学的主要方面，书中吸收了国内外冰川学研究的精华，并附有大量图表及照片。

《竺可桢全集》 竺可桢著。上海科技教育出版社 2004 年 7 月开始出版，至 2010 年 12 月出版 19 卷。收入竺可桢文稿约 2 000 万字，包括 1936 年至 1974 年的日记，全面反映竺可桢的学术成就和人文精神，具有极高的学术价值和极其珍贵的史料价值。各卷还附有珍贵历史照片。

《徐光启全集》 徐光启撰，朱维铮、李天纲主编。上海古籍出版社 2010 年 12 月出版。全 10 册，在上海古籍出版社《徐光启集》《徐光启著译集》《农政全书》等书的基础上增加了许多海内外新发现的佚文和资料，吸收了学界最新的研究成果。

二、数理科学和化学

《计算几何》 苏步青、刘鼎元著。上海科学技术出版社 1980 年 12 月出版。主要研究几何形体的数学描述和计算机表述,同计算机辅助几何设计有密切关系,涉及对自由形曲线、曲面的数学描述、设计、分析及图形的显示、处理等。

《晶体生长的物理基础》 闵乃本著。上海科学技术出版社1982年5月出版。用传输理论、热力学、统计物理学和动力学理论系统地总结和解释了晶体生长过程,着重讨论了熔体生长特别是直拉法生长。结合温场、溶质分凝、液流效应等问题作了仔细的分析并给出相应的物理解释。对不同生长系统中的生长动力学采用统一的观点加以阐述。

《微处理机的程序设计和软件研制》 [英]F·G·邓肯著,白英彩译。上海科学技术文献出版社1982年8月出版。包括微处理机及其系统、指令、指令系统、算术运算的程序设计、非数值操作的程序设计、用高级语言的程序设计、软件的组织与语言和结构、小型8080系统用的第一个软件及文本等八章,运用类似于计算机硬件描述语言使多种型号的微处理机指令有了统一的书写格式,对于微型计算机的教学和应用颇有意义。

《华罗庚科普著作选集》 华罗庚著。上海教育出版社1984年10月出版。反映华罗庚在科普方面的开创性工作成果,从传统数学问题的发掘演绎,到对抽象高深的数学原理通俗化解析,再到在生产生活实际中推广数学方法的应用,深入浅出,娓娓道来,引人入胜。

《中算导论》 沈康身著。上海教育出版社1986年3月出版。分专题介绍中国古代数学的成就,有近似分数、盈不足术、线性方程组、面积、勾股定理、圆周率、开平方与解二次方程等25个问题,每个问题不仅说明中国古代在这方面的成就,还与国外进行了比较。

《甲醇生产技术及进展》 房鼎业等编著。华东化工学院出版社1990年10月出版。介绍甲醇生产技术及进展,包括甲烷直接催化氧化,各类生物发酵气;合成气用浆态床或淤浆床,实现甲醇在250℃左右的相转移和高的单程转化率;废气合成,应用廉价原料来源等。

"数学教育研究丛书" 曹才翰主编。上海教育出版社1991年至1997年陆续出版。分《数学方法论稿》《数学教学测量与评估》《数学习题理论》《数学思维教育论》《中学数学课程导论》《数学教育实验设计》6册,论述了数学界、数学教育界关于数学理论、方法、测评和设计等方面的最新研究成果。

《代数曲面的纤维化》 肖刚著。上海科学技术出版社1992年1月出版。详细介绍曲面纤维化的主要性质,包括层上同调、不变量、基变换、单值、基本群等,然后以椭圆纤维化、亏格二纤维化、超椭圆纤维化、非超椭圆纤维化的顺序,讨论各种不同的纤维化。重点是奇异纤维的分类及其与纤维化整体不变量的关系。

"非线性科学丛书" 郝柏林主编。上海科技教育出版社1993年9月至2000年12月出版。由多位专家学者的17种著作合编而成,包括《从抛物线谈起——混沌动力学引论》《光学混沌》《免疫的非线性模型》《分岔与奇异性》《突变理论及其应用》《量子混沌》,覆盖非线性科学的几乎所有领域。

《弹性力学》 吴家龙编著。同济大学出版社1993年9月出版。比较全面地阐述弹性力学的基本理论以及平面问题、柱形杆的扭转和弯曲、弹性薄板的弯曲、一般的空间问题、热应力、弹性波的传播等专题,介绍了弹性力学的复变函数方法和变分方法。

《高分子科学中的 Monte Carlo 方法》 杨玉良、张红东著。复旦大学出版社1993年12月出版。介绍 Monte Carlo 方法的历史及其特点,并描述它在现代高分子科学研究中的广泛应用情况,对其前景作了展望。

《有限元的预处理和后处理理论》 林群、朱起定著。上海科学技术出版社1994年6月出版。分准备知识、有限元的插值处理、奇性有限元问题的后处理、有限元的概率算法等7章,详细介绍了有限元方法的误差估计、误差控制的理论,内容包括有限元的插值处理、奇性有限元问题的后处理、有限元的概率算法等。

《二次数域的高斯猜想》　陆洪文著。上海科学技术出版社 1994 年 9 月出版。系统完整地表达了高斯所提出的关于二次数域类数的三个猜想,特别着重于介绍当时有关这方面研究的最新成就,前三章是预备知识,第四、五、六章分别详细论述了类数问题的一般状况。

《表面浸润和浸润相变》　黄祖洽、丁鄂江著。上海科学技术出版社 1994 年 10 月出版。从常见的表面浸润现象出发,通过统计物理的理论分析,深入到表面浸润和浸润相变现象的理论本质,而在理论分析中,主要依据是作者近年来进行的研究工作。

《多目标规划有效性理论》　胡毓达著。上海科学技术出版社 1994 年 12 月出版。论述多目标规划各种有效性的数学理论,主要包括 Pareto 有效性、锥有效性、若干恰当有效性以及较多有效性和 a‑较多有效性。

《半导体超晶格物理》　夏建白、朱邦芬主编。上海科学技术出版社 1995 年 4 月出版。全面地介绍半导体超晶格的专著,侧重论述超晶格物理概念、原理和理论方法,适当介绍实验和器件方面的应用内容,特点是以大量原始论文特别是作者所在研究组工作为基础,帮助读者迅速掌握一些基本概念和方法。

《复杂系统中的电磁波》　金亚秋主编。复旦大学出版社 1995 年版。主要阐述关于非均匀介质中的场与波、非均匀介质中的瞬态电磁场、随机介质中的电磁波散射和传输、介质参数反演的逆散射原理与方法、时域有限差分法及其在电磁兼容等问题中的应用、电磁场计算中的广义多极子技术等问题。

《多项式微分系统定性理论》　叶彦谦著。上海科学技术出版社 1995 年 5 月出版。展示国内外在多项式微分系统定性理论方面取得的主要成果,介绍中国、澳大利亚、比利时、巴西、英国、加拿大、法国、德国、意大利、荷兰、西班牙、美国等国数学家在多项式系统的奇点性质与分布、代数积分线、可积性、全局相图、分支理论等方面的贡献。

《组合编码原理及应用》　勒蕃、陈志著。上海科学技术出版社 1995 年 6 月出版。系统阐述组合编码的基本原理和基本方法,详细介绍国内外在组合编码技术方面的最新成就,将组合设计和编码技术两个学科领域有机结合起来,构成数学基础理论和信息应用技术紧密相连的新体系。

《莱文森定理、反常和真空相变》　倪光炯、陈苏卿著。上海科学技术出版社 1995 年 7 月出版。反映作者在量子力学与量子场论方面的工作成果,分 8 章:莱文森(Levinson)定理及其推广、量子力学中的奇性态问题、二维分数统计理论、辐射的量子化、约束体系的量子化、反常的路径积分方法、量子场论中的高斯有效势方法、真空的对称性破缺和临界耦合常数。

《线性模型中的 M 方法》　陈希孺、赵林城著。上海科学技术出版社 1996 年 10 月出版。作者与合作者在研究工作成果基础上,对线性回归模型的 M 方法理论所作了系统论述,内容包括关于 M 估计定义的讨论;M 估计的强、弱相合性;M 估计的渐近正态性;基于 M 估计的线性假设检验的方法和理论;M 估计的线性表示等。

《有机分子的簇集和自卷》　蒋锡夔、张劲涛编著。上海科学技术出版社 1996 年 10 月出版。着重介绍有机分子簇集和自然对化学反应活性及光物理化学工程的影响,并对简单分子族谢体的结构特性以及利用簇集和自然卷的概念认识某些生命现象作了阐述。

《精细化学品化学(修订版)》　程铸生等编著。华东化工学院出版社 1996 年 11 月出版。分精细化工概念、染料、荧光增白剂、有机颜料、涂料、香料、农药、化妆品、光谱增感染料及彩色显影成色剂 10 章,详细论述它们的化学结构、合成化学、应用性能及使用范围。

《关联统计动力学》 陆全康、蔡诗东著。复旦大学出版社 1997 年 10 月出版。反映多粒子系统的统计关联理论的研究成果,包括非相对论关联动力学、相对论关联动力学、长程关联动力学、稠密等离子体磁流体动力学和强关联动力学等。

《杨振宁文集》 杨振宁著。华东师范大学出版社 1998 年 4 月出版。收入作者除物理学专业论文之外的绝大部分中文文稿,其中包括 1997 年刚刚发表的或即将发表的一些文章,还有从英文翻译过来的部分文章,内容涉及杨振宁学术生涯的方方面面,并附有关于他的报道及师友回忆、家世亲情等。

《偏微分方程的奇性分析》 陈恕行著。上海科学技术出版社 1998 年 11 月出版。分 7 章系统介绍偏微分方程的奇性分析理论,第 1 章介绍奇性分析的经典理论,第 2 章讨论线性方程的情形与奇性反射问题,第 3 章到第 6 章讨论线性方程命性分析的各个侧面,第 7 章介绍拟线性方程的奇性形成问题。

《典型流形与典型域》 陆启铿著。上海科学技术出版社 1997 年 5 月出版。作者在多复变数函数论研究中关于几何理论研究的系统总结,内容包括典型流形、超圆与典型域、椭圆几何与双曲几何、解析不变量及其应用、对称典型域的边界之几何性质及其应用、典型域的调和函数论等 6 章,另附两篇关于微分流形及矩阵的附录。

《分圆函数域》 冯克勤著。上海科学技术出版社 1997 年 7 月出版。系统介绍近 20 年国内外学者在分圆函数域这一领域的研究成果,主要内容有分圆函数域的基本性质、分圆单位、欧拉系、类数整除性和函数域上的分析学。

《量子力学表象与变换论:狄拉克符号法进展》 范洪义著。上海科学技术出版社 1997 年 12 月出版。对狄拉克创立的表述量子论的符号法推陈出新,系统建立"有序算符内的积分(IWOP)技术"的理论,在更深层次上揭示符号法的优美和简洁,使狄拉克的表达得到更多的直接应用,在量子力学理论体系中开辟了一个全新的研究方向,发展了量子力学的表象与变换理论。

《费马大定理》 [英]西蒙·辛格著,薛密译。上海译文出版社 1998 年 2 月出版。介绍数论中的费马大定理证明过程和数学王国中的众多智者。费马大定理是 17 世纪法国数学家费马留给后世的一个不解之谜,曾吸引和困惑了无数的杰出数学家。1995 年,这个难题被英国数学家安德鲁·怀尔斯攻克。

《合成金属导论》 沈永嘉等编著。华东理工大学出版社 1998 年 8 月出版。分 10 章论述合成金属的基本概念,合成金属的结构及其光、电、磁性能,常见的有机电子供给体的合成,常见的电子接受体的合成以及合成金属的应用等内容。

《布洛赫常数与许瓦尔兹导数》 龚昇、余其煌、郑学安著。上海科学技术出版社 1998 年 11 月出版。多复变数几何函数论方面的专著,内容包括布洛赫(Bloch)常数、许瓦尔兹(Schwarz)导数、凸映照与星形映照,前两部分系统叙述这两方面的研究工作,第三部分是对《多复变数的凸映照与星形映照》一书的补充。

"加德纳趣味数学系列" [美]马丁·加德纳、萨姆·劳埃德、亨利·杜德尼等著,谈祥伯、封宗信、林自新、陈为蓬等译。上海科技教育出版社 1998 年 12 月开始出版。美国数学科普作家马丁·加德纳 1956 年至 1996 年在《科学美国人》杂志主持数学游戏专栏,撰写了大量为全世界数学爱好者倾倒的数学普及文章。上海科技教育出版社 1996 年起引进马丁·加德纳的趣味数学图书,后又引进欧美另外几位趣味数学大师萨姆·劳埃德、亨利·杜德尼等的作品,增加到"加德纳趣味数学系列"中。到 2010 年底,系列已出版 26 种。

《高能碰撞多粒子产生》 刘连涛、吴元芳著。上海科学技术出版社1998年12月出版。在简单讨论多重产生的运动学,介绍有关重要实验结果后,研究多粒子末态的整体特征以及其中的关联和起伏,讨论多重产生的软、硬和半硬三种不同过程,并进行了比较分析。

《简单物理系统的整体性：贝里相位及其他》 李华钟著。上海科学技术出版社1998年12月出版。物理系统整体性(或拓扑性的)研究的学术专著,反映作者为国际物理学界认同的原创性贡献,介绍这一研究领域大部分现状,覆盖了许多物理分支的现代课题。

《固体能带理论》 谢希德、陆栋主编。复旦大学出版社1999年1月出版。固体结构的微观理论研究专著,在密度泛函理论基础上,对固体能带理论70年来的发展作了系统的论述和分析,并阐述了固体能带计算各种方法的物理原理及其典型应用。

《金属中的分形与复杂性》 龙期威著。上海科学技术出版社1999年9月出版。涉及金属物理中的力学性质和相变两个主题,体现现代物理学和材料科学、微观和宏观的结合,反映理论和实验、基础和应用的联系,内容主要依据作者及合作者近年来所进行的研究工作。

《杨—巴克斯特方程》 薛康著。上海科学技术出版社1999年12月出版。以YBE为核心,结合作者在研究中所逐步形成的对YBE的物理理解,分8章阐述YBE的物理背景及其在量子完全可积问题中的地位和近十几年来对这一研究分支发展的影响。

《高温超导基础研究》 梁维耀主编。上海科学技术出版社1999年12月出版。由10多位在不同国家从事高温超导研究的华人学者共同撰写,分12章,分别介绍高温超导研究、高温超导体的结构化学、合成技术、微观结构分析、材料中的元素替代效应、正常态的电子输运性质、磁有序及自旋涨落、比热性质、光电子能谱测量、自旋动力学、高能激发态和高温超导理论探讨等。

《有机固体》 朱道本、王佛松主编。上海科学技术出版社1999年12月出版。系统阐述有机固体的专著,分8章,分别介绍有机光导体、有机导体、超导体、导电商聚物、有机铁磁体、有机固体的非线性光学特性、富勒烯、导电高分子的应用、分子器件等内容。

《紧致齐性空间上的调和分析》 郑学安著。上海科学技术出版社2000年7月出版。作者研究紧致齐性空间上的调和分析小结,主要内容包括必要的预备知识、紧致李群上的调和分析的若干基本结果、紧致齐性空间上的调和分析的若干基本结果和上述理论在多复变函数论中的某些应用。

《半导体输运的平衡方程方法》 雷啸霖著。上海科学技术出版社2000年7月出版。系统讲述平衡方程输运理论的物理原理及输运问题中的应用,分14章,内容包括输运平衡方程、直流、瞬态及高度涨落问题,几种系统平衡方程输运理论与电子关联,磁场中的平衡方程,流体力学平衡方程,任意能带系统的输运平衡,半导体超晶格的微带输运,非抛物系统在磁场和空间非抛物的输运,太赫强电场载流子输运等。

《大学有机化学基础》 荣国斌、苏克曼编著。华东理工大学出版社2000年8月出版。共11章,包括有机化合物和有机化学;饱和烃;不饱和脂肪烃;芳香烃、杂环化合物;卤代烃;醇酚醚;醛和酮;羧酸和羧酸衍生物;含氮化合物;糖;氨基酸、肽和蛋白质、核酸等内容。

《非线性共轭梯度法》 戴彧虹、袁亚湘著。上海科学技术出版社2000年10月出版。系统介绍无约束优化共轭梯度法的收敛理论,着重讨论几个著名共轭梯度法在不同线搜索下的收敛性质。比较详细介绍了杂交共轭梯度法和共轭梯度法簇等方面的最新进展。

《生命进化的物理观》 罗辽复著。上海科学技术出版社2000年10月出版。理论生物学领域的学术著作,用物理学观点和方法提出和讨论了生命进化的一系列重大问题,把生命科学上升到理性高度,是一位物理学工作者潜心转向生命科学研究十多年的学术总结。

《量子力学纠缠态表像及应用》 范洪义著。上海交通大学出版社 2001 年 6 月出版。系统地建立了量子力学的纠缠态表象,介绍其在量子光学、固体物理、热场动力学、量子场论等方面的应用,同时发展了量子力学相似变换理论及其在量子统计力学中的应用,在更深层次上揭示了狄拉克符号法的优美与简洁。

《分子材料》 游效曾著。上海科学技术出版社 2001 年 10 月出版。介绍在高新技术领域广泛使用的具有特殊的光、电、磁、热等性质的分子材料,包括分子材料研究的物理方法、光电材料前体物、分子导体、分子磁性、非线性光学、热致变色、光致变色、电致变色、电致发光、机械发光和分子电子器件等,文字深入浅出。

《波谱解析法》 苏克曼等编著。华东理工大学出版社 2002 年 8 月出版。全面阐述质谱、核磁共振波谱、红外光谱和紫外光谱的基本原理以及在有机化合物结构分析中的应用,并编入波谱领域中比较成熟和通用的新技术,以帮助读者提高用波谱方法解决实际问题的能力。

《线性模型中的最小二乘法》 陈希孺、王桂松著。上海科学技术出版社 2003 年 3 月出版。主要论述线性统计模型与最小二乘法领域多年来的研究成果及最新进展,分 6 章,着重讨论了线性统计模型中各种最小二乘估计的相对效率以及它们之间的关系;最小二乘估计的相对效率和各种意义下的优良性等数学问题。

《现代排序论》 唐国春等著。上海科学普及出版社 2003 年 5 月出版。关于现代排序论专著,论述排序论作为运筹学的分支,有着深刻的实际背景和广阔的应用前景。从深层次和长远来看,排序论对提高效率、资源的开发和配置、工程进展的安排以及经济运行等方面都能起到辅助科学决策的作用。

《真空动力学》 罗恩泽著。上海科学普及出版社 2003 年 8 月出版。系统论述真空的电动力学性质和结构,真空的相对论力学性质和结构,真空的量子力学性质和结构,真空的万有引力力学性质和结构等内容,揭示了真空的新理念及对物理原有难以解决问题研究的推动。

《有机人名反应及机理》 〔美〕李杰著,荣国斌译。华东理工大学出版社 2003 年 9 月出版。精选 331 个有机人名反应,每个反应均给出一步一步详尽的电子转移机理和相关原始的及最新的参考文献,并列出 2 740 多篇参考文献,其中有相当部分是综述类论文,为深入应用有机反应提供了方便。

《工科无机化学》 苏小云、臧祥生编著。华东理工大学出版社 2004 年 8 月出版。包括化学原理和元素化学两大部分,每章均有阅读材料,注意反映新技术运用的现状,同时加强理论的近代概念,介绍无机化学的发展前沿,以适应不同学校与专业的要求。

《从量子力学到量子光学:数理进展》 范洪义著。上海交通大学出版社 2005 年 12 月出版。发展了量子力学创始人之一狄拉克的符号法,并结合建立量子力学的连续纠缠态表象,提供了从量子力学向量子光学理论延伸的自然途径,使量子光学的数理基础理论得到发展。书中还介绍了作者新提出的若干纠缠态表象及量子幺正变换理论、Fresnel 变换,深化了量子纠缠的思想,在发展量子光学数理基础的同时,促进和深化了傅立叶光学的理论研究。

《非线性互补理论与算法》 韩继业、修乃华、戚厚铎著。上海科学技术出版社 2006 年 1 月出版。系统讲述非线性互补理论和算法,着重介绍近 10 年新的理论成果和数值方法,包括互补问题的基本性质、可解性、误差界、内点法、非光滑牛顿法、光滑化牛顿法等,同时介绍了互补问题的经典理论和方法。

《表面等离子激光共振生物传感器》 隋森芳、肖才德、杨军主编。上海科学技术出版社 2008

年 4 月出版。详细介绍表面等离体激元共振的物理背景,并以作者实验室的成果为主线,较全面地论述 SPR 生物传感器的结构原理、数据处理以及研究生物大分子相互作用的测量方法。

《化工原理(少学时)》　陈敏恒等编著。华东理工大学出版社 2008 年 8 月出版。主要介绍各主要化工单元操作的基本原理、典型设备及相关计算方法,书中注意淡化过程的推导,以物料平衡、能量守恒为侧重点,致力于解决实际工程问题。

《高温超导应用研究》　时东陆、周午纵、梁维耀主编。上海科学技术出版社 2008 年 10 月出版。由海内外从事高温超导研究的华人专家学者共同撰写的,主要介绍高温超导领域的发展现状和最新研究成果,包括技术理论、实验新方法、第二代超导带材、基底制备、多层膜的研制过程等,尤其是关于第二代超导带材在电力、电工、微波通信等方面的应用。书中介绍的许多科研成果已达到商业化应用程度,对建立超导工业和开发新材料市场有直接作用。

《点源:自然与社会信息的定性定量算子》　孙建中著。上海科学普及出版社 2009 年 6 月出版。力求帮助信息化时代的人们找到基于点源的最简算子,来描述现代信息源、信息获取、信息传递、信息确认、信息应用等系列科学问题。

三、生物科学

《中国珍稀濒危植物》　中国科学院植物研究所编。上海教育出版社 1989 年 12 月出版。介绍已确定的中国珍稀濒危植物 388 种,描述每种植物的现状、形态特征、地理分布、生态学和生物学特征、保护价值、保护措施和栽培要点。另配有珍贵的彩照或精致的形态结构图。

《生物工艺学》　俞俊棠、唐孝宣编著。华东化工学院出版社 1991 年 12 月出版。分上下册,兼顾现代生物技术和原有生物技术的内容。上册介绍生物反应过程原理、生物物质分离和纯化原理;下册介绍生化工程原理和典型产品生产工艺。

《中国鹿类动物》　盛和林等著。华东师范大学出版社 1992 年 9 月出版。中国鹿类动物研究的第一部专著,全面介绍产于中国的 21 种鹿类动物的起源和进化,以及分类、保护、饲养及各种特征、量衡度、地理分布、栖息地、活动规律、社会行为、种群结构、现状等。全书 50 万字,图文并茂,内容翔实,主要标题、全部图表有中英文对照。

《中国保护动物　中国保护植物》　华惠伦、殷静雯编著。上海科技教育出版社 1993 年 3 月、1994 年 12 月出版。《中国保护动物》按国家重点保护野生动物名录全方位介绍中国 400 多种保护动物的形态、习性和行为等,反映近年来中国保护动物研究最新和最高水平。《中国保护植物》根据 1984 年公布的中国珍奇濒危保护植物名录,反映中国植物学家对濒危植物的研究成果,并阐述 300 多种保护植物的种类、价值、形态特征、产地、经济用途以及人工培育繁殖方法。

《应用酶学》　袁勤生、赵健、王维育编著。华东理工大学出版社 1994 年 8 月出版。分两大部分,第一部分是从酶学基本知识出发,在分子水平探讨酶反应的催化原理、特性,第二部分主要介绍酶学的应用及酶反应器和酶的发酵生产、应用等方面的内容。

《视觉的神经机制》　杨雄里著。上海科学技术出版社 1996 年 5 月出版。中国第一部论述视觉功能及其神经机制的专著。作者长期从事神经科学及视网膜神经机制的研究,书中介绍视觉的基本功能、视觉的网膜机制、视觉的神经机制等,展示了视觉神经机制研究的比较完整的概貌。

《生化分离技术》　严希康著。华东理工大学出版社 1996 年 12 月出版。主要介绍传统的生化分离工程,系统地阐述了生化分离过程的新原理、新技术、新工艺并注重以工程观点揭示生化分离过程的本质及其变化规律,同时还介绍了国际上生化分离技术的新发展和国内的若干成功经验。

"脑科学丛书" 杨雄里主编。上海科技教育出版社1997年12月至2000年12月出版。丛书包括《脑科学的现代进展》《初级传入中枢联系的行态学基础》《神经肽与脑功能》《脑内多巴胺的生物医学》《视觉信息处理的脑机制》《听觉感受和辨别的神经机制》《疼痛及其脊髓机理》《针刺镇痛原理》《学习和记忆的神经生物学》《计算神经科学》《脑发育异常及发育中的脑损伤》共11种。

《基因工程概论》 张惠展编著。华东理工大学出版社1999年12月出版。分16章,从基因的表达调控机制入手,将DNA重组技术归纳为切、接、转、增、检五大基本操作单元,进而按照受体细胞的生物学分类,逐一展开各系统基因工程的原理与应用,系统阐述了基因工程的原理与技术。

《辽西早期被子植物及伴生植物群》 孙革等著。上海科技教育出版社2001年4月出版。系统介绍中国辽宁西部的晚侏罗纪尖山沟组早期被子植物化石及其伴生植物群的一系列新发现,以"辽宁古果"等为重点和引线,探讨辽西早期被子植物发生的地质地理背景以及全球被子植物的起源中心,论证"被子植物起源的东亚中心"的论断。

《现代酶学》 袁勤生主编。华东理工大学出版社2001年9月出版。介绍酶学基础,描绘现代酶学的概貌和特点,反映这个领域的最新进展。主要内容有酶的分离工程,酶作用动力学,酶的作用机制,酶的活性调节与转换,抗体酶,模拟酶,非水介质中的酶反应,细胞信息传导与酶等。

《热河生物群(中英文版)》 张弥曼主编。上海科学技术出版社2001年11月出版。介绍中国辽西、冀北等地中生代地层数量丰富、保存精美、种类独特的热河生物群研究简史,汇集地层与时代、古无脊椎动物、古脊椎动物和古植物学等各领域最新的研究进展和成果,以图文并茂的形式展现。

"中国重点保护野生动物研究丛书" 马建章等编著。上海科技教育出版社2001年12月至2005年12月出版。包括《大熊猫研究》《金丝猴研究》《丹顶鹤研究》《虎研究》《扬子鳄研究》《朱鹮研究》《黑颈鹤研究》《麋鹿研究》8种,由动物保护领域权威专家编写,反映半个世纪以来中国重点保护野生动物研究工作,对推动中国乃至世界野生动物保护事业发展发挥了积极作用。

《中国遗传学史》 谈家桢、赵功民主编。上海科技教育出版社2002年12月出版。众多国内遗传学家撰写的关于中国遗传学史的著作,内容有鲜明的地域性和个性化特征。

《现代组织学》 成令忠主编。上海科学技术文献出版社2003年4月出版。分13章,包括组织学发展史、研究方法、细胞、组织、器官、免疫系统等的组织结构,超微结构及相关功能的分子机制,文字言简意赅,收入图片1300余幅。

《组织工程学理论与实践》 曹谊林主编。上海科学技术出版社2004年12月出版。分两篇12章,第一篇讲述组织工程学的基本原理,包括组织工程学的建立与发展,种子细胞生物材料胚胎干细胞生物反应器及组织构建的基本原则等;第二篇介绍组织工程常用技术,包括种子细胞的培养技术、干细胞的培养和诱导技术组织的构建与缺损修复以及其他相关技术。

"基因宝库丛书" 谈家桢主编。上海教育出版社2004年12月出版。由《基因与健康》《生命与克隆杂谈》《基因财富》《基因追踪》《基因计算》《基因资源创新》《基因神探》《基因资源》《基因组漫画》等组成,是一套通俗浅显、适合中学生及一般读者阅读的科普读物。

《多彩的昆虫世界》 赵梅君、李利珍主编。上海科学普及出版社2005年1月出版。用彩色的昆虫生态照片及生动的文字描述,展示600种生活在中国大地多姿多彩的昆虫,同时列出《国家重点保护昆虫名录》。收入重要参考文献70篇、索引3套,集科学性、知识性和普及性于一体,对读者了解中国昆虫的多样性和复杂性有参考价值。

《人类的性存在》　［美］珍妮特·S·海德、约翰·D·德拉马特著。上海社会科学院出版社 2005 年 9 月出版。从心理学、生物学及社会学等学科的交叉视角来审视人类的性存在，以引人入胜的笔触提供人类日常生活所需的广泛的性知识，是人类性行为研究方面的经典著作。

《人类生殖生物学》　王一飞主编。上海科学技术文献出版社 2005 年 12 月出版。着重介绍生殖生物学的基础理论和基本实验技术。包括生殖系统的胚胎发生、结构与功能，精子的发生、成熟及其调控因素，卵子的成熟与调控，生殖细胞的凋亡及其机理等内容。

《中华民族遗传多样性研究》　金力、褚嘉祐主编。上海科学技术出版社 2006 年 11 月出版。用分子遗传学成果探索人类的起源和迁徙、人群之间在遗传特征上的区别和联系，借以勾勒人类遗传的总体轮廓，拓展分子生物学技术的应用范围，推进人类分子遗传学、体质人类学与考古学、语言学等学科的交流。

《生物学前沿技术在医学研究中的应用》　马端主编。复旦大学出版社 2007 年 9 月出版。从基因克隆、遗传调控、信号转导、细胞凋亡、基因定向敲除、芯片技术、基因治疗、干细胞与组织工程、肽库构建、蛋白质组学、疫苗构建、纳米材料与药物制剂、蛋白质工程、生物信息学等的关键技术作深入浅出的介绍，并附有实例和操作方法。

《中华民族永生细胞库的建立》　褚嘉祐编。上海科学技术出版社 2009 年 2 月出版。全面反映建立中华民族永生细胞库的理论和实践，除介绍人类永生细胞库的基础理论外，还介绍了建立永生细胞库所涉及的知情同意原则、采样标准、采样步骤和方法，建立永生细胞库所需实验室准备、应用器材、应用 EB 病毒转化建立永生细胞、永生细胞的传代、冻存和复苏等技术以及永生细胞的质量控制。

《基因伦理学》　胡庆澧、陈仁彪、张春美主编。上海科学技术出版社 2009 年 11 月出版。讨论基因伦理学的兴起和基因组研究、基因测试、基因诊断、基因治疗、转基因研究、基因信息、基因专利等的伦理问题，阐述生命科学家的社会责任及基因伦理学与人类社会未来等内容，并附录若干基因伦理国际公约和宣言。

四、医药卫生

《中华人民共和国恶性肿瘤地图集》　中华人民共和国恶性肿瘤地图集编辑委员会编制。中华地图学社 1979 年 12 月出版。图集着重显示中国常见恶性肿瘤的地理分布特征。为便于阅读和比较，除在每类肿瘤分布图后附有部分统计图表外，还选编了中国政区、人口、民族、地势、气候和土壤等地图。

《喉科学》　吴学愚主编。上海科学技术出版社 1981 年 12 月出版。一部临床医学参考书，反映中国耳鼻咽喉科方面的治疗、研究的成就，同时也引用了一些国外的有关资料，既有专业性较强的内容，也有基础知识，可供专业医生阅读、基层医务人员参考。

《肺癌》　徐昌文、吴善芳、孙燕主编。上海科学技术出版社 1982 年 4 月出版。从流行病学、病理学、临床表现和治疗及手术等方面，介绍 20 世纪 70 年代以来中国对肺癌产生的认识和治疗方法，探讨肺癌的早期诊断和诊断方法等。

《内科理论与实践》　黄铭新主编。上海科学技术出版社 1982 年 12 月出版。内科学大型参考书，分 4 卷，执笔人均为国内内科名家。理论方面详细阐释病因、病理、发病机制、防治原理及与形态、生理、生化、微生物等各学科有关的重要知识，通俗易懂；临床部分内容完整，表达清晰、繁简适宜,有国内外最新动态介绍,尤其重视介绍国内资料。

《中华人民共和国血吸虫病地图集》 钱忠信主编。中华地图学社 1985 年 12 月出版。图集包括血吸虫病的基本情况、全国血吸虫病流行和防治工作进展情况的图和表、十二省、市、自治区血吸虫病流行和防止工作进展情况的图和表三部分,数据统计到 1981 年底,旨在使读者了解血吸虫病在中国流行的范围、流行区人口分布的情况。

《金匮诠释》 金寿山著。上海中医药大学出版社 1986 年 6 月出版。汇集金匮学专家、上海中医学院已故副院长金寿山《金匮要略》讲稿,反映金氏毕生研究《金匮》的心得与临证经验。

《针灸学释难》 李鼎著。上海中医学院出版社 1986 年 6 月出版。针灸文献学专著,围绕针灸学中的疑点难点,以问答式释难解惑。内容涉及经络、腧穴、针法、灸法,着重于针灸基础的理与法。全书设有 81 个问题,暗合古人之"八十一难"。书后附有杨继洲针灸考卷(策)注释。

《名医特色经验精华》 陈泽霖、宋祖懿主编。上海中医学院出版社 1987 年 3 月出版。由《中医杂志》专题笔谈文章汇编而成,介绍董建华、李聪甫、张伯臾、刘渡舟、邓铁涛等 190 余位国家级名老中医证治慢性胃炎、消化性溃疡、上消化道出血、老年性便秘等 32 个病种的临床经验,并由主编对每个病证的专家证治经验进行小结。

《生命伦理学》 邱仁宗著。上海人民出版社 1987 年 5 月出版。讨论当代生命科学技术伦理问题,包括辅助生殖、生育控制、遗传和优生、生命维持、器官移植、行为控制等,在对生命科学技术以及医疗卫生中的伦理问题进行探讨的基础上,提出对生命科技以及医疗卫生管理和政策建议。

《中国针刺麻醉发展史》 张仁编著。上海科学技术文献出版社 1989 年 6 月出版。主要内容分为两部分,第一部分针刺麻醉的发展史,展示针刺麻醉起源、奠基、形成乃至巩固的整个过程。第二部分为人物志,介绍部分为建立和发展中国针刺麻醉科学体系作出重要贡献的人物。

"英汉对照实用中医文库" 张恩勤主编。上海中医药大学出版社 1990 年 4 月至 1990 年 7 月出版。由《中医基础理论(上、下)》《中医诊断学》《中医临床各科(上、下)》《中国气功》《中国针灸》《中国推拿》《中国药膳》《中医养生康复学》《中医学》《方剂学》组成,英汉双语撰稿,内容涵盖中医基础、中医临床及养生康复三大部分,是中国首部成套英汉双语类中医药"走出去"系列丛书。

《中国医籍统考》 严世芸主编。上海中医药大学出版社 1990 年 6 月至 1994 年 10 月出版。由正文 4 卷和索引 1 卷组成,收入近 8 000 种古代医籍,考证每种医籍的作者、版本及序言等。书末索引分书名索引与作者索引。

《中医文献学》 马继兴著。上海科学技术出版社 1990 年 10 月出版。中国第一部中医文献学专著,80 余万字,分四篇论述中医文献古医籍目录学、中医文献史、古医籍版本学、中医文献研究方法学等,并附列表 110 多幅,影印原图 30 多幅,示意及仿作图 10 多幅,编排图文并茂。

"申江医萃" 上海中医文献研究所主编。上海中医药大学出版社 1992 年 3 月至 1999 年 10 月出版。反映近代上海名中医经验的丛书,分《外科名家顾筱岩学术经验集》《陈道隆学术经验集》《儿科名家徐小圃学术经验集》《内科名家黄文东学术经验集》《推拿名家朱春霆学术经验集》《眼科名家姚和清学术经验集》《内科名家严苍山学术经验集》《针灸名家陆瘦燕学术经验集》8 册。

《四肢血管显微外科(英文版)》 于仲嘉编著。上海科学技术出版社、斯普林格出版社 1993 年出版。作者在多年显微外科临床经验的基础上编写而成,包括显微外科重塑手指、手、肌理、肢体骨缺损的最前端技术,资料翔实,数据精确,并配有大量插图。在柏林、海德堡、纽约、上海同时发行。

《现代肿瘤学》 汤钊猷主编。上海医科大学出版社 1993 年 6 月出版。遵循"新、全、实用、精炼、高质"的总体思路,分基础篇、临床总论篇、常见肿瘤篇,全面论述癌症的防治与研究工作,介绍作者在肝癌早期发现、诊断和治疗方面的创造性贡献。

"皇汉医学丛书" 陈仁寿编校。上海中医药大学出版社 1993 年 12 月出版。丛书同日本学者研究中医的佳作汇编,共 14 册,包括总论、内科学、外科学、女科学、儿科学、针灸学、治疗学、方剂学、医案医话、药物学和论文集等,是研究中医传入日本、在日本发展及日本学者研究中医治学方法与特点的重要参考文献。

《中医辨证论治学》 方肇勤主编。上海中医药大学出版社 1994 年 6 月出版。分上、中、下三篇,上篇"辨证论治学术源流与精粹",回顾了 110 部中医经典著作中的辨证论治内容;中篇"辨证论治实验研究与发展",分述 9 种证候、45 种常见病的基础研究概况;下篇"常见病证的辨证论治",介绍 153 种疾病的辨证标准、论治方法与常用方药。

《全身 CT 和 MRI》 陈星荣、沈天真、段承祥、施增儒主编。上海医科大学出版社 1994 年 8 月出版。37 位专家总结上海医科大学华山医院和第二军医大学的临床经验,同时参考国内外先进经验和最新成果写成的,180 万字,随文附图照 1 900 幅,线图 153 幅,是一部兼顾 CT 和 MRI 的医学参考书。

《医学遗传学》 陈仁彪、冯波主编。上海科学技术文献出版社 1994 年 11 月出版。阐述遗传学在医学中的作用、遗传学基本原理、染色体病、单基因病、多基因病、群体遗传、生化遗传、药物遗传、免疫遗传、癌肿遗传、行为遗传、双生与遗传病、肤纹与遗传病、遗传病的反求遗传学、临床遗传学、优生与劣生、医学遗传学展望等。

《实用中医妇科学》 刘敏如、欧阳惠卿主编。上海科学技术出版社 1994 年 12 月出版。吸纳中医妇科在诊治疾病方面的新理论、新方法、新技术、新成果,阐述中医妇科学的形成、发展和思路研究,女性生殖解剖与生理,妇科疾病的病因病机、诊断与辨证、治法、预防与调护以及妇科疾病的致病机制、诊断与鉴别诊断、因证辨治、其他疗法、转归与预后、预防与调护等内容。

"现代中医药应用与研究大系" 施杞主编。上海中医药大学出版社 1994 年 12 月至 1998 年 12 月出版。分《医经》《中药》《方剂》《伤寒及金匮》《温病》《内科》《妇科》《儿科》《外科》《伤骨科》《男性科》《皮肤科》《五官科》《肿瘤科》《老年病科》《针灸》《推拿》《气功》《护理》《实验研究》20 卷,每卷包括导论和专题研究两部分,前者总论各个学科的一般内容,后者分专题介绍新中国成立以来各个学科的研究进展、新成果与展望,是反映中医药现代化进程的大型资料性丛书。

《胃肠道造影原理与诊断》 尚克中、陈九如主编。上海科学技术文献出版社 1995 年 5 月出版。胃肠造影讲究检查技术、方法和对影像的认识与解释。双对比造影技术的发展,给胃肠放射学带来了一次飞跃,特别是对微小病变的显示能力已大大超过以往。理论严谨,实用易学。

《实用中医儿科学(第二版)》 江育仁、张奇文主编。上海科学技术出版社 1995 年 9 月出版。吸收中医儿科的学术成果和临床经验,在第一版基础上作全面的补充和修订,在"儿科常见病证"中增加经验荟萃一栏,收入当代名老中医的诊疗经验;其他疾病中增加了手足口病、艾滋病、急慢性胃炎、恙虫病等;并增加了"儿童行为与精神障碍疾病""儿童妇科病"两章。

《手的修复与再造》 顾玉东编著。上海医科大学出版社 1995 年 11 月出版。对手部神经不可逆损伤的功能重建、断指(趾)再植、手指再造、截指(肢)及功能重建、手部功能康复、手部功能评定等作了全面系统的阐述,反映国内外手外科手术学方面的新理论、新技术和新成果。

《中国藏药》 青海省药品检验所、青海省藏医药研究所主编。上海科学技术出版社 1996 年 10 月出版。青海藏药考察队对青海、西藏、甘孜南部、四川西部进行实地调查并在藏族医药人员配合下搜集到大量藏医药学有关资料的基础上整理编写的,收入植物、动物、矿物药材 1 200 余种,是中国第一部全面系统介绍青藏高原藏药材的专著。

《全身经穴应用解剖图谱》 严振国主编。上海中医药大学出版社 1996 年 12 月出版。参照体表解剖学原理与方法，首次采用女性裸体模特标注人体十四经的体表走向及穴位分布，便于读者掌握相关知识，同时引入作者开创的穴位解剖学，对某些重要穴位、危险穴位，直接采用尸体标本上拍摄的穴位解剖照片或手绘的解剖图谱，直观地展现这些穴位的解剖结构。

《肝胆病理学》 何德华、詹镕洲著。第二军医大学出版社 1997 年 12 月出版。以中国常见的病毒性肝炎、肝硬化、肝癌及胆囊疾病为重点，从病因、发病机制、病理变化含免疫组织化学、分子病理学等多方面进行阐述，多数章节附有典型或特殊的尸检或活检病例，是一部系统介绍当代国内外肝胆疾病病理学研究成果和最新进展、紧密结合临床诊断的专著。

《当代胆道外科学》 黄志强等编著。上海科学技术文献出版社 1998 年 8 月出版。分 16 篇，介绍胆道外科发展史，肝、胆道的外科解剖，胆道的生理与病理，胆道疾病的影像学检查，内镜胆道外科，胆道手术前处理，胆囊结石，胆囊良性疾病，原发性胆管结石病，胆道手术后处理等等内容，并附插图 700 余幅。

《肿瘤的诱导分化和凋亡疗法》 王振义、陈竺主编。上海科学技术出版社 1998 年 12 月出版。针对传统肿瘤化疗存在的化疗药物不仅杀伤肿瘤细胞而且也无选择性地损伤正常细胞，不少癌肿对化疗效果不理想或无反应，化疗缓解后不少患者仍会复发以及患者不能耐受化疗等问题，依据诱导分化学说，在大量实验的基础上提出诱导分化疗法，论证肿瘤的诱导分化及凋亡疗法已成为肿瘤治疗的一种重要方法。

《手外科手术学》 顾玉东、王澍寰、侍德主编。上海医科大学出版社 1999 年 8 月出版。全国 14 个医疗及科研单位手外科、显微外科领域 30 余名专家、学者参与编写，在总结中国近 40 年来手外科、显微外科、骨科多方面创新成果的同时，吸取国外最新的手外科医学经验，是一部反映手外科和显微外科水平的权威著作。

《中华本草》 国家中医药管理局《中华本草》编委会编。上海科学技术出版社 1999 年 9 月出版。分 10 册，收入中医药物近 9 000 种，内容丰富翔实，插图 8 000 多幅，字数近 2 000 万，反映本草学发展的历史轨迹和中药学术的完整体系，对中医药教学，科研、临床、医疗、资源开发、新药研制有一定的指导作用和实用价值。

《金匮指要》 张再良、叶进主编。上海中医药大学出版社 2000 年 10 月出版。分上、下两篇，内容包括脏腑经络先后病脉证，消渴小便不利淋病脉证，《金匮》的沿革，《金匮》的主要学术成就，《金匮》的诊法等。

《神经介入影像学》 李明华编著。上海科学技术文献出版社 2000 年 10 月出版。系统介绍各项神经介入技术、各类神经介入用材料，详细论述各种神经系统疾病的介入治疗方法、效果，并客观评价其优点。

《实用中医耳鼻咽喉齿科学》 熊大经主编。上海科学技术出版社 2001 年 1 月出版。阐述中医耳、鼻、咽喉、口齿科学的理论和学术进展，书后附有中医疾病诊疗术语、中医证候诊疗术语、中医治法诊疗术语、中医疾病分类名称代码及方剂索引。

《幽门螺杆菌研究进展》 刘文忠等编著。上海科学技术文献出版社 2001 年 10 月出版。介绍关于幽门螺杆菌流行病学的基础组 DNA 测序、遗传多态性、致病性、与宿主之间相互作用、与胃癌发病关系、幽门螺杆菌疫苗研制、根除治疗、耐药性克服和铋剂应用等方面的最新研究进展。

《黎鳌烧伤学》 黎鳌主编。上海科学技术出版社 2001 年 11 月出版。分 31 章，110 万字。编者大多是中国从事烧伤治疗研究的顶级专家。总结中国几十年来烧伤研究成果和防治经验,理论与实际相结合,临床与实验研究相结合,主要资料来自国内主要烧伤基地及其他单位,同时也编入了国外一些先进烧伤理论与治疗经验。

《现代神经外科学》　周良辅主编。复旦大学出版社、上海医科大学出版社 2001 年 12 月出版。内容涵盖神经外科的各个方面,包括总论、中枢神经系统损伤、感染、肿瘤、血管性病变、先天性病变、疼痛及外科技术和器械等,结合国内外最新发展动态,详细介绍神经外科各种疾患的临床表现、诊断和鉴别诊断及治疗,特别是脑动脉瘤、脑血管畸形、脑干和脊髓肿瘤等疾病的诊治以及颅底外科、放射外科等手术。

"申江医萃续集"　施志经主编。上海中医药大学出版社 2002 年 1 月—2004 年 8 月出版。共8 册,分别是《耳鼻喉科、外科名家张赞臣学术经验集》《外科名家顾伯华学术经验集》《眼科名家陆南山学术经验集》《内科名家刘树农学术经验集》《内科名家董漱六学术经验集》《内科名家姜春华学术经验集》《内科名家王玉润学术经验集》《妇科名家庞泮池学术经验集》。

《现代临床中药学》　张民庆、张名伟、唐德才主编。上海中医药大学出版社 2002 年 1 月出版。紧扣临床应用,以药性理论为基础,研究和总结药物临床应用的基本规律,对临床常用的近 800 种中药,从药源、药性特点、配伍使用、使用方法、注意事项、研究成果等作了介绍,以帮助临床医师更合理地选用药物。

《现代恶性淋巴瘤病理学》　许良中主编。上海科学技术文献出版社 2002 年 3 月出版。国内外 20 多位专家教授参与编写,对恶性淋巴瘤病理学及恶性淋巴瘤的流行病学、病因与发病机制、免疫组织化学以及非肿瘤性淋巴组织增生性疾病和副肿瘤性综合征等作了全面系统的介绍,并收入了编者多年临床经验及搜集的大量病理材料和随访资料,82 万字,附有 220 多幅彩色图片。

《现代恶性淋巴瘤病理诊断学》　许良中编著。上海科学技术文献出版社 2002 年 4 月出版。对恶性淋巴瘤的分类分型,形态特征,诊断和鉴别诊断作了详尽的阐述,对恶性淋巴的病学,病与发病的机制,免疫组织化学的非肿瘤性淋巴等作了介绍。

《肝癌转移复发的基础与临床》　汤钊猷主编。上海科技教育出版社 2003 年 1 月出版。分基础篇、临床篇、方法篇和论著篇 4 篇,基础篇论述肝癌转移复发的模型研究,肝癌转移的分子遗传学基础、细胞运动、信号传导等;临床篇论述肝癌术后复发的相关因素,复发的临床治疗和预防;方法篇介绍肝癌转移复发研究的技术方法;论著篇收入有关肝癌转移复发研究的论文和论著索引。

《顾恺时胸心外科手术学》　顾恺时主编。上海科学技术出版社 2003 年 9 月出版。全国 100多位胸心外科学专家参加编写,分 115 章 280 万字,对胸心外科领域涉及的所有常见疾病作了全方位、多层次的阐述,并收入众多专家学者的第一手临床资料。

《现代中医肿瘤学》　杨金坤主编。上海中医药大学出版社 2004 年 7 月出版。分上、中、下三篇,上篇《基础篇》,分 9 章论述肿瘤的病因病机、诊断方法、治疗法则、预防与护理等;中篇《临床篇》,分 2 章论述发热、疼痛等 21 种肿瘤常见症状的中医诊治及食管癌、胃癌等 24 种常见肿瘤的中医诊疗;下篇《研究篇》,分述肿瘤中医临床试验的思路、方法、过程及常用中药的现代研究进展。

《免疫低下与感染》　瞿介明主编。上海科学技术文献出版社 2004 年 6 月出版。分四篇共 42章,第一篇阐述各种免疫低下的原因及在免疫低下时的抗感染免疫;第二篇介绍免疫低下的病原学诊断和抗感染化疗;第三篇分述免疫低下时各个系统感染的特点;第四篇详述常见免疫低下情况下感染的病原,临床特征和治疗。

《常见病临证要览(英汉对照)》　吴勉华、汪悦主编,谢建群主译。上海中医药大学出版社 2004

年7月—9月出版。包括《病毒性肝炎的中医特色疗法》《原发性肾小球肾炎中医特色疗法》《慢性胃炎中医特色疗法》《肺癌中医特色疗法》《支气管哮喘中医特色疗法》《糖尿病中医特色疗法》《高血压中医特色疗法》《类风湿关节炎中医特色疗法》《颈椎病中医特色疗法》《胆石症中医特色疗法》10册,每册分上(总论)、中(特色疗法)、下(名老中医经验)三篇,英汉双语撰稿,是一套紧贴临床实际的中医药"走出去"辅导读物。

《王正敏耳显微外科学》 王正敏著。上海科技教育出版社2004年12月出版。涵盖耳显微外科的各个方面,包括耳外科基础、耳传导系统外科、前庭系统外科、人工耳蜗植入外科、面神经外科、听神经瘤手术、侧颅底外科等,书中收入作者数百幅手术摄影图片,展示了耳显微外科各种手术的主要步骤。

《现代中医儿科学》 江育仁、朱锦善主编。上海中医药大学出版社2005年5月出版。分3篇16章,上篇《基础篇》,包括中医儿科学术发展史、儿科四诊与辨证等5章;中篇《证候篇》,包括急症证候、常见证候2章;下篇《疾病篇》,包括新生儿疾病、传染病及肺系、脾胃、心系、肝系、肾系疾病的中医诊疗等9章。正文后附有中医儿科疾病分类与编码、小儿针灸与推拿疗法、儿科疾病临床检验参考值、儿科常用中成药等。

《杨国亮皮肤病学》 王侠生、廖康煌主编。上海科学技术文献出版社2005年7月出版。以上海华山医院皮肤科几十年来积累的丰富资料,并结合国内外文献编写,主要介绍皮肤病基础理论、应用知识和技术,列举了1800余种皮肤病的临床、病因、病理和防治,病种比较齐全,内容详尽实用。书末附有部分病种彩色图片及英汉、汉英病名索引。

《现代内科学进展》 杨秉辉主编。上海科学技术文献出版社2006年1月出版。收入154位专家撰写的与内科学进展有关的综述性文章166篇,内容涵盖心血管疾病、呼吸系统疾病、消化系统疾病、肾脏疾病、血液疾病、内分泌疾病、风湿病、感染性疾病、肿瘤、神经系统疾病、精神疾病等领域,较全面地反映国内外内科学领域的最新进展。

《血液恶性疾病基因异常和靶向治疗》 陈赛娟主编。上海科学技术出版社2006年1月出版。以白血病研究成果为主线,结合国内外最新研究进展,比较全面地论述了正常造血的基因调控机制,白血病的遗传学基础,急性白血病的分类,各类白血病的发病机制,白血病致病基因产物的靶向治疗,淋巴瘤发病相关基因的研究,多发性骨髓瘤发病的分子机制以及恶性血液病的分子标志及临床应用等内容。

《吴孟超肝脏外科基础与临床》 吴孟超主编。同济大学出版社2007年5月出版。分中国肝脏外科研究展望,肝脏外科理论与技术,原发性肝癌的诊断与治疗,肝海绵状血管瘤诊断与治疗,肝移植实验与临床研究等5篇,反映吴孟超及其科研团队半个世纪来在中国肝脏外科领域取得的基础与临床研究成果。

《剑桥世界人类疾病史》 肯尼思·F·基普尔主编,张大庆主译。上海科技教育出版社2007年12月出版。分8篇,第1至第7篇分别介绍人类迁徙、流行病学与免疫学之间的关系,历史上各医学流派,东西方的疾病概念,身体疾病与精神疾病的范畴,西方公共卫生体系的沿革,营养状况与发病率及病死率的关系,史前到现代全球各地区的疾病史;第8篇论述158种人类疾病的过去与现在。

《中医肾脏病学》 沈庆法主编。上海中医药大学出版社2007年12月出版。分篇介绍中医肾脏病学,其中《中医论治篇》包括"基础理论"等3卷;《临床应用篇》包括"临床基础"等2卷;《古今方药篇》包括"常用中药"等3卷;《专家经验篇》包括"著名中医肾脏病专家经验"等2卷;《科研方法篇》包括"思路方法"等 4 卷;《发展思考篇》包括"中医肾脏病学科现状"等 2 卷。

《人类疾病动物模型复制方法学》　周光兴主编。上海科学技术文献出版社 2008 年 1 月出版。分 16 章,全面翔实地阐述当今人类各系统、器官最常见疾病的动物模型复制方法,将人类疾病动物模型和比较医学有机地结合起来,为开展临床疾病研究开辟了新的途径。

《当代药用植物典》　赵中振、肖培根主编。世界图书出版上海有限公司 2008 年 2 月出版。以长年海内外原植物调查为基础,通过深入药材产区与生长地所获得的第一手珍贵数据,对来自亚洲和欧洲的草药进行了全面调查。收集常用药用植物 800 余种,反映这些药用植物的研究进展,对中药资源的永续利用和开发有重要参考价值。

《神经导航外科学》　周良辅主编。上海科技教育出版社 2008 年 6 月出版。共 13 章,内容包括神经导航外科的发展史、国产神经导航的发展现状、神经导航定位及其基本原理与技术、多模式医学影像融合技术、导航外科技术在临床的应用、导航术中的脑移位、术中影像神经导航技术、导航外科手术的麻醉、机器人外科手术研究进展、虚拟现实技术及在神经外科的应用、导航外科手术室的布局及术中配合以及展望等。

《形神之间:早期西洋医学入华史稿》　董少新著。上海古籍出版社 2008 年 6 月出版。从宗教传播史和医疗社会史的角度探讨传教士在华行医活动,将医疗史、传教史、社会史和思想观念史的各种问题结合起来进行中西对比。作者使用了大量国内学者很少问津的各种西文包括很多小语种的文献资料,给国内学界进一步研究提供了线索。

《危险穴位临床解剖学》　严振国主编。第二军医大学出版社 2008 年 6 月出版。科研与临床相结合的实用专著,分头颈部、胸部、腹盆部、背腰部 4 章介绍人体 74 个危险穴位,每个穴位包括穴名释义、体表定位、刺灸方法、穴位层次解剖、毗邻结构、针刺意外与防治、主治病证、配伍应用、临床研究、实验研究、参考文献等项目组成,其中"穴位进针层次解剖""穴位毗邻结构"等是作者数十年科研图文资料的积累,具有原创性。

《气管和支气管外科学》　[美]格里罗著,黄平译。第二军医大学出版社 2008 年 9 月出版。关于气管外科的专著,内容涵盖气管的解剖、生理和累及气管的诸多疾病的治疗。作者批判性地回顾气管置换和气管外科的发展。书中配有资深医学专业画师 300 余幅素描,以表现手术处理和解剖的微妙之处,与文字叙述相得益彰。

《大流感——最致命瘟疫的史诗》　[美]约翰·M·巴里著,钟扬、赵佳媛、刘念译。上海科技教育出版社 2008 年 12 月出版。描绘 1918 年至 1919 年大流感的发生、发展及肆虐全球的过程,再现了病患的痛苦、公众的恐慌、医者的力不从心,科学、政治与疾病传播交织,呼吁"防止可能发生的全球新一轮的瘟疫"。

《汉字中医解码》　任宏丽、胡琪祥主编。上海中医药大学出版社 2008 年 12 月出版。选取 100个常用汉字,通过分析其结构或字形的变化、含义的发展,分《身体肤发》《五脏六腑》《气血经络》《精神梦乡》《阴阳之说》《五行之说》《五行应用》《病起有因》《细说病字》《中药飘香》《针灸穴位》《养生保健》12 章,或阐明人体的结构与功能,或宣明养生的要领与方法,或介绍方药的运用与禁忌,或揭示医案的真谛与创意,为读者解析汉字里的生命密码。

《实用中医内科学(第二版)》　王永炎、严世芸主编。上海科学技术出版社 2009 年 1 月出版。阐述中医内科学的机理如病因病机、辨证和治疗等内容,在第一版基础上新增了艾滋病、风痱、心衰、男性不育、乳腺癌等病证;各病证按定义、历史沿革、病机诊断与鉴别诊断加以说明。

《中国农村卫生调查》　韩俊、罗丹等著。上海远东出版社 2009 年 5 月出版。反映新中国成立以来中国卫生事业的发展，尤其是 20 世纪 50 年代到 70 年代末的成就令世界瞩目，在"把医疗卫生工作重点放到农村去"的口号指引下，中国农村医疗卫生事业发展日新月异。

《中华海洋本草》 管华涛、王曙光主编。上海科学技术出版社 2009 年 9 月出版。从海洋矿物药、海洋植物药和海洋动物药方面全面详尽地介绍海洋药物，包括药物的名称、出处、别名、释名、考证、基原、炮制、药性、功效、用法、制剂、现代临床态特征、分布、采收与贮藏、药材鉴别、化学成分、药理等，集海洋本草之全。

《现代中医诊疗图谱》 许家佗、邵水金主编。上海中医药大学出版社 2009 年 9 月至 11 月出版。图谱包括《中医舌诊彩色图谱》《针灸腧穴标准取穴彩色图谱》两种，英汉双语撰稿。《中医舌诊彩色图谱》选取舌象照片 260 幅，分典型舌象分类、证候舌象分析、临床舌诊应用病案三个主要部分。《针灸腧穴标准取穴彩色图谱》分总论和各论两部分。总论介绍腧穴的分类、定位方法、取穴体位、主治规律和特定穴的临床应用。各论头面部、颈项部、胸腹部、背腰部、上肢部和下肢部介绍全身 361 个经穴和 48 个经外奇穴。

五、农业科学

《农政全书校注》 （明）徐光启撰，石声汉校注，西北农学院古农学研究室整理。上海古籍出版社 1979 年 9 月出版。《农政全书》为中国重要农业科学著作，总结明朝以前的历代农业科学成就，是研究中国古代农业科学的重要文献。

《家养鸣虫》 华特生、庞炳璋著。上海文化出版社 1987 年 7 月出版。分上、下两篇，上篇介绍饲养鸣虫的基本知识，下篇分别介绍 26 种常见鸣虫的分布、形态、习性、饲养等知识。

《鄱阳湖研究》 《鄱阳湖研究》编委会著。上海科学技术出版社 1988 年 6 月出版。鄱阳湖流域国土经济学研究的科学著作，对鄱阳湖区自然条件和自然资源、鄱阳湖区开发的历史及其对生态的影响，作出了客观的科学的描绘和分析，并从这些客观实际出发，提出开发整治鄱阳湖生态经济系统的理论设计和对这一地区发展战略的进行系统研究的建议。

《中国花经》 陈俊愉、程绪珂主编。上海文化出版社 1990 年 8 月出版。收入花卉 188 科、772 属、2 354 种，147 万字，插图 1 000 余幅，分概论、综论、各论，介绍中国花卉的发展历史和现状，花卉栽培基本知识和各种花卉的花名、学名、别名、科属、栽培、科属、栽培简史、产地与分布、形态特征、种、变种及品种、习性、繁殖、栽培、育种等。附有中国花卉发展大事记、中国历代花卉名著和中国园艺家简介。

《长江、珠江、黑龙江鲢、鳙、草鱼种质资源研究》 李思发、吴力钊、王强、仇潜如等编著。上海科学技术出版社 1990 年 12 月出版。对长江、珠江、黑龙江鲢、鳙、草鱼种质资源进行专门性研究，从形态判别、年龄生长、发育遗传、染色体组型、养殖性能、种质资源保护等多方面作深入阐述，列举大量科学性和可靠性数据，对发展淡水养鱼业和鱼类种质资源开发利用有重要意义。

《中国水稻品种及其系谱》 林世成、闵绍楷主编。上海科学技术出版社 1991 年 3 月出版。12 章，60 余万字，以中国主要稻类品种和杂亲交系谱分析为主要内容，叙述水稻在中国国民经济中的地位，中国稻作的历史，稻种分类，中国水稻品种的几次重大变革和育种成就等，并介绍了一些具体品种。

《中国人参》 张树臣主编。上海科技教育出版社 1992 年 5 月出版。总结前人和业界同行研究成果并结合作者 30 余年的研究，阐述中国人参研究的发展和前景，以及中国人参业的现状和未来。内容包括中国人参的栽培和加工，中国人参有效成分分析、提取、提纯和鉴别（性状鉴别、仪器鉴别），中国人参药理、制剂以及临床应用。

"历代本草精华丛书" 朱大年等选编。上海中医药大学出版社 1994 年 6 月出版。分 8 卷，收入上海中医药大学图书馆 10 种本草藏本：昝殷的《食疗本草》、李杲的《食物本草》、徐彦存的《本草发挥》、王纶的《本草集要》、陈嘉谟的《本草蒙筌》、张介宾的《本草正》、蒋仪的《药镜》、闵仪的《本草详节》、顾元交的《本草汇笺》、戈颂平的《神农本草经指归》。以馆藏本影印，每种著作正文前由选编者撰写的内容提要。

《水稻基因组工程》 洪国藩编。上海科学技术出版社 1999 年 10 月出版。是关于水稻基因组工程的学术专著，分基因组学、遗传图谱、遗传图谱与育种、水稻基因组物理图的构建、基因组测序五章，系统介绍中国在水稻基因组计划实施进程中取得的研究成果，向世人展示中国科学家在这一领域所占据的制高点。

《中国地方鸡种种质特性》 程光潮等编著。上海科学技术出版社 2000 年 10 月出版。全书分7 章，主要阐述中国地方鸡种的形成和类型、外貌特征和经济性状、肉蛋品质和生理生化特性、血型、蛋白质（酶）多态性、染色体和 DNA 指纹研究、种质研究的群体遗传学方法。书末附录介绍家鸡血浆蛋白质（酶）电泳测定方法、染色体制备方法和血型检测方法。

《两系法杂交水稻的理论与技术》 陈立云等编著。上海科学技术出版社 2001 年 4 月出版。分 7 章阐述两系法杂交水稻的基础理论、两系法品种间杂交组合的选育，亚种间两系法杂交稻组合的选育，新技术与两系杂交水稻育种，两系法杂交水稻制种原理与技术，两用核不育系高产保纯繁殖原理与技术、两系杂交稻的生物学基础与栽培技术等内容。

《中国茶树品种志》 《中国茶树品种志》编写委员会编著。上海科学技术出版社 2001 年 7 月出版。系统阐述茶树起源、分类、育种品种分布区域和茶树的繁育，重点介绍了国家级茶树品种、省级茶树品种和适制特种类的品种、品系、名枞等 368 个，还介绍了中国主要野生大茶树的地域分布、形态特征，是茶学界一部学术性、实用性兼具的专著。

《中国花生栽培学》 万书波著。上海科学技术出版社 2003 年 12 月出版。分 26 章论述中国主要花生产区的自然条件及种植区划、花生栽培的生物学基础、花生的遗传及育种、良种繁育与推广、花生的栽培制度等，重点阐述了春花生高产栽培、麦套花生高产栽培、夏直播花生高产栽培等内容。

《中国玉米栽培学》 山东省农业科学院编，郭庆法、王庆成等主编。上海科学技术出版社 2004年 9 月出版。共 18 章，内容涉及玉米育种、生理、耕作栽培、种子、土壤农化、植物保护、生物技术、产品加工等学科的理论与技术。书中对中国玉米产区的生态条件及种植区划、玉米生长发育规律与产量形成、玉米光能利用与合理密植、玉米病虫草害发生与防治以及以玉米为主体的间套复种理论与技术等，从理论与实践结合上作了系统论述。

《中国茶树栽培学》 杨亚军主编。上海科学技术出版社 2005 年 1 月出版。论述中国茶树的起源、传播和演化，介绍茶树形态结构和茶树生长发育规律及必需的环境条件、茶树良种与繁育原理、茶园建设、茶树树冠培养、茶叶鲜叶采收、茶园作业机械化；阐述茶树优质高产的基础理论和茶树设施栽培、无公害茶叶生产以及茶树栽培技术经济等反映现代茶树栽培的内容。

《水稻株型育种》 陈友订、黄秋妹、张旭编著。上海科学技术出版社 2005 年 9 月出版。中国稻作领域首部关于株型育种的专著，分 6 章，内容涉及中国水稻分布的生态因子和区划、水稻株型育种的基本原理、方法及所需设备和技术，阐述了中国水稻高光效与动态株型育种、水稻耐冷株型育种和水稻光温敏雄性核不育系育性生态及形态改良的基本原理、概念和方法等。

《中国小麦栽培理论及实践》 余松烈主编。上海科学技术出版社 2006 年 11 月出版。介绍中国小麦栽培生产技术的科学专著,主要论述了中国 20 世纪 90 年代以来小麦栽培科研的新成就和小麦生产的新发展,包括中国小麦品质生态区划、各麦区小麦主要栽培技术、信息技术的应用及小麦品质、小麦病虫害防治等。

《超级杂交稻研究》 袁隆平主编。上海科学技术出版社 2006 年 11 月出版。分 9 章论述中国超级杂交稻研究新进展,水稻光温敏核不育系的育性遗传研究及育种策略,水稻亚种间杂种优势利用,超级杂交稻理想株型的形态结构及生理特性,超级杂交稻育种方法和途径,分子技术应用于超级杂交稻育种研究及其所取得的最新进展,超级杂交稻的亲本繁殖及杂交制种高产技术,超级杂交稻的高产栽培理论和技术,以及超级杂交稻先锋组合试验示范和推广应用等。

《稻作诊断》 苏祖芳、周纪平、丁海红编著。上海科学技术出版社 2007 年 4 月出版。系统介绍稻作诊断概况及原理,水稻生育期和产量诊断与预测,高产群体诊断,水稻缺素与环境污染、气象灾害、主要病虫害诊断以及水稻生育阶段看苗综合诊断等高产稻作诊断技术体系。

《民族植物学》 裴盛基、淮虎银著。上海科学技术出版社 2007 年 12 月出版。以植物多样性和文化多样性的协同演化关系为主线,系统介绍和论述人类利用植物的文化行为与实践过程,及其对植物物种和生态系统的影响;人与植物相互作用关系的动态发展特征;植物资源可持续利用的基本方法和途径;以及民族植物学对传统知识保护等。

《中国食药用菌学》 黄年来等主编。上海科学技术文献出版社 2010 年 10 月出版。分上下两册,共 95 章近 400 万字,内容涵盖中国各类食药用菌最新研究成果、最新栽培技术与模式、珍稀新品种开发利用;食药用菌分类、营养生理、生长发育、生态习性、遗传育种、育种繁育、品种驯化、菌种保藏技术、食药用菌病虫害防治、食药用菌产品保鲜与加工等。

六、工业技术

《说园》 陈从周著。同济大学出版社 1984 年 11 月出版。对造园理论、立意、组景、动观、静观、叠山理水、建筑栽植等提出独到见解,文笔清丽可诵,既是园林理论著作,也是文学作品。附中国古代造园图 32 幅,以中英两种文字出版。

《外国建筑历史图说》 罗小未等编著。同济大学出版社 1986 年 1 月出版。介绍非洲、美洲、欧洲、亚洲自原始社会起,历经古代、中世纪、资本主义萌芽时期,直到 18 世纪出现的建筑典型实例,对外国建筑历史的发展作了系统评述,资料翔实,图文并茂。

《里弄建筑》 王绍周等编。上海科学技术文献出版社 1987 年 12 月出版。着重介绍近代在上海、天津等地出现的里弄建筑产生、发展等演变历史、分布及总体布局,评述了石库门里弄住宅、广式里弄住宅、旧式传统里弄住宅、新式里弄住宅、里弄式花园住宅、里弄式公寓住宅的特点、设计手法、环境处理、室内外空间的利用,以及加层改建、维修保养的实践经验。书末附录 19 个典型实例。

《建筑物的裂缝控制》 王铁梦著。上海科学技术出版社 1987 年 12 月出版。主要介绍建筑物裂缝的基本概念,裂缝的形成机理、材料的力学性质、建筑物的变形变度化特点、约束概念,并通过大量案例对构件、排架、框架、地基上长知墙、箱形基础、大块设备基础、地下隧道、民用建筑等常见裂缝作了分析,谋求发现、控制并解决裂缝的途径。

《燃气轮机性能分析》 翁史烈主编。上海交通大学出版社 1987 年 12 月出版。阐述燃气轮机部件和总体的动态及稳态性能;提供了燃气轮机性能的比较完整的数学模型和新的解法;引用最优化技术和非线性方程组求解相结合的"混合解法"探讨了燃气轮机发动机的参数优化；提出"当量通流部分理论"求解燃气轮机发动机的反命题。

《建筑电工技术》　刘式雍主编。上海科学技术文献出版社 1988 年 3 月出版。主要阐述建筑工程用电技术的基本理论和基本方法，以及土建类专业常用的电子器件、机电器件及其基本电路，包括直流电路、交流电路、整流器流与放大、集成运算放大器、晶闸管电路，以及交流电动机及其控制在建筑工程中的应用、建筑供电、防雷与接地、建筑的电气照明等。

《现代玻璃科学技术》　干福熹主编。上海科学技术出版 1988 年 10 月出版。分上下两册，上册着重介绍玻璃的结构和性质，下册介绍新的玻璃系统和品种以及新的工艺，全国 20 多位玻璃科技专家参加各专题撰写，既反映中国玻璃科技工作者的研究成果，也引用部分国外已发表的文献和资料，对了解中国玻璃科学技术进展和国际发展动向有重要参考价值。

《建苑拾英：中国古代土木建筑科技史料选编》　李国豪主编。同济大学出版社 1990 年 10 月出版。收入《古今图书集成》部分史料约 900 条，把分散的史料加以收集整理，包括城乡规划、房屋建筑、造园道路、桥梁、水利以及工程测量等，可使从事土木建筑工程的科技人员得到启迪和借鉴。

《室内环境设计》　朱保良、朱钟炎主编。同济大学出版社 1991 年 8 月出版。介绍室内环境设计原理，综合论述室内设计的共同规律和设计方法，在论述室内环境设计实际应用时还收入了一些参考图例，为读者提供借鉴。

《扫描隧道显微术及其应用》　白春礼著。上海科学技术出版社 1992 年 10 月出版。对扫描隧道显微术及其他原子级分辨显微术的原理、仪器制造和在物理、化学、材料等方面的应用作了详细论述。除引用大量国外文献外，作者还以自己的研究成果，丰富了扫描隧道显微术的内容。

《建筑施工机械》　曹善华主编。同济大学出版社 1992 年 10 月出版。阐述建筑施工用的桩工机械、地下连续墙成槽机械、土方机械、混凝土机械、钢筋加工机械、起重机械、装饰工程机械等类型的工作原理、典型结构、应用范围和选用计算。

《中国建筑四十年：建筑设计精选》　陈保胜主编，熊惠珍等译。同济大学出版社 1992 年出版。中英文对照，精选全国各地 134 个优秀建筑作品，配有大量的彩色照片，分别介绍设计者及建筑的具体结构。

《中国民居》　陈丛周、潘洪萱、路秉杰编。学林出版社 1993 年 4 月出版。以专论形式对中国民居的发展变化作历史考察，分四合院、徽派民居、江南水乡民居、土楼、闽粤侨乡民居、台湾民居、"三坊一照壁"与"一颗印"、吊脚楼、干阑式民居、石构民居、土坯平顶民居、窑洞、毡包和暖居等 13 章，图文并茂，并收入中国民居建筑用语简释。

《建筑施工》　赵志缙编著。同济大学出版社 1993 年出版。高等学校工业与民用建筑专业建筑施工课程函授教材，主要介绍各种建筑（构筑）物的施工技术和组织计划的基本规律，反映中国在建筑施工方面的新成就和新技术，文字通俗易懂。

"室内室外局部·细部设计与装修系列全书"　郑时龄主编。同济大学出版社、香港书画出版社 1994 年 2 月出版。分 6 个系列 12 个分册，184 万字，2 024 幅彩照和线条图，从细部设计入手介绍国内外建筑物装修的成果。

《景园建筑工程规划与设计》　吴为廉编著。同济大学出版社 1996 年 2 月出版。国内首部系统论述各类景园建筑工程规划设计与施工方法的专著。全书分上下两册，上册主要介绍中国传统园林建筑、景园建筑小品构造与设计等；下册介绍风景园林总体规划、风景道路与交通、园桥、园林给排水与中水工程等。书中附录有代表性的景园工程设计实例。

"上海大型市政工程设计与施工丛书" 上海市建交委科技委主编,沈恭、石永安、刘建航、朱人畏等著。上海科学技术出版社 1998 年 9 月出版。分《道路工程》《桥梁工程》《给水工程》《排水工程》《隧道工程》《燃气工程》《高架道路工程》《卢浦大桥工程》《外环沉管隧道工程》《地铁一号线工程》《地铁二号线工程》《轨道交通明珠线一期工程》《苏州河环境综合整治一期工程》《常州高架工程建设》《复兴东路越江隧道工程》《上海竹园第二污水处理厂工程》《苏州河二期、三期综合整治工程》《西藏南路越江隧道工程》18 种,反映上海大型市政工程在设计、施工和管理等方面取得的创新成果,显示了科技进步对经济建设的促进作用。

《上海近代建筑风格》 郑时龄著。上海教育出版社 1999 年 5 月出版。系统阐述上海近代建筑和城市的发展演变,外国建筑师和欧洲建筑风格的移植,中国传统建筑的转型及东西方建筑形式在上海的融合。对 20 世纪二三十年代上海的西方古典主义、现代主义建筑风格和上海近代建筑中各国地域风格及源流等作了全面的论述和考证。

《上海标志性建筑与景观》 龚学平主编。上海教育出版社 1999 年 5 月出版。汇编上海标志性建筑和景观,每一处标志性建筑和景观都有一幅精美的照片、一段简短的说明和一篇生动的评点解说文章,展示了上海现代化都市风貌,记录上海深化改革、扩大开放取得的成果。

《纺织物理》 于伟东、储才元著。东华大学出版社 2002 年 1 月出版。系统介绍了纺织纤维的细微结构及其理论,纤维的吸放湿、力学、电学、光学、声学、热学和表面性质及其与纤维结构间的关系,纱线的几何结构,纤维集合体的结构理论及其力学行为,织物结构与性能,织物风格和舒适性的基本概念与表征方法。

《音乐厅和歌剧院》 〔美〕白瑞纳克著,王季卿、戴根华等译。同济大学出版社 2002 年 5 月出版。收入世界 21 个国家、76 座音乐厅和歌剧院的详细资料和精美图片,指出建筑和声学设计新方向,不仅对建筑界和声学设计有很高实用价值,而且对音乐家和音乐爱好者也有参考价值。

《虚拟制造的理论、技术基础与实践》 严隽琪、范秀敏、马登哲著。上海交通大学出版社 2003 年 8 月出版。从理论研究、技术开发、成果应用三个层面论述了虚拟制造基础理论、虚拟产品开发的产品建模和仿真技术、虚拟现实环境中虚拟产品开发的使能技术、虚拟生产系统规划的仿真与优化技术、虚拟制造过程的集成协同技术,以及结合工程应用进行虚拟制造原型系统开发和成果应用等。

《品牌服装设计》 刘晓刚著。东华大学出版社 2004 年 6 月出版。根据品牌服装的运作架构和产品内涵,阐述品牌服装设计概念、特点、规律、方法、流程、要点等与一般服装设计上的差异,达到为品牌服装提供设计服务的目的。

《非织造学》 柯勤飞、靳向煜主编。东华大学出版社 2004 年 9 月出版。分 10 章,系统介绍非织造材料加工工艺及理论、设备机构原理及产品结构与性能和非织造发展的新趋势。

《城市环境土工学》 孙钧等著。上海科学技术出版社 2005 年 6 月出版。讨论在大城市工程建设中,因各类地下工程与软土隧道施工活动带来工程周边环境土工公害及施工变形预测和控制等方面环境维护与安全问题的学术专著,述及内容和研究方法的广度和深度在国内外尚属少见,具有一定的创新价值。

《中国传统建筑形制与工艺》 李浈编著。同济大学出版社 2006 年 3 月出版。主要介绍中国古代建筑的主要形制,系统阐述了传统建筑木作、土作、石作、砖瓦作等主要结构性匠作的工艺发展概况,材料的利用和加工,营造工艺流程,并讨论了南北方传统建筑工艺的异同。

《纳米芯片学》 蒋建飞编著。上海交通大学出版社 2007 年 12 月出版。介绍芯片技术发展的历史、现状和可能的未来,比较了从微米芯片到纳米芯片发展中每次升级所必须进行的器件结构和工艺技术的创新。

《湿空气透平循环的基础研究》　翁史烈、陈汉平著。上海交通大学出版社 2008 年 1 月出版。对湿空气透平循环的基础研究成果进行整理和总结,内容包括湿空气的热物性、饱和器中的湿化加热过程、大湿度空气的燃烧过程、强化换热过程以及整个装置的拓扑优化和动态过程组织等,揭示湿空气循环的内在潜力,正确评价其优越性,为市场化做好必要的准备。

《盲信号处理:理论与实践》　史习智等著。上海交通大学出版社 2008 年 3 月出版。系统介绍盲信号处理的基本理论、数学描述、独立分量分析、非线性 PCA、非线性 ICA、卷积混合和盲解卷积、盲信号处理的扩展、数据分析和应用研究等。盲信号处理是现代数学信号处理、计算智能学发展的方向,在电子信息、通信、生物医学、图像增强、雷达、地球物理信号处理等领域有广泛应用前景。

《汶川地震灾后重建学校规划建筑设计参考图集》　《汶川地震灾后重建学校规划建筑设计参考图集》编委会编。同济大学出版社 2008 年 10 月出版。在汶川地震灾后重建学校规划建筑设计导则基础上,为 32 所需要重建的中小学校、幼儿园规划建筑设计方案的参考图集,以帮助和指导各有关方面解读和使用设计导则。

《机械制造厂电能的合理使用》　[苏] 特莱霍夫著,江泽民译。上海交通大学出版社 2008 年 10 月出版。分八章,分析机械制造厂用电部门的性质,阐述了在金属切削加工、压力加工、铸造、热处理、电焊、压缩空气的生产和使用中节约电能的方法,以及金属电镀合理用电等问题。书末附有上海交通大学王宗光等关于工业企业节能减排工作的考察报告。

《无机光学透明材料:透明陶瓷》　施剑林、冯涛著。上海科学普及出版社 2008 年 12 月出版。结合无机材料粉体制备和烧结理论等研究成果,介绍无机光学透明材料制备和应用,对中国相关领域的研究和开发具有积极的促进作用。

《电子晶体学与图像处理》　李方华著。上海科学技术出版社 2009 年 3 月出版。介绍运动学和动力学衍射理论、高分辨电子显微像的成像原理、高分辨电子显微像的各种图像处理方法等,其中电子晶体学图像处理技术及其在测定晶体结构和缺陷中的应用是全书重点。

《地基——结构动力相互作用分析方法》　蒋通、[日] 田治见宏著。同济大学出版社 2009 年 5 月出版。对地基与结构动力相互作用的基本课题进行深入浅出的阐述,介绍地基与结构动力相互作用的主要分析方法,论述了由作者创导的薄层法的原理及应用。对重要结构的抗震设计、动力机器基础的设计和各种振源引起环境振动的预测和防治有实用价值。

《过程系统工程》　姚平经著。华东理工大学出版社 2009 年 6 月出版。分 13 章论述过程系统工程学科的基础理论、方法和策略,内容包括过程系统稳态模拟、过程系统动态模拟、过程系统优化的基本概念及基础最优化方法、线性规划、非线性规划、混合整数规划、多目标优化、间歇过程系统的优化、换热器网络综合、蒸馏分离序列的综合、反应器网络综合及过程系统集成等。

《纺织材料学》　姜怀主编。东华大学出版社 2009 年 8 月出版。纺织学科与工程专业本科生基础教材,详细介绍了纺织纤维、纱线和织物的结构与性能特征,成形和加工对其影响,测试与评价的依据及方法。

《汉语人机语言通信基础》　张家騄著。上海科学技术出版社 2010 年 4 月出版。系统阐述言语科学和言语工程赖以建立的电学、语音学和声学的基础理论与实用知识,介绍了语音产生的声学理论和语音分析的技术与方法,同时对言语可懂度试验和言语可懂度理论以及言语质量评价作了深入的讨论。

七、交通运输、航空航天

《柔性路面设计理论和方法》　朱照宏、许志鸿编著。同济大学出版社1988年出版。汇集国内外柔性路面设计理论和方法的各种流派及其研究过程和发展前景方面的资料,并吸收国内研究和制订柔性路面规范的最新内容和成果,对柔性路面设计理论和方法作了深入介绍。

《车辆用柴油机总体设计》　符锡侯、杨杰民编著。上海交通大学出版社1992年5月出版。阐述现代汽车、拖拉机和自走式农业机械、工程机械和军用装甲车辆直列式和V型柴油机的总体设计,内容包括产品发展战略决策;各项设计指标和主要结构参数的合理选择;工作系统设计;总体设计的图面作业等。

《中国桥梁》　李国豪等著。同济大学出版社、建筑与城市出版社1993年4月出版。图文并茂地介绍中国包括台湾、香港及澳门地区凡是由中国人自己设计建造的桥梁200座左右,包括梁桥、拱桥、悬索桥、斜拉桥及立交桥等。

《中国云天》　束家鑫、鲍宝堂编著。上海科学普及出版社1995年8月出版。通俗介绍中国云天气象知识的科普著作,图文并茂,有较高的学术水平,对基层气象工作者有实用参考价值。

《全球定位系统(GPS)的原理与数据处理》　刘大杰等编著。同济大学出版社1996年8月出版。结合科研和生产实践对GPS技术从理论角度作了详尽的阐述,内容包括概论、卫星大地测量基础、GPS系统的信号和接收机的基本工作原理、GPS定位的基本观测量及误差分析、GPS定位的基本原理和方法、GPS控制网的建立、GPS控制网的平差计算和GPS精密定位定轨概述等。

《暗淡蓝点:探寻人类的太空家园》　〔美〕卡尔·萨根著,叶式辉、黄一勤译。上海科技教育出版社2000年10月出版。回顾历史上有关人类在宇宙中地位的种种观念,并根据20世纪中叶以来空间探测的成就对太阳系作了全方位的考察,评估将人类送入太空的理由。结尾是作者对人类未来建立太空家园的展望。

《现代小卫星技术与应用》　余金培、杨根庆、梁旭文编著。上海科学普及出版社2004年3月出版。从技术与应用角度介绍现代小卫星技术及其国内外发展现状与特点,讨论现代小卫星的组成、工作原理及设计技术,对小卫星在通信、对地观测导、导航定位及空间科学试验等领域的应用作了详细介绍,并分析小卫星系统研制中小型化及一体化设计等关键技术。

《帆船史》　杨槱著。上海交通大学出版社2005年5月出版。对世界各地区帆船的特点、发展过程、航海业绩及有关的人物等作了简明扼要的叙述,以科学态度对历史上一些疑点去伪存真,寻求实情。

《中国桥梁史纲》　项海帆、潘洪萱、张圣城、范立础编著。同济大学出版社2009年9月出版。提纲挈领地介绍从公元前21世纪的夏朝到21世纪4000多年间中国桥梁的发展史,并列出重要人物和具有代表性工程,构建起中国桥梁的历史纲要和主要骨架。

《道路勘测与设计(第二版)》　张金水主编。同济大学出版社2009年4月出版。阐述公路与城市道路设计和勘测的基本理论、原理与实用方法,包括汽车行驶理论,道路等级与技术标准的确定,可行性研究,交通量与通行能力,选线与定线,平面、纵断面和横断面设计,路线线形质量的分析与评价,道路交通安全,道路平面交叉与立体交叉设计等。

《超声速飞机空气动力学和飞行力学》　〔俄〕F·C·比施根斯等著,郭桢等译,顾诵芬等校。上海交通大学出版社2009年12月出版。关于超声速飞机的经典著作,介绍超声速飞机各种平面形状机翼和复杂形状机翼以及操纵面、进气道、尾喷口和机身的空气动力学问题。研究超声速飞机的稳定性及操纵性、操纵系统的结构及其特性和超声速飞机空气动力学和飞行力学及其与飞控系统的有机联系,阐明了飞机性能的算法及飞机主要参数的选择。

《大飞机出版工程》　顾诵芬总主编。上海交通大学出版社 2010 年底开始出版。国内第一套关于大飞机的图书,50 多位专家精选书目,精心撰著,总结整理航空科技领域的重要成果和宝贵经验,搜索、引进大飞机研制中紧缺的文献资料,为大飞机研制提供决策参考和智力支持。

第六节　综　　合

本节共著录图书 164 种,其中字典辞典 107 种,百科全书 18 种,手册 18 种,书目、图录等 21 种。

一、字典辞典

《汉语成语词典》　西北师范学院中文系《汉语成语词典》编写组编。上海教育出版社 1978 年 6 月出版。收入常用汉语成语 5 000 多条,收词范围适中,释义简明意准确,文字通俗易懂,追溯语源、阐明流变,实用性、科学性、可读性强。

《辞海(1979 年版)》　《辞海》编委会编。上海辞书出版社 1979 年 9 月出版。《辞海》是以字带词,兼有字典、语文词典和百科词典性质的大型综合性辞典。1979 年版收单字 14 872 个,词目 91 706 条,包括成语、典故、人物、著作、历史事件、古今地名、团体组织等。所收词目以解决一般读者在学习、工作中"质疑问难"的需要为主,兼顾各学科的固有体系。释文主要是介绍基本知识,力求简明扼要,并注意材料和观点的统一。

《中国美术家人名辞典》　俞剑华编。上海人民美术出版社 1981 年 12 月出版。收入自古至今画家、书法家、篆刻家等约 3 万人,附人名索引、字号异名索引,查阅方便。书中所列人物,尽可能注明生卒年,古地名均加注今名,为美术工作者必备工具书。

《简明社会科学词典》　《简明社会科学词典》编委会编。上海辞书出版社 1982 年 9 月出版。中型的社会科学词典,175 万字,共收条目 5 182 条,内容包括哲学、经济学、政治学、法学、社会学、伦理论、逻辑学、文学、军事学、社会主义思想史、国际关系、历史学、考古学、教育学、心理学、民族学、宗教学、语言学、文艺学等学科中基本的常见的名词术语、学说、学派、人物等。部分条目(主要是人物)附有插图。

《中国近代史词典》　陈旭麓、方诗铭、魏建猷主编。上海辞书出版社 1982 年 10 月出版。收入条目反映鸦片战争到五四运动新词层出不穷的特点。释文根据条目内涵、外延的不同,做到长短适中,言简意赅。人物所收条目力求实事求,对先驱人物不过分溢美,对旧时官吏不全盘否定,吸取了当代的研究成果。

《会计辞典》　龚清浩、徐政旦主编。上海人民出版社 1982 年 5 月出版。收入会计及与会计有关的常用词目共计 2 251 条,分会计一般类、工业会计类、农业会计类、商业会计类、外贸会计类、基本建设会计类、预算会计类、银行会计类及国外常用的会计词和其他有关词目编排。

《简明英汉小词典》　知识出版社(沪)编。知识出版社(沪)1982 年 8 月出版。收入常用词目(包括派生词、复合词)1.5 万余条,冷僻词目、罕用词义一般不收,主要面向中小学生及初学英语者学习英语的需要。

《德汉词典》 德汉词典编写组编。上海译文出版社 1983 年 11 月出版。北京大学、同济大学、上海外国语学院合作编写的一部中型综合性语文工具书,收词 8.5 万多个,释文与用法并重,鉴于德语在科学技术领域内应用较广,选收的科技词较多。编排方式上参照最新国外语言辞典作了新的尝试。

《中国文学鉴赏辞典大系》 上海辞书出版社文学鉴赏辞典编纂中心主编。上海辞书出版社 1983 年 12 月起陆续出版。包括先秦诗、汉魏六朝诗、唐诗、唐宋词、宋诗、元曲、元明清诗、元明清词、明清传奇、古文、古小说乃至新诗、现代散文等 13 种 18 册,2 500 万字。萧涤非、唐圭璋、缪钺、蒋星煜、俞平伯、程千帆、周汝昌、吴小如、夏承焘、钱仲联、马茂元、徐中玉、霍松林、叶嘉莹、章培恒等一流教授学者撰写鉴赏文字。

《简明汉英小词典》 沈玄、郑风、岁寒、匡吉编。知识出版社(沪)1985 年 12 月出版。《简明英汉小词典》姐妹篇,收入常用词目(包括单词、词组、成语、谚语)1.6 万余条,冷僻词目一般不收,读者主要是中小学生及初学英语者。

《宋元语言词典》 龙潜庵主编。上海辞书出版社 1985 年 12 月出版。中国第一部断代语言词典,收入词语 1.1 万余条,包括俗语、方言、习惯语、外来词等,对宋元语言进行了较为全面的整理研究。

《世界历史词典》 《世界历史词典》编委会编。上海辞书出版社 1985 年 12 月出版。世界历史的中型专业工具书。从人类起源直到现代,收词 7 000 余条,释文 200 余万言。举凡重要的人物、事件、地名、邦国、民族、科学文化、典章制度、宗教神话等,具有检索价值者都尽量予以收入。

《苏联百科词典》 中国大百科全书出版社翻译。中国大百科全书出版社上海分社 1986 年 8 月出版。约收 8 万个词条,译成汉语共约 800 万字。翻译过程中采取不增、不改的原则,尽量尊重原文,保留原书面貌,仅将参见性和语词性词条作了技术上的删节。

《汉语大词典》 中国汉语大词典编辑委员会、汉语大词典编纂处编纂,罗竹风主编。汉语大词典出版社 1986 年 11 月出版第一卷,1993 年 11 月出齐。共收单字 2.27 万个,复词 37.5 万个,正文 12 卷,《附录·索引》1 卷,总计约 5 000 万字,配有插图 2 000 余幅,广泛收列古今汉语中的词语、熟语、成语、典故和较常见的百科词,全面反映语词的历史源流演变。

《少年自然百科辞典》 王国忠主编。少年儿童出版社 1986 年 12 月起出版。分《数学·物理·化学》《生物·生理卫生》《天文·气象·地理·地质》和《工业·农业·技术》4 个分册,每一分册收词目约 2 000 条,80 万字左右,为中国第一部以中学生为读者对象、便于查阅的大型百科辞典。

《民族词典》 陈永龄主编。上海辞书出版社 1987 年 8 月出版。收词 1 万余条,篇幅达 203 万余字,内容包括民族问题理论和民族政策、民族学和人类学、中国民族、中国民族史、中国民族语文、世界民族六大类,所收词目为比较常见的术语、族名、人名、地名、古国名、古地方政权名、典章制度名、组织机构名、风俗习惯名、宗教信仰名、著作和历史事件等。

《中国成语大辞典》 王剑引主编。上海辞书出版社 1987 年 8 月出版。收成语 1.8 万余条,为读者提供成语的结构形式、语义内容、渊源用例等众多信息,是一部供具有中等以上文化水平的读者使用的大型成语工具书。

《中国美术辞典》 沈柔坚主编。上海辞书出版社 1987 年 12 月出版。分 9 大学科、10 大门类,收词条 5 816 条,160 余万字,内容包含绘画、版画、书法、篆刻、少数民族美术、工艺美术、建筑艺术、陶瓷艺术、青铜艺术和雕塑等学科,系统地介绍了中国各门类美术的基本知识和不同历史时期工艺美术的主要流派、人物、作品,及有关理论、名词、术语、技法等,书中附有多幅彩色、黑白插图。

《中医人物词典》　李经纬主编。上海辞书出版社 1988 年 7 月出版。收入数千年来与中医有关的古今人物词目 6 200 余条，分别介绍医人的生卒年代、字号别名、籍贯简历、学术思想、医学成就，及其著作、师承、流派等，百余万字。

《外国音乐辞典》　汪启璋、顾连理、吴佩华编译，钱仁康校订。上海音乐出版社 1988 年 8 月出版。根据《科林斯音乐百科词典》编译，收入音乐家、音乐风格和流派、乐器、歌剧和清唱剧的介绍和歌名、曲名条目，以及有关旋律、节奏、和声、复调、配器、体裁、曲式、作曲、演唱、音乐史、音乐学等方面的知识，材料丰富、内容翔实。

《书画篆刻实用辞典》　岑久发主编。上海书画出版社 1988 年 10 月出版。分书法、绘画、篆刻、文房 4 编，收条目 4 000 余条。附录有中国书法、绘画、篆刻、装裱等技法简解。

《彩图成语词典》　杨萌深主编。上海辞书出版社 1988 年 12 月出版。上海辞书出版社出版的彩图系列之一，共收成语 2 700 余条，按汉语拼音字母顺序排列，配彩图 811 幅，以图释文，帮助理解。同一系列还有《彩图俗语词典》《彩图格言词典》《绘图物理辞典》《绘图计算机辞典》《彩图神话词典》等，陆续出版。

《英汉大词典》　陆谷孙主编。上海译文出版社 1989 年 8 月（上卷）至 1991 年 9 月（下卷）出版。中国第一部自建语库、独立研编的双语词典，收词 20 余万条，1 600 万字，设附录 14 种，除一般词汇外还收入专有名词、历史事件、各种典故及自然、社会科学的专门术语及大量科技和社会生活领域的新词。

《辞海（1989 年版）》　《辞海》编委会编。上海辞书出版社 1989 年 9 月出版。在《辞海》（1979 年版）基础上修订，规模有所扩大，单字增加到 16 534 个，词目增加到 12 万余条，字数增加到 1 600 万字，同时增加了许多新知识，修改了一些不适当的提法，过去缺漏的予以弥补，已经过时的予以更新，原说欠当的予以改正。

《中国人名大词典》　廖盖隆、罗竹风、范源主编。上海辞书出版社、外文出版社 1989 年 10 月至 1992 年 12 月出版。分历史人物、当代人物和现任党政军领导人物 3 卷，共收词目 3 万余条，计 700 余万字。历史人物卷选收从远古至 1949 年 10 月 1 日前去世的人物；当代人物卷选收 1949 年 10 月 1 日至 1986 年 12 月底的逝世人物和在世人物；现任党政军领导人物卷选收 1988 年 12 月 31 日前在职的中央和各省、自治区、直辖市的现任领导人。

《百科知识辞典》　梅益主编。中国大百科全书出版社上海分社 1989 年 12 月出版。共收词目 1.4 万余条，涉及 70 多个学科，选词注意收入新词语和新知识，附有 18 个具有实用参考价值的附录，若干词目后还有附表，增强了辞典的手册性质。部分词目加注英文名称，使其具有汉英知识辞典的功能。

《中国风俗辞典》　叶大兵、乌丙安主编。上海辞书出版社 1990 年 1 月出版。收词目 1.2 万多条，分总类、岁时、节日、婚姻、生育、寿诞、交际、礼仪、服饰、饮居、居住、宗教、娱乐、禁忌等 19 大类编排，主要选收中国古今各民族富有特色的风俗事象和风俗活动，并酌收一些常用的有风俗意义的词语，既为读者提供风俗方面的知识，又是专家学者研究民风及社会学等的参考资料。

《现代英汉综合大辞典》　吴光华主编。上海科学技术文献出版社 1990 年 3 月出版。共收词目 12 万条、成语习语 7 万条、专业词汇 40 万条，每一条目按照本义、引申义和科技词义的顺序作了详尽叙述，并注意解决词的搭配关系，成语习语按宽式标准收入齐全，同义词例侧重于辨明同中有异，专业词语百科兼收，涉及新学科、边缘学科的新词新义，还广泛收集了人名、地名和缩略语，具有容量大、释义广、选认精的特点。

《中国地名词典》 丁莉等编。上海辞书出版社 1990 年 4 月出版。收入中国地名 21 240 条,包括国名、省、自治区、直辖市,各省(区)市、县、旧市县、重要集镇等。正文有《词目表》,书末有附录。

《中国书法论著辞典》 张潜超等编。上海书画出版社 1990 年 12 月出版。收入 1949 年以来国内外公开发表的书法论著,120 余万字。正文按"论著""论文"两部分辑入,论著包括书论、品评、史传、著录、教材等;论文主要收入香港《书谱》、上海《书法》《书法研究》、北京《中国书法》、武汉《书法报》、天津《中国书画报》等几种主要刊物所载的论文提要。

《教育大辞典》 顾明远主编。上海教育出版社 1990 年开始出版,1992 年 8 月 12 卷本出齐。中国第一部大型教育专业辞书。1986 年 4 月开始编撰,1992 年出齐。各卷内容包括教育学、课程和各科教学、中小学校;师范教育、幼儿教育、特殊教育;高等教育、职业技术教育、成人教育、军事教育;民族教育、华侨华文教育、港澳教育;教育心理学;教育哲学、教育经济学、教育社会学、教育边缘学科;教育技术学、教育统计与测量、教育管理学;中国古代教育史;中国近现代教育史;外国教育史;比较教育等。

《20 世纪外国文学辞典》 罗洛主编。中国大百科全书出版社上海分社 1991 年 3 月出版。收入 20 世纪外国作家、文学评论家、文学史家、文学研究家和文学翻译家条目 3 800 多条,所引资料与数据都经反复核对,力求翔实可靠,为读者全面展示了 20 世纪世界文学成就概貌。

《土木建筑工程词典》 李国豪主编。上海辞书出版社 1991 年 11 月出版。收入除水利工程以外的土木建筑各分科和工程测量学科中基本的、重要的、常见的名词术语,并作较详尽的解释,反映最新的土木建筑科学技术,并提供有关资料,方便读者参考查阅。

《汉英语林》 陈欣望编著。上海交通大学出版社 1991 年 12 月出版。收词 3.5 万条左右,280 万字,包括成语、典故、谚语、俗语、警句等。条目按首字汉字笔画及部首排列,有首字简体汉字笔画、首字汉语拼音、首字繁体汉字笔画三个检索表。每个条目均注有汉语拼音。条目选取古今兼顾,源流并重,内容均选自国内外正式出版物。

《简牍帛书字典》 陈建贡、徐敏编著。上海书画出版社 1991 年 12 月出版。收入战国、秦汉云梦、马王堆、信阳、仰天湖楚简及居延、武威、敦煌、银雀山等不同历史阶段的简帛文字 4.7 万余字,是国内有影响的简帛字典工具书。

《中外名曲旋律辞典》 孙维权、姚方正编。上海音乐出版社 1992 年 6 月出版。收入中外作曲家创作的歌曲、歌剧选曲旋律、器乐主题等条目约 1 010 条,按照音序将中外旋律穿插编排,方便读者对中外旋律创作水平、创作质量进行比较。正文后附有按中、外不同体裁或时期的分类检索,方便读者检索。

《哲学大辞典》 冯契主编。上海辞书出版社 1992 年 10 月出版。收词 1.24 万条,550 余万字,范围包括哲学基本学科、各分支学科、新兴学科及相关学科,内容涉及古今中外哲学的重要概念、名词术语、命题、人物、著作、学说、学派、思潮、社团、组织机构、刊物杂志、学术会议等。学术上以坚持和发展马克思主义哲学为宗旨,注重挖掘和弘扬中国哲学的民族特色,力求探索和透视哲学前沿学科的发展趋势。

《汉字写法规范字典》 费锦昌主编。上海辞书出版社 1992 年 12 月出版。共收 7 049 个汉字,都是汉字中的常用字和通用字,字体、字形按国家语委、文化部、中国文字改革委员会的有关规定进行规范,主要面向师范学校、中小学校和业余学校的语文教师、大中小学学生、文字秘书,语文工作者,汉字信息处理工作者,编辑、校对人员以及学习汉语的非汉族学生和外国留学生等。

《出版词典》 边春光主编。上海辞书出版社 1992 年 12 月出版。共收词目 5 937 条,分出版一般、出版管理、著作权、编辑、印刷、发行等12个门类,选词以出版专业为主,兼及少量与出版工作关系密切的学科。内容包括出版经营管理、编辑、印刷、发行等的基本业务知识、当代中外出版业的面貌、出版史及有关人物、著作等。附录有中国出版史大事年表等。

《经济大辞典》　于光远主编。上海辞书出版社1992年12月出版。共收词目2.49万条,古今中外,兼收并蓄,以中国和现代为主,内容包括经济各学科中的名词术语、学说、学派、人物、著作、法规制度、事件、经济组织、学术团体、器物等。

《语言学百科词典》　戚雨春等编。上海辞书出版社1993年4月出版。共收词目5 000余条,术语、理论、方法、学科、流派、人物、著作、事件、团体、刊物、世界诸语言等均单独列目收入,以适应读者学习和研究语言学的需要。

《汉英大辞典》　吴光华主编。上海交通大学出版社1993年8月版。融文、理、工、农、医、经、法、商等学科于一体,收单字条目1.1万条,多字条目22万条,另附合成词20万条,1 550余万字,按汉语拼音顺序排列,词条均有拼音和注音,多音多义字排列于相应位置,并互设"另见"。辞典之首有音节、拼音、部首、笔画等四种检索。

《汉英综合辞典》　戴鸣钟、戴炜栋编著。上海外语教育出版社1993年11月出版。收单字词条7万余条,包括词组搭配、例证及由多字条目领头的合成词、短语,总数超过10万条,以数理化基础科目和机电学科作为基础,兼顾其他自然科学、人文科学、社会科学、行为科学和工程技术各个领域。

《第二次世界大战百科词典》　李巨廉编。上海辞书出版社1994年7月出版。以第二次世界大战为主体,上溯至1919年的《凡尔赛和约》、1931年"九一八"事变,下讫1946、1948、1949年纽伦堡、东京、伯力国际法庭对德、日战犯的审判;举凡有关第二次世界大战的重要人物、事件、会议、组织、武器、战役、行动计划和代号等均予收入;书中插有主要战役地图35幅,主要人物、事件、武器照片381幅;书后列有人名译名对照表、战斗序列表、重要战役表和重要国际会议表等附录。

《秦始皇帝陵兵马俑辞典》　秦始皇兵马俑博物馆编。文汇出版社1994年8月出版。收入秦始皇帝陵及兵马俑坑的文化遗址、出土文物以及相关历史事件、历史人物、典章制度、地理沿革、研究状况、文化交流、文物保护等方面的条目,为秦始皇帝陵兵马俑研究的专门辞典。

《中国林业辞典》　南京林业大学编。上海科学技术出版社1994年11月出版。按林学、木材工业、林产化工、森林采伐运输工程及林业机械分类,共收词条约8 000条。每一词条释文包括英文名(生物另附学名)、定义(定性)、释义、应用等。正文按学科分类编排,使专业知识集中成块,便于读者查找阅读。外文索引可供读者在英汉名词互译时参考。

《儿童辞海》　巢峰主编。上海辞书出版社1994年12月出版。收入词目2万条160万字,其中单字4 000个,以小学教科书为依据,并做适当扩充,满足小学生课程学习、课外阅读及日常生活中所遇疑难词语查验的需要。释文力求客观,资料翔实,通俗易懂,同时配有插图1 800多幅。

《学生英汉词典》　刘正埮编。上海科技教育出版社1995年2月出版。收词近1.1万条,包括当代英语报纸、杂志、书籍及日常用语中90%以上的词汇。对单词的每一个释义至少提供一个说明性的词组或例句,并提供各义项的同义词和反义词,并对单词常用程度用星号作出标记。

《金文大字典》　戴家祥主编。学林出版社1995年5月出版。突破传统的《说文》部首体系,以金文固有的字形为依据,通过文字学关于形声结构理论的分析,按金文独特的偏旁分部,收字数量居同类书之首。所收字头全部采用原拓片影印,以保证金文形体的真实性。

《中国戏曲剧种大辞典》　万叶等编。上海辞书出版社1995年6月出版。收入中国近代以来流布各地的戏曲剧种 395 个,以各地通用剧种名为词目,按其源流沿革、剧目概况、艺术特点等进行全面介绍,并附有主要唱腔简谱、演员或剧作家肖像照、乐器等 790 幅照片。收入彩图 120 余幅。

《现代汉语学习词典》 孙全洲主编。上海外语教育出版社 1995 年 7 月出版。为国外读者学习汉语编写的一本常用词语中型词典,对诸如词性分析、词语搭配、词的造句功能,以及句型与词语间的语义关系等有关问题,均一一分类加以分析说明。收入 5 500 个字,词语 2.3 万余条,总计约 300 万字。

《中国电影大辞典》 张骏祥、程季华主编。上海辞书出版社 1995 年 10 月出版。分电影家、影片、摄制发行机构、团体、研究机构、学校、培训班、资料馆、图书馆、出版社、著作、报刊年鉴、电影事件、电影歌曲、电影节、电影奖、电影工业企业以及电影名词术语等,收入词条 6 100 多条,图片 3 100 多幅(含部分彩图),记载了中国电影的发展历程。

《中国砖铭文字徵》 殷荪编。上海书画出版社 1996 年 10 月出版。收入上自战国,下至高昌国砖铭文字 1 900 余个,共 2.5 万余不同字形选例,按笔画数归类,所辑入之字大多出自拓本,按《说文解字》《字汇》《康熙字典》《汉语大字典》等多部字典部首归类,有异同处加以说明。篇末附检字索引。

《检察大辞典》 张思卿编。上海辞书出版社 1996 年 10 月出版。共收词条 2 855 条,包括检察制度、检察机构、检察技术、检察制度史、检察干部管理、著作、人物、法律、司法解释、规范性文件和国际条约、规则等,同时收入与检察工作直接有关的其他条目。

《世界地名词典(修订版)》 中国地名委员会编。上海辞书出版社 1996 年 12 月出版。收词范围包括大洲、大洋;世界各国家、地区及首都;各国大行政区、城市及重大历史事件发生地地名;主要山脉、河流、湖泊、港湾、岛屿;部分古国名、古地名;世界名胜古迹、著名建筑等。条目按顺序笔画排列。附录有《词目外文索引表》《世界各国家和地区一览表》。

《英汉计算机技术大词典》 白英彩主编。上海交通大学出版社 1997 年 4 月版。内容包括计算机基础理论、计算机硬件与设备、计算机系统结构、系统软件与操作系统、数据库原理、程序设计语言、计算机技术、人工智能与专家系统、模式识别与图像处理、信息管理、电子商务等,大量是 20 世纪 90 年代后新出现的内容。

《中国年谱辞典》 黄秀文主编。百家出版社 1997 年 5 月出版。收入先秦至当代中国人物年谱计 4 100 种,谱主 2 700 人。条目分谱主小传和年谱介绍两部分。书后附谱主、谱名索引,方便读者检索使用。

《中国文学大辞典》 钱仲联等主编。上海辞书出版社 1997 年 7 月出版。共收入词目 1.8 万余条,分先秦两汉文学、魏晋南北朝文学、隋唐五代文学、宋辽金文学、元代文学、明代文学、清及近代文学、现代文学、民间文学、少数民族文学、文学理论批评、文学史通论 总集及其他等 12 编,词条有作家、流派、作品、参考资料等,按时代先后排序。

《军事医学辞典》 《军事医学辞典》编委会编。上海辞书出版社 1997 年 7 月出版。共收入军事医学领域名词术语 4 510 条,分军事医学史、卫生勤务学、军队卫生统计学、军队卫生学、军队流行病学、军事医学心理学、野战外科、野战内科、核武器医学防护、化学武器医学防护、生物武器医学防护、航空医学、航天医学、航海医学、潜水医学、军队药材管理、军队卫生装备、军事兽医学 18 大类,并附插图 150 余幅。

《新世纪英语用法大词典(缩印本)》 王文昌主编。上海外语教育出版社 1997 年 10 月版。以英语常用词为词目,从语义联系和语法结构两个方面,向读者介绍以这些词为中心的词组组合 10

万余条、典型例证 8 万余句,共 500 多万字,囊括了英语中常见常用、富有哲理的谚语以及中国读者需要注意的习惯用法。

《现代汉语虚词词典》　王自强编著。上海辞书出版社 1998 年 1 月出版。收入现代汉语虚词和少数现代书面语中比较常用的文言虚词共 840 多个。每个虚词标注汉语拼音,并按拼音字母顺序排列。词目第一字相同的排在一起。正文前列出按汉语拼音编排的目录,正文后附录按笔画编排的词目索引,每个词目都注明词性和页码,方便读者查检。

《宗教大辞典》　任继愈主编。上海辞书出版社 1998 年 8 月出版。收词 11 970 条,约 370 万字,分宗教学、佛教、基督教、伊斯兰教、道教、儒教、中国少数民族宗教、中国民间宗教、犹太教、琐罗亚斯德教、摩尼教、印度教、耆那教、锡克教、神道教、巴哈教等 16 大类。附录有《世界主要宗教大事年表》等 5 种。

《教育大辞典(增订合编本)》　《教育大辞典》编委会编,顾明远主编。上海教育出版社 1998 年 8 月出版。上下两卷,分教育科学、各级各类教育、中国教育史、外国教育史,收入词条 2.3 万余条。与分卷本相比,修订词条达 30％以上,还收入《中华人民共和国教育法》《中华人民共和国教师法》和港澳特别行政区基本法中的教育法规以及新学科、新名词、术语、教材教法、课程理论流派介绍等。

《汉语大词典简编》　《汉语大词典简编》编委会编。汉语大词典出版社 1998 年 12 月版。《汉语大词典》小型修订本,在吸取其精华的同时也纠正了一些讹误,收词 20 余万条、收释单字 2 万余个,总字数 1 500 万字,分上下两卷,反映语言文字和相关学科的最新成果。

《敦煌学大辞典》　季羡林主编。上海辞书出版社 1998 年 12 月出版。共收词条 6 900 余条,241 万余字,插图约 700 幅(包括彩图百幅),内容涉及敦煌艺术、敦煌遗书与敦煌学研究等 64 个门类,采用分类编排,反映敦煌学最新的研究成果。

《法学大辞典》　曾庆敏主编。上海辞书出版社 1998 年 12 月出版。收词条 10 837 条,包括法理、宪法、行政法、刑法、民商法、婚姻法、经济法、劳动法、诉讼法、国际公法、国际私法、国际经济法、海商法、犯罪侦查学、侦查语言学、法医学、司法精神病学、公证和律师、中国法律史、外国法律史、罗马法、司法组织等分支学科中的术语、学说、学派、思想、人物、著作、机构等。书末附中华人民共和国法律、法规索引等。

《世界近代史词典》　光仁洪主编。上海辞书出版社 1998 年 12 月出版。收入除中国以外世界近代史上重要或比较重要的事件、人物、王朝世系、典章制度、社团组织、名词术语、文献著作、思想流派和国际关系等条目 4 614 条,配图 225 幅,时间跨度从 1640 年英国资产阶级革命爆发至 1917 年俄国十月革命,内容涉及政治、经济、军事、文化、科技、宗教等各个方面。书末附有正文年表等。

《英汉航空航天新词典》　华人杰主编。上海科学普及出版社 1999 年 1 月出版。收入词条 7 万余条,220 万字,以直接与航空航天有关的词汇为主,间接有关的基础工业词汇为辅,对翻译英文资料及书写英文技术文件与论文书信等方面所常用的一般词汇,也注意收选并辅以例句。

《中国书法五体系列大字典》　李志贤、范韧庵编著。上海书画出版社 1990 年 5 月开始出版,1995 年 10 月出齐。含中国行书大字典、中国隶书大字典、中国篆书大字典、中国草书大字典、中国正书大字典 5 种,为书法艺术类工具书,所辑对象为历代书法艺术上卓有成就之碑帖法书,按《中华大字典》部首编排法编排。

《辞海(1999 年版彩图本)》　《辞海》编委会编。上海辞书出版社 1999 年 9 月出版。内容和形式上都呈现崭新面貌,篇幅较前版略增,收单字 19 485 个,词目 122 835 条。条目反映国内外形势的变化和文化科学技术的发展有大量修订并补缺纠错,同时精简少量词目和释文。全书全 5 册,配

图 1.6 万余幅。

《中国历代人名大辞典》　张撝之、沈起炜、刘德重主编。上海古籍出版社 1999 年 12 月出版。所收人名上起原始社会,下讫辛亥革命共 5.45 万人,按姓名笔画排列。释文一般包括生卒年、姓名异文、朝代籍贯、字号别名、亲属关系、科举仕历、主要事迹、思想学说、封赠谥号、主要著作等,并括注主要文献资料来源。书末附四角号码人名索引。

《古汉语大词典》　王剑引等编著。上海辞书出版社 2000 年 1 月出版。在《辞海·语词分册》基础上改编,所收词目包括单字、一般语词(复词、词组、成语)和古籍中常见的专科词语(如天文、地理、方术、佛道、动植物、古器物、古建筑物名称,以及有关古代典章制度、风俗习惯等方面的词语),约 6 200 条,其中单字(包括繁体字和异体字)约 17.5 万条。

《中国历史大辞典》　郑天挺、谭其骧主编。上海辞书出版社 2000 年 3 月出版。分先秦、秦汉、魏晋南北朝、隋唐五代、宋、辽夏金元、明、清(上、下)和民族史、历史地理、思想史、史学史、科技史等 14 卷,收词近 7 万条,902 万字,是中国历史学者全面发掘和整理研究中华民族的历史遗产的重要成果。

《体育大辞典》　陈安槐、陈荫生主编。上海辞书出版社 2000 年 6 月出版。共收词目 8 400 余条,分体育学科、奥林匹克运动、体育运动项目、中国传统体育、古近代体育、运动竞赛、体育组织和中外体坛杰出人物等 11 个门类。另有附录 30 种,并专辟了奥林匹克运动栏目,记载部分体育项目与部分届次的世界纪录、全国纪录等。

《外国哲学大辞典》　冯契、徐孝通主编。上海辞书出版社 2000 年 7 月出版。选收外国哲学方面的术语、学说、学派、人物、著作、刊物、组织等词目约 5 000 条,按笔画排列,另有分类、外文和首字汉语拼音等三个索引及《外国哲学发展大事记》等附录。

《核化生防护大辞典》　解放军总参谋部兵种部防化编研室编。上海辞书出版社 2000 年 7 月出版。收词 5 100 余条,300 余幅图片,内容包括核、化学、生物武器的性能与防护,核、化学事故应急救援,人防"三防",防化兵军制与动员,防化教育与训练,防化保障与战术,防化装备科研与管理,以及燃烧武器、发烟装备、核化生战史、核化生裁军与国际约章等知识。

《现代汉语大词典(上、下)》　郭忠新、阮智富编纂。汉语大词典出版社 2000 年 12 月版。共收单字条目 1.5 万余条,多字条目 10 万余条,在吸收《汉语大词典》有关成果的同时,根据新的编纂方针补充了众多的词条和大量的语料,成为一部全新的收释现代汉语词汇的大型工具书。

《科学家大辞典》　张奠宙等编著。上海科技教育出版社、上海辞书出版社 2000 年 12 月出版。收入在自然科学发展史上有影响的 7 300 余名科学家,涉及数学、物理学、化学、天文学、地学和生物学等众多领域,对科学家的生卒年份、出生地、生平简历和学术成就进行了客观、简明扼要的陈述。

《英汉——汉英会计审计词典》　程超凡主编。立信会计出版社 2000 年 12 月出版。内容涵盖财政、金融、税务、保险、外贸、证券、会计、审计、统计、工商管理、经济法律及经济学等各个门类,收入词条以全面、实用为主,兼收国内外近年来出现的新词新义;释义则力求准确规范。在版式编排方面,每卷分为英汉、汉英两部分。

《西索简明汉外系列词典》　张以群、蒋重禛编。上海外语教育出版社 2001 年 2 月出版。收入汉语单字约 5 600 个和多字的词、词组和成语约 2 万条,并兼收并蓄报刊或日常谈话中常用的科技名词及反映中国 10 余年来出现的新词新义 500 多条,收词丰富、译文贴切、例证实用、编排合理、查阅方便。

《哲学大辞典(修订本)》　金炳华主编。上海辞书出版社 2001 年 6 月出版。对原有条目作大量修改和增补,吸收许多新的资料和研究成果,内容更为全面、准确、充实,共收入中外古今哲学的术语、学说、学派、人物、著作、刊物、组织、事件、会议等词目 1.42 万多条,约 720 万字。除合订本,另按学科出版《马克思主义哲学》《中国哲学史卷》《外国哲学史卷》《逻辑学卷》《美学卷》《伦理学卷》六卷,各卷相对独立,收词有少量交叉,释义各有侧重,以适应各专业读者的需要。

《新法汉词典》 张寅德主编。上海译文出版社 2001 年 8 月出版。参考最新原版词典对原《法汉词典》进行了全面修改,共收词 6.5 万余条,增加了经济、法律和科学技术包括电脑、信息科学和生物工程等方面的新词条。删去了一些陈旧的、法语中型词典已大都不收的词条及一些带有特定时代印记的例证,准确性、简明性和规范性等有较大提高。

《化合物词典》 申泮文主编。上海辞书出版社 2002 年 6 月出版。包括无机化合物和有机化合物两部分。无机化合物部分收词 3 929 条,主要 109 种元素及一般的、常见的、重要的无机化合物名称。有机化合物部分收词 2 652 条,主要是一般有机试剂及工业原料、染料、助剂及农药等。每个词条一般包括外文名称、化学式、分子量、物理性质、化学性质、毒性、存在、制法以及用途等。为便于查找,书末附词目英汉对照索引。

《中国医籍大辞典》 裘沛然主编。上海科学技术出版社 2002 年 8 月出版。收入上自先秦、下讫 20 世纪末的中医药书目 2.3 万余种,每一书目下扼要介绍卷册数、著作者、成书或刊行年代、流传沿革、内容提要、学术特点或价值、出版单位、版本存佚情况、藏书单位等项,内容全面丰富。书末附有书名索引和作者名索引。

《伦理学大辞典》 朱贻庭主编。上海辞书出版社 2002 年 10 月出版。收词 4 500 余条,260 万字,内容包括伦理学原理、应用伦理学、中国伦理思想、外国伦理思想和宗教伦理思想的术语、学说、学派、人物、著作、刊物、组织、事件、会议等,对应用伦理学研究成果作了重点反映。书中附有中外伦理思想史大事记和新中国成立以来伦理学著作书目概览。

《中国美术大辞典》 邵洛羊主编。上海辞书出版社 2002 年 12 月出版。在《中国美术辞典》基础上修订增补、重新编纂完成,分通用名词术语、绘画、版画、书法、篆刻、少数民族美术、工艺美术、建筑艺术、陶瓷艺术、青铜艺术、雕塑等 10 大学科 11 大门类,共收词条 7 130 余条,200 余万字,囊括先秦至现代各类美术知识,释文翔实,并增补了漫画、岩画、年画和西方艺术设计等内容。

《中国歇后语大词典》 温端政主编。上海辞书出版社 2002 年 12 月出版。收入歇后语约 7 000 条(含副条),绝大部分歇后语及用例选自古今文学作品,经作家提炼和加工,帮助读者从中得到启发,提高正确理解和运用歇后语的能力。

《外国名曲欣赏词典》 罗传开编著。上海音乐出版社 2003 年 3 月出版。《外国通俗名曲欣赏辞典》增补版,收入器乐曲 581 首,包括组曲、序曲、交响诗、交响曲、协奏曲、歌剧舞剧选曲、戏剧配乐、抒情小品、舞曲以及改编曲等,并有作曲家小传、指挥家小传、乐团简介,和解释音乐体裁、曲式、乐理及其他音乐名词术语的乐语简释。

《精编当代汉语词典》 单耀海等编。上海辞书出版社 2003 年 7 月出版。收词 2 万余条,以现代汉语为主,兼收了一些习见的古代汉语、早期白话及方言词语。对一些容易读错、写错、用错的字加了适当的提示。所收词条全为语文类词目,科技、哲社等词目,除单字以及有比喻、引申用法的外,一般不收,省下篇幅尽量多收语文词条和例词。

《大辞海》 《大辞海》编委会编。上海辞书出版社 2003 年 8 月起出版。以《辞海》为基础,增收《辞海》尚未涉及的新领域和各学科的新词新义,适当补缺漏,收词约 25 万条,5 000 万字,为《辞海》两倍以上,按学科分类编纂分卷出版。截至 2010 年底,已出版哲学卷、医药科学卷、语言学卷、法学卷、数理化力学卷、天文学·地球科学卷、中国古代史卷、中国文学卷、环境科学卷、外国文学卷、军事卷、机械电气卷、体育卷、农业科学卷、化工轻工纺织卷、政治学·社会学卷 16 卷。

《心理学大辞典》 林崇德、杨治良、黄希庭主编。上海教育出版社 2003 年 12 月出版。分上下两卷，收有普通心理学、外国心理学、中国心理学、实验心理学、心理统计学、生理心理学、比较心理学、发展心理学、人格心理学、社会心理学、教育心理学、体育心理学、文艺与美育心理学、管理心理学、工程心理学、交通环境心理学等方面术语、学说、学派、人物、著作等词目近 1.7 万条。

《中国古今地名大词典》 民政部、复旦大学主编。上海辞书出版社 2005 年 7 月出版。收入词条 6 万余条，1 000 多万字。内容为古地名、旧地名和今地名三大部分，古、旧地名中，县级以上的行政区划基本收齐，包括中国土地革命时期和抗日战争时期革命根据地、解放战争时期解放区所设的县名。今地名中，县市地名内容全面，除历史沿革外，还有自然条件、工农业和交通、名胜等内容。容易混淆的异读地名和方言字夹注汉语拼音，达到标准化和规范化要求。

《中医病证小方辞典》 朱邦贤主编。上海中医药大学出版社 2005 年 9 月出版。收入从 149 种古代医著中遴选的四味及四味以下药物组成小方，共 2 万余首，按照中医病证门分类编次。词目分"正条"和"参见条"，"正条"在方剂名称与出处下按原著样录入功用主治、药物组成与剂量、煎法与服法等内容；"参见条"为反映正条涉及的其他主治病证，或作为正条的异名而设，并分别归类于相应的病证类目下。

《中药大辞典（第二版）》 南京中医药大学编著。上海科学技术出版社 2006 年 3 月出版。《中药大辞典》第一版的修订本，增加了药物条目，调整了部分药物品种来源，分上、下和附编三册。上、下册为正文，收入药物 6 008 味，每一味药物下设异名、基原、原植（动、矿）物、栽培（饲养）、采收加工（或制法）、药材、成分、药理、功用主治、用法用量、选方等内容。

《中国历代职官别名大辞典》 龚延明著。上海辞书出版社 2006 年 7 月出版。收入中国历代王朝国家管理机构正式官名的各种别名（包括简称、总名与别称）共计 9 400 余条，上起三代，下讫清末。同一条目，由于朝代变迁，内容有所变化，往往包含数条、十几条甚至几十条子目。词条立项与释义注明资料出处，并附以书证。

《药学大辞典》 稽汝运、张天禄主编。上海科学技术出版社 2006 年 9 月出版。收词近万条，分药剂学、药理学、药物化学、临床药学和医院药学、微生物药学、生化药学、中药和生药学、药物分析、药品类名、药学史、药事管理学、综合类 12 类，按拼音顺序排列，是一部融综合性、知识性、资料性、史实性于一体的大型药学辞典。

《现代设计小辞典》 张坚、毛宁编著。上海人民美术出版社 2006 年 12 月出版。收入词条约 650 条，内容包括平面设计师、印刷制版师、设计工作室和广告机构、艺术运动和流派风格、字体和技术信息、出版社和期刊、组织和协会等，词条选择和内容编排上充分考虑到及时反映现代国际设计学界的学术动态和时尚，解说简练扼要。

《新牛津英汉双解大词典》 《新牛津英汉双解大词典》编辑出版委员会编译。上海外语教育出版社 2007 年 1 月出版。根据《新牛津英语词典》第一版（1998）和第二版（2003）编译，由牛津大学出版社授权出版，收入单词、短语及释义 35.5 万余条，精选新词新义 5 000 余项，收入科技术语 5.2 万余条、百科知识条目 1.2 万余项，例证逾 7 万条。

《中国异体字大系》 臧克和、典郭瑞、刘志基、张再兴编著。上海书画出版社 2007 年 12 月至 2010 年 12 月出版。分为楷书编、隶书编、篆书编三册，以简牍和石刻文献原始拓片为依据，共收入字形 2.8 万余个。

《欧洲历史大辞典》　王觉非主编。上海辞书出版社 2007 年 12 月出版。收词 12 650 条,释文约 453 万字,分为上、下两卷。词目主要有人物、事件、地名、邦国、王朝、民族、家族、政党、组织、制度、法律、宗教、著作、国际会议和国际条约等。词目分类编排,依时序分为远古至公元 5 世纪的欧洲、公元 5—15 世纪的欧洲、16 世纪至 1918 年的欧洲、1918 年后的欧洲。

《上海大辞典》　王荣华主编。上海辞书出版社 2007 年 12 月出版。收词近 2 万条,近 600 万字,内容涵盖政治史、经济史、军事史、思想史、文化史、教育史、科技史、民族史、宗教史、法律史等各个领域。配图 2 000 余幅,书后有《简明上海历史大事年表》《上海地区历代主要职官年表》《海外上海学论文目录》《黄浦江水系河流简表》《上海市区新旧路名对照表》等 20 多个附录。

《中华易学大辞典》　《中华易学大辞典》编委会编。上海古籍出版社 2008 年 12 月出版。收入 5 000 余词条,是收词条最齐全、规模最庞大的易学辞典,有其他各类易学辞典所没有的帛书《周易》词汇卷和战国楚竹书《周易》词汇卷及国际易学卷。易学论著卷分专著和论文,专著部分收入历代易学的 3 400 多种书目及 500 多种重要易学论著的提要;论文部分收入近代以来报章杂志上发表的重要论文 4 000 余篇。

《汉俄大词典》　顾柏林主编。上海外语教育出版社 2009 年 5 月出版。以原《汉俄词典》为基础,由几十位中俄专家学者参与修订增补,共收汉语单字 9 000 个左右、词语约 12 万条,总字数近千万,有大量反映社会、政治、经济、科技、文化等各方面最新发展变化的新词、新义,修订、增补幅度达 60%。

《钢琴家大辞典(A—Z)》　[英]乔纳森·萨默斯编著,夏平、何萌等翻译。上海音乐出版社 2009 年 6 月出版。以钢琴家姓名的首字母为序,收集从阿格里奇、布索尼、霍洛维茨、拉赫玛尼诺夫到扎多拉等 303 位钢琴演奏家的详细档案,详尽介绍每位钢琴家的生平、职业生涯、代表作。

《陶行知词典》　金林祥、胡国枢主编。百家出版社 2009 年 6 月出版。收词条 1 948 条,正文分为"陶行知生平""陶行知著作""陶行知思想""陶行知研究"四编,全面反映陶行知生平活动、社会交往、思想学说和国内外研究状况,释文平实、客观、准确、简明、严谨。

《辞海(2009 年版彩图本)》　《辞海》编委会编。上海辞书出版社 2009 年 9 月出版。篇幅较 1999 年版略增,总字数约 2 300 余万字,总条目 12.7 万条,除增收 5 000 余条现代汉语词条(约 2 万个义项)外,内容有大量修订,力求反映新中国成立 60 年特别是改革开放 30 年来的新事物、新成果,反映国内外形势的变化和政治、经济、科学、文化等方面的发展。

《德汉科技大词典》　万钢主编。同济大学出版社 2009 年 9 月出版。在引进德国朗氏出版公司《德英技术与应用科学专业术语》基础上编译扩充而成的一部大型科技类工具书,总收词量约 26 万条,包括约 6 万条德汉对照的释义说明,既保留了原版词典的编写特色,又在体例上按中国读者习惯作了调整。

二、百科全书

《中国百科年鉴》　中国大百科全书出版社上海分社百科年鉴编辑部编,中国大百科全书出版社 1980 年起出版,每年一本。年鉴由概况、百科、附录三个部组成,是《中国大百科全书》的补充和积累,记录和反映中国政治、经济、科学、文化等各领域所取得的重大成就。

《中国医学百科全书》　中国医学百科全书编辑委员会编。上海科学技术出版社 1980 年 2 月开始出版,1993 年出齐。由国内医学界 150 多位学科带头人担任各分卷主编,组织 4 000 名专家经过 30 余年撰写完成,计 93 卷,2 万余条目,4 000 万字,内容涵盖基础医学、临床医学和预防医学各个学科,突出中国医学的特色,蒙医、维医、朝医、藏医等少数民族医学都有介绍,反映了中国医学的新技术、新发展和中国医学科学研究的全貌。

《家庭日用大全》 上海文化出版社编。上海文化出版社 1980 年 4 月出版。介绍家庭日常生活的各种实用知识,包括家庭道德与礼貌、幼儿教育、法律顾问、电器常识、日用品常识、织物常识、服装剪裁与缝纫、绒线编结、刺绣、烹调与食谱、家具制作、房间布置、国内旅游、花卉与盆景、小动物饲养、垂钓、摄影、医药、卫生与保健、仪容修饰、安全常识、生活小常识等,应有尽有。

《家庭医学全书》 上海第一医学院《家庭医学全书》编委会编。上海科学技术出版社 1982 年 1 月出版。中国医学保健的经典之作,内容涵盖卫生保健与疾病预防、医学基础知识、各系统疾病防治、急救、康复等多个领域,基本能满足家庭对医学知识的需求,同时对中医中药进行了精简而实用的介绍。

《文渊阁四库全书》 (清)永瑢、纪昀等编纂。上海古籍出版社 1987 年 6 月出版。影印精装,分经、史、子、集四部,共收书 3 400 余种,7.9 万余卷,几乎囊括清乾隆以前中国历史上的主要典籍。

《文艺鉴赏大成》 江曾培、郝铭鉴、孙颙主编。上海文艺出版社 1988 年 10 月出版。精选古今中外文学艺术优秀代表作品 900 篇(件、个),按内容分为文艺理论、小说、诗歌、散文、戏剧、电影、音乐舞蹈、绘画书法篆刻、雕塑建筑园林 9 个方面,内容浩瀚,书前附有 74 幅彩页图片。

《中国中医秘方大全》 胡熙明主编。文汇出版社 1989 年 10 月出版。反映 1949 年至 1988 年间中国中医药学术交流的成果,所载方剂均为全国各地医家祖传秘方或个人在长期临床实践中积累的经验,并经临床验证确为有效而在各种中医药交流活动中奉献出来的,是以中医和中西医结合临床医师、病家、医学教学人员、医药科技人员及一般读者为对象的兼具学术性和普及性的大型工具书。

《实用中国养生全书》 施杞主编。学林出版社 1990 年 8 月出版。首部集中国养生理论与实践之大成的专著,总结中国养生八大方法,并针对 200 余种常见病、多发病进行具体的养生指导。

《家庭实用中医全书》 施杞、贝润浦主编。知识出版社(沪)1992 年 4 月出版。分 4 卷介绍中医基础知识、疾病诊疗、养生健身、方药方膳。附录有中医实用小常识、中医名句荟萃、现代医学临床检验正常值简表等。

《犹太百科全书》 徐新、凌继尧主编。上海人民出版社 1993 年 8 月出版。收入犹太民族、历史、宗教、文化、哲学、文学、社团、名人、民俗和以色列国等条目 1 600 多条,近 200 万字,是一部由中国学者编纂的反映犹太文化全貌的大型工具书,反映了中国学者在这一研究领域的学术水准。

《丛书集成续编》 上海书店编。上海书店 1994 年 1 月出版。选取明清及民国时期丛书 100 部,删除各丛书重复及与《丛书集成初编》重复的书,共收古籍 3 200 余种,所收各书按原书影印。按经、史、子、集分类编排。

《中学百科全书》 苏步青、刘佛年、柳斌总主编。华东师范大学出版社 1994 年 6 月出版。分 15 卷,内容涵盖历史、化学、物理、外语、教育学心理学等各个领域,组织名家编写。

《各国历史寻踪》 张家哲、潘光主编。上海辞书出版社 2001 年 4 月出版。叙述各国(截至 1999 年底的世界 193 个独立国家)历史沿革的工具书,取材简练,内容丰满,要言不烦,史料扎实,展示各国历史发展过程,探索各国政治制度的变化更迭,追寻当今各国及国际政治问题的历史渊源。附有《主要历史国家名、王朝名、地区名索引》《主要历史国家、王朝、地区译名对照表》。

《续修四库全书》 上海古籍出版社编。上海古籍出版社 2002 年 3 月出版。继清代乾隆间纂修的《四库全书》后又一次在全国范围内对中国古典文献进行的大规模清理与汇集,共收书5 213种,1 800册,为《四库全书》1.5倍,既有对《四库全书》的匡谬补遗,又是对乾隆后200年间学术文化发展的归纳总结,两者相承配套。

《彩图科技百科全书》　彩图科技百科全书编辑部编。上海科学技术出版社2005年10月出版。分宇宙、地球、生命、人与智能、器与技术5卷,前4卷分别描述当代科学对物质世界、地球系统、生命系统以及人体系统的已有认识和相关的技术成果,最后一卷着重展示人类科学技术发明的主要产物与历程。条目选取以人类探知的客观对象为标准,内容以图文并茂方式展示。

《不列颠简明百科全书(英文版)》　上海外语教育出版社2008年5月出版。美国不列颠百科全书公司授权上海外语教育出版社出版,共收条目2.8万余条,涵盖哲学、政治、科学、医学卫生、文学、艺术、历史、地理、计算机、商务、体育等方面。配照片1 800张,地图190幅、线条画150幅以及图表30幅,图文并茂。

《语言与语言学百科全书(第二版)》　〔英〕布朗主编。上海外语教育出版社2008年5月出版。牛津大学爱斯唯尔出版社授权上海外语教育出版社出版,分14卷,收入大词目3 000多条,与第1版相比,内容更丰富、题材更新颖、收入更完备。每条词目均有丰富的内容和详尽的解释,除按字母顺序编排外,还有主题分类、交叉检索和主题索引。

《上海百科全书(2010中英版)》　上海百科全书编辑委员会编。上海科学技术出版社2010年6月出版。为上海世博会献礼图书,分地理、历史、政治、城市建设、经济、教科文卫体、社会、人物8个版块,展示上海深入贯彻落实科学发展观,推进改革开放和社会主义现代化建设所取得的各项成就。

三、手册

《实用五金手册(第三版)》　上海五金采购供应站编。上海科学技术出版社1980年6月出版。手册介绍有关的基本资料与常见的五金商品(包括金属材料、通用配件及器材、工具、建筑装潢五金四个大类)的品种、规格、性能、用途等实用知识,具有"内容丰富、取材实用、资料新颖、文图对照和携带方便"五大特点,可供与五金商品有关的销售、采购、生产、设计、咨询和科研等方面的人员和一般用户使用。

《音乐欣赏手册》　上海文艺出版社编。上海文艺出版社1981年10月出版上集,上海音乐出版社1989年12月出版续集。上集分声乐作品欣赏、器乐作品欣赏、歌剧舞剧音乐欣赏、音乐家介绍、附录五个版块,收入2 000个条目。续集在上集基础上增补部分条目,并新增了专题音乐欣赏版块。

《农村实用手册(新编本)》　上海文化出版社编。上海文化出版社1981年12月出版。以农村家庭日常的生产与生活为主,在原《农村实用手册》基础上重新编写,贴近农村和农民的生活实际,注重思想性、实用性、知识性、科学性和启发性的统一,文字通俗易懂。

《中学语文教师手册》　姚麟园主编。上海教育出版社1982年9月出版。内容包括现代汉语、古代汉语、古籍和工具书简介、古代文学、现代文学、外国文学、写作、古代典章制度以及教学法等,为中学语文教师日常教学和业务进修提供了丰富的材料,

《农村文化手册》　上海文化出版社编。上海文化出版社1984年3月出版。面向农村的文化知识普及读物,收入伟大祖国、中国杰出历史人物、中国近代史大事、中国的文物和历史文化名城、语文常识等15大类,1 200余条。是提高农民文化素养的基础读物。

《中国实用文体大全》 刊授大学编著。上海文化出版社 1984 年 10 月出版。分公文类、法律书状类、告启类、礼仪类、契据类、书表类、信电类、新闻类、宣传鼓动类、传志类和笔记类,全面介绍中国实用频率较高的各种实用文体的特点、写作要点和技巧。

"实用医学手册丛书" 龚兰生、王侠生、盛丹菁、赵宪邨等编著。上海科技教育出版社 1987 年至 1991 年出版。共 24 种,分内科、内科急症、内科处方、内分泌疾病、精神疾病诊疗、精神医学急症、感染性疾病、外科、危重病抢救、骨科、整骨推拿、儿科、妇科、围产医学、眼科等分册。编撰者都是造诣深、知名度高的医学专家,内容为各科常见病的症状、诊疗原则以及相应处理,并有各科新技术、新药物、新诊疗方法的阐述。

《高层建筑施工手册》 赵志缙主编。同济大学出版社 1991 年 11 月出版。主要讲述高层建筑基础、结构、装饰和施工管理等方面的内容,在介绍近年来高层建筑施工新的施工工艺和组织管理方法的同时,还提供了高层建筑施工中实用的计算方法和计算实例。

《防火手册》 公安部消防局编。上海科学技术出版社 1992 年 7 月出版。手册共 20 篇 193 章,另有附录及辅助文字说明的插图 2 000 余幅。分五大类。涉及防火工作的各个方面,技术性强,知识面广,理论与实践相结合,主要面向各级公安消防机关的消防监督人员。

《高层建筑消防设计手册》 蒋永琨等编著。同济大学出版社 1995 年出版。系统阐述高层建筑消防设计理论和应用,内容涉及高层建筑总平面布局、耐火等级、防火分隔、安全疏散、消防给水、自动灭火、防排烟、通风空调、防雷设计等,是一本内容比较全面的高层建筑消防设计工具书。

《建筑五金手册》 饶勃主编。上海科学技术文献出版社 1997 年 2 月出版。共 14 章,反映国内外当代建筑五金领域的科学技术成果,对现用的各种建筑五金材料产品的性能、规格、用途及有关生产单位作了详尽介绍。

《流行音乐手册》 陶辛主编。上海音乐出版社 1998 年 11 月出版。主要介绍流行音乐及相关领域的概貌、历史、原理和使用技术等知识,分概论篇、百科篇、明星金曲篇,收入 30 余篇专论和 800 多个人物、曲目和术语词条。

《中国土木工程师手册》 孙更正、朱照宏、孙钧、杨祖东等编著。上海科学技术出版社 2000 年 12 月出版。分上、中、下三册,内容涵盖土木工程管理与经济、城市规划与管理、工程测量、工程地质与水文地质、建筑材料、工程力学、工程结构设计理论、房屋建筑与设备、房屋结构、特种工程结构、土力学与基础工程、隧道与地下工程、道路工程、城市给水等。

《中医临床"三基"手册》 上海中医药大学编著。上海中医药大学出版社 2006 年 12 月出版。分基础篇、经典篇、临床篇三部分。基础篇含《中医基础理论》《中医诊断学》等内容;经典篇含《黄帝内经》《伤寒论》《金匮要略》等内容;临床篇含中医内、外、妇、儿、骨伤及针灸、推拿等临床各科内容。

《外教社英汉·汉英百科词汇手册系列》 庄智象主编。上海外语教育出版社 2009 年 3 月出版。按学科、专业和行业分册编写,内容涵盖自然科学、技术、社会科学、人文科学、社会生活等 80 多个领域。各专业词汇手册包括英汉、汉英两部分,收入各专业最基本、最常用的词汇,方便英语学习者及相关专业人员使用。

《儿童心理学手册(第六版)》 〔美〕威廉·戴蒙主编,林崇德主译。华东师范大学出版社 2009 年 4 月出版。内容涵盖儿童心理学领域,包括学前教育学、认知科学、生物学、哲学、语言学等,各章作者都是世界儿童心理学领域内某个方面公认的专家,"真实地向读者奉献了一部完整的儿童心理学"。

《**中国2010年上海世博会官方导览手册**》　上海世博会事务协调局编。上海人民出版社2010年4月出版。手册分展示、活动、论坛、服务和网上世博会等篇章,反映全世界242个国家、国际组织等官方参展者和企业、地区参展者的展示内容,全方位体现了导览功能,并提供票务、餐饮、交通、志愿者服务等信息。

《**中国2010年上海世博会官方导览手册(英、法、日、韩)**》　上海世博会事务协调局编。东方出版中心、中国对外翻译出版公司2010年4月出版。介绍上海世博会的展馆展示、活动、论坛以及世博园区内的票务、交通、餐饮、购物、服务等相关信息,为各国来宾参观世博会提供导览资讯。

四、书目、图录等

《**中国善本书提要**》　王重民撰。上海古籍出版社1983年6月出版。收入善本书目4 200余种,原书大部分藏北京图书馆、北京大学图书馆、美国国会图书馆。书目有收入版本的各项特征:书名、卷数、册数、版框尺寸、行款格式、序跋题识、收藏单位,并有校勘考证的内容。书后附索引,是一部有学术价值又便于索检的版本目录工具书。

《**中国近代史参考图录**》　中国历史博物馆编。上海教育出版社1986年3月出版。收入不少珍贵的文物照片,形象反映从1840年到1919年这段历史时期发生的一些重大历史事件。

《**中国古籍善本书目**》　中国古籍善本总目编辑委员会编。上海古籍出版社1986年7月至1997年7月出版。著录全国各省市图书馆、博物馆、大专院校图书馆等单位所珍藏的古籍善本约13万部,其中经部收入古籍善本书5 240种,史部收入古籍善本目15 700多种,子部12 280种,集部22 924种,丛部收600余种,书后附有各善本书的藏书单位,是全面反映古籍善本收藏情况的大型目录工具书。

《**中国古代史参考图录**》　中国历史博物馆编。上海教育出版社1989年3月出版。分9册,以朝代划分,内容涉及各个历史时期的政治、经济、文化、民族等。是一部适应中国古代历史教学和学习,研究中国古代历史的重要参考书。

《**郡斋读书志校证**》　(宋)晁公武撰,孙猛校证。上海古籍出版社1990年10月出版。中国古代第一部有解题的私人藏书目录,著录南宋以前各类重要典籍近1 500部,其中有许多是已失传的著作。分经史子集四部,下设易、书等54类。各书解题涉及作者生平、主要内容、前代著录及有关的典章制度、掌故佚事等。校证者以清汪士钟初刊衢本为底本,用宋刊袁本合校,参校他本,集现存各种版本和前人研究成果的大成。附赵希弁《读书附志》《晁公武传略》等及书名、著者索引。

《**中国文物定级图典**》　马自树主编。上海辞书出版社1999年12月出版。分四卷,收入中国各地通过鉴定、并可作为定级参考的馆藏一级、二级、三级品文物3 000余件,一物一图一文。所收文物分陶器、瓷器、玉器、青铜器、法书、绘画、金银器、漆器、珐琅器、竹木牙角器、织绣、壁画、石刻、碑帖等14类,以文物名称作辞目,按朝代或年代前后顺序排列。

《**中国古籍稿钞校本图录**》　陈先行等编著。上海书店出版社2000年9月出版。按稿、钞、校本分装3册,收入从魏晋至清末具有代表性的古籍稿、钞、校本300余种,每种均附有一至数帧彩色图版,并有详细的书志提要。为方便使用者查检,还编有分类、书名、作者、字号四个索引。

《**续四库提要三种**》　胡玉缙撰,吴格整理。上海书店出版社2002年8月出版。为续《四库全书总目提要》而作,旨在补辑《提要》失收的古人著作并增辑《四库》未收的清人著述千余种,是继清阮元《四库未收书目提要》后续提要类著作的重要学术成果。

《中国舞蹈文物图典》 刘恩伯编著。上海音乐出版社 2002 年 12 月出版。根据文物类型排序,用 936 幅彩图、线描图、拓片图展示了印刻在彩陶、岩画、玉雕、青铜器、漆器、俑、肖印、陶瓷、墓室壁画与雕饰、石窟壁画、雕饰、明清绘画上的舞蹈图像,通过"舞者"的视角,分析确立某一历史时期舞蹈风貌及动作式样,解读出古代舞蹈在不同时期的发展情况。

《现代临床中药图志》 郑汉臣、施杞、顺庆生主编。上海中医药大学出版社 2003 年 12 月出版。收入常用中草药 632 种、原植(动)物和饮片彩色照片 1 360 幅。所收药物除《药典》(一部)收载品种外,还包括部分《药典》未收而中医常用的药材和饮片。每种中药按主要功效分类排列,列出其主要别名、原植(动)物的特征、产地生境、饮片(或药材)特征、性味归经、功效主治、用量用法、药理作用、配伍应用等。正文后附有常用中药名词术语解释、植物形态学名词解释,及中文药名笔画、英文药名、日文药名、动植物拉丁学名索引。

《沪苏浙地图集》 浙江省测绘局、江苏省测绘局、上海市测绘院编制。中华地图学社 2004 年 7 月出版。以三省市地图数据库为基础,使用卫星影像和航空影像数据,采用数字地图制图技术、地图数据库技术、数字地貌晕渲技术、遥感影像处理与应用技术编制,反映三省市自然与社会发展的现状,为政府部门的行政决策提供丰富的地理信息,也为商务活动和旅游休闲活动提供指南。

《上海城市自然地理图集》 华东师范大学、中国地图出版社编制。中华地图学社 2004 年 10 月出版。内容包括上海金山卫附近纵浦水系及古沙嘴演变图、上海城市热岛结构图、城市地貌图、城市水文图、城市土地利用图及大量关于环境状况、气候条件、土地覆盖变化的图件。

《中国馆藏满铁资料联合目录》 中国近现代史史料学学会满铁资料研究分会编纂。东方出版中心 2007 年 1 月出版。"满铁资料"整理研究的成果,共 30 卷。"满铁"作为日本帝国主义的"国策公司",在其存续期间(1906—1945)设立庞大调查机构,大肆搜集中国和东亚各国的军事、政治、经济、社会等情报。这套目录的出版为研究中国近代史、世界近代史、中日关系史和第二次世界大战史提供了极为珍贵的文献史料,填补了中国出版史上相关内容的空白。

《中国人民解放军历史图志》 军事科学院军事历史研究所、中国人民军事博物馆编。上海人民出版社 2007 年 6 月出版。分上下两册,反映人民军队 80 年艰难曲折、浴血奋斗的光辉历程。上册阐述中国人民解放军在土地革命战争中诞生成长至夺取全国的胜利;下册阐述强大国防军建设的起步,及抗美援朝战争至积极推进中国特色的军事改革。

《补遗雷公炮制便览》 上海辞书出版社 2007 年 12 月出版。正文 14 卷,总目 1 卷。其中正文分金石、草、木、人、兽、禽、虫鱼、果、米谷、菜 10 部,实有完整药条 906 种。各药多配有 1 到 3 幅彩色药物形态图、药物采集图和炮制图,计 1 128 幅。这些图绘制精美,色彩历经 400 余年仍艳丽如新。

《中国家谱总目》 上海图书馆编,王鹤鸣主编。上海古籍出版社 2008 年 12 月出版。上海图书馆在其丰富的馆藏基础上,广征国内外民间及收藏机构的家谱资料,对现存中国家谱的修纂、年代、版本、各姓氏先祖及后裔迁移与发展、收藏者等进行深入研究后编撰而成的,共收入中国家谱 52 401 种,计有 608 个姓氏,是收入中国家谱最多的专题目录。

《永久的记忆:川西北羌藏文化民俗图集》 巫允明著。上海音乐出版社 2009 年 5 月出版。收入作者 20 世纪 80 年代初对阿坝藏族羌族自治州所属的汶川、理县、茂县、黑水、松潘等县村寨的考察资料,通过大量的民俗图片和精练的说明性文字,记录与世隔绝的羌族民众祭祀、歌舞及习俗的现状,呈现出羌族传统文化和古拙的民俗习俗。分中英文两册出版。

《中华人民共和国历史图志》 中央党史研究室、中国国家博物馆编。上海人民出版社 2009 年

9 月出版。分 60 年光辉历程、见证与文献、大事年表三大版块，用 70 万字和 700 幅图片，图文并茂反映中华人民共和国 60 年光辉历程。

《**东海区珍稀水生动物图鉴**》 赵盛龙编著。同济大学出版社 2009 年 10 月出版。对每一物种从名称、系统分类、鉴别特征、生活及繁殖习性、分布、保护现状等方面进行详细描述，并配以彩图，既可作为科普类图书供大、中及小学生使用，又可作为渔业行政执法部门、司法部门在执法、检查工作中的工具书。

《**上海市行政区划与地名图集**》 上海市测绘院编制。中华地图学社 2009 年 9 月出版。图集在突出行政区划、地名内容的同时，表示了社区卫生服务中心、社区事务受理服务中心、社区文化活动中心，以及部分公共文化设施等。本图集中行政区划信息由上海市民政局提供，地名信息由上海市地名管理办公室提供，是一本反映上海市行政区划和地名现状的大型专题地图集。

《**中国古天文图录**》 潘鼐著。上海科技教育出版社 2009 年 12 月出版。分 8 章，收入 238 项天文文物资料，上溯新石器时代，下至明清近世，旁及日本、朝鲜，还远涉欧洲诸国。书中古天文史料来源除纸本或卷本外，还拓宽至甲骨、石雕、拓片、灵台、遗址、天文仪台等，并提供了大量星图、星表。

第三章 图书出版管理

改革开放以来,上海出版工作坚持为人民服务、为社会主义服务的方针,围绕中心,服务大局,坚持改革发展,把社会效益放在首位,实现经济效益与社会效益的统一。市出版局(新闻出版局)承担出版物内容监管,指导并依法审核出版物出版计划和选题的职责,组织出版物审读,把住出版物的导向关,杜绝有违党的路线、方针、政策错误或倾向的出版物和内容庸俗、质量低下的出版物的出版,守土有责、守土负责、守土尽责。

第一节 选 题 管 理

选题管理主要包括出版计划的制订、审核、上报和组织实施。市出版局(新闻出版局)通过指导、督促各出版社不断优化选题结构、及时制订选题年度和长期规划并加以审批,实施对出版社的管理。

改革开放带来出版业的繁荣,出版机构迅速增加,竞争日益激烈。20世纪80年代,市出版局提出"以质量取胜,以特色取胜"的指导思想和出书战略,要求各出版社把出书管理重心转移到选题阶段,优先安排有新思想、新内容的图书,保持注重文化积累的传统,有所为有所不为,力求形成拳头产品,使上海图书出版在全国保持领先地位。

1988年以后,新闻出版署强调"压缩品种,调整结构,优化选题,提高质量",要求各地"一手抓整顿,一手抓繁荣"。1990年,市新闻出版局结合上海实际情况,要求各出版社调整产品结构,追求出版特色,打造名牌产品。

从20世纪90年代后期开始,市新闻出版局要求各出版社抓原创、抓品牌、抓定位,把高质量的原创性、独创性学术著作的出版放在重要位置,进一步优化选题,重视新颖的经济读物、文艺读物和代表国家水平的科技读物出版。各出版社要把精力放在文学、艺术、科学、文化的创新和积累上,不去抢各种所谓的"热点",自觉承担起社会责任,坚决与庸俗的"地摊文化"划清界限。

2003年,按照党的十六大精神,新闻出版总署提出实施主题出版工程,上海出版界积极响应,主题出版成为选题管理和选题策划的一个关键词。当年,上海人民出版社推出《青年毛泽东》《上海人民难忘——抗击非典的日日夜夜》等主题出版图书。《上海人民难忘——抗击非典的日日夜夜》获第六届国家图书奖特别奖。

市委宣传部、市出版局(新闻出版局)在每年夏秋之交召开出版社主要负责人会议,布置制订下一年度出版计划;11月和12月由分管局长带队,与市委宣传部新闻出版处一起到各出版社调研指导;12月底集中审批各出版社上报的选题计划并作综合分析。审批选题计划主要集中在加强政治意识,严格专题报批;加强大局意识,坚持专业分工;加强责任意识,优化出书结构;加强质量意识,繁荣图书出版等方面。

市出版局(新闻出版局)要求各出版社严格按照新闻出版署(总署)规定的专业分工范围安排选题,对计划中明显超出专业分工而无特殊理由的选题,原则上不予批准。同时明确,新闻出版署(总署)确定需备案的重大选题必须从年度计划中抽出专题报批;引进版权、作者背景不明、有敏感内容难以把握的选题,也要专题报批。在审批年度计划时,可能属于专项报批的选题在批复中重点指出,可能涉及敏感内容的选题在批复中提请出版社格外重视,把握不住的要履行单项报批手续。此外,根据上级领导指示和有关部门意见,及时通知有关出版社,慎重处理某些有复杂政治背景的图书。

1983 年,上海制订 1983—1990 年出书规划。1986 年、1991 年制订"七五""八五"出书规划,坚持"以质量取胜,以特色取胜"的指导思想和成熟战略,为上海带来大型出版物成批出现,系列成套丛书丰富多彩,新学科、新思潮介绍层出不穷,古籍整理、影印硕果累累的可喜局面。《中国古籍善本书目》《中国医学百科全书》《故宫博物院藏画》《中国现代文学珍藏本》《中国近代文学大系》和"中国文化史丛书""二十世纪外国文学丛书"等 60 种选题被列入国家"八五"重点规划。1996 年制订的《上海"九五"重点图书出版规划》被列为上海市精神文明建设的一项重要工程,共列入项目 250 个,其中 85 个项目列为国家"九五"重点规划。

1995 年,市新闻出版局发出《关于加强图书出版计划报批工作的通知》,对制订计划的要求,计划的内容与格式,计划报批的程序,作了明确规定,特别强调每年增补选题总量一般不要超过年度计划总量的 30%。

市新闻出版局重视年度重点图书出版计划,要求各出版社除认真抓好五年规划在当年出版的项目外,每年还应再抓一批重点图书,重点图书应占本年度新书品种数的 3%～4%。

随着出版规模的扩大,管理工作的精度也在提高。自 1989 年起,由市新闻出版局牵头,组织上海译文出版社、上海印刷技术研究所联合研制图书出版计算机管理系统。1992 年市新闻出版局以 6 张计算机磁盘汇总全市各出版社的近万种选题,向新闻出版署报送年度计划。1992 年 8 月,新闻出版署和北京、上海、浙江、湖北、江西等地的专家对这套图书出版计算机管理系统进行鉴定。专家认为,计算机广泛应用于图书资源管理、出版流程管理、出版计划管理、出版统计、编辑出版工作考核、编辑事务处理、书稿档案管理等方面,帮助上海各出版社摸清了多年不甚清楚的选题和图书资源"宝藏"。这套系统 1995 年被新闻出版署授予科技进步三等奖。

第二节　书　号　管　理

一、书号审批

书号是出版物数字标识符,是书籍的"身份证",也是国家出版管理的重要手段之一。

1987 年之前,出版社使用的是中国统一书号,依据是 1956 年文化部出版事业管理局颁发并实施的《全国图书统一编号方案》,由图书分类号,出版社代号和图书种次号组成,分类号依据新中国成立后制定的《中国人民大学图书分类法》。中国统一书号是新中国自行创立的专门用以出版事业管理的制度,在中国图书出版发行管理中发挥了重要的作用。

1982 年,中国正式加入国际 ISBN 组织,并成为国际 ISBN 中心顾问组成员。1986 年 1 月,GB/T5795 中国标准书号国家标准正式颁布,1987 年 1 月 1 日开始实施。中国出版业进入标准书号管理时期。2006 年 10 月,新版《中国标准书号》国家标准由国家标准化委员会正式颁布,2007 年 1 月 1 日起在全国出版业实施。中国标准书号由 10 位编码上升为 13 位,13 位数的 ISBN 系统与国际供应链上的国际标准产品编码系统完全吻合。

20 世纪 90 年代起,中国对书号采用计划审批制管理。1994 年,新闻出版署发布《关于对书号使用总量进行宏观控制的通知》,规定"各出版社年度书号使用总量按每位编辑(指有发稿权的编辑)一年发稿(新书)不超过5种计算"。出版管理部门直接发放书号,实行书号"配额制",每个出版社的年度新出图书种数被出版管理部门限定在一定范围内。1995年1月13日新闻出版署再次发布《关于书号总量宏观调控的通知》,规定:"根据出版社一年中的表现情况,决定书号的使用数量。对表现好的出版社免予控制。"书号成为出版管理部门对出版单位激励奖惩的手段。

1995年,市新闻出版局要求上海各出版社严格按照新闻出版署《关于全国各出版社书号核发办法》规范操作。上海没有发现一号多用、非法编制书号的行为。

为保证书号总量宏观控制制度的有效实施,1997年新闻出版署颁布的《图书质量保障体系》强调"各省、自治区、直辖市新闻出版局、出版社主管部门和出版社必须严格执行新闻出版署制定的有关对书号使用总量进行宏观调控的规定"。同年,新闻出版署颁布了《关于严格禁止买卖书号、刊号、版号等问题的若干规定》,"严禁出版单位买卖书号、刊号、版号"。2002年2月1日开始施行新修订的《出版管理条例》加大了对买卖书号的处罚力度。

2009年1月,新闻出版总署实行全国书号实名申领制度,即出版单位在完成书稿三审后通过网络申领书号,书号管理部门按照"见稿给号""一书一号"原则发放书号,在一定程度上提高了书号分配的效率,出版单位对书号的使用开始规范化、实名化、科学化。

市新闻出版局注重书号管理。自2008年7月起,市新闻出版局和上海世纪出版集团所属12家出版社作为全国第一批试点单位,开展网上书号实名申领的试点工作。试点单位多次开会交流经验,收集对网上书号实名意见建议,及时向总署管理部门和技术中心反馈。新闻出版总署在验收时认为,上海在全国试点单位中,管理手段和管理方法的科学性较为突出,能及时对系统软件的设计提出改进意见。2009年1月16日,中共中央政治局常委李长春视察新闻出版总署时,重点关注书号实名申领工作,并现场观看上海与北京网络实名申领书号全过程演示,给予肯定。

上海实名申领工作有序、有效推进。2009年,市新闻出版局通过书号实名申领信息系统共核发新书号1 700个。

二、协作出版

1988年至1989年,上海一些出版社相继与一些专业机构、企业协作出版图书,如《上海文化年鉴》《金色的珠江三角洲》《走向世界的上海企业》《鄱阳湖研究》《第一届南大洋考察学术讨论集》等。这种出版方式对繁荣出版事业,促进社会主义精神文明建设,起到了一定积极作用,有的协作出版图书还获上海市优秀图书奖。但受经济利益驱动,在协作出版中也存在不规范行为,出现一些问题。1989年,根据新闻出版署关于《整顿协作出版、代印代发的通知》精神,市新闻出版局开展对协作出版的整顿,查出违反协作出版规定的图书34种,占6%,《性风俗》《宾馆门前的女人》《阴影下的男男女女》《艳痕》《奇闻大观》等少数图书存在严重问题,由新闻出版署通知全国停止发行。在整顿中,上海文化出版社因出版《性风俗》严重违反党的民族政策和宗教政策,被停业整顿。市新闻出版局明确,对协作出版中出现的内容失控、印数失控、发行失控,必须严肃处理,直至追究法律责任。

整顿协作出版一直持续到1994年。据统计,从1988年到1994年,上海协作出版图书807种,其中不规范协作出版396种,占49%。在不规范协作出版图书中,局属出版社100种,约占25%,非局属出版社296种,约占75%。"买卖书号"和不规范协作出版是出版改革中出现的"怪胎",市新闻出版局按照国家规定及时查处,经过整顿,使不规范协作出版得到有效遏制。

1995年起,新闻出版署实行书号使用总量控制。市新闻出版局要求各出版社严格按照新闻出版署《关于全国各出版社书号核发办法》规范操作,制止"买卖书号"和不规范协作出版。

三、非正式出版物审批

为适应上海非出版单位(主要是党政机关、企事业单位、宗教组织)编印系统内部使用的教育读物、宗教读物、普法读物、学习资料、统计资料、纪念册等需求,市新闻出版局每年都批准印制此类内部资料性出版物约200件。但少数单位不了解编印内部资料性图书须向市新闻出版局办理手续,个别单位明知故犯,擅自编印的事例也屡有发生。

为了制止非出版单位滥编滥印书刊,打击非法出版活动,1988年,市新闻出版局制定《关于社会印件的几点规定》,明确非出版单位印制内部资料性图书须由编印单位到市新闻出版局领取并填写《上海市印制内部资料申请单》,经申请单位主管局审核并盖印批准,书稿交市新闻出版局审读后,由市新闻出版局核发内部资料准印证号,开具《上海市新闻出版局内部资料准印证》。非出版单位编印内部资料性图书不得以营利为目的,不得刊登营业性广告。内部资料性图书没有或不出示准印证,印刷厂不得接受书稿印刷,违者按从事非法出版活动处罚。核准印制的内部资料性图书须在封底印上市新闻出版局核发的准印证号,并向市新闻出版局缴送两本样书。内部资料性图书可以按印制成本收取工本费,但只可在本系统内部发行,不得跨系统征订,不得在社会上公开出售(宗教读物限在宗教场所销售)。无准印证号的图书在社会上流通,若被图书市场管理处查获,作非法出版物论处。经过长期监管、规范标准和加强处罚力度,上海的内部资料性出版物管理走上正轨,收到明显成效。

第三节　图书审读

1988年11月,新闻出版署发出《关于加强对报纸、期刊、图书审读工作的通知》,1994年6月又发出《关于加强图书审读工作的通知》,对审读工作提出明确要求。图书审读是出版管理部门对出版物社会效果进行检查,内容包括出版物是否符合四项基本原则和党的路线方针政策,是否符合国家的法律、法规及有关的规章制度,是否符合当今社会道德规范的要求,是否有利于社会主义精神文明和物质文明建设等。通过审读作出权威评价。

审读内容主要为:一、图书出版选题计划的审核。图书出版选题计划的审核在一般情况下是指年度图书出版选题计划的审核和专题报批的图书出版选题计划的审核。按照有关规定,专题报批的图书出版选题计划应同时审读书稿。二、已出版图书的审读。审读分专项审读和日常审读,专项审读是有针对性的,对可能出现问题或据有关方面反映有问题的图书,组织专门审读人员进行审读;日常审读是对已出版图书进行例行审读,意在发现问题,了解趋势,掌握出版动向。

经过多年实践,市新闻出版局建立了一套行之有效的审读机制,主要包括书稿审读和成书审读两方面:

书稿审读指出版社单项报批、专题报批书稿的审读,主要由局图书(出版)管理处承担。对出版社单项报批、专题报批书稿,除宗教类读物转请市宗教局审读外,其余由图书(出版)管理处提出审读意见报有关部门(如市台办、市民委、市委宣传部、新闻出版署等)再审或审定;对非出版单位申请的内部资料性出版物,一般由图书(出版)管理处审定,特殊书稿报局领导审定。上海各出版社在报批书稿审读方面,执行得比较好。各出版社按规定把必须报批审读的书稿及时报批。市新闻出版局图书(出版)管理处按规定组织审读,或报请市有关部门审读。大多数书稿审读后提出修改意见同意出版;也有一些书稿经审读后认为不宜出版而被否决。

成书审读包括评优图书的审读、编校质量检查的审读、需作某种鉴定的图书的审读、参展图书的审读等。成书审读队伍由多方面人员组成。对出版社申报国家级图书奖参评图书,由市新闻出版局图书(出版)管理处提出审读意见,报局领导审定后,再向市委宣传部和新闻出版署(总署)推荐。对出版社申报上海市优秀图书的参评图书,由图书(出版)管理处组织审读并写出审读意见供评委会作评选参考。对检查编校质量的图书,由图书(出版)管理处组织专家审读并写出审读报告,再由图书(出版)管理处组织语言文字专家审定。对需作某种鉴定的图书,或由图书(出版)管理处提出审读意见后报局领导审定,或由图书(出版)管理处组织专家审读后再报局领导审定。参展图书一般由图书(出版)管理处提出审读意见,报局领导审定。

图书审读是加强和改进新闻出版管理的重要抓手。改革开放以来,上海完成一大批高质量、有影响的大型出版工程,这与建立健全图书审读机制有十分密切的关系。

第四节　质　量　管　理

图书质量管理以图书编校质量检查为主,一般包括初审、复审、反馈、终审、结果发布等程序和环节。所查图书来源一种是出版社提供书目,由检查单位抽调样书,一种是检查单位也可从市场上直接购买样书。初审要求填写《图书编校质量检查记录表》,复审要求确认初审的差错判定和计错数量是否得当,复核差错率计算结果,必要时抽查或全部重新检查初审人检查过的内容。检查单位向出版社发送《图书编校质量检查结果反馈意见表》,出版社在规定期限内提出申辩意见,报送检查单位。检查单位组织专家审核出版社申辩意见,最终确定编校质量检查结果,出具图书编校质量检查报告。检查单位检查任务完成后,撰写综合分析报告。图书编校质量检查结果经确认后,报送新闻出版总署,经核准后,通知有关管理部门及出版社,并根据相关规定向社会公布。凡编校质量不合格的,由行政部门通知出版社按照《图书质量管理规定》的要求处理。

图书编校质量检查所依据的法律法规主要有:《中华人民共和国产品质量法》,1993年通过,2000年7月修改并予以公布,2000年9月施行,对产品质量监督、生产者、销售者的产品质量责任和义务、损害赔偿、罚则方面作了详细的规定。《国家通用语言文字法》,2000年公布,自2001年1月起实施,主要规范国家通用语言文字的使用。《图书质量管理规定》,2004年12月公布,2005年3月起实施。对图书质量认定、检查职责、检查范围、奖惩等作了详细规定,是图书编校质量检查的主要依据。

1992年7月,新闻出版署与国家语言文字工作委员会联合发布施行《出版物汉字使用管理规定》。1992年起,市新闻出版局每年组织一次全市性编校质量大检查,逐步形成一种制度。图书编校质量检查由市新闻出版局分管副局长负责,局图书处组织上海地区有副高级以上专业技术职称的编辑、校对组成审读组,对所抽样本进行审读,并请高校和出版界语言文字专家组成专家组,对审读发现的差错逐条评审计错。根据新闻出版署要求,市新闻出版局还编写了《图书编校质量大检查检查规范》,组织开发了《计算机编校质量检查数据处理软件》。

从1994年起,市新闻出版局采取一系列措施,综合治理编校质量滑坡问题。一是加强编校质量管理制度建设。以提高图书质量为核心,开展对出版社编校质量管理制度评估活动,包括编辑制度、校对制度和编校质量管理制度。1996年评出15家出版社的编校质量管理制度为"优秀",13家为"较好",并向全市推广上海古籍出版社、上海科技教育出版社和上海医科大学出版社的经验。二是形成普查、抽查、社会监督相结合的质量检查机制。大多数出版社开始实行每人每年检查一本书、10万字的普查制度,同时积极推广使用电脑校对软件。三是举一反三,加强培训。每年检查后整理出一批易混淆的错别字发给各出版社,供编辑审稿时参考,并出版有助于提高编校质量的图书。上海科学技术出版社编写了《科技图书编辑规范》,上海文艺出版社编写了《读音用字规范手册》等。四是发挥媒体效应。1995年创办《咬文嚼字》杂志,以"宣传语文规范,传播语文知识,引导语文生活,推动语文学习"为办刊宗旨,成为中国境内汉语文化品质"捍卫者",多次发起"社会查找错别字活动","小刊物"产生大影响。

2004年12月,新闻出版总署发布《图书质量管理规定》,要求各省、自治区、直辖市新闻出版行政部门负责本行政区域内的图书质量管理工作。市新闻出版局贯彻总署要求,多次开展出版物编校质量检查,并及时总结、通报上海出版物编校质量检查情况。

第五节 图书质量评估

图书质量是出版社的生命线。20世纪80年代末90年代初,一些出版社把市场经济与经济效益划等号,为迎合读者口味,出版了一些格调不高的书刊,造成了不好的社会影响。

1993年,市新闻出版局开始对全市出版社实行社会效益与经济效益评估考核为核心内容的责任制,即图书质量评估。评估在利税承包制即经济责任制基础上,引进社会效益责任制,把学术著作出版比例、出版物编校质量、重点项目完成情况、年度计划落实、装帧设计水平以及执行出版专业分工情况等量化成指标,列入对社长、社级领导班子的年度评估考核范围,考核结果直接与企业工资总额和主要负责人年度收入挂钩,从而形成可操作的鼓励和约束机制。鉴于各出版社分工、规模、实力、历史等情况不一,出书品种差异较大,因此评估采用综合指标,分为基础分值和附加分值两部分(参见附表)。

表2-3-1 1993年上海图书评估指标体系表

一级指标		二级指标	满分	标准说明
基础分值	出书结构 35分	重点书比例及完成情况	10分	占出书品种5%以上
		合理的初版书框架	15分	完成率达90%以上
		重印品种比例	10分	据各社出书特点确定比例
	内容和编校质量 65分	各门类优秀读物	35分	占出书品种10%
		优秀装帧设计	10分	占出书品种10%
		无编校严重错误	10分	在出版社自查基础上,以局随机抽查结果评定
		编校一般性错误、差错较少	10分	
附加分值		在国内乃至国际上产生重大影响	20分	视情加5~20分
		装帧设计获国际和全国重大奖项	10分	视情加2~10分
		对外合作出版取得重要成果	10分	视情加5~10分

图书质量评估指标对规范出版行为,多出快出社会效益好的图书,发挥了导向作用。据统计,全市重点图书完成率从 1993 年的 70% 提高到 1996 年的 98%,图书再版率从 1993 年的 40% 提高到 1996 年的 56%,图书编校质量合格的从 1992 年 20% 提高到 1996 年的 54%。大部分出版社完成了初版图书主要品种和主要门类必须确保的比例,获国家和省、市、部级图书奖的图书、在社会上产生较大影响的图书以及达到新闻出版署图书质量管理规定优良品标准的图书明显增多。1997 年 1 月 20 日,《人民日报》在第一版头条刊登长篇报道《上海出版物市场:风正舞千帆》,肯定上海首创的图书质量评估制度将出版社社会效益科学量化,考评结果与出版社经济效益挂钩,把图书出版的管理和繁荣融汇在一起,以管理为繁荣之舟开辟通道,以繁荣为管理之剑指明方向。

2004 年,在上海文化体制改革大背景下,市新闻出版局进一步探索建立上海出版单位社会效益评估体系。评估体系有 5 个方面考核指标,包括出书结构、内容和装帧质量、编校质量、突出成果和违规活动,前三项为基本分,计 100 分,后两项分别为加分和罚分。其中出书结构包括重点书比例及完成情况、重印书比例及完成情况、业务范围内需要确保比例的主要品种或门类完成情况及五年规划和特别任务完成情况等 4 项具体指标,占比 40%;内容与装帧情况占 45%,编校质量情况占 15%。每年 3 月至 10 月,由出版单位自评、专业协会考核、专家综合评估,进行打分、排名,出具一份社会效益评估报告。这一在全国出版界独有的评估体系,为多出精品力作提供了制度保证,推动上海出版业坚持社会效益第一,实现社会效益和经济效益的统一。

上海世纪出版集团和上海文艺出版总社成立后,对下属出版社的考核沿用了市新闻出版局的上述做法。

第六节　财税管理

在上海出版业逐步走向市场的过程中,国家给予财税政策的有力支持,从"统收统支"到"独立核算、自负盈亏",鼓励出版业"自我积累、自我发展"。20 世纪 80 年代中期开始,市政府先后出台减免税、税后留利、利改税、退税等宽松经济政策,帮助出版企业转换经营机制,重塑合格的市场主体,成为出版市场主导力量。

一、统收统支、利润留成

1978 年起,上海出版业沿用统收统支的管理,即出版社所需的经营周转资金和购置设备、图书资料等需要的资金乃至人员开支,全部由政府通过财政拨给,经济上不独立。这一统收统支政策一直执行到 1980 年。

1979 年 7 月,根据国务院《关于国营企业实行利润留成的规定》,上海各出版社在完成计划的前提下,产生的利润不再全部上交,可以从实现的利润中按规定比例提取生产发展基金、职工福利基金、职工住宅基金和职工奖励基金。从此,出版社的经营成果开始与生产发展、职工福利、职工住宅和职工奖励挂钩,有了可以支配的资金。这是一个很大的转变,为出版企业的发展提供了基础保障。

二、利改税和退税

从 1983 年起,出版社不再上缴利润,把上缴利润改为缴纳税金,即实行了"利改税"政策,按

55％的税率向财政缴纳所得税。实现利润的其余45％留在出版社,出版社按照财政核定的比例,建立生产发展基金、后备基金、职工福利基金和职工奖励基金。这个转变,使出版社与政府财政部门之间成为纳税与征税的关系,但出版社在缴纳所得税之后,还需向财政缴纳能源交通重点建设基金和预算调节基金,简称"两金",出版社支付职工的奖金,性质上属于支付劳动报酬,却不能在成本而要在留利中列支,包括出版社为职工提供福利的费用。

1986年,上海对市出版局所属出版社实行减税优惠,所得税率减为35％,其余20％由市出版局统筹,主要用于学术著作出版补贴、书刊印刷厂技术改造和书店发行网点建设。上海出版系统开始有了集中财力办大事的机会。

三、承包经营责任制

1988—1992年,出版社实行承包经营责任制。出版社与市出版局和财政局签订承包经营合同,在完成承包标的利润以后,超额利润上缴的所得税金额返回出版社。这项政策极大地激励了出版社改善经营管理和提高经济效益的积极性,5年间,出版社承包应税利润13 854.8万元,实际完成应税利润27 563.4万元,超承包利润达98.9％,这些出版社也因此获所得税返回4 853万元。加强了自身的自主财力,为出版社的发展打下了基础。

四、所得税"零承包"

1988年至1994年,市财政局对市新闻出版局所属企业实行所得税"零承包"政策,即所得税由财政先征后返,纳入市文化专项资金,期限为5年,以促进出版系统经营管理机制转换,走上以产业兴事业的道路。1993年,市新闻出版局所属企业的所得税"零承包"政策实施期限延长到1995年,但由于中央税制改革实际执行到1994年底。1988年到1994年,市财政共退返上海宣传文化系统所得税5.98亿元。

五、税利分流

从1993年起,上海各出版社实行税利分流,所得税率减至33％,不再缴纳"两金",支付给职工的奖金和开支的职工福利费用全部在成本中列支。税后利润按规定顺序和项目进行分配,包括提取法定盈余公积、任意盈余公积、公益金等,但暂时不用向国有资产管理部门分配利润,出版社已经成为真正意义上的独立经济实体。

到1996年底止,全市出版社已形成净资产50 131万元。其中,实收资本11 455万元,资本公积975万元,盈余公积37 251万元。其中归属市新闻出版局的出版社有净资产38 933万元,其余分属各大专院校或其他事业单位的出版社。

六、列收列支

1995年开始,上海对市新闻出版局所属企事业单位的营业税、增值税等实行低税率优惠政策,企业所缴的所得税的大部分由市财政通过市委宣传部等用于支持重点文化设施和重要文化活动。

七、所得税优惠政策

2004 年,上海市地方税务局批复同意上海世纪出版股份有限公司、上海新华发行集团有限公司自 2005 年 1 月 1 日至 2008 年 12 月 31 日免征企业所得税。2009 年 8 月,财政部、国家税务总局、中宣部联合发布规定,免征企业所得税的优惠政策延长 5 年。

2006 年,上海市国家税务局以关于转发《国家税务总局关于上海新华发行集团有限公司等七家文化试点集团合并纳税问题的批复》通知,明确上海新华发行集团有限公司、上海世纪出版集团、上海文艺出版总社所属合并纳税成员企业实行合并缴纳企业所得税,暂不实行就地预缴企业所得税政策。

2009 年 11 月,市委宣传部、市财政局等联合发布《关于公布文化体制改革转制文化企业名单的通知》,上海世纪出版股份有限公司、上海文艺出版(集团)有限公司、上海书画出版社、上海人民美术出版社、百家出版社、上海锦绣文章出版社、上海文化出版社、上海音乐出版社、上海文艺音像电子出版社、上海故事会文化传媒有限公司、上海咬文嚼字文化传播有限公司、上海壹周文化传媒有限公司 12 家单位列入上海市第一批转企文化企业名单,按规定享受税收优惠。

八、增值税优惠政策

上海世纪出版股份有限公司根据财政部、国家税务总局相关规定,自 2001 年 1 月 1 日起到 2015 年底,大中小学的学生课本、专为少年儿童出版发行的报纸和刊物、科技图书和科技期刊等出版物,在出版环节实行增值税先征后退政策。

自 2007 年 1 月起,国家对音像制品和电子出版物的增值税税率由 17% 下调至 13%;自 2006 年 1 月 1 日起至 2008 年 12 月 31 日,对科技图书、报纸、期刊、音像制品和技术标准出版物,以及专为少年儿童出版发行的报纸和刊物、中小学的学生课本等出版物,实行增值税先征后退政策。

2009 年 12 月,财政部、国家税务总局联合发布《关于继续实行宣传文化增值税和营业税优惠政策的通知》规定,上述增值税优惠政策延长 2 年,至 2010 年 12 月 31 日。除该《通知》规定实行增值税 100% 先征后退的图书和期刊以外的其他图书和期刊、音像制品实行增值税先征后退 50% 的政策。

上海所有出版、印刷、发行企业也同时享受了相关的税收优惠政策,这对于出版业的企业管理、事业发展都具有举足轻重的作用。

第七节 扶 持 与 奖 励

一、出版基金

市委宣传部和市新闻出版局通过各种基金资助和扶持各出版社出版政治导向正确、具有优秀的文化价值和学术价值的高品质图书,对为出版优秀图书作出重要贡献的单位予以嘉奖。

1986 年 11 月,上海文化发展基金会成立,宗旨是资助公益文化,推动文化创新,扶植文化人才,促进文化交流,致力于上海文化事业的繁荣发展。1989 年 1 月,市新闻出版局决定设立学术著作出版基金,启动资金为 300 万元,至 1994 年共投入资金 1 300 万元;用于出版补贴 610 万元,用于出版贷款 690 万元。共资助学术著作数十部。

1989 年 6 月,市委宣传部决定每年拨款 200 万元,建立上海市马克思主义学术著作出版基金,用以扶持马克思主义学术著作的出版、鼓励和支持社会科学工作者加强马克思主义、毛泽东思想和邓小平建设有中国特色社会主义理论的研究。

1990 年 2 月,市新闻出版局拨款 700 万元,设立出版、印刷和发行三项基金,分别用于学术著作的出版、印刷技术的改造和发行网点的建设。1994 年 1 月,市新闻出版局制订了《上海市新闻出版局学术著作出版基金章程》,规定每年投入专款 150 万元,用于资助局属出版社 50～100 种各类优秀学术著作,优先资助列入国家或上海市重点出版规划的学术著作。1996 年市新闻出版局决定每年用 1 万元资助上海文艺出版社的"大上海小说丛书"和少年儿童出版社的"巨人丛书",以示对长篇小说和儿童文学出版的扶植;对一些作品题材好、有修改潜力的长篇小说拨专款资助修改,上海文艺出版社的《长相思》是获专项资助的第一部作品。2000 年 11 月,市新闻出版局与市科委共同出资设立上海科技专著出版资金,每年用 120 万元资助由指定的出版社出版的科技专著系列,60 万元资助上海列入国家和上海市重点图书出版规划的科技学术、应用技术著作,20 万元奖励优秀科普作品的创作、出版。2007 年 7 月,市委宣传部组织专题研究上海文化发展基金会资助情况。明确基金要按照市委要求,充分发挥在推进文化建设、创新、发展过程中的导向和引领作用,基金资助要对具有原创性和正确导向的优秀作品给予倾斜,进一步促进文艺精品优品的创作与生产。

二、优秀出版单位

1993 年,中宣部、新闻出版署开始评选全国优秀图书出版单位,上海译文出版社、上海科学技术出版社、少年儿童出版社被评为第一批全国优秀图书出版单位。

1994 年,新闻出版署决定实行出版社年检登记制度,要求出版社每两年进行一次年检,在年检基础上评选全国良好出版社,在良好出版社的基础上评选全国优秀出版社;良好出版社每次年检重评一次,优秀出版社一般不重新评选。1994 年 11 月,上海辞书出版社被评为第二批全国优秀图书出版单位。

1995 年根据新闻出版署通知,市新闻出版局对上海各出版社进行第一次年检登记。上海大多数出版社能坚持出版方针,遵守专业分工和出书范围,自觉控制出书总量,从数量规模向质量效益转移,都有明确负责的主办和主管单位,都有较健全的领导班子和编辑机构;都具有与出版社规模、业务需要相适应的保证资金;都有固定的办公场所,因而都具备了登记换证的条件,经新闻出版署审核批准后,由市新闻出版局为 36 家出版社(含上海文艺出版社两家副牌社),全部进行登记换证。华东化工学院出版社、上海中医学院出版社经新闻出版署同意,更名为华东理工大学出版社、上海中医药大学出版社,登记换证时启用新社名。这次年检后,上海人民出版社、上海教育出版社、上海文艺出版社、上海古籍出版社、上海书画出版社、上海科技教育出版社、汉语大词典出版社、华东师范大学出版社、上海交通大学出版社、上海外语教育出版社被评为良好出版社;华东师范大学出版社、上海交通大学出版社、上海外语教育出版社还被授予全国优秀高校出版社。

1998 年 12 月,上海人民出版社被评为第三批全国优秀图书出版单位。1999 年 1 月 26 日,中宣部、新闻出版署举行颁奖大会,联合表彰三批 45 家优秀图书出版单位。

第八节 图 书 评 奖

一、精神文明建设"五个一工程"奖

精神文明建设"五个一工程"奖是中宣部组织的全国性奖项,1992 年开始举办。"五个一"指一部好的戏剧作品,一部好的电视剧作品,一部好的电影作品,一本好的图书(限社会科学方面),一篇好的理论文章(限社会科学方面)。1995 年后,一首好歌和一部好的广播剧等也列入评选范围,但"五个一工程"奖名称不变。截至 2010 年,"五个一工程"奖共举办十一届,上海有 13 本图书获奖。

表 2-3-2 上海获精神文明建设"五个一工程"奖图书一览表

届　别	书　名	出 版 社
第一届(1991 年度)	中国共产党 70 年图集	上海人民出版社
第三届(1993 年度)	英汉大词典(缩印本)	上海译文出版社
第四届(1994 年度)	邓小平理论与实践研究丛书(第一辑)	上海人民出版社
第五届(1995 年度)	图说高新技术应用	上海科学普及出版社
第六届(1997 年度)	中国科学院院士自述	上海教育出版社
	宝贝当家	少年儿童出版社
第七届(1999 年度)	中国人民解放军 70 年图集	上海人民出版社
	男生贾里全传	少年儿童出版社
第八届(2001 年度)	中华人民共和国 50 年图集	上海人民出版社
	汽车城	上海文艺出版社
第九届(2003 年度)	中国共产党历史图志	上海人民出版社
第十届(2007 年度)	山高水长:回忆父亲聂荣臻	上海文艺出版社
第十一届(2009 年度)	长街行	上海文艺出版社

二、国家图书奖

国家图书奖是新闻出版署设立的全国性奖项,1993 年首次评选,后每两年举办一届。国家图书奖分哲学社会科学、文学、艺术、科学技术(含科普读物)、古籍整理、少儿、教育、辞书工具书和民族文版图书九大门类,设荣誉奖、图书奖和提名奖三个奖项,截至 2003 年,共举办六届。

表 2-3-3 上海获国家图书奖一览表

届　别	奖　项	书　名	出 版 社
第一届 (1994 年)	荣誉奖	中国美术全集	上海人民美术出版社 上海书画出版社等
	荣誉奖	辞海(1989 年版)(上、中、下)	上海辞书出版社

（续表一）

届　别	奖　项	书　　名	出　版　社
第一届 （1994 年）	图书奖	华阳国志校补图注	上海古籍出版社
	图书奖	365 夜故事（上、下）	少年儿童出版社
	图书奖	汉语大词典（13 卷）	汉语大词典出版社
	图书奖	英汉大词典（2 卷）	上海译文出版社
	提名奖	中国共产党 70 年图集（上、下）	上海人民出版社
	提名奖	中华文化史	上海人民出版社
	提名奖	文心雕龙义证（上、中、下）	上海古籍出版社
	提名奖	中国新文学大系（第三辑）（19 卷）	上海文艺出版社
	提名奖	上海博物馆藏四高僧画集	上海人民美术出版社
	提名奖	中国历代服饰	学林出版社
	提名奖	上下五千年	少年儿童出版社
	提名奖	中国医学百科全书（93 卷）	上海科学技术出版社
	提名奖	哲学大辞典	上海辞书出版社
	提名奖	中国人名大词典	上海辞书出版社
	提名奖	人类的智能	上海科学技术出版社 三联书店香港分店
	提名奖	晶体生长的物理基础	上海科学技术出版社
第二届 （1996 年）	图书奖	思辨随笔	上海文艺出版社
	图书奖	中国文物精华大全（4 卷）	上海辞书出版社 香港商务印书馆
	提名奖	上海博物馆藏敦煌吐鲁番文献	上海古籍出版社
	提名奖	幼儿画库	少年儿童出版社
	提名奖	儿童辞海	上海辞书出版社
	提名奖	高分子科学中的 Monte Carlo 方法	复旦大学出版社
第三届 （1997 年）	荣誉奖	韬奋全集	上海人民出版社
	荣誉奖	中国近代文学大系	上海书店
	图书奖	复杂系统中的电磁波	复旦大学出版社
	图书奖	中国文学批评通史	上海古籍出版社
	图书奖	中国戏曲剧种大辞典	上海辞书出版社
	提名奖	法哲学经纬	上海社会科学院出版社
	提名奖	半导体超晶格物理	上海科学技术出版社
	提名奖	手的修复与再造	上海医科大学出版社
	提名奖	现代科学技术博览丛书	上海科技教育出版社

（续表二）

届　别	奖　项	书　　　名	出　版　社
第三届 （1997年）	提名奖	数学教育研究丛书	上海教育出版社
	提名奖	世界地名词典（修订版）	上海辞书出版社
	提名奖	金文大字典	学林出版社
	提名奖	中国古籍善本书目	上海古籍出版社
第四届 （1999年）	荣誉奖	中华文化通志（101卷）	上海人民出版社
	图书奖	肿瘤的诱导分化和凋亡疗法	上海科学技术出版社
	图书奖	敦煌学大辞典	上海辞书出版社
	提名奖	民俗学概论	上海文艺出版社
	提名奖	狄更斯文集（19卷）	上海译文出版社
	提名奖	江南古镇	上海画报出版社
	提名奖	三毛大世界（4册）	少年儿童出版社
	提名奖	教育大辞典（2卷）（增订合编本）	上海教育出版社
	提名奖	法学大辞典	上海辞书出版社
	提名奖	汉语大词典简编	汉语大词典出版社
第五届 （2001年）	荣誉奖	中华本草	上海科学技术出版社
	荣誉奖	科学与艺术	上海科学技术出版社
	图书奖	上海通史（15卷）	上海人民出版社
	图书奖	中国历史大辞典	上海辞书出版社
	提名奖	中国思想史	复旦大学出版社
	提名奖	朱子哲学研究	华东师范大学出版社
	提名奖	宋拓郁孤台法帖	上海书店出版社
	提名奖	中国美术分类全集——中国陶瓷全集	上海人民美术出版社
	提名奖	中国书画全书	上海书画出版社
	提名奖	外国哲学大辞典	上海辞书出版社
	提名奖	全祖望集汇校集注	上海古籍出版社
	提名奖	大头儿子和小头爸爸（全集）	少年儿童出版社
第六届 （2003年）	荣誉奖	中国文物定级图典（一、二、三级品）	上海辞书出版社
	荣誉奖	续修四库全书	上海古籍出版社
	提名奖	民国诗话丛编	上海书店出版社
	提名奖	热河生物群	上海科学技术出版社
	提名奖	现代神经外科学	复旦大学出版社
	提名奖	普林斯顿科学文库（10册）	上海科技教育出版社

（续表三）

届　别	奖　项	书　　名	出　版　社
第六届 （2003 年）	提名奖	伦理学大辞典	上海辞书出版社
	提名奖	中国美术大辞典	上海辞书出版社
	提名奖	中国医籍大辞典	上海科学技术出版社
	提名奖	朱子全书（27 卷）	上海古籍出版社 安徽教育出版社
	特别奖	上海人民难忘——抗击非典的日日夜夜	上海人民出版社

三、中国出版政府奖

中国出版政府奖是新闻出版总署主办的全国性奖项，2005 年设立，每三年评选一次，旨在表彰和奖励优秀出版物、出版单位和个人。中国出版政府奖是中国新闻出版领域最高奖，设图书奖、音像制品电子出版物网络出版物奖、印刷复制奖、装帧设计奖、先进出版单位奖、优秀出版人物奖等子项。第一届、第二届评奖结果于 2007 年、2010 年底揭晓。

表 2－3－4　上海获中国出版政府奖图书奖一览表

届　别	奖　项	书　　名	出　版　社
首届 （2007 年）	图书奖	超级杂交稻研究	上海科学技术出版社
	图书奖	山高水长：回忆父亲聂荣臻	上海文艺出版社
	图书奖	海派代表书法家系列作品集（10 卷）	上海书画出版社
	图书奖	古文字诂林（12 册）	上海教育出版社
	图书奖	全宋文（360 册）	上海辞书出版社 安徽教育出版社
	图书奖	肇域志（4 册）	上海古籍出版社
	图书奖	十万个为什么（新世纪普及版）	少年儿童出版社
	图书奖提名奖	中国人口史（6 卷）	复旦大学出版社
	图书奖提名奖	中国史学史（6 卷）	上海人民出版社
	图书奖提名奖	名家专题精讲（30 册）	复旦大学出版社
	图书奖提名奖	技术史（I—VII 卷）	上海科技教育出版社
	图书奖提名奖	杨国亮皮肤病学	上海科学技术文献出版社
	图书奖提名奖	中华民族遗传多样性研究	上海科学技术出版社
	图书奖提名奖	锦绣文章——中国传统织绣纹样	上海书画出版社
	图书奖提名奖	朱践耳管弦乐曲集（总谱手稿版）·激光唱片（4 卷）	上海音乐出版社
	图书奖提名奖	大麦地岩画（4 册）	上海古籍出版社
	图书奖提名奖	贺友直画三百六十行	上海人民美术出版社

（续表）

届 别	奖 项	书 名	出 版 社
首届 (2007 年)	图书奖提名奖	药学大辞典	上海科学技术出版社
	图书奖提名奖	战国策笺证(上、下)	上海古籍出版社
第二届 (2010 年)	图书奖	中国青铜器综论(上、中、下)	上海古籍出版社
	图书奖	中国家谱总目(10 卷)	上海古籍出版社
	图书奖	中国教育史研究(7 卷)	华东师范大学出版社
	图书奖	500 年来环境变迁与社会应对丛书(5 种)	上海人民出版社
	图书奖	当代药用植物典(4 册)	世界图书出版 上海有限公司
	图书奖	汉俄大词典	上海外语教育出版社
	图书奖	中药大辞典	上海科学技术出版社

四、中国图书奖

中国图书奖是中宣部、新闻出版总署指导,中国出版工作者协会主办、中国图书评论学会承办的全国性综合图书奖,1987 年设立,至 2004 年共举办十四届。

表 2-3-5　上海获中国图书奖一览表

届 别	奖 项	书 名	出 版 社
首届 (1987 年)	荣誉奖	中国古籍善本书目(经部)	上海古籍出版社
	图书奖	社会主义宏观经济分析	学林出版社
	图书奖	禅宗与中国文化	上海人民出版社
	图书奖	少年自然百科辞典(生物、生理卫生)	少年儿童出版社
第二届 (1988 年)	荣誉奖	生命伦理学	上海人民出版社
第三届 (1989 年)	荣誉奖	社会主义微观经济均衡论	上海三联书店
	荣誉奖	中国历代妇女妆饰	学林出版社
	荣誉奖	沙孟海书法集	上海书画出版社
第四届 (1990 年)	图书奖一等奖	英汉大词典(上)	上海译文出版社
	图书奖二等奖	中国印刷史	上海人民出版社
	图书奖二等奖	朱生豪传	上海外语教育出版社
	评委提名表扬	社会主义经济通货膨胀导论	上海三联书店
	评委提名表扬	中国佛教(1—4)	知识出版社(沪)
	评委提名表扬	中国东部、中部、西部三带的人口经济和生态环境	华东师范大学出版社

（续表一）

届　别	奖　项	书　　名	出　版　社
第五届 （1991年）	图书奖一等奖	隋唐文化	学林出版社
	图书奖一等奖	中华文化史	上海人民出版社
	评委提名表扬	公有制宏观经济理论大纲	上海三联书店
第六届 （1992年）	图书奖一等奖	中国共产党70年图集	上海人民出版社
	图书奖一等奖	中国新文学大系（1937—1949）	上海文艺出版社
	图书奖二等奖	学者书库·史丛·论丛	上海社会科学院出版社
	图书奖二等奖	现代经济增长中的结构效应	上海三联书店
	图书奖二等奖	中国文化在启蒙时期的英国	上海外语教育出版社
第七届 （1993年）	图书奖	新编文史笔记丛书	上海书店
	图书奖	扫描隧道显微术及其应用	上海科学技术出版社
	图书奖	近代中国社会的新陈代谢	上海人民出版社
	图书奖	彩图幼儿知识百科	少年儿童出版社
	图书奖	教育大辞典	上海教育出版社
	图书奖	西索简明汉外系列词典	上海外语教育出版社
第八届 （1994年）	图书奖	市场经济学普及丛书	上海人民出版社
	图书奖	幼儿画库	少年儿童出版社
	图书奖	中国民居	学林出版社
	图书奖	现代肿瘤学	上海医科大学出版社
	图书奖	汉英大辞典	上海交通大学出版社
第九届 （1995年）	图书奖	公平分配——理论和战略	上海社会科学院出版社
	图书奖	中学百科全书	北京师范大学出版社 东北师范大学出版社 华东师范大学出版社
	图书奖	中华奇石	上海古籍出版社
	图书奖	多目标规划有效性理论	上海科学技术出版社
第十届 （1996年）	图书奖	现代西方经济学	复旦大学出版社
	图书奖	非洲通史	华东师范大学出版社
	图书奖	韬奋全集	上海人民出版社
	图书奖	中国古代军戎服饰	上海古籍出版社
	图书奖	中华传统文化观止丛书	学林出版社
	图书奖	中华民族故事大系	上海文艺出版社
	图书奖	中国书法五体系列大字典	上海书画出版社

（续表二）

届　别	奖　项	书　　　名	出版社
第十届 （1996 年）	图书奖	现代汉语学习词典	上海外语教育出版社
	图书奖	手的修复与再造	上海医科大学出版社
第十一届 （1998 年）	图书奖	香港全纪录（第一、二卷）	上海人民出版社
	图书奖	英汉计算机技术大词典	上海交通大学出版社
	图书奖	中国藏药	上海科学技术出版社
	图书奖	三毛大世界	少年儿童出版社
	图书奖	陈洪绶	上海人民美术出版社
	图书奖	壮士中华行——余纯顺孤身徒步走西藏	上海文艺出版社
	图书奖	中国文学大辞典	上海辞书出版社
	图书奖	二十五史新编	上海古籍出版社
第十二届 （2000 年）	图书奖	中国通史·导论	上海人民出版社
	图书奖	中国诗学	东方出版中心
	图书奖	中国历代人名大辞典	上海古籍出版社
	图书奖	新世纪英语用法大词典（缩印本）	上海外语教育出版社
	图书奖	世界绘画珍藏大系	上海人民美术出版社
	图书奖	名家讲演录	上海科技教育出版社
	图书奖	高温超导基础研究	上海科学技术出版社
第十三届 （2002 年）	图书奖	中国共产党历史图志（3 册）	上海人民出版社
	图书奖	国际投资争端仲裁——"解决投资争端国际中心"机制研究	复旦大学出版社
	图书奖	现代汉语大词典（上、下）	汉语大词典出版社
	图书奖	红色康乃馨	上海文艺出版社
	图书奖	系统科学	上海科技教育出版社
	图书奖	新版小灵通漫游未来	少年儿童出版社
	图书奖	戴敦邦新绘全本红楼梦	上海古籍出版社
	图书奖	中国古籍稿钞校本图录（3 册）	上海书店出版社
第十四届 （2004 年）	图书奖	马克思画传	上海书店出版社
	图书奖	晚明史（1573—1644 年）	复旦大学出版社
	图书奖	现代组织学	上海科学技术出版社
	图书奖	中国花生栽培学	上海科学技术出版社
	图书奖	振飞曲谱	上海音乐出版社
	图书奖	中国姓氏：群体遗传和人口分布	华东师范大学出版社
	图书奖	海峡两岸课程与教学研究丛书	上海科技教育出版社

五、中华优秀出版物奖

中华优秀出版物奖由中国出版工作者协会主办,2006年起每两年举办一次,设图书奖、音像电子和游戏出版物奖、全国优秀出版科研论文奖三个子项。截至2010年,共举办过三届。

表2－3－6　上海获中华优秀出版物奖图书一览表

届　别	奖　项	书　　名	出　版　社
首届 （2006年）	图书奖	技术史(7卷)	上海科技教育出版社
	图书奖	中国玉米栽培学	上海科学技术出版社
	图书奖	古文字诂林(12册)	上海教育出版社
	图书奖	旧五代史新辑会证(12册)	复旦大学出版社
	图书提名奖	战略资产配置——长期投资者的资产组合选择	上海财经大学出版社
第二届 （2008年）	图书奖	汉字构形史丛书(8册)	上海教育出版社
	图书奖	历代文话(10册)	复旦大学出版社
	图书奖	中国文学史新著(上、中、下)	复旦大学出版社 上海文艺出版总社
	图书奖	嫦娥书系(6册)	上海科技教育出版社
	图书提名奖	法国文化史(4册)	华东师范大学出版社
	图书提名奖	中国古代历史与文明(6册)	上海科学技术文献出版社
	图书提名奖	中国馆藏满铁资料联合目录(30卷)	东方出版中心
	图书提名奖	非常小子马鸣加(8册)	少年儿童出版社
	图书提名奖	民族植物学	上海科学技术出版社
	图书提名奖	欧洲历史大辞典(上下册)	上海辞书出版社
	抗震救灾特别奖图书	5·12中国汶川大地震	上海文化出版社
	抗震救灾特别奖图书	惊天地 泣鬼神：汶川大地震诗钞	华东师范大学出版社
	抗震救灾特别奖图书	生命的力量：吴学华中国汶川抗震救灾纪实摄影	上海锦绣文章出版社
	抗震救灾特别奖图书	天灾一瞬间——5·12大地震中的勇敢和爱心故事	少年儿童出版社
	抗震救灾特别奖图书	汶川大地震	上海人民美术出版社
	抗震救灾特别奖图书	汶川地震灾后重建学校规划建筑设计参考图集	同济大学出版社
第三届 （2010年）	图书奖	辞海(2009年版)	上海辞书出版社
	图书奖	中国古天文图录	上海科技教育出版社
	图书奖	走进殿堂的中国古代科技史(上中下)	上海交通大学出版社
	图书奖	上海图书馆未刊古籍稿本	复旦大学出版社

（续表）

届　别	奖　项	书　　　名	出　版　社
第三届 (2010年)	图书提名奖	汉俄大词典	上海外语教育出版社
	图书提名奖	潘序伦文集	立信会计出版社
	图书提名奖	中国历史上的科学发明(插图本)	上海大学出版社
	图书提名奖	开心女孩	少年儿童出版社
	图书提名奖	神奇秘谱乐诠	上海音乐出版社
	图书提名奖	十力丛书(14册)	上海书店出版社

六、国家科学技术进步奖

国家科学技术进步奖是国务院设立的国家科学技术奖5大奖项之一，旨在表彰奖励在技术研究、技术开发、技术创新、推广应用先进科学技术成果、促进高新技术产业化，以及完成重大科学技术工程、计划等过程中作出创造性贡献的中国公民和组织。这里收入截至2010年，上海获国家科学技术进步奖二等奖的4种图书。

表2-3-7　上海获国家科学技术进步奖二等奖图书一览表

年　度	书　　　名	出　版　社
1998年度	十万个为什么	少年儿童出版社
2008年度	彩图科技百科全书	上海科学技术出版社 上海科技教育出版社
2009年度	多彩的昆虫世界	上海科学普及出版社
2010年度	追星——关于天文、历史、艺术与宗教的传奇	上海文化出版社

七、上海市优秀图书

1984年，上海市出版工作者协会组织1982—1984年上海市优秀图书评选。1989年评奖改由市新闻出版局和市出版工作者协会联合举办，每两三年举办一次。各出版社按一定比例从评奖年份初版新书中选出优秀图书向评委会推荐。评委会按社会科学、自然科学、文学艺术、青年少年儿童和工具书等类别，聘请各方面专家评选，最终评出不同奖项的优秀图书。获奖图书要符合党的出版方针，思想性、学术性(艺术性)上乘，装帧设计精美；有比较明显的特色，或是出版史上的重大工程，或是在某一方面取得突破，有一定的开创性。获奖图书除给出版单位发奖外，也给责任编辑发获奖证书。截至2010年，上海市优秀图书评选先后举办12次，评出一大批代表上海出版水平的优秀图书。这里收入获二等奖以上的优秀图书书目。

上海市优秀图书(1982—1984)

　　优秀图书奖(24 种)

　　《上海经济(1949—1982)》　　上海人民出版社

　　《中国经济发展战略问题研究》　　上海人民出版社

　　《中国近代史词典》　　上海辞书出版社

　　《彩虹坪》　　上海文艺出版社

　　《徐海东将军传》　　上海文艺出版社

　　《中国善本书提要》　　上海古籍出版社

　　《唐声诗》　　上海古籍出版社

　　《德汉词典》　　上海译文出版社

　　《教育心理学》　　上海教育出版社

　　《中学语文教师手册》　　上海教育出版社

　　《乱世少年》　　少年儿童出版社

　　《九色鹿》　　少年儿童出版社

　　《吴昌硕作品集(绘画)》　　上海人民美术出版社

　　《中国成语故事》(连环画合订本)　　上海人民美术出版社

　　《郑板桥书画月历》　　上海书画出版社

　　《中国历代服饰》　　学林出版社

　　《现代科学技术词典》　　上海科学技术出版社

　　《内科理论与实践》　　上海科学技术出版社

　　《世界人口地理》　　华东师范大学出版社

　　《上海交通大学管理改革初探》　　上海交通大学出版社

　　《俄汉翻译教程》　　上海外语教育出版社

　　《审计学》　　上海社会科学院出版社

　　《微处理机的程序设计和软件研制》　　上海科学技术文献出版社

　　图书特别奖(1 种)

　　《杂花图卷》(木版水印长卷)　　上海书画出版社

上海市优秀图书(1985—1988)

　　一等奖(27 种)

　　《辽宁博物馆藏画》　　上海人民美术出版社

　　《申报》(影印,全套 400 册)　　上海书店

　　《十竹斋书画谱》　　上海书画出版社

　　《中国历代货币大系(先秦货币)》　　上海人民出版社

　　《中国美术全集·清代绘画》(上)　　上海人民美术出版社

　　《汉语大词典》(1、2)　　汉语大词典出版社

　　《少年自然百科辞典》(生物、生理卫生)　　少年儿童出版社

　　《中国历代妇女妆饰》　　学林出版社

　　《中国近代史参考图录》　　上海教育出版社

《华阳国志校补图注》　　上海古籍出版社

《丁丑劫余印存》　　上海书店

《建筑物的裂缝控制》　　上海科学技术出版社

《剑南诗稿校注》（8 册）　　上海古籍出版社

《故宫博物院藏宝录》　　上海文艺出版社

《喉科学》　　上海科学技术出版社

《道藏》（影印，全套 36 册）　　上海书店

《世界五千年》（1—6）　　少年儿童出版社

《中国古籍善本书目（经部）》　　上海古籍出版社

《国际金融概论》　　华东师范大学出版社

《赵元任音乐作品全集》　　上海音乐出版社

《彩图成语词典》　　上海辞书出版社

《鄱阳湖研究》　　上海科学技术出版社

《中国古代哲学的逻辑发展》（上、中、下）　　上海人民出版社

《语文》（小学课本 1—8）　　上海教育出版社

《唐宋词鉴赏辞典》　　上海辞书出版社

《英国诗选》　　上海译文出版社

二等奖（64 种）

《巴金六十年文选》　　上海文艺出版社

《中国美学史大纲》　　上海人民出版社

《上海市区方言志》　　上海教育出版社

《中国历代织染绣图录》　　上海科学技术出版社

《黄宾虹画集》　　上海人民美术出版社

《中国古代工业史》　　学林出版社

《中国美术辞典》　　上海辞书出版社

《明末清初私人海上贸易》　　华东师范大学出版社

《贺宜文集》（1—5）　　少年儿童出版社

《敦煌故事》　　少年儿童出版社

《戴伯韬科技教育文集》　　上海科技教育出版社

《中国近代民主思想史》　　上海人民出版社

《中国教育家评传》（1—3）　　上海教育出版社

《计算物理学》　　复旦大学出版社

《名医特色经验精华》　　上海中医学院出版社

《社会必要产品论》　　上海人民出版社

《福建陶瓷》　　上海人民美术出版社

《中国邮票图鉴》　　上海文化出版社

《老舍与中国文化观念》　　学林出版社

《宋元语言词典》　　上海辞书出版社

《社会主义微观经济均衡论》　　上海三联书店

《沙孟海书法集》　　上海书画出版社

《文艺鉴赏大成》　　上海文艺出版社

《中国成语大词典》　　上海辞书出版社

《中国茶树栽培学》　　上海科学技术出版社

《外语教育往事谈》　　上海外语教育出版社

《民族词典》　　上海辞书出版社

《当代书家墨迹诗文集》　　上海书画出版社

《苏联百科词典》　　中国大百科全书出版社上海分社

《统计发展史》　　立信会计用品社

《桂林岩溶》　　上海科学技术出版社

《难病辩治》　　上海科学技术文献出版社

《新英汉儿童彩图词典》　　上海译文出版社

《燃气轮机性能分析》　　上海交通大学出版社

《今日汉语》(1—4,教师用书1—3)　　复旦大学出版社

《中国近代学制史料》(第一辑上、下,第二辑上)　　华东师范大学出版社

《中国英语教学史》　　上海外语教育出版社

《中国医德史》　　上海医科大学出版社

《世界空中作战八十年》　　上海科学普及出版社

《古文观止新编》　　上海古籍出版社

《台湾高山族研究》　　上海三联书店

《鲁迅辑校石刻手稿》　　上海书画出版社

《工科无机化学》　　华东理工大学出版

《中国古代气功与先秦哲学》　　上海人民出版社

《中国名瓷工艺基础》　　上海科学技术出版社

《中医诊法图谱》　　上海中医学院出版社

《世界历史词典》　　上海辞书出版社

《生存智慧论》　　知识出版社(沪)

《汉语口语900句》(附磁带)　　上海教育出版社

《竞争与垄断：社会主义微观经济分析》　　上海三联书店

《新部首大字典》　　上海翻译出版公司

《皖南事变》　　上海文艺出版社

《对〈资本论〉历史观的沉思》　　学林出版社

《蔡元培画传》　　上海人民美术出版社

《中国神话史》　　上海文艺出版社

《无脊椎动物图谱》　　上海教育出版社

《巧手万能小礼盒》　　上海科技教育出版社

《华东旅游指南》(英文版)　　上海翻译出版公司

《英语口语辞典》　　上海外语教育出版社

"书法自学丛帖"(正书·行草·篆隶)　　上海书画出版社

《爱情三部曲》　　上海译文出版社

《梅兰竹菊画谱》　　上海人民美术出版社

《随机振动理论及其应用》　　同济大学出版社

上海市优秀图书(1989—1990)

特等奖(3 种)

《英汉大词典》　　上海译文出版社

《辞海(1989 年版)》　　上海辞书出版社

《四高僧画集》　　上海人民美术出版社

一等奖(18 种)

《文心雕龙义证》　　上海古籍出版社

《董其昌画集》　　上海书画出版社

《中华文化史》　　上海人民出版社

《中国古代史参考图录》　　上海教育出版社

《建苑拾英：中国古代土木建筑科技史料选编》　　同济大学出版社

《真的感悟》　　上海文艺出版社

《中国风俗辞典》　　上海辞书出版社

《中医文献学》　　上海科学技术出版社

《学与教的心理学》　　华东师范大学出版社

《隋唐文化》　　学林出版社

《世界儿童文学名著故事大全》　　少年儿童出版社

《现代玻璃科学技术》　　上海科学技术出版社

《泰戈尔抒情诗选》　　上海译文出版社

《中国美术全集·清代绘画》(中)　　上海人民美术出版社

《近代上海城市研究》　　上海人民出版社

《中国地名词典》　　上海辞书出版社

《中国花经》　　上海文化出版社

《吐鲁番伯孜克里克石窟》　　上海人民美术出版社

二等奖(36 种)

《中外合资经营企业会计》　　立信会计用品社

《中国珍稀濒危植物》　　上海教育出版社

《中国编辑史》　　复旦大学出版社

《实用中医文库》(英汉对照)　　上海中医学院出版社

《一物多用的物理小实验》　　上海科技教育出版社

《中国历代法书墨迹大观》　　上海书店

《中国神怪故事大观》　　少年儿童出版社

《中国道教史》　　上海人民出版社

《光纤通信技术词典》　　上海交通大学出版社

《朱屺瞻百岁画集》　　上海人民美术出版社

《明刻套色〈西厢记〉图册》（木版水印）　　上海书画出版社

《美国语言学简史》　　上海外语教育出版社

《第二国际史》　　上海社会科学院出版社

《中国民族音乐大系》　　上海音乐出版社

《中国家禽品种志》　　上海科学技术出版社

《现代课程论》　　上海教育出版社

《瑞鹤图》（木版水印）　　上海书画出版社

《中国人名大词典·历史人物卷》　　上海辞书出版社

《公有制宏观经济理论大纲》　　上海三联书店

《安全知识实用大全》　　文汇出版社

《非参数统计》　　上海科学技术出版社

《工业化和现代化中的职业卫生》（英文版）　　上海医科大学出版社

《玉篇校释》　　上海古籍出版社

《贵州傩面具艺术》　　上海人民美术出版社

《敦煌吐鲁番学研究论文集》　　汉语大词典出版社

《艺术史》　　上海人民美术出版社

《中国行书大字典》　　上海书画出版社

《实用中国养生全书》　　学林出版社

《中国佛教》（三）（四）　　知识出版社（沪）

《燃烧吧！上海》　　上海文艺出版社

《甲醇生产技术及进展》　　华东化工学院出版社

《现代三十年》　　少年儿童出版社

"小学语文怎样教小丛书"　　上海教育出版社

《自然科学年鉴 1989》　　上海翻译出版公司

《钱塘江鱼类资源》　　上海科学技术文献出版社

《彩图世界名著 100 集》　　少年儿童出版社

上海市优秀图书（1991—1993）

荣誉奖（1 种）

《汉语大词典》　　汉语大词典出版社

特等奖（3 种）

《中国共产党 70 年图集》（上、下）　　上海人民出版社

《中国医学百科全书》（93 卷）　　上海科学技术出版社

《哲学大辞典》　　上海辞书出版社

一等奖（31 种）

《巴金对你说》　　少年儿童出版社

《中国民居》　　学林出版社

《中国桥梁》　　同济大学出版社

《王梵志诗校注》　　上海古籍出版社

《旧址》　　上海文艺出版社

《四肢血管显微外科》（英文版）　　上海科学技术出版社

《经济大辞典》　　上海辞书出版社

《中国地方志集成·上海府县志辑》　　上海书店

《代数曲面的纤维化》　　上海科学技术出版社

《西藏艺术》（3卷本）　　上海人民美术出版社

《近代中国社会的新陈代谢》　　上海人民出版社

《现代肿瘤学》　　上海医科大学出版社

《教育大辞典》　　上海教育出版社

《奥赛罗》　　上海译文出版社

《文化苦旅》　　知识出版社（沪）

《中国鹿类动物》　　华东师范大学出版社

"市场经济学普及丛书"（14种）　　上海人民出版社

《黄宾虹画集》　　上海书画出版社

《制度、技术与中国农业发展》　　上海三联书店

《中国四大古典小说连环画》　　上海人民美术出版社

《中国茶经》　　上海文化出版社

《车辆用柴油机总体设计》　　上海交通大学出版社

《当代吴语研究》　　上海教育出版社

《和风堂文集》　　上海古籍出版社

《防火手册》　　上海科学技术出版社

《彩图幼儿知识百科》（上、下）　　少年儿童出版社

《土木建筑工程词典》　　上海辞书出版社

《中国民间艺术》（上、下）　　上海人民美术出版社

《汉英语林》　　上海交通大学出版社

《唐孙位高逸图》　　上海书画出版社

《萧友梅音乐文集》　　上海音乐出版社

二等奖（36种）

《中国人参》　　上海科技教育出版社

《生物工艺学》（上、下）　　华东理工大学出版社

《古今汉语字典》　　汉语大词典出版社

《西方经济学说史》　　立信会计出版社

《中国神农架》　　文汇出版社

《出版词典》　　上海辞书出版社

《名师授课录》（高中数学）　　上海教育出版社

《朋党政治研究》　　华东师范大学出版社

《急诊医学》　　上海科学技术出版社

《人民公仆倪天增》　　百家出版社

《上海百年掠影》　　上海人民美术出版社

《中西戏剧比较论稿》 学林出版社

《方志学》 复旦大学出版社

《中国译学理论史稿》 上海外语教育出版社

《中国绅士》 上海社会科学院出版社

《现代颈椎外科学》 上海远东出版社

《语言学百科词典》 上海辞书出版社

《彩色童话集》(4册) 少年儿童出版社

《嘉祐集笺注》 上海古籍出版社

《十万个为什么续编本》(10册) 少年儿童出版社

《历史选择了毛泽东》 上海人民出版社

《化学物质毒性全书》 上海科学技术文献出版社

《石油风云》 上海译文出版社

《华盛顿·欧文的世界》 上海外语教育出版社

《江寒汀画集》 上海人民美术出版社

《明代文学批评史》 上海古籍出版社

《高层建筑施工手册》 同济大学出版社

《中国建筑四十年》 同济大学出版社

《汉字写法规范字典》 上海辞书出版社

《世界文学随笔精品大展》 上海文艺出版社

《英国诗选》 上海译文出版社

《洋务运动史》 华东师范大学出版社

《战争与和平》 上海译文出版社

《动脑筋爷爷》(第2辑8册) 少年儿童出版社

《犹太百科全书》 上海人民出版社

"社会科学争鸣大系(1949—1989)"(10卷) 上海人民出版社

上海市优秀图书(1993.10—1995.10)

荣誉奖(3种)

《中国文物精华大全》 上海辞书出版社

《思辨随笔》 上海文艺出版社

"邓小平理论与实践研究丛书" 上海人民出版社

特等奖(2种)

《韬奋全集》 上海人民出版社

《故宫博物院藏画》 上海人民美术出版社

一等奖(26种)

《莎士比亚四大悲剧》 上海译文出版社

《苍天在上》 上海文艺出版社

《金文大字典》 学林出版社

《上海博物馆藏敦煌文献集成》 上海古籍出版社

《有限元的预处理和后处理理论》　　上海科学技术出版社

《明清名家书法大成》　　上海书画出版社

《清代瓷器赏鉴》　　上海科学技术出版社

《邓小平思想理论大辞典》　　上海辞书出版社

《中国电影大辞典》　　上海辞书出版社

《胃肠道造影原理与诊断》　　上海科学技术文献出版社

《非洲通史》　　华东师范大学出版社

"巨人丛书：献给新世纪的新公民特辑"《金猴小队》《男生贾里》《无规则游戏》《三个冒险家》少年儿童出版社

《中国教育地图集》　　上海科学技术出版社

《儿童辞海》　　上海辞书出版社

"世纪回眸·人物系列(2)"　　上海文艺出版社

《复杂系统中的电磁波》　　复旦大学出版社

"室内室外局部·细部设计与装修系列丛书"　　同济大学出版社

《中国云天》　　上海科学普及出版社

《中国的奇迹：发展战略与经济改革》　　上海人民出版社

《江南园林论》　　上海人民出版社

《徐竹初木偶雕刻艺术》　　上海人民美术出版社

《杜诗赵次公先后解辑校》　　上海古籍出版社

《隋唐五代文学批评史》　　上海古籍出版社

《上海普通教育史》　　上海教育出版社

《中国保护动物 中国保护植物》　　上海科技教育出版社

《全身 CT 和 MRI》　　上海医科大学出版社

二等奖(30 种)

《醉太平》　　上海文艺出版社

《中国厅堂·江南篇》　　上海画报出版社

《实用中医儿科学》　　上海科学技术出版社

《国家的作用》　　上海译文出版社

《汉语新词词典》　　汉语大词典出版社

《周锐童话选》　　少年儿童出版社

《黄宾虹抉微画集》　　上海书画出版社

《中国竹笛名曲荟萃》　　上海音乐出版社

《甲骨文文字学》　　学林出版社

《实用神经病学》　　上海科学技术出版社

《宏观经济决策导向——致总统备忘录》　　上海远东出版社

《文艺百话》　　华东师范大学出版社

《柴油机增压及其优化控制》　　上海交通大学出版社

《简明汉世词典》　　上海外语教育出版社

《管理会计研究》　　上海立信会计出版社

《中国禁毁小说百话》　　上海古籍出版社

《弃儿汤姆·琼斯史》　　上海译文出版社

《礼拜五》　　上海译文出版社

《现代西方美学史》　　上海文艺出版社

"新编文史笔记丛书"(1—4 辑)　　上海书店

《国际商务谈判》　　上海三联书店

《迈向 21 世纪的上海》　　上海人民出版社

《中华奇石》　　上海古籍出版社

"宋蜀刻本唐人集丛书"　　上海古籍出版社

《教育科学论稿》　　上海教育出版社

《毛泽东思想大辞典》　　上海辞书出版社

《中国戏曲剧种大辞典》　　上海辞书出版社

《中小学科技活动课本》(18 册)　　上海科技教育出版社

《公平分配》　　上海社会科学院出版社

《应用酶学》　　华东理工大学出版社

上海市优秀图书评选(1995.11—1997.10)

特等奖(3 种)

《中国人民解放军 70 年图集》　　上海人民出版社

《二千年前的哲言》　　上海古籍出版社

《陈洪绶》　　上海人民美术出版社

一等奖(19 种)

《邓小平——当代中国马克思主义的创立者》　　上海人民出版社

《视觉的神经机制》　　上海科学技术出版社

《中国古代军戎服饰》　　上海古籍出版社

《关联统计动力学》　　复旦大学出版社

"学苑英华"丛书(4 种)　　上海文艺出版社

《青少年科学百科全书》　　上海译文出版社

《世界文字发展史》　　上海教育出版社

《现代科学技术基础知识》(图画本)　　上海教育出版社

《长相思》　　上海文艺出版社

《宋元明清书画家传世作品年表》　　上海书画出版社

《现代科技与上海》　　上海科学普及出版社

《三毛大世界》(4 册)　　少年儿童出版社

《中国文学大辞典》　　上海辞书出版社

《改革政府》　　上海译文出版社

《分圆函数域》　　上海科学技术出版社

《检察大辞典》　　上海辞书出版社

《中国玉器赏鉴》　　上海科学技术出版社

《韵图考》　　华东师范大学出版社

《求索真文明》　　上海古籍出版社

二等奖(23 种)

《世界百年掠影》　　上海人民美术出版社

《中国当代大学生价值观研究》　　上海教育出版社

《非线性代数方程组与定理机器证明》　　上海科技教育出版社

《马王堆帛书艺术》　　上海书店出版社

《英汉计算机技术大辞典》　　上海交通大学出版社

《一氧化氮的生物医学》　　上海医科大学出版社

《博弈论与信息经济学》　　上海人民出版社

《走出忧患》　　上海文艺出版社

《汉大商务汉语新词典》　　汉语大词典出版社

《中国历史文化区域研究 》　　复旦大学出版社

《立信现代会计手册》　　立信会计出版社

《反美学：在阐释中理解当代审美文化》　　学林出版社

"当代文坛大家文库"(5 种)　　上海文艺出版社

《育儿百科图典》　　上海文化出版社

《军事医学辞典》　　上海辞书出版社

《追忆近代上海图史》　　上海古籍出版社

《中国岩画》　　上海三联书店

《蔡元培与近代中国》　　上海社会科学院出版社

《中国寓言世界》　　少年儿童出版社

《儿童百科图谱》(2 册)　　少年儿童出版社

《医学美容学》　　上海科学技术出版社

《犹太人在上海》　　上海画报出版社

《简明汉葡词典》　　上海外语教育出版社

上海市优秀图书(1997.11—1999.10)

特等奖(8 种)

《西方美学通史》　　上海文艺出版社

《中华本草》　　上海科学技术出版社

《水稻基因组工程》　　上海科学技术出版社

《中国京剧》　　上海古籍出版社

《辞海》(1999 年版彩图本)　　上海辞书出版社

《中国通史》　　上海人民出版社

《十万个为什么(新世纪版)》(14 册)　　少年儿童出版社

《中华人民共和国 50 年图集》　　上海人民出版社

一等奖(21 种)

"学苑英华"丛书(4 种)　　上海文艺出版社

《汽车城》 上海文艺出版社

"巨人丛书"(多彩年华特辑)(5 册) 少年儿童出版社

《高能碰撞多粒子产生》 上海科学技术出版社

"上海大型市政工程设计与施工丛书" 上海科学技术出版社

《张居正讲评资治通鉴皇家读本》 上海古籍出版社

《古突厥碑铭研究》 上海古籍出版社

《宗教大辞典》 上海辞书出版社

《英汉大词典补编》 上海译文出版社

《青少年科技活动大全》 上海科技教育出版社

《杨振宁文集(上、下)》 华东师范大学出版社

《手外科手术学》 上海医科大学出版社

《西方国际政治学:历史与理论》 上海人民出版社

《上海近代建筑风格》 上海教育出版社

《黄宾虹文集》 上海书画出版社

《固体能带理论》 复旦大学出版社

《巴金随想录(手稿本)》 上海文化出版社

《哈扎尔辞典》 上海译文出版社

《大英博物馆藏古埃及艺术珍品》 上海画报出版社

《当代中国经济改革:战略与实施》 上海远东出版社

《范畴论》 复旦大学出版社

二等奖(27 种)

《色彩设计在法国》 上海人民美术出版社

《中国工程院院士自述》 上海教育出版社

《简单物理系统的整体性》 上海科学技术出版社

《医疗护理常规》 上海科学技术出版社

《韦应物集校注》 上海古籍出版社

《英国文学的伟大传统》(3 种) 上海译文出版社

《历代花鸟画精品集》 上海书画出版社

《中国婚姻家庭史》 学林出版社

《超越时空》 上海科技教育出版社

《天安门》 同济大学出版社

《上海通史》(15 卷) 上海人民出版社

《中国野生花卉图谱》 上海文化出版社

《世界近代史词典》 上海辞书出版社

《叫魂》 上海三联书店

《世界科技英才录》(4 册) 上海科技教育出版社

《教学理论:课堂教学的原理、策略与研究》 华东师范大学出版社

《祆教史》 上海社会科学院出版社

《英汉航空航天新词典》 上海科学普及出版社

《走向绿色的发展》　　复旦大学出版社

《英译中国现代散文选》(汉英对照)　　上海外语教育出版社

《涡轮增压柴油机性能研究》　　上海交通大学出版社

《会计学导论》(第二版)　　立信会计出版社

《上海艺术史图志》　　上海文化出版社

《走进新时代·中华百年歌典》　　上海音乐出版社

《上海百科》　　上海科学技术出版社

《中华人民共和国经济发展史(1949—1998)》　　上海财经大学出版社

《节趣》　　学林出版社

上海市优秀图书(1999.11—2001.10)

特等奖(4种)

《中国新民主革命通史》(12卷)　　上海人民出版社

《世界文明史年表》　　上海古籍出版社

《两系法杂交水稻的理论与技术》　　上海科学技术出版社

《辽西早期被子植物及伴生植物群》　　上海科技教育出版社

一等奖(25种)

《中国共产党历史图志》(3卷)　　上海人民出版社

《中共上海党史大典》　　上海教育出版社

《新英汉词典》(世纪版)　　上海译文出版社

《中国古籍稿抄校本图录》　　上海书店

《黄河边的中国》　　上海文艺出版社

《大漠祭》　　上海文化出版社

《中国服饰名物考》　　上海文化出版社

《唐乐古谱译读》　　上海音乐出版社

《新世纪儿童版十万个为什么》　　少年儿童出版社

《分子材料》　　上海科学技术出版社

《中国茶树品种志》　　上海科学技术出版社

《暗淡蓝点》　　上海科技教育出版社

《中国散文史》　　上海古籍出版社

《中国晚报学》　　上海辞书出版社

《现代设计大系》　　上海书画出版社

《魏晋南北朝文化》　　学林出版社

《左右未来：美国国会的制度创新和决策行为》　　复旦大学出版社

《朱子哲学研究》　　华东师范大学出版社

《英国小说批评史》　　上海外语教育出版社

《制造系统信息集成技术》　　上海交通大学出版社

《金匮指要》　　上海中医药大学出版社

《现代酶学》　　华东理工大学出版社

《博弈论》　上海财经大学出版社

《幽门螺杆菌研究进展》　上海科学技术文献出版社

《二十世纪上海大博览》　文汇出版社

二等奖(34种)

《解读上海1990—2000》　上海人民出版社

《西周史》　上海人民出版社

"当代教师进修丛书"　上海教育出版社

《百年科技回顾与展望》　上海教育出版社

《挪威的森林》　上海译文出版社

《超越增长》　上海译文出版社

《现代汉语大词典》　汉语大词典出版社

《中国留学生文学大系》　上海文艺出版社

《新世纪图文系列读本》(6本)　上海人民美术出版社

《当代汉语词典》　上海辞书出版社

《各国历史寻踪》　上海辞书出版社

《哲学大辞典》(修订本)　上海辞书出版社

《小灵通西部行》　少年儿童出版社

"步入经典丛书"　少年儿童出版社

《江绍基胃肠病学》　上海科学技术出版社

《实用临床营养治疗学》　上海科学技术出版社

《系统科学》　上海科技教育出版社

《尳书详注》　上海古籍出版社

《吴湖帆书画集》　上海书画出版社

《生存之战》　上海远东出版社

"中国历代名画点读丛书"(4册)　上海画报出版社

《当代东正教神学思想》　上海三联书店

《因明学说史纲要》　上海三联书店

《我的视觉日记：旅德生活十五年》　学林出版社

《译边草》　百家出版社

《同步辐射应用概论》　复旦大学出版社

《现代放射肿瘤学》　复旦大学出版社

《简明汉法词典》　上海外语教育出版社

《量子力学纠缠态表象及应用》　上海交通大学出版社

《图说中国古代战争战具》　同济大学出版社

《英汉—汉英会计审计词典》　立信会计出版社

《神经介入影像学》　上海科学技术文献出版社

"创新创造丛书"(3册)　上海科学普及出版社

《国有资产管理、运行与监督》　上海社会科学院出版社

上海市优秀图书(2001.11—2003.10)

特等奖(3 种)

"中国断代史系列专著"　　上海人民出版社

《顾恺时胸心外科手术学》　　上海科学技术出版社

《俄藏敦煌吐鲁番文献集成》　　上海古籍出版社

一等奖(25 种)

《中国书院》　　上海教育出版社

《日汉大辞典》　　上海译文出版社

《爱上 QQ》　　少年儿童出版社

《线性模型中的最小二乘法》　　上海科学技术出版社

《黎鳌烧伤学》　　上海科学技术出版社

《工部局董事会会议录》　　上海古籍出版社

《钱境塘藏明代名人尺牍》　　上海古籍出版社

《马克思主义哲学大辞典》　　上海辞书出版社

《中国京剧衣箱》　　上海辞书出版社

《中国十位著名经济学家批判》　　学林出版社

《肝癌转移复发的基础与临床》　　上海科技教育出版社

"华夏科学之光丛书"(5 册)　　上海科技教育出版社

《中国舞蹈文物图典》　　上海音乐出版社

《百年巴金——名家诗文书画手迹集藏》　　上海文艺出版社

《中国清代官窑瓷器》　　上海文化出版社

《中国画历代名家技法图典》　　上海书画出版社

《晋唐宋元国宝特集》　　上海书画出版社

《中国姓氏》　　华东师范大学出版社

《中国人口史》(1—6 卷)　　复旦大学出版社

《世界文化史故事大系》(10 卷)　　上海外语教育出版社

《音乐厅和歌剧院》　　同济大学出版社

《人民科学家钱学森》　　上海交通大学出版社

《当代国际垄断——巨型跨国公司综论》　　上海财经大学出版社

《真空动力学》　　上海科学普及出版社

《现代恶性淋巴瘤病理学》　　上海科学技术文献出版社

二等奖(30 种)

《现代企业中的劳动价值》　　上海人民出版社

"执政党研究丛书"　　上海人民出版社

"近代上海文学系列丛书"(4 册)　　上海教育出版社

《海边的卡夫卡》　　上海译文出版社

《汉语成语实用词典》　　汉语大词典出版社

《长大做什么》(上下)　　少年儿童出版社

《物理学家谈物理》(5 种)　　少年儿童出版社

《板壳后屈曲行为》　　上海科学技术出版社

《环青海湖地区草地蝗虫遥感监测与预测》　　上海科学技术出版社

《蛾术轩箧存善本书录》　　上海古籍出版社

《经典图谱·山海经》　　上海辞书出版社

《欧洲涅槃：过度时期欧洲的发展概念》　　学林出版社

《比较制度分析》　　上海远东出版社

《人生舞台——阿西莫夫自传》（上、下）　　上海科技教育出版社

《鱼和它的自行车》　　上海文艺出版社

《振飞曲谱》　　上海音乐出版社

《〈三国演义〉连环画收藏本》　　上海人民美术出版社

《设计指南（创意、版式、色彩）》　　上海人民美术出版社

《淳化阁帖最善本》　　上海书画出版社

《海上绘画全集》　　上海书画出版社

《许寿裳文集》　　百家出版社

《理解与批判——马克思意识形态的文本学研究》　　上海三联书店

《中国经济的增长和价值创造》　　上海三联书店

《英语辨析大词典》　　华东师范大学出版社

《汉语字基语法》　　复旦大学出版社

《虚拟制造的理论、技术基础与实践》　　上海交通大学出版社

《英国通史》　　上海社会科学院出版社

《现代排序论》　　上海科学普及出版社

《享受健康人生——糖尿病细说与图解》　　上海科学技术文献出版社

《心脏能量学——代谢与治疗》　　第二军医大学出版社

上海市优秀图书（2003.11—2005.10）

特等奖（4 种）

《古文字诂林》（12 册）　　上海教育出版社

《技术史》　　上海科技教育出版社

《话说中国》（16 卷）　　上海文艺出版社

《锦绣文章——中国传统织绣纹样》　　上海书画出版社

一等奖（23 种）

《他改变了中国：江泽民传》　　上海译文出版社

《二十世纪中国社会科学》　　上海人民出版社

《中美关系史（上、中、下）》　　上海人民出版社

《心理学大辞典（上、下）》　　上海教育出版社

《彩图科技百科全书》　　上海科学技术出版社

《组织工程学理论与实践》　　上海科学技术出版社

《肇域志》　　上海古籍出版社

《夏商周青铜器研究》　　上海古籍出版社

《中国古今地名大词典》　　上海辞书出版社

《王正敏耳显微外科学》　　上海科技教育出版社

《当代中国城市雕塑·建筑壁画》　　上海书店出版社

《〈寒夜〉手稿珍藏本》　　上海文艺出版社

《力量——改变人类文明的50大科学定理》　　上海文化出版社

《中国昆曲精选剧目曲谱大成》(7卷)　　上海音乐出版社

《不能忘记的抗战》　　上海画报出版社

《楚文字编》　　华东师范大学出版社

《名家专题精讲》(第三辑)　　复旦大学出版社

《中国经济史》　　复旦大学出版社

《法国文学史》　　上海外语教育出版社

《盛宣怀年谱长编》　　上海交通大学出版社

《徐匡迪文集》　　上海大学出版社

《宗教思想史》　　上海社会科学院出版社

《科学大师》　　上海科学普及出版社

二等奖(32种)

《邓小平战略思想与21世纪的中国战略》　　上海人民出版社

《中共上海历史实录(1949—2004)》　　上海教育出版社

《法汉—汉法袖珍词典》　　上海译文出版社

《哲学的慰藉》　　上海译文出版社

《唐代文学百科辞典》　　汉语大词典出版社

《好大一棵树·陈伯吹儿童文学奖大奖作品集》　　少年儿童出版社

《团簇物理学》　　上海科学技术出版社

《水稻株型育种》　　上海科学技术出版社

"上海史研究译丛"　　上海古籍出版社

"中国文学鉴赏大系"(18册)　　上海辞书出版社

"中国社会科学院学术委员文库(41册)"　　上海辞书出版社

《宋拓凤墅法帖》(经折装)　　上海书店出版社

《汉族风俗史》　　学林出版社

《当代中国经济改革》　　上海远东出版社

《数学大师——从芝诺到庞加莱》　　上海科技教育出版社

《近代来粤传教士评传》　　百家出版社

《贺友直画三百六十行》　　上海人民美术出版社

《中国诗词》(修订版)　　上海人民美术出版社

《黄宾虹年谱》　　上海书画出版社

《乌克兰：沉重的历史脚步》　　华东师范大学出版社

《上海文学通史》　　复旦大学出版社

"西方数学文化理念传播译丛"　　复旦大学出版社

《新世纪英汉多功能词典》　　上海外语教育出版社

《大都会从这里开始》　　同济大学出版社

《基因工程》　　华东理工大学出版社

《非织造学》　　东华大学出版社

《入世博弈共赢——互补性竞争与规则性合作》　　上海财经大学出版社

《欧洲传播思想史》　　上海三联书店

《遍地枭雄》　　文汇出版社

《近代上海城市发展与城市综合竞争力》　　上海社会科学院出版社

《简明中国冰川目录》　　上海科学普及出版社

"原来如此丛书"(10册)　　上海科学技术文献出版社

上海市优秀图书(2005.11—2007.10)

特等奖(3种)

《全宋文》(360册)　　上海辞书出版社

《山高水长：回忆父亲聂荣臻》　　上海文艺出版社

《海派代表书法家系列作品集》(10卷)　　上海书画出版社

一等奖(27种)

《中国史学史》(6卷)　　上海人民出版社

《中国人民解放军历史图志(上、下)》　　上海人民出版社

"汉字构形史丛书"(8册)　　上海教育出版社

"基因宝库丛书"(10册)　　上海教育出版社

《英汉大词典》(第2版)　　上海译文出版社

《玄奘西游记》　　上海书店出版社

《非常小子马鸣加》(8册)　　少年儿童出版社

《中国小麦栽培理论及实践》　　上海科学技术出版社

《血液恶性疾病基因异常和靶向治疗》　　上海科学技术出版社

《两头蛇——明末清初的第一代天主教徒》　　上海古籍出版社

《战国策笺证》(上、下)　　上海古籍出版社

《大辞海·军事卷》　　上海辞书出版社

《嫦娥书系》(6册)　　上海科技教育出版社

《品三国》(上、下)　　上海文艺出版社

《新世纪中国舞蹈文化的流变》　　上海音乐出版社

《现代设计小辞典》　　上海人民美术出版社

《法国文化史》(1—4卷)　　华东师范大学出版社

《生物学前沿技术在医学研究中的应用》　　复旦大学出版社

《中国文学史新著》　　复旦大学出版社

《新牛津英汉双解大词典》　　上海外语教育出版社

《从量子力学到量子光学》　　上海交通大学出版社

《1929年大崩盘》　　上海财经大学出版社

《清史纪事本末》(10卷本)　　上海大学出版社

《洋商史——上海：1843—1956》　　上海社会科学院出版社

《浦东逻辑》　　上海三联书店

《现代内科学进展》　　上海科学技术文献出版社

《人类生殖生物学》　　上海科学技术文献出版社

二等奖（40种）

《李济文集》（5卷）　　上海人民出版社

《汪伪政权全史》（上、下）　　上海人民出版社

《中国历史地理概述》　　上海教育出版社

《20世纪思想史》　　上海译文出版社

《索尔·贝娄文集》（4卷本）　　上海译文出版社

《上海：一座现代化城市的编年史》　　上海书店出版社

《阅读儿童文学》　　少年儿童出版社

《现代周围神经外科学》　　上海科学技术出版社

《特种钻探工艺学》　　上海科学技术出版社

《上海图书馆藏明清名家手稿》　　上海古籍出版社

《四库存目标注》　　上海古籍出版社

《中国历代职官别名大辞典》　　上海辞书出版社

《甲骨文校释总集》　　上海辞书出版社

《文明的辉煌》　　学林出版社

《中国增长模式抉择》　　上海远东出版社

《旷世奇才——巴丁传》　　上海科技教育出版社

《我的名字叫红》　　上海人民出版社

《视觉人类学》　　上海文艺出版社

《传承——上海市第四批优秀历史建筑 》　　上海文化出版社

《最忆是江南》　　上海人民美术出版社

《中国高职院校艺术设计专业实用教材》　　上海人民美术出版社

《中国山水画通鉴》　　上海书画出版社

《广艺舟双楫注》　　上海书画出版社

"纸上纪录片系列"（6种）　　上海锦绣文章出版社

《傈僳族竹书文字研究》　　华东师范大学出版社

《言语障碍的评估与矫治》　　华东师范大学出版社

《国际投资法的新发展与中国双边投资条约的新实践》　　复旦大学出版社

"新时期利益关系丛书"　　复旦大学出版社

《文学翻译与文化参与——晚清小说翻译的文化研究》　　上海外语教育出版社

《英汉军事大词典》　　上海外语教育出版社

《简明希伯来语汉语——汉语希伯来语词典》　　上海外语教育出版社

《中国传统建筑形制与工艺》　　同济大学出版社

《微传感器》　　上海交通大学出版社

《功能高分子材料》　　华东理工大学出版社

《新型纺织纱线》(英文版)　　东华大学出版社

《谢晋电影选集》　　上海大学出版社

《会计准则理论研究》　　立信会计出版社

《二十世纪音乐的和声技法》　　上海音乐学院出版社

《陆在易合唱曲集(总谱)》　　上海音乐学院出版社

《分子界面化学基础》　　上海科学技术文献出版社

上海市优秀图书(2007.11—2009.10)

荣誉奖(2 种)

《辞海》(2009 年彩图本)　　上海辞书出版社

《长街行》　　上海文艺出版社

特等奖(3 种)

《中华海洋本草》　　上海科学技术出版社

《中国家谱总目》　　上海古籍出版社

《中国新文学大系》第五辑(1976—2000)　　上海文艺出版社

一等奖(27 种)

《中华人民共和国 60 年图集》　　上海人民出版社

"500 年来环境变迁与社会应对丛书"　　上海人民出版社

《中华人民共和国历史图志》　　上海人民出版社

《中外心理学比较思想史》(3 卷)　　上海教育出版社

《崩溃：社会如何选择成败兴亡》　　上海译文出版社

《近代文学批评史》(8 卷,中文修订本)　　上海译文出版社

《远逝的辉煌》　　上海科学技术出版社

《中华民族永生细胞库的建立》　　上海科学技术出版社

《中华易学大辞典》　　上海古籍出版社

《上海博物馆藏甲骨文字》　　上海辞书出版社

《欧洲历史大辞典》　　上海辞书出版社

《中国恒星观测史》　　学林出版社

《明代文化》　　学林出版社、上海科技教育出版社

《大流感——最致命瘟疫的史诗》　　上海科技教育出版社

《剑桥世界人类疾病史》　　上海科技教育出版社

《中国花鸟画通鉴》(20 种)　　上海书画出版社

《中古汉字流变》　　华东师范大学出版社

《走出中世纪二集》　　复旦大学出版社

《哈耶克法律哲学》　　复旦大学出版社

《汉俄大词典》　　上海外语教育出版社

《中国桥梁史纲》　　同济大学出版社

《走进殿堂的中国古代科技史》　　上海交通大学出版社

《中国经济发展史》　　上海对经大学出版社

《危险穴位临床解剖学》　　第二军医大学出版社

《英国国家档案馆庋藏近代中文舆图》　　上海社会科学院出版社

《人类疾病动物模型复制方法学》　　上海科学技术文献出版社

《美国对华情报解密档案》(8卷本)　　东方出版中心

二等奖(39种)

《当代上海历史图志》　　上海人民出版社

"成长文库"　　上海教育出版社

《中国心理学思想史》　　上海教育出版社

《新的伟大革命》　　上海教育出版社

《昆曲汤显祖"临川四梦"全集》　　上海教育出版社

《寂静的春天》　　上海译文出版社

《中国资本市场的发展与变迁》　　格致出版社

"崇善楼书系"(六册)　　上海书店出版社

《相信童话》　　少年儿童出版社

《高温超导应用研究》　　上海科学技术出版社

《陈澧集》　　上海古籍出版社

"南宋史丛书"　　上海古籍出版社

《上海大辞典》　　上海辞书出版社

《十年轮回：从亚洲到全球的金融危机》　　上海远东出版社

《神经导航外科学》　　上海科技教育出版社

《东方之冠,鼎盛中华》　　上海文化出版社

《血脉中华——老区60年》　　上海文化出版社

《钢琴家大辞典(A—Z)》　　上海音乐出版社

《神奇秘谱乐诠》　　上海音乐出版社

《中国高等院校艺术设计学系列教材》　　上海人民美术出版社

《上海,城市的记忆》　　上海人民美术出版社

《1956,潘光旦调查行脚》　　上海锦绣文章出版社

《晚清史》　　百家出版社

《中外文明同时空》　　上海锦绣文章出版社

《剪花娘子——库淑兰》　　上海锦绣文章出版社

《咬文嚼字三百篇》　　上海文化出版社

《儿童心理学手册》　　华东师范大学出版社

《杨国荣著作集》　　华东师范大学出版社

《中国儒学之精神》　　复旦大学出版社

《城市社会问题经济学》　　复旦大学出版社

"中德文化丛书"　　上海外语教育出版社

《德汉科技大词典》　　同济大学出版社

《郑观应年谱长编》　　上海交通大学出版社

《纳米芯片学》　　上海交通大学出版社

《盲信号处理——理论与实践》　　上海交通大学出版社

《量子化学》　　华东理工大学出版社

《中国近代股份制企业研究》　　上海财经大学出版社

"美术考古学丛书"　　上海大学出版社

《绝版李鸿章》　　文汇出版社

第四章　出版社经营管理

20世纪50年代,上海对私营出版业实行社会主义改造,把出版社全部纳入国有经济,实行事业管理。党的十一届三中全会之后,出版业开始逐步走向市场。1983年6月,中共中央、国务院颁布《关于加强出版工作的决定》,文化部出版局明确了出版社"事业单位、企业化管理"的原则,推动出版社加快走向市场。1984年,上海出版业开始全面推行"事业单位、企业化管理",出版社内部管理由党委负责制转变为社长负责制,全行业实现了由生产导向型向生产经营型的重大转变。在经历了岗位责任制、目标管理制、承包经营责任制之后,1992年下半年推出"双效益"责任制,建立起一整套共负责任、共担风险、共享成果(超收自留部分)的激励机制,出版社经营管理体制机制趋于成熟。

第一节　经　营　管　理

出版社经营管理主要通过市出版局(新闻出版局)制定上海出版事业五年规划,出版社制定年度计划、季度计划,落实并及时上报计划完成情况,同时认真组织规划和计划的实施,确保出版社出版的书刊符合社会主义先进文化方向,为人民群众提供丰富多彩的精神产品。

一、制定规划和计划

1978年初,市出版局恢复建制,履行对全市出版、印刷、发行的行政管理职责,根据上海出版事业的实际情况、未来的发展走向和国民经济的发展速度,先后制订了三年(1978—1980)、八年(1978—1985)出版工作规划。1986年后,根据国家"七五""八五"计划纲要,又制定了上海出版事业两个五年规划。1995年制订"九五"(1996—2000)和十五年(1996—2010)中长期规划。

年度计划由出版社制定,参照市出版局(新闻出版局)五年规划的分年计划数进行审核平衡,汇总上报。年度计划除出版计划外,还有出版用纸计划。年度计划的指标,报刊有期印数、总印数、总印张数,图书有品种数、新出品种数、总印数和总印张数。年度计划由市出版局(新闻出版局)汇总上报,新闻出版署组织审核平衡。由于上海在全国出版事业中占有重要地位,新闻出版署每年通知上海代表参加计划平衡会议,听取意见。计划平衡会议确定的计划指标,成为正式的年度计划。

二、组织实施

市出版局(新闻出版局)对出版社上报的统计报表经过审核后,将统计数据与计划指标进行核对、比较,发现问题,提出解决问题的办法。计划执行的情况通过机关刊物《上海出版工作》等予以公布,或者发表专门的文件,以期引起计划执行部门的注意,改进工作。

市新闻出版局还通过加强出版单位社会效益评估,以完善社会效益评估机制来加强和改进书号管理。在科学评估的基础上规范合理地分配书号,提高出版资源配置效能,充分发挥书号总量宏观调控在出版管理中的作用。支持效益好的出版社做强做大,引导其他出版社改善管理。进一步加强出版导向管理,完善审读机制,形成出版前有效控制、出版中加强管理、出版后及时反馈的工作规范,强化对出版各环节的监管。通过出版专项基金的导向功能,支持社会效益好、文化价值高的图书出版,繁荣上海出版事业。

1978 年至 2010 年,上海认真落实出版规划,出版图书呈现出一条从快速增长到平稳增长的发展轨迹。据统计,1978 年至 1980 年,全市共出版图书 6 204 种,初版图书 4 837 种,总印数 14.12 亿册,45.63 亿印张。其中增长最快的 1980 年,出版图书 2 396 种,总印数 5.62 亿册,17.77 亿印张。

1981 年至 1985 年,全市共出版图书 17 873 种,其中初版图书 11 222 种,总印数 27.06 亿册,112.39 亿印张,各项指标均明显超过上一个五年,爆发性增长的特点明显。其中出书品种以 1985 年为最高,达 4 176 种,总印数和印张以 1984 年为最高,分别为 5.37 亿册,25.66 亿印张。

1986 年至 1990 年,全市共出版图书 29 704 种,其中初版图书 19 701 种,总印数 18.52 亿册,86.40 亿印张。其中出书品种以 1990 年为最高,达 7 767 种;总印数以 1988 年为最高,达 4.33 亿册;总印张以 1987 年为最高,达 20.30 亿印张。

1991 年至 1995 年,全市共出版图书 41 003 种,其中初版图书 21 773 种,总印数 12.92 亿册,84.76 亿印张。其中 1995 年出版图书 8 338 种,总印数 2.44 亿册,17.92 亿印张。

1996 年至 2000 年,全市共出版图书 53 737 种,其中初版图书 27 134 种,总印数 13.55 亿册,94.32 亿印张。其中 2000 年出版图书 12 683 种,总印数 2.54 亿册,18.99 亿印张。

2001 年至 2005 年,全市共出版图书 77 071 种,其中初版图书 43 468 种,总印数 13.26 亿册,112.63 亿印张。其中 2005 年出版图书 16 501 种,总印数 2.59 亿册,23.65 亿印张。

2006 年至 2010 年,全市共出版图书 90 701 种,其中初版图书 50 419 种,总印数 12.91 亿册,122.41 亿印张。其中 2010 年出版图书 19 256 种,总印数达 2.84 亿册,26.03 亿印张。

第二节 经营机制

出版社经营管理既有一般企业的共性,又有出版企业的特殊性,要在党和国家出版方针的指导下,弘扬时代主旋律,满足人民群众的文化需要,又要遵循市场经济规律,在市场竞争中生存和发展。上海出版业从"事业单位、企业化管理"到全面转企改制成为市场主体,在实践中探索形成了一套行之有效的经营机制。

一、岗位责任制

1978 年后,上海各出版社按照改革发展的要求,先后根据各自特点,对经营管理机构作相应的调整,并明确相应的岗位职责。从原稿发排到出书各环节都指定专人负责,以确保出版工作顺利进行。

由于工作岗位职责明确,原先由社领导和科室负责人承担的经济责任被分解到各个岗位,发挥了职工的积极性。岗位责任制的考核成为出版社发展和经营管理的基本模式。

二、目标管理制

目标管理制是将出版社业务量细化为一定的指标体系,分解到各个部门、岗位,使所有的部门和岗位都明确自己应承担的目标责任,并围绕目标的实现发挥自己的主动性和创造性。目标管理制的建立,进一步完善了出版社内部经营管理。

1984年前上海各出版社实行经济目标责任制的主要内容为：各出版社以领导班子为责任人,在核实计划成本的基础上制订出计划利润指标,同时对出版物品种分层次确定盈利、保本、亏本三类经营指标,并将上述指标分解到各编辑部门。市出版局（新闻出版局）考核社领导班子总指标完成情况,社考核编辑部门分解指标完成情况。

对编辑部门的考核,各社做法各有不同。有的把每项指标分解成分值计算;有的以品种为基础,对出书的质量和利润进行考核;有的以利润为指标,结合出书品种和质量进行考核。经过摸索,逐步完善以全年出书品种、质量、数量及利润等指标综合考核的目标管理制,并依据考核办法进行奖励或处罚,调动职工的积极性,使更多人关心选题开发、出书质量、出书进度,注重市场调查。

对出版部门（科）的考核,在机构调整、岗位责任制明确后,逐步走向以品种、字数或幅数、印制质量、出版周期、用纸总量为综合考核指标的目标管理制。对校对科考核,主要实行以校对字数及校对质量为依据的目标管理制。大多数社对每位校对确定定额指标,超过定额的字数按业余校对费支付。对各个校次都订有质量指标,文字差错率超过指标,按折算比例扣除校对字数,防止只抓数量忽视质量的倾向。对发行科考核,以发行码洋、书款回收率为主,结合库存图书、期刊,费用开支定额、发行覆盖面、坏账损失控制等进行综合平衡。

三、承包经营责任制

20世纪80年代末,各出版社开始推行社长负责制等多种形式的承包经营责任制。市新闻出版局与市财政部门协商确定总的利润承包基数,然后把基数分解到各出版社,由社长和市新闻出版局签订利润承包合同,确定基数,确保上交,超收多留,欠收自补。各出版社上缴所得税按一定比例逐年递增;完成利润基数直接与奖金和工资额度挂钩。1988—1990年,市新闻出版局所属出版社和印刷发行企业共有70家单位实行了承包经营责任制。

承包经营责任制引进竞争、激励机制,出版社经营管理按市场经济规律的变化而调整,包括增设营销机构开展自办发行,一些出版社还办起"三产"。但同时也出现一些问题,主要表现出版社为追求利润而降低出版物格调,有的出版社把利润指标分解到编辑个人,甚至让编辑经营书号,致使部分图书品质大幅度降低。

四、"双效益"责任制

进入20世纪90年代后,上海的出版社开始实行以"双效益"（社会效益与经济效益）评估考核为核心内容的责任制,即在利税承包制（经济责任制）基础上引进社会效益责任制。市新闻出版局把学术著作出版比例、出版物编校质量、重点项目完成情况、年度计划落实、装帧设计水平以及专业出版执行情况等量化成指标,列入对社长、社一级领导班子的年度评估考核范围,考核结果与出版社工资总额和主要负责人的年收入挂钩。对印刷、发行企业的评估考核,针对其生产特点,相应引进产品的印制质量、规范化服务水平等内容。

"双效益"责任制1992年下半年起全面推行,到1997年趋于完善,形成了数字管理模型,通过科学量化指标,责任具体落实到人,责任人责、权、利一致。市新闻出版局还推动各出版社结合自身业务特点,研究、制订、推行一系列分解责任制的方案。图书的学术水平、编校质量、原稿差错率等列入对具体责任编辑的"双效益"评估考核范围,学术著作、重点图书的订货率等列入对发行人员的"双效益"评估考核范围,从上到下形成了一套共负责任、共担风险、共享成果(超收自留部分)的经营责任制。

五、集团经营管理模式

1999年2月上海世纪出版集团成立和2004年6月上海文艺出版总社成立后,按照深化文化体制改革的要求,市新闻出版局对原局属出版社的直接管理改由集团、总社对出版社进行管理和考核,形成了集团化经营管理模式。上海其他出版社的经营管理仍以"双效益"评估考核为主。

上海世纪出版集团和上海文艺出版总社对所属出版社采取了不同的经营管理模式。上海世纪出版集团成立后,将首批加入的5家出版社由独立事业单位转为集团分支机构,取消独立法人,不设社长,同时进行财务、物流等整合,组建集团发行中心和资金结算中心,承担集团除中小学教材、报刊以外的图书总发行,通过规模经营、降低发行成本,实现优势互补、细化市场、做大市场的目标。第二批加入7家出版社,取消独立法人,但保留社长,发行业务逐步并入集团发行中心。上海文艺出版总社成立后,保留下属出版社独立法人,经营管理采取相对独立、有分有合的方式,通过政策把控、财务委派等手段对出版社进行管理,力求发挥总社和出版社两个积极性。

第三节　印　制　管　理

一、生产调度

1978年1月恢复专业出版社后,印刷调度由上海出版印刷公司负责,印刷计划由各出版社负责。出版社每个品种的印刷生产厂家,都要报经公司指定安排,具体进度由出版社再与承印厂协商落实。由于调度选厂过程中的社厂双方不见面、需要与可能不协调,印刷生产难以控制,印刷周期无法掌握,一时间矛盾突出。从1980年起,各社几乎都创办"三产"印刷厂,或向江、浙、皖、鲁、赣等省的周边市县寻求印刷生产力。1982年,改革开放扩大了企业自主权,公司印刷生产调度职能逐渐淡化并最终取消。

1982年起,出版社开始自主计划调度。上海出版印刷公司的生产调度改为计划总量控制,将全市的印刷生产力按比例分配给各个出版社。出版社直接与印刷厂签订年度印刷合同,分月协议发印、出书的品种。80年代后期,出版社和印刷厂双方均进入市场,出版社从质量、价格、周期和服务等因素选择适合的印刷厂,印刷厂也根据自己的设备、工艺和专长确定自己适合的出版社,公司的计划调度已丧失功能,出版社全面进入了自主计划调度的时期。

二、技术设计

出版社通过设立美编室,由专业的美术编辑从事图书装帧、设计。根据书稿的性质、用途和读者对象等,对成书的排版方式、用字的字体字号、公式和图表的格式等进行版面规划,使全书内容的主次、体例、结构、层次等得以清晰体现,美观悦目。

出版社设立出版科,由技术编辑负责对原稿的检测,着重书稿的印刷生产技术要求,尽可能解决编辑工作中的疏忽,为排版、制版、校对和印刷生产扫除障碍,减少生产进程的阻滞。原稿检测的工作内容主要是书稿的定、清、齐。

定,指书稿定稿发排,定是书稿的质和量的标志。多年来,上海各出版社发排的书稿,都经过三审定稿,校审过程中有些少量改动或增删调整。

清,指原稿的文字标符书写易认,编辑加工勾划清楚,体例标题结构有序。绘稿图片层次分明。稿面整洁,稿纸整齐。原稿的清晰,历来是排校工作的技术要求。市出版局20世纪80年代针对原稿中的不规范现象,提出《原稿十忌》,出版社新进编辑参加业务讲座学习后,原稿的技术质量已有改观。

齐,指原稿构件齐全。一般要求正文和插图一次发齐,封面及彩版内封可以滞后几天补发。原稿内容按序编码,不缺不漏,稿纸幅面大小一致,单面书写。

版面规划,书稿文字在版面上的编排形式,在实用、经济、美观的设计思想指导下,不断创新。通过控制版心、标题用字选择、插图部位、图注用字等的整体布局,使图书的内容与形式取得一致。

三、质量管理

印刷质量主要体现于书籍的外观质量。一本印刷精良、清晰亮丽、牢固耐用,并且它的形式与内容和谐协调的书籍,可以引发读者的喜爱,从而发挥书籍宣传教育应有的功效。鉴于印刷质量的重要性,确保印刷质量,加强管理力度,便成为出版社与印刷厂双方协调的重点。

1. 印样定清付印

付印样本是印刷施工的蓝图,生产的依据。上海各出版社规定,每一种书籍的付印,都必须随发付印样本。付印样本有初版书和重版书之分。初版书的校样,经过三次校对、一次复对,扫除排版中的文字差错,提供制版印刷的校样,已不存在应改未改的文句,内容校正核定,校样版面清晰。重版书的付印,选正样本,确定版次内容,并经责任编辑审读和总编签发。上海各出版社出书品种多,有些书籍重版印次频繁,每次印刷一般都有少量的文句上的改动,个别书籍的书名又有相似或相同的情况。因此重版印刷的样本,应是近次印刷的样书,如果此次付印,内容上又有修改,则在付印前将印刷原版切实改正,并经过专职人员依据付印样本仔细核对,确认无误后,方可付印。重版书有相似或相同的书名,应依据图书设计卡片,仔细核对书号、作者人名,以及印张、定价等记录,避免发错付印样本。

2. 版本记录准确

版本记录是指一本书中,封面、书脊、内封、封底版权等处的文字记载。这些文字内容包括:书名、丛书名、著作人名、出版社名、版次、印次、印数、出版印刷的年月、书号、定价等等。这些名目繁多的项目,事关著作权人和出版社的权益,在书籍各处的构件上,都应做到应有尽有,前后统一无误。上海各出版社规定,每一本书的版本记录都要立卡登记,一书一卡。这种卡片的名称是"图书设计卡",囊括了书籍应有的版本记录项目。初版付印时,在卡中填写固定的不变内容,重版付印时,在卡中填写本次的变动内容。"图书设计卡"形同书籍的版本印刷档案,作长期保存。

3. 完善印刷施工

书籍印刷纯是委托加工,出版社提出出书要求,印刷厂实施印刷生产。各社的印刷施工,手续完备,交代明确。印刷施工又称发印工作。发印时,出版社同时提交付印样本、印刷原版、印刷施工单。三者缺一不发印,要达到印刷施工定清齐的完善程度。付印样本定稿,印刷原版的内容与付印样本吻合一致;印刷施工单中所填写的项目,内容准确无误,用纸品种规格确定,数量计算准足,出书进栈的限期、数量交代明确,所有数据都达到清楚明白的程度;纸张及其他各种印制材料准备齐全,供应能够到位,印刷厂不至于停机待料。几十年来,出版社完善印刷施工,为提高书籍的印刷质量,避免差错事故的发生,创造了有利的条件。

4. 防止装订差错

印刷生产过程中的质量问题,主要是装订的倒装、缺帖,全书内容的残缺不齐。如何防止装订的差错事故,几十年来一直是出版社、印刷厂不断研究解决的课题。

装订签样,是上海各出版社几十年来坚持执行的制度,这个制度的切实执行,既可从整体上保证印刷装订的总体水平,又可及时防止生产过程中的失误。制度规定,凡正文印刷齐帖,封面、插页等零印齐全,装订厂应立即制作样本,随同付印样本一并送交出版社复对检查,内容无误,印刷装订质量符合要求,出版社在样本上签字盖章,装订厂方可批量生产。成品进栈时,装订厂凭此签样验收入库。20 世纪 90 年代起,上海市印刷质量监督检测站成立,定期或不定期地深入印刷厂生产车间或新华书店仓库抽样检测,为防止装订差错、保证印刷质量发挥着积极作用。

四、周期管理

印刷周期管理是对书籍印刷生产所占用的时间进行计划安排和组织协调,控制生产的进度,实现印刷周期的优化。

出版社出版科面对全社众多的编辑室,一年初重版书籍的出版,需要归并梳理,分轻重缓急,制订出版计划。按照年度计划,汇总匡算发排字数、制版副数和印刷用纸量,分别与印刷厂商定全年的印刷协议,对生产力的使用预先组织落实。落实月度计划,安排具体发排、发印的品种和出书期限,据此检查落实生产进度。出版计划是组织印刷生产力的依据。印刷厂往来客户多,形成生产品种的多样化;书籍生产制作环节多,前后工序需要衔接合拍;书籍的印张有多有少,印量有大有小,需要统筹安排印刷装订的机台人力,保持均衡生产。在正常情况下,出版社按计划发排发印,完善施工设计,及时供应物料图版;印刷厂适时计划调度,切实组织机台人力,以保证准时出书,缩短印刷周期。

上海各出版社在印刷周期管理工作中,注意纸张的采购、供应和使用。各社都有一套行之有效的工作方法。直接向造纸厂采购少量的用纸量,尽量使用各厂存纸,避免厂际相互调拨,也减少了非生产时间。对纸张的质量规定要求,一定要适应印刷机的性能,特殊品种的纸张,定性、定量、定时专门订购。

为确保准时出书,上海各出版社首先将印刷厂的印刷交货期和装订进栈的时间明确限定,各自按进度完成;其次是在印件交货顺序方面,印刷厂插页应先于正文之前印好交货,正文应先于封面之前印好交货,便于装订厂先插页沿贴,其次正文排帖,最后包面的生产程序。印刷厂如发生印件短缺,要及时从速补版,不要等装订厂出书进栈轧齐缺书后再进行补版。通过了解生产进度,发现问题及时协调;核实进栈数量,摘录装订厂的送书回单,防止虚假谎报;抓紧扫尾清理,争取一天不脱,一本不缺。

第四节　图　书　营　销

一、编印新书目录

改革开放初期,上海各出版社所有即将出版的图书发行信息都由新华书店上海发行所通过图书征订目录向全国各地书店发布,同时征求图书订货数,汇总后向出版社报订,包销。最初的图书征订目录是《沪版征订目录》(甲)、《沪版征订目录》(乙),新华书店上海发行所编发,每期 4 到 8 页,没有刊号,期数也不固定,属印刷品。

1983 年 1 月,新华书店上海发行所主办的《上海新书目》创刊,每期发布上海版图书约 120 种,是上海版图书最主要的征订目录。与此同时,全国也出现多份专业征订目录,有的是新华书店系统编制的,有的是专业出版社单独或联合编制,上海出版的专业类图书也在相关专业征订目录上征订。

《科技新书目》1963 年 8 月创刊,1966 年休刊,1975 年 1 月复刊。由新华书店北京发行所、科技发行所、新华书店上海发行所联合编印,上海科学技术出版社、上海科学技术文献出版社、上海科学普及出版社、上海科技教育出版社出版的科技类图书由上海发行所编发后交北京发行所《科技新书目》编辑室在《科技新书目》征订。1986 年,《科技新书目》编辑室在上海青浦县举行工作会议,针对科技图书订数萎缩的状况提出改进措施,要求加强《科技新书目》的宣传工作,进一步提高办刊质量。

《全国地方版科技新书目》1988 年 1 月创刊,中国科技图书公司、全国各省市科技出版社联合编印,中国科技图书公司出版,主要宣传征订地方科技新书。上海科学技术出版社等科技类专业出版社也在书目中进行新书征订。

《全国古籍新书目》1988 年 2 月创刊,全国古籍新书目编委会编、上海古籍出版社出版,为介绍古籍图书出版信息的专业报纸,四开 4 版。1993 年更名为《古籍新书目》,公开发行。2002 年 8 月再次更名为《古籍新书报》。

上海辞书出版社发行所编印的《辞书新书目》,主要宣传推广和征订全国辞书类图书。

图书征订目录一般在图书付印时编印发出,各市、县新华书店收到目录后,主动向有关团体单位、图书馆、供销社、集体书店等宣传和征订;同时,在书店门市部张贴,接受读者预订。市、县新华书店一般在 25 天内向省级新华书店提出订货数。省级新华书店在 10 天内汇总全省各市、县书店的订数,加上储备数,向新华书店上海发行所等提出订货数。新华书店上海发行所等汇总全国的订数后,加上储备数,最后向出版社开出每种书的订货通知单。征订目录从发出到向出版社提出订数一般为 45 天。由新华书店上海发行所发行的图书,一般实行订单直报,市、县新华书店的订数不经过省级书店汇总。

除图书征订目录,上海各出版社对一些重点图书会主动与新华书店上海发行所合作,印发单页征订单或宣传品。1982 年,上海人民出版社出版的《中国共产党历次重要会议集》(上册),原来估计印数 20 万册,后来印了 10 万张单页征订单供各地书店向读者进行宣传征订,结果各地书店的报订数增加到 42 万册。1984 年,上海书画出版社《中学生字帖》(柳体和颜体两种),原来发一般目录征订时全国订数为 48 万和 42 万册,印发 15 万份单页征订单通过书店向读者征订,订货数分别增加到 168 万和 62 万册。

出版社为了让读者及时了解新书,在自办发行开始的时候,也会单独编印一些图书目录、可供书目进行推荐介绍。图书目录分为年度、半年度,可供书目(或称"新书目录")分旬刊、月刊、季刊等,在新华书店零售门店分发读者,或邮寄给团体读者、有关专家学者等。

1980 年开始,部分出版社也尝试每月或每季度编制一本"新书目录",寄发上海市各学校和外省、市、县教育部门和图书馆。上海人民出版社、上海教育出版社等每年编印年度图书目录汇总。1985 年,上海译文出版社在《书讯报》刊登启事,声明新书目录已出版,读者如需要可剪下启事下端的贴花,贴在信封上,写上自己的地址姓名寄往该社,可得书目一册。启事刊出后,10 多天内收到全国各地读者来信近万封,出版社组织人力为读者寄送书目,把图书目录送到真正需要的读者手中。

二、宣传推广

上海各出版社除以扩大征订为目的的新书目录外,也制作了各种介绍上海版图书的宣传品,包括四开四页的宣传小报,免费向读者赠阅,产生了一定的社会影响。

上海人民出版社等通过编印的《图书介绍》报固定周期介绍本社出版的新书,很受读者欢迎。宣传小报固定周期赠阅,逢年过节、重大活动时出增刊。这类宣传小报一般没有刊号,属于印刷品。

1980年,上海教育出版社将每季度编印一次的"新书目录"改为《教育书讯》,八开大小,共两版,内容除新书目录外,还有图书评介、新书预告、编辑动态、新书架等,文章短小精悍,少则几十字,多则数百字,形式比较活泼,每期可介绍10多本书。在徐汇、南市、普陀、闸北等区和金山、松江县的教师进修学院(校)、市青年宫、上海师大一附中、向明中学等处,设立了"上海教育出版社新书宣传橱窗",每月底将本月出版的新书给上述单位各寄一本,在宣传橱窗中展示。少年儿童出版社每年"六一"和寒暑假期间集中印发招贴画,并编印《少年儿童书讯》送到学校,在孩子中间传递新书信息,扩大新书影响。

上海各出版社还制作印有出版社名称、新书介绍等的宣传品,如课程表、包书纸、书签、塑料袋、腰封、年历卡、记事本等,通过零售书店、各种书市、书展发放,用以宣传新书和出版社形象。

三、组织书评

书评是进行图书宣传的最基本方法。上海出版界非常注重图书书评工作,一些出版社如复旦大学出版社等对编辑在报刊上发表书评文章给予奖励。上海译文出版社等为鼓励编辑撰写书评文章,实行"双稿费制",即媒体付多少稿费,出版社再给相应稿费,以资鼓励。出版社编辑写的书评文章一般都能突出重点、概括要点、显示特点、明确卖点,引起读者对所评之书产生阅读兴趣和购买欲望。

1980年,市出版局召开图书宣传、评论工作会议,由各出版社和上海新华书店领导和有关人员参加,要求出版社加强图书宣传、评价工作,除经常编印各种图书目录及刊登新书广告外,积极开展书评工作。出版社应把组织书评作为经常性的工作,指定专人负责,协同和促进学术机关、文艺团体、高等院校和报刊开展书评的撰写和组织工作。要提倡和鼓励编辑撰写书评。各出版社要有一位社领导负责抓这项工作,组织三到四位有一定写作水平的同志参加评论工作。

此后,市新闻出版局多次对图书宣传工作提出要求。上海人民出版社、上海教育出版社曾专门开会研究图书宣传工作,提出具体意见,编辑部门积极撰写和组织有关图书评介的稿件,推荐给报刊发表。每当有重点书出版,上海各出版社都会利用报纸、电台、电视台发消息、登书评、办节目,及时向读者推荐新出版图书。1980年《中学生基础知识手册》,上海教育出版社通过新华社两次发布新书消息、评价,全国十几家报纸采用。在新华社发消息后的一个月内,出版社平均每天收到读者要求购书的来信多达数百封。

出版社不仅要求编辑、总编室等社内同志撰写书介、书讯、书评,也时常会邀约作者、专家、学者撰写书评,并提供媒体刊发的渠道。通过不断努力,上海各出版社好书推荐工作一直领先全国,一些编辑逐渐成为某一专业领域的书评高手,推出书评专著。

四、发布广告

上海各出版社重视图书广告,经常在《解放日报》《文汇报》《新民晚报》《文汇读书周报》《书讯报》等社会影响力较大或比较专业的报刊或者广播电台和电视台发布广告。出版社自办的宣传小报、社办期刊、出版的丛刊和书籍也是刊登广告的重要阵地。书籍的封三、封底、环衬、勒口、末尾空白页上,经常印有同类书特别是所属丛书的广告。

1980年,上海人民出版社强调要着重宣传质量较高、读者面较广的政治理论读物和专业性较强、不大为人所知的学术著作、资料书;明确关于经济管理的新书,出到一定数量规模就可以刊登大幅专题广告。各类图书应选择不同的宣传阵地和采取不同的宣传方式,不宜一揽子,一锅煮;刊登广告须看准火候,除了利用《书讯报》、报刊、电视、幻灯片、印刷品等宣传工具外,特别要注意利用本社出版的丛刊和书籍进行宣传。上海人民出版社出版的《书林》《青年一代》《党的生活》等,都选择刊登过有关书籍的书评、书讯、前言、摘录和广告。

1980年,上海教育出版社征订《小学生守则图册》,新华书店预造二三十万册,印数迟迟定不下来。上海教育出版社在《人民日报》刊登广告,各地纷纷要求订书,印数上升到330万册,增加了10多倍。上海各出版社在尝到做广告的甜头,大都增加了广告预算、制订了广告实施计划,通常会在重点图书上市、节庆假期或者书展书市期间在各类媒体刊发广告。从2004开始,上海各出版社在上海书展期间都通过会刊、专业媒体等发布新书广告、活动告示、祝贺广告等,显示出版优势和文化传承成就。

五、举办活动

上海各出版社在重点书出版之际,往往会举办一个向社会发布的活动。20世纪80年代叫新书发行仪式,之后通常也用新书首发、座谈会、签名售书等名称,邀请媒体报道,提升新书的传播度和影响力。

据不完全统计,20世纪80年代以来,上海比较大型的新书首发活动有:

1981年12月,上海人民美术出版社与南斯拉夫评论社合作出版的《西藏》大型画册塞尔维亚-克罗地亚文版在贝尔格莱德发行。

1985年4月,上海教育出版社在北京科学会堂举行《华罗庚科普著作选集》出版发行仪式。

1987年1月,为祝贺巴金从事文学创作60年,上海文艺出版社举行《巴金六十年文选》发行仪式,并举办报告会,邀请柯灵等作"巴金与中国文化"的报告。

1990年8月,上海教育出版社在北京人民大会堂举行《教育大辞典》首发式。

1993年7月,上海社会科学院出版社举行《新编上海大观》首发式,这是新中国成立以来第一部全面、简要、真实地记载上海历史发展轨迹和现代面貌的大型著述。

1996年11月,《上海年鉴》编委会在中科院上海学术活动中心举行第二次扩大会议暨《上海年鉴》(1996)首发式。

1999年6月,上海人民出版社和香港迪志文化出版有限公司历时3年开发制作的《文渊阁四库全书》电子版面世,在北京人民大会堂举行出版座谈会。

1999年9月,上海人民出版社在北京人民大会堂举行《中华人民共和国50年图集》首发式。

1999 年 9 月,市委宣传部等单位联合召开上海人民出版社出版的《上海通史》出版座谈会暨上海史研讨会。

2002 年 5 月,上海古籍出版社出版的《续修四库全书》在北京人民大会堂召开出版座谈会,全国政协主席李瑞环出席并讲话,称《续修四库全书》的出版是功在当代、泽及后世的盛举。

2003 年 8 月,上海辞书出版社出版的《大辞海·哲学卷》《大辞海·医药科学卷》在上海图书交易会首发。

2005 年 5 月,中宣部出版局和上海市委宣传部在北京联合召开民族精神史诗出版工程暨《话说中国》出版发行座谈会。作为民族精神史诗出版工程首推项目,上海文艺出版社出版的《话说中国》为弘扬民族传统文化进行有益探索和创新。

2007 年 7 月,《大辞海》编委会、解放军军事科学院和上海世纪出版集团在北京人民大会堂联合举行《大辞海·军事卷》出版座谈会。上海辞书出版社出版的《大辞海·军事卷》,是新闻出版总署纪念建军 80 周年重点图书中唯一的一部专科工具书。

六、参加订货会

随着改革开放不断深入,靠"征订目录"200 字左右的内容介绍来决定印数的做法已经越来越不适应。为克服"隔山买牛"的弊端,1987 年,新华书店总店和新华书店北京发行所在河北秦皇岛市召开首届大型京版图书看样订货会,吸引全国发行系统数千人参加。之后,图书看样订货会逐渐成为图书征订的一种重要形式。

上海各出版社不仅积极组织参加图书交易博览会(原全国书市)、北京图书订货会、北京国际图书博览会等全国性书业盛会,同时也参加科技、美术、文艺、古籍、少儿等不同门类的专业订货会和按出版社类型举办的订货会,如全国大学出版社联合看样订货会等。

上海自办的订货会有沪版图书订货会(又名上海出版社联合图书看样订货会、上海图书交易会),由上海出版社经营管理协会、上海市出版工作者协会、上海市书刊发行业协会主办,上海各出版社和新华书店上海发行所联合承办。

上海各出版社在图书订货会上通过推出有质量的重点图书,开展各种交流活动,为业界充分利用这类出版物交流、交易的空间,使之成为调节和稳定出版物市场、展示中国最新出版成果、促进行业健康发展的重要平台。

七、开展邮购、特约服务

20 世纪 80 年代,出版社在自办发行之前先是尝试设立邮购部、服务部、特约经销点等,成为重要的图书营销推广形式。很多出版社出版的图书,除主要通过新华书店发行外,出版社设有邮购部办理邮购,设立服务部、特约经销处直接对读者零售本社图书,部分解决了"买书难"问题。

上海人民出版社开办邮购业务以后,1980 年 1 月至 8 月共收到读者来信 2.6 万多封。上海古籍出版社在 1980 年 2 月 1 日《文汇报》刊登广告注明办理邮购后,当月收到读者来信 4 500 多封,3 月至 8 月平均每月收到读者来信 1 200 封。很多读者通过邮购买到迫切需要的书刊以后,给有关出版社写信,表达由衷的谢意。

1981 年,少年儿童出版社先后在北京、杭州、温州、无锡、武汉、广州、沈阳和上海设立 10 个特约发行处,并在 1982 年 11 月召开首次特约发行座谈会。北京王府井新华书店 1980 年仅经销少儿版图书 65 种,建立特约关系后,1981 年增加到 176 种,1982 年进一步增加到 283 种,其中不少品种是北京其他书店所没有的。杭州少儿书店 1981 年仅经销少儿版图书 78 种,建立特约关系后,1982 年上半年增加到 220 种。沈阳特约发行处成立后,由于品种较全,东北各地书店乐于就近到他们那里进书,不再跑北京、上海了。由于各地特约发行处到书快、品种全,图书销售量成倍增长。沈阳一家书店以前每月销售图书码洋 6 000 元,建立特约关系后,1982 年 10 月销售图书码洋达到 1.5 万元。无锡特约发行处经常深入各学校办小型书市、设流动书摊,并在市区 3 个小学试行代销,仅半个月就发行图书 3 358 册。

1982 年,上海古籍出版社在北京中国书店、广州古籍书店、西安古旧书店、重庆古籍书店、南宁古旧书店、长沙市新华书店古旧门市部内设立特约经销处,办理出版物的订购、邮购业务。

1982 年 6 月,上海第一个邮购合作社——上海人民出版社书刊邮购合作服务部成立。服务部由出版社职工子弟中的待业青年组成,自筹资金、独立核算、自负盈亏,属社会主义性质集体所有制组织,业务上受上海人民出版社的指导。1985 年 5 月,上海人民出版社读者服务部开张营业,经营本社出版的各类书刊,首批上柜供应的书刊品种近 500 种,第一周销售图书达 5 400 多册,平均每月营业额近千元。以其品种齐全、备货充足、服务热情周到,赢得读者的好评。

1985 年,上海教育出版社设立读者服务部门市部,主要经营本社出版的中小学、职工业余学校教材、教学挂图、教师参考书和学生课外读物、低幼儿童读物以及部分教育期刊,备货品种齐全,以尽可能解决教师和学生"买书难"的困难。门市部还对外地和边远地区读者办理邮购业务。

1985 年 10 月,上海辞书出版社门市部在陕西北路 457 号开业,以供应本社出版物为主,经销全国各大出版社出版的汉语、双语和专科词典等工具书。门市部陈列有各类工具书 300 余种,本版书品种齐全,外版书精选供应,《中国大百科全书》各分卷、《辞海》《辞源》及《简明社会科学词典》等应有尽有。

出版社办理邮购业务,设服务部、特约经销处,既可以弥补新华书店发行网点不足,又可弥补各地新华书店备货品种的不足,为广大读者,尤其是农村和边远地区的读者提供买书的方便。

八、推行寄销代销

20 世纪 80 年代,出版社探索图书发行体制改革,突破现行的征订包销制度,推广寄销、代销、现货批发等自办发行,出版社负责总发行,新华书店负责寄销。对寄销的图书,出版社可采取发货店单方寄销或出版社与发货店联合寄销也可按各种不同类型店的不同基数实行分配寄销,以及采取初版寄销(或试销),重版征订包销(或征订经销)。

1983 年下半年,上海科学技术出版社在上海青浦县新华书店和江苏、湖南等地的市、县书店试点联合寄销。1984 年 7 月,上海人民出版社与上海新华书店签订协议,对大中专教材、学习文件外的所有出版物在上海地区试行全面寄销,经过半年实践,取得良好的效果。由于规定寄销一年后销不完的书可以退货,损失由出版社和市店各半负担,解除了基层书店怕存货积压的后顾之忧。上海人民出版社图书发行量有了较大幅度的增长。1984 年下半年销售册数为 251.98 万册,金额 96 万元,较 1983 年同期的 179.69 万册和 70 万元,增长 40% 左右。

图书代销即出版社或新华书店委托个体书店、报摊、其他行业或者个人代卖图书、期刊,按实际销售数定期结算的一种批发形式。实行代销,图书商品的所有权没有转移,代销者卖不了的可以退货,卖出的可以取得一定的代销手续费。20 世纪 80 年代,代销图书的有商业服务网点、工矿企业、交通运输部门、学校、文化馆(站)、列车、轮船等。代销的方式有三种:综合性代销品种较多,备有图书专柜、专架,有专人负责经营,销售较稳定;专业性代销品种不多,但对口代销,销量较大。此外还有季节性代销,如个体摊贩在元旦前后代卖年画、挂历、贺年片等。

截至 1988 年底,上海各出版社自办发行量已占新华书店总发行量的四分之一。上海古籍出版社、上海科学技术出版社、上海书画出版社将热销书给新华书店发行,滞销书自办发行。上海译文出版社采取与新华书店联合征订、重点推荐图书的形式。自办发行增加了上海版图书的发行量,使社、店双方都能增加经济效益,也使"卖书难"得到一定程度的缓解。出版社为了配合图书自办发行,不遗余力地进行营销宣传,拓展了市场,吸引了更多的读者,提高了出版社的知名度。

第三篇
期刊出版

上海是中国近现代期刊的发源地,出版期刊以品种多、门类全、印数大、质量高著称。20 世纪 90 年代特别是进入 21 世纪后,上海期刊在中国出版政府奖、国家期刊奖等重要国家级评奖中频频获奖,获奖数位居全国各省、自治区、直辖市之首。

　　"文化大革命"中,上海期刊业遭受挫折,不少期刊停止出版。党的十一届三中全会后,这一状况得到根本改变,期刊出版呈现前所未有的蓬勃生机。数据显示,1978 年,上海登记出版的期刊仅 42 种,1987 年增加到 546 种。之后进入相对平稳发展阶段,到 2010 年底,上海公开出版的期刊达 622 种。

　　上海期刊业重现生机,是从《收获》等一批老牌期刊相继复刊、《青年一代》等新办期刊不断涌现开始的。出版社成为办刊主体,一批新办的面向大众的期刊深受读者欢迎,有的甚至一刊难求,丰富了人民群众的精神文化生活。随着改革开放不断深入,期刊的办刊主体变得多样,品种种类和内容更加丰富,设计编排和印刷质量也达到新的高度。同面向大众的期刊一样,学术期刊也进入一个新的发展阶段。学术期刊包括社会科学和科学技术两大类,面向特定读者,主要由高等院校、科研院所、社会团体等主办,办刊宗旨大多是报道本学科领域学术研究的最新成果和动态,开展理论研究,推动学术进步,服务国家建设,培育学科新人。不少学术期刊在国内具有较高声誉,学术影响力在同类期刊中名列前茅。

　　上海期刊出版坚持一手抓繁荣、一手抓管理。针对期刊种类、数量迅速发展暴露的各种问题,上海按照中央和国家主管部门要求,从 20 世纪 80 年代起先后多次开展期刊治理整顿,一批办刊力量薄弱、办刊质量不高的期刊被注销刊号,对新办期刊从严审批,实行总量控制。同时,上海不断加强期刊审读和队伍建设,优化结构,提升质量,并积极探索互联网条件下期刊和网络的融合发展。

第一章 出版单位

第一节 杂志社选介

一、中文自修杂志社

编辑出版《中文自修》杂志。《中文自修》(国内统一连续出版物号 CN31－1021/G4)1983年11月创刊,上海教育学院主办,原为辅导自学考试的刊物,后改为主要以提高中学生语文素养为目标的刊物。1998年9月,上海教育学院并入华东师范大学,《中文自修》改由华东师范大学主办。2001年2月,华东师范大学中文系成立中文自修杂志社。

《中文自修》秉持"学生爱看,老师能用"的口号,以充实学生语文素养、拓展学生语文视野、提高学生语文学习兴趣为目标,先后举办上海市中学生作文竞赛、语文大讲堂、高考与语文教育研讨会和中考与语文教育研讨会等一系列社会活动,在上海基础教育界有较大影响。2009年,《中文自修》被评为华东地区优秀期刊,2010年,《中文自修》被市期刊协会、市教育学会中小学图书馆专业委员会评为上海市中小学优秀期刊。

创刊至2010年,历任主要领导为沈惠乐、李锋、王意如。

地址:上海市中山北路3663号　　邮编:200062

二、现代家庭杂志社

原为"为了孩子杂志社",1981年成立。上海市妇联主管主办。出版《现代家庭》(国内统一连续出版物号 CN31－1027/C)《为了孩子》和《你》等刊物,已形成一个有关家庭文化、亲子教育、女性时尚与健康生活的期刊群。

《为了孩子》1981年创刊,综合性婴幼儿家庭教育刊物,以帮助、指导家长、学校、社会,培育孩子健康的身体、健全的人格为办刊宗旨,荟萃学前教育,融入众多家长的育儿体验,并强调时代感与科学性结合,指导性与可操作性结合,努力做年轻父母可信赖的育儿顾问,2009年获华东地区优秀期刊奖。吴邦国、邓颖超、陈至立、陈慕华等曾为《为了孩子》题词勉励。《现代家庭》1985年1月创刊,开始为月刊,2001年起改为半月刊,是以女性为主要读者的综合性刊物,以"女性视角,家庭话题",打造属于新一代中国主妇的全景式生活家园,特别是注意反映现代家庭的历史、现状和未来及婚姻文化中的社会问题,为丰富和美化家庭生活提供帮助。《现代家庭》创刊后,杂志社更名为现代家庭杂志社。《现代家庭》1997年获华东地区最佳期刊奖,1999年入选全国百种重点社科期刊,并两次获国家期刊奖提名奖。江泽民、吴邦国等曾为《现代家庭》题词勉励。《你》2002年创刊,是现代家庭杂志社主办的一本为都市女性打造的高端旅游运动健康类时尚生活读物。

成立至2010年,历任主要领导为荒砂、叶国强、孙小琪、纪大庆。

地址:上海市嵩山路101弄7号　　邮编:200021

三、沪港经济杂志社

编辑出版《沪港经济》杂志。《沪港经济》(国内统一连续出版物号 CN31－1046/F)1985 年 5 月创刊,沪港经济发展协会主办。1999 年改由市工商联主办。2008 年起主管单位也改为市工商联。

《沪港经济》原为季刊,1993 年改为双月刊,2002 年起改为月刊,是以介绍上海和香港经济信息为重点的综合性经济期刊,读者定位是有一定社会地位且经济富裕的企业家阶层。2010 年,《沪港经济》获华东地区优秀期刊称号。同年,在市新闻出版局和市期刊协会举办的评选中,《沪港经济》获上海市宣传世博、服务世博先进期刊二等奖。

创刊至 2010 年,历任主要领导为蔡北华、俞天白、蒋小馨。

地址:上海市中山南一路 500 号 1 号楼　　邮编:200023

四、萌芽杂志社

编辑出版《萌芽》杂志。《萌芽》(国内统一连续出版物号 CN31－1078/I)1956 年 7 月创刊,是新中国最早的青年原创文学刊物,刊名为鲁迅手迹。1960 年下半年休刊,1964 年复刊。"文化大革命"中停刊。1981 年 1 月再次复刊,中国作协上海分会(上海市作协)主管主办。复刊后发表了一大批优秀的文学作品,每年举办"萌芽文学奖"评选,并恢复出版"萌芽丛书",影响力不断扩大,作者遍布全国各地。1988 年 6 月,《萌芽》获中国作协中华文化基金会庄重文文学奖。

1995 年起,萌芽杂志社将刊物定位从"青年作家的摇篮"转为"修养类的青年文学刊物"。1998年,联手北京大学、复旦大学、南京大学等 7 所高校举办"新概念作文大赛",提倡"新思维""新表达""真体验",提倡写作要有真情实感,要有想象力和创造力,在全国引起较大反响。2000 年萌芽网站开通,进一步加强读者、作者和编辑之间的沟通。杂志社利用作者资源,和出版社合作编辑出版"萌芽书系"。到 2010 年底,已出版 50 多种,发行量达 100 多万册。2001 年,《萌芽》参加首届中国期刊展,入选"中国期刊方阵",被评为全国"双效期刊"(社会效益、经济效益好,下同)。2005年 2 月,《萌芽》入选第三届国家期刊奖百种重点期刊。2009 年 12 月,《萌芽》被评为新中国 60 年有影响力的期刊。

复刊至 2010 年,历任主要领导为哈华、曹阳、赵长天。

地址:上海市巨鹿路 675 号　　邮编:200040

五、上海文学杂志社

编辑出版《上海文学》杂志。《上海文学》(国内统一连续出版物号 CN31－1095/I)前身是 1953年 1 月由巴金创办的《文艺月报》。1959 年 10 月更名为《上海文学》。"文化大革命"开始后停刊。1977 年 10 月复刊,刊名改为《上海文艺》。1979 年 1 月恢复《上海文学》刊名,中国作协上海分会(上海市作协)主管主办。

复刊以来,《上海文学》以当代性、探索性、文学性为办刊方针,坚持精致、朴素、高雅、大气的刊物风格,推出了一大批优秀作家的作品,如阿城的《棋王》、贾平凹的《满月儿》、冯骥才的《高女人和她的矮丈夫》、韩少功的《归去来》、史铁生的《我与地坛》、王安忆的《本次列车终点》、陈村的《一天》、马原的《冈底斯的诱惑》等,在当代文学史上的留下印迹。中短篇小说贴近现实生活,文学批评敏锐求实,特别是探讨文学现状的话题,较为引人注目,在全国享有盛誉。1984年6月创办首届《上海文学》奖,分中篇小说、短篇小说、理论、诗歌四个大类,到2010年已举办了八届。

复刊至2010年,《上海文学》先后入选华东地区优秀期刊、中文期刊网络传播海外分类阅读文学文论类入榜期刊,发表的作品多次获鲁迅文学奖、冰心散文奖等各类文学奖项,每年有数十篇次被《新华文摘》《小说选刊》《小说月报》等各类选刊转载。

复刊至2010年,历任主要领导为巴金、周介人、蔡翔、赵丽宏、陈思和。

地址:上海市巨鹿路675号　　邮编:200040

六、学术月刊杂志社

编辑出版《学术月刊》杂志。《学术月刊》(国内统一连续出版物号CN31-1096/C)1957年1月10日创刊,1958年3月成为市社联机关刊物。1966年因"文化大革命"停刊,1979年1月复刊,上海市社联主管主办。月刊。

《学术月刊》是一份人文、社会科学综合性学术理论期刊,以马克思主义理论为指导,以"扎根学术,弘扬学术,引领学术,繁荣学术"为己任,以前沿性、探索性、科学性为追求,积极贯彻"双百"方针,坚持理论联系实际,倡导理论创新,鼓励学派竞争。复刊以来,《学术月刊》适应学术发展的大趋势,侧重文学、历史学、哲学、经济学等基础学科,兼及政治学、社会学、法学、教育学等,尤其注重发表反映国家思想文化建设与现代化建设进程的重大理论学术研究成果和学科前沿研究成果,栏目凸显亮点和重心,又在各学科之间保持关联性,形成独特的办刊风格。截至2010年,《学术月刊》先后获新闻出版总署等颁发的国家优秀期刊奖提名奖、新中国60年有影响力的期刊和华东地区优秀期刊等称号。

复刊至2010年,历任主要领导为王亚夫、章恒忠、黄迎暑、顾谋中、陆海明、林炳秋、王邦佐、施岳群、田卫平。

地址:上海市淮海中路622弄7号(乙)　　邮编:200020

七、大江南北杂志社

编辑出版《大江南北》杂志。《大江南北》(国内统一连续出版物号CN31-1111/K)1985年8月创刊,文史类综合性期刊,上海市社联主管,上海市新四军历史研究会主办,以宣传中国共产党领导的新四军和其他革命队伍的战斗历程和光荣传统为主要内容。创刊以来恪守"弘扬爱国主义精神,继承革命优良传统"的办刊宗旨和"历史与现实结合,学术性与文学性兼备"的编辑方针,依靠众多新四军老同志和社会各界人士的支持帮助,坚持正确的办刊方向,受到广大读者欢迎,被誉为"老同志的知音,中青年的益友"。

《大江南北》创刊时为季刊,后改为双月刊,1996年改为月刊,期印数从开始时的几千册,到2010年突破13万册。2002年被评为第三届华东地区优秀期刊,并被中国期刊协会选为赠送"全国百家期刊阅览室"刊物。

创刊至2010年,历任主要领导为徐中尼、郭云、陈扬、唐功儒。

地址:上海市中山南二路777弄1号楼　　邮编:200032

八、上海社会科学杂志社

编辑出版《社会科学》杂志。《社会科学》(国内统一连续出版物号 CN31－1112/Z)1979 年 5 月创刊,上海社会科学院主管主办,初创时主要是为院科研人员发表研究成果、交流学术思想、开展学术争鸣提供园地。1979 年 11 月,经上海市委宣传部同意,《社会科学》公开发行,双月刊,1982 年 1 月改为月刊。创刊初期,《社会科学》定位是综合性学术理论刊物,致力于探讨新问题、传播新知识、倡导新学科,读者对象为社会科学理论工作者和高校师生。

1985 年,《社会科学》杂志编辑部创办《上海社科院学术季刊》,主要反映国内外社会科学高层次的最新研究成果,鼓励学术争鸣,扶植理论新秀,倡导新兴学派。1986 年 8 月,经上海市委宣传部批准,成立上海社会科学杂志社,负责编辑《社会科学》《学术季刊》。1992 年,《社会科学》《学术季刊》被"中文核心期刊要目总览"收入,1998 年成为南京大学中国社会科学研究评价中心主办的《中文社会科学引文索引(CSSCI)》来源期刊,2000 年入选《中国人文社会科学核心期刊要览》。1997 年,《社会科学》获华东地区优秀期刊奖,2001 年被评为全国"双效期刊",入选"中国期刊方阵"。2005 年进入全国百种重点期刊行列。

2003 年,上海社会科学杂志社实行改革。经市新闻出版局批准,《学术季刊》更名为《社会观察》,成为一本社会科学普及类杂志,主要承担社会科学走向社会、向社会传播社会科学思想的功能。同时,《社会科学》扩版,把原来"短、平、快"办刊风格改为厚重又富有学理性,目标是成为国内外较有影响力的学术刊物。

成立至 2010 年,历任主要领导为钦本立、罗宗、陈招顺、徐明棋、陈家海、钱杭、熊月之、胡键。

地址:上海市淮海中路 622 弄 7 号　　邮编:200020

九、儿童时代社

编辑出版《儿童时代》等报刊。《儿童时代》(国内统一连续出版物号 CN31－1113/C)1950 年 4 月 1 日创刊,"文化大革命"中停刊。1978 年 4 月 1 日《儿童时代》复刊,定位是以小学高年级(兼顾中年级)学生为主要阅读对象的综合性半月刊。1984 年,《儿童时代》改为月刊。

宋庆龄一直关怀《儿童时代》,把《儿童时代》喻为在党的阳光照耀下的"小红花",先后为《儿童时代》题词、撰文 11 篇,最后一篇文章《愿小树苗健康成长》发表在 1981 年 6 月 1 日第 11 期《儿童时代》(总 454 期)上。按照宋庆龄提出的"给儿童提供健康的精神食粮,启迪思想、陶冶情操,培养他们成为祖国建设的优秀人才"的办刊宗旨,《儿童时代》用心贴近少年儿童,融文学性、知识性、趣味性于一体,并辅之丰富多彩、参与性和互动性强的活动,成为他们的良师益友,并多次获各种奖项。1998 年 10 月获上海少儿期刊优秀奖,2007 年 12 月获中国优秀少儿报刊奖,2009 年 11 月获华东地区优秀期刊奖。进入 20 世纪 80 年代后,儿童时代社实行事业单位企业管理,创办了《儿童计算机世界》《哈哈画报》等报刊。2007 年 6 月,儿童时代社与中国福利会出版社合并,组成集书、报、刊为一体的新的中国福利会出版社。

1978 年至 2010 年,历任主要领导为冯秉序、徐琤、洪绳之、艾柏英、邱士龙、马永杰、吴申、张成明、韩先梅、孙建平、顾琳敏。

地址:上海市常熟路 157 号　　邮编:200031

十、上海电视杂志社

编辑出版《上海电视》杂志。《上海电视》(国内统一连续出版物号 CN31－1135/J)1982 年 1 月创刊,华东地区首家影视周刊,上海市文广影视集团主管,上海广播电视台、上海东方传媒集团有限公司主办。

《上海电视》坚持"通俗而不庸俗"的办刊理念,发行量一直位居上海本地周刊前列,单期发行量最高达 57 万册。刊物内容从最初电视节目介绍,发展到全方位的娱乐及文化报道和时尚生活消费指引。2008 年,《上海电视》改为全彩页印制,为读者提供更加广泛、深入、有趣的影视文化资讯。

2001 年 11 月,《上海电视》参加首届中国期刊展,入选"中国期刊方阵",被评为全国"双效期刊"。2008 年 8 月,被中国广播电影电视报刊协会授予"全国广播影视著名品牌期刊"。2010 年获华东地区优秀期刊称号。

成立至 2010 年,历任主要领导为赵抗卫、卑根源、张炳元、王根发、王庄、王豫、陈雨人、应典典。

地址:上海市康定路 211 号艺海大厦　　邮编:200041

十一、音像世界杂志社

编辑出版《音像世界》(国内统一连续出版物号 CN31－1136/J)。《音像世界》1987 年 10 月创刊,月刊,中国唱片总公司主管主办,全国发行。

《音像世界》是全国第一本音像娱乐类刊物,办刊宗旨为丰富人民群众的文化生活,普及传播与音像界相关的知识文化,介绍海内外音像界最新动态及相关演艺人员的艺术活动,推介海内外有代表性的音乐作品与音乐人,提升音像爱好者的欣赏水准,助推中国音像事业的健康发展。主要栏目有人物专访、广角镜、热门话题、超短波、港台星空、摩登谈话、唱片史话、音像博士、热线你和我、戏曲广场、古典乐廊、流行金曲等,最高期印数达 20 万册。

《音像世界》创办后成立音像世界歌迷会,主办或参与主办了一系列大型社会活动,如 1992 年上海流行歌曲系列征集活动;1994 年有海内外主要唱片公司和数十家新闻单位参加的音像、音乐与传播研讨会;1997 年与中国唱片总公司、中国音像协会共同主办纪念世界唱片业诞生 120 周年、中国唱片业诞生 90 周年大型国际系列活动;1998 年与中国广播电视学会等共同主办广播电视音乐节目主持人大赛等,为扩大中国音像界与国际音像界的交流发挥了积极作用。2008 年停刊。

创刊至 2008 年,历任主要领导刘森民、劳为民、王铁成、吴为庆。

地址:上海市衡山路 739 号　　邮编:200030

十二、收获文学杂志社

编辑出版《收获》杂志。《收获》(国内统一连续出版物号 CN31－1148/I)1957 年 7 月创刊,是新中国最早创办的大型文学刊物,以发表中国当代优秀作品为宗旨,中国作协主管主办。1960 年 7 月停刊。1964 年 1 月复刊。"文化大革命"中再度停刊。1979 年 1 月再次复刊,主管主办单位变更为中国作协上海分会(上海市作协)。

复刊后,《收获》发表了《犯人李铜钟的故事》《大墙下的红玉兰》《祸起萧墙》等一系列关注现实、思考重大社会问题的作品。一批优秀作家的处女作、成名作和最重要的作品也都与《收获》结缘,如谌容的《人到中年》,路遥的《人生》,冯骥才的《铺花的歧路》《啊》和《三寸金莲》,邓友梅的《烟壶》,陆文夫的《美食家》。王安忆、张抗抗、张辛欣、王小鹰、余华、苏童、格非、马原、孙甘露等也因在《收获》发表作品而为文坛关注。因为与新时期文学的发展繁荣密切相关,《收获》被称为海内外了解中国文坛发展态势的窗口和中国当代文学史的"简写本"。

《收获》曾连续两届获全国百种重点社科期刊奖,并获首届国家期刊奖。发表的作品赢得众多国内外大奖,其中《浮躁》获美孚飞马文学奖,《活着》获意大利格林扎纳·卡佛文学奖,《中国制造》获国家图书奖和精神文明建设"五个一工程"奖,《秦腔》《额尔古纳河左岸》《蛙》等获茅盾文学奖,是中国文学期刊中获茅盾文学奖最多的刊物。还有不少作品获全国短篇、中篇小说奖,鲁迅文学奖以及上海市优秀作品奖。作品被改编成影视剧,数量之多,影响之大,也为《收获》赢得声誉:《人到中年》曾引起中年知识分子的强烈共鸣;《人生》引发了全国范围的一场人生价值大讨论;《妻妾成群》被改编为电影《大红灯笼高高挂》;《动物凶猛》被改编为电影《阳光灿烂的日子》。2008年,收获文学杂志社获中国出版政府奖优秀出版单位奖。

1979年复刊至2010年,历任主要领导为巴金、李小林、肖元敏、程永新。

地址:上海市巨鹿路675号　　邮编:200040

十三、电世界杂志社

编辑出版《电世界》杂志。《电世界》(国内统一连续出版物号 CN31－1327/TM)1946年创刊,中国电机工程师学会上海分会主办。1966年10月更名为《红色电工》,1967年1月停刊。1978年12月,《电世界》复刊,上海市机电一局与上海市电机工程学会共同主办。1980年3月划归上海市机电一局科技情报研究所主办。1991年1月,《电世界》编辑部改为电世界杂志社。2004年8月,电世界杂志社划归上海电机技术高等专科学校管理。

《电世界》主要交流国内外电机、电力工业的科研成果和生产技术经验,包括电机、电器、电站、输配电、电气自动化、电工仪表、电工材料、交通电气化以及电学基础等。随着弱电技术在强电系统中越来越广泛的应用,电子技术和计算机技术也越来越多地被介绍给读者。《电世界》按照编委会制定的"综合性、实用性、普及性"的编辑方针,既报道最新的电工技术信息,也有各种实用经验的交流,文字通俗易懂,编排图文并茂,以达到普及的目的。

复刊至2010年12月,《电世界》共出版32卷378期,期印数最高达20万册。杂志社多次获中国电工技术学会先进集体称号,并入选"中国期刊方阵",被评为全国"双效期刊"。

1978年复刊至2010年,历任主要领导为张晓时、林淦秋、朱仲卿、冯维泰、杨若凡、郑红华、陆弘。

地址:上海市建国西路132号　　邮编:200020

十四、中国激光杂志社

编辑出版《中国激光》等杂志。《中国激光》(国内统一连续出版物号 CN31－1339/TN)1974年创刊,中科院上海光学精密机械研究所主办,是一本全面反映激光技术最新研究成果的刊物,设置有激光器与激光光学,激光加工与制造,激光医学与生物学,光纤光学与光通信,测量与计量,材料,全息与信息处理等栏目。1981年,《光学学报》创刊,以"全面报道中国光学领域的最新研究成果"为办刊宗旨。2002 年 9 月,原独立运作的《中国激光》《光学学报》《激光与光电子学进展》和 Chinese Optics Letters 组建成为新的光学期刊联合编辑部。2009 年 12 月,中国激光杂志社成立,中科院上海光学精密机械研究所和中国光学学会主管。

截至 2010 年,中国激光杂志社出版美国《科学引文索引》(SCIE)扩展版收入期刊 Chinese Optics Letters,美国《工程索引》(EI)收入期刊《光学学报》《中国激光》,中文核心期刊《激光与光电子学进展》,并运营光学期刊集群数字出版平台——中国光学期刊网,成为一家以出版发行光电类学术期刊和行业期刊为特色,以国际化、数字化、集群化和多元化媒体产品为发展方向的出版单位。

《中国激光》《光学学报》曾多次获百种中国杰出学术期刊称号,2008 年双双被评为中国精品科技期刊。中国光学期刊网获中科院"基于网络平台的光学期刊集群化发展的改革项目计划"和中国科协"学术期刊出版体制改革"试点项目支持。

2009 年起,主要领导为杨蕾。

地址:上海市清河路 390 号　　邮编:201800

十五、新民周刊社

编辑出版《新民周刊》。《新民周刊》(国内统一连续出版物号 CN31 - 1802/D)1999 年 1 月创刊,文汇新民联合报业集团主管主办,是上海第一份综合性新闻周刊。办刊宗旨是宣传新政策,传播新知识,倡导新风尚,丰富新生活,以社会、文化生活为主要内容,以深度报道、背景报道、图片报道见长。2003 年《新民周刊》改版,办刊宗旨和编辑理念浓缩为"我们影响主流",置于封面刊头之上。杂志立足上海,覆盖全国 50 多个城市。版面安排分观点、封面专题、图片专题、新闻专题、专刊副刊、专栏文章等版块,每期 128 页,周一出版。平均期印数约 5 万册,最高达 25 万册。

2006 年,《新民周刊》划归新民晚报社,成为新民报系重要成员。《新民周刊》以重大政策、公共事件、民生问题为报道重点,注重"深度调查"。2008 年 5 月 12 日四川汶川地震发生后,第一时间派出记者,从现场发回大量第一手报道。

成立至 2010 年,历任主要领导为彭正勇、郦国义、丁曦林。

地址:上海市延安中路 839 号 16 楼　　邮编:200040

十六、理财周刊社

编辑出版《理财周刊》。《理财周刊》(国内统一连续出版物号 CN31 - 1849/F)2001 年 3 月创刊,上海世纪出版集团主管主办。2005 年改由上海世纪出版股份有限公司主管主办。

《理财周刊》是一本面向个人和家庭的实用型投资理财专业杂志,办刊宗旨是"激发财商潜能,挖掘创富良机",致力于成为个人投资理财专业资讯服务领域的价值发现者、信息解读者、知识传播者和风险提示者。《理财周刊》以"你不理财,财不理你"为口号,围绕个人投资理财资讯服务,开展了包括理财网络信息、理财教育培训、理财会展活动、财富管理和衍生出版物等衍生经营业务。2004 年创办了大型综合理财门户网站——第一理财网,2006 年兴办理财专修学校——上海理财专修学院。2003 年,《理财周刊》主办首届上海理财博览会,后每年举办一届,至 2010 年已经举办 8 届,并向北京、重庆、昆明、杭州、郑州、温州、深圳、广州等地输出品牌。

《理财周刊》利用自身内容资源发展衍生出版物,包括与金融机构合作编制内刊、与出版社合作出版理财类图书等。还先后推出网络版、iPad 版、手机版、微博版和微信等数字化新媒体业务。新媒体以《理财周刊》内容为基础，将纸质杂志精华内容和丰富的即时资讯结合，用新的排版方式、丰富的图表及视频等，带给读者全新的阅读体验。2003 年、2009 年先后两次获华东地区优秀期刊奖。

创刊至 2010 年，历任主要领导为谭建忠、周虎。

地址：上海市钦州南路 81 号 14 楼　　邮编：200235

十七、高等学校文科学术文摘杂志社

编辑出版《高等学校文科学术文摘》杂志。《高等学校文科学术文摘》（国内统一连续出版物号 CN31－1889/C）前身是《高等学校文科学报文摘》，1984 年 2 月创刊，是一本综合性大型文科学术文摘。

《高等学校文科学报文摘》由教育部建议、并委托上海市高教局主持，由复旦大学、华东师范大学、上海师范学院、上海外国语学院、上海财经学院、华东政法学院六所高校联合编辑出版。编辑部设在上海师范学院。1991 年，《高等学校文科学报文摘》改由国家教委主管，上海市高教局和上海师范大学联合主办。1992 年，《高等学校文科学报文摘》成立杂志社。2003 年经教育部和新闻出版总署批准，《高等学校文科学报文摘》更名为《高等学校文科学术文摘》，由教育部委托上海市教委主管，上海师范大学主办。

《高等学校文科学术文摘》办刊目标是及时追踪、推荐和反映重要学术观点和最新学术动态，搭建和打造高等学校主办的人文社会科学优秀成果发布、推荐的高端公共平台。创刊至 2010 年 12 月共出版 27 卷 159 期，进入新闻出版总署重点建设的"中国期刊方阵"，在全国高校学报评优活动中连续三次被授予"特别贡献奖"，被称为中国社会科学文摘期刊"三个重镇"之一。

创刊至 2010 年，历任主要领导为姜方昆、陈秋祥、余立、卜中和、伍贻康、陶本一、张民选、黄刚、姚申。

地址：上海市桂林路 100 号　　邮编：200234

十八、上海教育报刊总社

上海教育报刊总社 2001 年 1 月成立，是上海市专业从事教育新闻宣传和学生素质教育的媒体机构。至 2010 年，总社已拥有《东方教育时报》《少年日报》《上海中学生报》3 种报纸，《上海教育》《现代教学》《上海托幼》《成才与就业》《当代学生》《好儿童画报》《康复》《教育参考》8 种杂志和上海教育新闻网、上海教育手机报、东方校园视线（视频推送系统）等数字新媒体。此外，总社还与文汇新民联合报业集团合办《新读写》杂志，并设有《中国教育报》上海记者站。

上海教育报刊总社坚持"植根教育、服务教育"，围绕教育传媒主业，积极开发会展经济、教育咨询、教育培训、素质教育活动、数字出版等现代教育服务业，先后主办上海教育博览会、世界头脑奥林匹克创新活动、亲子嘉年华、上海教育新闻人物评选、上海大学生年度人物评选、博雅讲堂、鲁迅青少年文学奖、中学生古诗文阅读大赛、少儿新闻摄影大赛等 30 多种活动，发挥了教育媒体延伸服务、联系受众、扩大影响的重要作用。

《东方教育时报》《少年日报》《上海中学生报》《上海教育》《上海托幼》《好儿童画报》《当代学生》《新读写》先后被新闻出版总署等评为"全国优秀少儿报刊金奖"和全国"双效期刊""中文核心期刊"。

成立至 2010 年,历任主要领导为吴圣苓、曹荣瑞、仲立新、张伯安。

地址:上海市长宁路 491 弄 36 号　　邮编:200042

十九、上海大学期刊社

上海大学期刊社 2003 年 3 月成立,统一管理和运营原分散在各个学院、研究所的学术期刊,下设《应用数学和力学(英文版)》《上海大学学报(英文版)》《秘书》《上海大学学报(社会科学版)》《上海大学学报(自然科学版)》《社会》《应用科学学报》《自然杂志》8 个期刊编辑部。出版的刊物涉及自然科学、人文科学及社会科学的多个学科领域。

上海大学期刊社立足改革创新,打造精品,力求使每一种期刊都成为展示中国高校与科研单位学术研究成果的窗口和上海大学各学科开展国内外学术交流的平台。《应用数学和力学(英文版)》1990 年起被美国《工程索引》(EI)收入,1997 年起被美国《科学引文索引》(SCI)收入,2008 年获得中国高校精品科技期刊奖。《上海大学学报(自然科学版)》《应用科学学报》获中国高校优秀科技期刊奖。《上海大学学报(英文版)》获中国高校特色科技期刊奖。2009 年,《社会》《应用数学和力学(英文版)》获华东地区优秀期刊奖。2010 年 1 月《应用科学学报》被美国《工程索引》(EI)收入。2010 年 3 月,《社会》入选教育部第三批名刊工程行列,12 月获中国出版政府奖期刊奖提名奖。

成立至 2010 年,历任主要领导为王海江、秦钠。

地址:上海市上大路 99 号　　邮编:200444

二十、上海海事大学杂志总社

上海海事大学杂志总社 2003 年 5 月成立,主办《上海海事大学学报》《计算机辅助工程》《水运管理》《集装箱化》4 种期刊。

《上海海事大学学报》1979 年 9 月创刊,1985 年 6 月公开发行。2008 年被中国期刊协会评为编校质量优秀期刊,2009 年获全国高校科技期刊优秀编辑质量奖。《计算机辅助工程》1991 年 8 月创刊。2009 年 11 月被评为华东地区优秀期刊,并获中国高等学校自然科学学报研究会全国高校科技期刊优秀编辑质量奖。《水运管理》1979 年 7 月创刊。1997 年 4 月获交通部优秀科技期刊评比三等奖,2009 年 11 月被评为华东地区优秀期刊,并获中国高等学校自然科学学报研究会全国高校科技期刊优秀编辑质量奖。《集装箱化》1990 年 4 月创刊,1993 年 6 月公开发行。1997 年获交通部优秀科技期刊评比二等奖、上海市优秀科技期刊二等奖,2009 年 11 月被评为华东地区优秀期刊,并获中国高等学校自然科学学报研究会全国高校科技期刊优秀编辑质量奖。

成立至 2010 年,历任主要领导为杨权斌、祝炳发、袁林新、楼进。

地址:上海市海港大道 1550 号　　邮编:201306

第二节　编　辑　部　选　介

一、《华东师范大学学报》编辑部

《华东师范大学学报》(国内统一连续出版物号 CN31 - 1010/C)1955 年 10 月创刊,文理合刊。

1957年起,分人文科学版和自然科学版出版。"文化大革命"中停刊。1978年12月《华东师范大学学报》复刊,分哲学社会科学版和自然科学版出版。1983年,《华东师范大学学报》(教育科学版)创刊。1997年前,学报三个版本由《华东师范大学学报》编辑部、华东师范大学出版社编辑出版,1998年起改由华东师范大学主办,《华东师范大学学报》编辑部编辑出版。

《华东师范大学学报》坚持"追求真理、繁荣学术"的办刊理念和"求实创新、开拓进取"的工作态度,竭诚为繁荣教学科研事业服务。《华东师范大学学报》(哲学社会科学版)关注哲学、政治学、经济学、语言学、文学、历史学、社会学等专业领域的学术积累和学术创新。《华东师范大学学报》(自然科学版)着重反映学校科学研究的多样性和高水平。《华东师范大学学报》(教育科学版)是中国高校第一本教育科学专业学报,开设教育理论、教育改革、教育史、心理学等的栏目及海外来稿、专题讨论等栏目。

《华东师范大学学报》(哲学社会科学版)复刊至2010年12月共出版33卷190期,曾多次获上海市高等学校最佳文科学报、全国双十佳社科学报、华东地区优秀期刊等荣誉称号,并入选教育部高校哲学社会科学学报名栏工程、教育部高校哲学社会科学名刊工程。《华东师范大学学报》(自然科学版)复刊至2010年12月共出版33卷138期,曾获中国高校优秀科技期刊奖等荣誉称号。《华东师范大学学报》(教育科学版)创刊至2010年12月共出版29卷110期,曾多次获全国百强学报、上海市优秀学报等荣誉称号。

复刊至2010年,历任主要领导为李光宇、濮侃、高瑞泉。

地址:上海市中山北路3663号　　邮编:200062

二、《财经研究》编辑部

《财经研究》(国内统一连续出版物号CN31－1012/F)1956年9月创刊,上海财经学院主办。1958年,因上海财经学院与其他单位合并组建上海社科院,《财经研究》停刊。1978年底上海财经学院复校,《财经研究》复刊。1982年改季刊为双月刊。1985年上海财经学院更名为上海财经大学。1986年《财经研究》改为月刊。

《财经研究》复刊后,秉承学术性、专业性、综合性、创新性、引领性为一体的办刊理念,着重研究和阐述中国改革开放和现代化建设的重大理论和实践问题,探索中国特色的社会主义经济发展规律。杂志开设公共经济与管理、经济史·经济思想史研究、金融研究、财务与会计研究、区域经济研究、产业经济研究、国际经济研究等栏目。

《财经研究》复刊至2010年底,曾多次获全国双十佳社科学报、全国百强学报、华东地区优秀期刊、上海市最佳学报等荣誉称号,1990年起成为全国高等学校文科学报研究会常务理事单位和全国高等学校文科学报研究会财经高校联络中心主任单位。

复刊至2010年,历任主要领导为姚耐、叶孝理、谈敏。

地址:上海市国定路777号　　邮编:200433

三、《外国语》编辑部

《外国语》(国内统一连续出版物号CN31－1038/H)1978年1月创刊,教育部主管,上海外国语大学主办。《外国语》是以英语为主的多语种外语类学术刊物,主要刊登语言学及具体语言研究、翻译研究、外国文学理论研究等方面的文章和书刊评介、学术会议简讯,在中国外语学术界具有权威性和影响力,被国务院学位办和北京图书馆认定为中文社科类核心刊物之一,也是中国最早被美国现代语言学会(MLA)选为世界语言类主要期刊和摘录每期主要内容的语言研究类刊物。开设有语言学、翻译学、文学理论、外语教学改革等栏目。

创刊后,历任主要领导为胡孟浩、戴炜栋、束定芳、李良佑、刘犁、黄任。

地址:上海市大连西路 550 号,邮编:200083

四、《外语界》编辑部

《外语界》(国内统一连续出版物号 CN31－1040/H)前身是 1980 年创办的《外国语言教学资料报导》,为内部资料性刊物。1985 年经教育部同意并经国家新闻出版部门批准,更名为《外语界》,公开发行,教育部主管,上海外国语大学主办,双月刊。办刊宗旨是反映外语教学和科研最新成果,探讨外语教学理论,交流外语教学实践经验,评介外语教材和教学、科研图书资料。主要栏目有外语教学、翻译教学、外语教师教育与发展、国外外语教学、教材编写研究、学术会议综述、书刊评介和信息之窗等。主要面向外语教学与科研人员。

《外语界》为全国常用外国语类核心期刊和《中文社会科学引文索引(CSSCI)》来源期刊。据中国知网和维普中文期刊服务平台显示,《外语界》被下载和引用的次数在教学科研期刊中名列前茅。

创刊至 2010 年,历任主要领导为侯维瑞、吴克礼、吴友富、庄智象、张逸岗。

地址:上海市大连西路 558 号　　邮编:200083

五、《电影故事》编辑部

《电影故事》(国内统一连续出版物号 CN31－1047/J)1952 年 5 月创刊,上海市电影发行放映公司主办,月刊。1960 年 9 月停刊。1979 年 1 月复刊。1993 年改由上海永乐股份有限公司主办,2007 年后改由上海文广影视集团主办。

《电影故事》介绍在市场公映的国内外电影,以短小精炼的文字将剧情、创作人员、创作背景、拍摄花絮、幕后故事、艺术特点等相关信息,以传统的"讲故事"方式告诉观众,引导观众关注市场、熟悉电影、走入影院。《电影故事》坚持自己的编辑定位和办刊风格。除讲好银幕上、银幕后的电影故事外,还开设国内外电影演员介绍、观众之家、演员谈创作体会、电影猜谜等栏目,集知识性、趣味性、欣赏性于一体,生动活泼,在众多电影杂志中独树一帜,深受广大电影人和观众喜爱。20 世纪 80 年代中期,《电影故事》发行遍布全国各地,最高期印数超过 100 万册。

1979 年 1 月至 2010 年底,历任主要领导为金陵、杨代藩、金娜、徐杰。

地址:上海市安福路 322 号　　邮编:200031

六、《上海服饰》编辑部

《上海服饰》(国内统一连续出版物号 CN31－1064/TS)1986 年 2 月创刊,上海科学技术出版社主办,创刊时为季刊,1993 年 1 月改为双月刊,1999 年 1 月改为月刊。办刊宗旨是立足上海、面向全国,及时反映国内外服饰的最新流行趋势,引导服饰消费、穿着打扮、时装制作及服饰美容潮流,让读者把生活点缀得更美。

《上海服饰》荟萃流行服饰精华,图文并茂,既着眼普及,又注重提高,既有新颖性、知识性,又突出实用性、技术性。读者对象主要是服饰设计制作人员及有初中文化水平的普通群众,内容以服装为主,涉及衣帽鞋饰,附带介绍领带、拎包、首饰、眼镜、化妆品等,实用性、时尚性在全国服饰类刊物中独树一帜。创办后深受欢迎,发行量逐年提高,影响遍及全国乃至海外,先后获得多项荣誉,1992年获上海市优秀科技期刊奖,1994年获第一届全国优秀科技期刊二等奖,1997年获第二届上海优秀科技期刊一等奖,2000年获首届国家期刊奖,2004年获第二届国家期刊奖,2007年获第三届国家期刊奖提名奖。

创刊至2010年,历任主要领导为王润华、涂蓉、陈鉴、贾永兴。

地址:上海市钦州南路71号　　邮政编码:200235

七、《青年一代》编辑部

《青年一代》(国内统一连续出版物号 CN31-1075/C)1979年4月创刊,上海人民出版社主办,开始为丛刊,1980年改为双月刊,1993年改为月刊,2001年3月改为半月刊,2004年9月恢复为月刊。

《青年一代》是一本文化生活综合类杂志,办刊宗旨是反映都市青年奋发向上的精神、多姿多彩的情感,追求浓郁的时代气息、广阔的社会视角、真实的生活画面、睿智的人生哲理,强调新闻性、纪实性、知识性,创刊后深受读者欢迎,发行量在国内同类期刊中长期名列前茅,其中1984年期印数达527万册,位列当年全国刊物发行量之首。

《青年一代》先后获得多项荣誉。1984年4月编辑部被评为上海市模范集体,1988年11月获上海市"十佳期刊"称号,1998年2月入选新闻出版署"全国百种重点社科期刊",1994年3月获全国优秀综合文化生活期刊奖提名奖,1997年11月获华东地区获最佳期刊奖,2001年11月入选新闻出版总署"中国期刊方阵",2003年初入选国家期刊奖百种重点期刊。

创刊至2010年,历任主要领导为夏画、张宝妮、郁椿德、贺旭东、舒光浩。

地址:上海市福建中路193号　　邮编:200001

八、《故事大王》编辑部

《故事大王》(国内统一连续出版物号 CN31-1084/C)1983年创刊,少年儿童出版社主办。开始为丛刊,1984年改双月刊,1985年改月刊。以小学中高年级学生为主要读者对象。编辑部秉承"有益有趣、能读能讲"的办刊宗旨,设立童话大王、动物大王、大王万花筒、幻想大王等名牌栏目,聘请陈伯吹、叶辛、于漪、段镇、张瑞芳、刘兰芳、乔奇、姜昆等名家任顾问,刊登的故事贴近小读者的生活,情节跌宕起伏,读来朗朗上口,传递出健康向上的正能量。在《中国图书商报》等组织的五大城市读者调研报告中,《故事大王》曾名列"最受小读者喜爱刊物"榜首。截至2010年,《故事大王》连续两届获全国百种重点社科期刊称号,并获首届国家期刊奖,入选"中国期刊方阵"。

根据孩子们爱看故事、讲故事的特点,《故事大王》从1984年起与团中央、全国妇联、全国少工委、中央电视台和中央人民广播电台等联合举办"全国少年儿童故事大王选拔邀请赛"。全国曲艺界、广播影视界、教育界、儿童文学界名家如张瑞芳、刘兰芳、姜昆、方掬芬、陈醇、鞠萍、蔡金萍、秦文君等,都曾担任过故事大王选拔邀请赛的评委。至 2010 年,邀请赛已举办 11 届,不仅推动了全国少年儿童讲故事的热潮,也扩大了《故事大王》的影响力,丰富了儿童杂志出版的业态。

创刊至 2010 年,历任主要领导为施雁冰、余鹤仙、朱彦、沈振明、王一方、秦文君。

地址:上海市延安西路 1538 号　　邮编:200052

九、《小朋友》编辑部

《小朋友》(国内统一连续出版物号 CN31 - 1089/C)是中国第一本现代儿童杂志,1922 年 4 月创刊,中华书局出版。1953 年 1 月由少年儿童出版社出版,宋庆龄题写刊名。"文化大革命"中停刊,1978 年复刊,月刊,2009 年改半月刊。

《小朋友》以幼儿园至小学低年级学生为主要读者对象,办刊宗旨是"陶冶儿童性情,增进儿童智慧,开阔儿童视野,提高儿童能力"。刊物以活泼的版式、多彩的插图、丰富的内容和明确的主旨表现儿童生活与时代风貌。复刊后,《小朋友》多次改版,丰富栏目,增强趣味,让孩子们快乐阅读、智力提升、自我展现。

《小朋友》曾创造诸多为人瞩目的"中国第一":中国文学史上的第一本低幼文学刊物;发表过中国第一部儿童歌舞剧《麻雀与小孩》并推动中国儿童剧创作的文学刊物;最早采用横排排版印刷的刊物;中国文学界培养低幼文学作者最多的刊物。1978 年复刊后,《小朋友》先后被评为全国百种重点社科期刊、上海市"十佳期刊"、上海市优秀期刊等,刊登作品多次获全国和省、市优秀作品奖。2009 年获新中国 60 年有影响力的期刊荣誉称号;2010 年被新闻出版总署列为向全国少年儿童推荐优秀少儿报刊。

1978 年复刊至 2010 年,编辑部主要领导为张伯文、许培奋、戴洋藩、洪祖年、陈伯吹、张瑛文、沈振明、丁晓玲、刘以浦、唐兵。

地址:上海市延安西路 1538 号　　邮政编码:200052

十、《科学画报》编辑部

《科学画报》(国内统一连续出版物号 CN31 - 1093/N)1933 年 8 月由中国科学社创办,是中国历史最悠久的一本综合性科普期刊。1958 年 5 月改由上海市科协主办、上海科学技术出版社出版。"文化大革命"中停刊。1972 年以《科学普及资料》刊名复刊,1974 年更名为《科学普及》,每月出版。1978 年恢复《科学画报》刊名,由上海科学技术出版社主办。

《科学画报》在几十年办刊实践中,形成通俗生动、图文并茂介绍最新科技知识的鲜明特点,激发一代又一代的青少年走上科学道路。不少科学家在青少年时代都曾受到《科学画报》的熏陶和启发。1986 年,《科学画报》期印数达 138 万册。1999 年改为全彩色印刷,内容更贴近生活,形式也更具画报特色。作为中国著名科普品牌之一,《科学画报》以科普导向为先,以内容质量为本,努力抓好科普内容建设,1992 年被评为全国首届优秀科技期刊,2004 年获第三届国家期刊奖重点期刊奖,2009 年被评为新中国 60 年有影响力的期刊。

1978 年至 2010 年,历任主要领导为王国忠、徐福生、龚刚、胡大卫、毛文涛。

地址:上海市钦州南路 71 号　　邮编:200235

十一、《文汇月刊》编辑部

《文汇月刊》(国内统一连续出版物号 CN31－1094/I)文汇报主办,1980 年 1 月创刊,开始刊名为《文汇增刊》,1981 年 1 月更名为《文汇月刊》。月刊。

《文汇月刊》坚持思想性、知识性并重,是一本大型的,包括文学、电影、戏剧、美术、音乐、舞蹈等各方面内容的文艺性、综合性刊物。主要栏目有文艺论坛、诗歌、散文、小说、报告文学、杂文、随笔、作家书简、读书札记、漫画、读者的话,及电影、戏剧、音乐的欣赏和推荐等。刊物形式图文并茂,封面为当期所推荐的文学家、艺术家的人像照,封底和插页收有多幅中外画家的画作,均为彩色精印。追求名家名作,每期推出四五十位作家、评论家和艺术家的文章和作品。创刊初期由上海新华书店负责包销,1981 年起由邮局征订,最高期印数 20 万册。1990 年 6 月停刊。

创刊至 1990 年,主要领导为梅朵。

地址:上海市虎丘路 50 号　邮编:200001

十二、《上海画报》编辑部

《上海画报》(国内统一连续出版物号 CN31－1102/Z)1982 年 1 月创刊,以专题影像记录城市发展,图文并茂、中英文双语为特色,双月刊,上海画报社出版。1983 年增出英文版并向世界各地发行。1985 年 2 月,上海画报社变更为上海画报出版社,增加以摄影为主的图书、画册、年月历等的出版业务。1999 年第 3 期《上海画报》扩版,改为大 16 开,第 6 期起改月刊。改版后的《上海画报》全方位介绍上海,在唱响主旋律的同时更贴近读者,更符合国际大都市画报的定位和高端人士的阅读习惯。

《上海画报》创办以来,以摄影专题为主要形式,用大量真实生动的原创图片、文字见证上海各行各业的建设成就和社会生活中的万千新事,记录上海和上海人的精神风貌,成为上海对外宣传的一个重要窗口。创办至 2010 年,《上海画报》多次在国家或地方各类评比中获奖。1990 年获首届全国期刊展览印制质量一等奖。1992 年 5 月获上海市第二届优秀对外宣传品银鸽奖特别奖。1994 年 9 月获首届华东地区优秀期刊评选一等奖。2001 年入选"中国期刊方阵"。

创刊至 2010 年,历任主要领导为李槐之、王义、安肇、朱延龄、邓明、孙月海、罗英。

地址:上海市长乐路 672 弄 33 号　邮编:200040

十三、《世界之窗》编辑部

《世界之窗》(国内统一连续出版物号 CN31－1115/Z)1979 年 8 月创刊,上海译文出版社主办,双月刊,综合性翻译刊物。办刊宗旨是反映世界热点、潮流,刊登国外当红人物鲜为人知的经历、故事,传递最新资讯,内容从政治、经济、军事、文化、教育,到世界各地的风土人情、传统习俗等。

《世界之窗》在改革开放的大背景下应运而生,发挥了上海译文出版社的独特优势,为中国读者打开了一扇了解世界的窗口。它独特的小开本和兼具知识性、趣味性的内容,深受各界读者喜爱。出版后发行量逐年递增。1988 年被评为上海市"十佳期刊",1994 年获首届华东地区优秀期刊三等奖。2003 年停刊,刊号用于创办《家居廊》。

1979 年至 2003 年,历任主要领导为章雷、徐获洲、周志龙、张秋。

　　地址:上海市福建中路 193 号　　邮政编码:200001

十四、《社会》编辑部

　　《社会》(国内统一连续出版物号 CN31－1123/C)1981 年 10 月创刊,上海大学主办,是恢复社会学学科后中国大陆高校创办的第一本社会学专业学术期刊。创刊至 2004 年,《社会》的办刊定位是普及性和学术性结合,同时面向学者和大众读者,月刊,为社会学学科重建时期普及社会学知识作出贡献。2005 年《社会》改版,刊物定位为社会学类专业学术期刊,以"引领学科发展,研究真问题,规范性、学术性"为办刊宗旨,改为双月刊,成立由海内外知名社会学者组成的学术委员会和编委会,取消广告和赞助,办刊经费由学校等给予支持。

　　自 2005 年起,《社会》发表文章在中国人民大学《复印报刊资料》全文转载率保持在全国同类期刊的前列,2010 年在全国中文核心期刊排名位列同类期刊第 2 位。创刊至 2010 年,《社会》先后获第二届中国出版政府奖期刊奖提名奖、全国高校三十佳社科期刊、市新闻出版局"迎世博 600 天行动计划"期刊编校质量检查优秀奖。2010 年入选教育部第三批"名刊建设工程"名单。

　　创刊至 2010 年,历任主要领导为李庆云、李友梅。

　　地址:上海市上大路 99 号　　邮编:200444

十五、《天风》编辑部

　　《天风》(国内统一连续出版物号 CN31－1124/B)1945 年 2 月在四川成都创办,后迁到上海出版。新中国成立后,《天风》成为中国基督教三自爱国运动委员会机关刊物,"文化大革命"中停刊。1980 年 10 月,《天风》在上海复刊,国家宗教事务局主管,中国基督教三自爱国运动委员会和中国基督教协会共同主办,双月刊,1985 年 1 月改为月刊,2005 年改为半月刊,2009 年再改为月刊。

　　《天风》以宣传中国共产党的宗教政策,带领信徒走爱国爱教道路为办刊宗旨,力求将国家大政方针以通俗易懂的语言介绍给基督徒,并重视挖掘基督教教义中有益于推动社会进步、和谐的内容,引导基督徒在新时代发挥积极作用。在中国宗教界公开发行的期刊中,《天风》创办历史最久、发行数量最大、受众群体最多。复刊后编校质量检测连年优秀,在宗教领域影响力始终保持前列。《天风》曾被北京大学图书馆《中文核心期刊要目数据库》检索/引文数据库和中国知网(CNKI)数字图书馆、万方数据知识服务平台、维普网、北京世纪超星数字平台全文收入。

　　复刊后,历任主要领导为沈承恩、梅康钧、单渭祥。

　　地址:上海市九江路 219 号　　邮编:200002

十六、《故事会》编辑部

　　《故事会》(国内统一连续出版物号 CN31－1127/I)1963 年 7 月创刊,1974 年 3 月更名为《革命故事会》,1979 年 1 月恢复《故事会》刊名,上海文艺出版社主办。创刊时为不定期丛刊,1978 年改为双月刊,1984 年改为月刊,2004 年 1 月改为半月刊。2006 年 4 月,上海文艺出版总社和上海新华传媒股份有限公司共同投资成立上海故事会文化传媒有限公司,成为《故事会》出版管理单位。

《故事会》创办之初的定位是"专门刊载基本上可以直接供给故事员口头讲述的故事脚本",经多年发展,逐步形成个性鲜明、风格独特的文化符号。以发表反映中国当代生活的故事为主,同时兼收并蓄各类流传的民间故事和经典的外国故事。在坚持故事文学特点的基础上,塑造丰满的人物形象,提高艺术美感,努力追求口头性与文学性的完美结合,力求每一篇故事都读得进、记得住、讲得出、传得开。多年来坚持"眼睛向下,情趣向上"的出版导向,致力于讲好老百姓喜爱的故事,已形成的品牌栏目有笑话、幽默故事、中篇故事、新传说、百姓话题、名人讲故事、外国文学故事鉴赏、民间故事金库、3分钟典藏故事等。

《故事会》先后被评为读者最喜爱的全国十大杂志之一、全国百种重点社科期刊;1999年在全世界发行量最大的综合文化类期刊中排名第5;1999年、2003年、2005年连续三次获国家期刊奖;2001年入选"中国期刊方阵",被评为全国"双高期刊"(高知名度、高学术水平)。编辑部先后被评为上海市模范集体和全国新闻出版系统先进集体。

复刊至2010年,编辑部主要领导为何承伟。

地址:上海市绍兴路74号　　邮编:200020

十七、《艺术世界》编辑部

《艺术世界》(国内统一连续出版物号 CN31-1128)1979年7月创刊,上海文艺出版社主办,开始为双月刊,2000年改为月刊。《艺术世界》以艺术鉴赏、艺术素养普及为办刊宗旨,坚持约请文艺界名家撰稿,并以新颖大胆的封面和视野开放的美文吸引读者,社会关注度和影响力在国内同类杂志中领先。

1998年和2000年《艺术世界》先后两次改版。1998年改为全彩印杂志,开本改为大16开,内容从约稿形式改为策划形式,连续推出大型艺术专题,全门类展示和探讨艺术现象和话题,并以精美的图片还原艺术家作品,让艺术爱好者更好地感知和理解艺术。2000年再次改版,更趋时尚和前卫,注重中外当代艺术创作的推介,同时加强新闻性和话题性,在艺术爱好者中形成了良好口碑,在国内当代艺术界有一定的影响力,一度成为国内广告收益较高的艺术类杂志,并被评为全国"双效期刊"。

创刊至2010年,历任主要领导为江曾培、聂文辉、邢庆祥、何承伟、陈保平、张翔、龚彦。

地址:上海市绍兴路7号　　邮编:200020

十八、《文化与生活》编辑部

《文化与生活》(国内统一连续出版物号 CN31-1131/GO)1979年1月创刊,上海文化出版社主办。开始为季刊,1984年改为半月刊,1986年起改为月刊。办刊宗旨是围绕百姓日常生活中的方方面面,包括养花、喝茶、健身、下棋、读书等,以知识性、趣味性、可读性、贴近性,引领人民群众的业余文化生活。

《文化与生活》创刊时冲破"左"的思想束缚,编辑方针及内容大胆拨乱反正,其广阔的视角、全新的意识、丰富的栏目、独特的品味,广受好评,为丰富改革开放初期人民群众精神文化需求和新时期中国期刊业发展作出有益的探索,留下了自己的印迹。创刊后曾一刊难求,最高期印数达280多万册,创造当时中国期刊发行史上的奇迹。1997年停刊,刊号用于创办《好·HOW》。

创刊至 1996 年,历任主要领导为王须兴、王存礼、邵德鑫、江俊绪、张辽民。

地址:上海市绍兴路 74 号　　邮政编码:200020

十九、《复旦学报(社会科学版)》编辑部

《复旦学报(社会科学版)》(国内统一连续出版物号 CN31－1142/C)1935 年 6 月创刊,是中国最早的大学学报之一。"文化大革命"中停刊。1978 年 10 月复刊,国内外发行。

《复旦学报》(社会科学版)是综合性学术理论刊物。复刊以来,学报贯彻党的"双百"方针,以"坚持学术本位,反映时代精神"为办刊宗旨。在 20 世纪八九十年代,鼓励研究新情况,探讨新问题,经常发表具有新鲜见解、材料、方法的学术论文;注意评述社会科学的新发展,重视对国内学派和国外思潮、流派的评介工作,因而常以其新颖的内容吸引广大读者。学报坚持创设特色栏目,如西方学术思潮、学术流派译介、文史杂议等。进入 21 世纪,尤其是在 2004 年首批入选教育部高校哲学社会科学名刊工程后,进一步加大了特色栏目的建设,开设马克思主义哲学基础理论与前沿问题研究、中国文学演变与实证研究、文史研究新视野、对外开放与金融安全、国际问题探索、域外新刊、青年学者论坛等。学报还举办"学术名著导读"系列讲座、"双月学术沙龙""学术时空:《复旦学报》名师名篇""复旦学报讲坛"等活动,扩大学报影响。2007 年 7 月,《复旦学报》创办英文刊《FUDAN JOURNAL》,为中国文化走出去、中国学术的国际影响扩大作出了贡献。1978 年复刊至 2010 年,获全国双十佳社科学报、上海市最佳学报、新中国 60 年有影响力的期刊称号,并入选教育部高校哲学社会科学名刊工程和新闻出版总署"中国期刊方阵",被评为全国"双效期刊"。

复刊至 2010 年,学报历任编委会主任为夏征农、蔡尚思、蒋学模、蒋孔阳、章培恒;历任主编为蒋学模、张家骏、董平、黄颂杰。

地址:上海市邯郸路 220 号　　邮编:200433

二十、《上海故事》编辑部

《上海故事》(国内统一连续出版物号 CN31－1159/I)的前身是上海市群艺馆 1963 年开始编印的《新故事》,作为《演唱材料》的一种在内部发行。"文化大革命"开始后中断,1979 年恢复编印。1985 年 1 月,《上海故事》创刊并公开发行,上海市文化局主管,上海市群艺馆主办,双月刊,1987 年改为月刊。

《上海故事》创刊以来,坚持为读者提供真善美原创故事作品,传递向上向善正能量的办刊宗旨,以浓郁的文学色彩、鲜明的时代特色和生动的故事情节,在全国故事期刊中独树一帜。开设的主要栏目有惊险与传奇、人生百味、阿拉新故事、都市阳台、武侠天地、青春派对、海外传真、上海滩、短镜头、幽默吧等,作品多次在全国获奖。2008 年《他想抓住什么》获第六届全国微型小说年度评选一等奖,2009 年《人生最美好的一步棋》获第七届全国微型小说一等奖,2010 年《搭上世博的航船》获第十届中国民间文艺山花奖·民间文学作品奖。在办好刊物,繁荣上海地区故事创作的同时,《上海故事》连续多年策划和组织全市范围新故事创作和讲演的"上海市故事会串"竞赛,不仅培养了一大批上海本土故事作者,也吸引了全国故事创作爱好者。

《上海故事》发行量位于全国 80 余种故事期刊前列。曾获中国大众文学学会"中国大众文学事

业贡献奖",被评为"华东地区十大期刊",并入选新闻出版总署"中国期刊方阵",被评为全国"双效期刊"。2008年起,《上海故事》还被中国出版科学研究所、龙源期刊网等列入中文期刊网络传播国内和海外的TOP100入榜期刊。

创刊至2010年,历任主要领导为熊兴辉、徐维新、季金安、马亚平。

地址:上海市古宜路125号　　邮编:200235

二十一、《上海支部生活》编辑部

《上海支部生活》(国内统一连续出版物号 CN31-1169/D)1954年7月创刊,是上海市委主办的"初级的党内刊物","文化大革命"中停刊。1979年6月,市委宣传部向市委报送《关于〈支部生活〉复刊的请示报告》。1980年3月,市委批复同意,委托解放日报党委负责复刊筹备工作。7月,解放日报党委向市委宣传部并市委报送《关于〈支部生活〉重新出版的请示报告》,提出将"复刊"改为"重新出版"。10月,上海《支部生活》重新出版。

重新出版的上海《支部生活》为半月刊,由《解放日报》负责编辑、出版、发行。《支部生活》坚持宣传党的路线方针政策,宣传中央部署和市委要求,报道党的建设和改革开放的新形势、新成就、新经验,对党员和党外积极分子进行思想教育。1995年4月,上海《支部生活》编辑出版双月刊《党课教材》,发行对象为基层党务工作者。市委主要领导为《党课教材》撰写发刊词,明确办刊宗旨是"对广大基层党务工作者和党员进行思想政治教育","是市委同基层党组织联系的载体"。

1996年1月,上海《支部生活》改为月刊。2005年1月更名为《上海支部生活》,再改为半月刊,上半月刊为《上海支部生活》,下半月刊为《上海支部生活·党课专刊》。2007年,《上海支部生活》实行独立核算,自负盈亏,由解放日报报业集团财务部门统一管理。多年来,《上海支部生活》和《上海支部生活·党课专刊》期印数保持在35万册左右。

《上海支部生活》重新出版至2010年,编辑部历任主要领导为邵以华、吴经灿、李尚智、徐忠达、司徒伟智、施全根。

地址:上海市汉口路300号　　邮编:200001

二十二、《少年文艺》编辑部

《少年文艺》(国内统一连续出版物号 CN31-1179/I)1953年7月创刊,少年儿童出版社主办,宋庆龄题写刊名,并撰写发刊词《让鲜花开遍这块园地》。"文化大革命"初期停刊。1973年7月更名为《上海少年》重新出版,1977年7月恢复《少年文艺》刊名。

从1978年后的30多年时间里,《少年文艺》坚守纯文学理想,刊登反映当代少年生活和精神面貌的各类高品质文学新作,作者大多是一线儿童文学作家,在全国少年读者和家长中具有广泛影响。编辑部举办读者投票推荐年度"好作品"活动,先后出现的"好作品"有《我的第一个先生》《谁是未来的中队长》《啊,少男少女》《少女罗薇》《中国少女》等,多篇"好作品"已成为中国儿童文学的名篇。1982年起,《少年文艺》每年第9期刊登"教师作品专辑"。叶圣陶撰文赞扬《少年文艺》编辑部首创精神。专辑吸引广大中小学教师争相来稿,进而影响到中小学生,读者数量迅速上升。1988年,《少年文艺》举办寻找"老"少年习作者的活动,向创刊以来的优秀少年习作者颁发纪念奖。李肇星、张抗抗等积极响应,成为佳话。《少年文艺》还举办"新芽"写作辅导班,由优秀作家、资深编辑授课,发现了一批写作的好苗子,不少后来成为优秀作家。2002 年《少年文艺》增办面向小学高年级及初中学生的下半月刊《阅读前线》。

1978 年后,《少年文艺》曾多次获奖。1984 年 12 月获上海市版协优秀刊物奖,1994 年、1997年、2009 年获华东地区优秀期刊奖,2003 年 1 月获第二届国家期刊奖提名奖。

复刊至 2010 年,历任主要领导为洪祖年、郑马、任哥舒。

地址:上海市延安西路 1538 号　　邮编:200052

二十三、《探索与争鸣》编辑部

《探索与争鸣》(国内统一连续出版物号 CN31－1208/C)1985 年创刊。创刊以来,以"坚持正确方向、提倡自由探索、鼓励学术争鸣、推进理论创新"为办刊方针,反映时代主旋律,追踪改革新浪潮,注重对学术和社会热点作深层次的理论评析,强调问题意识、思想性与争鸣性,追求内容新、传播快、覆盖广的办刊特色。

《探索与争鸣》由内部刊物《社联通讯》的探索与争鸣栏目改版而成,1985 年 8 月创刊,上海市社联主办,《社联通讯》编辑部编辑出版,双月刊。1987 年 1 月改由上海市社联主管主办,《探索与争鸣》编辑部编辑出版。1994 年 1 月改为月刊。创刊以来,先后四次被评为华东地区优秀期刊,并入选中文社会科学引文索引(CSSCI)来源期刊、中国人文社会科学核心期刊、全国中文核心期刊。

创刊至 2010 年,历任主要领导为乔林、张凌云、陈麟辉、王德敏、潘立明、秦维宪。

地址:上海市淮海中路 622 弄 7 号　　邮编:200020

二十四、《印染》编辑部

《印染》(国内统一连续出版物号 CN31－1245/TS)1975 年 5 月创刊,开始为双月刊,1993 年改为月刊,2004 年改为半月刊。上海市纺织科学研究院、全国印染科技信息中心主办。《印染》读者定位为专业印染厂的中高端技术人员、大专院校及科研院所纺织化工专业的师生、染料助剂和印染机械制造商以及众多纺织品贸易商等。针对不同群体,设有研究报告、生产技术、述评、讲座、测试与标准、染料与助剂、设备与仪器等特色栏目。随着低碳环保理念的日益盛行,还增设了低碳印染和生态纺织品等栏目。杂志秉承"面向科研、面向生产、面向企业和面向市场"的办刊宗旨,以传递国内外印染行业的前沿理论、科技成果和一线生产技术,推动中国纺织印染行业发展为己任,发行量、影响因子和效益在全国纺织科技期刊中名列前茅,并承担国内首家建立的纺织科技期刊数字出版平台"纺织云"的建设,在提升行业科技水平方面发挥了引领作用。被中国科学引文数据库核心库(CSCD)、中国知网(CNKI)和美国《化学文摘》(CA)等收入。

《印染》2003 年和 2005 年连续两次被评为国家期刊奖百种重点期刊,2006 年、2007 年和 2009年分别获全国纺织工业先进集体、上海市三八红旗集体、华东地区优秀期刊等荣誉称号,进入全国中文核心期刊、全国百强科技期刊行列。

1978 年至 2010 年,历任主要领导为王秀玲、沈安京。

地址:上海市平凉路 988 号　　邮编:200082

二十五、《同济大学学报(自然科学版)》编辑部

1956年,同济大学编辑出版《同济大学学报》,为自然科学学术季刊。1966年停刊。1978年复刊,同济大学主办。1995年改双月刊。1997年更名为《同济大学学报(自然科学版)》(国内统一连续出版物号CN31-1267/N),2001年改为月刊。

《同济大学学报(自然科学版)》立足为工程建设服务的办刊方向,突出土木建筑、交通运输、环境与节能等工程技术领域学术成果的介绍,发挥在理论研究和技术应用之间的桥梁作用,被专家学者和工程技术人员视为重要的科研文献参考源。2000年起,《同济大学学报(自然科学版)》在全国理工科大学学报中的学术影响力保持在前5名,在全国土木建筑类专业期刊中的学术影响力保持在前10名,并被中国科技信息研究所《科技论文与引文数据库》、中国科学文献计量评价研究中心(中国知网)、《中国学术期刊综合评价数据库》、中科院文献情报中心《中国科学引文数据库》、北京大学图书馆《中文核心期刊要目数据库》、美国《工程索引》、荷兰《文摘与引文数据库》、俄罗斯《文摘杂志》、日本《科学技术振兴机构数据库》等国内外重要检索/引文数据库收入。

《同济大学学报(自然科学版)》2002年入选"中国期刊方阵",2003年获第二届国家期刊奖百种重点科技期刊,2004年获教育部优秀科技期刊一等奖,2005年获第三届国家期刊奖百种重点科技期刊,2006年被评为首届中国高校精品科技期刊,2007年入选第六届中国百种杰出学术期刊,2008年被评为第二届中国高校精品科技期刊及中国300种精品科技期刊,2010年被评为第三届中国高校精品科技期刊及中国百种杰出学术期刊。

复刊至2010年,历任主要领导为李国豪、翁智远、俞载道、吴启迪、赵松龄、万钢、李杰、裴钢。

地址:上海市四平路1239号　　邮编:200092

二十六、《化学学报》编辑部

《化学学报》(国内统一连续出版物号CN31-1320/06)1933年8月创刊,原名《中国化学会会志》。1952年更名为《化学学报》,并从外文版改成中文版。"文化大革命"中停刊8年,1975年复刊,由中国化学会和中科院上海有机化学研究所主办,主要发表化学领域各分支学科的基础研究类成果,论文具有原创性和新颖性。

《化学学报》在中国化学界享有较高的学术声誉和地位,为促进中国化学学科的发展和学术交流发挥了重要作用。《化学学报》发表了一些在国际上产生重大影响的科研成果,如胰岛素、天花粉、核糖核酸、青蒿素等。这些科研成果曾获国家自然科学进步一等奖、二等奖,是中国对世界科技和人类健康事业的重要贡献。

1978年到2010年,《化学学报》陆续被美国《科学引文索引》(SCI)核心版、《斯高帕斯数据库》(Scopus)、美国《化学文摘》(CA)、日本《科学技术文献速报》(CBST)、俄罗斯《文摘杂志》(AJ)等国际知名检索刊物和文献数据库摘引和收入,连续多年获国家自然科学基金重点学术期刊专项基金、中国科协精品科技期刊工程、中科院出版基金资助。1999年《化学学报》获首届国家期刊奖,2001年入选"中国期刊方阵",2003年获国家期刊奖提名奖,2007年入选百种重点期刊,2010年获第二届中国出版政府奖期刊奖提名奖。

1978年至2010年,历任主要领导为汪猷、黄维垣、沈延昌。

地址：上海市零陵路 345 号　　邮编：200032

二十七、《中国药理学报》编辑部

1980 年 9 月，《中国药理学报》（国内统一连续出版物号 CN31-1347/R）在上海创刊，月刊，由中国药理学会主办，中科院上海药物研究所承办。2001 年 9 月，中科院上海药物研究所被增补为第二主办单位。2002 年 4 月，中科院上海生命科学研究院生命科学信息中心联合编辑部成立，学报编辑部整体并入。2007 年 10 月，学报编辑部回归中科院上海药物研究所。

从中文版的艰辛创刊到全英文版出版，学报在国内外学术领域赢得良好声誉。2005 年起同布莱克威尔（Blackwell）出版公司合作出版，全面实现网络出版与国际发行，同年在全国首家采用 ScholarOne Manuscript 在线投稿与审稿系统，全部稿件实现在线投稿与审稿，同时也利用该系统逐步建设国际化审稿专家库，改变了以往主要依赖国内专家的审稿模式，建立了稿件的国际同行评议体系。2006 年学报承办编辑第十五届世界药理大会的会议论文集，发放给来自五大洲的 3 000 多名与会代表，推进了学报的国际影响力。2009 年起同自然（Nature）出版集团合作出版，借助 Nature 的品牌和先进的网络平台，提高学报的国际显示度，进一步推进学报走向国际。

《中国药理学报》被国际《生物学文摘》（BA）《化学文摘》（CA）《医学文摘》《科学引文索引》（SCI）等检索系统收入，获首届国家期刊奖、中科院优秀科技期刊特等奖、中国科协优秀学术期刊一等奖、上海市优秀科技期刊一等奖、华东地区优秀科技期刊奖和新中国 60 年有影响力的期刊称号，先后获得国家自然科学基金重点学术期刊资助、中科院科学出版基金择优支持以及中国科协精品科技期刊 A 类项目资助。

创刊至 2010 年，历任主编为丁光生、张淑改、王伟成、肖宏、陈凯先、吴民淑、丁健。

地址：上海市太原路 294 号　　邮编：200031

二十八、《生理学报》编辑部

《生理学报》（国内统一连续出版物号 CN31-1352/Q）的前身是《中国生理学杂志》（英文版），1927 年 2 月在北京创刊。从 1953 年起更名为《生理学报》在上海出版，季刊，全部论文用中文发表。"文化大革命"中停刊。1978 年复刊，中科院上海生理研究所主办，开始为季刊，1984 年改双月刊。1997 年，新闻出版署批准增加中国生理学会为主办单位之一。1998 年 8 月，改为中英文双月刊，部分英文文章附中文摘要。1999 年 7 月，中科院下属上海地区生命科学研究单位整合成立中科院上海生命科学研究院，《生理学报》由中科院上海生命科学研究院和中国生理学会主办。

1978 年复刊后，《生理学报》继承和发扬学术严谨、公平公正、认真负责的办刊风格，刊登的论文获国家重大重点项目和基金资助的占 70% 以上，全面反映了中国生理学界在各个领域的最新成果和研究进展，具有较高的学术水平和创新性，在国内外享有较高的学术声誉。

1992 年，《生理学报》获全国首届优秀科技期刊二等奖；1996 年被评为中科院优秀科技期刊和上海市优秀科技期刊；1999 年获首届国家期刊奖；2000 年获中科院优秀科技期刊特别奖；2001 年入选"中国期刊方阵"；2002 年获第三届中国科协优秀科技期刊二等奖；2003 年获第二届国家期刊奖；2005 年被评为第三届国家期刊奖百种重点科技期刊；2005 至 2010 年先后获中国科技信息研究所中国百种杰出学术期刊、中国精品科技期刊、新中国 60 年有影响力的期刊称号。

复刊至 2010 年,编辑部主要领导为冯德培、刘育民、杨雄里、姚泰、朱培宏。

地址:上海市岳阳路 319 号　　邮编:200031

二十九、《大众医学》编辑部

《大众医学》(国内统一连续出版物号 CN31－1369/R)1948 年在上海创刊,是中国办刊历史最悠久的综合性医学科普刊物。"文化大革命"中停刊。1978 年 7 月,根据卫生部恢复《健康报》和《大众医学》)的决定,《大众医学》复刊,上海科学技术出版社主办。

《大众医学》秉承"让医学归于大众"的办刊宗旨,用大众化的语言宣传和普及医学知识,赢得广大读者的喜爱与信赖。医学界人士如病理学家谷镜汧、胸心外科专家吴英恺、外科学家黄家驷、泌尿外科专家吴阶平、小儿外科学家张金哲、肝胆外科学家吴孟超教授等,都曾在《大众医学》杂志上发表科普作品。为提升《大众医学》的科学性与权威性,1998 年《大众医学》编辑部组建顾问委员会,裘法祖院士担任首届顾问委员会主任委员。进入 21 世纪,《大众医学》在做精做强纸质期刊的同时,积极探索传统媒体与新媒体融合发展,以构建"权威医学科普全媒体"为目标,走在传统期刊转型发展前列。

自 1978 年复刊到 2010 年 12 月,《大众医学》共出版 384 期,开设特别关注、专家门诊、营养美食、品质生活、养生保健、家庭药箱等兼具科学性、通俗性与实用性的栏目,每期邀请 70 余位副高级以上专业技术职称的专家撰稿。杂志先后获全国医药卫生科普优秀期刊、上海市优秀自然科学技术期刊、首届国家期刊奖、第二届国家期刊奖提名奖及新中国 60 年有影响力的期刊等称号。

复刊至 2010 年,历任领导为鲍国华、王伟海、杨又才、曾建设、贾永兴、姚毅华。

地址:上海市钦州南路 71 号　　邮编:200235

三十、《低压电器》编辑部

《低压电器》(国内统一连续出版物号 CN31－1419/TM)的前身是《低压电器技术动态》《低压电器技术活页》《低压电器技术情报》《低压电器工人》等内部交流资料。1978 年,《低压电器技术情报》创刊,1980 年 11 月更名为《低压电器》,双月刊,编辑部划归上海电器科学研究所电器分所管理。

进入 21 世纪后,《低压电器》编辑部致力于打造立足低压电器行业,及时、全面报道国内外低压电器行业的最新科研成果和信息,为低压电器研究、设计、制造、使用、销售和管理等提供技术交流和信息传递的新平台。

2004 年《低压电器》改出月刊,编辑部划归为上海电器科学研究所(集团)信息传媒事业部管理。2007 年由月刊改为半月刊,依托主办单位雄厚的研发实力及资源优势,《低压电器》顺应时代,发展成为具有专业技术权威的电工技术类全国中文核心期刊。创刊至 2010 年底共出版 369 期,2003 年入选国家期刊奖百种重点期刊,2004 年入选中文核心期刊要目总览,2005 年获国家期刊奖,2004 年、2006 年、2008 年被收入为中国科技论文统计源期刊(中国科技核心期刊),2008 年入编《中文核心期刊要目总览》,2010 年被收入万方数据——数字化期刊群,2010 年获中国出版政府奖期刊奖。

1978 年至 2010 年,历任主要领导为章德书、唐式金、包革。

地址:上海市武宁路 505 号　　邮编:200063

三十一、《上海交通大学学报》编辑部

《上海交通大学学报》(国内统一连续出版物号 CN31－1466/U)是教育部主管、上海交通大学主办的自然科学综合性学术刊物,1956 年创刊,月刊。"文化大革命"中停刊,1978 年复刊。

复刊后,《上海交通大学学报》以促进科技发展、培育科技人才,为现代化建设服务为己任,及时发布船舶与海洋工程、土木与环境工程、机械与动力工程、电子信息及电气工程、材料科学与工程、化学工程、生物医学工程等方面的最新研究成果,成为中国科技论文统计源核心期刊、《中国科学引文数据库》来源期刊、中文综合性科学技术类核心期刊、《中国学术期刊综合评价数据库》来源期刊,并被收入美国《工程索引》(EI)、美国《化学文摘》(CA)、英国《科学文摘》(SA)、俄罗斯《文摘杂志》(AJ)、日本《科学技术文献速报》(CBST)、美国《数学评论》(MR)、美国《现代数学出版物》(CMP)、美国《应用力学评论》(AMR)、德国《数学文摘》(Zbl Math)等国际重要检索数据库。

《上海交通大学学报》1996 年获国家科委、中宣部、新闻出版署颁发的全国优秀期刊奖,2002 年获第二届国家期刊奖百种重点期刊奖,2004 年获教育部全国高校优秀科技期刊一等奖,2005 年获第三届国家期刊奖百种重点期刊奖,2006、2008、2010 年获教育部中国高校精品科技期刊奖。

复刊至 2010 年,编辑部主要领导为叶云棠、龚汉忠。

地址:上海市华山路 1954 号　　邮政编码:200030

三十二、《中国化学》(英文)编辑部

《中国化学》(英文)(国内统一连续出版物号 CN31－1547/O6)1983 年创刊。原为《化学学报》英文版,中科院上海有机化学研究所和中国化学会主办。创刊初衷是突破语言限制,扩大中国老牌化学学术期刊《化学学报》在国内外化学界的影响,内容选取《化学学报》部分文章,翻译成英文出版。开始为半年刊,1985 年改为季刊。1989 年起,内容不再与《化学学报》中文版重复,并改为双月刊。1990 年更名为《中国化学》(英文)。2001 年改为月刊。

《中国化学》(英文)发表物理化学、无机化学、有机化学和分析化学等化学各学科领域基础研究和应用基础研究的原始性研究成果,1999 年被美国《科学引文索引》(SCI)核心版收入后步入快速发展通道。为扩大国际影响力,2005 年起,《中国化学》(英文)由中科院上海有机化学研究所和德国的出版商 Wiley－VCH 联合出版,在 Wiley－VCH 平台上与众多世界一流化学期刊同台展示,国外来稿增加到 30％以上。期刊读者群也从以国内读者为主,迅速转为海外读者占大多数。

创刊至 2010 年,《中国化学》(英文)先后获首届国家期刊奖、第二届国家期刊奖重点科技期刊奖,入选"中国期刊方阵",多次获得中科院出版基金、中国科协精品科技期刊工程项目等资助。

创刊至 2010 年,历任主编为汪猷、黄维垣、陆熙炎、计国桢。

地址:上海市零陵路 345 号　　邮编:200032

三十三、《中外书摘》编辑部

《中外书摘》(国内统一连续出版物号 CN31－1554/Z)1985 年 6 月创刊,上海人民出版社主办,办刊宗旨是"一册在手,遍览中外图书菁华"。开始为季刊,1991 年 1 月改为双月刊,1998 年 1 月改

为月刊。

《中外书摘》从最新出版的中外图书中撷取菁华部分,以人物、事件、历史、社会、文化等内容为主,通过精心编排,使读者以较少的时间、较小的代价便能"遍览中外图书菁华"。所摘录的文章格调较高,给人以知识、情趣与启迪,使阅读成为轻松愉悦的过程,既传承人文精神,又张扬现代理念;既贴近时代,又远离喧嚣;既趣味盎然,又高雅质朴。

《中外书摘》是国内创办较早的书摘杂志,其高雅的品格、浓郁的文化气息,不仅在出版界、读书界享有较高的影响力和知名度,在广大读者中也建立了良好口碑,先后获多项荣誉。

创刊至 2010 年,历任主要领导为吴士余、郁椿德(兼)、黄亨、汪耀华。

地址:上海市福建中路 193 号   邮编:200001

三十四、《细胞研究》编辑部

《细胞研究(英文)》(国内统一连续出版物号 CN31－1568/Q)1990 年 3 月创刊,中科院原上海细胞生物学研究所主办。2002 年起改由中科院上海生命科学研究院生物化学与细胞生物学研究所主办。2007 年增加中国细胞生物学学会为第二主办单位。是中国细胞生物学领域以英文发表原创性研究论文、综述、快报、述评的国际性学术期刊和中国最具代表性的学术期刊之一。

创刊时为半年刊,1998 年改为季刊,2002 年改为双月刊,2005 年改为月刊。2002 年 6 月获汤森路透科技信息研究所发布的第一个影响因子,创造中国人创办与出版的科技期刊首次突破 2 的历史纪录。2006 年与国际知名的自然出版集团合作,成为其在亚洲的第一个伙伴期刊,影响因子进一步提升,2010 年首次突破 8。杂志开通顶级域名期刊网站 http://www.cell-research.com,与PubMed 建立全文链接,提供免费阅读、下载和检索。

《细胞研究(英文)》先后获国家自然科学基金重点学术期刊专项资助和中科院科学出版基金科技期刊择优支持,并被列入中科院上海生命科学研究院学术期刊改革试点项目,并获得多项国家级重要奖项,其中 2008 年获第六届中国科协期刊优秀学术论文一等奖,2009 年被评为新中国 60 年有影响力的期刊,2010 年获第二届中国出版政府奖期刊奖提名奖。

创刊至 2010 年,历任主编为姚鑫、裴钢,常务副主编李党生。

地址:上海市岳阳路 319 号   邮编:200031

三十五、《红外与毫米波学报》编辑部

《红外与毫米波学报》(国内统一连续出版物号 CN31－1577/O4)原名《红外研究》,1982 年 2 月创刊,中科院主管,中科院上海技术物理研究所和中国光学学会主办,科学出版社出版。1991 年更名为《红外与毫米波学报》,学科覆盖范围从红外扩展到毫米波波段。

《红外与毫米波学报》办刊宗旨是发扬学术民主,活跃学术思想,反映红外与毫米波领域最新研究成果和技术进展,促进国内外同行间学术交流和红外与毫米波科学技术的不断发展,主要报道红外与毫米波领域的新概念、新成果、新进展,刊登红外物理、凝聚态光学性质、低能激发过程、飞秒光谱学、非线性光学、红外光电子学、红外与毫米波技术等方面有创新的研究论文、简报,及有国际国内先进水平的学术论文和述评。

1986 年起,《红外与毫米波学报》邀请国际知名学者和中国两院院士担任编委,国际影响力不

断提升,多次获国家和中科院、中国科协优秀科技期刊评比一等奖,其中 1999 年获首届国家期刊奖,2000 年获中科院优秀期刊特别奖。截至 2010 年,《红外与毫米波学报》已被美国《科学引文索引》(SCI)、美国《工程索引》(EI)、美国《化学文摘》(CA)、英国《科学文摘》(SA/INSPEC)、日本《科学技术文献速报》(CBST)、俄罗斯《文摘杂志》(AJ)和《SCOPUS 网络数据库》《METADEX 光盘数据库》及《中国学术期刊综合评价数据库》统计源期刊、中国数字化期刊群、中国学术期刊网等国际国内重要检索系统收入,并入选中国精品科技期刊、中国自然科学核心期刊、中国科技核心期刊、《中国科学引文数据库》统计源期刊。

创刊至 2010 年,历任主要领导为褚君浩、糜正瑜、邢怀中、傅柔励、沈宏。

地址:上海市玉田路 500 号　　邮编:200083

三十六、《世界时装之苑》编辑部

《世界时装之苑》(国内统一连续出版物号 CN31-1586/TS)1988 年 6 月创刊,是经新闻出版总署批准、由上海译文出版社与法国阿歇特出版集团合作出版的国内第一本中外版权合作期刊,也是改革开放后中国内地出版的第一本高端时尚期刊,以贴近读者、贴近国际时尚潮流和图文并茂的风格受到读者喜爱。开始为季刊,1995 年起改为双月刊,1997 年改为月刊。

杂志定位于"国际视野,中国风格",一方面发挥国际化的版权资源优势,将海外最新的时尚资讯及时介绍中国读者;另一方面始终坚持本土化方针,本着以我为主,为我所用的原则选择外稿,同时加强本土化内容的采写,介绍和发掘本土设计师、模特、明星等,介绍具有中国民族特色的时尚潮流,杂志的很多稿件同时也被外版《ELLE》采用,促进了文化的双向交流,增强了国际时尚舞台上的中国声音。《世界时装之苑》1997 年、2009 年先后两次获华东地区最佳期刊奖。

创刊至 2010 年,历任主编为骆兆添、吴莹、陈和、叶路(副主编主持工作)、史领空(副主编主持工作)、胡大卫。

地址:上海市福建中路 193 号　　邮编:200001

三十七、《应用数学和力学(英文版)》编辑部

《应用数学和力学(英文版)》(国内统一连续出版物号 CN31-1650/O1),1980 年 5 月创办,上海市教委主管,上海大学和中国力学学会主办,斯普林格出版公司负责全球发行。创刊时为季刊,第二年改双月刊,1985 年改月刊,是国内最早被美国《科学引文索引》(SCI)、美国《工程索引》(EI)收入的应用数学和力学类期刊,也是中国高校中最早被 SCI 和 EI 收入的期刊之一。

《应用数学和力学(英文版)》主要刊登有关力学、力学中的数学方法和数学建模,以及与近代力学密切相关的应用数学研究的创新性学术论文。创刊当年就被荷兰《世界译文索引》(WTI)、俄罗斯《文摘杂志》(AJ)、美国《应用力学评论》(AMR)、美国《数学评论》(MR)、美国《当代数学》(CMP)、美国《力学》(*Mechanics*)、德国《数学文摘》(ZM)等文摘和索引收入。《应用数学和力学(英文版)》编委会成员包括美国、英国、法国、德国、加拿大、澳大利亚、瑞典、乌克兰和新加坡等国的专家学者,刊物聚焦学科热点、难点、高点,国际能见度持续提升,被美国力学科学院评为 17 种国际核心力学刊物之一。入选第三届国家期刊奖百种重点期刊,连续三届获中国高校精品科技期刊奖及全国高校科技期刊优秀编辑质量奖。

创刊至 2010 年,编辑部主要领导为陆占咸、徐明德、郭洪海、沈荣富、沈美芳、徐海丽。

地址:上海市上大路 99 号　邮编:200444

三十八、《世纪》编辑部

《世纪》(国内统一连续出版物号 CN31－1654/K)创刊于 1993 年 7 月,文史纪实类双月刊,上海市文史研究馆主管,中央文史研究馆、上海市文史研究馆主办。办刊宗旨是"积累史料、传承文化"。坚持以披露百年中国的重要历史事件内幕、重要历史人物传奇经历和趣闻轶事为主要内容,强调以作者"亲历、亲见、亲闻"为特色,依托全国文史研究馆系统文史人才荟萃的优势,形成以追求高品位、雅俗共赏、史料价值高、可看性强的独特风格,是文史研究馆文史资料工作服务社会的窗口。

《世纪》以知识界人士尤其是中老年知识分子为读者对象。创刊至 2010 年 12 月,《世纪》共出版 105 期,单期发行量最高为 3 万册。2005 年起扩版,内容从以偏重反映民国向反映民国与 1949 年 10 月以后新中国历史并重转变。2002 年 9 月,《世纪》获华东地区优秀期刊奖。2007 年入选全国百种优秀期刊进连队名单。《世纪》还精选出版"目击 20 世纪丛书"(5 种)和"《世纪》笔记掌故丛书"(2 种)。

创刊至 2010 年,历任主编为王国忠、徐福生、吴孟庆、沈祖炜。

地址:上海市思南路 41 号　邮编:200020

三十九、《检察风云》编辑部

《检察风云》(国内统一连续出版物号 CN31－1658/D)的前身是上海市人民检察院主办的内刊,1993 年 8 月公开出版,办刊宗旨是"弘扬廉政文化,传播法制文明"。1997 年 11 月,经最高人民检察院党组批准,《检察风云》由上海市人民检察院与中国检察出版社联合主办。1999 年 1 月,《检察风云》在全国法制类期刊中率先运用全彩色印刷。2002 年 1 月,为缩短出版周期,增加信息容量,由月刊改为半月刊。2004 年 5 月,《检察风云》开通自己的网站,逐步形成刊网融合、网刊互动的运行机制,并尝试创办数字期刊。

1999 年,《检察风云》入选"中国期刊方阵",被评为全国"双效期刊"。2001 年至 2006 年,连续三次获最高人民检察院颁发的全国检察机关精神文明建设金鼎图书奖。2006 年 12 月,龙源期刊网举办网络传播 TOP100 排行发布会,《检察风云》进入中文期刊网络传播海外阅读排行前 100 名。2007 年 7 月,《检察风云》入选百种优秀期刊进连队名单。2009 年 8 月被评为华东六省一市优秀期刊。

创刊至 2010 年,历任主要领导为漆世贵、吴元浩、俞云波、林阿连。

地址:上海市建国西路 648 号　邮编:200030

四十、《书城》编辑部

《书城》(国内统一连续出版物号 CN31－1662/G2)1993 年 7 月创刊,市新闻出版局主管,市出版工作者协会、市编辑学会主办,定位为综合性、有文化层次的书评期刊,施蛰存、冰心、舒芜、萧乾等老一辈文人经常撰文,逐渐形成"资料比较丰富,作者多为名家"的办刊特色。1998 年 1 月,《书城》改由市出版工作者协会、上海三联书店主办,定位调整为"以书为媒介、阅读为视角的现代城市文化杂志",成为一份与国际书评期刊接轨的小八开本报纸型读书杂志。2003 年 9 月,主管单位变更为解放日报报业集团,主办单位不变。2005 年底休刊。2006 年 6 月复刊,定位调整为"高品质的大众的人文杂志",内容分思想、文化、书评三大版块,以文学评论、艺术鉴赏、政治视角、经济观察为主,撰稿人大都为学术界、思想界、文化界有影响的学者、专家与文化人。《书城》发行主要是邮局订购、大学零售点销售和书店零售。2006 年 6 月后,还通过 99 网上书城进行网络销售。

创刊至 2010 年,历任主要领导为倪墨炎、陈保平、吴士余、陈启甸、戴俊、黄育海(执行主编)。

地址:上海市乌鲁木齐南路 396 弄 10 号　　邮编:200031

四十一、《上海教育》编辑部

《上海教育》(国内统一连续出版物号 CN31 - 1671/TS)1957 年 1 月创刊,上海市教育局主办,后因社科类杂志整顿和"文化大革命"三次停刊。1978 年复刊,定位是全面贯彻党的教育方针,重点反映上海基础教育成果与特色。2002 年调整办刊定位,强化教育新闻宣传报道,成为一本教育新闻杂志。

《上海教育》以"我们影响教育"为己任,曾先后推出创造教育、愉快教育、成功教育、素质教育等一系列教改经验,形成了"出思想,出经验,出人物"的办刊特色。进入 21 世纪后,《上海教育》积极探索教育传媒的两个"转变",即从教育的宣传者转变为教育的发现者和参与者,从满足读者需求转变为创造读者需求,始终关注教育发达地区的改革和实践,总结教育经验教训,引领教育改革发展方向;追踪最新国际教育动态,分析优秀国际教育样本,解读国际教育发展趋势,为中国教育寻求国际经验和借鉴;致力于提供专业教育资讯,改变内容生产与传播方式,做读者随身携带的教育智库,在国内外教育界有一定影响力和知名度。

1978 年至 2010 年,历任主要领导为杭苇、刘元璋、金正扬、俞恭庆、金志明、唐洪平、赵国荣。

地址:上海市长宁路 491 弄 36 号　　邮政编码:200050

四十二、《中国新药与临床杂志》编辑部

《中国新药与临床杂志》(国内统一连续出版物号 CN31 - 1746/R)原名《新药与临床》,中国药学会和上海市医药管理局(后变更为上海市食药监局)科技情报所主办,1982 年 3 月创刊,双月刊。1998 年更名为《中国新药与临床杂志》,2002 年改为月刊。

《中国新药与临床杂志》为全国性医药科技期刊,着重报道新药(包括老药新用)临床试验及临床前研究、生物等效性试验、基础及临床药理、药物不良反应、合理用药、新药评审相关技术与政策等,介绍国内外新药的进展及动态,具有新药结合临床的特色,创刊以来受到全国医师、药师等的欢迎,被国际知名检索系统美国《化学文摘》(CA)、美国《生物学文摘》(BA)、美国《国际药学文摘》(IPA)、世界卫生组织西太平洋地区医学索引(WPRIM)、《中国科学引文数据库》(CSCD)、中国科技论文统计源期刊(CSTPCD)、中文核心期刊要目总览等国内外 10 余家检索系统收入。1992 年后成为全国中文核心期刊(药学),1999 年获首届国家期刊奖,2001 年入选"中国期刊方阵",被评为"双奖期刊"(国家期刊奖、国家期刊奖提名奖,下同),2003 年获第二届国家期刊奖提名奖,2007 至2009 年连续 3 次获中国科协"精品科技期刊工程"项目资助。

创刊至 2010 年，编辑部主要领导为龚坚、俞耀松、倪力强。

地址：上海市愚园路 532 弄 50 号　　邮政编码：200040

四十三、《咬文嚼字》编辑部

《咬文嚼字》(国内统一连续出版物号 CN31‑1801/H)1995 年 1 月创刊，月刊，上海文化出版社主办。2007 年成立上海咬文嚼字文化传播有限公司，成为《咬文嚼字》出版管理单位。

《咬文嚼字》创刊后，几乎每年都举办全国性大型活动。1996 年"咬嚼"12 家大报，1998 年"咬嚼"12 家大刊，2000 年"咬嚼"12 位作家，2001"咬嚼"12 本明星图书，2004 年"咬嚼"12 座城市，2008 年"咬嚼"12 位央视《百家讲坛》"坛主"，2009 年举办"迎世博国家电网杯咬文嚼字大赛"，2010 年举办"我爱低碳生活徐汇杯咬文嚼字大赛"，社会反响热烈。2006 年启动的年度"十大语文差错""十大流行语"评选等，也都成为媒体争相报道的"热点"。

上海咬文嚼字文化传播有限公司以传播文化知识、提供文化服务为宗旨，除《咬文嚼字》外，还编辑出版新闻出版核心刊物《编辑学刊》，以及以大语文为基点、兼顾其他文化领域的图书。公司同时负责上海出版物编校质量检测中心，承担新闻出版总署、市新闻出版局及其他出版机构委托的出版物文字质量检测任务，咬文嚼字讲习所接受全国新闻出版单位其他文化单位委托的培训业务。

2006 年 12 月，中宣部出版局、新闻出版总署报刊司和中国期刊协会在上海召开"品牌·特色·发展——全国部分期刊经验交流会"，宣传推广《咬文嚼字》等期刊的办刊经验。《咬文嚼字》编辑部先后被评为全国语言文字工作先进集体、全国新闻出版系统先进集体、上海市模范集体。2005 年《咬文嚼字》获第三届国家期刊奖提名奖。

创刊至 2010 年，历任主要领导为郝铭鉴、孙欢。

地址：上海市绍兴路 7 号　　邮编：200020

四十四、《家居主张》编辑部

《家居主张》(国内统一连续出版物号 CN31‑1860/G0)，2001 年 1 月创刊，上海辞书出版社主办，月刊。《家居主张》以传播国内外优秀室内设计案例为宗旨，着重推介世界大师的作品及国内(包括港澳台地区)设计师的室内设计案例，并有各种设计理念、设计单品和世界各地富有特色的居住生活样式的介绍，贴近专业设计师学习借鉴经典和社会大众改善生活环境、提高欣赏品位的需求，兼具文化和时尚媒体的性质，对 21 世纪初中国室内设计得发展产生过积极影响。

《家居主张》创刊伊始，恰逢中国新兴房地产业上升期，家居空间设计的水准不断提高。为争取读者，杂志高品质全方位介绍以住宅设计案例、生活艺术潮流资讯及相关配套产品，同时坚持图文并茂，对图片拍摄、印制质量提出很高的要求，受到众多专业设计师和爱好设计装潢的大众读者的喜爱。

创刊至 2010 年，历任主要领导为李伟国、上官消波、唐克敏、刘毅强。

地址：上海市陕西北路 457 号　　邮编：200040

四十五、《生物化学与生物物理学报》编辑部

《生物化学与生物物理学报》(国内统一连续出版物号 CN31‑1940/Q)由原中科院上海生物化

学研究所 1958 年创办,办刊宗旨是及时发布在生化研究领域原创性科研成果和评论文章。"文化大革命"初期停刊,1975 年下半年复刊。

复刊后,《生物化学与生物物理学报》先后由上海人民出版社、上海科学技术出版社以季刊、双月刊形式出版。1988 年 5 月使用国内统一刊号 CN31 - 1300/Q。1988 年至 1997 年曾与美国阿勒顿出版社合作,选择部分已出版的优秀中文稿件译成英文出版。

2002 年,《生物化学与生物物理学报》主办单位变更为中科院上海生命科学研究院生物化学与细胞生物学研究所。2003 年改为月刊,2004 年成为全英文期刊,使用国内统一刊号 CN31 - 1940/Q 出版,刊名简称 ABBS。2005 年至 2008 年与布莱克威尔(亚洲)出版公司合作出版。2009 年开始,与英国牛津大学出版社开展全方位的数字出版合作,实现出版流程的标准化、国际化和数字化。《生物化学与生物物理学报》是国内最早被美国《科学引文索引》扩展版(SCIE)收入的科技期刊之一。1999 年获首届国家期刊奖提名奖,2000 年获中科院优秀期刊特别奖,2001 年入选"中国期刊方阵",被评为"双奖期刊",连续多年获国家自然科学基金重点期刊专项基金、中科院科学出版基金、中国科技期刊国际影响力提升计划 C 类等项目的资助。截至 2010 年底,《生物化学与生物物理学报》已被美国《科学引文索引》(SCI)、美国《工程索引》(EI)、美国《生物学文摘》(BA)美国《化学文摘》(CA)、美国《力学》(Mechanics)、俄罗斯《文摘杂志》(AJ)、《中国科学引文数据库》《万方数据库》等国内外多家重要检索刊物和引文数据库摘引及收入。

复刊至 2010 年,历任主编为王应睐、林其谁、王德宝、张友尚、李伯良。

地址:上海市岳阳路 319 号　　邮编:200031

四十六、《上影画报》编辑部

《上影画报》(国内统一连续出版物号 CN31 - 2049/J)1957 年 8 月创刊,上海电影制片厂主办,月刊。1960 年 9 月停刊。1982 年 1 月复刊,以宣传推广上海电影制片厂的创作与生产为主,兼顾介绍上海美术电影制片厂、上海科教电影制片厂、上海电影译制厂及国内其他电影制片厂的相关活动,同时用适当篇幅介绍外国电影和电影明星,致力于发展上海电影事业,提高观众欣赏水平,影响广泛,成为中国电影重镇上海的一张文化名片。

复刊后的《上影画报》坚持文艺"双百"方针和"二为"方向,紧贴创作,紧贴读者,以图文并茂的版面、生动活泼的形式,健康高雅的格调,赢得国内电影同行和观众、读者的好评,期印数最高达 120 万册。《上影画报》以一定的篇幅聚焦世界电影现状和发展趋势,适当加大对外国优秀电影和电影人的宣传,打开了一扇展示世界优秀电影的窗口,架起了中外电影交流的桥梁。尤其是 1993 年上海国际电影节成功举办后,《上影画报》为这一国际电影活动的不断发展和日益成熟发挥了重要作用。2005 年 4 月,顺应电影体制和机制变革,《上影画报》更名为《世界电影之窗》。2010 年再次更名为《东方电影》。

1982 年 1 月复刊至 2010 年,历任主要领导为石方禹、沈寂、陈青、许朋乐、夏瑜、徐杰。

地址:上海市漕溪北路 595 号　　邮编:200030

第二章 出版期刊

1978年后,上海期刊出版进入蓬勃发展的新时期。文学艺术类期刊迅速增加,读者喜闻乐见;社科学术类期刊大量创办,影响力不断扩大;时政财经类期刊开始出现,反映社会政治、经济、文化的方方面面;文化教育类期刊品种众多,受到不同读者的欢迎;科学技术类期刊争相斗艳,成为上海期刊出版的一大特色。在发展过程中,上海一手抓繁荣,一手抓管理,不断调整和优化结构,以管理促规范,以规范促繁荣,期刊出版保持健康发展的态势。

截至2010年底,上海共有期刊622种,其中社会科学类期刊262种、自然科学类期刊360种。中央部属单位在上海出版期刊211种,上海地方期刊411种。平均期印数20万册以上期刊有5种:《故事会》(205万)、《上海故事》(33.8万)、《上海服饰》(27.4万)、《萌芽》(24.4万)、《健康娃娃》(20.6万)。

本章分6节,分别介绍1978年至2010年间上海部分有代表性的社科学术、时政财经、文学艺术、文化教育、科学技术类期刊,并收入一些成功案例。

第一节 社科学术

学术月刊 1957年1月创刊。"文化大革命"中停刊,1979年1月复刊。上海市社联主办。月刊。办刊宗旨是以马克思主义为指导,理论联系实际,努力倡导理论创新,侧重于文、史、哲、经等基础学科。主要栏目有学界视点、海外名家新论、哲学关注、经济学前沿、文学艺术评论、史学经纬、中青年专家访谈、信息综览等。

复旦学报(社会科学版) 1935年6月创刊。"文化大革命"中停刊。1978年10月复刊。复旦大学主办。双月刊。办刊宗旨是繁荣学术,促进学校的文科建设,鼓励"百家争鸣",加强学术交流,提倡理论联系实际,提倡"面向世界",提倡办刊育人。开设栏目主要刊登文、史、哲、经、法、政等学科的学术论文、介绍复旦学科、学术、特聘教授、开展马克思主义哲学基础理论与前沿问题研究及中国史学历史进程、中国文学古今演变与实证研究和国际问题探索、对外开放与金融安全等。

华东师范大学学报(哲学社会科学版) 1955年10月创刊。"文化大革命"中停刊。1978年12月复刊,分哲学社会科学版和自然科学版出版。华东师范大学主办。双月刊。办刊宗旨是以马克思主义为指导,编辑出版哲学、人文和社会科学的学术论文和其他研究成果;以本校科研人员为主要作者群体依托,兼收国内外相关学科的优秀稿源,以推动学术文化建设。主要栏目有世界史研究、冯契哲学研究、中国哲学与文化、金融热点探索、社会经济发展问题研究、语言学及应用语言学研究等。

上海师范大学学报(哲学社会科学版) 1958年2月创刊。"文化大革命"中停刊,1978年复刊。上海师范大学主办。双月刊。办刊宗旨是繁荣哲学和社会科学学术研究,全面反映高校和学术界的科学成果,发现培养学术人才,开展国内外学术交流。主要栏目有哲学、政治学、法学、经济学、教育学、心理学、文学、历史、语言文字、艺术及跨学科研究等。

上海大学学报(社会科学版) 1984年12月创刊。上海大学主办。双月刊。办刊宗旨是展示科研成果,交流学术经验,注重理论联系实际,立足学校,面向社会,具有上海地方特色。主要栏目有哲学、美学、法学、文学、语言学、历史学、社会学、经济学、管理学、影视学、传播学、教育学等。

外国语 1978 年 11 月创刊。上海外国语大学主办。双月刊。办刊宗旨是贯彻"百家齐放、百家争鸣"的方针,活跃学术气氛,开展对外国语言,文学及外语教育等方面的研究,提高中国外语教学及科研水平。主要栏目有语言学及语言研究,翻译研究,文学研究,语言,翻译类书籍评介,国内外语言学,外语教学学术会议动态等。

外语界 1980 年 1 月创刊。上海外国语大学主办。双月刊。办刊宗旨是集中反映外语教学和科研最新成果的动态,探讨外语教学理论,交流外语教学实践经验,评介外语教材和教学、科研图书资料。主要栏目有外语教学、外语测试、书刊评介等。

辞书研究 1979 年 5 月创刊。上海辞书出版社主办。双月刊。办刊宗旨是从理论与实践的结合上探讨辞书学理论,总结字典、辞典、百科全书及年鉴、索引、书目、手册等各种工具书的编纂经验,介绍、辞书评论中外工具书,评述辞书学理论专著,研究开发辞书的各种功能并从各个方面指导读者使用辞书,讨论疑难字、词的确切释义,介绍工具书编纂出版机构,提供进行辞书学研究的资料线索。主要栏目包括辞书学通论、辞书数字化、语文词典编纂研究、辞书评论、专著评价、释义探讨、辞书教学与用户研究、辞书使用指南。是关于辞书编纂的理论与实践的学术性、知识性、资料性期刊。

社会科学 1979 年 5 月创刊。上海社科院主办。月刊。办刊宗旨是贯彻"百家齐放、百家争鸣"的方针,探讨新问题,传播新知识,开展比较研究,促进中外文化交流。主要栏目有当代社会主义与当代资本主义、世界经济与上海经济、经济发展与经济改革、政治建设与政治改革、社会问题综合探讨、哲学学习与研究、书评与学术动态等。

国外社会科学文摘 1979 年 11 月创刊。上海社科院信息研究所主办。月刊。办刊宗旨是反映国外哲学社会科学领域内出现的新思想、新理论、新流派、新动态和新资料,为政府有关部门和广大社会科学研究者、爱好者提供参考。主要栏目有聚焦、社会、经济、博览、军事、人物、文艺、新著、资料等。

社会 1981 年 10 月创刊。上海大学主办。月刊。办刊宗旨是以社会学观点和方法研究社会理论,探讨社会问题,剖析社会现象,透视社会生活,为中国社会的发展服务。主要栏目有社会学理论探讨、社会学方法论、社会学史、社会调查、社会观察家、社会特写、社会治安、婚姻与家庭等。

新闻记者 1983 年 3 月创刊。上海社科院新闻研究所主办。月刊。办刊宗旨是反映新闻界动态,研究新闻理论,探讨新闻业务,推进新闻改革。主要栏目新闻与法律、新闻内幕、新闻人物、采编一得、业务探讨、新闻作品评析、记者的报告。

出版史料 1982 年 12 月创刊,上海出版工作者协会主办。1993 年 7 月停刊,2001 年移至北京出版。最初为年刊,后改为半年刊、季刊。办刊宗旨为发掘和积累包括马列著作在中国的传播、党的出版发行事业历史以及近现代出版机构和出版人物的介绍,为中国出版史学研究提供交流园地。

编辑学刊 1986 年 2 月创刊。上海市编辑学会、上海文艺出版集团主办。双月刊。办刊宗旨是以反映中国出版科学研究成果,以探讨编辑理论,宣传编辑经验,表彰编辑人才,提高编辑水平和地位,沟通编者、作者、读者感情,加强彼此了解,以做好编辑出版工作为己任,贴近时代、贴近生活、贴近读者。主要栏目有理论研究、编辑工作研究、期刊研究、编辑学论著介绍、各名家编辑思想、出版编辑史研究等。

印刷与出版 1990 年 1 月创刊,开始为半年刊,1995 年改为季刊,上海印刷出版高等专科学校主办。办刊宗旨是面向出版与印刷领域,着眼于出版实务与印刷工程的理论研究与技术开发应用,充分反映行业的动态与科研成就,提高出版印刷技术、促进新设备、新材料、新技术、新工艺应用。设有出版研讨、印刷工程、电子出版、学科建设、创意设计、教育与培训等栏目。

高等学校文科学术文摘 1984年2月创刊。上海师范大学主办。双月刊。办刊宗旨是以马克思列宁主义、毛泽东思想为指导,坚持四项基本原则,贯彻"百花齐放,百家争鸣"和理论联系实际的方针,汇集、反映、交流高校哲学社会科学研究新成果、新问题、新情况,为向广大文科教师和研究工作者提供学术信息、学术动态,为更好地办好文科,推动社会科学研究服务。主要栏目有本期头条、学科研究、学术前沿、学术批评与反思、热点探讨、观察与思考、专题论文、学术综述、中国高校学术纪事等。

探索与争鸣 1985年8月创刊。上海市社联主办。月刊。办刊宗旨是贯彻"百花齐放,百家争鸣"方针,在坚持四项基本原则前提下,鼓励不同观点、不同意见的争鸣。主要栏目有学术争鸣、圆桌会议、文化视野等。

上海文化年鉴 1986年12月创刊。上海图书馆、上海科学技术情报研究所主办。年刊。办刊宗旨是展示上海文化建设成就,总结上海文化发展经验,提炼上海文化建设规律,为国内外各界人士提供可靠研究资料及数据。主要栏目有特载、专文、上海文化概况、长三角文化合作与发展、文化艺术节庆、哲学社会科学、新闻出版、广播电视、电影、文学、舞台艺术、上海文化人物、上海文化大事记、附录、索引等。

上海年鉴 1998年3月创刊。上海市地方志办公室主办。年刊。办刊宗旨是真实记录上一年间,上海政治、经济、文化、社会发展等方面重要事件和人物活动,为各级党政领导机关正确决策和科学管理提供借鉴和参考,为企事业单位和科研部门提供有价值的信息和情报,为编史修志积累资料,让世界了解上海。主要栏目有大事要闻、上海概貌等。

第二节 时 政 财 经

新民周刊 1999年1月创刊。文汇新民联合报业集团主办。周刊。办刊宗旨是宣传新政策,传播新知识,倡导新风尚,丰富新生活,追求高品位,崇尚高格调,力创高质量,实现高效益。主要栏目有新民说、读家、观察家、封面、经济、文化等。

上海画报 1982年1月创刊,以专题影像记录城市发展。双月刊,上海画报社主办。1983年增出英文版并向世界各地发行。1999年第6期开始改为月刊。办刊宗旨是以摄影图片为主要报道形式,全面反映上海的风貌,尤其是改革开放以来的新变化、新成就以及上海人的精神风貌。主要栏目有上海人、上海印象、上海史话、历史文化名城、外国人在上海、欢迎您到上海来、新闻透视、服饰新潮等。

检察风云 1993年8月创刊。1997年11月由上海市人民检察院与中国检察出版社联合主办。2002年1月由月刊改为半月刊。办刊宗旨是在党领导下,立足检察,面向全国,坚持新闻性、指导性、理论性、可读性为一体,为推进社会主义民主和法治建设做贡献。主要栏目有专稿特稿、反腐热线、大案追踪、监督视点、严打整治、警钟长鸣、社会时空、热血剑魂、焦点瞬间、庭审回放、大墙内外、风云论坛、海外传真等。

第一财经周刊 2008年2月创刊。上海文广新闻传媒集团主办。周刊。办刊宗旨是为读者提供生动、有趣、前沿的商业报道和实时、严谨的深度评析。主要栏目有封面故事、大公司、快公司、炫公司、热新闻、个人商业、生活方式等。

理财周刊　2001年3月创刊，上海世纪出版集团主管主办。2005年改由上海世纪出版股份有限公司主管主办。周刊。办刊宗旨是以国家宏观经济政策为指导方针，提供迅捷的信息，传播正确的观念，介绍成功的经验，发表科学的见解，引导并服务于个人理财活动。主要栏目有封面文章、本刊特稿、专家视点、股市、家庭理财、不动产投资、海外理财、汽车、集藏天地等。

上海金融　1980年7月创刊。上海市金融学会主办。月刊。办刊宗旨是以马克思列宁主义、毛泽东思想为指导，宣传金融方针、政策，繁荣金融事业和提高金融职工的素质。主要栏目有经济论坛、企业管理、借贷与结算、国际金融、农村金融、储蓄、保险等。

新金融　1988年5月创刊。交通银行总管理处主办。月刊。办刊宗旨是报道有关金融工作的方针政策，研究金融理论与实务，交流金融经济信息，推动金融业务和金融体制的改革。主要栏目有金融述评、金融市场、国际金融、信贷管理、经理随笔、外国银行管理、金融知识讲座等。

沪港经济　1985年5月创刊。沪港经济发展协会主办。1999年改由市工商联主办。2008年改为市工商联主管主办。原为季刊，1993年改双月刊，2002年起改月刊。办刊宗旨是通过对沪港两地经济动态的报道、宣传，促进两地合作和经济发展。主要栏目有观点与视点、精神家园、思路与财路、沪港随想录等。

上海经济研究　1983年9月创刊。上海社科院经济研究所主办。双月刊。办刊宗旨是适应经济改革发展的需要，广泛采用社会上优秀科研成果，促进学术交流，推动经济建设的发展。主要栏目有社会主义经济理论探索和争鸣，经济体制改革和经济发展战略研究及经济史与经济思想史等。

财经研究　1956年9月创刊。上海财经大学主办。1958年停刊，1978年底复刊，季刊。1986年改为月刊。办刊宗旨是以马列主义、毛泽东思想和邓小平理论为指导，坚持理论联系实际，着重研究和阐述中国改革开放和现代化建设的重大理论和实践问题，探索有中国特色社会主义经济的发展规律，为上海和国家改革开放的重大举措及宏观经济决策服务。主要栏目有公共经济与管理、财务与会计研究、金融研究、产业经济研究、区域经济研究等。

上海投资　1985年6月创刊。中国人民建设银行上海分行、上海市投资学会主办。月刊。办刊宗旨是及时报道国家在投资领域的方针、政策和动态；介绍投资、金融领域的实用知识和成功奥秘；描述重点投资项目建设的前景。主要栏目有投资论坛、工作研究、投资面面观、纵横谈、浦东开发、建设之页等。

上海审计　1985年6月创刊。上海市审计学会、上海市审计科学研究所主办。双月刊。办刊宗旨是立足上海，面向全国，报道有关审计工作的方针、政策和法规，交流审计工作经验，介绍最新理论成果，以及国内外审计资料。主要栏目有审计论坛、经验交流、工作研究、审计实务、审计案例、内部审计、社会审计、乡镇审计等。2003年停刊。

上海保险　1984年11月创刊。上海市保险学会、上海保险研究所主办。月刊。办刊宗旨是探索具有中国特色的保险学理论，介绍国内外保险的新情况、新经验，以促进保险事业的发展。主要栏目有理论探讨、实务研究、案例介绍、保险与法、保险史话、防灾防损、保险知识等。

现代工商　1992年3月创刊。上海市工商联合会主办。月刊。办刊宗旨是反映中国经济建设热点，剖析社会经济问题，反映当代经济思潮和趋势，介绍国内外工商经营管理艺术、传递工商信息。主要栏目有企业家论坛、海外投资、金融证券、乡镇企业之林、非公有制企业透视、工商史话等。2003年停刊。

现代领导 1985 年 8 月创刊。中国管理科学研究院上海分院(后变更为上海市社联)主办。双月刊。办刊宗旨是探索有中国特色的社会主义领导科学与领导艺术,为全国领导干部提供交流经验、加强理论研究的园地。主要栏目有领导科学专论、领导科学百家、领导工作实践、专访、城市领导、乡镇领导、企业领导、领导史话、海外之窗等。

人才开发 1986 年 10 月创刊。上海人才研究会主办。月刊。办刊宗旨是推动人才学应用理论研究,进行组织人事制度改革的探索,探讨开发人才途径,传播开发智能知识,介绍人才市场信息。主要栏目有读者之声、热门话题、深层探索、政策设计、多向思维、社会调查、妇女世界、军中展望、国际社会、学生公园、就业机会等。

上海农村经济 1982 年 3 月创刊。上海市农村经济学会主办。双月刊。办刊宗旨是对上海农村经济发展中的新情况、新问题进行研究、探索,为加速郊区经济的发展服务。主要栏目有农业为基础、乡镇工业、菜篮子工程、第三产业、经营管理、集镇建设、探索与争鸣、政策信箱、长江三角洲地区、国外农业等。

现代农村 1992 年 2 月创刊。上海市农村工作党委、上海市农业委员会主办。月刊。办刊宗旨为:宣传对农村工作的各项方针政策、传播新知识、交流新经验,研究新情况,为建设社会主义现代化新农村而奋斗。主要栏目有浦江新潮、农村透视、经济纵横、沪郊风情、理论之窗等。2005 年更名为《私家地理》。

证券市场研究 1993 年 1 月创刊。上海社科院法学研究所主办。周刊。办刊宗旨是报道国家及地方有关金融、证券的法规和规定,宣传国家有关方针、政策。对中国证券市场、金融市场的有关理论进行研讨,对中国证券市场的发展实践作综合评述,为读者提供有关证券市场的背景资料、知识和分析方法等。主要栏目有特稿、大势分析、个股投资、资料、信息、技术分析、专题研究等。

国际市场 1984 年 12 月创刊。上海国际经济贸易研究所主办。月刊。办刊宗旨是传播世界经济信息,预测国际市场趋势,研讨出口营销策略,普及经贸知识,促进国际贸易发展。主要栏目有海外市场、调研报告、国际经济、金融分析、营销策略、贸易指南、展览信息、知识讲座等。

国际展望 1983 年 5 月创刊。上海国际问题研究所主办。半月刊。办刊宗旨是对国际形势和重大事件进行综合分析,提供国际热点事件的内幕和背景材料及国外社会新思潮、新技术。主要栏目有时事述评、国际知识、历史资料、新闻人物、动态与思潮、对中国的反应等。

天风 1945 年 2 月创刊。中国基督教三自爱国运动委员会、中国基督教协会主办。月刊。办刊宗旨是宣传党的宗教政策,带领信徒走爱国爱教的道路。主要栏目有神学思想建设、圣经教义与知识、神学教育、宗教政策法规、中国基督教三自爱国运动的方针任务、社会服务与爱国爱教的先进事迹、基督教文艺、基督教友好交往等。

大江南北 1985 年 8 月 15 日创刊。上海市新四军历史研究会主办。双月刊。办刊宗旨是以新四军历史研究和革命回忆录进行爱国主义、革命传统教育,并为党史、军史研究者提供研究园地。主要栏目有特稿、历史研究、烽火征程、地下战线、海外赤子、缅怀英烈、江山今昔、老战士之声、采风、随想录、故事会等。

上海支部生活 1954 年 7 月创刊。"文化大革命"中停刊。1980 年 10 月复刊。解放日报报业集团主办。月刊。办刊宗旨是宣传马克思主义、毛泽东思想和邓小平理论,宣传党的基本路线和各项方针、政策,宣传党的基本知识、法规和纪律、优良传统和作风,报道先进典型,抨击不正之风,反映群众的要求和呼声。主要栏目有特别策划、就时论是、互动平台、时事回眸、党建、言论、社会、环球、文化、小品文等。

上海宣传通讯　1979年7月创刊。上海市委宣传部主办。2004年2月，与《浦江同舟》《班组学习与生活》《上海精神文明》合并，刊名仍为《上海宣传通讯》，解放日报报业集团主办。半月刊。办刊宗旨是为各级党组织和宣传部门的学习、宣传和思想政治工作服务，发挥"上情下达、指导工作、辅导学习、引导舆论、交流经验"的作用。主要栏目有中央领导同志近期言论、思想信息之窗、市委市政府领导同志近期讲话、近期关注、近期宣传工作提示、近期文件提要、宣传工作者注意、海外舆情参考、国际动态、国际内参、参考材料、港澳台之窗等。

浦东开发　1991年4月创刊。市政府浦东开发办公室、上海市浦东开发开放研究会主办。月刊。办刊宗旨是宣传关于开发浦东、开放浦东的战略决策和方针政策，宣传开发开放浦东的规划及有关学术研讨，介绍中国及世界经济走向，传播有关开发开放的信息。主要栏目有特稿、政策法规指南、专家论坛、开发区经验、浦东史话、浦东内外等。2003年停刊。

上海人大月刊　前身为《人大常委会公报》，1991年5月更名。市人大常委会研究室主办。月刊。办刊宗旨是宣传人民代表大会制度、宣传社会主义民主法治、宣传人大代表，贴近基层、贴近实际，努力成为市人大常委会联系代表和代表联系选民的桥梁。主要栏目有本刊言论、每月视点、特别报道、热点聚焦、立法监督、法治社会、信息交流、代表园地、副刊等。

第三节　文　学　艺　术

收获　1957年7月创刊。中国作协主办。1960年7月停刊。1964年1月复刊。1966年因"文化大革命"爆发再度停刊。1979年1月再次复刊，主办单位变更为中国作协上海分会（上海市作协）。双月刊。1986年1月经上海市委宣传部批准，设立收获文学杂志社。办刊宗旨是贯彻"双百"方针，发表内容健康、形式多样、具有较高艺术水平的文学作品，发现和扶植文学新人，繁荣文学创作。主要栏目有长篇小说、中篇小说、短篇小说和散文等。

上海文学　1953年1月创刊，原名《文艺月报》。1959年10月更名为《上海文学》。"文化大革命"中停刊。1977年10月复刊，刊名改为《上海文艺》。1979年1月恢复《上海文学》刊名。中国作协上海分会（上海市作协）主办。月刊。办刊宗旨是坚持为人民服务、为社会主义服务的方向，贯彻"双百"方针，立足上海、面向全国，发现与扶植文学新人，繁荣文学创作，活跃理论批评，创作与理论突出当代性、文学性、探索性。主要栏目有小说（中篇、短篇）、诗歌、散文、理论、读者评论、报告文学等。

萌芽　1956年7月创刊。中国作协上海分会（上海市作协）主办。1960年下半年休刊，1964年复刊。"文化大革命"中再度停刊。1981年1月再次复刊。月刊。办刊宗旨是继承鲁迅办《萌芽》的光荣传统，为"在文字战线上造就大群新战士"而努力奋斗。主要栏目有小说、诗歌、散文、报告文学、文学评论等。

文汇月刊　1980年1月创刊，文汇报主办，开始刊名为《文汇增刊》，1981年1月更名为《文汇月刊》。大型的，包括文学、电影、戏剧、美术、音乐、舞蹈等各方面内容的文艺性、综合性刊物，主要栏目有文艺论坛、诗歌、散文、小说、报告文学、杂文、随笔、作家书简、读书札记、漫画、读者的话及电影、戏剧、音乐的欣赏和推荐等。1990年6月停刊。

小说界　1981年5月创刊。上海文艺出版社主办。双月刊。办刊宗旨是介绍思想内容健康、艺术手法有新意的长、中、短篇及微型小说等文学作品，繁荣小说创作。主要栏目有长篇小说、中篇小说、短篇小说、微型小说、外国小说、古典小说、留学生文学等。

少年文艺 1953年7月创刊。少年儿童出版社主办。月刊。以小学高年级、初中程度的少年为读者对象。宋庆龄题写刊名并撰写发刊词。办刊宗旨是坚守纯文学理想，第一时间发表反映当代少年生活和精神面貌的各类高品质文学新作。办刊风格是亲切、新颖、多样、有趣。设有文学信箱、幽默园、新芽、绿叶信箱、借鉴篇、点歌台、函授之窗和读者·作者·编者等栏目。

儿童文学选刊 1981年1月创刊。少年儿童出版社主办。季刊，1984年起改为双月刊。办刊宗旨是鼓励文学探索与创新、培养优秀创作人才。主要栏目有小说展台、幻想空间、天籁歌声、心灵守望、百草园、长卷短读、风雨探索、金色足迹、典藏中篇等。1999年6月更名为《活力派》。

外国文艺 1978年创刊。上海译文出版社主办。双月刊。办刊宗旨是有系统、有重点地译介当代外国文学艺术，包括戏剧文学、电影文学兼及美术作品和理论，反映外国文艺思潮和动态。主要栏目有小说、文论、诗歌、戏剧、美术家与作品等。

外国故事 1986年1月创刊。上海译文出版社主办。双月刊。办刊宗旨是介绍外国健康、有趣的故事，提高读者的文艺欣赏水平和文化素养。主要栏目有外国古典文学、当代文学故事、推理故事、电影故事、连环漫画等。

上海文论 1987年1月创刊。上海市作协、上海社科院文学研究所主办。双月刊。办刊宗旨是坚持"双为"方向，开展文学理论探讨和文学批评，繁荣社会主义文艺批评事业。主要栏目有学习与研究、思考与探索、上海作家与作品、序与跋、古典文学新论。1993年3月更名为《上海文化》。

文艺理论研究 1980年6月创刊。华东师范大学主办。双月刊。办刊宗旨是为全国从事文艺理论教学、研究、评论和编辑出版工作者提供学术园地，为提高教学、深化研究、活跃评论、繁荣创作、建立具有中国民族特色的文艺理论作出贡献。主要栏目有专论，创作论、艺术论、美学研究、古代文艺新探、比较文学研究、作家作品论、原始艺术文化研究、外国文学理论译丛等。

故事会 1963年7月创刊。上海文艺出版社主办。1974年3月更名为《革命故事会》，1979年1月恢复《故事会》刊名。创刊时为不定期丛刊，1978年改为双月刊，1984年改为月刊，2004年1月改半月刊。办刊宗旨是面向广大群众，力求每一篇故事都好读、易懂、能传。主要栏目有百姓话题、东方夜谈、3分钟典藏故事、16岁故事、笑话与幽默世界、中篇故事、中国新传说、民间故事金库、外国文学故事鉴赏等。

巨人 1981年3月创刊。少年儿童出版社主办。以小学高年级和初中程度的少年为读者对象。季刊。1995年改为双月刊。办刊宗旨是突出时代性、文学性、可读性，刊登中国当代儿童文学创作的中长篇小说、报告文学、童话、动物小说、科学幻想小说、新历史小说及传奇故事等。主要栏目有巨人博士信箱、佳作赏析、金草地、幽默小说、彩色漂流瓶、读者沙龙、作家档案等。1994年起，每年编辑出版"巨人丛书"。

故事大王 1984年6月创刊，少年儿童出版社主办。月刊。办刊宗旨是以小学中年级少年儿童为读者对象，主要刊登儿童生活故事、童话寓言故事、民间传说故事、动物故事、惊险故事、侦探故事、科学幻想故事、动脑筋故事、幽默故事等。主要栏目有传奇写真、动物天地、童话乐园、寓言树、体育看台、带问号的故事、中长篇故事连载、千奇百怪、哈哈篇、小福尔摩斯、校园内外、外国故事等栏目。每年编辑"故事大王丛书"和"故事大王选集"。

上海故事 1985年1月创刊。上海市群艺馆主办。月刊。办刊宗旨是繁荣业余创作，培养业余作者，发展大众文学，指导基层群众文化活动，丰富群众业余文化生活，宣传社会主义精神文明。主要栏目有惊险与传奇、人生百味、上海滩、海外传真、都市阳台、本乡本土、武侠天地、青春派对、短镜头、一把幽默、四格情趣、短镜头组合等。

上海采风月刊 1990 年 7 月创刊。上海市文联主办。月刊。办刊宗旨是把握城市气质，品味上海生活、发现上海、导航上海，内容贴近生活，强调独家新闻，聘请名家开辟专栏。主要栏目有全语录、封面故事、俗事雅谈、生活随笔、哈哈一记、案件聚焦、异域风情、人与动物等。2004 年 2 月更名为《上海采风》。

海上文坛 1990 年 8 月创刊。上海市作协主办。双月刊。办刊宗旨是坚持四项基本原则和"两为"方向、"双百"方针，努力反映作家深入生活的新感受、新面貌。主要栏目有小说、散文、报告文学、文坛瞭望、城市笔记、作家生活行踪、艺术长廊、人物传记、佳作评选、上海人在海外等。2004 年 2 月更名为《略知一二》。

电影故事 1952 年创刊。上海市电影发行放映公司（1993 年转制为上海永乐股份有限公司）主办。月刊。1991 年与上海电影译制厂编辑出版的《国际银幕》合并，仍用《电影故事》刊名。2007 年改由上海文广影视集团主办。办刊宗旨是介绍国内外电影剧情、创作人员、创作状态、创作背景、发行放映信息。主要栏目有影片故事、国外专题、摄影欣赏、科教片、史话新说等。

上影画报 1957 年创刊。上海电影制片厂主办。1960 年 9 月停刊。1982 年 1 月复刊。月刊。办刊宗旨是以介绍上海电影为主，适当介绍港台及外国电影。主要栏目有上影新片、我与电影、艺术流、人物专访、电影故事、港台之窗、外国电影等。2005 年更名为《世界电影之窗》，2010 年更名为《东方电影》。

上海戏剧 1959 年 10 月创刊，中国戏剧家协会上海分会主办。"文化大革命"前夕停刊。1979 年 1 月复刊。1987 年改由上海市文联主办。月刊。办刊宗旨是坚持"两为"方向和"双百"方针，扶持新人新作，具有观赏性、学术性、知识性。主要栏目有白玉兰奖、上戏综艺、剧海内外、海上剧谭、百家剧评、艺坛纵横、戏曲天地、人物传记。

电影新作 1979 年 1 月创刊。上海电影艺术研究所、上海电影家协会主办。双月刊。办刊宗旨是发表不同题材、风格多样的影视故事和理论、评论文章，普及电影文化，培养青年影视创作和评论队伍，为繁荣和发展有中国特色的社会主义电影作出贡献。主要栏目有电影、电视文学剧本、电影小说、电影新视野、电影论坛、创作谈、影片评论、剧本评论、探讨与争鸣、读者评议等。

电视·电影·文学 1981 年 5 月创刊。上海市文联主办。双月刊。办刊宗旨是发表中外精彩影视剧作，披露中外影视拍摄动态，推出中外小说散文佳作。主要栏目有文学传记、中长篇小说、电影文学剧本、电视文学剧本、影视小说、青年创作探索、世界影坛等。2005 年 4 月更名为《申江影视》。

艺术世界 1979 年 7 月创刊。上海文艺出版社主办。双月刊。办刊宗旨是传递最新艺术信息，开阔艺术眼界，增强人们的艺术素养，提高艺术欣赏水平，陶冶健康的艺术情操。主要栏目有艺术欣赏、艺术风情、作家谈艺、比较艺术、艺海漫游、艺术家一瞥、艺术纵横谈、名人艺术、珍藏录、美与艺术、艺术信息、谈艺篇等。

音乐艺术（上海音乐学院学报） 1979 年 4 月创刊。上海音乐学院主办。季刊。办刊宗旨是贯彻"双百"方针，提高中国高等音乐教育和音乐艺术各领域的研究水平，繁荣社会主义音乐文化。主要栏目有文化·民族、历史·传统、思维·观念、分析·研究、读书·评乐、美育·教学等。

音乐爱好者 1979 年 11 月创刊。上海音乐出版社主办。双月刊。办刊宗旨是普及音乐知识，指导音乐欣赏，交流音乐信息，弘扬民族音乐文化。主要栏目有乐坛人物、纪念碑、20 世纪西方名曲欣赏、音乐与我、民族之花、歌剧与舞剧、乐坛新声、乐坛纵横。

上海歌声 1985 年 5 月创刊。上海音乐家协会主办。月刊。办刊宗旨是提供发表歌曲创作和理论研究的园地，推动歌咏活动的开展。主要栏目有点歌坛、创作新歌、每月一歌、人物专访、影视歌曲、中小学音乐教育等。1996年5月更名为《东方歌声》。

戏剧艺术 1978年11月创刊。上海戏剧学院主办。双月刊。办刊宗旨是坚持"两为"方向和"双百"方针,繁荣戏剧理论,推动戏剧教育事业的发展。主要栏目有当代戏剧研究、表导演研究、戏剧史研究、外国戏剧研究、比较戏剧研究、影视研究等。

书法 1978年8月创刊。上海书画出版社主办。月刊。办刊宗旨是介绍中国传统书法篆刻艺术,为提高中华民族的书法篆刻艺术水平服务。设有古代书法、古代篆刻、书法作品、篆刻作品、儿童书法、书法研究、书法讲座等栏目,内容强调知识性、学术性、时效性与可读性,兼顾现代与古代,以书法为主,刻印为辅,作品和文字并重。

书法研究 1979年5月创刊。上海书画出版社主办。季刊。办刊宗旨是刊登书法艺术作品和学术研究成果,构建书法研究的学术交流平台和传统文化的美术阐述阵地。主要栏目有古代书家、古代书论、古代书法史研究等。2003年4月更名为《艺术当代》。

朵云 1981年5月创刊。上海书画出版社主办。季刊。办刊宗旨是探讨中国画理论,刊载画家传记,介绍创作经验,进行艺术评析。刊登中国画史、画鉴、文房、装裱、传统印刷研究的文章,以及国内外国画名作、当代国画新作等。主要栏目有画论研究、画史研究、技法研究、史料钩沉、画坛巡礼、古画集粹、新作选刊、鉴赏漫录、文房述林等。2000年8月更名为《上海家居》。

艺苑掇英 1978年5月创刊。上海人民美术出版社主办。季刊。办刊宗旨是大力宣扬祖国优秀的绘画、书法、篆刻等艺术,继承和弘扬中华民族的文化遗产。主要栏目有中国历代绘画、书法、金石篆刻、雕塑等。2003年8月更名为《旅行者》。

摄影家 1985年5月创刊。上海人民美术出版社主办。季刊。办刊宗旨是发表中国摄影家新作及摄影赏析和理论文章,介绍外国摄影名家新作和艺术风格。主要栏目有摄影纵横谈、作品赏析、摄影人物、摄影家风格探索等。

第四节 文化教育

青年一代 1979年4月创刊。上海人民出版社主办。双月刊。1993年起改月刊。办刊宗旨是密切联系青年思想实际,追求思想性、知识性、趣味性相结合,成为青年读者的真挚朋友。主要栏目有当代青年、海派青年、社会纪实、生活中的甜酸苦辣、我的一段情、心理顾问等。

文化与生活 1979年1月创刊。上海文化出版社主办。双月刊。办刊宗旨是进行爱国主义教育和指导现代家庭生活为宗旨,兼有文化欣赏和生活实用内容的刊物。主要栏目有人物专访、名人之爱、人世间、法律与道德、恋爱婚姻家庭、大洋彼岸、艺坛春秋、花鸟虫鱼、琴棋书画、服装与美容、饮食指南、房间布置、生活之友等。1997年停刊,刊号用于创办《好·HOW》。

世界之窗 1979年8月创刊。上海译文出版社主办。双月刊。办刊宗旨是介绍世界各国、各地区社会现状及人民生活,让读者了解世界各地社会生活的发展和变化,扩大视野,增长知识。主要栏目有人物、科技信息、企业界、文化艺术、体育卫生、知识小品、校园生活、小说特写等。2003年停刊,刊号用于创办《家居廊》。

少女 1987年创刊。上海人民出版社主办。开始作为《青年一代》增刊不定期出版,1990年获正式刊号改双月刊,1993年改月刊。《少女》杂志是国内创办较早并彩印的少年综合刊物,办刊宗旨是凸显新鲜亮丽的城市少女、海派少女的气质与风格,内容紧贴时尚,色彩清新悦目,图文精彩互动。主要栏目有女生主张、少年现场、最IN宠儿、透明日记、男生爆棚、发呆中心、漂漂频道、逛街笔记、音乐随身酷、潮流侦探团、精灵小广魔女等。2009年停刊。

上海滩　1987年1月创刊。上海市地方志办公室主办。月刊。办刊宗旨是让上海人民了解上海，让全国了解上海，让世界了解上海。主要栏目有当代上海写真、人物述林、浦江风云、秘闻录、艺林文苑、老上海杂忆、创业史话、传奇故事、闲话闲画、上海文化圈、海外上海人、上海人在外地等。

世纪　1993年7月创刊。上海市文史研究馆、中央文史研究馆主办。双月刊。办刊宗旨是发挥文史研究馆文史人才荟萃优势，积累史料，普及文史知识，为繁荣社会主义文化事业和促进爱国统一战线作贡献。主要栏目有世纪遐想、世纪特稿、本刊专稿、共和国风云、笔记掌故、翰林风采、百年留真、史卷拂尘等。

旅游天地　1980年1月创刊。上海文艺出版社主办。双月刊。办刊宗旨是传播旅游信息，普及文史知识，辅导艺术欣赏，介绍祖国风景名胜、历史古迹、社会风貌、风土人情及世界各国旅游见闻。主要栏目有中国旅游大观、来自旅游线上的报告、旅游新天地、闯荡世界、环球纵览、博闻广知、海外绿灯、我的旅游观、旅游与文化等。

上海集邮　1981年3月创刊。上海集邮协会主办。双月刊。办刊宗旨是培养健康的集邮情趣，介绍集邮知识，交流集邮经验，促进集邮的普及与提高。主要栏目有邮坛纵横、华夏文化、邮政足迹、放眼世界、读者园地、知识荟萃、高谈阔论等。

围棋　1960年1月创刊。上海市体委主办。月刊。办刊宗旨是旨在发展围棋事业，为围棋运动的普及和提高服务。主要栏目有围棋基础知识、各种专题研究、理论探讨和古谱分析、各地围棋活动情况、国外重要比赛对局及技术资料等。1994年7月更名为《新民围棋》，新民晚报为主要主办单位。

上海象棋　1985年1月创刊。上海文化出版社主办。双月刊。办刊宗旨为发扬民族文化，推动象棋运动发展，提高棋艺水平。主要栏目有赛场巡礼、对局评注、实战探讨、古谱探幽、棋艺自测等。2001年更名为《美家》。

上海电视　1982年1月创刊。上海电视台主办。月刊。办刊宗旨是报道和评介上海电视屏幕上的各类节目，及时反映港台及世界影视动态。主要栏目有星汉灿烂、屏海拾贝、心之桥、影视故事、金曲与歌星、大广角、生活小百科、台港之页、环球信息。

美化生活　1983年1月创刊。上海市纺织局主办。双月刊。办刊宗旨是指导消费，促进生产，丰富生活，美化心灵，介绍服装款式、室内外装饰、美容化妆的新信息、新知识，提高读者生活审美能力。主要栏目有谈美篇、爱的灵犀、依我之见、人际交响曲、人间百态、浓妆淡抹等。

现代家庭　1985年1月创刊。上海市妇联主办。开始为月刊，2001年改为半月刊。办刊宗旨是反映、探讨现代家庭的现状和问题，树立家家和睦人人相爱的社会主义新风尚。主要栏目有万家灯火、家春秋、家庭与事业、十字街头、社会观察、海外传真、三代人、现代生活等。

青年社交　1985年5月创刊。共青团上海市委主办。双月刊。办刊宗旨是传播科学健康的演讲与社交知识，倡导健康高尚的社会主义人际关系，坚持格调高雅、文风秀美，坚持思想性、知识性与可读性的统一。主要栏目有社会风云、说辩艺术、讲台上下、热门话题、处世之道、热线电话、请跟我来、赠你心香一瓣、社交风流谱、人生一页、心弦独奏等。

上海服饰　1986年2月创刊。上海科学技术出版社主办。季刊。办刊宗旨是传播服饰技术、商品信息，交流服饰设计、生产技术，普及服饰科学、美学知识。主要栏目有流行风、评论苑、服饰美谈、海外采风、生活顾问、名师新秀、现代女性、时装新颖、编结天地等。

音像世界　1987年10月创刊。中国唱片总公司主办。月刊。办刊宗旨是介绍国内外音像制品出版信息以及优秀音乐、戏曲、曲艺工作者的表演风格和近期艺术活动,同时介绍有关音像设备的使用与维修常识。主要栏目有人物专访、录音棚内外、热线你和我、排行榜、戏曲广场、知识窗、流行金曲等。

中外书摘 1985年6月创刊,上海人民出版社主办,开始为季刊,1991年1月改为双月刊,1998年1月改为月刊。办刊宗旨是选摘中外图书精华,传递当代知识信息,扩大读者视野,增长百科知识。主要栏目有人物、纪实、视界、品味、往史、万象、知识、故事、作者等。

书林 1979年9月创刊,上海人民出版社主办,初为双月刊,1986年起改为月刊。办刊宗旨是以文史哲为主,评介中外图书,交流读书心得,丰富读书生活,传播书的信息,反映思想界、理论界、读书界、出版界的新讯息、新动向、新观点、新潮流。设有我的读书生活、治学篇、争鸣、读书方法、书评、经典著作介绍、古典文学随笔、读书札记等栏目。1990年终刊。

杂家 1986年1月创刊,市编辑学会主办、学林出版社出版,双月刊。办刊宗旨是以各类图书、期刊、报纸编辑为主要服务对象,反映编辑的工作、生活,向编辑提供各种资料和信息,帮助编辑提高水平、开阔思路。设有杂家论坛、杂家沙龙、杂家列传、编辑忆旧、编辑部内部消息、书话录、书评剪辑、海外书讯、人物志、采撷篇、新百科等栏目。1987年底终刊,共出版12期。

书城 1993年7月创刊,市出版工作者协会、市编辑学会主办,月刊。1998年1月改由市出版工作者协会、上海三联书店主办。定位为综合性、有文化层次的书评期刊。2005年底休刊。2006年6月复刊,定位调整为高品质的大众的人文杂志,分思想、文化、书评三大版块,以文学评论、艺术鉴赏、政治视角、经济观察为主,撰稿人多为学术界、思想界、文化界有影响的学者、专家与文化人。

世界时装之苑 1988年6月创刊。上海译文出版社主办,与法国阿歇特出版集团合作出版。1995年起由季刊改为双月刊。1997年改为月刊。办刊宗旨是促进中外文化交流,向读者推荐并帮助提高时装鉴赏水平,向国外介绍中国的优秀时装作品和时装设计师。主要栏目有时装、美容、人物专访、绒线编结等。

交际与口才 1993年10月创刊。中国韬奋基金会主办。月刊。办刊宗旨是以知识性、趣味性、实用性、参与性为特点的青年刊物。主要栏目有卷首语、本刊特稿、世道百态、交际沙龙、商务交际100例、家庭协奏曲、校园内外交际、与外国人打交道、能说会道、雄辩家、今古奇观等。2008年12月更名为《真情》。

中国广告 1981年5月创刊。上海市广告装潢公司主办。季刊。办刊宗旨是以全面反映中国及华文广告状况及理论研究水平为主要内容,及时反馈海内外广告与品牌的全新动向,荟萃中国及世界广告精华。主要栏目有专辑、广告研究、风云人物、创意故事、品牌透视、创意快递、广告批评家、圈内圈外等。

儿童时代 1950年4月创刊。中国福利会主办,月刊。办刊宗旨是对小学中、高年级和初中学生进行思想教育。主要栏目有小说、音乐、诗歌、报告文学、曲艺剧本、科幻小说、连环画、我的儿童时代、小苗圃、心里话、我们的节目、红黄蓝、历代聪明人的故事、外国儿童生活、知识窗、小世界、小百科画库、动手做、万能的手、帮你学方言等。

好儿童 1967年6月创刊。上海教育报刊总社主办。半月刊。办刊宗旨是对幼儿进行早期阅读辅导,刊登故事、童话、儿歌、科学文艺等,低幼文学精品,并有专家评点、导读。主要栏目有主编推荐、封面童话、睡前故事、迷你动物园、苹果园、动手动脑等。1994年8月更名为《好儿童画报》。

多来咪 1973年创刊。上海音乐出版社主办。双月刊。办刊宗旨是向15岁以下的少年儿童普及音乐知识,为中学提供校内外音乐活动资料,丰富课余生活。主要栏目有小音乐厅、音乐智力园、音乐唱游、音乐十万个为什么、知音姐姐信箱、音乐童星、音乐故事会、音乐视听馆等。2002 年5 月更名为《秀》。

看图说话　1975 年12 月创刊。上海教育出版社主办。月刊。办刊宗旨是通过生动有趣的图画形象,浅显而富有教育的故事,开发儿童的智力,培养儿童的道德,为孩子入学打下良好的基础。主要栏目有童话故事、幼儿生活故事、天文图画、儿歌、爱的教育、小知识、剪剪贴贴、做做玩玩、幼儿美工、看一看想一想等。

少年科学　1976 年创刊。少年儿童出版社主办。月刊。办刊宗旨是以小学高年级和初中程度的少年为读者对象,传播知识、启迪智慧、通俗生动、有趣有益、发展能力、促进成才。主要栏目有科学家的故事、科学幻想小说、科学童话、动物世界、科学小品、探险世界、明天的科学、兵器天地、发明长廊、少年科普习作、奇闻透视、小博士信箱等。

小朋友　1922 年4 月创刊,是中国第一本现代儿童杂志。1953 年1 月由少年儿童出版社主办,宋庆龄题写刊名。"文化大革命"中停刊,1978 年复刊。月刊。2009 年改为半月刊。办刊宗旨是文艺综合性儿童杂志,主要刊登面向儿童的故事、童话、诗歌、散文、科学文艺、儿童习作等。

万花筒连环画报　1980 年1 月创刊。少年儿童出版社主办。月刊。办刊宗旨是以连环画形式为中小学生服务。主要栏目有故事新编、民间故事、童话故事、幽默漫画、带问题的故事、灵巧的手、儿科门诊、大毛哈哈、尴尬小亮、晓晨姐姐信箱等。1993 年7 月更名为《故事大王画报》。

娃娃画报　1981 年3 月创刊。少年儿童出版社主办。月刊。办刊宗旨是以五岁以下幼儿为对象、以图为主的全彩色幼儿刊物,刊登故事、童话、儿歌、猜猜、做做、玩玩等开发智力的作品。主要栏目有365 夜新故事、妈妈写宝宝、生日聚会、你想知道吗、60 秒智力测试、游戏千字文、巧巧手、成语点播、娃娃家、涂色·欣赏等。

健康娃娃　前身是《上海优生优育》,1998 年4 月创刊,月刊。上海市卫生局主管,上海市优生优育科学协会、上海现代文化交流创作公司主办。2000 年1 月更名为《健康娃娃》。办刊宗旨是普及婴幼儿健康知识,指导帮助婴幼儿成长过程中的健康、心理、教育等问题,推荐各类有益于婴幼儿成长的保健及生活信息,为优生、优育、优教服务。

动画大王　1985 年9 月创刊。上海人民美术出版社主办。双月刊。办刊宗旨是陶冶儿童的情操,培养儿童的进取心和竞争精神,启迪儿童的智慧,激发他们的求知欲,培养他们丰富的想象力。主要栏目有国内外优秀动画片、系列动画片、科幻动画故事以及优秀儿童文学的动画故事等。

ABC 拼拼读读画报　1984 年6 月创刊。上海教育出版社主办。月刊。办刊宗旨是帮助小学一二年级学生复习拼音,巩固识字,扩大知识面,提高阅读兴趣和读写能力。主要栏目有小朋友作文、想想做做、长篇连载故事、课堂提问、儿童生活故事等。1998 年6 月更名为《拼拼读读画报》。

哈哈画报　1985 年6 月创刊,中国福利会主办。月刊。办刊宗旨是寓教于乐、寓理于趣,通过图画和文字培养少年儿童健康的审美观,陶冶情操,增长知识。主要栏目有笑的画廊、上海滩奇闻、幽默童话、大吃一惊、未来漫画家、幽默作文等。

语文学习　1977 年10 月创刊。上海教育出版社主办。月刊。办刊宗旨是坚持党的教育方针,研究中学语文教学,普及语文基础知识,促进中学语文教学改革,提高语文教育质量。主要栏目有教学研究、教学艺术镜头、争鸣篇、备课笔记、写作指引、课外阅读天地、文苑采英、知识林、现代文人剪影、课文作者近况、教学参考图录等。

小学数学教师　1981 年1 月创刊。上海教育出版社主办。月刊。办刊宗旨是促进小学数学教学研究与交流,提升小学数学教师业务水平和小学数学教学质量。主要读者对象为小学数学教师、教研员及热爱数学教育的人士。注重客观反映小学数学教育最新动向,倡导理论联系实践,文章风格平实,好理解、易消化。开设的主要栏目有专家视角、教学探讨、精品课堂、案例与反思、教师论坛、备课室、校本教研、习题教学与研究、名家访谈、海外教育之窗等。

小学语文教师 1981年1月创刊。上海教育出版社主办。月刊。办刊宗旨是积极贯彻、宣传党的教育方针,努力提高小学语文教师的思想、文化和教学素养,及时反映国内外小学语文教学研究的崭新成果和新鲜经验,为读者提供丰富的进修和备课资料。主要读者对象为小学语文教师和小学语文教研工作者,观念新、内容实、文章短、形式活是其办刊特色。开设的主要栏目有封面人物、教坛新秀、百家讲坛、备课室、精品课堂、进校园、名师团队、问询处、博文等。

为了孩子 1982年1月创刊。上海市妇联主办。月刊。办刊宗旨是指导家长配合学校和社会,把儿童少年培养成德智体全面发展的有理想、有道德、有文化、有纪律的一代新人。主要栏目有教子艺术、家教掠影、童年与未来、家长笔记、家教论坛、警世篇、十三四岁、卫生保健、晚饭后的节目等。

中文自修 1983年11月创刊。上海教育学院主办。1998年9月,改由华东师范大学主办。月刊。办刊宗旨是以素质教育为指针,向自学者传授语文读写知识,发表和评点自学者优秀习作,交流自学方法和经验。主要栏目有卷首语、小说角、议论纵横、艺海泛舟、生活随笔、蓝色书屋、阅读方阵、海外星空、作文展示、校园风景线等。

咬文嚼字 1995年1月创刊。上海文化出版社主办。月刊。办刊宗旨是宣传语文规范化,传播语文知识,关注社会语文运用状况。主要栏目有众矢之的、语林漫步、辨字析词、文章病院、热线电话、向你挑战等。

英语自学 1985年7月创刊。上海外国语学院主办。月刊。办刊宗旨是适应对外开放,为英语自学教育服务。主要栏目有名篇赏析、专题讲座、知识窗、自学交流、点津篇、词汇、语法、译文难点分析、等级模拟自测题等。2010年3月更名为《外语测试与教学》。

上海教育 1957年1月创刊。因社科类杂志整顿和"文化大革命"三次停刊。1978年复刊,上海教育报刊总社主办。半月刊。办刊宗旨是面向基础教育的综合性教育期刊,重点探讨基础教育最新理论和实践,报道上海中小学教育教学改革新成果、新经验、新动态。主要栏目有头条、报道、人物、百家视野、环球、言论、当代教师等。

普知 2008年1月创刊,由美国读者文摘公司与上海新闻出版发展公司版权合作。月刊。办刊宗旨是"普及知识""悦读生活、共享精彩",满足读者"知识方面的兴趣",杂志内容丰富,涉及健康、医学、艺术、财经、家庭和个人发展等多个方面。

第五节 科 学 技 术

生理学报 1927年2月在北京创刊。"文化大革命"中停刊。1978年复刊,中科院上海生理研究所主办,开始为季刊,1984年改双月刊。1998年8月,改为中英文双月刊,部分英文文章附中文摘要。1999年7月改由中科院上海生命科学研究院和中国生理学会主办。办刊宗旨是刊登生理学和相关学科涉及生理功能的生命科学的研究论文和研究快报、实验技术及以作者本人研究工作为主的综述文章。

植物生理学通讯 1951年创刊。中国植物生理学会、中科院上海植物生理研究所主办。双月刊。办刊宗旨是及时报道国内外有关植物生理学及相关学科的研究成果及学术动态,推动中国植物生理学研究的进一步发展。主要栏目有研究报告、专论与综述、学术动态、技术与方法、教学园地、书评及介绍、国外见闻、专题讲座等。

复旦学报（自然科学版）　1955 年 4 月创刊。复旦大学主办。双月刊。办刊宗旨是刊登基础研究和应用研究方面的学术论文、研究快报、研究简报等。反映复旦大学理科各院（系）、所的最新科研和教学成果，促进国内外学术交流，为繁荣和发展复旦大学科技事业服务。主要栏目有数学、物理学、化学、生命科学、技术科学、信息科学、管理科学、医药科学等基础研究和应用研究方面的学术论文、研究快报、研究简报等。

华东师范大学学报（自然科学版）　1955 年 10 月创刊。1957 年起分"人文科学版"和"自然科学版"出版。"文化大革命"中停刊。1978 年 12 月复刊。华东师范大学主办。双月刊。办刊宗旨是提高科技水平，促进科学繁荣，与国内外同行进行广泛学术交流，读者为自然科学与工程技术领域的科技人员与高校师生。主要栏目有特约综述、研究快报、地理学、河口海岸学、环境科学、生命科学、物理学、数学等。

同济大学学报（自然科学版）　1956 年创刊。1966 年停刊。1978 年复刊。同济大学主办。原名《同济大学学报》，1997 年改为现名，2001 年改月刊。办刊宗旨是坚持"百花齐放，百家争鸣"的方针，提供自然科学交流平台，促进科技成果的引用、应用，为人才培养和发现提供科学园地。主要栏目有土木工程、交通运输工程、环境科学与工程、材料科学与工程、测绘科学与工程等。

上海交通大学学报　1956 年创刊，"文化大革命"中停刊，1978 年复刊。上海交通大学主办。月刊。办刊宗旨是促进科学技术发展，培育科技人才，为社会主义现代化建设服务。及时反映上海交通大学学术上有特色、代表学科前沿、当前国际上科学界关心的科技研究成果，推动学术交流，促进研究成果的商品化和产业化。主要栏目有学术论文、技术报告、研究简讯以及学术论文等。

细胞生物学杂志　1979 年 3 月创刊。中科院上海细胞生物学研究所、中国细胞生物学会主办。季刊。办刊宗旨是介绍中国细胞生物学领域内的新成就及国内外的新进展。主要栏目有研究综述、国内外动态、学术报告、实验技术、海外译著、知识讲座等。2009 年 6 月更名为《中国细胞生物学学报》。

细胞研究（英文）　1990 年 3 月创刊，中科院上海细胞生物学研究所主办。2002 年改由中科院上海生命科学研究院生物化学与细胞生物学研究所主办。创刊时为半年刊，1998 年改为季刊，2002 年改为双月刊，2005 年改为月刊。办刊宗旨是为中国细胞生物学及相关领域研究成果发表与传播提供平台，促进与国际细胞生物学的学术交流与进步。主要栏目有原创论著、综述、评论等。

生物化学与生物物理学报　1958 年由中科院上海生物化学研究所创办，"文化大革命"初停刊，1975 年复刊。复刊后，先由上海人民出版社和上海科学技术出版社以季刊、双月刊形式出版。2002 年，由中科院上海生命科学研究院生物化学与细胞生物学研究所主办。2003 年改为月刊，2004 年成为全英文期刊。办刊宗旨是刊登生物化学、分子生物学和生物物理学方面的研究论文、研究简报和学科综述性论文，为中国知识创新工程和"科教兴国"服务。主要栏目有综述、科研论文等。

有机化学　1979 年 11 月创刊。中国化学会、中科院上海有机化学研究所主办。双月刊。办刊宗旨是反映中国有机化学的最新研究成果，报道有机化学各分支学科中各领域的发展近况。主要栏目有综述与进展、研究论文、研究通讯、学术动态等。

化学学报　1933 年 8 月创刊，原名《中国化学会会志》。1952 年更名为《化学学报》。"文化大革命"初期停刊，1975 年复刊，由中国化学会和中科院上海有机化学研究所主办。月刊。办刊宗旨是刊载化学学科基础和应用基础研究的原始性、首创性研究成果。主要栏目有研究专题、研究通讯、研究论文、研究简报等。

化学学报(英文版) 1983 年 1 月创刊,中国化学会和中科院上海有机化学研究所主办。开始为半年刊,1985 年改为季刊。1989 年改为双月刊。1990 年更名为《中国化学》。2001 年改为月刊。英文。办刊宗旨是向国内外科技工作者报道中国及国外在物理化学、无机化学、分析化学、有机化学等学科的研究成果。主要栏目有研究专题、研究通讯、研究论文、研究简报等。

数学年刊(中文版 A 辑、英文版 B 辑) 1980 年 3 月创刊。复旦大学数学研究所主办。双月刊。办刊宗旨是反映国内外数学研究最新成果,促进国内外学术交流。主要栏目有学术专著、论文报告等。

应用数学和力学(英文版) 1980 年 5 月创刊。上海大学、中国力学学会主办。英文。月刊。办刊宗旨是发表力学、力学中的数学方法和近代力学密切相关的应用数学的创造性学术性论文。主要栏目有应用数学、力学等。

运筹学杂志 1981 年创刊。中国数学会运筹学会主办。半年刊。办刊宗旨是介绍国内外运筹学的研究成就和动态,以及介绍国内外运筹学研究的新思想和新进展。主要刊登运筹学的创新文章。

光学学报 1981 年 1 月创刊。中国光学学会、中科院上海光机所主办。月刊。办刊宗旨是反映中国光学科技的新概念、新成果、新进展。为中国光学科技工作者与国内外同行进行学术交流、开展学术讨论,为发展中国光学事业服务。主要栏目有量子光学、非线性光学、应用光学、光纤光学与光通信、激光器与激光技术、光谱学、薄膜光学、光学元件和材料等。

红外与毫米波学报 原名《红外研究》,1982 年 2 月创刊,中科院上海技术物理研究所和中国光学学会主办,科学出版社出版。1991 年更名为《红外与毫米波学报》。双月刊。办刊宗旨是反映红外与毫米波领域的最后研究成果和技术进展。主要栏目有研究论文、研究简报、学术报告精选等。

红外 1980 年 7 月创刊。中科院上海技术物理研究所主办。月刊。办刊宗旨是以红外物理和光电子技术为主要内容,介绍红外科技及学光电子领域内的最新成果和发展动向。主要栏目有红外与电子技术理论研究、技术应用、国外专利等。

中国激光 1974 年 9 月创刊。中科院上海光机所、中国光学学会主办。月刊。办刊宗旨是介绍中国科学家在研究激光器件、激光物理和激光化学、激光实验技术与元件、激光材料、全息技术和光学信息处理以及激光技术应用等方面的新进展、新发现和新成果。主要栏目有激光器件、新型激光器、非线性光学、激光在材料中的应用、锁模超短脉冲技术、精密光谱学、光学谐振腔和激光束控制系统、激光冷却和捕获、强光物理、量子光学、信息技术及光信息处理等。

科学 1915 年 1 月在上海创刊,中国历史最悠久的综合性科学刊物。曾两次停刊。1985 年再度复刊,上海科学技术出版社主办,双月刊。在周光召主编和近 50 位中科院院士组成的编委会指导下,《科学》以"隔行能看懂,本行受启发"的办刊思路,全视野介绍现代科学技术的前沿发展,关注科学热点及其相关的最新科学观念和科学、技术、社会问题,2009 年获新中国 60 年最有影响力的期刊称号。

水动力学研究与进展(中文版、英文版 B 辑) 1986 年 1 月创刊。中国船舶科学研究中心主办。双月刊。办刊宗旨是反映能源开发、海洋工程、船舶工程、水利工程、环境工程、机械工程、反应堆工程等的有关理论研究和实验研究成果,为水动力学工作者提供学术交流园地。主要刊登相关学术论文。

中国航海　1965 年 12 月创刊。中国航海学会主办。半年刊。办刊宗旨是刊载中国在船舶驾驶、机电、通讯导航、水运管理、航道航标、海难救捞、防污染、集装箱运输、危险品运输、水运技术经济、海运法规、中国航海史料等方面的科研成果，报道国内外航海科技动态。主要栏目有学术论文、海军启示录、航海史料、学会动态等。

印刷杂志　1972 年创刊，前身是《印刷技术动态》，1978 年更名为《印刷杂志》。上海印刷技术研究所主办。月刊。办刊宗旨为介绍国内外印刷有相关行业的新技术、新工艺、新材料，经营、管理、科研、生产中的实践以及最新的行业信息。开设栏目有综述、专家视点、经营与管理、专刊专访、印前技术、桌面制作、印刷工艺、设备材料等。

上海纺织科技　1973 年创刊。上海市纺织科学研究院主办。双月刊。办刊宗旨是刊登上海与华东地区纺织科研和技术成果，介绍外国纺织科技新技术、新工艺、新设备、新材料及发展动向等。主要栏目有纤维材料、纱线生产、织物生产、漂染印整、产品研究、服装研究、企业管理、测试分析等。

上海包装　1982 年 3 月创刊。中国出口商品包装研究所上海分所主办。季刊。办刊宗旨是沟通国内外包装信息，促进包装的改进和包装业的发展。主要栏目有华东包装信息、国内外包装信息、包装法规、市场动态等。

石油化工技术与经济　1984 年 12 月创刊。中国石化上海石油化工股份有限公司主办。双月刊。办刊宗旨是开展石油化工技术与经济的研究；交流石化行业技术进步、经济评价、市场研究、产品开发、科学管理等研究成果；报道国内外石油化工产业发展动态，为石油化工产业的发展和提高经济效益服务。主要栏目有产业发展战略及政策研究、项目评价、市场研究、技术进步、国内外行业发展动态等。

中国港口　1985 年 1 月创刊。中国港口协会主办。双月刊。办刊宗旨是注重理论与实际相结合，不断创新与开拓，坚持为中国港口走向现代化、走向世界服务。主要栏目有港口纵横、热点争鸣、集装箱运输、港口与航运、港口物流、港口统计资料、港口资本市场、港口规划、港口建设、港口安全与环保、世界之窗、港口管理、港口企业文化、港口科技、港口信息等。

微型电脑应用　1985 年 1 月创刊。上海市微型电脑应用学会主办。月刊。办刊宗旨是提高、促进、推广和普及微型电脑应用技术，加强学术和技术交流，推广应用微型电脑新技术新产品，为中国社会主义建设事业贡献力量。主要栏目有院士专家论坛、研究与设计、开发应用、技术交流、学习园地等。

电世界　1946 年创刊。"文化大革命"中停刊，1978 年 12 月复刊。2004 年 8 月划归上海电机技术高等专科学校主办。月刊。办刊宗旨是介绍国内外电机，电力工业生产技术，经验和科研成果，普及电气科学知识，培养电气专业人才。主要栏目有专题报道、综述、新技术、新产品、信息与资料、经验交流、电气计测、标准与规范、检修与施工、事故与安全、讲座、国外技术、电工园地、读者信箱、想想看等。

低压电器　1974 年 1 月创刊。前身是《低压电器技术动态》《低压电器技术情报》等内部资料，1980 年 11 月更名为《低压电器》，双月刊，2004 年改为月刊，2007 年改为半月刊。上海电器科学研究所(集团)有限公司主办。办刊宗旨是坚持理论与实践、普及与提高、国内与国外信息相结合，报道低压电器产品开发和基础技术的最新成果，开拓高新技术领域，为机械工业服务。

印染　1975 年 5 月创刊。开始为双月刊，1993 年改为月刊，2004 年改为半月刊。上海市纺织科学研究院、全国印染科技信息中心主办。办刊宗旨是围绕印染工业生产和科研发展的需要，及时、准确报道国内外印染工业发展的最新动向,面向生产、面向科研,以提高中国印染工业水平。主要栏目有研究报告、生产技术、染料与助剂、设备与仪器、测试与标准、产品开发、政策与法规、述评、生态纺织品资讯、国外染整技术、印染史话等。

上海轻工业 1971年2月创刊。上海轻工控股(集团)公司主办。双月刊。办刊宗旨是宣传党和国家的科技方针、政策和科技法律法规,对上海轻工系统的科技体制改革,建立科技创新机制,加大科技投入力度,特别是用高新技术改造传统轻工业进行理论探讨。主要栏目有企业管理、技术创新、新锐视野、科技之窗、企业风采、综合资讯等。

水运管理 1979年10月创刊。上海海事大学主办。月刊。办刊宗旨是立足航运市场,面向全球物流,以水运为主,以管理为特色,服务经济。注重系统的理论学术研究和实践经验的总结与推广,介绍与评价国内外先进经验和方法。读者主要为港口航运企业、物流货运企业、海事管理部门中高层管理人员,交通、海事科研机构、大专院校研究人员。

上海地质 1979年10月创刊。上海市地质调查研究院、上海市地质学会主办。季刊。办刊宗旨是为活跃上海地质界的学术气氛,开展学术讨论、经验介绍、信息交流,借以提高地质科技水平与研究程度,促进学科发展,更好地为城市建设与经济发展服务。主要栏目有基础地质、水文地质、工程地质、环境地质、海洋地质、矿产地质、地质灾害防治、国土规划与整治、国土资源开发利用、旅游地质、宝玉石及地矿市场经济等。

上海节能 1982年7月创刊。上海市节能协会、上海市节能监察中心主办。月刊。办刊宗旨是宣传中国能源与环保的方针、政策和法规。报道国内外节能与环保应用技术的现状和发展趋势;上海地区节能与环保的技术改造成果、科学管理和改革动态;合理用能、环境保护和资源综合利用的新技术、新工艺、新材料、新设备及相关信息资料。主要栏目有综述、合理用能技术、节能论坛、节能管理、节能产品、节能工程、节能法制、节能信息等。

上海城市发展 1999年12月创刊。上海市城乡建设和交通发展研究院、上海市城市建设投资开发总公司、上海市城市经济学会主办。双月刊。办刊宗旨是以城市发展理论为重点,集聚社会各界研究力量,对上海城市现代化过程中的系统目标和条件、问题和制约因素进行分析,多角度研究上海城市未来的发展模式,为政府部门及有关方面决策提供参考。主要栏目有城市管理、城市规划、城市建设、市场研究、城市历史、城市文化等。

大众医学 1948年创刊,"文化大革命"中停刊。1978年7月复刊。上海科学技术出版社主办。月刊。办刊宗旨是忠实于医学,造福于大众,以内容翔实,行文严谨,科学性强为特色,是大陆第一本在海外出版发行的医学普及刊物,先后出版台湾版、新加坡版,1996年起与中国盲文出版社合作出版盲文版。主要栏目有临床研究、病例报告、药物与临床、护理与康复、健康教育、医药资讯、国外医学、精英访谈、医界关注等。

中国新药与临床杂志 原名《新药与临床》,中国药学会和上海市食药监局科技情报所主办,1982年3月创刊。1998年更名为《中国新药与临床杂志》,2002年由双月刊改为月刊。办刊宗旨是报道国内外新药重点是国产新药的临床研究,科学地宣传、交流和推广新药的临床试验(验证)和使用经验,指导合理用药;加强工(生产部门)、商(销售供应)、卫(医药防治)之间的联系。以提高临床用药水平,促进科学研究和药品生产的发展。主要栏目有论著、合理用药、药物不良反应、专家笔谈、药物介绍、消息动态、医药咨询等。

中国医药工业杂志 1970年11月创刊。国家医药管理局、上海医药工业研究院主办。月刊。办刊宗旨是报道中国医药工业生产和科研中的成果和经验,为提高生产、科研技术水平和促进医药工业发展服务。主要栏目有化学药物与合成技术、微生物药物与生物技术、中药与天然药物、药物制剂、药理与临床、药品分析与质控、制药装备与包装、综述与专论、实验技术、药物合成路线图解、管理与信息、有机文摘和生物技术文摘等。

上海医学　1978 年 1 月创刊。中华医学会上海分会主办。月刊。办刊宗旨是反映上海地区医疗、科研和预防医学方面的经验、成果，介绍国内外有关科研动态和进展。主要栏目有论著、实验研究、诊断技术、临床病理讨论、临床经验、病理读片讨论、综述和讲座、期刊文摘等。

中成药　1978 年 8 月创刊。国家药监局信息中心中成药信息站主办。月刊。办刊宗旨是及时刊登国内外中成药研究的最新成果和发展动态。主要栏目有中药指纹图谱、制剂、质量、炮制、临床、药理、综述、古方研究等。

上海医药　1979 年 7 月创刊。上海医药行业协会、上海市医药股份有限公司主办。月刊。办刊宗旨是通过学术与信息交流，沟通产、销、用，密切工、商、医，促进医药卫生事业的发展。主要栏目有专题新闻、药事管理、临床交流、市场分析、海外参考、医药论坛、医药综述、医药调研、信息荟萃、制药技术等。

中华消化杂志　1980 年 6 月创刊。中华医学会主办。双月刊。办刊宗旨是贯彻党和国家的卫生工作方针政策，贯彻理论与实践、普及与提高相结合的方针，反映中国消化科临床科研工作的重大进展，促进国内外消化科学术交流。主要栏目有述评、论著、会议纪要、综述、病例报道、临床指南、讲座、简讯等。

中国药理学报　1980 年 9 月创刊。中国药理学会主办。英文。月刊。办刊宗旨是报道药理学及其邻近生命科学领域创新性的研究成果，刊载原著论文、国际学术会议的论文摘要集和有关会讯，促进国内外药物研究与生命科学领域的学术交流。报道科研创新成果，刊登具有国际性重要意义的高水平综述和国际性学术会议论文摘要等。

上海针灸杂志　1982 年 2 月创刊。上海市针灸学会、上海市中医药研究院主办。季刊。办刊宗旨是继承和发扬针灸医学，介绍和交流针灸疗法和防治各种疾病的临床经验，探讨经络学说与针灸治病的机制原理，开展针灸文献资料的整理研究，报道国外针灸动态等。主要栏目有名医经验、临床研究、临床报道、针法灸法、经络腧穴、动物实验、思路与方法、述评、综述等。

临床儿科杂志　1982 年 5 月创刊。上海新华医院和上海市儿科医学研究所主办。双月刊。办刊宗旨是面向临床，面向基层，面向全国，普及与提高相结合。主要栏目有述评、专家笔谈、论著、儿童保健、实验研究、临床病理(例)讨论、疑难病例分析、临床经验点滴、误诊教训、临床用药、诊治技术等。

中医文献杂志　1983 年 7 月创刊。上海市中医文献馆、中华中医药学会主办。双月刊。办刊宗旨是继承发扬老中医学术经验，整理古今中医药文献，反映中国中医文献研究的学术水平和动态，为中医药文献的学术研究、信息交流提供论坛、思路和园地，为中医药临床、教学、科研服务。主要栏目有文献研究、学术探讨、名医经验、医林人物、文献综述、书刊评述、经典与临床、验案选介、验方拔萃、文献文摘等。

中华内分泌代谢杂志　1985 年 7 月创刊。中华医学会主办。月刊。办刊宗旨是报道在内分泌代谢领域中，国内和与国外合作的最新研究成果、临床治疗经验以及与临床密切结合的基础理论和技术研究。主要栏目有述评、专论、临床研究、基础研究、实验技术、综述、讲座、临床检验交流、临床病理(例)讨论、病例报告、会议纪要、学术动态、新药研究、学术争鸣等。

上海口腔医学　1992 年 9 月创刊。上海第九人民医院主办。双月刊。办刊宗旨是贯彻"百花齐放,百鸟争鸣"的方针,报道口腔医学领域的新成果和新体验,繁荣学术,促进学科发展。主要栏目有述评,临床研究,基础研究,论著等。

科学画报 1933年8月1日创刊。中国科学社主办。1953年起由上海市科技普及协会主办。1958年5月起由上海科学技术出版社出版。月刊。办刊宗旨是用简单文字和明白有意义的图画或照片把世界最新科学发明、事实、现象、应用、理论介绍给读者。主要栏目有科技广角、科海纵横、科学生活、科学新知、奇趣自然、人物报道等。

新发现 2005年10月创刊,上海文艺出版社主办,月刊。与法国爱克西里奥出版集团版权合作,以科学人文杂志(Science & Vie)法国版为基础,样式保持法国母版风格,内容全面本土化,紧扣与人类自身生存密切相关的科学话题,介绍科普领域最新的潮流,直击全球科技人文的新进展,图文并茂,文笔清新,引领读者漫游科学世界。

自然杂志 1978年5月创刊。上海科学技术出版社主办。1995年改由上海大学主办。月刊。办刊宗旨是介绍自然科学的进展,报道国内最新科研成果,反映世界最新创造发明,涉及数学、物理、计算机、化学、天文学、地学、生物学和人体科学等各领域。主要栏目有研究课题、自然信息、科学史、科学思想和科学方法论。

世界科学 1979年1月创刊。上海科学学研究所、上海社科院哲学研究所、上海自然辩证法研究会主办。办刊宗旨是主要介绍自然科学各领域的最新成就,着重介绍有关全球性的、同社会经济生活密切联系的边缘性学科在应用方面的研究成果。主要栏目有学科领域、科学人物、科学界采访、科学信息、科学之窗等。

园林 1985年1月创刊。上海市园林局主办。双月刊。办刊宗旨是普及园林绿化知识,交流园林绿化经验,传播园林绿化信息,为园林建设和城乡普遍绿化服务。主要栏目有林园论苑、绿化集锦、园林欣赏、园林设计、植物大观、动物世界、锦绣山川、中外名园、盆景插花、养花之友、园林史话等。

竞技与健美 1985年4月创刊。上海体育学院主办。双月刊。办刊宗旨是弘扬体育精神,普及现代体育知识,介绍科学健身方法,提高审美情趣,增强群众的体育意识,发扬民族传统体育的精华。主要栏目有场边絮语、强者之歌、健身之道、生活美学、祝君健康、健美训练方法、竞技场风云录、国外体坛风情等。1996年6月更名为《竞技》。

康复 1986年1月创刊。原由市政府教卫办主办。2000年改由上海教育报刊总社主办。双月刊。以普及康复医学知识提高全民健康素质为宗旨,主要栏目有专访、神州医道、康大夫信箱、康复百法、名人康复、家庭医生。

附：上海期刊亮点

【《复旦学报(社会科学版)》开设"关于真理标准问题的讨论"专栏,为思想解放作出贡献】

《复旦学报(社会科学版)》1978年10月复刊第1期开设"关于真理标准问题的讨论"专栏,集中发表9篇论述真理标准问题的文章,其中一组笔谈分别是胡曲园《解放思想,从实际出发》、漆琪生《这一场讨论意义重大》、周谷城《逻辑推不出真理》、伍丹戈《尊重事实,肃清流毒》、殷鹏程《诡辩扼杀不了科学真理》、夏道行《一场践踏科学真理的闹剧》、金顺尧《实践标准既是相对的又是绝对的》,2篇专文分别是林永民《理论由实践赋予活力》、胡曲园《论真理没有阶级性》。这9篇文章在全国引起巨大反响,胡耀邦给予很高评价。根据胡耀邦批示,中央党校《理论动态》第95期(1978年11月

5日)转载林永民的《理论由实践赋予活力》。这是《理论动态》在真理标准问题讨论中转载的唯一的一篇文章。在十一届三中全会召开前,《复旦学报(社会科学版)》在复旦大学党委第一书记、学报编委会主任夏征农领导下,以非凡的胆识开展真理标准问题讨论,为解放思想作出贡献。

【《复旦学报(社会科学版)》率先创办英文刊,推动中国学术与文化"走出去"】

进入21世纪后,为加快中国文化与学术"走出去",《复旦学报(社会科学版)》着手创办英文刊。当时,中国高校文科学报界英文刊还是空白。在复旦大学党委和市新闻出版局支持下,经过反复筹划、酝酿,2004年底,《复旦学报(社会科学版)》英文刊试刊号用以书代刊形式,由复旦大学出版社出版,2005年复旦大学百年校庆之际又出版了第2期。2007年,《复旦学报(社会科学版)》英文刊改由上海人民出版社分人文版与社科版按季交替出版,每期都按学科或专题分栏,至此,《复旦学报(社会科学版)》英文刊基本定型。2008年3月,经新闻出版总署批准,《复旦人文社会科学论丛》(英文)正式创刊,成为《复旦学报(社会科学版)》创建教育部名刊工程的重要举措。在《复旦学报(社会科学版)》的示范下,国内其他高校文科学报英文刊相继面世,共同推动中国学术与文化"走出去"。

【《华东师范大学学报》为青年学者成长搭建平台】

《华东师范大学学报》1978年复刊后,把发现和扶持学术新秀作为办刊方针之一。1980年至1984年,学报先后发表了120多篇大学生、研究生和青年教师的论文,助推青年学者成长成才。1985年第6期,《华东师范大学学报》推出"青年教师论文专辑",让陈琦伟、王晓明、夏中义、童世骏、陈卫平、陈兼等一批后来在海内外学术界颇有影响的青年学者集体亮相。1988年第1期,又推出"博士生专号",把青年学者作为一个整体介绍给学术界。经过30年努力,《华东师范大学学报》不仅成为青年学者砥砺学术的重要阵地,也成为他们与学术名刊和学术名家对话的重要平台。

【《华东师范大学学报》与知名学术刊物联合打造专栏】

随着中国在全球化浪潮中迅速崛起,现代性研究受到学术界越来越广泛的关注,一些知名学术刊物研究逐渐形成自己的特色。《厦门大学学报》的西方现代性理论专栏、《求是学刊》的现代性与日常生活批判专栏和《华东师范大学学报》的中国的现代性研究都在学术界享有盛誉。2005年,《华东师范大学学报(哲学社会科学版)》与《求是学刊》《厦门大学学报》协商,将三家学报原先不定期的有关现代性研究专栏,改为三家学报每年各办两期有关现代性研究的专栏,时间上先后承继,内容上互通有无。这一优势互补的合作方式,推动中国学界现代性研究的扩展和深化,书写了学术期刊合作共赢的一段"佳话"。

【《同济大学学报(自然科学版)》创办英文刊向世界传播中国科技成果】

21世纪伊始,随着中国经济的飞速发展和科技实力的不断增强,向世界传播中国科技成果,体现中国科技竞争力和文化软实力,成为中国科技期刊工作者的一个梦想。为使《同济大学学报(自然科学版)》走向国际,2006年编辑部与中国高等教育出版社合作,联合创办土木工程类英文学术期刊Frontiers of Architecture and Civil Engineering in China,定位是反映中国土木工程学科的重大原创性学术成果和突破性技术及发展趋势,重点关注前沿交叉学科研究和重大工程的科技创新,内容涉及结构工程、岩土与地下工程、水利与港口工程、桥梁工程、水利工程、交通工程、工程力学和材料科学等,与《同济大学学报(自然科学版)》相辅相成。2009年3月,Frontiers of Architecture and Civil Engineering in China 召开主编会议,确定论文全部采用首发原创模式,并从编委会国际化建设、组约稿国际化执行、审稿专家国际化构成、编辑加工国际化标准、传播平台国际化接轨等5个方面推进国际化发展。

【《社会》杂志创刊于光远撰写代发刊词《坚持社会学的马克思主义传统》】

1981年10月《社会》杂志创刊,于光远为创刊号撰写代发刊词《坚持社会学的马克思主义传统》。文章近7 000字,在总结马克思在理论基础和研究方法方面对西方社会学的贡献同时,坦诚地谈到社会学在中国曾经被取消和恢复的过程:"两年前,我们纠正了新中国成立以后在高等学校取消社会学专业、在社会科学领域不承认'社会学'这门学问的错误,因为这种错误导致了我们工作中的重大损失。"这是当时高层人士对新中国成立后一度取消社会学专业做法的公开反思。文章还从学科分类角度、社会问题的复杂性、与国外社会学界的交流及加强对国外(西方)马克思主义社会学研究成果的介绍与研究等方面阐述了恢复社会学的必要性,打消了当时从事社会学教学科研的学者和师生们的一些顾虑,对社会学学科在中国的恢复重建产生了重要影响。

【《社会》2005年改版学术影响力迅速提升】

《社会》1981年10月创刊,开始的定位是普及性和学术性结合,同时面向学者和大众读者,每月出版一期,为改革开放后中国社会学学科的恢复重建及普及社会学知识发挥过重要作用。但随着社会学学科在中国的发展和逐步走向成熟,这种办刊定位开始难以适应中国社会学学科的发展趋势和要求。2005年,《社会》杂志进行改版,定位调整为纯社会学专业学术期刊,以"引领学科发展,研究真问题,规范性、学术性"为办刊宗旨,同时从月刊改为双月刊,版式与国际主流社会学期刊接轨,从16开改为大32开;取消由赞助商组成的理事会,成立由海内外知名社会学学者组成的学术委员会和编委会,取消广告和赞助,办刊经费由学校财政和社会学学科支持。改版后的《社会》学术影响力在短期内迅速提升,2006年被《征文社会科学引文索引》(CSSCI)收入,2008年跻身 Social Sciences Collection Proquest(前身为 CSA)。据中国学术期刊综合引证年度报告,2005年《社会》复合影响因子为0.327,2007年提高到1.792。

【《中国化学》(英文)借船出海走向世界】

《中国化学》(英文)1983年创刊,初衷是突破语言限制,让世界更好地了解中国的化学研究,助推中国化学家走向世界。但由于在国外缺乏有影响力的宣传和销售平台、渠道,读者、作者绝大多数都在国内,国际影响力不大。为加快《中国化学》(英文)走向世界的步伐,2005年,《中国化学》(英文)由中科院上海有机化学研究所和德国 Wiley‐VCH 联合出版,成为国内化学期刊界最早开展国际合作的期刊。Wiley‐VCH 是国际知名的出版商,出版《德国应用化学》《欧洲化学》(英文)等许多国际一流的化学期刊,在国际化学界享有盛誉。在 Wiley‐VCH 平台上,《中国化学》(英文)与众多世界一流期刊同台展示,并通过 Wiley‐VCH 渠道在海外销售,国际影响迅速扩大,国外来稿迅猛增加,很快就占到全部来稿30％以上,读者群也从以国内读者为主迅速转变为海外读者占大多数,期刊影响因子和总被引频次稳步上升。继《中国化学》(英文)之后,国内众多化学期刊也陆续与国外不同出版商开展合作,促进了国内外化学家的学术交流,提升了中国化学家的国际影响力。

【《细胞研究（英文）》在线发表中国本土作者的重要发现】

2008年9月2日，《细胞研究》在线发表南京大学张辰宇教授的重要发现：在血液中发现了micro RNA，在国际生命科学领域引起轰动。在此之前，人们普遍认为RNA分子是很不稳定的。张辰宇把这个发现写成文章向国外知名刊物投稿，却遭遇非常大的阻力。关键时刻他把文章转投给《细胞研究（英文）》。文章很快通过评审程序在线发表，迅速引起超过300家国际媒体的关注。英国路透社、美国合众国际社和《科学美国人》、美国《技术评论》《巴西日报》等都对这一发现作了专门报道。检索美国《科学引文索引》(SCI)，这篇文章在WOS核心数据库收入期刊中每年被引用达250多次，为《细胞研究（英文）》发表文章单篇被引用最多的。这对中国本土作者在中国本土刊物上发表的原创论文是一个奇迹，特别是文章还开辟了一个崭新的细胞外RNA研究领域。

【中国激光杂志社成为中国科技期刊集群化出版领跑者】

1964年，中科院上海光机所成立，创办国内第一本激光学术期刊《光受激发射情报》。在随后20年里，又陆续创办了《中国激光》《光学学报》两本国内光学学科的顶级刊物，并在1992年创办国内第一本全英文的光学期刊Chinese Laser of Journal B（后更名为Chinese Optics Letters）。为进一步提高科技期刊的办刊水平和学术质量，2004年，上海光机所探索集群化出版，把四个独立的编辑部整合为光学期刊联合编辑部，在《中国激光》等高水平期刊引领下，以高效的管理体制保障期刊的高水平发展。2009年，光学期刊联合编辑部转企改制，成立中国激光杂志社有限公司。体制转换带来全新的出版理念，释放出前所未有的活力。杂志社统筹规划未来发展，汲取国外知名光学出版机构做法，在精品化、数字化、国际化等方面进行布局，实现了办刊水平的整体提升，成为中国科技期刊集群化出版领跑者。在组建光学期刊联合编辑部的同时，2004年，上海光机所还自主建设了国内第一家以专业学科为特色的数字出版平台——中国光学期刊网www.opticsjournal.net，国内所有光学期刊都以数据汇集的方式上传到网上。截至2010年底，中国光学期刊网日均浏览达30万人次，开创国内专业学科数字平台集群化建设新模式。

【《电世界》帮助人们正确认识和区分电磁污染】

随着城市化进程的加快，变电站作为输送电力的重要设施越来越多地建在中心城区、居民密集区附近，因担心电磁辐射污染，人们对变电站产生恐惧，形成普遍性的心理恐慌。为让公众客观地认识和了解电磁辐射污染，《电世界》向华东电力试验研究所专家组稿，在2004年第1期刊登报道，介绍国际权威组织对极低频(ELF)场、电磁场及电场、磁场和电磁场（统称EMF）的定义，以及美国相关部门和世界卫生组织对EMF的研究进展，并列表给出了有关国际组织和国家对工频电场、磁场限值对照表，澄清了几个错误观点。报道普及了电磁场基本知识，对人们正确认识和区分电磁污染有一定帮助。

【《化学学报》报道酵母丙氨酸转移核糖核酸的人工全合成关键性的研究成果】

1981年11月，中国完成酵母丙氨酸转移核糖核酸的合成。这是世界上第一次人工合成具有生物活性的核糖核酸，也是继中国在世界上首次人工合成蛋白质—结晶牛胰岛素后取得的又一重大科学成就，标志中国在人工合成生物大分子方面继续居于世界先进行列，带动了核酸类试剂和工具酶的研究及多种核酸类药物包括抗肿瘤药物、抗病毒药物的研制和应用。酵母丙氨酸转移核糖核酸的合成由中科院上海生物化学研究所、上海有机化学研究所、上海实验生物研究所（1978年更名为上海细胞研究所)等多家单位合作完成,大量关键性的研究成果发表在《化学学报》上,如1981年第9期"核酸化学研究 Ⅵ.胸腺嘧啶核糖核苷-3'-磷酸的合成",1984年第12期"酵母丙氨酸转移核糖核酸3'-端十九核苷酸(58~76)的合成"和"酵母丙氨酸转移核糖核酸双氢尿核苷(D)环区九核苷酸(14~22)的合成"等。"酵母丙氨酸转移核糖核酸3'-端十九核苷酸(58~76)的合成"1987年获国家自然科学奖一等奖。

【《化学学报》发表物理有机化学前沿领域的重要研究专题】

2000年《化学学报》第6期发表蒋锡夔、计国桢、黎占亭合著的研究专题"疏水亲脂作用驱动的有机分子的簇集和自卷",对作者"有机分子簇集和自由基化学的研究"进行了总结论述。这一研究涉及物理有机化学前沿领域的一些重要课题,作者提出了溶剂促簇能力、共簇集、解簇集等一系列新概念,并在国际上首次建立了一套种类最多、最可靠的取代基自旋离域参数,提出了表征自由基反应性能的双参数方程,并成功地应用于自由基反应和波谱相关分析,对人类健康及物理有机化学的发展有重要意义。2001年,"有机分子簇集和自由基化学的研究"获国家自然科学奖一等奖。

【《印染》研讨禁用染料代用和重要染料新品种开发】

1994年7月15日,德国政府颁布法规,严禁含有致癌染料的纺织品进口,一经检出,就地销毁。这是世界上第一个出台的关于禁用染料的法规。《印染》编辑部从拜耳公司获悉这一消息后,很快组织专家进行分析,并于1995年3月独家刊登由民建上海市委咨询中心钱崇濂撰写的《浅议德国禁用染料的代用》的文章。随后,编辑部又召开德国禁用染料对国产染料的影响及其对策研讨会,邀请纺织行业专家学者深入研究德国禁用染料结构分析及对国产染料影响,新型国产染料及有关纺织品环保标准、禁用染料的测试方法,先后刊登包括《取代德国禁用染料的新型染料》等深度报道,从解决企业出口的关键染料着手,指导企业用国产染料代用,在纺织行业引起很大反响。在此基础上,推出《印染》生态纺织品栏目及相关后续报道,并在各大出版社出版一批图书。

【《大众医学》组织全国中青年医学科普征文壮大医学科普队伍】

1998年,《大众医学》创刊50周年之际,与中华医学会科学普及分会、中华医学会上海分会联合举办全国中青年医学科普征文活动,邀请有志于医学科普创作、年龄50周岁以下,从事医疗、卫生、保健和健康教育工作者参加。因为《大众医学》品牌效应,一时来稿踊跃。经吴阶平、钱信忠、陈敏章、郭子恒、殷大奎、裘法祖、张金哲、张涤生、陈中伟、陈可冀、翁心植、顾玉东、杨秉辉等专家组成的评委会评审,武汉协和医院消化内科侯晓华医生、上海长征医院心内科黄高忠医生、上海瑞金医院心内科吕安康医生等数十位年轻医务工作者获奖。这些获奖者不少后来成了学科领域领军人物,同时也活跃在医学科普舞台,成为《大众医学》普及医学知识的重要作者。

【《上海支部生活》报道安徽灾区可歌可泣的共产党员】

1991年夏天,长江三角洲发生历史上最大的洪灾,安徽省受灾最重。《上海支部生活》记者赴安徽灾区采访,深入霍邱县、凤台县、颍上县、寿县、五合县十几个乡镇,"每天都被一些人和事激动着,那颗被灾区人民惨重的物质损失搅得异常沉重的心灵受到了深深的震撼"。回到上海,记者饱含热泪,记述了奋战在抗洪救灾第一线的共产党员的感人事迹:凤台县董岗乡230名党员站在淮河大堤上,面对鲜红的党旗宣誓,"我是一名共产党员,现在挺身而出,保卫大堤,保卫家园,当人民需要的时候,不怕牺牲自己的生命"。金墩村村委会主任、共产党员王正林堵好 4 个涵洞,又赶到被杂物堵住的金墩桥孔下排除杂物和乱草堆,奋战一个多小时,桥孔畅通了,他却被洪水冲走了。退休老党员王家三在区委值班,抗洪救险最紧张时,他抱着电话机六天六夜没合眼,最后累死在电话机旁……通讯《热血铸就心的长城》送审时,主管副主编非常感动,写下了《沧海横流,方显出英雄本色》的评论。《上海支部生活》1991 年第 18 期刊登这组报道和评论,《解放日报》1991 年 9 月 20 日一版头条全文转载。

【《探索与争鸣》聚焦社会前沿问题,推动社会进步】

20 世纪 90 年代中期,由于社会主义市场经济发展的不完善,经济领域出现一定程度和一定范围的寻租腐败,整个社会精神文明状况呈滑坡之势。有鉴于此,《探索与争鸣》编辑部在 1996 年夏策划组织了三篇评论分析精神文明建设的稿件,其中余源培的《精神文明建设如何更上一层楼》建议对国民进行确立新价值观的教育;蒋德海的《精神文明建设要跳出"伦理本位"传统》提供了以法培育国人精神文明的思路;陆震的《精神文明建设的枢纽与基点》提出社会精英的表率作用以及精神文明如何落到实处。这组文章在 1996 年第 10 期发表,当时正值党的十四届六中全会召开。全会主要讨论思想道德和文化建设方面的问题,审议通过了《中共中央关于加强社会主义精神文明建设若干重要问题的决议》,强调切实把精神文明建设提到更加突出的地位,进一步开创新形势下精神文明建设的新局面。《探索与争鸣》的三篇文章聚焦社会前沿问题,立意超前,后来被《新华文摘》全文转载,国内许多报刊也纷纷转摘,产生广泛的社会影响。

【《上海文学》发起"人文精神"大讨论】

1992 年,《上海文学》杂志计划恢复批评家俱乐部栏目,借助北京大学、复旦大学和华东师范大学等批评重镇,以对话的方式对当下文学和文化现状发表看法。当时正值市场经济的浪潮席卷整个中国,文化界处于低迷期,知识分子有点无所适从。华东师范大学几位青年学人组织了一场讨论,参与者批评了当时的几种流行文化,认为当前文学已出现危机,"公众文化素养的下降,人文精神素质的持续恶化,暴露了当代中国人文精神的危机"。这篇对话后来以《旷野上的废墟——文学和人文精神的危机》为题,在 1993 年 6 月号《上海文学》批评家俱乐部栏目发表。文中涉及市场经济带来的社会转型中知识分子的立场、角色和责任等问题,引发文化界一场关于"人文精神"的大讨论。国内多家报刊相继发表争鸣文章,人文、社会、经济等诸多领域的专家学者纷纷参与,讨论前后持续达三年之久。

【《学术月刊》参与和推动中国现代美学第三次论争】

20 世纪 90 年代,中国美学界掀起第三次美学论争。这一学术大讨论时间长达十数年,国内主要的美学家、重要的学术杂志几乎都参与到这场论争中。论争由《学术月刊》发起,大量重要论文在《学术月刊》刊登,作者包括李泽厚、陈炎、杨春时、朱立元、张弘、周来祥等重要美学家。《学术月刊》围绕"积淀说"与"突破说"之争、"实践美学与后实践美学"之争、"美学本体论"之争等,组织和刊登争鸣性文章,将各种观点的交锋不断推向深入。杨春时在《走向后实践美学》(1994 年第 5 期)中提出"后实践美学"概念,试图超越"实践美学",引起美学界热烈讨论与争议。李泽厚的《第四提纲》(1994 年第 10 期)也引发关于美学本体论之争。这些重要概念和观点的提出,对中国现代美学研究具有重要意义。这一场美学论争,在学派的多样性、理论建构的体系性方面都体现了中国现代美学研究的高度和深度,而在理论论争的背后,所反映的则是中国社会现代转型的现实问题。《学术月刊》通过选题策划来组织相关的学术讨论,成为中国第三次美学论争的重要参与者与推动者。

【《故事会》办刊"眼睛向下,情趣向上"】

《故事会》坚持"眼睛向下,情趣向上",面向大众,贴近生活,讲着老百姓心里认可的做人道理,为读者喜闻乐见。改革开放30年,《故事会》共出版400多期,为读者提供2.5万多个动人故事,以20多亿册的总印数,成为全世界发行量最大的文化综合类期刊之一。《故事会》先后举办了10多期培训班,培养了数以百计骨干作者,向他们传授"眼睛向下,情趣向上"的办刊宗旨,努力使每一篇作品都能读、能讲和能传。有人把《故事会》称为顶天立地的"大树",但编辑部更愿意把自己称为充满生气的绿色小草。小草有"野"性,它生于民间、长于民间、生生不息、绵绵不绝,具有顽强的生命力,只要有土壤,就能成长。《故事会》发表的作品,以鲜活的社会内容、生动的表现形式、独特的传播方式为人民大众所喜闻乐见,浸润着浓郁的田野气息,蕴含着丰富的生活共识。20世纪90年代,中国农村一些地方邮路还不畅通。一个读者将《故事会》带回家乡,后来他来信告诉《故事会》编辑部说:"一本《故事会》竟然走遍了一个生产队!"

【《新民周刊》汶川地震一周年回访】

2009年5月4日,在四川汶川地震一周年之际,《新民周刊》刊登记者回访灾区的一组深度报道。这是一次以沉痛开始的采访,但此行目的不为记录悲伤,而是寻找一种力量:重建、重生的力量!封面图片是一位震后幸存、带着希望微笑的女孩,封面主题《汶川之心》。在整组报道里,记者深入灾后重建的建设者中,包括上海派往都江堰的有关设计、建设、监理以及医疗、教师、志愿者等援建者,与他们同吃同住,生动记录了"在现场"的建设见闻。其中《我们肩负使命而来》的报道,实录上海市对口支援都江堰市灾后重建指挥部总指挥薛潮接受记者面对面访谈,畅谈上海对口支援的工程建设,如何坚持进度服从质量,确保质量第一,把每个项目都建成优质、可持续发展工程,尤其是把学校、医院等公共服务设施建成最安全、最牢固、群众最放心的建筑。《"中国的脊梁":那些最可爱的志愿者》是记者深入之前"媒体没报道过的以及领导们没视察过的地方",报道了许多"无名英雄"默默为灾区重建添砖加瓦的生动故事。整组封面报道充满温暖向上的力量,推出后受到各方好评。

【《新民周刊》追问大连"被石油"真相】

2010年第44期《新民周刊》封面报道《大连"被石油"调查》震动全国,电视台、电台、网站及其他报刊纷纷转载转播。中石油是国家重大战略的参与者、执行者、贡献者,但正是这样一个特大型企业,在涉嫌重大公共事件上的推诿、沉默。《新民周刊》深思熟虑,派记者深入大连沿海进行了翔实的实地调查,揭示这起震惊国内外的特大海上火灾乃中石油企业下属职工在拆卸103号储油罐时作业不当,所溅火星引爆罐内残油的"真相"。报道不仅详述记者的大量见闻和各方证词,还将公众的隐忧和盘托出:以企业目前的对外界态度而言,第三次、第四次乃至第N次的大爆炸,在逻辑上很可能会再发生,批评企业连一个最基本的道歉也没有,缺乏应有的责任和担当。报道还兼顾采写了灾后各种救援进展,包括大连消防部门积极救灾的高效,海事部门不断宣传清污的力度以及环保部门组织力量驳斥"环境崩溃"的谣传,体现了媒体监督报道的审慎态度和专业精神。

【《萌芽》改版成为80、90后青年写作者启航之地】

20世纪90年代,因市场经济冲击,文学遭遇边缘化,全民阅读文学期刊的盛况不再,1995年

《萌芽》期印数只剩 1 万多册。面对客观环境的变化,《萌芽》着手改版,将定位从"青年作家的摇篮"改为"修养类的青年文学刊物",着眼于提高青年人的文学修养,主要面向高中生和大学生。杂志通过栏目设置的变化来宣布自己的改版:原先的理论栏目停办,增加明星访谈星闻报告、来自留学生活第一手体验的异域传真、反映国内学生生活的校园清泉等栏目,力求一种向上的蓬勃和朝气。因《萌芽》的诞生本来就带着深深的文学烙印,小说家族栏目成为很长一段时期杂志的文学担当,周洁茹等一批"70 后"作者活跃于此。改版后的《萌芽》逐渐成为"80 后""90 后"青年写作者的启航之地,也为几年后举办全国新概念作文大赛作了重要铺垫。

【《萌芽》发起全国新概念作文大赛】

1998 年,《萌芽》联合北京大学、复旦大学、华东师范大学、南京大学、南开大学、山东大学、厦门大学等七所全国高校发起首届全国新概念作文大赛。大赛向中学教育的"唯理模式"叫板,提倡"新思维""新表达""真体验",提倡写作要有真情实感和想象力、创造性,不收取报名费,除初赛作品字数 5 000 字以内、参赛者 30 岁以下之外,再无任何限制。大赛由王蒙、铁凝、贾平凹、叶辛、陈思和、曹文轩、叶兆言、方方等作家担任评委,从 1998 年起每年举办。大赛涌现出韩寒、郭敬明、张悦然、周嘉宁、郝景芳等一大批在青年读者中有号召力的作家,一些参赛者因获奖受到主办高校关注。参赛稿件给文坛吹来清新之风,许多爱好写作的年轻作者被发掘出来。文学评论家认为,新概念作文大赛的举办,让文学期刊变为活跃的文化传媒,既改变了自身的刊物形态,也改变了中国当代作家的成长模式。

【《少年文艺》请读者投票推荐好作品繁荣少儿文学创作】

1978 年,《少年文艺》恢复刊名后不久,就请读者在杂志全年发表的作品中投票选出若干篇最受欢迎的好作品。这个从读者阅读体验出发设立的奖项,在当时是一个重大创举,它拉近了刊物和读者的距离,让编者可以真切地了解社会热点和读者需求,及时调整编辑出版方向,更好地为读者服务。这一奖项一直持续到 2010 年。1978 年度好作品奖评选收到选票 6 500 多张,任大星《我的第一个先生》拔得头筹,成为新时期儿童小说的代表性作品之一。第二年,好作品奖的选票猛涨到 15 000 多张,刚从事写作的王安忆短篇小说《谁是未来的中队长》以绝对优势获第一名,在全国范围引发新时期好学生评判标准的一场大讨论。而接下来表现少男少女朦胧情感的小说《今夜月儿明》(作者丁阿虎)则引起更大轰动,小读者投票装了几麻袋。这篇作品冲破题材禁区,开拓了少年小说新的写作领域,但也引发诸多家长和老师的疑虑。到 20 世纪 80 年代中期,北京的孙云晓和上海的刘保法、张成新的报告文学作品连续获好作品奖,带来报告文学创作的繁荣,促使作家更加关注当下、深入现实。同时,郑渊洁、周锐、彭懿等年轻童话作家充满想象力的童话作品也受到孩子们追捧,纷纷获得好作品奖,给新时期童话领域创作带来了崭新气象。

【《故事大王》发起举办全国故事大王选拔邀请赛】

针对孩子们爱看故事、讲故事的特点,1984 年 7 月,《故事大王》编辑部发起举办第一届全国故事大王选拔邀请赛,得到共青团上海市委、上海市妇联和解放日报、新民晚报、上海电视台、上海人民广播电台等的热情响应,文化部、团中央和全国妇联等也表示积极支持。大赛请张瑞芳、乔奇、姜昆、刘兰芳、方掬芬等担任评委,公信力和权威性有了保证。第一届大赛评出 12 名全国故事大王,其中 4 名为特等奖,8 名为一等奖,他们作为 1985 年《少年文艺》12 期封面人物向全国小读者们推介。1987年,第二届全国故事大王选拔邀请赛在北京举行,反响更为强烈,全国人大常委会副委员长耿飚等出席了在北京人民大会堂举行的闭幕式。1998年起,全国故事大王选拔邀请赛每两年举办一次,每次大赛都成了孩子们的盛大节日,他们通过讲故事丰富精神世界,锻炼勇气和胆量,增强语言表达能力,提高了综合素质。

【《中文自修》一封"两地书"引出一段"文学之缘"】

2008年第10期《中文自修》以一封"两地书"报道上海校园的一名阳光写手和边远省份一名服刑者之间的文学之缘。这年5月30日,《中文自修》编辑部收到一封来自西南边远狱中的来信,正在服刑的张白松看到2008年《中文自修》第3期《清风的笑颜——2007年"上海十大校园写手"大写真》中李鑫的一段文字深受感动,希望在写作上能得到她的指导,于是鼓起勇气寄出了一封信。面对这样一个热爱写作又身陷囹圄、渴望阳光的孩子,《中文自修》编辑部没有怠慢,决定伸出援手。很快,资深编辑李天靖跋山涉水赶到云南省第四监狱,不仅为张白松带去李鑫的回信及社会各界的关爱,同时记下这段特殊的"文学之缘",在《中文自修》上刊登,希望借这样一个真实的故事,让更多青少年感受到文学的力量和人性的光辉。

【《上海电视》寻找举牌女孩】

2000年,上海电视杂志社与永乐电影公司联手举办电影《说出你的秘密》"寻找举牌女孩"活动,在社会上引起热烈反响。电影《说出你的秘密》的原型人物因车祸失去双亲,影片上映前,杂志社携手电影出品方推出这个活动,在读者中掀起关爱孤女的爱心浪潮。活动消息刊出后,热心读者的一条条线索汇集过来,杂志社据此找到影片原型。出于保护当时仍是少年的女孩,杂志社"隐藏"了她的真实姓名和身份等信息,称之为"君君"并捐赠善款1万元,上海诸多媒体都报道了《上海电视》这个义举。之后杂志社特邀"君君"为荣誉读者,年复一年送去媒体人的温暖,并邀请她参加杂志社活动,呵护关爱她成长直至她结婚生子。杂志社成了"君君"的心灵之家,记者编辑也因此成了她的忘年交朋友。

【《上海电视》全力以赴报道上海世博会】

2009年10月,在上海世博会倒计时200天之际,《上海电视》推出世博会专版,后每期都辟固定版位报道世博会文化演艺活动筹办情况及各种主题活动的进展,回顾历届世博会精彩演艺活动。2010年4月20日起,《上海电视》增加8个整版的"世博刊中刊",全力推介世博活动信息,直到世博会闭幕,前后共出27期。4月29日,《上海电视》还精心策划、推出"上海世博会'玩'全手册特刊",以100个整版的精致内容为读者提供全方位实用、详尽、丰富的观博资讯、演艺信息和游园攻略。在迎接和举办上海世博会一年多时间里,《上海电视》共组织采编395个整版报道,圆满完成上海世博会宣传报道任务。

【《世界之窗》领风气之先】

《世界之窗》1979年8月创刊,是一份领风气之先,以知识性、趣味性为特色的综合性翻译刊物,为国内读者打开了一扇眺望世界的窗口。刊物的文章选译自国外最新出版的报刊和书籍,涉及政治、经济、科技、文化、教育、体育等多个领域,不少文章包含着极有价值的信息,如介绍国外"氧气疗法"和"肝脏移植"等先进医疗手段的文章,受到国内医学界关注,华东医院等单位专家还专门到编辑部来进一步了解相关信息。因为干货多、内容新，《世界之窗》成为改革开放初期中国读者渴求新知不可或缺的一本读物，最高期印数达 100 多万册。

【《世界时装之苑》反向输出内容】

《世界时装之苑》是国内第一本中外版权合作刊物，主要是从海外购买版权。在刊物发展过程中，因为中方制作的内容达到国际水准，《世界时装之苑》开始反向输出到海外。2009 年 6 月刊登俄罗斯国际超模纳塔莉·沃佳诺娃（Natalia Vodianova）的封面及相关文字被法国版 ELLE 购买，就是一个成功案例。这是《世界时装之苑》1988 年创刊后法国母版第一次向中国购买图文版权，俄罗斯、日本、芬兰、波兰版 ELLE 之后也向中方购买了版权。当时，纳塔莉·沃佳诺娃以品牌形象大使身份来中国做宣传，有意选择中国一本时装杂志独家拍摄封面。《世界时装之苑》力推中国本土新锐摄影师，提交的拍摄方案在服装、场地选择上尽显中国特色，造型与制作工作也由国内时装编辑担任。纳塔莉与中国新一代摄影师相互碰撞，有了这一次成功和完美的合作。

【《上海故事》讲述百姓故事传递人间真情】

在 2003 年春抗击"非典"中，《上海故事》编辑出版《天地之间—中国抗击"非典"故事专集》，通过一则则感人故事，弘扬全国上下守望相助，众志成城，抗击"非典"的精神。2008 年 5 月 12 日，汶川发生特大地震，灾情牵动全国人民的心，《上海故事》紧急开辟情系汶川·生命礼赞专栏。文字编辑积极组稿，一星期收到稿件百余篇，加班加点精心编辑；美术编辑积极和插图作者联系，配置插图，调整版面。很快，这期刊登抗震救灾故事的《上海故事》就面世了，首批印好的刊物被送往地震灾区绵阳。2008 年 8 月 8 日，中国人圆了百年奥运梦想，编辑部早做准备，从第 6 期开始便陆续刊登奥运题材的故事。内容紧贴时代脉搏，关注当下人们的精神需求，使《上海故事》越来越被广大读者所接受。

【《儿童时代》记者采访美国总统夫人南希·里根】

1984 年 4 月，美国总统里根的夫人南希随总统访问中国，《儿童时代》作为全国唯一受邀的少儿媒体，第一时间派出记者从上海赶往北京采访。总统夫人带来了美国小朋友的问候，也带来了美国小朋友为抢救大熊猫而募集的捐款。1972 年中美关系破冰之后，中国政府赠送的两只大熊猫成为美国儿童的宠儿。当中国熊猫遭到饥荒的威胁，总统夫人号召全美儿童"为熊猫捐几分钱"，许多募捐箱前为此排起长队……总统夫人带来 1.3 万多美元的捐款，还有两辆吉普车。捐赠仪式在北京动物园熊猫馆前举行。根据安排，总统夫人参观天坛后接受媒体采访。由于交通堵塞，当《儿童时代》记者何凌云从北京动物园赶到天坛时，总统夫人已站在祈年殿上了。何凌云以百米冲刺速度赶到预定地点，总统夫人也正走到她的面前。在作自我介绍后，何凌云向总统夫人提了中国小朋友最为关心的三个问题：您认为给大熊猫募捐有什么意义吗？那些捐款的小朋友给您留下了什么印象？里根总统支持您的活动吗？总统夫人一一作答，最后说："总统很支持，他也捐了一些钱。"采访在愉快的气氛中结束。里根总统夫人为大熊猫募捐之举，不仅帮助了大熊猫这一被誉为"活化石"的"中国国宝"，更加深了中美两国儿童的相互了解，为中美之间架起了一座友谊之桥。何凌云的这篇独家报道很快就刊登在 1984 年第 6 期《儿童时代》上。

第三章 期刊管理

第一节 机构沿革

1978年1月,恢复建制的上海市出版局统一领导全市出版工作。市出版局设综合业务处行使期刊管理职能,主要是给已批准创办期刊办理注册、变更手续等。在"拨乱反正"中,上海期刊出版开始复兴,一大批期刊创办、复刊,或由丛刊改为期刊出版。据统计,1978年上海注册登记的期刊仅为42种,1986年增加到541种,9年中增长了10倍多。伴随改革开放的大潮,上海期刊进入繁荣发展的新阶段。

这一时期上海受人关注并成为畅销期刊有:《大众医学》《小朋友》《电世界》《化学世界》《自然杂志》《看图说话》《文化与生活》《电影故事》《世界之窗》《数学年刊》《应用数学和力学》《青年一代》《外国文艺》《故事大王》《艺术世界》《旅游天地》《上海电视》《为了孩子》《新药与临床》《现代家庭》《上海故事》《动画大王》《大江南北》《上海服饰》《外国故事》《上海滩》等。市出版局下属出版社主办的期刊在全国有广泛影响,1981年发行量突破100万册的有6种:《青年一代》(190万)、《大众医学》(109万)、《文化与生活》(108万)、《故事会》(107万)、《科学画报》(107万)、《小朋友》(100万)。

1987年3月,中共中央下发《关于坚决妥善地做好报纸刊物整顿工作的通知》。通知指出,几年来,报刊的出版发展很快,在改革、开放和两个文明建设中发挥了积极作用。但政治性、文艺性报刊数量偏多,质量不高。一些报刊没有全面、正确地宣传、贯彻党的十一届三中全会以来的路线。极少数报刊在一段时间内,连续发表否定社会主义、反对党的领导、主张资本主义的错误言论,在资产阶级自由化思潮泛滥中起了恶劣的作用。通知要求各级党委端正新闻、舆论阵地的思想政治方向,把有关报刊及其出版单位整顿好。

根据中央要求,为加强对全市新闻出版工作的领导,1987年5月,市政府撤销市出版局,建立市新闻出版局。市新闻出版局组建报纸管理处和刊物管理处,按照新闻出版署《关于报刊、期刊和出版社重新登记注册的通知》和中宣部、新闻出版署关于报刊整顿工作会议精神,开展报刊重新登记注册工作,进行全方位监管。经审核,上海541种期刊,535种符合重新登记条件,发给期刊登记证准许继续出版。1988年,依据新闻出版署下发的关于执行《中国标准刊号》的通知要求,市新闻出版局对已履行登记注册手续的正式期刊编入"国内统一刊号"。这是新闻出版主管部门首次对连续出版物实行中国标准刊号管理。

1990年8月,经市编委批准,市新闻出版局将报纸管理处、刊物管理处合并为报刊管理处,增设审读处,加强报刊审读工作。1992年,审读处因与报刊管理处的审读职能重叠被撤销,报刊审读工作全部由报刊管理处承担。

1991年起,按新闻出版署颁发的《期刊年度核验办法》,市新闻出版局对新闻出版行业实行年度核验制度,即在每年上半年对期刊上一年度出版经营行为进行全面查审核验。年度核验制度要求各期刊出版单位写出年度自检报告、报送年度出版核验表相关数据等。对存在违规问题的期刊,要求出版单位及时整改,并视情约谈期刊主要负责人限期整改,整改不到位的予以缓验。对一些不能正常出版或者不具备办刊条件等期刊不予通过年检。期刊年检制度对规范期刊出版行为,提高期刊出版质量起到了积极的推动作用。

1992年至1995年,新闻出版署等先后颁布《科学技术期刊质量要求》《社会科学期刊质量管理标准》《关于报刊社社长总编辑(主编)任职条件的暂行规定》等文件,建设中国期刊的质量管理体系。1995年12月,新闻出版署、中宣部、国家教委、人事部印发《关于在出版行业开展岗位培训实施持证上岗制度的规定》,明确期刊出版单位的社长、总编、主编(含副职)须持证上岗。1996年起,市新闻出版局每年组织未获得岗位培训合格证书或岗位培训已超过5年以上的社长、总编、主编(含副职)的培训。培训工作委托上海新闻出版教育培训中心实施。

1997年1月,国务院发布《出版管理条例》,这是新中国成立以来第一个有关出版管理的行政法规。《出版管理条例》对报纸、期刊等出版物编印发等作了明确规定。按照条例规定,从1998年起,上海取消内部报刊管理系列。内部报刊转化为内部资料,不再列入报刊系列管理,涉及内部资料出版物内容的审读,仍由市新闻出版局报刊管理处归口管理。2005年12月新闻出版总署公布施行《期刊出版管理规定》。按照规定要求,市新闻出版局对期刊创办、变更、出版、审读、综合质量评估等作了全面规范。

2009年2月,根据国务院下发的新闻出版总署新"三定"规定,新闻出版总署负责全国新闻单位记者证的监制管理,广电系统所有采编人员也与通讯社、报刊社一样,统一申领新闻出版总署印制的记者证。中央新闻机构的新闻记者证由新闻出版总署负责核发,地方新闻机构的新闻记者证由各省、自治区、直辖市新闻出版局初审,新闻出版总署核发。市新闻出版局2005年7月向各有关期刊出版单位发出《关于核发本市期刊新版记者证的通知》,启动核发期刊新版记者证的工作。市新闻出版局报刊管理处更名为新闻报刊管理处。

第二节　期　刊　审　批

1978年1月上海市出版局重建后,期刊审批主要依据国家《期刊登记暂行办法》《管理书刊出版业印刷业发行业暂行条例》(1952年8月16日政务院公布)有关规定,上海地方人文社会科学类期刊包括哲学、文学艺术、少年儿童、文化教育等期刊(简称社科期刊)由市委宣传部审核后报市委审批;自然科学类期刊(简称科技期刊)由市委宣传部会同市科委研究后报市委审批。

1983年9月,为控制新办刊物的增加,在坚持期刊审批制度的同时适当简化审批手续,市委宣传部报市委同意,简化期刊审批程序:一、新创办期刊仍按中宣部规定的审批程序,经市委宣传部研究后报送市委审批;二、申请新办丛刊、丛刊改期刊、内部发行改公开出版及已停刊要求复刊的期刊,由市委委托市委宣传部代为审批;三、经市委批准并办理登记手续的期刊,如领导关系、编辑方针改变以及改变刊名、刊期和发行方式,由原申报单位向市委宣传部重新报批;增减篇幅和更换出版单位等情况,由办刊单位的上级主管部门(部、委、办)审批,并报市委宣传部和市出版局备案。四、创办内部刊物仍由各主管部、委、办负责审批,报市委宣传部和市出版局备案。

1988年11月,新闻出版署颁布实施《期刊出版管理暂行规定》。按照暂行规定,上海期刊审批程序有所调整:社科期刊由市委、市委宣传部审批改为由市新闻出版局初审后报新闻出版署审批;科技期刊由市科委商市新闻出版局同意后报国家科委,在新闻出版署与国家科委商定的数额内由国家科委核准,并报新闻出版署备案。在正式期刊审批登记的同时,上海对内部刊物进行登记管理,经批准获得内刊准印证才能委托印刷发行。

2005年4月,依据《行政许可法》相关规定,新闻出版总署和科技部联合印发《关于调整科技期刊申报程序和审批办法的通知》,对科技期刊创办与变更的申报程序和审批办法进行调整,改变以往科技期刊由科技行政管理部门接受申报、审核的方式,实现新闻出版总署对整个期刊业的统一归口管理。市新闻出版局随后开始对科技期刊与社科期刊实行统一管理。

第三节　期　刊　审　读

期刊审读是期刊管理的一个重要组成部分。1981年9月,市出版局向市委宣传部并国家出版局上报《关于刊物检查和整顿的情况汇报》,汇报市出版局成立后报刊审读管理的主要做法:定期召开刊物主编座谈会,传达上级指示精神,交流办刊情况,讨论办刊中出现的问题;对一些影响较大、印数较多的刊物,在经常性了解选题情况的同时,组织专家在出版后进行审读。同时,严格新刊物的审批工作,做好刊物的登记工作。汇报受到市委宣传部和国家出版局重视。

1988年8月,新闻出版署召开全国报刊管理工作会议,要求各省、自治区、直辖市新闻出版局尽快把审读制度和审读队伍建立起来。同年11月,新闻出版署下发《关于加强对报纸、期刊、图书审读工作的通知》,明确提出各省级新闻出版局要在审读人员、重点审读范围、审读主要内容、审读意见撰写等方面予以指导。按照新闻出版署要求,为切实做好报刊审读工作,1990年10月,经上海市编委批准,市新闻出版局增设审读处,同时将报纸管理处、刊物管理处合并为报刊管理处。审读处对全市报纸、期刊、图书等进行事后审读,重点是政治、理论和文艺文化等方面的出版物,及时掌握出版动态,发现倾向性问题,并向上级有关部门报告审读情况,提出工作建议等。1992年,审读处撤销后,报刊审读工作由报刊管理处承担。1993年,市委宣传部新闻出版处与市新闻出版局报刊管理处商定重点审读报刊的名单,明确审读分工范围。市委宣传部侧重对党报党刊以及部分重点报刊的审读,市新闻出版局侧重对专业报、行业报、重点社科期刊及部分内刊的审读。市新闻出版局组建报刊审读队伍,明确审读人员的任务和工作职责,不定期对审读人员进行业务培训,帮助审读人员熟悉新闻出版管理法规、提高思想理论素质。坚持召开三个会议:会同市委宣传部召开主要报刊新闻通气会、专业行业报刊通气会和审读人员碰头会。局报刊审读队伍由专职和兼职两部分人员组成,他们熟悉报刊出版工作,政治敏感性强,善于发现问题,敢于提出批评,同时又注意把握政策。市新闻出版局报刊管理处(新闻报刊管理处)对审读发现的问题及时向报刊出版单位打招呼,提出批评,并要求及时纠正,挽回影响,编发《上海市报刊审读简报》《报刊审读专报》,向新闻出版总署和市委宣传部汇报审读情况,并编发《上海报刊动态》内刊送各报刊出版单位、主管主办单位,上情下达、交流信息,成为报刊行政管理的重要辅助手段。

2009年2月,新闻出版总署颁布《报纸期刊审读暂行办法》,为表彰各省开展审读工作,下发关于评选优秀报刊审读单位、审读员、审读报告的通知,要求各省、自治区、直辖市新闻出版局评选申报。经新闻出版总署评选,市新闻出版局、上海文艺出版总社获优秀报刊审读单位称号,市新闻出版局聘任的黄冬元、潘树立获优秀报刊审读员称号,市新闻出版局选送的《〈新发现〉成为同类期刊的领跑者》(作者赵玉东)、《上海报业结构与定位管理的专项审读报告》(作者市新闻出版局新闻报刊管理处)获得优秀报刊审读报告称号。

第四节　主管主办单位职责

1980年5月,中宣部发出《关于加强对刊物管理工作的通知》,要求中央和国务院各部委及各级党委要认真、切实地把自己主管的刊物管起来。1982年2月,国家出版局发出《关于期刊登记问题的通知》,提出经批准正式出版发行的期刊(含在外地印刷或发行的期刊),只能在期刊主办单位所在地的省、市、自治区出版管理部门办理申请登记手续,不准异地申请登记。1987年3月,根据《中共中央关于坚决妥善地做好报纸刊物整顿工作的通知》,全国进行报刊整顿,新闻出版署再次强调加强主办主管部门的管理责任。1988年11月,新闻出版署颁布实施《期刊出版管理暂行规定》,规定创办期刊必须有明确的主办单位及上级业务主管部门,两个以上单位合办的期刊须确定一个主要主办单位和主管部门。1993年6月,新闻出版署颁布实施《关于出版单位的主办单位和主管单位职责的暂行规定》,明确主管单位、主办单位与出版单位之间必须是领导与被领导的关系,不能是挂靠与被挂靠的关系,主办单位和主管单位对所属期刊出版导向管理、期刊正常出版的人、财、物投入等必须履行相应监管职责。

根据中宣部和新闻出版署相关规定,市新闻出版局要求期刊主管主办单位应设专人或者兼职人员对所属期刊进行管理,切实做好对所属期刊的内容审读、年检审核等工作。2007年,市新闻出版局进一步加强审读制度建设,出台《上海市报刊主管单位审读工作实施办法》等规范性文件,要求期刊主管主办单位采取切实措施,划定时间表,落实主管主办单位管理职责。上海市教委党委宣传处和科教处分别加强对所属高等院校、市教科院等单位主办的社科和科技期刊管理;上海世纪出版集团出版业务部对集团所属期刊进行全面管理;市卫生局科教处对所属期刊进行管理。一些报刊主办单位实行集群化、集约化管理的发展模式,如上海教育报刊总社、中国激光杂志社有限公司、中华医学杂志社有限责任公司、上海大学期刊社、上海海事大学杂志总社、华东师范大学杂志总社、上海译文出版社期刊中心等,较好地承担起了主办单位应该履行的管理职责。

第五节　期刊治理整顿

1978年后,包括上海在内的全国各地一大批期刊创办、复刊,或由丛刊改为期刊出版,这与纸张供应、印刷能力、发行渠道等产生了一些矛盾。特别是因为办刊人员政治和业务素质跟不上,一些期刊在办刊方针和宣传内容上出现问题,甚至出现少数刊物连续发生违反规定,擅自发表与中央重大方针政策相抵触的文章等情况。针对上述存在问题,根据中宣部、新闻出版署(总署)部署,上海市委宣传部、市出版局(新闻出版局)对期刊进行了多次治理整顿。

1981年2月,中共中央、国务院发布《关于处理非法刊物非法组织和有关问题的指示》。同年4月,中宣部发出《关于认真检查和整顿刊物的通知》,要求各主管部门对刊物情况作一次认真检查和整顿,并加强对刊物的管理工作。市出版局按照中宣部通知要求和市委宣传部贯彻执行意见,部署了刊物检查和整顿工作,并将刊物检查和整顿的情况报告市委宣传部以及国家出版局。11月,市委宣传部向中宣部并上海市委报送《上海刊物检查整顿工作情况报告》。报告说,这次检查整顿的范围是全市批准公开发行并办理登记发证期刊184种(含市出版局所属社办期刊61种),其中社科期刊53种、自然科学期刊131种。通过对全市期刊出现的各类问题进行分析,提出了治理整顿的七项措施:进一步组织有关部门党委及主管期刊编辑部人员学习中央有关报刊出版的文件精神,明确办刊指导思想,端正办刊方针,坚持在政治上与党中央保持一致;切实加强党对期刊编辑部的领导;充实加强编辑力量,着重物色与配备主编与骨干编辑,凡属期刊一般均应有专门的编辑部(室);加强编辑部的建设,提高编辑的政治思想和业务水平;严格控制新办期刊,着重整顿提高期刊的质量;整顿现有期刊,停办《小戏丛刊》《说新书》等10种期刊;加强期刊评论工作等。

1985年8月,中宣部发出《关于暂不审批新办报刊和出版社的通知》。通知指出,近年来报刊大量增加,其中出了一些不健康的报刊,毒害了读者,冲击了正常出版,助长了一些人以此捞取私利的歪风,必须对现有报刊进行认真的整顿。整顿期间,各地、各部门均不得批准新办报纸和期刊;各地出版社已办的丛刊,也要列入报刊整顿范围。市委宣传部随后发出《关于暂停审批内部发行报刊期刊的通知》《重申有关报刊审批与管理的几项规定》,重申在报刊整顿期间,暂不审批报纸和期刊;申请创办公开和内部发行的报刊一概暂停;未按规定手续申请批准和登记的报刊不得擅自出版;如有违反,立即取缔,不准印发、出售。

1987年3月,《中共中央关于坚决妥善地做好报纸刊物整顿工作的通知》下发后,上海根据中央要求认真开展报刊整顿工作。新成立的市新闻出版局设报纸管理处和刊物管理处,开展报刊整顿和重新登记工作。在认真调研摸清情况的基础上,市新闻出版局会同市委宣传部提出全市报刊调整方案,对报刊进行压缩。各报刊社认真学习中央关于报刊整顿的指示精神,对自身近年在组织领导、办刊指导思想、编辑队伍、办刊质量等方面进行自查,写出自查报告。期刊主办单位和上级主管部门也针对存在的问题采取措施,加强对所属期刊编辑部的领导,充实采编力量,端正办刊的指导思想。经过整顿,上海有54种报刊因各种原因停刊,其中缺乏办刊条件停刊的12种;内容重复雷同停刊的13种,严重违背办刊宗旨或刊期过长不能定期出版及其他原因停刊的29种。市委宣传部和市新闻出版局对办刊质量、办刊条件方面存在问题的21种社会科学类报刊发临时登记证,限期1988年3月底完成整改。对不能按时完成整改的,取消注册登记资格。在整顿过程中,市委宣传部和市新闻出版局根据合理布局、填补空白的原则,批准了一批新创办报刊。整顿后,上海共有报刊610种,其中报纸80种,期刊530种,全市报刊结构趋于合理,各报刊内部机构、采编队伍逐步健全,报刊质量有所提高。

1989年7月,根据《中共中央关于加强思想、宣传工作的通知》精神,全国开展整顿、清理书报刊和音像市场工作。1989年9月16日、10月4日,中央办公厅、国务院办公厅先后发布《关于整顿、清理书报刊和音像市场严厉打击犯罪活动的通知》及《关于压缩整顿报刊和出版社的通知》,要求压缩整顿政治方向严重错误、思想倾向不好和过多过滥的报刊和出版社。市新闻出版局按中央要求开展整顿清理工作。1990年2月,经新闻出版署批准,上海压缩期刊28种,其中《文汇月刊》《书林》等19种停办,另有9种内容相近的期刊合并,其中《文学角与作家》《企业家》合并更名为《海上文坛》;《上海工运》《现代风》合并仍用《上海工运》刊名;《电影新作》《国际银幕》合并仍用《电影新作》刊名;《人民警察》《剑与盾》合并仍用《人民警察》刊名;《上海档案》《档案与历史》合并更名为《上海档案工作》;《现代外国哲学社会科学文摘》《学术界动态》合并仍用《现代外国哲学社会科学文摘》刊名;《法学》《世界法学》合并仍用《法学》刊名;《华东师范大学学报(教育科学版)》与《成人高等教育研究》合并仍用《华东师范大学学报(教育科学版)》刊名;《上海生产资料价格信息》《上海物资经济》合并,后更名为《租售情报》。

1996年12月,中央办公厅、国务院办公厅下发《关于加强新闻出版广播电视业管理的通知》。1997年3月,新闻出版署着手对全国期刊业进行治理,重点是转化内部期刊,压缩行业、社团组织期刊,控制期刊总量,优化期刊结构,重新划分期刊管理类别。按照新闻出版署要求,市新闻出版局通过调查研究和分析,制定了《上海市期刊业治理工作方案》,经与有关部、委、办等主管单位协商和新闻出版署批复同意,《东方商业周刊》《朵云》《都市漫画》《城市经济研究》《上海教育学院学报》《职大教育》《地理文摘》等15种期刊被压缩停办,约占上海社科类期刊总量的8%,380种内部期刊分步转化为内部资料继续出版,全市报刊结构失衡情况有所好转。在这次治理中,新闻出版署对期刊刊号管理进行重新划分,将年鉴、高校学报、政府公报等划为特殊系列期刊,将期刊国内统一刊号进行重新排序。1999年12月,新闻出版署结合期刊年度核验及重新登记,决定停止使用这一刊号管理办法,2000 年 1 月恢复使用原刊号。

1999 年 8 月,中央办公厅发出《关于调整中央国家机关和省、自治区、直辖市厅局报刊结构的通知》。根据《通知》关于压缩行业报刊、逐步取消省市行业报刊的精神,市委宣传部和市新闻出版局作了周密部署,形成了一个既符合中央精神又切合上海实际的调整方案,经市委同意后报新闻出版署审批。到 2000 年底,调整工作基本完成。列入这次调整范围的期刊有:《东方剑》划归上海文艺出版总社主管主办;《上海教育》《康复》《计算机教与学》《好儿童画报》《当代学生》《上海托幼》等划转至上海教育报刊总社主管主办;原由教育部主管、上海师范大学与上海市教委主办的《高等学校文科学报文摘》改由上海市教委主管、上海师范大学主办;原由上海市人事局主管主办的《行政与人事》随《人才市场报》一起划归解放日报报业集团,2001 年更名为《新上海人》出版。

2003 年 7 月 15 日,中央办公厅、国务院办公厅下发《关于进一步治理党政部门报刊散滥和利用职权发行减轻基层和农民负担的通知》。通知指出,党政部门报刊散滥和利用职权摊派发行、增加基层和农民负担现象十分严重,必须进一步加以治理。上海成立治理党政部门报刊散滥和利用职权发行工作协调领导小组,市委领导亲自部署和动员。市委宣传部、市新闻出版局按照中央办公厅、国务院办公厅文件确定的原则政策和实施细则的各项规定,制定了上海报刊管办分离、划转和合并等变更调整方案,经市党政部门报刊治理领导小组审核后报新闻出版署批复同意。市新闻出版局除日常跟踪各主管主办单位的落实情况外,还对应该停办的 11 种期刊和应该管办分离的 6 种期刊进行集中检查,并召开部分划转单位主要负责人会议,就划转过程中存在的人、财、物等问题进行商讨,促进划转工作平稳过渡。经过治理调整,《上海消防》《上海会计》《上海审计》《上海统计》《清风》《上海工商》《上海财税》《上海环境科学》《法苑》《人民警察》《浦东开发》等党政部门主管主办 11 种期刊停办;内容相近的《浦江同舟》《上海宣传通讯》《班组学习与生活》《上海精神文明》合并为 1 种,划转解放日报报业集团主管主办,使用原《上海宣传通讯》刊名及国内统一刊号出版,其他 3 种期刊刊号注销;《园林》《建设监理》《上海城市规划》《浦东年鉴》《浦东年鉴(英文版)》实行管办分离,主管单位不变,主办单位变更为企事业单位;《上海改革》《上海综合经济》《上海滩》《今日上海》《现代农村》《体坛纵横》《上海国资》《新法规月刊》《上海工业》《上海档案》等 10 种期刊划转给报业集团、出版集团、广电集团;《上海劳动保障》更名为《文景》后划转给上海世纪出版集团;《上海市人民政府公报》实行免费赠阅。2003 年底,全市党政部门停办或合并的 14 种期刊,有 13 种以原名重新申请刊型连续性内部资料继续出版。

与此同时,根据中宣部、新闻出版总署要求,上海还在全市范围开展了小报小刊、内部资料性出版物集中整治工作。市新闻出版局先后对问题较多较大的 2 种期刊下发违纪违规警告书,约谈 5 种存在违纪违规问题的期刊负责人,提出整改措施,限期整改。同时会同有关部门对全市各类违法违规的内部资料、印刷品广告及非法出版的报刊进行查处,其中有在境外注册登记、在境内编辑出版发行的期刊 8 种;盗用刊号或编造刊号及无刊号的非法期刊 15 种以及刊型广告宣传品 11 种。通过整治,上海内部资料性出版物市场的秩序得到进一步规范。

通过 1999 年、2003 年两次对党政部门报刊的治理整顿,党政部门办刊征订收费在上海已成为历史,党政部门"既当运动员又当裁判员"的办刊经营行为被终止;党政部门所属行业性协会、学会、研究会等不再新办期刊。2004 年 2 月,市新闻出版局根据新闻出版总署下发《关于开展连续性内部资料出版物专项治理工作的通知》要求,在市党政部门报刊治理领导小组领导下,结合刊型连续性内部资料出版物年检,对全市 342 种登记刊型连续性内部资料出版物进行专项治理,停办刊型连续性内部资料出版物 30 种,部分连续性内部资料出版物利用职权摊派或者变相摊派收费或其他形式的经营收费行为得到有效遏制。

2005年至2010年,市新闻出版局依据有关法规规章及规范性文件要求,从严管理上海期刊出版经营行为。对期刊出版中存在的一号多版、擅自更名、偏离办刊宗旨等严重的违规行为予以行政处罚,对不构成行政处罚的,采取相应行政措施,如下发警示通知书、约谈期刊负责人等,要求限期整改。

第六节　期　刊　建　设

从1978年到2010年的33年里,市出版局(新闻出版局)期刊管理坚持"一手抓繁荣,一手抓管理",以管理促规范,以规范促繁荣。

一、期刊评优

1995年起,市新闻出版局按照新闻出版署开展国家级期刊奖项评选通知要求,组织业内专家按照推荐原则、标准等,持续开展初评推荐活动。1995年12月揭晓的全国首届优秀社会科学期刊奖、提名奖期刊69种,上海入选3种;1997年首次评出全国重点社科期刊102种,上海入选8种;1999年评出首届国家期刊奖期刊157种,上海入选12种;第二届全国百种重点社科期刊108种,上海入选5种。2001年,上海有69种期刊进入"中国期刊方阵",其中社科期刊40种,科技期刊29种。2002年评出第二届国家期刊奖期刊346种,上海入选21种;2004年评出第三届国家期刊奖357种,上海入选19种。2008年2月首届中国出版政府奖评选揭晓,收获文学杂志社获先进出版单位奖。2010年第二届中国出版政府奖增设期刊奖及期刊奖提名奖,获奖期刊60种,上海入选6种。

在行业优秀期刊和地区优秀期刊评选中上海成绩同样比较突出。1994年开始,市新闻出版局开展华东地区优秀期刊奖和国家期刊奖等的初评推荐工作。1994年,经华东地区六省一市新闻出版局协商同意,建立华东地区六省一市报刊管理工作交流片会制度,设立华东地区优秀期刊评审委员会,开展首届华东地区优秀期刊评选,以后又增设优秀期刊工作者的评选,至2010年共开展了四届评选活动。1998年9月,市委宣传部、市教委、市新闻出版局、市期刊协会联合主办首届上海地区优秀少儿期刊评选活动,设最佳奖、优秀奖和提名奖三个奖项,《儿童时代》《少年文艺》等15种少儿期刊获奖。2002年8月,为进一步提高上海期刊的装帧设计水平,引导上海期刊装帧设计朝着健康、向上的方向发展,市新闻出版局与市期刊协会联合举办了上海市首届期刊装帧设计评选活动。2007年7月,新闻出版总署报纸期刊出版管理司和解放军总政治部宣传部新闻出版局决定联合举办"百种优秀期刊进连队"活动。经专家评选,上海《交际与口才》《检察风云》《咬文嚼字》《故事会》《小说界》《上海故事》《东方剑》《旅游天地》《世纪》《档案春秋》《科学画报》《大众医学》《中外书摘》等13种期刊入选"百种优秀期刊进连队"名单,入选数名列各省市第一。2008年起,新闻出版总署开展向全国少年儿童推荐优秀少儿报刊活动,以引导青少年健康阅读,营造有利于青少年健康成长的社会和文化环境,促进全民阅读活动的深入开展。市新闻出版局按照推荐条件和要求,组织专家进行初评推荐,每年有10余种优秀少儿期刊入选推荐名单。

二、交流平台

2001年11月,新中国成立以来规模最大的期刊展中国期刊展在北京国际展览中心举行。市新闻出版局精心布展。经过评选,上海展团获最佳设计奖和优秀组织奖。2004 年起,市新闻出版局与市期刊协会一起连续组织上海期刊界参加上海书展期刊馆参展工作,每年确定一个主题开展期刊论坛活动。2004 上海书展期间,市新闻出版局与中国期刊协会、市期刊协会共同主办国际视野东方神韵——生活时尚类期刊研讨会,吸引众多来宾和读者,成为上海书展亮点之一。市新闻出版局还积极参与历届全国图书交易博览会期刊馆展示工作,为展示上海期刊风采、繁荣上海期刊发展起到了积极作用。

2005 年 11 月,中国期刊协会、四川省新闻出版局、辽宁省期刊协会和上海市新闻出版局、市期刊协会在上海主办中国社办期刊改革与发展研讨会。会议以总结经验、分析问题、寻求对策为主题,分别举办主题论坛和专题研讨,回顾和总结中国社办期刊的发展历史和成功经验,剖析社办期刊面临的形势、机遇以及存在的问题,并对社办期刊下一步的发展提出了前瞻性的对策思考。来自北京、四川、辽宁、湖北等 10 个地区的行政主管部门、出版集团和部分大刊、名刊负责人 100 余人参加研讨会。2006 年 11 月,第十四届全国文化综合类期刊研讨会暨第十七届全国妇女报刊年会在上海举行。

2006 年 12 月,以"品牌·特色·发展"为主题的全国部分期刊经验交流会在上海举行。新闻出版总署、中宣部出版局、中国期刊协会、市委宣传部、市新闻出版局有关领导出席。会议通过对成功期刊品质、特色的经验交流和对未来发展之路的展望,提出期刊要走"定位准确、特色鲜明、功能互补、覆盖广泛"的内涵式发展道路。上海的《咬文嚼字》《低压电器》等期刊在会上介绍了办刊经验,受到全国部分期刊出版单位负责人称赞。

2007 年 5 月,100 多名世界期刊界代表在北京参加第 36 届世界期刊大会之后,到上海参加由市政府新闻办和市新闻出版局主办的"上海之旅"活动。市委宣传部副部长宋超、市新闻出版局局长孙颙介绍上海期刊业发展现状,期待与世界期刊业有更多的联系,推进世界期刊与上海期刊界的交流。部分代表参观了少年儿童出版社、上海教育报刊总社、现代家庭杂志社等期刊出版单位。

三、办刊质量

市新闻出版局通过调研,及时发现期刊在发展过程中遇到的"瓶颈"问题,提出解决问题的对策措施。2000 年,结合出版业改革与发展系列调研,对上海期刊集约化发展现状、存在的问题等开展调研,形成《上海期刊群发展调研报告》,并在此基础上制定《上海"十五"期刊发展的若干意见》,提出调整全市期刊出版战略,推进期刊群内部管理体制和运行机制改革的设想,合理配置资源,利用各种有利因素做大做强期刊群,为上海期刊进一步发展寻找突破口。2003 年,发布《上海市关于制止报刊摊派问题的调研报告》,从上海实际情况出发,提出了制止报刊摊派发行的措施。2008 年,在调研基础上深化和细化中国精品期刊数据库项目建议书,得到新闻出版总署和市委宣传部的鼓励和肯定。2009 年,委托市期刊协会开展《上海市期刊综合质量考评指标》课题研究,制定符合上海实际的期刊综合质量考评指标和上海期刊综合质量评估办法,为建立期刊退出机制作了准备。

2008 年 10 月,配合市委、市政府"迎世博 600 天行动计划",提升上海期刊质量和水平,为世博会营造良好的舆论环境,市新闻出版局分步骤对上海期刊的编校质量、广告质量、印刷质量和有关法律法规执行情况等进行全面检查。各期刊出版单位针对发现的编校质量问题提出具体整改措施,使上海期刊总体质量得到较大提升。

四、期刊社团

在期刊管理中,市新闻出版局注意发挥上海期刊社团组织的作用。1985年9月成立的市科技编辑学会(原为市自然科学学术期刊编辑工作者协会)和1997年3月成立的市期刊协会等社团组织,以提供服务、反映诉求、规范行为为职责积极开展工作,成为党和政府与期刊沟通的桥梁和纽带。此外,上海市高校学报研究会、上海经济期刊联合会、上海建设系统期刊工作研究会、上海科学院期刊联谊会、文化类期刊研究会等期刊行业团体也通过业务交流、反映诉求、组织论坛等活动,展示期刊与科研、教学的互动水准,提升同类期刊的出版质量。

2004年下半年,市新闻出版局委托市期刊协会开展上海市社会科学类期刊编校质量检查工作。市期刊协会多次举办提高期刊编校质量培训班,到2010年已有近千名期刊编辑人员参加培训。针对期刊行业特点,市期刊协会还举办内容丰富、形式多样的各种培训班,如期刊装帧设计研修班、期刊策划与运作实战培训班以及与上海新闻出版教育培训中心联合举办的期刊新编辑培训班、上海期刊编辑赴澳大利亚培训班,与市印刷行业协会联合举办利用数码技术,提高印刷质量培训班等。市期刊协会还受市新闻出版局委托,积极做好国家期刊奖上海社科类期刊的初评、全国百佳出版工作者上海期刊界候选人推荐等工作,并多次举办上海市期刊优秀工作者评选和期刊编校质量检查、期刊封面设计和装帧设计及印制质量检查,通过检查评选表彰先进,找出问题,促进上海期刊不断提高质量水平。

2001年后,市期刊协会协助市新闻出版局每年组团参加全国书市和上海图书交易会。2007年组织30多家期刊参加海峡两岸图书交易会期刊展销活动。协会积极联系发行渠道,努力帮助会员单位扩大发行量;维护会员单位正当权益,与有关律师事务所合作,免费为会员单位提供法律咨询;重视期刊争创上海市著名商标工作,帮助《故事会》等8家期刊通过上海市著名商标认定。协会协助市新闻出版局开展调研,向政府反映行业的情况和呼声,先后完成上海期刊行业人才队伍建设调查、上海期刊竞争力综合评价指标体系研究、上海期刊数字化进程及发展战略、上海期刊行业领军人才现状、对策及测评指标体系研究以及期刊编辑评职称难、期刊单位自主权等课题的调研报告。

五、期刊结构

在历次期刊治理整顿中,市新闻出版局注意优化结构,用关停并转腾出的刊号支持新办一批与城市经济发展、教育水平、文化氛围等吻合的期刊,使上海期刊构成符合建设国际化大都市的要求,更好地满足人们的精神文化需求。20世纪90年代末,上海诞生了一批新的期刊。这些期刊由各大新闻出版传媒集团主办,采用市场化运作、以深度报道见长,如《今日上海》(英文版)更名为《新民周刊》,由市政府新闻办主管主办变更为文汇新民联合报业集团主管主办,《买卖世界》更名为《第一财经周刊》,由市新闻出版局主管、百家出版社主办变更为上海文广新闻传媒集团主管主办,《东方商业周刊》更名为《理财周刊》,由市新闻出版局主管、上海人民出版社主办变更为上海世纪出版集团主管主办。《上海劳动保障》更名为《文景》,由上海市劳动和社会保障局主管主办变更为上海世纪出版集团主管主办;《上海档案》更名为《金色年代》,由上海市档案局主管主办变更为上海文艺出版总社主管主办等。2005年,根据管办分离、政企分开的要求,市新闻出版局进一步转变政府管理职能,不再担任66种社办期刊主管单位,主管单位为分别变更为解放日报报业集团、文汇新民联合报业集团、上海世纪出版集团、上海文艺出版总社等新闻出版传媒集团。

2009年,按照中央深化文化体制改革的要求,市新闻出版局对全市部分报刊出版单位进行转企改制试点工作。根据既高度重视,又稳妥推进的要求,结合上海基本情况,提出了"自愿优先、分类指导、分步推进"的原则,积极稳妥推进期刊出版单位转企改制工作。上海电世界杂志社有限公司、上海机械制造杂志社有限公司、上海美化生活杂志社有限公司、上海新闻晨报杂志社有限公司、上海书城杂志社有限公司、上海萌芽杂志社有限公司等第一批完成事业法人杂志社转企改制。2010年,上海期刊社转企改制工作全面开展。

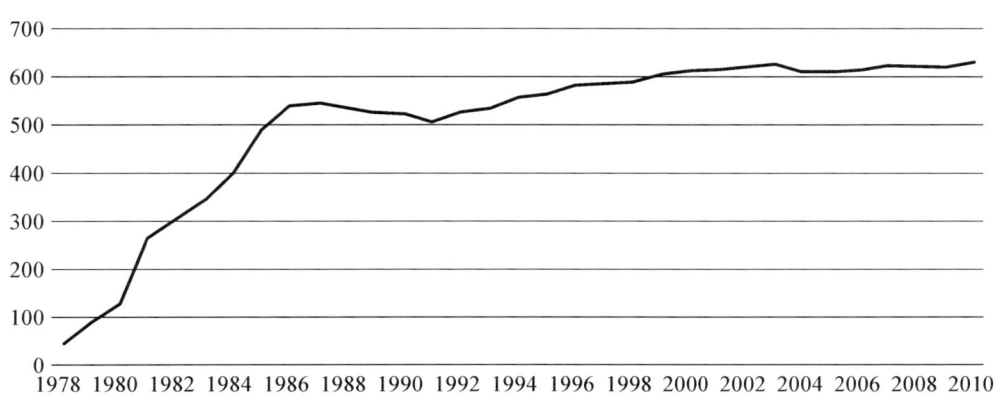

图 3 - 3 - 1　1978—2010 年上海期刊出版品种数量趋势图

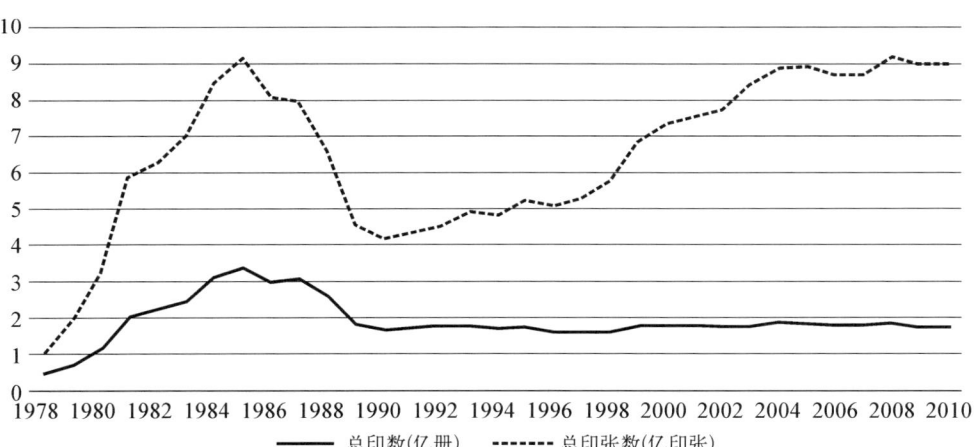

图 3 - 3 - 2　1978—2010 年上海期刊总印数总印张走势图

表 3 - 3 - 1　2010 年上海期刊一览表

期刊名称	国内统一连续出版物号	刊期	主　办　单　位	主管单位	地　　址
音乐艺术(上海音乐学院学报)	CN31 - 1004/J	季刊	上海音乐学院	上海市教委	上海市汾阳路 20 号
上海体育学院学报	CN31 - 1005/G8	双月刊	上海体育学院	上海市教委	上海市清源环路 650 号
化学教学	CN31 - 1006/G4	月刊	华东师范大学	教育部	上海市中山北路 3663 号

（续表一）

期刊名称	国内统一连续出版物号	刊期	主办单位	主管单位	地址
华东师范大学学报(教育科学版)	CN31 - 1007/G4	季刊	华东师范大学	教育部	上海市中山北路 3663 号
生物学教学	CN31 - 1009/G4	月刊	华东师范大学	教育部	上海市中山北路 3663 号
华东师范大学学报(哲学社会科学版)	CN31 - 1010/C	双月刊	华东师范大学	教育部	上海市中山北路 3663 号
上海企业	CN31 - 1011/F	月刊	上海市企业联合会	上海市经信委	上海市共和新路 2623 号
财经研究	CN31 - 1012/F	月刊	上海财经大学	教育部	上海市武东路 321 号乙
纺织教育	CN31 - 1013/G4	双月刊	东华大学、中国纺织服装教育学会	教育部	上海市延安西路 1882 号
历史教学问题	CN31 - 1016/G4	双月刊	华东师范大学	教育部	上海市中山北路 3663 号
科学生活	CN31 - 1020/N	月刊	上海科学普及出版社	上海市科协	上海市中山北路 832 号
中文自修	CN31 - 1021/G4	月刊	华东师范大学	教育部	上海市中山北路 3663 号
地理教学	CN31 - 1022/G4	半月刊	华东师范大学	教育部	上海市中山北路 3663 号
现代领导	CN31 - 1023/D	半月刊	上海市社联	上海市社联	上海市万豫码头街路 165 号
数学教学	CN31 - 1024/G4	月刊	华东师范大学	教育部	上海市中山北路 3663 号
中华信鸽	CN31 - 1025/G8	双月刊	中国信鸽协会	上海市体育局	上海市江宁路 1220 弄 11 号
为了孩子	CN31 - 1026/C	半月刊	上海市妇联	上海市妇联	上海市嵩山路 101 弄 7 号
现代家庭	CN31 - 1027/C	半月刊	上海市妇联	上海市妇联	上海市嵩山路 101 弄 7 号
物理教学	CN31 - 1033/G4	月刊	中国物理学会	中国科协	上海市中山北路 3663 号
中国海员	CN31 - 1034/C	双月刊	上海海运(集团)公司	上海海运(集团)公司	上海市长阳路 1441 号
外语电化教学	CN31 - 1036/G4	双月刊	上海外国语大学	教育部	上海市大连西路 550 号
外国中小学教育	CN31 - 1037/G4	月刊	上海师范大学	上海市教委	上海市桂林路 100 号
外国语	CN31 - 1038/H	双月刊	上海外国语大学	教育部	上海市大连西路 558 号
上海集邮	CN31 - 1039/G8	月刊	上海市集邮协会	上海邮政公司	上海市四川北路 18 号
外语界	CN31 - 1040/H	双月刊	上海外国语大学	教育部	上海市大连西路 558 号
国际展望	CN31 - 1041/D	双月刊	上海国际问题研究院	上海市外办	上海市田林路 195 弄 15 号
上海经济	CN31 - 1042/F	月刊	上海社科院部门经济研究所	上海社科院	上海市淮海中路 622 弄 7 号

（续表二）

期刊名称	国内统一连续出版物号	刊期	主办单位	主管单位	地址
化工高等教育	CN31－1043/G4	双月刊	华东理工大学	教育部	上海市梅陇路 130 号
沪港经济	CN31－1046/F	月刊	上海市工商联	上海市工商联	上海市中山南一路 500 弄 1 号楼
电影故事	CN31－1047/J	半月刊	上海永乐股份有限公司	上海文广影视集团	上海市天钥桥路 909 号
世界经济研究	CN31－1048/F	月刊	上海社科院世界经济研究所	上海社科院	上海市淮海中路 622 号 7 号
国际商务研究	CN31－1049/F	双月刊	上海对外贸易学院	上海市教委	上海市古北路 620 号
法学	CN31－1050/D	月刊	华东政法大学	上海市教委	上海市万航渡路 1575 号
上海教育科研	CN31－1059/G4	月刊	上海市教科院普通教育研究所	上海市教委	上海市茶陵北路 21 号
上海质量	CN31－1061/F	月刊	上海质量管理科学研究院、上海市质量协会	上海市经信委	上海市泰安路 74 号
秘书	CN31－1062/C	月刊	上海大学	上海市教委	上海市上大路 99 号
外国经济与管理	CN31－1063/F	月刊	上海财经大学	教育部	上海市武东路 321 号乙
上海服饰	CN31－1064/TS	月刊	上海科学技术出版社	上海世纪出版股份有限公司	上海市钦州南路 71 号
书与画	CN31－1066/J	月刊	上海书画出版社	上海文艺出版总社	上海市延安西路 593 号
书法	CN31－1067/J	月刊	上海书画出版社	上海文艺出版总社	上海市延安西路 593 号
语文学习	CN31－1070/H	月刊	上海教育出版社	上海世纪出版股份有限公司	上海市永福路 123 号
小学数学教师	CN31－1071/G4	月刊	上海教育出版社	上海世纪出版股份有限公司	上海市永福路 123 号
小学语文教师	CN31－1072/G4	月刊	上海教育出版社	上海世纪出版股份有限公司	上海市永福路 123 号
动画大王	CN31－1074/J	月刊	上海人民美术出版社	上海文艺出版总社	上海市长乐路 672 弄 33 号
青年一代	CN31－1075/C	月刊	上海人民出版社	上海世纪出版集团	上海市福建中路 193 号
萌芽	CN31－1078/I	月刊	上海市作协	上海市作协	上海市巨鹿路 675 号
娃娃画报	CN31－1081/C	半月刊	少年儿童出版社	上海世纪出版股份有限公司	上海市延安西路 1538 号
故事大王	CN31－1084/C	月刊	少年儿童出版社	上海世纪出版股份有限公司	上海市延安西路 1538 号

（续表三）

期刊名称	国内统一连续出版物号	刊期	主 办 单 位	主管单位	地　　址
少年科学	CN31－1088/N	月刊	少年儿童出版社	上海世纪出版股份有限公司	上海市延安西路 1538 号
小朋友	CN31－1089/C	半月刊	少年儿童出版社	上海世纪出版股份有限公司	上海市延安西路 1538 号
科学画报	CN31－1093/N	月刊	上海科学技术出版社	上海世纪出版股份有限公司	上海市钦州南路 71 号
上海文学	CN31－1095/I	月刊	上海市作协	上海市作协	上海市巨鹿路 675 号
学术月刊	CN31－1096/C	月刊	上海市社联	上海市社联	上海市淮海中路 622 弄 7 号
少先队活动	CN31－1097/C	半月刊	中福会少年宫	中国福利会	上海市延安西路 64 号
上海画报	CN31－1102/Z	月刊	上海锦绣文章出版社	上海文艺出版总社	上海市长乐路 672 弄 33 号
史林	CN31－1105/K	双月刊	上海社科院历史研究所	上海社科院	上海市中山西路 1610 号 8 楼
政治与法律	CN31－1106/D	月刊	上海社科院法学研究所	上海社科院	上海市淮海中路 622 号 7 号
图书馆杂志	CN31－1108/G2	月刊	上海市图书馆学会、上海图书馆	上海图书馆上海科技情报研究所	上海市长乐路 746 号 207 室
上海艺术家	CN31－1109/J	双月刊	上海艺术研究所	上海市文广局	上海市汾阳路 112 弄 2 号
大江南北	CN31－1111/K	月刊	上海市新四军历史研究会	上海市社联	上海市中山南二路 777 弄 1 号
社会科学	CN31－1112/Z	月刊	上海社科院	上海社科院	上海市淮海中路 622 弄 7 号
儿童时代	CN31－1113/C	旬刊	中国福利会	中国福利会	上海市常熟路 157 号
看图说话	CN31－1114/C	月刊	上海教育出版社	上海世纪出版股份有限公司	上海市永福路 123 号
编辑学刊	CN31－1116/G2	双月刊	上海市编辑学会	上海市新闻出版局	上海市打浦路 443 号荣科大厦 17 楼
外国文艺	CN31－1117/J	月刊	上海译文出版社	上海世纪出版股份有限公司	上海市福建中路 193 号
园林	CN31－1118/S	月刊	上海市园林科学研究所、中国风景园林学会	上海市绿化市容局	上海市龙吴路 899 号
上海师范大学学报（哲学社会科学版）	CN31－1120/C	月刊	上海师范大学	上海市教委	上海市桂林路 100 号
航海	CN31－1121/U	双月刊	上海市航海学会	上海市科协	上海市长阳路 1441 号

（续表四）

期刊名称	国内统一连续出版物号	刊期	主办单位	主管单位	地址
中小学英语教学与研究	CN31－1122/G4	月刊	华东师范大学	教育部	上海市中山北路 3663 号
社会	CN31－1123/C	双月刊	上海大学	上海市教委	上海市上大路 99 号
天风	CN31－1124/B	月刊	中国基督教三自爱国运动委员会、中国基督教协会	国家宗教事务局	上海市九江路 219 号 4 楼
全国报刊索引（哲学社会科学版）	CN31－1125/C	月刊	上海图书馆上海科技情报研究所	上海图书馆上海科技情报研究所	上海市淮海中路 1555 号
全国报刊索引（自然科学技术版）	CN31－1126/N	月刊	上海图书馆上海科技情报研究所	上海图书馆上海科技情报研究所	上海市淮海中路 1555 号
故事会	CN31－1127/I	半月刊	上海文艺出版总社	上海文艺出版总社	上海市绍兴路 74 号
艺术世界	CN31－1128/J	月刊	上海文艺出版社	上海文艺出版总社	上海市五原路 252 弄 9 号
旅游天地	CN31－1129/K	月刊	上海文艺出版社	上海文艺出版总社	上海市绍兴路 74 号
小说界	CN31－1130/I	双月刊	上海文艺出版社	上海文艺出版总社	上海市绍兴路 7 号
音乐爱好者	CN31－1132/J	月刊	上海音乐出版社	上海文艺出版总社	上海市绍兴路 7 号
上海电视	CN31－1135/J	周刊	上海文广新闻传媒集团	上海文化广播影视集团	上海市老沪太路 203 号
音像世界	CN31－1136/J	月刊	中国唱片总公司	中国唱片总公司	上海市钦州北路 1066 号
世界经济文汇	CN31－1139/F	双月刊	复旦大学	教育部	上海市国权路 600 号
戏剧艺术	CN31－1140/J	双月刊	上海戏剧学院	上海市教委	上海市华山路 630 号
复旦学报（社会科学版）	CN31－1142/C	双月刊	复旦大学	教育部	上海市邯郸路 220 号
电影新作	CN31－1145/J	双月刊	上海电影艺术研究所、上海市电影家协会	上海文广影视集团	上海市天钥桥路 909 号
上海滩	CN31－1147/K	月刊	文汇新民报业集团	文汇新民报业集团	上海市河南中路 280 号 9 楼
收获	CN31－1148/I	双月刊	上海市作协	上海市作协	上海市巨鹿路 675 号
文艺理论研究	CN31－1152/I	双月刊	中国文艺理论学会、华东师范大学中文系	教育部	上海市中山北路 3663 号
上海戏剧	CN31－1154/J	月刊	上海市文联	上海市文联	上海市延安西路 238 号

（续表五）

期刊名称	国内统一连续出版物号	刊期	主办单位	主管单位	地址
新闻大学	CN31 - 1157/G2	季刊	复旦大学	教育部	上海市邯郸路 440 号
上海故事	CN31 - 1159/I	月刊	上海市群艺馆	上海市文广影视局	上海市中山西路 1551 号
上海金融	CN31 - 1160/F	月刊	上海市金融学会	中国银行上海分行	上海市陆家嘴东路 181 号
上海经济研究	CN31 - 1163/F	月刊	上海社科院经济研究所	上海社科院	上海市淮海中路 622 弄 7 号
人才开发	CN31 - 1165/C	月刊	上海市人才研究会	上海市人社局	上海市华山路 853 号丁香花园 4 号楼 3 楼
上海宣传通讯	CN31 - 1168/D	半月刊	解放日报报业集团	解放日报报业集团	上海市华山路 1574 号 5 楼
上海支部生活	CN31 - 1169/D	半月刊	解放日报报业集团	解放日报报业集团	上海市汉口路 300 号
新闻记者	CN31 - 1171/G2	月刊	文汇新民报业集团、上海社科院新闻研究所	文汇新民报业集团	上海市延中路 839 号
中国广告	CN31 - 1174/F	月刊	东方出版中心、上海百联投资管理有限公司、上海市广告协会	中国出版集团公司	上海市宁海东路 200 号 1805 室
流行色	CN31 - 1175/J	半月刊	中国流行色协会、上海纺织控股(集团)公司、上海国际服装服饰中心	中国流行色协会	上海市长宁路 546 号 1107A
少年文艺	CN31 - 1179/I	半月刊	少年儿童出版社	上海世纪出版股份有限公司	上海市延安西路 1538 号
上海百货	CN31 - 1187/F	月刊	百联集团有限公司	百联集团有限公司	上海市福州路 355 号 707 室
上海房地	CN31 - 1188/F	月刊	上海市房产经济学会	上海市住房保障和房屋管理局	上海市四川中路 126 弄 24 号
青少年犯罪问题	CN31 - 1193/D	双月刊	华东政法大学	上海市教委	上海市万航渡路 1575 号
体育科研	CN31 - 1194/G8	双月刊	上海体育科学研究所	上海市体育局	上海市吴兴路 87 号
上海工艺美术	CN31 - 1198/J	季刊	上海工艺美术总公司	上海工艺美术总公司	上海市汾阳路 79 号
党政论坛	CN31 - 1203/D	半月刊	上海市委党校	上海市委党校	上海市虹漕南路 200 号
上海包装	CN31 - 1207/TB	月刊	上海市包装技术协会	上海市科协	上海市真南路 1111 号 5 号楼 1201 室
探索与争鸣	CN31 - 1208/C	月刊	上海市社联	上海市社联	上海市淮海中路 622 号 7 号社联大楼

（续表六）

期刊名称	国内统一连续出版物号	刊期	主办单位	主管单位	地址
思想 理论 教育	CN31－1220/G4	半月刊	上海市高等学校思想理论教育研究会、上海市教育科学研究院	上海市教委	上海市茶陵北路 21 号
当代青年研究	CN31－1221/C	月刊	上海社科院青少年研究所	上海社科院	上海市淮海中路 622 弄 7 号
上海大学学报（社会科学版）	CN31－1223/C	双月刊	上海大学	上海市教委	上海市上大路 99 号
上海农村经济	CN31－1224/F	月刊	上海市农村经济学会	上海市农委	上海市仙霞西路 779 号
上海保险	CN31－1226/F	月刊	上海《上海保险》杂志社	上海市保险学会	上海市中山南路 1228 号 8 楼
大众心理学	CN31－1228/G3	月刊	华东师范大学	教育部	上海市中山北路 3663 号
上海文史资料选辑	CN31－1229/G2	季刊	上海市政协文史资料委员会	上海市政协办公厅	上海市北京西路 860 号
中国港口	CN31－1232/U	月刊	中国港口协会	交通运输部	上海市黄浦路 110 号
水运管理	CN31－1233/U	月刊	上海海事大学	上海海事大学	上海市海港大道 1550 号
粮食与油脂	CN31－1235/TS	月刊	上海市粮食科学研究所	上海良友（集团）有限公司	上海市居家桥路 955 号
上海农业科技	CN31－1240/S	双月刊	上海市农学会、市农科院	上海市农委	上海市北翟路 2901 号
纺织文摘	CN31－1241/TS	双月刊	上海市纺织科学研究院	上海纺织控股（集团）公司	上海市平凉路 988 号
中国医药工业杂志	CN31－1243/R	月刊	上海医药工业研究院、中国化学制药工业协会	上海医药工业研究院	上海市北京西路 1320 号
印染	CN31－1245/TS	半月刊	上海市纺织科学研究院、全国印染科技信息中心	上海纺织控股（集团）公司	上海市平凉路 988 号
造船技术	CN31－1247/U	双月刊	中国船舶工业第十一研究所	中国船舶工业集团公司	上海市中山南二路 851 号
中国寄生虫学与寄生虫病杂志	CN31－1248/R	双月刊	中华预防医学会、中国疾病预防控制中心寄生虫病预防控制所	卫生部	上海市瑞金二路 207 号
水产科技情报	CN31－1250/S	双月刊	上海市水产研究所、上海市水产学会	上海市经信委	上海市佳木斯路 265 号
航海技术	CN31－1251/U	双月刊	中国航海学会、中国海运（集团）总公司	中国科协	上海市长阳路 1441 号海运大厦 614 室
光学学报	CN31－1252/O4	月刊	中科院上海光学精密机械研究所、中国光学学会	中国科协	上海市清河路 390 号

（续表七）

期刊名称	国内统一连续出版物号	刊期	主办单位	主管单位	地址
国外内燃机	CN31－1254/TK	双月刊	上海内燃机研究所	上海内燃机研究所	上海市军工路 2500 号
内燃机工程	CN31－1255/TK	双月刊	中国内燃机学会	中国科协	上海市军工路 2500 号
应用概率统计	CN31－1256/O1	双月刊	中国数学会概率统计学会	中国科协	上海市东川路 500 号
食用菌	CN31－1257/S	双月刊	上海市农科院	上海市农委	上海市北翟路 2901 号
辐射研究与辐射工艺学报	CN31－1258/TL	双月刊	中科院上海应用物理研究所	中科院	上海市嘉罗路 2019 号
计算机应用与软件	CN31－1260/TP	月刊	上海市计算技术研究所、上海计算机软件技术开发中心	上海科学院	上海市愚园路 546 号
柴油机	CN31－1261/TK	双月刊	中国船舶重工集团公司七一一研究所	中国船舶重工集团公司	上海市华宁路 3111 号
仪表技术	CN31－1266/TP	月刊	上海仪器仪表研究所、上海市仪器仪表学会、中国仪器仪表学会汉字信息处理系统分会	上海科学院	上海市龙江路 214 号
同济大学学报（自然科学版）	CN31－1267/N	月刊	同济大学	教育部	上海市四平路 1239 号
城市公用事业	CN31－1268/TU	双月刊	上海市建交委科技委、上海市公用事业研究所	上海市建交委	上海市衡山路 706 号 510 室
上海纺织科技	CN31－1272/TS	月刊	上海市纺织科学研究院	上海纺织控股（集团）公司	上海市平凉路 988 号
电信快报	CN31－1273/TN	月刊	电信科学技术第一研究所、上海市互联网协会	工业和信息化部	上海市平江路 48 号
化学世界	CN31－1274/TQ	月刊	上海市化学化工学会	上海华谊（集团）公司	上海市南昌路 203 号
上海中医药杂志	CN31－1276/R	月刊	上海中医药大学、上海市中医药学会	上海市教委	上海市蔡伦路 1200 号上海中医药杂志社
国外畜牧学—猪与禽	CN31－1277/S	双月刊	上海市农科院畜牧兽医研究所	中国农科院农业信息研究所	上海市北翟路 2901 号
上海畜牧兽医通讯	CN31－1278/S	双月刊	上海市农科院畜牧兽医研究所	上海市农科院	上海市北翟路 2901 号
船舶工程	CN31－1281/U	双月刊	中国造船工程学会	中国船舶重工集团公司	上海市中山南二路 851 号
中华内分泌代谢杂志	CN31－1282/R	月刊	中华医学会	中国科协	上海市瑞金二路 197 号
水产学报	CN31－1283/S	月刊	中国水产学会	中国科协	上海市沪城环路 999 号

（续表八）

期刊名称	国内统一连续出版物号	刊期	主办单位	主管单位	地址
解剖学杂志	CN31－1285/R	双月刊	中国解剖学会	中国科协	上海市翔殷路800号
玩具世界	CN31－1287/TS	月刊	中国工艺美术学会玩具专业委员会	中国轻工业联合会	上海市长寿路97号
电机技术	CN31－1288/TM	双月刊	上海市电机技术研究所	上海电气（集团）总公司	上海市灵石路702号甲
计算机工程	CN31－1289/TP	半月刊	华东计算技术研究所、上海市计算机学会、	工业和信息化部	上海市桂林路418号
上海调味品	CN31－1290/TS	月刊	上海市酿造科学研究所	上海良友（集团）有限公司	上海市居家桥路955号2号楼
家具	CN31－1295/TS	双月刊	中国家具工业信息中心、中国家具协会	中国轻工业联合会	上海市南京东路石潭弄89号
玻璃与搪瓷	CN31－1296/TQ	双月刊	东华大学、中国日用玻璃协会、中国搪瓷工业协会	教育部	上海市人民北路2999号
模具技术	CN31－1297/TG	双月刊	上海交通大学	教育部	上海市华山路1954号
华东师范大学学报（自然科学版）	CN31－1298/N	双月刊	华东师范大学	教育部	上海市中山北路3663号
红外	CN31－1304/TN	月刊	中科院上海技术物理研究所	中科院	上海市玉田路500号
小氮肥	CN31－1306/TQ	月刊	上海化工研究院	上海市国资委	上海市云岭东路345号
化肥工业	CN31－1308/TQ	双月刊	上海化工研究院	上海市国资委	上海市云岭东路345号
振动与冲击	CN31－1316/TU	月刊	中国振动工程学会、上海交通大学、上海市振动工程学会	中国科协	上海市华山路1954号
上海针灸杂志	CN31－1317/R	月刊	上海市针灸学会、上海市中医药研究所	上海市卫生局	上海市宛平南路650号
中国医疗器械杂志	CN31－1319/R	双月刊	上海市医疗器械检测所	上海市食药监局	上海市民和路154号
化学学报	CN31－1320/O6	半月刊	中科院上海有机化学研究所	中科院	上海市零陵路345号
有机化学	CN31－1321/O6	月刊	中国化学会、中科院上海有机化学研究所	中科院	上海市枫林路354号
电子技术	CN31－1323/TN	月刊	上海市电子学会、上海市通信学会	上海市科协	上海市同普路898号
集成电路应用	CN31－1325/TN	月刊	上海贝岭股份有限公司	中国电子信息产业集团有限公司	上海市宜山路810号

（续表九）

期刊名称	国内统一连续出版物号	刊期	主 办 单 位	主管单位	地 址
电世界	CN31－1327/TM	月刊	上海电气(集团)总公司、上海市电机工程学会、	上海电气(集团)总公司	上海市建国西路132号
数学年刊A辑(中文版)	CN31－1328/O1	双月刊	复旦大学	教育部	上海市邯郸路220号
数学年刊B辑(英文版)	CN31－1329/O1	双月刊	复旦大学	教育部	上海市邯郸路220号
复旦学报(自然科学版)	CN31－1330/N	双月刊	复旦大学	教育部	上海市邯郸路220号
建筑施工	CN31－1334/TU	月刊	上海建工(集团)总公司	上海市国资委	上海市武夷路150号
无损检测	CN31－1335/TG	月刊	中国机械工程学会、上海材料研究所	中国科协	上海市邯郸路99号
机械工程材料	CN31－1336/TB	月刊	上海材料研究所	上海科学院	上海市邯郸路99号
理化检验-化学分册	CN31－1337/TB	月刊	上海材料研究所	上海科学院	上海市邯郸路99号
理化检验-物理分册	CN31－1338/TB	月刊	上海材料研究所	上海科学院	上海市邯郸路99号
中国激光	CN31－1339/TN	月刊	中科院上海光学精密机械研究所、中国光学学会	中科院	上海市清河路290号
天文学进展	CN31－1340/P	季刊	中科院上海天文台、中国天文学会	中科院	上海市南丹路80号
海洋渔业	CN31－1341/S	季刊	中国水产学会、中国水产科学研究院东海水产研究所	中国科协	上海市军工路300号
核技术	CN31－1342/TL	月刊	中科院上海应用物理研究所、中国核学会	中科院	上海市嘉罗路2019号
生殖与避孕	CN31－1344/R	月刊	上海市计划生育科学研究所	国家计生委	上海市斜土路2140号
噪声与振动控制	CN31－1346/O4	双月刊	中国声学学会	中国科协	上海市华山路1954号
中国药理学报	CN31－1347/R	月刊	中国药理学会、中科院上海药物研究所、	中国科协	上海市太原路294号
植物生理学通讯	CN31－1350/Q	月刊	中国植物生理学会、中科院上海生命科学研究院植物生理生态研究所	中国科协	上海市岳阳路319号
生理学报	CN31－1352/Q	双月刊	中科院上海生命科学院、中国生理学会	中科院	上海市岳阳路319号

（续表十）

期刊名称	国内统一连续出版物号	刊期	主办单位	主管单位	地址
中学科技	CN31－1354/N	月刊	上海科技教育出版社	上海世纪出版股份有限公司	上海市冠生园路 393 号
小学科技	CN31－1355/N	月刊	上海科技教育出版社	上海世纪出版股份有限公司	上海市冠生园路 393 号
结构工程师	CN31－1358/TU	双月刊	同济大学、华东建筑设计研究院	教育部	上海市四平路 1239 号
时代建筑	CN31－1359/TU	双月刊	同济大学	教育部	上海市四平路 1239 号
合成纤维	CN31－1361/TQ	月刊	上海市合成纤维研究所	上海市纺织控股(集团)公司	上海市平凉路 988 号
化纤文摘	CN31－1362/TQ	双月刊	上海市合成纤维研究所	上海市纺织控股(集团)公司	上海市平凉路 988 号
无机材料学报	CN31－1363/TQ	月刊	中科院上海硅酸盐研究所	中科院	上海市定西路 1295 号
中华传染病杂志	CN31－1365/R	月刊	中华医学会	中国科协	上海市北京西路 1623 号
上海医学	CN31－1366/R	月刊	上海市医学会	上海市卫生局	上海市北京西路 1623 号
中华消化杂志	CN31－1367/R	月刊	中华医学会	中国科协	上海市北京西路 1623 号
中成药	CN31－1368/R	月刊	国家药监局信息中心中成药信息站	上海医药(集团)有限公司	上海市汉口路 239 号
大众医学	CN31－1369/R	月刊	上海科学技术出版社	上海世纪出版股份有限公司	上海市钦州南路 71 号
肿瘤	CN31－1372/R	月刊	上海市肿瘤研究所	上海市卫生局	上海市斜土路 2200 弄 25 号
制导与引信	CN31－1373/TN	季刊	上海航天技术研究院802 研究所	中国航天科技集团公司	上海市黎平路 203 号
应用激光	CN31－1375/T	双月刊	上海市激光技术研究所	上海科学院	上海市宜山路 770 号
电气自动化	CN31－1376/TM	双月刊	上海电气自动化设计研究所、上海市自动化学会	上海电气(集团)总公司	上海市蒙自路 360 号
临床儿科杂志	CN31－1377/R	月刊	上海市儿科医学研究所、上海新华医院	上海市卫生局	上海市控江路 1665 号
机械制造	CN31－1378/TH	月刊	上海市机械工程学会	上海电气(集团)总公司	上海市中兴路 960 号
康复	CN31－1380/R	半月刊	上海教育报刊总社	上海教育报刊总社	上海市长宁路 491 弄 36 号
航空电子技术	CN31－1381/TN	季刊	中国航空无线电电子研究所	中国航空工业集团公司	上海市桂平路 432 号
机械设计与研究	CN31－1382/TH	双月刊	上海交通大学	教育部	上海市华山路 1954 号

（续表十一）

期刊名称	国内统一连续出版物号	刊期	主办单位	主管单位	地 址
生命的化学	CN31-1384/Q	双月刊	中国生物化学与分子生物学会	中国科协	上海市岳阳路319号
科学	CN31-1385/N	双月刊	上海科学技术出版社	上海世纪出版股份有限公司	上海市钦州南路71号
中国航海	CN31-1388/U	季刊	中国航海学会	中国科协	上海市民生路600号
发电设备	CN31-1391/TN	双月刊	上海发电设备成套设计研究院	上海市国资委	上海市剑川路1115号
电线电缆	CN31-1392/TM	双月刊	上海电缆研究所	上海市国资委	上海市军工路1000号
中国生物学文摘	CN31-1394/Q	月刊	中科院上海生命科学研究院、中科院文献情报中心、中科院生物学文献情报网	中科院	上海市岳阳路319号
船舶设计通讯	CN31-1397/U	半年刊	上海船舶研究设计院	中国船舶工业集团公司	上海市肇嘉浜路221号
水动力学研究与进展	CN31-1399/TK	双月刊	中国船舶科学研究中心	中国船舶重工集团公司	上海市高雄路189号
工业锅炉	CN31-1400/TK	双月刊	上海工业锅炉研究所	上海市经信委	上海市宝昌路297号
印刷杂志	CN31-1402/TS	月刊	上海印刷技术研究所	上海文艺出版总社	上海市新闸路1209弄60号
世界科学	CN31-1403/N	月刊	上海市科学学研究所、上海社科院哲学研究所	上海科学院	上海市中山西路1525号
应用科学学报	CN31-1404/N	双月刊	上海大学、中科院上海技术物理研究所	上海市教委	上海市上大路99号
上海农业学报	CN31-1405/S	季刊	市农科院、市农学会	上海市农委	上海市北翟路2901号
住宅科技	CN31-1407/TU	月刊	住房和城乡建设部住宅产业化促进中心、上海市房地产科学研究院	住房和城乡建设部	上海市复兴西路193号
能源研究与信息	CN31-1410/TK	季刊	上海理工大学、上海市能源研究会、上海电气(集团)总公司	上海市教委	上海市军工路516号
石油商技	CN31-1412/TE	双月刊	中国石油化工股份有限公司润滑油研发(上海)中心	中国石油化工股份有限公司	上海市高阳路455号
上海师范大学学报(自然科学版)	CN31-1416/N	双月刊	上海师范大学	上海市教委	上海市桂林路100号
自然杂志	CN31-1418/N	双月刊	上海大学	上海市教委	上海市上大路99号
低压电器	CN31-1419/TM	半月刊	上海电器科学研究所(集团)有限公司	上海市经信委	上海市武宁路505号

（续表十二）

期刊名称	国内统一连续出版物号	刊期	主办单位	主管单位	地　址
机电设备	CN31 - 1420/TM	双月刊	上海船舶设备研究所	中国船舶重工集团公司	上海市中山南二路 851 号
上海计量测试	CN31 - 1424/TB	双月刊	上海市计量测试技术研究院、上海市计量测试学会、上海市计量协会	上海市质监局	上海市宜山路 716 号
微特电机	CN31 - 1428/TM	月刊	中国电子科技集团公司第二十一研究所	工业和信息化部	上海市虹漕路 30 号
医药工程设计	CN31 - 1429/R	双月刊	中国石化集团上海工程有限公司	中国石化集团上海工程有限公司	上海市延安西路 376 弄 22 号
柴油机设计与制造	CN31 - 1430/TH	季刊	上海柴油机股份有限公司	上海汽车工业（集团）总公司	上海市军工路 2636 号
电动工具	CN31 - 1433/TM	双月刊	上海电动工具研究所	上海市国资委	上海市宝庆路 10 号
应用数学与计算数学学报	CN31 - 1436/O1	半年刊	上海大学	上海市教委	上海市上大路 99 号
工业微生物	CN31 - 1438/Q	双月刊	全国工业微生物信息中心	中国轻工业联合会	上海市桂平路 353 号
上海轻工业	CN31 - 1439/TS	双月刊	上海轻工控股（集团）公司	上海轻工控股（集团）公司	上海市徐家汇路 378 号
声学技术	CN31 - 1449/TB	双月刊	中科院声学所东海站、同济大学声学研究所、上海市声学学会、中船重工集团 726 研究所	中科院	上海市小木桥路 456 号
腐蚀与防护	CN31 - 1456/TQ	月刊	上海市腐蚀科学技术学会、上海材料研究所	上海市科协	上海市邯郸路 99 号
能源技术	CN31 - 1458/TK	双月刊	上海市能源研究所、上海工程热物理学会	上海科学院	上海市邯郸路 99 号
现代渔业信息	CN31 - 1465/S	月刊	中国水产科学研究院东海水产研究所	农业部办公厅	上海市军工路 300 号
上海交通大学学报	CN31 - 1466/U	月刊	上海交通大学	教育部	上海市华山路 1954 号
供用电	CN31 - 1467/TM	双月刊	上海市电力公司市区供电公司、中国电机工程学会城市供电专业委员会	上海市电力公司	上海市四川北路 185 弄 16 号
香料香精化妆品	CN31 - 1470/TQ	双月刊	上海香料研究所	中国轻工业联合会	上海市龙吴路 137 号

（续表十三）

期刊名称	国内统一连续出版物号	刊期	主办单位	主管单位	地　址
法医学杂志	CN31-1472/R	双月刊	司法部司法鉴定科学技术研究所	司法部	上海市光复西路1347号
上海地质	CN31-1475/P	季刊	上海市地质调查研究院、上海市地质学会	上海市规划和国土管理局	上海市灵石路930号
交通与运输	CN31-1476/U	双月刊	上海市交通工程学会	上海市建交委	上海市汉口路193号
华东电力	CN31-1479/TM	月刊	华东电力试验研究院	国家电网公司科技信息部	上海市邯郸路171号
光纤与电缆及其应用技术	CN31-1480/TN	双月刊	中国电子科技集团公司第二十三研究所	工业和信息化部	上海市逸仙路135号
上海航天	CN31-1481/V	双月刊	上海航天技术研究院	中国航天科技集团公司	上海市元江路3888号
无线电与电视	CN31-1484/TN	月刊	上海科学技术出版社	上海世纪出版股份有限公司	上海市钦州南路71号
上海化工	CN31-1487/TQ	月刊	上海市化工科技情报所、上海市化工行业协会	上海华谊(集团)公司	上海市斜土路2421号
上海染料	CN31-1490/TQ	双月刊	上海涂料染料行业协会	上海华谊(集团)公司	上海市共和新路966号
制冷技术	CN31-1492/TB	季刊	上海市制冷学会	上海市科协	上海市南昌路47号
青年社交	CN31-1495/C	月刊	共青团上海市委	共青团上海市委	上海市梅园路77号
上海第二工业大学学报	CN31-1496/T	季刊	上海第二工业大学	上海市教委	上海市金海路2360号
中国造船	CN31-1497/U	季刊	中国造船工程学会	中国船舶重工集团公司	上海市高雄路185号
上海建材	CN31-1498/TU	双月刊	上海市建材科技情报研究所	上海建筑材料(集团)总公司	上海市延安东路110号
宝钢技术	CN31-1499/TF	双月刊	宝钢集团有限公司	宝钢集团有限公司	上海市富锦路655号
上海节能	CN31-1500/TK	月刊	上海市节能协会、上海市节能监察中心	上海市经信委	上海市中山北一路121号
自动化仪表	CN31-1501/TH	月刊	中国仪器仪表学会、上海工业自动化仪表研究所	中国科协	上海市漕宝路103号
光学仪器	CN31-1504/TH	双月刊	中国仪器仪表学会、上海光学仪器研究所、中国光学学会工程光学专业委员会	中国科协	上海市军工路516号

（续表十四）

期刊名称	国内统一连续出版物号	刊期	主办单位	主管单位	地址
电站辅机	CN31－1505/TM	季刊	上海动力设备有限公司、发电设备行业科技情报网	上海电气（集团）总公司	上海市杨树浦路 1900 号
电镀与环保	CN31－1507/X	双月刊	上海市轻工业科技情报研究所	中国轻工业联合会	上海市余姚路 607 弄 19 号
锅炉技术	CN31－1508/TK	双月刊	上海锅炉厂有限公司	上海电气（集团）总公司	上海市华宁路 250 号
煤矿机电	CN31－1509/TD	双月刊	煤炭科学研究总院上海分院	国家煤矿安全监察局	上海市天钥桥路 1 号
净水技术	CN31－1513/TQ	双月刊	市建交委科学技术委员会、市净水技术学会	上海市科协	上海市宛平南路 75 号
上海管理科学	CN31－1515/C	双月刊	上海市管理科学学会	上海市科协	上海市南昌路 47 号
上海电力学院学报	CN31－1518/TM	双月刊	上海电力学院	上海市教委	上海市平凉路 2013 号
光源与照明	CN31－1519/TB	季刊	上海市照明学会	上海市科协	上海市苍梧路 381 号
中国市政工程	CN31－1523/TU	双月刊	上海市城建设计研究院	上海市建交委	上海市东方路 3447 号
美化生活	CN31－1530/G0	月刊	上海纺织控股（集团）公司	上海纺织控股（集团）公司	上海市中山南二路 777 弄 1 号楼
食品工业	CN31－1532/TS	月刊	市食品工业研究所	光明食品（集团）有限公司	上海市济宁路 28 号
设计新潮	CN31－1538/J	双月刊	上海社科院新闻研究所	上海社科院	上海市中山西路 1800 号
上海造船	CN31－1540/U	季刊	市造船工程学会	上海船舶工业公司	上海市长乐路 390 号
上海建设科技	CN31－1541/TU	双月刊	上海市建交委科学技术委员会、上海市建筑科学研究院（集团）有限公司	上海市建交委	上海市宛平南路 75 号
哈哈画报	CN31－1543/C	半月刊	中国福利会、上海文广新闻传媒集团	中国福利会	上海市常熟路 157 号
中国海洋平台	CN31－1546/TE	双月刊	中国船舶工业第十一研究所	中国船舶工业集团公司	上海市中山南二路 851 号
中国化学	CN31－1547/O6	月刊	中国化学会、中科院上海有机化学研究所	中国科协	上海市零陵路 345 号
中国自行车	CN31－1548/TS	月刊	全国自行车工业信息中心、中国自行车协会、上海市自行车行业协会	中国轻工业联合会	上海市万荣一路 15 号
国际市场	CN31－1550/F	月刊	上海国际经济贸易研究所	上海市商委	上海市古北路 620 号

（续表十五）

期刊名称	国内统一连续出版物号	刊期	主办单位	主管单位	地址
上海工运	CN31－1553/C	月刊	劳动报社	上海市总工会	上海市昌平路700号
中外书摘	CN31－1554/Z	半月刊	上海人民出版社	上海世纪出版股份有限公司	上海市福建中路193号
生殖与避孕(英文版)	CN31－1555/R	季刊	上海市计划生育科学研究所	国家计生委	上海市斜土路2140号
远东经济画报	CN31－1557/F	月刊	上海世纪出版股份有限公司	上海世纪出版股份有限公司	上海市绍兴路54号
上海金属	CN31－1558/TF	双月刊	上海市金属学会	上海市科协	上海市延长路149号
核技术(英文版)	CN31－1559/TL	双月刊	中科院上海应用物理研究所、中国核学会	中科院	上海市嘉罗路2019号
新金融	CN31－1560/F	月刊	交通银行股份有限公司	交通银行股份有限公司	上海市仙霞路18号
船舶	CN31－1561/U	双月刊	中国船舶及海洋工程设计研究院	中国船舶工业集团公司	上海市西藏南路1688号
水动力学研究与进展 B辑	CN31－1563/T	双月刊	中国船舶科学研究中心	中国船舶重工集团公司	上海市高雄路189号
上海精神医学	CN31－1564/R	双月刊	上海市精神卫生中心	上海市卫生局	上海市宛平南路600号
中国木材	CN31－1565/T	双月刊	上海森联木业发展有限公司、中国木材总公司	百联集团有限公司	上海市唐山路923号
上海商业	CN31－1567/F	半月刊	市商业经济学会	上海市经信委	上海市新闸路945号
细胞研究(英文)	CN31－1568/Q	月刊	中科院上海生命科学研究院生物化学与细胞生物学研究所、中国细胞生物学学会	中科院	上海市岳阳路319号
上海中学数学	CN31－1572/G4	月刊	上海师范大学	上海市教委	上海市桂林路100号
中国制笔	CN31－1574/T	季刊	全国制笔工业信息中心、中国制笔协会	中国轻工业联合会	上海市灵石路1477号
东方航空	CN31－1576/F	月刊	东方航空传媒有限公司	中国东方航空集团公司	上海市空港一路280号
红外与毫米波学报	CN31－1577/O4	双月刊	中科院上海技术物理研究所、中国光学学会	中科院	上海市玉田路500号
心理科学	CN31－1582/B	双月刊	中国心理学会	中国科协	上海市中山北路3663号
世界时装之苑	CN31－1586/TS	月刊	上海译文出版社	上海世纪出版股份有限公司	上海市福建中路193号
化工装备技术	CN31－1587/T	双月刊	上海市化工装备研究所	上海化工装备有限公司	上海市斜土路2421号

期刊名称	国内统一连续出版物号	刊期	主 办 单 位	主管单位	地 址
上海蔬菜	CN31－1588/S	双月刊	市农科院、上海蔬菜经济研究会	上海市农委	上海市北翟路 2901 号
上海人大月刊	CN31－1590/D	月刊	上海市人大常委会研究室	上海市人大常委会研究室	上海市人民大道 200 号
地下工程与隧道	CN31－1591/U	季刊	上海市隧道工程轨道交通设计研究院	上海市建交委	上海市中山西路 1999 号
中国医学文摘外科学分册（英文版）	CN31－1592/R	季刊	同济大学	教育部	上海市新村路 389 号无
产业用纺织品	CN31－1595/TS	月刊	东华大学、全国产业用纺织品科技情报站	教育部	上海市延安西路 1882 号
传动技术	CN31－1596/TP	季刊	上海交通大学	教育部	上海市华山路 1954 号
航空港	CN31－1597/U	月刊	上海机场（集团）有限公司	上海机场（集团）有限公司	上海市虹桥机场迎宾二路 200 号
上海工程技术大学学报	CN31－1598/T	季刊	上海工程技术大学	上海市教委	上海市龙腾路 333 号
研究与发展管理	CN31－1599/G3	双月刊	复旦大学	教育部	上海市邯郸路 220 号
生命科学	CN31－1600/Q	月刊	中科院上海生命科学院、国家自然科学基金委生命科学部、中科院生命科学与生物技术局	中科院	上海市岳阳路 319 号
中国胶粘剂	CN31－1601/TQ	月刊	上海市合成树脂研究所、中国胶粘剂工业协会、全国粘合剂信息站	上海华谊（集团）公司	上海市漕宝路 36 号
城市道桥与防洪	CN31－1602/U	月刊	上海市政工程设计研究总院	住房和城乡建设部	上海市中山北二路 901 号
市政设施管理	CN31－1604/TU	季刊	上海市市政工程管理处	住房和城乡建设部	上海市淮海西路 343 号
上海航空	CN31－1607/F	月刊	上海航空股份有限公司	上海航空股份有限公司	上海市延平路 69 号
上海经济年鉴	CN31－1609/F	年刊	上海市政府发展研究中心	上海市政府发展研究中心	上海市永嘉路 35 号
上海文化年鉴	CN31－1610/G0	年刊	上海图书馆上海科技情报研究所	上海图书馆上海科技情报研究所	上海市长乐路 746 号
民用飞机设计与研究	CN31－1614/V	季刊	中国商用飞机有限责任公司上海飞机设计研究院	中国商用飞机有限责任公司	上海市云锦路 5 号

（续表十七）

期刊名称	国内统一连续出版物号	刊期	主办单位	主管单位	地址
食品与生活	CN31－1616/TS	月刊	上海市食品研究所	上海市国资委	上海市吴中东路513号
上海供销合作经济	CN31－1620/F	双月刊	市供销合作总社、市供销合作经济研究会	上海市供销合作总社	上海市大木桥路247弄2号
现代工商	CN31－1621/F	月刊	上海市工商联	上海市工商联	上海市延安东路55号
医用生物力学	CN31－1624/R	双月刊	上海交通大学	教育部	上海市制造局路639号
世界地理研究	CN31－1626/P	季刊	中国地理学会	中国科协	上海市中山北路3663号
有机氟工业	CN31－1631/TQ	季刊	上海市有机氟材料研究所、化工部有机氟材料技术开发中心、中国氟硅有机材料工业协会	上海华谊（集团）公司	上海市龙吴路4411号
功能高分子学报	CN31－1633/O6	季刊	华东理工大学	教育部	上海市梅陇路130号
微型电脑应用	CN31－1634/TP	月刊	上海市微型电脑应用学会	上海市科协	上海市华山路1954号
上海预防医学	CN31－1635/R	月刊	上海市预防医学会	上海市卫生局	上海市延安西路1326号
东方剑	CN31－1638/I	月刊	上海文艺出版社	上海文艺出版总社	上海市局门路459号
卡通王	CN31－1641/J	半月刊	上海美术电影制片厂	上海文广影视集团	上海市万航渡路618号
国际观察	CN31－1642/D	双月刊	上海外国语大学	教育部	上海市大连西路550号
出版与印刷	CN31－1643/TS	季刊	上海出版印刷高等专科学校	上海市教委	上海市水丰路100号
中国体育教练员	CN31－1644/G8	季刊	中华全国体育总会科教部、上海体育学院	上海市教委	上海市清源环路650号
上海有色金属	CN31－1646/TF	季刊	上海市有色金属学会	上海市科协	上海市长安路1001号1号楼
应用数学和力学（英文版）	CN31－1650/O1	月刊	上海大学	上海市教委	上海市上大路99号
文物保护与考古科学	CN31－1652/K	季刊	上海博物馆	上海市文管委	上海市延安西路1357号1楼
中华手外科杂志	CN31－1653/R	双月刊	中华医学会	中国科协	上海市乌鲁木齐中路12号8号楼
世纪	CN31－1654/K	双月刊	上海市文史馆、中央文史馆	上海市文史馆	上海市思南路41号
上海文化	CN31－1655/G0	双月刊	上海市作协、上海社科院文学研究所	上海市作协	上海市晨晖路675号
建设监理	CN31－1656/TU	月刊	上海市建筑科学研究院（集团）有限公司	上海市建交委	上海市宛平南路75号

（续表十八）

期刊名称	国内统一连续出版物号	刊期	主 办 单 位	主管单位	地 址
检察风云	CN31－1658/D	半月刊	上海市人民检察院、中国检察出版社	上海市人民检察院	上海市建国西路 648 号
证券市场研究	CN31－1659/F	周刊	上海社科院法学研究所	上海社科院	上海市淮海中路 622 弄 7 号
书城	CN31－1662/G2	月刊	市出版工作者协会、上海三联书店	解放日报报业集团	上海市乌鲁木齐南路 396 弄 10 号
上海医药	CN31－1663/R	月刊	上海医药行业协会、上海市医药股份有限公司	上海市经信委	上海市凤阳路 250 号
抗癌杂志	CN31－1664/R	季刊	上海市抗癌协会	上海市科协	上海市东安路 270 号 6 号楼
集装箱化	CN31－1665/U	月刊	上海海事大学	上海海事大学	上海市海港大道 1550 号
口腔颌面外科杂志	CN31－1671/R	双月刊	同济大学	教育部	上海市延长中路 399 号
毛泽东邓小平理论研究	CN31－1672/A	月刊	上海社科院、上海社科院邓小平理论和"三个代表"重要思想研究中心、中国马克思主义哲学史学会	上海社科院	上海市中山西路 1610 号 916 号
上海教育	CN31－1676/G4	半月刊	上海教育报刊总社	上海教育报刊总社	上海市长宁路 491 弄 36 号
当代学生	CN31－1677/G4	半月刊	上海教育报刊总社	上海教育报刊总社	上海市长宁路 491 弄 36 号
计算机辅助工程	CN31－1679/TP	季刊	上海海事大学	上海海事大学	上海市海港大道 1550 号
放射免疫学杂志	CN31－1680/R	双月刊	同济大学	教育部	上海市四平路 1239 号
中医文献杂志	CN31－1682/R	双月刊	上海市中医文献馆、中华中医药学会、中华中医药学会	上海市卫生局	上海市瑞金二路 156 号
食用菌学报	CN31－1683/Q	季刊	市农科院食用菌研究所、中国农学会、中国农学会	上海市农科院	上海市金齐路 1018 号
上海汽车	CN31－1684/U	月刊	上海汽车集团股份有限公司	上海汽车工业（集团）总公司	上海市安研路 201 号
激光与光电子学进展	CN31－1690/TN	月刊	中科院上海光学精密机械研究所	中科院	上海市清河路 390 号
华东理工大学学报（自然科学版）	CN31－1691/TQ	双月刊	华东理工大学	教育部	上海市梅陇路 130 号
旅游科学（上海旅游高等专科学校学报）	CN31－1693/K	双月刊	上海旅游高等专科学校	上海市教委	上海市桂林路 100 号

（续表十九）

期刊名称	国内统一连续出版物号	刊期	主 办 单 位	主管单位	地 址
中国比较文学	CN31－1694/I	季刊	上海外国语大学、中国比较文学学会、深圳大学	教育部	上海市大连西路550号
好儿童画报	CN31－1697/C	半月刊	上海教育报刊总社	上海教育报刊总社	上海市长宁路491弄36号
中国医学计算机成像杂志	CN31－1700/TH	双月刊	复旦大学附属华山医院	教育部	上海市乌鲁木齐中路12号
上海口腔医学	CN31－1705/R	双月刊	上海交大医学院附属第九人民医院	上海交通大学	上海市制造局路639号
上海城市规划	CN31－1706/TU	双月刊	上海市城市规划信息中心	上海市规划和国土管理局	上海市南丹东路25号
实验室研究与探索	CN31－1707/T	月刊	上海交通大学	教育部	上海市华山路1954号
功能材料与器件学报	CN31－1708/TB	双月刊	中科院上海微系统与信息技术研究所、中国材料研究学会	中科院	上海市长宁路865号
华东科技	CN31－1709/N	月刊	上海市高新技术成果转化服务中心	上海市科委	上海市北京东路668号
上海公路	CN31－1712/U	季刊	上海市公路管理处、上海市公路学会	上海市建交委	上海市曹杨路1040弄2号
轿车情报	CN31－1713/U	月刊	上海百联汽车服务贸易有限公司、上海市工业系统科技情报中心	百联集团有限公司	上海市中山北路3323号
机电一体化	CN31－1714/TM	月刊	上海科学技术文献出版社	上海图书馆上海科技情报研究所	上海市长乐路746号
粉煤灰	CN31－1715/TQ	双月刊	中国城乡建设粉煤灰利用技术开发中心	住房和城乡建设部	上海市宛平南路75号
上海大学学报（自然科学版）	CN31－1718/N	双月刊	上海大学	上海市教委	上海市上大路99号
职业卫生与应急救援	CN31－1719/R	双月刊	上海市化工职业病防治院	上海市安全生产监督管理局	上海市中漕路94号
今日上海	CN31－1722/G2	月刊	文汇新民报业集团	文汇新民报业集团	上海市河南中路280号
开放教育研究	CN31－1724/G4	双月刊	上海远程教育集团、上海电视大学	上海市教委	上海市大连路1541号
中国肿瘤生物治疗杂志	CN31－1725/R	双月刊	中国免疫学会、中国抗癌协会	中国科协	上海市翔殷路800号

（续表二十）

期刊名称	国内统一连续出版物号	刊期	主办单位	主管单位	地址
中国临床药学杂志	CN31－1726/R	双月刊	中国药学会	中国科协	上海市医学院路138号
中国癌症杂志	CN31－1727/R	月刊	复旦大学附属肿瘤医院	教育部	上海市东安路270号
现代音响技术	CN31－1728/TN	月刊	世界图书出版公司、中国电子音响工业协会	中国出版集团公司	上海市广中路88号
卡通先锋	CN31－1729/J	月刊	少年儿童出版社	上海世纪出版股份有限公司	上海市延安西路1538号
运筹学学报	CN31－1732/O1	季刊	中国运筹学会	中国科协	上海市上大路99号
上海大学学报（英文版）	CN31－1735/N	双月刊	上海大学	上海市教委	上海市上大路99号
渔业现代化	CN31－1737/S	双月刊	中国水产科学研究院渔业机械仪器研究所、中国渔船渔机渔具行业协会	农业部	上海市赤峰路63号
工业工程与管理	CN31－1738/T	双月刊	上海交通大学	教育部	上海市华山路1954号
上海理工大学学报	CN31－1739/T	双月刊	上海理工大学	上海市教委	上海市军工路516号
世界橡胶工业	CN31－1740/TQ	月刊	上海橡胶制品研究所	上海华谊（集团）公司	上海市番禺路381号
国际纺织导报	CN31－1743/TS	月刊	东华大学	教育部	上海市延安西路1882号
极地研究	CN31－1744/P	季刊	中国极地研究中心、国家海洋局极地考察办公室	国家海洋局	上海市金桥路451号
极地研究英文版	CN31－1745/P	半年刊	中国极地研究中心、国家海洋局极地考察办公室	国家海洋局	上海市金桥路451号
中国新药与临床杂志	CN31－1746/R	月刊	中国药学会、上海市食药监局科技情报所	中国科协	上海市柳州路615号
作文世界	CN31－1747/G4	月刊	少年儿童出版社	上海世纪出版股份有限公司	上海市延安西路1538号
大都市	CN31－1748/G2	半月刊	东方出版中心	中国出版集团	上海市仙霞路345号
城市轨道交通研究	CN31－1749/U	月刊	同济大学	教育部	上海市真南路500号电信北楼
中国卫生资源	CN31－1751/R	双月刊	中国卫生经济学会、中国卫生资源杂志社	卫生部	上海市延安西路1326号
中国临床神经科学	CN31－1752/R	双月刊	复旦大学附属华山医院、复旦大学神经病学研究所	教育部	上海市乌鲁木齐中路12号

（续表二十一）

期刊名称	国内统一连续出版物号	刊期	主办单位	主管单位	地址
自我保健	CN31 - 1753/R	月刊	上海市医学会	上海市卫生局	上海市西康路 658 弄 8 号
科技产品博览	CN31 - 1755/N	月刊	上海市工业系统科技情报中心、上海广信科技发展有限公司	上海市工业技术发展中心	上海市成都北路 333 号
国际商业技术	CN31 - 1756/N	双月刊	上海市商业联合会	上海市经委	上海市新闸路 945 号
外科理论与实践	CN31 - 1758/R	双月刊	上海交通大学医学院附属瑞金医院	上海交通大学	上海市瑞金二路 197 号
经济展望	CN31 - 1759/F	月刊	上海市信息中心	上海市发改委	上海市广东路 689 号
海洋石油	CN31 - 1760/TE	季刊	中石化上海海洋油气分公司	中国石化集团公司	上海市商城路 1225 号
中国男科学杂志	CN31 - 1762/R	月刊	上海第二医科大学、国家计生委科学技术研究所	国家计生委	上海市山东中路 145 号
中外缝制设备	CN31 - 1763/TS	月刊	全国缝制设备工业信息中心	中国轻工业联合会	上海市中山南一路 210 号
建筑材料学报	CN31 - 1764/TU	双月刊	同济大学	教育部	上海市四平路 1239 号
国际服装动态	CN31 - 1766/TS	旬刊	上海纺织控股(集团)公司、文汇新民报业集团	上海纺织控股(集团)公司	上海市虹桥路 1488 号
热处理	CN31 - 1768/TG	双月刊	上海市机械制造工艺研究所有限公司	上海市电气(集团)总公司	上海市中兴路 960 号
上海塑料	CN31 - 1770/TQ	季刊	上海市塑料工程技术学会、上海市塑料制品工业研究所	上海市科协	上海市定西路 739 号
思想政治课研究	CN31 - 1771/G4	双月刊	华东师范大学	教育部	上海市中山北路 3663 号
教育发展研究	CN31 - 1772/G4	半月刊	上海市教育科学研究院、上海市高等教育学会	上海市教委	上海市茶陵北路 21 号
肝脏	CN31 - 1775/R	双月刊	上海市医学会	上海市卫生局	上海市沪闵路 9585 号
同济大学学报(社会科学版)	CN31 - 1777/C	双月刊	同济大学	教育部	上海市四平路 1239 号
上海交通大学学报(哲学社会科学版)	CN31 - 1778/C	双月刊	上海交通大学	教育部	上海市华山路 1954 号
华东理工大学学报(社会科学版)	CN31 - 1779/C	双月刊	华东理工大学	教育部	上海市梅陇路 130 号
上海公安高等专科学校学报	CN31 - 1784/D	双月刊	上海公安高等专科学校	上海市公安局	上海市崇景路 100 号

（续表二十二）

期刊名称	国内统一连续出版物号	刊期	主办单位	主管单位	地址
上海国资	CN31－1786/F	月刊	上海世纪出版股份有限公司	上海世纪出版股份有限公司	上海市镇宁路9号
上海中医药大学学报	CN31－1788/R	双月刊	上海中医药大学、上海市中医药研究院	上海市教委	上海市蔡伦路1200号
印制电路信息	CN31－1791/TN	月刊	上海印制电路行业协会	上海市经信委	上海市水清路588弄28号
上海涂料	CN31－1792/TQ	月刊	上海涂料有限公司、上海市涂料研究所	上海华谊（集团）公司	上海市云岭东路345号
上海医学影像	CN31－1793/R	季刊	复旦大学附属肿瘤医院	复旦大学	上海市东安路270号
中国临床医学	CN31－1794/R	双月刊	复旦大学附属中山医院	教育部	上海市医学院路136号
亚洲男性学杂志	CN31－1795/R	双月刊	中科院上海药物研究所、上海交通大学	中科院	上海市太原路294号
介入放射学杂志	CN31－1796/R	月刊	上海市医学会	上海市卫生局	上海市华山路1328号
胃肠病学	CN31－1797/R	月刊	上海交大医学院附属仁济医院	教育部	上海市山东中路145号
老年医学与保健	CN31－1798/R	双月刊	华东医院	上海市卫生局	上海市延安西路221号
上海托幼	CN31－1800/G4	旬刊	上海教育报刊总社	上海教育报刊总社	上海市长宁路491弄36号
咬文嚼字	CN31－1801/H	月刊	上海文化出版社	上海文艺出版总社	上海市打浦路443号
新民周刊	CN31－1802/D	周刊	文汇新民报业集团	文汇新民报业集团	上海市延安中路839号
上海青年管理干部学院学报	CN31－1803/D	季刊	上海青年管理干部学院	共青团上海市委	上海市西江湾路574号
上海对外贸易学院学报	CN31－1806/F	双月刊	上海对外贸易学院	上海市教委	上海市古北路620号
犯罪研究	CN31－1809/D	双月刊	上海市犯罪学学会	上海市社联	上海市万航渡路1575号
车迷	CN31－1810/Z	月刊	上海科学技术出版社	上海世纪出版股份有限公司	上海市钦州南路71号
上海城市发展	CN31－1812/TU	双月刊	上海城市发展信息研究中心、上海市城市建设投资开发总公司、上海市城市经济学会	上海市建交委	上海市宛平南路75号
国外社会科学文摘	CN31－1813/C	月刊	上海社科院信息研究所	上海社科院	上海市中山西路1610号
上海行政学院学报	CN31－1815/G4	双月刊	上海行政学院	上海行政学院	上海市虹漕南路200号
上海铁路局年鉴	CN31－1816/U	年刊	上海铁路局	铁道部	上海市天目东路80号

（续表二十三）

期刊名称	国内统一连续出版物号	刊期	主办单位	主管单位	地址
上海财经大学学报	CN31－1817/F	双月刊	上海财经大学	教育部	上海市武东路321号乙
航运交易公报	CN31－1818/C	周刊	上海航运交易所	交通运输部	上海市杨树浦路88号
浦东年鉴	CN31－1819/Z	年刊	上海市史志编纂委员会办公室	浦东新区区委办公室	上海市合欢路201号
上海年鉴	CN31－1820/Z	年刊	上海市方志办	上海市方志办	上海市斜土路2567号
上海经济年鉴（英文版）	CN31－1821/F	年刊	上海市政府发展研究中心	上海市政府发展研究中心	上海市永嘉路35号
浦东年鉴（英文）	CN31－1822/Z	年刊	上海市史志编纂委员会办公室	浦东新区区委办公室	上海市合欢路201号
世界农药	CN31－1827/TQ	双月刊	上海市农药研究所	上海医药（集团）有限公司	上海市斜土路2354号
力学季刊	CN31－1829/O3	季刊	上海力学学会、同济大学、上海交通大学、中国力学学会	上海市科协	上海市四平路1239号
化工设备与管道	CN31－1833/TQ	双月刊	中国石化集团上海工程有限公司	中国石化集团	上海市延安西路376弄22号
上海煤气	CN31－1834/TE	双月刊	上海市燃气管理处、上海市燃气协会	上海市建交委	上海市西藏中路656号
健康娃娃	CN31－1835/R	月刊	上海市优生优育科学协会	上海市卫生局	上海市斜土路2669号
世界钢铁	CN31－1836/TF	双月刊	宝钢集团有限公司	宝钢集团有限公司	上海市富锦路655号
上海交通大学学报（农业科学版）	CN31－1837/S	双月刊	上海交通大学	教育部	上海市七莘路2678号
成才与就业	CN31－1839/G4	半月刊	上海教育报刊总社	上海教育报刊总社	上海市长宁路491弄36号
名车志	CN31－1840/Z	月刊	上海译文出版社	上海世纪出版股份有限公司	上海市福建中路193号
美家	CN31－1841/G0	半月刊	上海文艺出版总社	上海文艺出版总社	上海市绍兴路7号
全球教育展望	CN31－1842/G4	月刊	华东师范大学	教育部	上海市中山北路3663号
俄罗斯研究	CN31－1843/D	双月刊	华东师范大学	教育部	上海市中山北路3663号
家庭用药	CN31－1845/R	月刊	中科院上海药物研究所、上海市药理学会	中科院	上海市太原路16号
上海护理	CN31－1846/R	双月刊	上海市护理学会	上海市卫生局	上海市胶州路358弄1号

（续表二十四）

期刊名称	国内统一连续出版物号	刊期	主办单位	主管单位	地　址
中华航海医学与高气压医学杂志	CN31－1847/R	双月刊	中华医学会	中国科协	北京市东城区东四西大街42号
东华大学学报（社会科学版）	CN31－1848/C	季刊	东华大学	教育部	上海市延安西路1882号
理财周刊	CN31－1849/F	周刊	上海世纪出版股份有限公司	上海世纪出版股份有限公司	上海市钦州南路81号
大众	CN31－1851/G0	月刊	上海远东出版社	上海世纪出版股份有限公司	上海市仙霞路357号
上海理工大学学报（社会科学版）	CN31－1853/C	季刊	上海理工大学	上海市教委	上海市军工路516号
上海市人民政府公报	CN31－1854/D	半月刊	上海市政府办公厅	上海市政府办公厅	上海市人民大道200号
市人大常委会公报	CN31－1855/D	月刊	上海市人大常委会办公厅	上海市人大常委会办公厅	上海市人民大道200号
上海党史与党建	CN31－1856/K	月刊	上海党史报刊社	上海市委党史研究室	上海市康平路141号
精密制造与自动化	CN31－1858/TP	季刊	上海磨床研究所	上海电气（集团）总公司	上海市军工路1146号
信息网络安全	CN31－1859/TN	月刊	公安部第三研究所、中国计算机学会	公安部	上海市岳阳路76号公安部第三研究所
家居主张	CN31－1860/G0	月刊	上海辞书出版社	上海世纪出版集团股份有限公司	上海市陕西北路457号
科技创业	CN31－1861/N	月刊	上海科学技术文献出版社	上海图书馆上海科技情报研究所	上海市长乐路746号
健康女孩	CN31－1862/R	月刊	上海市健康教育所	上海市卫生局	上海市陕西南路122号
中国司法鉴定	CN31－1863/N	双月刊	司法部司法鉴定所	司法部	上海市光复西路1347号
东华大学学报（自然科学版）	CN31－1865/N	双月刊	东华大学	教育部	上海市延安西路1882号
上海大中型电机	CN31－1868/TM	季刊	上海电气集团上海电机厂有限公司	上海电气（集团）总公司	上海市江川路555号
出色	CN31－1870/G0	月刊	上海辞书出版社	上海世纪出版集团股份有限公司	上海市陕西北路457号
你	CN31－1871/G0	月刊	现代家庭杂志社	上海市妇联	上海市嵩山路101弄7号
中国货币市场	CN31－1873/F	月刊	中国外汇交易中心（全国银行间同业拆借中心）	中国人民银行	上海市张东路1387号

（续表二十五）

期刊名称	国内统一连续出版物号	刊期	主办单位	主管单位	地 址
中国眼耳鼻喉科杂志	CN31－1875/R	双月刊	复旦大学附属眼耳鼻喉科医院	教育部	上海市汾阳路83号
诊断学理论与实践	CN31－1876/R	双月刊	上海交大医学院附属瑞金医院	上海交通大学	上海市瑞金二路197号
环境与职业医学	CN31－1879/R	月刊	上海市疾病预防控制中心、中华预防医学会	上海市卫生局	上海市延安西路1326号
上海应用技术学院学报	CN31－1880/N	季刊	上海应用技术学院	上海市教委	上海市漕宝路120号
乳业科学与技术	CN31－1881/S	双月刊	上海奶业行业协会	上海市农委	上海市江场西路1550号2号楼
复旦学报（医学版）	CN31－1885/R	双月刊	复旦大学	教育部	上海市医学院路138号
健康准妈妈	CN31－1886/R	半月刊	上海市优生优育科学协会	上海市卫生局	上海市斜土路2669号
大美术	CN31－1888/J	月刊	上海人民美术出版社	上海文艺出版总社	上海市长乐路672弄33号
高等学校文科学术文摘	CN31－1889/C	双月刊	上海师范大学	上海市教委	上海市桂林路100号
中国光学快报	CN31－1890/O3	月刊	中科院上海光学精密机械研究所、中国光学学会	中科院	上海市清河路390号
复旦教育论坛	CN31－1891/G4	双月刊	复旦大学	教育部	上海市邯郸路220号
装备机械	CN31－1892/TH	季刊	上海电气(集团)总公司	上海电气(集团)总公司	上海市中兴路960号
建筑钢结构进展	CN31－1893/TU	双月刊	同济大学	教育部	上海市四平路1239号
秀	CN31－1894/G0	月刊	上海文艺出版总社	上海文艺出版总社	上海市绍兴路74号
饭店	CN31－1895/F	月刊	上海市服务经济研究会	上海锦江国际酒店发展股份有限公司	上海市福州路107号320
读读写写	CN31－1896/C	半月刊	上海教育出版社	上海世纪出版股份有限公司	上海市永福路123号
水上消防	CN31－1897/U	双月刊	上海船舶运输科学研究所、中国水上消防协会	上海船舶运输科学研究所	上海市中山南路935号
现代免疫学	CN31－1899/R	双月刊	市免疫学研究所、市免疫学会	上海市教委	上海市重庆南路280号
上海安全生产	CN31－1900/T	月刊	市安全生产科学研究所	上海市安全生产监督管理局	上海市田林路191号

（续表二十六）

期刊名称	国内统一连续出版物号	刊期	主办单位	主管单位	地址
同济大学学报（医学版）	CN31-1901/R	双月刊	同济大学	教育部	上海市四平路 1239 号
素质教育大参考	CN31-1902/G4	半月刊	上海教育出版社	上海世纪出版股份有限公司	上海市永福路 123 号
上海市社会主义学院学报	CN31-1903/C	双月刊	上海市社会主义学院	上海市委统战部	上海市天等路 469 号
中西医结合学报	CN31-1906/R	月刊	上海市中西医结合学会、上海长海医院	上海市卫生局	上海市长海路 168 号
脊柱外科杂志	CN31-1907/R	双月刊	中华医学会上海分会	上海市卫生局	上海市凤阳路 415 号
针灸推拿医学（英文版）	CN31-1908/R	双月刊	上海针灸经络研究所	上海市卫生局	上海市宛平南路 650 号
新读写	CN31-1909/G4	月刊	文汇新民报业集团	文汇新民报业集团	上海市威海路 755 号
今日风采	CN31-1910/G0	月刊	上海人民美术出版社	上海文艺出版总社	上海市长乐路 672 弄 33 号
社会观察	CN31-1912/C	月刊	上海社科院	上海社科院	上海市淮海中路 622 弄 7 号
上海市经济管理干部学院学报	CN31-1913/Z	双月刊	上海市经济管理干部学院	上海市国资委	上海市梅陇路 161 号
基础教育	CN31-1914/G4	月刊	华东师范大学	教育部	上海市中山北路 3663 号
检验医学	CN31-1915/R	月刊	上海市临床检验中心	上海市卫生局	上海市洪山路 528 号
歌剧	CN31-1917/J	月刊	上海歌剧院	上海大剧院艺术中心	上海市常熟路 100 弄 10 号
艺术当代	CN31-1918/J	月刊	上海书画出版社	上海文艺出版总社	上海市延安西路 593 号
家居廊	CN31-1919/G0	月刊	上海译文出版社	上海世纪出版股份有限公司	上海市福建中路 193 号
东华大学学报（英文版）	CN31-1920/TS	双月刊	东华大学	教育部	上海市延安西路 1882 号
流体传动与控制	CN31-1921/TH	双月刊	上海液压气动总公司、上海市机械工程学会	上海电气（集团）总公司	上海市宛平南路 210 号
热力透平	CN31-1922/TH	季刊	上海汽轮机厂有限公司	上海电气（集团）公司	上海市江川路 333 号
中国工程机械学报	CN31-1926/TH	季刊	中国工程机械学会	中国科协	上海市四平路 1239 号
神经病学与神经康复学杂志	CN31-1927/R	季刊	上海市中西医结合学会	上海市卫生局	上海市山东中路 145 号

（续表二十七）

期刊名称	国内统一连续出版物号	刊期	主办单位	主管单位	地址
上海年鉴（英文版）	CN31-1928/Z	年刊	上海市方志办	上海市方志办	上海市斜土路2567号
漫动作	CN31-1929/J	月刊	上海世纪出版股份有限公司	上海世纪出版股份有限公司	上海市新华路200号
旅行者	CN31-1930/G0	月刊	上海人民美术出版社	上海文艺出版总社	上海市桃江路28号
文景	CN31-1933/G2	月刊	上海世纪出版股份有限公司	上海世纪出版股份有限公司	上海市福建中路193号
上海信息化	CN31-1934/TP	月刊	上海市互联网经济咨询中心	上海市经信委	上海市复兴中路593号
上海采风	CN31-1935/I	月刊	上海市文联	上海市文联	上海市延安西路238号
金卡生活	CN31-1936/F	月刊	中国银联股份有限公司	中国银联股份有限公司	上海市卢湾路35号
上海翻译	CN31-1937/H	季刊	上海市科技翻译学会	上海市教委	上海市延长路149号
城市规划学刊	CN31-1938/TU	双月刊	同济大学	教育部	上海市四平路1239号
世界临床药物	CN31-1939/R	月刊	上海医药工业研究院	上海医药工业研究院	上海市北京西路1320号5号楼201室
生物化学与生物物理学报	CN31-1940/Q	月刊	中科院上海生命科学研究院生物化学与细胞生物学研究所	中科院	上海市岳阳路319号
档案春秋	CN31-1942/K	月刊	上海市档案馆	上海市档案局	上海市仙霞路326号
上海交通大学学报（自然科学版）（英文）	CN31-1943/U	双月刊	上海交通大学	教育部	上海市华山路1954号
上海立信会计学院学报	CN31-1944/F	双月刊	上海立信会计学院	上海市教委	上海市文翔路2800号
系统仿真技术	CN31-1945/TP	季刊	同济大学	教育部	上海市赤峰路67号
组织工程与重建外科	CN31-1946/R	双月刊	上海交大医学院附属第九人民医院	上海交通大学	上海市制造局路639号
上海世博 2010	CN31-1947/F	月刊	上海世博（集团）有限公司	上海世博会事务协调局	上海市浦东南路3588号
今日佳俪	CN31-1948/G0	月刊	上海人民美术出版社	上海文艺出版总社	上海市长乐路672弄33号
铸造工程	CN31-1950/TG	双月刊	上海市机械制造工艺研究所有限公司	上海电气（集团）总公司	上海市东川路800号
国际心血管病杂志	CN31-1951/R	双月刊	上海市医学科学技术情报研究所	上海市卫生局	上海市建国西路602号

期刊名称	国内统一连续出版物号	刊期	主办单位	主管单位	地址
国际骨科学杂志	CN31－1952/R	双月刊	上海市医学科技情报研究所	上海市卫生局	上海市建国西路602号
国际消化病杂志	CN31－1953/R	双月刊	上海市医学科学技术情报研究所	上海市卫生局	上海市建国西路602号
实验动物与比较医学	CN31－1954/Q	双月刊	上海实验动物学会、上海实验动物研究中心	上海科学院	上海市金科路3577号
交通节能与环保	CN31－1955/U	季刊	上海船舶运输科学研究所、交通部公路科学研究所	交通运输部	上海市民生路600号
上海商学院学报	CN31－1957/F	双月刊	上海商学院	上海市经委	上海市中山西路2271号
电机与控制应用	CN31－1959/TM	月刊	上海电器科学研究所(集团)有限公司	上海市经信委	上海市武宁路505号3号楼4楼
国际医学寄生虫病杂志	CN31－1961/R	双月刊	中华医学会、中国疾病预防控制中心寄生虫病预防控制所	卫生部	上海市瑞金二路207号
国际生物制品学杂志	CN31－1962/R	双月刊	中华医学会、上海生物制品研究所	卫生部	北京市东城区东四西大街42号
新发现	CN31－1963/Z	月刊	上海文艺出版总社	上海文艺出版总社	上海市打浦路443号
外语教学理论与实践	CN31－1964/H	季刊	华东师范大学	教育部	上海市东川路500号
中国感染与化疗杂志	CN31－1965/R	双月刊	复旦大学附属华山医院	教育部	上海市乌鲁木齐中路12号
微生物与感染	CN31－1966/R	季刊	复旦大学	教育部	上海市医学院路138号
租售情报	CN31－1967/F	旬刊	上海市物流学会	百联集团有限公司	上海市淮安路735号
上海海事大学学报	CN31－1968/U	季刊	上海海事大学	上海市教委	上海市海港大道1550号
中国循证儿科杂志	CN31－1969/R	双月刊	复旦大学	教育部	上海市万源路399号
私家地理	CN31－1970/K	月刊	文汇新民报业集团	文汇新民报业集团	上海市余姚路14号
中医药文化	CN31－1971/R	双月刊	上海中医药大学	上海市教委	上海市蔡伦路1200号
阿拉伯世界研究	CN31－1973/C	双月刊	上海外国语大学	教育部	上海市大连西路558号
健康教育与健康促进	CN31－1974/R	季刊	上海市健康教育所	上海市卫生局	上海市胶州路358号
神经科学通报	CN31－1975/R	双月刊	中科院上海生命科学研究院、第二军医大学	中科院	上海市岳阳路319号

（续表二十九）

期刊名称	国内统一连续出版物号	刊期	主办单位	主管单位	地址
系统管理学报	CN31 - 1977/N	双月刊	上海交通大学	教育部	上海市法华镇路 535 号
内科理论与实践	CN31 - 1978/R	双月刊	上海交大医学院附属瑞金医院	教育部	上海市瑞金二路 197 号
自然与科技	CN31 - 1979/N	双月刊	上海科技馆	上海市科委	上海市世纪大道 2000 号
上海金融学院学报	CN31 - 1980/F	双月刊	上海金融学院	上海市教委	上海市上川路 995 号
船舶标准化工程师	CN31 - 1981/U	双月刊	中船重工集团公司第七研究院	中国船舶重工集团公司	上海市中山南二路 851 号
至爱	CN31 - 1982/C	月刊	上海文艺出版总社	上海文艺出版总社	上海市延安西路 593 号
中华文史论丛	CN31 - 1984/K	季刊	上海古籍出版社	上海世纪出版股份有限公司	上海市瑞金二路 272 号
新沪商	CN31 - 1985/F	月刊	解放日报报业集团	解放日报报业集团	上海市汉口路 300 号
港口科技	CN31 - 1986/U	月刊	上海港务工程公司	上海市国资委	上海市陆家浜路 1396 号 2003 室
普知	CN31 - 1987/Z	月刊	上海新闻出版发展公司	上海市新闻出版局	上海市东湖路 7 号 F 座
中国服饰	CN31 - 1988/TS	月刊	东华大学、中国纺织出版社	教育部	上海市中山西路 827 号 4 层 C33
上海电气技术	CN31 - 1989/TM	季刊	上海电气(集团)总公司	上海电气(集团)总公司	上海市中兴路 960 号 3 号楼 211 室
上海铁道	CN31 - 1990/U	月刊	上海铁路局	铁道部	上海市虬江路 1258 弄 1 号聚龙大厦 408 室
现代教学	CN31 - 1991/G4	月刊	上海教育报刊总社	上海教育报刊总社	上海市长宁路 491 弄 36 号
略知一二	CN31 - 1992/C	月刊	上海市作协	上海市作协	上海市巨鹿路 675 号
晨刊	CN31 - 1993/N	半月刊	新闻报社	解放日报报业集团	上海市汉口路 300 号
金色年代	CN31 - 1994/C	月刊	上海文艺出版总社	上海文艺出版总社	上海市绍兴路 74 号
棒棒英语	CN31 - 1995/H	月刊	少年儿童出版社	上海世纪出版股份有限公司	上海市延安西路 1538 号
上海电机学院学报	CN31 - 1996/Z	双月刊	上海电机学院	上海市教委	上海市碧江路 690 号
辞书研究	CN31 - 1997/G2	双月刊	上海辞书出版社	上海世纪出版股份有限公司	上海市陕西北路 457 号

（续表三十）

期刊名称	国内统一连续出版物号	刊期	主办单位	主管单位	地址
中国浦东干部学院学报	CN31－1998/C	双月刊	中国浦东干部学院	中共中央组织部	上海市前程路 99 号
生物医学工程学进展	CN31－1999/R	季刊	上海市生物医学工程学会	上海市科协	上海市江宁路 77 号
复旦人文社会科学论丛（英文）	CN31－2000/C	季刊	复旦大学	教育部	上海市邯郸路 220 号
宝钢技术研究	CN31－2001/TF	季刊	宝钢集团有限公司	宝钢集团有限公司	上海市富锦路 655 号
分子细胞生物学报	CN31－2002/Q	双月刊	中科院上海生命科学研究院生物化学与细胞生物学研究所、中国细胞生物学学会	中科院	上海市岳阳路 319 号
星尚	CN31－2003/G0	半月刊	上海文广新闻传媒集团	上海文广影视集团	上海市东方路 2000 号
石油化工技术与经济	CN31－2004/TE	双月刊	中国石化上海石油化工股份有限公司	中国石化上海石油化工股份有限公司	上海金山区北随塘河路 72 号
华东政法大学学报	CN31－2005/D	双月刊	华东政法大学	上海市教委	上海市万航渡路 1575 号
环球体育市场	CN31－2006/G8	双月刊	上海体育学院	上海市教委	上海市清源环路 650 号
上海海关学院学报	CN31－2007/F	季刊	上海海关学院	海关总署	上海市华夏西路 5677 号
东方法学	CN31－2008/D	双月刊	上海人民出版社、上海市法学会	上海世纪出版集团	上海市福建中路 193 号
第一财经周刊	CN31－2010/F	周刊	上海文广新闻传媒集团	上海文广新闻传媒集团	上海市海防路 555 号
上海政法学院学报	CN31－2011/D	双月刊	上海政法学院	上海市司法局	上海市外青松公路 7989 号
环球宠物科技	CN31－2012/Q	双月刊	上海市畜牧兽医学会	上海市科协	上海市南昌路 47 号
分子植物	CN31－2013/Q	双月刊	中科院上海生命科学研究院植物生理生态研究所、中国植物生理学会	中科院	上海市岳阳路 319 号
伊周	CN31－2014/Z	周刊	上海世纪出版股份有限公司	上海世纪出版股份有限公司	上海市福建中路 193 号
中华民居	CN31－2015/TU	月刊	中建三局东方装饰设计工程公司、中华建筑报社	中国建筑装饰协会	北京市丰台区南四环西路 188 号

（续表三十一）

期刊名称	国内统一连续出版物号	刊期	主 办 单 位	主管单位	地 址
型时代	CN31－2016/TS	月刊	上海文艺出版总社	上海文艺出版总社	上海市华山路 620 号
科学发展	CN31－2017/C	月刊	上海市政府发展中心	上海市政府发展中心	上海市医学院路 69 号
倡廉文摘	CN31－2018/D	月刊	解放日报报业集团	解放日报报业集团	上海市汉口路 300 号
复杂油气藏	CN31－2019/TQ	季刊	中石化上海海洋油气分公司、江苏油田分公司	中国石化集团公司	上海市商城路 1225 号
中欧商业评论	CN31－2020/F	月刊	上海远东出版社	上海世纪出版股份有限公司	上海市仙霞路 357 号
创意设计源	CN31－2021/TS	双月刊	上海市轻工业科技情报研究所、上海工艺美术职业学院、上海工艺美术职业学院	上海盛融投资有限公司	上海市漕溪北路 502 号
新会计	CN31－2022/F	月刊	上海科技教育出版社	上海世纪出版股份有限公司	上海市中山西路 2230 号
上海船舶运输科学研究所学报	CN31－2023/U	半年刊	上海船舶运输科学研究所	上海船舶运输科学研究所	上海市民生路 600 号
上海海洋大学学报	CN31－2024/S	双月刊	上海海洋大学	上海市教委	上海市沪城环路 999 号
东方翻译	CN31－2025/H	双月刊	上海市文联	上海市文联	上海市乌鲁木齐北路 505 号
现代中文学刊	CN31－2026/G4	双月刊	全国高等教育自学考试指导委员会中文专业委员会、华东师范大学	教育部	上海市中山北路 3663 号
美术博览	CN31－2027/J	月刊	百家出版社	上海文艺出版总社	上海市打浦路 443 号
真情	CN31－2028/G0	月刊	韬奋基金会	上海市新闻出版局	上海市长乐路 325 号
生命与灾害	CN31－2029/X	月刊	市民防科学研究所	上海市民防办	上海市瑞金二路 593 号
中国动物传染病学报	CN31－2031/S	双月刊	中国农业科学院上海兽医研究所	农业部	上海市紫月路 518 号
德国研究	CN31－2032/C	季刊	同济大学	教育部	上海市四平路 1239 号
公共艺术	CN31－2033/J	双月刊	上海书画出版社	上海文艺出版总社	上海市延安西路 593 号
华东纸业	CN31－2034/TS	双月刊	上海市造纸学会	上海市科协	上海市镇坪路 176 弄 10 号

（续表三十二）

期刊名称	国内统一连续出版物号	刊期	主办单位	主管单位	地址
中国细胞生物学学报	CN31-2035/Q	双月刊	中科院上海生命科学研究院生物化学与细胞生物学研究所、中国细胞生物学学会	中科院	上海市岳阳路 319 号
车经济	CN31-2036/F	月刊	上海锦绣文章出版社	上海文艺出版总社	上海市长乐路 672 弄 33 号
现代建筑电气	CN31-2037/TM	月刊	上海电器科学研究所（集团）有限公司	上海市经信委	上海市武宁路 505 号
财富堂	CN31-2038/F	月刊	上海电气（集团）总公司	上海电气（集团）总公司	上海市延安中路 829 号
当代外语研究	CN31-2039/H	月刊	上海交通大学	教育部	上海市东川路 800 号
绿色建筑	CN31-2040/TU	双月刊	上海市建筑科学研究院	上海市建筑科学研究院	上海市宛平南路 75 号
动力工程学报	CN31-2041/TK	月刊	中国动力工程学会、上海发电设备成套设计研究院	上海市国资委	上海市剑川路 1115 号
软件产业与工程	CN31-2042/TN	双月刊	上海科技教育出版社	上海世纪出版股份有限公司	上海市冠生园路 393 号
当代修辞学	CN31-2043/H	双月刊	复旦大学	教育部	上海市邯郸路 220 号
上海城市管理	CN31-2044/Z	双月刊	上海城市管理职业技术学院	上海市建交委	上海市虹漕南路 123 号
上海交通大学学报（医学版）	CN31-2045/R	月刊	上海交通大学	上海交通大学	上海市重庆南路 280 号
《上海交通大学学报》（医学英文版）	CN31-2046/R	半年刊	上海交通大学	上海交通大学	上海市重庆南路 280 号
外语测试与教学	CN31-2047/G4	季刊	上海外国语大学	教育部	上海市大连西路 558 号
工会理论研究	CN31-2048/D	双月刊	上海工会管理职业学院	上海市总工会	上海市中山北二路 1800 号
东方电影	CN31-2049/J	月刊	上海电影（集团）有限公司	上海文广影视集团	上海市天钥桥路 909 号
建行财富	CN31-2052/F	月刊	上海市投资学会	中国建设银行上海市分行	上海市陆家嘴环路 900 号
儿童文学选刊	CN31-2053/I	月刊	少年儿童出版社	上海世纪出版股份有限公司	上海市延安西路 1538 号
哲学分析	CN31-2054/C	双月刊	上海人民出版社	上海世纪出版集团	上海市福建中路 193 号

（续表三十三）

期刊名称	国内统一连续出版物号	刊期	主办单位	主管单位	地　址
质量与标准化	CN31－2058/G3	月刊	上海市标准化研究院、上海市标准化协会、上海市质量检测协会	上海市质量技术监督局	上海市长乐路1227号
小主人报	CN31－2059/C	半月刊	上海文化出版社	上海文艺出版总社	上海市绍兴路7号
大飞机	CN31－2060/U	月刊	中国商飞公司	中国商飞公司	上海市张杨路25号

资料来源：市新闻出版局（按国内统一连续出版物号排序）。

表3－3－2　1978—2010年上海期刊获国家重要奖项一览表

年　份	奖　项	获　奖　期　刊
1992年	全国首届优秀科技期刊	《大众医学》《上海环境科学》
		《科学画报》
		《电子技术》《电气自动化》《国外科技消息》《食品与生活》《水产科技报》《时代建筑》《上海服饰》
1997年	首届全国百种社科期刊	《故事会》《收获》《现代家庭》《故事大王》《巨人》《青年一代》《小朋友》《少年文艺》
1999年	第二届全国百种社科期刊	《收获》《故事会》《上海服饰》《故事大王》《现代家庭》
	首届中国期刊奖（社科类）	《收获》《故事会》《上海服饰》《故事大王》
	首届中国期刊奖（科技类）	《化学学报》《中国药理学报》《生理学报》《中国化学（英文）》《红外与毫米波学报》《上海环境科学》《中国新药与临床杂志》《大众医学》
	首届中国期刊奖提名奖（社科类）	《现代家庭》
	首届中国期刊奖提名奖（科技类）	《生物化学与生物物理学报》
2002年	第二届国家期刊奖（社科类）	《上海服饰》《故事会》
	第二届国家期刊奖（科技类）	《生理学报》《上海环境科学》
	第二届国家期刊奖提名奖（社科类）	《学术月刊》《现代家庭》《故事大王》《收获》《少年文艺》
	第二届国家期刊奖提名奖（科技类）	《生物化学与生物物理学报》《化学学报》《中国新药与临床杂志》《大众医学》
	第二届国家期刊奖重点期刊（社科类）	《人民警察》《青年一代》
	第二届国家期刊奖重点期刊（科技类）	《同济大学学报（自然科学版）》《中国化学（英文）》《上海交通大学学报》《细胞研究（英文）》《印染》《低压电器》
2004年	第三届国家期刊奖	《故事会》《低压电器》《健康娃娃》
	第三届国家期刊奖提名奖	《学术月刊》《咬文嚼字》《上海服饰》《收获》《故事大王》《第二军医大学学报》《大众医学》《自我保健》

（续表）

年　份	奖　　项	获　奖　期　刊
2004 年	第三届国家期刊奖重点期刊	《社会科学》《萌芽》《上海交通大学学报》《化学学报》《同济大学学报》（自然科学版）《应用数学和力学》（英文版）《生理学报》《印染》《科学画报》
2008 年	首届中国出版政府奖先进出版单位奖	收获文学杂志社
2010 年	第二届中国出版政府奖期刊奖	《低压电器》《收获》
	第二届中国出版政府奖期刊奖提名奖	《细胞研究(英文)》《化学学报》《故事会》《社会》

第四篇

音像电子
数字出版

20 世纪 70 年代末,新技术开始被广泛应用。出版介质不断更新,出版形态渐趋多样,纸张已不再是承载知识信息的唯一载体,上海出版业出现一系列新的变化。面对数字化、网络化冲击,上海以网络文学、网络游戏为标志的数字出版快速发展,并摸索出付费阅读等全新模式,传统出版业开始转型。

上海是中国唱片业发源地,也是作为唱片业延伸的中国音像出版业的发源地之一。音像出版物以唱片、磁带、磁盘和光盘等为介质,包括唱片、录音带、录像带、激光唱盘、激光视盘等。20 世纪80 年代,上海广播电视服务公司(上海音像公司的前身)、中国唱片上海公司、上海有声读物公司(上海声像出版社的前身)等音像出版单位以丰富多样的音像制品传播科学文化知识、满足人民群众精神文化生活,并承担国家重点音像出版工程开发任务,制作完成了一大批有影响的原创音像节目,多次获得全国重要奖项。进入 21 世纪后,依托领先的科技水平和丰富的出版资源,上海电子出版异军突起。上海科学技术出版社与北大方正电子公司深度合作,2001 年 10 月推出首批 100 本电子书。到 2010 年,上海已有 20 家电子出版单位,电子出版物与传统出版物成为相互补充的两种出版形态。

在计算机普及和以互联网为代表的新技术发展双重推动下,数字出版成为图书、报刊、音像制品、电子出版物后的又一种出版形态。1999 年 8 月,榕树下公司成立,开创中国原创网络文学的先河。2003 年 10 月,起点中文网推出第一批 VIP 电子出版物,很快成为中国第一家跻身世界百强的原创文学门户网站。2004 年 8 月,上海盛大网络收购起点中文网等一批文学网站,成立盛大文学公司,创建数字出版连载——付费以及版权运营新模式。与此同时,互联网游戏也在上海获得迅猛发展。2003 年,上海盛大、上海第九城市成为国内最大的两家网络游戏平台。上海网络游戏企业加大自主开发力度,实施中国民族网络游戏工程,取得可喜成果,《征途》《航海世纪》《功夫小子》等一批富有民族特色、深受群众喜爱的网络游戏上线,一批寓教于乐的知识性竞技性网络游戏成为玩家新宠,有些还出口海外。2005 年后,国家网络游戏动漫产业发展(上海)基地、张江国家数字出版基地和国家数字出版基地(虹口园区)相继成立。到 2010 年,上海地区数字出版产业营业总收入达到220 亿元。数字出版和传统出版共同构筑起 21 世纪上海出版的新格局。

第一章 出版单位

第一节 音像电子出版单位

一、上海音像有限公司

上海广播电视服务公司 1981 年 7 月成立,1983 年更名为上海音像公司,上海市广播事业局主管。1999 年 11 月,上海音像公司主管单位变更为上海新汇光盘(集团)有限公司。2009 年 8 月转企改制,更名为上海音像有限公司。

上海音像有限公司出版的作品涉及音乐、戏曲、教育等领域,既制作出版国内优秀的、民族的原创作品,也引进世界各国的优秀作品,满足群众精神文化和生活各方面的需求。1986 年公司建成专业录音棚,拥有世界一流的录音设备,录制许多艺术家如朱逢博、闵慧芬、吴雁泽、茅善玉、蔡国庆、刘欢等的作品。

成立至 2010 年,上海音像有限公司出版发行的作品多次获国家级奖项。其中《现代京剧唱腔》获第二届国产优秀音像制品荣誉奖,《曹操与杨修》获艺术特别奖,《中国音像大百科——苏州弹词系列》获第三届国产优秀音像制品(双向奖)录音制品戏曲类特别奖,《阿姐鼓》获声乐类优秀音乐奖及声乐类一等奖,《中国民族器乐典藏》获第二届中国出版政府奖音像制品电子出版物网络出版物奖及第三届中华优秀出版物音像电子和游戏出版物奖。《原生态系列 源-侗、源-苗》获第三届中华优秀出版物音像电子和游戏出版物提名奖。

成立至 2010 年,历任主要领导为方彦、朱文宝、徐能学、朱小临、陆福庆、顾勤、臧彦彬。

地址:上海市辽宁路 46 号　　邮编:200080

二、中国唱片上海公司

1983 年 1 月,中国唱片社上海分社、中国唱片厂、中国唱片发行公司上海分公司合并成立中国唱片公司上海分公司,保留中国唱片厂、中国唱片社上海分社名称,原发行部门改称中国唱片公司上海发行公司。1987 年 6 月,中国唱片公司上海分公司更名为中国唱片上海公司。

中国唱片上海公司坚持把社会效益放在第一位,编录出版坚持正确导向、弘扬民族文化,努力出版群众喜闻乐见、内容健康、适销对路的节目。截至 2010 年,公司多种产品获国家级奖项,其中《红太阳》获第二届国产优秀音像制品声乐类二等奖等。2009 年,中国唱片上海公司被商务部、文化部、广播电影电视总局和新闻出版总署授予国家文化出口重点企业。

成立至 2010 年,历任主要领导为孙立功、陈厚均、方根生、周建潮、杨林海等。

地址:上海市钦州北路 1066 号 74 栋　　邮编:200233

三、上海声像出版社

上海声像出版社前身是上海有声读物公司,1983 年 3 月 18 日成立,上海市出版局主管。公司集音像制品的摄录、编辑、复制、出版和发行于一体,是中国综合类的专业音像出版单位。1988 年 5 月 26 日,上海有声读物公司增设出版录像节目业务,更名为上海有声读物出版社。1991 年 12 月 17 日,更名为上海声像出版社。1999 年 11 月,主管单位变更为上海新汇光盘(集团)有限公司。2004 年 8 月 2 日,上海声像出版社增加电子出版物出版业务,成立副牌上海声像电子出版社。2009 年 8 月 27 日,上海声像出版社转企改制,更名为上海声像出版社有限公司。

上海声像出版社成立后,制作出版或引进国外和港台音像作品,推出了一大批在国内外有影响力的音像产品和电子出版物,社会效益和经济效益在中国音像出版行业名列前茅。截至 2010 年底,上海声像出版社有 17 种原创出版物和作品赢得国家级大奖,其中越剧《红楼梦》获第三届国产优秀音像制品、录音制品戏曲类荣誉奖,《江南丝韵》获器乐类优秀编辑奖,《李双江独唱集锦》获声乐类荣誉奖,《长征——世纪丰碑》《益智健身篇(0 岁—2 岁健康宝宝)》《小学生学拼音(新版)》等获第二届全国优秀教育音像制品二等奖,《音乐摇篮篇(0 岁—2 岁健康宝宝)》《小学生学拼音》等获三等奖。《苏武牧羊》《记住刘欢》获首届全国优秀文艺音像制品一等奖,《当代名家唱腔精萃》获中国金唱片奖。《宝贝,真棒!(0—3 岁)婴幼儿智力开发》(系列)获第三届中华优秀出版物音像电子和游戏出版物奖。

成立至 2010 年,历任主要领导为黄巨清、严正、吴伯玟、胡战英、翁铭泽、朱刚、顾勤。

地址:上海市辽宁路 46 号　　邮编:200080

四、上海外语音像出版社

上海外语音像出版社 1983 年 4 月成立,教育部主管,上海外国语学院(1994 年更名为上海外国语大学)主办,主营外语教育音像出版及文字、书刊资料的编辑、摄录、复制、加工及发行等业务。2010 年 9 月转企改制,更名为上海外语音像出版社有限公司。

上海外语音像出版社依托上海外国语大学,从中小学课本录音带开始,逐步发展到产品线覆盖高等教育、职业教育、基础教育、社会教育等多个层次,出版物涉及英、日、德、法、俄、西班牙、阿拉伯等 23 个语种,出版载体由初期的幻灯片、塑料唱片、电影片到录音带、录像带再到 CD、VCD、DVD、CD - ROM 及 MP3 等。出版的音像制品先后 16 次获国家音像制品奖、中华优秀出版物音像电子和游戏出版物奖、教育音像制品奖等奖项。

成立至 2010 年,历任主要领导为魏原枢、孙宗仰、陈历云、张敏尔、孟庆和、陈坚林、吴建强。

地址:上海市大连西路 550 号　　邮编:200083

五、上海音像出版社

上海音像出版社的前身是 1984 年 9 月成立的上海文化录音录像中心,1990 年 4 月 10 日更名为上海音像出版社。1992 年 1 月 15 日,上海音像出版社重新登记注册,出版范围为立足上海,出版文化艺术方面的音像制品。2009 年转企改制,更名为上海音像出版社有限公司。

上海音像出版社具有音像制作、出版、营销、影视剧制作和拍摄、音像广告制作、举办大型演出、展览和经纪活动等多种业务功能。出版社以"欣赏佳品、珍藏精品"为目标,致力于制作优秀的文艺类音像节目,借助先进的技术力量和面向全国的发行网络,为市场奉献众多广受欢迎的戏曲、音乐、电影、电视、少儿等音像制品,并赢得众多荣誉。京剧《曹操与杨修》获"大红鹰"杯首届中国唱片金碟奖最佳戏曲专辑奖;廖昌永演唱的《俄罗斯经典歌曲》专辑获中国金唱片奖。此外,还制作了中国第一张用于群众合唱队伍观摩、示范、伴奏的专用教学专辑《爱我中华》,拍摄了《东方女性》《桑榆情》《姐妹俩》等多部较有影响的电视剧,举办了十几届上海国际演出交易会,参与承办了多场上海国际艺术节和上海之春国际音乐节的国际演出及其他大型文化活动,在中外文化交流中发挥作用。

成立至 2010 年,历任主要领导为籍耿龙、韦芝、孙世丰。

地址:上海市绍兴路 15 号　　邮编:200020

六、上海海文音像出版社

上海海文音像出版社前身为上海外文书店视听部,1987 年 1 月成立,是上海外文图书公司下属从事外语和科普教育类音像制品策划、编辑、制作、生产、出版的出版机构。

上海海文音像出版社以出版外语教育、科普教育类音像制品为主。截至 2010 年,已累计出版上千个品种,语种涵盖英语、法语、德语、日语、西班牙语、韩语、意大利语、俄语等,分布层次从学前教育、中小学教育直至高等教育、出国考试等。同时致力于优秀教育音像制品的策划、录制和出版,曾出版《贺绿汀作品精选》《自娱自乐学钢琴》《儿童学拼音》《最新国际音标》等社会效益和经济效益俱佳的产品,多次获全国优秀教育音像制品奖、中华优秀出版物音像电子和游戏出版物提名奖等。

成立至 2010 年,历任主要领导为王一尘、张瑞芷、方彩珍。

地址:上海市福州路 390 号　　邮编:200001

七、上海教育音像出版社

上海教育音像出版社 1988 年 8 月成立,是上海市教育系统出版发行中小学幼儿园音像教材的专业机构,有专门的演播、录音、编辑、复制等工作室,承担大量音像教材的出版、发行工作。1991 年 12 月,经新闻出版总署批复,上海教育音像出版社出版范围调整为:立足上海,出版普通教育、职业技术教育、成人教育及社会教育方面的音像制品,核准复录录像制品。

上海教育音像出版社成立后,联合全国教育电视工作者拍摄制作并出版发行了多部大型系列专题片,内容涉及教育、科普、历史等多个领域。《身边的科学》《身边的奥秘》《一代名师》《世纪讲坛》《上海教育名师讲坛》《幼儿主题活动》等出版物受到基层学校欢迎,为丰富基础教育和市民学习提供了优秀的精神食粮,其中《身边的科学》先后获全国教育音像制品奖一等奖、国家音像制品奖、国家科学技术进步奖二等奖;《身边的奥秘》被列入国家“十一五”重点音像出版项目和新闻出版总署“农家书屋”和文化部“科技大篷车”推荐目录,在各地教育电视台播出,取得良好反响,先后获北京国际科教影视展评银奖、全国优秀教育电视节目特等奖、上海市科学技术进步奖和中华优秀出版物音像电子和游戏出版物奖等。

成立至 2010 年,历任主要领导为邓嗣源、张康庭、王民、夏德元、潘丽芳。

地址:上海市长宁路 491 弄 36 号　　邮编:200042

八、上海电子出版公司

上海电子出版公司 1994 年 10 月成立,上海市新闻出版局发起,市出版工作者协会、上海声像出版社、上海人民出版社等 11 家单位共同投资组建。1997 年 2 月划归上海新汇光盘(集团)有限公司。

上海电子出版公司是新闻出版总署批准成立的全国第一家专业电子出版公司,主要业务范围为制作、出版和销售各类电子出版物,以及相关的计算机硬件及软件,从事各种媒体信息数据的加工与转换,销售相关的书刊及资料,承办出版社出版的出版物、国内广告业务。成立至2010年,公司出版发行各类电子出版物近千种,多部作品获国家级奖项,《儿童辞海》入选新闻出版总署中国少儿出版物成就展电子出版物精品展,《中国珍贵濒危动物》《中国民居》获新闻出版总署"十佳多媒体光盘"奖。

成立至2010年,历任主要领导为徐福生、顾国安、刘奇惕、翁铭泽、朱国安。

地址:上海市辽宁路46号　　邮编:200080

九、上海新汇文化娱乐(集团)有限公司

上海新汇文化娱乐(集团)有限公司(简称新汇集团)前身是1997年9月成立上海新汇光盘(集团)有限公司,为中国首家跨媒体经营的音像产业集团。2007年5月更名。

新汇集团下属有10多家公司,包括上海声像出版社、上海音像公司、上海电子出版公司三家音像出版骨干企业。经多年拓展,集团已发展成为以音像制品和电子出版物编辑、出版、发行为主,光盘复制、生产、物流配套,并向影视、动漫、演艺、游戏出版、网络、版权交易等领域拓展的多元文化企业。

集团积极利用外资,为文化产业引入国外资源和先进管理理念。2001年4月,由上海新汇光盘(集团)有限公司、上海精文投资有限公司、日本索尼音乐国际共同投资,成立国内第一家中外合作音乐企业——上海新索音乐有限公司。集团优化资源配置,完善配套设施,探索和促进音乐出版及相关产业发展的途径与措施。2009年11月,新闻出版总署批复同意上海新汇文化娱乐(集团)有限公司建立国家级音乐产业出版创意产业园区,中国第一家音乐产业基地在集团属下的虹口区辽宁路园区落户。

至2010年,集团先后有多部作品获国家级奖项。歌曲《中国,站立成树》获第十一届精神文明建设"五个一工程"奖。集团下属上海音像有限公司制作的音像制品《中国民族器乐典藏》获第二届中国出版政府奖音像制品电子出版物网络出版物奖、第三届中华优秀出版物音像电子和游戏出版物奖。动画电影《世博总动员》获十四届中国广播影视大奖优秀动画片提名奖。

成立至2010年,历任主要领导江绵恒、黎瑞刚、车大林、陈昕、宗明、顾勤。

地址:上海市辽宁路46号　　邮编:200082

第二节　数字出版单位

一、上海邮通科技有限公司

上海邮通科技有限公司(简称邮通科技)1998年11月成立,是一家从事通信、计算机网络以及计算机信息系统工程的信息服务业务运营公司。2004年底,推出"世纪天成"网络游戏运营平台,2005年开启互联网游戏运营业务。

2010年,邮通科技获互联网出版资质,完成了从一家单纯的互联网信息服务公司向集内容制作、出版及运营的综合性网络出版企业的转变。同年,进行了一系列管理体制机制改革,引入"三审制",吸纳出版人才。

自 2005 年起,邮通科技实施品牌战略,启用"世纪天成"运营品牌与平台,运营推广网络游戏项目。至 2010 年,出版了包括大型多人在线角色扮演游戏《洛奇》、休闲竞速游戏《跑跑卡丁车》、射击游戏《反恐精英 Online》等在内的多款网络游戏。

邮通科技成立以来,先后获新闻出版总署等授予的"中国游戏企业新锐奖"和"优秀网络文化企业"等称号。旗下运营的网络游戏出版物连续多次获业界权威的金翎奖、金凤凰奖等。

成立至 2010 年,公司主要领导为曹年宝。

地址:上海市钦州北路 1066 号 74 号楼 3 楼　　邮编:200233

二、上海第九城市信息技术有限公司

上海第九城市信息技术有限公司(简称第九城市)的前身 Gamenow,1999 年 8 月成立,是国内较早的网络虚拟社区。2000 年 5 月改版并更名为第九城市。

第九城市是一家集计算机软件开发、系统集成、IT 服务为一体的计算机高科技企业,以《魔兽世界》《奇迹世界》等大型网络游戏的运营扩大市场竞争力。公司致力于自主研发,结合国情和发展需要,开发更适合玩家欣赏品位的网络产品,在开发互联网应用、服务及相关技术方面跻身国内业界领先地位,部分产品出口东南亚市场。

2004 年 4 月,第九城市先后取得《魔兽世界》《激战》和"EA Sports FIFA Online"内地独家运营权。2004 年 12 月在美国纳斯达克证券交易所挂牌。2010 年 3 月收购美国 Red 5 Studios 股权,7 月宣布与索尼在线开展战略合作,同时成为索尼在线娱乐大型 3D 卡通休闲社区网游《Free Realms》在中国内地独家运营商。

成立至 2010 年,第九城市共出版游戏 12 款,其中引进游戏为 8 款,国产网络游戏 4 款,先后获百度游戏风云榜十大风云运营商等荣誉称号。

成立至 2010 年,历任主要领导为张勇、盛斌、秦洁、王勇。

地址:上海市碧波路 690 号 3 号楼　　邮编:201203

三、上海盛大网络发展有限公司

上海盛大网络发展有限公司(简称盛大)1999 年 11 月成立,公司主要业务包括游戏、文学、传媒、出版及相关衍生行业等,拥有盛大游戏、盛大文学、盛大在线等网络运营平台。1999 年 11 月推出中国领先概念的图形化网络虚拟社区游戏"网络硅谷"。2001 年 9 月进军在线游戏运营市场,获韩国 Actoz 公司旗下的网络游戏《热血传奇》的中国独家代理权,并开启公开测试序幕,同年 11 月正式上线,由此开始了以网络游戏为代表的中国游戏产业的新时代。2003 年 5 月,盛大开通电子支付业务,促进了互动娱乐电子商务的发展。2003 年 7 月,盛大自主研发的第一款网络游戏《传奇世界》公开测试,9 月正式商业化运营。2004 年 5 月 13 日,盛大在美国纳斯达克证券交易所上市,募集资金 1.3 亿美元。2005 年 11 月,盛大先后宣布三款游戏《热血传奇》《梦幻国度》和《传奇世界》实行"永久免费",抛弃原有计时收费的商业模式,采取"免费游戏,增值服务收费"的模式,开创了网游行业营利新模式——CSP(come-stay-pay)。

成立至 2010 年,公司主要领导为陈天桥、谭群钊。

地址:上海市碧波路 690 号 4 号楼 4 楼　　邮编:201203

四、上海数龙科技有限公司

上海数龙科技有限公司(简称数龙科技)2002年1月成立,为盛大游戏旗下公司,其前身为1999年11月成立的盛大网络,是全球领先的网络游戏开发商、运营商和发行商,拥有2 000多名游戏研发、运营维护人员。先后推出70多款网络游戏,承载超过10亿注册用户,致力于打造国际化互动娱乐平台。

2004年,数龙科技收购韩国Actoz公司,成为国内首个收购海外上市游戏公司的企业;2005年,数龙科技率先实现CSP免费模式转型,引领中国网游行业二次快速增长。2007年12月成功推出首款网页游戏《纵横天下》,引领行业网页游戏发展大趋势。

在移动领域,数龙科技发行代理游戏《百万亚瑟王》,推出自主研发游戏《热血传奇手机版》,率先完成从端游为主到手游为主的战略转型。IP战略布局初见成效,积极推进多个超级游戏IP的文学、动漫、影视、综艺计划,构建一个以游戏为圆心的泛娱乐生态圈。

成立至2010年,历任主要领导为陈天桥、李瑜、谭群钊。

地址:上海市碧波路690号1号楼　　邮编:201203

五、上海巨人网络科技有限公司

上海巨人网络科技有限公司(简称巨人网络)原名上海征途网络科技有限公司,2004年11月成立,2007年10月更名,是一家以网络游戏为发展起点,集研发、运营、销售为一体的综合性互动娱乐企业。2007年11月公司登录纽约证券交易所。

巨人网络不断加大研发投入。2008年3月联手华为技术有限公司组建联合实验室,共同开发下一代计算平台,提升服务器领先技术,成立西南研发中心,增强巨人网络3D产品研发力量。2009年2月,巨人网络联手英特尔推出网游行业首个硬件测试平台。巨人研发团队还积极与国外IT企业进行合作与交流,与多家公司建立深度合作关系。巨人网络出版的网络游戏产品《征途》扮演行业"创新者"角色,最多时同时在线人数突破210万,是全球同类产品中第三款同时在线人数突破100万的网络游戏。另一款现代战争的题材巨作《巨人》2008年3月正式公测,同时在线人数最高达34万,是当年公测表现最好的网络游戏之一。

成立至2010年,巨人网络共出版9款网络游戏,曾获新闻出版总署、中国出版工作者协会授予的新闻出版行业抗震救灾先进集体等荣誉称号。

成立以来,公司主要领导为史玉柱。

地址:上海市宜山路700号C1楼　　邮编:200233

六、上海淘米网络科技有限公司

上海淘米网络科技有限公司(简称淘米网)2007年10月成立,业务涵盖游戏、影视和版权三大领域。

2008年4月,淘米网推出首款儿童在线虚拟社区《摩尔庄园》,成为中国首家通过线上虚拟社区开发面向儿童寓教于乐产品与服务的公司。2009年6月,推出第二款儿童在线虚拟社区《赛尔号》。

2009 年 12 月,又开发了受中国女孩喜爱的梦幻乐园网页游戏《小花仙》。这三款游戏奠定了淘米网在国内儿童绿色游戏市场的领先位置。2010 年 6 月,推出了中国首个儿童虚拟功夫世界网页游戏《功夫派》。

淘米网不仅开拓国内绿色儿童游戏市场,更在打造绿色健康网络使用方面作出创新和尝试。2009 年 11 月,推出了国内第一个儿童综合互动娱乐平台"淘米网",2010 年 1 月又推出国内首个双向互动家长管理系统"淘米妈妈"。淘米网还将业务拓展至线下,打造影视和版权的相关业务,制定了全平台战略,以"赛尔号""摩尔庄园""小花仙"三大品牌为核心,依托电影、电视、PC、移动四块屏幕,开拓游戏、影视和版权三大领域,业务涵盖游戏、动画片、电影、图书、品牌授权等线上线下多个领域。

成立至 2010 年,淘米网先后获中国网络文化创新奖、第二届中国出版政府奖音像制品电子出版物网络出版物奖等奖项。

成立至 2010 年,公司主要领导为汪海兵。

地址:上海市古美路 1528 号 A2 幢　　邮编:200233

第二章　音像电子和数字出版

第一节　产业发展概况

一、音像电子出版

1978 年后,上海音像出版单位担负国家重点音像出版工程开发任务,先后制作出版一大批有影响的原创音像节目的同时,产业发展也有重大举措。继成立上海音像公司、上海声像出版社等音像制作出版单位外,上海在全国率先组建首家跨媒体经营的音像产业集团——上海新汇光盘(集团)有限公司,率先设立首家跨地区经营的音像连锁企业——上海美亚音像连锁经营有限公司,率先开通首家专业出版网站易文网,率先建立首家中外合作音乐企业——上海新索音乐有限公司等。

中国唱片社上海分社是新中国诞生后成立的,隶属于广播系统,生产唱片享有盛誉,1987 年 6 月更名为中国唱片上海公司。20 世纪 70 年代中后期,录音制品新载体——录音带传入中国。80 年代初,录像带逐渐走向市场,进入家庭,音像制品开始被纳入出版物范围。顺应时代发展潮流,上海先后成立上海音像公司、上海声像出版社等音像制作出版单位,抓住激光数码技术广泛使用的历史机遇,实现包括唱片业在内的音像出版业快速发展。"七五"至"九五"期间,上海音像、上海声像和中唱上海公司等音像制作出版单位在国内音像出版业中一直居于主导地位,在国际唱片业中也享有一定声誉。1998 年,仅上海声像出版社一家,年销售额就占到国内正版音像市场 10% 以上份额。

随着移动智能终端和互联网发展,上海音像电子出版的内容和载体开始发生变化。20 世纪 80 年代至 90 年代,音像电子出版以磁带(录音带、录像带)、磁盘(软件)、光盘等为主;进入 21 世纪后,则以光盘、二维码(文本、音视频)和提供网络在线信息服务为主。上海音像电子出版业瞄准数字出版,结合自身内容和资源特色,开始向全媒体产品服务商转型,成为出版业新技术的"试验场"、数字出版的"急先锋"。在这个转型过程中,也有跟不上时代潮流,最终被市场淘汰的。1996 年 4 月成立的美亚音像连锁经营有限公司是一家从事音像制品的批发、零售、出租以及音像制品制作、网上经营的企业。21 世纪初,美亚音像在上海开设了 200 余家连锁门店,有近百万会员。2002 年 1 月获文化部全国直营连锁和加盟连锁的许可证,陆续在浙江、福建、辽宁、山东等地开设加盟连锁店。后因视听技术发展,行业整体萎缩,美亚音像出现关店潮并退出市场。

上海音像出版业在培育本土歌手、开发原创节目方面持之以恒,先后承担了《中国歌唱家系列》《中国原创音乐系列》《中国戏曲系列》《中国民歌、民乐、民舞系列》《素质教育大课堂系列》《阳光少年系列》《金话筒文学世界系列》《中国昆曲音像库》《中国京剧音像库》和《中国音像大百科》等国家级重点音像节目出版工程的开发任务,制作出版了一大批有影响的原创节目。从 20 世纪 90 年代开始,上海音像电子出版业更加注重精品节目的编辑出版,聚焦发烧级录音节目,满足高端市场消费需求,积累精品录音母版,同时以社会效益为导向精编节目,提高编辑水平,满足收藏需求,一批音像电子出版物在国家级重要评比中获奖。《吉祥九重天》1997 年获广播电影电视部颁发的第三届国产优秀音像制品"双向奖"录音制品器乐类一等奖,1998 年获新闻出版署、中国音像协会颁发的首届全国优秀文艺音像制品奖一等奖;《云钟》2003 年获第三届全国优秀文艺音像制品奖一等奖;《蒙古利亚》2008 年获首届中国出版政府奖音像制品电子出版物网络出版物奖;《京剧大典》2003 年获第四届中国金唱片奖等;《世纪乐典》《梅兰芳老唱片全集》2005 年获第五届中国金唱片奖。

1999 年,首届国家音像制品奖评选,上海有 6 部音像制品获奖,其中《云之南》《记住刘欢》获国家音像制品奖,《让童年充满爱》《吉祥九重天》《苏武牧羊》《大学英语听力》(修订本)等获提名奖。2003 年第二届国家音像制品奖评选,上海有 3 部音像制品获奖,其中《张闻天》《新中国大使》获国家音像制品奖,《日语口译基础》获提名奖。2004 年第三届国家音像制品奖评选,上海有 5 种音像制品获奖,其中中国唱片上海公司出版的《东方大峡谷》(CD)、《世纪歌典》(CD),上海声像出版社出版的《醒了》(CD),上海教育音像出版社与电化教育音像出版社合作出版的《身边的科学》(VCD)获国家音像制品奖;上海电影音像出版社出版的《解读上海》(VCD)获提名奖。

进入 21 世纪,上海音像电子出版物仍是全国获奖大户。2002 年第四届全国优秀教育音像制品奖评选中,上海 8 家音像出版单位共获一、二、三等奖 22 个,名列各省、自治区、直辖市之首。2003 年 10 月,在中国内地及港澳台地区参加的第二届中华杯多媒体作品大奖赛中,浦东电子出版社出版、网易公司制作的《大话西游 online2》获游戏奖,昱泉信息技术(上海)公司制作的《流星蝴蝶剑 net》获技术奖,清华大学出版社和浦东电子出版社共同制作的《中华太极》等获特别推荐奖。

2004 年,中宣部、新闻出版总署等向未成年人推荐百种优秀音像制品,上海有 10 种音像制品被列为推荐作品,其中有上海录像公司出版的 VCD《霓虹灯下的哨兵》,中国唱片上海公司出版的 CD《世纪歌曲》《东方大峡谷》,上海声像出版社出版的《少儿"六个一"工程 VCD 系列》,少年儿童电子音像出版社出版的 AT《儿童故事版——上下五千年》《新世纪儿童版十万个为什么》和《楼梯自己走、刷牙刷牙》,上海海文音像出版社出版的 VCD《神话故事》,上海人口与计划生育宣教中心出版的 VCD《圣洁的红丝带》,电化教育音像出版社和上海教育音像出版社出版的 VCD《身边的科学》。2005 年,上海有 4 种音像电子出版物入选中国人民抗日战争暨世界反法西斯战争胜利 60 周年重点选题,3 种音像出版物入选"十五"国家重点音像出版规划增补选题目录,9 种音像出版物入选中宣部、新闻出版总署等六部门向未成年人推荐的百种优秀音像制品名单。2006 年,上海声像出版社的《中国戏曲音像库》、中国唱片上海公司的《抢救老唱片工程》等 25 种音像出版物选题入选"十一五"国家重点音像制品出版规划。2007 年,上海有 5 家音像出版单位 8 种音像出版物选题列入新闻出版总署编制的推荐重点目录,17 种音像制品和电子出版物列入新闻出版总署向"农家书屋"推荐的重点音像电子出版物选题目录,包括中国唱片上海公司的《歌曲八音盒》《中国电影百年歌曲精品荟萃》《亲子碰碰车:儿歌大宝典》《幼儿知识百科》,上海文艺音像出版社的《名家名乐演奏系列》《少儿舞蹈表演系列》,浦东电子出版社的《红色的故事》,上海高教电子音像出版社的《说孔子》《为了孩子的健康系列》《老年实用保健》《婴儿的科学喂养》,上海电影音像出版社的《中国优秀少儿影片校园典藏集》《儿女情长》,上海外语音像出版社的《世界儿童寓言童话》《眼保健操》,上海教育音像出版社的《身边的科学》《身边的奥秘》。2008 年,《上海老歌》《中国音乐百年》入选新闻出版总署组织推荐的重点"外向型"音像电子出版物选题目录。2009 年,《在灿烂的阳光下》等 7 种音像和电子出版物入选新闻出版总署庆祝新中国成立 60 周年重点音像电子出版物。2010 年,上海新汇文化娱乐集团下属的上海音像有限公司制作的《中国民族器乐典藏》,上海淘米网络科技有限公司、上海同济大学电子音像出版社的《摩尔庄园》分别获第二届中国出版政府奖音像制品电子出版物网络出版物奖;上海音乐出版社、上海文艺音像电子出版社的《中国民歌一百首》,上海世纪出版集团的辞海阅悦器,上海外语教育出版社的思飞小学英语网分别获第二届中国出版政府奖音像制品电子出版物网络出版物奖提名奖。上海音像有限公司的《中国民族器乐典藏》、中国唱片上海公司的《京剧大师马连良唱片全集》、上海文艺音像电子出版社的《钱惠丽越剧唱腔精选》、上海教育音像出版社的《身边的奥秘》(1—8辑),上海声像出版社的《宝贝,真棒!(0岁—3岁婴幼儿智能开发)》(系列)获第三届中华优秀出版物音像电子和游戏出版物奖;上海外语音像出版社的《魅力上海》、上海音像有限公司的《原生态系列 源—侗、源—苗》、中国唱片上海公司的《徐玉兰经典唱腔伴奏集成》、上海海文音像出版社的《韩国人学汉语》获第三届中华优秀出版物音像电子和游戏出版物提名奖。

二、音像电子出版单位转企改制

截至2010年,上海有28家音像、电子出版单位:上海音像出版社、上海教育音像出版社、上海声像出版社、上海音像有限公司、上海高教电子音像出版社、上海电视传媒公司、上海科技音像出版社、上海教育声像出版社、上海译文电子音像出版社、少年儿童电子音像出版社、上海文艺音像电子出版社、上海科学技术文献出版社、上海中医药大学出版社、中国唱片上海公司、上海电影音像出版社、上海海文音像出版社、浦东电子出版社、上海城市动漫出版传媒集团、上海财经大学电子音像出版社、上海电子出版公司、上海交通大学电子音像出版社、上海复旦大学电子音像出版社、上海同济大学电子音像出版社、华东师范大学电子音像出版社、华东理工大学电子音像出版社、上海外语教育出版社、上海外语音像电子出版社、上海东方电子音像出版社。

按照深化文化体制改革改革的要求,上海积极推动音像、电子、网络出版单位转企改制。2010年,市新闻出版局向新闻出版总署改革办就上海音像、电子经营性出版单位转制情况核查作了说明。中国唱片上海公司、上海电影音像出版社、上海海文音像出版社、浦东电子出版社、上海城市动漫出版传媒集团、上海财经大学电子音像出版社、上海电子出版公司、上海海文音像出版社等7家单位原来就是企业;上海交通大学电子音像出版社、上海复旦大学电子音像出版社、同济大学电子音像出版社、华东师范大学电子音像出版社、华东理工大学电子音像出版社、上海外语教育出版社、上海外语音像电子出版社等7家单位已陆续办理转制手续;上海东方电子音像出版社随中国出版集团转企改制。其余属核查范围的上海音像出版社、上海教育音像出版社、上海声像出版社、上海音像有限公司、上海高教电子音像出版社、上海电视传媒公司、上海科技音像出版社、上海教育声像出版社、上海译文电子音像出版社、少年儿童电子音像出版社、上海文艺音像电子出版社、上海科学技术文献出版社、上海中医药大学出版社相继完成转制。

2010年,上海28家音像电子出版单位总体经营概况:资产合计115 374万元,主营业务收入18 913万元,利润总额2 196万元。有16家音像电子出版社实现盈利,其中上海教育声像出版社利润总额967万元,保持领先地位。6家音像电子出版单位亏损。

2010年,上海出版音像及电子出版物品种3 104种,其中新出1 755种;音像及电子出版物出版数量5 599万盒(张);音像及电子出版物发行数量4 406万盒(张);音像及电子出版物发行金额21 663万元。在全部音像电子品种中,电子出版物占22%,录像制品占17%,录音制品占61%。

表 4 - 2 - 1　2010 年音像电子出版品种同比增长的 10 家单位统计表　　　　　单位：种

序　号	单　位　名　称	增　加　数
1	上海文艺音像出版社	171
2	上海音像有限公司	96
3	上海复旦大学电子音像出版社	65
4	上海教育（声像）出版社	64
5	上海交通大学电子音像出版社	62
6	华东师范大学电子音像出版社	58
7	同济大学电子音像出版社	39
8	上海浦东电子出版社	31
9	上海外语教育出版社	18
10	上海电视传媒公司	13

表 4 - 2 - 2　2010 年音像电子出版数量同比增长的 10 家单位统计表　　　　单位：万盒（张）

序　号	单　位　名　称	增　加　数
1	上海教育（声像）出版社	468.45
2	上海复旦大学电子音像出版社	144.54
3	上海交通大学电子音像出版社	137.79
4	上海音像有限公司	126.78
5	上海文艺音像出版社	92.56
6	上海电视传媒公司	82.22
7	东方出版中心	67.86
8	上海声像（电子）出版社	40.77
9	上海浦东电子出版社	37.16
10	少年儿童电子音像出版社	21.07

2010 年，上海出版录音制品 1 912 种，其中新出 968 种。出版 2 372 万盒（张），发行 2 329 万盒（张），发行金额 12 327 万元。

表 4 - 2 - 3　2010 年录音出版品种同比增长的 10 家单位统计表　　　　　单位：种

序　号	单　位　名　称	增　加　数
1	上海文艺音像出版社	173
2	华东师范大学电子音像出版社	56
3	上海音像有限公司	41
4	上海交通大学电子音像出版社	41

（续表）

序 号	单 位 名 称	增 加 数
5	上海复旦大学电子音像出版社	19
6	同济大学电子音像出版社	13
7	上海教育音像出版社	8
8	上海教育(声像)出版社	5
9	上海电视传媒公司	5
10	上海科学技术文献出版社	4

2010年，上海出版录像制品513种，其中新出330种。数量548万盒(张)，发行397万盒(张)，发行金额4 249万元。

表4-2-4　2010年录音出版数量同比增长的10家单位统计表　　　　单位：万盒(张)

序 号	单 位 名 称	增 加 数
1	上海教育(声像)出版社	413.88
2	上海教育音像出版社	124.95
3	上海复旦大学电子音像出版社	110.44
4	上海文艺音像出版社	93.55
5	上海交通大学电子音像出版社	48.82
6	上海电视传媒公司	7
7	同济大学电子音像出版社	6.25
8	上海声像(电子)出版社	2.54
9	上海科学技术文献出版社	2.4
10	上海音像有限公司	2.28

表4-2-5　2010年录像出版品种同比增长的9家单位统计表　　　　单位：种

序 号	单 位 名 称	增 加 数
1	上海音像有限公司	55
2	上海浦东电子出版社	30
3	上海交通大学电子音像出版社	15
4	上海电影音像出版社	11
5	上海复旦大学电子音像出版社	11
6	上海电视传媒公司	8
7	上海高教电子音像出版社	7
8	少年儿童电子音像出版社	5
9	东方出版中心	5

表 4－2－6　2010 年录像出版数量同比增长的 9 家单位统计表　　单位：万盒（张）

序　号	单　位　名　称	增　加　数
1	上海电视传媒公司	75.22
2	东方出版中心	72.66
3	上海交通大学电子音像出版社	72.23
4	上海浦东电子出版社	34.20
5	中国唱片上海公司	28.75
6	少年儿童电子音像出版社	23.28
7	上海复旦大学电子音像出版社	6.30
8	上海电影音像出版社	6.30
9	上海外语音像（电子）出版社	2.86

2010 年，上海出版电子出版物 679 种，其中新出 457 种。数量 2 679 万盒（张），发行 1 680 万盒（张），发行金额 5 086.57 万元。

表 4－2－7　2010 年电子出版物品种同比增长的 10 家单位统计表　　单位：种

序　号	单　位　名　称	增　加　数
1	上海教育（声像）出版社	72
2	上海复旦大学电子音像出版社	35
3	同济大学电子音像出版社	29
4	上海外语教育出版社	18
5	上海译文（音像）出版社	17
6	华东理工大学电子音像出版社	7
7	上海交通大学电子音像出版社	6
8	上海科学技术文献出版社	6
9	上海教育音像出版社	5
10	华东师范大学电子音像出版社	4

表 4－2－8　2010 年电子出版物出版数量同比增长的 10 家单位统计表　　单位：万盒（张）

序　号	单　位　名　称	增　加　数
1	上海教育（声像）出版社	59.07
2	上海声像（电子）出版社	47
3	上海复旦大学电子音像出版社	27.79
4	上海交通大学电子音像出版社	16.74
5	上海译文（音像）出版社	9.58

(续表)

序　号	单　位　名　称	增　加　数
6	华东理工大学电子音像出版社	7.84
7	华东师范大学电子音像出版社	7.45
8	上海财经大学电子出版社	4.5
9	同济大学电子音像出版社	4.48
10	上海教育音像出版社	1.85

说明:以上统计表均由上海市书刊发行行业协会提供。

三、数字出版

从20世纪90年代起,上海出版业拓展以数字化生产、网络化传播为主要特征的数字内容产业;加快发展民族动漫产业,大幅度提高国产动漫产品的数量和质量;积极发展网络文化产业,鼓励扶持民族原创的、健康向上的网络文化产品的创作和研发。

1998年蔡智恒在网络发表的小说《第一次的亲密接触》,被认为是中国网络文学的起点。1999年上海榕树下网站成立,2002年起点中文网成立,上海网络文学发展迅猛,成为一种重要的文化现象。2004年盛大文学成立,收购起点中文、香江文学、红袖添香、榕树下等网站,创建线上写作和阅读收费制度,线下版权运营于电影、图书、电视剧、游戏等载体。2010年,盛大文学实现销售收入近10亿,利润数千万元,形成数字出版的产业模式。作为通俗文学的时代符号,网络文学成为中国当代文学不可分割的一部分,丰富了中国当代文学的表现样式。

上海是中国游戏产业的发源地,扮演引领者角色。单机时代,暴雪、育碧、EA等国际顶尖企业纷纷在上海建立中国区总部;客户端游戏时代,盛大、第九城市、巨人、世纪天成、久游等企业齐聚上海,各领风骚,见证上海游戏产业的辉煌。

2004年1月,首届中国国际数码互动娱乐产品及技术应用展览会(ChinaJoy)在北京举办,取得较好反响。上海市新闻出版局看到其中蕴含的发展机遇,凭借上海在全国网络游戏行业的领先地位,多方沟通争取,在新闻出版总署等中央部委的支持和推动下,2004年10月,第二届ChinaJoy在上海国际博览中心开幕,吸引了40家展商197款作品参展。ChinaJoy由此永久落户上海,并不断拓展创新,从单一游戏产业展览会发展到数字娱乐产业展览会。

表4-2-9　中国国际数码互动娱乐产品及技术应用展览会(ChinaJoy)一览表

届　别	年　份	举　办　地	入场人数(万)	展商总数(个)
第一届	2004年1月	北京	6	129
第二届	2004年10月	上海	7	140
第三届	2005年	上海	8	156
第四届	2006年	上海	9	161
第五届	2007年	上海	10	163

（续表）

届　别	年　份	举　办　地	入场人数（万）	展商总数（个）
第六届	2008 年	上海	11	170
第七届	2009 年	上海	13	187
第八届	2010 年	上海	14	190

首届中国国际音像电子博览会暨中国国际音像电子产业高峰论坛 2005 年 3 月 25—27 日在上海国际展览中心、虹桥宾馆举行。论坛主题为"科技进步与音像文化"，支持单位是新闻出版总署、上海市政府，主办单位是中国音像协会、上海市新闻出版局，承办单位是中国贸促会上海浦东分会、上海浦东国际展览公司。环球唱片、EMI 百代、索尼音像、华纳家庭影院、英国录音与演出协会、BMG 等海外机构，以及中国唱片集团、中国国际电视总公司等国内机构近 200 家参展。展品近 4 万种，其中推出一批最新的影音产品、数字化音像产品、网络音库、EVD 技术视听等产品。

2006 中国国际音像电子博览会暨中国国际音像电子产业高峰论坛 2006 年 5 月 25—28 日在上海国际展览中心、虹桥宾馆举行，论坛主题为"推进国际版权贸易，构筑内容交易平台"，美国、英国、加拿大、日本、澳大利亚等国际同业派出高层人士赴会；博览会更吸引了包括环球、百代、索尼-BMG、华纳等在内的近百家中外音像业参展商。博览会还举办一系列精彩活动，包括 BMB 杯卡拉OK 大赛在展会现场的决赛等。

2007 中国国际音像电子博览会暨产业高峰论坛 2007 年 4 月 12—15 日在上海光大会展中心、光大国际大酒店举行，论坛主题为"音像业与新兴媒体"，由新闻出版总署、国家版权局和上海市政府联合主办，共有 62 家中外企业参展，展出音像制品品种有 18 700 余种，专业观众有 571 人，公众参观达 17 210 人次。博览会吸引了大昌、别超、AAP、Melody、Yamaha、德国极致、Epson、Optoma、三菱等参展商，同期举办 BMB 卡拉 OK 大赛和第 15 届上海国际音响影视展览会。本届展会软件和硬件结合，以唱片为主题的内容产业和以音响影视器材为主题的设备产业同时亮相，为展会带来了活力。

2005 年，国家网络游戏动漫产业发展基地落户上海张江高科技园区。2008 年，张江国家数字出版基地在张江高科技园区建成。2010 年，国家数字出版基地（虹口园区）在中国出版蓝桥创意产业园成立。2010 年，国家音乐产业基地（上海）音乐制作中心在虹口区建成启用。这些创新基地集聚了相当数量的数字出版企业，结合公共服务平台的技术和渠道优势，具备了发展数字出版产业基础。2010 年，张江国家数字出版基地总产值 110 亿元，上海国家数字出版基地（虹口园区）企业产值约 13 亿元。

2010 年，上海音像电子出版业总产值 2.17 亿元，增加值 5 400 万元；主营业务收入 1.89 亿元；利润总额 2 200 万元。音像电子进出口总额 494.48 万美元。上海音像电子出版业呈现平稳的发展状态，资产、收入、利润总额等都出现不同幅度的增长，增长势头良好。

2010 年，上海期刊数字出版收入为 3 823.42 万元，占上海期刊总收入的比例为 3%，其中《第一财经周刊》以 1 358 万元名列首位。

2010 年，上海数字出版产业实现销售收入 220 亿元，基本形成网络文学、互动教育、网络游戏、艺术典藏、手机出版等特色产业聚集的数字出版产业链。

四、产业支持

上海数字出版与北京、广东等地一起居于全国领先地位,上海发展数字出版具有明显优势,如信息和网络技术应用广泛,科技研发能力较强,文化底蕴和出版资源较为丰厚,发展新型产业所需要的投融资机制较为发达等。市政府、市新闻出版局在政策、资金资助等层面也给予了大力支持。

2003 年 10 月,经新闻出版总署批准,上海东方网股份有限公司(东方网)、上海数字世纪网络有限公司(易文网)和上海盛大网络发展有限公司获新闻出版总署互联网出版许可证,成为全国首批互联网出版机构。

2004 年 8 月,新闻出版总署发布《关于实施"中国民族网络游戏出版工程"的通知》,截至 2010年,上海有 31 部网络游戏入选。

2005 年 11 月,国家网络游戏动漫产业发展(上海)基地在张江高科技园区挂牌,上海成为继成都、广州之后第三个挂牌的基地,致力于建设成为国内网络游戏的研发中心、运营中心,游戏的演示、推广、交易中心,游戏专业人才的教育培训中心以及国际合作交流的平台。

2008 年 7 月,市政府与新闻出版总署建立部市合作机制,共同推进上海数字出版工作,在 6 个重点领域开展合作:共同推进国家重大数字出版工程的建设;全面推进张江国家数字出版基地建设;合作开展数字出版人才的培养;共同打造数字出版国际合作交流平台;力争共同建设实物和数字形态的中国近现代出版博物馆;合力打造上海版权公共服务平台。

在部市合作的框架下,上海有效整合各产业部分的力量,形成合力,优势互补,协力推进数字出版的工作格局。项目带动是推进上海数字出版产业发展、促进传统出版单位转型的重要手段。市新闻出版局组织市科委、市信息委专家,筛选、审核 90 多个在建和拟建的数字出版项目,确定 16 个数字出版项目,会同市信息委和市财政局给予资金资助,资助总金额 2 000 万元。资助项目包括数字出版内容资源管理系统、数字出版发行平台、数字音乐出版、数字印刷生产应用系统研发、网络教育出版、数字信息营销平台、手持终端电子报纸等。

自 2008 年开始,市科委、市经信委每年对数字出版进行资助,截至 2010 年,市科委资助数字出版项目 23 项,市经信委资助数字出版项目 32 项,资助了上海世纪出版集团《跨文本金字塔知库课题研究》、上海雅昌彩色印刷有限公司《上海雅昌艺术品数据库》、盛大网络发展有限公司《盛大电子书》、解放日报报业集团《移动阅读内容生产及运营管理平台的关键技术研究和应用实现》、上海复旦大学电子音像出版社《网络学习管理平台及网络课程建设》、上海新闻出版教育培训中心《上海数字出版中期发展规划》、上海宏文网络科技有限公司《云中图书馆》等项目。

表 4 - 2 - 10　2008—2010 年市科委资助数字出版项目一览表

序号	单　　位	项　目　名　称
1	上海世纪出版集团	跨文本金字塔知库课题研究
2	上海外语教育出版社	南京大学-外教社双语词典编纂系统
3	上海数字世纪网络有限公司	数字出版内容资源管理及其跨介质动态发布的研究与运用
4	中科院上海生命科学信息中心	CBA-中国生命科学文献数据库数据挖掘和信息整合创新建设
5	上海新华传媒股份有限公司	数字出版发行示范工程

（续表）

序号	单　　　位	项　目　名　称
6	上海印刷（集团）有限公司	数字出版印刷公共服务平台
7	上海世纪出版股份有限公司	基于内容对象的协同编纂和动态出版的技术研究和系统开发
8	文汇新民联合报业集团	文字作品互联网传播监测与版权保护关键技术研究
9	上海雅昌彩色印刷有限公司	上海雅昌艺术品数据库
10	盛大网络发展有限公司	盛大电子书
11	上海印刷技术研究所	汉字字库规范化制作与测评软件系统
12	上海理工大学	汉语语词性工具书通用数字编纂平台
13	上海市北印刷（集团）有限公司	数字化图文阅读管理系统
14	上海交通大学出版社	基于科技文献双语语料库的翻译和教学平台开发
15	华东师范大学出版社	面向数字版权保护的 EPD 移动阅读终端
16	解放日报报业集团	移动阅读内容生产及运营管理平台关键技术研究和应用实现
17	上海世纪创荣数字信息科技有限公司	数字出版的环境建设——通用型数字出版编撰平台
18	上海图书公司	古旧书业数字化特色业务发展平台——古籍、字画的数字化制作、交易暨实时拍卖系统
19	上海万丰文化传播有限公司	面向移动终端的数字内容管理及发布系统
20	上海新闻出版教育培训中心、上海新闻出版职业技术学校、上海新闻出版职工中等专业学校	无线射频识别（RFID）在新闻出版领域的产业化应用
21	上海人民美术出版社	数字连环画的研究和发展项目
22	上海世界图书出版公司	专业图书数字出版平台（一期）
23	华东师范大学出版社	手机互动教育平台

表 4 - 2 - 11　2008—2010 年市经信委资助数字出版项目一览表

序号	单　　　位	项　目　名　称
1	上海复旦大学电子音像出版社	网络学习管理平台及网络课程建设
2	上海世纪创荣数字信息科技有限公司	现代教育环境下上海基础教育数字开拓与改造
3	华东师范大学出版社	内容管理系统
4	上海新闻出版教育培训中心	出版专业知识在线网络学习系统
5	上海点击书实业有限公司	全球领先的青少年创新数字阅读与个人出版平台
6	上海新汇文化娱乐集团	数字出版 LMS 系统
7	文汇新民联合报业集团	数字信息营销平台
8	上海九久读书人文化实业有限公司	99 网上书城数字出版整合业务模式
9	解放日报报业集团	手持终端电子报纸

（续表）

序号	单　　　位	项　目　名　称
10	上海电器科学研究所（集团）有限公司	中国精品期刊数字化评价平台预研究
11	上海新闻出版教育培训中心	上海数字出版中期发展规划
12	解放日报报业集团	报业复合出版相关技术研究和应用示范
13	上海科学技术出版社	"SKY"标准的生物医药资源数据库
14	上海出版印刷高等专科学校	以《咬文嚼字》为基础的汉语言文字数字化传播建设
15	上海人民美术出版社	连环画、年画、宣传画数据库
16	上海市数字内容产业促进中心	数字娱乐内容资源数据库
17	上海外语教育出版社	外语类计算机网络通用训练/考试平台及试题资源库建设
18	上海音乐出版社	钢琴类作品数据库
19	上海中文在线文化发展有限公司	"书香上海"全民阅读工程
20	上海东方网股份有限公司 上海文艺大一印刷有限公司	东方网印
21	上海优盟信息技术有限公司	中学互动网络教育软件系统开发
22	上海宏文网络科技有限公司	云中图书馆
23	上海故事会文化传媒有限公司	传统出版资源的多媒体生成及发布系统
24	上海科学技术出版社	期刊数字出版全媒体解决方案
25	上海方正数字出版技术有限公司	基于数字教材的课件服务系统
26	上海乐顾网络技术有限公司	手机桌面阅读软件系统
27	上海文艺出版（集团）有限公司	上海城市重大工程建设口述历史内容数据库
28	上海辞书出版社	全宋文专题数据库建设
29	上海交通大学出版社	超声医学资源库的建设与应用暨专业数字出版 解决方案示范工程
30	上海财经大学出版社	AES 创新平台
31	上海文艺出版社	中国数字现代文学馆核心馆建设
32	上海意智成网络科技有限公司	上海市中小学生电子课程平台

2008 年 7 月，张江国家数字出版基地在浦东张江高科技园区挂牌，成为全国首个国家数字出版基地，由上海张江国家数字出版基地公司管理。2010 年上海张江国家数字出版基地公司与上海文化科技创意产业基地公司重组、合署办公，重点发展新闻资讯、数字化阅读（电子书）、网络文学、互动娱乐（网络动漫）、数字教育、数字印刷、网络视听等文化产业，为促进企业发展、聚焦重点项目、深化产业研究等方面发挥作用。

2009 年 2 月，上海数字出版部市合作领导小组办公室发布《上海数字出版业发展引导目录（2009 年版）》，内容包括产业发展研究、公共服务平台建设、内容资源数据库建设、软件产品开发、数字出版相关技术研发等五大方面 21 个类别，既是引导社会各方多元投资发展数字出版的指南，也是政府政策和资金鼓励支持的重点。2010年5月,发布《上海数字出版业发展引导目录(2010年版)》《2010年度上海数字出版项目扶持资金申请指南》。全年市级层面拨出2 000万元资助数字出版项目,共征集到数字出版项目79项,其中申报科技攻关项目33项、高新技术产业化项目46项。

2009年,"沪版图书内容数字化"项目立项,上海启动出版资源数字化保存工作。项目(第一期)实现了两大建设目标:一是完成3.5万余种数字图书。这些图书基本都是2003—2009年上海新出版、具有保存或再开发价值的优秀图书。二是建成"沪版图书内容数字化"项目检查统计平台。各出版单位可以通过平台输送数字图书信息、上传抽检数字图书,也可以通过平台了解各自更详尽的图书数字化信息。通过"沪版图书内容数字化"项目(第一期)建设,上海完成了《大辞海》《中国通史》《资治通鉴》《话说中国》《中国新文学大系》等一大批数字化图书,并在图书数字化格式、准确率等方面得到很大改善。相关出版单位培养了一批能实际操作的图书数字化制作人才,推进了数字化转型。

2009年5月,市工商局、市新闻出版局联合发布《关于本市从事数字出版业务工商登记有关问题的意见》,首次对数字出版的范围,数字出版经营主体的组织形式、名称以及经营范围等方面作了明确规定。《意见》作为探索行业管理的重要举措,体现了政府主管部门促进和服务新兴产业发展的主导方向,有效解决上海从事数字出版经营业务的企业在工商登记、注册时碰到的问题,为政府管理部门和企业共同推动数字出版业发展提供法律基础。

2009年12月,方正集团与上海张江集团签署合作协议,共同投资2.85亿元组建中国数字出版技术有限公司。

2010年5月,国家数字出版基地首个延伸园区落户虹口区中国出版蓝桥创意产业园。这是继2008年张江国家数字出版基地获批之后,上海向新闻出版总署争取到的又一项重大"先行先试"政策,标志着上海数字出版产业进入了新的发展阶段。

2008年,上海数字出版产业营业收入123亿元,约占全国数字出版五分之一。2009年,上海数字出版产业营业收入185亿元,同比增长50.41%,占全国四分之一。

2010年,上海地区数字出版产业营业收入达220亿元,各大版块营业收入细分如下:

网络游戏企业20家,合计营业收入约125亿元,其中上海盛大网络发展有限公司,营业收入56.04亿元,较2009年增长7%;上海巨人网络科技有限公司,年度营业收入25.2亿元,较2009年增长近10%;上海久游网络科技有限公司约8亿元;上海邮通科技有限公司约5.8亿元;上海网之易网络科技发展有限公司约12亿元。

网络原创文学企业1家:上海玄霆娱乐信息科技有限公司(含起点中文、晋江文学、红袖添香等9个文学网站),年度营业收入约5.5亿元,增长175%。

综合类数字出版企业1家,上海东方网股份有限公司。年度营业收入约1.74亿元,小幅下降。

在传统出版数字化转型方面:上海世纪出版集团数字出版营业收入约1.3亿元。上海文艺出版集团营业收入约6 000万元。上海外语教育出版社数字出版营业收入约1.4亿元。复旦大学出版社数字出版营业收入约2 000万元。华东师范大学出版社数字出版营业收入约800万元。上海新华解放数字阅读传媒有限公司(含EDO)营业收入约4 000万元。蜘蛛网数字出版营业收入约9 800万元。新华一城网数字出版营业收入约3 000万元。

其他领域:数字印刷产值约30亿元,手机出版约10亿元。

此外,张江国家数字出版基地企业合计产值约110亿元,增加22.22%。上海国家数字出版基地(虹口园区)企业合计产值约13亿元。

2010年,市新闻出版局编制《"十二五"期间上海数字出版产业发展规划》,作为一项十分重要的工作被列入市"十二五"重点专项规划。

21世纪第一个十年,市新闻出版局坚持一手抓张江国家数字出版基地及延伸园区的建设,一手抓全市数字出版产业的发展;一手抓传统出版单位向数字出版转型,一手抓民营数字出版企业做大做强,与市级各产业主管部门密切配合、互相支持,整合各方资源,推进数字出版产业发展取得新成效。数字出版的迅猛发展,不仅对上海新闻出版产业保增长发挥了重要作用,而且对全市新闻出版产业结构的转型升级发挥了示范效应。

第二节　音像电子出版物

一、音像出版物

【出版物形态】

音像出版物按形态分,主要是录有内容的录音带、录像带、唱片、激光唱盘和激光视盘等,其中激光唱盘和激光视盘又分CD、VCD、DVD、DVCD等。20世纪八九十年代,上海音像出版物风靡一时,成为一个时代的文化象征。

1981年,少年儿童出版社出版全国第一套系列儿童配乐故事音带《365夜故事》,1982年又出版儿童歌曲音带《春天》《好朋友》等。这批录音制品的出现,打破出版仅以纸张为载体的传统模式,音像出版物开始占有一席之地,并取得长足的发展。

1985年,国产录像带开始出版。1993年,上海已有音像出版单位22家、录像制品发行单位6家。全年出版录音节目带418个品种,发行量2 219万盒;出版录像节目191部,发行量15.9万余盒。1981—1995年,全市累计出版唱片、盒式磁带(包括录音节目带、录像节目带)和音像出版物激光唱盘(CD)、激光视盘(LD、VCD)5 000多种。

唱片　20世纪80年代末,上海唱片出版出现高峰。1987年出版唱片407种,发行824.6万张;1989年,出版692种,发行209.8万张。20世纪90年代以后,逐渐萎缩。1990年,出版521种,发行174万张。1991年,出版密纹唱片446种,发行141万张。1992年,出版密纹唱片17种,发行42万张。1993年,出版密纹唱片8种,发行31万张。1994年,出版12种,发行10万张。1995年,密纹唱片基本停止出版。

盒式磁带(包括录音节目带、录像节目带)　1988年,全市出版录像节目带144种,发行6.2万盒;出版录音节目带827种,发行2 309万盒。1990年,出版录像节目带115种,发行12.29万盒。出版录音节目带2 036种,发行1 860.8万盒。1995年,出版录像节目带355种,发行44.24万盒。出版录音节目带1 733种,发行2 737万盒。

表4-2-12　1988—1995年全市出版录音、录像节目带一览表

类　别	年　份	出版品种(种)	发行量(万盒)
录音节目带	1988年	827	2 309
	1989年	2 172	1 982.4
	1990年	2 036	1 860.8

（续表）

类　　别	年　　份	出版品种（种）	发行量（万盒）
录音节目带	1992 年	454	2 893
	1993 年	418	2 219
	1994 年	940	1 658
	1995 年	1 733	2 737
录像节目带	1988 年	144	6.2
	1989 年	168	9.3
	1990 年	114	12.29
	1992 年	228	13.44
	1993 年	196	15.9
	1994 年	262	31.97
	1995 年	355	44.24

1988—1995 年,全市出版录像带品种及发行量呈现总体上升趋势。但因市场波动,录音节目品种数、发行数上下起伏较大。之后,全国音像出版物大幅减少,上海音像出版单位虽然通过调整结构,开拓新品,挖掘市场潜力,但总体呈现下降态势。

激光唱盘(CD)、激光视盘(LD、VCD)　1991 年,上海声像出版社出版第一套上海产激光唱盘(CD)《名家名曲》和《新秀新曲》,汇集各类民族乐器一流高手的代表作品。1993 年,中国唱片上海公司出版第一张上海产首次激光视盘(LD)。1995 年,出版激光视盘 66 种,发行 6.53 万张。出版激光唱盘 335 种,发行 72.14 万张。

20 世纪 90 年代末,由于受网络免费下载、私人刻录以及全球经济不确定性等多重因素的交替影响,全球音带、唱片、激光唱盘、激光视盘等音像出版物销售开始出现下滑,经历了一个从高速发展到快速下跌的过程。

21 世纪最初十年,上海音像出版业"音强像弱"格局未变。2004 年,录音品种占当年出版品种的 89.54％,而录像品种仅占 10.46％。教育类音像制品和 DVD 类影视节增幅明显,而音乐类节目的市场份额持续下跌,教育类音像出版单位只有 8 家,盈利能力超过文艺类音像出版单位。以签约歌手为代表的原创音乐制作由出版单位转移到合作公司或民营企业。出版单位节目同质化现象严重。中国加入 WTO,行业垄断坚冰被打破,上海面临更加激烈的市场竞争。

【出版物内容】

音像出版物按内容分,主要有歌曲、乐曲、曲艺、教育、少儿五大类,面向不同的群体,满足不同人群的精神文化需求。

歌曲　20 世纪 80 年代,音像出版业以流行音乐为主,内地歌星像毛宁、杨钰莹、李春波及众多港台歌手音带或唱片一出版就畅销,有时发行量达到一两百万张(盒)。

1984 年底,中国唱片上海公司启用刚获吉他大奖赛冠军的张行,录制张行个人专辑《成功的路不止一条》,发行量达 150 万盒。1985 年公司出版超过 50 万盒销量的节目有七个,其中朱枫《迪斯科皇后》销量达 80 多万盒。

由于电影电视覆盖面广、影响大，影视歌曲、春晚歌曲成为关注的重点。1991 年，中国唱片上海公司制作发行红歌合集《红太阳》，邀请包括李玲玉、孙国庆、屠洪刚、范琳琳等十位当红流行歌星来演唱，引发中国流行音乐史上一次规模空前的高潮。《红太阳》以 720 万盒的惊人战绩在中国音像出版史销量排行榜上雄踞冠军宝座。公司录制的毛阿敏的《思念》，张艺谋在电影《红高粱》唱的《酒神曲》《妹妹你大胆往前走》等，发行后十分畅销。公司与国内音乐公司合作出版《零点乐队》《轮回乐队》《东方时空 95 新歌》等国内歌手专辑，也受到市场追捧。

上海声像出版社 1994 年开始陆续出版在中国歌坛享有盛誉的演员专辑，逐步形成了"中国歌唱家"系列，其中有李双江专辑《李双江的歌》和董文华、阎维文、郁钧剑、刘斌演唱的《千古情》《东方的太阳，东方的月亮》《心连心》和《当兵的人》等。"中国歌唱家"系列 1996 年被新闻出版署列为"九五"国家重点音像出版规划项目，多次荣获国家音像出版物奖。

1997 年夏末，上海声像出版社和索尼公司共同推出刘欢第一张专辑《记住刘欢》，以双片形式发行。《记住刘欢》和《报答》(彭丽媛)、《醒了》(韩红)等先后被新闻出版总署、文化部和中央电视台等单位授予国家级音像制品奖。

2000 年，市新闻出版局发布当年上海出版的音带、CD 唱片专辑发行排行榜，上榜的音带、CD唱片基本都是流行歌曲。

表 4－2－13　2000 年上海出版发行量排名前 10 的音带

排　名	专　辑　名	发行量(盒)	出　版　单　位
1	《信仰》(张信哲)	664 384	上海声像出版社
2	《寓言》(王菲)	388 343	中国唱片上海公司
3	《红蔷薇》(萧亚轩)	346 964	中国唱片上海公司
4	《男人的爱》(刘德华)	301 540	上海音像公司
5	《心酸的浪漫》(那英)	256 686	中国唱片上海公司
6	《我去 2000 年》(朴树)	250 538	上海声像出版社
7	《跟着我一辈子》(杜德伟)	237 834	中国唱片上海公司
8	《永远的第一天》(王力宏)	232 477	上海声像出版社
9	《真情人》(李玟)	219 401	上海声像出版社
10	《头号男友》(陈小春)	186 442	上海音像公司

表 4－2－14　2000 年上海出版发行量排名前 10 的 CD 唱片

排　名	专　辑　名	发行量(张)	出　版　单　位
1	《天长地久》(席琳迪翁)	19 273	上海声像出版社
2	《寓言》(王菲)	11 286	中国唱片上海公司
3	《爱是怎样炼成的》(谢雨欣)	10 887	上海声像出版社
4	《ELVA》(萧亚轩)	10 857	中国唱片上海公司
5	《心酸的浪漫》(那英)	10 609	中国唱片上海公司

（续表）

排　名	专　辑　名	发行量（张）	出　版　单　位
6	《红蔷薇》（萧亚轩）	8 951	中国唱片上海公司
7	《信仰》（张信哲）	8 546	上海声像出版社
8	《音画同步》（合辑）	8 089	上海声像出版社
9	《我要飞》（张惠妹）	7 433	上海音像公司
10	《真的田震作品集》（田震）	6 164	上海声像出版社

中国唱片上海公司与国际五大唱片公司及日本的 AVEX 唱片公司、JVC 唱片公司、PONY CANYONINC 唱片公司等数十家海外唱片公司、电视制作公司进行版权贸易合作，引进出版了一大批世界歌坛巨星的唱片及优秀的录像制品，其中有迈克尔·杰克逊、惠特尼·休斯顿、披头士、埃尔顿·约翰、玛当娜、胡里奥、肯尼·罗吉斯、菲尔·柯林斯等。引进出版了一大批华语歌坛艺人的唱片，其中有邓丽君、王菲、张宇、萧亚轩、齐豫、杜德伟、刘若英、许茹芸等。之外，还引进出版了日本的安室奈美惠、滨崎步、仓木麻衣、宇多田光、河村隆一、Kiroro 等日语歌曲专辑，韩国 SES 组合的韩语歌曲专辑。21 世纪初，中国唱片上海公司将 20 世纪华语歌坛的经典优秀曲目精心汇编成 20 张 CD 一套的《世纪歌典》，具有一定的史料价值和珍藏价值。

上海声像出版社通过与索尼合资的上海新索音乐有限公司引进大批欧美流行音乐，如《碧昂斯专辑》《西城男孩——无处不在》以及港台流行音乐《周杰伦新专辑》《王力宏专辑》。中国唱片上海公司引进日本流行音乐《滨崎步专辑》《安室奈美惠专辑》等。上海文艺音像电子出版社引进经典欧美古典音乐系列，如《贝多芬钢琴奏鸣曲全集》《世界十大交响乐团名曲精粹》等。

在音像版权输出方面，上海音像公司将中国第一张在国际音乐市场有影响力的唱片《阿姐鼓》授权给国际四大唱片公司之一的华纳唱片；上海声像出版社通过与英国库肯文尼公司合作，将《中国民乐》专辑纳入英国库肯文尼公司"世界民族音乐系列"，进入欧洲销售；上海音像有限公司制作的《中国民族器乐典藏》和原生态音乐专辑《黔苗》《黔侗》的实体与数字版权先后授权给德国唱片公司。

上海新汇文化娱乐集团出版的《萨顶顶专辑：万物生》获 2008 年 BBC 世界音乐奖；原创音乐剧《最后的瞬间》参加英国爱丁堡戏剧节载誉而归；艺人林宝赴厄瓜多尔参加当地环保义演，成为当时中国走得最远的音乐人；比利时钢琴大师尚·马龙与上海昆剧领军人物张军联袂演出的《当爵士遇上昆曲》实况在欧洲多个国家播映，获得好评。

乐曲　中国唱片上海公司编录出版的俞丽拿小提琴协奏曲《梁山伯与祝英台》《闵惠芬二胡精曲》、越剧《红楼梦》等唱片成为业内经典版本；精心编录的西藏宗教音乐《吉祥九重天》和发烧大碟（采用 XRCD 技术）《云之南》等先后获国家广电总局优秀音像制品"双向奖"器乐类一等奖、新闻出版署首届国家音像制品奖等奖项。

1991 年，上海声像出版社出版了一套激光唱片（CD）《名家名曲》和《新秀新曲》，汇集了当时各类民族乐器的一流演奏高手的代表作品。如《广陵散》（龚一　古琴）、《阳关三叠》（闵惠芬　二胡）、《秦腔牌子曲》（刘明源　板胡）、《十面埋伏》（林石城　琵琶）、《佛上殿》（俞逊发　笛）、《百鸟朝凤》（任同祥　唢呐）等。1994 年和 1996 年，上海声像出版社还录制了两张民族弦乐五重奏专辑。

上海音乐出版社以专辑形式出版的作品有《山水情》（龚一　古琴曲）、《在那遥远的地方》（王国

潼 中国民歌二胡曲)、《兰花花》《燕子》(詹永明 西部民歌笛子曲)和《问海》《梦蝶》《童心》(梁越铭 新世纪钢琴音乐作品)。上海声像出版社以专辑形式出版的作品有《塞上曲》(俞良模 琵琶独奏,中国广播民族乐团伴奏,彭修文指挥)、《春到拉萨》(杜冲 吹管乐独奏,上海民族乐团协奏,何占豪指挥)、《长城》(宋飞 二胡独奏)、《春夏秋冬》(刘明源 胡琴独奏,中国音乐学院民族乐队伴奏)、《敦煌唐人舞》(林玲 古筝独奏,中央交响乐团伴奏,胡炳旭指挥)等。1995 年,为纪念器乐作曲家、演奏家、教育家刘天华百年诞辰,上海声像出版社还出版了两张 CD《音乐大师刘天华》。

在西洋古典音乐方面,上海译文出版社出版了《天鹅湖》《天方夜谭》《彼得与狼》(上海交响乐团演奏,陈燮阳指挥)。上海声像出版社录制出版《世界著名圆舞曲》(上海交响乐团演奏,黄贻钧指挥)。

1995 年,上海声像出版社通过版权贸易引进出版索尼音乐的《圆舞曲与波尔卡舞曲》(约翰·施特劳斯作曲,费城交响乐团演奏,奥曼第指挥)、《勃拉姆斯钢琴四重奏》《贝多芬田园交响乐》(哥伦比亚交响乐团演奏,布鲁诺·华尔特指挥)、《月光悲怆热情奏鸣曲》(贝多芬作曲,艾克斯、斯特恩、拉雷多、马友友演奏)、《小提琴名曲集》(斯特恩演奏)、《拉罗、圣桑大提琴协奏曲》(马友友演奏)等 15 集。1996 年,又继续引进出版《铜管乐篇》《进行曲篇》《小提琴篇》《吉他篇》《世界最佳古典音乐专辑》等,基本上都是世界级作曲家的作品,演奏的乐团和指挥也是当时负有盛名的交响乐团、乐队、演奏家、指挥家,共有 28 集。上海声像出版社在出版《交谊舞曲》风靡全国后,又出版了《狂欢之夜》《爱的旋律》《晚上的陌生人》《永恒的爱》《樱桃红了》《舞迷世界》(中外乐曲各一盒)《最新影视舞曲精选》《学跳交谊舞》《国际标准交谊舞曲》《来自世界的舞曲》(总政军乐团演奏,4 集)等,也受到市场关注。

上海声像出版社 1985 年出版第一盒卡拉 OK 音带——日本爱情歌曲伴奏曲《口袋里的乐队》。1992 年出版卡拉 OK 带《最新港台歌曲》和《欧美最佳金曲》。同年出版 4 集卡拉 OK 像带《今宵乐》及《小学音乐课本卡拉 OK》。1994 年,出版卡拉 OK 像带有《飞碟卡拉 OK》《梦美人》《小歌王》《童年》等 17 集。

在录像出版物方面,上海文艺音像出版社出版的《管弦乐器与管弦乐队》《合唱指挥基础教程》《小提琴初级练习曲精选》《初学小提琴 100 天》等音带和《丁芷诺教授教小提琴基本功》《胡蕴琪舞蹈教学演示荟萃》《师范舞蹈教学节目集锦》等像带,都有良好的市场反响。

曲艺 上海声像出版社投资数千万元制作出版的《中国戏曲系列》和《中国原创音乐系列》,被新闻出版总署列为"九五"国家重点音像出版规划项目。1983 年第一次录制出版的京剧音带有《京剧唱段选集》(3 盒),剧目为《霸王别姬》《借东风》《白蟒台》《捉放曹》《西施》《刺王僚》《三娘教子》《断桥》等,由上海京剧院纪玉良、迟世恭、夏慧华、齐淑芳、李长春、王梦云等人演唱。之后,又出版了《马连良唱段选》《裘盛戎唱腔选》《杨宝森唱腔选》等京剧表演艺术家演唱专辑以及以流派集锦形式综合出版的《京剧流派唱腔精选》等。《京剧极品》采用新科技录音方式,以及以艺术家原声唱段配以新的乐队伴奏混录制成,共 5 盒音带,2 张 CD。以全剧形式出版的有《女起解》(梅兰芳、萧长华)、《甘露寺》《清官册》(马连良、裘盛戎,2 盒)、《野猪林》(李少春、杜近芳、袁世海)。出版中青年个人专辑《锁麟囊》(李世济)、《晴雯》(孙毓敏)、《文昭关》(马长礼)、《李维康唱段选》《耿其昌唱段选》《言派唱腔选》(言兴朋)、《李军京剧唱段》等。以综合形式出版的有《京剧精品》。以全剧形式出版的有《杨门女将》(杨秋玲、孙岳、冯志孝、寇春华、毕英琦等)、《乌盆记》(关怀、艾世菊配唱)等。

1989 年,上海声像出版社投资制作《中国戏曲精编·昆曲卷》(图书一本,音带 6 盒,像带 1 盒,俞振飞任顾问,陆萼庭为特邀编审,邵廷和主编),囊括国内昆曲界名流,是经几代艺人磨炼加工的经典珍品和全国表现昆曲艺术具有代表性的出版物。1994年出版的《京剧现代戏唱腔精选》（音带、CD各两张），收有《红灯记》《沙家浜》《智取威虎山》《杜鹃山》等现代戏选段。

中国唱片上海公司针对地方戏曲剧种多、覆盖面窄的特点，与经销单位合作开展行之有效的定向发行。定向发行最多的剧种是扬剧、淮剧、徐州琴书、泗州戏等。上海公司与昆明南风音像公司合作出版滇剧、云南花灯，由南风音像公司根据上海公司库存节目进行挑选，并提出年度销售数量，在一定期限内独家经销；也有南风音像公司提供录音母版，上海公司出版，南风音像公司独家销售。1987年，中国唱片上海公司盒带分省销量统计在全国排列第六位。中国唱片上海公司还发挥戏曲整理的优势，开发了《评弹名家特辑》《沪剧名家唱腔系列》《古琴名家系列》等，并整理了《老唱片博览系列》《中唱黑胶经典录音系列》《中国著名演奏家系列》等优秀音乐作品。

在地方剧种音像出版方面，1983年，上海声像出版社根据电影越剧《红楼梦》录音出版音带（3盒），其后逐步选版修订，并出版了单盒精选和CD（1994）。还以全剧形式出版了《梁山伯与祝英台》《西厢记》《三看御妹》《彩楼记》《孔雀东南飞》《碧玉簪》《陆文龙》《状元打更》《浪荡子》等。以精选或折子戏形式出版的有《盘妻索妻》《王老虎抢亲》《送花楼会》《祥林嫂》等。出版沪剧音像带约40种，包括《蝴蝶夫人》《茅善玉唱腔选》《罗汉钱》《雷雨》《陆雅臣卖娘子》《沪剧名曲》等。出版淮、扬剧音像制品30余种，包括《筱文艳唱腔选》《淮剧著名演员唱腔选》《李翠莲》《珍珠塔》《活捉王魁》《朱买臣休妻》《百岁挂帅》《狸猫换太子》《郑巧娇》等。还有黄梅戏《天仙配》《女驸马》《龙女》《孟姜女》《母老虎上轿》《王少舫唱段新编》《牛郎织女》等近20个品种。在豫剧、川剧、秦腔、河南曲剧、锡剧以及评弹、相声、滑稽等曲艺方面也出版过很多产品。

在录像出版物方面，上海声像出版社制作发行了越剧艺术片《盘夫索夫》（金采风、毕春芳主演），《庵堂认母》（金采风主演），《人比黄花瘦》（傅全香主演）。卡拉OK《金玉良缘》《花园会》《盘夫索夫》《碧玉簪》《打金枝》。少年儿童出版社出版了录像带《越剧艺术欣赏（附卡拉OK）》等。

教育　上海声像出版社出版的政治教育音带，为工厂、农村、学校等基层单位学习、宣传辅导工作提供方便。1983年至1986年，上海声像出版社共出版200多种音带。其中政治法律、经济及其他文化教育音带占70%。1984年，中共中央关于经济体制改革的决定公布后，及时出版了《建设有中国特色的社会主义——学习〈中共中央关于经济体制改革的决定〉辅导报告》《改革与开放》《我为振兴中华做了些什么》等音带。还结合爱国主义教育，出版了一批深受青年读者欢迎的有声读物，如《青工政治轮训讲座》《保边疆献青春》《全心全意为人民服务》（杨怀远讲话录音）和《华怡同志先进事迹报告会》《张海迪首次来沪报告》等。

上海声像出版社出版有声革命回忆录系列专辑《将军的话》《母亲的心愿》《致青年朋友》（与《上海支部生活》编辑部共同编辑）。这批有声读物由录音带和印刷读物两部分组成，印刷读物部分收有革命前辈的照片、签名笔迹、简历和讲话的文字记录，录音带全部根据老一辈革命家的亲身演讲录制而成。有声革命回忆录系列出版工作得到中顾委、解放军总政治部宣传部、团中央、全国妇联等有关部门多方支持。不少革命前辈亲自撰写讲稿，接受录音采访，提供音源。

1986年，上海声像出版社配合第一个全民普法五年规划，出版了一系列法制宣传教育音带。《走向明天》音带录制了五个罪犯的忏悔之声，由他们用亲身经历现身说法；《法盲与法网》则由律师李国机漫谈知法、懂法和守法；系列《经济法》示范讲座，包括经济法概论、经济合同法、税法、会计法等11讲。《公民通俗法律常识讲座》更受读者的欢迎，出版三个月就发行了上万盒。

1998年，上海声像出版社出版了《光辉的历程》（VCD、像带），以翔实的史料反映中共从一大到十五大七十七年波澜壮阔的战斗历程，中央电视台播出，中央组织部、中央宣传部等五部门联合发文要求全国组织观看、学习。出版音带《改革开放讲座》(钱伟长等主讲,共 10 盒),像带《冲浪——上海改革开放启示录》《热土在召唤——上海浦东新区政策的透视》《长征——世纪丰碑》等。

上海教育出版社与中国唱片上海公司从 1981 年起合作出版《初中语文朗读教学参考》及续篇、《小学语文朗读教学参考》及续篇、《实用汉语 600 句》等 5 种唱片和盒带。1982 年后,又陆续出版《教孩子学拼音》《现代汉语语音操练》《汉语口语 900 句·英汉对照》《幼儿园音乐》4 种。至 1985 年底,出版有声读物的总发行量达 11.45 万盒。上海教育出版社出版的《九年制义务教育课本语文》(从小学一年级至初中三年级)1992 年至 1997 年出齐,配合教材发行音带,其中小学一二年级音带发行量每年有十几万到几十万盒不等。此外,1995 年出版《入乡随俗——上海话情景会话》;1996 年起陆续出版《现代汉语方言音库》40 种,被列为"九五"国家重点音像出版规划项目。上海声像出版社出版全国统编教材《中学语文配乐朗读》《小学语文课本拼音范读》,由孙道临、丁建华等朗读;出版的辅助教材有《小学语文课读法指导》《教你能听会说》(上海市教育局组稿播讲)、《小学汉语拼音课堂练习册》(武令仪编著,梅梅朗读)。

为满足读者学习外语的需求,上海教育出版社、上海译文出版社、上海海文音像出版社、上海声像出版社出版了大量外语音像制品,语种齐全,选编科学。其中《国际音标》(杨顺德编著,翁贤青、张晴朗读,上海译文出版社出版)语言简明,发音标准、纯正。《标准日语语音》(王萍著,王萍、任川海播讲,音带、像带、VCD、书配套,上海海文音像出版社出版)注重实用性,对发音进行大量对比练习,并适当加上短语、对话、日常用语,以加深理解,帮助使用。此外,影响较大的还由上海声像出版社的《俄语情景对话》《开始听》《听故事》《日常生活德语》《日常生活日语》《边贸旅游俄语会话》《韩国语实用对话》等。华东师范大学电子音像出版社配合《一课一练》出版音像制品。上海同济大学电子音像出版社配合《会展实用德语》出版音像制品。

在艺术教育方面,上海声像出版社出版了《钢琴艺术之路》《拜厄钢琴初步教程》《车尔尼钢琴初步教程》(599)(299)和《布格缪勒简易练习曲》《克拉玛钢琴练习曲》及小提琴《启蒙》《基础》《萌芽》《展望》《开塞小提琴练习曲》和《西班牙吉他演奏法》(屠巴海演编)等近 50 种音像制品。上海音乐出版社出版的《约翰·汤普森钢琴教程》《车尔尼钢琴初级教程 作品 599》版权从国外引进,但音带由国内作者创作。

在录像制品方面,上海声像出版社出版了国防教育片《我们缔造和平》(上海警备区政治部编拍)和《中华大家唱卡拉 OK》以及华山抢险、两湖救儿、杨怀远、华怡等先进事迹的录音带和曾乐的录像带《曾乐事迹系列报道》。1994 年还出版录像带《食品卫生法》。

1992 年,上海声像出版社特请师大附中等重点中学的教师主讲,拍摄了《初中平面几何复习》《初中代数复习》《初中函数、三角复习》《初中英语复习》。上海浦明师范附小贾志敏教师主讲的三集录像带《贾老师教作文》。1994 年继续出版《锦上添花——贾老师教小学作文》,之后又出版了《妙笔生花——于老师教记叙文》《言之成理——金老师教记叙文》《得心应手——小学数学解题方法》《左右逢源——高中数学解题思路》,受到中小学生的欢迎。上海科学技术出版社出版"高考指导'3+2'"丛书,分语文、数学、英语三册,也很受欢迎。

上海音像出版社还陆续出版了一批技能教育的音像制品,如食品制作方面的《蛋糕装饰技艺》《果蔬雕刻技艺》《食品雕刻》《港式菜肴》《鱼的烹调》等;医学卫生方面的《常见病气功疗法》《七星针疗法》《医学气功入门》《实用针灸法》《纤维内窥镜及动态喉镜临床应用与病案》《医学检验基本操作》《五官科读 X 读片指南》等;体育保健方面的《练功十八法》《气功强身法》《益寿功》《形意八卦掌》《木兰拳》《自我按摩美容法》《脚部按摩治百病》等,以及《青少年足球训练》《插花艺术入门》《现代实用英文打字》《四级维修电工应用教程》等色。

少儿 上海各出版社注意选择录制流传广、影响大的儿童歌曲。较有特色的有上海声像出版社出版的《金猴降妖》(美术电影插曲精选,金复载等作曲,朱逢博等演唱,上影乐团伴奏)、《儿歌列车》(联唱)、《幼儿园音乐教材》(由上海市教育局组稿);少年儿童出版社出版的《春天》《好朋友》(马革顺等作曲,金波等作词、史真荣等配器演奏)、《养成好习惯》(韩棣华、汪玲等词曲,寓教于乐的歌曲集)、《宝宝真快乐》(赞美祖国的歌曲集,郑春华、汪玲等词曲)、《儿童益智歌曲》(罗晓航词曲,中福会少年宫合唱团演唱)、《荧屏小歌星》(影视儿童歌曲,徐景新、吴天忍等词曲)和上海音乐出版社出版的《娃娃的歌》(CD)、《中国少儿合唱歌曲》(CD)等。还有一类是配合儿童做体操、玩游戏的乐曲,如上海音乐出版社出版的《幼儿园歌曲、操节音乐》《律动与律动曲》和《音乐游戏王国》(音带)和上海声像出版社出版的《我将来到人间》(胎教音乐)《婴幼儿音乐》(生活、体操配乐)、《少年儿童体操音乐》等。

围绕少儿对故事、儿歌、诗文的需求,少年儿童出版社出版全国首套系列儿童配乐故事音带《365夜故事》,畅销全国,影响极大。在此基础上,少年儿童出版社又出版《365夜新故事》《365夜识字故事》等各类系列故事共50盒,成为畅销市场的"名牌产品"。此外还出版了《幼儿十万个为什么》《天天听百科》《婴儿故事大王》《中国寓言世界》《儿歌宝葫芦》等系列。

上海译文出版社配合本版图书录制出版《世界著名童话宝库》系列,完整收入了安徒生、格林等著名童话作家及法、德、意等国的知名童话,由上海译制片厂配音演员演播、拟音、配乐,营造了生动的氛围。《迪斯尼经典故事》为上海声像出版社从迪斯尼娱乐公司引进的儿童故事系列音带(已译成中文),有白雪公主、木偶奇遇记、绿野仙踪、睡美人等世界著名童话故事。

上海音乐出版社出版的《叽叽、嘎嘎、戆戆》《哩哩哩、恰恰恰》和上海声像出版社出版的《大头大头,下雨不愁》《摇啊摇,摇到外婆桥》等儿童音带,生动活泼,童趣盎然,可以帮助儿童提高正音、咬字的口齿能力。上海教育出版社出版的《看图学古诗》、上海声像出版社出版的《儿童学古诗》等诗文音像制品在装帧上都较有特点。上海译文出版社出版的《小博士英语》(田心、冰夫著,朱勤、尹小娅等解说朗诵,1999年)音带8盒,彩图书4本,通过单词初识、唱歌学英语、小对话等,视听结合,自然轻松。系列外语教学音带还有《儿童英语ABC》(上海海文音像出版社)、《贝贝学ABC》(少年儿童出版社)等。

上海声像出版社录制出版的音像带《眼保健操》(黄准作曲,上海交响乐团演奏,陈燮阳指挥)为国家教委审定并指定为全国中小学示范教材。有音带《让你的眼睛更明亮》(国家教委体卫司审定)、《我为健康保护牙》(上海市牙防所编写,梅梅等演播)、像带《小儿常见病推拿》(金义成编写、示范等)等。

中国唱片上海公司开发了诸多丰富的文艺类少儿选题,如故事类《儿童文学名著故事集》《宝宝摇篮故事》《燕子姐姐新故事》,益智类《中华五千年》《幼儿启蒙知识》《宝宝益智小全》等。少年儿童出版社开发了《幼儿十万个为什么》《上下五千年(儿童故事版)》等幼儿科普类选题。上海海文音像出版社出版、被列为"九五"国家重点音像出版规划项目的《幼儿知识宝库》系列,以彩图配乐的形式帮助幼儿看图识字学知识。1997年出版的《启蒙乐园——宝宝最爱唱的歌曲、宝宝最爱唱的童谣、宝宝最爱听的故事》(音带3盒,彩图3册)第一年即各销售1.2万套。

二、电子出版物

从20世纪末开始,以网络与计算机技术为主的现代信息技术开始在传统出版业中应用,引发电子出版物的萌生与发展。

新闻出版署1996年颁发《电子出版物管理暂行规定》，界定电子出版物的定义及主要媒体形态。电子出版物系指以数字代码方式将图、文、声、像等信息存储在磁光电介质上，通过计算机或具有类似功能的设备阅读使用，用以表达思想、普及知识和积累文化，并可复制发行的大众传播媒体。

电子出版物的主要形态有软磁盘、只读光盘（CD－ROM）、交互式光盘（CD－I）、照片光盘（PHOTO－CD）、集成电路卡（ICCARD）等。上海作为全国出版重地，依托领先的科技水平和丰富的出版资源，电子出版物出版走在全国的前列。

1994年10月，上海电子出版公司成立，是中国首家制作、出版和销售电子出版物的专业出版机构。1995年公司启动上海首批重大电子出版物工程。1996年，上海电子出版公司和上海辞书出版社合作出版的《儿童辞海》光盘版CD－ROM，将一部160万字、2 000多幅精美插图的《儿童辞海》印刷版的全部文字、图片集成于一片光盘上。公司还发挥多媒体技术优势，打破传统辞书以文释文的局限，融入了声像等新的感知形式，对相当多的条目插入了与此相关的世界名曲选段、各类艺术家唱腔、世界各国国歌、国旗以及100多幅动画影视资料，使光盘版不仅保持了印刷本的风格，又具有生动的形象性和时代感。1997年，上海电子出版公司等5家电子出版物出版单位和多家出版社通过特批版号出版电子出版物，全年共出版近百种多媒体光盘。

上海电子出版公司还与上海多家出版社合作，相继制作完成《汉语大词典》《英汉大词典》《教育大辞典》《辞海（1999年版）》等上海重大文化工程项目光盘出版。

《汉语大词典》CD－ROM1.0版1995年开始制作，1997年完成，由汉语大词典出版社和商务印书馆（香港）有限公司联合发行。光盘在制作中不仅保持原著的编排形式，还严格遵循原著内容，收入原书中的1.7万个汉字以及这些单字所带的30多万条复词和所收入的单字、复词的所有释义。此外还增加了《汉语大词典》中未收的单字约4 500个。光盘具有部首笔画、音读、笔顺、直接输入汉字、印刷本卷次页码、古音、匹配、单字信息、关联、跳转互动等多种查询功能，单字、复词、成语等浏览功能，单字部首笔画、汉语拼音、注音字母及复词笔画正、逆序等排序功能，是填补国内空白的电子工具书。

中国第一张收入城市综合信息的光盘——《上海大典》（CD－ROM）于1997年5月由上海三联书店出版发行。光盘汇聚3 000万文字、3 000幅图表、300幅电子地图、25分钟影视动画的巨量信息，配以12种快速简便的检索方法，为上海市重点信息工程，由全市各有关方面历时一年零八个月得以完成。

2001年9月，上海外语教育出版社推出《大学英语（全新版）》系列教材，并开发了配套的多媒体教学光盘、试题库和网络教学系统，在继承中国外语教材编写优良传统的基础上，锐意创新，成为外语教材出版领域的品牌。

2005年，上海13家电子出版单位共出版电子出版物313种，数量为1 285万片（张）。

2006年，上海18家电子出版单位共出版电子出版物327种，数量为3 069万片（张）。其中上海同济大学电子音像出版社的《中国古建筑系列》、上海外语教育出版社的"青春与世博同行"外语一百句系列多媒体光盘等16种选题，入选"十一五"国家重点电子出版物出版规划。

2008年，上海18家电子出版单位共出版电子出版物635种，数量为2 399万片（张）。

2010年，上海20家电子出版单位共出版电子出版物679种，数量为2 679万片（张）。教育类选题比重较大，配合图书出版的教材教辅类居多，如上海外语教育出版社配合《全新版大学英语》《新世纪英语专业本科生教材》出版的各个系列电子教案；医学类选题有所加强，上海复旦大学电子音像出版社、上海交通大学电子音像出版社、上海同济大学电子音像出版社都结合自己专业特色，策划了一批医学类电子出版物选题,如《病理生理学》《复杂腹壁缺损的外科治疗》等。电子出版物与传统出版物成为相互补充的两种出版形态。

第三节　数字出版物

数字出版是继报纸、期刊、图书、音像制品、电子出版物之后新的出版样式,主要形态包括电子书(eBook)、数字报纸、数字期刊、网络原创文学、网络教育出版物、网络地图、数字音乐、网络动漫、网络游戏、数据库出版物、手机出版物等。数字出版发展历史短、发展速度快、发展前景广阔,互联网出版在是其中有着重要地位。

一、电子书(eBook)

20世纪末,上海各出版社开始启动数字出版。2000年12月,上海世纪出版集团、上海新汇光盘(集团)有限公司、上海联和投资有限公司投资组建上海数字世纪网络有限公司。公司通过经营性出版专业网站易文网(www.ewen.cc)开展业务,具备互联网出版、信息服务与电子商务等多重功能。2003年10月,经新闻出版总署批准,易文网和东方网成为首批互联网出版机构单位。

2001年5月,上海科学技术出版社与北大方正电子公司结成联盟,形成出版社图书资源与北大方正电子书技术有机整合的解决方案。当年10月推出首批100本eBook(电子书),开始数字出版实质性探索。2003年4月,在中国出版工作者协会与中国图书馆学会等主办的全国网络出版年会上,上海科学技术出版社获首届全国网络出版先锋奖。

2003年,由北大方正集团开发的方正阿帕比数字版权保护系统(Apabi DRM)获2003年度信息产业重大技术发明奖。2003年,上海多家出版社开始与北大方正集团合作,着手电子书出版。当年,上海电子书出版品种为3700种,销售额为139.8万元。2004年,上海36家出版社通过方正平台开始数字出版业务,电子书出版品种8800种,销售额190多万元,比2003年增加36%。

2010年3月,上海世纪出版集团推出由出版机构出品的电子阅读器——辞海悦读器,以"品牌＋内容＋服务＋终端载具"的商业模式尝试传统出版数字化转型。辞海悦读器是基于电子墨水最新显示技术的类纸阅读器,内置《辞海》(2009年版)和《中华文化通志》(101册)等。"辞海天下"服务平台拥有上海世纪出版集团旗下17个出版机构、44种期刊、5种报纸和北京、台北、香港等地众多出版机构的正版图书资源支持。

2010年5月,由解放日报报业集团、上海新华传媒股份有限公司携手上海易狄欧电子科技有限公司共同投资成立上海新华解放数字阅读传媒有限公司,公司打造的"亦墨"电子阅读器在上海世博园区亮相。首款"亦墨"电子阅读器分为黄、紫、红、蓝四种颜色,分别采用了海宝、上海夜景、中国馆以及上海市市花白玉兰作为形象元素。可以下载万余种图书外,还可以免费试读一年的《解放日报》《新闻晨报》等报刊,并通过Wi－Fi随时上新浪网浏览新闻。"亦墨"世博版还内置了所有世博场馆介绍、上海地区导览等众多优质图书,被上海世博会事务协调局认定为世博特许限量珍藏版电子书。

2010年6月,由市经信委、市新闻出版局共同主办的上海市电子书产业发展联盟成立仪式暨上海市电子书产业发展合作对接会在上海举行。上海市电子书产业发展联盟是由具有行业影响力的企业、组织、机构及其他相关单位自愿参加的非营利性联合体,有56家业界知名的会员单位,其中有解放日报报业集团、盛大文学、世纪创荣等内容领域30多家单位,有易狄欧、明基、元太科技等终端领域10多家单位,还有移动、联通、电信等三大通信运营商,并吸引了广州金蟾等6家外省市企业入盟。仪式上,全国电子书标准工作组交互平台组落户上海。

2010年10月,盛大文学有限公司的盛大电纸书Bambook(锦书)上市销售。以"云中书城"为主要内容来源,拥有600亿字内容、300万部作品,日更新1亿字,90%资源可以免费下载。盛大文学与11家内容提供商签约,启动小说垂直搜索引擎的开发。这款历时一年半研发的产品,带有3G、Wi-Fi和USB连接上网功能。

2010年11月,新闻出版总署向全国首批21家企业颁发电子书相关业务资质证书,上海4家企业入选:上海人民出版社获准电子书出版资质,上海盛大网络发展有限公司获准电子书复制资质、电子书总发行资质,上海世纪创荣数字信息科技有限公司获准电子书复制资质,上海外文图书公司获准电子书进口资质。

二、网络游戏

2001年11月,上海盛大网络发展有限公司(简称上海盛大)推出的网络游戏《传奇》上市,迅速登上各软件销售排行榜首,以网络游戏为代表的中国游戏产业的新时代拉开了序幕。经过10年发展,上海网络游戏出版产业已形成较为完整的产业链。

【产业发展概况】

2003年,上海互联网游戏出版得到迅猛发展,上海20家网络游戏运营单位运营的网络游戏30余款,实现销售收入超过13亿元,税后利润6.5亿元,同时给电信、IT、媒体及传统出版带来150亿元的相关收入。此时,上海网络游戏产业占全国七成市场份额,盛大、第九城市成为国内知名网络游戏公司,全国十大网络游戏中有六家在上海运营。

2004年,上海网络游戏实现销售收入18.1亿元,约占全国24.7亿的73%,同比增长39%。上海的网络游戏有46款,其中进口游戏为27款,占58%,国产游戏为19款,占42%。在进口游戏中,韩国22款,占总数的47.8%;美国3款,占6.5%;日本1款,占2.2%;中国台湾1款,占2.2%。新闻出版总署公布的2004年度中国最受欢迎的十大网络游戏中,有六款是在上海运营的,分别是《传奇》《传奇三》《传奇世界》《奇迹》《天堂Ⅱ》《仙境传说》。2004年最受欢迎的十款民族网络游戏中,上海有三款,分别是《传奇世界》《英雄年代》《神迹》。在上海运营的网络游戏注册用户累计超过3.5亿个,投入商业运营游戏的同时在线人数超过200万人。

运营是网络游戏产业链的中间环节,也是网络游戏价值链的核心环节。2004年上海从事互联网游戏运营的企业有20多家,其中既有盛大、第九城市等上海的本土企业,也有光通、新浪、智冠等注册在外地而把游戏的运营放在上海的外地企业。从2004年的销售收入来看,盛大、光通、第九城市、新浪、智冠分别排在全国同行的第三、四、五、八位。上海已成为全国网络游戏的运营中心。盛大、第九城市起始阶段主要是引进产品,担当运营商,慢慢过渡为网络游戏开发商。其他比较知名的开发商有上海唯晶信息科技有限公司、游戏米果网络科技(上海)有限公司、魔法师多媒体股份有限公司等。上海开发的比较知名的游戏产品有《传奇世界》《英雄年代》《梦幻国度》《美猴王》《天方夜谭》《圣女之歌》等。另外,也有些上海企业注资或控股的外地和国外的开发公司,如盛大网络控股韩国ACT0Z公司,第九城市注资目标软件(北京)有限公司。

2005 年,上海从事网络游戏运营、研发的企业达 50 多家,运营的游戏有 46 款,实现销售 24.5 亿元,同比增长 35.4％,占全国网络游戏市场的 65％。在新闻出版总署公布的 2005 年度中国最受欢迎的 10 款网络游戏中上海占了 6 款。第九城市运营《魔兽世界》的成功等在业内引起很大的关注。

2006 年,全市网络游戏产业全年实现销售收入 38.9 亿元,同比增长 58.7％,占全国网游市场销售额的 60％。在新闻出版总署"实施中国民族网络游戏工程"的推动下,上海的网络游戏企业加大自主开发的力度,成功开发《征途》《航海世纪》《功夫小子》等一批有民族文化特色、形式多样、深受群众喜爱的网络游戏。一批寓教于乐、知识性竞技性的网络游戏成为玩家的新宠,有的出口到美国、加拿大、马来西亚、越南、印度、新加坡以及中国香港和台湾等十多个国家和地区,改变了上海网络游戏只进不出的局面。上海盛大网络发展有限公司出版,盛趣信息技术(上海)有限公司制作的网络版《疯狂赛车》获首届中华优秀出版物音像电子和游戏出版物奖。

2007 年 6 月,国家动漫游戏产业产权交易中心在上海联合产权交易所运行。中心由国家动漫游戏产业振兴基地和上海联合产权交易所共同组建,通过信息发布、产权转让、并购重组、产业链整合、产权评估等服务,推动中国动漫游戏产业产权化、资本化。

2007 年,上海互联网游戏出版产业继续高速增长。全年实现销售收入 63.7 亿元,占全国市场份额的 60.3％。正在运营和即将运营的网络游戏约为 70 款,从业人员 5 500 余人。游戏产品结构进一步优化,音乐舞蹈、体育竞技、休闲益智类游戏大量增加。

2008 年上海网络游戏产业实现 86.2 亿元的销售收入,占全国的市场份额为 46.9％,销售连续多年居全国第一位,正在运营和即将运营的网络游戏 120 多款,从业人员 9 000 余人。盛大网络、巨人网络、第九城市和久游网是全国名列前茅的运营商。2008 年 4 月,《征途》同时在线人数达到 210 万,成为"中国第一网游"。2008 年 5 月,《巨人》首轮公测中在线人数突破 34.4 万,是当年公测表现最好的网络游戏之一。

2009 年,上海网络游戏产值约 110 亿元,占全国比重为 43％。张江国家数字出版基地总产值达 90 亿元,共引进相关数字出版企业 64 家,注册资金合计 20 亿元,基本形成网络文学、互动教育、网络游戏、艺术典藏、手机出版等特色产业聚集的数字出版产业链。

2010 年,上海的网络游戏企业有 20 家,合计营业收入约 125 亿元。其中,上海盛大网络发展有限公司,年度净营业收入达到 56.04 亿元人民币,同比增长 7％;上海巨人网络科技有限公司年度营业收入 25.2 亿元,同比增长近 10％;上海久游网络科技有限公司约 8 亿元;上海邮通科技有限公司约 5.8 亿元;上海网之易网络科技发展有限公司约 12 亿元。

【主要游戏产品】

传奇世界 盛大游戏自主开发,上海盛大网络发展有限公司服务运营的奇幻动作类 MMORPG(大型多人在线角色扮演)网络游戏。2003 年 7 月公测,9 月开始商业化运营。游戏构建了一个完整的虚拟社会体系,每一个玩家都能在游戏中体会不一样的人生。师徒、夫妻、行会等社会关系,使玩家有效地参与到攻城略地、行会战斗、文明发展、个体交往等虚拟社会活动中去。截至 2010 年累计注册用户近亿,游戏最高同时在线人数突破 50 万,是同类型游戏中极具用户号召力的产品。获 2003 年 ChinaJoy"金翎奖"年度"最受欢迎民族网络游戏"、2004 年中国游戏产业年会"十大最受欢迎民族网络游戏"和"最佳网络游戏"、2005 年度"玩家最喜爱的十大网络游戏"等奖项。

冒险岛 韩国游戏公司 WIZET 和 NEXON 开发,上海盛大网络发展有限公司代理运营的 2D

横版卷轴式网络游戏。2004年7月在中国大陆发行。游戏以被"黑暗力量"不断入侵,因而进入"浑沌期"的世界为背景,勇士们组成了联盟,再次与"黑暗力量"展开激斗。游戏设五大职业体系和七大游戏阵营,反映正义与邪恶的斗争。游戏上线后受到欢迎,游戏的衍生作品包括动画片《枫之谷》(又名《枫叶物语》)、网游连载漫画《枫叶徽章》以及冒险岛系列的网页游戏、手机游戏、单机小游戏等。2009年、2010年连续两年获中国游戏产业年会"十大最受欢迎的休闲网络游戏"奖。

魔兽世界 美国暴雪娱乐公司开发,上海第九城市信息技术有限公司代理运营的大型多人在线角色扮演网络游戏。2005年3月在中国大陆限量测试,同年6月正式商业化运营。2009年6月起由上海网之易网络科技发展有限公司代理运营。游戏的故事背景缘起于《冰封王座》四年后的艾泽拉斯大陆。游戏的核心玩法是角色扮演,玩家可以选择自己喜欢的种族,每个种族都各有自己鲜明的特色。在探索世界的过程中,玩家发觉并阻止黑暗势力,挖掘艾泽拉斯的历史,结交志同道合的好友,守护来之不易的和平。截至2008年4月,《魔兽世界》在全球MMORPG游戏市场占有率达62%,2008年底全球已有超过1 150万的用户,并被收入至2008年的《吉尼斯世界纪录》中。

劲舞团 韩国T3娱乐公司制作,上海久游网络科技有限公司代理运营的以"音乐+舞蹈"为主题的电脑端舞蹈网络游戏。2005年7月在中国大陆发行。核心玩法为"音乐舞蹈模拟",即根据音乐节奏,按照舞步中的箭头顺序依次输入方向键,舞步准确输入完毕后,当小珠球从左至右移动到蓝白闪光区域时,敲击空格键,角色就开始调跳舞。基于这一核心玩法衍生出不同的游戏模式,包括单人模式下经典的个人同步模式、难度升级的高级个人同步模式和自由舞步,团队模式下的情侣舞步等。2005年5月公测,同时在线玩家突破8万人,游戏用户突破100万。2006年3月14日《劲舞团》"浪漫满屋"版正式上线。2007年2月18日19点43分同时在线人数突破78万,成为当代最火网络游戏之一,获2007—2008年中国IT品牌风云榜"年度最佳游戏编辑选择奖"、2007年ChinaJoy"金翎奖"年度"最佳境外网络游戏"、2007年中国游戏产业年会年度"十大最受欢迎网络游戏""十大最受欢迎休闲网络游戏"等奖项。

街头篮球 韩国JoyCity Entertainment公司开发,上海天游软件有限公司于2005年10月引进运营的中国大陆第一款以篮球为主题的网络游戏。与以往篮球游戏不同的是,《街头篮球》每一位玩家扮演一名队员参与比赛,比赛过程中所强调的团队精神是以往此类游戏所无法比拟的,健康的游戏环境、运动时尚的题材、多人互动的对战模式深受年轻人的喜爱。2006年获时代中国最受欢迎网游奖和ChinaJoy"金翎奖"年度"玩家最喜爱的十大网络游戏"奖。2010年,《街头篮球》获世界参与人数最多的电子竞技比赛世界纪录,超过28万选手参加比赛;同年第一届《街头篮球》世界杯在上海开幕,共有8个国家地区的选手参与比赛,20家电视及网络媒体进行了直播。

征途 上海巨人网络科技有限公司第一款自主研发运营的2D大型多人在线角色扮演网络游戏,2006年4月公测并上线。游戏以中国武侠文化为基础,融合PK战争、休闲竞技、恋爱养成等众多游戏内容,有十国争斗设定、八大职业选择,为玩家提供全方位的游戏体验。2005年11月内测时采用免费模式,在线人数一路飙升。2006年4月公测时在线人数突破20万,创造了网游公测人数的一个奇迹。2006年8月正式运营,同年9月《征途》开创"给玩家发工资"模式,同时在线人数突破45万。2007年5月20日18点56分,同时在线人数突破100万,成为全球第三款同时在线人数突破百万的网络游戏。获2006年、2007年中国游戏产业年会"十大最受欢迎网络游戏"和"十大最受欢迎民族网络游戏"、2007—2008年度中国IT品牌风云榜"年度最佳游戏编辑选择奖"和"国产网络游戏市场占有率第一品牌"等奖项。

跑跑卡丁车 韩国NEXON公司开发,上海邮通科技有限公司世纪天成代理运营的以时尚卡丁车运动为题材的休闲网络游戏。2006 年在中国大陆正式运营以来,《跑跑卡丁车》一直坚持绿色健康、玩家为本的运营理念,抓住竞技游戏最核心的公平性原则进行各次版本更新,最终依靠可爱的 Q 版造型、简单易懂的操作和出众的游戏品质,迅速征服全国上下各年龄层的玩家,屡创休闲网游最高在线记录,成为当下年轻人最喜欢的竞速网游之一,总用户注册达 3 亿。运营当年即获中国软件行业协会"金手指"年度最佳休闲游戏、"中国游戏风云榜"最佳休闲网络游戏两大奖项,2007 年再获 ChinaJoy"金翎奖"年度"最佳 Q 版网络游戏"奖,2009 年、2010 年连续两年被评为 ChinaJoy"金翎奖"年度"玩家最喜爱的十大网络游戏"。

蜀门　上海云蟾网络科技有限公司自主开发,上海绿岸网络科技股份有限公司运营的中国仙侠风格的 MMORPG(大型多人在线角色扮演)网络游戏。以中国《蜀山剑侠传》为故事背景,以人、仙、魔三界对抗为故事主线,结合了帮会战争、野外 PK、锻造系统、法宝修炼、宠物、凝神系统、自动寻路、经典 5 人副本等诸多元素。2009 年 8 月开启公测,凭借游戏内容的制作精良以及耳目一新的美术特效表现,迅速引起了国内玩家和游戏媒体的注意,到年底大陆地区注册玩家近 2 500 万。2010 年《蜀门》在游戏规模不断扩大的同时加大游戏后续内容的研发制作上,推出史诗级资料篇"醉逍遥",并且邀请到了香港当红艺人"古天乐"先生作为公司游戏产品的形象代言人为期 5 年。截至 2010 年 12 月,同时在线玩家最高突破 30 万。2009 年获"腾讯游戏风云榜"年度十大最受欢迎网络游戏。2010 年获中国游戏产业年会"最受欢迎民族网游"和"17173 游戏风云榜"年度最佳 2.5D 网络游戏奖、"百度游戏风云榜"十大新锐网络游戏称号。

摩尔庄园　上海淘米网络科技有限公司自主开发运营,是专为中国 6 到 14 岁少年儿童设计的安全健康益智的虚拟互动社区养成类网页游戏。2008 年 4 月发行,为国内第一款绿色健康的儿童网上虚拟社区游戏。《摩尔庄园》页游以"健康、快乐、创造、分享"为主题,以现实生活中的城市为背景,虚构了一个梦幻、美好的虚拟世界,上线后受到用户交口赞誉。2008 年,《摩尔庄园》获年度网页游戏评选大赛"养成类精英奖"。2009 年获"百度游戏风云榜"最佳网络游戏奖,成为这一奖项的第一个儿童类游戏,并被收入湖北省武汉市九年义务教育《综合实践活动·信息技术》教科书。2010 年《摩尔庄园》获第二届中国出版政府奖音像制品电子出版物网络出版物奖,这是中国出版政府奖设立以来给儿童网络虚拟社区产品颁发的第一个大奖。同年,《摩尔庄园》还获第三届中华优秀出版物音像电子和游戏出版物奖。

永恒之塔　韩国 NCsoft 公司开发,上海盛大网络发展有限公司盛大游戏运营的 3D 大型多人在线角色扮演网络游戏,开创端游新玩法。2009 年 4 月在中国大陆公测并上线。游戏故事围绕龙族、天族与魔族三者之间的矛盾冲突展开。玩家可以选择天族或者魔族,而龙族就是怪物以及 NPC。三者间存在互相竞争、对抗或合作的关系。游戏不但有 PVP,还有 PVE 和 PVX,《永恒之塔》的战斗系统动作流畅,技能和特效炫丽,引擎则采与《FarCry》相同的"Cry engine"。2009 年《永恒之塔》上线点亮上海金茂大厦宣传营销活动,获第 16 届中国国际广告节"中国媒介创新营销奖金奖",《永恒之塔》获 2009 年 ChinaJoy"金翎奖"年度"玩家最喜爱的十大网络游戏""最佳 3D 网络游戏""最佳境外网络游戏"等奖项。

赛尔号　上海淘米网络科技有限公司自主开发运营,专为中国 7 到 14 岁儿童设计、绿色健康的儿童科幻虚拟社区养成类网页游戏。《赛尔号》以探寻太空新能源、探险、精灵养成为主题,述说赛尔们在为人类寻找能源时,与各种精灵之间发生的曲折离奇的故事。每个孩子将操作属于自己的太空能源探索机器人前往太空,利用各种装备寻找适合的新能源,研究和训练外星精灵。2009 年 6 月发行,游戏主题健康和谐,不仅在国内首推夜间关闭网站的模式,还推出了"淘米妈妈"家长管理系统、儿童绿色上网家庭手册等多个确保孩子绿色、健康上网行为的举措。2010年,《赛尔号》获"我最喜欢的游戏年度十佳榜十佳游戏情节奖"和"百度游戏风云—风云网页游戏奖"。

反恐精英 Online 韩国 NEXON 公司以美国 Valve 公司的游戏《反恐精英 cs1.6》为基础创作开发,上海邮通科技有限公司世纪天成代理运营的 FPS(第一人称射击)网络游戏。2008年12月在中国大陆发行。游戏拥有枪战、僵尸、机甲等多种当下热门元素,其中多个生化题材模式玩法受到玩家欢迎,最高在线人数达到40万。2009年,《反恐精英 Online》在中国网吧游戏盛典评选中同时获"最佳 FPS 游戏奖"和"最佳休闲游戏奖",并获中国游戏产业年会2009年度"十大最受欢迎休闲网络游戏"、腾讯2010年中国网络游戏风云榜年度"最佳射击类网游"等奖项。

【中国民族网络游戏出版工程】

2004年始,新闻出版总署着手推进"中国民族网络游戏出版工程"建设,按照2004年至2008年五年期间开发出版100种大型优秀民族网络游戏的工程既定目标,扶持享有自主知识产权的民族网络游戏研发,提高中国民族网络游戏出版产业的核心竞争力和市场占有率,优化中国网络游戏出版产业结构,为广大群众特别是未成年人提供具有中国民族特色的网络游戏。

2004年8月,新闻出版总署公布"中国民族网络游戏出版工程"首批21种入选游戏,其中上海占5种:上海盛大网络发展有限公司的《梦幻国度》《英雄年代》《三国豪侠传》,上海久诚信息技术有限公司的《快乐西游》和上海腾武数码科技有限公司的《功夫 Online》。

2005年9月,新闻出版总署公布"中国民族网络游戏出版工程"第二批20种入选游戏,上海占4种:上海米果在线信息服务有限公司的《真封神之天尊地魔》,盛趣信息技术(上海)有限公司的《功夫小子》《中华英雄谱》,上海润星网络科技有限公司《超级舞者》。

2007年7月,新闻出版总署公布"中国民族网游出版工程"第三批入选选题目录20种选题,上海8款游戏入选,分别是盛趣信息技术(上海)有限公司的《疯狂赛车》,久之游信息技术(上海)有限公司的《超级乐者》《疯狂卡丁车》,上海摩力游数字娱乐有限公司的《海盗王 Online》,上海新娱动数码科技有限公司的《生活秀》,上海米果在线信息服务有限公司的《如来神掌》和研发机构设在上海的杭州渡口网络科技有限公司的《天机 Online》,苏州市蜗牛电子有限公司的《机甲世纪》。

2008年5月,新闻出版总署公布"中国民族网络游戏出版工程"第四批入选选题25种,上海7款游戏入选,分别是盛趣信息技术(上海)有限公司《巨星》、上海第九城市信息技术有限公司《名将三国 Online》、上海宇皇软件有限公司《疯狂派对》、上海冰动信息技术有限公司《极道车神》、上海征途信息技术有限公司《巨人》、久之游信息技术(上海)有限公司《劲爆滑板》、上海久游网络科技有限公司《劲爆篮球》。

2009年,新闻出版总署公布"中国民族网络游戏出版工程"第五批入选选题22种,上海7款游戏入选,分别是上海乌龙网络技术发展有限公司《乌龙学院》,上海大承网络技术有限公司《龙》,上海第九城市信息技术有限公司《九洲战记》,久之游信息技术(上海)有限公司《疯狂飙车 Online》,上海盛大网络发展有限公司《穿越 OL》,苏州蜗牛电子有限公司《天子》,上海八皇网络科技有限公司《名将》(由上海八皇网络科技有限公司开发,深圳市八泽网络科技有限公司申报)。

截至2010年,新闻出版总署先后5次组织"中国民族网络游戏出版工程"选题的评选论证工作,共有108款民族原创网络游戏选题列入并投入出版运营,取得了良好的经济效益和社会效益,促进了中国民族原创网络游戏出版的繁荣发展,提高了中国民族原创网络游戏产业的整体竞争力,使民族原创网络游戏成为国内游戏市场的主导力量。

【主要获奖作品】

中华优秀出版物奖 中华优秀出版物奖评选由中国出版工作者协会主办,2006 年开始举办,每两年评选一次,设图书奖、音像电子和游戏出版物奖、全国优秀出版科研论文奖三个子项。2006 年,首届中华优秀出版物奖颁奖,上海盛大网络发展有限公司出版、盛趣信息技术(上海)有限公司制作的网络版《疯狂赛车》获音像电子和游戏出版物奖。

2008 年,第二届中华优秀出版物奖颁奖,上海第九城市信息技术有限公司出版、制作的 PC 版、网络版《快乐西游》;上海盛大网络发展有限公司出版、南京盛大网络发展有限公司制作的 PC 版、网络版《梦幻国度》;北京青鸟科教电子出版社出版、上海摩士客网络科技有限公司制作的 PC 版、网络版《多猫》获音像电子和游戏出版物奖。上海盛大网络发展有限公司出版、北京中娱在线网络科技有限公司制作的 PC 版、网络版《乱武天下》;上海巨人网络科技有限公司出版、上海征途信息技术有限公司制作的 PC 版、网络版《巨人》获音像电子和游戏出版物提名奖。

2010 年,第三届中华优秀出版物奖颁奖,上海电子出版社出版、上海绿岸网络科技有限公司制作的网络版《蜀门 Online》;上海同济大学电子音像出版社出版、上海淘米网络科技有限公司制作的网络版《摩尔庄园》;上海巨人网络科技有限公司出版、上海征途信息技术有限公司制作的网络版《绿色征途(V1.0)》获音像电子和游戏出版物奖。上海久游网络科技有限公司出版制作的网络版《宠物森林》获音像电子和游戏出版物提名奖。

中国游戏产业年会 中国游戏产业年会由新闻出版广电总局主管,所评选的“中国游戏十强”是中国游戏产业具有代表性、影响力和公信力的荣誉。2005 年 1 月,首届中国游戏产业年会在广东番禺召开,上海盛大运营的《传奇》《传奇 3》《传奇世界》和上海第九城市运营的《奇迹》获“十大最受欢迎的网络游戏”奖项。《传奇世界》和《英雄年代》获“十大最受欢迎的民族网络游戏”奖项。上海世纪天成运营的《反恐精英》获“十大最受欢迎单机游戏”奖项。

2006 年 1 月,第二届中国游戏产业年会在厦门召开,上海育碧运营的《波斯王子:武者之心》获“十大最受欢迎的单机游戏”奖项。第九城市运营的《魔兽世界》及盛大网络运营的《传奇世界》《仙境传说》《冒险岛 Online》获“十大最受欢迎的网络游戏”奖项。盛大网络运营的《传奇世界》获“十大最受欢迎的民族网络游戏”奖项。

2007 年 1 月,第三届中国游戏产业年会在成都召开。上海育碧运营的《波斯王子:王者无双》获十大最受欢迎的单机游戏奖。上海征途网络运营的《征途》、第九城市运营的《魔兽世界》、上海润星运营的《劲舞团》、上海邮通运营的《跑跑卡丁车》和上海天联世纪运营的《街头篮球》获十大最受欢迎的网络游戏奖。上海征途网络运营的《征途》获十大最受欢迎的民族网络游戏奖。久游网运营的《超级舞者手机版》获十佳名族手机游戏奖。上海征途网络运营的《巨人》、上海悠游网运营的《黄易群侠传》、第九城市运营的《奇迹世界》和上海游戏米果网络运营的《如来神掌》获 2007 年度最受期待的网络游戏奖。

2008 年 1 月,第四届中国游戏产业年会在苏州召开。上海盛大网络运营的《传奇世界》和上海巨人网络运营的《征途》获十大最受欢迎的民族网络游戏奖。上海第九城市运营的《魔兽世界》、上海邮通运营的《跑跑卡丁车》、上海盛大网络运营的《冒险岛》、上海巨人网络运营的《征途》和上海久游运营的《劲舞团》获十大最受欢迎的网络游戏奖。上海邮通运营的《跑跑卡丁车》、上海久游运营的《劲舞团》《疯狂卡丁车》《超级舞者》、上海盛大网络运营的《冒险岛》和《泡泡堂》、上海天纵网络运营的《飙车》、上海天游运营的《街头篮球》获十大最受欢迎休闲网络游戏奖。

2009 年 1 月,第五届中国游戏产业年会在青岛召开。上海盛大运营的《纵横天下》、上海晨路信息运营的《武林三国》、上海维莱信息运营的《部落战争》获十大最受欢迎的网页游戏奖。上海久游运营的《劲舞团》和《超级舞者》、上海天游运营的《街头篮球》、上海邮通运营的《跑跑卡丁车》、上海盛大网络运营的《冒险岛》和《疯狂赛车》获十大最受欢迎的休闲网络游戏奖。上海第九城市运营的《魔兽世界》、上海盛大运营的《传奇世界》、巨人网络运营的《征途》、上海久游运营的《劲舞团》获十大最受欢迎的网络游戏奖。上海盛大网络运营的《传奇世界》、巨人网络运营的《征途》、上海久游运营的《超级舞者》获十大最受欢迎的民族网络游戏奖。

2010 年 1 月，第六届中国游戏产业年会在大连召开。上海育碧运营的《魔法门之英雄无敌》完美珍藏版、《猎杀潜航 4：太平洋海狼》《彩虹六号：拉斯维加斯》《波斯王子》和《英雄无敌 V：东方部落》获十大最受欢迎单机游戏奖。上海风线数码运营的《疯狂坦克》获十大最受欢迎原创手机游戏奖。上海淘米网络开发的《摩尔庄园》、盛大游戏运营的《大海战》、上海晨路信息运营的《武林英雄》获十大最受欢迎网页游戏奖。盛大游戏运营的《永恒之塔》和《风云》、上海巨人网络运营的《征途》、上海邮通运营的《反恐精英 OL》获十大最受欢迎的网络游戏奖。上海邮通运营的《跑跑卡丁车》和《反恐精英 OL》、盛大游戏运营的《冒险岛》、上海久游网运营的《劲舞团》、上海巨人网络运营的《体育帝国》、上海天游软件运营的《街头篮球》和上海天纵网络运营的《飙车》获十大最受欢迎的休闲网络游戏奖。

三、网络文学

随着互联网的普及应用，运用网络创作和传播文学作品以及提供相关增值服务的网络文学出版得到快速发展。这一新兴出版业态由于将创意产业与信息技术产业紧密融合，广受众多文学爱好者及青少年喜爱，已成为中国数字出版产业的重要组成部分和网络文化消费的重要产品类型。

1997 年，"榕树下"开创了中国文学原创文学网站的先河。1999 年 8 月上海榕树下计算机有限公司成立，"榕树下"成为首个文学类互联网品牌。2000 年，林庭锋、侯庆辰、罗立等第一代网络文学代表作家先后开始创作。经过几年的发展，截至 2001 年 9 月，"榕树下"存稿量已达 60 万篇，拥有签约作者 3 000 人。"榕树下"的主要收入来自 5 大核心业务：联合出版，电台贴片广告，OEM 产品授权，在线文稿交易以及广告。其中，"榕树下"将网络出版和传统出版相结合的发展方向，即联合出版，传统图书出版是"榕树下"收入的最重要来源，2000 年的收入为 1 600 万元。

类似"榕树下"的文学网站上海有十多家。2001 年，林庭锋、侯庆辰、罗立等人创立起点中文网的前身"中国玄幻文学协会"，成为中国第一个以网络原创文学为定位的平台。2002 年 5 月，吴文辉、商学松、林庭锋、侯庆辰、罗立等共同创立"起点中文网"。2003 年 8 月，起点中文网推出升级版本。新版本首创的书库模式大受欢迎，网站流量大幅上涨，赢得了 2003 年个人网站大赛第一名。2003 年 10 月 10 日，起点中文网推出第一批 VIP 电子出版作品，启动 VIP 会员计划。这一商业模式成为世界数字出版三种广为认可的商业模式之一，既不同于 Google 的数字图书馆模式，也不同于亚马逊的 Kindle 模式，起点中文网首创的网络文学连载和微支付的模式，解决了作家创作回报的问题，使纯兴趣写作有了持续性、激励性，确保了内容的连续供给。起点中文网因此快速成长，2003 年 11 月，在全国个人网站大赛上，起点中文网获第一名。

2004 年 6 月 1 日，起点中文网在世界 ALEXA 排名第 100 名，成为国内第一家跻身于世界百强的原创文学门户网站。10 月，盛大网络发展有限公司收购了起点中文网。2005 年 3 月，起点中文网推出"起点职业作家体系"，网络文学首批职业作家陆续诞生。2005 年 5 月，起点中文网三周年庆推出了 VIP 用户分级体系,标志着网络文学读者运营的进一步深化。2005 年 10 月,起点中文网推出了作家福利制度,成为首个推出通过网站补贴、奖励作家的创作扶持体系,并成为行业标准,为网络文学创作持续化、作家职业化提供了重要的制度保障。2005 年 12 月,起点中文网累计支付作者稿酬达到 1 500 万元。

2005 年,起点中文网还相继完成网络文学史上第一次游戏、影视、话剧、有声读物等版权的授权,诸如《鬼吹灯》《斗破苍穹》《斗罗大陆》等作品,这些均开创网络文学及数字出版的版权衍生开发模式,使得网络数字出版不再仅限于发行、阅读,而是开始向产业化迈进。

2006 年 7 月,起点中文网推出"白金作家计划",成为网络文学首个高端作家品牌。"白金"成为行业公认的顶级作家标志由此开始。2006 年 8 月,起点中文网宣布仅作家福利中的"半年奖"项目半年发放达 150 万元。2006 年 9 月,起点中文网日平均浏览量突破 1 亿。

2007 年 3 月,起点中文网宣布启动"千万亿计划",建立专项教育培训基金培训作者,并打造"起点保障金制度"和"起点福利制度"等各项作者保障制度。2007 年 4 月,起点中文网与上海社科院联合举办"网络文学创作高级研修班",成为首个网络文学与研究机构合作培训项目。5 月,起点中文网发布作家保障、支持、奖励计划。11 月,盛大网络投资知名原创网站晋江文学城。晋江文学城 2003 年 8 月创立,以爱情等原创网络小说出名。

2004 年 12 月,起点中文网在上海召开盛大起点 2004 年原创文学之旅年会,创国内网络文学年会盛况。2005 年 12 月,第二届中国原创文学年会暨起点作者年会在上海召开,探讨原创文学及出版工作的发展。随着网络文学文化影响力的逐步显现,网络小说纸质书出版爆发式增长。2006 年 2 月,作者天下霸唱在起点中文网发表《鬼吹灯》,后由安徽文艺出版社出版。作者南派三叔 2006 年 7 月在起点中文网上连载的《盗墓笔记》,后由中国友谊出版公司、时代文艺出版社出版。《盗墓笔记》系列是南派三叔代表作,受到上百万读者追捧,作者凭此作名满天下,跻身中国超级畅销书作家行列。

仙侠类的《诛仙》、历史类的《明朝那些事儿》等网络小说纸质书,也成为各大书店排行榜靠前的畅销书,印数动辄数十万乃至上百万册。网络小说跻身出版社文学类作品重要出版物之一。据统计,仅 2002—2010 年,中国网络文学转化为纸质书的数量有近百种。

表 4－2－15　2000—2009 年上海网络文学主要作品一览表

年　份	作　家	作　品
2000 年	今何在	悟空传
2003 年	萧鼎	诛仙
2005 年	桐华	步步惊心
2006 年	天下霸唱	鬼吹灯
2006 年	南派三叔	盗墓笔记
2006 年	月关	回到明朝当王爷
2006 年	当年明月	明朝那些事儿
2006 年	辰东	神墓
2007 年	辛夷坞	致我们终将逝去的青春

（续表）

年　份	作　家	作　品
2007 年	酒徒	家园
2008 年	唐家三少	斗罗大陆
2008 年	我吃西红柿	盘龙
2009 年	猫腻	间客
2009 年	阿耐	大江东去
2009 年	天蚕土豆	斗破苍穹

表 4－2－16　上海部分网络文学作品转化作纸质图书一览表

出版年份	作　品	作　者	出　版　社
2003 年	兄与弟	圣者晨雷	长江文艺出版社
2004 年	我踢球你在意吗	林海听涛	中国青年出版社
2005 年	我们是冠军	林海听涛	北方文艺出版社
2005 年	白狐天下	洛水	时代文艺出版社
2005 年	聚灵	圣者晨雷	海洋出版社
2005 年	搜神记	树下野狐	辽宁教育出版社 万卷出版公司
2006 年	善心得善果：报君恩	度寒	重庆出版集团
2006 年	蛮荒记	树下野狐	新星出版社
2006 年	仙楚	树下野狐	广西人民出版社
2006 年	不死传说	石三	中国戏剧出版社
2007 年	鬼吹灯	天下霸唱	安徽文艺出版社
2007 年	盗墓笔记	南派三叔	中国友谊出版公司 时代文艺出版社
2007 年	彼岸之梦想	圣者晨雷	海洋出版社
2007 年	金匮六壬盘	圣者晨雷	新世界出版社
2007 年	异界重生之血族狂法师	8 难	中国电影出版社
2007 年	朱雀记	猫腻	花山文艺出版社
2008 年	雨梦传奇	紫伊 281	花山文艺出版社
2008 年	鬼面王妃倾城爱：皇上放开我	桑甜	现代出版社
2008 年	带着校草去私奔	桑甜	珠海出版社
2008 年	凤夜宫声	府天	朝华出版社
2008 年	誓不为妃	云外天都	万卷出版公司

（续表）

出版年份	作　品	作　者	出　版　社
2008 年	宫斗高手在现代	孤钵	珠海出版社
2009 年	且行且爱恋	楚千墨	新世界出版社
2009 年	琴剑魔音	楚千墨	内蒙古人民出版社
2009 年	暴君的权利：一夜倾城	桑甜	珠海出版社
2009 年	爱情底线	楚千墨	广西人民出版社
2009 年	荆棘爱	楚千墨	江苏文艺出版社
2009 年	六宫无妃	月斜影清	万卷出版公司
2009 年	史上第一混乱	张小花	黄山书社
2009 年	锦瑟年华	府天	花城出版社
2009 年	囧囧女神	云外天都	中国文联出版公司
2009 年	恨不相逢陌上花	孤钵	花城出版社
2010 年	乔乔职场历险记	楚千墨	世界知识出版社
2010 年	斗破苍穹	天蚕土豆	湖北少年儿童出版社
2010 年	OFFICE 不谈爱情	楚千墨	江苏文艺出版社
2010 年	试离婚	楚千墨	国际文化出版公司
2010 年	隐婚	楚千墨	国际文化出版公司
2010 年	职场斗	楚千墨	武汉出版社
2010 年	冷宫之绝色夜叉	云外天都	金城出版社
2010 年	我是人间惆怅客	玉扇倾城	古吴轩出版社
2010 年	一朝为后	童童	江苏文艺出版社
2010 年	天魔变	月萧寒	台海出版社
2010 年	洗冤录：汉五案传奇	圣者晨雷	陕西人民出版社
2010 年	朱门风流	府天	远方出版社
2010 年	铁骨	天子	北岳文艺出版社
2010 年	尚宫	云外天都	江苏文艺出版社
2010 年	暴君的宠姬	云外天都	中国戏剧出版社

　　2008 年 7 月，盛大文学有限公司成立，整合起点中文网、晋江原创网、红袖添香网等原创文学网站，通过全版权运营，进入互联网环境下网络文学发展新阶段。

　　盛大文学作为盛大网络旗下主要企业，和盛大游戏有限公司、盛大在线有限公司向互动娱乐媒体的战略目标稳步迈进。盛大以技术创新和商业模式创新为目标的平台——盛大创新院，在语音云计算、搜索、多媒体等领域建立主题创新分院，同时在美国、新加坡等地成立创新分院，并从国外请回相关领域带头人。这些顶尖人才为盛大乃至上海在此领域建立国际化人才高地提供支持。在2010年全世界语音识别领域最权威的 NIST SRE 比赛中,盛大创新院语音团队力压 MT、斯坦福研究中心、IBM 等众多名校名企,在 9 个单项中获 5 个第一,整体综合指数排名第一。

2008 年 2 月,起点中文网 WAP 站成为十大移动网站之一。7 月,盛大网络收购知名原创网站红袖添香。红袖添香 1999 年 8 月 20 日创立,为用户提供涵盖小说、散文、杂文、诗歌、歌词、剧本、日记等体裁的创作和阅读服务,在言情、职场小说等女性文学写作及出版领域独占高地。10 月,起点中文网的运营公司上海玄霆娱乐信息科技有限公司获新闻出版广电总局(原新闻出版总署)核发的互联网出版许可证,经营范围为互联网文学出版物、手机文学出版物。12 月,中国首例网络文学作品侵权案——起点中文网诉"云霄阁"盗版侵权案终审判决,被告人以侵犯著作权罪被判处有期徒刑 1 年 6 个月,并处罚金 10 万元。

2009 年 1 月,起点中文网推出粉丝值系统,通过提高区分读者荣誉度来刺激读者的参与积极性和消费意愿,这标志网络文学粉丝运营时代的来临。针对当时优秀作家的需求,起点中文网 2009 年推出"大神"作家品牌。这年 4 月,起点中文网白金作家天蚕土豆(李虎)的古装玄幻小说《斗破苍穹》开始连载,网络总点击量近 3 亿。6 月,起点中文网推出"打赏"功能。2009 年 7 月,盛大文学收购图书出版公司华文天下。华文天下 2001 年成立,策划过大量优秀畅销书,其中多本图书单品销量超过一百万册。11 月,起点女生频道更名为起点女生网成立,致力于对女性网络原创文学及作者的培养和挖掘,成为女性阅读又一代表品牌。起点女生网依托起点中文网的成熟运作机制,成功实现女性网络原创文学的商业化发展模式,囊括《步步惊心》《搜索》《毒胭脂》等多部热门影视剧的原著小说版权。2009 年 12 月,盛大文学收购"榕树下"。作为国内历史最悠久的文学类网站之一,"榕树下"囊括一批在华语文学界极具影响力的作家,如韩寒、慕容雪村、宁财神、李寻欢、安妮宝贝、邢育森、蔡骏、今何在、郭敬明等。2009 年年底,"榕树下"宣布改版上线,在原来的原创文学网站基础上,转型为一个传播文学、文化评论及原创写作的综合人文媒体。

2010 年 3 月,盛大文学收购知名女性文学网站潇湘书院。2001 年创立的潇湘书院,一直以做中国最好的女生原创网站为目标,立志为广大原创作者提供公平、公正、健康的文学发展平台。4 月,盛大文学收购知名图书发行公司中智博文图书有限公司。中智博文 2003 年成立,是一家专业从事图书策划、营销推广和发行代理的民营企业。5 月,盛大文学收购知名原创网站小说阅读网。小说阅读网 2004 年 5 月成立,是国内优质文学版权运营商,网站拥有海量原创作品、签约作家、签约编剧及用户群,2009 年 4 月新版上线、开通 VIP 系统后,打造多部点击过亿的超人气签约作品,创下单部作品点击逾两亿、单章订阅超三万、月稿酬收入过三万等各项纪录。同年 7 月,盛大文学又收购知名音频内容品牌天方听书网。天方听书网 2004 年成立,专注于有声读物的研发和市场运作,经多年运营和发展,已成为国内引领行业发展的听书网站。2010 年,运营盛大文学的上海玄霆娱乐信息科技有限公司(含起点中文、晋江文学、红袖添香等 9 个文学网站),年营业收入约 5.5 亿元,比上年增长 175%。

2010 年,盛大通过完成集团化改造,形成集团总部、若干个业务子集团和 40 余家控股业务公司的分层治理的集团化架构和"小集团、大公司"产业多元化战略布局。通过业务模式创新和组织架构调整,吸引包括中国第一门户网站新浪网总编辑侯小强等多位行业高端人才的加入。

网络文学作品在转化为纸质书的同时也逐渐受到影视产业青睐,许多网络文学作品转化为影视作品。如桐华创作的网络文学作品《步步惊心》,2005 年起在晋江原创网连载。2009 年,《步步惊心》成为盛大文学旗下第一部被改编并启动影视局拍摄的网络小说,从纸质书出版、数字出版、影视剧改编以及其他众多衍生品的全方位售卖,形成对产品内容资源的一次生产、多次销售。网络文学逐渐成为所有以版权为核心的文化产业发展的基础和源头。

四、数字期刊

从 2010 年度期刊出版核验表统计数据显示,上海办有一级独立域名的新闻网站的期刊出版单位有 79 家,占上海期刊总数的 12.7%,既有文学艺术、旅游、时尚,也有学术、科普、技术等类;办有二级域名的网站 2 家;办有一级独立域名的新闻网站出版手机报 3 家(《世界时装之苑》《理财周刊》《检察风云》);办有一级独立域名的新闻网站出版网络多媒体数字报刊 15 家(多数是社科和科技类期刊);既出版手机报,又出版网络多媒体数字报刊 1 家(租售情报);还有相当一部分学术期刊委托中国知网、万方、重庆维普数据库等网络媒体进行数字化传播;个别期刊在国外合作方网站上出版;一些高等院校或者科研单位有自己的信息化采编系统,出版杂志网络版。此外,上海有近 450 家期刊出版单位没有建立自己独立的网站,占上海期刊总数的 72%。其中,有一部分期刊出版单位正在筹建中;大部分在主办或者主管单位网站上有期刊网页。

2010 年上海期刊数字出版总收入为 3 823 万元,排名前 30 位期刊的数字出版收入为 3 715 万元,其中《第一财经周刊》以 1 358 万元的数字出版收入名列首位,占上海期刊数字出版总收入的35.52%;其次分别为《健康女孩》《科学生活》《思想 理论 教育》《租售情报》等。

表 4 - 2 - 17　2010 年上海期刊数字出版收入排名前 30 位

序　号	期 刊 名 称	收入(万元)	占数字出版总收入的比例
1	第一财经周刊	1 358	35.52%
2	健康女孩	580	15.17%
3	科学生活	249.73	6.53%
4	思想 理论 教育	248	6.49%
5	租售情报	200	5.23%
6	新金融	188	4.92%
7	全国报刊索引(哲学社会科学版)	123	3.22%
8	中小学英语教学与研究	101.55	2.66%
9	上海房地	96	2.51%
10	全国报刊索引(自然科学技术版)	60	1.57%
11	计算机应用与软件	54.96	1.44%
12	上海人大月刊	50	1.31%
13	上海世博	48	1.26%
14	大众心理学	45.29	1.18%
15	设计新潮	39.68	1.04%
16	上海安全生产	39.05	1.02%

(续表)

序　号	期　刊　名　称	收入(万元)	占数字出版总收入的比例
17	上海交通大学学报(医学版)	37	0.97%
18	上海管理科学	24	0.63%
19	中西医结合学报	23	0.60%
20	青少年犯罪问题	20.61	0.54%
21	玩具世界	20	0.52%
22	为了孩子	20	0.52%
23	生物化学与生物物理学报	15	0.39%
24	应用数学和力学(英文版)	14	0.37%
25	港口科技	12	0.31%
26	上海预防医学	11.86	0.31%
27	分子植物	10	0.26%
28	中国药理学报	10	0.26%
29	玻璃与搪瓷	9	0.24%
30	上海蔬菜	8	0.21%

　　2010年下半年,《第一财经周刊》的iPad版本上线,提供付费下载内容,迈出新媒体时代的第一步,成为上海传统纸媒向新媒体时代迈进的一个重要的里程碑。从智能手机到电子书再到平板电脑,人类的阅读习惯正在慢慢地被各种高科技电子产品所改变,新媒体浪潮正在涌来,上海数字期刊出版正在迎来春天。

第三章 出版管理

第一节 音像电子出版管理

为保障音像事业的健康、有序发展,促进音像事业的繁荣,丰富人民群众的文化生活,推进社会主义精神文明和物质文明建设,根据国务院《音像制品管理条例》及有关法律、法规,上海制定《上海市音像制品管理条例》,1997 年 10 月起施行。条例明确上海市广播电影电视行政部门是全市音像制品经营活动的主管部门;设立音像出版(包括图书出版单位出版配合本版图书的音像制品)、复制单位,由申请单位的上级行政主管部门报市音像制品行政管理部门审核。

随着录音录像出版事业发展,市新闻出版局根据新闻出版总署历年制定的《关于音像发行(批发)单位重新登记注册的通知》的补充说明、《关于音像出版单位不得出版图书的通知》《新闻出版署关于书报刊音像出版单位成立集团问题的通知》《广播电影电视部关于音像出版、发行工作中若干问题的通知》《关于制定"九五"(1996—2000 年)重点音像制品出版规划的通知》《音像资料管理规定》《中共中央办公厅、国务院办公厅关于压缩整顿音像单位的通知》等规定,加强对上海音像出版物的出版、制作和复制的监督管理工作。

根据国务院 2001 年 12 月颁布的《音像制品管理条例》的有关规定,以及市机构编制委员会颁发《关于同意本市音像制品出版、制作、复制的监管职能由市文广影视局划转市新闻出版局的通知》,市新闻出版局从 2003 年 5 月 17 日起开始履行上海市音像制品出版、复制和制作的监管职能。市新闻出版局本着依法管理、提供服务、促进繁荣的原则对上海市音像制品的出版、复制和制作实施监管。

一、选题管理

市新闻出版局根据各音像出版单位申报的年度选题,进行核准。所有出版、制作、复制音像制品、电子出版物,都必须遵守宪法和有关法律、法规,坚持为人民服务和为社会主义服务的方向,传播有益于经济发展和社会进步的思想、道德、科学技术和文化知识,并以此作为选题论证的依据。经论证确认后,同意出版。

1997 年 5 月,市新闻出版局制定《关于电子出版物选题报批和样品送交的管理办法》。办法对加强电子出版物选题管理和规范经营有明确规定。

二、版号管理

市新闻出版局通过对版号管理,促使音像出版单位循序渐进、健康发展。禁止非音像制品出版单位和个人购买、租用、借用、擅自使用音像出版单位的名称或者购买、伪造版号等形式从事音像制品出版活动。

图书出版社、报社、期刊社、电子出版物出版社,不得出版非配合本版出版物的音像制品;但可以按照国务院出版行政部门的规定,出版配合本版出版物的音像制品,并参照音像出版单位享有权利、承担义务。

对于音像复制单位接受委托复制音像制品,要求订立复制委托合同;验证委托的出版单位的音像制品出版许可证和营业执照副本及其盖章的音像制品复制委托书及著作权人的授权书;接受委托复制的音像制品属于非卖品的,由市新闻出版局核发并由委托单位盖章的音像制品复制委托书。

三、审读管理

市新闻出版局承担上海音像电子出版物审读工作。上海音像电子出版单位制定年度出版计划,重大选题报备通过后进行编辑加工的样品送审。

在2010年上海世博会期间,市新闻出版局负责进口出版物、印刷品及音像制品审读工作,坚持周到服务与可控可管相结合,各项审读任务圆满完成,为世博会成功举办作出重要贡献。据统计,从2010年2月到10月9个月中,世博园区审读中心累计受理129个国家、地区或国际组织的出版物、印刷品和音像制品等审读品种数4 383种,其中出版物1 185种、印刷品2 728种、音像制品470种。经审读获得通过的4 201种,占受理数的95.85%;作出扣发、撤页、涂改等处理意见的182种,占受理总数的4.15%。世博园区审读中心先后获得市委、市政府和世博局等颁发的39种荣誉称号。

四、市场管理

改革开放以来,市文化广播影视管理局、市新闻出版局先后多次对上海音像市场开展专项整治行动,打击违法经营活动。

2002年5月至6月,上海市市区两级文化稽查部门开展音像市场治理整顿"复查"专项行动,共收缴违法的音像制品227万余张(盘)。为展示专项行动的成果,8月13日,市文广局举行全国统一销毁违法音像制品的活动,现场销毁违法音像制品30余万张。10月20日,市文广局部署开展打击违法音像制品的"金风行动",各级文化稽查部门出动执法人员4 200余人次,检查音像制品经营场所1 659个,查缴违法音像制品34万张(盘),进一步净化上海音像市场。

2003年由市新闻出版局进行市场整理行动,纳入净化出版物市场专项治理和版权保护工作,确保上海出版物市场健康、规范、有序发展。

2009年,市新闻出版局开展整治互联网低俗之风专项行动,重点整治领域为网络游戏、网络文学、网络图书、手机文学、手机游戏,共接到总署查处低俗作品的通知4次,涉及上海网站32家,市新闻出版局对此进行及时迅速的处理,其中,21家网站通知删除,6家外省市网站移交相关省市处理,5家网站被市通信管理局关闭。

第二节　数字出版管理

2000年9月,市新闻出版局根据国家《互联网信息服务管理办法》,规范互联网信息服务活动、促进互联网信息服务活动,开始从事互联网出版单位资格审核,经报送新闻出版总署核准,颁发相关证书。2002年6月,根据新闻出版总署和信息产业部联合颁布的《互联网出版管理暂行规定》,加强对游戏内容的审查和管理,成立游戏出版物审读部门,提高对游戏内容的监管水平。

2003 年初,上海盛大网络股份有限公司等民营企业获得国家互联网出版许可证(2016 年改为网络出版服务许可证)。截至 2010 年,上海已有 21 家企业获网络出版服务许可证。

表 4 - 3 - 1 上海获网络出版服务许可证企业一览表

企业名称	出版业务	时间
上海盛大网络发展有限公司	游戏作品的互联网出版业务	2003 年 10 月
上海数字世纪网络有限公司	社会科学、科学技术、文学、艺术(含动画、图片)、教育内容和音像作品互联网出版业务	2003 年 10 月
上海东方网股份有限公司	社会科学、文学、艺术(含动画、图片)、教育内容互联网出版业务	2003 年 12 月
上海第九城市信息技术有限公司	游戏作品的互联网出版业务	2004 年 4 月
上海百视通电视传媒有限公司	网络期刊、网络音像出版	2008 年 1 月
上海久游网络科技有限公司	网络游戏出版运营	2008 年 4 月
上海巨人网络科技有限公司	网络游戏出版运营	2008 年 4 月
上海外语教育出版社	网络图书、网络学术、网络教育出版	2008 年 6 月
上海玄霆娱乐信息科技有限公司	互联网文学出版物、手机文学出版物	2008 年 10 月
华东师范大学出版社	互联网图书、互联网音像出版物、互联网电子出版物、互联网学术出版物、互联网教育出版物	2008 年 11 月
解放日报报业集团	互联网报纸、互联网杂志、手机出版物	2009 年 5 月
上海交通大学出版社	互联网图书、互联网教育、互联网音像、手机图书	2009 年 8 月
上海复旦大学电子音像出版社	互联网图书、互联网音像出版物	2010 年 2 月
上海悠游网软件科技有限公司	网络游戏出版	2010 年 4 月
上海邮通科技有限公司	互联网游戏出版物	2010 年 5 月
上海绿岸网络科技股份有限公司	互联网游戏出版物	2010 年 6 月
上海起凡数字技术有限公司	互联网游戏出版	2010 年 9 月
上海大承网络技术有限公司	互联网游戏出版	2010 年 9 月
上海淘米网络科技有限公司	互联网游戏出版	2010 年 12 月
上海布鲁潘达网络技术有限公司	互联网游戏出版	2010 年 12 月
上海数龙科技有限公司	互联网游戏出版	2010 年 12 月

2009 年 7 月,市工商局和市新闻出版局联合发布《关于本市从事数字出版业务工商登记有关问题的意见》,首次明确经营主体工商登记数字出版的范围,数字出版经营主体的组织形式、名称以及经营范围等方面做明确规定,开创全国先例。

2009 年 10 月,市新闻出版局根据市政府《关于加快推进上海高新技术产业化的实施意见》和《上海推进软件和信息服务业高新技术产业化行动方案(2009—2012)》,制定《上海推进数字出版产业高新技术产业化工作方案(2009—2012)》。

2010年10月,张江数字出版文化创意孵化器项目获国家服务业发展引导资金资助,总资助金额900万元,其中国家资助资金300万元,上海市地方配套资金600万元。项目以培育张江的中小数字出版企业为重点,围绕互联网游戏出版,互联网文学、期刊、图书、地图出版,互联网影视动漫视频出版,互联网教育出版,手机出版以及数字印刷等发展方向,建立精、专、深的专业孵化服务体系。

对于网络选题、审读、出版审批等,市新闻出版局基本参照音像制品的选题、审读、出版审批办法,同时也兼顾网络出版的特点。

第五篇

编辑业务

党的十一届三中全会以后，上海出版业重现生机活力，图书、期刊等数量、品种迅速增加，编辑队伍不断壮大，编辑工作作为出版工作的中心环节受到重视。针对发展中出现的编辑工作指导思想偏差、编辑队伍思想和业务水平跟不上发展需要等问题，上海按照中央要求，从20世纪80年代起多次进行专项治理，明确"将社会效益放在首位，实现社会效益与经济效益相统一"和"坚持质量第一"的编辑工作指导思想，同时制定编辑工作相关规则，确立编辑工作在出版工作的中心地位，建立适应社会主义市场经济体制的编辑工作责任制，并制定配套的政策措施，从源头上保证出版导向和出版物质量。

编辑是出版工作的中心环节。上海以多出精品、多出人才为目标，加强编辑队伍建设，通过政治和业务培训、老编辑传帮带、搭平台压担子及职称评定、优秀编辑评审等各种措施，助推一批批优秀编辑特别是中青年编辑成为上海出版业的中坚力量。进入21世纪后，上海先后多次举办上海出版人奖和上海出版新人奖评选，其中获上海出版新人奖的25人，绝大部分是业绩突出的中青年编辑。1986年6月上海市编辑学会成立，学会组织编写教材，主办《编辑学刊》，开展一系列学术交流和业务培训活动。

编辑工作从广义上说，是出版物在正式印制前全部工作的总合，包括内容编辑加工和校对，也包括外在形态设计。上海出版业校勘和装帧力量较强。改革开放后，各出版社按国家规定设置校对、编辑（美术）、技术编辑专业技术序列，并配套建立相应的责任制和管理体制。上海编辑工作继承优良传统，紧随时代步伐，不断与时俱进，出版物整体设计水平不断提高，一大批出版物先后获国际和全国重要奖项。2003年，市新闻出版局主办"中国最美的书"评选，邀请海内外一流的书籍设计师担任评委。入选图书被授予"中国最美的书"称号，并推荐参加在德国莱比锡举办的"世界最美的书"评选。

第一章 编辑体制与编辑工作

第一节 编 辑 体 制

一、编辑工作责任制

编辑制度在出版社内部体制中发挥着至关重要的作用。中共中央、国务院1983年下发的《关于加强出版工作的决定》明确提出，编辑部门的改革，一项重要的内容是抓责任制。国务院1997年1月发布《出版管理条例》也规定，出版单位实行编辑责任制，以保障出版物刊载内容符合国家规定。按照中央要求，上海出版界贯彻落实编辑责任制，将出版物质量保障体系落实到人、落实到岗。

【编辑专业技术职称评定】

编辑人员承担出版物选题策划、作者选择、导向把关等重任，对政治意识、专业素养有较高的要求。1980年，由国家出版局、国家人事局制订经国务院颁布的《编辑干部业务职称暂行规定》规定：编辑职称分为编审、副编审、编辑、助理编辑四级；确定和晋升编辑人员的业务职称，以学识水平、业务能力和工作成就为主要依据，同时适当考虑学历和从事专业、编辑工作的经历；在平时考绩的基础上，严格掌握考核条件。对取得各级编辑职称规定需要具备的条件。1986年3月，文化部制定《出版专业人员职务试行条例》，对编辑人员的任职条件、主要职责以及聘任和任命均作明确规定：编辑职务（含美术编辑）设编审、副编审、编辑、助理编辑4种，其中编审、副编审为高级职务，编辑为中级职务，助理编辑为初级职务。通过专业职称评定，择优选拔人才，厘清编辑职责，为编辑责任制落实到每个人奠定基础。

改革开放初期，上海各出版社在"文化大革命"中分配来工作的一些青年编辑学历普遍不高，专业素养参差不齐。1980年有关规定出台后，上海各出版单位出现补学历的热潮，没有学历的编辑人员通过自学考试、夜大学、行业自办的培训班或补习班补到大专以上学历。市出版局1982年4月和9月，对青年编辑进行语文、政治理论、专业知识水平考试，考试合格者颁发证书，这对整个出版行业触动很大。随着恢复高考后，大学毕业生陆续充实进出版单位，编辑人员学历和总体素质有很大提高。这一时期，各出版社制定一些内部规定，如上海人民出版社就确定和晋升编辑干部的业务职称，应以学识水平、业务能力和工作成就为主要依据，并适当考虑学历和从事编辑工作的资历。这就为一些学历不高，但业务能力强、业绩突出的编辑留出发展空间。1980年，上海人民出版社、上海古籍出版社率先在全国公开招聘编辑，其中古籍社录取的11人后来大多成为学者型编辑。到1996年，全市专业编辑人数达1 450人，其中编审56人，副编审292人，占编辑总数24％；25—40岁的编辑有231人，占编辑总数15.93％；女性编辑265人，占编辑总数18.28％。至2000年，上海有编审255人，副编审1 018人。

20世纪80年代后期，出版系列高级职称资格评审权下放到省市一级。市出版局组织成立上海市出版专业高级职务评审委员会（简称"高评委"），负责对全市申报高级出版专业职称的人员进行评审。2000年，高评委更名为上海市出版系列高级专业技术职务任职资格审定委员会（简称"出版高审委"),下设社科、文学、科技、美术4个专业学科组,负责对申报对象按专业学科进行审议,对提交的学术论文(著)等进行评议鉴定,并按需要组织业务答辩。各级申报者要提供任职业务报告、业绩证明、学历和继续教育证书等。

2000年12月,上海市职称改革工作领导小组办公室下发《上海市出版系列高级专业技术职务任职资格审定条例(试行)》,明确申报对象要参加国家人事部组织的职称外语等级考试,或参加市职改办组织的职称古汉语等级考试;职称计算机应用能力考试;取得规定的编辑出版岗位专业技术人员继续教育合格证书等。其次要重点考察申报对象的专业技术能力、专业理论水平、专业工作业绩,注重专业技术的创新和创造能力。在专业技术能力方面,要参与出版社选题、出版计划的策划、组织实施;担任重点、专业性或学术性强的图书的策划、组织;担任书稿的复审、决审及重要书稿的责任编辑,能解决书稿或编辑中的疑难问题;担任期刊的主编(执行主编)、副主编,负责期刊的复审工作,或担任重要栏目的责任编辑(主持人)。在专业理论水平方面,要能独立撰写有一定学术水平的重点图书的选题报告或审读意见,在省市(部)级及以上学术刊物独立或为主发表论文,正式出版学术论著或译著。在专业工作业绩方面,主要参与策划或组织市级以上重点图书的编辑出版工作,并获国家图书奖(含提名奖)或精神文明建设"五个一工程"奖,获全国专项优秀图书奖或上海市优秀图书奖;主要参与策划、组织编辑的期刊获市级及以上优秀期刊奖;或策划、组织编辑的期刊(专栏)已形成明显的自身特色和风格,并获专家认可。2000年至2010年,上海审定编审189人,副编审538人。

编辑专业技术职称在各出版单位内部是有结构比例的。初级、中级、高级职称呈阶梯状。在上海,被评为全国优秀出版社的,高级职称占专业技术人员比例为28%~33%,其中正高级职称不超过高级职称的20%;中级职称不超过专业技术人员的50%。被评为全国良好出版社的,上述三者的比例分别为25%~30%、17%和50%;被评为一般出版社的,三者比例分别为23%~28%、15%和50%。

【持证上岗、评聘分离】

2002年6月,新闻出版总署下发《新闻出版行业领导岗位持证上岗实施办法》,明确规定出版社社长、总编辑(含副职)要按规定参加岗位培训,完成全部课程,经过考试合格者,方可获得上岗证书。同时印发的《出版专业技术人员职业资格管理暂行规定》,规定凡在正式出版单位工作的专业技术人员,必须通过国家统一组织的出版专业资格考试,取得规定级别的出版专业资格,持相应的《中华人民共和国出版专业资格证书》上岗。新进的从事出版专业工作的人员必须在一年以内通过相应的专业资格考试,否则不能从事相关工作。此后,新闻出版总署组织对全体出版从业人员进行集中培训,专门编纂一套《全国出版专业技术人员职业资格考试辅导教材》。上海因出版科研力量雄厚,承担全套中级考试辅导教材的编辑出版工作。培训从出版专业基础、出版专业实务、出版的法律法规等多方面,进行系统全面的辅导,提高从业人员的专业素养。根据新闻出版总署的步骤及考试大纲要求,2002年7月起,上海从高等院校和出版单位聘请25位资深人士担任辅导老师,设初级和中级两个级别12个班,对来自上海各新闻出版单位的954名学员进行为时近两个月培训。当年,上海地区考试合格率为初级达47%、中级达57%,优于全国水平。以后每年职称考试成为常态性工作。

编辑获得专业资格证书后,还须通过单位的审核聘用才能正式上岗。按照规定,专业资格评聘还要满足一定的工作资历要求,申报上一级职称,必须在本职称岗位工作满五年以上,工作业绩和能力是主要的申报要求。上海各出版社一般都成立中级职务评审委员会,负责对本单位申报出版专业初级或中级职称人员的评审。

编辑专业技术职称评定作为一项制度性安排,对提高编辑人员综合素质,保证出版物的质量起到了重要作用。

【责任编辑制】

1997年6月,新闻出版署发布《图书质量保障体系》,强调坚持责任编辑制度,规定"图书的责任编辑由出版社指定,一般由初审者担任。除负责初审工作外,还有负责稿件的编辑加工整理和付印样的通读工作,使稿件的内容更完善,体例更严谨,材料更准确,语言文字更通达,逻辑更严密,消除一般技术性差错,防止出现原则性错误;并负责对编辑、设计、排版、校对、印刷等出版环节的质量进行监督。"文件明确责任编辑是出版物第一责任人,对出版物负主要责任。责任编辑须是中级职称以上、具备独立发稿能力的编辑,版权页署名。初级职称的助理编辑可以承担初审工作,但不能独立发稿,不能担任责任编辑,也不能独立署名。

二、编辑工作三审制

按照国家规定,上海规范编辑流程:对所有书稿实行编辑初审、编辑部主任复审、总编辑终审和社长批准的编审制度,即通常所说的"三审制"。特别重要的书稿须经专家审查和社编委会或类似机构讨论并经上级领导机关批准。每一部书稿,至少须经四次校对,其中一次由作者自校。清样付印前须经社长和总编辑检查批准。

1997年6月,新闻出版署发布的《图书质量保障体系》规定:坚持稿件三审责任制度。初审应由具有编辑职称或具备一定条件的助理编辑人员担任;复审应由具有正、副编审职称的编辑室主任一级的人员担任;终审应由具有正、副编审职称的社长、总编辑(副社长、副总编辑)或由社长、总编辑指定的具有正、副编审职称的人员担任(非社长、总编辑终审的书稿意见,要经过社长、总编辑审核),三个环节缺一不可;并规定三审环节中,任何两个环节的审稿工作不能同时由一人担任,每一审必须遵循把关的原则要求。上海各出版社遵守制度规则,将"三审制"落实到出版物生产的整个流程中。各社都实行了审稿流转单制度,即三审书面意见要随稿件流转,每一审必须签字,一旦发生问题,可以立即追查到责任人。各社还规定了审稿意见的项目和字数。审稿意见成为编辑考核、晋升的主要依据。通过坚持"三审制",将编辑责任制落实到编辑工作每个环节。

经过30多年的实践,上海编辑工作"三审制"逐渐系统化、规范化,成为一套行之有效的编辑管理制度。

【初审职责】

通读全稿,了解内容,发现问题,提出编辑意见,写出初审报告;
对于符合出版要求而尚有不足之处的书稿,拟出初步的退修意见;
对于不符合出版要求的书稿,结合复审意见,拟具退稿信;
继续审读处理作者修改后的书稿;
对经复审、终审同意采用的书稿,根据复审、终审的意见,对书稿作必要的加工整理;
经作者同意,编辑部(室)指定,对书稿内容及文字作必要的修改;

审读校样及作者改样;

拟写采用书稿的内容提要、新书预告和广告稿;

检齐书稿及附件,负责办理发稿手续。

【复审职责】

通读(也可抽读部分)书稿,审核初审提出的审稿意见,发现初审未发现的问题,核定初审的处理意见,写好复审意见;

补充和删改初审所提请作者修改的意见;

重审作者修改后的书稿;

审核初审加工整理或代作者修改的书稿,对未尽之处作必要的处理;

审定初审所提退稿意见,如同意,则签发退稿信;如不同意,则与初审讨论议处,或请终审裁定;

审核初审者、作者所看的校样;

审改初审所拟书稿内容提要、新书预告及广告稿;

检查初审整理完成后待交出版部门的书稿及其所有附件;

复审对采用的书稿质量负责。

【终(决)审职责】

根据书稿的性质及重要程度,通读或抽读部分书稿,审核原稿改动的部分以及初、复审对原稿的加工处理部分;

对初、复审的审稿意见和处理状况,作最后审定,或改正,或纠正,如有遗留问题,则退编辑部(室)重新处理;

解决编辑部(室)提请解决的问题;

对书稿政治质量负主要责任;

决定书稿是否采用,经初、复审的书稿是否可以发稿。

在建立健全"三审制"的过程中,1992年9月,市新闻出版局推出《出版社图书质量评估制度》试行方案,加强对图书质量的监督检查,并从1993年起实施。这对各出版社落实"三审制",提高出版物质量起到监督和促进作用。评估制度采取综合指标考核的办法,从出版社出书结构、图书内容质量和图书编校质量三个方面进行考核。通过量化考核,建立出版社图书出版社会效益实现的激励机制,同时促使出版社经济效益的增长依托于图书质量的提高,走稳定可靠的发展道路。评估采用分值指标体系,根据分值的高低,评定出版社图书出版的总体质量。对质量特别优秀、成绩突出的图书给予附加分;反之,如发现内容有严重问题并受到查处的图书则视情节扣减分值。这已成为上海坚持编辑责任制,完善质量监督的长效机制。

1994年开始,上海进一步推行编校质量审读、抽查制度。市新闻出版局每年组织专业人员对上海出版的图书进行编辑、校对质量检查,并将检查结果列为出版社图书质量评估的重要考核指标。1995年8月开始对各出版社内部的编辑、校对质量管理制度进行全面评估,1996年2月评出15家出版社的质量管理制度为"优秀",13家出版社为"较好"。1996年6月到8月,市新闻出版局按照新闻出版署的统一部署,对上海出版的72种教学用书和少儿类图书进行编校质量抽查,有3种图书被认定为优质品,10种图书被认定为良好品。1996年9月,在新闻出版署组织的全国少儿类图书编校质量大检查中,少年儿童出版社有2种图书被抽查,差错率不到万分之一。1997年12

月,新闻出版署对全国 23 家出版社 1993 年至 1996 年出版的 26 种工具类图书进行编校质量检查,上海辞书出版社《外国名句辞典》为编校质量优质品图书中唯一的无差错图书。随着 20 世纪 90 年代各项出版管理政策制度的落实,上海图书质量步入稳定上升阶段。

第二节 编 辑 工 作

编辑工作指从选题策划、组稿到对稿件进行组织、整理、修改和提升的过程。上海解放后,出版机构经过合并改造,所有出版社都配有专职编辑,形成了一套完整的编辑工作规范流程,可概括为组稿、审稿、发稿三个流程。经过不断总结完善,到 21 世纪初,编辑工作流程被归纳为信息采集、选题策划与组稿、审稿、编辑加工整理、审定发稿、发稿后的编辑工作、重印与再版工作等环节。与传统模式相比,突出了选题策划等环节的重要性,强调面向市场、科学决策。

一、选题

【选题策划】

选题策划是编辑工作的第一环节。选题策划要符合出版社专业分工,根据不同的读者对象,考虑当前和长远的需要,同时兼顾出书的系列化和成套化。上海专业出版社在选题策划方面,有一个显著的特点,即大型、特大型图书的编辑出版在全国出版界处于领先地位。改革开放后,上海先后策划或组织出版了《汉语大词典》《英汉大词典》《中国医学百科全书》《金文大辞典》《中国历史大辞典》《中药大辞典》《中国文物精华大辞典》《中国历代货币大系》《中国教育大辞典》《续修四库全书》《全宋文》《古文字诂林》《中国近代文学大系》《中国新文学大系》及在《辞海》基础上扩展的《大辞海》等一批大型、特大型图书。正是这些标志性的、代表上海编辑水准的精品力作的出版,夯实了上海作为出版重要基地的根基。

选题策划反映时代的特征。在 1978 年真理标准大讨论中,上海人民出版社编辑把握形势,在党的十一届三中全会召开前的 11 月策划出版《实践是检验真理的唯一标准论文集》,第一版就发行 25 万册,为推动思想解放运动作出贡献。1979 年初,新版《辞海》修订进入最后阶段,准备国庆前出版向新中国成立 30 周年献礼。当时党的十一届三中全会精神还未传达,一大批重点条目无法修订。《辞海》编委会在主编夏征农等支持下,提出了《辞海》(合订本)处理稿件的几点具体意见,旗帜鲜明否定"以阶级斗争为纲"等一系列"左"的提法和观点,对《辞海》修订和出版界拨乱反正、解放思想起到重要作用。意见后由国家出版局转发,作为各地出版社处理书稿类似问题的基本准则。

改革开放初期,社会上一大批青年思想上出现迷茫。上海人民出版社青年读物编辑室的编辑意识到,思想教育不能光靠理论灌输。1979 年初,他们策划创办《青年一代》杂志,读者定位是青年。通过当代青年、海派青年、社会纪实、生活中的甜酸苦辣、心理顾问等栏目与青年人谈心,循循善诱。《青年一代》还抓住青年关心的热点问题开展大讨论,针对"文化大革命"把人际关系搞乱、搞怕了的问题开展的"人啊,应该怎样相处"大讨论,社会反响强烈。1983 年,《青年一代》编辑部收到读者信稿 50 739 件,1984 年增加到 80 193 件。杂志出版最初 10 年,发行 58 期,总印数 1.62 亿册。

选题策划与国家文化战略结合。2004 年 2 月,中共中央、国务院发布《关于进一步加强和改进未成年人思想道德建设的若干意见》,明确了一项重大的文化战略:"弘扬和培育以爱国主义为核心的伟大民族精神",要求通过中华民族优良传统和悠久历史的教育学习,引导广大青少年"从小树立民族自尊心、自信心和自豪感。"全国政协委员、上海古籍出版社总编辑赵昌平向全国政协提交了《关于将高质量、规模化的未成年人民族精神教育丛书纳入全国古籍整理出版的"十一五"规划》的提案,并策划了"文史中国丛书",由中华书局和上海古籍出版社联合出版,首批38种,分辉煌时代、世界的中国、文化简史、中华意象四个系列。其中"辉煌时代"系列10种介绍与分析中国历史上10个辉煌的时代,显示开放心态和创新精神是中华民族发展振兴的主体精神。"世界的中国"系列10种集中表现中华文化与世界各民族文化的交流与融合,强调与世界的开放共荣、和谐共处是中华文化的固有精神。"文化简史"系列包括中国音乐文化、中国古代绘画、中国书法篆刻、中国饮食文化、中国服饰、中国建筑文化、中国图书文化、中国古代体育、中国书院文化和京昆简史10种。"中华意象"系列8本选取最能够体现中华民族主体思想的、具有象征意味的如"龙凤""金玉""山水""花木"等意象进行深入的解析,展示中国人特有的精神世界。

选题策划引领时代风尚。作为时尚之都,上海服装样式往往是国内服饰的风向标。1986年2月上海科学技术出版社创办的《上海服饰》,定位在大众化、实用型,信息密集,品位不俗,迅速在读者中赢得口碑,发行量在国内同类刊物中位居首位,创下一期发售103万册的记录。为引领时代风尚,上海译文出版社的编辑把眼光投向世界时尚的高端。1988年创刊的《世界时装之苑》,是第一本从国外引进的国际高端女性杂志,引领时尚生活,同时也向国外介绍中国优秀时装作品和设计师,助力中国时尚在国际舞台亮相。在实用生活方面,编辑选题策划也做得十分精致,《家庭日用大全》《家用五金手册》《家庭医学全书》《服装裁剪入门》《家常菜谱》等一度风靡全国,《上海棒针编结花样500种》和《上海钩针花样大全》发行1 400万册,创造了"两根针走天下"的奇观。

新闻出版署在1997年颁发的《图书质量保障体系》中提出要加强选题策划工作:"图书质量的提高,首先取决于选题的优化,优化的第一步要搞好选题的策划工作。"20世纪90年代初,上海各出版社开始试行策划编辑制,有些出版社还设立策划编辑室。策划编辑一般具有较高的文化素养,有敏锐的观察能力和反应能力,善于捕捉稍纵即逝的图书市场信息,善于交际,结识各阶层人士,广交朋友,能及时提出好的选题和选择好的作者。1992年,上海声像出版社与美国迪士尼公司商谈《狮子王》电影音乐的中国发行权,其中仅版税就要近两百万元,以前按规定层层上报,机会稍纵即逝。由于出版社实行扁平化管理,责任人只对上一级负责,版税问题一个会议就解决了。

这一时期,策划编辑队伍的形成是出版业转型的标志之一,通过策划编辑的运作,使出版社搭准市场脉搏,推出适销对路的产品。上海出版的余秋雨《文化苦旅》《山居笔记》、赵忠祥《岁月随想》等,都曾是一书难求的畅销书。上海人民出版社出版的《61×57》《我为歌狂》《爱上爱情》《蛋白质女孩》等也相继成为"沪版畅销书"领跑全国图书零售市场的代表。

【选题组稿】

选题确定后,就可以开展组稿活动,包括物色作者、明确书稿编写意图和要求。书稿质量的优劣,很大程度取决于作者,了解作者的专业特长和写作能力至关重要。

1979年12月,国家出版局在湖南长沙召开全国出版工作座谈会,明确提出出版工作"为社会主义服务、为人民服务"的基本方针,地方出版社可以"立足本省,面向全国"。随着出版范围逐步突破地域限制,上海各出版社编辑人员到北京和其他省市组稿更加活跃。上海编辑的传统优势得到发挥,组稿时能够做到"三有数":选题的读者对象、出书意图有数;选题的编写要求有数;组稿对象的情况有数。这些优势也成为选题成功实施的根本保证。1986年,上海人民出版社组织策划"新学科丛书"(23种),责任编辑在组稿前苦下功夫,深入了解每个作者的基本情况,做到见面时有话可说,邀约到一批处于领军地位的专业作者,包括著名科学家钱学森等,使这套丛书在前沿科学的阐述上明显优于其他同类书。

20世纪90年代,上海古籍出版社策划的"中华要籍集释丛书",以中国传统文化典籍为主,包括哲学、历史、文学等各个学科,由于丛书定位是选择精良的版本加以校勘,以汇集前人注释成果和体现当代学术水准为主,所以整理者应是在这个领域有精深研究的学者,这对整理者提出了较高的要求,不仅要对整理对象有精深的研究,而且要甘于寂寞,甘于从事不求一时喧哗而能流传后世的古籍整理事业。当时很多高等院校、科研机构偏重论文论著,古籍整理不被重视,不算学术成果,相当多年富力强的学者没时间或不愿意从事古籍整理。出版社把组稿对象集中在老学者和已成名的中年学者,尤为是重视已故学者的遗稿。由于种种原因,有不少已故学者古籍整理遗稿未能出版,再不整理出版,就会湮没。出版社利用长期积累的作者和信息资源寻找这些作者遗稿,视其为一项学术遗产的抢救工作并将其列入丛书的出版。其中张宗祥(1882—1965)的《论衡校注》、吴毓江(1898—1977)的《公孙龙子校释》、王焕镳(1900—1982)的《墨子集诂》、范祥雍(1913—1993)的《战国策笺证》等都是这些知名学者一生的治学结晶,具有很高的学术和文献价值。除了老学者和已故学者外,出版社也关注一些学有专攻且从事过古籍整理的中年学者,邀请他们成为这套丛书的作者。正因为组稿时有这样的追求和努力,"中华要籍集释丛书"后来成了上海古籍出版社的图书品牌,赢得学术界和读者的充分肯定。

【选题计划】

选题计划是出版社在一个时期内出版各类图书的主要方向,是出版社出版方针和任务的具体体现。按照市出版管理部门的要求,市属各出版社根据各自的专业分工制订选题计划,并报送管理部门审核批准。选题计划分年度选题计划和长远选题规划。年度选题计划包括年度发稿计划和年度出书计划,长远选题规划分五年期、十年期以及更长时期的规划。

20世纪80年代中期,上海各出版社就已普遍建立内部选题论证会制度,规定选题须经过编辑室和出版社二级集体讨论审批。论证选题时编辑要提交选题报告。论证的内容包括:作者情况,含专业背景、个人成就、社会影响力等;市场分析,含策划创意、目标读者、同类产品分析、营销计划等;成本和利润预测。参加社级选题论证的主要有编辑部门、销售部门、印制部门和管理部门。出版社主管领导在综合意见后作出评判,最后确定选题是否立项。通过选题论证制度,做到集思广益、科学合理规划选题,减少决策失误和浪费。

出版社通常在每年下半年度通过选题调研和论证,制订下一年度的选题计划,并向市新闻出版局申报。市新闻出版局领导和业务处室干部会分别到各出版社现场办公,对出版社下一年度的选题计划提出意见。这一做法被称为"三堂会审"。集团化改革后,上海世纪出版集团和上海文艺出版总社所属出版社的选题计划申报审核工作,主要由集团和总社组织实施,大学与社会出版社则继续保留"三堂会审"。

长期选题规划以五年期、十年期为主,也有期限更长的选题规划。上海辞书出版社就有一个二十二年的出版规划,涵盖了多个领域大、中、小型辞书的出版。1978年上海古籍出版社恢复建制后,为给一般研究工作者、大中学校教师及有关文化工作者提供一套比较系统的中国古典文学基本资料,策划了"中国古典文学丛书"选题,并拟定了100个品种的书目,几乎网罗了文学史上所有有影响的作家作品。上海古籍出版社首先重印或修订重版"文化大革命"前古典文学出版社和中华书局上海编辑所出版的近10种古典文学典籍整理本,将其纳入丛书之中;随后出版了一批老学者从事多年的整理著作;之后 20 多年间,基本上以每年出版 2 至 4 种的速度,不断推出丛书新品种。2009 上海书展期间,丛书 100 种出齐,上海古籍出版社召开出版座谈会听取专家学者的意见,并请他们为丛书后续出版出谋划策。"中国古典文学丛书"成为上海古籍出版社选题规划历时最长、学术含量最高、最能体现精品图书特色的一套大型丛书,也是体现新中国古籍整理出版成就的一个标志性项目。

二、审稿

【审读】

1997 年 6 月,新闻出版署颁布的《图书质量保障体系》指出:"审稿是编辑工作的中心环节,是从出版专业角度,对书稿进行科学分析判断的理性活动。"审稿一般分为两个阶段,首先审读评价,决定稿件的取舍;其次是对书稿进行编辑加工。编辑对书稿的审读加工质量直接影响着图书的整体质量,高水平的编辑加工可以使书稿的价值得到充分体现。不同类型的图书、期刊,对稿件进行编辑加工时有不同的要求。对美术、音乐、科技、外语、少儿读物等类别的书稿,以及音像制品等还有些特殊要求。但就编辑加工的原则和规范流程而言,各类出版物是一致的。

根据国家颁布的一系列出版政策法规,审稿首先要把握政治导向,即书稿内容要符合党和国家的方针、政策,不得违反宪法确定的基本原则,不得危害国家统一、主权和领土完整,不得危害国家安全、荣誉和利益,不得违反国家民族、宗教政策,不得泄露国家机密等。对涉及敏感的政治问题、重要人物、民族、宗教、军事、重大历史事件、港澳台、地图等内容的选题,要按照重大选题备案制度进行专题报批,获得备案批准的选题,才能出版发行。

20 世纪 80 年代,中国出版业进入空前繁荣期,在出版物数量和品种急剧增加的同时,也出现了滥编滥印书刊的情况。一些违反宪法和法律、有严重政治问题的书刊散见于市场,危害国家安全社会稳定,严重损害读者利益。1989 年 3 月,上海文化出版社违反国家有关合作出书的规定,与山西希望书刊社合作出版了由山西省两名作者编写的《性风俗》一书,违背国家宗教政策,给民族团结带来严重负面影响,引起信奉伊斯兰教的群众不满。事件发生后,市委、市政府十分重视,多次召开会议研究处理措施,并要求全市各单位就此书的出版引出教训,在全市范围内广泛开展一次党的民族和宗教政策的教育。市新闻出版局对上海文化出版社作出停业整顿处理,对有关责任者包括编辑依照法律和有关规定进行了严肃处理。

重大选题报批也是上海各出版社每年的重要工作。自 1997 年新闻出版署出台重大选题备案办法后,上海各出版社严格按照有关选题送审报批的办法执行。每年送报批的出版物只有通过政治性、思想性、科学性审读或重大选题的审批,书稿才能进入编辑加工流程。

上海各出版社严格坚持"三审制"。大型出版社都设有审读室,组织具有编审、副编审职称的资深编辑担任终审工作,直接对总编辑负责。某些专业性强的书稿还要送外审,组织社外专家学者协助复审或终审,保证书稿的质量。也有的出版社"三审制"执行不力,把关不严,图书差错较多,成为不合格产品,或让有错误倾向的书稿出版,造成不良社会影响。

【稿件退改】

书稿在三审过程中,对不符合出版要求的书稿,需退请作者修改或退稿。

出版社的选题除了组稿选题外,还有一种是作者主动投稿(或称自发来稿)的选题。出版社在收到主动投稿后,即登记收稿,并转交有关编辑部(室)审读处理,审读期限视书稿篇幅而定。经审读后决定退稿的,写出退稿意见。有的出版社还对主动投稿的处理作了规定:要注意发现新的作者,要做到"退稿不退人"。有的编辑在处理退稿后,同作者还保持联系。对不符合出版要求的组稿选题,尽量退还作者进行修改,经退修后仍不能达到出版要求的,编辑部(室)提出充分理由后可以退稿,并酌付退稿费。很多编辑拟写的退稿意见,本身就是一篇有相当水平的论文,往往使作者心悦诚服。

书稿如果涉及观点的修改、章节的增删和结构调动等较大的改动,由编辑书面提出修改意见,并约定交稿时间,经领导审定签发,随书稿一并退还作者退改。退改意见力求一次提完,避免反复退修。如作者不接受出版社退修意见,经协商再作退稿处理。

【编辑加工】

编辑加工分正文加工、辅文加工和技术加工,主要是对书稿的内容作增删、润饰、改动,处理行文规范、技术性内容的统一和核对,统称"编辑加工"。这种由责任编辑统一对书稿进行编辑加工的制度,成为上海出版界的传统。改革开放后,有的出版社又增设了技术编辑岗位,负责对书稿作技术处理。通过编辑加工提高出版物的质量。

对出版物内容编辑加工,首先要消除稿件中的政治性差错,特别是散见于内容的叙述、注释、图表等比较隐蔽的地方,这就要求编辑必须具备政治意识、大局意识、责任意识,有清醒的政治头脑。上海许多出版社曾经有每周半天政治学习的制度,编辑人员通过集中学习中央文件、报纸上的重要文章和传达上级精神,及时了解党和国家的方针政策,指导审稿中的政治导向把控。之后,出版社主要通过定期培训,即时情况通报,以及党团组织活动等形式不断提高编辑的政治思想素养。不少出版社还定期编印防止政治性差错的参考资料。

在编辑加工时,要确保稿件内容的科学性,即能够客观地反映事物的真实性和准确性。必须尊重历史,尊重事实,坚决反对历史虚无主义和伪科学。对待学术问题,要采取"百花齐放、百家争鸣"的方针,支持探索和创新。出版物的价值在于提供有用的知识信息,编辑加工就要整理和提炼各种知识点,并使表达条理化、系统化,更具吸引力和说服力。编辑应该成为博而专的"杂家","博"是指知识面要广博,什么学问都要懂一点,"专"是指要成为编辑行业的专家。这也是出版社对编辑人员从业的要求之一。

20世纪八九十年代,为了提高编辑专业学术水平,上海不少出版社给予编辑业务进修假,让编辑利用这段时间放下手头工作,去进修业务。假期结束后需要向出版社递交进修报告,交流自己的进修收获。

编辑加工中还要订正事实材料,纠正知识性差错,重要引文要核对原文,不缺漏字词;在吃透内容的基础上,编辑可对整体的框架结构作出调整,合理确定篇、章、节的布局,并修正标题,统一层次标志。修饰文字是编辑加工的重头戏,要从文字规范、语法规则、修辞手法、形式逻辑等方面进行加工,还要注意标点符号的正确使用。许多专业出版社的资深编辑,本身专业功底扎实,他们在处理书稿时一丝不苟,坚持逐字逐句把关,复审中有时要出上百以至数百条纠误补漏的浮签,在纠正错误的同时,还能集平时之积累,补漏增完,深得作者的推许和赞誉。

技术加工的第一个步骤是统一体例格式,包括规范名词术语,核对人名、地名、机构名和外文;统一数字、计量单位等。期刊要注意栏目的一致、格式的统一等问题。上海的编辑具有组织编纂大型丛书、工具书、集成性文献的传统和丰富的经验。"文化大革命"结束后,在启动《辞海》《续修四库全书》《汉语大词典》《十万个为什么》等大型、特大型图书的编纂修订工作前,都编有详细的《编纂体例》或《编纂手册》,使数千万甚至数十亿文字的内容能有条不紊地编排在一起。这不仅是一项技术工作,还是重大的组织和管理工作,非常考验编辑的综合能力。

技术加工的第二个步骤是核查,包括引文、辅文、错别字以及插图中的文字。核对书稿内的经典著作和其他重要引文,不使一字、词、标点错失。根据材料来源,核对人名、地名、年代、数字、日期、史实,以及外文、译文,并改正错误。核查书稿辅文是否齐全,如有缺漏,予以补齐。对于丛书、系列书、汇编书等多卷、多册的书稿,核查前后不一等问题。责任编辑往往对书稿中插图(包括地图、设计图、图照等)的文字容易疏忽,但是这部分内容最容易出现差错。

技术加工的第三个步骤是批注,对排版提出要求。原稿中经常会有不合规范的字、字体、字号,不合规范的标点符号,容易混淆的外文大小写、字体等,责任编辑必须作出批注。除统一、核查、批注之外,还包括版面缩行、转页、图表处理等工作。

为了让新进编辑尽快熟悉业务知识,上海各出版社一直坚持新编辑进编辑室前先到校对科和资料室实习数月,了解基本的编辑技能和图书分类法,体会编辑工作的甘苦。新编辑进编辑室后,一般采取以老带新的办法,由经验丰富的老编辑带教新编辑,通过这种手把手的方式使新编辑尽快成长起来。上海辞书出版社的新进编辑经常要接受一项训练,即将 200 字左右的词条改到 50 字,内容要点则不能变动,修改后的词条由老编辑进行讲评。这种训练迫使编辑对每个字、词语和标点都要认真推敲,对提高文字处理能力帮助很大。一些好的传统和作风在带教中得以传承。

提高编辑的业务水平,加强教育培训已是上海各出版社的常规工作。市新闻出版局所属教育培训中心每年不定期举办培训和讲座,为全市从事编辑工作的专业人员提供指导。众多出版社内部都有编校质量检查制度,根据检查发现的问题开展有针对性的培训。上海文化出版社出版的《咬文嚼字》,还专门开设专栏对出版物的错别字进行批评,很多出版社将《咬文嚼字》作为编辑业务进修读物,人手一册。

三、发稿

【发稿排样】

经三审通过的书稿,责任编辑按定、清、齐的要求,由编辑部(室)编务登记后送出版部门作版式设计后发排。定,就是定稿。一部书稿经编辑加工,根据终审意见对书稿作最后的润色和订正,这是最终的定稿本。发排前从头到尾编好页码。发排后原则上不再作改动。清,就是全稿文字、标点、数字、符号都清晰无误。手写稿要求字迹工整。经修改后的稿面要干净、清楚。齐,就是书稿的正文、目录、图表、照片、辅文,要一应俱全。发稿所必备的附件,如审稿单、发排单、内容提要、新书预告、广告稿、封面装帧、设计图样、版式设计要求,都要齐全。

书稿定、清、齐是出版社一项重要管理制度,这对保证书稿质量和生产正常进行十分重要。这项制度在出书品种少的时期执行难度不大。20 世纪 80 年代后,书刊品种急剧增加,出版周期越来越短,很多还要抢时间赶销售节点,一些编辑往往不按流程规范操作,书稿没有处理好就发排,出了校样再大改大删;有些附件没有同时发排,造成捅版重排。这些都极易发生差错。对此,上海各出版社制定多项制度加强管理。如规定发稿时必须随稿件附必备的单据,否则不得发排。单据包括审稿意见,即汇总编辑加工整理情况,重点说明审稿时提出的问题是如何解决的,编辑加工整理作了哪些工作,责任编辑签名表明稿件已经达到出版要求;发稿单,编辑部门交给出版、发行部门的有关稿件基本情况及对整体设计、排印、发行等工作提要求的通知单;图书装帧设计单,即编辑对于图书外部装帧设计提出自己的意见建议单;图书在版编目(CIP)数据申报单,即用于向中国版本图书馆 CIP 数据中心申请核发图书在版编目数据的单据;征订单,即供发行部门了解图书内容以便做好征订工作。

【通读改样】

20 世纪 80 年代后,电脑照排开始广泛使用,出样既方便又迅速。上海各出版社一般要求出三份校样,除校对科负责校对外,责任编辑、作者都要通读校样。责任编辑、作者在看样时发现还有修改的必要,可允许修改,如改动牵涉相关部分的变动,要注意前后照应。如有重要修改,要征得复审、终审同意,以免出现新的差错。书稿经专业校对三校、通读、对红后,在正式付印前,责任编辑有责任对付印样作最后的阅校,并签字付印。成书后,印刷厂送进栈样书给出版社。责任编辑负责对成书的印刷、装帧、纸张、装订包括版权页,作最后的校阅,一旦发现印订过程的问题,及时退厂处理;如无问题,即签字同意出厂进栈。

进入 21 世纪后,数字出版崛起,出版物出现了新的载体,计算机的普及和互联网的运用使编辑工作逐步实现了无纸化操作、网络化传输,编辑流程和加工方式都发生了重大改变,但上海各出版社对出版物内容的编辑加工和质量管理等原则和措施并没有改变。

四、营销

出版改革的一个重要目标是在发行领域放开搞活。1982 年,文化部下发《关于图书发行体制改革工作的通知》,提出在全国建立以新华书店为主体,多种经济成分、多种购销形式、多条流通渠道,少流通环节的图书发行网。上海各出版社直面市场,纷纷成立发行科、发行部,甚至自办发行。随着图书品种数量急剧增加,产能出现过剩,图书销售由卖方市场变成买方市场,原来由新华书店包销改为了代销和寄销。市场竞争的空前激烈,再加上新媒体的冲击,出版社由坐商变成了行商。这一切也迫使出版社认识到,生产必须以市场为主导,实行从编辑策划的源头开始运作,以实现最终销售为目的工作流程。20 世纪 80 年代中后期,市场营销的观念和模式开始被上海出版业广泛接受并加以推广。

对出版社而言,市场营销不单纯是为了图书的销售,而是一个集市场调研、信息收集、选题开发、成本核算、宣传促销等综合性的运作过程。对编辑而言,要从只管书稿加工转到参与出版发行的全过程,被戏称为要在文人和商人之间不断切换身份。面对市场的瞬息万变,上海各出版社的众多编辑反应敏锐,行动迅速,如恢复高考的 1978 年,上海科学技术出版社突击重排"数理化自学丛书",各地新华书店门口购书的读者排起长龙,一大批青年凭这套丛书圆了大学梦。

出版社一旦成为市场主体,主观能动性就被充分调动起来,新的营销手段层出不穷。1999 年,新版《辞海》上市后,上海辞书出版社明显感到畅销期缩短。通过调查发现,《辞海》经 79 版、89 版销售后,市场拥有率已较高,虽然新版《辞海》充实了不少新内容,但旧版《辞海》中相当部分内容还能使用,所以一部分读者换手意愿不强。对此迅速转换思路,推出以旧换新业务,这在全国引起不小震动。2001 年 10 月,出版社和上海 9 家书店及全国 100 个城市书店联手推出《辞海》"置换销售"活动,上海书城及连锁店短短两周就置换了 1 200 多套,北京书市 10 天也置换了 700 套。《光明日报》等主流媒体评论认为,这是一种新的文化产品的"售后服务",是将"置换"和"版本升级"模式首次引入图书营销领域，通过产品升级为读者提供"终身保修"。以活动带动销售是上海书刊营销的一种通行做法，特别是以内容为主的活动，一般由编辑主导开展。如少年儿童出版社从 1984 年起，通过举办"全国故事大王选拔赛"宣传推广《故事大王》杂志；《故事会》通过举办"故事创作函授学校"，传授故事创作的知识，培养作者和读者群；《咬文嚼字》编辑部发起了多次"社会查找错字活动"，在宣传语文规范的同时，打响了杂志的品牌。20 世纪 80 年代末 90 年代初，《故事会》发行已经达到 500 万册，为了突破瓶颈，编辑部在内部分别设立了编辑和制作发行团队，以此来减少中间环节，提高效率。还通过建立"《故事会》编印发联谊会"，将 20 多家印刷厂、30 多家邮局发行部结成利益共同体，这种编、印、发一条龙的营销模式，使杂志规模不断做大，发行量创造了中国期刊史上的奇迹。

五、编辑职业道德建设

上海作为中国的出版重要基地，在长期的发展中，逐步形成了独特的编辑行规和职业标杆。改革开放以后，上海各出版社更重视精神传承，在上海孕育形成的韬奋精神和辞海精神在全国得到弘扬，成为编辑人员职业道德教育的鲜活教材。

邹韬奋是杰出的文化战士、著名新闻记者、政论家和出版家。上海是邹韬奋主要的生活和工作的城市，出版人一直以邹韬奋作为行业楷模，大力弘扬韬奋精神。1987 年 7 月中国韬奋基金会常设机构在上海挂牌，基金会设立韬奋新闻奖和韬奋出版奖，奖励有突出贡献的新闻出版工作者和优秀的新闻作品、出版物；设立韬奋奖学金，培养高级新闻出版人才。1995 年 10 月，上海出版了 12 卷的《韬奋全集》。1958 年上海韬奋纪念馆开馆，1996 年和 2003 年先后被市政府命名为上海市青少年教育基地和上海市爱国主义教育基地，2005 年又被市委宣传部列为"坚持党的宗旨，坚定理想信念"主题教育基地。上海各出版社每年都要组织编辑人员参观纪念馆接受韬奋精神熏陶。

《辞海》全面反映人类文明优秀成果，系统展现中华文明丰硕成就。在打造、维护《辞海》品牌的一个世纪里，参加编纂工作的专家、学者和出版工作者以极端负责任的工作态度培育形成了辞海精神。1989 年 3 月，上海市委书记江泽民为《辞海》（1989 年版）题词，肯定"一丝不苟、字斟句酌、作风严谨"的辞海精神，并把它与提高中华民族文化素质联系起来加以大力提倡。辞海精神成为编辑人员的重要从业准则。

上海各出版社通过制订员工守则，将编辑职业道德精神具体化。内容包括：

学习、宣传、运用党的基本思想和理论。坚持为人民服务、为社会主义服务的出版方针，为党和人民坚守好出版阵地，并以此作为履职的神圣职责。

坚持把社会效益放在首位，努力实现社会效益和经济效益的统一。弘扬社会主义主旋律，积极宣传社会主义核心价值观，不断为广大读者提供优质的出版物。坚决抵制社会各类不良倾向的侵蚀，杜绝政治上有错误、思想内容不健康的书稿出版发行。

热爱本职工作，兢兢业业，一丝不苟，开拓进取，勇于创新。刻苦学习，掌握新思想、新技术，岗位建功、岗位成才。

视出版物质量为职业生命。严格执行"三审制"。以高度的责任感对待每份书稿，一丝不苟、字斟句酌，不放过如何一个差错和瑕疵。

第二章 校 对 工 作

第一节 校对工作体制

校对是编辑工作的重要一环。新中国成立后，经过社会主义改造，国营和私营出版社根据专业发展方向调整合并。随着业务的扩大，出版社内部分工进一步细化，都配备了专职校对，大的出版社还设有校对科，建立了严格的校对制度。编辑和校对分为两个部门，专职校对人员逐渐成为校对工作主体。

校对与编辑由于工作对象不同，工作方式不同，工作任务不同，思维方式也就不尽相同。编辑的工作对象是作者的原创作品，是未定稿。而校对是编辑后、印制前的独立工序。校对行为的目的，在于通过校对的特定形式或手段，把经过编辑加工后的定稿完整、准确地传达给读者。1997年6月，由新闻出版署发布的《图书质量保障体系》要求校对者必须认真坚守校对职责，严格以定稿为依据，忠于定稿，对定稿负责。样稿中出现与定稿不符的排版错误，均要一一改正过来，对于定稿中的错误，也要与编辑沟通，提出妥善的修改意见。

出版物的出版过程，编辑和校对是两个不可或缺的环节。根据国家有关规定，出版社必须建立和健全三审三校制度，编辑与校对的分工不仅不能混合，相反应该各自更完善。为了加强对校对工作的研究，上海市出版工作者协会曾多次组织专题研讨活动，探索校对工作内在规律，指导校对工作的科学发展。

一、责任制

《图书质量保障体系》规定，要坚持责任校对制度和三校一读制度。这都是保证出版物质量的基本制度。为体现出版工作自身规律，保证图书出版质量，专业校对是出版流程中不可缺少的环节，出版社每出一种书，都要指定一名具有专业技术职称的专职校对人员为责任校对，负责校样的文字技术整理工作。符合"定、清、齐"要求的图书书稿交出版部门到排版公司打出校样后，一般也要经过专职校对人员进行三次校对（初校、二校、三校）和一次通读检查后，才能最后签发，进行付印；重点书刊、工具书等，应相应增加校次；终校必须由出版社具有中级以上出版专业职业资格的专职校对人员担任。

【责任校对】

责任校对是校对工作的核心，要参与书稿各校次全过程的校对工作。根据《图书质量保障体系》的规定，上海各出版社长期以来一直要求责任校对必须是具备中级以上职称的专职校对。其职责范围包括：参与相关书稿各校次的全过程（或部分）校对，校对的校样不少于全书篇幅的三分之一，以便掌握校样的基本状况；负责校样的文字技术整理工作，以保证体例、格式方面的规范和统一；负责校样的通读工作；负责监督检查各校次的校改是否正确、规范，有无笔误，并汇总各校次中提出的问题，及时与编辑、印制部门协商解决；负责誊样，又称"过红"，即将副样上的修改誊录到正样上。

【三校一读】

校对工作流程一般由初校、二校、三校、通读、誊样、核红、文字技术整理和对片等环节组成,也统称为"三校一读"。其中初校是对排版出来的校样第一次校对,主要任务是校异同,同时兼顾校是非;二校是对第二次校样校对,除了校异同和校是非外,还要检查初样的修改情况;三校除了履行前两校的职责外,要加强校是非的功能。通读是指脱离原稿审读校样,主要任务是校是非,兼顾校异同。在多年实践中,上海各出版社执行"三校一读"制度有各自不同的方式。但都与印刷厂排版部门形成几种相对稳定的校对程序:

第一种:毛校—初校、二校、三校(通读)→退厂改样→核红、通读付型(或制作软片,下同)。

第二种:毛校→初校、二校→退厂改样→核红、三校付型。

第三种:毛校→初校、二校、三校→退厂改样→核红付型。

第四种:毛校→初校→退厂改样→二校、三校(过录编辑样或作者样)→退厂改样→核红或通读付型。

遇到重点图书和重大出版工程,上海各出版社都会专门增加校次和加强文字检查工作,甚至从外社聘请专家、资深校对进行审校。《辞海》(1979年版)出版后,每10年修订都要重排,出版社和印刷厂组织强大的校对力量,每次都要经过8个校次,4次核红,重点修改部分校次更多。

二、人机结合

21世纪初,黑马软件在上海出版行业的普遍使用,传统的人工三校一读,已经发展成为人机结合的三校一读方式,校对方式由此发生了变化。在出版数字化背景中,需要进行加工处理的对象均为电子版原稿,校样与原稿之间往往不存在差异,因而校对弱化了"校异同"功能,而他校法、理校法以及本较法逐渐成为校对工作的主角。

同时,出版社的编辑手段也发生了变化,由于电子文稿越来越多,出版社都是先在计算机上编辑加工电子版原稿,在加工完成后再打印出书稿,将其作为原稿进行校对整理。在此情况下,校对人员不仅要具备一定的计算机操作能力,并且要满足快速的校对节奏。此种校对方式看似简化了流程,但若校对人员不熟悉电子版书稿的编辑、校对规律以及容易出错的类型,在具体校对中就很难发现差错,也不能够保障出版物质量。如电子版书稿虽然没有传统书稿中丢字、落字、笔误以及字迹潦草等问题,但也常会出现电脑输入错误、同音异形字问题以及文本差异造成的混乱等。由于造成电子版原稿中差错的原因复杂,作者、编辑、排版以及计算机故障等都可能是成因。如掉以轻心,电子版的差错率要高于纸质稿件的差错率。对此,出版社和印刷厂均采取人机结合的方式对其进行矫正处理,也就是先通过校对软件来对关键词、形近字、同音字以及常用符号和度量单位进行甄别删选,然后再进入人工校对程序。虽然有校对软件的支持,但三校一读制度仍然要不折不扣地执行。上海各出版社校对行业人机结合后的校对流程一般为:

【纸质稿件】

人工初校+技术整理→誊样→退厂改样→核红→计算机二校→人工三校→人工通读→退厂改样→清样核红→付印

【电子版稿件】

计算机一校（主要校文字性差错）→人工二校（主要校是非）＋ 技术整理→退厂（或退责任编辑）改样→核红→计算机三校（主要校改动后的差错）→人工通读→退厂（或退责任编辑）改样→清样核红→付印

三、定额管理

定额管理是在保证校对质量的前提下，将所有校对工序加以量化，形成一种数量和质量的相互制约的管理机制。校对是逐字逐句过目，工作量比较直观，通过定额计算能够相对合理的记录校对人员的工作付出，而且考核指标明晰，减少人为因素干扰，反而能有效调动校对人员的积极性。上海各出版社的基本做法是：

根据稿件确定字数和安排校对人员。根据稿件的校对难易程度确定稿件类别等级，不同类别的稿件校对字数的核算系数不同；不同难度级别安排不同的校对人员，根据校对员各自的经验和特长，有针对性地确定责任校对。

定额字数的确定。根据长期以来校对科人员的平均校对字数，合理确定校对任务量，定额总量的确定既不能偏高，也不能过低。偏高就超过人力极限，造成视力、大脑反应速度和持续承受能力衰减，易产生为追求数量而忽视质量的负面作用；过低达不到提高工作效率的目的。

设立超产奖励。有定额就有超额，即超出定额数量以上的部分。超产部分的工作量是校对员充分利用业余时间完成的，也是定额管理提高工作效率、调动积极性的最终体现。为鼓励超产，有的出版社实行超产奖励。为确保超产以质量为前提，超产奖励与校对质量挂钩，每月根据校对员的超产字数和校对质量计算超产奖金额，鼓励多劳多得。

【校对数量定额】

确定合理的日定额。根据稿件特点，按照正常人的生理功能和平均时速，确定合理的数量定额。

根据稿件的难易程度，采取加放字数或折减字数的办法，使量化工作趋于合理。

将所有非直接校对的工作量（如核红、整理、下厂等）按一定比率折合成校对字数。

凡因公事（经社领导批准如出差、学习、开会等）、全社性活动、国家规定的节假日、公休（包括寒暑假，不包括病事假）等，可按日定额标准扣除定额。

【校对质量指标】

校对的质量指标应分别不同校次确定不同的比率。质量指标的表示方法通常有两种：一种是以消灭差错数与总差错数之比（百分比）即灭错率来表示；另一种是以各校次遗留的差错数与校对字数之比（万分比）即留错率来表示。为保证校对质量，要求原稿必须定、清、齐，原稿文字差错率不超过万分之一；要求排版质量（毛校差错率）在 1‰ 以下。

灭错率。初校消灭排版差错的 85％，二校消灭初校遗留差错的 80％，三校应全部消灭差错。

留错率。初校 2‰，二校 0.5‰，三校 0.2‰，四校或四读消灭差错。

灭错率和留错率两种质量指标可以混合使用，一般初、二校用灭错率（百分比），三校以上校次用留错率（万分比）为宜。

【校对质量检查】

质量检查的方法一般有三种：增加校次；通读全书；抽查部分。书稿经过质量检查，不仅能及时发现和弥补校对过程中的疏漏、失误，还能增强校对人员的责任心，重视和提高书稿质量。

重点图书和印数大的图书，必须坚持校样检查制度。质量检查结果要与本人见面。根据质量优劣实施奖罚。

第二节　校对工作规则

上海各出版社从实际出发，在长期的校对实践中通过对质量、数量和数据的比较分析，逐渐形成了相对稳定的校对工作规则。

一、工作流程

校对的基本职责是对原稿负责，消灭一切排字过程中发生的错误，对读者负责，协助文字编辑和技术编辑消灭原稿和排版格式中存在的疏漏和差错，提高出版物的质量。其基本工作流程如下：

忠实于原稿，消灭校样上与原稿不符合的文字、数字、符号、标点、图表以及格式等错误，并努力发现原稿中存在的明显原则性政治差错、文字差错或技术差错，发现后用铅笔拉出，填写"原稿疑问记录"，提请责任编辑解决。

按照发排单和原稿上的批注，核对校样上字体、版口、行距、页码、标题、注解、插图等，是否完全符合设计要求，并予以改正。

核对校样页码的顺序，中缝（书眉），注文和注码的对口，注码、图表的顺序，图表与正文的衔接。

尽力解决格式、文字、图表等的捅行、捅版，做好缩行、缩页，节约纸张。

注意简、繁、异体字和数码等用字的统一。

凡在校样上的有关批注、疑问意见，核红时均须逐一过录，直到解决为止。

编辑审样后的改样，由专人复对，如抽调文章连续满一面的，由复对者提出补足校次。

复对付型样：根据原样仔细核对，遇到捅行、捅版，必须逐字校对，直到未捅动处为止。检查校样四边以及插图、插表有无走样等情况，并核对目录与正文的标题是否统一，检查页码顺序，同时解决前校遗留问题。

原稿应妥善保管，不得涂改、损坏或散失。校样上书写时必须字迹端正，线路清楚，符号明确。校对结束后，应将原稿、校样分别理好，签名填写数（质）量表，并交前校一阅，再交调度。

二、书稿校次规定

字数在 10 万字以下，难度不大的一般图书，实行三校付型。

字数在 10 万字以上，难度不大的一般图书，实行三校一读付型。

科技书一般实行三校付型，由编辑和作者通读。

工具书、古籍、重点书可酌情增加 1—2 个校次。

在校次中间还有 2 次核红，在付型前还要进行 2 次付型样核红。

初校以后,发现排版质量不合格(印刷厂排毛校差错率超过 1‰),则增加初校一次,原来的初校降为毛校。

三、差错计算

【文字】

错字、倒字——错字有一个算一个;倒字有一个算半个(不易分辨的倒字如:一、王、丰、田、日、S 等,不算错)。如遇一个字错成两个字,或两个字错成一个字(例如"从"错成"人人","女子"错成"好")等,统算一个。

多字、缺字——有一个算一个。如一处漏行、漏句的统算三个。一份校样内同样字(冷僻字)出错在两个以上者每份校样按两个计。

字与字(包括标符)结合顺序颠倒——在一页内能用一个校对符号可以改正的,不论字数多少,算一个。例:"得不偿失"错成"失不偿得",算一个。

汉语拼音及外文——a. 以单词为计算单位,不以字母为计算单位。如有错误,每一词算一个。b. 声调符号错误,每一处算半个。c. 标注和原稿清楚的外文专有名词(如:人名、地名、单位名称或国家名称等)词首的大写字母排成小写,应计错误,以每面计算一个(指相同的一个专有名词)。d. 一个外文单词转行时或复合词漏掉连接号应计错误,以每面计算一个。e. 阿拉伯数字和罗马数字的错误(包括小数点和分数线等)以整个数字组计算一个。

注码、注文——如注码多、缺、错,每一处算一个;如注文多、缺、错,则按文字计错办法计算。一面内注文、注码混乱未校出者,计算一个错,两面以上注文、注码混乱未校出者,统算两个错。

书眉(中缝)——以一篇或一章为计错单位,最多算两个。单双面搞错或整个篇章错算一个。

页码——页码错、漏、颠倒,有一处算半个(包括批注明白的暗码)。页码顺序,一份校样算半个错。

目录文字、页码——6 万字以下的薄本书,初、二校对原稿并填写校样上正文页码(初校填写,二校核对),页码错,要计错;厚本书分校,目录未对正文,页码错,不计错。三校、通读要计错(因为规定三校、通读目录时要核对正文)。

【标点符号】

错符、多符、缺符,清楚者,有一处算半个。

引号、括号、书名号错,少或多,算半个错,一对也算半个错。

着重点多、缺、错,以一处(一串)为计算单位,每一串算半个。专名线、书名线多、缺、错,每一处算半个。

三连点(一个以上)多、缺均算半个。

引文末了的标点在引号之内或引号之外,如与原稿不符(指原稿非常清楚),计错半个。如原稿书写模糊,内外不分明者,则不计错。

标注清楚的对开、全身、双连等符号的错误,有一处算半个,两处以上每面计算一个。

批注或书写清楚的上、下角(标)如排成平排应计错误,每错一个计算一个(只写"下同"者不算"批注清楚")。

数、理、化、生物、地理及其他各种科技方面的符号如出现形体相似的错误,以每面计算一个,形体不相似的错误,以每处计算一个。

【字体、格式】

一个标题或一段引文字体都排错,要计错。每处算半个。一份校样错两处以上统算一个。校样规格与发排单或原稿批注不符(分校未见发排单则照原稿批注),有一处算半个。同一种错两处以上,统算一个。

【图表】

错图、掉图、多图、倒图有一处算一个错。

图与图注不符,一块图算半个错。

表内项目、数字位置放错而产生歧义者,用一个校对符号可以校正的算半个错。

表、图跨章的错误,题示表(表示图)四框用细线,表格上下框线的错误,合页表、图的单双页码的错误,漏填××续表、横竖排表的双细线的错误,统计表中间省略时用水线(双曲线)的错误以及国界线(已定国界线和未定国界线)的错误,一律以每面计算一个错。

四、通读差错计算办法

通读依原稿为准则。显著的错别字、多字、缺字、颠倒字,计错。有下列情况者,按照通读职责范围也应计错:

明显的政治性、原则性错漏,如党和国家主要领导人、常见的国名、重要政治性词汇出错等;

上下引号、双单引号、括号、书名号缺一或错一,注码顺序错乱,同一书中互见注码的页数错乱等等;

插图或图序明显颠倒;

目录与正文不符(可以从简的例外);

页码顺序错乱;

书眉(中缝)文字错乱、颠倒;

其他。

校对笔误或未填写倒空,按计错办法计算。

核红:复核发现初核疏漏的,要计初核质量。填写"核红质量记录单"备考。属前校(读)范围出错的要追计校对质量。

检查:书稿付型后半年内如发现成品校对错,要追计。

编、作、译者校样上发现的错,如原稿是正确的,而系校对失校,要追计。

简、繁、异体字不能互用的,用了以后不发生歧义的,可不计校对错,只作参考错。用了以后发生歧义的,要计错。

整理、过录、核红的质量标准,分别根据错漏的多少按百分比扣除。

初校、二校、三校后,经整理、检查人员查出的差错,确属校对计错范围的,均计在各校次上。

凡未按计错标准计错者,一经发现,少计的部分,除追计在前面的校次外,同时也计在本人的校次上。

第三节 校对人员构成及管理

一、人员构成

新中国成立后,上海各出版社调整充实了一批专职校对人员,他们有来自老解放区,有的来自进步出版社,带来了"精、细、详、慎"的优良传统,并以传、帮、带方式,言传身教培养出一批校对人员,在上海形成了一支具有较高政治和专业素质的校对队伍。

"文化大革命"结束后,上海一批出版社恢复建制后,分别组建校对组、校对科,在印刷单位的一些校对人员按专业对口返社工作。同时,各出版社除了从社会招聘外,还从出版院校录用了一批校对专业的学生,上海校对队伍的专业水平有明显提高。从1978年至1993年,上海分散在各单位的校对人员约从86人增至135名左右。

20世纪80年代以后,出版物品种数量剧增,专职校对力量明显不足,各出版社陆续组织业余校对队伍(简称"外校")。上海比较稳定的外校人员约有150人,成员来自几个方面:本单位有志于从事业余校对的职工;离退休的编辑、校对人员;职工家属及其子女。上述人员经校对业务知识考核,取得上岗合格证后录用。也有部分出版社将校对工作外包给一些排版公司、独立的工作室或个人。对业余校对人员的质量要求、奖优罚劣等规定与专职人员相同,但他们一般不担任整理及终校。业余校对人员是根据工作数量和质量结算劳动报酬的,使用单位不定期地对他们进行考核和业务培训,提高他们的文化素养和校对业务能力。

二、人员管理

校对管理工作的核心是人的管理,包括加强思想教育、建立规章制度、重视培养选拔、建立奖惩机制等。

【职业道德规范】
上海各出版社非常重视对广大校对人员的职业道德教育。校对行业的道德规范是在长期校对工作中形成的信念、作风、行规和敬业精神,是用来约束校对人员行为的准则。在业务学习和培训中,各单位都把职业道德教育放在首位。其内容主要包括:

学习党的指导思想和理论,坚持为人民服务、为社会主义服务的出版方针。

热爱校对工作,弘扬敬业精神,严格按照《校对工作人员职责条例》办事,尽心、尽力、尽职。

树立认真、细致、严谨、负责的作风,把好书(刊)稿校对质量关,做到一"字"不苟,质量为上。不马虎草率,不敷衍了事。

尊重编辑,尊重原稿,发现原稿差错或疑点,及时提出修正意见或进行质疑。

谦虚谨慎,相互尊重,以诚相待,团结协作。

遵守党和国家的政策法令,遵守单位规章制度,不从事或参与违纪、违法、违背社会公德的活动。

【任职要求】
1986年3月,按照文化部《出版专业人员职务试行条例》规定,上海将校对职务设为一级校对、

二级校对、三级校对。一级校对为中级职务,二级校对、三级校对为初级职务,并明确了校对人员的任职条件。具体为:

三级校对:中专、高中毕业满一年见习期,或高中毕业有校对经验两年以上,初步掌握校对基础、排印常识,能完成一般校对任务。

二级校对:有三级校对工作经验5年以上,或高中毕业有三级校对工作经验2年以上,掌握校对相关专业知识,能独立处理校样中的问题,完成一般稿件整理付型工作,有一定工作成绩。

一级校对:大专以上学历,从事二级校对工作5年以上,具有广泛知识,系统掌握校对专业基本理论,熟悉印刷知识,工作成绩显著,掌握一门外语。

【专业教育】

上海重视校对专业人员的培育,大力发展专业教育、职前教育和岗位培训,通过不断提高校对人员的素质来保障出版物的质量。1983年,市出版局举办校对专业培训班,招收高中毕业生,学制2年,学员40名,毕业后分配到各出版社做校对工作。1984年,上海出版印刷高等专科学校设立出版系,培养出版、校对人员,后该系面向全国招生。1988年,上海广播新闻职业学校开设编务班、校对班,两年4个班约有80余名学员,为报社、出版社充实了一批校对有生力量。

1983年,市出版局组织各出版社有经验的校对专家编写《校对业务基础》教材,1986年由山西人民出版社出版。1989年,在国家教委、新闻出版署领导下,又主编国家教委"八五"规划教材、新闻出版署专业系列重点教材《校对业务教程》,全书28万字,1995年9月由辽宁教育出版社出版。这既是对校对专业进行理论和实务总结,也使专业教育有了系统、完整的教材。

1986年3月,文化部制定《出版专业人员职务试行条例》,明确校对职务设置和任职条件。条例的颁布激发了校对人员学习文化和专业知识的积极性,他们利用业余时间通过报考电大、夜大、自学考试等方式获得任职学历,出版社也有针对性地开展各种岗位培训,为校对人员的晋升提供条件。

2002年6月,新闻出版总署印发的《出版专业技术人员职业资格管理暂行规定》规定:凡在正式出版社工作的编辑、出版、校对等专业技术人员,必须通过国家统一组织的出版专业资格考试,持相应的《中华人民共和国出版专业资格证书》上岗。新进人员必须在一年以内通过相应的专业资格考试,否则不能从事相关工作。2002年7月起,上海新闻出版教育培训中心从高等院校和出版机构中聘请25位资深学者和业界专家担任辅导老师,按初级和中级两个级别12个班,先后对上海宣传系统和新闻出版单位的学员包括校对人员进行培训。以后每年举办职称考试培训。通过多年努力,到2010年,上海专职校对人员已经全部获得上岗证书。

当书稿排版为电脑照排所替代后,校对直接面对的是作者交来的磁盘软件。随着校对客体、校对方式的改变,对校对队伍建设的要求愈来愈高。在"校是非"逐渐占主导地位的情况下,校对人员不仅要熟悉校对业务,还要掌握一定的科学文化知识;不仅要具有相当的文字功力,还要能熟练使用计算机。为此,对校对人员"二次回炉"和重新培养就成了校对队伍建设的重中之重。进入21世纪后,上海出版印刷高等专科学校等开设数字出版专业,增加数字化校对技能的传授,培养专业对口的复合型人才。

【奖惩机制】

上海各出版社根据专业特性,先后制定了针对校对人员的奖惩规则。

最佳校对奖。由出版社评定、颁发。获奖条件：责任校对（或其他校对）在年度考核中工作成绩突出，整理校样清楚明晰，校对质量优秀。

优秀校对奖。在全社评比优秀图书基础上，评选图书的优秀校对，质量标准为：无严重文字错误，差错率在 1/80 000 至 1/40 000 的。

单项奖。由校对科申报，社领导核准、颁发。获奖条件：责任校对（或其他校对）经过考核，在校对质量或校对数量（符合质量标准）、执行校对周期、纠正原稿差错等的某一方面有突出成绩的。

原稿疑问奖。凡提出原稿疑问，经编辑采纳的，按疑问质量发给奖励字数（或奖金）。政治性差错每处奖计 10 000 字；知识性差错，每处奖计 3 000 字；错别字，每处奖计 1 000 字；图表、格式、字体字号（不是个别字，指一串、一句或一段）等技术性差错，每处奖计 1 000 字；凡发现和协助纠正原稿中重大政治性、原则性、技术性差错的（其标准是这种差错不纠正，则非返修、重印不可），给予重奖，奖金根据具体情况确定。一份校样内同一意义的政治性、知识性差错，同一意义的图表、格式、字体字号差错，同一字的多处差错，均作一处计奖。

如发生校对质量事故，也要责任到人。凡所校质量不合格，则按质量标准规定扣罚字数。因排字错误、校对失校而造成事故损失，并填写"质量事故单"者，校对人员应负事故责任，按规定扣罚应扣的字数和奖金。因原稿错误或计算机故障（未经复校）而发生的事故，校对人员不负事故责任；但因擅改原稿、未经编辑认可而发生的事故，校对人员应负事故责任。校对事故应根据具体情况，弄清责任所在，分别由校对人员、责任校对、调度员和校对科科长负责。

此外，校样整理是校对工作的关键环节，涉及整本书的规格和统一，又是"三校一读"以后的劳动结晶。对校对整理应有字数补贴，也应有奖罚条例。校对负责人在查阅付型清样中如发现在整理工作中有重大的失误，如标题不统一、页码颠倒、图表与正文不符、跨页图表应双单面而误为单双面、注文注码不符等等，给全书造成严重后果的，则可扣除本书的整理字数。凡在出书以后半年内发现上述重大问题的，将按照出版社的奖罚条例，予以扣分。超校字数一律发给业余校对费。没有原稿的通读按编辑费计算。计算字数均按版面字数，以五号字、简体字、单字全身为标准。小于五号字或排繁体字、外文、数码表格者酌情增加版面字数。反之，则酌情减少版面字数。

第三章 书刊整体设计

第一节 沿 革

传统书籍设计主要关注的是封面设计,而封面设计始终停留在纸质平面的二维层面。改革开放以后,一些新的设计理念开始传入,上海的装帧设计师们逐步意识到,书籍外在形态的塑造并非设计师的专利,而是作者、编辑、设计师、印刷装订工程师共同完成的系统工程。判断一本书的良莠,不在表象,而是由内向外散发出来的完整性,一种内容和形式统一的整体美。

20世纪90年代,从国外引进新的印刷技术,纸张的品种越来越多,更重要的是,大众对高品质精神文化需求越来越强烈。整体设计的意识已经取代了只重视封面设计而忽略内外结合的旧的装帧设计意识。许多设计师在设计时,开始对包括正文在内的信息进行全面考虑,装帧设计由此进入到整体设计阶段。设计的内涵不断扩大,从单一的封面设计逐渐地延伸到出版物的各种装饰和构件的设计,同时还考虑印刷材料、印刷工艺、特殊材料的应用配套。

1997年6月,新闻出版署颁布的《图书质量保障体系》明确图书的整体设计,包括图书外部的装帧设计和内文版式设计。2002年,中国出版界对整体设计概念作了细化:外部的装帧设计包括书刊的形态设计、美术设计和表面整饰设计。其中书刊的形态设计包括开本的选择和书刊结构、装订样式的确定;美术设计要通过准确掌握作品的内涵,对书刊的封面、护封、环衬、衬页、扉页、插页、函套等结构部件从审美角度进行艺术性设计;表面整饰设计包括纸张、装帧工艺材料的选用和表面整饰工艺方案的选择。书刊整体设计的基本原则逐步确立下来,即形式与内容统一、共性与个性协调、艺术性与实用性结合、继承与创新结合。在整体设计理念下,书籍上一些被忽略的部分也被发掘出来,如书脊、封底等已与封面联成一个整体进行设计;书口也成了设计的新宠,印上不同的色彩,书口合拢后上面就能呈现出文字、符号甚至一幅图。

21世纪初,上海书籍装帧更注重注入中国传统文化的元素。这种元素不仅停留在封面上,也体现在整个书籍形态的设计中。2003年,市新闻出版局主办每年"中国最美的书"评选活动,评审的标准就是:书籍设计的整体性,书籍内容与形式的完美结合,书籍设计对于书籍本身功能的提升,设计风格与适宜手感的和谐统一,以及作为设计重要元素的技术手段的运用等。此类评选活动对书刊设计创新起到重要引领作用。

同时,计算机辅助设计被广泛应用,众多设计软件和应用模板使设计师选择的手段、技术多样化,多维化。特别在设计时,效果的直观性和整体性能使设计师、作者、编辑和印制人员更方便地进行协调,更便捷地对书稿进行调整和修改。

第二节 工 艺 和 材 料

一、装订工艺

现代书籍装订是将印刷好的单页进行最后的整合处理,主要的处理环节有折页、黏合、包封、裁切,形成最后的成品书。装订程序也是形成书籍形态的关键,是设计师再次创作的平台,它的成败直接影响到书籍整体设计的质量和外观的美感。装订工艺可大致分成书心的装订和书壳的装订。

书心的装订方法有:

平订。即在折页成型的订口处用铁丝或者其他金属丝固定书面,这种装订方法在过去使用较多,虽然生产效率较高,但是如果书籍较厚,翻阅时就有一定的困难。

骑马订,在折页的中缝处用订书机从外到内订入金属钉以固定书面,一般适用于一百页以内的薄型书,一般不太厚的杂志、画报等多采用这种装订方式。

锁线订。锁线订又称串订,是一种传统的装订方法,它是将书分贴折好,在订口处用棉线紧密串起,因其在展开时比较平坦,适合翻阅、阅读,故多用于较厚的书籍,很多字典就是采用这种方法装订的。

无线订。无线订又称胶订。即用乳胶黏合书心,图书外观坚挺,翻阅方便,但是书籍受潮或者放久,乳胶易老化导致书籍脱胶散页。

在这几种书心的装订方式中,除了骑马订是连同封面封底一起装订成型,其他几种还需要将印好的书心包封,精装书一般还需加上环衬页,压平烘干,最后进行裁切成书。

模切打孔工艺也是印后书籍表面整饰加工中的重要工序,模切工艺是影响书籍美观度的必要加工手段。起初书籍的模切技术是为了把书籍的勒口修饰平整,是用固定的模切刀片按照开本规格尺寸,沿着书籍的基准线将书籍毛本的天头、地脚、书口的多余的毛糙边缘切掉,以达到书籍整齐划一的美观程度。模切工艺还不只是用在整饰书籍边缘这一方面,书籍设计中许多创意还要靠这种特殊工艺来实现。大多数的模切工艺都是依赖精准的激光雕刻来完成。

书籍印制中还常用到打孔工艺,在平面的纸张上出现洞或者类似洞的形状,可给予人的感觉是神秘的内容隐藏在它的深度和形态之中。这种“窗口”的意义也会改变书籍本身的含义,在视觉上造成空间的实体含义,更会引申至一定的空间含义。

二、印制工艺

随着技术不断进步,出版物越来越精致新颖和多样化,特种加工的书籍逐渐多起来了,如立体印刷、发泡印刷、UV印刷、烫印工艺及丝网印刷等印刷工艺层出不穷。

立体印刷是模拟人两眼的间距,从不同角度将左、右像素记录在感光材料上,这样平面印刷的图像就呈现出了立体动画和奇异变图的独特视觉感受,改变了传统印刷品静态单一的效果。

发泡印刷是一种采用发泡油墨的特种印刷技术。发泡的油墨经过印刷机印到承印物上,通过干燥以后进入烘道加热,油墨在受热后会发泡凸起,再冷却下来就凝固成浮凸的文字或图案。由于这样浮凸的文字图案具有耐磨、耐压性,并且触感柔软舒适。因此发泡印刷在书籍装帧上得到十分广泛的应用。

UV(Ultraviolet)是印刷领域的一项新型上光技术,是在印好的印刷品表面覆盖一种特殊的透明材料,这种材料即油墨,又称紫外线固化油墨。它与普通油墨通过溶剂挥发的干燥方式不同,油墨在印刷过程中能在一定波长的紫外线照射下发生瞬间的化学反应,可在几秒钟从液态变为固态。透明的材料就在印刷品的表面形成光滑的膜,使之产生特殊的视觉效果。油墨在固化过程中还可以使用不同的加工工艺使光滑的表面产生磨砂、压花等多变的装饰效果,使油墨焕发出独特的光彩。

烫金工艺俗称烫金,是在一定的温度和压力下将电化铝或者其他的金属箔烫印到承印物表面。烫印是增加印刷品的附加值的最重要途径之一,它使印刷品的表面呈现出强烈的金属光泽,色彩鲜艳夺目,永不褪色。近年来传统烫金技术在不断进步,出现了全息定位烫金、立体烫金、冷烫金等新型的技术。可以烫金的承印物非常丰富,有纸张、塑料、木制品、玻璃、金属等。但不是所有的纸张烫金效果都理想,表面粗糙、纸质疏松的纸张,由于电化铝层不能很好地附着在其表面,金属光泽就不能很好地体现出来,甚至印不上或易脱落。

丝网印刷是孔板印刷的主要方式,特点是不受承印材料的制约,可任意选择,也不受承印物的形状限制,在其他印刷方式无法印刷的曲面上也能印刷。所以在书籍印刷中应用的非常多,因为现在许多书籍采用特种材料和特种纸,使得常用的油墨无法着色,丝网印刷就弥补了这个缺陷。

三、装帧材料

【纸张】

纸张是书刊最基本的载体,随着纸张品种越来越多,各种专用纸、特种纸已被广泛采用。设计师会根据其质感及表面的肌理、纹路等特性表现不同出版物的个性。出版物所用的印刷用纸有很多种类,其中包括:

新闻纸,主要为报纸所用,纸质松软,吸墨能力强,富有弹塑性,但由于纤维比较粗,纸张容易发黄变脆,抗水性差,通常用于更新快的报纸等出版物。

凸版印刷纸,多为单色、彩色的画报、图片等使用,其纸质和新闻纸类似,但是抗水性、颜色、纸张平滑度比新闻纸好,吸墨虽然均匀但吸墨能力比新闻纸差。

胶版印刷纸,为书刊大量采用,其质地紧密,伸缩性小而抗水性强,能使印刷品保持较好的色彩的纯度与质量。

胶版涂层纸,也称铜版纸,多为彩印的杂志,画册等采用,是在纸面上加涂一层无机涂料再经过超级压光制成的高档纸张,其纸质平整光滑,显色纯度高,印刷时能够得到较为细致的光洁网点,能很好展现画面的层次感。

白板纸,一般用于精装书籍的封面,里衬和函套等,纸质较厚,有较好的耐折度。纸面色质纯度较高,吸墨比较均匀。

合成纸,是利用化学原料添加辅料制成的,一般质地柔软,抗水性好,抗拉力强,能抵抗化学腐蚀和冷热变化,广泛应用于高级的艺术画册、书籍的印刷。

艺术纸,多用于书籍的装饰纸材,一般统称为特种纸。其有各种各样的特性,不仅色彩丰富,而且还有反光、亚光、丝光、金属光泽等质感。并且特种纸一般都有原始的或者是压印出来的凹凸纹路肌理。设计师一般都喜欢采用特种纸本身的色泽和质地来表达美感。

【丝织品、皮革、竹木材、金属、布料等】

这些天然材质有着人工无法仿造的质地、纹路,恰当地用于书籍装帧,更能表达主题、提高档次。如竹材与木材质地轻巧、强度较高,纹理也清晰漂亮,中国早期的书籍就是用竹简木材制成的,现代常用于有文化底蕴的中式书籍装帧,如制作书籍封面、函套等。皮革通常用于封面和函套,但价格昂贵且不易加工,只能用于少量珍藏版图书。金属被应用到书籍可以追溯到几千年以前,现代的书籍设计中还会使用它,其质地坚硬并且分子结构稳定,抗腐蚀性很强,常用来制成书籍的函套等;各种布料也常用在书籍设计中,包边、镶嵌后能使图书获得不同的风格。

另外,各种触感薄膜、特种油墨、电化铝也会被设计师采用,为书籍装帧效果提供了丰富的组合和创意空间。

第三节 美术和技术编辑

一、美术编辑

1978 年后,书籍装帧设计进一步职业化,上海各出版社一般都配有专职的美术编辑,他们的职责除负责出版物的配图外,还要负责书籍的装帧设计,有些还要负责版式设计、开本设计等。也有出版社专门设立装帧设计室。美术编辑有不少是来自美术院校的毕业生。

美术编辑负责的工作主要包括:设计封面、写美术字、画插图、组织美术稿件、编绘画册等,具有独立组稿能力。责任美术编辑还担负指导培养助理美术编辑的责任。随着书籍整体设计理念的确立,书籍设计的内涵和外延也有了一定的扩展,除了上述的一些内容外,还涵盖到书籍的形态、材质、开本、印刷、印后工艺、装订等领域。这就要求美术编辑不仅仅是设计封面和版式,还要对书籍的整体设计有更准确的把握。

美术编辑的任职条件,除与文字编辑在学历、年资、外语、著译要求相同外,还要求具有扎实的美术基础理论知识,掌握本专业国内外现状和发展趋势,了解出版业务,有较好的文字表达能力和较准确的鉴赏能力。他们的专业职称归在编辑系列,职称评审时需要提供美术设计和美术创作作品。书刊装帧作品或独立创作的美术作品获全国书刊装帧艺术奖或全国美术作品奖、上海市优秀书刊装帧设计奖(一等奖);在书刊装帧设计上有很高的水平的,可参与高级职称的申报。

二、技术编辑

20 世纪 80 年代中期,图书技术编辑作为出版行业一个独立的专业,正式列入出版系列。主要承担书稿的技术设计、印制设计,或插图、制图工作。包括开本的选择,书刊结构、装订样式的确定,纸张、装帧工艺材料的选用和工艺方案的选择等。还负责一些非美术创作类的制图。负责版式、工艺材料设计的,在工作流程中属于印前工作的部分,这部分设计人员常安排在出版科;负责制图工作的人员常安排在编辑部门。技术编辑是编辑和印制的中间环节。

技术编辑在出版专业技术职称评定中为单独一类,分三级,技术设计员或助理技术编辑为初级、技术编辑为中级、技术副编审为高级。

三、领军人物

"文化大革命"中,大部分书籍装帧设计人员和美术编辑下放"五七"干校劳动,书籍装帧设计处于历史的倒退期。1978 年后,上海书籍装帧艺术得到复苏,随着书刊品种不断增加,老一辈美术编辑重回工作岗位,各出版社又招收了一批年轻的装帧设计人员。上海出版印刷高等专科学校开办书籍装帧设计专业,直接为全国出版系统培养书籍装帧设计人才。1985 年起先后有 30 多人进入上海各出版社从事装帧设计工作,很多人成为骨干和领军人物,并在日后装帧设计事业的发展中崭露头角。

上海教育出版社美编室主任任意是新时期上海书籍装帧的领军人物。1978年后设计的《外国文艺》封面获1979年全国书籍装帧艺术展大奖，《汉语诗律学》《实用汉语600句》《简明社会科学词典》获1980—1982年全国书籍装帧优秀作品奖，《书林》获1986年全国首届期刊封面设计一等奖，《中国历代服饰》获1986年全国第三届书籍艺术展览会图书整体设计荣誉奖和1989年莱比锡国际书籍艺术博览会铜奖，《中国美术辞典》《教育大辞典》分别获华东地区书籍装帧一等奖。论文《在探索中寻求》获1989年全国首届装帧艺术论文和研究成果一等奖。

上海人民出版社美编室主任范一辛是新时期上海书籍装帧领军人物之一。20世纪80年代，为提高全国出版物装帧艺术水平，新闻出版署组织成立装帧艺术研究会，每年举办展览，评选优秀作品，范一辛设计的作品多次获奖，其中《辞海》三卷本获荣誉奖，《辞海》缩印本获一等奖和优秀整体设计奖等。插图是书籍装帧艺术的重要部分，范一辛应少年儿童出版社约请，创作过不少儿童读物插图，其中彩色插图本《3号瞭望哨》曾代表中国参加在捷克首都布拉格举行的国际书籍装帧艺术展览会。

上海译文出版社美编室主任陶雪华设计的作品曾多次在全国获奖，《黑潮》获全国第二届书籍装帧艺术展览封面二等奖，《神曲》获全国第三届书籍装帧艺术展览封面一等奖，《社会语言学》《艰难时世》获封面三等奖，《战争风云》《战争与回忆》获全国第四届书籍装帧艺术展封面一等奖。论文《系列图书的视觉图形设计随想》获全国首届装帧艺术论文和研究成果一等奖。

2000年，市出版工作者协会等主办袁银昌书籍设计作品展，这是上海第一个个人书籍设计作品展。袁银昌1980年从上海戏剧学院美术系毕业后进上海文艺出版社任美术编辑，20年里苦苦追求，不少作品获上海市、华东地区和全国书籍装帧奖项，在全国书籍装帧艺术领域具有一定影响。

这一时期，上海出版界比较重要的书籍装帧设计者还有冒怀苏、陆全根、王俭、陆震伟、卜允台等。在他们之后，上海人民出版社陈楠、上海辞书出版社姜明、上海古籍出版社严克勤、上海科学技术出版社戚永昌、复旦大学出版社孙曙、华东师范大学出版社高山、上海文化出版社周艳梅、少年儿童出版社赵晓音、上海人民美术出版社张璎、上海书画出版社潘志远等也都设计出不少优秀作品，获得上海和全国书籍装帧设计奖项。

改革开放带来书籍设计领域的深刻变化，越来越多的设计工作室和自由设计师出现了。他们的设计别具一格。许多作家将作品直接交由这些设计工作室设计，也有不少出版社将重要选题委托独立设计师设计，由此诞生了不少好的作品。上海教育出版社委托敬人书籍设计工作室设计的《中国书院》被评为第一届"中国最美的书"。华东师范大学出版社委托南京"书衣坊"工作室设计总监朱赢椿设计的《私想者》获第二届中国出版政府奖装帧设计奖。上海译文出版社委托陆智昌设计的杜拉斯作品系列等在社会上获得好评。越来越多的个人设计工作室、装帧设计公司出现，在一定程度上对出版社美术编辑带来冲击，但同时也形成了良性竞争与合作交流的氛围，扩大了装帧设计队伍，满足了市场和读者的需求。

第四节　优秀书籍设计作品

一、国际获奖作品

1978年12月，联合国教科文组织亚洲文化中心在日本东京举办的"野间儿童图书插图奖"评选揭晓，少年儿童出版社出版的《陈胜与吴广》插图（作者戴敦邦）和《小蝌蚪找妈妈》插图（作者陈秋草)获二等奖。这是改革开放后上海出版物获得的第一个国际奖项。1980年12月,"野间儿童图书插图奖"再次评选,少年儿童出版社出版的《中国古代寓言》(守株待兔、滥竽充数)(作者张世明)、上海人民美术出版社出版的《孙悟空三打白骨精》(作者赵宏本、钱笑呆)分别获一等奖和三等奖。

表5-3-1　日本"野间儿童图书插图奖"上海获奖书目

年　份	书　　名	出 版 社	奖 项	作　者
1978年	陈胜与吴广	少年儿童出版社	二等奖	戴敦邦
1978年	小蝌蚪找妈妈	少年儿童出版社	二等奖	陈秋草
1980年	中国古代寓言(守株待兔、滥竽充数)	少年儿童出版社	一等奖	张世明
1980年	孙悟空三打白骨精	上海人民美术出版社	三等奖	赵宏本 钱笑呆

1989年5月,中国国际图书贸易总公司选送中国出版的150种图书参加莱比锡国际书籍艺术博览会,12种图书获奖,其中上海4种,占三分之一。上海书画出版社选送的《十竹斋书画谱》豪华本,获博览会最高奖—国家大奖。

表5-3-2　莱比锡国际书籍艺术博览会上海获奖书目

书　　名	出 版 社	奖 项	设计者
十竹斋书画谱	上海书画出版社	国家大奖	
丁丑劫余印拓	上海书店	银 奖	陆全根
中国历代服饰	学林出版社	铜 奖	任 意
鲁迅与书籍装帧	上海人民美术出版社	荣誉奖	陆全根

二、全国获奖作品

1979年3月,由国家出版局和中国美术家协会在北京联合举办的全国书籍装帧艺术展览会。上海获整体设计奖1种,封面设计一等奖2种、二等奖3种、三等奖5种,插图二等奖1种。

1981年5月,1980年度全国书籍装帧优秀作品评选活动在北京举办。经过评议,确定入选作品100种,其中包括整体设计8种,封面设计75种,版式设计4种,插图8种,印刷装订5种。其中上海入选作品封面设计13种,插图2种,印刷装订2种。范一辛设计的《论冯特》(上海人民出版社)封面获优秀封面设计奖。设计者用紫、蓝、黄三色线条,绕成三个扁圆圈,让抽象的线条做不规则运动,让人联想冯特所研究的哲学和心理学的特点。

1986年,第三届全国书籍装帧艺术展览会上,陈列作品有3 000多件,评出整体设计二等奖2种;封面设计一等奖4种;封面设计二等奖19种;封面设计三等奖85种;版式设计奖3种;整体设计荣誉奖2种;封面设计荣誉奖6种。上海参展作品获封面设计一等奖1种,获封面设计二等奖3种,获封面设计三等奖10种,获整体设计荣誉奖1种,获封面设计荣誉奖1种,共16种。在这次评比中,上海译文出版社陶雪华设计的《神曲》封面,以夜晚星空幽静、深邃、神秘与长诗梦幻文学形式相契合的画面,使人产生遐想,获封面设计一等奖。

　　1990 年 2 月,中国出版工作者协会、中华全国新闻工作者协会、中国印刷技术协会、中国印刷设备及器材工业协会和新闻出版报社举办的全国首届书刊封面设计大赛评选揭晓。上海获二等奖 1 种、三等奖 3 种。

　　1995 年 11 月,第四届全国书籍装帧艺术展览在北京举行。展览包括书籍封面、版式、整体设计、插图等优秀作品参评。上海译文出版社陶雪华设计的《战争风云》《战争与回忆》获封面设计一等奖。学林出版社沈兆荣设计的《金文大字典》获整体设计一等奖。

　　1999 年 10 月 12 日,第五届全国书籍装帧艺术展览暨评奖活动在北京中国美术馆举行,展览共展出从全国各省市自治区,中央各部门装帧艺委会、全国大学装帧艺委会等 31 个分展场选送的优秀装帧、插图作品 1 200 种,分为社会科学、科学技术、文学艺术、少年儿童、画册、教育、插图、工具书、版式 9 类,共有 129 件作品获奖,其中金奖 16 件、银奖 42 件,铜奖 71 件。上海市版协征集到 22 家出版社的 107 件作品,经评选,送京展品 49 件,8 件作品获奖,其中金奖 1 件,铜奖 7 件。此外有 38 件作品获优秀奖。

　　2004 年 12 月,第六届全国书籍装帧艺术展览在北京举办,共收到全国 2 500 余件作品,奖项除整体设计、封面设计、版式设计、插图等项目外,还对非正规出版物、教学成果作品评出"探索奖",对优异印刷品评出"工艺奖"。这届展览共评出金银铜奖 248 件,工艺奖 24 件和探索奖 31 件,评出论文的金、银、铜奖 55 篇,上海有 19 种图书获奖。同时举办首届国际书籍设计家论坛,欧美和亚洲的设计家参与研讨。这届设计展后举办的各届展赛,更多地关注书籍的整体设计,改变了以往主要关注外在形态的装帧设计。

　　2009 年 10 月,第七届全国书籍装帧艺术展览在北京举办,更名为全国书籍设计艺术展,共 2 000 余件作品参选,评选最佳作品包括社科类 22 件、文学类 14 件、艺术类 14 件、科技类 6 件、民族类 7 件、少儿类 5 件、教育类 4 件、辞书类 1 件、插图类 8 件、探索类 11 件、印制类 3 件以及纸艺类 2 件。上海有 9 件作品被评为最佳作品。

表 5‑5‑3　1995—2009 年全国书籍装帧艺术展上海获奖名单

年　度	书　名	出 版 社	奖　项	设计者
1995 年 (第四届)	战争风云、战争与回忆	上海译文出版社	封面设计一等奖	陶雪华
	金文大字典	学林出版社	整体设计一等奖	沈兆荣
1999 年 (第五届)	汉语语言文字信息处理	上海教育出版社	封面设计金奖(教育类)	郭伟星
	"老上海风情录"丛书	上海文化出版社	封面设计铜奖	王志伟
	惶然录	上海文艺出版社	封面设计铜奖	宫　超
	孤独之侠——金庸小说论	上海三联书店	封面设计铜奖	范峤青
	认知神经科学	上海教育出版社	封面设计铜奖	张国樑
	小贝壳图书馆·亲亲童话世界	少年儿童出版社	整体设计铜奖	周　合
	中国寓言故事	少年儿童出版社	整体设计铜奖	费　嘉 赵晓音 奚阿兴
	春彦点评录	上海远东出版社	版式设计铜奖	王震坤 谢奕青

（续表）

年　度	书　名	出　版　社	奖　项	设计者
2004 年 （第六届）	小红人的故事	上海文艺出版社	整体设计金奖（艺术类）	全　子
	THE JEHOL BIOTA	上海科学技术出版社	整体设计金奖（科技类）	戚永昌
	沈从文和他的湘西	上海文艺出版社	整体设计银奖（社科类）	袁银昌
	城市再造	上海人民美术出版社	封面设计银奖（社科类）	杨　杰
	江南话语	上海音乐学院出版社	整体设计银奖（社科类）	朱赢椿
	魔法无法	上海教育出版社	整体设计银奖（文学类）	张国樑
	昭苏日记	文汇出版社	整体设计银奖（文学类）	周夏萍
	方寸洞天——邮票上的隧道与地铁	上海人民出版社	整体设计银奖（艺术类）	陈　楠
	噢，原来如此	少年儿童出版社	整体设计银奖（少儿类）	赵晓音
	稳操胜券（上、下）	上海教育出版社	封面设计铜奖（社科类）	陆　弦
	电影＋2003	上海人民出版社	封面设计铜奖（社科类）	奇文云海
	中国近现代文化名人传记丛书	上海书画出版社	封面设计铜奖（文学类）	潘志远
	上海科学技术出版社建社 50 周年纪念文集	上海科学技术出版社	整体设计铜奖（文学类）	房惠平
	篆刻百家姓字典	上海书画出版社	封面设计铜奖（艺术类）	范乐春
	书信用语词典	上海辞书出版社	封面设计铜奖（辞书类）	姜　明
	徐家汇藏书楼西文精品	上海科学技术文献出版社	封面设计铜奖（民族类）	钱　祯
	动物总动员·开心大礼盒	少年儿童出版社	整体设计铜奖（民族类）	张蔚昕
	安房直子幻想小说代表作	少年儿童出版社	插图设计铜奖（插图类）	施晓颉
	噢，原来如此	少年儿童出版社	插图设计铜奖（插图类）	熊　亮
2009 年 （第七届）	SHOPPING 大解码——购物文化简史	上海人民出版社	最佳作品（社科类）	陈　楠
	京极夏彦系列作品	上海人民出版社	最佳作品（文学类）	聂永真
	"心世界"丛书	上海人民出版社	最佳作品（文学类）	陈　楠
	涂鸦手记	上海人民出版社	最佳作品（文学类）	杨林青
	贺友直说画	上海人民美术出版社	最佳作品（艺术类）	陈　楠
	"远山的书"丛书	少年儿童出版社	最佳作品（少儿类）	赵晓音
	青蒿素研究	上海科学技术出版社	最佳作品（科技类）	赵　军
	视感人生——视觉触摸	上海工艺美术职业学院	最佳作品（探索类）	董　嫣
	正度纸样	正度纸业	最佳作品（纸艺类）	／

三、"中国最美的书"

2003年,上海市新闻出版局开始举办每年"中国最美的书"评选,邀请海内外著名书籍设计师担任评委,参评的是各地出版社正式出版的图书,入选图书被授予当年度"中国最美的书"称号,并送往德国莱比锡参加次年的"世界最美的书"评选。

"中国最美的书"的评选标准包括:书籍设计的整体性,书籍内容与形式的完美结合,书籍设计对于书籍本身功能的提升,设计风格与适宜手感的和谐统一,以及作为设计重要元素的技术手段的运用等等。截至2010年,评选活动共举办8届,评选出"中国最美的书"168种,其中上海46种。

2003年举办首次"中国最美的书"评选,共有173种图书参评,16种获"中国最美的书"称号,其中上海有10种。

2004年评选共收到各地参评图书236种,24种图书获"中国最美的书"称号,其中上海有9种,主题包括文学、少儿、科学、艺术等几个方面。获奖图书设计风格既有简洁、现代,也有注重还原中华文化特质和精髓,展现诗情画意的。

2005年评选共收到各地参评图书254种,20种图书获"中国最美的书"称号,其中上海有7种。陈楠设计的《天虫》《上海FASHION》两种图书获奖。《天虫》以网格系统对称而不平衡的构图方式,凸显文本与图像的对应效果,表现雍容大度、平易近人的气质。袁银昌获奖的是《锦绣文章——中国传统织绣纹样》和《寒夜》(手稿珍藏本)。《寒夜》(手稿珍藏本)以原尺寸史料和部分缺损页面与印刷体对照的形式呈现,配以中式传统的穿线装帧设计,以表现作者当时的心路历程。

2006年评选有25种图书获选,其中上海有7种。奇文云海设计的《面子》是一本展示设计的书,几乎每一页都有个性。设计师对书籍设计与材料、工艺作整体考虑,每一个层面都发挥到极致,不落俗套又合情合理。

2007年"中国最美的书"评选有23种图书入选,其中上海有3种。陈楠设计的《亲爱的宝宝》是一本父亲写给孩子的信。设计师采用一封信式的书套,舍弃封面,改用一张夹抄。印刷装订的贴纸用套色来区分。每一纸贴首页的颜色各异,从书脊上看就像彩虹一样,表示每一个孩子的未来都是彩色的。

2008年"中国最美的书"评选有20种图书入选,其中上海有6种。陶雪华设计的《画说红楼梦》以红色作为封面,同时运用丝柔般触感的材质烘托出主题,倚角而置的宋版木刻文字书名与大面积空白形成对比。内页字体及中国传统饰纹、饰线的把握既有东方文化韵味又不失现代审美思考。

2009年"中国最美的书"评选有21种图书入选,其中上海有2种。朱赢椿设计的《私想者》是作者自说自画的一本书,同一系列的《私想着》也由朱赢椿设计。《私想者》一书形态丰富,用纸、图像表现力强,翻阅手感独特;文字、图像排列的叙述层次丰富,充分体现纸质载体的特点,达到设计思路与内容语境的吻合。

2010年"中国最美的书"评选有20种图书入选,其中上海有2种。吕敬人等设计的《怀袖雅物——苏州折扇(精装)》,书脊设计富有特色,颜色、花色与书中的古扇呼应。纸质轻柔,翻动起来有如微风拂过。在评选的同时还举办书籍设计讲坛,邀请评委专家与来自全国各地的书籍设计者进行交流和研讨。

表 5 - 3 - 4　2003—2010 年度"中国最美的书"上海获奖书目

年　份	书　　　名	出　版　社	设　计　者
2003 年	沈从文和他的湘西	上海文艺出版社	袁银昌
	秦汉文化	学林出版社、上海科技教育出版社	沈兆荣、周剑峰、应黎声、汤世梁
	中国古代车舆马具	上海辞书出版社	姜明
	小红人的故事	上海文艺出版社	全子
	中国书院	上海教育出版社	敬人书籍设计
	晋唐宋元书画国宝特集	上海书画出版社	姚伟延、汪超
	无上清凉——弘一大师的墨宝舍利	上海人民美术出版社	谢定琨、安虎生
	三峡记忆	上海文化出版社	周艳梅
	方寸洞天	上海人民出版社	陈楠
	鱼从头臭起	上海译文出版社	野草
2004 年	妞妞：一个父亲的礼记	上海人民出版社	袁银昌
	江南文化的诗性阐释/人文江南关键词	上海音乐学院出版社	朱赢椿
	"看看"丛书（10 种）	中国福利会出版社	钦吟之
	虫画虫话系列（3 种）	上海人民出版社	严嘉华、冯家辉
	淳化阁帖最善本（全四册）	上海书画出版社	姚伟延（封面设计）
	热河生物群	上海科学技术出版社	戚永昌
	我们仨	上海三联书店	陆智昌
	游刃集——荃猷刻纸	上海三联书店	宁成春
	梦游手记：尔乔·一个医生的画与话	上海三联书店	张红
2005 年	锦绣文章——中国传统织绣纹样	上海书画出版社	袁银昌
	"艺术大视野"丛书·视觉那城/一米的守望	上海书画出版社	成朝晖、李振鹏、祝平凡
	上海 FASHION	上海辞书出版社	陈楠
	天虫	上海人民出版社	陈楠
	寒夜（手稿珍藏本）	上海文艺出版社	袁银昌
	"中国民俗文化"丛书（5 册）	上海古籍出版社	严克勤
	天边的彩虹——中国 10—13 世纪釉上多彩绘陶瓷研究	大象出版社、上海书店出版社	吕敬人、张明
2006 年	蟋蟀盆	上海画报出版社	陆冬梅
	杂碎集：贺友直的另一条艺术轨迹（上、中、下）	上海人民出版社	吕敬人、马云洁、罗一
	彩色的花雨	上海新闻出版发展公司	袁银昌、李静
	面子	华东师范大学出版社	奇文云海

（续表）

年　份	书　　　名	出　版　社	设　计　者
2006 年	上海图书馆藏明清名家手稿	上海古籍出版社	姜寻工作室
	阅读城市	上海三联书店	陆智昌
	2003—2005 中国最美的书	上海文艺出版社	袁银昌
2007 年	上海罗曼史	上海辞书出版社	陈楠
	夜航船	上海文艺出版社	周艳梅
	亲爱的宝宝	上海人民出版社	陈楠
2008 年	私想着	华东师范大学出版社	朱赢椿
	画说红楼梦	东方出版中心	陶雪华
	让我们共同面对灾难——世界诗人同祭四川大地震	上海外语教育出版社	杨梦棨
	日常奇迹	上海文艺出版社	胡斌、朱云雁
	'85 新潮：中国第一次当代艺术运动	上海人民出版社	陆智昌
	外星童话	上海人民出版社	陈楠
2009 年	涂鸦手记	上海人民出版社	杨林青工作室
	私想者	华东师范大学出版社	朱赢椿
2010 年	怀袖雅物——苏州折扇（精装）	上海书画出版社	吕敬人、吕昱、杨婧、叶超
	石墨因缘：北堂藏齐白石篆刻原印集珍	上海人民美术出版社	袁银昌

　　"中国最美的书"反映中国书籍设计的大致面貌和水平。参选"世界最美的书"并获奖，反映世界对于中国书籍装帧艺术的认可。这是上海出版人对中国书籍设计事业的奉献。

第四章　作者与读者工作

编辑、作者与读者是图书出版的三大主体，在图书出版过程中，读者是中心，编辑从读者的需求中获得选题，而作者是选题的撰写者。编辑在作者和读者之间起到桥梁的作用。

改革开放后，上海出版事业迎来大繁荣，出版《辞海》等一大批精品力作，各门类的优秀出版物大量涌现，这些成就与上海各出版社拥有一支高质量的编辑队伍、作者队伍、读者队伍是分不开的。

第一节　作 者 工 作

一、发现作者

作者资源是出版资源的重中之重，拥有一批高质量的作者，是一个编辑业务成熟的标志。20世纪80年代，出版社、期刊社编辑十分重视作者来稿，认真阅读，一旦发现一部好作品，编辑们互相传阅，成为发现作者、发掘作品的来源之一。出版社鼓励编辑参加国家、市级各个学会、协会的学术活动，分享高等院校的科研成果、关注名家学者的创作进展，寻找选题线索、寻找作者、发现好书。

上海文艺出版社1979年5月率先把20世纪50年代被错误批判为"毒草"的作品结集出版，定名为《重放的鲜花》，其中有王蒙、邓友梅、陆文夫、流沙河等的作品。其时，他们中有的还在下放，有的搁笔多年，有的在基层艰难生存。《重放的鲜花》的出版，使这些作者在文坛上重新崛起。这体现编辑在政治上的胆识和勇气。上海文艺出版社还发现了一批年轻的作家，如叶辛、张抗抗、赵丽宏、孙颙、王安忆等，随着他们的作品不断推出，逐渐成为文坛上的常青树。

上海人民出版社1982年5月出版《塑造美的心灵：李燕杰报告集》，组稿过程就是发现作者的过程。上海人民出版社编辑在一次读者座谈会上听说北京师范学院李燕杰老师做报告非常生动，立即赶到北京组织书稿。见面后，李燕杰说，中国青年出版社想出书，但觉得他的讲演稿没有出书的基础，把讲演稿退给他了，上海人民出版社编辑当即提出，由李燕杰提供资料，他们帮助整理成书，李燕杰表示同意。《塑造美的心灵：李燕杰报告集》很快得以出版，印数高达422万册。

上海科学技术出版社作者队伍中有华罗庚、苏步青、江泽涵、黄昆、卢鹤绂、冯端等众多名家。他们在"文化大革命"后的第一本书，都是上海科学技术出版社出版的。上海科学技术出版社还注意扶植年轻学者，出版他们的"第一本书"，如闵乃本的《晶体生长的物理基础》、杨福家的《原子物理学》、肖刚的《代数曲面纤维化》、白春礼的《扫描隧道显微术及其应用》、陶瑞宝的《物理学中的群论》、范洪义的《量子力学表象与变换论》……这些专著出版后获得国家重大奖项，为年轻学者赢得学术声誉。他们中大多数后来成为中科院院士和重点学科带头人。

二、约请作者

编辑通过市场调查，策划选题，在确定图书选题后，约请作者撰写书稿。根据不同类型的选题去选择不同的作者，是编辑在组织作者撰稿时考虑的首要因素。

改革开放初期,上海各出版社编辑利用原有的出版资源,向北京以及各省市的党政部门、科研机构、大专院校专家学者约稿,出版一批精品力作。

上海人民出版社出版的党建读物对推进党的建设作出贡献,与编辑顺应时代发展,及时抓住市场需求,向党政部门约稿分不开。1988年出版中宣部宣教局编写的《党的基本路线通俗读本》,发行168.7万册;1989年中组部组织局编写的《入党教材》,发行150万册。

1982年12月,上海文艺出版社启动《中国新文学大系(1927—1937)》第二辑编撰工作,社长兼总编辑的丁景唐和出版家赵家璧等在北京、上海拜访叶圣陶、周扬、夏衍、聂绀弩、吴组缃、巴金、丁玲、师陀等前辈作家,得到热情的支持。《中国新文学大系(1927—1937)》第二辑分别由周扬、巴金、吴组缃、聂绀弩、师陀、艾青、于伶、夏衍为文学理论、小说、散文、杂文、报告文学、诗、戏剧、电影诸集撰写序文。《中国新文学大系(1927—1937)》第二辑共20卷1 200余万字,1984年开始出版。

1985年中国学术出版的思维定式还停留在因"文化大革命"而被冷落十年的老学者、名专家身上,高等院校青年学者的研究成果难以出版。学林出版社编辑在与青年学者接触的过程中萌生出版"青年学者丛书"的想法,在上海召开青年学者座谈会征求意见,顾晓鸣、居延安、骆玉明、杨鲁军、史正富、朱大可、夏中义、盛邦和、陈彪、宋永毅等青年学者发言,肯定这套书的设想,同时提出许多中肯且重要的建议。在广泛征求意见的基础上,出版社确定"青年学者丛书"的入选标准,大体是年龄限制在40岁以下,在某一专业领域已达到相当造诣的博士、硕士或其他中青年学者,只要是有独到见解和较高学术质量的成果,经过专家推荐或本社审读通过,即可入选。编辑人员分头约稿,1986年首批出版五种,引起相当大的社会反响,其中《社会主义宏观经济分析》获首届中国图书奖,《国际竞争论》获第二届孙冶方经济科学著作奖。至1995年近十年,"青年学者丛书"出版涉及多个学科的40多种专著,其中有相当一部分是高质量的、具有一定开拓意义的学术成果,也为当时的学术界推出一批青年精英,并在后来成为学术中坚。

上海各出版社向作者约稿后,通过签订出版合同,以书面的形式达成一定协议,明确双方的权利和义务,避免不必要的争执,使作者和出版社的利益受到法律保护。

三、审读书稿

编辑收到作者书稿后,经过认真审读,从体例、结构、内容、文字各个方面作出鉴别,并对书稿提出处理意见:第一,可以发稿;第二,经编辑加工后,可以发稿;第三,需要退请作者修改;第四,质量太差或问题较多,无从修改,予以退稿。一般书稿,经编辑部(室)主任同意后分别处理,重要书稿还要报经总编辑同意。

有的书稿退改一次即可,有的书稿可能要经两次三次退改方可。编辑要坦诚、及时地把发现的问题提交给作者,双方以促进稿件整体质量为目标,相互理解和尊重。编辑不仅要有整理稿件的能力,还要善于观察与分析,做到因人而异地处理稿件。

1981年,上海科学技术出版社陆续收到三部有关电动机修理的书稿,三位作者分别来自广东韶关、湖南长沙和上海,初审后感觉内容雷同,虽各有所长,但三本书稿均未达到出版要求,拟退稿。二审时,一位临近退休的老编辑认为,三部书稿如取部分素材进行修改、补充,增加新内容,可以变成一本书。于是这位老编辑重新拟定编写提纲,由出版社出具信函征求三位作者意见,请他们合作撰写。经三位作者改写、补充、重写后,《电动机绕组修理》1984年出版,由于内容丰富实用,受到从事电机工作的读者欢迎,连续几年重印。

1985年冬，上海文艺出版社编辑约稿黎汝清撰写《皖南事变》，初稿出来后，编辑赴南京黎汝清住处阅看，发现文稿总体上不错，但是还有需要修改处，于是请黎汝清到上海住一段时间，一字一句对书稿反复推敲、修改润色。《皖南事变》1987年出版，成为一部在革命历史题材文学创作中有所突破的作品。

改革开放后，上海出版大量优秀图书，倾注着编辑人员的心血，尽管在版权页上署有责任编辑的姓名，仍习惯被称为"为他人做嫁衣"。年复一年，上海大多数编辑以邹韬奋为榜样，甘为作者"做嫁衣"，向社会不断推出优秀的书刊。

第二节　读者工作

一、读者信访

上海各出版社、期刊社不仅将建设一支高质量作者队伍视为出版工作重点，对做好读者工作也非常重视。出版社、期刊社与读者关系密切，有着共同的要求和目的。出版社要出好书，期刊社要出好刊，读者要读好书，上海很多出版社、期刊社都有一批固定的读者，经常与读者保持联系，新书出版后听取他们的建议。

读者一般通过读者来信来表达意见，出版社、期刊社有专人负责读者工作，除浏览、回复、处理读者来信，一些出版社社长、期刊社总编辑还阅读读者来信并作出批示，由总编办公室分别送交有关部门处理。上海科学技术出版社《园林花卉》出版后，一些读者来信反映，初版内容中尤其在种类和品种选择上出现若干遗漏。出版社汇集这些意见，组织编者补充，增订版把增补内容附于书后。

期刊社与读者的关系更为密切，编辑部一般都有专人负责处理读者来信、接待读者来访。有的期刊还辟出读者来信专栏，公开答复读者提出的意见和问题。上海人民出版社主办的《青年一代》，邮局送信稿往往是一麻袋一麻袋的。编辑部虽然人手有限，但坚持做到来件必拆，按内容分类，每信必复。1980年6月，《青年一代》编辑部开始编印《读者来信摘编》（包括来访记录），记录当期刊物出版后的读者意见："本刊编辑部每天收到很多读者来信，信中广泛地反映了当前青年的工作、学习、思想、生活状况及青年（读者）对本刊的意见和要求。我们将陆续摘编有关情况，供作者、通讯员、有关同志写作和工作上参考。"《读者来信摘编》由当期责任编辑收集整理，每期印100份，从创办至1991年8月，坚持12年，共编印85期。

二、听取意见

读者是编辑的良师益友。编辑组织策划选题时，会充分考虑读者对象，深入读者进行调查研究，体察读者的需求。20世纪七八十年代，上海各出版社组织编辑人员到新华书店做营业员，直接接触读者，到工厂、农村作调查研究，组织不同类型的读者座谈会等，了解读者，熟悉读者，抓住某类读者的需求，编辑出版受到读者欢迎的图书。20世纪90年代以来，上海各出版社编辑通过签名售书、新书首发等文化推广活动，每年在各类书展、书市现场直接为读者服务，面对面与读者沟通，了解图书市场的信息。

20世纪七八十年代，上海各出版社经常召开各种读者座谈会，采取"走出去""请进来"的办法，广泛听取读者的批评和建议。"走出去"，就是到工厂、农村、学校、机关、部队去开读者座谈会；"请进来",就是把不同职业、不同层次的读者请到出版社来开座谈会听取意见。20世纪90年代后,由于互联网飞速发展,在网络环境下,信息传递速度快,又具有互动性、开放性特点,读者传递信息的通道变得多样化,出版社一般不再组织读者座谈会,但期刊社仍采用读者座谈会形式听取意见,这是期刊编辑接近读者的常用手段。

2004上海书展,华东师范大学出版社把编辑推向前台,十位平日居于幕后的文教类、学术类、教育心理类、文化类的图书编辑,佩戴醒目的标志当起导购员。此后,每年上海书展都能看到出版社编辑的身影,编辑坐堂上海书展成为上海各出版社的惯例,直接与读者对话,了解读者的需求。

20世纪90年代以来,新书首发、签名售书、座谈会、讲座等活动成为出版社常用的推广手段,责任编辑陪同作者到书店为新书做推广,跟读者零距离接触,可以听到读者真实的声音和反映,与读者进行面对面的交流。

三、服务咨询

20世纪80年代后,上海的出版社通过自办发行,直接为读者购书服务。有的出版社创办"读书俱乐部",发展基本读者,给读者购书以优惠。如上海文艺出版社的"读书俱乐部"、上海科学普及出版社的"科普之友",上海人民出版社等单位联合举办的"东方读书俱乐部"等等,都发展一批基本读者,及时提供新书信息,为读者购书提供方便。许多出版社的读者服务部扩充成门市部,除供应本版图书外,同时也供应外版各类图书。

期刊社与读者的关系更加密切,根据刊物特点开展为读者服务。《青年一代》《现代家庭》《法苑》《大众医学》《康复》等,都辟有读者信箱类专栏,答复读者来信提出的各类问题或咨询。有的开辟觅知音等专栏,刊登征婚启事,为未婚青年牵线搭桥。还有的开辟家庭装潢设计、老年人健康问答、法律咨询等专栏,为读者服务。期刊还常常通过满意度调查来了解读者的感受,调整内容与服务。

20世纪80年代,《大众医学》编辑部组织"性知识咨询活动",短短数月收到数万封读者来信,有的读者专程从外地赶到编辑部咨询。20世纪90年代,《大众医学》编辑部几乎每年要举办一到两次形式多样的医学知识竞赛活动,如高血压、糖尿病、心脏病、肝病、胃病、肿瘤等知识竞赛,每次参与的读者多达数万人,收到来信一次要装好几个麻袋。21世纪以来,编辑部面向社会,下社区、企业、部队等,约请专家向读者宣讲健康知识;到公园、展馆等场所,组织医生为读者咨询服务;建立《大众医学》网站,开辟视听播客(视频分享)栏目,与新浪网合作进行医学热点的社会调查;约请各大医院的资深临床医生坐镇,开设健康热线电话,为读者求医问药服务;与市爱卫会合作,举办"健康上海,志愿者在行动"等活动。读者参加这些活动,在参与中增强自我保健意识,提升了医学知识水平。

第六篇
印刷业

改革开放初期，上海书刊印刷业技术落后，产能不足，成为制约新闻出版业发展的瓶颈之一。1983 年 6 月，党中央、国务院作出《关于加强出版工作的决定》，强调积极发展印刷事业，切实改变书刊印刷管理不善、设备陈旧、技术极端落后、生产能力不足的状况，并提出要有计划地对印刷工业进行技术改造和体制改革。上海书刊印刷业久旱遇甘霖，市出版局先后投入技术改造资金 2 亿元，通过引进先进制版、印刷和装订设备，使上海书刊印刷业技术装备、产能和印制质量都上了一个台阶。

1987 年市新闻出版局成立，对全市印刷业实行统一管理。1992 年邓小平发表南方谈话和党的十四大召开，确立了中国特色社会主义市场经济体制，外资和民营资本开始大规模进入印刷业。到 1994 年底，上海各类印刷企业增加到 4 300 余家，从业人员近 15 万人，其中从事书刊印刷的企业 322 家，从业人员近 3 万人。印刷行业三资企业 130 余家，其中 14 家是市新闻出版局下属企业与外方合资合作兴办的。扩大开放是机遇也是挑战，传统印刷企业尤其是书刊印刷企业因人员负担重，设备更新相对滞后，技术陈旧，连续多年全行业亏损。为走出困境，市新闻出版局对国有书刊印刷企业实行资产重组，转换机制，增强活力，推进下岗分流，减员增效，实施再就业工程。到 1998 年，书刊印刷产量占全市 50％的上海印刷（集团）公司实现扭亏为盈。

进入 21 世纪特别是中国加入世贸组织后，印刷业进一步对外开放。2001 年，中美合作上海当纳利印刷有限公司在青浦工业园区成立，成为中国大陆规模最大的商业（书刊）印刷企业之一。2003 年，按照政府职能转变的要求，市新闻出版局与所属书刊印刷企业脱钩，从"管脚下"转为"管天下"，"弱化"政府对印刷企业生产经营活动的直接"干预"，以宏观调控、社会监管、行政执法为重点加强行业管理，为上海印刷业健康繁荣发展提供服务和保证。经过多年努力，包括书刊印刷在内的上海印刷业保持高速增长态势，产能和印制质量进一步提高，不少产品在国际、国内重要奖项评比中获奖。上海在全国率先对印刷业总部经济模式进行探索与实践。当纳利亚太总部、上海界龙集团总部、上海包装集团包装印刷科技产业园等带来明显的集聚效应，不仅有助于解决印刷企业的供应链问题，也助推印刷业作为传统加工制造业向现代生产服务业转型。2010 年 10 月，金山国家绿色创意印刷示范园区正式揭牌，书写上海印刷业高质量发展的新篇章。

第一章 印刷企业

第一节 书报刊印刷企业

一、上海商务印刷厂

上海商务印刷厂前身为商务印书馆印刷厂,1897年创建。新中国成立后,自求、建华等20余家小型制版、印刷和装订厂并入,生产规模扩大。产品多为厚本工具书、科技书,精装图书以外形美观挺括、烫金饱满、色泽鲜艳著称。20世纪80年代初着手技术改造,引进轮转机、多色胶印机、电子分色机等先进设备,书刊印刷生产能力最高达年产42万纸令,成为上海书刊印刷产量最大的印刷企业之一。1992年与港资合作建立上海商务电脑票据公司。1998年10月通过引进出版社、新华书店等资本入股,完成股份制公司改制,并更名为商务印书馆上海印刷股份有限公司。2005年,首次承印商务印书馆第十版《新华字典》PVC封面获得成功。2008年3月经资源整合与资产重组,书刊印刷业务及相关设备、人员迁入汇金路889号(青浦现代印刷基地),并入新组建的上海中华印刷有限公司。2010年,公司采用柔印(窄幅)水墨印刷工艺,印制全国第一本采用柔版绿色印刷的教科书——小学四年级英语教科书,实现柔性版印刷出版物零的突破。2009年初,上海商务票据印刷有限公司、商务印书馆上海印刷厂丝网分厂等整体迁入上海商务印刷园区(齐齐哈尔路920号)。

1978年至2008年,历任主要领导为张泽民、胡根良、周体育、蔡国强、单云清、陈皓、丁法、印德明、沈鹏飞、王建明。

地址:上海市天通庵路190号　　邮编:200071

二、上海中华印刷厂

上海中华印刷厂前身为中华书局上海印刷所,1912年创建。20世纪50年代印制的《毛泽东选集》在全国质量评比中被评为第一,《梁祝说唱集》获莱比锡国际书籍艺术博览会银奖。20世纪80年代引进国际先进印刷设备,成为全市书刊印刷业中规模最大、印刷功能齐全的综合型印刷企业,在全国书刊印刷质量评比中三次获冠军,获全优品的图书达63种,其中包括《辞海》《中国新文学大系》《中国古典十大悲剧》《中国古典十大喜剧》等。1990年,被评为上海书刊印刷行业唯一一家国家二级企业。1998年完成公司化改制,更名为上海中华印刷有限公司。公司引进国际先进的商业轮转、单张纸印刷和精装胶装联动生产线等设备,注重印制技术人才队伍建设和装帧工艺水平提升,培养出上海市第一位印刷高级技师,恢复"蝴蝶装"装帧工艺,成功开发法式软精装、扇式拉页装等新工艺,印刷产量明显提高,成为中国印刷及设备器材工业协会成员单位中第二个年产量超过百万对开色令的企业。2008年3月资源整合与资产重组,设备及人员整体搬迁进入汇金路889号(青浦现代印刷基地),组建新的上海中华印刷有限公司。

1978年至2008年,历任主要领导为郑勇、胡良骏、陈连庆、朱平安、李福民、庄宪清、徐信甫、潘晓东、杨泰俊、印德明、陈保平、陈世旗、沈剑毅、过瑞兴、凌吉、王源康。

地址：上海市澳门路 470 号　　邮编：200060

三、上海新华印刷厂

1949 年 5 月上海解放后，华东出版委员会将正中书局印刷厂、国民出版社印刷厂、世界书局印刷厂等单位合并，组建上海新华印刷厂。随后，青年印刷厂、时代印刷厂、华东美术印刷厂、华文印刷厂等并入，成为具有相当规模的书刊专业印刷厂。1954 年划归上海市领导。印制的《中国货币史》获莱比锡国际书籍艺术博览会银奖。1980 年被评为全国书刊印刷红旗单位，是上海市最早使用电脑照排设备和全胶印印书设备的印刷厂之一。2002 年 8 月，因市政建设大连路隧道动迁，生产设备从大连路 130 号搬迁到齐齐哈尔路 920 号，与上海市印刷一厂、上海市印刷四厂重组为上海新华印刷有限公司。公司印制的《中国历代货币大系(6)》获首届中国国际封面文化博览会"最优秀封面印制奖"。

1978 年至 2008 年，历任主要领导为陈德英、奚全达、韩忠芳、杨德兴、林贵森、孟如方、傅鸿磊、曹盘林、凌吉、虞如模、王国龙。

地址：上海市大连路 130 号　　邮编：200082

四、上海市印刷一厂

上海市印刷一厂前身是日商池田印刷株式会社，1921 年创建，1945 年抗战胜利后改为中央印刷厂分厂。上海解放后被人民政府接收，1950 年 6 月改组为华东税务局印刷厂。1956 年后，大东集成印刷厂、华东美术印刷厂胶印部分及一些小型胶印厂并入。主要业务为出版社和社会业务，也有一定比例的有价证券(税票、邮票)和票证(油票、粮票、烟票及布票等)，曾印制过 5 分币以下的小额人民币，是上海市第一家引进电子分色机和四色胶印机的印刷厂，20 世纪 80 年代年产量高达 98 万色令，占全市书刊彩色胶印生产量的三分之一左右，为上海主要的胶印彩色印刷厂之一。2002 年 8 月，并入上海新华印刷厂，改制重组为上海新华印刷有限公司。

1978 年至 2002 年，历任主要领导为翁汉清、王文田、李焕章、鲁炳兴、龚洪奎、曹振华、马积明、凌吉。

地址：上海市齐齐哈尔路 920 号　　邮编：200082

五、上海市印刷三厂

上海市印刷三厂由原时事新报馆印刷厂、英商美灵登印刷公司等合并而成，以排印中西文零件、票证和社会印件为主。20 世纪 50 年代又并入几家小厂后，成为既能排印零件又能印刷书刊的企业。1984 年，因胶印制版和印刷力量较强的上海市印刷九厂市政动迁并入，上海市印刷三厂生产规模迅速扩大，成为铅印、胶印全能厂。20 世纪 80 年代，引进国际上先进的制版、印刷和装订设备，工艺技术有显著进步，成为全国中外文工具书排版定点单位和国内印制大型工具书、精装书重点书刊印刷企业。1998 年 3 月，建成投产的 IC 卡基生产线技术改造项目，鼎盛时期产量占全国电讯磁卡的 40％。2000 年 12 月，与新加坡时报出版有限公司等合资组建上海三印时报印刷有限公司，成为上海书刊印刷业规模较大的合资企业。2009 年初，公司迁入上海商务印刷园区(齐齐哈尔路 920 号)。

1978 年至 2010 年，历任主要领导为费国海、王康年、朱戬仁、李成忠、胡良骏、王建明。

地址：上海市控江路 665 号　　邮编：200093

六、上海美术印刷厂

上海美术印刷厂由原上海美术印刷厂（前身为徐胜记印刷厂）和上海市印刷五厂（前身是三一印刷厂）1978 年合并组建。徐胜记印刷厂 1929 年创建，是中国最早的彩印印刷厂之一；三一印刷厂 1928 年创建，是香烟包装、商标和月份牌等专业印刷厂。上海美术印刷厂重新组建后，因制版及印刷设备比较先进，产量质量均保持较高水准，国画印制技术工艺更独具一格，先后印制《现代中国画》《蔡楚生画集》《李苦禅画集》《朱屺瞻画集》等大型国画画册，深得出版社及国画界信赖。20 世纪 90 年代引进多种先进设备，整体技术工艺水平又有提高。1998 年，番禺路厂房出租后，生产设备搬迁到租借的虹许路 486 号继续经营。2008 年 3 月，经资源整合与资产重组，书刊印刷业务及相关设备、人员迁入汇金路 889 号（青浦现代印刷基地），组成新的上海中华印刷有限公司。2009 年，与西藏自治区日喀则市萨迦县合作在绢上还原复制唐卡获得成功。

1978 年至 2008 年，历任主要领导为方联亮、柳晴、王崇昌、金信桥、陈鑫海、严祖兴、方惠平、杜国荣、陆有海、张建平、王国龙、戚忠华。

地址：上海市番禺路 888 号 邮编：200030

七、上海安全印务有限公司

上海安全印务有限公司 1990 年 4 月 22 日成立，由上海新闻出版发展公司、上海市印刷二厂、交通银行上海分行与中华商务联合印刷（香港）有限公司合资经营，是国内专业从事安全防伪、保密印刷的企业。公司设计印制中国第一张"真空电子"B 股股票。历年设计印制的各类股票及各种债券、融资券等已成为中国股份制改革的珍贵史料。

公司提供各类有价证券及重要凭证、证件、防伪标识、智能 IC 卡、包装装潢印刷及档案数字化加工服务，是上海市首家获国家秘密载体甲级印制资质企业，并通过 ISO14298、G7、FSC 等多项国际管理体系认证，形成自主防伪技术研发、专业安全保密印刷等经营特色。

创办至 2010 年，历任主要领导为臧令仪、王有布、周放、张月明、丁法、梁兆贤。

地址：上海市漕盈路 3333 号 邮编：201712

八、上海印刷（集团）有限公司

上海印刷（集团）有限公司（简称印刷集团）1995 年 1 月 27 日成立，本部由上海出版印刷公司和上海出版印刷物资公司合并组成，成员单位有上海中华印刷厂、商务印书馆上海印刷厂、上海新华印刷厂、上海美术印刷厂、上海印刷机械二厂、上海印刷器材厂、上海字模一厂、上海照相制版厂、上海日历印刷厂、上海群众印刷厂、上海装订厂和上海市印刷一厂、二厂、三厂、四厂、六厂、七厂、八厂、十厂、十一厂、十二厂等 21 家国有企业。2004 年 8 月，印刷集团改制成为国有多元企业，文汇新民联合报业集团、上海世纪出版集团、上海文艺出版总社、上海精文投资有限公司成为集团股东。2005 年 11 月 28 日，上海世纪出版集团和上海文艺出版总社将印刷集团股权协议转让给文汇新民联合报业集团。2006 年 12 月 28 日，作为上海宣传系统重点工程的上海印刷集团青浦现代印刷中心正式落成。2008 年 3 月，集团启动五厂联动的资源整合与资产重组，所属中华公司、商务公司、出版公司、华成公司和美术厂等五家企业逐步搬入青浦现代印刷基地,构建新的"中华"品牌版块。2009年初,集团启动第二轮资源整合与资产重组,上海市印刷三厂、商务票据、商务柔印等企业整合迁入新华印刷有限公司齐齐哈尔路厂区,构建新的"商务""新华"品牌版块。

2010年,上海印刷集团完成资源整合与资产重组,"中华""商务""新华"三大品牌版块经营格局基本形成。集团以出版印刷、商业印刷、特种印刷、保密复制、数字印刷、材料贸易和资产管理为主业,拥有12家全资或控股子公司及10多家全资或控股的从事包装、出版物、商业广告、智能卡、商业票据、秘密载体复制、柔性版印刷等的生产企业和材料贸易企业,具备创意策划、设计、制版、印刷及印后加工、物料管理及物流配送一体化服务的能力,在中国印刷百强企业中名列57位。

上海印刷集团所属企业印刷品在国内外行业评比中获众多奖项。上海中华印刷有限公司印制的《辞海》(2009年彩图本)获第二届中国出版政府奖印刷复制奖,《戴敦邦新绘全本红楼梦》获2005年美国印刷大奖优秀奖。

成立至2010年,历任主要领导为俞志惠、杨泰俊、印德明、胡南榆、胡劲军、缪国琴、陈保平、李成忠、赵和平、沈剑毅、高韵斐。

地址:上海市虹许路486号　　邮编:201103

九、上海印刷新技术(集团)有限公司

2000年1月,上海印刷技术研究所转企改制,联合上海出版印刷物资公司、上海印刷器材制造厂、上海字模一厂和上海市印刷十厂5家国有企业组建成立上海印刷新技术(集团)有限公司(简称印新集团)。2005年4月,印新集团成为上海文艺出版集团成员单位,股权结构上海文艺出版集团占75%,上海精文投资有限公司占25%。

印新集团成立后按照现代企业制度的要求,建立"三会一总"的管理构架,在组织管理结构上采取集团和印研所"两块牌子、一套班子"。印新集团主要业务涉及印刷物资销售、印刷技术研发、印刷材料加工、印刷品印制及物业管理服务等五个领域。

印新集团成立后,通过资产整合、结构调整、清亏缩减、降本增效和减员分流等工作,不仅扭亏为盈,还利用旧厂房改造的契机盘活资产,搞活经营,实现国有资产保值增值。由上海出版印刷物资公司出资建造出租给百联集团的"世纪联华东宝店",面积2万平方米;由上海印刷器材制造厂与华润万佳合作建造出租给百联集团的"华联吉买盛",面积3.5万平方米;由上海字模一厂与格林豪泰酒店管理公司合作,利用旧厂房改建为"格林豪泰上海江浦酒店"。这些举措,使国有资产增值,还安置一部分分流员工再就业。据新闻出版总署发布的《2010年新闻出版产业分析报告》,上海印刷新技术(集团)有限公司在全国书刊印刷行业综合评价排名第九。

成立至2010年,历任主要领导为俞志惠、周建宝、龚仁俦、杨益萍、胡国强。

地址:上海市新闸路1209弄60号　　邮编:200041

十、上海中华商务联合印刷有限公司

上海中华商务联合印刷有限公司(简称上海中华商务)是中华商务联合印刷(香港)有限公司在上海的全资子公司,2004年10月18日成立。2007年7月11日,上海中华商务在青浦工业园区举行开业典礼。

上海中华商务生产经营的产品类型主要有商业印件、期刊杂志、图书,拥有精良的印刷包装设备,能为海内外客户提供全面的印刷包装解决方案。公司大力开拓印刷海外市场,海外业务占全部业务的 50%,印刷 32 种不同语言版本的图书。

上海中华商务还积极参加国内外各类印刷赛事,累计获 300 多个奖项,其中《秦俑》《新世纪汉英大词典》获 2007 年度上海市出版物印制优等品第一名和 2008 年度美国印刷大奖班尼奖。《冯其庸山水画集》等获 2009 年度美国国际印刷工艺师协会(IAPHC)的金奖。截至 2010 年底,上海中华商务先后被评为上海市外商投资先进技术企业、上海市外商投资双优企业、上海市印刷行业品牌企业,并成为 2010 年上海世博会指定供应商。

成立至 2010 年,主要领导为庄宪清。

地址:上海市漕盈路 3333 号　　邮编:201712

十一、解放日报报业集团印刷中心

2000 年 10 月,解放日报组建报业集团,集团印务中心同时成立。2004 年,集团印务中心更名为集团印刷中心,拥有解放日报印刷厂(谈家渡厂)和上海解放传媒印刷有限公司(灵石厂)两大生产基地。

20 世纪 90 年代,报业进入发展黄金期,《解放日报》发行量和代印报印数不断增长,1998 年 5 月起,谈家渡厂陆续引进多种先进印刷机,设计生产能力达每小时 170 万对开张,满足当时《解放日报》三个对开张 50 多万份的发行量及其他 20 多种报刊代印业务的需求。2000 年 9 月 16 日,印务中心通过 ISO 9002 质量管理体系认证,成为全国第一家同时通过国际国内认证的报社印刷厂。

2003 年,随着彩报市场需求量不断增加,解放日报报业集团又与上海爱建信托、福建南纸及上海界龙合资成立上海解放传媒印刷有限公司。灵石厂 2004 年 10 月 27 日奠基,2006 年 1 月 1 日建成投产,陆续引进先进设备,先后为《解放日报》《苏州日报》《芜湖日报》《南方日报》等报纸印刷 SPS 四开四连版特大幅广告,2010 年 3 月 9 日还在国内首次用 80 克双胶纸成功印刷四开四连版《上海世博会园区》的新型报纸。

成立至 2010 年,历任主要领导为张晓明、张以帆。

地址:上海市谈家渡路 78 号　　邮编:200063
　　　上海市灵石路 709 号　　邮编:200072

十二、文汇新民联合报业集团印务中心

1998 年 7 月,文汇新民联合报业集团成立,文汇报印刷厂、新民晚报沪太路印刷厂和新民晚报浦东金桥印务中心合并为集团印务中心。

文汇报印刷厂从 1980 年代开始陆续引进日本滨田印刷机和日本高斯印刷机以及华光激光照排系统,是华东地区第一家采用激光照排机出胶片制版印刷报纸的工厂。《新民晚报》1982 年 1 月复刊后,曾在彭江路和延安路设有印刷厂,1989 年 9 月采购方正激光照排系统,是华东地区第一家使用激光照排技术的报社。1993 和 1995 年,新民晚报先后兴建沪太路印刷厂和浦东金桥印务中心,引进 12 组德国罗兰 UNISET60Y 型印刷机,1998 年又在原沪太厂东面新建的沪太新厂引进三组 UNISET60H 型八色印刷机,成为全国第一家出版全彩色版面的报纸。

文汇新民联合报业集团印务中心是国内最早使用印前自动化流程、CIP3 墨量预置系统和免冲洗制版等先进工艺流程的印刷企业。中心与北大方正合作开发的印前自动化流程项目获中国新闻技术工作者联合会颁发的第三届"王选新闻科学技术奖"二等奖。2007 年龙吴路印刷厂投产后,中心拥有龙吴、沪太、金桥三个印厂共计 20 组轮转胶印机,包括 12 组德国罗兰 UNISET60 印刷机、4 组法国高斯环球 75 印刷机、1 组德国高宝 COMET70 商业印报两用印刷机、2 组上海高斯 SSC 印刷机和 1 台德国罗兰 POLYMAN 商业印刷机,设计产能达到每小时 260 万对开张,还拥有英国富士激光照排机、美国柯达直接制版机、瑞士马天尼龙骨线堆积机、德国贝茨自动加墨系统、荷兰 QI 自动套印系统以及日本小池自动清洗橡皮布系统等先进配套设备。中心承印《文汇报》《新民晚报》《人民日报》《经济日报》《工人日报》等 80 余种报刊,年产量和利润两项指标始终位居全国报纸印刷企业三强。在全国报协印刷质量评比中,《文汇报》《新民晚报》连续多年被评为优质报纸。

成立至 2010 年,历任主要领导为祝明华、朱烯、宋宝琮、孔庆元、唐传宣。

地址:上海市洛川中路 1005 号　　邮编:200072

十三、上海文艺大一印刷有限公司

上海文艺大一印刷有限公司的前身是沪港合资上海大一包装设计印刷有限公司,1994 年 7 月试生产。1998 年,公司调整设备和业务结构,进入快速发展期。2000 年,公司增资 300 万美元,更名为上海大一印刷有限公司,并新建上海大一包装有限公司。2001 年,上海大一印刷有限公司成为市政府新闻办宣传品指定印刷企业。公司积极开拓世界 500 强在沪企业宣传品、包装制品、礼品盒等业务,采用数字印刷技术实现短板印刷、可变数据及标签印刷,做到一站式、一条龙服务。

2002 年,公司开始与上海文艺出版总社合作。在用故事体写成的中华文明史《话说中国》出版过程中,公司以印刷作为投资助推新书好书出版,在资金、设备、纸张等多方面给予全力支持,高标准高质量印刷《话说中国》227.97 万册,取得良好经济效益和社会效益。2003 年,上海文艺出版总社参股上海大一印刷有限公司,公司股权变更,2005 年 3 月 8 日上海文艺大一印刷有限公司揭牌,发展步入快车道。公司参与 2008 年北京奥运会、2010 年上海世博会等重大活动系列丛书印制任务,承印《话说中国》和《故事会》等书刊,成为上海市书刊印刷重点企业、上海印刷行业品牌企业和上海现代服务业民营百强企业,获多项重要印刷奖项。除传统印刷制品、立体印刷制品外,数码印刷制品也屡屡获奖。

成立至 2010 年,主要领导为麦棠基、亢培琳。

地址:上海市沪松路 881 号　　邮编:200233

十四、上海丽佳制版印刷有限公司

上海丽佳制版印刷有限公司(简称丽佳制版)的前身是上海丽佳分色制版有限公司,1993 年 2 月成立,由上海出版印刷公司、上海新兴技术开发区联合发展有限公司、新加坡中国丽佳投资私人有限公司共同投资组建。2002 年 11 月更名为上海丽佳制版印刷有限公司。

丽佳制版以分色制版和印刷为主营业务,厂房面积 7 600 平方米,具备年制版 12 万面、印刷 60 万对开色令的生产能力。公司成立以来,多次获有关部门授予的荣誉称号。1997 年被评为上海市高新技术企业,1998 年被评为上海市外商投资先进技术企业,2009 年被上海市印刷行业协会命名为"品牌企业"。在历年行业评比中,丽佳制版累计获 80 多个奖项,其中《变形金刚终极宝典》获第二届上海印刷大奖赛平装出版物银奖,《倪元璐书画合璧卷》获第三届上海印刷大奖赛综合类印刷品银奖,《英国国家档案馆庋藏近代中文舆图》获第四届上海印刷大奖赛全场大奖。总经理陈永明(新加坡籍)被上海市政府授予白玉兰纪念奖和白玉兰荣誉奖。

成立至 2010 年,公司历任董事长为沈鹤松、薛洪祥、王源康,总经理为林金宝、陈永明、周宪国(副总经理主持工作)。

地址:上海市桂平路 471 号 10 号楼　　邮编:200233

十五、上海利丰雅高印刷有限公司

上海利丰雅高印刷有限公司(简称上海利丰)的前身是上海外贸印刷厂,1978 年划归上海包装广告分公司。1985 年 1 月,上海广告公司与包装公司分立,上海外贸印刷厂为上海广告公司所属企业。2002 年 10 月,上海外贸印刷厂从上海广告公司分离,转归东浩集团直属管理。2005 年 8 月 30 日,东浩集团与香港利丰雅高集团达成合作意向,上海外贸印刷厂改制为沪港合作企业。2006 年 2 月 16 日,上海外贸印刷厂更名为上海利丰雅高印刷有限公司。

上海利丰承印《世界时装之苑》《服饰与美容》等时尚刊物及《财经》《汽车杂志》等财经和商务类期刊。2008 年发展国际商务印刷,产品包括电话号码簿、地图册等,遍及 14 个国家和地区。上海利丰市场定位在高端印刷,拥有色彩管理技术、三地分印技术、控制印刷压力技术、水墨平衡技术等多项在国内保持领先的技术。2007 年 6 月上海利丰被评为上海市外商投资先进技术企业,2010 年成为上海世博会指定印刷品供应商,承印的《世界时装之苑》等期刊曾多次被评为亚洲、上海印刷大奖期刊类金奖。

1978 年至 2010 年,历任主要领导为杜维兴、吴世友、吴健男、张定国、蒋文勇、张世美。

地址:上海市浦东新区庆达路 106 号　　邮编:201201

十六、上海当纳利印刷有限公司

上海当纳利印刷有限公司 2001 年 12 月 25 日成立,中美合作企业,位于上海青浦工业园区内。注册资本 1 270 万美元,占地 66 700 平方米,2002 年 10 月正式投产。公司致力于产品质量和公司服务的提升,持续扩大生产领域和技术能力,从提供黄页号簿一体化解决方案,逐渐延伸到更加多元的产品类别和出口市场。2005 年获上海外商投资协会授予的外资先进技术奖,并通过美国 ASUS(环境保护)协会颁发的绿色产品资格认证。2009 年获上海市印刷行业协会授予的上海市印刷品牌企业称号,分别被上海市东方诚信中心和市新闻出版局评为上海市诚信企业和上海市保增长促发展优秀印刷企业。公司也是 2010 上海世博会指定的世博系列书刊印刷和相关服务供应商之一。

成立至 2010 年,主要领导王有布。

地址:上海市青浦工业园区崧泽大道 7699 号　　邮政编码:201707

十七、上海雅昌彩色印刷有限公司

上海雅昌彩色印刷有限公司(简称上海雅昌)2006 年 6 月 11 日成立,隶属雅昌企业(集团)有限公司。公司以印刷品设计、出版物印刷、包装印刷为主营方向,拥有国内最先进的艺术品复制、设计制版中心。公司遵循"全心全意为人民艺术服务"的经营理念,以中国艺术品数据库为核心,首创"传统印刷+现代IT技术+文化艺术"的雅昌模式,将传统行业变成以艺术品数字资产为核心的文化产业。公司技术研发中心拥有多项专利授权。

2008年,上海雅昌首次参加第二届上海印刷大奖评比,凭借《上海中国画院绘画作品集》夺得全场大奖,《陈子慧现代书法艺术》《江户美人画的魅力——日本浮世绘名作展》《报喜鸟服装画册》《国画-棋局共卯酒和雪》和"四季"国画挂历,分别获综合类出版物、平装出版物、商业印刷、数码印刷仿真画银奖。2008年,上海雅昌印制上海年度文化活动图录《春季艺术沙龙》《上海中国画院绘画作品集》《世博印象》《上海双年展》等专项产品。

成立至2010年,历任主要领导为万捷、杨立望、戴虎。

地址:上海市嘉定区嘉罗公路1022号　　邮编:201800

第二节　包装印刷企业

一、上海包装造纸(集团)有限公司

上海包装造纸(集团)有限公司(简称包装集团)前身为上海市包装装潢工业公司,1978年7月成立。1986年11月改为上海市轻工业局包装行业管理处,1988年6月改为上海包装装潢公司。1996年12月上海轻工业局改制为上海轻工控股(集团)公司后,2000年4月重新组建上海包装(集团)有限公司。

包装集团是以包装印刷、纸箱容器制作、塑料容器制作和包装物资贸易等为主业,并延伸至包装服务等的企业集团。集团下属10多家子公司为烟酒、食品、药品、日用消费品、高级化妆品、电子通信、文教五金、旅游工艺品等行业提供系列包装产品。2005年,包装集团被中国包装联合会授予"中国包装龙头企业"称号,并被科印传媒、《印刷经理人》杂志授予"中国印刷企业100强"称号。集团旗下上海人民塑料印刷厂、上海人民印刷八厂、上海凹凸彩印总公司等依靠科技创新,累计获国际国内各类奖项及荣誉称号162项。截至2010年底,包装集团下属全资国有企业获多项专利授权,主编或参编国家行业标准4项、行业标准一项。上海人民塑料印刷厂《耐强腐蚀溶剂的复合包装产品》入选国家级火炬计划项目。

1978年至2010年,历任主要领导为陈明、章元杰、闻松泉、刘福玉、张文中、江礼昶、蔡鸿祥、虞毅伟、毛来、沈国臣、游隆基、高汝楠。

地址:上海市长寿路285号　　邮编:200060

二、上海界龙实业集团股份有限公司

上海界龙实业集团股份有限公司的前身是川沙县黄楼公社界龙大队村办企业,1984年12月更名为上海界龙彩印厂。1987年,上海界龙彩印厂与中国包装进出口总公司、上海包装进出口公司联营成立上海外贸界龙彩印厂。1991年组建上海界龙工贸实业公司,1992年成立上海界龙彩印总公司。1993年,上海界龙工贸实业公司下属上海界龙彩印总公司、上海界龙金属拉丝厂、上海界龙塑料印刷制品厂作为股份制改制发起单位组建上海界龙实业股份有限公司。1994年2月24日,"界龙实业"在上海证券交易所挂牌交易。2006年5月,上海界龙实业股份有限公司更名为上海界龙实业集团股份有限公司。

上海界龙实业集团股份有限公司以印刷包装和房地产开发为主业,拥有数十家子公司,包括10多家从事各类包装、书刊、报纸、商业票据等印刷生产企业,形成创意策划、设计、制版、印刷及印后加工、物流配送一体化服务的产业链,公司印刷品在国内外行业评比中累计获200多个奖项。《汤臣一品》《人头马礼盒》分别获第58届和第59届美国印刷大奖赛金奖;《锦绣文章——中国传统织绣纹样》获首届中国出版政府奖印刷复制奖;平版印刷工艺制品从2004年起连续多年被评为上海市名牌产品。2010年,上海界龙实业集团股份有限公司成为上海世博会特许产品生产商,在中国印刷百强企业中名列前十强。

成立至2010年,历任主要领导为费钧德、沈伟荣、费屹立。

地址:上海市浦东新区杨高中路2112号界龙总部园　　邮编:200135

三、上海柯创印刷有限公司

上海柯创印刷有限公司2002年8月成立。公司以商务印刷、出版物印刷和印刷包装为主业,提供设计、制版、印刷及印后加工、物流配送一体化服务。2007年,公司启动动漫少儿图书出版发行项目,向印刷上游发展,实现低幼图书"编印发"一体化。2010年2月被闵行区印刷协会授予动漫卡通印刷品牌产业研发基地。

成立至2010年,主要领导为徐伟亮。

地址:上海市奉贤区恒泰路350号　　邮编:201405

四、上海烟草包装印刷有限公司

上海烟草包装印刷有限公司前身是上海烟草工业印刷厂,为上海烟草集团配套生产企业,投资并管理上海金鼎印务有限公司。

1978年后,历经30多年发展,上海烟草包装印刷有限公司已建设成为功能齐全、技术领先的现代化大型包装印刷联合企业,被上海市高新技术企业委员会认定为上海市高新技术企业。公司技术中心致力于烟标创意设计、印刷工艺研发,2004年被授予上海市市级技术中心。公司拥有多台先进生产设备,主要产品有"中华""熊猫""红双喜"等卷烟商标印刷品及"相宜本草""伽蓝"等知名品牌包装产品,其中"熊猫礼盒"产品曾获美国印刷大奖金奖,"大中华"烟标曾获上海印刷大奖金奖。公司连续多年获上海市文明单位、上海市包装企业50强等荣誉称号。公司重视技能人才的培养,先后培养多名全国技术能手。

1978年至2010年,历任主要领导为俞再兴、杜加顺、江兰生、朱明德、杨圣明、俞志康。

地址:上海市浦东新区张杨北路3939号　　邮编:200137

第三节　其他印刷企业

一、上海东港安全印刷有限公司

上海东港安全印刷有限公司前身是东港安全印刷股份有限公司上海办事处,2006年1月收购上海纳华包装材料有限公司,更名为上海东港印刷有限公司。2007年12月,上海东港印刷有限公司牵头与北京东港安全印刷有限公司共同出资成立上海东港数据处理有限公司,2008年4月上海东港印刷有限公司正式更名为上海东港安全印刷有限公司。公司被认定为高新技术企业。2010年,公司子公司上海东港数据处理有限公司自主研发的数据处理软件"东港金融行业数据处理软件V1.0"被认定为上海市高新技术成果转化项目。

公司是设计、制版、印刷及印后、物流配送等一体化的商业票证印刷服务企业,先后被评为上海市守合同重信用企业、上海城市公众满意企业、上海市保增长促发展优秀印刷企业、金融印制品牌产业研发基地、上海市印刷行业品牌企业、品牌服务企业。

成立至2010年,历任主要领导为史建中、唐国奇、杨兆云。

地址:上海市闵行区华锦路288号　　邮编:201108

二、上海四维数字图文有限公司

上海四维数字图文有限公司前身为上海四维图文有限公司,2008年11月10日成立。作为文化创意产业领域的数字出版技术应用服务提供商,公司集研发中心、数字图文中心、数字资产管理中心、现代绿色印刷生产中心、现代物流中心等核心职能于一体,致力于数字出版技术应用创新和业务模式创新,通过自主研发的在线数字设计平台,为商业零售机构提供精准商业资讯数字出版整体解决方案,并服务于出版及现代设计等文化领域。公司拥有高科技的印前输出技术,使文字、图像直接转变成数字,减少中间过程的质量损耗和材料消耗。同时还建立庞大的中央图库系统,并将大量图片和设计模板储存在数据库中。通过投入现代化软硬件设施,提升图文数据处理能力和在线数字平台稳定性、安全性、响应速度,实现图文资源的安全存储,提升数字资产管理系统安全、稳定运行。

成立至2010年,主要领导为罗险峰、郑玉敏。

地址:上海市金山区亭卫公路2588号　　邮编:201508

三、上海铁路印刷有限公司

上海铁路印刷有限公司的前身上海铁路局上海印刷厂,2005年11月28日成立,主营铁路电子软票、纸质磁卡票、各类有价证券印刷及文件资料、书报刊等设计制作印刷,是上海市书刊印刷定点企业、上海市国家秘密载体复制许可单位、全国铁路客货运输票据印制定点企业、全国铁路纸质磁票印制定点企业。

公司以精良的技术装备和高素质专业队伍,致力于印刷新技术的创新和运用,以良好的商业信誉和规范的服务保障体系,为客户提供优质、快捷的一体化服务;以高度集成各种管理信息和需求的ERP系统,对生产过程实行全程控制和规范管理。公司被新闻出版总署认定为全国重点印刷企业,并被授予国家征信企业、上海铁路局文明单位等荣誉称号,入选中央和国家机关政府采购定点印刷企业和上海市品牌印刷企业。

1978年至2010年,历任主要领导为王志生、于庆义、陈尧德、张秀卿、李金林、郑金陵、孙家越、朱春舫、过建钢、陈李民。

地址:上海市虬江路1150号　　邮编:200071

四、上海同昆数码印刷有限公司

上海同昆数码印刷有限公司 2003 年 7 月 3 日成立。公司以直营连锁的经营方式陆续在上海、北京两大城市开设"同昆数码"连锁门店,至 2010 年底,已开设七家直营连锁门店。

上海同昆数码印刷有限公司以数字印刷方式从事出版物、包装装潢印刷品和其他印刷品的数码印刷,提供的服务从建筑图文延伸拓展到商务、出版、个性化及按需印刷领域,2009 年被商务部评为中国诚信经营示范企业,并被上海市印刷行业协会授予上海市印刷行业品牌企业。公司数字印刷品在国内外行业评比中累计获 10 多个奖项,"眼镜系列丛书"《F1 狂飙》获中国包装印刷产品质量评比优质奖,《2008 国际摄影周暨上海第九届国际摄影艺术展览》获第三届上海印刷大奖赛商业及彩色图册类金奖,《中国人家》获第四届上海印刷大奖赛商业及彩色图册(数字印刷类)金奖。《天津十一经络阳光新业中心概念统计》《锦绣中华》分别获 2010"科印杯"彩色图册类(数码印刷作品大奖赛)金奖和银奖。

成立到 2010 年,历任主要领导为汪雯、沈军。

地址:上海市常熟路 100 弄 10 号宝立大厦　　邮编:200040

五、金山国家绿色创意印刷示范园区

2010 年 10 月 11 日,金山国家绿色创意印刷示范园区经新闻出版总署批准正式揭牌。园区由市新闻出版局和金山区政府共同打造,规划面积 245 公顷,重点发展绿色包装印刷、绿色特种印刷、智能标签印刷、印刷数字化、防伪和票证印刷等十大产业,为全国首家绿色创意印刷示范园区。

2010 年园区主要负责人为卫有权。

地址:上海市金山工业区内　　邮编:201506

六、上海市盲童学校盲文印刷厂

上海市盲童学校盲文印刷厂 1957 年创办,受教育部和上海市教育局双重领导,主要承担印制全国盲校中小学教科书及辅导读物的任务。设备有国外援助进口的盲文制版机、盲文自动印刷机、热成型吸塑机、静电复印机及螺旋装订机等,印制质量较高,品种适应性较广。兼营一般印刷业务,配备照相排字、胶印印刷、铅印印刷和切纸、装订等设备。

1978 年至 2010 年,历任主要领导为金一兵、陈立夫、胡乐森。

地址:上海市虹桥路 1850 号　　邮编:200336

七、华东师范大学印刷厂

华东师范大学印刷厂 1959 年成立,主要印制华东师范大学自用的教材及华东师范大学出版社出版的图书、期刊。全年排字生产能力 5 000 万字,印刷、装订能力 5 万纸令,工艺技术及产品质量在全国高校印刷厂中名列前茅。1990 年 10 月被新闻出版署批准为全国书刊印刷定点企业。

1978 年至 2010 年,历任主要领导为戴明豪、王伟海、董秀芳、刘尧。

地址:上海市金沙江路 145 号　　邮编:200062

八、复旦大学印刷厂

复旦大学印刷厂 1958 年成立,主要印制复旦大学自用教材及复旦大学出版社出版的图书、期刊。1983 年扩建,1989 年引进国际比较先进的设备后成为专业书刊印刷厂,年生产能力排版为 7 000 万字,印刷为 7 万纸令。1990 年 10 月被新闻出版署批准为全国书刊印刷定点企业。

1978 年至 2010 年,历任主要领导为汤金年、刘雄、罗险峰。

地址:上海市邯郸路 220 号　　邮编:200433

九、上海海峰印刷厂

上海海峰印刷厂由上海红卫印刷厂和上海印刷专科学校 1970 年在安徽省绩溪县杨溪镇创办。1979 年划归中国大百科全书出版社领导,成为印装《中国大百科全书》的专业印刷厂。1986 年迁回上海。1990 年 10 月被新闻出版署批准为全国书刊印刷定点企业。

1978 年至 2010 年,历任主要领导为戚其芳、朱文尧、张辅贤、沈祖安。

地址:上海市古北路 650 号　　邮编:200050

十、上海出版印刷公司

上海出版印刷公司 1960 年成立,"文化大革命"中划归上海市轻工业局,更名为上海市印刷工业公司。1978 年重新划归出版系统。1979 年 9 月,经市出版局批准,恢复上海出版印刷公司原名,成为实行企业化管理的事业单位。1987 年 2 月,公司行政管理职能被撤销,改为经营性公司。1990 年 8 月,经市委宣传部批准,市新闻出版局重新组建上海出版印刷公司,委托公司行使对上海照相制版厂、上海日历印刷厂、上海群众印刷厂、上海装订厂和上海市印刷二厂、四厂、六厂、七厂、十厂、十一厂、十二厂等 11 家厂的行政管理职能。1995 年 1 月上海印刷(集团)有限公司成立,上海出版印刷公司作为集团本部组成部分。

1979 年至 1995 年公司,历任主要领导为张逢奇、赵坚、方联亮、薛洪祥。

地址:上海市延安东路 100 号　　邮编:200002

十一、上海出版印刷物资公司

上海出版印刷物资公司原为文化部出版局纸张供应处上海供应站,1949 年 7 月成立,1958 年 2 月改为上海市出版局物资供应站。1968 年 8 月改为上海印刷物资供应站。1978 年 5 月恢复为上海市出版局物资供应站。1980 年 8 月更名为上海出版物资公司。1991 年 6 月恢复为上海出版印刷物资公司。公司以经销各类纸张、印刷机械、器材为主要业务,与全国数百家造纸厂、印机制造厂有紧密的业务联系,供、销货的出版社、印刷厂数以百家。1995 年 1 月,上海印刷(集团)有限公司成立,公司作为集团本部组成单位。2000 年,改为上海印刷新技术(集团)有限公司组成单位。

1980年至2010年,历任主要领导为张雪冰、周枢、吴永康、俞志惠、潘晓东、王明烈、朱国勇、单云清。

　　地址：上海市青云路266号　　邮编：200081

第二章 印刷业务

第一节 概 况

一、资本结构和产业规模

改革开放初期,上海印刷业包括书刊印刷、包装印刷、票据印刷等,骨干企业以国有为主,布点分散,技术落后,产能不足。面对人民群众被压抑的文化需求快速爆发,落后的书刊印刷业成为制约出版业发展的瓶颈。当时,印一本书通常需要三到五个月,出书难、买书难矛盾十分突出。上海一些实力雄厚的出版社开始自找门路,通过与乡镇合资、联营等方式建立自己的印刷基地。1983年6月,党中央、国务院作出《关于加强出版工作的决定》,明确指出要积极发展印刷事业,切实改变书刊印刷管理不善、设备陈旧、技术极端落后、生产能力不足的状况,有计划地对印刷工业进行技术改造和体制改革。市出版局先后投入技术改造资金2亿元引进先进制版、印刷和装订设备,书刊印刷业技术装备、产能和印制质量在原有基础上很快上了一个台阶。

技术落后,产能不足,也蕴含着巨大的发展机会。随着改革开放不断深入,印刷业逐步放开,市场在资源配置中的基础性作用开始显现。20世纪90年代起,外资和民营资本进入上海印刷业的步伐加快,加上国有企业改革重组,转换机制,上海印刷业迈开追赶世界的脚步,产业规模扩大、产能急速扩张;资本结构多元,国有、民营、合资乃至外资独资企业一应俱全;生产设备升级换代,产品质量不断提高,开始跻身国际印刷市场。截至2010年,上海共有印刷企业4 606家,工业总产值585亿元,利润总额47亿元。其中国有企业101家,占上海印刷企业总数2.19%,工业总产值39亿元,占上海印刷业总产值6.7%,利润总额6亿元,占上海印刷业利润总额13.40%;集体企业242家,占上海印刷企业总数5.25%,工业总产值9亿元,占上海印刷业总产值1.6%,利润总额4 904万元,占上海印刷业利润总额1.03%;三资企业208家,占上海印刷企业总数4.52%,工业总产值为193亿元,占上海印刷业总产值33%,利润总额17亿元,占上海印刷业利润总额36.31%;股份合作企业143家,占上海印刷企业总数3.1%;工业总产值为11亿元,占上海印刷业总产值1.93%;利润总额8 025万元,占上海印刷业利润总额1.68%;股份有限公司18家,占上海印刷企业总数0.39%,工业总产值为32亿元,占上海印刷业总产值5.5%;利润总额1.7亿元,占上海印刷业利润总额3.56%。其余是联营企业、私营企业和其他有限责任公司。与1995年统计数据相比,国有和集体企业数量明显减少,三资企业和民营企业数量迅速增加。与此同时,由于电脑制版技术的普及,规模不大的单独经营制版行业的企业逐渐消亡,印前与印刷、制版、广告设计制作的工艺界定逐渐模糊。

改革开放使上海印刷业活力大增,在整个产业向绿色、服务、高效和数字化、智能化方向发展的同时,一批年产值超过5 000万元的规模以上重点印刷企业迅速崛起。这些规模以上重点印刷企业虽然在印刷企业总量中占比不多,但其管理、技术和设备相对领先,是印刷业发展的主力军,并具有一定的前瞻性和较强的战略规划能力,对印刷业的未来具有引导作用。据统计,截至2010年底,上海年产值超过5 000万元的规模以上重点印刷企业235家,占上海4 606家印刷的5.1%。其中出版物印刷企业43家,包装装潢印刷品印刷企业179家,其他印刷品印刷企业10家,打印、复印、名片印刷企业 3 家。在这些规模以上重点印刷企业中,包装装潢印刷品印刷企业占主导地位。按企业性质分,国有(包括集体)企业 12 家,三资企业 106 家,民营企业 117 家,三资企业和民营企业已占主导地位。

据统计,截至 2010 年,上海 235 家年产值超过 5 000 万元的规模以上重点印刷企业总资产 435.97 亿元,占上海印刷业总资产的 57.65%,净资产 224.73 亿元,占上海印刷业净资产的 54.13%,工业总产值 401.24 亿元,占上海印刷业工业总产值的 68.50%,利润总额 34.86 亿元,占上海印刷业利润总额的 73.11%,工业增加值 106.64 亿元,占上海印刷业工业增加值的 67.07%。各项主要经济指标超过全市平均水平。

包装装潢印刷品印刷企业稳步发展。2010 年,上海印刷业包装装潢印刷品印刷企业的数量 2 462 家,占上海 4 606 家印刷企业的 53.45%;总资产 502.18 亿元、净资产 264.57 亿元、工业总产值 443.57 亿元、利润总额 35.04 亿元、工业增加值 110.38 亿元。

上海印刷业其他印刷品(票据印刷、安全印刷、商业印刷、个性化印刷和特色印刷等)企业增长较快。2010 年,其他印刷品印刷企业的数量为 1 266 家,占上海 4 606 家印刷企业的 27.48%,总资产 88.87 亿元、净资产 69.35 亿元、工业总产值 42.16 亿元、利润总额 3.25 亿元、工业增加值 11.57 亿元。经济指标实现强劲增长。

2010 年,上海印刷业三资企业数量 208 家,占上海 4 606 家印刷企业的 4.51%,总资产 220.5 亿元,占上海印刷业总资产的 29.16%,净资产 122.37 亿元,占上海印刷业总产值的 29.47%。三资企业工业总产值 193.39 亿元,占上海印刷业总产值的 33.01%,利润总额 17.31 亿元,占上海印刷业利润总额的 36.3%,工业增加值 54.72 亿元,占上海印刷业工业增加值的 34.38%,对外加工贸易 28.82 亿元,占上海印刷业对外加工贸易总额的 62.32%。三资企业在工业总产值、利润保持强劲增长,对外加工贸易高于全市平均数。

二、对外开放

随着印刷业市场准入逐步放开,一批外资印刷企业落户上海,不仅带来资金,更带来先进的技术和管理理念,上海印刷业在对外开放中迈上新台阶。

1991 年 7 月,中国和日本合资经营的上海龙樱彩色制版有限公司成立。1992 年 4 月,中国和日本合资经营的上海西口印刷有限公司成立。1993 年 2 月,专业从事分色制版的中国和新加坡合资经营的上海丽佳分色制版有限公司成立。1994 年 5 月,外商独资的秋雨印刷(上海)有限公司成立。1994 年 9 月,又一家专业从事分色制版的沪港合作经营企业上海精港制版印刷有限公司成立。这几家合资企业引进日本、新加坡和中国香港的管理模式及分色制版技术,产品质量迅速提升,对上海分色制版技术的数据化、规范化管理起到引领和推动作用。

1999 年 7 月,上海印刷(集团)有限公司和新加坡时报印刷有限公司合资建立上海三印时报印刷有限公司在上海签约。上海三印时报印刷有限公司总投资 1.65 亿元,首期注册资本为 6 600 万元,能印制高档精美书刊和画册等。这一合资项目是上海印刷业深化改革的重大举措之一。2000 年 12 月 18 日公司成立,市委副书记龚学平,市委常委、宣传部部长殷一璀等出席剪彩。

2001 年 12 月,由上海新闻出版发展公司与美国印刷业巨头当纳利控股公司合作经营的上海当纳利印刷有限公司成立,中方占股 51%(上海新闻出版发展公司、上海印刷集团公司、青浦工业园区、上海文艺出版社四方组成),当纳利控股公司占股 49%。以中外合作方式从事出版物印刷,在当时是非常大的政策突破。通过与国际大集团的合作,形成新的产业高地和经济增长因素。同时利用当纳利国际化经营优势,承接海外印刷的能力,向海外印刷市场拓展。上海当纳利印刷有限公司成立,不仅提高上海书刊印刷的技术水平,也促进上海商业印刷的发展及海外业务的拓展,为上海印刷企业培育一批经营管理和印刷技术人才。

2004年8月,因服务世博会需要,由世博集团申请,市新闻出版局核发上海外贸印刷厂书刊准印证。2005年8月30日,世博集团与香港利丰雅高集团(属新加坡国家印刷集团附属机构)举行上海合作项目签约仪式,香港利丰雅高有限公司增资2 498万元认购上海外贸印刷厂股权,上海外贸印刷厂改制为沪港合作企业,中方占股51%,外方占股49%。2006年2月16日,新公司完成注册登记,上海外贸印刷厂更名为上海利丰雅高印刷有限公司。根据双方达成的协议,从2006年3月1日起,新公司由外方负责经营管理。2008年9月,日本凸版印刷株式会社收购新加坡国家印刷集团所属香港利丰雅高集团。外方股东变更为凸版利丰雅高(香港)有限公司。

2004年10月,中华商务联合印刷(香港)有限公司在上海投资成立的全资子公司——上海中华商务联合印刷有限公司完成工商注册,企业性质属于台港澳法人独资。2007年7月,上海中华商务联合印刷有限公司开业。起源于上海的近代中国文化出版印刷先驱中华书局、商务印书馆,在香港发展成为具有国际影响力的大型中资印刷企业——中华商务终于回归上海。

上海当纳利印刷有限公司、上海利丰雅高印刷有限公司、上海中华商务联合印刷有限公司的引入,不仅使上海印刷业拥有国际最先进的平张胶印机、商业轮转胶印机、全自动胶装和精装联动生产线等先进设备,而且能综合运用数字化色彩管理技术、数字工作流程技术、印刷信息数据传递技术、网络采购技术、覆盖全生产服务流程的ERP技术等,印刷业产业能级显著提高。上海印刷产品质量达到国内领先水平,在美国印制大奖、美国国家金墨奖、亚洲印制大奖和中国出版政府奖印刷复制奖评选中屡获佳绩,印刷企业的印刷技术、环保意识、质量意识等与国际接轨,打开了向海外拓展的大门。

三、海外拓展

21世纪初中国加入WTO后,上海印刷业融入全球化的过程明显加快。随着世界印刷界龙头企业逐步进入上海印刷市场建立合资、独资企业,上海部分印刷企业也同步开始向海外印刷市场拓展业务。

拓展海外市场包括产品走出去和企业走出去。上海印刷业产品走出去步子较大,中华、界龙等公司通过中介、聘用外籍业务员或企业直接承揽等多种渠道开拓海外业务。企业走出去到国外开厂、投资还处于摸索阶段,只有上海质胜、三印时报等公司通过合资形式"借船出海"。

上海的合资、外资印刷企业拓展海外市场、争取外单业务,成为直接出口的主力军。截至2010年,在上海设立的208家三资印刷企业总资产220.50亿元,净资产122.37亿元,工业总产值193.39亿元,利润总额17.31亿元,工业增加值54.72亿元,对外加工贸易总额28.82亿元,从业人员44 171人,出口额和营利能力都超过上海印刷企业平均水平。

上海印刷业中介机构活跃,内资企业先期承接的海外订单,以二手单居多。后中介机构在承接海外订单中发挥重要作用。同时,一些内资企业通过网络平台、海外参展等多种方式,争取更多的直接订单。从21世纪前十年历届香港印刷包装展参展商来源看,内资印刷企业参展规模逐年扩大。上海界龙集团为外资企业做包装印刷加工贸易的业务量(包括直接出口和间接出口)已占其业务总量的80%左右,其中绝大部分客户是外资本土化的知名品牌企业,如通用公司、沃尔玛、松下、阿尔卡特等。

2003年8月,市新闻出版局发布《关于促进印刷企业承接境外印刷业务及进一步规范承接手续的通知》,明确承接境外出版物的审批内容、申报有关手续和境外包装装潢及其他印刷品备案事项、手续,并规定办事时限;上海海关发布《上海海关印刷品加工贸易监管操作办法(试行)》,明确各印刷企业承接境外印刷品的报关程序、印刷用各项原材料的备案申请程序和保税规定;上海市外经贸委发布《上海市外经贸委关于印刷品加工贸易有关管理事项的通知》,明确印刷企业承接境外印刷业务申请原材料备案的有关条件和程序。三部门同时发布鼓励开拓境外印刷业务措施,为上海印刷企业承接境外印刷业务,加快上海印刷业对外开放的脚步。2003年,经市新闻出版局批准或备案的境外出版物、包装装潢和其他印刷品印刷共172批528个品种,分别比上年增长26%和56%,境外印刷品销售总额近10亿元。2005年经市新闻出版局批准或备案的各类境外印刷品共231批597种,全年境外印刷业务销售产值达13.5亿元。2006年,经市新闻出版局批准或备案的各类境外印刷品共234批395种,同比增加36种,全年境外印刷业务销售产值约21亿元。2007年,上海印刷企业共承接各类境外印刷业务销售产值35亿元。2008年,境外印刷业务虽然受到全球金融危机和人民币汇率升值等多重因素影响,但产值仍达到39.62亿元(其中直接出口21.81亿元,间接出口17.81亿元),比2007年增长10.06%。同时,承接境外印刷业务的企业数达到248家,比2007年的139家增加109家,增长78.42%。2009年,境外印刷业务销售产值32.95亿元。2010年,对外加工贸易额46.24亿元,比上年增长40.31%。

2010年,上海从事对外加工贸易的印刷企业273家,承接对外加工贸易的印刷企业的总资产233.87亿元,从业人员42 245人;工业总产值193.04亿元,利润总额12.95亿元,工业增加值46.37亿元。虽然上海从事对外加工贸易的印刷企业数量只占上海印刷企业总数的5.93%,但总资产、工业总产值、利润总额、工业增加值等各项经济指标都超过或接近上海印刷业的30%,其中规模以上企业占很大比重,对外加工贸易、工业总产值和利润增长的企业占绝大多数。

第二节 书 刊 印 刷

一、沿革

中国近现代印刷业起源于上海,铅印书刊、铸字铜模、照相制版、书刊装订、零件印刷、彩色印刷、纸制品和纸盒等八大印刷行业,上海都是全国最大的印刷基地。

20世纪60年代末,上海响应国家支援外省市的号召,向全国22个省市支援占当时上海全部书刊生产能力40%以上的印刷设备(包括一部分全厂搬迁在内),在职员工达2 000余人之多。即便如此,当时上海书刊印刷生产能力仍占全国总量的十分之一以上。

20世纪70年代末,上海书刊印刷业技术还停留在文字排版以铅排和手动照排为主,书刊印刷以铅印米力机、单张纸和卷筒纸铅印轮转机为主,彩色制版以照相分色为主。近20家企业的固定资产不足1亿元。一般图书的印制周期长达300多天。印刷生产能力不足、印刷任务重、周期长成为与出版需求不相适应、亟须改变的环节。

1982年,国家经委印刷技术装备协调小组制定印刷业技术发展"激光照排、电子分色、胶印印刷、装订联动"16字方针。1985年5月8日,中国自行设计的计算机——激光汉字编辑排版系统和新华社中间试验工程正式通过国家鉴定和验收。使中国印刷业务跨越第二、第三代,直接进入第四代计算机激光照排的信息化时代。1987年,经济日报社计算机激光汉字大报版编辑排版系统试验成功。20世纪90年代初,中国印刷业经过十年的努力,基本上完成16字方针任务,全国大小约800家报纸印刷厂,全部淘汰铅排、铅印的工艺,完成报纸激光照排、胶印印刷的全面改造。

20世纪80年代末,上海书刊印刷业投入技术改造资金超过2亿元,引进诸如电子分色机、电脑照排、全张及对开多色胶印机,精、胶装联动生产线等制版、印刷和装订设备,使上海书刊印刷业的技术装备和工艺、质量水平上一个新台阶。至20世纪90年代初,上海地区已拥有整页拼版系统、桌面出版系统、彩色高速轮转机、胶、精装联动生产线等国际水平的先进设备,并已在生产上发挥作用。

在中国印刷技术由"铅与火"向"光与电"转变过程中,上海作出过重要贡献。配合排版技术改革,上海印刷技术研究所研发玻璃字模版、半自动照排机、中文激光照排系统、激光直接制版用非银光聚合CTP版等,取得重要成果,填补多项国内空白。2009年,经市政府批准,上海印刷技术研究所"汉字印刷字体书写技艺"项目被列入第二批上海市非物质文化遗产项目名录。

20世纪90年代后,上海印刷业逐步实现图文制版电脑化、书刊印刷胶印化、装订机械联动化。制版由手动照排进入照相制版,继而进入计算机桌面出版和计算机直接制版系统;印刷由铅印进入自动化连线生产的高速多色单张纸胶印、卷筒纸胶印、轮转柔印、轮转凹印,乃至从计算机文稿直接到印刷成品的数字印刷方式;印后由手工制作到半自动化单机加工,再到高度联动化的折页、锁线、胶订或骑马钉和精装等多工位组合加工。上海书刊印刷业水平有长足发展,很大程度上改变了精装豪华本由深圳、香港等地印刷业垄断局面。

二、调整结构

上海是中国近代印刷工业的发源地。书刊印刷是出版业的重要组成部分。长期以来,印刷业广大职工努力工作,艰苦奋斗,为上海出版事业繁荣和发展作出重要贡献。但由于诸多原因,上海国有书刊印刷业近些年来发展缓慢,困难重重。主要表现为:主要产品产量、销售收入呈不断下降趋势,经济效益低下。1985年至1997年,市新闻出版局所属印刷企业连续13年效益滑坡,连续多年出现全行业亏损。1997年局属印刷(集团)有限公司亏损额达756万元。企业缺乏自我发展、自我改造的能力。人员包袱沉重。局属企业22家,离退休职工与在职职工比例达1∶1,退休职工医药费支出即达1 400万元。生产装备更新滞后,印刷与出版业发展需求严重不适应,相当一部分高档书刊印刷业务因此流向南方。

造成上述问题的因素,除国有企业普遍存在的与市场经济不相适应的弊端外,主要有以下两点:第一,上海是老印刷基地,厂多,人多,历史悠久,负担重。由于受原有格局的制约,投入分散,难以形成竞争优势。第二,多年来全社会印刷企业总量猛增,书刊印刷竞争十分激烈。局属企业不仅要与上海本地的中外合资、乡镇企业争业务,而且面临外地的特别是深圳的外贸独资印刷企业的竞争,而上海教材总量又大大少于兄弟省市,使上海书刊印刷业的经营更显步履维艰。存在三大突出矛盾,一是技术改造需求与资金不足的矛盾,企业缺乏自我改造、自我发展能力;二是提高劳动生产率的要求和冗员过多的矛盾,人员分流潜在压力仍然很大;三是市场竞争的客观形势与企业内部机制现状的矛盾。总体上,企业仍缺乏市场竞争能力,与南方企业相比,在精品书刊印刷方面尤其缺乏竞争能力。

为走出困境,20世纪90年代中后期,上海书刊印刷业开始加快改革步伐,出台六个方面的主要举措:一、加快资产重组,把弱势企业转变为在市场上有竞争能力,有自我积累、自我改造、自我发展能力的优势企业。二、转换经营机制,增强企业活力。大胆探索适应市场竞争需要的用工机制、分配机制、营销机制、经营者竞争上岗机制,包括实行竞聘上岗,逐步做到按生产经营实际需要择优用工,积极探索重要岗位分配与市场接轨。三、推进下岗分流、减员增效、实施再就业工程,剥离富余人员,精干企业主体,减轻企业负担。同时开辟新的就业岗位,实现职工岗位转移。四、通过各种途径放活小型企业。以股份合作制、股权转让等多种途径,实现企业转制,争取资金进行书刊印刷技术改造。五、大力开发新品,多方拓展市场,注重产品创新,积极开发有市场、有效益的新产品,包括书刊以外印刷品市场。六、注重物业经营、盘活空置资产,通过结构调整,将空置厂房进行房产开发或物业经营,获得必要资金,以减轻企业的历史包袱,进行必要的技术改造。

在深化改革中,市新闻出版局加快局属书刊印刷业结构调整的步伐。1995年2月,上海印刷(集团)有限公司成立,隶属市新闻出版局,注册资本2.66亿元,具有法人资格的国有独资有限责任公司。其组成成员是上海出版印刷公司、上海出版印刷物资公司、商务印书馆上海印刷厂、中华印刷厂、上海新华印刷厂、上海美术印刷厂和上海市印刷一厂、二厂、三厂、四厂、六厂、七厂、八厂、十厂、十一厂、十二厂及上海字模一厂、印刷器材厂、印刷机械一厂、印刷机械二厂、照相制版厂和上海装订厂等22家企业。

1997年,上海印刷(集团)有限公司将上海美术印刷厂的印刷资源注入上海中华印刷厂,上海中华印刷厂转制为有限责任公司。1998年,通过盘活存量资产等积极措施,向上海中华印刷有限公司注入资金,使得该企业的注册资本金上升到1.2亿元,改善厂房、设备等硬件条件。1998年,经上海市政府批复同意,上海印刷(集团)有限公司将上海商务印刷厂转制为商务印书馆上海印刷股份有限公司,注册资金3300万元,使这个百年老厂焕发新的生机。2000年和2003年通过两次增资扩股(分别增资1000万元和1500万元),使公司发展获得较好的资金基础。同时,公司还增加票据印刷和柔性版印刷车间,改变商务公司原先单一印刷书刊的经营格局。上海市印刷三厂积极利用新技术探索产品转型,成功开发IC电讯卡,并形成了上海印刷的"磁卡精神",推动印刷行业不断开拓市场。通过对国有印刷企业全面改革,上海印刷(集团)有限公司所有制构成状况由国有独资改变为多方投资、股权多元化;印刷市场由单一的书刊印刷改变为以书刊印刷为主,广告彩印、磁卡印刷、票据印刷、纸张经营为辅的多元化经营。2000年,上海印刷(集团)有限公司销售收入达4.17亿元,实现利润总额1130万元。2002年,完成销售产值4.58亿元,实现利润总额1715万元,连续5年实现经济效益两位数增长和连续4年利润总额超千万元。到2010年,上海印刷(集团)有限公司完成资源整合与资产重组,"中华""商务""新华"三大品牌版块经营格局基本形成。

2000年1月,上海印刷新技术(集团)有限公司成立,以上海印刷技术研究所为龙头,联合上海主要印刷材料生产企业、印刷物资销售公司和部分印刷生产企业,拥有独资企业5家,合资、合作企业7家,资产总额为2亿元。

2001年12月,上海当纳利印刷有限公司成立,是由市新闻出版局所属上海新闻出版发展公司与美国印刷业巨头当纳利控股公司共同投资建立的。公司注册资本为1270万美元,第一期投资总额为2950万美元。按照当纳利全球统一的管理模式,将ISO 9001、ISO 14001和OHSAS18001认证引入管理目标。

在市新闻出版局局属书刊印刷业结构调整的同时,1998年7月,文汇新民联合报业集团印务中心成立,是国内最早使用印前自动化流程、CIP3墨量预置系统和免冲洗制版等先进工艺流程的印刷厂。2000 年 10 月,解放日报报业集团印刷中心成立。2000 年通过 ISO 9002 质量管理体系认证,成为全国第一家同时通过国际国内认证的报社印刷厂。2002 年,上海大一印刷有限公司与上海文艺出版总社合作,高标准高质量印刷《话说中国》丛书 227.97 万册。2003 年,上海文艺出版总社参股上海大一印刷有限公司,2004 年 10 月更名为上海文艺大一印刷有限公司。2004 年 10 月,上海中华商务联合印刷有限公司成立,是中华商务联合印刷(香港)有限公司在上海的全资子公司。2006 年 12 月 28 日,文新青浦现代印刷中心在青浦工业园区建成。由文汇新民联合报业集团和上海印刷(集团)有限公司共同投资兴建,占地面积 20 万 6 千多平方米,总投资 4.2 亿元,由印刷区和周转区(配送)2 个部分组成。设计印刷能力可达到 460 万对开色令、年报业印刷能力 10.8 亿对开张、年包装印刷能力 5.4 亿对开张,是集书报刊印刷、商业包装印刷、电子印刷于一体的现代化印务基地。

世纪之交,上海出版物印刷业结构调整初显成效,投资主体呈多元化发展趋势,国有企业兼并重组、外商投资印刷企业特别是大企业不断增多,市场机制在资源配置中的基础性作用逐步显现,国际资本进入上海印刷业的步伐日益加快,出版物印刷市场充满活力。

截至 2010 年底,上海出版物印刷企业 200 家,从业人员 20 599 人,总资产 134.07 亿元,净资产 70.21 亿元,工业总产值 89.08 亿元,工资总额 9.29 亿元,利润总额 8.26 亿元,工业增加值 30.00 亿元,对外加工贸易总额 7.11 亿元。

第三节　包　装　印　刷

随着各种新技术新工艺的发展,印刷已突破传统的在纸质、塑料、金属上覆加油墨或其他涂料的平面加工性质,融入数字化信息技术。印刷业的属性也从原有的加工业、文化业,逐步扩大到与金融、商贸、交通、教育、医药等多方面生产生活均有密切关系的加工配套业和现代服务业。

改革开放后,上海包装印刷业呈现出所有制形式多样化、外资企业和外地企业不断向上海集聚的态势;从单一的生产加工扩展到创意设计、数码制作、加工生产和发行销售四大版块,充分体现先进制造业和现代服务业融合的发展趋势。

一、沿革

上海是中国包装印刷的发源地。新中国成立后,经过公私合营、合并,上海包装印刷业取得一定规模的发展。1978 年,上海包装印刷业产值 12 亿元。但当时上海出口商品呈现"一等产品,二等包装,三等价格"的状况,包装问题非常突出。上海市外贸、轻工等部门极为重视,采取了一系列政策措施,一批年轻的包装设计师成为最初的主力参与者,同时,老一辈工商美术设计师也进入这个领域,发挥积极作用。

1978 年至 2010 年,上海包装印刷业大体经历以十年为界的三个阶段。

1978 年,上海市包装装潢工业公司、上海市包装技术协会(最初名为上海市包装技术研究所)相继成立,市轻工业局把发展包装装潢作为重点扶持的四大支柱产业之一。引进德国、日本、瑞士的印刷包装设备 34 台/套,增添国产先进设备 92 台/套,逐步发展形成一个生产先进的包装装潢印刷制品、容器、材料等协调发展的体系,具备设计、制版、印刷、轧凹凸、烫金、模切、粗中细瓦楞,以及纸印、塑印、复合等分工,开发如珍珠型光泽的印刷包装纸,用于力士香皂包装,经英国联合利华公司总部鉴定,符合国际标准,达到外国同行业水平,使力士从此不再进口包装纸,并扩大到美加净香皂、梦巴黎香水等产品。在计划经济向市场经济转轨的历史时期,一些乡镇企业私营企业悄然萌生发展。

1978 年,上海包装装潢工业公司成立,公司下属 38 家企业,总产值近 4 亿元,这家实行专业化管理的公司的运行,标志着上海乃至中国包装印刷作为产业的真正起步。在很长一段时期内,上海包装装潢工业公司在全国同行中"一枝独秀":旗下的上海人民印刷八厂 1981 年利润首创 1 000 万元,成为全国包装印刷行业利税大户;1989 年全国重点包装印刷企业中利润总额和人均利税排名前 5 位的都是上海包装装潢工业公司的下属企业。上海在这一时期高居着全国包装印刷业的"龙头"地位。

20 世纪 90 年代,上海包装印刷业开始进行资产结构调整:上海凹凸彩印厂等多家国有企业资产重组;上海烟草工业印刷厂、上海纺织局印刷厂通过与香港企业合作办厂,继续保持较强的综合实力;乡镇包装印刷企业开始崛起,以塑料包装为核心的紫江集团过多次整合重组,1998 年资产规模已达 25 亿元;上海界龙实业集团股份有限公司 1994 年上市,成为全国村办企业改制的第一家上市公司、第一家上市的包装印刷企业。同时,新洲包装印刷有限公司、和气包装有限公司等外资企业开始进入上海。1998 年,包装印刷业中的三资企业已有近 100 家,销售产值和净资产均约占全市的 11%。上海包装印刷业基本形成国有企业、民营企业、外资企业多元并存、互为竞争的态势。

迈入 21 世纪,上海包装印刷国有企业加快资产重组步伐,一部分国有企业转制;大量上海及外地民营资本进入,股份制企业与民营企业异军突起,成为行业中增幅最大、增速最快的一个版块;外资通过合资、合作、独资等方式加大投资办厂。大型企业和企业集团集约化发展趋势加快,政府扶持的区域性印刷基地和园区逐步形成。上海包装印刷业加快实施"走出去"战略,外向型发展步伐加快,有的企业已在北京、广东、山东等地投资办厂,有的在境外设立办事机构,大量承接境外业务。直接承印境外业务的销售产值。资产结构调整加速能量释放上海包装印刷业呈现出前所未有的发展速度、规模、质量、效益。

2010 年,上海已形成一个比较完整的包装印刷体系,呈现出一系列新的特点:包装印刷企业向规模化方向发展,企业规模化、集团化和专业化成为创新优势;国际包装巨头、港澳台资本纷纷涌入,民营资本迅猛发展,国企经济,民营经济和外资多元投资的经济框架基本形成;倡导绿色包装,抑制过度包装、提倡适度包装,走可持续发展之路成为行业共识;主动融入现代服务业,重视推行数字化、网络化技术和绿色环保印刷,率先加快产业升级和转型,为上海建设全国乃至全球新型印刷高地贡献力量。

二、产业规模

2010 年,上海包装装潢印刷品印刷企业 2 462 家,从业人员 116 059 人,总资产 502.18 亿元,净资产 264.57 亿元,工业总产值 443.57 亿元,工资总额 35.01 亿元,利润总额 35.04 亿元,工业增加值 110.38 亿元,对外加工贸易总额 37.74 亿元。

对比 2010 年上海印刷业相关数据分析,包装装潢印刷品印刷企业占上海 4 606 家印刷企业的 53.45%;工业总产值占上海印刷业工业总产值 585.70 亿元的 75.73%;利润总额占上海印刷业利润总额 47.68 亿元的 73.49%;对外加工贸易总额占上海印刷业对外加工贸易总额 46.24 亿元的 81.62%。改革开放 30 多年,上海印刷业中,包装印刷业发展最快,占有重要地位。

上海包装印刷业具有技术含量高、装备技术领先、管理水平先进的个性化发展特点,在竞争力上保持着一定的领先。

在国家重点支持下,从 1983 年起,上海包装印刷业进行大规模的技术改造和基本建设,引进电子分色及制版设备、高速多色胶印机、自动模切烫金机、高速粘盒联动生产线、多色轮转凹印生产线、自动多色丝网印刷生产线、柔版印刷设备,同时成功地引进热烫印生产线、喷铝纸生产线。由此开发一大批新技术、新工艺、新产品,例如胶凸凹柔结合、珠光印刷、大面积烫印印刷、全息印刷、喷铝纸印刷等。这不仅调整产品结构,缩小短线缺门,还填补国家空白。这为众多的商品及出口商品提供精美的内外包装。许多独具中国民族特色的优秀包装多次获国际包装大奖。

上海包装印刷工艺是以平印工艺为主,并且占有优势,以此发展的特殊工艺,如金箔画、宣纸印刷、全息防伪等,都属上海首创或领先。由上海市包装协会提倡和推广的"集中制版、分散制箱"协作生产办法,不仅兼顾和维护小纸箱厂的存在,弥补生产线开工率不足的问题,也使上海纸箱行业的整体质量水平有明显提高。

第四节　票　据　印　刷

一、沿革

20 世纪 80 年代初期,上海天章记录纸厂开始引进日本生产的胶印商业表格印刷机从事商业票据的印刷。之后,上海界龙现代印刷纸品有限公司、上海伊诺尔印务有限公司等企业也相继引进商业表格印刷机,使上海票据印刷走在了中国票据印刷的前列。从 90 年代中后期开始,上海新闵太阳机械有限公司、上海紫光机械有限公司相继引进日本先进技术,生产制造商业票据轮转印刷机,使中国商业票据印刷企业开始使用国产的票据印刷设备。

经过长期努力,到 2010 年,上海已拥有商业票据轮转印刷设备的票据印刷企业 30 多家,以合资、民营居多,大多为中小型企业,年销售额 15 亿元左右,占上海整个印刷行业销售产值的 3% 左右。在印刷行业中,票据印刷企业以数码印刷为支撑,拓展了数据处理、打印封装、信函制作、不干胶标签印刷以及 RFID 标签的制作领域。业务涉及税务、银行、财政、保险、证券、铁路、邮政、电信、海关、物流等相关行业,并且涌现出营业额过亿、面向社会的专业化商业票据印刷企业。

上海伊诺尔印务有限公司、上海东港印刷有限公司、上海安全印务有限公司等企业通过调整产业结构、引进设备和技术、工艺创新,进入了良性发展态势,使票据印刷成为上海印刷行业中的一个重要分支。

二、印刷设备

上海票据印刷技术的发展经历了从国外引进设备和印刷技术,到采用国产设备和研究中国特色印刷技术的过程。

从 2001 年开始的税务票证改革大大提高了对票据印刷设备的要求,加快了商业票据印刷设备的发展,使票据印刷设备在印刷和加工方式上实现了"全能组合"。例如,刮开式发票将可变数据印刷技术应用于票据印刷,推动了商业票据印刷行业的变革,即将可变数据印刷技术广泛应用于票据印刷上。

票据印刷机多采用胶印、凸印、柔性版印刷、号码印刷等多种印刷滚筒在同一个印刷机组上互换的方法,可印刷十二色以上,所印的票据(如彩票、保单、发票)很难伪造。组合印刷已经将传统技术与数字技术,以及不同的印刷方式(如胶印、凸印、柔性版印刷、凹印、丝网印刷、数字印刷)整合在一起,应用在票据印刷上。

三、印刷生产

从1978年到2010年,是中国商业票据印刷突飞猛进的时期。计算机技术和电子服务促进了商业票据印刷业的发展,票据印刷企业也开始根据国内市场的需求,设计和开发具有中国特色的商业票据格式,如具备跳印跳号要求的铁路火车票、出租车车票、服务业和商业零售业税控发票。

【直邮业务】

通过附上针对具体客户的直邮广告与收件人直接沟通的票据,可根据客户消费能力定制各种相应的消费优惠和广告。商业票据印刷企业应用票据印刷和可变数据印刷相结合的印刷技术为税务、公用事业(水、电、煤气等)、银行、移动通信、社会保险、邮政等行业提供直邮业务服务。

【RFID业务】

射频识读标签印制。通过射频信号自动识别目标对象,无需可见光源,具有穿透性,可以透过外部材料直接读取数据,既保护外部包装,又节省开箱时间等优点,无线射频识别技术已被广泛应用于工业自动化、商业自动化、交通运输控制管理等众多领域,如汽车或火车等的交通监控系统、高速公路自动收费系统、物品管理、流水线生产、门禁系统、金融交易、仓储管理等。上海商业票据印刷企业已经具备RFID管理和生产技术,提升产品能级。

第五节　印刷新业态

一、绿色印刷

上海贯彻绿色印刷的发展战略,推进绿色印刷,调整结构,转变上海印刷业发展方式。市新闻出版局响应新闻出版总署提出的"让绿色印刷与老百姓的美好生活同行",加大对绿色印刷的宣传和引导,让低碳、环保的印刷理念深入人心。

发展绿色印刷是中国从印刷大国向印刷强国迈进的重要举措。对企业来说,实施绿色印刷不仅是"贯彻以人为本的宗旨"的要求,也是树立企业品牌的有力武器,更是获得海外订单的通行证。

从2005年起,上海市印刷行业协会和美国NPES(即全美印刷、出版及纸品加工技术供应商协会)合作发起的"绿色印刷国际论坛",每年举行一次,引起广泛反响。论坛倡导发展绿色印刷,制定印刷环境标准,开发推广印刷环保新技术、新材料(如油墨、版材、化学冲洗显影液),发展柔性版印刷,加强印刷环境治理,希望上海能够通过一系列努力,不仅成为绿色印刷示范区,还能为全国提供绿色印刷新技术、新材料和新设备。

2010年10月,金山国家绿色创意印刷示范园区成立,这是全国首家绿色创意印刷示范园区,重点发展绿色包装印刷、绿色特种印刷、智能标签印刷、印刷数字化、防伪和票证印刷、广告设计和创意设计、国际印刷和离岸贸易数字资产和功能印刷、电子商务和现代服务印刷绿色印刷新材料和设备十大产业,成为绿色印刷、国际印刷和服务外包转移的重要承载地。

金山国家绿色创意印刷示范园区成立后,市新闻出版局与市教委携手合作,在全国率先尝试印制绿色环保的中小学教材。这些教材在印刷过程中"从油墨、纸张、胶水等各个方面都严格按照国际环保标准操作",以中小学教材为切入口,推动以往污染、能耗较为严重的传统印刷产业向绿色、环保、低碳方向转型发展。

二、柔性印刷

柔性版印刷在包装印刷领域中异军突起、发展迅速,除柔印自身具有的优势和技术进步外,其中一个非常重要的因素就是适应环保和绿色包装的要求,可以广泛使用无毒、无残留溶剂、无环境污染的水性油墨、UV 油墨以及醇溶性油墨,对人体没有伤害,尤其适合食品,医药产品包装,液态奶包装,绝大部分都采用柔性版印刷。

1979 年,上海外贸印刷厂首次引进全套杜邦感光树脂柔性版的制版设备及美国麦安迪机组式柔性版印刷机,印制不干胶商标及铝塑纸包装品等产品,标志着现代柔性版印刷技术开始进入中国的包装印刷领域。

20 世纪 80 年代中期,市新闻出版局、机电局、轻工局、化工局抽调业内百余名专家进行调研论证,编制《上海市印刷行业发展规划》,明确柔性版印刷将成为上海市印刷行业发展重点之一,并由市财政拨款,扶持有关项目的开发。上海印刷技术研究所承担柔性版印刷工艺、感光树脂柔性版、网纹辊、水性油墨等项目的开发;上海印刷机械三厂承担柔性版印刷机的研制开发,从德国引进卫星式柔性版印刷机作样机;上海油墨厂研制开发柔性版印刷用的各类油墨。经过努力,几年后陆续开发出 GS 牌柔性版材、金属网纹辊、无毒水性及 UV 柔性版印刷油墨、柔性版晒版机等产品,上海印刷机械三厂开发并生产了数十台层叠式的柔性版印刷机。20 世纪 80 年代后期,上海柔印出版增长速度较快。

随着印版、网纹辊、水性油墨取得进展和成效,上海印刷企业加快了进口先进的柔性版印刷机。上海人民印刷一厂引进香港制造的柔性版制版机与层叠式的柔性版印刷机,以及吹塑机、封袋机,形成一整条生产线,开始采用柔性版刷机印刷糖果包装纸和软包装塑料袋。

20 世纪 90 年代初,出于电脑制版技术逐步取代传统的照相制版技术,柔版制版技术得到显著提高,上海人民印刷一厂引进德国六色卫星式柔性版印刷机印制塑料软包装品。但由于国内制版及印刷配套器材跟不上市场需要,特别是各种配套材料(如版材、胶带、版辊、网纹辊、刮墨刀、油墨)均需要进口,加上当时整个印刷行业缺乏掌握足够技能的柔印制版及印刷操作人员,致使包装印刷品的质量达不到高档产品及出口产品要求,导致引进的设备基本上未能正常运转,阻碍柔版印刷的发展。这一时期,上海印刷业柔性版印刷设备基本以窄幅机组式柔性版印刷机为主,大多以印刷烟标和酒标为主打产品。同时也引进少量的宽幅卫星式柔印机组,用于塑料薄膜包装的装潢印刷。上海大部分柔性版印刷机生产线只是胶印或者凹印包装印刷企业的配套车间,只有少数建成独立的纯柔性版印刷企业,如上海紫丹包装印务有限公司经过多年的市场拓展,在 2008 年将原来的柔性版印刷食品包装车间(印制"麦当劳""肯德基"等快餐包装盒)扩建成独立的上海紫丹食品包装印刷公司。

20 世纪 90 年代中期,上海进口狭幅连线多功能柔性版印刷机 150 台,宽幅卫星式柔性版印刷机 10 余台，大大增强柔印的生产能力。由于柔性版印刷采用高速卷筒纸（膜）印刷，可添加多种组合工艺加工、模切一次成型、承印材料广泛、速度快、产量高、色彩稳定、环保性强、无污染等优势，成为上海印刷工艺增长速度最快的一种印刷方式，广泛用于各类包装印刷。

1993 年，由上海印刷技术研究所牵头，成立中国印刷技术协会柔性版印刷技术专业委员会（后更名为中国印刷技术协会柔性版印刷分会），推动柔性版印刷产业的健康发展。

进入 21 世纪，上海成为中国柔性版印刷产业发展的重要城市之一。机组式柔性版印刷机的主要应用领域仍然是纸包装盒产品印刷，在彩色纸盒印刷领域，它还大量应用于烟包等附加值高的包装印刷。

上海柔性版印刷技术在瓦楞纸箱直接印刷方面取得较大的发展空间。在"统一制版，分头印刷"的产业发展导向引领下，在瓦楞纸板上进行直接印刷开槽后制箱的产品份额迅速上升，并在中低档产品以及大幅面（单片瓦楞纸板制箱）印刷市场上，基本取代胶印预印的老工艺。21 世纪头十年，纸箱板每年以 20％的速度在增长。

上海柔性版印刷装备与器材领域供应水平已经接近国外先进技术水平。自上海信华精密制版公司首家引进 ESKO 的 CFI 型柔性版直接制版系统后，数字式直接制版技术在上海市快速普及，大大提高柔性版印刷品的质量水平，缩短产品与胶印、凹印的质量差距。自从 2000 年 YR420 卷筒纸柔性版印刷机试制取得成功以后，上海紫光机械有限公司率先印出 175 线/英寸的样张。2001 年，公司又在"紫光"设备上成功试印出 202 线/英寸的"雪景"样张；2003 年被美国柔性版印刷技术协会（FTA）评为窄幅机海外印刷品的铜奖，实现中国自制柔性版印刷机印刷品在海外大奖赛上零的突破；2005 年、2007 年、2009 年中国柔性版印刷的烟包产品又获美国 FTA 窄幅机组精品大奖赛银奖和金奖。

三、数字印刷

数字印刷又称"短版印刷""数码快印"，与传统印刷不同之处在于数字印刷可以一张起印、边印边改，还可使图文以各种介质进行传播，大大提高数码成像的商业运用范围，具有质量高、速度快、批量小、变化快的特点。

"十一五"期间，上海数字印刷业呈良好发展态势，但成规模数字印刷企业数量有限，产值 1 000 万元以上的数字印刷企业只有十多家，占上海数字印刷企业总数 3％左右。大多数数字印刷企业都是小作坊型企业，有发展潜力的不多。数字印刷在出版物及包装印刷领域还没有进入工业化应用；价格还不具市场竞争力，特别是出版物印刷领域成本明显偏高；数字印刷机开机率普遍不足；专业人才匮乏；新产品市场开发虽有一定成效，但比例不高。

2008 年，上海印刷企业拥有 100 万元原值以上的生产型数字印刷机 83 台，分布在 26 家印刷企业中。其中价值 500 万元以上的数字印刷机 8 台，价值 300 万～500 万元的数字印刷机 10 台，价值 100 万～300 万元的数字印刷机 65 台；彩色数字印刷机 48 台，黑白数字印刷机 35 台；单张纸激光数字印刷机 43 台，单张纸喷墨数字印刷机 10 台，卷筒纸激光数字印刷机 5 台，卷筒纸喷墨数字印刷机 25 台；2005 年至 2008 年印刷企业购置数字印刷机呈现明显的上升势头，价值 300 万元以上的数字印刷机大部分都是在这几年购置的。特别是 2008 年，在金融危机的背景下，上海印刷企业仍然购置了 14 台生产型数字印刷机，用于扩大生产，表明企业购置生产型数字印刷机已经呈现明显的上升势头。

随着高速新型的数字印刷设备的大规模应用，有眼光并注重管理的一部分快印企业抓住机会，逐渐成为行业的领跑者。一些本土品牌企业通过开设分店、尝试连锁经营的运营模式；一些站稳脚跟的国外快印刷品牌也加大在上海开拓市场的力度。一些印前输出中心转型进入数字印刷领域，也有部分传统印刷企业兼营数字印刷业务。

与此同时，数字印刷企业服务领域也开始从传统的工程设计、商务快印，拓展到出版印刷、可变数据印刷以及个性化印刷领域，部分印刷企业业务中类似账单、票据等形式的可变数据印刷也更多地采用胶印加数字印刷套印的方式来实现。

2005 年起，上海数字印刷行业开始进入快速成长期，新兴数字印刷企业不断涌现，个性化印刷领域出现诸如"龙樱网""超印速""印客网"等企业。

2008 年底，数字印刷被列入上海市重点发展产业目录。2008 年 7 月，张江国家数字出版基地在上海建成，成为新闻出版总署批准的第一个国家级数字出版基地。

2009 年 4 月，市新闻出版局出台《扶持数字印刷的指导意见》，特别提出"对条件成熟的数字印刷企业颁发出版物印刷许可证"，以及"对入驻张江数字出版基地的数字印刷企业重点扶持"两项新政策，无疑对推进数字印刷在出版业的应用与发展有着重要意义。新政策指出"优先考虑向从事数字印刷的企业发放出版物印刷许可证，让一部分条件成熟的、从事数字印刷的企业以及 IT 公司加入出版物数字印刷领域，推动数字印刷产业的发展"。同时还指出，"优先考虑数字印刷企业入驻张江国家数字出版基地孵化，享受国家数字出版基地的优惠政策。数字出版科技项目产业化，优先考虑张江数字出版基地的数字印刷企业。"

2010 年，上海数字印刷企业 33 家，占全行业企业总数的 0.72％。数字印刷销售收入为 5.96 亿元，比 2009 年的 4.98 亿元增加 0.98 亿元，增长 19.67％；占全行业销售收入的 1％。上海印刷业正在从传统印刷向数字印刷转型过程中，数字印刷开始成为传统胶版印刷方式以外的重要印刷方式之一。

四、按需印刷

按需印刷又称"即时印刷"和"闪电印刷"，是数字技术在印刷环节的有效实践，即"按当天的订数印刷，第二天发货"。它始于 20 世纪 80 年代，能满足个性印刷、减少浪费及印刷品一步到位的要求，实现零库存、即时出书和可选择的个性印书。采用数字化的按需印刷出版模式，可以随时根据市场的接受度调整印刷册数的多少，从而保证钱恰到好处地用在印刷上，出版社大大减少库存压力。

出版物按需印刷大致有五种形式：

商业数字印刷企业与出版社合作，从事图书按需印刷，如上海文艺大一印刷有限公司与上海文艺出版集团的合作。

商业数字印刷企业与网站合作，以电子商务的方式从事图书按需印刷，如上海文艺大一印刷有限公司与东方网的合作。

部分龙头企业尝试图书按需印刷，如上海同昆、界龙、大旗、易材等印刷企业过去业务主要以工程建筑图文、商务印刷为主，现在开始部分转入从事图书的按需印刷。

传统印刷企业开始转型，从事图书按需印刷。上海印刷集团成立一个纯粹的数字印刷商务数码企业，专门从事按需印刷；上海中华商务引进数字印刷机，进行探索性的样书的数字印刷；上海盛隆数字印刷也与传统印刷进行整合等。

外资企业入驻上海，从事图书按需印刷。如普驰公司（IBM与理光共同投资的公司）成立数字印刷中心，在兼顾销售设备的同时也经营性地进行数字印刷探索，希望能将这种探索与设备销售捆绑在一起进行运作。

2004年7月上海书展上，上海同昆数码印刷有限公司运用数字印刷设备推出"按需出版"，在展会现场演示制作少年儿童出版社出版的新书《F1狂飙》的全过程。一本150页、32开、彩色封面、黑白内页的书籍印制仅需几分钟，真正做到"立等可取"，而且可以根据读者的需要进行个性化定制。《F1狂飙》成为国内第一本按需数字印刷的正式出版物。

2004年，上海界龙实业集团股份有限公司投资成立上海界龙数码印刷有限公司，致力于网络印刷和数码印刷的研发、营销与生产加工服务，初步建成POD平台，通过该平台集中平版生产多品种、少批量的商务印刷品。POD平台把出版社出版的书籍录入数据库，实现图书的按需印刷，吸引多家印刷厂的加入，达到异地印刷。通过按需印刷服务平添的运行与推广，把产品的生产模式从先制作后销售转变成先订售后制作，可以为企业和出版社降低库存，提高效率，降低运输配送成本，从而实现更佳的经济效益。

按需印刷平台与单纯的电子商务网站、信息发布平台有所不同，包括用户驱动的产品生成、更多的用户交互、支持多个设计公司的模板管理和设计、校样、拼排版、印刷流程集成、灵活聪明的订单路由分配等模块，这些都需要结合数字化技术和印刷加工环境，实现业务流程的合理架构和关键技术的突破。

上海界龙数码印刷有限公司在BS结构基础上对按需印刷平台的关键技术内容进行开发，并取得实质性突破：

标准化的印刷文件管理：开发出一套可以将大部分印刷格式文件转换为PDF格式的工具，使各个印刷厂在最短时间内获取能印刷的文件。

自动生产流程控制系统：保证生产设备与网络业务之间的接口顺畅，实现全过程的自动化管理。

数码印刷技术的实现：研发可变数据处理、专业数据库编程等技术。目前已完成彩色图文图像可变印刷功能、专业数据库转接等技术。

条码化物流管理系统：研发条码化生产派送信息管理技术。在线订单生成的同时，生产信息中将加载客户信息条码，该条码包含客户配送信息，待产品生产完成后，只需扫描条形码就可快速获取信息，实现快速、准确的产品配送。

色彩管理技术：建立一套稳定的色彩控制方法，并申请专利，从而保证用最好的质量为企业、出版社等客户服务。

五、磁卡印刷

磁卡印刷是磁性油墨印刷的简称，以掺入氧化铁等磁性物质作为油墨颜料，并通过一定的印刷方式完成磁性记录体的制作，使印刷品具有所要求的特殊功能。随着计算机科技及网络技术的发展，磁性印刷品在很多领域得到应用，如银行存折、支票、身份证、信用卡、电话卡、车船票及价目表等。上海伊诺尔印务有限公司、上海东港印刷有限公司、上海安全印务有限公司等印刷企业不断开发产品，培育新的市场，使磁卡印刷成为上海印刷业一个重要分支。

20世纪90年代，磁卡印刷在国内迅速发展。1993年，国家实施"金卡工程"，提出到1997年底在全国400个城市3亿城市人口中基本普及金融卡的应用，预计2005年中国IC卡市场需求量达到 10 亿多张。上海市印刷三厂着眼磁卡印刷的市场需求,在 1998 年成功开发出"IC"卡卡基新产品,形成日产 20 万张卡基的生产能力,成为上海新华书店书香读者俱乐部"书香卡"的主要生产者。

进入 21 世纪后,上海伊诺尔印务有限公司开始着手开发芯片卡模块封装。当时上海交通部门正准备在全市范围推广交通一卡通。上海伊诺尔印务有限公司和一卡通公司合资成立伊诺尔信息技术有限公司,在对欧洲几乎所有的模块封装企业考察后,引进一系列最先进的设备,包括瑞士、德国的模块封装机,法国的自动化测试设备和德国儒拉玛特接触式模块封装机、荷兰 FCO 非接触式模块封装机、法国 64 个头的测试设备等。2008 年,伊诺尔信息技术有限公司产量已达 2.56 亿片,产品合格率超过 99.6%,位居全国第一,成为一家产品制造和企业管理信息化、生产过程控制智能化、制造装备控制数字化、产品经营全球化的先进制造业企业。公司生产加工的各类智能卡模块被广泛应用于欧洲共同体国家的移动通信、电子护照、银行信用卡、年卡,拉美国家的交通卡,印度电讯行业和身份识别等领域。德国捷德智能卡公司、韩国三星公司、泰国 SMARTRAC、美国德州仪器公司、美国芯成半导体公司都成为伊诺尔重要客户,

第六节 设备器材

改革开放以来,伴随着印刷技术的进步,印刷设备器材也取得很大发展。印前制版设备实现由"热排(铅排)"向"冷排"转变,由单机向 DTP 并进一步向 CTP 转变。印刷设备实现从铅印机为主到以现代胶印机为主的转变。印刷设备品种基本齐全,产品水平大幅提高,实现从低档到中高档和由单色到多色的转变;实现从基本依靠进口到除部分高档设备外基本满足国内需求的转变;印刷设备自动化、数字化水平大幅度提高。

2000 年 4 月,代表世界先进水平的 M-600 八色商用胶印轮转机在上海中华印刷有限公司投产,上海出版印刷设备、印刷速度、印刷质量开始向世界先进水平看齐。到 2010 年底,上海印刷企业已拥有海德堡、罗兰、小森等八色商用胶印轮转机 20 台,成为全国八色商用胶印轮转机保有量最多的地区之一。

一、传统印刷设备与器材

【印前设备】

文字制版设备。改革开放初期使用的文字制版设备仍以铅字排版为主,如上海市印刷三厂、四厂使用的西文铸排机等。1978 年,上海市印刷机械一厂生产出利用照相原理进行排版的中文照排机,但因为仍然需要手工从字模版上选字,排版效率较低。随着国家计算机技术处理汉字系统研发工作不断推进,光电照排机应运而生,输入装置改为电子计算机控制,从而大大提高了排版的速度。因其采用光机结合的原理,光电照排机被称为第二代机,经市出版局鉴定后交付中华印刷厂使用。与此同时,为加快推进印刷技术的改造进程,在国家出版局支持下,上海印刷技术研究所积极引进国外先进技术,1979 年购入英国蒙纳公司的中文激光照排机。1985 年上海新华印刷厂引进日本写研公司的文字数字化照排。1986 年上海市印刷三厂引进日本森泽公司照排机等。因这些设备分别使用阴极射线管输出及激光扫描输出技术,又称为第三代机、第四代机。20 世纪 80 年代中后期,国内照相排字机的开发制造进程加快,上海群众印刷厂、上海市印刷四厂、六厂、十二厂等都转

购华光、北大方正等国产照排机。

图像制版设备。照相机是图像制版的主要设备,有立式、卧式和吊式,规格从 8 开、4 开、对开一直到全张。20 世纪 70 年代中后期,上海印刷器材厂研制吊式照相机和自动对焦照相机成功,其中 Z×412 型自动对焦照相机获部颁科技成果奖,进口照相机数量因此大减。上海印刷器材厂还生产包括拷版机、显影机、软片打孔定位器在内的图像制版辅助设备。80 年代中后期,因电子分色制版技术崛起,照相机被逐步淘汰。氧化锌静电照相制版机由上海市印刷机械二厂制造,主要用于制作各种文字及黑白图像的短印数印件之用,具有速度快、工序少、成本低、操作简单等优点,在相当长的一段时间内较多用于翻版印刷的制版。电子分色机是利用光电扫描和电子计算技术替代照相机进行图像制版。20 世纪 70 年代中期,上海延安机器厂曾自制成功一台电子分色机在上海美术印刷厂投产使用,80 年代中期因工艺老化而被淘汰。1987 年,上海外国语学院印刷厂引进上海第一台桌面出版系统(DTP),由桌面分色和桌面电子出版两部分组合而成,可以将图像、文字一次合成。1989 年,上海照相制版厂从香港引进克罗马柯型二手拼版系统,这是上海书刊印刷行业引进的第一台电子拼版系统。1992 年中华印刷厂引进日本的紧凑型电子拼版系统。1993 年,上海出版印刷公司与新加坡中国丽佳投资私人有限公司合资建立上海丽佳制版印刷公司,引进上海第一台以色列赛天使电子拼版系统。上海包装装潢、烟草、上海印钞厂等单位也先后引进电子拼版系统。21 世纪初,将桌面出版系统(DTP)中编辑的数字页面直接转移到印版的计算机直接制版系统(CTP)开始推广。因为省去胶片曝光冲洗、修版、晒版等环节,很快在上海印刷行业广泛使用。随后,更环保的免冲洗计算机直接制版系统(免冲洗 CTP)也开始被一些企业引进使用。

【印刷设备】

凸版印刷机。凸版印刷机的早期设备是平压平印刷机,包括圆盘机、花旗架、方箱架、三色版机等,在上海主要用于印制票据、标签、吊牌、信纸信封、商标、贺卡、名片等,用途广泛。后期的圆压平印刷机由于印刷速度较快,且有利于进行大幅面印刷,曾是上海中小型书刊印刷厂的主要生产设备,随着胶印印刷日益完善,逐步淘汰。圆压圆印刷机又称轮转印刷机,有单张纸和卷筒纸之分。印刷速度较高,主要印刷数量很大的报纸、书刊内文、杂志等。上海中华印刷厂、商务印书馆上海印刷厂等 20 世纪七八十年代曾先后购置 30 余台圆压圆印刷机,后都已淘汰。上海市印刷机械一厂制造的 TE108 型全张自动二回转凸版印刷机,主要用于凸版书刊印刷,在 20 世纪六七十年代书刊印刷的主要设备,后也逐步为胶印印刷机所取代。

平版印刷机。直接印刷机是平版印刷的早期设备,印版直接接触承印物进行印刷,如石印印刷机和珂罗版印机。上海市印刷机械一厂曾制造 KL401 型珂罗版印刷机,专供印制各种精致国画等复制品,在原来手工操作的基础上改进为机动操作后,质量及速度均有提高。现上海博物馆尚有少量设备保留,使用于文物复制。间接印刷机又称为 B—B 型(双面单色)胶印机,采用的是印版上图文部分的油墨,经中间载体的传递,转移到承印物表面的印刷方式。20 世纪 80 年代,上海曾引进日本 JM 公司制造的 B—B 型(双面单色)机 10 台投入上海新华印刷厂和中华印刷厂使用。此外,北京人民机器厂制造的胶印机也在 80 年代进入市场。上海人民机器厂制造的卷筒纸胶印机、单张纸胶印机,也成为多家印刷厂技术改造的选用设备。上海印刷机械一厂于 1973 年试制成功 01 型对开单色胶印机,是继上海人民机器厂后,国内第二家可以制造胶印机的印刷机器厂,时速达 2 700～2 800 转,带自动续纸装置。

凹版印刷机、柔版印刷机、丝网印刷机。凹版印刷机是包装装潢印刷厂的主要设备,上海市印刷一厂也曾订购5台用于书刊印刷。柔版印刷机主要用于瓦楞纸箱、薄膜软包装、标签印刷等领域,是使用柔性感光树脂版的凸版印刷机。丝网印刷机又称孔版印刷机,主要用于包装装潢印刷,也可用于书刊封面后加工或宣传画印刷。

【印后设备】

20世纪80年代后,上海订书机械厂、上海印刷机械一厂、二厂等能自主生产包括切纸机、折页机、排书(配页)机、订书机、包面机、切书机、骑马订联动机等在内的印后加工设备。与此同时,相关企业也通过技术改良、引进国外装订生产线的方式,不断推进装订工艺的技术改造。1978年上海订书机械厂测绘并改良后试制成功整台精装联动生产线。1980年上海市印刷三厂购进德国柯尔布斯公司生产的主要单机,1989年中华印刷厂向香港中商公司购进二手柯尔布斯精装联动生产线,21世纪初又购进瑞士马天尼精装联动生产线。1982年上海市印刷三厂首次从美国引进哈利司胶装联动生产线。1985年商务印刷厂、上海新华印刷厂又分别引进瑞士米勒、马梯尼胶装联动生产线各一套。20世纪90年代中后期,更多的书刊印刷企业引进联动生产线,主要用于包装装潢折叠纸盒的后加工的模切烫金糊盒机早期也以进口为主。21世纪后,国产联动生产线设备在市场占有率逐渐提升。

【印刷器材】

传统印刷器材主要有铜模、玻璃网屏板、印刷墨辊。随着印刷工艺的日益改进,这些传统器材已逐步被新的印刷器材所替代。

20世纪70年代后期,上海印刷技术研究所自行试制成功热熔胶,质量接近进口产品,不但可用于单机生产,还可以用于胶装联动生产线生产。80年代初,研究所试制成功柔性版版基。同时研制成功PVC封面装帧材料,有双色、上光、金、银、珠光及各种色彩的品种供应市场,部分取代进口。1984年,研究所自行试制成功金属网纹辊,填补国内空白。随着照排技术的广泛印用,上海印刷技术研究所还先后为手选照排机字模版、电脑照排机点阵字库、激光照排机文字数字化精密汉字字库等设计了30余套印刷字体,并完成《辞海(1999年版彩图本)》字体的设计制作。

20世纪80年代初,上海字模一厂首先从日本引进生产流水线,自行生产专门用于胶印印刷的PS版材。90年代中期,上海印刷器材厂与日本明治株式会社合资创办的上海明治公司,生产印刷橡皮布,质量上乘,大部分用于出口。

1992年成立的上海新星印刷器材有限公司,主要生产"星牌"印刷橡皮布和印刷制版设备,其中印刷橡皮布销量在国内企业中名列第一,产品销往全国各地并出口到30多个国家和地区。公司还是印刷制版设备产品行业标准的主要起草单位。2010年1月,公司在河南南阳设立南阳日升印刷新材料有限公司,印刷橡皮布年生产能力达到60万平方米。

二、新型印刷设备

进入21世纪后,随着国家淘汰落后产能政策的发布和计算机技术的广泛应用,特别是国家对引进国内尚无法制造的印前、印刷及印后先进设备给予减免关税的优惠,鼓励企业更新设备。市新闻出版局通过为印刷企业贷款进行贴息的方式,为上海的印刷企业筹集资金,用于购买各类国产和进口的新型印刷设备,支持印刷企业加大对技术改造的投入。

【印前设备】

21 世纪初,由于计算机直接制版系统(CTP)在上海印刷企业的普遍使用,上海在 2005 年至 2010 年拥有的计算机直接制版机(CTP)的数量约达 200 台。2009 年至 2010 年,上海印刷企业新增国产电脑 128 台;新增进口服务器 7 台;新增国产高端扫描仪 29 台;新增数字彩色打样机(带色彩校正系统)21 台,其中国产 3 台、进口 18 台;新增数字照相设备 10 台,其中国产 4 台、进口 6 台;新增进口照排机 11 台;新增晒版机 58 台,其中国产设备 53 台、进口设备 5 台。

【印刷设备】

2000 年,上海印刷企业新增四台八色商用胶印轮转机。其中,代表世界先进水平的 M - 600 八色商用胶印轮转机在上海中华印刷有限公司投产,最大印刷面积为 960×620 毫米,符合从 5 月 1 日起实施新的成书规格的生产要求。上海中华印刷有限公司 2000 年引进投产 M - 600、M - 130 两台八色胶印轮转机,提高产品质量和市场竞争力。2001 年,中华印刷有限公司胶印日产量、月产量均被刷新,全年完成胶印产量 152.6 万对开色令,位居全国书刊印刷企业胶印产量第一位,年销售收入 10 072 万元,达到历史最高水平。

2001 年至 2007 年,上海印刷企业拥有 4+4 八色商业轮转机 29 台,对开四色及以上平版印刷机 578 台(其中 5 年内制造出厂的 149 台),对开单、双色平版印刷机 2 236 台,对开及以上双面单色平版印刷机 128 台,全张四色及以上平版印刷机 126 台,四色及以上凹版印刷机 308 台,四色及以上柔性版印刷机 201 台,彩色数字印刷机 83 台,单色数字印刷机 366 台,提升上海印刷业在国际、国内的综合竞争力。

2009 年至 2010 年,上海印刷企业新增卷筒纸印刷机 60 台,其中国产设备 50 台、进口设备 10 台;新增单张纸平版印刷机 483 台,其中国产设备 297 台、进口设备 186 台;新增凸版印刷机 85 台,其中国产设备 76 台、进口设备 9 台;新增柔性版印刷机 99 台,其中国产设备 91 台、进口设备 8 台;新增单张纸凹版印刷机 21 台,其中国产设备 17 台、进口设备 4 台;新增国产卷筒纸凹版印刷机 38 台;新增国产轮转凹版印刷机 30 台;新增丝网印刷机 66 台,其中国产设备 60 台、进口设备 6 台;新增国产移印机 16 台;新增热转印机 13 台,其中国产 4 台、进口 9 台;新增不干胶印刷机 41 台,其中国产 35 台、进口 6 台。新增卷筒纸生产型数字印刷机(激光)10 台,其中国产设备 2 台、进口设备 8 台;新增单张纸生产型数字印刷机(激光)65 台,其中国产设备 18 台、进口设备 47 台;新增卷筒纸生产型数字印刷机(喷墨)10 台,其中国产设备 2 台、进口设备 8 台;新增单张纸生产型数字印刷机(喷墨)17 台,其中国产设备 8 台,进口设备 9 台。

【印后设备】

2009 年至 2010 年,上海印刷企业新增国产覆膜机 48 台;新增国产上光机(过油)27 台;新增国产烫金机 20 台;新增国产模切压痕机 158 台。新增国产骑马装订联动生产线 41 条;新增国产平装胶订联动生产线 12 条;新增进口精装联动生产线 2 条;新增国产平装胶订单机 19 台;新增配页联动生产线 23 条,其中国产设备 16 条,进口设备 7 条。新增国产骑马装订单机 23 台;新增锁线机 16 台,其中国产 10 台、进口 6 台;新增国产三面切书机 6 台;新增切纸机 71 台,其中国产 68 台、进口 3 台。新增糊盒机 81 台,其中国产设备 71 台,进口设备 10 台;新增国产瓦楞生产线 10 条;新增纵切机 43 台,其中国产设备 39 台,进口设备 4 台;新增国产制信壳机 5 台。

三、印刷原辅材料

印刷原辅材料包括纸张、油墨、印刷辅材等,其原材料的生产基本属于污染行业,发展绿色印刷是大势所趋。1978 年以后,市出版局(新闻出版局)一直致力于纸张、油墨等印刷原辅材料等的质量改观和绿色印刷。进入 21 世纪后,市新闻出版局制定发展规划并多次提出,要积极推进绿色印刷,调整结构,转变上海印刷业发展方式,让低碳、环保的印刷理念深入人心,倡导使用环保纸张、油墨,吸收新技术、采用新工艺,减少对环境的污染,从根本上贯彻绿色印刷的发展战略。

【纸张】

纸张是印刷出版物的基本材料。印刷品印制质量好坏,同纸张质量的优劣和选用是否恰当有密切关系。出版用纸的品种甚多,但主要为新闻纸、书刊印刷纸(凸版纸、书写纸)、涂布纸(铜版纸、胶版纸)、版卡纸(版纸、单双面卡纸)、轻型纸、特种纸、再生纸等。

由于历史原因,上海出版印刷系统本身不拥有造纸厂。改革开放之前,上海各出版社、印刷厂的用纸,均由上海物资供应站(公司)统一从全国各地造纸厂采购,纸张品种单一,以 52 克凸版纸、128 克铜版纸为主,用纸量小,价格稳定。

改革开放以后,纸张从指令性的部配物资改变为除新闻纸外全部进入市场的商品,出版社和印刷厂双方同时实现按市场规律组织生产经营活动,建立新的供销关系:除新闻纸外,其他纸张均实行产销直接见面,纸厂可以通过市场销售或直销;出版社可根据需要,按照质量、价格和服务等因素自己选择纸厂进行采购。伴随上海出版业的繁荣发展,出版物用纸量越来越大。到进口纸的时代,纸张品种越来越多,纸张价格也受到汇率和国际纸浆市场的影响而产生波动。

随着社会的发展和技术的进步,纸张的质地、式样发生了很大的变化,艺术纸的不断推出,为改变出版物的整体形象提供基础。传统图书从以凸版纸、胶版纸等纸张为主,到广泛采用轻型纸、艺术纸等,通过新颖材料的艺术特质,增强读者阅读过程中的触觉体验。图书的装帧设计,也通过新颖的纸张材质和形态,把图书的外在艺术表现与内在文化内涵巧妙地结合起来,提升趣味性与鉴赏性的同时也增强图书的吸引力。纸张的变化让图书形式由平面、静态的传统呈现样式向视觉化、立体化方向拓展。

进入 21 世纪,随着环保理念深入人心,上海印刷业用纸越来越多地使用以废纸为主要原料的环保再生纸,用于生产纸板和纸箱、包装纸袋、练习册等生活和办公用品。由于再生纸不使用荧光粉等漂白成分,使再生纸的白度适宜保护消费者的视力,其独特的本白色,又可以搭配相应的设计风格,因此再生纸在名片纸、新闻纸、出版纸等领域的应用已经非常广泛。

【油墨】

油墨是印刷的主要原辅材料之一,用于印刷过程中在承印物上呈色的物质。随着经济的发展,中国已经成为世界油墨制造大国之一,环保成为油墨制造的主题。

按照印刷方式分类,油墨有五大类:凸版印刷油墨、平版印刷油墨、凹版印刷油墨、孔版印刷油墨、特种印刷油墨。

按照墨水的性质,可以将油墨分为 UV 油墨、溶剂型油墨、水性墨水油墨。

由于水性油墨使用的溶剂是水而不是有机溶剂,可以减少 VOC 排放量,能防止大气污染,不影响人体健康,不易燃烧,墨性稳定,色彩鲜艳,不腐蚀版材,操作简单,价格便宜,印后附着力好,抗水性强,干燥迅速,故特别适用于食品、饮料、药品等包装印刷品,是世界公认的环保型印刷材料,也是目前所有印刷油墨中唯一经美国食品药品协会认可的油墨。

上海印刷业使用溶剂油墨的量正在慢慢减少,胶印油墨基本上保持着稳定,环保的 UV 系列产品和水性油墨则呈上升趋势,而上升最为明显的则是 UV 油墨系列。这主要体现在 UV 油墨印刷档次较高,且对设备的选择余地较大;它基本上可以在胶印、凹印、丝印、柔印等所有设备上印刷。而水性油墨只能在柔版或凹版上印刷,由于水性产品还需进口高档设备才能印出精细效果,且价格昂贵,市场还基本停留在中低档纸箱上面。

在积极提倡使用环保油墨的同时,上海印刷业还致力于淘汰挥发性有机物排放类行业落后产能,淘汰 300 吨/年以下的传统油墨生产装置,取缔含苯类溶剂型油墨生产,淘汰所有无挥发性有机物收集、回收、净化设施的涂料、胶粘剂和油墨等生产装置,淘汰其他污染严重的挥发性有机物,开展挥发性有机物削减和控制无经济可行性的工艺和产品。

【辅材】

印刷辅材的类别很多,如橡皮布、上光油、胶粘剂、覆膜胶、润版液、喷粉、版材、预涂膜、清洗剂、喷墨墨水等。

随着印刷技术的不断发展,对印刷辅材的要求也越来越高,上海印刷行通过一系列有效举措,将印刷辅材的绿色环保落到实处。

使用水性上光油,使印刷品在生产和使用过程中无有害气体排出;减免酒精润版液的使用可减少酒精挥发,避免污染环境,同时减少对人体的危害等。

使用植物喷粉代替原来以滑石粉为原料的喷粉,避免工人不再会因吸入喷粉而患上职业病,读者在阅读书刊等印刷品时也不会因吸入滑石粉而对健康产生危害。

使用环保型清洗剂,比过去使用的汽油也更加安全,且无异味,不会使人因吸入过多 VOC 而产生致癌风险,同时闪点较低,因而降低车间的安全隐患。

使用绿色环保印刷原辅材料后,不仅减少环境污染,对生产的产品质量、企业形象等都有较大的提升。

第七节　印　刷　服　务

改革开放初期,上海印刷企业仍然以单种印刷产品的"生产—运输"的传统业务模式为主,综合服务能力较弱。随着印刷业以计算机汉字激光照排技术为标志的新技术,沿用一个半世纪的铅排铅印被淘汰,加之数字网络化技术推广应用,印刷业开始由传统制造业向服务业转型。上海一些大中型印刷企业提供印前、印中、印后、校对、物流等一体化服务,而有些中小型企业则专攻产业链的某一段,如印前服务、校对服务等,使印刷企业服务能力大大加强。

一、印前制作

一个印刷品印刷的完成包括：排版设计、打样、定稿、制版、印刷、后期加工、质检、打包出库。

自 20 世纪初的电脑技术被广泛运用于印刷业,印前制作成为一项新的印刷服务项目,是整个印刷流程的开端,是印刷质量控制的重要环节。

印前制作泛指一本书在进入印刷之前所完成的工序——排版设计、打样、定稿、制版。作用是进行印前的数据化、规范化、标准化设计与管理,是稳定控制和提高印前质量的关键。

随着计算机技术和网络技术的不断发展,上海的印刷企业印前制作技术不断提升,网络化的程度不断提高,网络化出版技术,按需印刷技术、网络数据库技术等的出现和发展促进传统印刷业的革新。

二、带校服务

带校服务在印前阶段,能够提供给客户的 WORD、TXT 等字符文件与印前设计后文件的文字校对,能够进行样张与设计稿的校对,以及客户提供的 PDF 文件或图片文件与设计稿的校对;在排版阶段,能够提供单页拼大版、多页拼大版的校对。20 世纪初,一些专业排版公司或印刷集团纷纷推出排版+校对的一揽子服务,减轻出版社的校对压力。

上海印刷企业带校服务内容:公司内部完稿校对;客户方完稿校对;印前校对;印刷跟单校对;成品接收校对。

随着印刷技术的进步,现代印刷对人工的依赖程度在不断缩小,印刷带校服务也越来越快捷、准确、先进,多用黑马校对系统等,上海一些出版社由此减少校对人员,印刷企业带校服务发展已趋成熟。

三、印刷过程

印刷过程包括给纸、印刷和收纸的全过程,工艺流程是:出片、打样;拼版、晒版 PS 版;上机印刷;后期加工;检验出厂。

随着技术的进步和数字化在印刷行业的广泛应用,传统印刷过程面临极大的挑战。上海一些大型印刷企业开始涉及数位化自动出版印刷流程,只需将欲印刷的档案直接输入,通过一系列自动化的印刷作业流程处理,最后输出印件成品,全部制作过程简单、方便,如一部自动化输出的打印机,随时、随地、机动、迅速地取得印件。

相比传统印刷过程,数字化印刷过程具有以下优势:输入到输出制程生产的时间大幅缩短;短板及少量多样印刷;印刷生产作业串联一贯化;可以满足客户多变的需求(印件客制化及随选印刷);高品质彩色印件输出等。数字化出版印刷是未来印刷趋势,带来一场新的印刷生产变革。

四、印后加工

印后加工是指印刷品在经过印刷机上机作业完毕后,根据印刷品不同的用途和要求进行再加工处理。印后加工是保证印刷产品质量并实现增值的重要手段,很多印刷品都是通过印后加工技术来提高品质并增加其特殊功能的。从某种意义上讲,印后加工是提高印刷产品质量和档次的关键。

印后加工工艺流程:装订(胶装、精装、骑马订、平订、简装、粘面);折页(二折、三折、四折、五折等);覆膜(亮膜、哑膜)、上光、过油(局部、全部)、UV(局部、全部);普通闷切(直角、圆角、圆、椭圆)、异形闷切、烫金(金、银)、起凸;裱糊(信封、手提袋、包装盒、精装书封皮、卡盒)。

印后加工目的：使印刷品获取特定功能，如有防潮、耐磨、防蚀等保护功能；具备某种特定功能，如单据、表格等可复写功能；对印刷品表面进行的美化装饰加工，如为提高印刷品光泽度而进行的上光或覆膜加工，为提高印刷品立体感的凹凸压印加工等；印刷品的成型加工，如将单页印刷品裁切到设计规定的幅面尺寸，书刊本册的装订，包装制品的横切压痕加工等。

上海印刷企业印后加工技术伴随着印刷技术的发展及高分子材料工业和加工设备的开发而发展。上海印刷技术研究所致力于研发新型装帧材料，不仅生产出 PVC Ⅰ、Ⅱ、Ⅲ 型装帧材料，还成功研制出环保型艺术纸等新型装帧材料。上海紫宏机械有限公司 1999 年开发成功第一台紫宏ZYH 折页机以来，至今成功开发四大系列 40 多个品种的印后装订机械，产品研发获 20 多项国家专利，一款系列产品及 4 款单品通过"CE"认证，ZY660 系列折页机获多项科技成果奖。2008 年自主研制开发 SK20 书刊包装机，填补国内印刷市场在印后包装成品机械化领域的空白。

五、配送增值

上海印刷企业在完成印刷装订工序之后，根据配送要求，开展以物流配送为主的增值服务。一些大型印刷企业为此配置自己的物流车辆、物流配送人员和物流专线，提高印刷业附加值。一些中小型印刷企业也会固定一两家物流企业进行长期合作，及时便捷地位客户提供服务。

第八节　行　业　荣　誉

进入 21 世纪后，由于引进先进技术和设备，调整结构，加强管理，上海印刷业印制水平有很大的提升，印刷企业在国际、国内频频获奖。部分企业印制水平已接近或达到国际水平。

一、国际获奖

【亚洲印刷大奖赛】

亚洲印刷大奖赛由新加坡印刷与媒体协会组织发起，以"提升亚洲印刷品质，促进新技术新工艺应用"为主题，2003 年起每年举办一次，旨在表彰亚洲印刷与包装工业的优秀代表，提高整个行业的技术与质量水准，交流技术创新和市场拓展经验的非营利性的印刷产品质量评比活动。

2004 年，上海书画出版社出版、上海界龙艺术印刷有限公司印刷的《淳化阁帖最善本》获第二届亚洲印刷大奖赛限量版本艺术复制印刷品类金奖。

2005 年，上海界龙艺术印刷有限公司印刷的《锦绣文章——中国传统织绣纹样》获第三届亚洲印刷大奖赛书刊印刷（四色或四色以上）产品项目类金奖；上海人民塑料印刷厂设计印刷的"防伪镭射气罐标贴膜"获第三届亚洲印刷大奖赛不干胶和标签产品项目类金奖；上海烟草工业印刷厂设计印刷的"欧莱雅 3D color"获第三届亚洲印刷大奖赛平张印刷包装产品项目类银奖；上海质胜印刷有限公司印刷的《望》（期刊）获第三届亚洲印刷大奖赛平张印刷杂志（四色或四色以上）产品项目类银奖；上海凹凸彩印总公司设计印刷的"吴宫喜月"月饼礼盒获第三届亚洲印刷大奖赛特种印刷产品项目类铜奖。

2006 年，上海界龙艺术印刷有限公司获第四届亚洲印刷大奖赛样本册类铜奖。

【美国印刷大奖】

美国印刷大奖赛由美国印刷工业协会主办,1950 年起每年举行一次,是全球印刷业历史最悠久、规模最庞大、最具影响力的印刷产品质量评比赛事。其最高荣誉班尼奖以为美国印刷业带来革命性发展的发明家本杰明·富兰克林(昵称班尼)命名,素有"印刷界的奥斯卡"之称。

2005 年,上海龙樱彩色制版有限公司印刷的唐寅《仕女图》、上海界龙艺术印刷有限公司印刷的《纸钞精粹》《周秦汉唐文明特集》、上海中华印刷有限公司印刷的《戴敦邦新绘全本红楼梦》获美国印刷大奖优秀奖。

2007 年,上海 9 家印刷企业 29 件印刷品参加第 58 届美国印刷大奖赛,12 件获奖。上海界龙艺术印刷有限公司印刷的《汤臣一品》获班尼奖,实现上海印刷品在美国印刷大奖赛中金奖零的突破。此外,上海外贸界龙彩印厂印刷的《SAM PEX 废电池回收箱》获银奖,另有 10 件印刷品获铜奖。

2008 年,上海有 21 件印刷品在第 59 届美国印刷大奖赛获奖,其中上海界龙艺术印刷有限公司印刷的《人头马 Club》(包装盒)、雅昌企业(集团)有限公司印刷的《中国文化遗产——贵州省》、上海中华商务联合印刷有限公司《秦俑》《新世纪汉英大辞典》获班尼奖。

2009 年,上海共 9 家单位、22 件印刷品参加第 60 届美国印刷大奖赛。上海烟草包装印刷有限公司印刷的《09 版熊猫礼盒》《CHANEL(香奈尔)系列插页》、上海中华商务联合印刷有限公司《日本武士》获班尼奖,6 件印刷品获银奖。

二、国内获奖

【中国出版政府奖】

中国出版政府奖是新闻出版总署主办的全国性奖项,2005 年设立,每三年评选一次,旨在表彰和奖励优秀出版物、出版单位和个人。

获 2007 年第一届中国出版政府奖印刷复制奖上海企业及作品是:

上海界龙艺术印刷有限公司《锦绣文章——中国传统织绣纹样》

上海联合光盘有限公司《导航电子地图》(DVD9 - ROM)

上海新索音乐有限公司《小小北极熊》(DVD5 - Video)

获 2010 年第二届中国出版政府奖印刷复制奖上海企业及作品是:

上海中华印刷有限公司《辞海》(2009 年彩图本)

上海新索音乐有限公司《冰川时代 3》(BD)

上海联合光盘有限公司《好一朵美丽的茉莉花——宋祖英美国肯尼迪艺术中心独唱音乐会》(CBHD)。

【毕昇印刷技术奖】

毕昇印刷技术奖是中国印刷界的最高奖项,1986 年设立,中国印刷技术协会主办。1997 年,经中宣部批准,被设为部级奖项之一。毕昇印刷技术奖两年评选一次,主要奖励在长期的工作中为中国印刷业的管理、科研、生产和教育作出卓越贡献者。2002 年 3 月 11 日,经国家科学技术奖励工作办公室公告,正式把奖项定名为毕昇印刷技术奖。2007 年,第九届毕昇印刷技术奖更名为毕昇印刷技术成就奖,并新增毕昇印刷技术优秀新人奖。

截至 2009 年,上海印刷界获毕昇印刷技术奖(毕昇印刷技术成就奖)的有:吕纪、陈岳兴、周寿彭、施旦民、徐志放、杨海蛟、万启盈、车茂丰、费钧德、蔡春华、李成忠、万捷、胡雄卿、俞志康。

上海印刷界获毕昇印刷技术优秀新人奖的有：程康英、过建钢、陆卫达。

【森泽信夫印刷技术奖】

森泽信夫印刷技术奖是以日本森泽株式会社会长森泽信夫名义命名的印刷奖，1986年在中国设立，旨在奖励在印刷技术方面作出突出贡献的中青年印刷人，每两年评选一次。森泽信夫赞助奖励基金2 000万日元(当时折合人民币近50万元)，由中国印刷技术协会主办评奖工作。因奖项设立者森泽信夫2000年逝世，森泽信夫印刷技术奖在经历20年、10届评选后画上句号。

上海印刷界获第二至第十届森泽信夫印刷技术奖的有：俞和中、干根宝、郭宝庆、郑麟书、顾国良、张步堂、倪海娟、龚礼惠、李成忠、万捷、江礼昶、沈康年、蔡春华、王虹、龚忠德、丁法、沈伟荣、郑步良、史建中、孙健法、吴毅卫。

第三章 印刷业管理

第一节 宏观管理

一、管理机构

1960年，为加强对出版印刷事业的领导，市出版局组建上海出版印刷公司。公司统一调度全市书刊印刷厂的生产任务，并对印刷工价、印刷质量和经营规范等进行协调和管理。"文化大革命"中，市出版局被撤销，上海出版印刷公司划给市轻工业局，更名为上海市印刷工业公司。1978年初，上海恢复市出版局建制，出版印刷重新划归市出版局领导。1979年，市出版局恢复上海出版印刷公司，1980年又将原市出版局物资供应站改制为上海出版物资公司，从体制机制上加强出版印刷和理和技术更新、物资保障。

1987年2月，经市委宣传部批准，市新闻出版局取消上海出版印刷公司和上海出版物资公司的行政管理职能，改为经营性公司，两家公司所属印刷企业由市新闻出版局直接领导。市新闻出版局新设印刷管理处，负责对局属书刊印刷厂的日常行政管理工作，不涉及全市印刷行业的管理。

1988年，新闻出版署、公安部、国家工商行政管理局、文化部和轻工业部联合发文，提出政府部门要对印刷业进行行业管理的要求。1989年3月，市新闻出版局按照文件精神，会同市公安局、市工商局、市轻工业局和市文化局就贯彻执行《印刷行业管理暂行办法》的有关事宜进行研究，决定联合组成上海市印刷行业管理协调领导小组，由市新闻出版局牵头，根据上海市实际情况，决定书刊印刷业和其他印刷业由市新闻出版局负责管理；包装装潢印刷行业由市轻工业局负责管理；市属及区属印刷企业由市新闻出版局和市轻工业局直接管理，县属印刷企业则委托各县文化局代管；建立定期碰头会制度，授权市新闻出版局在有必要的情况下可以临时召开领导小组会议；在1989年内对全市印刷企业进行全面登记和核发许可证，在市新闻出版局（轻工业局）、公安局审核合格后，由工商行政管理局重新核发新的营业执照。

2001年8月，市新闻出版局、公安局、工商局、经委等7部门制订下发《关于贯彻〈印刷业管理条例〉及整顿和规范印刷市场秩序的通知》，明确市新闻出版局为全市印刷业监督管理的主管部门，负责对全市所有印刷企业（包括出版物印刷企业、包装装潢印刷品印刷企业、其他印刷品印刷企业）按《印刷业管理条例》等有关法律法规施行行业管理，整顿和规范印刷市场秩序。

市新闻出版局从服务企业出发，积极转变政府职能，强化管理手段，提升服务效能，为企业发展搭建平台、保驾护航。

从20世纪90年代开始，市新闻出版局对印刷行业管理的日常工作主要是：有重点的对书刊印刷企业进行抽查，生产质量以及有否违法经营和超经营范围经营等；帮助和指导印刷企业落实相关优惠政策；为企业搭建印刷品出口加工贸易平台，组织企业参加国外展览会；对书刊印刷企业的法人代表、经营管理人员进行培训，及时沟通有关情况；对市内书刊印刷业、其他印刷业的基本情况进行收集、整理、汇总，及时上报；每年对全市的书刊印刷厂、其他印刷厂进行年检工作，对不符合条件的印刷厂，按照有关规定进行处理；协调市公安局、工商局、轻工业局和文化局等单位在贯彻行业管理上碰到的相关问题,并负责向市政府及国家新闻出版署请示汇报。

二、管理手段

市新闻出版局通过制定上海印刷业发展规划、每年发布印刷产业年报、及时发布统计数据等,对产业总量、结构和布局进行宏观管理。

20世纪80年代中期,市新闻出版局、机电局、轻工局、化工局编制《上海市印刷行业发展规划》,为上海市印刷行业整体发展方向做出规划。

市新闻出版局定期发布上海印刷业五年规划,指明行业发展方向。"十一五"期间上海印刷业发展的目标和任务可以简要地概括为一个目标、三项任务。一个目标是,用五到十年时间,把上海建设成为全球重要的印刷基地之一;三项任务是,积极占据国内印刷业制高点,不断开拓国际印刷市场,有效发展新型印刷。"十二五"期间的中心任务是调结构、促转型。调结构主要是指产业结构、投资结构、产品结构的调整,促转型主要是指从被动型的加工制造业向主动型的生产服务业转型。

"十一五"期间,市新闻出版局开发上海印刷业统计分析、年度核验系统软件,实施企业统计数据网上申报,截至2010年,4 600多家印刷企业实现统计数据网上申报,年报、季报、月报制度逐步形成并有序运行,完全实现纸质统计向网上统计的转变和静态的年报统计向动态的月报、季报统计的飞跃。同时,上海印刷企业备案管理系统全新推出并开始应用。这两套网络系统的实施,使上海印刷业信息管理工作走在全国前列。

2005年始,市新闻出版局每年发布《上海市印刷业统计及分析》,囊括行业发展的大量信息,具有地区代表性,分析上海市印刷业的快速发展、地域优势,以及存在的问题。

三、整顿和规范市场秩序

市新闻出版局坚持打击与防范、整顿与规范、扶优与伪劣相结合的原则,整顿和规范印刷市场秩序,促进印刷业健康有序发展。

1997年5月实施的《印刷业管理条例》明确规定:印刷业经营者应当建立、健全承印验证制度、承印登记制度、印刷品保管制度、印刷品交付制度、印刷活动残次品销毁制度等。市新闻出版局每年对上海印刷企业进行检查,重点检查印刷企业是否取得《上海市印刷经营许可证》,是否亮证经营、证照合一,是否落实印刷品承印验证制度,委印文件是否正确齐全等。1998年,检查印刷企业75家,取消12家不符合条件的印刷企业承印出版物的出版资格。

1999年,市新闻出版局会同市公安局、市工商行政管理局对全市印刷业进行全面的清理整顿,规范印刷业市场,有效遏止各种非法印刷经营活动。

2000年9月,新闻出版署在上海召开全国印刷管理工作座谈会,各省、自治区、直辖市新闻出版局负责印刷业管理的局长、处长共70余人参加。会议主题是切实加强印刷业的监督管理,巩固清理整顿印刷业的成果,把新闻出版阵地建设好;进一步深化印刷企业的改革,特别是国有大中型印刷企业的改革,促进印刷业的繁荣发展。

2001年9月至2002年6月,在全市范围内开展整顿和规范印刷市场秩序工作。市新闻出版局、公安局、工商局等部门,通过集中整治,共取缔无证照印刷厂点146家,查处违法违规印刷企业50多家,对其中9家印刷企业做出行政处罚,没收非法所得及罚款18万元,压缩印刷企业237家,并对 633 家不符合条件的印刷企业作出限期整改的处理,使印刷市场秩序明显好转。

2002 年 10 月,由市新闻出版局、公安局、工商局、质检局、"扫黄"办等部门指导,上海市印刷协会、上海市包装技术协会召开上海市印刷企业"诚信服务、守法经营"大会,全市 391 家规模较大的印刷企业参加。会上,企业法定代表人或负责人签署诚信守法宣言,对社会作出"诚信服务、守法经营"的公开承诺:保证"以精良的品质,优良的服务,快捷的周期,合理的价格"向国内外客商提供一流的印刷产品;为客商保守商业秘密,保护产品的知识产权;遵守《印刷业管理条例》等相关的国家法律、法规,不印刷非法出版物,不印刷假冒侵权商标标识和假冒包装印刷品,不印刷假证件、假票证等非法印刷品。

2004 年 9 月至 2005 年 4 月,上海市委宣传部和市新闻出版局、市公安局、市工商局等部门在全市开展印刷复制业专项整治。专项整治期间,职能部门将近年国家发布的印刷业管理及相关法律法规汇编成册,印发至每一家印刷企业。举办 6 期印刷法规培训班,有 600 名印刷企业负责人参加培训,经检查合格的印刷企业与印刷业管理部门签订"守法经营承诺书"。职能部门按《印刷品承印管理规定》要求,统一印制《上海市印刷业务承接登记簿》发至各印刷企业,要求各印刷企业按规定如实登记。市新闻出版局、工商局、公安局、文化执法总队等部门共检查 8 617 家(次)印刷企业,取缔 125 个无证印刷复制点,警告 85 家,责令停业整顿 167 家,没收违法所得 77 万元,罚款 155 万元,吊销营业执照 37 家,捣毁地下印刷窝点 2 个,移交司法机关追究刑事责任 2 起 6 人。2005 年末,全市印刷企业数比 2004 年减少 787 家。

经过整顿和规范后,上海印刷市场低水平重复的散滥状况得到明显改变,印刷业总量、结构、布局实现重大调整,印刷市场秩序到根本性好转。

第二节 管 理 制 度

一、许可证制度和年度核验制度

1989 年 5 月,根据上海市印刷行业管理协调领导小组的决定,上海开始对印刷企业实行全面登记。市新闻出版局、市轻工业局各抽调 3 名干部组成登记发证办公室,挂靠市新闻出版局印刷管理处,办公地点设在绍兴路 5 号。对登记的企业,根据 1988 年 11 月新闻出版署、公安部、国家工商局、文化部、轻工业部发布实施的《印刷行业管理暂行办法》的有关规定进行审查,对符合开办条件的印刷厂,发放《上海市印刷经营许可证》。

1997 年,国务院颁布实施《印刷业管理条例》,明确规定:"国家实行印刷经营许可制度。未经批准,任何单位和个人不得从事印刷经营活动。""印刷业经营者应当建立、健全承印验证制度、承印登记制度、印刷品保管制度、印刷品交付制度、印刷活动残次品销毁制度等。"

市新闻出版局每年对上海市印刷企业进行年度核验,对符合《印刷业管理条例》《印刷业经营者资格条件暂行规定》《设立外商投资印刷企业暂行规定》要求的资格条件、无违反印刷管理法规规章行为、能按时完成年度核验工作主要任务并符合其要求的,准予通过核验,换发《上海市印刷经营许可证》。

2001 年 11 月,新闻出版总署颁布《印刷业经营者资格条件暂行规定》。根据暂行规定,市新闻出版局审批印刷业经营者资格,不符合规定条件的不得批准设立;已设立的印刷业经营者于 2002 年 3 月 1 日前未达到规定条件的,暂不予换发《上海市印刷经营许可证》。

中外合营印刷企业和外资印刷企业的设立,执行 2002 年 1 月新闻出版总署颁布的《设立外商投资印刷企业暂行规定》。1997 年 5 月 1 日施行的《印刷业管理条例》实施前,经批准设立的外商投资印刷企业,经新闻出版总署审核同意后到市新闻出版局换领《上海市印刷经营许可证》;1997 年 5 月 1 日后依据《印刷业管理条例》的规定批准设立的外商投资印刷企业,应当自本规定施行之日起 180 天内,到市新闻出版局换领《上海市印刷经营许可证》。

二、承印境外印刷品管理制度

为加快上海市印刷业的健康发展,规范各印刷企业承接境外印刷业务,根据国务院《印刷业管理条例》和商务部《关于进一步加强加工贸易审批管理、严禁开展任何违法、违规加工贸易业务的紧急通知》规定,2000 年 6 月,市新闻出版局下发《关于促进印刷企业承接境外印刷业务及进一步规范承接手续的通知》,对承接境外印刷业务及手续进行规定和规范:印刷企业接受委托印刷境外出版物的,必须经市新闻出版局审核批准,取得批准书后方可印刷;印刷企业接受委托境外包装装潢印刷品和其他印刷品,必须向市新闻出版局备案。

2007 年 10 月,市新闻出版局、市版权局发布实施《上海市出版物进口单位进口图书在沪印制管理办法》。办法对出版物进口单位和承接印制企业的资质、印制图书的种类和方式、所需备案手续及相关数据统计等方面提出具体的监管措施。在上海印制的进口图书限于教育类、科技类、旅游类、航海类图书;进口图书的印制业务应由取得《上海市印刷经营许可证》的出版物印制企业承接;进口图书在上海印制的,由出版物进口单位向市新闻出版局申请备案;印制企业在验证加盖备案印章的进口图书在沪印制备案表后,方可承接进口图书印制业务,并将印制合同副本报市新闻出版局备案;印制的进口图书应当与权利人委印要求一致,版式、装帧、版权页等不得有任何变更;印制企业应当将印制完成的图书全部交付委印的出版物进口单位,不得留存。

2010 年 6 月,按照新闻出版总署要求,市新闻出版局下发《关于部分印刷审批、备案项目实施网上监管的通知》,明确上海出版单位委托上海印刷企业承印图书、期刊采用网上备案;上海出版单位委托外省市印刷企业承印图书、期刊采用网上和纸质备案同步进行;印刷品承印验证登记、印刷品承印登记、印刷品保管登记、印刷品交付登记和印刷活动残次品销毁登记五项制度实施网上备案;承印境外出版物审批采用网上审批和纸质审批同步进行;承印境外包装、其他印刷品实施网上备案和纸质盖章同步进行。实施网上监管有助于提高行政效率、提升服务水平、转变政府职能。

三、印刷企业定点制度

1990 年 3 月,根据新闻出版署通知,为加强书报刊印刷管理,对书刊印刷的企业实行定点制度。市新闻出版局根据各书刊厂呈报的资料,经审核并呈报新闻出版署批准,符合全国定点企业条件的书刊印刷企业为 24 家,其中市新闻出版局直属的企业为 18 家;符合省、市定点企业条件的书刊印刷企业为 26 家,其中市新闻出版局直属企业及联营企业 10 家。

书刊印刷定点企业制度规定,出版单位印制各类出版物,必须委托书刊印刷定点企业印制。虽领有图书报刊印刷许可证,但非定点企业,则需经市新闻出版局批准同意方可委制。跨省(市)印制出版物,需经双方省(市)新闻出版局批准。印刷定点企业分为两类,全国定点企业和省(市)定点企业。前者可以跨省市承接出版印刷任务,后者仅能在本省(市)范围内承接出版印刷业。省(市)定点企业在经双方省(市)新闻出版局提出申请,新闻出版署核准的前提下,也可承印外地出版物。

表 6 - 3 - 1　1994 年上海出版系统全国书刊印刷定点企业一览表

企 业 名 称	地　　址	企 业 名 称	地　　址
商务印书馆上海印刷厂	天通庵路 190 号	上海市印刷十厂	辽阳路 343 号
上海新华印刷厂	大连路 190 号	上海市印刷十一厂	中州路 66 号
上海市印刷三厂	控江路 665 号	上海美术印刷厂	番禺路 888 号
上海市印刷四厂	新闸路 1730 弄 6 号	上海装订厂	虹桥路 554 号
上海市印刷六厂	顺昌路 622 号	上海照相制版厂	汉口路 131 号 219 室
上海市印刷十二厂	番禺路 870 号	上海出版印刷公司	延安东路 119 号 5 楼
上海市群众印刷厂	江宁路 1110 号	上海海峰印刷厂	古北路 650 号
上海日历印刷厂	安庆路 268 弄 17 号	上海人民印刷八厂	傅家街 65 号
上海中华印刷厂	澳门路 477 号	上海凹凸彩印厂	顺昌路 330 号
上海市印刷一厂	齐齐哈尔路 920 号	复旦大学印刷厂	国权路 579 号
上海市印刷二厂	福禄街 210 号	上海人民塑料厂	朱行路 111 号
上海市印刷七厂	永明路 153 号	华东师范大学印刷厂	金沙江路 87 号

表 6 - 3 - 2　1994 年上海市省(市)级书刊印刷定点企业一览表

企 业 名 称	地　　址	企 业 名 称	地　　址
上海市人民印刷一厂	七浦路 471 号	上海奉贤印刷厂	奉贤南桥镇沪杭支路 11 号
交通大学印刷厂	虹桥路 60 号	上海祝桥印刷厂	南汇祝桥镇南塘街 206 号
上海师范大学印刷厂	桂林路 100 号	上海周礼日历印刷厂	周南线闵家宅车站东
中华印刷厂综合服务部	曹杨路 1350 弄 41 号	达华印刷厂	崇明县长征农场
上海市印刷十厂马桥分厂	逸仙路 651 号	上海市人民印刷十一厂	镇宁路 465 弄 181 号
上海古籍印刷厂	虹井路 123 号	上海川沙印刷厂	川沙护塘街 347 号
上海浦江印刷厂	共和新路 4600 号	上海影印厂	瑞金二路 410 弄 3 号
上海长城绘图印刷厂	山阴路 167 号	上海界龙外贸印刷厂	川黄路 555 号
上海东方印刷厂	连云港路 191 号	上海市人民印刷十厂	陈家宅路 56 号
上海崇明印刷厂	崇明县城八一路 120 号	上海竞成印刷厂	纪念路 500 号
上海联昌印刷厂	漕宝路七号桥南	上海现代科技印刷厂	上中路 602 号
上海翔文印刷厂	南翔古漪园东	上海出版专科学校实习工场	内江路 397 号
上海市印刷七厂一分厂	嘉定区江桥镇	上海铁路局印刷厂	虬江路 1150 号

四、印制委托书制度

1996 年 2 月,市新闻出版局根据新闻出版署通知,为加强对图书、期刊的印制管理,防止非法出版活动,决定从 1996 年 3 月 1 日起实施统一的《图书、期刊印制委托书》。在同年 3 月作出决定:图书、期刊出版单位委托印制企业印制图书、期刊,必须使用统一的委托书;委托书由新闻出版署统一监制,市新闻出版局负责对市内委托书的发放及管理工作;图书、期刊出版单位印制图书、期刊,必须到领有书刊印刷许可证的企业印制,领有书刊印刷许可证的企业承接图书、期刊印制业务必须有出版单位开具的委托书;委印和印制图书、期刊,出版社和印刷企业必须严格按照《关于实施书刊印刷定点制度有关问题的通知》精神执行;对违反《通知》规定,不按要求使用委托书的出版单位和印制企业,可视情节轻重给予警告、通报批评、停业整顿的行政处罚,对翻印、伪造委托书进行非法出版活动,构成犯罪的,依法追究其刑事责任。

第三节　质 量 管 理

上海印刷行业对印刷品印刷质量一直比较重视。规模以上企业都设有质量管理部门(包括设有质量科、配备质量管理员),有专项质量管理制度(如成品、半成品的抽查制度、出厂成品的全面检查制度等),制订和不断完善质量检查的标准和检验方法,不断改进生产的工艺和技术、提高产品内在质量。改革开放后,上海书刊印刷企业虚心学习国际先进的全面质量管理办法,按照国家书刊印刷的产品质量标准,不断提高上海书刊印刷的质量。

1997年5月,市新闻出版局颁布《关于书刊印刷质量承诺与出版印刷业务流向管理的暂行办法》,强调印刷厂对出版社实行以质量为核心的承诺,出版社在业务上支持局属印刷企业,市新闻出版局对此加以调控,逐月检查、通报执行情况,并将这一管理办法纳入对印刷(集团)公司和各出版社的考核内容,考核结果与印刷(集团)公司、出版社负责人的年度收入挂钩。《暂行办法》经几个月的运行取得较好效果,局属书刊印刷厂的质量和服务有较明显进步,印刷业务量不足的矛盾也得到缓解。

一、质量监督

1993年12月,市新闻出版局批复同意上海印刷技术研究所建立市新闻出版局印刷品质量监督检测站。印刷品质量监督检测站行政上隶属于上海印刷技术研究所,业务上受市新闻出版局和新闻出版署印刷品质量监督检测中心指导,并接受上海市技术监督局管理。1995年,又在此基础上组建上海市印刷品质量监督检测站,代表政府部门对上海书刊印刷企业、书刊印刷产品有关质量上的问题进行监督和测试,由于质检站拥有一定的先进检测仪器和设备,因此在测试方法和检验手段上都有新的突破。

质检站主要承检范围包括:承担政府有关部门委托的产品质量监督抽查检验任务;承担生产过程中印刷产品的监督和检验,指导和规范印刷企业执行国家颁布的有关标准和法规;承担印刷产品的质量评优和质量等级认定;为企业提供技术、质量、标准等咨询服务。

质检站拥有一支素质高、经验丰富的质检队伍。实验室占地面积1 400平方米,建有物理检测室、环保检测室、恒温恒湿室等,配有各种国内外先进检测仪器,包括气相色谱质谱联用、液相色谱仪、电感耦合等离子体发射光谱仪、PPS纸张粗糙度仪、分光光度仪和体式显微镜等。

二、管理标准

【中小学教材质量管理】
检测标准　中小学教材印装质量检测依据GB/T18359—2009《中小学教科书用纸、印制质量要求和检验》。

检测指标 中小学教材印装质量有正反面套印允差、文字、线条/表格、页面、印刷实地密度、同批产品同色印刷实地密度、亮调阶调、套印误差、层次网点、书帖、相连页码位置允许误差、全书页码位置允许误差、画面接版允许误差、页码、覆膜粘接强度、覆膜外观、上光、书页、胶粘订书刊粘接强度、包封面侧胶、书背、订位误差、成品幅面裁切尺寸误差、成品歪斜、封面勒口与书芯前口误差、书背字平移歪斜误差、切口、整体外观,共计 28 项指标。

【图书质量印制管理】

检测标准 图书印装质量检测主要依据 CY/T5—1999《平版印刷品质量要求及检验方法》、CY/T27—1999《装订质量要求及检验方法-精装》,CY/T28—1999《装订质量要求及检验方法-平装》,CY/T29—1999《装订质量要求及检验方法-骑马订装》。

检测指标 图书印刷质量有暗调密度、亮调网点面积再现、彩色套印允许误差、50％网点增大值范围、网点、层次、相对反差值（K 值)、印刷外观、同批产品不同印张的实地密度允许误差、印刷接版尺寸允许误差,共计 10 项指标;

图书精装质量有书帖、书页、相连页码误差、全书页码误差、画面接版误差、书芯、书背布、书背、书背布长应短于书芯、书背布宽应大于书背宽或书背弧长、堵头布、丝带书签粘贴、丝带长比书芯对角线长、丝带宽、上下针位与上下切口的距离、针组、锁线、包边宽、环衬和书芯、飘口宽、书槽（深、宽)、扫衬粘合、书背字平移误差、书背字歪斜误差、精装成品外观、烫箔后字迹图案、压烫凹凸印,共计 27 项指标;

图书平装质量有书帖、书页、相连页码误差、全书页码误差、画面接版误差、侧胶书芯粘接、封面侧胶宽度、书背、上下针位与上下切口的距离、针组、锁线、勒口、成品裁切歪斜误差、书背字平移误差、书背字歪斜误差、岗线、成品裁切后、成品外观、覆膜、上压光、烫箔后字迹图案、成品护封上下裁切尺寸误差、护封或封面勒口的折边与书芯前口对齐误差,共计 23 项指标;

图书骑马订装质量有书帖、书页、相连页码误差、全书页码误差、画面接版误差、订位误差、钉锯、钉脚、书帖歪斜、成品裁切歪斜误差、成品裁切后、成品外观,共计 12 项指标。

【包装和其他印刷品的质量管理】

检测标准 包装产品印制质量检测依据 GB/T 7705—2008《平版装潢印刷品》,GB/T 7706—2008《凸版装潢印刷品》,GB/T 7707—2008《凹版装潢印刷品》。

检测指标 平版装潢印刷品印制质量有同批同色色差、同色密度偏差、墨层光泽度、墨层耐磨性、墨层上光后耐磨性、亮调网点再现百分率、正常墨量 50％网点增大值范围、成品外观、印面、文字、图像、网点、烫箔、凹凸、覆膜、上压光、裁切成品规格尺寸偏差、模切成品规格尺寸偏差、有对称要求的成品图案位置偏差、套印误差,共计 20 项指标;

凸版装潢印刷品印制质量有同批同色色差、同色密度偏差、墨层光泽度、墨层耐磨性、墨层结合牢度、成品外观、文字、网点、印刷主要部位、覆膜、电化铝烫箔、上光,共计 12 项指标;

凹版装潢印刷品印制质量有同批同色色差、同色密度偏差、墨层光泽度、墨层结合牢度、成品外观、文字、网点、实地印刷、印刷层次,共计 9 项指标。

【商业票据质量管理】

检测标准 商业票据印制质量检测依据 CY/T49.1—2008《商业票据印制 第 1 部分：通用技术

要求》，CY/T49.2—2008《商业票据印制 第2部分：折叠式票据》，CY/T49.3—2008《商业票据印制 第3部分：卷式票据》，CY/T49.4—2008《商业票据印制 第4部分：本式票据》。

检测指标　商业票据通用技术要求有外观、表格/线条/文字/图案、一维码/二维码/号码、识读标、实地墨色、实地墨色同色密度偏差、印刷套印误差、易撕线套准误差、输送孔孔位套准误差、覆盖区域印刷套准误差、装订、输送孔，共计12项指标；

折叠式商业票据印制质量有外观、表格/线条/文字/图案、一维码/二维码/号码、识读标、实地墨色、实地墨色同色密度偏差、印刷套印误差、易撕线套准误差、输送孔孔位套准误差、覆盖区域印刷套准误差、装订、输送孔、横向尺寸偏差、单份纵向尺寸偏差、横向、纵向易撕线的轧压线、裁纸边与版面上对应的规矩线对应误差、多联成品上下各联输送孔偏差、各联的图文重合偏差、断头、胶粘处、整叠票据，共计21项指标；

卷式商业票据印制质量有外观、表格/线条/文字/图案、一维码/二维码/号码、识读标、实地墨色、实地墨色同色密度偏差、印刷套印误差、易撕线套准误差、输送孔孔位套准误差、覆盖区域印刷套准误差、输送孔、横向尺寸偏差、单份长度偏差、每卷总长度偏差、横向、纵向易撕线的轧压线、芯管内径尺寸偏差、芯管长度尺寸偏差、外径偏差、卷票、外观、端面锯齿形、装订，共计23项指标；

本式商业票据印制质量有外观、表格/线条/文字/图案、一维码/二维码/号码、识读标、实地墨色、实地墨色同色密度偏差、印刷套印误差、易撕线套准误差、输送孔孔位套准误差、覆盖区域印刷套准误差、装订、输送孔、每份各联图文重合对准偏差、横向纵向尺寸偏差，共计14项指标。

三、书刊印刷品质量检测评比

【全国书刊印刷产品质量评比】

1981年，中国印刷技术协会和中国印刷公司首次组织全国书刊印刷产品质量评比。在全国各省市选送的3080种样本中，评出优质品212种，优质品率达6.88％。上海选送的387种样本，有72种被评上优质品，占全国总数的34％，优质品率达18.6％，为全国平均数的3倍，总分全国第一。第二次全国书刊印刷产品质量评比，全国有80家书刊印刷厂参加，评出428种优质品受到文化部奖励。上海中华印刷厂选送的样本中，有48种被评为优质品，总分全国第一。第三次全国书刊印刷产品质量评比以评上优质品的印张数决定名次，中华印刷厂（文字书刊类）、上海美术印刷厂（画册画刊类）获第一名；上海新华印刷厂（文字书刊类）获二名；商务印刷厂（文字书刊类）、上海市印刷一厂（画册画刊类）获第三名。从第四次全国书刊印刷产品质量评比开始，因各地书刊印刷质量奋起直追，上海排名有所下跌。1993年起全国书刊印刷质量评比不再举办，仅保留中小学教科书专题质量评比。

【书刊印刷品质量检测】

1992年11月20日，新闻出版署发出《书刊印刷产品质量监督管理暂行办法》。2002年，在新闻出版总署组织的书刊印刷品质量检测认定中，上海共有1425种印刷品被认定为一等品，有9种印刷品被认定为优等品。其中商务印书馆上海印刷股份有限公司获书刊印刷优秀质量企业金奖，上海中华印刷有限公司获书刊印刷优秀质量企业铜奖。

2003年，在新闻出版总署组织的书刊印刷品质量检测认定中，上海共有1796个品种被认定为一等品,有9个品种被认定为优等品。商务印书馆上海印刷股份有限公司获书刊印刷优秀质量管理银奖,上海中华印刷有限公司获书刊印刷优秀质量管理铜奖。

2004年,在新闻出版总署组织的书刊印刷品质量检测认定中,上海共有6个品种被认定为优等品,1 244个品种被认定为一等品。其中商务印书馆上海印刷股份有限公司获书刊印刷优秀质量管理企业银奖,上海中华印刷有限公司获书刊印刷优秀质量管理企业铜奖。

2005年,在新闻出版总署组织的书刊印刷品质量检测认定中,上海共有958个品种被认定为一等品,有8个品种被认定为优等品。

【ISO 9000 质量体系认证】

ISO 9000质量标准是由国际标准化组织(ISO)在1994年提出,帮助企业建立、实施并有效运行质量管理体系。上海印刷业大力推行ISO 9000质量体系认证。ISO 9000质量体系强调,质量是生产出来的,不是检查出来的,要认真抓好每一个环节、每一道工序,做好生产流程中的过程控制,从源头上控制产品质量。

1999年4月22日,市印刷技术协会、市包装技术协会印刷委员会联合召开上海印刷行业ISO 9002质量认证工作交流研讨会,以推动和促进上海印刷行业在质量管理体系方面上一个新的台阶。

20世纪90年代末,越来越多的印刷企业着手委托专业机构做ISO 9000的第三方认证,以健全的制度、重视生产过程中的质量把控、人人皆参与质量管理等先进的理念来统一员工对产品质量的认识。1999年,全市有20家印刷企业(包括印机制造企业)获ISO 9002质量认证。

2005年,全市有464家企业通过ISO 9000质量体系认证,66家企业通过ISO 14000环境体系认证。

2006年,全市有524家企业通过ISO 9000质量体系认证,90家企业通过ISO 14000环境体系认证。

2007年,全市有561家印刷企业通过ISO 9000质量体系认证,108家印刷企业通过ISO 14000环境体系认证。

2010年,全市通过ISO 9000质量管理体系认证的印刷企业661家,占全部印刷企业4 606家的14.35%,其中产值5 000万元以上的企业162家。通过ISO 14000环境管理体系认证的印刷企业246家,占全部印刷企业4 606家的5.34%,其中产值5 000万元以上的企业94家。

【中、小学教科书专题质量评比】

1996年,作为上海市中、小学教科书主要印制单位,上海印刷(集团)有限公司率先在所属企业中推行教科书印刷质量标准。在市新闻出版局主导下,由上海市印刷品质量监督检测站发起,上海市印刷协会、上海出版经营者管理协会和上海主要教材出版单位组成教材评比小组,每年开展中、小学教材质量评比。

2005年,中、小学教材质量评比纳入上海市印刷行业协会发起组织的上海市印刷品大奖赛。2008年,大奖赛改由市新闻出版局主办,上海市印刷行业协会、上海市包装技术协会协办,参评范围包括中、小学教科书等出版物和包装印刷及其他印刷品。

第四节　产业服务平台

一、上海国际印刷周

2008 年 7 月，由市新闻出版局、市科委、市经信委等主办的上海国际印刷包装产品交易会在上海新国际博览中心举办。2009 年 7 月，上海国际印刷包装产品交易会更名为上海国际印刷周，主题是"印刷市场的未来"，服务平台从单纯的交易平台转变为交易和服务平台，有助于促进印刷企业转变发展方式，加快印刷企业与信息产业、文化产业、创意产业和现代服务业的融合，促进印刷产业健康、平稳发展。2010 年 7 月，2010 上海国际印刷周主题是"印刷与世博同行"。

二、上海印刷大奖赛

2007 年，上海印刷大奖赛举办。大奖赛由市新闻出版局主办，上海市印刷行业协会、上海市包装技术协会、上海轻印刷行业协会承办，重在展示国内印刷业成果，把艺术、出版的理念与印刷新技术相结合，把设计、出版与印刷相融合，鼓励制作品质优良、富有创意及竞争力的印刷品。截至 2010 年，上海印刷大奖赛先后举办四届，从各印刷企业选送的 3 880 件产品中评出全场大奖和金、银、铜奖 455 个，上海雅昌彩色印刷有限公司《上海中国画院作品集》、上海中华商务联合印刷有限公司《玛雅(德版)-Mummin》和上海同昆数码印刷有限公司《2008 国际摄影周暨上海第九届国际摄影艺术展览》、上海丽佳制版印刷有限公司《英国国家档案馆庋藏近代中文舆图》，获第二、三、四届全场大奖。上海印刷大奖赛在国内印刷界引起较大反响，成为展示印刷企业优秀成果重要平台。

第四章　印刷企业经营管理

第一节　发展沿革

改革开放初期，上海出版印刷业以全民所有制企业为主。随着计划经济向社会主义市场经济转变，印刷企业体制、机制和经营管理经历了一场深刻的变革。

1983年4月，国务院颁布《关于城镇集体所有制经济若干政策问题的暂行规定》，推动上海集体企业和国集联营企业的蓬勃发展，如上海市印刷四厂成立国集联营的上海联昌印刷厂和乡镇企业上海界龙彩印厂等。为享受政策红利，不少全民所有制印刷企业或兴办三产或成立职工技协，开展多种经营，缓解主业生产不足、市场空白较多的情况，经营效益得到提升，职工福利有了提高。

1988年4月，第七届全国人民代表大会第一次会议通过《中华人民共和国全民所有制工业企业法》，确立了中国特色的社会主义企业制度。《企业法》是经营管理最重要的管理制度，明确企业如何经营、如何发展、企业财产如何转移，包括相互投资，相互持股，相互转让、相互结合，由企业依照《企业法》自主决定。《企业法》还明确企业不是政权组织，企业中党组织的作用与中央和地方党委承担政治领导的作用不同。根据党的十三大决定，企业党组织不再实行一元化领导，应行使保证监督职能。在这个大背景下，上海全民所有制印刷企业普遍实行厂长负责制，工效挂钩、工资总额包干等也相继推行。

1988年4月，中国第一家股份合作制企业上海主人印刷厂成立，企业职工既是所有者又是劳动者，成为国有企业和集体企业改制改革的样本。1990年，上海中华印刷厂因管理和综合实力等优势，获国家二级企业称号，成为上海印刷企业中唯一一家获得这一称号的印刷企业。

20世纪80年代后期，上海印刷业开始对外开放，引进外资和先进管理，改变印刷业粗放式发展。1988年4月，上海市印刷十一厂和香港和克域有限公司投资20万美元成立上海和克域立体印刷有限公司，专门从事PVC膜印刷；1993年2月，上海出版印刷公司、上海新兴技术开发区联合发展有限公司和新加坡丽佳（中国）私人投资有限公司投资350万美元，成立上海丽佳分色制版有限公司，专门从事胶印的分色制版。

20世纪90年代中期开始，随着印刷市场逐步放开，印刷业市场竞争加剧，上海国有印刷企业由于体制机制不灵活、冗员负担沉重、设备和技术老化、对市场反应滞后和资金严重匮乏等问题，失去竞争优势，面临严重的生存危机。在以抓大放小、扭亏脱困，初步建立现代企业制度为方向的国有企业改革中，上海国有印刷企业开始破冰。1998年上海中华印刷厂完成公司制改造，从全民所有制企业改制为国有混合所有制的上海中华印刷有限公司。1999年5月，经市新闻出版局批复，上海市印刷十一厂成为上海第一家从全民所有制企业转制成为股份合作制的印刷企业。

21世纪初，中国加入世界贸易组织，上海印刷企业出口大增。为与国际接轨，各类国际认证得到重视，一大批符合国际标准的企业开始涌现，提升了上海印刷企业在国内的地位。

第二节　管理架构

在国家宏观调控和市场引导下，上海印刷企业一般采用三级管理制组织生产经营活动，力争以最少的投入获得最大的产出,保证企业各项任务的完成。

上海印刷企业在对每个岗位进行分析的基础上,进行合理的定岗定编定员,实现全员绩效考核,确保将整个企业组织目标转化为领导干部和所有员工的个人目标,使企业的经营压力转化为每个人的工作动力和责任约束。同时,充分发挥中层干部的作用,建立一支过硬的干部队伍,引导管理者认识员工的优势、发挥员工优势,真正为员工创造一个良好的环境,让他们在企业中学习、成长,构建和谐企业。

厂长(经理)。实行厂长(经理)负责制,研究和制定企业的发展计划和经营决策;制定各项规章制度;作为安全生产第一责任人对企业的安全生产全面负责;不断改善劳动条件,逐步提高广大职工的物质和文化生活水平;加强科研工作,促使企业发展和技术进步。具体设立生产科等专业部门,从事相关工作。

生产科。组织生产经营活动,按照生产计划,分解指标给各个车间;对生产进行日常工作管理,对交叉作业进行协调;对印刷品质量组织检查。

车间。生产的执行者,根据发印计划进行生产,负责检查各项规章制度的落实情况,杜绝各种安全事故的发生,不断提高劳动生产率,降低原材料和燃料、动力的消耗,努力降低生产成本,增加企业盈利。

改革开放初期,上海印刷企业的干部基本上都是一批具有实践经验但缺乏系统企业管理理念,具备吃苦耐劳精神但缺乏主动开拓市场精神的“苦干者”;改革开放后这种局面逐步改变,一批掌握着专业知识、科班出身的人员进入企业的管理层,市场意识大为提高,信息技术在印刷企业管理得到普遍运用。企业良性运营的关键是经理人,其管理理念决定着企业的发展方向。一个优秀的职业经理人,能够透过现象看本质,抓住问题的主要矛盾并找到解决方法,具备为企业解危为安的能力。

截至2010年底,上海印刷业通过年度核验的4 606家印刷企业中,取得博士学位的有74人,取得硕士学位的有578人,取得本科学历的有8 205人,取得大专学历的有18 226人。全市印刷业技术岗位员工总数30 193人,占总人数的18.84%。高级工以上的技术工人5 199人,占技术岗位工人总人数的17.21%;中级工以上的技术工人13 187人,占技术岗位工人总人数的43.67%。正是这支队伍整体素质的提高,推动整个行业的发展。

第三节　计　划　生　产

上海印刷企业作为市场主体,围绕生产计划开展经营活动。生产计划一般分为年度、季度、月度三种。

年度计划:依据当年(分季)生产业务量制订。在年度开始前一个半月左右,通过协议或合同,安排企业生产计划。

季度计划:季度开始前20天左右,在年度生产计划和印刷合同的基础上制订,提出当季(分月)各项生产数字。机动幅度应比年度计划适当缩小(例如5%左右)。

月度计划:具体的行动计划,要求准确可靠。按照具体项目和工序段落进行编制,分为发排计划(从发稿起到收初校样止)、付型计划(从收初校样起到清样签字付型止)和发印计划(从制型起到装订出厂止)。

第四节 技术改造

在印刷企业中,相关工序间协调、衔接工作由生产科负责,重大生产协调事项由厂长或分管副厂长把关。一般通过产品分析会、班前会、协调会等形式,定期或者临时进行生产协调。最理想的状态是每个部门、每个人、每台机器各自发挥作用,并通过共同工作时的协调实现印刷企业的目标,最经济地满足顾客的质量要求,达到企业利润的最大化。

20世纪90年代后,上海印刷企业开始运用现代信息技术改造传统印刷业,采用数字化生产流程和工作流程,对企业人、财、物、供、产、销进行管理,并采用跨媒体传播技术,促进印刷业从劳动密集型向技术密集型转变。

管理信息化的目的是要把企业的管理思想融入系统中,完全掌控企业的人、财、物情况,实现物畅其流、财尽其利、人尽其用。其控制体系构建内容是把企业作为一个有机整体,从整体最优的角度出发,通过运用科学方法对企业各种制造资源和产、供、销、财各环节进行有效地计划、组织和控制,使它们协调发展,并充分发挥作用。

"十一五"期间,上海部分印刷企业开始使用ERP信息管理系统,提高管理水平。有别于其他行业,上海印刷业应用的ERP信息管理系统均为国内软件。开始有的企业引进国外ERP软件,由于不适应中国国情,缺乏行业针对性,加上后期维护成本及购买价格昂贵等原因,国外ERP软件最终被上海印刷企业自主设计的ERP软件取代。

上海烟草包装印刷有限公司的ERP项目作为烟草集团整体信息化建设的组成部分,由集团委托专门的软件公司开发。2003年开始落实项目班子,聘请多方面专家作为顾问,博采众长,精益求精。在此基础上分步设计软件、推进项目、全员培训,相继完成第一、第二、第三阶段的开发任务,投入使用取得可喜成果。上海紫江集团旗下的上海紫泉标签有限公司和上海紫泉包装有限公司,委托上海专业公司开发ERP软件,经过几年实践,由浅入深、由粗到细、由点到面,ERP已渗入集团的每一个角落,涵盖管理的各个方面。上海界龙集团自主研发界龙ERP系统,在下属多家子公司投入使用。ERP规范企业经营管理,使"管理出效益"成为可能。2006年,界龙集团在全国包装印刷行业经济效益排行榜中,人均创利税名列第二,2008年12月,界龙集团被中国轻工业联合会评为年度全国轻工业企业信息化先进单位。2009年底,伊诺尔集团实现下属公司全部完成和实施ERP管理,生产数据实时共享,加快了传递速度,提高了准确性。

作为中国印刷业重镇之一,上海涌现具有完全自主知识产权的ERP软件,适用于包装印刷、商务印刷、书刊印刷、塑料印刷、印铁制盖等诸多领域。信息化管理规范印刷企业的业务流程,成为提高企业核心竞争力和加快现代企业制度建设的催化剂。

表6-4-1 2010年上海市书刊印刷企业一览表(产值1 000万元及以上)

序 号	企 业 名 称	年产值(万元)
1	上海印刷(集团)有限公司	65 741.00
2	上海当纳利印刷有限公司	64 625.00
3	上海中华商务联合印刷有限公司	33 119.00
4	上海中华印刷有限公司	21 032.00

序　号	企　业　名　称	年产值（万元）
5	上海利丰雅高印刷有限公司	16 957.22
6	上海铁路印刷有限公司	15 402.58
7	上海印刷集团国际贸易有限公司	14 719.29
8	上海精英彩色印务有限公司	9 097.00
9	上海雅昌艺术印刷有限公司	7 868.97
10	上海秋雨文化印刷有限公司	7 369.00
11	上海丽佳制版印刷有限公司	6 855.00
12	上海图宇印刷有限公司	5 674.89
13	上海柯创文化传播股份有限公司	5 028.45
14	上海晨熙印刷有限公司	4 842.20
15	上海市崇明县裕安印刷厂	4 657.00
16	上海研西印刷厂有限公司	4 401.30
17	上海文艺大一印刷有限公司	4 200.00
18	上海新华印刷有限公司	4 001.00
19	上海美雅延中印刷有限公司	3 933.83
20	上海瑞时印刷有限公司	3 742.00
21	上海天地海设计印刷有限公司	3 464.00
22	上海市委办公厅文印中心	3 227.92
23	凯基印刷（上海）有限公司	2 888.00
24	上海昌鑫龙印务有限公司	2 681.00
25	上海三联文化传播有限公司	2 455.23
26	上海画中画包装印刷有限公司	2 411.00
27	上海盛隆印务有限公司	2 334.70
28	上海景条印刷有限公司	2 071.00
29	上海新开宝商务印刷有限公司	2 000.00
30	上海书刊印刷有限公司	1 862.70
31	上海一众印务中心	1 700.00
32	上海锦佳印刷有限公司	1 625.00
33	上海新艺印刷有限公司	1 414.65
34	上海市印刷十厂有限公司	1 403.00
35	上海东亚彩印有限公司	1 348.76

序　号	企　业　名　称	年产值(万元)
36	上海建工印刷厂	1 337.72
37	上海汉迪彩色印刷有限公司	1 246.10
38	上海潮祺实业有限公司	1 175.00
39	上海交大印务有限公司	1 049.00
40	上海市印刷四厂有限公司	1 031.00
41	上海出版印刷有限公司	1 012.86

表6-4-2　2010年上海市包装印刷企业一览表(产值5 000万元及以上)

序　号	企　业　名　称	年产值(万元)
1	上海印钞有限公司	201 854.00
2	上海界龙实业集团股份有限公司	196 702.00
3	上海宝钢包装股份有限公司	82 000.00
4	上海金叶包装材料有限公司	57 246.00
5	上海紫泉标签有限公司	56 672.38
6	上海晟海塑业有限公司	56 558.45
7	上海中豪纸品加工有限公司	55 211.76
8	上海宝翼制罐有限公司	54 343.00
9	上海紫日包装有限公司	45 947.54
10	上海姚记扑克股份有限公司	44 186.84
11	上海金鼎印务有限公司	40 280.70
12	上海紫丹印务有限公司	39 678.00
13	嘉艺(上海)包装制品有限公司	38 762.25
14	上海三樱包装材料有限公司	36 866.00
15	上海南部塑料制品有限公司	35 720.13
16	上海皇冠制罐有限公司	35 387.00
17	上海寺冈电子有限公司	34 892.00
18	上海纳格西斯商标有限公司	31 589.87
19	上海正伟印刷有限公司	31 278.00
20	上海浦东美灵塑料制品有限公司	30 938.00
21	阿蓓亚塑料包装(上海)有限公司	29 928.00
22	上海联合制罐有限公司	28 049.00

序　号	企　业　名　称	年产值(万元)
23	唯绿包装（上海）有限公司	27 870.10
24	富祥塑胶制品（上海）有限公司	27 086.05
25	上海新树金属制品有限公司	26 660.20
26	上海健泰铭版有限公司	25 948.00
27	上海美声服饰辅料有限公司	25 809.36
28	上海炼兴实业有限公司	25 244.10
29	上海进锡包装印刷有限公司	23 865.00
30	上海纺印利丰印刷包装有限公司	23 828.00
31	永丰余纸业（上海）有限公司	23 681.18
32	上海高雅玻璃有限公司	22 175.00
33	上海华励包装有限公司	21 949.00
34	上海尚达电子绝缘材料有限公司	20 974.05
35	上海密特印制有限公司	20 707.00
36	上海创亚纸业包装有限公司	20 497.00
37	上海紫泉包装有限公司	20 462.50
38	秋雨印刷（上海）有限公司	20 153.00
39	上海永裕塑胶有限公司	19 771.77
40	上海新通联包装股份有限公司	19 739.00
41	上海上扬金属制罐有限公司	19 224.10
42	阿蓓亚塑料实业（上海）有限公司	18 741.00
43	上海勇玖包装材料有限公司	17 800.00
44	上海新洲包装印刷有限公司	17 738.20
45	上海沪汇日用化学品有限公司	17 374.00
46	上海福光包装材料厂	17 368.00
47	上海伊诺尔实业集团有限公司	17 302.90
48	上海华悦包装制品有限公司	17 117.00
49	上海姚记印务实业有限公司	16 980.06
50	上海新三花薄膜有限公司	16 410.30
51	上海联合包装装潢有限公司	16 047.80
52	上海恒富纸业有限公司	15 958.00
53	上海通产丽星包装材料有限公司	15 866.56

序 号	企 业 名 称	年产值(万元)
54	龙利得包装印刷(上海)有限公司	15 781.00
55	上海运城制版有限公司	15 501.60
56	上海合道纸业包装有限公司	15 127.31
57	亚洲纸业(上海)有限公司	15 095.00
58	上海白玉兰烟草材料有限公司	15 072.00
59	上海金亮纸业有限公司	14 976.00
60	上海品冠塑胶工业有限公司	14 227.00
61	上海天德商标有限公司	14 192.00
62	上海仁彩印务有限公司	14 040.80
63	上海景锋纸业有限公司	14 017.00
64	上海世霸包装材料有限公司	13 985.00
65	上海新庆包装装潢有限责任公司	13 770.00
66	上海翔港包装科技股份有限公司	13 606.00
67	上海金海纸业有限公司	13 591.20
68	格来纳亚洲塑料技术(上海)有限公司	13 580.00
69	上海浦东民新包装材料有限公司	13 549.00
70	上海界龙永发包装印刷有限公司	13 543.60
71	上海华宝纤维制品有限公司	13 500.00
72	上海纸杯有限公司	13 202.10
73	上海证券印制有限公司	13 035.00
74	上海利士包装有限公司	13 007.00
75	上海亚德林有色金属有限公司	12 910.19
76	上海鸿利包装制品有限公司	12 796.00
77	上海民佳包装制品厂	12 421.00
78	上海方信包装材料有限公司	12 059.85
79	上海古林国际印务有限公司	11 689.00
80	新商印刷(上海)有限公司	11 674.70
81	上海德胜联兴印铁容器有限公司	11 551.47
82	上海裕同印刷有限公司	11 400.00
83	上海运安制版有限公司	11 048.00
84	上海祥好塑胶五金有限公司	11 018.13

（续表三）

序 号	企 业 名 称	年产值（万元）
85	上海宏进工贸有限公司	10 982.00
86	上海新雅印刷有限公司	10 941.00
87	上海海顺新型药用包装材料股份有限公司	10 917.00
88	上海汇联包装材料有限公司	10 912.00
89	上海紫华企业有限公司	10 791.60
90	上海杰锋印刷包装有限公司	10 669.00
91	上海外贸瓦屑包装袋有限公司	10 331.00
92	上海良虹印务有限公司	10 144.00
93	上海三景服装辅料有限公司	9 991.50
94	上海金安包装有限公司	9 967.00
95	上海恒信包装有限公司	9 733.30
96	上海佳田药用包装有限公司	9 481.00
97	上海福助工业有限公司	9 452.24
98	上海和气包装有限公司	9 428.00
99	上海竹本容器包装有限公司	9 243.00
100	上海美高金属制品包装有限公司	9 113.00
101	上海鹿达投资（集团）有限公司	8 773.00
102	上海美美印刷有限公司	8 711.50
103	上海民盛纸业有限公司	8 652.58
104	上海东王子包装有限公司	8 500.00
105	上海上福塑料制品有限公司	8 405.10
106	豪门印刷（上海）有限公司	8 300.00
107	上海盛鸿实业有限公司	8 000.00
108	上海中钜包装材料有限公司	7 885.00
109	上海小林商标制造有限公司	7 880.00
110	上海意力寰宇电路世界有限公司	7 869.00
111	上海西玛塑料包装有限公司	7 814.10
112	上海欧卡包装印刷有限公司	7 756.00
113	上海庆丰彩印有限公司	7 710.00
114	上海申苑印务有限公司	7 676.00
115	上海盛辉塑料包装有限公司	7 623.46

(续表四)

序 号	企 业 名 称	年产值(万元)
116	上海龙尔达纸业有限公司	7 557.00
117	上海环城包装制品有限公司	7 507.00
118	上海汇盛塑胶制品有限公司	7 423.05
119	上海九星印刷包装有限公司	7 311.20
120	上海宏利药用包装材料有限公司	7 301.00
121	上海群欣包装软管有限公司	7 300.00
122	欧达嵘标签制造(上海)有限公司	7 262.80
123	上海建中医疗器械包装股份有限公司	7 259.00
124	上海浦东金丰彩印有限公司	7 159.85
125	上海冠品包装材料有限公司	7 073.80
126	上海心尔新材料科技股份有限公司	7 072.00
127	上海畅辰纸箱包装有限公司	7 036.74
128	上海德柏纸制品有限公司	7 006.00
129	上海生大企业有限公司	6 950.00
130	上海凸版印刷有限公司	6 930.00
131	上海西文服饰有限公司	6 929.00
132	上海济丰包装纸业股份有限公司	6 817.52
133	上海绚丽包装彩印有限公司	6 807.00
134	裕亿纸业(上海)有限公司	6 794.00
135	上海超级标贴系统有限公司	6 790.00
136	上海世光印务有限公司	6 717.91
137	上海塔恩包装材料有限公司	6 556.11
138	上海诸藤包装制品有限公司	6 553.00
139	上海印亿包装印刷有限公司	6 543.30
140	上海锦兴彩印有限公司	6 508.60
141	上海万汇塑料包装容器有限公司	6 425.00
142	上海浦东文宝纸品厂	6 361.56
143	上海炯龙玩具有限公司	6 306.93
144	上海京泰包装材料有限公司	6 259.00
145	上海正畅实业有限公司	6 250.00
146	上海联盈塑料印刷有限公司	6 244.00

（续表五）

序　号	企　业　名　称	年产值(万元)
147	禹辉(上海)新材料科技股份有限公司	6 174.00
148	上海安得利包装装潢有限公司	6 048.70
149	唯思美卡片(上海)有限公司	5 944.00
150	上海保禄包装有限公司	5 934.00
151	上海实荣纸业有限公司	5 932.00
152	上海紫华包装有限公司	5 807.89
153	上海明利包装印刷有限公司	5 719.00
154	上海郡是新包装有限公司	5 687.00
155	上海日盛彩印包装有限公司	5 683.00
156	上海浦东浦发包装印刷有限公司	5 546.88
157	上海南翼包装有限公司	5 531.40
158	上海永洪印务有限公司	5 432.69
159	上海永盛包装有限公司	5 422.39
160	上海宝柏塑胶有限公司	5 419.00
161	上海鸿元展印有限公司	5 408.90
162	上海怡丽包装材料有限公司	5 335.00
163	上海兴生包装印刷有限公司	5 320.00
164	上海申健包装装潢有限公司	5 319.00
165	古林纸工(上海)有限公司	5 318.00
166	上海帷幄包装材料有限公司	5 312.00
167	上海奥纳斯彩印有限公司	5 295.00
168	上海绘通印业有限公司	5 283.68
169	上海华煌包装制品有限公司	5 283.00
170	上海爱兴璐塑料包装有限公司	5 238.62
171	上海艾录包装股份有限公司	5 216.00
172	上海新行纸箱有限公司	5 201.00
173	大亚科技股份有限公司上海印务分公司	5 165.04
174	达冠纸业(上海)有限公司	5 160.00
175	宏杰(上海)包装有限公司	5 129.00
176	上海市复建包装有限公司	5 004.13
177	上海金山星星塑料有限公司	5 000.00

表 6 - 4 - 3　2010 年上海市其他印刷企业一览表(年产值 1 000 万元级以上)

序　号	企　业　名　称	年产值(万元)
1	上海美术设计有限公司	64 875.22
2	上海亚虹模具股份有限公司	24 896.00
3	上海汉宏纸业有限公司	15 475.00
4	上海解放印务技术有限公司	11 483.50
5	上海浦江智能卡系统有限公司	10 007.00
6	上海希尔彩印制版有限公司	9 154.53
7	上海赐方印务有限公司	8 717.40
8	凸版印刷(上海)有限公司	8 259.80
9	中国电信股份有限公司上海电信账务中心	6 500.00
10	上海永泰胶粘制品有限公司	4 997.00
11	上海诚天智能卡有限公司	4 827.69
12	上海遥薇实业有限公司	4 583.80
13	上海立信账册销售公司	4 571.00
14	上海德皓电子有限公司	3 803.40
15	上海专卓广告有限公司	3 327.60
16	上海东泓实业发展有限公司	3 250.00
17	上海邦豪彩印有限公司	3 002.50
18	上海现代建筑设计集团物业管理有限公司	2 880.00
19	上海紫光印务科技有限公司	2 698.48
20	上海白蓝印刷有限公司	2 433.35
21	上海冶利金属材料有限公司	2 257.00
22	上海禾田印务有限公司	2 129.46
23	上海思立印务有限公司	2 078.50
24	上海现代通用识别技术有限公司	2 020.00
25	上海英耀激光数字制版有限公司	2 013.00
26	上海彩峰数码印刷有限公司	2 007.00
27	上海强生广告有限公司	1 952.00
28	上海虹民印刷厂	1 869.63
29	上海华东电力设计印务科技有限公司	1 762.33
30	上海昶明广告印刷有限公司	1 645.00
31	上海腾鑫旗业有限公司	1 559.00

（续表）

序　号	企　业　名　称	年产值(万元)
32	上海浦东新区南艺印刷厂	1 446.89
33	上海精瑞信息科技有限公司	1 408.00
34	上海小水电子材料有限公司	1 394.00
35	上海艺汇打印有限公司	1 359.87
36	中外运上海集团物业发展有限公司	1 330.65
37	上海通用信息纸印务有限公司	1 305.98
38	上海京康印务有限公司	1 277.00
39	上海普立迈化工科技有限公司	1 139.00
40	上海美朗丝网印刷制品有限公司	1 136.50
41	上海联球印刷有限公司	1 105.08
42	上海西技图文有限公司	1 019.23

资料来源：市新闻出版局。

第七篇

发行业

1978年后,伴随改革开放的时代大潮,上海出版物发行体制放开搞活,出现一系列重大变化,以有计划扶持和发展集体、个体书店(书摊)为起点,逐步形成以国营新华书店为主体、多种经济成分、多种流通渠道、多种购销形式、少流转环节的出版物发行网络。到2010年,一个与社会主义市场经济体制相适应,统一开放、竞争有序、覆盖城乡、健康繁荣的图书市场在上海初步建成,全市出版物年发行销售总额达104亿元。

　　新华书店网点增长较快。1978年全市只有93个网点,1990年发展到122个,2006年改制为上海新华传媒股份有限公司时增加至174个。民营书店从无到有。1982年全市有民营书店24家,2010年增加到949家。1983年3月,经文化部出版局批准,上海辞书出版社成立发行所,自办本版图书征订批销工作,产生示范效应。上海各大出版社相继成立发行、储运部门自办发行,同时"破墙开店"设立读者服务部,开展邮购、批发和零售服务。到2009年,全市出版社自办发行总营业额达48.38亿元,占同期图书批发总额的48%。

　　为改变计划经济体制下统购包销的图书发行模式,从20世纪80年代起,新华书店、市新闻出版局、各大新闻媒体和有关行业社团举办各种书展、书市和图书订货会、交易会。1981年9月上海书市、1986年3月首届文汇书展和2002年6月届上海图书交易会等,在上海及长三角地区产生广泛影响。2004年起,上海每年暑假举办书展,到2010年连续举办七届,营造出书香上海的氛围,成为上海重要的文化品牌,影响遍及全国。政府主导、各方参与的全民阅读、农家书屋建设也在扎实推进中。

　　上海图书和报刊进出口业务过去主要由国际书店上海办事处办理。从20世纪80年代开始,国家有关方面支持上海恢复上海图书发行公司、中国图书进出口总公司上海分公司、上海香港三联书店有限公司开展图书和报刊进出口业务。上海图书发行公司、上海外文图书公司、中国图书进出口总公司上海分公司等还分别在中国香港、台湾地区及荷兰鹿特丹、澳大利亚悉尼、加拿大多伦多和美国洛杉矶、纽约等地举办上海书展及中国图书文化展销会,受到香港、台湾同胞和海外华人华侨欢迎。

第一章 发 行 单 位

第一节 图书发行单位

一、上海新华书店

上海新华书店的前身是 1949 年 9 月 1 日成立的新华书店华东总分店上海分店。1958 年 9 月 1 日,更名为上海新华书店(简称市店),与新华书店上海发行所合署办公。

1982 年以后,上海有声读物公司、中国科技图书公司和上海音乐图书公司相继与市店脱钩。加上先期脱离市店独立建制的上海书店、上海外文书店,上海图书经营的计划经济发行体制被打破,逐步形成多渠道发行的格局。

市店通过对所属基层书店放权、积极推动中小门市实行职工个人承包、租赁等试点,以及发展多种所有制、多种经营方式的"三产"等多种手段,促使各基层书店在经营自主权、经营活力、市场竞争能力等方面积极适应市场需要,方便读者购书。

市店在服务读者方面也有许多创新和发展。为方便读者,上海科技书店从 1978 年在全国率先推出"开架售书",后在全市各基层书店逐步推广开来。1996 年市店开展全市性规范服务活动,营业员不再坐着卖书,服务面貌焕然一新。

经过 10 多年探索,到 20 世纪 90 年代末,市店开始从注重系统内分销体制建设向发行体制和机制改革聚焦,以充分发挥新华书店系统集约化和规模化的优势。在市新闻出版局的推动下,2000 年 6 月,市店(新华书店上海发行所)同上海书城、中国科技图书公司和上海音乐图书公司等 24 家法人企业组建成立上海新华发行集团。这一年年底,上海新华书店在全市共拥有 19 家区县新华书店,170 多家营业网点。

从 1978 年至 2010 年,历任主要领导为何平、黄巨清、张泽民、汪天盛、浦士泉、张金福、沈烈、哈九如。

地址:上海市四川中路 133 号　　邮编:200002

二、新华书店上海发行所

新华书店上海发行所(简称上海发行所)1954 年 8 月 1 日成立,隶属新华书店总店,主要办理上海各出版社出版物向全国各分支新华书店的发货业务。1958 年 7 月划归上海市出版局领导,同年 9 月 1 日,上海发行所与新华书店华东总分店上海分店合并组建上海新华书店,形成一套班子、两套机构的管理体制。

在计划经济体制下,包销上海出版物的上海发行所,因上海在全国的出版地位,成为全国两大图书批发机构之一,有着得天独厚的优势。党的十一届三中全会后,随着各地图书市场逐渐复苏,上海发行所图书发行数量大幅增加,1987 发运图书达 320 万件大包,创历史最高纪录,年画、连环画、教学挂图等类别的出版品种、发行数量均居全国首位。20 世纪 80 年代末,上海发行所办理图书进发货业务人员达 200 多人,所属储运部职工 1 000 余人,在上海沪太路延长中路拥有一座总面积 2 万多平方米的五层图书仓库和 5 000 平方米的附属仓库。

随着各地出版事业发展及上海各出版社自办发行规模的扩大,从 20 世纪 80 年代末起,上海发行所经销沪版图书发货量呈逐年下降趋势,发往各地新华书店的出版物数量日渐减少。为求生存,上海发行所积极调整业务结构,先后开辟 400 公里范围内汽车直送、向出版社"买断"重点图书向全国包发、开设面向全国多渠道零售书店的"批销中心"等多项服务措施,促进沪版图书发行。20 世纪 90 年代末,随着上海各出版社相继自办发行,加上各地新华书店纷纷组建发行集团,自行直接向出版社进货,上海发行所向各地新华书店发行上海版图书的业务量趋于萎缩。2000 年,上海发行所并入新组建的上海新华发行集团。

从 1978 年至 2000 年 6 月,历任主要领导为黄巨清、张泽民、汪天盛、浦士泉、张金福、沈烈、哈九如。

地址:上海市四川中路 133 号   邮编:200002

三、上海图书公司

上海图书公司前身是 1954 年 9 月 1 日成立的上海图书发行公司,1956 年 5 月 20 日开设上海古籍书店、10 月 7 日开设上海旧书店。1958 年 9 月 1 日,更名为上海古旧书店,以古旧书刊、新版古籍、字画艺术品的经营和图书零售为主业,是上海知名的专业图书公司。1967 年 4 月 1 日,上海古旧书店更名为上海书店,由上海新华书店管理。1978 年 9 月,上海书店直属市出版局领导,同年恢复古旧书影印,1980 年 8 月自办影印厂。1983 年 1 月 22 日,上海书店成立出版部。1984 年 11 月 23 日,上海书店更名为上海图书公司,出版部以上海书店名义从事出版业务。1988 年 8 月 6 日,经新闻出版署批准,上海书店正式成为出版单位。2001 年 4 月 20 日,上海图书公司与上海书店体制分离,分别成为上海世纪出版集团下属成员单位。

上海图书公司成立以来,先后获全国书店系统先进单位、全国美术图书最佳销售单位和上海市文明单位等称号。公司所属上海古籍书店、古旧书刊经营管理中心被评为中国书刊发行业双优单位。至 2001 年,公司出版图书多次获国家及省市级大奖。其中《道藏》《中国历代法书墨迹大观》获全国古籍优秀图书评比一等奖;《申报》影印本和《道藏》获上海市优秀图书一等奖;《丁丑劫余印存》获莱比锡国际书籍艺术博览会银奖、上海优秀图书一等奖;"新编文史笔记丛书"获第七届中国图书奖;《中国近代文学大系》获第三届国家图书奖荣誉奖;《宋拓郁孤台法帖》获华东地区优秀古籍图书奖。2009 年,公司库藏 28 种古籍入选《第二批国家珍贵古籍名录》,31 种古籍入选《第一批上海市珍贵古籍名录》;2010 年,公司库藏古籍 12 种入选《第二批上海市珍贵古籍名录》。

1978 年至 2010 年,历任主要领导为毕青、丁之翔、俞子林、张美钧、樊秀珍、彭卫国、李冰君、朱旗。

公司地址:上海市福州路 424 号   邮编:200001

四、上海外文图书公司

上海外文图书公司的前身是 1950 年 4 月 12 日成立的国际书店上海分店,1958 年 8 月更名为上海外文书店(Shanghai Foreign Language Bookstore)。1978 年 9 月直属市出版局领导。1985 年

4月30日，在上海外文书店基础上成立上海外文图书公司（Shanghai Book Traders，英文缩写SBT），为全国第一家地方性图书进出口公司。1992年1月28日，上海外文图书公司与中国出版对外贸易总公司上海分公司合并，更名为上海图书出版贸易公司。1994年11月28日，上海图书出版贸易公司恢复上海外文图书公司名称。

上海外文图书公司是一家拥有各类出版物进口资质的国有图书进出口公司。公司以书报刊及电子出版物进出口、图书零售、批发、在海内外举办各类书展、代理进出口等为主要业务，是集进出口、零售、馆配、征订、直销、批发、出版、发行、教育培训各种不同业态为一体的文化企业。

上海外文图书公司拥有强大的自有进货渠道，与国内外数百家出版社和发行代理机构有着良好的合作关系，包括众多世界知名的出版公司和代理商。公司拥有较大的市场份额和广泛的客户资源，与各类团体客户，包括图书馆、大专院校、中小学校、国际学校、培训机构、政府部门、企事业单位等和个人读者之间保持着良好的合作关系。

2007年11月，公司"文化中国系列丛书"海外联展获国家文化出口重点项目称号。2009年11月，公司获由商务部和新闻出版广电总局等颁发的国家文化出口重点企业称号，"文化中国系列丛书"海外联展获国家文化出口重点项目称号。

成立至2010年，历任主要领导为毕克理、赵世杰、王一尘、金丽华、张瑞芷、吴新华。

地址：上海市福州路390号　　邮编：200001

五、中国科技图书公司

中国科技图书公司前身是中国图书发行公司上海分公司、河南中路新华书店，1978年2月11日更名为上海科技书店，1984年7月24日再次更名为中国科技图书公司。1988年1月2日独立建制，直属市新闻出版局领导。2000年6月上海新华发行集团成立，中国科技图书公司归集团统一管理。

中国科技图书公司曾是全国最大的科技图书发行集散地。公司以科技图书发行为主，兼营音像读物、科（教）技设备、摄录像机、彩电、现代办公用品、文教用品和计算机软硬件，立足上海，面向全国，承接全国各地科技出版社委托（批发）代理业务。公司主要服务对象是市、区（县）图书馆与高校图书馆（包括部分省市图书馆）；上海科研单位、大中型企事业单位技术图书馆、资料室（包括部分省市科研单位）；上海高校师生与科研、教学、企事业单位的科技人员。公司注重针对不同地区、不同层次读者需求的特点，开展计划收订、送书上门、流动供应、专题图书展销等服务项目。公司还在全国新华书店中率先全面实行开架售书，受到新华书店总店表彰。

1978年至2010年，历任主要领导为田蓉珍、朱顺兴、秦鸿令、哈九如、赵建平、李可燕、潘柏华、郭琴龙、张龙飞、陈木林。

地址：上海市河南中路221号　　邮编：200001

六、上海音乐图书公司

上海音乐图书公司的前身为上海音乐书店，"文化大革命"中更名为西藏中路新华书店。1978年4月24日恢复上海音乐书店名称。1988年10月1日，上海音乐书店独立建制，直属市新闻出版局领导。1990年10月，上海音乐书店扩建为上海音乐图书公司。公司宗旨是为专业音乐工作者服务,为广大音乐爱好者服务,承担着弘扬民族文化与民族音乐,弘扬优秀古典音乐与交响音乐的职能。1995 年至 1999 年,公司分别开设 6 家分公司。2000 年 6 月,上海新华发行集团成立,上海音乐图书公司归集团统一管理。

上海音乐图书公司以经营音乐图书、音像制品、电子出版物为主,中西乐器、音响与视听设备相配套专业系列化的特色企业,经营品种 3 万种左右,年销售 1 亿元左右,逐步成为全国经营门类最齐、品种最多、销售第一、专业规模第一的音乐文化企业,被音乐专业工作者和广大音乐爱好者尊称为"音乐之家""音像世界"。1983 年 3 月,在上海新华书店支持下,创办上海有声读物公司。1992年,被评为全国新闻出版先进单位。

1978 年至 2010 年,历任主要领导为胡美云、方文伟、朱顺兴、忻愈、吕瑜、薛天。

地址:上海市西藏中路 365 号　　邮编:200003

　　　上海市河南中路 221 号　　邮编:200002

七、上海书城

上海书城 1998 年 12 月 30 日开业。开业前一年,1997 年 12 月 1 日,原上海最大的两家新华书店——南京东路新华书店和淮海路新华书店并入上海书城,更名为上海书城南东店、上海书城淮海店;新华书店上海版图书贸易中心因上海书城房屋置换歇业,员工并入上海书城。三店合并为上海书城人员构成和业务发展奠定基础。1998 年 2 月 17 日,上海书城配送机构成立,专门从事对上海书城的图书配发。

上海书城是上海开埠以来最大的图书零售店,经营场地一至七层,总营业面积 1 万多平方米,经营全国 500 多家出版机构的各类图书、音像制品和电子出版物。上海书城开业后,在体制和机制方面推行一系列不同于传统书店的改革,确立上海书城独有的全配送连锁经营管理模式。2002 年5 月,在改革探索基础上编纂的《书城管理模式》由上海人民出版社出版。2006 年 1 月,上海书城连锁事业部正式成立,连锁门店由早先的 3 家发展到 8 家。

上海书城先后被新闻出版总署授予首届中国出版政府奖先进出版单位奖、首届全国新闻出版行业文明单位、全国新闻出版系统先进集体等荣誉称号,并获上海市爱国主义教育基地、上海市服务诚信先进单位、上海市对外书刊宣传工作先进单位等荣誉称号。至 2010 年,上海书城连续六届被评为上海市文明单位。

1997 年至 2010 年,历任主要领导为哈九如、张金福、赵建平、沈勇尧。

地址:上海市福州路 465 号　　邮编:200001

八、上海新华发行集团有限公司

上海新华发行集团有限公司 2000 年 6 月 10 日成立,由新华书店上海发行所、上海书城、上海音乐图书公司、中国科技图书公司、上海新华书店长宁区店、上海新华书店普陀区店、上海新华书店南汇县店、上海新华书店虹口区店、上海新华书店宝山区店、上海新华书店奉贤县店、上海金山区新华书店、上海新华书店卢湾区店、上海新华书店徐汇区店、上海新华书店闸北区店、上海新华书店浦东新区店、上海新华书店南市区店、上海新华书店崇明县店、上海新华书店青浦区店、上海新华书店嘉定区店、上海南京东路新华书店、上海新华书店杨浦区店、上海新华书店松江区店、上海新华书店闵行区店、上海新华书店静安区店等 24 家企业为基础组建的国有独资企业集团,拥有总资产 12.62 亿元、净资产 3.62 亿元,从业人员 3 176 人,门市部 176 家,总营业面积 5.2 万平方米,仓库面积 4.7 万平方米。

作为全国出版发行体制改革和上海市文化体制改革的试点单位,在市委宣传部领导下,上海新华发行集团有限公司 2004 年 4 月起全面改制。集团公司出资并将图书发行的主营业务和机构组成上海新华传媒股份有限公司。经中国证券会批准,2006 年 10 月 17 日借壳华联超市在上海证券交易所挂牌上市,成为全国出版发行行业第一家上市公司。集团公司企业改制的成功经验,受到中央领导和各级领导部门肯定。2007 年 4 月,上海新华发行集团有限公司被人事部和新闻出版总署授予全国新华书店系统先进集体,2008 年 2 月获中国出版政府奖先进出版单位奖。

上海新华发行集团有限公司以文化产品经营为基础,通过各种有效的资本运营手段及各种产融结合的经营形式整合内外部资源,逐步形成文化产品经营、文化科技孵化园区、文化置业、创投基金和文化产业投融资服务五大业务版块。

成立至 2010 年,历任主要领导为哈九如、徐瑞仪、李权、童传恺、陈剑峰。

地址:上海市四川中路 133 号　　邮编:200002

　　　上海市漕溪北路 331 号中金国际广场 A 座　　邮编:200030

九、上海新华传媒股份有限公司

上海新华传媒股份有限公司由上海新华发行集团投资,2006 年 4 月 17 日成立,同年 10 月 17 日借壳上市,成为全国出版发行行业第一家上市公司。2008 年 1 月,公司定向增发,解放日报报业集团所属"五报一刊"及中润解放传媒等三家公司整体注入,初步形成图书发行、报刊经营、广告代理与物流配送等四大业务版块。

为发展和壮大以文化产业为核心的主营业务,公司将部分募集资金追加对全资子公司上海新华传媒连锁有限公司的投资,用于建设图书流转中心、开设五角场书城和购买浦东乐凯大厦房产开设东方书城等。在做好实体书店网点建设的同时,公司积极发展电子商务,推出综合性文化服务网站"一城网",开发"新华一城卡",有效整合公司旗下图书销售、电子商务和媒体资源的核心业务。"一城网"获 2008—2009 年度品牌贡献奖之影响中国十大商务媒体称号。

2008 年 4 月和 2009 年 8 月,上海新华传媒股份有限公司先后获全国文化体制改革优秀企业、先进企业称号,受到中宣部、文化部、广电总局和新闻出版总署表彰。

成立至 2010 年,历任主要领导为哈九如、李权、陈剑峰、范幼元。

地址:上海市漕溪北路 331 号中金国际广场 A 座　　邮编:200030

十、上海新华传媒连锁有限公司

上海新华传媒连锁有限公司是上海新华传媒股份有限公司全资子公司,2006 年 4 月 17 日注册成立,与上海新华传媒股份有限公司以两块牌子、一套班子的模式运营。2008 年 5 月,公司组建独立的领导班子及组织构架。

公司是上海出版物发行领域的主要经销商。经中国新华书店协会批准,是上海地区使用"新华书店"集体商标的唯一一家企业。公司受市教委和市新闻出版局委托,发行全市中小学教材,拥有国家颁发的《出版物经营许可证》(在上海市内开展中学小学教科书发行活动)。截至2010年,公司拥有零售门店80余家,包括新华书店、上海书城、玛德琳绘本馆、新华一城书集等一批在读者中享有盛誉的品牌及占建筑面积达3万平方米的物流中心。公司推出的市民文化客厅、全国新书发布厅、上海·故事读书会、新华一城书集官网(内嵌初、高中教材配套音频下载平台)等有较大影响,受到业内外好评。

成立至2010年,主要领导为王建才。

公司地址:上海市沪太支路500号　　邮编:200436

十一、上海贝塔斯曼文化实业公司

上海贝塔斯曼文化实业公司由中国科技图书公司与德国贝塔斯曼股份有限公司投资组建。1994年7月经上海市外资委批准成立,1995年2月经国家工商管理局批准开业。公司注册资本350万美元,中方占30%股权,外方占70%股权。合同章程规定,中方委派董事长,外方委派总经理。

1997年1月,公司成立贝塔斯曼书友会。2000年12月,贝塔斯曼书友会在线业务(www.bolchina.com)推出。2003年12月,贝塔斯曼直接集团并购北京二十一世纪锦绣图书连锁有限公司40%股权,建立中国首家中外合资全国性图书连锁机构。2008年7月,因集团调整经营策略,公司终止在华全部业务。

公司以俱乐部形式发展读书会会员发行图书,宗旨是"让更多人成为我们的读者"。贝塔斯曼书友会会员遍布全国,最多时曾达150多万。公司为中国出版业利用外资、开放市场、创新出版业务进行积极尝试,提供一种模式。

成立至2008年,主要领导为哈九如、哈克(德)。

地址:上海市平福路218号B幢　　邮编:200231

十二、上海钟书实业有限公司

上海钟书实业有限公司1995年5月18日成立。公司弘扬"用心做事、用情做人、追求卓越、追求完美"的企业精神,坚持"以诚待人、以信处事、以德为基、以善为本、以和为贵、以义取利"的管理理念和"为读者找好书、为好书找读者"的服务理念,主营图书的批发与零售,以连锁书店的形式助推全民阅读。

2008年,公司开始筹划编写学生作文辅导读物,为提高学生的读写能力提供帮助,逐渐形成《作文榜样》《金牌范文》《同步作文》《素材锦囊》《名师教你写作文》等20多个系列130多个品种,陆续在上海各家书店及全国50多个网点上市。除图书零售、批发,公司还涉足图书馆馆配业务,并拓展电子商务业务,在与第三方平台合作的同时,开发自己的电子商务网站。

成立至2010年,主要领导为金浩。

地址:上海市茸兴路388号　　邮编:201613

十三、上海九久读书人文化实业有限公司

上海九久读书人文化实业有限公司2004年3月29日成立,是一家图书策划发行企业。公司

股东包括人民文学出版社、文化部中国对外文化集团公司、上海新华发行集团、新华书店总店等企业，也包括余秋雨、黄育海、吴晓波等文化、出版界名人。

公司成立以来，通过与海内外出版机构和作家、学者之间的合作，引进、出版具有文学价值并受广大读者喜爱的优秀图书，出版丹·布朗、斯蒂芬·金、斯蒂格·拉森、阿加莎·克莉斯蒂等畅销书作家的系列作品及诺贝尔文学奖获得者多丽丝·莱辛、勒克莱齐奥、略萨等作家的作品。除图书出版外，公司还积极发展电子商务和读者俱乐部，推出 99 网上书城（www.99read.com）和 99 读书人俱乐部，整合公司旗下图书销售、电子商务和扩大读者群体的核心业务，向广大读者提供全方位购书服务。

成立至 2010 年，主要领导为黄育海。

地址：上海市龙华西路 268 号　　邮编：200232

十四、思考乐书局

思考乐书局 2001 年 12 月成立，由上海世纪出版集团和上海索克企业发展有限公司联合创办。2002 年在徐家汇美罗城以及浦东开设思考乐书局。2003 年，上海世纪出版集团退股。2004 年在北京开设书店，总经营面积近 2 万平方米。

思考乐书局通过高品质的环境、道具摆放与图书陈列，大幅度提升读者对于书店的认知，通过高标准的服务以及优良的业务能力，满足读者对于书店的需求，一度成为沪上文化热点。2005 年，由于书局资金链出现问题等，各家门店相继关店，最终退出市场。2005 年 7 月，江苏大众书局接收思考乐书局在上海的三家门店，北京门店歇业。

成立至 2010 年，主要领导为何根祥。

地址：上海市福州路 579 号　　邮编：200001

十五、上海新新联文教用品有限公司

上海新新联文教用品有限公司 1999 年 9 月成立，由上海新华书店和金山、杨浦新华书店合资组建。初创时是文教用品批发零售于一体的机构，批发业务曾辐射全国各地新华书店。上海新华发行集团成立后，公司借助集团网点资源，开拓连锁经营，成为集团图书、音像制品、文教用品三位一体销售结构的组成部分。

公司先后获派克、耐克、好易通、好记星等知名品牌商的代理授权，通过优化品类渠道，强化连锁规则，开发"新新联"品牌文具，组建专职促销员队伍等，文教用品业务获较快发展。2003 年，公司开发物流配送信息化管理系统，构筑起文教用品连锁配送的核心竞争能力；2006 年起实行创新型矩阵式管理模式，保障家庭影院、数码产品、办公设备、通信器材等新开发项目和主营业务的有机融合。在门店"三位一体"经营格局中，文教用品销售仅次于图书。截至 2007 年底，公司拥有直销店 30 家，营业面积 2 200 平方米。2008 年 6 月，根据上海新华传媒股份有限公司业务转型要求，公司主体业务终止。

成立至 2008 年，历任主要领导为蒋士唐、张敏杰、卞秀戟。

原址：上海市延长中路 789 号　　邮编：200072

十六、上海东方出版交易中心

上海东方出版交易中心 2001 年 12 月 28 日成立,由上海新华发行集团有限公司、上海陆家嘴(集团)有限公司、四川新华书店集团有限责任公司、辽宁发行(集团)有限公司、江西省新华书店、上海新华书店浦东新区店发起组建。成立初期,交易中心以出版要素交易为主要特征,是一个集出版物展示销售、信息发布和现、期货批发交易、畅销图书竞拍等多种功能于一体的交易市场。2004 年交易中心进行经营业务调整,研发面向图书出版、发行和专业用户的在线实时图书零售数据统计分析系统——东方数据网 www.isbnok.com。2007 年起,与《中国图书商报》(后改名为《中国出版传媒商报》)合作推出"商报·东方数据"。

在业务结构调整和转型过程中,交易中心股权结构有相应的调整和变更。截至 2010 年,交易中心股东为上海新华传媒连锁有限公司、上海新华发行集团有限公司、北方联合出版传媒(集团)股份有限公司、新华文轩出版传媒股份有限公司、江西新华发行集团有限公司。

成立至 2010 年,历任主要领导为哈九如、陈木林、吕瑜、张宏。

地址:上海市沪太支路 500 号 3 号楼　　邮编:2000436

十七、上海辞书出版社发行所

上海辞书出版社发行所 1983 年 3 月 1 日成立,开创以出版社为发行主体的新业务模式,提高社店之间的工作效率,并推动整个图书发行行业的发展。

20 世纪 80 年代初,全国图书发行主要依托新华书店北京、上海等发行所向全国近 3 000 余家新华书店征订、发行,统一开展进(进货)、销(销售)、调(调拨)、存(库存)等业务。随着出版事业的发展,新华书店单一的流通渠道、单一的购销形式(征订包销)难以满足需求,迫切需要进行改革。

上海辞书出版社作为一家以出版工具书为主的综合性出版社,自 1979 年《辞海》缩印本出版以后,出版大量专科辞典、手册和年表等。由于辞书读者较为专业,需要有计划地印制和备货,但出版社没有印数自主权,出版与发行之间的矛盾日益凸显。为切实解决这些问题,1982 年初,上海辞书出版社提出自办发行。1983 年 3 月,经文化部出版局批准,上海辞书出版社设立发行所,自办全部本版图书征订批销工作,直接与各地新华书店建立经销业务。新华书店总店曾就上海辞书出版社自办发行有关工作发文,请各省市新华书店予以支持、配合。

成立至 2010 年,历任主要领导为钱公法、唐卫寰、顾金良。

地址:上海市纪蕴路 2 号桥西侧　　邮编:200435

十八、上海朵云轩集团有限公司

朵云轩 1900 年(清光绪二十六年)创立,初营苏杭雅扇、诗笺信纸、文房四宝、书画装裱等,后发展出木版水印、书画中介等业务,鼎盛时代理书画家达数百人,"书画之家""江南艺苑"的美名不胫而走。

新中国成立后,朵云轩完成国有化,成为沪上艺术品行业代表性企业。1972 年 1 月,朵云轩更名为上海书画社,1978 年 1 月 1 日再次更名为上海书画出版社,同时在传统经营领域沿用朵云轩品牌。朵云轩恢复字画收购经营业务,收购抢救民间流散珍贵文物,在文物保护方面作出重大贡献,先后向国家收藏机构捐赠藏品数千件。1989 年 5 月,在莱比锡国际书籍艺术博览会上,朵云轩木版水印作品《十竹斋书画谱》获最高奖——国家大奖。

1992 年,朵云轩注册成立中国第一家艺术品拍卖公司,1993 年敲响中国大陆艺术品拍卖第一槌。此后,朵云轩进军多个艺术品新兴业务,打造涵盖拍卖、文房礼品销售、古玩、艺术经纪、艺术教育及木版水印制作经营等多业态的艺术品产业链,成为中国艺术品市场的领跑者。

2009 年 9 月,上海朵云轩集团有限公司(筹)成立,朵云轩从上海书画出版社裂变,成为独立的市场主体。朵云轩品牌下的八家公司归上海朵云轩集团有限公司(筹)管理,开始从传统业态向现代艺术品经营企业转型。

1978 年至 2010 年,历任主要领导为周蔚芸、续靖宇、黎鲁、蔡大搏、卢辅圣、祝君波、崔晓力。

地址:上海市延安西路 593 号　　邮编:200050

第二节　报刊发行单位

一、上海邮政报刊发行局

1985 年 8 月,上海市邮政局设报刊发行局负责上海地区出版的报刊及外省市出版在上海分印报刊的接办、发行、分发等工作,组织全国邮发报刊在上海发行、订阅、零售工作。1988 年 7 月 1 日,上海市报刊零售公司成立。1990 年 5 月报刊发行局和 14 家邮发杂志首次召开全国报刊零售会,增加发邮发报刊发行。1994 年推出"集订分送单",发展报刊订阅业务。1999 年 1 月,邮电分营改革,报刊发行局成为新的上海市邮政局直属单位。东方书报刊服务有限公司成立后,报刊发行局组建零售配送中心,每日组织 3 个传递频次、40 条邮路辐射 111 个中心亭,为 1 012 个东方书报亭分发配送书报刊。1999 年 5 月 8 日,报刊发行局开设电话订阅报刊受理中心,各区县邮政局组建报刊批销中心。2000 年,《新闻晨报》《新闻午报》《新闻晚报》《上海星期三》等非邮发报纸以特发形式交邮政发行;5 月 28 日起开通"185"电话订报业务,原受理中心取消;7 月 11 日,开设电话订阅图书受理中心;组建捷时达报刊零售配送网,将个体户纳入邮局渠道的调研和配送;各区县邮政局开始建立图书报刊零售超市。2003 年 8 月 18 日,上海邮政获市新闻出版局颁发的出版物发行许可证,具备国内版图书、报刊的批发、零售资质。2007 年 2 月 26 日,根据国务院邮政体制改革方案,上海市邮政公司成立。报刊发行局成立公司报刊发行售后服务中心,集中用户"三来"处理、补缺报刊业务、发行查验和业务档案管理等服务功能;同时成立报刊发行营销中心,全面负责报刊接办、营销策划、大用户管理等经营业务。

2010 年,发行全国邮发报刊 11 246 种,其中报纸 2 529 种、期刊 8 717 种;上海地区邮发报刊 542 种,其中报纸 54 种、期刊 488 种。全市报刊订阅流转额 9.67 亿元,发行业务收入 6.17 亿元,其中报刊订阅业务收入 2.41 亿元。

成立至 2010 年,历任主要领导为陈正廉、初乐夫、陈麟骅、杜勋、金昂国。

地址:上海市武定路 458 号　　邮编:200041

二、上海久远经营公司

上海久远经营公司 1992 年 11 月 10 日成立,为市新闻出版局的"三产"企业,从事图书、报刊的批发、零售和出版服务的图书发行连锁经营单位。是全国首家以超市为发行网点的图书销售公司。

公司以"面向社会,服务社会"的宗旨,坚持"以市场为导向,提升服务品质,强化书刊物流管理"的经营理念,以"诚信、双赢、发展"为合作宗旨,采用代销、包销的方式经营适销品种的书刊,与全国各出版社、杂志社建立良好的供货批销关系,经营适销图书品种达1.5万余种,代销(含总代理)期刊杂志品种达200余种。公司首创超市图书开架销售,拥有发行网点居全国首位,近3 000个发行网点已遍及上海地区及华东地区的南京、杭州、南昌等周边城市。公司强化信息流管理,优化物流配送,统一服务和统一标识,健全管理、运作和服务体系,巩固和深化"店中店""无店铺"的图书、期刊连锁销售模式,开拓创新,探索出一套有相当竞争力的、有特色的图书连锁经营模式。

成立至2010年,主要领导为陆龙根、支绍和。

地址:上海市番禺路880弄5号　　邮编:200030

三、上海东方书报刊服务有限公司

上海东方书报刊服务有限公司1998年11月28日成立,由上海市邮政局、文汇新民联合报业集团、上海市新闻出版局和解放日报社投资组建。1999年元旦,1 012个标准化东方书报亭对外营业,在方便群众就近购买报刊的同时,也为1 600名下岗人员提供再就业机会。

上海东方书报刊服务有限公司实行统一经营、统一进货、统一配送、统一规章、统一标识的连锁经营。公司曾获"上海市五一劳动奖状",公司党支部被评为上海市先进党支部。2001年12月4日至6日,中宣部、中央文明委、新闻出版总署、国家邮政局在上海召开东方书报亭建设经验交流会。2004年7月16日,中宣部和国家邮政局在上海召开重点党报党刊进报亭零售现场会,推广东方书报亭零售党报党刊的经验。

2001年3月13日,上海召开东方书报亭工作会议,要求年内再增加1 000个东方书报亭。当年,全市新增第二代东方书报亭690个。到2010年,上海有东方书报亭2 120个,先后安置3 000多名下岗人员再就业。

成立至2010年,历任主要领导为王观锠、李文华、史金虎。

地址:上海市武定路458号　　邮编:200041

四、上海复星书刊发行产业有限公司

上海复星书刊发行产业有限公司的前身是上海复星书刊发行有限公司,1999年1月25日成立,上海复星集团投资组建,是上海首家民营专业书报刊发行服务公司。2007年12月更名为上海复星书刊发行产业有限公司。

公司业务领域主要为图书、报纸、杂志的零售、发行代理、推广策划等。公司从开始的书报刊批发、配送服务到各种类型的连锁书报销售网点的拓展与探索,逐步形成连锁化、规模化、品牌化的专业书报刊营销模式。通过投资及合作等形式分别成立上海地铁书刊服务有限公司、上海久远出版服务有限公司、上海空港文化传播有限公司等专业书报刊发行公司,业务涉及轨道交通、便利店、机场系统及地面书报亭,分别在不同的渠道成为全国领先的书报刊连锁经营代表性企业。

2010年3月16日,公司通过公开竞标,获上海虹桥综合交通枢纽最重要组成部分——上海虹桥机场2号航站楼内书报刊项目经营权,独家经营12家上行书店,总经营面积近800平方米。同年,虹桥综合交通枢纽东交通广场的上行书店也对外营业。

成立至 2010 年,历任主要领导为梁信军、杨泰俊、秦立德。

地址:上海市曹杨路 500 号 6 楼　　邮编:200063

五、上海地铁书刊服务有限公司

上海地铁书刊服务有限公司 1999 年 8 月 2 日成立,由上海市地铁总公司、上海复星信息产业发展有限公司、上海复星书刊发行有限公司共同出资 100 万元组建。公司在上海轨道交通沿线拥有近百家"上行线"及"都市文驿"连锁经营网点,是上海主要报刊发行渠道之一。

公司业务领域主要为图书、报纸、杂志的零售、发行代理、推广策划等。2000 年 3 月成为上海轨道交通中第一家流动式报刊零售商。2001 年 1 月在轨道交通 2 号线静安寺站站厅开设轨道交通第一家报刊专营零售商铺"书报亭"。2006 年 11 月,受益于上海轨道交通的高速发展,公司推出"上行线"为经营网点的品牌,把轨道交通作为企业经营的核心渠道,把为乘客提供便捷优质的阅读文化服务作为公司的经营宗旨,通过品牌化、规范化、市场化经营模式,逐步树立起了专业渠道特色。

1999 年至 2010 年,历任主要领导为郭东兴、周兴财、秦立德。

地址:上海市曹杨路 500 号 6 楼　　邮编:200063

六、上海久远出版服务有限公司

上海久远出版服务有限公司 2000 年 2 月 1 日成立,为上海久远经营公司和上海复星信息产业发展有限公司合资组建的图书发行连锁经营企业,以图书、期刊批发,零售和出版服务为主营业务。公司坚持"以市场为导向,以服务读者为目标,以书刊物流管理为基础"的经营理念,开创图书超市开架销售的先河,逐步成为销售网点多、物流配送手段齐全、销售管理先进的专业发行公司。公司拥有二级物流配送平台和专业配送队伍,形成覆盖上海城区、郊县的图书报刊物流配送网络。公司本部采用计算机系统进行配送管理,是整个网络的中心和一级平台。通过配送网络,上海市区 4 小时之内、郊县 24 小时之内书报刊就可以上架销售。

到 2010 年,公司拥有发行网点 4 000 多家,经营适销图书 1.5 万多种,期刊 480 多种。

成立至 2010 年,历任主要领导为支绍和、梁信军、杨泰俊、胡德明、秦立德、张祖雄。

地址:上海市番禺路 888 号　　邮编:200030

七、上海空港文化传播有限公司

上海外文图书有限公司与上海复星书刊发行产业有限公司合资组建的上海空港文化传播有限公司 2008 年 10 月 13 日成立,上海外文图书公司占股权比例 51%,上海复星书刊发行产业有限公司占股权比例 49%。2008 年 11 月起,公司开始运营上海浦东国际机场书店项目,到 2010 年底,共经营浦东国际机场空港文化书店 14 家,经营商品近 3 000 个品种,销售收入 40% 为中文书刊、10% 为外文书刊,50% 为各种旅游文创产品,是以一个旅游文化产品为主的机场销售和服务公司。

成立至2010年,主要领导为吴新华、秦立德。

地址:上海市曹杨路500号6楼　　邮编:200063

第三节　音像制品电子出版物发行单位

一、上海新华书店音像公司

上海新华书店音像公司(简称新华音像)前身是上海新华书店音像经营部,1994年7月4日成立,主要从事音像制品批发业务。

1995年7月8日,新华音像在福州路开设首家直营门店,实行超市式开架销售,以后又相继开设零售门店28家,成为音像制品批零一体的专业公司。1997年12月,新华音像公司在延长中路图书批销大楼中开设电子出版物批发部,从事电子出版物批发、零售业务。

1998年12月上海书城开业,新华音像承担上海书城音像制品、电子出版物等的全品种采购、配送业务。上海新华发行集团成立后,新华音像陆续承担东方书城、东方音像及各区县新华书店音像部的配送、批发业务。2003年4月,根据上海新华发行集团改革方案,新华音像、东方音像和上海音乐图书公司合并成立上海新华发行集团音像分公司,新华音像成为集团音像分公司下属专业批发部门。2005年7月8日,音像分公司在科图大楼底层开设上海音乐书店,二、三层开设音像大卖场,以规模大、品种多成为上海音像制品销售业重点企业。上海新华发行集团改制上市后,上市公司根据企业转型需要,撤销音像制品批发业务,新华音像歇业。

成立以来,历任主要领导为陆介蓉、薛天、马一勤。

地址:上海市广东路306号　　邮编:200002

二、上海东方音像连锁有限公司

上海东方音像连锁有限公司(简称东方音像)是音像制品连锁发行企业,由上海新华书店、上海音乐图书公司、上海新华书店音像公司投资组成,2000年12月31日对外营业。公司开业之初,48家音像门店是向上海新华书店及社会商业网点租赁的,2002年发展到200家门店。2003年3月,东方音像与上海音乐图书公司、上海新华书店音像公司归入新成立的上海新华发行集团音像分公司管理。

东方音像以网点密、门类多、品种齐、发货快、信息灵、连锁性强等为特点,集视、听、图、文、像于一体,遍布上海各区、县的商业中心、大型超市、社区、院校等,拥有员工500多人,年发行量4 000万元左右,营业面积达12 000平方米。经营范围以音像制品、电子出版物为主,兼营图书、报刊、乐器、文教用品、租片、电脑票务系统等相关产品。根据不同地区、不同层次、不同专业,开设各类不同的音像专卖店。东方音像运用其分布在上海主要商业街、社区的80家音像门店,在全市范围内(主会场设在南京东路世纪广场、上海书城正门广场等地)举行多次大规模的"反盗版、用正版""缴盗版、赠正版"等系列公益宣传活动,收缴盗版片近万片。2001年,东方音像获上海亚洲音乐节组委会颁发的荣誉证书。

2000年至2010年,历任主要领导为宋人伟、马一勤。

地址:上海市四川中路133号　　邮编:200002

第四节 图书进出口单位

一、中国图书进出口上海公司

中国图书进出口上海公司是中国图书进出口（集团）总公司全资子公司，原为 1985 年 11 月 5 日成立的中国图书进出口总公司上海分公司，1991 年 9 月 23 日更名。1986 年，公司获准经营科技书刊资料为主的进出口业务。公司依托地域优势和资源优势，承担着图书、报刊、音像制品、文献资料、电子出版物等文化信息产品的进出口业务，涉足编辑出版、书刊印刷、物流快递、信息技术、广告策划和海内外展览展销等相关领域，服务于上海及长三角地区。

公司拥有 100 余家图书、报刊和音像制品的销售网点，15 家自营门店。现代书店有限公司总部、中国图书国际会展中心上海分中心也落户上海。公司关注新文化业态的发展，致力于新产品、新模式的探索和研究，成立中国出版蓝桥创意产业园，以数字出版为特色，吸引和集聚传统内容产业、新兴数字媒体行业、创意设计产业，打造数字出版、高端设计人才培训实训基地，协助新兴产业走向市场。2010 年 5 月，园区被新闻出版总署命名为国家数字出版基地（虹口园区）。

公司连续多次获上海市文明单位、上海市诚信企业称号，并被评为国家文化出口重点企业、海关信得过企业、上海世博工作优秀集体。

成立至 2010 年，历任主要领导为吴庆麟、周载生、秦扶一、李天聪、许建刚、刘志华。

地址：上海市广中路 88 号　　邮编：200083

二、中国出版对外贸易总公司上海分公司

中国出版对外贸易总公司上海分公司前身为上海图书发行公司。上海图书发行公司 1979 年 9 月 3 日恢复，1981 年 7 月 4 日更名为中国出版对外贸易总公司上海分公司。公司受上海市出版局领导，与中国出版对外贸易总公司保持业务联系。主要经营各类图书报刊、古今字画、古旧书刊、木版水印、文房四宝及碑帖、石章等的出口业务，开展合资经营、合作生产、来料加工、补偿贸易、技术引进、出国展览等涉外经济活动。1992 年 1 月与上海外文图书公司合并，更名为上海图书出版贸易公司。1995 年 1 月，上海图书出版贸易公司恢复上海外文图书公司名称。

1981 年至 1992 年，历任主要领导为侯相鳌、周善德、张美华。

地址：上海河南中路 211 号 2 楼　　邮编：200001
　　　上海北苏州路 380 号　　邮编：200085

三、中国国际图书贸易集团有限公司上海分公司

中国国际图书贸易集团有限公司上海分公司 1995 年 11 月 1 日成立，与 1993 年 6 月成立的上海国图贸易公司"两块牌子，一套班子"，主营书刊出口业务及海外书刊进口业务。

中国国际图书贸易集团有限公司原名国际书店，又名国图公司，隶属于国家外文局，是新中国第一家图书进出口机构。1950 年 4 月，国际书店上海分店成立。1954 年 8 月 1 日，上海分店改为新华书店外文门市部（对外仍沿用国际书店名义）。1958 年 8 月，外文门市部改为上海外文书店，由

上海市出版局领导。

1980年8月1日,国际书店上海收发货站成立,经办沪版中文报刊的收货、包装、发运等,利用上海地区的出版优势和出版市场拓展业务。1983年,国图公司与新华书店上海发行所在上海沪太路合建大型书库投入使用,国图公司占4 000平方米。1983年4月18日,文化部驻沪对外书刊发行办事处(即国际书店上海办事处)成立。

从20世纪80年代开始,国际书店上海分支机构与大专院校、科研机构、公共图书馆等举办海外最新出版物展示会和国际学术研讨会,并在海外举办中文书展,取得良好社会效益和经济效益。

1983年12月,国际书店更名为中国国际图书贸易总公司。2006年5月转企改制成立集团公司,2010年9月更名为中国国际图书贸易集团有限公司。

分公司成立至2010年,历任主要领导为沈建成、杨名良、夏峥嵘、刘媛。

地址:上海市福州路355号9楼　　邮编:200001

四、上海香港三联书店有限公司

上海香港三联书店有限公司1990年4月4日成立,由上海图书公司、上海三联书店和三联书店(香港)有限公司合资组建,为加强大陆与香港地区的图书交流,扩大中外文化交流打开一扇窗口。

公司主要经销三联书店版、上海书店版图书及其他国内外出版物(含音像制品、缩微读物);收售书画、绘画制品、制作销售原木系列艺术;经销科教文用品及设备、工艺美术品、电子阅览器、电子辞典。通过多年努力,公司在社科类、艺术类、经济管理类、港台类、进口英文原版类书籍等方面逐渐形成特色。进出口部拥有专业的业务团队,为各类书店、企事业单位、大专院校及公共图书馆、涉外学校、海外研究机构等提供进口图书的零售、批发及国内图书的出口服务,业务已遍布美、英、德、日、新加坡等国家和中国香港等地区。

成立至2010年,历任主要领导为樊秀珍、翁铭泽、戴承平、彭卫国、徐剑俊、鲁育才、朱旗。

地址:上海市淮海中路624号　　邮编:200020

五、上海远洋运输有限公司海图公司

中远集团总公司上海远洋航海图书公司1983年12月31日成立,专业营销英国海道测量局等机构出版的英版海图及航海书籍,同时提供全球官方电子海图数据库服务及相关电子书籍。1994年3月15日,上海远洋航海图书公司变更为上海远洋运输公司海图公司。2005年12月9日,公司获新闻出版总署继续从事英版航海图书资料进口经营业务的批复。2007年4月6日,获新闻出版总署出版物进口经营许可证。2009年6月30日,中远集装箱运输有限公司全资收购上海远洋运输有限公司,上海远洋海图公司随母公司上海远洋运输有限公司进入上市公司中国远洋,公司更名为上海远洋运输有限公司海图公司。

上海远洋运输有限公司海图公司坚持"竭诚为航运人服务"的理念,以及为所有航行在世界各地船舶提供全年365天24小时服务的承诺,在国际航海界有良好声誉。

成立至2010年,历任主要领导为黄迪浩、姚逢时、季俊龙、张鹤鸣、吴文虎。

地址:上海市东大名路1062号临江大厦2号楼　　邮编:200082

第五节 物 流 机 构

一、上海新华传媒连锁有限公司物流中心

上海新华传媒连锁有限公司物流中心原为新华书店上海发行所储运中心，2007年成立，2008年1月运营。物流中心占地2.5万平方米，仓库面积3万平方米，拥有在国内领先的现代化配送中心，除承担上海新华传媒连锁有限公司一般图书、大中专教材、中小学课本及文教、音像制品市内和全国市场配发、运输、储存外，还承担受理销售退回和购进退出功能，并为销售商、出版机构提供仓储物流服务。

物流中心以创新和提高科技含量为主题，广泛应用电子标签、集成化货架设计、称重复核、无纸化作业等现代图书流转新技术，工作效率在全国图书物流同行中保持领先，并建立贯通上下游全供应链、完整规范的图书、教材、电子出版物、音像制品基础流通信息库和适应网上书店使用的图书照片信息数据库，成为中国版本图书馆指定在上海地区维护和使用全国图书在版编目（CIP）数据信息产品的唯一合作伙伴，并和上海图书馆建立紧密的编目业务合作关系。作为专业的物流图书承运商，物流中心秉承"快速、优质、安全、经济"的理念，为社会各界提供公路专线运输及市内运输服务，连续多次获新闻出版总署"最佳发运店"称号。

成立至2010年，历任主要领导为姜胜青、许伟国、吴铁钧、郭必盛、朱国伟。

地址：上海市沪太支路500号　　邮编：200436

二、上海世纪秋雨物流有限公司

上海世纪秋雨物流有限公司由上海世纪出版集团与台湾秋雨物流行销股份有限公司2001年10月29日组建，是中国大陆第一家运用电子标签和自动识别输送流道进行拣货、集货的现代出版物流企业，运用现代网络传输和通信技术及先进的图书配送模式，实现网络化、智能化，物流、商流和信息流等业务环节在网上完成。

公司主要经营图书、期刊、报纸、音像制品的流通作业，加工整理、打包、仓储及其市内配送和技术咨询、技术开发、技术服务、技术转让业务。主要服务上海世纪出版集团所属出版单位图书进出仓及储存业务；代理集团外客商物品进出仓、加工及储存业务。

公司建设的二期物流项目坐落在青浦工业园区，占地面积120亩，2009年4月正式投入使用。公司以打造物流为主体的产业升级和以建立现代企业制度为核心专业体系，推进企业的流程再造和组织再造。以客户需求为服务的核心，提供个性化方案，降低客户的经营成本为目标，提供安全、迅速、准确的物流服务，实现全国领先的第三方物流企业的水平。

成立至2010年，历任主要领导为郁椿德、孔祥法。

地址：上海市呼兰路911弄11号　　邮编：200431

三、上海艺翔图书储运公司

上海文艺出版社、上海文化出版社和上海音乐出版社组建的上海艺翔图书储运公司1998年8

月成立,主要承担出版社图书和音像制品的储运工作。2004年6月,上海文艺出版总社成立,开始进行专业出版集团和大社名社发展新路的探索,上海艺翔图书储运公司更名为上海颐文实业有限公司,负责总社所属上海文艺出版社、上海文化出版社、上海锦绣文章出版社、中西书局和上海故事会文化传媒公司、上海咬文嚼字文化传播公司等图书、音像制品和期刊的储运业务。

成立至2010年,主要领导为于文盛、潘柏华。

地址:上海市南翔镇众仁路188号   邮编:201802

第二章　出版物发行

第一节　图书发行

上海新华书店等国营书店、出版社、上海市邮政局、民营批发零售企业、中外合资图书零售企业等积极发展图书网点,呈现覆盖城乡、布局合理、功能多元的出版物发行网络体系。民营书店从无到有,发展迅猛,从1982年的24家,增加到2010年的949家,网点数量远远超过国营书店。

1983年上海辞书出版社成立发行所开始自办本版图书征订批销工作,直接与各地书店建立经销业务之后,上海各出版社纷纷效仿,通过设立发行部门、储运部门自办发行。同时"破墙开店"开设为大众服务的服务部等营业性书店,开展邮购、现货批发和零售服务,扩大本版图书发行量。2009年,上海各出版社自办发行总额达48.38亿元,占同期批发总额的48%。

1978年后,上海图书和报刊进出口业务主要由国际书店上海办事处办理。上海外文图书公司、中国图书进出口总公司上海公司、上海远洋运输有限公司海图公司、上海香港三联书店有限公司等同时办理图书和报刊进出口业务。为加强港台地区和国际文化交流,上海外文图书公司、中国图书进出口总公司上海公司先后在中国香港、台湾地区,以及鹿特丹、悉尼、洛杉矶、纽约、多伦多等地举办上海书展、中国图书文化展销会。

截至2010年底,上海市持有《出版物经营许可证》的发行网点3 442家。按经济性质分:内资企业网点2 470家,合资企业网点12家,外资企业网点11家,个体工商户949家。全市有东方书报亭2 120个。

2010年,全市出版物发行销售总额104亿元。其中上海新华发行集团有限公司销售12.85亿元,上海世纪出版集团销售19.72亿元,上海文艺出版总社销售6.50亿元,上海24家出版社自办发行销售22.40亿元,上海外文图书公司、上海图书公司、上海香港三联书店有限公司、中国图书进出口上海公司和中国国际图书贸易公司上海分公司、上海远洋运输有限公司海图公司等销售4.49亿元,东方书报亭销售1.94亿元,上海市邮政局销售10.56亿元,文庙书刊交易市场销售1.72亿元,上海书刊交易市场销售4.86亿元,个体及民营股份制等单位销售18.96亿元。

进入21世纪,上海市重点扶持大型书城与综合性书店、专业书店与特色书店、连锁书店、农村发行网点、网上书店与数字发行平台、出版物交易市场,按照公益性、基本性、均等性、便利性的要求,建立覆盖城乡、布局合理、功能多元的出版物发行网络体系,逐步形成以综合书城、特色书店、连锁经营、物流配送、电子商务为主体的格局,满足人民群众多层次多样化的阅读文化需求。同时优化产业结构,创新发展模式,提升服务能级,鼓励和支持出版物发行企业深化体制改革,吸引和推动社会资本积极进入出版物发行领域,为包括实体民营书店在内的各类书店良性健康发展提供政策保障和规划引导,形成充满生机和活力的出版发行业态和全民阅读活动机制,打造体现上海国际文化大都市定位和特征的一流的出版物发行公共文化服务体系和阅读人文环境。

一、渠道

【国营书店】

改革开放初,上海图书发行渠道以上海新华书店为代表的国营书店为主。

20世纪70年代末期,上海新华书店积极发展集体个体书店,推动全市个体书摊的发展。1980年4月成立集体事业管理处(科),专门负责对全市集体和个体书店(书摊)的扶助、协调和管理。1981年4月,将复兴中路新华书店移交市店集管处开设沪江书店,成为上海新华书店下属的集体书店,主要吸收职工子女返城就业。随着上海书店、上海外文书店相继划归市出版局(市新闻出版局)领导,上海由新华书店独家经营图书发行的体制,变成多家国营书店并存、既竞争又合作的格局。

1982年7月,文化部召开图书发行体制改革工作座谈会,全面推动发行体制改革。上海辞书出版社、上海文艺出版社、上海古籍出版社、上海科学技术出版社、上海人民美术出版社、少年儿童出版社、华东师范大学出版社、上海交通大学出版社等8家出版社的图书,除委托新华书店上海发行所负责发行以外,陆续创建自营的发行机构,积极开拓销售渠道。1983年3月,上海辞书出版社率先成立发行所,自办本社图书总发行业务,直接与各地新华书店建立经销关系。由此,出版社自办发行迅速发展,从开办邮购业务、建立门市部,大力开展批发、产销直接见面等,弥补新华书店主渠道的不足,扩大图书发行量。

1993年6月,上海文庙书刊交易市场挂牌成立。这是文化领域引进市场机制的改革尝试,全国13个省市46家出版发行企业进场交易,总营业面积近1 000平方米,年营业额约1亿元。文庙书刊交易市场成为上海和全国具有示范意义的二级书刊批发市场,催生上海民营书业的发展,培育出一批分布面广的民营和个体书店。1998年3月,上海联市文化发展有限公司、上海新华书店出资成立上海书刊交易市场经营管理有限公司,对文庙书刊交易市场进行管理。2010年,上海文庙书刊交易市场批发1.72亿元,占全市出版物发行销售总额的1.65%。

1997年12月,上海新华书店创办的上海书刊交易市场开业,首期全国17家出版社进驻市场。2010年,上海书刊交易市场批发4.86亿元,占全市出版物发行销售总额4.67%。

1998年11月,上海东方书报刊服务有限公司成立。1999年元旦,东方书报亭1 012个标准化书报亭出现在上海街头巷尾,成为市民购买报刊的主要渠道之一,既为市民提供精神食粮,也为下岗职工提供就业机会,成为上海城市一道文化风景线,被誉为"城市衣襟上的鲜花"。截至2010年,全市有东方书报亭2 120个,销售1.94亿元,占全市出版物发行销售总额1.87%。

2000年6月,由上海新华书店及各区(县)店、上海书城、中国科技图书公司、上海音乐图书公司等24家企业经资产重组后组建的上海新华发行集团有限公司挂牌成立,拥有资产12.6亿元,年销售收入20多亿元,总营业面积50 000多平方米。2004年12月8日上海新华发行集团有限公司改制。2006年10月17日,上海新华传媒股份有限公司"借壳上市",成为中国出版发行行业第一家上市公司。上海新华发行集团完成由国有独资企业转变为国有多元企业,再改制为混合多元企业的过程。上海新华传媒股份有限公司成为集图书、音像、文教用品等多种商品的批发、零售为一体的综合性大型文化企业。2010年,上海新华传媒股份有限公司下属上海新华传媒连锁有限公司销售12.85亿元,占全市出版物发行销售总额12.36%。

截至2010年,上海出版物进出口单位有5家,分别是中国图书进出口上海公司、上海外文图书公司、中国国际图书贸易总公司上海分公司、上海远洋运输公司海图分公司、上海香港三联书店。2010 年销售 4.49 亿元，占全市出版物发行销售总额 4.32％。

【民营书店】

1978 年以来，民营批发、零售企业从无到有、从小到大，逐步发展起来，随着社会主义市场经济的逐步建立和完善、国家宏观政策的逐步放宽，民营书店呈现迅猛发展的势头。2010 年上海民营批发零售 18.96 亿元，占全市出版物发行销售总额 18.23％。

【邮政发行】

1985 年 8 月，上海市邮政局增设报刊发行局，2003 年 8 月，获市新闻出版局颁发的出版物发行许可证，具备国内版图书、报刊的批发、零售资质。2010 年上海市邮政局出版物发行销售 10.56 亿元，占全市出版物发行销售总额 10.15％。

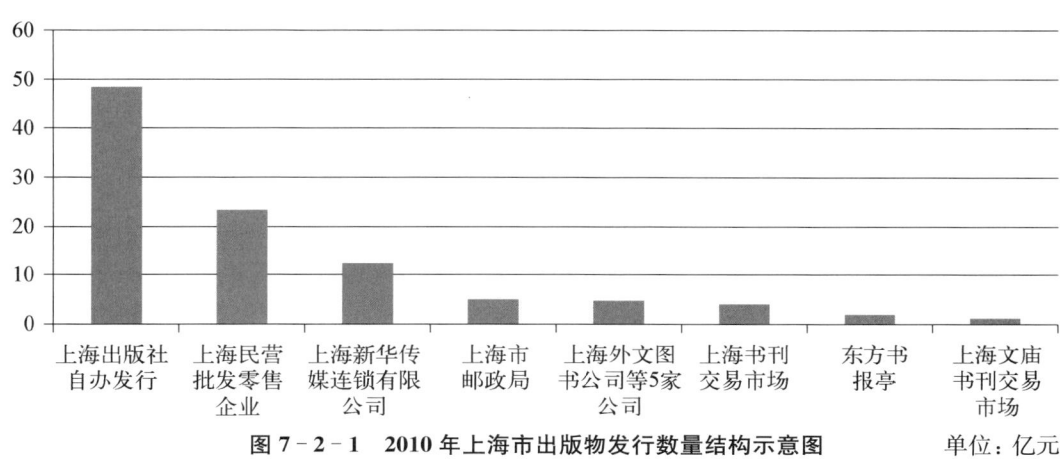

图 7-2-1　2010 年上海市出版物发行数量结构示意图　　　单位：亿元

2010 年，全市全年出版物发行销售总额占比，出版社自办发行占据半壁江山，其次为民营批发零售企业、上海新华传媒连锁有限公司、上海市邮政局，呈现覆盖城乡、布局合理、功能多元的出版物发行网络体系。

二、网点

【主渠道发行网点】

1978 年后，上海新华书店发行网点变化频繁，扩张及紧缩与城市建设和发展有关，反映了发行网点建设的时代背景和大环境。据统计，1978 年全市有 93 个发行网点，1990 年增加到 122 个，2006 年改制为上海新华传媒股份有限公司时，进一步增加到 174 个。之后发行网点回落，2010 年为 117 个。

1978 年 9 月，上海书店、上海外文书店从上海新华书店划归市出版局领导。1982 年后，中国科技图书公司、上海音乐图书公司、上海有声读物公司也与上海新华书店脱钩，上海实体书店从独家经营变成多渠道经营，形成既竞争又合作的格局。

1996 年 8 月，市委宣传部、市新闻出版局等 6 个单位联名发文《关于解决新华书店等主渠道书店网点问题的通知》,要求全市各区县在新建住宅小区商业网点时要将新华书店作为配套项目进行。20 世纪 90 年代末,上海新华书店从系统内分销体制改革向发行体制机制改革聚焦,以充分发挥新华书店系统集约化和规模化优势。2000 年 6 月上海新华发行集团有限公司成立。2006 年 10 月,集团借助中国资本市场股权分置改革与牛市起步的双重机遇,成立上海新华传媒股份有限公司,进行资产置换、股权分置改革。公司所属上海新华连锁有限公司成为上海地区唯一使用"新华书店"集体商标的企业。同一时期,上海外文书店、上海图书公司、中国科技图书公司和上海音乐图书公司通过增加批发业务、开设分支网点、入驻宾馆商场等,积极扩大销售。

上海新华书店网点建设 1981 年 11 月,上海新华书店卢湾区店调整门市布局,开设上海教育书店,面积近 200 平方米,经营品种约 1 300 种。此后,上海新华书店先后建立一批专业特色书店,到 1985 年底,具有一定规模的专业书店达 14 家。1987 年 11 月,南京东路新华书店开设学术书苑,为学术研究者及时提供各类学术著作和出版信息。1987 年 8 月开业的闻喜书店,是上海新华书店首次试行将闸北区店彭浦新村第二门市部租赁给职工个人经营。随着新华书店网点建设的加强,上海新华书店图书批销中心、上海浦东新华图书发行有限公司相继成立,1997 年 12 月建成开业的上海新华书店图书批销大楼总建筑面积 5 200 平方米,集图书现货批发、仓储、配送于一体。2000 年 12 月,普陀区新华书店兰溪店开业。这是新华书店利用社会资源,将民营书店通过"统一销售、统一服务、统一标识、统一配送"模式运营的加盟书店。上海各区(县)新华书店积极进取,为区(县)店中心门市改造、重建和新建作出贡献,其中包括卢湾区店的淮海路新华书店、长宁区店的长宁路新华书店、静安区店的海防路新华书店、杨浦区店的鞍山路、溧阳路新华书店、普陀区店的曹杨路新华书店等。

上海书城网点建设 上海书城作为市政府实事工程和上海市主要标志性文化设施建筑,1998 年 12 月 30 日建成开业。上海书城占地 3 713 平方米,总建筑面积 39 830 平方米,营业面积 1 万平方米,是上海有史以来规模最大、设施最先进的超大型书店,拥有图书、音像制品等共 15 万个品种。上海书城还在南京东路、淮海路等地设立 7 家连锁店。2006 年 12 月,上海书城网上书店重组的新华淘书网开通。

上海图书公司网点建设 1984 年 11 月,上海书店更名为上海图书公司。1999 年,上海图书公司加入上海世纪出版集团,成为集团全资子公司。公司旗下的发行网点有上海古籍书店、上海博古斋、上海图书公司图书城、徐汇图书超市、艺术书坊、艺苑真赏社、特价书店等,并拥有上海香港三联书店有限公司、上海旧书店、新文化服务社等控股和投资的经营网点。

上海外文图书公司网点建设 1985 年 5 月,上海外文书店更名为上海外文图书公司,是全国第一家地方性图书进出口公司。上海外文书店对外供应部加快在机场、宾馆等涉外场所布点,先后在锦江饭店、和平饭店、国际饭店、上海大厦、达华宾馆及虹桥机场等开设外文书店。2005 年时已有销售店 12 家,代销店 74 家。自主经营的门市书店主要有上海外文书店、复旦大学外文门市部、上海美术书店、外文旧书门市部、原版图书门市部、徐家汇外文书店门市部、水城路外文书店门市部、浦东国际机场外文书店销售点等。

中国科技图书公司网点建设 1978 年 2 月,河南中路新华书店恢复上海科技书店名称,1984 年 7 月更名为中国科技图书公司。公司曾是全国最大的科技图书发行集散地。先后设立上海天天新书总汇图书超市、上海计算机广场、上海技术标准书店、上海学府书局、上海中科图书发行代理中心、上海邮购书店、内部书店、图书馆供应部等,曾在 26 个大专院校设立书店、书亭,通过承包经营、新开门店,加强科技图书的发行。2000 年 6 月归入上海新华发行集团。

上海音乐图书公司网点建设 1978 年 4 月，西藏中路新华书店恢复上海音乐书店名称，1990 年 10 月扩建为上海音乐图书公司。1995 年至 1999 年，上海音乐图书公司分别开设福州路音乐书店、控江路音乐书店、思南路音乐书店、山东路音乐书店、湖北路音乐书店、汉中路音乐书店 6 家分公司。2000 年 6 月归入上海新华发行集团。

上海香港三联书店有限公司 1990 年 4 月，上海香港三联书店有限公司开业。这是国内第一家中外合资经营的书店，门市部设在淮海中路 624 号。2007 年 4 月，公司获新闻出版总署颁发的《出版物进口经营许可证》。

上海韬奋西文书局 2005 年 2 月在长乐路 325 号开业，由上海外文图书公司与中国韬奋基金会合办，营业面积 400 平方米，专门经营各类进口原版外文图书、报纸、杂志等。

上海博库书城 2005 年 5 月在徐家汇宜山路 515 号开业，由浙江省新华书店投资。经营面积超过 1 万平方米，经营图书、音像品种 25 万种，成为仅次于上海书城的一家大型书店。

东方出版交易中心 2001 年 12 月开业，由上海新华发行集团和陆家嘴集团公司等共同投资。是集出版物展示销售、信息发布和现、期货批发交易、畅销图书竞拍等多种功能于一体的交易市场。2002 年 1 月 4 日，上海新华发行集团举行所属 200 余家书店全线进入东方出版交易中心网上采购仪式。2004 年起，中心主要从事零售数据的收集和发布。

上海书刊交易市场 2010 年 9 月，上海市文庙书刊交易市场、上海书刊交易市场更名为上海书刊交易市场，迁至大宁路 1139 号。

【民营和混合所有制企业发行网点】

改革开放以来，民营书店发行网点发展迅速，填补区域或专业图书发行网点空白，成为市场关注的新业态。同时，民营书店在升级转型、新技术应用等方面走在前面，打造一批具有社会影响力的书店品牌。但民营书店也因场地租金高，经营理念不同等原因不时出现"闭门"、歇业等现象。

上海钟书实业有限公司 1995 年 5 月成立，是一家民营图书批发、零售企业，先后开设十多家钟书书店。

思考乐书局 2001 年 12 月，上海索克企业发展有限公司与上海世纪出版集团合作成立世纪索克图书有限公司，从事图书销售业务，双方各占 50％ 的股份。后更名为上海思考乐图书有限公司。由于国有资本不控股，当时被认为是一项创新。2002 年 3 月，营业面积 6 500 平方米的思考乐徐家汇店在美罗城开业。之后陆续开设思考乐福州路和浦东正大广场店等。2003 年上海世纪出版集团退股。2005 年 8 月，公司因资金链出现问题被南京大众书局图书连锁公司收购。

上海英特颂图书有限公司 2003 年 11 月成立，是上海第一家获图书、报纸、期刊及电子出版物总发行业务的民营企业。2004 年 5 月，英特颂与江苏新华发行集团合资成立上海万卷新华图书有限公司，公司总资产 1 600 万元，英特颂与江苏新华发行集团各投资 800 万元。

上海九久读书人文化实业有限公司 2004 年 3 月成立，是一家图书出版发行企业，以 99 网上书城、99 读书人俱乐部等无店铺方式从事销售业务。

大众书局图书连锁有限公司 2005 年 8 月，江苏大众书局图书连锁有限公司接盘思考乐书局在上海的门店，大众书局徐家汇美罗店、福州路店、浦东正大广场店开张。

上海明君书店 2001 年 1 月开业，以在地铁沿线开设书店为主，曾拥有 30 多家连锁书店、20 多万会员，是一家集策划、编辑、印刷、发行为一体的图书经营机构，2006 年 11 月在大宁国际商业广场开设 1 200 多平方米的明君文化城,后因租金高、人流少、销售折扣大等原因经营发生困难,2008 年 4 月停业。同年 11 月,最后两家分店歇业。

【出版社自办发行网点】

上海的出版社自办发行一般有三种形式:(1)出版社统一核算利润、费用,发行部门实行目标管理。大多数出版社实行这种形式。(2)发行部门单独成立公司,属于二级法人,独立核算,自负盈亏。启动资金由出版社投入。早期的上海科技图书出版发行公司、上海译文图书发行实业公司、上海古籍图书发行公司、上海挂历经营公司、大百科图书发行公司等都采用这种形式。(3)自办发行部门所属储运、门市或邮购单独成立集体所有制企业,独立核算,自负盈亏,其法人一般由发行科负责人兼任。资金由社和集体企业职工共同投资入股,年终分红。上海辞书出版社、少年儿童出版社、上海人民出版社、上海教育出版社、学林出版社、上海远东出版社、上海人民美术出版社、上海书店出版社等采用这种形式。不论采用何种形式,各出版社自办发行基本实行责任承包制和目标管理制。到 1995 年底,全市各出版社有发行人员 784 人,自设门市部 43 个,形成一支自成体系,兼有批发、团购、零售、邮购等功能的发行力量。后因上海世纪出版集团和上海文艺出版总社相继成立,出版社自办发行被重组。

沪渝联营书店　1982 年 11 月,经市出版局和重庆市出版局共同倡议,上海人民出版社、上海教育出版社、上海文艺出版社、上海辞书出版社、上海人民美术出版社、上海科学技术出版社、少年儿童出版社、上海古籍出版社、上海译文出版社、上海书画出版社和上海书店等集资 52 万元,重庆市出版社、书店集资 14 万元,跨省市建立沪渝联营书店,店址在重庆市民生路 129 号,主要发行上海各出版社图书,从事西南三省书店的批发和零售业务。由于市场变化和管理不善,1989 年经沪、渝双方协商,上海地区出版社退出全部股权,沪渝联营书店改组为重庆印刷出版发行联营公司。

东方图书公司　1984 年 8 月成立,由上海人民出版社、上海辞书出版社、上海教育出版社、学林出版社、上海古籍出版社、少年儿童出版社、上海译文出版社、上海人民美术出版社、上海书画出版社、上海科学技术出版社、华东师范大学出版社、复旦大学出版社、上海外语教育出版社、上海交通大学出版社、上海翻译出版公司等和新华书店上海发行所、上海书店、上海外文书店、中国出版对外贸易总公司上海分公司等集资 5 000 多万元创立,1985 年元旦对外营业。以沪版图书全国批发和邮购业务为主,承办过三届文汇书展。后由于各出版社先后建立自办发行机构,东方图书公司逐渐改为经营外地出版物在上海的批发和一般图书的零售业务。1996 年 1 月,上海书画出版社收购各股东单位的股权,东方图书公司成为上海书画出版社所属图书发行部门。

上海和文图书发行有限责任公司　2000 年 3 月成立,由上海新华书店与上海世纪出版集团、上海科学技术出版社、上海科技教育出版社、上海文艺出版总社、上海外语教育出版社等 26 家单位共同出资 1 760 万元建立,主要从事上海版图书向外地的批发销售业务。

【合资企业发行网点】

1995 年 2 月,中国科技图书公司和德国贝塔斯曼股份有限公司合资组建的上海贝塔斯曼文化实业有限公司开业。1997 年 1 月,公司成立贝塔斯曼书友会。随着网络发展、网上书店兴起,公司经营遇到困难,先后在上海新华书店多家门市部设立专柜为会员提供服务,2005 年销售 1.06 亿元,2006 年销售 0.89 亿元,2007 年销售 0.67 亿元。2008 年 8 月 3 日,贝塔斯曼中国宣布终止上海贝塔斯曼文化实业有限公司在华业务。

表 7‑2‑1　2010 年上海新华书店营业网点一览表

【上海书城】	【浦东店】
福州路店　福州路 465 号	川沙门店　新川路 255 号
南东店　南京东路 353 号 353 广场 5F	高桥门店　高桥镇王家街 22 号底层
淮海店　淮海中路 717 号	文峰门店　张杨北路 801 号
长宁店　长宁路 1057 号	金杨门店　金杨路 649 号
曹杨店　枣阳路 107 号	博山门店　博山路 17 号
鞍山店　鞍山路 20 号	乳山门店　乳山路 73 号
东方书城　商城路 660 号乐凯大厦南广场	芳华路门店　芳华路 474 号
五角场店　国宾路 58 号 2 楼万达商业广场内	南码头门店　南码头路 231 号
	崂山门店　南泉北路 7 号
	证券大厦店　浦东南路 528 号证券大厦地下一楼
【黄浦店】	【虹口店】
大兴街门店　大兴街 55 号	川北门店　四川北路 856 号
广东路教材书店(小学)　广东路 310 号	山阴门店　四川北路 2056 号
广东路教材书店(中学)　广东路 362 号	广中门店　广灵一路 24 号
浦三路门店　临沂路 140 号	凉城门店　凉城路 593 号
洪山路门店　洪山路 192 号	塘沽门店　塘沽路 625 号
昌里路门店　长清路 92 号	奎照门店　奎照路 669 号
南泉路门店　南泉路 1131 号	
北中路门店　北中路 399 号	
【闸北店】	【嘉定店】
绿凯门店　平顺路 159 号	罗宾森店　嘉定镇城中路 162 号
彭浦门店　闻喜路 830 号	安亭门店　安亭镇昌吉路 207 号
共康门店　共康路 386 号	解放街门店　南翔镇古漪园路 347—349 号
大华门店　大华二路 149 号	马陆门店　嘉定区马陆宝安公路 3322 号
新沪路门店　新沪路 1139 号	
新客站门店　秣陵路 258 号二楼	
【普长店】	【徐卢店】
兰溪门店　兰溪路 138 号二楼	港汇广场店　虹桥路 1 号五楼
武宁门店　武宁路 104 号	南丹东路门店　南丹东路 265 号
延长西路门店　延长西路 350 号	田林东路门店　田林东路 407 号
大华门店　大华路 518 号三楼	漕河泾门店(习勤)　康健路 81 号
丰庄门店　丰庄路 454 号	梅陇门店　新梅陇路 415 号
桃浦门店　雪松路 389 号	长桥门店　罗香路 73 号
真如门店　兰溪路 215 号	龙华门店　龙华路 2859 号
曹家渡门店　长宁路 85 号	教材书店　中山南二路 260 号
娄山门店　玉屏南路 490 号	大木桥门店　大木桥路 499 号
新华门店　新华路 419 号	复兴路门店　复兴中路 1254 号
仙霞门店　仙霞路 420 号	百联中环店　真光路 1288 号 4 楼 B 座
虹桥枢纽店　虹桥机场内	鲁班路门店　鲁班路 359 号
	友谊商城店　沪闵路 7388 号友谊商城五楼
【杨浦店】	【南汇店】
延吉路门店　延吉中路 31—37 号	惠南门店　惠南镇东门大街 508 号
建筑书店　四平路 941 号	惠南乐购门店　惠南镇南门大街 18 号
溧阳科技书店　四平路 95 号	周浦门店　年家浜路 538 号南汇万达广场 2 楼
苏州绿宝店　苏州市高新区长江路 436 号绿宝广场	新场门店　新场镇朝阳路 52 号
	大团门店　大团镇永春路 138 号
	祝桥门店　祝桥镇奉南川公路 5093 号

（续表）

【静安店】 仙霞门店　仙霞西路 88 号 3103 海防路门店　海防路 338 弄 1 号 乐购光新店　中山北路 1856 号	【青浦店】 练塘门店　练塘镇练北新村 24 号 朱家角门店　朱家角北大街 368 号 公园路门店　公园路 420 号
【宝山店】 牡丹江门店　牡丹江路 1754 号 淞滨门店　淞滨路 133 号 罗店门店　罗店塘西街 85 号 月浦门店　月浦龙镇路 100 号 友谊门店　友谊路 55 号 教育书店　同泰北路 15 号 海二门店　青冈路 44 号 共富门店　共富路 182 号	【闵行店】 莘建路门店　莘庄镇莘建路 128 号 七宝门店　七宝镇青年路 299 号 沪闵路门店　沪闵路 237 号（二楼） 吴泾门店　吴泾镇龙吴路 5485 号（吴泾商厦三楼） 三林门店　灵岩南路 1170 号 龙茗路店　龙茗路 1333 号
【崇明店】 八一路门店　八一路 458 号—466 号 堡镇门店　堡镇中路 160 号 庙镇门店　庙镇大街 146、150 号 陈家镇门店　陈家镇陈家镇村 13 队	【松江店】 泗泾门店　泗泾镇开江东路 177 号 中心门店　松江中山中路 244 号 3 楼 地中海门店　新松江路 925—927 弄 4 层开元地中海商业广场
【金山店】 金山图书影视城　朱泾镇万安街 619—641 号三楼 枫泾门店　枫泾镇枫丽路 197 号 亭林门店　亭林镇寺平北路 79 号 张堰门店　张堰镇中大街 368 号 山龙门店　石化卫清路 734 号 石化门店　石化卫零路 185 号 3 楼	【奉贤店】 新建门店　南桥镇新建中路 556 号 育秀路门店　南桥镇育秀路 426 号 解放路门店　南桥镇解放西路 315—317 号 奉城门店　奉城镇城大路 168 号 四团门店　四团镇天鹏街 128—132 号 南桥百联店　南桥镇百齐路 588 号 3 楼

第二节　报刊发行

　　自 1978 年始,报刊出版品种日益增多。上海市邮政局为服务中央及各地报刊社,满足大众的阅读需求,通过积极编印年度征订目录供全市企事业单位和个人读者进行年度收费订阅。截至 20 世纪 90 年代,征订零售报纸增加到 544 种、期刊增加到 2 751 种,并设立阅报栏供大众阅读、增设报刊门市部等扩大零售。同时,根据"开放式、多渠道、少环节"的总体要求,开始广开发行渠道,方便读者订购报刊。在邮局和报刊社双向选择下,上海出版的报刊开始出现多渠道发行局面。随着部分报刊改为报刊社自办发行及报刊售价提高等原因,邮发报刊的品种和数量都有所下降,但邮发在整个报刊发行中仍起着主渠道作用。

一、渠道

　　上海报刊发行以发行方式不同可分邮局订阅、报刊批发、门市零售三个层次,邮政订阅主要是通过邮政报刊发行网络和报刊社自办投递业务将报刊投送给订户,后者属于报刊社自办发行。除传统渠道订阅,21 世纪初开创的在线报刊订阅平台也是有益的补充。报刊批发主要通过上海文庙书刊交易市场、上海书刊交易市场两大批发市场。零售根据不同的网点可分为报刊门市部、书报亭（摊点）、超商门市、出行站点（机场、地铁、铁路、公路）等。

报刊的邮政订阅，新中国成立以来一直采取"邮发合一"模式，邮电部门占有全部市场份额。20世纪80年代起，一些发行量大或特别专业的报刊开始自办发行，"邮发"和"自发"两种模式并存竞争。"自发"是每家报刊社单打独斗，规模较小；20世纪90年代后，随着专业报刊发行公司的成立、投送点的日益增多，"自发"开始出现压倒性优势，"邮发"规模缩小，报刊发行模式发生裂变，呈现多渠道的发行模式。

上海报刊发行渠道主要有国有报刊发行公司、国有参股的报刊发行公司、民营报刊发行公司等多种。民营资本的介入，使得上海报刊发行呈现多元格局，标志着报刊发行进入新阶段。

国有报刊发行公司以及国有参股报刊发行公司主要有：上海邮政报刊发行局、上海东方书报刊服务有限公司、上海久远出版服务公司、上海地铁书刊服务有限公司、上海邮政全日送物流配送有限公司、上海空港文化传播有限公司等，是上海有影响和零售能力的发行渠道，占领全市主要的街道。业务涉及上海、浙江、江苏和北京等地的轨道交通、便利店、机场系统及地面书报亭，分别在不同的渠道成为全国领先的书报刊连锁经营代表性企业。2009年，上海复星书刊发行产业有限公司及关联企业下辖4 151个网点，销售达1.6亿元。

二、网点

【报刊订阅】

邮政订阅　邮政订阅是1978年至2010年上海大多数报刊采用的发行方式。截至2010年，上海邮政报刊发行局共发行全国邮发报刊11 246种，上海地区邮发报刊542种。全市报刊订阅流转额9.67亿元，发行业务收入6.17亿元。报刊发行局通过与报刊社联合制作"集订分送单""订阅赠礼"及召开党报党刊年度发行会议、表彰报刊发行先进集体和个人等方式，保持基本订阅量。

上海邮政全日送物流配送有限公司由解放日报社、上海市邮政局等共同组建，自1999年开始全天候为市民投递《新闻晨报》《新闻午报》《新闻晚报》《东方早报》《申江服务导报》《上海星期三》和《上海电视》《每周广播电视》报等，打造"邮政全日送"品牌形象。

报刊社自办发行　报刊社自办发行自20世纪90年代中期出现。在这一时期创办的定位大众化、平民化、市场化的娱乐类、都市类等报刊，依靠自办发行快速占领市场，获得竞争优势。报刊社自办发行最基本的形式是通过自己的渠道征订，再由邮局投递给订户。其他发行形式还有将报刊批发给社会报刊发行公司，通过上海久远经营公司、东方书报亭等报亭、报摊零售以及邮购、直送等。随着读者阅读方式的改变，报刊发行量减少，加之人力成本提高，从经济角度考虑，自办发行比邮发成本更高，自2008年始，自办发行开始衰落。

在线报刊订阅平台　伴随网络的发展，一些新机构开始在网上搭建报刊发行代理订阅平台。这类在线报刊订阅平台在报刊送达订户后才能收取代理费，报刊社不需要前期投入，受到中小报刊社欢迎。其中比较典型、也是中国较早的在线报刊订阅平台是蜘蛛网，由上海万丰文化传播有限公司2006年创办，订户可以全程在线订阅2 000种报纸和9 000种期刊。针对不同的行业不同的客户，蜘蛛网还定制不同的订阅套餐，以吸引众多报刊社入驻。2010年，上海万丰文化传播有限公司年总收入9 894万元，净利润28万元。

【报刊批发】

上海报刊出版单位主要通过上海文庙书刊交易市场、上海书刊交易市场直接设立发行网点进行现货批发,或者委托交易市场发行网点向全市零售网点、个体摊贩进行批发,以减少流通环节,节省时间。通常通过交易市场批发的报刊为晚报、都市报等普通读者喜闻乐见的生活类报刊,对发行时间要求很迫切。

【报刊零售】

上海邮政报刊门市部　1979年邮电部在西安召开全国报刊零售工作会议后,上海邮电管理局根据会议精神,开始从增设零售网点、扩大报刊品种、培训人员和加强管理等方面改进报刊零售工作。1990年第十一届亚洲运动会在北京举行期间,上海邮政报刊发行局积极开展体育报刊零售,因成绩显著,被亚运会组委会授予荣誉证书。同年,邮电部组织全国各省、自治区、直辖市报刊零售业务"赛发展、赛效益、赛管理"竞赛,上海市邮电管理局被评为全国优胜单位。至1990年末,全市有自办报刊零售点1972处,其中报刊门市部33处、报刊亭25处和委办零售点542处。全年报刊零售流转额为2968万元。

书店期刊零售　1982年,上海书店在福州路设立报刊门市部,零售民国旧期刊影印本和新版期刊。南京东路新华书店也设立期刊专柜零售新版期刊。1994年4月,华山路新华书店与中国期刊协会合作设立全国期刊总汇,陈列展出全国1500多种期刊。

上海久远经营公司　1992年成立,以图书、期刊的批发、零售和出版服务为主,是全国较早以超市为发行网点的书刊批发零售企业,也是上海各大连锁便利公司唯一的期刊供应商。截至2010年底,公司拥有近3000家发行网点。

上海东方书报亭　1999年元旦,1012个东方书报亭在上海市区主要的街道亮相,成为上海地区最有影响的报刊发行渠道。截至2010年底,东方书报亭共有2120个网点,销售额达1.94亿元。

上海复星书刊发行产业有限公司　1999年1月成立,由民营企业上海复星集团投资组建,通过投资及合作等形式,分别投资或参股成立上海地铁书刊服务有限公司、上海久远出版服务有限公司、上海空港文化传播有限公司等专业书报刊发行公司。2007年12月更名为上海复星书刊发行产业有限公司。

上海地铁书刊服务有限公司　1999年8月成立,由上海市地铁总公司、上海复星信息产业发展有限公司、上海复星书刊发行有限公司共同出资100万元组建成立。公司在上海轨道交通沿线站台和站亭开展报刊零售业务,拥有近百家"上行线"及"都市文驿"连锁自主经营网点,占据轨道交通书刊发行80%以上的市场份额。2010年,公司实现营业收入1.3亿多元。

浦东机场空港书店　上海空港文化传播有限公司2008年10月成立,由上海复星书刊发行产业有限公司和上海外文图书公司共同投资经营。2008年11月开始在浦东国际机场经营空港文化书店,经营图书、报刊、音像制品、文化用品的零售等。截至2010年,浦东国际机场空港文化书店已发展到14家。

虹桥机场上行书店　2010年3月,上海虹桥机场2号航站楼投入使用。上海复星书刊发行产业有限公司通过公开竞标获得航站楼内书报刊项目经营权,独家经营12家上行书店,总经营面积近800平方米。同年,虹桥综合交通枢纽东交通广场的上行书店也对外营业,零售图书、报刊、音像制品、文化用品等。

第三节　音像电子出版物发行

20 世纪 80 年代初期,唱片、录音带、录像带逐渐走上市场,进入家庭,上海音像电子出版物市场销售从 20 世纪 80 年代起一直保持着全国领先优势。

一、渠道

【音像制品发行】

唱片、录音制品　20 世纪六七十年代,粗纹唱片、密纹唱片出现在书店,但因为价格较高未能普及。80 年代初期,薄膜唱片、录音带因物美价廉风行一时,深受读者喜爱,上海音乐书店经常出现排队争购场面。上海新华书店各区县主要新华书店相继设立音像制品专架、专柜、专区,成为继图书之后的第一销售大类。如徐家汇新华书店等从 1977 年开始设立音像部;延安东路新华书店 1984 年增设磁带供应专柜,1986 年供应婴幼儿教学、中小学教育、外语教学等方面的盒式教学录音磁带 100 多种近 6 万盒,《跟我学》《学日语》《儿童英语》等磁带畅销,之后又增设戏曲音像制品专区,受到专业读者欢迎。

中国唱片公司上海分公司《成功的路不止一条》录音带 1984 年底投入市场后,发行量达 150 万盒,当时盒式录音机尚未普及,这个销量是极为惊人的。1991 年发行的《红太阳》录音带出版后更是大受欢迎,三个月发行达 500 万盒,创造音像出版发行史上的一个奇迹。

录像制品　从 20 世纪 80 年代起,一些港台连续剧、国外故事片录像带迅速走上市场,使音频产品向音、视频产品并举的方向发展。上海的专业音像制品出版厂家通过建立生产线、引进片源等方式满足市场需求。上海多家出版社相继成立音像部,配合本版图书出版发行音像制品。新华书店系统主渠道与民营书商、代理商、连锁书店等二渠道共同发行,出版社—总批发商—二级批发商—零售商—读者这一长渠道与出版社自办发行等短渠道形成比较密集的营销网络,为读者提供便捷服务。传统音像出版单位在教育培训、少儿出版等领域有较好成绩。

光盘音像制品　20 世纪 90 年代,以 CD、VCD 为代表的光盘进入音像市场,开始激光读取数据和音视频数字化的高科技时代,上海先后建立多家光盘生产企业。

1991 年,中国唱片公司上海分公司投资建立上海联合光盘公司,这是继深圳先科之后成立的全国第二家、上海第一家光盘厂。

1997 年 9 月,上海新汇光盘(集团)有限公司成立,由市广播电影电视局、市新闻出版局、中科院上海冶金所、中科院上海光机所、上海联合投资有限公司组建的股份制企业,是我国首家跨媒体经营的音像产业集团。2007 年 5 月,上海新汇光盘(集团)有限公司更名为上海新汇文化娱乐(集团)有限公司。下属上海声像出版社、上海音像公司、上海电子出版公司等骨干企业。

2001 年 5 月,上海新索音乐有限公司成立,由上海新汇光盘(集团)有限公司、上海精文投资有限公司和日本索尼音乐国际共同投资,专门从事音频和视频内容的制作及光盘复制生产和发行,是国内媒体制作及复制行业首家中外合作企业。

2007 年,全市 24 个音像出版单位共出版音像制品 3 104 种,发行量 2 656 万张,销售收入 2.24 亿元,实现利润 3 700 万元。

数字音像制品　1999 年,P2P 文件共享技术被运用到音乐和影视受众共享上,音乐和影视作品可以在网络中免费传送,导致全球性音像产业实体销售大幅下降。以此为契机,音像产业开始转型。传统的实体音影传播模式,开始转向数字音影传播模式,这种产业变迁对固有的音像产业发展造成巨大的冲击。

2010年7月16日,国家音乐产业基地(上海)音乐制作中心在上海虹口区建成启用。中心主要功能涵盖音乐人工作室、音乐公司集聚中心、音乐教育中心、音乐制作中心、音乐(数字)出版中心、音像制品集散中心、唱片展示中心暨中国唱片博物馆、音乐传媒中心、音乐版权交易中心、音乐产业融投资中心等。

音像制品批发　1996年5月,上海音像制品批发交易市场在黄浦区陆家浜路开业,面积4500多平方米,是一家大型国营音像制品批发交易市场,由上海大光明文化(集团)公司等出资组建。2006年1月进行改建,以"新潮、文化、高端"为市场定位,拥有现代化的信息和物流配送系统。2007年因市政动迁等原因停业。

2007年,上海音像城在闸北区宝山路111号开业,占地21000平方米,是全市第一个基本由民营资本投资建成,有众多品牌供应商驻场的音像制品批发机构。经过多年发展,上海音像发行已形成以国有音像企业为主渠道,国有书店、出版社自办发行、国有唱片公司、合资企业、民营连锁音像店多渠道并存的格局。

【电子出版物发行】

20世纪90年代,中国开始制作出版电子出版物。面对电子出版物市场,反应最快、最为敏感的是既有专业知识优势又有丰富出版资源的出版社。上海交通大学出版社等高校、科技类出版社迅速设立专业编辑部门从事电子出版物的编辑加工,新华书店上海发行所同步设立专业发行队伍,通过目录征订、发样征订,以及走访书店等方式积极推广。上海电子出版物市场发展迅速,20世纪90年代后一直保持在全国的领先优势。

1994年10月,上海电子出版公司成立,是新闻出版署批准的全国第一家电子出版公司。1997年新闻出版署对光盘生产进行结构和布局方面的调整,北京、上海、广东的国家光盘复制基地,初具规模,已有98条生产线纳入管理范围。

电子出版社的发行销售渠道,首先是计算机商店和软件专卖店,其次是音像商店和书店、商场等。在上海,由于新华书店对电子出版物的重视和积极争取市场份额,市中心的华山路新华书店计算机图书总汇等积极销售电子出版物,成为上海电子出版物的一个集散地。电子出版物的发行渠道以新华书店为主,出版社自办发行、计算机商店和软件专卖店、音像商店等销售为辅的格局。2007年,全市18个电子出版单位共出版电子出版物570种,发行2952.26万套(盘),销售收入1.07亿元,实现利润1420万元。

1994年至2010年,上海电子出版物出版品种和销售收入基本上呈现逐年递增趋势。至2010年,上海音像电子产品总产值(音像电子发行金额)2.17亿元,主营业务收入1.89亿元,利润总额2200万元。

二、网点

上海音乐书店是上海音像电子出版物制作、发行的重点企业,较早就开设复录制作加工工场,"前店后场"。凭借"前店后场"的实践,创设了上海有声读物公司。1990年,上海音乐书店扩建为上海音乐图书公司。2002 年因西藏中路总部配合市政建设动迁而歇业。2003 年 4 月,上海音乐书店整体并入上海新华发行集团音像分公司。2005 年 7 月,上海音乐书店入驻福州路(原中国科技图书公司)重新开张,融音乐图书、音像制品、中西乐器、艺校培训为一体,并首次在音乐图书领域引进品牌专卖店和大卖场理念。书店营业面积达 5 000 余平方米,一楼大厅为音乐类图书专卖及"海音琴行"乐器连锁专卖店,二楼为音像专卖店,三楼为音像大卖场,经营品种总数达 3 万余种。

上海新华书店介入音像电子出版物发行零售也比较早。1987 年 9 月,上海新华书店在总结各区县新华书店销售音像制品的业绩之后,组建市店音像经营部。1994 年 7 月,扩建成立上海新华书店音像公司,其任务是向上海及各地经销企业批发、零售音像设备和视频产品。1995 年 7 月,上海新华书店音像公司所属音像超市(福州路 310 号)开业,营业面积 160 余平方米,拥有音像制品4 000 余种。1995 年 11 月,上海新华书店音像公司在上海商务中心开设音像制品连锁店。1996年,以"批发带零售,零售促批发"的经营方针,拓展音像制品经营渠道,先后建立新碟音像总汇、文化商厦音像超市、天兴百货音像超市等六个具有一定规模的网点。1997 年初开始从事电子出版物销售业务,当年实现销售 98 万元,2001 年电子出版物销售额达到 2 039 万元,超过 1997 年的 20 余倍。1998 年 5 月,上海新华书店音像公司移址广东路 306 号,有营业面积 2 000 多平方米,备有各类音像制品逾万种,以音像批发为主,兼营零售。南大楼一楼为音带、VCD 专卖,二楼为 CD 专卖,三楼为电子出版物专卖,四楼设有视听室,全部开架陈列,可供读者自由挑选,成为上海经营音像电子出版物"大户"。

1996 年 2 月,静安区店华山路新华书店开设计算机图书总汇,营业面积 100 平方米,备有各类计算机图书 3 000 余种,主营图书、期刊、电子出版物,兼营电脑硬、软件。1997 年 4 月,上海新华书店决定在门市销售中增加电子出版物的经营品种。新华书店上海发行所发行二科开展电子出版物直发零售书店的业务,并在杨浦区店五角场新华书店、长宁区店中山公园新华书店、静安区店华山路新华书店和亚光书刊经营部开设专柜。

1996 年 4 月,上海美亚音像连锁经营有限公司成立,在全市一度拥有 200 家连锁门店,近百万会员。2002 年 1 月,美亚音像获文化部颁发的全国直营连锁和加盟连锁许可证后,在浙江、福建、辽宁、山东等地开出数家加盟连锁店,开始向全国扩张。

1996 年 5 月,由上海市文广影视局指导的上海市音像制品批发交易市场开市,以物业租赁形式引进 20 多家出版、发行企业进场经营。

1996 年 12 月,全市 20 家销售电子出版物的新华书店音像门市部和亚光、新兴服务公司在上海英特尔公司的支持下配备演示电脑,为进入电子出版物销售领域提供便利。

1997 年 3 月,上海新华书店成立电子出版物发行部。经一年多实践,全市除崇明、金山等郊县书店外,大部分区(县)店新华书店都设立电子出版物专柜,当年实现销售近百万元。

1998 年 1 月,上海书城音像店在九江路开业。

2000 年 10 月,上海新汇世纪音像中心有限公司成立,专门从事音像制品及相关产品销售,由上海新汇光盘集团与上海世纪出版集团共同投资组建,在上海大剧院店等处经销音像制品。

2000 年 12 月,上海东方音像连锁有限公司开业,首批挂牌的门店有 48 家。从 2001 年 1 月至年底,东方音像公司通过系统内网点资源的调整和对外发展,连锁网点由年初试营业时的 48 家发展到年底的 96 家,营业面积 6 500 余平方米,年销售为 1.08 亿元,税后利润 125 万元,成为上海音像市场受人关注的企业。2002 年 12 月,东方音像公司第 188 家连锁店在上海农工商第 112 号店开业。经过两年发展,东方音像公司网点遍布上海各区、县商业中心和社区、学校,营业面积达到 1.2 万平方米,经营范围以音像制品、电子出版物为主,兼营相关图书、杂志、乐器、视听设备等。

2001 年 11 月,上海新华发行集团下属上海音乐图书公司、上海东方音像连锁有限公司、上海新华书店音像公司重组,三家企业仍依旧经营。2003 年 4 月,三家企业正式合并成立上海新华发行集团音像分公司。2005 年,上海新华书店音像公司销售达到 1.5 亿元,居全市之首。

2002 年 12 月,上海新华发行集团所属上海音像图书城在徐家汇商业圈开业。营业面积 4 000 平方米,经营的音像制品及图书达 8 万多种。由于市场格局发生变化,靠零售难以为继,2003 年 6 月图书城歇业。

2007 年,上海音像城在闸北区宝山路开张,部分全国品牌音像电子出版机构和批发商入驻经营。

随着电子产品的更新换代和网络的快速发展,阅读载体不断发展创新,尤其是电脑产品的普及,使音像电子产品的付费下载或免费获取成为现实,网上交易大幅增加,传统音像电子出版物向以网络为主的数字模式转变,致使实体书店的传统音像电子产品销售逐年下降,一批专业音像经营门市难以为继,成为技术、产品发展的牺牲品。

第四节　出版物营销

随着互联网技术的发展,读者阅读习惯发生改变,对于出版发行企业而言,营销的难度随之增加。传统销售方式显然无法应对新形势、新变化,在数字化环境中陷入困境,效果大打折扣。一些出版发行企业在这种变化中,通过引进或嫁接新技术,推出多种出版物营销举措,打开市场,赢得读者,扩大销售。

一、网上营销

1997 年 1 月,南京东路新华书店与"上海公共信息网"签订合同,将图书信息加入社会网络,建立全国新华书店系统最早的"网上书店",为各地特别是海外读者购书提供方便。1998 年 12 月 30 日,上海书城开通上海书城网上书店,成为国内首家获国际 VISA 组织认证、可以直接进行网上结算的网上书店。与此同时,上海各出版社也纷纷开设网站,宣传品牌形象,展销和推广自家图书,与读者建立双向互动的信息交流服务。此时的网上营销仍处于商品营销的 1.0 模式,其目的是将出版物卖出去,网上书店仅仅充当门市销售的新型替代载体。读者接入网络的便捷性、网上售书的人性化(将营业时间延长至极限,打破空间地域的壁垒,不受营业场地限制,使供需双方之间信息交流的广度、深度、速度有质的飞跃等)、物流配送体系成为网上书店的三大支柱。随着互动性社会化媒体,如博客、微博、论坛、社交网络的兴起,逐渐成为网上营销的新秀。

网上营销经典案例是上海世纪出版集团旗下的北京世纪文景文化传播公司运作的《达·芬奇密码》(上海人民出版社出版)。2003 年,世纪文景获得中文样稿后,得知《达·芬奇密码》的故事、情节十分引人,在国内较早推出"网站互动"的营销新方式:建立《达·芬奇密码》网站,网站设计非常独特,首页是一个游戏,也是读者与作者布朗"较量"的一个机会——读者只有赢布朗才被许可进入站点。一年内,《达·芬奇密码》网站累积点击量超过 1 200 万次。在 2004 上海书展上,文景公司又特别策划一场以《达·芬奇密码》3 位主要人物为原型的演出,并穿插与读者的互动。《达·芬奇密码》吸引很多网络读者,借助网络成为当年畅销书。

二、会员制营销

会员制营销的第一要素就是维系自己的会员。上海新华书店是实行会员制的先行者。

1995年4月，上海新华书店主办的上海书香读者俱乐部成立并开始运转，是在全国同业中首次以会员制、直销形式进行运作的图书直销网络，以快捷、准确、便利服务读者。上海书香读者俱乐部最初在上海南京西路新华书店二楼设立销售专区并办理会员登记和购书业务，1999年开始由上海学习书店注册经营，通过发展会员、普通发放会员卡，普通会员卡分两种，一种是会员凭证，一种是储值卡，为读者购书提供方便，"为读者找书，为书找读者"，"为作家找知音，为书友找同好"，通过组建覆盖全市的百余家图书直销网络推荐优秀读物，播撒生活乐趣，打造书香社会。2005年12月27日，上海新华发行集团整合原有的"上海书城读者俱乐部""西区分公司书虫俱乐部"和"上海书香读者俱乐部"，组建统一对公众服务的新型俱乐部——"上海书香俱乐部"。

1997年1月，贝塔斯曼在上海建立中国第一个书友会，上海贝塔斯曼文化实业有限公司在中国科技图书公司设立会员中心，并在各大邮局设立推销点。会员入会一次性交会费18元，会员期2年，并自动延长1年，以后逐年延续，退会须在会员期满前2个月通知书友会。会员入会每季度应购买一本书，可以任选2本书，享受对折优惠。贝塔斯曼给中国传统图书行业带来图书俱乐部的新业务模式，也是在中国邮政之外最早建立起自己的送货上门和客户服务系统的公司之一。在电子商务时代来临之前，图书俱乐部模式为边远地区的中国读者提供图书信息和送书上门服务。但贝塔斯曼书友会要求会员"每季度购买一本书"的强制性条款，也为很多中国读者诟病。当更多的本土书店开始采用真正意义上的免费会员制方式时，贝塔斯曼坚持会员必须每个季度购买一本指定范围选择的图书，导致大量会员流失。

思考乐书店也是实行会员制的书店之一。思考乐书局曾有会员30万人，实际到店消费会员7万人，核心会员3万人。思考乐书局有影响力的是会员积分制及主题式营销活动，比如"换书季""购书换好礼"等，深得上海读者赞许，让思考乐书局在短时间内聚拢3万核心会员。大众书局接手思考乐书局后，除沿袭思考乐的会员制度积分制以外，进一步局完善会员制，迅速在上海立足。

上海东方书林读者俱乐部等在会员制营销方面也作了不少探索。东方书林俱乐部由中国版协全国人民出版社工作委员会和《文汇读书周报》社联合组建，全国各地人民出版社联网，30多家出版社参加。俱乐部以直销社会科学和文化艺术类图书为主，向海内外读者提供邮购服务。个人入会费一次性交会费人民币20元（团体100元），发给印有个人账户的会员证，会员可存入书款以便购书。会员邮购图书一律免除邮费，凭会员证在俱乐部指定的当地出版社门市部购书一律九折。俱乐部每月中旬随《文汇读书周报》推出整版东方书林特刊，免费寄送给会员。

会员制营销成为实体书店的经典营销方式，虽然打折仍是会员制的核心，但为会员提供多元体验服务成为服务重点，如阅读分享会、会员体验日等，占比逐渐增大，读者黏性随之提高。会员制营销不仅仅是把书卖给读者，书店陪伴读者阅读可以走得更远。

三、消费卡营销

消费卡，在书店一般叫"书香卡""阅读卡"和书券等，由书店等销售企业推出，读者可以用来换取出版物,用以馈赠亲友、发放员工福利,促进公司员工阅读和学习。

消费卡营销是出版物营销比较传统而有效的手段,上海新华书店较早进行书香卡营销。1998年7月,上海新华书店上海书香读者俱乐部发放的书香会员卡开始向全市新华书店发行,从纸质卡、磁条卡到芯片卡,成为当时与交通卡、商业卡并行的三大卡商之一。2003年8月,上海书香读者俱乐部分布在全市100家书店的各分部,全线开通联网POS业务,既可以刷卡消费"书香会员卡",也可使用银行信用卡。当年实现银行信用卡消费1 030余万元,成为上海商业网点发展联网POS业务金卡工程新的增长点。

2008年12月,上海书香俱乐部将书香会员卡升级为新华一城卡发行,消费领域进一步扩大,为市民提供更多的便捷文化消费体验。

2010年末,新华传媒电子商务公司启动"新华书香卡"发行,目标是把"新华书香卡"和"新华一城卡"变身为新华传媒旗下的文化生活消费卡品牌。

四、规范经营

1978年开始,上海新华书店全面开展服务工作、企业经营的整顿工作,组织京、津、沪三市新华书店规范服务竞赛,制订《基层店业务员岗位责任制》《发行员守则》《农村发行员守则》等制度,多次参与全市商业系统的发行质量竞赛活动、组织开展业务技能竞赛和拍摄《书店门市规范化服务》电视教育片,坚持不懈地坚守规范经营的底线。上海图书公司、上海外文书店、上海科技书店和上海音乐书店等国营书店也以规范经营制度化为抓手推进优质服务工作,践行"为读者找书,为书找读者"的行业服务理念。

1997年,上海书刊发行行业全面落实中国书刊发行业协会发布的《全国书刊发行业公约》,进一步规范经营。1998年4月,市委宣传部、市文明办、市新闻出版局和上海市书刊发行业协会召开上海市图书销售行业规范服务达标工作大会,号召全行业共同推进规范服务。发行行业规范经营,优质服务,进入全市服务达标、争创"文明行业"的序列。

2002年1月,经新闻出版总署核准,上海新华书店音像公司和上海书城同时被评为首届"全国销售电子出版物信得过单位"。2006年4月,上海新华发行集团所属上海音乐书店、上海书城、杨浦中原店等20家门店在"上海市第八届全国音像市场法制宣传暨正版音像制品经营示范店授牌大会"上被授予"正版音像制品销售示范店"铜牌。2007年1月,上海新华传媒连锁有限公司获文化部授予的音像制品全国连锁经营许可证。这是继2006年公司获取新闻出版总署出版物全国连锁经营许可证后,在全国连锁经营方面获得的又一突破。

2010年,在上海世博会筹备及举办期间,上海书刊发行行业通过举行全行业的规范经营、优质服务竞赛,提升行业服务水平和经营质量。

第五节　进出口业务

在世界经济格局的大变化中,进出口贸易是国民经济的重要命脉。出版物进出口的意义远不止于经济收入,关系到意识形态间的互相影响、民族形象的确立、文化传统的弘扬等。改革开放后,出版物进出口业务放开搞活,打破了只有上海外文书店零售进口图书、中国国际书店承担上海出版物出口的格局。

一、进出口业务和机构

【进出口业务】

2010年,上海出版物进出口单位有5家,分别是中国图书进出口上海公司、上海外文图书公司、中国国际图书贸易总公司上海分公司、上海远洋运输公司海图公司、上海香港三联书店,实现进出口4 624.64万美元,其中进口4 141.75万美元,出口482.89万美元。

按出版物类别分,图书进出口总额2 758.9万美元,期刊进出口总额601.02万美元,报纸进出口总额770.25万美元,音像电子进出口总额494.48万美元。

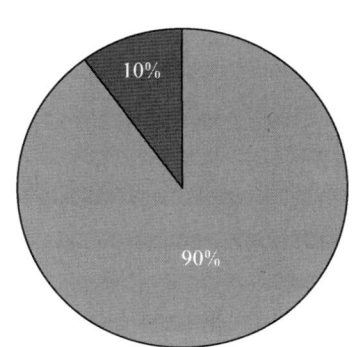

图7-2-2　2010年上海出版物
进出口比例图

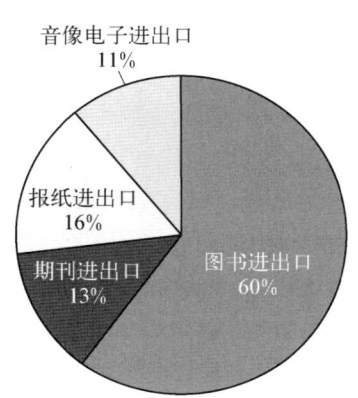

图7-2-3　2010年上海出版物进出口
分类别比例图

进出口合并统计,以国家和地区分,美国1 366.82万美元、英国977.37万美元、日本292.95万美元、新加坡215.42万美元、德国137.43万美元、法国54.83万美元、澳大利亚41.77万美元、韩国18.71万美元、马来西亚16万美元、其他国家209.89万美元。中国香港地区1 025.44万美元、中国台湾地区268万美元。

五大出版物进出口公司出版物进出口合计4 624.64万美元,其中中国图书进出口上海公司2 089.35

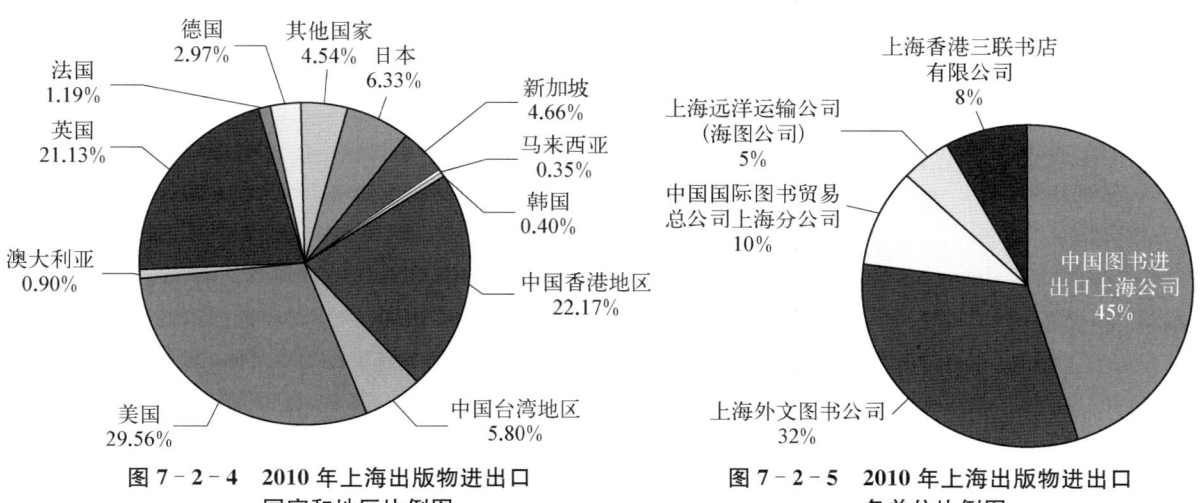

图7-2-4　2010年上海出版物进出口
国家和地区比例图

图7-2-5　2010年上海出版物进出口
各单位比例图

万美元,上海外文图书公司1478.9万美元,中国国际图书贸易总公司上海分公司452.29万美元;上海香港三联书店有限公司376.05万美元;上海远洋运输有限公司海图公司228.05万美元。

【进出口机构】

1981年7月,中国出版对外贸易总公司上海分公司成立,隶属上海市出版局(原为1979年9月恢复的上海图书发行公司)。与中国出版对外贸易总公司保持业务联系,业务范围为图书进出口,并兼营艺术品、音像制品出口和印刷器材的进出口。1992年1月与上海外文图书公司合并。

1993年8月,中国国际图书贸易集团公司上海分公司成立。中国国际图书贸易集团有限公司原名国际书店,1949年12月创建。1951年4月,国际书店上海分店成立,之后以国际书店上海分店、国际书店出版联络组、国图公司上海收发货站、文化部驻沪对外书刊发行办事处等机构名称在上海开展图书进出口业务。

1983年12月,中远远洋运输总公司成立上海远洋航海图书公司,1984年对外营业。公司是英国海道局在中国内地的代理机构,专门经销英国海道测量局等出版的英版海图及航海资料。2009年更名为上海远洋运输有限公司海图公司。

1985年5月,上海外文图书公司在上海外文书店的基础上成立,为全国第一家经国家批准的地方性图书进出口公司。1992年1月,公司与中国出版对外贸易总公司上海分公司合并,更名为上海图书出版贸易公司,1995年1月恢复上海外文图书公司名称。公司与上海和全国100多家出版单位有广泛的联系,海外主要合作方分布在美国、日本、英国、德国、荷兰、加拿大、新加坡、马来西亚、越南及中国的台湾和香港地区,在同业中有较好的信誉。

1985年11月,中国图书进出口上海公司成立,是中国图书进出口(集团)总公司在上海设立的国有全资子公司,1992年更名为中国图书进出口上海公司,简称中图上海公司。

1990年4月,上海香港三联书店有限公司开业,这是上海第一家沪港合资经营的文化企业,经新闻出版总署批准,从事出版物进出口业务。

二、进出口业务

"文化大革命"期间,外文图书进口业务被迫停止,只有少量外文期刊进口。改革开放初,全国出现"书荒",进口图书更是如此,特别是大专院校、科研院所及中高级知识分子都如饥似渴地需要国外的先进科技图书资料,进口图书的需求出现"井喷"。当时图书进口业务集中在中国图书进出口总公司和中国国际图书贸易总公司,上海外文书店只能在上海地区开展代办业务,没有直接进口权。

1983年12月,上海远洋航海图书公司成立,经销英国海道测量局等出版的英版航海图书及资料,并开展为船舶修改英版海图业务。1985年5月,上海外文图书公司成立。1985年11月,中国图书进出口上海公司成立。1990年4月,上海香港三联书店有限公司成立。2007年4月,根据新闻出版总署《关于核发出版物进口经营许可证及实行年检制度的通知》,上海外文图书公司、中国图书进出口上海公司、上海香港三联书店、上海远洋运输公司获新闻出版总署颁发的《出版物进口经营许可证》,成为可以从事出版物进出口的专业图书公司(中国国际图书贸易总公司上海分公司归口总公司统计)。

【出版物进口】

进口出版物种类包括图书、期刊、报纸、政府出版物、专利、技术标准、图册、缩微胶片、音像制品、计算机软件出版物、光盘等十大类，上海进口数量较多的为期刊和图书。政府出版物、专利、技术标准的价格昂贵，进口量较小。以国别而言，美国和日本占大部分。

2010年，上海进口出版物4 141.75万美元，其中图书进口2 310.15万美元、期刊进口591.46万美元、报纸进口770.25万美元、音像电子出版物进口469.9万美元。

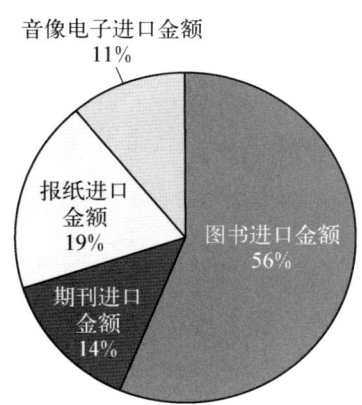

图7-2-6　2010年上海出版物进出口分类别比例

表7-2-2　2003—2010年上海外文图书公司
进口图书销售额统计表

年　份	进口图书销售额（单位：万元）
2003 年	6 357.3
2004 年	6 702.6
2005 年	7 537.1
2006 年	9 118.6
2007 年	11 482.2
2008 年	11 800.5
2009 年	9 907.4
2010 年	9 848.2

【进口出版物展览】

20世纪八九十年代，上海外文图书公司、中国图书进出口总公司上海分公司秉承"让中国了解世界，让世界了解中国"宗旨，经常举办进口出版物展览，每一次展销都取得良好的社会效益和经济效益。

以1985年为例，从4月底至5月初，展出16个国家和地区113家出版社的1.1万种图书的1985年上海国际书展（上海国际图书博览会）在上海展览中心举行，这是国内第一次大规模的国际书展。5月，美国麦格劳—希尔公司图书展在上海美术馆举办。9月，上海首届外国及香港地区音乐录音制品展销会在上海展览中心举办。音乐录音制品展销会后每两年举行一次，1997年停办。

三、出口业务

改革开放初期，上海出版的图书和报刊主要由上海图书发行公司（中国出版对外贸易总公司上海分公司）、中国国际书店上海办事处（中国国际图书贸易集团有限公司上海分公司）办理出口。上海远洋航海图书公司、上海外文图书公司、上海香港三联书店有限公司成立后，进出口的单一模式被打破。

随着改革开放不断深入，出版发行业国际交流日益增多，中国经济发展和在海外移民、定居、留学人员增加，使海外对中文图书的需求日益增多。上海外文图书公司等四家具有进口权的进出口公司，除为国内读者引进大量优秀原版图书，也尝试图书"走出去"，参与并推动一批有品质、有市场的中华优秀传统文化图书走向国际市场，与全球及地区性图书零售、批发商建立业务关系，并形成一下7类主要出口方式：

【邮购】

海外读者来信购买中国出版物,因数量少,采取邮寄方式销售,一般通过水路或空运等方式进行,针对世界知名大学设有中文专业的图书馆或研究机构,则主动定期付邮图书目录,接受邮购。

【批量出口】

中国台湾、香港地区以及外国书商订购书刊达一定数量时,采用批销办法向海运寄发。如《中国书法大辞典》《中国美术大全》、中国少数民族文字图书及多卷本影印书刊等。1982年,上海出版的中文报刊通过中国国际书店向国外发行达70多种,年发行量20多万份。

【发行专业文献】

一些在上海举办的国际性会议配套出版的会议录或论文集,举办单位通常会委托上海外文图书公司向外国有关机构、专家个人分发或征订,由对方汇款购买。

【举办中文书展】

1984年中国出版对外贸易总公司上海分公司在香港主办上海书展后,上海各出版进出口公司坚持在外国及港澳台地区主办或协办各类以上海出版物为主的书展活动。上海外文图书公司、中国图书进出口上海公司组织上海各出版社优秀出版物到世界各地举办展销活动。1997年上海外文图书公司与香港联合出版集团(有限)公司在北美主办上海书展,成为成功打入西方主流图书市场的有力尝试,上海38家出版社组织近8 000种图书参展。上海外文图书公司以"阅读上海"为品牌,在海外参加和举办各类中文书展,包括北美上海书展、新加坡书展、香港书展和台北上海书展等,"阅读上海"品牌在北美、欧洲、新加坡以及中国香港、台湾地区得到推广。

【参加国际书展】

上海外文图书公司、中国图书进出口上海公司每年都会参加各类国际书展,包括德国法兰克福书展、英国伦敦书展、美国书展、北京国际图书博览会和意大利博洛尼亚书展等一系列国际知名书展,在书展上展销中文图书,加大中国文化的影响力。

【合作开办书店】

2005年2月,上海外文图书公司在我国台湾地区与台湾联经事业出版公司合作开办销售大陆简体字版图书的上海书店。上海书店以销售沪版图书为主,兼营其他省市的出版物,上架品种保持在3 500种左右。

【网络销售】

上海外文图书公司等进出口图书公司除传统的销售渠道外,还相继建立自己的销售网站,将中文出版物发往全球销售网络。2010年,上海出版物出口482.89万美元,其中图书出口448.75万美元;期刊出口9.56万美元;音像电子出版物出口24.58万美元。

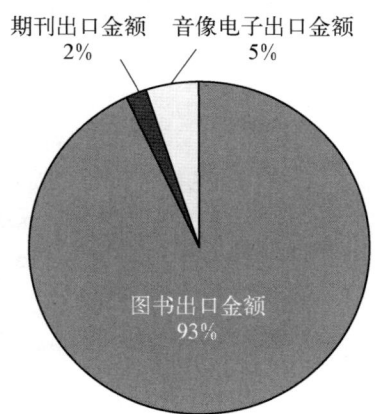

图7-2-7 2010年上海出口出版物分类别比例

表 7‑2‑3　1989—2010 年上海外文图书公司出口图书销售额统计表

年　份	册　数	销售码洋	年　份	册　数	销售码洋
1989 年	42 万册	340 万元	2000 年	25 万册	896 万元
1990 年	38 万册	391 万元	2001 年	35 万册	1 230 万元
1991 年	32 万册	343 万元	2002 年	35 万册	1 099 万元
1992 年	40 万册	446 万元	2003 年	26 万册	1 004 万元
1993 年	24 万册	545 万元	2004 年	20 万册	787 万元
1994 年	25 万册	401 万元	2005 年	26 万册	1 199 万元
1995 年	23 万册	427 万元	2006 年	11 万册	1 023 万元
1996 年	18 万册	396 万元	2007 年	55 万册	1 000 万元
1997 年	17 万册	500 万元	2008 年	51 万册	998 万元
1998 年	17 万册	562 万元	2009 年	43 万册	645 万元
1999 年	24 万册	863 万元	2010 年	29 万册	902 万元

资料来源：市新闻出版局。

第六节　发行物流

新中国成立后，上海作为全国出版事业的重要基地，图书储存和运输能力同步发生重大变化，上海出版的图书通过铁路、公路、水路直至航空等方式源源不断发运到全国 3 000 余家新华书店，为各地读者阅读提供强有力保障。

一、仓储建设

【上海新华书店系统仓储建设】

1978 年开始，图书出版总量迅速增长，作为发行主渠道的上海新华书店仓储条件，以及铁路零担运输均已不能适应，新书不能及时进栈，发往全国各地的图书不能及时运出，流通受阻，给出版、印刷、发行工作造成许多困难。

上海新华书店 1980 年基建立项，在沪太路 785 号征地 23 亩，1982 年 5 月建成钢筋混凝土结构的五层仓库一幢，建筑面积为 22 264 平方米，使用面积为 2 万平方米（其中国际书店投资搭建使用面积 4 000 平方米），载重三吨电梯三部。同时建成办公、机修、生活等配套设施 7 000 平方米。沪太路 785 号仓库是当时上海建成的最大书栈，仓库建成后，上海新华书店对图书仓储布局作调整，原有的东大名路 1060 弄仓库作为上海市图书、课本发货储存场地、沪太路 751 仓库作为长江以北各地新华书店的图书发运场地，沪太路 785 号仓库作为长江以南的图书发运场地及储存仓库。

由于上海市图书和课本发行量增加，东大名路仓库容积不能适应，1985 年 5 月在彭浦地区租借简易仓库 4 000 平方米，中小学课本的储存发货场地从东大名路仓库移入彭浦。

1986 年，上海新华书店联合所属科技书店、黄浦、静安、徐汇等区新华书店，共同投资在上海县七宝镇征地 6 亩,兴建五层钢筋混凝土结构仓库一幢,建筑面积 11 200 平方米,载重电梯二部。仓库使用按投资份额划分面积。1988 年 1 月上海新华书店与中房公司达成在东大名路 1060 弄原仓库建造高层住宅协议,图书发货储存仓库迁出。1990 年 12 月在彭浦的仓库租借合同期满,即向宝山县场南租借简易仓库 4 000 平方米,将中小学课本迁入场南仓库。1992 年 11 月又向场南姜家桥租借简易仓库 6 400 平方米,用作课本储存发货场地。

1992 年 12 月,上海新华书店基建立项,在宝山县场南征地 38.5 亩,建造图书物流中心。上海新华传媒物流中心 2006 年 8 月正式开始动工,到 2007 年 10 月 22 日建成并成功上线运行,成为国内建设周期最短的图书配送中心项目。项目总占地面积 38 亩,建筑面积 3.6 万平方米,其中物流中心 3 万平方米;总投资 1.3 亿元,其中物流系统及设备投资 4 000 万元。系统设计能力年配送 40 亿元,其中一般图书 26 亿元,一般图书退货 4 亿元,教材 4 亿元,音像制品 3 亿元,文教用品 3 亿元。物流系统采用高度信息化和适度自动化相结合的方式,一体化管理系统和物流管理系统有机结合,实现商流、物流、资金流的高度集成;现代化拣选、输送和分拣系统,使物流中心各作业环节和作业过程井然有序,高效流畅。

【出版社自建仓储】

出版社自办发行后,为解决库房难题,也纷纷在近郊租地造房建立仓储基地。

1998 年 8 月,由上海文艺出版社、上海文化出版社和上海音乐出版社创办上海艺翔图书储运公司在嘉定南翔成立,承担三家出版社图书和音像制品的储运工作。2004 年 6 月,上海文艺出版总社成立,进行专业出版集团和大社名社发展新路的探索,上海艺翔图书储运公司更名为上海颐文实业有限公司,负责总社所属上海文艺出版社、上海文化出版社、上海锦绣文章出版社、中西书局和上海故事会文化传媒公司、上海咬文嚼字文化传播公司等图书、音像制品和期刊的储运业务。2010 年公司发货 3 亿元。

1999 年 2 月,上海世纪出版集团成立,集团提出了改变物流体系的目标,首先将上海人民出版社等 5 家出版社的物流从各社剥离出来,建立集团物流中心。2001 年 10 月,上海世纪出版集团与台湾秋雨物流行销股份有限公司合资成立上海世纪秋雨物流公司,公司位于宝山区呼兰路,占地面积 2.13 万平方米,仓储和作业区面积 1.87 万平方米,2003 年建成,形成年发送图书 5 亿元、吞吐图书 6 亿元的物流处理能力。

2003 年 9 月,上海世纪出版集团扩容,在新加入集团的上海科学技术出版社等 7 家出版社物流进入集团发行中心后,开始实施物流整合二期工程。2009 年 4 月,上海世纪出版集团青浦物流中心建成投入使用。青浦物流中心投资人民币 3.54 亿元,占地面积 120 亩,其中仓库面积 8 万平方米,办公面积 5 000 平方米;仓储托盘位近 5 万个,包括一个 22 米高的立体仓库,仓库全部通过数字化管理,由计算机和自动流水线组成仓库管理的主要职能。配拣系统采用先进的系统结合自动分拣设备组成,是当时内地最大的出版物流系统,不仅可满足集团内 12 家出版社的需求,还为其他出版社提供物流服务,实现由企业内部物流工程向开放性的第三方物流企业的转变。

此外,复旦大学出版社、立信会计出版社等也建有自有仓库。复旦大学出版社在松江区征地 40 亩,2001 年建成大型仓储基地,并在松江注册成立上海复通文化传播公司,采用全自动化流程管理,不仅为本社服务,还开放为社会企业的仓储和物流服务。部分高校出版社使用学校的仓库,配送以第三方物流公司为主。一些出版社租用上海新华传媒物流中心、世纪物流中心,以及社会仓储物流公司进行仓储、配送。

二、图书发运

【初期发运】

1979 年 10 月,新华书店上海发行所牵头召集长江以南三区省级新华书店在苏州举行储运协作会议,交流储运工作经验,磋商解决发运工作中存在的问题,密切相互间协作关系。1992 年 5 月,由新华书店上海发行所创办《图书储运报》。这是全国新华书店系统储运专业的一份内部报纸,1997 年 1 月改由新华书店上海发行所和总店储运公司共同主办。

1982 年间,上海铁路零担运输运量大于运能的情况十分突出,主要依靠铁路零担运输的图书发运受到严重限制,每天需要运出的图书有 120 吨左右,而铁路北郊站仅能承运 30 吨左右,日积月累积压待运图书达 1 500 吨以上,造成发货场地阻塞,图书不能按时进栈,上海出版的图书不能及时发运到全国各地书店。1982 年下半年上海发行所采取整车接转图书的运输方法,在郑州、济南、鹰潭、株州、锦州等铁路枢纽站,与当地铁路运输服务单位建立图书整车接转关系。采取以省为单位整车接驳后,发往全国各地书店的运输渠道,上海出版的图书能货畅其流。1992 年开始铁路零担运输紧张状况逐步缓解,整车接转图书逐步减少,从 1996 年起发运到全国各地的图书恢复铁路零担运输。

1983 年 3 月上海辞书出版社自办图书发运后,各出版社为运送图书,相继购置货运车辆。至 1990 年 7 月,计有载重货车 42 辆,载重吨位 167 吨,其中局属出版社 30 辆,载重吨位 119 吨。

1985 年 1 月,上海新华书店扶持创办的第三产业——新沪图书服务公司设立图书运输代理业务,上海辞书出版社是首家委托公司代理图书运输的单位。

1987 年,新华书店上海发行所储运部发运图书 320 万件,创历史最高纪录。

【发运协调】

国家出版局 1978 年颁发《新华书店图书发运工作办法》规定,新华书店总店委托新华书店上海发行所对各地新华书店的储运进行业务辅导,调查研究运输路线,定期编发《全国新华书店运输手册》,印发《收货网点及运输路线变更通报》。

教育部、国家出版局、铁道部、邮电部于 1978 年 1 月、1979 年 2 月两次发出《关于优先承运教材的联合通知》,上海发运到全国各地书店的教材得到交通运输部门支持,教材课前到书率保持在 98％以上。

【后期整合】

1994 年 10 月,上海新华书店成立图书储运代理公司,代理出版社自办发行图书的储存、发货、运输等业务,当时上海地区有 16 家出版社委托承运。新沪图书服务公司的运输代理业务移交给代理公司承办。

1997 年,上海新华书店图书储运中心成立。2000 年 5 月,储运中心对运输、配发等环节实行二期计算机管理升级,对进出箱作业流程进行改进,节约配发场地 1 200 平方米左右。2000 年图书储运中心将原上海发行所、市店业务科、批销中心三大发货部门的物流集于一身,推动储运集约化、规模化、社会化发展。1999 年到 2000 年 8 月共完成发货 20 亿元,发货包件 186 万件,调拨单处理 315 万张,差错率 0.15‰。

2007 年,上海新华传媒连锁有限公司物流中心成立,主要承担为全市图书销售网点物流配发任务,承担全市中小学、幼儿园课本的配发、运输任务。中心库房面积 4.8 万平方米,常年存放全国各地出版的图书近 20 万种、码洋 2 亿元,年图书、音像制品等实物吞吐量 24 亿元,工作效率在全国图书物流同行中保持领先水平。

与此同时,一些出版社继续通过委托社会运输公司或直接与铁路、公路等机构办理运输业务,使上海出版的图书迅速、及时地供应各地图书市场。

三、专业配送

图书配送是图书发行流通领域一次极其重要的变革,对传统书店的经营理念、经营模式、经营机制、经营方式等各方面都是一次强有力的冲击。

上海新华书店从 1998 年开始推行图书连锁采购与配送,1998 年 8 月成立以图书配送中心作为业务单列机构,独立运作图书配送业务。2000 年 9 月 2 日是中小学开学后的第一个星期六,上海书城本部销售达 102.27 万元,书城的配送体系经受考验,图书配送中心紧急配货,在两个多小时内将脱销品种补齐。2001 年图书配送中心配送量达 2.5 亿元。

2001 年 12 月,上海新华发行集团组建上海东方发行代理有限公司,专业从事采购、配送等业务。2002 年销售收入 3.1 亿元,2003 年达 3.9 亿元。2003 年 9 月,上海东方发行代理有限公司划归上海书城管理,逐步实现传统业务向现代化物流配送的全面过渡。2005 年,上海新华发行集团在实现 18 家门市配送的基础上,又完成 30 多家大中型门店应用计算机管理配置,组成大中型门店的连锁配送系统。

2008 年 5 月,上海新华传媒连锁有限公司成立图书采配中心、文教用品采配中心、音像制品采配中心。截至 2010 年,采配中心依托 ERP 系统为公司旗下上海书城、新华书店所有的销售终端及图书馆馆配和团购客户服务,年配送额 6 亿元,与全国各大出版集团、各类出版社、民营出版机构等近千家供应商建立良好的合作关系。

四、信息集成

上海新华发行集团重视物流信息集成建设,运用现代信息技术对物流过程中的信息进行处理,以实现对货物流动过程的控制,从而降低成本、提高效益。2003 年组建信息中心,提出重点推进连锁经营、物流配送、股份制改造、信息化建设,以及全面发展企业核心技术、增强集团的核心竞争力和综合竞争能力等工作,组建信息中心。2005 年成立"信息与电子商务"重点项目推进工作组,自主开发的"网上查询系统"开通,成为"不打烊"的批销中心。2007 年 10 月,上海新华传媒股份有限公司开始上线运行图书物流配送中心。物流系统采用高度信息化和适度自动化相结合的方式,可以达到年配送 40 亿码洋的目标。物流配送中心通过广泛应用电子标签和 RF 无线技术,结合自动分拣与自动输送系统,实现无纸化与部分自动化作业,提高了作业效率与准确率。同时,物流配送中心采用世界先进的仓储管理系统 INFOR SSA 4000,实现统一库存管理,系统与企业 ERP 系统共同构成上海新华传媒股份有限公司的信息系统。由于采用多项先进的信息技术与物流技术,集成一体化成为该中心物流系统的突出特点,其中包括物流、信息流、资金流一体化,图书、教材、音像、文教用品、退货一体化,图书到货、翻理、编目、入库一体化,图书添配、直配拣选和打包复核一体化,以及图书入库、直配、拣选、称重、分拣自动化。

1999年,上海世纪出版集团开始构建三个平台,即发行中心、信息中心、资金结算中心。2001年成立上海世纪秋雨物流公司,引入先进的识别系统和快速自动化仓储及理货设备,实现入库、理货、检验、配送到退货全程电脑管理,以电子票签扫描代替手工点货、验货,加快速度和准确率。2009年世纪出版集团青浦物流中心建成,达到物流信息化、适度自动化、标准严格化、订单处理和资金结算电子化、仓储管理智能化、分拣配送和退货处理快速及时。物流平台和发行中心信息无缝对接,一般情况下发行中心在中午12点以前将接到的订单发送至物流中心,第二天中午之前系统就会根据订单自动生成,将货品通过流道运到客户终端集聚,直接进入运输渠道。如果一位客户的订单涉及大量区、中量区和小量区三个存放区,系统会控制同一位客户的产品在三个流道同步运行。下游经销商与上海世纪出版集团实现社店信息对接的,会同步接收到产品信息。

上海新华传媒股份有限公司、上海世纪出版集团的物流信息集成是走在全国同行前列的。

五、第三方物流

上海新华传媒连锁有限公司物流中心、上海世纪出版集团青浦物流中心建成后,在满足本企业物流和为同业提供物流服务需求的同时,利用现有场地、设备为其他商业企业提供物流存储和货运等业务的优势,承担被服务客户的部分或全部物流职能,包括货物的保管、包装、配送,物流信息的处理、物流系统设计及其他一系列增值活动,如企业大宗物品或季节性周转商品,包括当纳利、京东商城、当当网、卓越网等,整合资源、专业操作、规模经营,借此为客户提供高效率、全方位、个性化的物流服务,使客户能集中力量专注其核心业务和优势领域。

第七节　宣　传　推　广

一、营销宣传

营销宣传是上海各出版社、书店的影响经常性业务,按照图书流通规律,通过各种方式传递图书商品信息,促进图书销售的活动。

【门店橱窗宣传】

改革开放初期,营销宣传重点是新华书店橱窗宣传、门市海报、横幅等。1977年起,上海主要新华书店恢复传统,配合年度各重大节日和重点图书发行进行橱窗布置、宣传推荐。其中南京东路新华书店橱窗陈列尤为瞩目,代表上海发行的一流水平。1983年3月14日,马克思逝世100周年,上海新华书店各主要门市部都布置专题橱窗,突出陈列马克思著作和马克思主义理论成果。1990年,上海新华书店在少年儿童出版社支持下,在8个区县书店共9个大橱窗专门陈列《世界儿童文学名著故事大全》等图书,图文并茂,色彩绚丽,形象生动。

新华书店的橱窗通过美工设计,运用装饰元素和视觉手段,充分展示书店形象、重点图书、文化品牌,成为读者"第一眼"接触书香、引导阅读兴趣和购书欲望的鲜活形态,成为沪上出版文化的一道风景线。

【海报、横幅宣传】

作为可以与橱窗互补,具有方便、灵活、实用的海报、横幅一直是推广图书、活动宣传的主体,是上海新华书店在宣传自身、推荐书籍、发布活动时常用的一种更直接、更迅速的宣传推广手段。海报、横幅经常被张贴、悬挂在书店的沿街玻璃或门框内、店堂柱子、墙面或书架与墙顶的空白区域,成为新华书店的亮点,受到读者关注。

"文化大革命"结束后,图书和众多商品一样,都是紧俏的。书店海报,多用墨汁书写在报废的年画纸上,用糨糊粘在橱窗玻璃上。20世纪80年代,艺术书店开展的营销活动很多,签名售书几乎每月都有,设计制作横幅、海报是用白纸写成美术字用大头针别在红布上,或者用记号笔在报废的对开年画纸上画画写字,吸引读者参加活动。

海报、横幅设计制作短、平、快,寿命也比较短。20世纪80年代新华书店的海报基本上手绘的,用广告颜料、马克笔,在一张张对开铜版纸上绘制。20世纪90年代后海报由电脑设计,发送到印厂打印,在书店张贴。

1981年上海书市、1986年上海书市、1990年第三届全国书市等大型活动的现场海报广告制作,均由上海新华书店图书宣传科负责实施。1986年上海书市按专业分馆,上海新华书店设计制作了160家参展出版社的160块图书广告牌、70个陈列橱。1990年第三届全国书市在上海举行,场内设立40只大橱窗、18只小橱窗、250块图书广告牌也是由上海新华书店设计制作的,布置在书架及其上端,宣传出版社的方针、特点及出版物,数量众多、构图各异,反映上海出版业的新面貌,增强场馆的展销气氛。

【资料、报刊宣传】

每月新书 1980年3月创刊,上海新华书店编印,每月出刊,4开双面,介绍上海当月上市的新书200—300种,依出版社排列,含书名、作者、定价以及少量简介,印1万张,由各区县新华书店免费分赠,是一份向图书馆、资料室和专业读者提供在上海各区县新华书店已经上柜的初重版图书的目录,以书店进货品种为依据。《每月新书》除刊登新书目外,还辟有新书预告、为您服务、新书架、书讯等栏目。第一期为16开铅印,1980年5月开始改为8开铅印。1982年起编印专题书目增刊,如配合"振兴中华读书活动""红领巾读书读报活动",先后编印以征订为主、包含重点图书宣传、读书活动要求等内容的征订书目共8种,通过各区县书店向全市企事业、学校等发放,征求图书订数。创办至1991年《每月新书》停刊,共出版141期。

上海发行所通讯 1955年5月创刊,新华书店上海发行所主办,双月刊,32开本,1966年停办,1980年恢复,是一份报道介绍沪版书动态的内刊,发至全国新华书店,供书店业务人员内部了解沪版图书情况,同时沟通与各地销货店之间的进发货业务,介绍上海出版情况,包括上海各出版社的每月新书汇报等。1998年停刊。

书业行情 1991年2月创刊,上海新华书店主办,半月刊,16开四面,是一份以文摘为主,汇集报刊相关信息、传递图书市场行情、跟踪当前出版热点,预测未来书业走向的行业内部读物。1999年12月停刊。

上海新书目 1983年1月创刊,半月报,每期重点推荐一批新书,征订上海版图书120种左右,免费寄赠全国三千家新华书店以及部分团体单位和个人。1987年每期印刷7.8万份。1988年起交上海市邮政局在全国公开发行,由市新闻出版局主管,新华书店上海发行所主办。1998年更名为《上海新书报》。2004年7月出版首届上海书展专刊。2008年1月休刊。

书讯报　1980年1月1日创刊,上海新华书店编辑出版,茅盾题写报名。办报宗旨是坚持引导读好书、辅导读书和宣传出版动态,在出版社、书店、读者之间架起一座信息的桥梁。创刊号印10万份,由上海发行所发往全国大中城市新华书店。从第7期起,由上海市邮政局向全国公开发行,最高发行量曾达19万份。起初是半月刊,后改为旬报。1988年,《书讯》改由市新闻出版局主办,1993年更名为《读者导报》。2008年休刊。

文汇读书周报　1985年3月创刊,文汇报主办,4开16版,周报,全国发行,是中国第一份公开发行的读书类专业报纸,办报宗旨是背靠出版业界,面向读书人群;讲究人文气息,保持高端品位。《文汇读书周报》及时传递书业动向、学术动态、出版信息,集知识性、趣味性、可读性于一体,给人以愉快的阅读和阅读的愉快。

【广播电视宣传】

20世纪90年代,上海新华书店除在电台广播新书消息,还通过上海人民广播电台市民与社会、文化走廊、书坛风云录、社会大学等节目或栏目向听众介绍图书市场情况。1984年6月,上海电视台摄制电视片《上海的书》,在香港举办的"上海书展"中播放。1991年10月,中国科技图书公司与上海科技节办公室、上海电视台联合拍摄电视片《这里在默默奉献》,在上海电视台科技掠影节目中播放。上海电视台、东方电视台、上海教育电视台先后开辟专栏介绍新书。上海新华书店等举行重要的新书发布会、作者签名售书和新书开业等,上海电视台等都会拍摄新闻当天播出。

每逢全市性的书展,上海新闻媒体积极宣传,为上海精神文明建设作出贡献。如1996年8月举办的首届上海图书节暨'96上海书市,新闻媒体全方位、多视角作宣传报道。据统计,见报文章有248篇,电台广播50次,电视播放60次。

二、图书经销

【新书征订和预订】

20世纪七八十年代,出版业实行"以销定产",新书预订成为决定新书印数的重要步骤。在图书出版之前,上海各出版社都会通过新华书店上海发行所等向读者预告出版消息,征求订数。预告出版的消息通过在《上海新书目》《科技新书目》等定期刊发,并附有征订单,各地书店在征求图书馆、团体预订数后,汇总加上自身的需求数,通过"三审"制上报,新华书店上海发行所加上备货量后向出版社开出订单,由出版社依此造货。

上海新华书店为缓解读者买书难,从1978年开始要求各区县新华书店门市部店堂放置《上海新书目》《社科新书目》《科技新书目》,供个人读者预订新书。预订分两种,一种是收款预订,一种是信用预订。新书出版到货后,书店通知读者前来领取或者购买。

1981年12月5日,南京东路新华书店建立文史哲学术专著专柜(1987年更名为学术书苑),开业半个月就办理新书预订4 500人次、5 000册。1982年至1985年间接受读者的图书预订17万人次(全部信用预订),同时办理部分图书的收款预订,最高时曾收款7万元。如人民文学出版社《艺术哲学》第二版,文史哲学术专著专柜进货4 800册,其中读者预订2 000册,到货后销售情况良好。

1987年4月,上海新华书店在全店门店部范围开展"继传统、创新风优质服务竞赛月"活动。其间,全市120个门市部共办理新书预订28 965份(次)、缺书代办49 711册、送书上门2 058次、新增基本读者584户、收到表扬信462封、组织图书展销活动27次。

【编印专题书目】

上海新华书店在每月定期向读者提供《每月新书》的同时,为适应不同专业的读者需求,通过专业书店编印专题书目,作为《每月新书》增刊分发给团体单位和邮购读者。专题书目包括《文史哲学术著作书目》《教育图书书目》《五届全运会体育书目》《法学书目》《艺术类可供书目》《省版书目》《音乐书目》《医学类可供书目》等,为个人读者购书提供方便。有的书目还流传至海外,成为海外华人选购国内图书的重要依据。

南京东路新华书店文史哲学术专著柜在1982年开始参与编印《文史哲学术著作书目》,设有分类书目、重点学术著作介绍、新书征订、出版动态、为您服务等栏目。第一期书目发送后,收到300多封读者来信,对书目提出批评、建议与期望。第二期书目上市后,外埠读者函索6 000余份。

1983年,上海新华书店辖下的省版门市部编印《省版书目》,第一期印5 000份,提供全国100多家出版社出版的6 000多种书目,其中文史哲类读物4 000多种、科技少儿读物2 000多种,陈列展示以东北、西南、华东、中南、华北和西北六个行政区为大类,再分省分类,受到各地读者的称赞。

据不完全统计,截至1990年,专业书店编印的各种专业书目累计达105期,向读者赠送达12万份。

【缺书代办、送书上门】

新华书店的服务宗旨是"为读者找书,为书找读者",书店门市部一般都备有缺书登记簿,由读者将需要而门市售缺的图书登记下来,书店通过内部调剂或将信息告知出版社,如果出版社重印到货,书店立即通知读者,方便读者购买。1979年11月,《文汇报》发表《缺书能代办,多卷能配套》的报道,介绍上海普陀区新华书店开展缺书代办的工作。

"送书上门"也是书店传统服务项目之一,定期选择相关相近的新书到科研院校、专家学者单位或居家推荐,当场进行挑选,使一些年老体弱或工作繁重的读者及时获得同行同业的新动态、新成果。

【夜市服务】

为方便读者的购书需求,上海新华书店的一些主要门市部纷纷延长营业时间,开展夜市服务。

1979年9月,上海新华书店开展百日竞赛活动,延安东路新华书店创设早晚两班门市服务;淮海中路新华书店、南京东路新华书店开展周末夜市服务,方便读者购书。

1979年9月,上海科技书店举办图书夜市,4天接待读者1.2万人次,销售图书5万余册、4万多元。

1984年8月,南京东路、南京西路、淮海中路、延安东路新华书店实行夜市服务。

1996年3月,上海新华书店开展规范服务达标竞赛活动,以开设夜门市、站立服务和门市管理电脑化为抓手,狠抓服务质量和服务水平的提高。年底,全市新华书店全部实行站立服务,市区主要书店80%以上、新村小区超过半数的书店开出灯光夜市。

【流动供应】

流动供应是书店进行推广服务的一个重要举措,新华书店积极发挥国有企业的责任与担当,走出店堂、深入工厂、机关、部队、学校、街道里弄和农村乡镇,送文化、送科技,倡导阅读。1986年全市各区(县)新华书店共有8 809人次到2 015个单位上门开展流动供应服务,累计销售图书108万余册75.5万余元。1987年1月,为迎接新华书店建立50周年,上海新华书店开展以流动供应、送书上门为主要内容的百日流动供应优质服务竞赛,走出店堂开展流动供应服务,共销售图书49.18万册34万元,各基层书店举办图书展销服务,销售图书59万余册41.5万元。1995年,上海新华书店组织为期两个月的"送书下乡"活动,市郊各书店送书上门、举办各类展销,配合希望工程、资助贫困学生97人完成从小学到初中的九年学业。2000年,全市区(县)新华书店开展流动供应、地区展销超过1.2万人次,特别是深入社区提供服务,赢得社会的广泛好评。2001年,上海新华发行集团所属单位在建党80周年系列活动期间,送书到社区、到农村、部队、海岛流动供应图书,并向街道、老年公寓图书馆等赠送图书、音像制品,得到社会赞誉。

【邮购服务】

邮购曾经是图书推广的重要方式之一,书店或出版社通过邮递方式供应读者所需要的图书。

1978年,上海新华书店加强邮购工作,扩大上海邮购书店人员编制,改进工作流程,1982年上海邮购书店有职工31人,全年收到各地邮汇票117 635件、信件108 191件,销售图书63.09万元,邮购的满足率达84.9%。1986年1月,法学书局开业,设立邮购部办理法学专业书籍全国邮购业务,做到有信必复,要书必办,开业5年复信3 526封,寄发邮包5 574件。艺术书店1982年至1991年受理邮汇购书4.5万多份,满足率达87%。企业家书店1990年为外地读者邮寄打包约3 000个,销售额占该店年销售的近20%。同时,艺术书店、省版图书门市部与专业书店通过编印书目邮寄给外地读者,迎来大批邮购汇单,为缓解"买书难"作出贡献。

【作者寄销】

寄销作为出版社和书店之间的一种购销形式,对扩大图书销售、缓解"买书难""卖书难"有一定的积极作用。而作者寄销,使更多学术著作有机会与读者见面,也解除书店因怕积压而不敢进货的后顾之忧。

作者寄销由作者提供正规出版社出版的学术著作给书店寄销,折扣一般为七折。寄销需采用一系列促销手段,如邀请作者上柜自售图书,举办小型作者、读者双向座谈会,所有上柜图书均为签名本。发挥作者人脉,通过新闻媒体宣传,达到销售目的。经过约定时间的销售,卖不掉的书退给作者,销售所得通过出版社等途径结算。

上海新华书店在1989上海书展期间组织推出"作者寄销学术书专柜",书展结束后,专柜移至学术书苑,到1991年9月,共受理销售图书162种11 500册5.23万元。

2006上海书展首次为普通人提供签名售书机会。名为"我行我秀"的活动吸引近20名作者报名参加,其中包括工程师、中学校长、新闻记者,在书展上和名家"同场竞技"签名售书。上海交大二附中校长李首民带来《一位中学校长的教育旁白》和《情理相融创和谐——我当校长20年》,半天售出300册。

【图书义卖】

1991年3月30日至31日,上海新华书店与《解放日报》、上海人民出版社在华山路新华书店举行《癌症≠死亡——上海癌症俱乐部纪实》义卖。这是中国书业第一次义卖活动,市总工会主席江荣现场买了10本书,作家巴金也托人买了2本,王安忆、陆星儿、叶惠贤等知名人士参加义卖。两天接待800人次,义卖650册图书,义拍收入全部捐赠给上海癌症俱乐部。

1991年8月17日至19日,上海新华书店党、政、工、团和有关科室分头参加各区县书店的图书义卖赈灾活动,三天义卖所得 85 384.84 元,全部送市民政部门转交长江流域洪涝灾区。

1991 年 8 月 30 日,上海市作协在南京东路新华书店举办"上海百名作家赈灾义卖签名本"活动,盛况空前。作家巴金捐献《随想录》特装本等多种签名图书,《随想录》特装本被一位热心工人读者以 1.3 万元购得,加上其他 7 种 24 本义卖签名本,共收到义卖赈灾款 1.9 万元。王安忆、赵丽宏、陈村等上海作家参加义卖活动。

1998 年 8 月 14 日至 15 日,上海新华书店所属主要门市部举行支援抗洪救灾义卖活动。两天赈灾义卖 36.86 万元,职工捐款 2.35 万元,全部转送灾区。上海其他国营书店也都参与了这次义卖活动。

【新书首发】

新书首发式是出版发行单位等为有重要意义或潜在价值的重点出版物首次发行举行的仪式,往往伴随着签名售书、读者分享会、赠书仪式等。20 世纪 80 年代开始盛行,是新书推广的重要形式,早年也称新书发行仪式,后成为新书推广的常规手段。

1984 年 8 月 25 日,上海新华书店与上海人民出版社在黄浦体育馆举行《中国的大趋势》一书发行仪式,这是上海为新书出版首次举行的发行仪式。

1986 年 9 月 13 日,在'86 上海书市上,中国大百科全书出版社上海分社与书市组委会联合在上海展览中心展销馆内联合举行《简明不列颠百科全书》中文版整套书发行仪式。

1986 年 11 月 25 日,上海辞书出版社和汉语大词典编纂处在和平饭店联合举行《汉语大词典》第一卷出版发行新闻发布会。下午在南京东路新华书店举行发行仪式。

2009 年 12 月 9 日,上海文艺出版社举行莫言小说《蛙》首发式。

2010 年 4 月 1 日,上海世博局和上海世纪出版股份有限公司在上海书城举办《中国 2010 年上海世博会官方导览手册》首发仪式。

【签名售书】

通过作者及嘉宾现场签名的方式销售图书,扩大图书影响,增加销售。有时会采用巡回签售的方式,同时进行演讲、表演等活动。

20 世纪 80 年代后期,签名售书成为图书推广的重要形式,后成为新书推广的常规手段。

1996 年 1 月 14 日,主持人赵忠祥在华山路新华书店签售《岁月随想》。数千名读者涌向书店,最早的读者凌晨 3 点就赶来排队。

1999 年 1 月 6 日,作家莫言、苏童、余华在上海书城签售《会唱歌的墙——莫言散文选》《纸上的美女——苏童随笔选》《我能否相信自己——余华随笔选》。

1999 年 9 月 18 日,女排主教练郎平在上海书城签售《激情岁月——郎平自传》。

2006 年 8 月 5 日,上海书展开幕第一天,上海文艺出版社举行的易中天《品三国(上)》签名售书,两小时签售 4 000 余册。8 月 6 日,易中天在上海书城签售《品三国(上)》,售出 3 500 余册。

【包书纸、塑料袋、塑料书封、腰封、书签等宣传品】

在 20 世纪八九十年代举办的书展、书市上,主办单位或出版社、书店经常会印一批有出版社 LOGO 或新书介绍的包书纸、塑料袋、塑料书封、腰封、书签、年历卡等宣传品赠送给读者。

1981 年 9 月 6 日至 20 日,上海新华书店主办并邀请上海书店、外文书店参加在上海工业展览中心技术革新馆(上海商城旧址)举办 1981 年上海书市,印制并发放各种包书纸、塑料袋、塑料书封、腰封等宣传品。

1990 年 8 月 30 日,市新闻出版局、新华书店总店、上海新华书店主办第三届全国书市,向读者发放 30 万张入场券、1 800 件广告衫、1 万张海报、30 万张包书腰封、20 万张包书封口粘贴纸、11 万只塑料袋、1 万张年历卡、800 支圆珠笔。

上海新华书店结合重大节日、纪念日,在门店发放书签,配合宣传。1981 年纪念鲁迅诞辰 100 周年书签、纪念中国古代著名科学家书签,1982 年上海市振兴中华职工读书活动书签,1983 年纪念马克思逝世 100 周年书签等,都成了藏家的收藏品。

【图书贴换销售】

2001 年 10 月,为满足《辞海》(1979 年版)老读者对《辞海》(1999 年版)的需求,上海辞书出版社联合全国百余大中城市近千家书店携手让利,贴换销售《辞海》,为期 3 个月。出版社将一种新的商业模式引入图书出版业,提升了社会形象。

【开架售书】

1978 年 10 月,上海新华书店制订《关于门市部实行开架服务的几点意见》,率先在上海科技书店、南京东路新华书店、青浦县新华书店门市部、新华书店平凉路科技门市部和新华书店长寿路科技门市部实行开架售书,通过合理布局,加强管理,服务和方便读者。经过数年的实践、总结,1982 年 2 月全国新华书店城市发行工作会议向全行业提出推行开架售书、改善服务态度的要求。之后,上海所有新华书店门市部等国营书店实行全开架售书、敞开式陈列的销售,为图书零售企业创建了“超市”经营的新业态。

【进驻商场设点】

1995 年 9 月,上海新华书店闵行区店在上海八佰伴南方商城开设 IMM 南方商城店,10 月又在第八百货商店开设门市部。这是上海新华书店进入大商厦开设的第一家连锁书店。后云洲商厦、上海商务中心、百乐商城、新世界商厦连锁书店相继开出。

1996 年 3 月,艺术书店在上海美术馆开设分店(2001 年结束)。1996 年 7 月新华书店虹口区店在百盛购物中心设店,11 月新华书店静安区店在开开商城设直销店。到年底,上海新华书店在商厦超市共开设 20 家书店,其中基层书店开设的有 6 家,市店开设的有 14 家。根据商厦超市地理位置、人流结构,在品种上增设专业图书,以品种丰富专业图书特色来吸引读者。在商厦超市等购物中心设店经营成为网点建设的一种有效选择。

【改善购书环境】

新华书店等通过将“闭架售书”改为“开架售书”,压缩经营场地库房面积,从分柜收银到集中收银,改变了原有的陈列方式、道具和装饰场景,使书店有了一种新鲜、愉悦的购书环境。

20 世纪 90 年代,上海新华书店对全市主要书店重新装修。1995 年 7 月,上海新华书店控股、全市 125 家国营书店参股的上海书香广告策划有限公司开业,专业从事书店设计装修、大型书展书市策展。首先对全市新华书店店招进行了升级换代,推动全国新华书店 CIS 识别系统的制定和执行,全市大型书店采用亚克力箱体照明灯箱、中小型书店采用喷绘灯吊,内外灯光照明灯箱店招,运用新的设计理念、新的装修材料,对全市60多家新华书店进行升级换代,重新装修后开张的书店更符合读者的审美,在醒目位置设专柜推出重点图书,图书类别的设置更人性化,受到读者的欢迎。

上海图书公司、上海外文图书公司也先后对旗下门店进行改造,克服传统书店产品单一、书架陈旧、招牌不清等弊端,使门店产品更丰富,店堂更敞亮、透明、大气、时尚。新开的书店如上海书城、沪港三联书店、思考乐书店等,在形象设计上也各有特色。

【旧书买卖】

改革开放初期,上海书店加强四川北路、南京西路、淮海中路旧书门市部的收购和零售服务,为缓解买书难、扩大流通提供服务。

1989年11月,本着拾遗补阙,挖掘潜力,发挥老同志为出版、文化事业服务的宗旨,使离退休人员老有所为。上海图书公司设立新文化服务社(福建南路136号)。服务社是一家集体所有制性质,实行独立核算,自负盈亏的企业。从事线装古籍、民国老期刊以及文史社科类旧书收购与销售,内设精品屋、九华堂书斋和"淘友俱乐部",被誉为沪上"旧书乐园"。丁之翔、张美钧、陈耀宗、肖传斌、吴青云、戴元来、徐伯耀等50多位离退休人员为此作出了贡献。通过吴青云等的努力,收购到一些难得一见的珍本,如早期延安出版的《解放日报》,复社版的《鲁迅全集》,英文原版的《莎士比亚全集》,以及《古本戏曲丛刊》《万有文库》等,都成了镇店之宝,也为店里创造了可观的经济效益。2000年5月,迁入瑞金二路410弄3号营业。

1991年3月,上海旧书店在福州路恢复营业,主要经营旧书收购和各类旧书的零售和配套服务。1993年,淮海中路、南京西路、四川北路等旧书门市部因动迁而拆除。1999年5月在上海老街设立旧书店门市部。2000年开始,上海图书公司先后举办多次特价书展、古旧书刊展销会等,为丰富市场、促进销售进行了有益的尝试。

同时,上海外文书店恢复了外文旧书门市部,从事旧书的买卖业务,为缓解买书难做出了努力。上海新华书店及各区(县)店扶持创办了多家"三产"门市部,经营积压、退货回收的"次新书"等,也受到读者的欢迎。

【拍卖会】

随着经济和社会发展,人们精神文化爱好和兴趣日趋多样化,一个收藏古籍善本的热潮在上海悄然兴起。为满足收藏家和市场需要,1993年6月20日,朵云轩首届书画拍卖会在希尔顿大酒店举行,上海博古斋等也多次举办古籍拍卖专场。1997年11月24日,上海博古斋与上海国际商品拍卖有限公司举办首届古籍善本拍卖会,成交375万元,成交率达76%。2002年,博古斋举办第二届古籍善本和古代书画大拍卖,成交430万元,总成交率达60%以上。2006年12月,上海博古斋拍卖有限公司成立,由上海世纪出版股份有限公司及上海图书公司控股,主要经营古籍善本和中国书画的拍卖业务。

第三章 发 行 管 理

第一节 管理体制和方式

1982 年 7 月,文化部下发《关于图书发行体制和改革工作的通知》,提出组建以国营新华书店为主体,多种经济成分,多条流通渠道,多种购销形式,少流通环节的图书发行网。市出版局(市新闻出版局)围绕这个目标深化发行体制改革,在促进出版社自办发行、民营书业发展的同时,加强图书、报纸、期刊、音像、电子出版物市场审核、监管,增强上海出版物市场监督管理能力。

对出版物发行实行许可制度。1988 年 5 月,中宣部、新闻出版署下发《关于当前图书发行体制改革的若干意见》,规定"没有取得书刊经营许可证的单位,不得销售书刊"。按照这一规定,市新闻出版局、市工商局联合发出《关于发放上海市图书报刊发行业经营许可证的通知》,凡在上海市从事经营图书报刊发行业务的单位和个人(包括兼营)均在 1988 年 12 月 1 日起申领经营许可证。申领许可证的条件是:全民、集体单位从事经营书刊业务的,必须有明确的上级主管部门,具备一定政策、法律和文化业务知识的从业人员;须有规定的注册资金;有固定的营业场地和必不可少的营业设备;对从事批发经营业务的条件另行作规定。个体从事图书报刊零售业务的必须符合《上海市城乡个体工商户管理的补充规定》的条件。自 1989 年 3 月 1 日起,无"经营许可证"的单位和个人不得从事经营图书报刊业务,违者按《上海市图书报刊市场管理规定》予以查处。

开展出版物发行单位年度核验工作。2010 年,市新闻出版局对全市出版物发行单位进行年度核验登记,通过年检准予登记企业 2 349 家,缓期年检 140 家,未参加年检企业 61 家,另有 149 家企业停业注销。

对全市音像制品出版、复制和制作进行监督管理。2002 年,根据国务院新修订的《音像制品管理条例》的规定,上海市音像制品出版、复制和制作的监管职能由市文化广播影视管理局划归市新闻出版局承担。市新闻出版局组织全市 26 家音像制品出版单位、复制单位的负责人参加培训,强调规范经营的重要性。

开展年度发行统计及产业调查工作。2010 年,市新闻出版局对全市从事出版物发行业务的单位开展年度统计及产业调查工作。当年全市出版物发行销售额 104 亿元。

开展新开网点法人代表的法规培训。2010 年,市新闻出版局对从事出版物经营新开网点的法人代表进行法规培训,115 人参加培训并通过考核。

配合新闻出版总署对出版物市场的专项检查。2010 年,市新闻出版局根据新闻出版总署《关于在"两会"前开展对印刷复制企业和出版物市场进行专项检查的通知》要求,协助总署检查组对上海印刷复制企业和出版物市场进行专项检查督导。

第二节 行业服务和管理

市新闻出版局以增强出版物市场监督管理工作的针对性、有效性,进一步促进上海出版物市场的繁荣发展,对出版物发行市场进行管理。

通过重大活动的举办、组织参与,展示上海出版业的新形象、新成果,体现上海出版发行业的实力和地位。2004年起举办上海书展,在全国产生广泛影响,2010年主会场实现销售3 080万元,16家分会场实现销售1 100万元,25.2万人次读者参加书展,成为国内重要的文化盛事。组织上海新闻出版发行单位参加北京图书订货会、全国书市(图书交易博览会)、中国(深圳)国际文化产业交易会、海峡两岸图书交易会等全国大型图书交易会,展示上海出版业的健康和繁荣发展。

通过开展出版物发行单位年度核验等工作,加强日常工作的针对性、有效性,增强出版物市场监督管理能力。

组织图书、音像等发行企业开展净化出版物市场专项治理工作,营造良好的文化市场环境。

积极做好节庆和重大活动期间的图书市场服务工作,文化惠民;开展上海市文化科技卫生"三下乡"活动,为农民群众提供优惠服务;开展对口支援图书馆建设任务,丰富少数民族同胞文化需求,从各个层面推动全民阅读活动。

第四章　市　场　管　理

1989 年《上海市图书报刊市场管理规定》发布之前,政府通过上海新华书店实现对上海出版物市场的管理。20 世纪 90 年代后,随着市场的多元,政府通过《上海市图书报刊市场管理规定》《上海市出版物发行管理条例》《上海市查禁有害出版物暂行规定》等法规进行市场管理,加强对出版物发行的管理,发展和繁荣文化事业,促进社会主义精神文明建设。

第一节　地　方　立　法

1982 年 7 月,文化部提出以国营新华书店为主,多种经济成分、多种购销形式、多条流通渠道,少流通环节的图书发行体制改革方案后,图书市场逐步放开搞活,但同时也出现良莠不齐的现象。市新闻出版局针对多渠道图书市场的管理,起草《上海市图书报刊市场管理规定》,1989 年 7 月 1 日经市政府批准颁布,7 月 15 日施行。这是全国第一个由省级人民政府批准制定的地方政府规章,明确上海市图书报刊市场实行市、区(县)二级管理,市级主管部门是市新闻出版局,区(县)主管部门是各区(县)文化局;公安、工商等部门为协管部门;实行书报刊经营许可证制度;批发单位在上海转批书报刊,必须将样本送市新闻出版局核准;对违反规定的单位和个人进行处罚的办法。

《上海市图书报刊市场管理规定》实行一年多以后,经市政府和市人大常委会同意,列入地方立法规划,由市新闻出版局起草《上海市图书报刊市场管理条例》,经过广泛征求意见后,第九届上海市人民代表大会常务委员会第 25 次会议于 1991 年 3 月 14 日正式通过颁布,于 1991 年 7 月 1 日起施行,这个条例是全国第一个省(市)人大通过的地方性法规。该法规于 2003 年 1 月 1 日废止。2003 年 1 月 1 日,上海市人民代表大会常务委员会发布的《上海市出版物发行管理条例》实施。2008 年、2010 年进行二次修订,2010 年 9 月 17 日发布。

1989 年 11 月 26 日,市政府发布《上海市查禁有害出版物暂行规定》,自 1989 年 12 月 5 日起实施。这是全国第一个由地方政府制定的专门查禁有害出版物的规章。明确规定有害出版物的鉴定标准:反动、淫秽、色情、渲染凶杀暴力、宣扬封建迷信的出版物,出版物的范围包括书籍、报纸、杂志、图片、画册、挂历、录像带、录音带、影片、电视片、幻灯片及其他音像制品和印刷宣传品。对不属有害出版物的界限也作了明确具体的规定。同时,《规定》还对制作、贩卖(运)、出租、传播有害出版物者如何处罚作了具体规定。《规定》的颁布,使"扫黄"、查处有害出版物有法可依。

《上海市查禁有害出版物暂行规定》1997 年 12 月 14 日修正,1998 年 1 月 1 日起实施。2010 年 12 月 20 日废止。

第二节　出　版　物　批　发

上海对出版物批发管理依据《上海市图书报刊市场管理规定》《上海市出版物发行管理条例》进行。市新闻出版局对从事图书批发业务的单位或个人进行资格审批,批发单位或个人对首次在上海批发的出版物必须向市新闻出版局送缴样本,经核准后方可批发。

从事出版物批发业务的资格审批。上海对从事出版物批发业务的经营单位管理严格,要求:(1)有熟悉图书报刊经营业务和有关法律、法规的管理人员;(2)有图书报刊经营管理制度;(3)有固定的营业场所,以及必要的经营设施。(4)必须是独立核算、自负盈亏、自主经营、具有法人资格的经济实体;(5)以图书报刊发行为主营业务。条件符合的给予经营许可证。最初只允许单位从事出版物业务批发,个体经营者不准从事批发业务。

1990年,市新闻出版局通过对全市批发单位登记发证后,对一些不符合条件的批发单位取消其批发权,改为零售店。集体性质的批发单位由200家压缩到50多家。由于上海各出版社自办发行,特别是上海文庙书刊交易市场成立,外地出版社及有批发资质的发行机构入驻市场,从事书刊批发或代理批发业务,20世纪90年代后,上海出版物批发市场趋于饱和状态,批发赢利空间被压缩。

2003年发布的《上海市出版物发行管理条例》规定,允许个人从事出版物批发,要求也简化为三条:(1)有符合相应资质要求的管理人员;(2)有固定的经营场所和必要的经营设施;(3)有符合法律、法规规定的注册资金。

出版物样本备案制度。对首次在本市批发的出版物必须向市新闻出版局送缴样本,经核准后方可批发。非首次出版物,只需在进货之日起三日内将进货凭证复印件报送市新闻出版局备案。市新闻出版局通过出版物样本备案制度对全市出版物批发市场进行有效管理。

批发、购进出版物的限制。《条例》规定,出版物批发单位不得向无许可证的单位和个人批发出版物。出版物发行、出租单位和个人不得向无许可证的单位和个人购进出版物。出版物交易市场不得向无许可证的单位和个人提供出版物发行的经营场所。

建立批发市场。为加强对批发单位的管理,市新闻出版局积极引进市场机制,1993年由南市区政府和市新闻出版局联合创办上海文庙书刊交易市场、1997年上海新华书店出资创办上海书刊交易市场,这两大批发市场成为外地出版物进入上海的集散地,对上海图书市场健康和繁荣起到一定的作用。

第三节　书报刊市场

1988年12月,市新闻出版局为加强对全市图书市场的管理,把图书市场管理职能从发行管理处划出,单独设立上海市图书报刊市场管理处,负责对全市图书报刊市场的管理。2010年2月,上海市图书报刊市场管理处更名为上海市出版物管理事务中心。

市新闻出版局依照《上海市图书报刊市场管理规定》《上海市出版物发行管理条例》,通过对出版物发行企业实行经营许可制度进行对书报刊市场管理。

1989年始,市新闻出版局对上海从事书刊发行的企业进行登记发证,经过登记核发《上海市图书报刊经营许可证》后,1990年全市共有近2 000家书店(摊),到1996年底,全市书店(摊)已发展到4 088家,其中国营书店232家,社会办书店1 744家,集体、个体书店1 860家,出版社自办发行点52家,供销社图书点200家。至2010年底,上海市持有《出版物经营许可证》的发行网点3 442家。按经济性质分:内资企业网点2 470家,合资企业网点12家,外资企业网点11家,个体工商户949家。

加强书报刊市场的管理,根本目的在于培育和促进书报刊市场的繁荣发展,是社会主义文化建设的本质要求,是管理和繁荣培育书报刊市场的治本之策。

第四节　扫　黄　打　非

开展"扫黄打非"活动是净化文化市场的一个重要手段,"扫黄"是指扫除有黄色内容的书刊、音像制品、电子出版物及网上淫秽色情信息等危害人们身心健康、污染社会文化环境的文化垃圾。"打非"是指打击非法出版物,即打击违反《中华人民共和国宪法》规定的破坏社会安定、危害国家安全、煽动民族分裂的出版物,侵权盗版的出版物以及其他非法出版物。"扫黄打非"是维护国家文化安全和文化市场秩序的重要举措。

"扫黄打非"肩负着依法治理文化市场,荡涤文化污浊,保障人民群众文化权益,维护国家文化安全的重大职责。上海连续开展一系列专项治理,坚决打击非法出版活动,始终保持高压态势,遏制其制作传播。进入21世纪,上海以打击非法出版物及信息为重要任务,以互联网"扫黄打非"为主战场,协调联动、密切配合,有效扫除网络淫秽色情信息,进一步加强出版物市场监管检查,有力惩治"三假"和侵权盗版行为。

一、组织机构

【市图书报刊市场管理处】

1988年12月,市图书报刊市场管理处成立,主要职责是对全市图书报刊市场的管理,查处淫秽出版物和各种非法出版物,打击非法出版活动。随着设立"扫黄打非"工作小组、"扫黄打非"工作办公室等市级机构,市场管理处的重心逐渐转移为市场管理。2010年2月,市图书报刊市场管理处更名为上海市出版物管理事务中心。

【市"扫黄打非"工作小组及成员单位】

20世纪90年代,上海市"扫黄"除"六害"工作小组成立,办公室设在市新闻出版局,负责整治和监管上海的出版物市场。

2000年3月,上海市"扫黄"除"六害"工作小组更名为上海市"扫黄""打非"工作小组,市政府副秘书长殷一璀任组长,市委宣传部副部长方全林、市新闻出版局党委书记钟修身任副组长。成员单位有市委宣传部、市新闻出版局、市委政法委、市公安局、市文化局、市广电局、市工商局、市高级人民法院、市检察院、上海海关、市教委、市邮政管理局、上海铁路局、上海机场(集团)、市文化稽查总队、市政府法制办、市信息化办公室。上海市"扫黄""打非"工作小组下设办公室。

【市"扫黄打非"工作办公室】

市"扫黄打非"工作办公室2000年至2009年设在市文化市场行政执法总队。2010年1月1日起,市"扫黄打非"工作办公室及相关工作改由市新闻出版局承担。市"扫黄打非"办公室每年制定"扫黄打非"行动方案并组织实施和监督检查;每年组织召开全国"扫黄打非"电视电话工作会议上海分会场会议;2010年1月编印市"扫黄打非"工作简报、专报;2010年3月组建市"扫黄打非"督查组;2010年8月组建市出版物市场义务督察员队伍,督察员利用业余时间巡察市区及郊区的出版物市场,掌握全市出版物市场动态,督促区县"扫黄打非"工作办公室开展出版物市场"扫黄打非"工作。

【市"扫黄打非"工作办公室副主任单位】

2010年4月,市委宣传部同意市"扫黄打非"工作办公室副主任单位为:市委宣传部相关处室、市文化市场行政执法总队、市公安局治安总队、市工商局检查总队、市城管执法局、市青保委(市教委)、市网宣办。

【区县"扫黄打非"工作办公室】

2010年,按照市"扫黄打非"工作办公室要求,各区县先后成立"扫黄打非"工作小组和办公室。区县"扫黄打非"工作小组组长为区委(县委)常委、宣传部部长,成员单位为区公安、城管、文化等相关职能部门。区县"扫黄打非"工作办公室大多设在区县文化执法大队,主任多由区县文化执法大队大队长担任;个别区"扫黄打非"工作办公室设在区文化局,主任由区文化局副局长担任。区县"扫黄打非"工作办公室至少由2人专门负责"扫黄打非"工作。

二、扫黄打非成果

20世纪七八十年代,社会上一些不法书商在经济利益驱动下,不断变换方式从事非法出版活动,以渲染暴力、凶杀、淫秽为主要内容的小说充斥上海出版物市场。1986年以后,一些不法书商采取盗用正式出版社名义、仿造出版社等方法,非法出版淫秽、凶杀内容的书刊和盗印港台出版的武侠小说;有的不法书商利用管理上的漏洞,买卖书号;有的不法书商大量盗印正式出版社出版的图书;有的不法书商将海外出版的有严重政治问题的图书,在国内印刷销售。这些非法出版物通过地下发行网络流入上海的书刊市场。针对当时这些情况,1986年8月6日,市政府批转《上海市图书报刊市场管理规定》通知,要求各区县、委办局按照通知精神执行。1989年11月26日,市政府发布《上海市查禁有害出版物暂行规定》,自12月5日起实施。

市"扫黄打非"工作办公室组织协调市新闻出版局、市工商局、市城管执法局、市公安局等和各区县相关文化执法部门开展"扫黄打非"活动,经常性地对全市文化出版物市场进行监管和执法检查。

1985年,全市收缴各种渲染凶杀、暴力的非法小报70吨。1986年,收缴各种非法出版物20万册。1987年至1989年,收缴各种非法出版物40万册。1990年以后,每年收缴的非法出版物在10万册至30万册。

1999年,全市共出动14 249人次,检查书刊、音像、电子出版物等经营网点18 621家(次),印刷企业6 401家(次);收缴非法书刊308 429本(册),其中淫秽书刊2 428本(册),色情书刊610本(册),有严重政治问题的书刊5 998本(册);收缴各类非法音像制品和非法电子出版物2 133 715盘(张)。取缔无证摊点410个,捣毁藏匿非法出版物的地下仓库3个。

2010年全市共收缴违禁非法出版物7 022件、淫秽色情出版物118 864件、盗版音像制品6 191 066张、盗版图书155 926册、盗版电子出版物22 367件,行政处罚案件1 063起,刑事处罚案件12起,刑事处罚人数5人。据2010年上海市"扫黄打非"工作办公室工作小结中有关数据显示,在上海"迎世博、办世博"期间,上海市"扫黄打非"工作小组各成员单位与区县相关文化执法部门,进一步加大对道口源头、打包托运、交通运输等环节的监管力度,在以保障上海世博会成功举办为重点的"扫黄打非"各个专项行动中屡破大案,共破获39起2万张以上盗版音像制品案件,查获3起30万张以上非法报刊案件,有力保证上海世博园内及周边地区文化安全。

2010 年 4 月 20 日，上海世博会出版物市场整治和版权保护专项工作会议暨长三角"扫黄打非"联防协作签约仪式在上海举行。江浙沪两省一市"扫黄打非"工作办公室签订《关于建立长三角世博会"扫黄打非"联防协作机制的合作框架协议》，长三角"扫黄打非"联防协作机制初步建成。

上海市"扫黄打非"工作办公室因为在 2010 年上海世博会"扫黄打非"工作中，为净化上海出版物市场作出不俗成绩，受到全国"扫黄打非"办公室的表彰，被全国"扫黄打非"工作小组评为 2010 年全国"扫黄打非"先进集体。

第五章　书店经营管理

第一节　国营书店

国营书店是上海图书市场的主渠道,主要有上海新华书店、上海图书公司、上海外文图书公司等。在市新闻出版局的领导下,贯彻执行党的出版发行方针,配合党和国家各项政策发行有关图书,做好党和国家领导人著作的发行工作以及中小学课本的发行工作。长期来政府对上海图书发行业的领导和管理,很大程度上是通过国营书店来实现。

在经营方式改革方面,上海新华书店一直走在前列,在全国有代表性。根据中央"三多一少"和"三放一联"的改革举措,上海新华书店打破计划经济的僵化体制,推进图书发行体制和经营机制改革。通过对所属基层书店放权、积极推动中小门市实行职工个人承包、租赁等试点,以及发展多种所有制、多种经营方式的"三产"等多种手段,促使各基层书店在经营自主权、经营活力、市场竞争能力等方面发生许多质的变化。

1988年1月,上海新华书店对全市区、县书店调整承包经营方式,推行综合承包责任制。在所属基层书店中,有11家改为"上缴利润,基数包干,增长分成";10家改为"上缴利润,定额包干";3家改为"上缴利润,递增包干"。承包年限由2年改为3至5年。同时,经市财政局同意,适当核减基层书店的承包基数,全年平均核减23%。

1999年1月,上海新华书店推出系列改革举措:实行模拟法人运作,推行三级管理、四级核算的管理体制。其中,宝山区新华书店推行承包经营,根据区店所属门市较为分散,统一经营比较困难的现状,先后对泗塘门市部和大场门市部进行承包经营。经过实践,总结对小门市部实行"三包""三放"和"三定"的管理经验,为企业抓大放小奠定基础。2000年,金山区店积极探索小门市经营机制改革,先后对石化瑞鑫门市和枫泾、张堰、亭林门市部实行职工风险抵押承包和个人承包经营的改革,经济效益明显提高。

第二节　民营书店

1980年12月,国家出版局下发《建议有计划有步骤地发展集体所有制和个体所有制的书店、书亭、书摊和书贩》的通知。1982年3月,国家出版局党组发出《关于图书发行体制改革问题的报告》,进一步提出要"积极发展集体书店,适当发展个体书店。"这两个文件的出台,使民营书店得以正式进入图书零售领域。1982年7月,文化部发出《关于图书发行体制改革工作的通知》,提出要在全国组成一个以国营新华书店为主体,多种经济成分,多条流通渠道,多种购销形式,少流转环节的图书发行网,也就是"一主三多一少"的图书流通体制改革方案。在图书发行领域开放搞活中,上海民营书店发展迅猛,1982年全市有个体书店24家,后直线上升,1985年为748家,1996年为1 280家,2003年为1 517家,后稍有回落,2010年为949家,民营书店网点数量远远超过国营书店。

1988年5月,中宣部、新闻出版署发出《关于当前图书发行体制改革的若干意见》,提出放权承包,搞活国营书店;放开批发渠道,搞活图书市场;放开购销形式和发行折扣,搞活购销机制;大力发展横向联合即"三放一联"的图书流通体制改革政策。这意味着二级图书批发业开始对集体和私营经济开放。随着 1993 年上海文庙书刊交易市场、1997 年上海书刊交易市场建成,进一步催生上海民营书业的发展和繁荣。2009 年上海文庙书刊交易市场批发 1.19 亿元,占全市出版物发行销售总额 1.2%;上海书刊交易市场批发 4.06 亿元,占全市出版物发行销售总额 4%。

2003 年 8 月,新闻出版总署颁布重新修订的《出版物市场管理规定》,不再将出版物总发行权和批发权准入条件限定为国有资本,民营企业具备资格也可以申请出版物的国内总发行权和批发权。这一规定的出台,标志着具备条件的民营发行企业经过审批将可获得出版物总发行权。2004 年 3 月,上海英特颂图书有限公司成为上海第一家获得从事图书、报纸、期刊及电子出版物的总发行业务的民营企业。之后,上海民营书店获得总发行权和批发权,为繁荣上海图书市场作出贡献,通过竞争,也促进了国有书业的发展。

第三节　专　业　书　店

1978 年以来,随着经济建设和现代科学技术的迅速发展,国民经济各部门的分工和自然科学、社会科学学科分类越来越细,与之相适应,专业出版社也越来越多,专业图书品种大量增加。这要求新华书店发行网点改变"百家书店一副面孔"的经营格局。

上海新华书店 20 世纪 80 年代初开始规划,陆续开设教育书店、艺术书店、省版书店(省版门市部)、批发书店、旅游书店、工具书店、上海版图书门市部(上海版图书贸易中心)、法学书局、企业家书店、大学书店、生活书屋、学术书苑、体育书店和医学书店等 14 家专业书店。加上原有或恢复的上海邮购书店、少年儿童书店、上海音乐书店、上海科技书店,上海共有 18 家专业书店,这是当时全国发行业的一个亮点。

上海专业书店大致可分成三种类型:按图书门类分,有中国科技图书公司、教育书店、音乐书店、艺术书店、工具书店、法学书局、学术书苑、医学书店、体育书店;按读者对象分,有少年儿童书店、大学书店、企业家书店、旅游书店、批发书店、邮购书店;按出版社地域分,有上海版图书贸易中心、省版书店。上海外文书店、上海古籍书店、上海书店期刊门市、上海旧书店、朵云轩等特色书店也相继恢复或扩大经营场地,增加服务功能和品种。

专业书店的专业图书门类必须齐全,品种丰富,数量充足。上海新华书店规定专业书店专业图书的品种数应该超过综合性书店相关类别的图书品种,尤其是适合中高层读者需要的专业图书品种应在全市书店中占第一位。专业书店的宗旨是"人无我有,人有我全,人全我特"。学术书苑从文史哲学术专著的专业性强、读者层次高而且所需图书的门类跨度大等特点出发,以中高级知识分子作为自己的服务对象,建立目标市场,备货从"高、精、尖"着手,每年订货品种达到 6 000 多种,对确有价值的专著备货力求不遗漏,对较易为一般书店忽略或难以备货的门类如语言理论、新闻理论、少数民族语言历史、西藏学、敦煌学以及新学科等特别重视,努力开拓这些往往形成空缺的市场,受到上海中高级知识分子的欢迎。

由于专业图书的广阔门类,且与社会各个阶层、各个领域,从生产、科研、学习、理论到金融贸易、文学艺术等活动都有关联,专业书店重视采用各种各样的宣传方式,向读者传递专业图书的出版发行信息,联系专业单位和专业读者,积极参与社会有关活动,扩大专业书店和社会文化生活中的影响力,提高专业书店自身的知名度。

经常编印各类专业书目,广泛分发给有关专业读者。如艺术书店编印《艺术书目》,教育书店编印《教育书目》,学术书苑编印《文史哲学术著作书目》,每期列入 200 种专著目录,每发一期书目,都会收到六七千封读者的邮购信。

专业书店往往会建立基本读者网络,向他们提供出版发行信息,帮助他们了解专业图书的市场信息。1991 年,全市新华书店旗下的专业书店与近 1 000 位专业人员建立基本读者关系,其中学术书苑与 150 位专家建立了基本读者关系。

专业书店举办各种专题书展,组织作者签名售书,举行新书发布会,举办各种讲座,积极参与有关专业社会活动,不断扩大社会影响。少年儿童书店从 1985 年起举办 10 多次展销,如"90 少儿书展""金山羊少儿书展"。上海版图书贸易中心 1989 年和 1991 年举办了两届"上海版新书大联展",获得良好的社会效益。法学书局店堂法律咨询接待室特邀律师"坐堂门诊",三年接待法律咨询1 560 件,受理案件 308 件。

1991 年 4 月,上海新华书店在上海版图书贸易中心举行首届地图、旅游图、旅游图书展销,全国有 8 家专业出版社的 500 余种地图参展。1995 年 4 月,上海旅游书店举办'95 全国地图、旅游教材展销,汇集各类地图、地图册、教材等 1 000 余种,销售 10 万余元。1997 年 4 月,上海新华书店联合中国地图等 10 家专业地图出版社举行十家地图出版社地图精品展销周,推出 500 余种品种,销售14 万元。

1992 年 5 月,上海新华书店暨上海艺术书店举行'92 上海艺术图书大联展,汇集 50 多家专业出版社 5 000 多种图书,销售 6 万多册、38 万余元。

1992 年 10 月,上海新华书店暨上海省版书店在市工人文化宫举行全国地方版图书大联展,展出 8 000 多种省版图书,销售 46.75 万元。

1992 年 9 月、1994 年 4 月,上海市卫生局、上海新华书店和上海医学书店先后主办两届全国医学图书展,展出医学类图书和医学音像制品 4 000 多种。

20 世纪 90 年代,全市各类专业书店近 30 家。专业书店具有门类齐全,品种丰富,储备充足,信息反馈迅速,服务方式多样的"齐、多、专"的特点,为图书销售工作的"深、细、活"创造条件。

2010 年,市新闻出版局在《上海市新闻出版业"十二五"规划发行业课题研究》中提出,培育阅读需要的特色书店。继续强化外文书店、古籍书店等原有特色书店的服务功能和发展定位,鼓励多元资本开设或恢复各类特色、专业书店,如科技书店、音乐书店、少儿书店等。特色书店的标准是:建筑面积在 340 平方米以上,经营面积在 200 平方米以上,专业品种齐全。

表 7 - 5 - 1　1978—2010 年上海主要专业书店情况表

店　　名	开业时间	店　　名	开业时间
上海科技书店	1978 年	上海批发书店	1983 年
上海音乐书店	1978 年	上海旅游书店	1984 年
上海外文书店	1978 年	上海工具书店	1984 年
上海古籍书店	1978 年	上海版图书贸易中心	1985 年
上海教育书店	1981 年	上海法学书局	1986 年
上海艺术书店	1982 年	上海企业家书店	1986 年
上海省版书店	1983 年	上海大学书店	1986 年

（续表）

店　　名	开业时间	店　　名	开业时间
上海生活书屋	1987 年	上海旧书店（福建中路 118 号）	1997 年
南京东路新华书店"学术书苑"	1987 年	上海书城音像店	1998 年
中国经济书店上海一店	1987 年	军事书店	1999 年
上海体育书店	1990 年	艺术书坊	2004 年
中国经济书店上海二店	1990 年	徐汇区店教材书店	1999 年
上海医学书店	1991 年	普陀区店保健书店	2000 年
上海旧书店（福州路 338 号）	1991 年	浦东教材书店	2001 年
上海交通书店	1992 年	上海新华外语书店	2001 年
上海建筑书店	1992 年	中国科技图书公司"教材总汇"	2002 年
上海博古斋	1993 年	上海音像图书城	2002 年
上海计算机广场	1994 年	上海书城科技店	2008 年

第六章　上海书展和全民阅读

第一节　上海书展

上海书展自 2004 年开始举办，影响力不断增强，其公众化特征不断凸显：参展出版单位从 170 多家，增加到 500 多家；文化活动从 170 余项，发展到 420 项；2004 年至 2010 年的六年间，主会场接待 130 余万人次前来参观和交流，零售总额突破 1 亿元，实现社会和经济效益双丰收。

上海书展为展示上海和全国出版成果，扩大优秀文化作品传播，推进出版业改革发展，推动全民阅读和学习型城市建设作出卓有成效的贡献，社会影响力和辐射力不断增强和扩大，已成为服务全国、服务行业、服务读者的重要文化交流平台，成为全国出版单位和广大读者共同期盼的文化盛会，成为影响上海市民阅读趣味和引领国内阅读走向的重要文化力量，也成为打响"上海文化"品牌的一张闪亮且独具魅力的金字招牌。

一、沿革

上海书展是在沪版图书订货会、交易会的基础上逐渐酝酿形成的。1987 年 5 月，上海市出版工作者协会、上海出版社经营管理协会主办首届上海出版社联合书市暨全国少儿书市，卖方是上海的出版社，产品也仅限于沪版图书。1988 年 3 月，新闻出版署发行局、上海市新闻出版局、中国出版工作者协会主办首届全国图书（上海）交易会，同时举办第二届上海出版社联合书市，全国和上海有 113 家出版社参加。1989 年举办第三届联合书市，上海有 34 家出版社参加。联合书市实际上是图书订货会，也向社会读者开放。从第四届（1990）起，联合书市取消销售功能，订货成为唯一功能。

表 7 - 6 - 1　历届上海沪版图书订货会情况表

届　次	时　间	地　点	订展形式	主　办　单　位	参加单位	订销金额（万元）
第一届	1987 年 5.24—6.2	上海展览中心	上海出版社首届联合书市暨全国少儿书市	上海市出版工作者协会、上海出版社经营管理干部联谊会	上海 18 家	518.7
第二届	1988 年 3.26—3.31	黄浦区体育馆	首届全国图书（上海）交易会暨全国大学出版社、全国地方科技出版社、全国古籍出版社联合书市	新闻出版署发行局、上海市新闻出版局、中国出版工作者协会主办，上海市出版工作者协会、上海出版社经营管理干部联谊会承办、新华书店上海发行所、上海图书馆协办	上海 25 家外地 88 家	2 040

（续表一）

届　次	时　间	地　点	订展形式	主　办　单　位	参加单位	订销金额（万元）
第三届	1988 年 12.30— 1989 年 1.12	上海展览中心	上海出版社第三届联合书市暨'89 生活用品展销会	上海市出版工作者协会、上海出版社经营管理干部联谊会	上海 34 家	2 400
第四届	1990 年 3.11—3.14	仙霞宾馆	上海出版社第四届联合看样订货会	上海市出版工作者协会、上海出版社经营管理干部联谊会、新华书店上海发行所	上海 34 家	2 885
第五届	1991 年 3.2—3.3	宝山宾馆	上海出版社第五届联合看样订货会	上海市出版工作者协会、上海出版社经营管理干部联谊会、新华书店上海发行所	上海 37 家	5 000
第六届	1992 年 3.20—3.22	宝山宾馆	上海出版社第六届联合看样订货会	上海市出版工作者协会、上海出版社经营管理协会、上海市书刊发行业协会、新华书店上海发行所	上海 37 家	7 300
第七届	1993 年 1.5—1.7	千鹤、田林宾馆	上海出版社第七届联合看样订货会	上海市出版工作者协会、上海出版社经营管理协会、上海市书刊发行业协会、新华书店上海发行所	上海 37 家	5 100
第八届	1994 年 1.9—1.11	田林、农业大厦、国教宾馆	上海出版社第八届联合看样订货会	上海市出版工作者协会、上海出版社经营管理协会、上海市书刊发行业协会、新华书店上海发行所	上海 37 家	9 269
第九届	1995 年 1.16—1.19	市委党校	上海出版社第九届联合看样订货会	上海市出版工作者协会、上海出版社经营管理协会、上海市书刊发行业协会、新华书店上海发行所	上海 38 家	13 000
第十届	1996 年 1.4—1.8	宝钢体育馆	上海出版社第十届联合看样订货会	上海市出版工作者协会、上海出版社经营管理协会、上海市书刊发行业协会、新华书店上海发行所	上海 38 家	26 481
第十一届	1997 年 1.4—1.6	上海冶金高等专科学校体育馆	上海出版社联合看样订货会	上海市出版工作者协会、上海出版社经营管理协会、上海市书刊发行业协会	上海 39 家	27 964

（续表二）

届　次	时　间	地　点	订展形式	主办单位	参加单位	订销金额 （万元）
第十二届	1997年 12.21—12.25	上海冶金高等专科学校体育馆、千鹤、田林宾馆、农业大厦	上海出版社联合看样订货会	上海市出版工作者协会、上海出版社经营管理协会、上海市书刊发行业协会	上海40家	28 210
第十三届	1999年 1.3—1.7	宝钢体育馆	沪版图书订货会	上海市出版工作者协会、上海出版社经营管理协会、上海市书刊发行业协会	上海42家	22 711
第十四届	1999年 12.12—12.16	宝钢体育馆	沪版图书订货会	上海市出版工作者协会、上海出版社经营管理协会、上海市书刊发行业协会、新华书店上海发行所	上海42家	25 078
第十五届	2000年 12.17—12.19	光大会展中心	沪版图书订货会	上海市出版工作者协会、上海出版社经营管理协会、上海市书刊发行业协会	上海43家	27 664
第十六届	2001年 12.9—12.11	光大会展中心	沪版图书订货会	上海市出版工作者协会、上海出版社经营管理协会、上海市书刊发行业协会	上海42家	26 761
第十七届	2002年 12.15—12.17	光大会展中心	沪版图书订货会	上海市出版工作者协会、上海出版社经营管理协会、上海市书刊发行业协会	上海43家	20 800

　　2002年6月，沪版图书订货会更名为上海图书交易会，向长三角和其他省市出版社开放。2003年8月举办的上海图书交易会是"非典"后全国第一次大规模的书业盛会，交易额出现"井喷"，达7.7亿元，是上届的3.75倍，参展规模、金额、入场人次等各项指标大幅度刷新历次交易活动纪录，同时以旺盛的人气、火爆的场面和骄人的数据为"后非典"时期迅速复原的中国内地图书市场留下一段佳话，更为第二年变身上海书展埋下伏笔。

表7-6-2　第一、二届上海图书交易会情况表

届　次	时　间	地　址	订展形式	主办单位	参加社	订销金额 （万元）
第一届	2002年 6.23—6.26	上海光大会展中心	上海图书交易会	上海市出版工作者协会、上海出版社经营管理协会、上海市书刊发行业协会	上海42家及中国出版集团等78家	20 000

（续表）

届　次	时　间	地　址	订展形式	主　办　单　位	参加社	订销金额（万元）
第二届	2003 年 8.10—8.13	上海光大会展中心	上海图书交易会	上海市新闻出版局主办，上海市出版工作者协会、上海出版社经营管理协会、上海市书刊发行业协会、上海市期刊协会、上海印刷协会等单位协办	各省市367家出版社	77 000

2004 年，上海图书交易会、上海书市、上海版权贸易洽谈会等多种形态的书业活动，转型为上海书展。上海书展不再是出书人和卖书人之间行业性、区域性的会，而是以普通市民为服务对象，以文化交流、图书展示和销售为目的文化盛会。举办上海书展就是为进一步推进上海出版业持续、快速发展，完善上海出版的功能，提升上海出版的地位，更好地为全国出版服务，为上海文化建设服务。

按照上海市委、市政府领导强调上海书展要成为上海大都市文化品牌的要求，上海书展定位以销售为主，固定在每年暑假举行，所有图书和文化活动直接面对普通市民。作者来这里签名售书，学者来这里举办讲座；社区组织市民参与书展，学校组织学生举办活动，孩子把压岁钱攒着来书展买书……上海书展为读书人、写书人、出书人、卖书人提供一个平台，也成为出版人展示业绩的大舞台和图书集中销售的大卖场，推动上海全民阅读活动持续"升温"。

二、历届上海书展

【2004 上海书展】

7 月 28 日至 8 月 2 日在上海展览中心举行，这是一次面向公众零售、同时业内订货的书展。在 2 万多平方米的展览场地，全国近 500 家参展单位参展，吸引 20 多万人次入场，举行 170 余场文化导读活动，实现零售 1 300 万元。同时举行的上海图书交易会吸引全国 24 个省市 130 余家出版社参展，创下订货 6.18 亿元的佳绩。新闻出版总署副署长于永湛，上海市委副书记殷一璀，市委常委、宣传部部长王仲伟和副市长杨晓渡等出席开幕式。

2004 上海书展有以下特点：

上海有史以来最大规模的图书文化盛会，形成上海书展的基本格局。

以批发、零售为双翼。后批发功能被逐渐弱化，零售、文化功能等被强化。

确立"立足上海、面向华东、服务全国"的宗旨，对外地出版社实行零租金招展、零距离进入的优惠措施，把展馆最好的中心场地提供给各地出版社，突出上海书展的"全国"概念。

展示和销售图书、期刊、音像制品、电子出版物、动漫、网络游戏、进口图书以及印刷设备、书籍装帧艺术等，全方位体现出版业态。

中心展台以 4 幅油画展示张元济、邹韬奋、鲁迅、巴金等出版巨擘的风采，辅之以出版博物专馆，展示出版业沧桑岁月和文化积淀。

书展设计布展公开招标，17 家专业设计公司参与竞标。

新书发布、签名售书、名家访谈、研讨论坛、讲座比赛、义卖咨询、木版水印现场表演等文化营销活动使书展成为文化的盛会，读书人的节日。

书展门票 10 元一张,主会场所有图书八折销售。

现场举行上海书展读者满意度大调查。调查选择书展举行的中间 5 天,每天在现场随机发放 100 份问卷,进行读者对书展满意度现场调查。读者满意度为 82%。

书展组委会办公室推出多项便民措施,每个读者都可以领到"读者指南",展馆入口处设置"参观导引图",场馆内广播传送"现在播报",辟有肯德基(KFC)、冷饮和矿泉水摊位,使读者每走百步就会有一处休憩场所。

【2005 上海书展】

8 月 6 日至 8 月 14 日在上海展览中心举行。开幕当天遭遇台风"麦莎"的侵袭,但市民逛书展、看书买书的热情却没有受到影响。书展历时 9 天,全国近 500 家出版单位参展,接待读者 30 万人次、举办 170 余项活动、零售 2 500 万元。市委副书记殷一璀,市委常委、宣传部部长王仲伟等出席开幕式。

在书展同时举行的上海图书交易会成交金额 2.02 亿元,其中全国各地出版社 8 714 万元,上海各出版社 1.15 亿元。书展专设图书馆专场,150 家图书馆采购人员参会,实现团购 1 750 万元。上海版权贸易洽谈会达成版权贸易意向 200 多项。

与上届相比,2005 上海书展有以下特点:

确立"读书,让生活更和谐"的书展主题。

将版权贸易洽谈、民营书业调剂会纳入,专设版权贸易洽谈馆、民营书业馆,扩大书展的功能。

充分发挥行业协会作用,运用社会资源办会。上海出版社经营管理协会、上海市书刊发行业协会、上海市印刷行业协会、上海市音像分销协会在书展的具体承办工作中发挥积极作用。其中上海图书交易会由上海出版社经营管理协会承办,上海民营书业调剂会由上海市书刊发行业协会承办,印刷馆由上海市印刷行业协会承办,音像馆由上海市音像分销协会承办。

上海展览中心作为协办单位,与上海书展组委会签订友好合作备忘录,降低会务成本,提升服务质量。

推进市场化动作,吸引多家赞助单位,共同打造书香品牌。

经过招标,对十家设计单位的 50 份标书进行评审,确定 15 个展馆的设计方案。通过引进规范的操作程序,使本届书展的设计思路、材料使用、费用核算等方面都有进步,其中布展费用减少 30%。

【2006 上海书展 】

8 月 5 日至 11 日在上海展览中心举行。来自全国各地 500 多家出版单位参展,10 万种图书、200 项文化活动,2 800 万元销售额,7 天吸引 20 多万人次的读者入场,营造出浓厚的书香环境。新闻出版总署副署长邬书林,上海市委副书记殷一璀,上海市委常委、宣传部部长王仲伟等出席开幕式。

作为上海书展的配套展会,上海图书交易会与书展同时不同地举行,成交金额 2.1 亿元,200 多家高校图书馆现场采购图书 3 000 万元。上海版权贸易洽谈会吸引 50 多家境外出版商前来洽商版权,达成版权贸易意向 200 多项。

与前两届相比,2006 上海书展有以下特点:

确立"政府搭台、企业唱戏、公司运作、以会养会"的办会机制,采取政府推动与市场运作相结合的方式,成立以日常管理为主要形态的上海书展办公室和以会展经营为主要形态的上海联合书业会展有限公司,使书展运作更具专业化、规范化和市场化。

确立"我爱读书,我爱生活"的书展主题。通过向全社会广泛征集,确定并启用上海书展会标。"上海书展"采用鲁迅手写体。票证设计制作运用市场化手段,提高档次和水平。通过以上举措,上海书展有了属于自己的个性化形象。

开幕式由作家王蒙、劳动模范包起帆、"感动中国十大年度人物"洪战辉等三位嘉宾演绎书展主题。开幕式由室外移入室内,时间从一个半小时缩短为半小时,由受邀嘉宾作家分别作简短而生动的主题演讲,凸显书展"我爱读书,我爱生活"主题。

在展馆设计上,首次引入主题馆概念,分设主题馆、上海精品图书展示馆、鲁迅巴金生平展示馆、最美的书展示馆、中国出版馆、江苏出版馆、浙江出版馆、名社精品馆、世纪出版馆、文艺世家馆、新华传媒馆、古籍珍品馆、进口图书馆、港澳出版展示馆、民营书业馆、期刊展示馆、音像动漫馆、印刷展示馆、文教用品馆等 22 个展馆。

引进志愿者。设立 10 个志愿者服务点,配置 35 位来自上海高校的志愿者为读者提供导购、咨询等服务。

零售区域全场普及银行 POS 机,提供刷卡消费服务;为方便读者购书,配置 200 余辆手推车服务。

【2007 上海书展】

8 月 15 日至 21 日在上海世贸商城举行。来自全国各地的 500 多家出版单位携 10 万余种图书共襄盛会,共举办 250 项文化活动、实现销售 2 500 万元,近 20 万人次的读者入场。同时举行的上海图书交易会成交金额为 2.32 亿元,其中首度与上海书展牵手的全国文图联优秀文艺图书参展,成交金额 6 500 万元。新闻出版总署副署长邬书林,上海市委常委、宣传部部长王仲伟,副市长杨定华等出席开幕式。

8 月 20 日,市委书记习近平参观上海书展,提出要认真打造这张文化名片,让上海书展真正成为服务全国的文化大平台。市委副书记殷一璀,市委常委、宣传部部长王仲伟,市委常委、市委秘书长丁薛祥陪同参观。

本届书展主会场首次在上海世贸商城举行。展位设计特意留出 6 米宽的主通道,使读者参观时感觉更加舒适,同时也不容易造成人流拥堵。单独辟出的大型活动馆为读者免费放映文学名著改编的电影,既为读者提供休憩场所,也起到分散人流的作用。

相比往届,2007 上海书展有以下特点:

开幕式延续上年的做法,特邀中科院院士陈佳洱、复旦大学党委书记秦绍德、学者易中天、学者于丹四位嘉宾每位作 5 分钟主题演讲。

书展重要活动——上海图书交易会、全国文艺图书会与上海书展同时不同地点举办,来自各地的 100 多家出版社参加上海图书交易会。

书展迁入新址,为方便读者,专门开辟免费巴士接送点。4 辆空调大巴每天往返近 40 余次,接送读者 2 000 余人,7 天共运转 277 圈,接待读者 1.5 余万人。

首次对书展门票进行明信片设计和防伪设计,书展门票副券成为一张可邮寄的明信片,具有收藏和馈赠价值。

场地宽敞吸引明星签名售书,为参加流行女歌手李宇春签售活动,不少读者通宵排队,活动组织井然有序。

【2008 上海书展】

8月13日至19日在上海世贸商城举行。全国500余家出版单位参展,展出10万余种图书,其中新书6万余种。各单位围绕改革开放30周年、北京奥运会、抗震救灾三大重点主题组织260余项文化活动。7天吸引22万人次的读者入场,销售额达2600万元。全国图书馆上海专场采购会与上海书展同时举行。中国作协党组书记、副主席金炳华,新闻出版总署副署长邬书林,安徽省委常委、宣传部部长臧世凯,上海市委常委、宣传部部长王仲伟和中国出版工作者协会主席于友先等出席开幕式。

书展举办恰逢北京奥运会召开。在全民喜迎奥运的日子里,"白天逛书展,晚上看奥运",与奥运同行的上海书展成为国内一大文化盛事。

相比往届,2008上海书展有以下特点:

首次打出"上海首发、全国畅销"的概念,意在通过上海书展的品牌优势和上海自身的市场优势,吸引全国新书到上海首发,再从上海推向全国市场,逐步把上海书展打造成新书首发的大平台,将上海构筑成全国出版业的高地。

首次提出"大家"概念:名人大家是"大家",广大老百姓也是"大家"。上海书展不仅是大家名家云集,展示传播优秀文化的大舞台,也是大众享受精美文化盛宴的大平台。

开幕式简洁流畅、形式新颖,邀请抗震小英雄林浩作主题演讲,并采用声、光、电等多媒体效果,展示历年书展的发展历程和上海城市的文化追求。

为体现上海搭台、全国唱戏的办展理念,书展第一次设主宾省,安徽省成为上海书展首个主宾省。

安徽省儒林图书有限公司组织各地200多家图书馆参加采购活动,实现团购2163万元。图书馆采购成为上海书展的常规动作。

设立爱心书屋,倡导"买一本新书、赠一句嘉言、献一份爱心"的书香传递。书展期间,爱心书屋收到读者个人捐书3839本,合计金额约9万元,由书展组委会全部捐给四川都江堰地震灾区。

首次设计编印《2008上海书展会刊》《2008上海书展参展商名录》《2008上海书展读者指南》等官方读物,现场免费发放,为读者参观购书提供全方位导航。

【2009 上海书展】

8月13日至19日在上海展览中心举行。本届书展以迎接新中国成立60周年、2010年世博会为契机,吸引全国500余家出版单位参展,推出10余万种图书、举行文化活动370多项,24万人次参加这一文化盛会,主会场实现销售2800万元,分会场实现销售1000万元,订货1.8亿元,团购800万元。新闻出版总署署长柳斌杰、副署长邬书林,上海市委常委、宣传部部长王仲伟等出席开幕式。

相比往届,2009上海书展有以下特点:

书展主场馆回到上海展览中心。世贸商城位置偏西,读者购书有所不便,人流、人气相对不足,成为上海书展回到上海展览中心的主要原因。

首次设立分会场,由规模较大的上海书城、古籍书店、艺术书坊、博库书城、大众书局等大型连锁书店和品牌书店开设区县和地铁分会场,并在上海的一城网和99读书人网设立网上分会场,点面结合,城郊结合,场内场外、线上线下联动,扩大书展的服务效应。

开幕式特邀中科院院士、天文学家叶叔华,文学家、教育家徐中玉,国际展览局名誉主席、全国政协副秘书长吴建民和中国出版集团总裁聂震宁等嘉宾,围绕"我爱读书,我爱生活"的上海书展主题和"城市,让生活更美好"的 2010 年上海世博会主题作精彩致辞。

主宾省为江苏省。江苏展团带来 4 200 种苏版精品图书,组织近 30 项营销文化活动,销售额突破 100 万元。

针对专业读者需求,首次设立科学技术馆和人文艺术馆,向专业领域积极延伸探索。

首次设立主题日活动,设立世博、经典诵读、科普、书香体验、青少年等主题,对大众阅读和城市生活品位与潮流产生更直接的引领作用。

首次实现参展图书全品种网络化信息查询,读者可以通过场内多个电脑终端和场外互联网自助查询到图书的书名、作者、价格、版别和所在展位。

上海热线、新浪、东方网在书展现场设立直播室,全天候直播书展动态资讯、嘉宾访谈,把展馆内两万多平方米的现实空间向网络空间延伸拓展,把到场的 24 万名读者和网上的千百万读者连接起来。

67 名世博志愿者进行文明待客、优质服务的"大练兵",为读者提供温馨的导引、导购、导读服务;上海外文图书公司、上海书城、上海图书公司等单位的全市首批 52 名星级发行师根据自身专业特色,在上海书展开展星级服务。

【2010 上海书展】

8 月 11 日至 17 日在上海展览中心举行。全国 500 余家出版单位参展,推出 15 万余种图书,举行文化活动 420 余项,25.2 万人次的读者入场。主会场实现销售 3 080 万元,分会场实现销售 1 100 万元,团购实现 6 000 万元,均创历史新高。新闻出版总署副署长邬书林,中国出版工作者协会主席于友先,上海市委常委、宣传部部长杨振武,浙江省委常委、宣传部部长茅临生等出席开幕式。

适逢上海世博会举办,书展突出"与世博同行"的主题,多姿多彩的世博元素成为本届书展最大的亮点。书展举办前夕,甘肃舟曲发生特大山洪泥石流灾害。书展在现场设立捐款箱,接受广大读者和社会各界的爱心捐赠。近 5 万元爱心捐款由书展组委会全部捐给甘肃舟曲灾区。

相比往届,2010 上海书展有以下特点:

开幕式邀请中科院院士谷超豪、经济学家吴敬琏、作家莫言、世博园区总规划师吴志强作嘉宾演讲。

主宾省为浙江。浙江展团展出 3 500 余种浙版图书,组织近 20 项文化营销活动,实现销售 105.8 万元。

打造国内图书团购平台。作为书展的重要组成部分,上海图书交易会与书展同期举行。全国 150 多个出版社、100 多家书店和 600 余家图书馆 2 000 多人参加交易会。全国三大图书馆配送商首次参加,团购码洋突破 6 000 万元。

首设少儿图书馆和辞书工具书专题馆,打破以往单纯以出版社为单位的布展方式,书展图书分类更清晰明了,方便读者比较和选购。

针对书展场地拥挤、活动安排密集等问题,在中央大厅和西二馆之间搭建 1 000 平方米的"阳光篷",增加书展的物理空间。

首次推出三个"十佳"评选:最有号召力的十家出版社、最有影响力的十本新书、最有创造力的十位编辑。

上海各出版社社长、总编等 88 位出版界人士围绕"2010 上海书展出版人"主题集体开通新浪微博,用文字和图片"转播"书展实况。

第二节 全民阅读

一、沿革

上海全民阅读活动源于 1982 年市总工会等发起的"振兴中华"读书活动。1983 年 6 月 10 日，中共中央批复全国总工会党组《关于在职工中开展读书活动的报告》，高度评价上海工人首倡的职工读书活动。由此，振兴中华读书活动迅速向全国发展。2006 年，中共中央宣传部、中央文明办、新闻出版总署等 11 部委为贯彻落实党的十六大关于建设学习型社会的要求，联合倡导开展全民阅读工程，成立全民阅读组织协调办公室，全民阅读成为国家的一项重要文化战略。

自 2006 年全民阅读活动开展以来，上海主要围绕着五个方面推进：广泛开展各类全民阅读活动，掀起新时代全民阅读新热潮；着力提供优质阅读内容，满足人民群众多样化的阅读需求；完善全民阅读设施体系，为人民群众提供更好的阅读条件；开展全民阅读宣传活动，充分发挥各类媒体的宣传优势和整合传播作用；做好"4·23 世界读书日"和各大节庆期间图书大联展活动。市新闻出版局组织开展全民阅读工程，通过市区两级出版文化主管部门联动机制，"上海首发全国畅销"机制、跨部门合作机制、上海重点新书集中发布推介机制等，孵化培育适合文化大都市特点的全民阅读新载体、新项目、新平台，以世界读书日、上海书展等为契机，结合民族传统节日，组织开展一系列生动有效的全民阅读活动，提升上海阅读指数、扩大阅读人口、营造阅读氛围。

2006 年 4 月 23 日前夕，上海新华发行集团在全市社区开展各类特色服务活动，邀请专家开展讲座咨询活动。"书香人生"校园行第一站走入复旦大学，青少年"书香人生"读书计划向青少年推荐青春、励志等畅销书，"百家企业共读一本书——图书音像精品百家企业巡回展"活动向 200 多家企业高管共推一本书。

2006 年 5 月 29 日，新闻出版总署公布 2006 年向全国青少年推荐的 100 种优秀图书目录，上海文艺出版社出版的《过目不忘——50 则关于荣辱观的故事》《手术刀就是武器——白求恩传》和《青春读本·3》，上海文化出版社出版的《颠覆——重塑人类常识的 20 大科学实验》，上海人民出版社出版的《长征日记》，上海教育出版社的《科学人文读本》，少年儿童出版社出版的《青苹果、红苹果》，华东师范大学出版社出版的《马克思画传》《恩格斯画传》，中国福利会出版社出版的《家有小丑全本》和《小巴掌童话》11 种图书入选。

2007 年 4 月，在中宣部、中央文明办、出版总署、中华全国总工会、共青团中央等 17 个部门的倡导下，上海开展"同享知识，共建和谐"为主题的全民阅读活动。

2008 年 4 月，市新闻出版局开展"利用传统节日，弘扬民族文化"出版活动。上海古籍出版社相继出版图书《话说清明》和《清明诗词》、《话说端午》和《端午诗词》、《话说中秋》和《中秋诗词》，分别介绍传统节日的民俗活动和文化含义，注释鉴赏与传统节日有关的诗词。上海外语教育出版社配合出版《清明诗词》《话说端午》《话说中秋》汉英双语版。少年儿童出版社出版《彩绘本中国传统节日故事》和绘本书《月亮朋友》，让外国友人和孩子们解中国传统节日的文化意义。策划组织十余项文化主题活动，推动优秀传统文化读物进社区、进校园。

2008 年 4 月 23 日世界读书日，上海人民出版社联手上海长途客运南站推出上海长途旅客书香回归日活动，向乘客赠送特别加印的《中外书摘》杂志 2 000 册。当天从上海南站出发的乘客都能手捧一册《中外书摘》杂志，一路书香陪伴。

2009 年 4 月 23 日世界读书日,上海举办以"书香上海,快乐阅读"为主题的全民阅读活动启动。市新闻出版局、市作家协会、黄浦区政府联合福州路文化一条街上的书城、书店和公共图书馆,推出全民阅读推荐书目,并设立上海世博会主题阅览室和优秀图书现场展销,向市民代表赠送图书和阅览卡;举办职业青年"书香体验日"、作家王小鹰与青年读者座谈等系列活动。全市各书城、书店推出系列回馈读者、服务读者的特色活动。各出版社走进郊区农村举行文化科技讲座近 30 场。作家、学者、艺术家走进社区、工厂、农村、商务楼和大中小学,组织文学导读、诗歌朗诵、艺术鉴赏互动和科学文化普及讲座等活动。

2009 年 8 月起,市委宣传部、市文明办、市教委、团市委、市妇联联合开展"小八腊子开会喽"——上海市优秀童谣征集评选活动和"童声念童谣,文明迎世博"朗诵大赛。未成年人网络天地网开通"优秀童谣征集评选活动"专题网页,上海文明网、心域网、雏鹰网建立相关专题链接。共征集到童谣 1 000 多首。经两轮专家评审、专题网页网上投票,评选出优秀童谣 100 首,并汇编成《上海市优秀童谣集》出版。市文明办从中选《两条龙》《太阳爬高楼》等 11 首推荐上报中央文明办,参加全国优秀童谣评选,其中《两条龙》获二等奖,《太阳爬高楼》获三等奖。10 月 15 日起,主办单位又联合举办优秀童谣征集评选后续活动——"童声念童谣,文明迎世博"上海市优秀童谣朗诵大赛,在全市小学、幼儿园朗诵传唱 100 首优秀童谣。"童谣朗诵大赛"设个人和团体两个类别。通过初赛、市级复赛和决赛,评选出一、二、三等奖和优秀组织奖。

2010 年,全民阅读工程深入推进,做大做强上海全民阅读活动品牌。围绕"三个重点和一个机制"开展全民阅读活动,即以社区、农民和青少年为阅读活动开展的重点人群和对象,以推动手机阅读、网络阅读等新型阅读方式为重点拓展的领域,以世博阅读论坛、上海书展、重大节庆活动为形成全民阅读高潮的重点活动和抓手。加强统筹协调,建立开展全民阅读活动的长效机制。大力推进"书香中国"全民阅读工程,探索适合文化大都市特点的数字阅读服务的新模式、新载体、新平台。开启书香上海全民阅读网,开展"书香校园""书香社区"等系列活动,全市 721 家报刊出版单位还开展"全民阅读报刊行"活动。

2010 年 4 月 23 日,由市委宣传部、市新闻出版局和上海世博会事务协调局共同主办,以"城市阅读,阅读城市"为主题的世博阅读论坛在上海举行。国内外专家、学者及文化名人探讨城市阅读对于城市发展的重要作用、阅读的现状和发展趋势,旨在积极传播城市阅读的多元化益处,为世博会营造良好的文化氛围。同时举行"我的城市我的书"征文活动颁奖仪式。除主论坛外,代表不同阅读空间的 4 个分论坛活动同时举行,包括代表企业空间的"宝钢集团——阅读·员工·企业"、代表校园空间"复旦大学——青年阅读@city.com"、代表社区空间的"普陀区图书馆——当今社会阅读环境、阅读方式头脑风暴",以及代表网络虚拟空间的"盛大文学——与世博同行,享阅读快乐"。当天,书香中国(上海)在线全民阅读网开通,阅读网依托中文在线电子图书资源,联合国内 400 余家出版社、2 000 多名知名作家和 4 万余名网络作家创建,借助数字出版和网络新技术,为政府机关、企事业单位、学校、家庭开展"全民阅读"活动提供网上电子书阅读平台、读书活动展示交流、全民阅读指导平台。

二、阅读活动

【振兴中华读书活动】

1982 年 3 月,上海市总工会、解放日报社、团市委、市出版局共同酝酿发起读书活动,并成立上海市职工读书指导委员会。读书活动 1982 年 5 月开始,首期围绕"三爱"(热爱祖国、热爱社会主义、热爱中国共产党)教育,以读中国近代史为主;坚持自愿原则,以自学为主,同时引导职工自愿结合,组织各种读书小组,促使读书活动深入持久开展。

1982 年 4 月 30 日,读书活动正式定名为"振兴中华读书活动"。读书活动兴起的两年之内,上海就有 80 万职工踊跃参加"三史"(中国近代史、中国革命史、社会发展史)的读书学习,1984 年增加到 90 多万人,之后又增加到 130 万人,读书小组达 8 万多个。读书活动贯彻"四自原则"(自愿参加、自学为主、自由组合、自选书目),在职工群众中开创一种通过书本知识的引导,启发职工自我学习、自我提高、自我教育的新形式。

1983 年 4 月,中华全国总工会在上海召开全国职工读书活动经验交流会。1983 年 5 月 21 日,中华全国总工会发出《关于在全国职工中开展读书活动的决定》。5 月 30 日,上海市振兴中华读书活动报告团应邀赴京汇报,中央领导同志接见并听取汇报,赞扬上海市读书活动是工人阶级的创举。1983 年 6 月 9 日,《人民日报》发表题为《意义深远的一件大事——评上海市在职工中开展读书活动》的社论。6 月 10 日,中共中央批复全国总工会党组《关于在职工中开展读书活动的报告》中高度评价上海工人首倡的读书活动,认为"职工读书活动的兴起,对全国的工人运动、工会工作、共青团的工作,都有很大的启示"。振兴中华读书活动迅速向全国发展,成为新中国成立以来持续时间最长,社会影响最大,参加人数最多的一次群众性读书学习活动。

1984 年 3 月,经市委批准,在原上海市职工读书指导委员会的基础上,扩充成立上海市振兴中华读书指导委员会,统一领导、规划、部署全市的读书活动。

自 1982 年上海市振兴中华读书活动开始以来,上海新华书店每年定期发布读书活动推荐书目,并及时向上海市振兴中华读书指导委员会提供出版信息,推荐好书。自 1983 年起,上海新华书店每年以 2 万份读书活动书目分发给各级读书指导委员会,提供阅读、购买的信息和服务。

截至 2008 年,报名参与读书活动的人数,仅上海就超过 1 500 万人次,上海市振兴中华读书活动举行的全市性各类演讲活动,知识竞赛、读书征文、读书联谊、理论研讨、成果发布、培训讲座、读书节等大型活动就达 200 多次,直接参与人次达 500 万,在各类活动中获奖的人数 50 万人,推荐思想道德、政治经济、科学管理、文学艺术、文化生活类优秀书籍 100 多种。振兴中华读书活动为在企业中开展"全民阅读"活动发挥主导作用,是学习型社会建设的先行者和实践者。

【全市性读书活动】

"鲁迅奖章读书活动""红旗读书活动"是自 20 世纪五六十年代在全国开展的读书活动。1978 年 7 月,团市委、市教育局、市文化局等单位联合举办上海市中小学生"红旗读书运动",上海少儿图书馆和各区、县图书馆代表参加开幕式。全国红领巾读书读报奖章活动自 1982 年在全国开展,当年 5 月,团市委、市教育局、市文化局等 9 个单位联合举办 1984 年上海少年儿童红领巾读书读报奖章活动,上海少儿图书馆与各区、县图书馆代表参加活动开幕式。1986 年,团市委、市文化局、市教育出版社联合举办上海市红领巾读书读报"我的理想"征文竞赛,全市数十万红领巾和中小学、各级公共图书馆的辅导老师参与,征文来稿逾万篇,评出一等奖 10 篇、二等奖 20 篇、三等奖 30 篇,鼓励奖 58 篇,辅导经验优秀征文 20 篇,1986 年 12 月 26 日在上海音乐厅举行颁奖大会。

1984 年 4 月 22 日,上海新华书店与市青年宫联合举办"黄金时刻读书晚会"活动,解答青年在读书中遇到的问题,并现场开展缺书代办、新书预订等服务活动。1999 年 4 月 23 日,上海率先在全国开展"4·23 世界读书日"的图书展销活动,上海书香读者俱乐部与上海书城向读者特别推荐 8

种励志类图书。

【上海读书节】

1995 年 10 月,市振兴中华读书指导委员会主办首届上海读书节。经过多年打造,读书节成为"上海市民的文化节日"和城市文化品牌。

从 1999 年开始,上海读书节和上海振兴中华读书活动相结合,面向基层、进入家庭。每届上海读书节都有一个鲜明独特的主题,如"有一种希望叫读书","读书,将希望变成现实","读书,我选择的生活方式","人生,因读书而精彩","读书,让生活更美好"等,围绕这些主题,举办丰富多彩的文化活动,覆盖面广,参与人数多,成为营造读书范围、提升市民素养、传承城市文明的一个平台。2010 年 8 月,市委副书记、市振兴中华读书指导委员会主任殷一璀出席第十二届上海读书节开幕式,肯定作为上海市民建设学习型社会的重要品牌,上海读书节在全社会倡导科学阅读、文明阅读、快乐阅读、经典阅读、全民阅读,为提升市民文明素质和城市文明程度,促进社会和谐作出了积极贡献。

2001 年 12 月 28 日,由市振兴中华读书指导委员会主办,市新闻出版局、浦东新区文化广播管理局、上海市书刊发行业协会、上海新华发行集团承办的第三届上海书市在浦东开幕。作为上海读书节的主要活动,第三届上海书市以"申城处处闻书香"为主题,开展了"文化大餐""助学修德"和教育讲座等系列活动,扩大读者参与面。书市举办 10 天,全市主渠道图书销售 2 200 多万元,接待读者 50 万人次。

【编写市民读本】

2002 年 10 月,市文明办组织编写百集动画片图文本《中华美德》,由上海辞书出版社出版。全书辑录 102 个中国历代传统美德小故事,配有插图和专家简短的点评,被新闻出版总署确定为迎接党的十六大全国重点图书之一。

2004 年,为全面贯彻未成年人思想道德建设实施纲要,由市文明办和解放日报报业集团联合组织编写的"未成年人思想道德建设丛书"(一套六册)由上海三联书店出版,被上海市振兴中华读书指导委员会办公室列为特别推荐图书。

2006 年,由市文明办组织编写、上海文艺出版社出版的《过目不忘:50 则关于荣辱观的故事》,入选新闻出版总署向中小学生重点推荐的荣辱观教育读本,在全国中小学校重点推广。

【举办各类书市书展】

上海书市书展　20 世纪 70 年代末,上海市民阅读热情高涨,在书店图书供不应求的情况下,面向普通市民的书市应运而生。1979 年 9 月,上海新华书店在市工人文化宫举办庆祝新中国成立 30 周年图书展览会。展览会第一部分是上海人民出版社、上海教育出版社、上海文艺出版社、上海科学技术出版社等 30 年来的出版成果展;第二部分是图书展销,由南京东路新华书店、淮海中路新华书店、科技书店、音乐书店等进馆展销,接待读者达 12 万人次。展览会将图书出版发行、各类读者座谈会融于一体,受到国家出版局领导关注。

1979 年 9 月,上海科技书店举办图书夜市,4 天接待读者 1.2 万人次,销售图书 5 万余册 4 万多元。1980 年在市体育宫(上海大剧院旧址)举办暑假图书展销,18 天就售出图书 34 万册 37.4 万元。在更大的空间、更集中的时间段,把所有可以组织到的货源放在一起,通过一系列营销活动、讲座论坛,吸引更多的读者前来,为大众阅读提供更多的方便。

1981年,上海新华书店在上海工业展览中心6 000平方米的技术革新馆举行上海书市,参展书刊2.2万余种,接待读者24万人次,销售图书400万册240万元。这是上海历史上第一次真正意义上具有城市文化价值的书展。

上海新华书店还举办了1986年上海书市、1989年上海书展。1996年,由市委宣传部、市新闻出版局主办,上海新华书店承办的首届上海图书节暨'96上海书市在上海展览中心举办。1998年、2001年又连续举办第二、三届上海图书节暨上海书市。2004年,在原上海图书交易会基础上举办2004上海书展。由此,一年一度的上海书展正式走进大众视野。经过多年的积累沉淀和品牌塑造,上海书展不断探索创新、追求卓越,致力于推动城市阅读,确立面向广大读者,以零售为主,同时涵盖出版物展销、图书订货团购、出版产业信息发布、高峰论坛、新品首发、作品研讨和阅读推广的综合功能定位,并以"我爱读书,我爱生活"为主题,秉承"立足上海,服务全国,服务读者"的理念,海纳百川,兼收并蓄,从一个区域性的地方书展,逐步成长为一个全国性的重要文化盛会,成为全国知名的文化品牌和全民阅读活动示范平台,对全民阅读活动的引领和推动,对人民精神文化的影响和提升发挥重要作用。

表7-6-3　1981—2001年历次上海书市情况表

年　份	地　　点	参展出版社品种 (万种)	接待人数 (万人)	销售码洋 (万元)
1981	上海工业展览中心技术革新展馆	2.2	24	240
1986	上海展览中心	3	20	340
1996	上海展览中心	10	30	1 100
1998	上海书城	15	81	1 073
2001	上海书城、东方书城	/	50	2 200

全国书市　1990年8月30日至9月12日,由市新闻出版局、新华书店总店、上海新华书店主办的第三届全国书市在上海展览中心东一馆举行(6 300平方米),展销全国400余家出版社的4万多种图书,共接待读者22万人次,销售图书145万册,524万元。媒体称这届全国书市"使全国出版界感到震动"。

专题书市书展　1984年12月8日,为祝贺巴金80诞辰,市出版局、上海文联、作协上海分会等联合举办"巴金同志书刊著作展览",展出472种书刊。

1986年3月1日,《文汇读书周报》联合上海多家出版机构、书店举办的首届文汇书展在上海市工人文化宫开幕。展销图书以社会科学类为主,兼及文学、科技类图书,展出大量新版图书,受到读者欢迎。上海市市长江泽民参观书展。文汇书展后每年3月举办,到1998年连续举办12年。《文汇读书周报》成立湘版读书俱乐部、东方书林俱乐部等,推荐好书,鼓励阅读。

1991年6月9日至20日,上海新华书店举办中国共产党建党70周年书展,书展汇集近期出版的党史、党建优秀读物和人物传记、革命传统教育读物5 000余种。

1992年5月27日至6月3日,南京东路新华书店、少年儿童出版社、《文汇读书周报》联合举办的全国优秀少年儿童读物展在上海举行,共展出1 000余种优秀读物。

1993年10月18日至30日,首届上海科技博览会科技书市在上海举行,参加展销的各类科技图书、声像制品、音响设备、科技仪器及计算机软件2.5万余种,销售总额约160万元。

1998 年 9 月，上海新华书店与浦东新区社会发展局在浦东世界广场举办首届浦东大型图书文化展，上海新华书店 10 家区（县）店参加，共组织 13 场作家、演员的签名售书、咨询等活动，接待读者 12 万人次，销售各类图书、电子读物和音像制品 110.4 万元。

2000 年 4 月，上海新华书店与浦东新区社会发展局在浦东世界广场举办第二届浦东大型图书文化展，上海新华书店 7 家区（县）店开设科技馆、医学馆、艺术馆、教育馆、文化用品馆、音像制品馆和综合馆，陈列各类图书、音像制品、文化用品 5 万种，组织多场签名售书、专题讲座、现场咨询、演示等文化活动，书展销售图书 52.8 万元。

2002 年 10 月 8 日至 11 月 20 日，上海新华发行集团举办迎接党的十六大重点出版物大联展。所有门市都悬挂横幅，张贴宣传海报，设立党建读物专柜。各中心门店设立十六大重点出版物专柜、专架 201 个，陈列有关读物约 150 种，出售各类重点出版物 5 万余册。全市共出动 4 000 余人次，深入工厂、学校、部队、农村征订十六大文件学习材料。上海市场总计发行《全面建设小康社会，开创中国特色社会主义事业新局面》等 4 种十六大学习材料 200 万余册。

第三节　农　家　书　屋

1996 年，上海各出版社、书店向市郊农村地区捐赠图书 5.5 万册，价值 22.5 万元。市新闻出版局所属图书发行企业组织近千人次，下乡流动供应图书，举办各种图书展销 36 次。上海科学技术出版社、上海古籍出版社、上海印刷（集团）公司等单位，还开展向革命老区、贫困地区的赠书活动。此后，上海出版发行界下乡流动供应成为惯例。

1999 年 8 月至 9 月，上海 10 家郊区、县新华书店的 50 家门市部成功举行上海地区"服务'三农'全国农村图书大联展"活动。"大联展"期间各参展书店深入农村，开展"送书下乡"、组织科技讲座、联手共建农村图书馆、赠书等多项主题活动，共销售各类图书 2 823.11 万元。上海新华书店青浦县店、嘉定区店被国家新闻出版署评为"服务'三农'全国农村图书大联展"先进发行单位。

2001 年 10 月 23 日第一家新华社区书苑在浦东新区浦兴街道文化中心建立，上海新华发行集团召开现场推广会，要求各区（县）店积极推进"社区书苑"建设。2004 年 4 月 2 日《人民日报》第一版以《让书香飘向街区田野——上海新华书苑见闻》为题，详细报道上海新华书店探索"老店新开"，在上海的社区、乡村，开办新华书苑的情况。《光明日报》、中央人民广播电台、中央电视台和上海主流媒体也对上海新华社区书苑服务"三农"的情况作了集中报道。

发展以"文化进社区，图书进家庭"为宗旨的新华社区书苑，是上海新华发行集团的一项新举措。这种具有连锁经营性质的文化便利店，采取"政府推动、提供场所；街道管理、安排就业；书店运作、指导经营"的方式，分别建在街道图书馆和文化活动中心。从 9 月中旬浦东区店开出 3 家社区书苑以后，至年底，全市共建成新华社区书苑 35 家。通过对图书、电子出版物、音像制品的免费借阅等一体化服务，该书苑受到街道管理部门和市民的欢迎。上海图书发行企业下乡流动供应图书、开设上海新华社区书苑，可谓上海探索务"三农"、满足农民文化需要的尝试。

2006 年，《国家"十一五"时期文化发展规划纲要》中指出，要按照"政府资助建设，鼓励社会捐助，农民自我管理，市场运作发展"的要求，支持农民群众开办农家书屋。2007 年 3 月，新闻出版总署会同中央文明办、国家发展和改革委员会等 8 部委联合发出《关于印发〈农家书屋工程实施意见〉的通知》，明确国家从 2007 年开始在全国范围内实施农家书屋工程。2007 年，新闻出版总署组织向农家书屋推荐重点音像电子出版物选题目录，上海有 17 种音像制品和电子出版物列入，其中有中国唱片上海公司的《歌曲八音盒》《中国电影百年歌曲精品荟萃》《亲子碰碰车：儿歌大宝典》《幼儿知识百科》,上海文艺音像出版社的《名家名乐演奏系列》《少儿舞蹈表演系列》,浦东电子出版社的《红色的故事》,上海高教电子音像出版社的《说孔子》《为了孩子的健康系列》《老年实用保健》《婴儿的科学喂养》,上海电影音像出版社的《中国优秀少儿影片校园典藏集》《儿女情长》,上海外语音像出版社的《世界儿童寓言童话》《眼保健操》,上海教育音像出版社的《身边的科学》《身边的奥秘》。

上海农家书屋工程建设 2007 年开始试点,市新闻出版局确定松江区为全市农家书屋工程建设试点区,在上海市农家书屋工程建设领导小组成员单位的协调、指导和松江区的努力下,试点工作取得突出的成绩。2007 年建成的 38 个农家书屋,文献配置为图书 1 800 册、光盘 100 张;2008 年建成的 63 个农家书屋,资源配置作调整,为每个农家书屋投入 3 万元,配置 7 只书橱、1 300 册图书、报纸 7 种、期刊 10 种、光盘 100 张。区图书馆为每个农家书屋统一制作、配置 7 只书橱,玻璃橱门上统一标识"农家书屋"字样。同时制定下发《松江区农家书屋管理制度》《松江区农家书屋借阅制度》《松江区农家书屋管理员岗位细则》《松江区农家书屋读者须知》等规章,张挂于农家书屋的醒目位置。每个农家书屋都有《农家书屋出版物登记簿》《农家书屋出版物借阅登记簿》《农家书屋出版物阅读需求登记簿》三个管理记录本,以严格、规范的日常管理来保证农家书屋的长效、有序发展。至 2008 年末,松江区建成 101 个农家书屋,大体实现行政村全覆盖的目标。

2008 年进入全面实施阶段,市新闻出版局对上海市行政村基本情况、综合文化活动室建设和规划情况进行摸底调查,编制完成《2008 年农家书屋工程实施计划》。2008 年 7 月,与市委宣传部、市文广局、市农委联合拟定《上海市关于推进农家书屋工程建设的实施意见》,明确规定 2008 年建设农家书屋 1 000 个,2009 年 500~800 个,到 2010 年实现农家书屋覆盖全部 1 500—1 800 个行政村的目标。2008 年 12 月,市新闻出版局发出《关于印发〈上海市农家书屋工程建设管理暂行办法〉的通知》,对农家书屋工程建设和管理工作提出具体要求。先后下发《上海市农家书屋建设标准》《上海市农家书屋出版物采购目录》《上海市农家书屋工程建设总规划和年度实施计划》,落实全市农家书屋建设工程资金 1 300 万元财政拨款和 2 000 多万元捐赠、调拨图书。从制度上保证农家书屋工程稳步推进。2008 年全市建成 1 000 个农家书屋,上海出版界完成对都江堰 65 个农家书屋的图书配置任务。2009 年 5 月 12 日,市新闻出版局组织捐赠的 360 余万码洋的图书统一打包,启运都江堰。至此,上海提前完成原定三年的都江堰农家书屋援建计划,为都江堰市 196 个农家书屋各配备 1 500 册图书,总码洋达 600 万元。

2009 年,农家书屋工程被列为市政府实事工程之一。市新闻出版局推出"农家书香五个一百"活动:每年向农家书屋工程推荐 100 种重点图书,出版一批面向农民读者的沪版"三农"题材出版物;每年组织 100 场农家书屋科技文化讲座;举办"农家书香"征文活动,评选 100 篇农民读者撰写的书评作品结集出版;评选表彰 100 名农家书屋优秀管理员;建立由 100 名出版社青年编辑和市新闻出版局机关青年干部组成的农家书屋文化导读志愿者队伍,与农民读者面对面地进行优秀读物推荐、导读等读书交流活动。2009 年 11 月底,市新闻出版局完成全市 1 514 个行政村农家书屋的建设任务,率先实现行政村农家书屋的全覆盖,完成农家书屋工程建设的阶段性工作,推动农家书屋健康有序的建设和发展,经过总结和推广先进经验,建立长效的管理机制,进一步凸显上海特色,高起点、高标准地建设和完善农家书屋。至年底,全市共出版 100 余种农家书屋图书,组织农家书屋各类科技文化讲座近百场,以"我爱读书,我爱家乡"为主题开展"农家书香"征文活动,100 篇优秀作品结集出版,并在上海书展首发。

2010 年,市新闻出版局开展上海市"农家书屋优秀管理员"评选活动,表彰农家书屋建设中表现突出的农家书屋优秀管理员,授予 100 位个人上海市"农家书屋优秀管理员"荣誉称号;开展各区县农家书屋建设信息报送、验收工作,截至 2010 年底,上海市各农家书屋工程信息申报已通过新闻出版总署审核的有 1 142 家;组织开展督查验收工作,完善和巩固农家书屋工程建设成果,联合工作检查组分赴各区、县,按照《农家书屋检查评分标准》对每个农家书屋进行量化评分,发现问题责成各分管部门限期整改;开展农家书屋阅读讲演活动,在新闻出版总署举办"我的书屋·我的家——全国农家书屋阅读讲演"活动中,上海有 2 个节目获奖,嘉定区江桥镇文体中心创作并演出的音舞快板《农家书屋好》获得全国农家书屋阅读讲演活动最佳创意奖,金山区朱泾镇西林中学教师王喜歌讲演的《农家书屋》获得最佳口才奖;开展全国服务农民服务基层先进集体的评选,上海市松江区石湖荡镇新源村农家书屋被评为基层出版发行先进单位;继续开展"五个一百"活动,大力宣传农家书屋,引导农民群众参与,在提高农民的综合素质、丰富农村文化生活等方面发挥重要作用;组织上海农家书香"我的书屋·我的家"征文活动,截至 2010 年 10 月 20 日,共征集到市郊农民、学生、外来务工者和农家书屋管理者等热心读者征文作品 300 余篇。

2010 年,市新闻出版局总结、推广农家书屋建设经验,着手建立长效管理机制,发挥农家书屋工程惠民利民作用,调动农民阅读和参与新农村文化建设的积极性,推动农家书屋工程建设朝更高标准迈进。

第八篇

版权产业与版权保护

改革开放后,中国向世界敞开大门,知识产权保护重新被提上议事日程。在中国考虑版权保护和版权立法的同时,西方国家也要求中国在与其经贸、科技、文化交流中彼此保护版权。在这个背景下,上海版权产业开始形成并快速发展,版权保护受到重视,逐渐与世界接轨。1980年5月,国家出版局在上海举办版权学习班,邀请英国版权专家彼得·杜索托伊和英国版权协会主席丹尼斯·戴·弗里特斯授课,以此开始培养出一批国内最早的版权人才。1988年5月,市版权处成立,作为市政府版权管理机构,统一管理全市版权工作。1997年10月,市版权局成立,成为上海加强和完善著作权管理的又一举措。1991年,中国加入国际版权组织前夕,上海译文出版社签约购买海外畅销书《斯佳丽》中文版权,开创中国尊重和保护版权的先河。1999年起,上海先后四次举办版权贸易洽谈会,在海内外出版界产生一定影响。进入21世纪,在中国加入世界贸易组织特别是"十一五"期间,上海版权产业得到持续快速发展,版权产业对国民经济、就业和进出口贡献日益显著,为推动上海产业结构调整和升级、推动城市功能和经济增长方式转变发挥重要作用。

上海作为中国版权产业的重要基地,认真贯彻《中华人民共和国著作权法》。1993年,上海启动作品登记工作,走在全国前列。2000年,市政府发布《上海市著作权管理若干规定》,通过地方立法完善法制体系,对版权保护进行探索。在设立市版权处、市版权局的提示,上海成立版权执法检查队以及版权代理公司、版权保护协会、版权服务中心、版权纠纷调解中心等,版权管理和服务机构逐步健全。20世纪90年代起,上海连续开展一系列专项治理,以软件保护和打击网络盗版为重点,查处和打击各类盗版侵权违法行为,加强版权行政执法和社会监管。

第一章 版权产业

版权产业涉及国家政治、经济、文化、科技等各个方面,对国家经济建设和文化影响很大。改革开放中,上海版权产业逐步发展,成为经济发展的新增长点,在经济发展和对外贸易中发挥着重要作用。

第一节 产业演变

世界知识产权组织(WIPO)认为,版权产业指"版权发挥明确作用的活动或产业",分核心版权产业、相互依存的版权产业和部分版权产业三个大类。上海参照以上分类标准,重点发展出版、视听、软件、网络等核心产值来自版权的产业,同时关注复印设备制造、乐器制造、电子计算机及辅助设备、电信设备与服务等与版权相互依存的产业和纺织、服装、家具、玩具与游艺器材制造等在内的部分版权产业。

2010年,上海市版权局首次发布《上海版权产业报告(2004—2007)》,引起业界广泛关注。报告借鉴WIPO分类标准,结合《国民经济行业分类》,将上海版权产业划分为核心版权产业、相互依存的版权产业和部分版权产业等三个大类。在充分考虑版权因子(指某一产业中版权成分比例)等因素后,经过统计分析获得2004—2007年上海版权产业的增加值、从业人数、海关商品出口额等经济贡献状况,并总结分析上海版权产业的发展现状及提升空间。之后,上海市版权局又推出《上海版权产业报告(2008—2009)》《上海版权产业报告(2009—2010)》,增加与版权产业相关的服务贸易数据,提高上海版权产业对外贸易状况统计分析的科学性和完整性。

报告显示,在2006年至2010年的"十一五"期间,上海版权产业增加值从969.38亿元上升到1 821.43亿元,其中核心版权产业增加值从488.81亿元上升到1 104.85亿元;版权产业增加值占当年上海GDP比重从9.35%上升到10.61%,其中核心版权产业增加值占当年上海GDP的比重从4.72%上升到6.44%;按可比价格计算,上海版权产业增加值年均实际增长17.08%,其中核心版权产业年均实际增长22.61%。

从数据分析看,上海版权产业发展呈现以下特点:

总体发展态势良好。2006年至2010年,上海版权产业进入持续快速发展时期,版权产业增加值增长近一倍。版权产业商品出口额继2008年首次突破400亿美元后,2010年突破500亿美元大关,年均增长15.97%。上海核心版权产业服务贸易出口额从2006年的25.61亿美元上升至2010年的61.05亿美元,增长一倍多,核心版权产业服务贸易进出口额年均增长高达24.25%。

对上海GDP贡献率日益显著。2006年至2010年,上海版权产业增加值年均实际增长17.08%,高于同期上海GDP年均实际增长的12.88%,版权产业增加值占GDP的比重稳步增长,2009年就达到两位数。版权产业对上海GDP的贡献率从2006年的8.42%上升至2010年的14.36%,增加近6个百分点。

就业贡献率高于各行业平均水平。2006年至2010年,上海版权产业从业人数从70.03万人增至93.08万人,年均增长速度为7.37%,其中核心版权产业从业人数年均增长达8.25%,同期上海全社会各行业从业人数年均增长为6.2%。版权产业成为吸纳年轻群体就业的重要领域。

版权产业对外贸易持续保持顺差。2006年至2010年,上海版权产业商品出口额一直保持在进口额的3倍以上。从增长速度看,2006年至2010年,版权产业商品进口额年均增长速度为4.5%,而出口额年均增长速度则达到15.97%,为前者的3倍多。2006年至2010年,上海核心版权产业服务出口额也一直保持在进口额的2倍以上,2010年的出口额超出进口额35.28亿美元。核心版权产业服务出口额增长速度除2008年外,一直领先进口额的增长速度,年均增长速度高达24.25%,比进口额年均增长速度18.46%高近6个百分点。

核心版权产业引领作用明显。2006年至2010年,上海核心版权产业增加值从2006年的488.81亿元上升到2010年的1 104.85亿元,增长一倍多,年均实际增长速度高达22.61%,明显高于全部版权产业年均实际增长速度。核心版权产业增加值占GDP的比重也逐年攀升,2010年达6.44%,核心版权产业对上海GDP的经济贡献率在5年内从4.09%增长至12.64%。这表明,出版、影视、艺术、计算机软件、互联网信息服务以及广告、工艺品等的快速发展,引领和带动整个文化产业的不断增长。

在全国处于较高发展水平。根据国家版权局发布的调研报告,2006年至2009年,全国版权产业增加值占当年GDP的比重从6.39%增加至6.55%,其中核心版权产业增加值占当年GDP的比重从3.06%增加至3.5%。版权产业的就业人数占当年总就业人数的比重从6.52%增加至7.89%,其中核心版权产业的就业人数占当年总就业人数的比重从3.14%增至4.03%。对比发现,上海版权产业及核心版权产业的增加值占当年上海GDP的比重以及贡献的就业人数比例,都高于全国数据。

与美国版权产业差距正在缩小。2006年至2010年,美国版权产业增加值从14 542.7亿美元增至16 269亿美元,占当年GDP的比重从11.04%增至11.1%,其中核心版权产业增加值从8 372.8亿美元增至9 318亿美元,占当年GDP的比重从6.35%增至6.36%。同一时期,上海版权产业增加值及占当年GDP的比重均低于美国的相应数据,与版权产业最发达的美国相比仍存在较大差距。但从发展趋向看,上海版权产业增加值占当年GDP的比重逐年上升,与美国差距正在逐年缩小,尤其是上海核心版权产业增加值占上海GDP比重的上升势头明显,2010年占上海GDP的比重达6.44%,超过美国核心版权产业增加值占美国GDP 6.36%的比重,显示强劲的发展势头。

第二节　产业规模

2006—2010年,上海版权产业无论商品进出口还是服务贸易进出口,总体都呈现增长趋势,且都持续保持贸易顺差。

2010年,上海版权产业商品进口额为110.69亿美元,占当年上海商品进口总额的5.89%;出口额为522.37亿美元,占当年全市出口贸易总额的28.89%。出口额高于进口额的4.7倍,总体上仍然保持贸易顺差的发展态势,在对外贸易方面处于有利地位。

从商品进出口角度看,核心版权产业涵盖图书、报刊、图册、日历、计算机软件、绘画、雕塑品等相关商品。2010年,上海市核心版权产业商品进口额为8.19亿美元,占上海市进口贸易额的0.44%;出口额为16.03亿美元,占上海市出口贸易额的0.89%。

2010年,上海核心版权产业服务贸易进口额为25.77亿美元,占当年上海市服务贸易进口额的7.65%;出口额为61.05亿美元,占当年上海市服务贸易出口额的14.46%,仍然保持较高的增长速度。

核心版权产业主要体现为服务业,服务贸易出口额及增长速度,代表上海核心版权产业的对外贸易发展趋势。

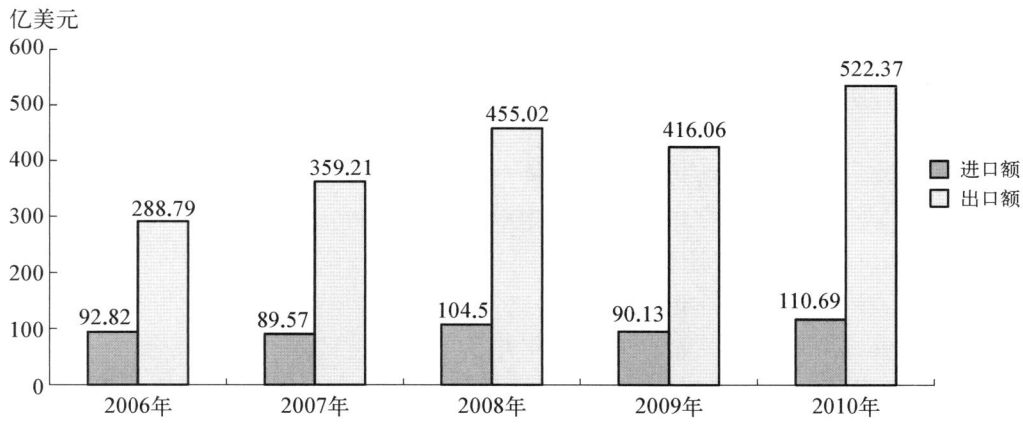

图 8‑1‑1　2006—2010 年上海版权产业商品进出口贸易额

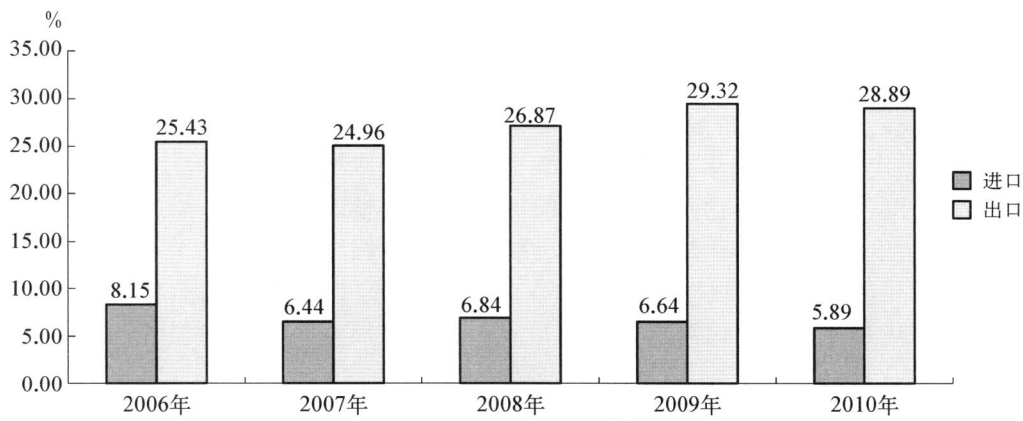

图 8‑1‑2　2006—2010 年上海版权产业商品进出口贸易额占当年全市出口贸易总额的比重

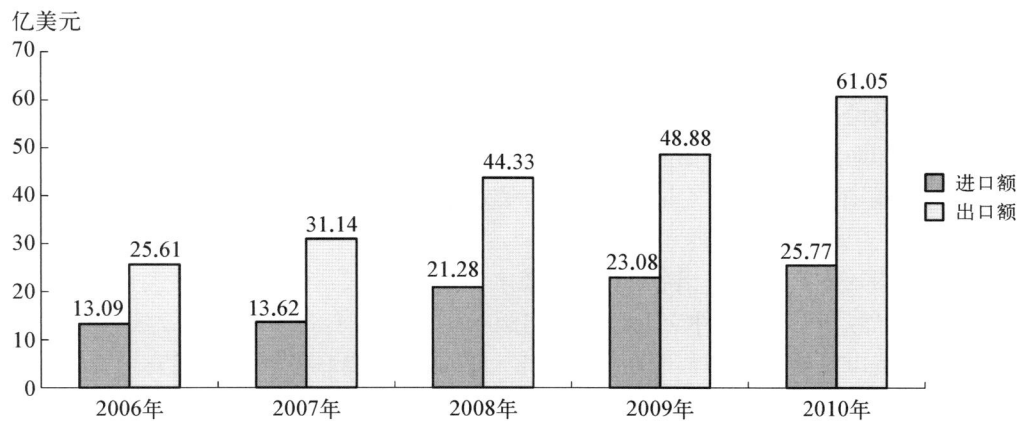

图 8‑1‑3　2006—2010 年上海核心版权产业的服务贸易进出口状况

第三节 合作出版和版权贸易

一、合作出版

1978年后,上海出版业对外版权贸易重新焕发生机。版权贸易最早以合作出版的方式进行。经过30多年努力,取得显著成绩,引进、输出的图书成为图书出版亮点之一。

合作出版指两家或多家出版社共同参与的一种出版活动,包括出版社之间的版权贸易、代组稿、交换使用稿件或图片以及共同策划选题等。1978年上海科学技术出版社与香港商务印书馆合作出版《中药大辞典》(海外中文版),1979年少年儿童出版社与日本贺尔布社合作出版《宝船》(日文版),1980年和1981年上海人民美术出版社与南斯拉夫评论社合作出版摄影画册《中国》(11种外文版)和反映西藏发展变化的画册《西藏》(7种外文版)等,受到广泛关注。

20世纪80年代,中国尚未加入国际版权公约,没有签署任何版权保护双边协定,国内也未颁布实施著作权法,但上海出版业按照国家有关政策和国际惯例,积极有为开展对外合作出版工作。到1987年,上海有12家出版社先后与18个国家及地区合作出版外文版和中文版图书80多种,合作出版的对象主要是中国香港、台湾地区和日本、美国、英国、法国、联邦德国、新加坡、加拿大、南斯拉夫、澳大利亚等国,合作方式多样,大致有15种类型:

上海负责组稿、编辑,对方负责排版,在上海印刷内地版,如上海古籍出版社和香港三联书店合作出版的《中国历代散文作家选集》;

上海负责组稿和编辑加工,由对方进一步编辑加工、图片整理、校对、版面设计、整稿制作,版权共有,如上海古籍出版社和香港中华书局合作出版的《图说中国历史》;

中方受外方委托在上海印制,然后交外方在当地发行,版权页注明双方合作,如上海教育出版社为日本内山书店加工的《3500常用字宝典》,日方按约定将每本书印制费用折算成日元付给中方;

外方提供文稿,委托中方约请作者绘画,如少年儿童出版社和日本曙光社合作出版的《牛郎织女》(日本版),日方按每幅画150元人民币稿费折算成日元支付给中方;

双方各自负责中文版和外文版的出版费用,中方负责组稿,如上海人民出版社与日本北树出版社合作出版的《日本近代十大哲学家》,日方按约定向作者、译者支付版税。并向中方支付组稿费;

上海提供修改稿的印刷机样,交香港剪贴改版并在香港印刷出版,双方共同署名,如上海译文出版社与香港商务印书馆合作出版的《英语常用动词用法》(香港版);

香港有关出版商提供日本出版商图书译稿给上海的出版社出版,上海负责编辑审稿,沪港双方各自销售内地版和海外版,如《德语基本词词典》《法语基本词词典》《西班牙语基本词词典》;

上海提供样稿,香港改换书名并印刷出版,双方共同署名,如上海译文出版社和香港商务印书馆合作出版的《当代英华详解词典》;

上海译文出版社同法国合作出版《世界时装之苑》,中法双方商定编辑大纲,法方在法国组稿、编写、翻译、设计,然后将全部稿件交上海译文出版社定稿并在上海印刷出版。法方负责稿费、翻译费、拍照费、设计费以及排字、校对、制版、印刷、装订及纸张、材料等费用,每期支付6 000法郎,其余由中方承担;

外方在国外购买版权,交由上海的出版社负责翻译,翻译费由其负担,并购买部分图书补贴印

刷出版费用,如上海译文出版社和美驻沪总领馆合作出版的《沃尔福短篇小说集》;

中方提供文稿及图片,外方进行设计加工和译文润色并负责印刷出版,如上海人民美术出版社与南斯拉夫评论社合作出版的《中国》《西藏》两种画册;

中方组织编委会负责中、外文版的编辑、翻译和定稿,拥有中文版终审权。外方邀请专家协助编译工作。双方分别拥有中、外文版版权,并各自承担中、外文版出版费用,如上海文艺出版社和日本内山书店合作出版的《中国民族音乐大系》(中、日文版);

外方向中方提供原书和翻译稿,中方负责后续出版事项,版权双方共有,如上海翻译出版公司(即上海远东出版社)同联邦德国豪本斯坦茨出版社合作的《联邦德国企业大全》,德方提供三本德文版原书和翻译稿,中方负责审校、排版、校对、印刷和销售,中文版版权由中德双方共有。德方向上海翻译出版公司支付21万德国马克;

中、外双方对等出版对方的书,并按约定的税率向对方支付版税,如上海科学技术出版社同英国培格曼出版公司合作,英方出版中方《精密切削的理论与技术》《建筑物的裂缝控制》等,中方出版英方《图解微电子和微计算机辞典》《可靠性和人为因素》等;

出版社学术刊物合作出版,如上海科学技术出版社《中国激光》和美国物理协会合作,在美国出版《中国激光》英文版全译本,美方按约定向中方支付版税,既弥补《中国激光》办刊亏损,又传播中国激光研究成果,提升刊物的学术声誉。

据不完全统计,在1979年至1989年10年中,上海合作出版共签约287份,涉及书刊557种。全市有19家出版社参与对外版权合作,一些出版社成立国际部、版权开发部、海外合作部等专职机构,开展合作出版工作。其间合作出版影响较大的图书还有:学林出版社同香港商务印书馆合作出版的《中国服饰五千年》、上海人民美术出版社和日本美乃美出版社合作出版的《中国陶瓷全集》、上海科学技术出版社同香港、联邦德国合作出版的《中国珍稀动物》、上海辞书出版社和香港商务印书馆合作出版的《中国成语大词典》、上海辞书出版社和台湾东华书局合作出版的《辞海》(1989年新版)、上海辞书出版社和台湾五南图书公司合作出版的《唐宋词鉴赏词典》《唐诗鉴赏词典》、上海书画出版社同香港万里书店合作出版的《中国画技法入门》(24册)、上海文艺出版社与香港三联书店合作出版的《上海博物馆藏宝录》、少年儿童出版社和台湾纪元电脑排版有限公司合作出版的《十万个为什么》、上海人民美术出版社与日本放送出版协会合作出版的《上海博物馆》等。

二、版权贸易

进入20世纪90年代,以国际或不同地区间版权许可、转让为主要特征的版权贸易在上海得到快速发展。90年代前五年,上海输出版权大于引进版权,输出作品地区主要是海外华人图书市场。90年代后五年,引进版权数量大大超出输出版权。在1987年下半年台湾当局宣布对大陆出版物有限解禁和尊重大陆作者的著作权后,沪台版权贸易呈直线上升之势。

1991年,上海签订版权贸易合同65份,涉及图书114种,包括对台版权贸易合同52份,图书89种。有近20家出版社与日本、美国、苏联、新加坡等国家和中国台湾、香港地区的出版商开展版权贸易。上海译文出版社与作品权利人、台湾中华书局股份有限公司签订《斯佳丽》版权许可合同,购得《斯佳丽》中文简体字专有出版许可权。这是中国加入《世界版权公约》前与外国权利人签订的第一份国际版权许可合同,引起社会广泛关注,《人民日报》专门对此做了报道。

1992年3月17日中美知识产权谅解备忘录生效,同年10月15日、10月30日中国成为《伯尔尼公约》和《世界版权公约》成员国,上海对外版权贸易呈现出新的发展趋势,引进海外版权数量大幅增加。1993年,上海各出版社购买外国作品著作权贸易合同有67份,涉及图书67种,贸易对象主要是美国。上海世界图书出版公司还购买美国37种期刊在中国的重印权。

1994年,上海与美、法、日等国及中国香港、台湾地区出版商签订版权贸易合同81份,涉及图书133种,包括较有影响的海明威全部作品。

1995年,上海17家出版社及代理机构与美国、英国、法国、德国、日本、新加坡等国家和中国香港、台湾地区58家出版单位、代理机构签订涉外(含中国香港、台湾地区)版权贸易合同119份,涉及作品192种,其中引进版权合同96份,首次超出输出版权数量。

1996年,上海20家出版社及代理机构与美国、日本、德国、英国等10个国家及中国香港、台湾地区60家出版单位和代理机构开展版权贸易,与外国开展版权贸易签约数首次超过与中国香港、台湾地区的签约数。引进版权的合同数量占合同总数近90%,大大超过输出版权的数量。

1997年,上海版权贸易网络基本建成,共有24家出版社与美国、英国、法国等13个国家及中国香港、台湾地区121家出版商或代理商开展版权贸易,其中与乌克兰、意大利、荷兰、埃及等国家进行版权贸易洽谈首次即获成功。全年签订图书版权贸易合同145份,涉及217种作品,其中引进图书版权合同136份,涉及202种作品。

1998年,上海有16家出版社与美国、英国、德国、日本、法国、西班牙、俄罗斯、新加坡、加拿大、墨西哥、奥地利、瑞典等国家和中国香港、台湾地区出版商签订版权贸易合同269份,涉及各类图书327种。

1999年,上海市版权局审核登记涉外图书版权贸易合同380份,涉及各类图书400余种,其中引进图书448种;输出图书10种。

进入21世纪后,上海图书版权贸易回家趋于理性,引进作品来源广泛,引进图书质量提高,"走出去"战略取得成效。

2000年,上海涉外图书版权贸易显现以下特点:一是合同的签订数量是改革开放以来最多的一年,全年审核登记的图书合同比上年增长36%。二是引进版权的合同数远远大于输出版权的合同数,实际引进版权的合同为551份,输出68份。三是引进作品的来源更加广泛。引进作品,除中国香港、台湾地区外,涉及21个国家,其中埃及、奥地利、爱沙尼亚、挪威、瑞士、西班牙、爱尔兰等国家的作品是首次以版权贸易形式在上海出版。四是上海一些以前很少或从未开展过涉外版权贸易的出版社,也积极参与对外版权贸易,有28家出版社和版权代理机构与境外出版商签订版权贸易合同。

2001年,上海各出版社共引进各类图书846种,输出214种。上海涉外图书版权贸易工作呈现新的特点:数量继续大幅增长,质量不断提高;引进品种内容以经济、文学、社科、管理、科普、语言、生活和教育为主,输出以少儿、科普、文学、文化、教育和医药为主;开展版权贸易的单位越来越多,近40家出版社绝大多数都开展版权贸易,输出版权受到重视;对外交流的面越来越广,比利时、泰国等一些原来合作较少的国家也出现在贸易对象名单中;版权贸易更注重整体效应和品牌效应,专业性更强;对外联系的方式多样,手段灵活,互联网等现代信息技术开始在版权贸易中发挥作用。

2002年,上海引进和输出图书1 035种,其中引进803种,输出232种。经济、文学、管理、科普、语言、生活休闲和教育等内容成为引进热门,输出品种涉及社科、文学、医药、历史、财经、教育、科普、语言和计算机等类别。

2003年,上海引进和输出图书1 004种、期刊281种。版权贸易涉及美国、英国、德国、法国等主要西方国家。美国读者文摘公司买下《话说中国》海外版版权,在上海文艺出版社出版《话说中国》时同步出版海外繁体字版。

2004 年至 2010 年,上海引进和输出图书版权基本保持一个大致均衡的数量。其间,上海各出版社引进图书总数为 7 752 种,平均为 1 107 种;输出图书总数为 1 746 种,平均为 249 种。年度引进和输出图书版权总数变化不大,引进是输出的 4 倍多,也显现出上海出版业在版权贸易方面的一个基本面。

表 8‐1‐1　2004—2010 年上海各出版社图书版权贸易统计表

年　份	引进图书(种)	输出图书(种)
2004 年	1 020	262
2005 年	1 179	272
2006 年	917	294
2007 年	1 080	207
2008 年	1 119	216
2009 年	1 304	232
2010 年	1 133	263

资料来源:市新闻出版局。

第二章　版权服务

第一节　作品登记

为便利著作权人行使权利,维护著作权人的合法权益,1994 年 12 月 31 日国家版权局发布《作品自愿登记试行办法》,1995 年 1 月 1 日起实施。

在此之前,市版权局在 1993 年就开始在上海地区推行作品登记工作,在全国走在前列。通过宣传作品自愿登记的意义和作用,缩短登记周期,提高服务质量,增强权利人作品登记意识和登记意愿,上海作品登记工作影响力越来越大,登记数量呈稳步上升趋势。1995 年,《作品自愿登记试行办法》实施的第一年,上海作品登记总量不足百件,2005 年首次突破千件,达 1 185 种,2010 年进一步增加到 2 636 件。从作品类别看,美术作品占作品登记总量第一,所占比例有逐年增大的趋势,其次是文字和摄影作品。

2002 年国家版权局发布《计算机软件著作权登记办法》后,计算机软件版权登记数量大幅提高。到 2006 年,上海企业和个人登记计算机软件版权登记 2 477 件,2010 年增加到 7 905 件。

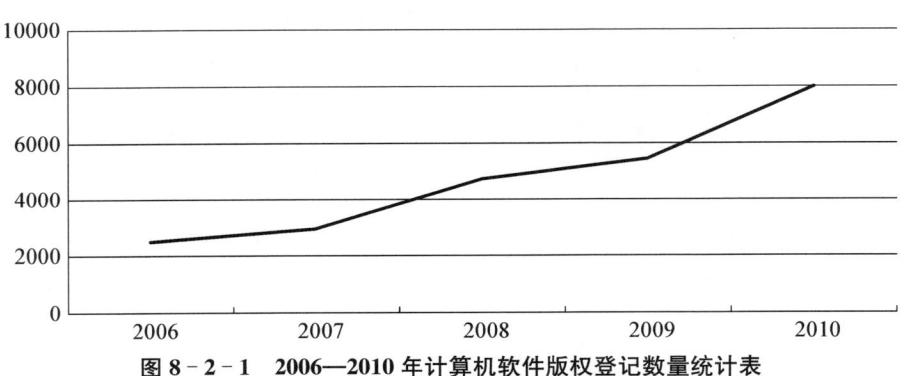

图 8－2－1　2006—2010 年计算机软件版权登记数量统计表

第二节　展会服务

一、版权贸易洽谈会

上海版权贸易发展迅速。为打造交易平台,提供更好的服务,1999 年起,市新闻出版局、市版权局连续主办四届版权贸易洽谈会,上海外文图书公司具体承办。版权贸易洽谈会促进中外版权交流和版权贸易,在海内外产生广泛影响。随着互联网发展和版权信息传播的及时、便捷,版权贸易洽谈会先后举办四届。

【第一届上海版权贸易洽谈会】
1999 年 6 月 28 日至 30 日,'99 上海图书版权贸易洽谈会在上海书城举行。这是上海首次举办较有规模的图书、电子出版物版权贸易和以合作出版为内容的地方性涉外版权活动,宗旨是通过版权使用、转让等方式,引进一批适应中国市场需求的图书、电子出版物,同时把中国更多的优秀读物输向海外。23家外国出版机构,13家中国香港、台湾地区出版机构及华东地区90多家出版社参加洽谈会。洽谈会展出各类中外图书、电子出版物近8 000种,达成版权贸易协议45份,涉及图书和电子出版物175件;达成贸易意向652份,涉及图书和电子出版物831种。其间还举办"沟通与理解——加快发展版权贸易研讨会"。

【第二届上海版权贸易洽谈会】

2001年5月25日至29日,第二届上海版权贸易洽谈会在上海国际会议中心举行,主展区展出面积约2 800平方米,展位140个。法国出版商协会和俄罗斯书商协会分别组织21家和12家出版社参展。来自中国内地16个省、自治区、直辖市160余家出版单位参加洽谈会。中外出版人士在洽谈会上签订版权贸易协议近百份,达成版权贸易意向逾千份,涉及图书约1 800种,图书种类包括文艺、少儿、历史、科技、医药、英语教学等,输出版权达1/3。

【第三届上海版权贸易洽谈会】

2003年10月28日至30日,第三届上海版权贸易洽谈会在上海国际会议中心举行,中外出版界人士进行多层次多方式的交流和沟通,上海与台湾出版界人士还举行恳谈会。参展单位共签订200多份版权贸易合同和意向书,输出版权达1/3。

【第四届上海版权贸易洽谈会】

2005年8月6日至8日,第四届上海版权贸易洽谈会在上海展览中心与2005上海书展同期举办。洽谈会举行华东六省一市版权贸易工作研讨会和英美图书版权贸易现状与发展前景论坛,进行广泛深入的交流和沟通。参展单位签订200多份版权贸易合同和意向书。

二、重大展会版权保护

上海市版权局以做好上海重大展会的版权保护与服务工作为目标,坚持一手抓版权保护,一手抓发展服务,着力加强版权执法,推进版权公共服务体系建设。

【建立世博会版权保护机制】

2009年,中国2010上海世博会举办在即。为提升上海版权保护与服务水平,防止世博会期间发生重大版权侵权事件,有效应对突发性重大版权侵权行为,根据市知识产权联席会议办公室印发的《保护世博会知识产权专项行动方案》,市版权局拟定《上海市版权局保护世博会版权专项行动计划》与《世博会版权突发事件预警应急方案》。在市版权局推动下,4月24日,上海世博会事务协调局与中国音乐著作权协会签署《中国2010年上海世博会音乐著作权合作备忘录》,从整体上解决上海世博会期间组织者和参展者表演使用他人音乐作品的合法性问题。

【建立长三角版权协作机制】

2009年,由上海市版权局发起,经与江浙两省版权局充分协商,就建立长三角区域版权保护和版权服务协作机制达成合作协议。4月13日至14日,长三角新闻出版(版权)协作第一次会议在上海举行,江浙沪两省一市版权局就在全国率先开展区域性新闻出版(版权)工作全面合作进行深入探讨,达成广泛共识。会上,两省一市版权局共同签署《关于长三角区域新闻出版合作发展的框架协议》《关于建立长三角区域版权保护和版权服务协作机制的合作协议》,主要内容包括:加快建立区域城市版权工作协作网和区域版权相关产业发展协作、版权侵权投诉异地受理、版权行政执法调查取证协作、跨省市重大侵权案件联合执法、版权公共服务资源共建共享等机制。两省一市版权管理部门明确在世博会筹备和举办期间集中开展世博版权保护宣传,普及世博版权知识,建立世博会区域版权保护快速反应机制,及时处置侵犯世博版权的违法行为。

【开展版权保护专项治理】

2010 年,上海市版权局通过开展世博会出版物市场整治与版权保护专项治理行动,组织实施版权净化工程以及"剑网行动"等,通过抓源头、广布网,净化世博会版权市场环境,遏制侵权盗版现象。市版权局还整合公安、城管、城交、文化执法、海关等部门,以音像出版物市场专项治理、世博会反盗版护城工程及打击软件和网络侵权专项行动为抓手,严堵入沪渠道,严查销售窝点,使侵权盗版得到有效遏制,市场整治工作取得明显成效。

【切实保护世博会相关版权】

围绕世博会中国馆、主题歌、"海宝"等有关作品的版权争议问题,市版权局严把法律关、事实关,在深入调研、充分论证的基础上,本着有理、有利、有节的原则,协调解决相关争议,有效制止舆论恶意炒作,维护世博会版权保护工作大局。市版权局还联合市通管局、市公安局、市文化市场行政执法总队等部门,利用市网络版权综合治理领导小组工作机制,齐抓共管,确定 30 多家网站作为巡查重点对象,实行全天候监控。世博会举办期间,上海未发生一起非法传播世博会开幕式、主题馆日、闭幕式等重要活动的视频节目。

【构建世博会版权服务平台】

市版权局联合上海世博会事务协调局和市知识产权局等成立世博会参展者知识产权服务中心,集中为上海世博会各类参展者、参与者提供版权服务。为给世博会参展者提供高效便捷的作品登记服务,经国家版权局同意,开辟海外参展商作品登记"绿色通道",在世博会知识产权服务中心设立专门窗口,委派专人统一受理作品登记。联合江浙两省版权管理部门邀请区域内优秀的版权法律专家,共同组建长三角区域版权法律专家咨询组,在世博会期间,为世博会举办地和分论坛所在地提供版权法律咨询服务。

第三节　宣　传　推　广

宣传普及版权知识,提升市民版权保护意识,传播法治理念、弘扬社会主义核心价值观,是上海市版权处和上海市版权局成立后致力推广的一项重要工作。

一、版权保护意识

1988 年 5 月,市新闻出版局成立版权处后,每月编印《版权工作信息》简报分送各有关单位。

《版权工作信息》简报信息量大,资料权威,内容丰富,在全国版权界获广泛好评。

2004 年,市版权局以企业为重点开展版权宣传,先后举办版权产业发展战略研讨会、企业版权管理实务讲座、工业用美术品版权保护及管理研讨会、广告业版权知识培训等系列活动。市版权局还与杨浦区政府联合召开"版权产业促进会",共同推进版权交易、版权公共服务和版权产业研究。

2005 年 4—12 月,市委宣传部和市版权局、市教委、团市委联合举办"拒绝盗版,从我做起——上海市中学生版权保护主题教育"活动,向部分中小学校赠送 2 500 册介绍版权知识的图书《版权,我懂》和专题片《盗版的报复》光盘。

2007 年,市版权局组织开展形式多样、内容丰富、注重实效的版权法制宣教活动,包括主办 2006 年度十大典型版权案件评选、以上海热线等 10 多家沪上网站为媒介的版权保护主题宣传、正版音像制品经营示范店授牌大会、侵权盗版音像制品销毁仪式、版权保护宣传语与动漫作品征集大赛、网络环境中的版权——挑战与对策专家研讨会及 2005—2006 年度上海市版权贸易先进单位、先进个人和优秀输出版、引进版图书表彰会、上海图书版权贸易高层论坛等,引起社会各界的关注,提升社会公众的版权保护意识。

2008 年 4 月,市版权局和东方网联合举办首届上海版权保护主题作品系列大赛,全国各地 29 位作者获奖,获奖作品类型为 FLASH、漫画和宣传语。

2009 年,市版权局开展一系列以世博会版权主题的宣传教育活动。除按照国家版权局部署,策划组织"4·26"知识产权宣传周版权保护主题教育活动外,还联合上海市法院系统开展年度上海十大版权典型案件评选,通过媒体向社会公布。4 月 22 日,上海市举行侵权盗版及非法出版物集中销毁活动,现场销毁侵权盗版音像制品、盗版软件及电子出版物 12.5 万件。

2010 上海书展前夕,上海书展组委会、上海市版权局组织开展全国百家知名出版社签署《共担文化使命,守护书香家园——2010 上海书展版权保护宣言》活动,号召出版界从自身做起,激励原创,切实提高维权意识。活动得到全国 130 多家知名出版单位响应。书展期间,市版权局委托上海版权服务中心开展"上海市民版权认知度调查"活动,了解市民对版权的认知程度和对版权管理工作的认可程度,为下一步开展版权保护社会宣传活动、加强版权保护提供有益参考。

二、普及法律法规

《中华人民共和国著作权法》及其实施条例 1991 年 6 月 1 日起实施。之前,市版权处多次邀请有关人士座谈讨论《中华人民共和国著作权法(草案)》,提出修改意见,供立法部门参考,并邀请市高级人民法院、市中级人民法院和黄浦、静安、徐汇、虹口等区法院法官座谈著作权管理工作。

在《著作权法》实施前夕,市政府法制办及市版权处联合召开"著作权法实施座谈会",邀请市作协、科协、版协及文化、电影、广播、电视等方面的专家座谈,市有关领导发表《实施著作权法,促进社会主义精神文明、物质文明建设》电视讲话。市版权处在"4·26"知识产权宣传周期间开展版权宣传教育活动,通过举办培训班、学习班等方式,组织全市图书、报刊、音像出版等单位的领导和编辑人员系统学习《著作权法》,市版权处还应邀到市有关部门及单位组织的学习班讲授《著作权法》知识,参加学习班的编辑、教师、法律院校学生、律师和工业产权界人士有 2 500 人。此外,市版权处配合《著作权法》的实施,编写《简明著作权词典》《著作权与著作权法》《著作权法律知识问答》等。这些工作增强市民的著作权法意识,为《著作权法》在上海的贯彻实施创造条件。

1992 年是《著作权法》实施的第二年,市版权处召开《著作权法》实施一周年座谈会,在沪的全国人大教科文卫委领导和市人大教科文卫委、市新闻出版局、市高级法院等单位领导出席并讲话。参加座谈会的还有上海的作家及司法界、版权界、出版界人士。1992年6月15日,市版权处和上海市出版工作者协会,邀请国家版权局副局长沈仁干就《著作权法》实施情况及涉外著作权问题,为上海出版界作专题报告。

1992年10月15日和10月30日,《保护文学艺术作品的伯尔尼公约》《世界版权公约》在我国生效。市版权处、市新闻出版局和市出版工作者协会联合举办为期三天的涉外著作权研讨班,介绍和讲解《伯尔尼公约》《世界版权公约》及《唱片公约》,讨论有关涉外著作权的政策文件。参加研讨的有部分出版社社长、总编辑及版权管理人员计80余人。

1996年,市版权处等单位以加强管理,强化行政执法为重点,加强和完善各项管理工作。围绕《中华人民共和国著作权法》实施5周年开展宣传活动,普及著作权法律知识。严格涉外著作权贸易合同审核、登记,建立复制境外音像制品和电子出版物合同认证、登记制度,促进涉外著作权贸易活动和对外文化交流。通过调解著作权纠纷、查处盗版活动、依法打击侵权行为,保护权利人的合法权益,维护上海良好的版权保护环境。

2004年,市版权局开展著作权知识宣传普及活动,与上海东方电视台联合制作两期以宣传《著作权法》知识为内容的专题节目。

三、软件和网络版权保护

2003年,针对网络游戏业面临严重危害产业发展的"私服""外挂"问题,市版权局组织专题研讨会,从法律适用、侵权性质认定、执法依据、证据等方面进行分析研讨,为有关企业维权提供高水平的指导和服务。针对软件企业普遍面临的由于职务作品版权权属不清、员工"跳槽"等因素产生的版权问题,有针对性地指导企业完善内部管理制度,合理维护企业和员工的正当权益。

2004年,围绕版权产业发展和软件版权保护,上海市版权局与上海电视台联合制作宣传反盗版成果专题"新闻透视"节目,组织数十家媒体集中报道上海软件版权保护工作情况。

2008年,上海保护知识产权宣传周活动期间,市版权局组织东方网、上海热线、互联星空等10多家沪上网站,开展以互联网为媒介的版权保护主题宣传系列活动,集中推出各具特色、寓教于乐的宣传栏目,传播版权保护知识。

2009年,市版权局启动上海"绿书签行动2010",倡导公众加入正版行列,并组织上海主要网络媒体,开展世博会网络版权保护主题宣传活动,提高广大网民的世博会版权保护意识。

2010年,以"4·26"知识产权宣传周为契机,通过召开以"加强软件版权保护和繁荣软件产业"为主题的座谈会,联合PPTV、土豆网、新民网、东方财富网等主流网络媒体开展"保护版权,尊重创新,让世博更精彩"网络在线答题活动,宣传版权产业在经济发展中的作用,普及版权法律知识。

第四节 培 训 交 流

上海重视版权知识普及。改革开放后,市出版局、市新闻出版局及版权管理部门多次邀请外国版权专家来上海讲学,对版权专业人员进行培训,开展研讨、交流等活动。

1978年,上海出版业开始对外合作出版,如何开展这方面的工作,不少出版社急需得到帮助。市出版局版权管理部门开展大量的版权咨询工作:转发中央有关主管部门文件,让各出版社了解和掌握中央的方针政策;举行台情报告会;提供示范合同;编印《台、港(部分)出版单位名录》;发生合同纠纷时主动与出版社一道研究、商量对策等。

1980年5月上旬,由国家出版局主办、市出版局承办的版权学习班在上海开班,请英国出版协会前主席彼得·杜索托伊和英国版权协会主席丹尼斯·戴·弗里特斯授课。上海和南方13个省市出版局、社50余人参加学习。

1981年6月,美国版权局局长及版权专家应邀来沪讲学,上海出版系统有60余人听讲。

1984年6月29日至7月14日,由文化部主办,联合国教科文组织协办,市出版局承办的版权培训班在浦江饭店举行,参加学习的有各省出版和版权管理人员近80人,前来授课的有联合国教科文组织和美国、瑞典等国的版权专家。

1985年,市版权处先后举办出版社编辑室主任版权学习班、报刊编辑版权培训班4期,参加学员近200人。

1988年6月7—12日,市版权处与北京市版权处和复旦大学法律系共同举办京沪版权理论研讨会,并先后举办多次案例研讨会,如"李勤诉丁洁教材版权纠纷案研讨会","潘思省诉沈雷科技作品版权纠纷案研讨会","《风雨五十年》版权纠纷案研讨会","《希曼》连环画侵权纠纷案研讨会"等。

1991年,广播电影电视部与国际唱片业协会联合在沪举办"出版行业版权培训班"。同年,根据国家版权局《关于认真学习贯彻著作权法加强著作权管理工作的通知》精神,市版权处先后举办书刊音像出版单位社长、总编辑和著作权管理干部《著作权法》研讨班、出版社编辑室主任《著作权法》学习班、部分期刊社长、总编辑《著作权法》学习班、演出单位负责人《著作权法》学习班,近300人参加。

1992年12月16—18日,市版权处举办涉外著作权研讨班,40多家出版社、杂志社、音像出版社的80余位负责人参加。

1994年8月22—24日,市版权处举办出版与版权学习班,邀请英国国际出版商协会董事大卫·福斯特和英国朗文出版集团版权部经理欧文·林内特授课。

1996年首届上海图书节暨'96上海书市举办期间,市版权处、上海版权保护协会、市版权代理公司联合设立咨询台,免费为作者、读者、出版者等提供著作权法律服务,3天共接待50余人次。

市版权局成立后,相关的报告会、讲座等更多是安排在历届版权贸易洽谈会和上海书展期间举行。

第三章 版 权 管 理

　　1985 年 7 月 25 日,国家版权局成立。根据国家版权局要求,上海市出版局指定专人负责版权工作。1988 年 5 月,经市编制委员会批准,上海市版权处成立。市版权处是市政府领导的版权管理机构,统一管理全市的图书、期刊、音像、影视及文化艺术、科学技术、建筑设计等方面的版权工作;依法处理和协助各级法院审理上海市的版权纠纷、案件,并协助外省、市、自治区版权管理机关处理版权纠纷;管理上海市涉外版权事宜;宣传普及版权知识,培训版权管理人员和提供版权法律咨询。1997 年 10 月,市政府批准设立市版权局,与市新闻出版局实行一个机构、两块牌子。市版权局的职责是:贯彻执行党和国家有关著作权保护的方针、政策和法律、法规;制订、起草全市著作权管理的政策和法规、规章草案,并在有关政策和法规、规章发布后组织实施及进行监督检查;实施著作权行政管理,依法查处著作权侵权行为;归口管理全市著作权方面的对外交流与合作;归口管理全市与著作权有关的社会团体;承办市政府交办的其他事项。

　　上海作为版权产业的重要基地,积极贯彻《著作权法》,不断通过地方立法完善法制体系。上海版权产业发展全国领先,公共服务体系较为完善,在版权保护方面进行很多有益的探索。

第一节   地 方 立 法

　　上海版权管理地方立法工作与时俱进,既与改革开放和经济社会发展大局相适应,也与上海全国改革开放排头兵地位相适应,走在全国各省、自治区、直辖市前列。

　　2000 年 1 月,市政府颁布《上海市著作权管理若干规定》,3 月 1 日起实施。这是《著作权法》实施后上海第一个有关著作权管理的政府规章,开全国之先例。

　　2006 年 9 月 30 日,市版权局颁布《上海市著作权合同备案办法》,10 月 1 日起施行。《办法》明确,上海市居民、法人或者其他组织如果与著作权人订立著作权许可或者转让合同,可以向市版权局指定的机构——上海版权保护协会办理著作权合同备案,经备案的合同由市版权局颁发备案证书。《办法》率先在全国建立起著作权合同备案制度,帮助著作权被许可人和受让人证明其使用或者受让权利的善意性,预防和减少版权许可、转让纠纷。

　　2002 年 2 月,为鼓励软件作品登记,市版权局与市科委联合出台《软件作品登记资助办法》,并公布《上海市软件著作权登记费资助办法》,鼓励软件著作权登记。办法规定,凡在中国软件登记中心完成软件著作权登记的上海市公民或法人均可申请登记费及代理费资助,对完善我国著作权法律体系,加强版权公共服务能力建设,起到积极的推动作用。

　　2009 年 12 月,市版权局印发《上海市版权公开交易管理办法》,规范版权公开交易行为,促进文化产业的健康发展。市版权局负责全市版权公开交易的监督管理,具体监督管理工作由上海市版权交易监督管理机构承担。

第二节　行　政　执　法

20 世纪 90 年代后,上海开展一系列专项治理,严厉打击各类盗版侵权违法行为,以软件保护和打击网络盗版为重点,加强版权行政执法和社会监管。

1996 年,市版权处以打击盗版为中心,加大行政执法力度,对非法复制、销售侵权制品的 17 个单位进行执法检查,并依法对其中 12 个单位作出行政处罚,没收侵权录音带、CD、VCD 和电子出版物、软件光盘等复制品 4 800 余盒(张)及盗版图书 390 余本(册),对侵权人作出罚款处理。根据新闻出版署、国家版权局决定,市版权处、市影视音像管理处向上海联合光盘有限公司和上海华德光电科技有限公司派出 4 名驻厂监督员,定期向音像行政管理部门和版权管理部门书面报告各项检查情况,加强对音像制品和电子出版物出版、复制工作的管理。

1997 年,上海通过行政执法检查,查处侵权案件,加大打击盗版活动的力度。全年没收侵权音像制品、电子出版物及图书 3 000 余件(种),罚没人民币 6 万余元。积极进行著作权纠纷的调解工作,促成当事人达成调解协议,维护权利人的正当权益。经调解和帮助并责令侵权人赔偿,有关权利人获得经济补偿 18 余万元。1998 年 7 月,市版权局成立版权执法检查队。

1998 年,上海版权行政管理部门采取积极措施,加大打击侵权盗版活动的力度,全年依法查处复制、销售侵权物品案 139 起,收缴各类侵权制品 7.4 万余件,其中图书 470 余本(册),吸塑日历、挂历 3 450 余张(本),软件光盘(CD - DOM)5.8 万余盘(盒),CD、VCD 等音像制品 1.1 万余盘(盒),罚没款 16.4 万余元。与 1997 年相比,查处案件增加 10 倍,收缴侵权制品数量增加 36 倍,罚没款增加 1.7 倍。

1999 年,上海版权行政管理部门出动执法人员 1 500 余人次,查处复制、销售侵权制品的行为 366 起,查缴盗版复制品 39 万余件,其中盗版音像制品(CD、VCD、DVD、录音盒带)、电脑光盘(CD - ROM)7.7 万余盒(张),盗版图书 200 余本(册),盗版彩色墙画 800 余张,侵权贺卡 6.4 万余张,侵权《宝莲灯》图案包书纸 24.8 万张,以及其他侵权制品,罚没款 13.2 万余元。针对上海出版图书、音像制品被大量盗版的突出问题,市版权局与市公安局等部门合作,开展专题打击活动,如组织打击盗版《故事会》《大学英语》和《唐诗三百首(图文本)》等图书期刊以及盗版《宝莲灯》和《泰山》音像制品等,派专人赴北京、天津、合肥、郑州、南京、杭州和深圳等十几个城市追查。在查处工作中,除对侵权行为人依法作出处罚外,还依法责令侵权人向权利人进行民事赔偿。1999 年,有关权利人由此获得直接赔偿 40 余万元。

2000 年,市版权局共处理盗版侵权案 55 件,收缴各类侵权复制品 17.171 7 万件,其中,图书 9 万余本(册),软件 3 200 余张,音像制品 27 800 余张,其他侵权制品 5 万件。罚款 45 826 元,没收非法所得 77 200 元,有关权利人获得经济赔偿 54.5 万元。组织反盗版联盟会员单位,协调、配合公安部门,破获盗版《辞海》《十万个为什么》《大学英语》《上海城市交通图》等一批大案要案。

2001 年,市版权局直接查处盗版侵权案件 67 起,收缴盗版教辅和图书 31 937 本(册)、盗版音像制品 19 737 盒(张)、盗版光盘 13 355 张、盗版地图 48 478 张,没收非法所得 38 362 元、罚款 192 260 元。18 家被侵权单位得到赔偿,赔偿总金额 48 万多元。

2002 年,上海版权行政执法工作继续以打击盗版侵权活动、保护名牌和畅销出版物为重点。在公安、工商、海关、文化稽查等相关部门配合下,通过专项整治查处的盗版案件 68 起,收缴盗版教辅和图书 61 201 本(册),盗版音像制品 3 636 盒(张),盗版光盘 5 000 张,盗版地图 10 281 张,罚款

10.8万多元。8家被侵权单位得到赔偿，赔偿金额6.77万元。全年还查处涉外版权案8起，调解涉外纠纷12起，主要涉及非法使用计算机软件。

2003年，市版权局联合市公安、工商、文化稽查等相关部门开展打击盗版侵权活动专项整治。在春秋两季学汛期间组织开展打击盗版教材、教辅读物专项治理行动，在年初全国两会、"4·26"世界知识产权日和11月上海工业博览会期间组织开展保护知识产权专项行动，8月至10月组织开展打击软件盗版专项治理行动。5次专项治理行动都取得明显成效。市版权局直接查处案件总数105件，其中涉外案件17件，共收缴各类盗版品30 031件，作出行政处罚决定17起，调解赔偿51起。执法人员还对全市光盘复制企业进行2次巡查，对1 200多家（次）印刷企业进行重点抽查。

2004年，市版权局联合公安、工商、海关、交通运输、文化稽查等有关部门打击盗版，先后开展针对教材教辅、地图、音像制品、计算机软件的反盗版专项行动。全年检查音像、软件制品销售点（包括大卖场类）671家，学校（培训学校）32所，书店13家，印刷、装订企业376家，地图销售点20个，协助公安部门破案2起。直接查处版权侵权纠纷253起，收缴侵权物品2.5万件。

2005年，市版权局加强版权行政执法，联合公安、工商、海关、文化稽查、通信等有关部门打击盗版，先后开展针对教材教辅、音像制品、计算机软件和互联网的反盗版专项行动。全年共出动1 000多人次进行出版物执法检查，没收盗版教材教辅、地图及其他图书9 000余本（册），收缴盗版音像品8 800多张，罚款7.75万元，没收非法所得3.65万元，调解赔偿8.1万元。破获《他改变了中国：江泽民传》盗版案。查处销售盗版软件以及违法预装软件案15件，没收侵权光盘3 680余张，罚款4.2万元。

2006年，市版权局全年共出动行政执法人员1 000多人次，检查经营场所500余家（次），收缴地图、软件、音像制品、图书等侵权制品13.25万张（册），行政处罚26件，收缴违法所得和罚款26万元；向司法机关移送刑事案件2件，1人被判刑；调解赔偿约31.5万元；督促100多家企业主动纠正使用侵权软件。

2007年，市版权局出动行政执法人员1 000余人次，收缴地图、软件、音像制品、图书等侵权制品5.89万张（册），行政处罚案件17起，收缴违法所得罚款13.7万元；向司法机关移送案件1起。开展打击网络侵权盗版专项行动，查办侵权传播电影、音乐、软件、文学等类型网络案件38起，关闭存在侵权行为的非法网站21家，责令13家网站加强网络监管，行政罚款3起，移送司法机关案件1起，没收服务器2台，收缴罚款6.6万元。受理计算机软件非法预装举报投诉30余起，行政处罚13起，收缴罚款7.1万元。市版权局每月定期派出执法人员巡回检查，要求全市40家大型电脑商场管理单位承担起属地监管责任。

2008年，上海市以开展专项治理行动、强化市场日常管理、建立长效管理机制为重点，以服务版权经济为落脚点，探索版权管理新思路新方法，版权保护法制环境得到进一步改善。市版权局全年办结行政处罚案件27起，收缴违法所得和罚款211 594.13元，收缴地图、电子出版物、软件、图书等盗版品63 533册（张），关闭非法网站15个，没收服务器1台，移送司法机关案件1起。市版权局会同市有关部门实施奥运新媒体转播版权保护专项行动，严格保护奥运版权，圆满完成奥运赛事网络传播版权保护专项任务。

2009年，上海市各相关管理和执法部门紧紧围绕加强世博会版权保护的目标，继续发挥相互协作、联合作战的优良传统，以实施专项行动为重点，推进实施世博版权净化工程，各项工作取得重要进展。市版权局、市文化市场行政执法总队、市城管执法局、市城市交通行政执法总队等部门联合开展版权保护专项执法行动和"迎世博反盗版护城工程",针对制售盗版制品集中的场所以及各进出上海的公路道口和打包托运站等重点区域,进行集中查堵整治工作,共查堵拦截 35 次(批),缴获 116 万张盗版制品,进一步规范市场经营秩序。上海世博会出版物市场整治与版权保护专项治理行动也取得阶段性成果。从 2009 年 3 月开始,上海市、区两级执法部门共出动检查人员 6 559 人次,检查出版物市场中店档摊点 3 230 个,检查印刷复制企业 762 家次,取缔关闭出版物市场中店档摊点 229 个;查办侵权盗版出版物案件 59 起;查缴盗版音像制品 70 余万件,盗版图书 3.2 万本(册),盗版电子出版物 6 153 份。

2010 年,根据国家版权局有关"剑网行动"的部署与要求,市版权局以市网络版权综合治理领导小组名义召开市"剑网行动"专题工作会议,明确有关部门的职责与分工,组织相关网站开展自查自纠工作。根据有关自查自纠情况,进一步明确上海市主动监管网站名单。联合市文化市场行政执法总队对五家重点网站进行现场执法检查,对发现有违法情况的,依法进行查处,并要求限期整改。在加大网络版权监管与执法力度的同时,积极引导有关互联网企业开展版权自律。在市版权局的协调下,盛大网络、起点中文网、PPS、PPLIVE、激动网等八家企业作为共同发起人,就建立全市互联网行业自律公约达成共识,自觉抵制网络侵权盗版行为,共同创造良好的网络行业发展环境。

从 2010 年 7 月 1 日开始,全市版权行政执法权统一由市文化市场行政执法总队行使。市版权局负责对版权行政执法的协调、监督、指导工作。

第三节　互联网版权保护

20 世纪 90 年代后,由于互联网技术的发展和日渐普及,信息的传播得到快速发展,著作权的保护范围和内容也在不断扩大和深化。同时,互联网时代前所未有的复制和传播的便宜、迅捷和广泛,使互联网版权成为重点监控对象,国内外发生的有关网络版权的案件日益增多,网络版权问题已经成为国际知识产权界关注的热点。

2006 年 5 月,国务院公布《信息网络传播权保护条例》,7 月 1 日起施行。《条例》共 27 条,包括合理使用、法定许可、避风港原则、版权管理技术等一系列内容,更好地区分著作权人、图书馆、网络服务商、读者各自可以享受的权益,网络传播和使用都有法可依。

《信息网络传播权保护条例》实施后,市版权局 2006 年 10—12 月组织开展打击网络侵权盗版专项行动,集中查办国家版权局移送和交办的 38 起重点网络侵权盗版案件,依法关闭 14 家主要从事侵权盗版活动的网站,责令 18 家网站停止侵权行为,对两家网站当事人行政罚款 5.1 万元。同时展开网络反盗版宣传,要求上海市主要网站进行自查自纠。

2008 年 4 月,上海版权保护协会互联网版权工作委员会成立。工作委员会由提供网络传播服务的企业自愿组成,是网络视频传播服务企业集体正视版权问题、主动要求规范行业经营行为的产物,标志着上海网络视频传播产业进入成熟发展阶段。

2010 年,在市版权局支持与引导下,PPS、PPTV、土豆、激动网、久游网、盛大游戏、盛大文学及臣翊网络等沪上 8 家知名互联网企业正式签署网络版权自律公约,成立上海网络版权自律联盟。上海网络版权自律建设走向常规,并逐步形成"以自律促进监管、以监管带动自律"的网络版权保护良好格局。

第四节 行 政 审 批

一、行政审批事项

市版权局(版权处)行政审批事项主要有：审批出版境外图书合同登记、审批出版和复制境外电子出版物、计算机软件和电子媒体非卖品著作权授权合同登记、审批境外计算机软件许可使用合同登记、审批复制境外音像制品著作权授权合同登记、审批为配合出版外国图书而出版外国音像制品的著作权授权合同登记。

市版权局(版权处)行使行政审批事项权力主要依据有如下规定：

1994年9月，国家版权局发布《国家版权局关于对复制境外音像制品委托合同进行登记的通知》。通知明确音像复制单位所在地的省、自治区、直辖市版权局(处)(以下简称地方版权局)负责委托合同登记。

1995年1月，国家版权局发布《关于对出版外国图书进行合同登记的通知》，明确规定各省、自治区、直辖市版权局负责对本地区的(包括中央级出版社)出版外国作品合同进行登记。

1995年1月，国家版权局发布《关于对出版境外音像制品合同进行登记的通知 》，明确规定为配合出版外国图书而出版外国音像制品的合同，由出版单位所在地的各省、自治区、直辖市版权局进行登记，具体按国家版权局《关于对出版外国图书进行合同登记的通知》执行。

1996年8月8日，国家版权局发布《关于对出版和复制境外电子出版物和计算机软件进行著作权授权合同登记和认证的通知》，明确规定电子出版物出版单位引进出版境外电子出版物，应在出版之前将著作权授权合同一式两份(正、副本)报所在省、自治区、直辖市版权局登记；地方版权局应将著作权授权情况报国家版权局进行认证。经登记和认证，取得由国家版权局统一印制的著作权合同登记批复后，方可出版。

1996年8月，国家版权局发布《关于对出版和复制境外电子出版物和计算机软件进行著作权授权合同登记和认证的通知》后，根据执行情况，1998年2月又发布《关于加强涉外电子出版物和计算机软件著作权合同登记和认证工作的通知》，重申有关工作要求。

1998年3月，国家版权局、国家外汇管理局发布《关于加强对引进无形资产售付汇管理有关问题的通知》，加强对引进无形资产的售付汇管理。

二、审核登记涉外版权贸易合同

1978年后，上海通过版权贸易引进输出的图书稳步增长。1997年，市版权局成立，全市审核登记涉外版权贸易合同出现较大幅度增加。范围不仅是图书，越来越多地涉及期刊、音像制品、计算机软件和电子出版物等。

1998年，市版权局审核登记涉外版权贸易合同288份，其中图书合同269份(涉及各类图书327种)，电子出版物合同19份。1999年，市版权局审核登记涉外版权贸易合同367份。其中图书版权贸易合同363份，涉及各类图书427种，输出和引进合同分别为8份和355份，分别涉及8种和419种图书，复制境外计算机软件合同4份，涉及3 997种软件。2001年，市版权局审核登记涉外图书版权贸易合同556份，涉及图书849种，对13份出版、复制境外电子出版物和计算机软件的合同进行权利认证和登记,备案登记 5 份期刊重印合同,涉及期刊 125 种。备案登记 30 份计算机软件许可使用合同。

2003 年,市版权局审核登记涉外合同突破 1 000 份大关,并达到一个小高峰,为 1 749 份,其中引进版权总数 1 577 份,输出版权总数 172 份。之后有所回落,2006 年,市版权局审核登记 1 072 份涉外图书、音像制品、计算机软件和电子出版物版权授权合同。2010 年,市版权局审核登记 1 192 件涉外图书、音像制品、计算机软件和电子出版物授权合同,其中,出版境外图书版权合同 795 份,出版境外电子出版物合同 21 份,复制境外电子出版物合同 170 份,复制境外音像制品合同 206 份。

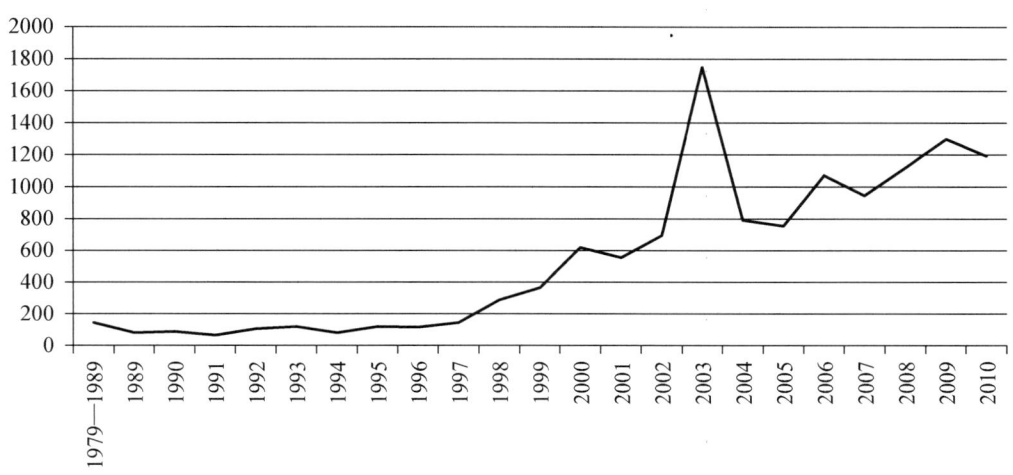

图 8‐3‐1 1979—2010 年上海出版物审核登记涉外合同数量表

表 8‐3‐1 1979—2010 年上海出版物版权贸易一览表

年 份	涉外版权合同(份)	涉外图书(种)	年 份	涉外版权合同(份)	涉外图书(种)
1979—1989 年	144	261	2000 年	619	638
1989 年	80	145	2001 年	556	849
1990 年	88	253	2002 年	696	794
1991 年	65	114	2003 年	749	1 038
1992 年	106	124	2004 年	792	1 282
1993 年	120	134	2005 年	755	1 451
1994 年	81	133	2006 年	1 072	1 211
1995 年	119	192	2007 年	945	1 287
1996 年	115	157	2008 年	1 119	1 335
1997 年	145	217	2009 年	1 299	1 536
1998 年	288	327	2010 年	1 192	1 396
1999 年	367	427	/	/	/

资料来源:市新闻出版局。

第五节　行业管理组织

随着市场经济快速发展、社会结构日益多元和政府职能加快转变,催生上海版权保护协会、上海版权服务中心、上海版权纠纷调解中心等版权民间保护机构。这些行业管理组织在版权服务方面特别是国际合作交流方面发挥重要作用。

一、市出版工作者协会版权研究小组

1982年6月,上海市出版工作者协会开始探讨有关版权和版权保护问题。这是上海出版业开始从实际操作向总结、探索版权贸易和版权保护的积极举措。

二、上海市版权代理公司

1993年8月,经国家版权局批准,由市新闻出版局领导的上海市版权代理公司在上海成立。这是全国首家地方专业版权代理机构,主要从事国内外版权代理业务,即版权转让或许可使用代理、代收代转版权使用费等中介服务。公司先后在纽约、东京和斯图加特设立办事处,与欧洲、美国、日本等百余家国外出版社保持良好合作关系。国内有近50家出版社成为公司的特惠客户。

三、中国音乐著作权协会上海办事处

1992年12月,中国音乐著作权协会成立、协会总部在北京,在上海等地设立办事处。上海办事处的主要工作是协助总部发展会员,掌握上海地区使用音乐作品的情况,向使用者发放许可证,监督领得许可证的人将使用费汇往协会北京总部,向个别使用者收取使用费并汇往协会北京总部。1996年,国内第一起以著作权集体管理组织名义诉讼演唱会组织者未经许可使用音乐作品的案件在上海立案。2001年8月3日,中国音乐著作权协会与上海文化娱乐业协会签订音乐著作权使用费代收协议,由后者代前者向沪上各娱乐场所收取费用,成为首次集中解决本地娱乐行业使用音乐作品的先例。

四、上海版权保护协会

1995年5月,上海版权保护协会成立,宗旨是团结广大作者、作品的使用者、传播者,版权理论的教学、研究人员和版权管理人员、司法工作者,加强对中国《著作权法》和国际版权公约以及版权理论的研究和宣传,以增强社会各界及公众的版权意识,保障版权所有人和作品使用者、传播者的正当权益,促进本地区文学、艺术、科学事业的繁荣和发展。

2005年4月,市版权局发布公告,根据《作品自愿登记试行办法》和《上海市著作权管理若干规定》的有关规定,指定上海版权保护协会办理上海市作品自愿登记工作。自2005年5月1日起,上海版权保护协会负责作品登记的咨询、受理、核查、发证、查阅等项具体事务。2006年9月6日,市版权局发布通告,根据《上海市著作权合同备案办法》第三条第二款的规定,现指定上海版权保护协会办理著作权合同备案的具体事务。

五、上海反盗版联盟

1998年9月,由市版权局、上海市出版工作者协会、市音像出版制作行业协会、市计算机软件协会和上海版权保护协会共同发起的上海反盗版联盟成立。联盟是以上海地区图书出版、音像出版、电子出版物和电影电视制作、软件制作等单位及作者团体为主自愿组织的社会团体,通过反盗版信息的集中反馈,建立发现、检举、调查、鉴定、处罚盗版的行动机制,维护著作权人和与著作权有关的权利人的合法权益。反盗版联盟依托上海版权保护协会开展多次行动。1999年,对《宝莲灯》盗版音像制品(CD、VCD、音带)销售活动等的专项打击,还奔赴有关省市查处《故事会》和《十万个为什么》(新世纪版)、《唐诗三百首》(图文本)等图书、期刊盗版活动。当年,联盟会员单位(包括部分非会员单位)共获民事赔偿40余万元。2000年,在公安部门配合下,市版权局组织反盗版联盟会员单位赴北京、大连、烟台、济南、合肥、武汉、西安、汉口、南京、杭州、深圳、温州、东营等城市查案,破获盗版《辞海》《十万个为什么》《大学英语》《上海城市交通图》等一批大案要案,保护权利人合法权益,促进版权产业发展。

六、上海版权服务中心

2010年5月,上海版权服务中心成立并入驻张江国家数字出版基地,围绕版权创作、运用、保护、管理等环节,为上海、长三角地区乃至全国企事业单位和社会公众提供各类专业服务。

上海版权服务中心打破以往的组织框架,按照高效、便捷的原则,设计全新的组织机构和工作思路。中心设四个机构,有五大职能。四个机构是:上海版权保护协会、中国音乐著作权协会上海办事处、上海版权纠纷调解中心、上海版权代理有限公司;五大职能是:版权登记、版权集体管理、版权纠纷调解、版权综合信息、版权代理。中心通过开展法律宣传、登记服务、信息服务等工作,为权利人提供"一条龙"服务,有效保护著作权人的合法权益,有效提升上海版权服务业的整体水平。成立当年办理作品登记2 636件、版权合同备案202件、代理涉外作品登记125件、软件著作权登记262件。

七、上海版权服务工作站

2009年4月,市版权局向上海张江高科技园区、上海多媒体产业园、上海数字娱乐中心、大柏树传媒产业集聚区、上海知识产权园5个产业园区版权服务工作站授牌。这5个版权服务工作站在市版权局指导下,为所在园区的中小企业提供版权管理、版权市场经营和版权维权等个性化服务。

八、上海文化产权交易所及上海版权交易中心

2009年6月,上海文化产权交易所、上海版权交易中心成立。上海文化产权交易所是国内率先建立的以文化物权、债权、股权、知识产权等各类文化产权为交易对象的专业化市场平台,业务范围包括:根据国家和上海相关法律法规和政策,开展各类版权、文化专有权益、公共文化服务政府采购以及其他文化产权的交易;为文化产业投资提供咨询、策划等服务。上海文化产权交易所另设专

业版权交易平台——上海版权交易中心。

上海版权民间保护机构在有效打击盗版、维护自身权益的同时,也为作品使用者合法使用他人著作权提供良好的服务,在作品创作者与使用者之间架起桥梁。

第六节 软件正版化

一、概况

计算机软件(Software)出现于20世纪50年代,后随着计算机技术的不断进步,软件业从计算机工业中独立出来,逐渐成为信息化革命最活跃的领域,得到迅猛发展。加强软件版权保护,对鼓励软件创新、优化市场环境、实施创新驱动发展战略、加快创新型国家建设都具有重要意义。

国家对软件版权保护高度重视。2001年以来,两次修订《著作权法》和《计算机软件保护条例》,不断加大软件版权保护力度,严厉打击各类侵犯软件知识产权的行为,净化软件市场环境,大力推进使用正版软件工作。2000年6月,国务院印发《关于鼓励软件产业和集成电路产业发展若干政策的通知》,规定任何单位在其计算机系统中不得使用未经授权许可的软件产品。2001年10月,国务院办公厅印发《关于使用正版软件清理盗版软件的通知》,对国务院系统使用正版软件工作进行全面部署,2002年5月完成国务院系统软件正版化工作。2006年4月,国家版权局等9部委联合发布《关于印发〈关于推进企业使用正版软件工作的实施方案〉的通知》,全面部署企业软件正版化工作。2010年10月,国务院办公厅印发《关于进一步做好政府机关使用正版软件工作的通知》,部署中央、省、市、县四级政府机关软件正版化检查整改工作。

按照《著作权法》《计算机软件保护条例》和国务院有关通知要求,市版权局组织协调对使用正版软件情况的检查和督导,组织开展使用正版软件的宣传、培训,负责对企业使用正版软件情况的监管,同时依法严厉打击软件盗版行为。

2001年,市版权局受理美国微软、Autodesk公司、Adobe公司等多家外国软件企业的投诉,依法对7家使用侵权软件的营利性单位进行调查,督促这些单位实现软件正版化,使相关权利人获得经济赔偿23万元。根据国家版权局等四部门要求,市版权局还会同市"扫黄打非"工作办公室和市公安局、市工商局、市文化稽查总队在全市部署开展严厉打击软件盗版专项行动,要求全市各区、县集中行动,把主要商业街区和软件销售集中的地区作为打击的重点地区,并对这些重点地区进行重点检查和反复清扫。参与集中行动的各部门都公布举报电话。2001年7月20日,市版权局、市文化稽查总队、市公安局、市工商局联合出动执法人员30余人,对上海西区软件销售市场进行联合执法检查,查获销售盗版软件的经销商12家,收缴盗版软件5 780张。集中行动中,市版权局共分发、张贴四部分通告及其他反盗版宣传资料4 800张,查出盗版软件经销商20余家,收缴盗版软件1万多张。

2001年下半年,上海在全国率先实现所有市级财政预算单位全面使用正版软件的目标。2002年,市版权局全面推进政府部门使用正版软件工作。2月6日,市版权局与市科委联合召开新闻发布会,公布《上海市软件著作权登记费资助办法》,规定凡在中国软件登记中心完成软件著作权登记的上海市公民或法人均可得到登记费及代理费资助。2002年全市企事业单位和个人共登记软件著作权950件,比2001年414件增长130%。2003年8—10月,市版权局组织开展打击软件盗版专项治理行动。

2004年,市版权局受理针对软件最终用户的侵权投诉和举报78起,对未经许可使用计算机软件的企业用户进行调查处理。结合打击制假贩假专项行动、打击盗版软件专项行动等,组织执法人员对全市主要电脑商城、软件市场进行多次检查,对销售盗版软件以及违法预装软件的硬件零售商进行查处。推动经营者自律管理,有16家商场主动向全市计算机及软件销售企业发出《拒绝盗版,不销售、不预装盗版软件倡议书》。探索软件正版化工作途径,与市建筑业管理办公室共同推进建筑设计行业使用正版软件工作。当年,上海市版权局被《中国知识产权报》评选为"正版软件维权先锋"并被美国商业软件联盟授予2003—2004年度软件知识产权保护突出贡献奖。

2005年,在软件版权行政执法工作中,市版权局定期组织执法人员巡回检查软件零售、预装市场,杜绝全市主要电脑商城、软件市场零售盗版软件的现象,电脑组装商预装侵权盗版软件的现象也得到遏制。

2006年6月,国家版权局全国范围内开展为期3个月的"打击非法预装计算机软件专项行动",市版权局组织开展"宣传教育、执法打击、建立长效管理机制"执法活动。在宣传教育阶段,执法人员对全市主要电脑商场经营者进行普法教育,在电脑商场醒目位置张贴反盗版海报宣传画、国家有关部委关于预装正版计算机软件操作系统的通知、"反盗版百日行动"的公告等,营造反盗版氛围。在执法打击阶段,执法人员反复巡查电脑商场,对帮助和教唆消费者预装侵权软件的违法行为进行严肃批评和教育,严厉查处非法预装软件的行为,对10起被查实的侵权案件作出行政处罚。在建立长效管理机制方面,明确商场出租方"属地监管"责任,与全市40家电脑商场签订管理责任承诺书,要求商场出租方与入驻商户签订不销售、不预装侵权软件的责任书。经过督促检查,全市电脑经营企业的自律机制和长效管理机制基本形成。

2007年,市版权局保持对计算机软件非法预装的高压打击态势,受理举报投诉30余起,作出行政处罚案件13件,行政罚款7.1万元。为从根本上解决电脑经销商预装侵权盗版软件的问题,市版权局着力建立全市电脑经营场所长效管理机制。每月定期派出执法人员开展巡回检查,要求全市40家大型电脑商场管理单位承担起"属地监管"责任,确保商场版权管理责任部门、负责人和管理联系人到位,管理规章制度到位,与入驻商户签订版权管理责任书到位,对入驻商户的普法宣传、监督管理到位。面对版权执法部门的执法打击和高风险违规责任,上海越来越多的电脑销售商守法经营,做到不销售、不预装、不使用侵权盗版软件,使侵权发生率明显下降,电脑商场版权管理秩序明显好转。

2008年,市版权局充分发挥组织者和协调人的作用,通过有效的工作机制推动上海大中型企业软件正版化工作向纵深发展。市版权局把推进企业使用正版软件工作融合到政府工作和社会管理的各个方面。在上海市知识产权示范企业创建工程中,继续把使用正版软件作为一项硬指标,明确对不达标的企业予以"一票否决",不能将其评定为示范企业。在市版权局组织的对全市81家大中型企业的抽查中,被调查企业所使用的操作系统软件正版率达98.51%,办公软件正版率达96.47%,杀毒软件正版率达99.51%,主营业务软件正版率达84.81%。市版权局还把开展软件资产管理培训作为正版化工作的重要抓手,与有关行业组织联合举办5期培训活动,为解决企业软件正版化问题创造条件。

2009年,上海版权保护协会与美国商业软件联盟、日本计算机软件著作权协会联合举办"上海市(日资)企业使用正版软件守法诚信企业授牌活动"。活动主要面向日本上市公司在华分公司或合资企业,30多家参与企业在活动过程中提高使用正版软件的理念和意识,规范企业软件资产管理的流程,其中7家企业经考核获第一批授牌。

2010年,在企业使用正版软件推进工作中,市版权局明确以金融行业等为重点推进领域,联合上海市证监局、银监局、保监局对60余家金融服务机构进行软件正版化专题培训,取得良好效果。在国有大中型企业软件正版化推进工作方面,市版权局与市国资委合作举办两期培训班,并分批对重点推进企业的软件使用情况进行监督检查,发现问题及时整改意见;联合市期刊协会对上海市620家期刊发放《软件使用调查表》,重点检查有关管理软件以及操作系统、办公软件、杀毒软件使用情况和合法授权情况。

市版权局开展企业使用正版软件工作取得明显成效,上海软件版权保护环境不断改善,微软、Autodesk等国际知名软件和金山、中标、中望等国产软件在上海的销售额占全国的15%～20%,远高于上海的GDP占全国的份额,反映上海大部分企业无论是正版化意识还是对国产软件的认同都走在中国前列。2009年年底,国家推进企业使用正版软件工作部际联席会议检查组在上海专项督查,对上海市企业使用正版软件工作给予高度评价。

二、典型案例

《中华人民共和国著作权法》1991年6月1日实施后,各种版权纠纷有法可依。截至2010年,上海已查处的版权侵权典型案例有:

【杜某某等三人合伙非法翻录、销售录像带案】

1991年12月2日,市公安局卢湾分局将杜某某、杜某某、张某某以营利为目的合伙翻录、销售录像带案正式移送市版权处查处。经查实,从1991年5月至7月15日案发时为止,杜某某等三人共复制录像带1 750余盒,除9盒为淫秽录像带(另案处理)外,其余都是国内音像出版单位录制的警匪片、武打片、生活片等内容的录像带,通过兜售和送货上门,先后销售侵权复制品1 300余盒,牟利4 200余元。为切实执行《著作权法》,维护音像出版者合法权益,市版权处对杜某某等三人的违法侵权行为作出没收非法所得人民币4 200元,没收侵权复制品录像带421盒,没收制作设备四台录(放)像机,并罚款3 086元的处罚决定。这是上海为实施《著作权法》后查处的第一起非法复制音像制品案件,1992年2月21日,市版权处举行新闻发布会介绍案情。

【盗版盗印《辞海》案】

《辞海》(1999年版)出版仅两个月即遭盗版,盗版的《辞海》普及本、缩印本在北京、山东、安徽、陕西等地均有发现。2000年5月底,上海辞书出版社收到陕西省汉中印刷厂在盗印《辞海》普及本的举报。上海市公安局文保分局、市版权局和上海辞书出版社组成专案组飞抵汉中。6月9日,案情上报北京,全国"扫黄打非"办公室将此案列为2000年全国重点督办案件,指示陕西省"扫黄打非"办和省公安厅协助上海警方依法查处。2002年8月27日上午,上海市第二中级人民法院对陕西汉中印刷厂盗版盗印《辞海》普及本案作出一审判决:被告人李某某被判处有期徒刑3年,并处罚金4万元;被告人哈某被判处有期徒刑4年,并处罚金5万元。

另三起盗版盗印《辞海》的案件分别是:北京通县通北装订厂盗版《辞海》普及本案;山东东营市新华印刷厂盗版《辞海》缩印本案;河北邯郸峰峰新华印刷厂盗版《辞海》案。在全国"扫黄打非"办公室和公安部指挥、协调下,涉案地北京、山东、陕西、河北等地"扫黄打非"工作办公室和公安、检察、法院、新闻出版、版权等部门通力合作,经过两年多时间的不懈努力,取得打击盗版盗印《辞海》

专项斗争的重大成果。盗印《辞海》缩印本的山东东营市新华印刷厂被山东省新闻出版局责令停产整顿,吊销书刊印刷省级定点企业证书,并没收非法所得,有关责任人受到党内严重警告、撤销行政职务等处分,委印人吕某向上海市公安局文保分局自首。盗印四卷本《辞海》的河北邯郸峰峰新华印刷厂盗印案经河北成安县人民法院审理,涉案人员罗某某、孔某某、孔某某、安某分别被判处有期徒刑 3 年并处罚金 5 万元、有期徒刑 1 年缓刑 2 年并处罚金 1 万元、有期徒刑 6 个月缓刑 1 年并处罚金 8 000 元、有期徒刑 6 个月缓刑 1 年共处罚金 8 000 元。陕西汉中盗版盗印《辞海》案除李某某、哈某被判刑并处罚金外,陕西汉中印刷厂有关责任人也受到撤销行政职务、党内职务和留党察看等处分。北京通县通北印刷厂也受到北京市新闻出版局的查处。

2002 年 8 月 27 日下午 3 时,全国"扫黄打非"办主任、新闻出版总署副署长桂晓风和上海市副市长周慕尧在上海销毁盗版《辞海》现场启动按钮,3 000 余套盗版《辞海》在机器的轰鸣中全部被拦腰截断,随后被送往造纸厂化浆。中宣部、公安部、新闻出版总署、国家版权局及上海、河北、陕西有关部门负责人参加销毁仪式。历时两年多的严打《辞海》盗版盗印案取得重大阶段性成果。

【《上海城市交通图》盗版案】

2000 年 2 月,市测绘院和上海科学技术出版社编制出版的《上海城市交通图》盗版本大量流入市场。市版权局接到报案后即与市公安局文保分局组成专案组,踩点、摸底、布控,查获、收缴盗版地图近 5 万张,抓获犯罪嫌疑人上海丽印商贸有限公司薛某和霍某。薛某单独或伙同霍某非法印制盗版地图 17.15 万张,非法经营额达 85 万元,其中霍某参与非法印制盗版地图 15.65 万张,非法经营额 78 万元。市测绘院和上海科学技术出版社在市版权局帮助下向人民法院提起刑事自诉,成为上海首例侵犯著作权刑事自诉案。人民法院依法判处薛某有期徒刑 2 年,并处罚金 2 万元;霍某有期徒刑 1 年 6 个月,并处罚金 1 万元。

【《新德汉词典》被侵权案】

上海译文出版社发现福州恒一科技有限公司生产、上海德姆机电有限公司销售的"恒一"HI-1600 型掌上电脑中"德汉词典"侵犯其对《新德汉词典》享有的专有出版权和电子出版物出版发行权,于 2003 年 4 月向上海市第二中级人民法院提起诉讼,要求两被告停止侵权,赔礼道歉,赔偿损失。市二中院在 10 月作出一审判决:两被告停止对上海译文出版社享有的《新德汉词典》专有出版权和电子出版物出版发行权的侵害;两被告于判决生效之日起 30 日内分别在《中国新闻出版报》上向上海译文出版社赔礼道歉;两被告共赔偿上海译文出版社人民币 20 万元,于判决生效之日起 10 日内支付。福州恒一后提起上诉,被上海市高级人民法院驳回。终审判决后,上海德姆机电有限公司向上海译文出版社履行义务,福州恒一科技有限公司一拖再拖,后被上海译文出版社申请强制执行。

【《他改变了中国:江泽民传》盗版案】

2005 年 8 月 25 日,市版权局接到关于上海世纪出版集团出版的《他改变了中国:江泽民传》被盗版销售的投诉。从 2005 年春节起,全国各大中城市的火车站、地铁站和公交车站旁的地摊上陆续出现十多种不同的盗版本。

根据侦破方案,专案组火速赶往北京,在北京首钢印刷厂首先起获非法复制 5 000 余册盗版书封面和插图页的证据及委印人线索。后又在河南某地将书商沈某某抓获,并折回北京抓获复制盗版书封面及插图页的犯罪嫌疑人——首钢印刷厂二车间负责人蔡某某。因此盗版案影响较大,全国"扫黄打非"办公室、新闻出版总署、国家版权局联合发出紧急通知,要求各地立即组织力量清查出版物市场,收缴盗版本,并追根溯源,查清来源和渠道,依法惩治有关责任人和责任单位。2006年12月20日,沈某某以侵犯著作权罪被北京市石景山区人民法院判处有期徒刑3年,并处罚金人民币7万元。

【"书香门第"网站在线阅读侵权案】

2007年7月,市版权局接到投诉,"书香门第"网站未经权利人许可向公众提供有关作品的网络在线阅读,涉嫌侵权。市版权局随即依法进行立案调查,查明"书香门第"网站由上海市居民蔡某个人设立,网站内容主要以传播发布文学作品为主,当事人未经权利人许可,长期在"书香门第"网站上将多部言情类、武侠类、推理类、科幻类等文学作品向公众提供在线阅读,侵犯作品著作权人的合法权利。根据《中华人民共和国著作权法》和《信息网络传播权保护条例》有关规定,市版权局依法对其作出责令停止侵权行为,罚款1.5万元的行政处罚。

【破获侵权印制批销盗版上海地图案】

2008年,市版权局获得著作权人提供的线索,与市公安局文保分局协作开展案件侦查,6次到浙江省、广东省等地搜集犯罪证据,成功侦破盗版地图案件。主犯邵某某伙同他人未经著作权人上海市测绘院许可,自2006年1月至2008年6月期间,通过外地印刷企业非法复制《上海城区交通图》《上海市郊道路交通图》《上海城市交通图》等地图,复制发行数量多达160余万张。邵某某等3人被提起公诉,黄浦区人民法院一审判处邵沈某某有期徒刑4年,并处罚金;承印盗版地图的印刷企业法定代表人被判处有期徒刑3年缓刑3年,并处罚金。

三、年度十大版权侵权案例

从2006年起,市版权局联合市法院系统评选年度查处的版权侵权典型案件,反映上海版权保护的最新成就。年度十大版权侵权典型案件具有社会影响较大、普遍性较强、类型比较新等特点。

【2006年度上海十大版权侵权典型案例】

2006年度十大版权典型案例:彭某某销售侵权音像制品案、迪开音像店销售盗版音像光盘案、超级女声上海巡回演唱会歌曲使用费纠纷案、网络服务提供商侵权传播电影作品《七剑》案、"上海律师在线"网站页面被侵权案、"九天音乐网"侵权传播他人音乐作品案、赵某某画作被侵权复制销售案、"豆豆软件"网站复制销售侵权软件案、谢某某复制销售侵权地图案、侵权复制使用外国高校教材案。

【2007年度上海十大版权侵权典型案例】

2007年度版权侵权十大典型案例:龙联信息技术有限公司向非法网游出租服务器共同侵权案,赵某某等人销售侵权音像复制品案,POCO网站利用P2P软件帮助侵权案,"英雄宽频"网站侵权传播影视作品案,电视连续剧《周璇》委托创作著作权纠纷案,《红楼梦》VCD盗版侵权案,"书香门第"网站在线阅读侵权案,夏新手机预装歌曲《月亮之上》侵犯著作权案,小说作家诉搜狐网侵权案,格林豪泰酒店数码照片侵权案。

【2008 年度上海十大版权侵权典型案例】

2008 年度版权侵权十大典型案例：邵某某伙同他人复制发行盗版上海地图构成侵犯著作权罪案；徐某某、姜某某篡改微软软件许可协议构成著作权犯罪案；钱某某、夏某某自运营网络游戏《劲舞团》,非法牟利构成侵犯著作权罪案；"森吧宽频娱乐网"传播外国影视作品侵犯著作权案；"天下网"传播畅销文学作品侵犯著作权案；网站传播电影作品《疯狂的石头》侵犯著作权案；"第一股歌"歌词著作权侵权案；上海山高水长服饰有限公司和个体经营户冯某服饰店之间龙纹图案著作权纠纷案；上海某企业网站使用同行网站作品侵犯著作权案；电视剧《沙家浜》著作权纠纷案。

【2009 年度上海十大版权侵权典型案例】

2009 年度版权侵权十大典型案例：在销售的计算机内擅自预装计算机软件侵犯著作权案；破解软件序列号侵犯计算机软件著作权案；擅自在理财网站登载证券公司的研究报告等作品侵犯著作权案；马某等人复制发行盗版软件侵犯著作权案；侵犯海明威《永别了,武器》专有出版权纠纷案；商业性使用微软视窗 XP 专业版等计算机软件侵犯计算机软件著作权案；提供 P2P 软件使用平台帮助网络用户非法传播电影作品侵犯信息网络传播权案；软件实质性相似且不能提交开发软件所形成的文档侵犯计算机软件著作权案；某金融网站未经许可转载他人作品侵犯著作权案；吴某等人销售侵权复制品构成侵犯著作权案。

【2010 年度上海十大版权侵权典型案件】

2010 年度版权侵权十大典型案例：某国有金融企业侵犯著作财产权案；某摄影工作室著作权侵权纠纷案；许某和某出版社共同侵犯著作人身权、著作财产权纠纷案；某公司未经著作权人许可复制和使用著作权人软件案；刘某等人销售侵权复制品案；分享视频网站非法上传作品侵犯他人著作权案；某出版社、图书发行公司侵犯著作权纠纷案；某视频网络企业侵犯著作财产权纠纷案；张某等人侵犯网络游戏作品著作权案；某公司侵犯胡兵、陈好婚纱照著作财产权纠纷案。

第九篇
对外交流
与合作

上海作为中国近现代出版的发源地,出版界与海外包括港澳台地区同行的合作交流源远流长。新中国成立后,上海出版的图书行销海外,有着良好口碑。"文化大革命"中,这一合作交流的进程中断了。

　　20世纪70年代末改革开放、90年代初中国加入《国际版权公约》和21世纪初中国加入WTO,为出版业发展提供强大动力。上海出版界与世界各国、各地区的交流与合作不断扩大和深入。

　　1978年初,上海译文出版社、上海科学技术出版社等部分出版社为便于对外开展工作,确定英文社名。同年10月,上海科学技术出版社授权香港商务印书馆出版发行《中药大辞典》海外中文版,成为新时期上海与海外合作出版图书的第一个案例。党的十一届三中全会后,上海出版界相继派出编辑、印刷、发行人员到海外包括港澳台地区访问交流,培训进修,参加国际会议,建立广泛的联系。1984年6月,上海出版工作者协会和香港三联书店在香港大会堂联合举办上海书展,这是改革开放后上海在海外举办的第一个以推介上海版图书为主的书展活动,9天接待读者6万多人次,销售图书17.3万多册。1985年4月底5月初,上海首次举办国际书展,这是改革开放后国内第一个大规模国际书展,16个国家和地区的113家出版机构参加。1988年到2006年,沪港两地出版界先后举办十届出版年会,围绕双方关心的话题展开研讨。在广泛深入的合作交流中,一大批反映中国传统文化的中医药、烹饪、养生、语言类图书被输出海外。1988年6月,上海译文出版社与法国阿歇特出版集团合作出版《世界时装之苑》,这是改革开放后中国内地第一本与外国版权合作的期刊。1992年至1994年,上海先后有14家台资印刷企业成立,印刷领域进一步对外开放。1995年2月,中国科技图书公司和德国贝塔斯曼股份有限公司合资成立上海贝塔斯曼文化实业有限公司,直接开展图书报刊发行零售业务。

　　进入21世纪后,随着社会主义市场经济不断完善和中国加入世界贸易组织,上海出版界与世界各国和中国香港、台湾地区的合作交流进入一个新阶段,在引进来的同时,走出去步伐进一步加快,特别是加大进入欧美发达国家的力度。上海新闻出版发展有限公司与美国读者文摘公司合作出版"文化中国系列丛书"每年出版近20种,2004年进入美国主流销售渠道。

第一章　国际合作交流

第一节　国际合作出版

一、图书合作出版

改革开放后，上海出版业和海外图书市场通过合作交流、共同编著出版双语版等方式，让中国文化走向世界。上海一些出版社还通过香港、台湾等地的出版机构与各国出版机构合作，共同推出上海打造的优秀图书。

【敦煌文献合作出版项目】

从 20 世纪 80 年代末开始，上海古籍出版社与国外收藏敦煌残卷的机构合作，陆续出版《俄藏敦煌文献》《俄藏敦煌艺术品》《俄藏黑水城文献》《俄藏黑水城艺术品》《法藏敦煌西域文献》《法国国家图书馆藏敦煌藏文文献》《英藏黑水城文献》《英国国家图书馆藏敦煌西域藏文文献》等多个系列百余种敦煌文献资料。

1989 年 1 月，上海古籍出版社与苏联科学出版社东方文学部就合作影印出版列宁格勒所藏敦煌残卷签署会谈纪要。同年 4 月，苏联科学出版社邀请市新闻出版局及上海古籍出版社有关负责人赴苏联具体洽谈合作影印出版列宁格勒所藏敦煌文献事宜。8 月，上海古籍出版社社长魏同贤、总编辑钱伯城、副总编辑李国章等应邀赴苏联洽谈。同年 12 月，苏联科学院东方文学研究所列宁格勒分所教授孟列夫访问上海古籍出版社。

1990 年 4 月，苏联科学出版社东方文学部、苏联科学院东方文学研究所列宁格勒分所在上海与上海古籍出版社继续洽谈合作出版列宁格勒藏中国敦煌文献、黑水城文献和吐鲁番文献事宜，并签署会谈纪要。同年 9 月，上海古籍出版社影印编辑室主任李伟国等赴苏联开始列宁格勒敦煌藏本翻拍、编辑工作。1991 年 2 月，苏联科学出版社东方文学部主任德列尔、列宁格勒东方文献研究所所长彼得罗相、敦煌学家孟列夫组成的苏方代表团到上海与上海古籍出版社正式签订《俄藏敦煌文献》出版协议。1992 年 1 月至 5 月，上海古籍出版社第五编辑室编辑府宪展等在俄罗斯圣彼得堡拍摄编辑俄藏敦煌文献，完成俄藏 1—5 册的完整内容和全部社会经济文书的拍摄任务，并著录相应的卡片。1994 年 5 月，上海古籍出版社编辑曹光甫等赴俄罗斯圣彼得堡社会科学院东方学研究所和艾尔米塔什博物馆，继续拍摄编辑俄藏敦煌文献。1999 年 7 月至 10 月，上海古籍出版社总编辑赵昌平等赴俄罗斯圣彼得堡，完成《俄藏敦煌文献》剩余部分的拍摄和著录工作。

1991 年 9 月至 10 月，应法国国家图书馆手稿部东方分部主任莫尼克·科恩邀请，上海古籍出版社社长魏同贤等访问巴黎，商谈合作出版法国国家图书馆所藏敦煌吐鲁番文献事宜。访问期间，了解法藏敦煌吐鲁番文献的确切情况，并就合作条件和实施办法等达成初步协议。1992 年 4 月，双方确定合同文本，签订法藏敦煌文献出版协议，并报国家版权局同意。

1993 年 6 月，上海古籍出版社副社长、副总编辑李伟国等赴法国国家图书馆着手对馆藏敦煌西域文献第 1—10 册文献的胶卷编辑工作，并做相应的卡片著录。

1993 年 8 月,上海古籍出版社副社长、副总编辑李伟国赴俄罗斯圣彼得堡,与俄罗斯国立艾尔米塔什博物馆代表、副馆长维林巴哈夫等举行会谈,决定合作编纂出版艾尔米塔什博物馆所藏敦煌艺术品图录,双方签署协议书。

同年 9 月至 10 月,上海古籍出版社第五编辑室主任府宪展赴俄罗斯圣彼得堡艾尔米塔什博物馆,进行《俄藏敦煌艺术品》的拍摄、著录工作。1999 年 7 月至 10 月,上海古籍出版社总编辑赵昌平等赴俄罗斯圣彼得堡完成拍摄编辑《俄藏敦煌艺术品》。

1993 年 10 月,上海古籍出版社与中国社会科学院民族研究所联合组团,赴俄罗斯圣彼堡拍摄编辑俄藏黑水城文献,共拍摄照片约 6 000 幅,并做相应的卡片著录工作。1994 年 7 月至 10 月,上海古籍出版社与中国社会科学院民族研究所再次组团赴俄罗斯圣彼得堡拍摄编辑俄藏黑水城文献。

1997 年 4 月 2 日,上海古籍出版社与中国社会科学院在北京联合举办《俄藏黑水城文献》首发式。全国人大常委会副委员长铁木尔·达瓦买提、全国政协副主席司马义·艾买提,俄罗斯驻华大使馆临时代办杰尼索夫、文化参费扎哈洛夫,俄方主编、圣彼得堡东方文献研究所所长克恰诺夫,中方主编、中国社科院民族研究所副所长史金波和上海古籍出版社社长李国章,学者周绍良、蔡美彪、史树青等 60 余人出席。中国社会科学院常务副院长汝信,俄方主编、圣彼得堡东方文献研究所所长克恰诺夫,中方主编、中国社科院民族研究所副所长史金波,中方主编、上海古籍出版社社长李国章和编委、上海辞书出版社社长李伟国在会上发言。

2000 年 6 月至 9 月,上海古籍出版社编辑蒋维崧等与中国社科院民族研究所副所长史金波再赴俄罗斯圣彼得堡拍摄编辑黑水城文献,完成全部西夏文佛经的拍摄任务和部分汉文文献的补充拍摄任务。

2004 年 4 月至 6 月,上海古籍出版社第五编辑室主任府宪展和西北第二民族学院教授束锡红先后赴英国、法国,在英国图书馆著录《英藏黑水城文献》,在法国国家图书馆核对《法藏敦煌西夏文文献》。在与俄罗斯、法国、英国学术机构和图书馆合作中,上海古籍出版社积累不少关于拍摄编辑大型文献图录以及对外交流合作的经验。2005 年和 2006 年,又两次赴俄罗斯圣彼得堡与艾尔米塔什博物馆商谈合作项目,包括黑水城文献、锡克沁艺术品、龟兹艺术品的拍摄、著录等。

【四肢显微血管外科学(英文版)】

1993 年上海科学技术出版社和德国斯普林格出版社合作出版《四肢显微血管外科学(英文版)》。多年显微外科临床经验的基础上编写的专著,包括显微外科重塑手指、手、肌理、肢体骨缺损的最前端技术,资料翔实,数据精确,并配有大量插图。在柏林、海德堡、纽约、上海同时发行。

【大型科学人文品牌"哲人石丛书"】

1997 年 9 月,上海科技教育出版社通过上海版权代理公司从美国芝加哥大学出版社引进 Making PCR:A story of Biotechnology(《PCR 传奇——一个生物技术的故事》),以"哲人石丛书"出版。截至 2010 年底,"哲人石丛书"已出版"当代科普名著系列""当代科技名家传记系列""当代科学思潮系列""科学史与科学文化系列"四个系列共 95 种图书,包括诺贝尔奖得主、耗散结构理论创立者普利高津的《确定性的终结——时间、混沌与新自然法则》,形成较强的品牌影响力。

【海明威作品版权】

1999 年 3 月,上海译文出版社与海明威海外人权信托基金签订购买海明威 True At First

Light《曙光示真》著作权授权合同,期限为 7 年,到期后续约,至此,上海译文出版社获得海明威全部作品的著作权授权,计 15 种 16 卷。已出版的《海明威短篇小说全集》(2 卷)获新闻出版署第三届全国优秀外国文学图书一等奖,《海明威文集》(1999 年精装版)获新闻出版总署第五届全国优秀外国文学图书一等奖。

【牛津英语教材】

20 世纪 90 年代,上海教育出版社对牛津大学出版社出版、供中国香港地区使用的英语教材进行对标分析,认为这套教材与教育部英语课程标准的匹配度达 80% 以上,且原汁原味、贴近生活、理念先进、设计美观,建议引进。1997 年底,上海市教委和课改委决定在"二期课改"中引进这套教材并进行改编,编出一套自小学三年级至高中三年级共 10 个年级的英语教材,供师资条件较好的学校使用,并委托上海教育出版社与牛津大学出版社合作出版。1998 年起在上海部分学校试点使用。

1999 年 6 月,在'99 上海图书版权贸易洽谈会上,上海教育出版社与牛津大学出版社正式签订合作出版中小学英语教材的合同,市新闻出版局和上海世纪出版集团有关领导出席签字仪式。自 1999 起,涵盖基础教育阶段 12 个年级 36 个品种的牛津英语课本、练习册、教师用书陆续出版,经上海市教委和教育部审查通过,先后在上海和全国各地使用。这是国内第一次引进和改编原版教材作为中小学正式教材。截至 2010 年,全国每年大约有 1 100 万人次的中小学生使用这套教材。

【通俗数学名著译丛】

1996 年,上海教育出版社决定集中翻译、引进一批优秀的数学科普读物以推动国内的数学普及与传播工作,和华东师范大学数学系教授史树中等成立"通俗数学名著译丛"编委会,在对国外数学科普读物广泛调研的基础上选出一批在国外已广为流传、受到公众好评的佳作,确定读者对象为数学研究人员,大中学教师和有一定基础的数学爱好者。上海教育出版社展开版权洽谈并陆续签约,引进一批通俗数学名著,1997 年出版第一本《数学:新的黄金时代》。截至 2008 年底,"通俗数学名著译丛"已出版 28 个品种。

《数学:新的黄金时代》,[美] 基斯·德夫林著,李文林、袁向东、李家宏、包芳勋等译。1997 年 12 月第 1 版

《数论妙趣——数学女王的盛情款待》,[美] 阿尔伯特·H·贝勒著,谈祥柏译。1998 年 3 月第 1 版

《数学娱乐问题》,[英] J·A·H·亨特、J·S·玛达其著,张远南、张昶译。1998 年 6 月第 1 版

《数学趣闻集锦》(上、下),[美] T·帕帕斯著,张远南、张昶译。1998 年 12 月第 1 版

《数学与联想》,[英] 戴维·韦尔斯著,李志尧译、单墫校。1999 年 3 月第 1 版

《计算出人意料——从开普勒到托姆的时间图景》,[法] 伊法尔·埃克朗著,史树中、白继祖译。1999 年 4 月第 1 版

《当代数学:为了人类心智的荣耀》,[法] 让·迪厄多内著,沈永欢译。1999 年 7 月第 1 版

《近代欧氏几何学》,[美] R·A·约翰逊著,单墫译。1999 年 8 月第 1 版

《站在巨人的肩膀上》,[美] 林恩·阿瑟·斯蒂恩著,胡作玄等译。2000 年 7 月第 1 版

《数:科学的语言》,[美] T·丹齐克著,苏仲湘译。2000 年 12 月第 1 版

《无穷之旅——关于无穷大的文化史》,[以色列] 伊莱·马奥尔著,王前、武学民、金敬红译。2000 年 8 月第 1 版

《20 世纪数学的五大指导理论》,[美] 约翰·L·卡斯蒂著,叶其孝、刘宝光译。2000 年 12 月第 1 版

《数学游戏与欣赏》,[英] 劳斯·鲍尔、[加] 考克斯特著,杨应辰等译。2001 年 4 月第 1 版

《数学旅行家:漫游数王国》,[美] 卡尔文·C·克劳森著,袁向东、袁钧译。2001 年 12 月第 1 版

《蚁迹寻踪及其他数学问题》,[美] 戴维·盖尔编著,朱惠霖译。2001 年 12 月第 1 版

《拓扑实验》,[美] 斯蒂芬·巴尔著,许明译。2002 年 3 月第 1 版

《数学无国界——国际数学联盟的历史》,[美] 奥利·莱赫托著,王善平译,张奠宙校。2002 年 8 月第 1 版

《圆锥曲线的几何性质》,[英] A·科克肖特、F·B·沃尔特斯著,蒋声译。2002 年 4 月第 1 版

《稳操胜券》(上、下),[英] 埃尔温·伯莱坎普等著,谈祥柏译。2003 年 1 月第 1 版

《悭悭宇宙——自然界里的形态与造型》,[德] 斯特凡·希尔德布兰特、安东尼·特隆巴著,沈葹译。2004 年 3 月第 1 版

《意料之外的绞刑和其他数学娱乐》,[美] 马丁·加德纳著,胡乐士译。2003 年 3 月第 1 版

《现代世界中的数学》,[美] M·克莱因主编,齐民友等译。2004 年 12 月第 1 版

《解决问题的策略》,[德] A·恩格尔著,舒五昌、冯志刚译。2005 年 1 月第 1 版

《游戏——自然规律支配偶然性》,[德] 曼·艾根、乌·文克勒著,惠昌常、董书萍译。2005 年 1 月第 1 版

《东西数学物语》,[日] 平山谛著,代钦译。2005 年 3 月第 1 版

《黎曼博士的零点》,[英] 卡尔·萨巴著,汪晓勤等译。2006 年 5 月第 1 版

《奇妙而有趣的几何》,[英] 戴维·韦尔斯著,余应龙译。2006 年 5 月第 1 版

《虚数的故事》,[美] 保罗·J·纳欣著,朱惠霖译。2008 年 12 月第 1 版

【乐智小天地合作项目】

2004 年,中国福利会出版社与日本倍乐生公司签署战略合作协议,成立"儿童挑战项目组"。2006 年,中国福利会出版社引进"乐智小天地"系列图书合作项目,经本土化改造后在中国大陆地区出版发行。系列图书针对不同年龄孩子的成长需求,提供适合孩子的学习内容,并以图书为核心,配套影像(DVD 碟片)、玩具及数码媒体,加强各媒体之间的连动,通过视觉、听觉、用手触摸等形式,让孩子在玩中学习,提升自我表现能力、思考能力和社会适应能力。在给孩子更多元的阅读体验外,系列图书还通过配套的家长指导手册和读本中"给家长的话",对亲子互动给予指导和帮助,实现与家长的互动交流。截至 2010 年,"乐智小天地"合作项目的图书已出版 6 个系列。

二、期刊合作出版

上海期刊对外合作 20 世纪 80 年代起步,上海译文出版社与法国合作出版的《世界时装之苑》是上海也是全国最早的。到 2008 年,上海共有 5 种期刊与国外出版商合作。期刊合作促进了上海

期刊业发展和中外科技、文化交流,是上海出版业在改革开放中取得的重要成果。

【世界时装之苑】

1988 年 6 月,上海译文出版社与法国阿歇特出版集团签约,以系列图书形式合作出版的《世界时装之苑》。在出版两集后,双方签订 1989 年合作出版春、夏、秋、冬四集的协议。在此期间,上海译文出版社申请正式刊号。1990 年 9 月,经新闻出版署同意,上海译文出版社与法国阿歇特出版集团合作出版的《世界时装之苑》创刊。这是国内第一本中外版权合作杂志,也是改革开放后国内出现的第一本时尚杂志。《世界时装之苑》把"时装"和"时尚"概念带给中国读者,推动中国时尚产业和时尚媒体产业的发展,获得"中国时尚第一大刊"美誉。《世界时装之苑》终审权(包括文字、图片、广告)属中方办刊单位,创刊时为季刊,1994 年改为双月刊,1997 年 1 月改为月刊。

【名车志】

1995 年 11 月,经新闻出版署批准,上海译文出版社与法国桦榭菲力柏契集团合作出版的《名车志》创刊,月刊。这是国内最早的专业汽车杂志之一,拥有大量车迷读者。凭借专业汽车知识,《名车志》介绍驾驶技巧、维护保养、相关时尚资讯、车市资讯和自驾游、摄影等实用信息,图片冲击力强,使读者有车的生活更丰富、更安全、更有乐趣,也让杂志更实用、更有可读性。2006 年,《名车志》全新改版,大幅增加页码、美化版式,致力于提供更精彩翔实的内容。全国发行量达到 22 万份。2007 年,又将唯美汽车设计大奖引入中国。

【少年科学】

2001 年 6 月,经新闻出版总署批准,少年儿童出版社与法国巴亚出版社签署版权合同,购买少儿科普期刊《Images Doc》的部分版权,从 2002 年开始出版中法合作版《少年科学》。合作期刊引进《Images Doc》最新的内容和设计,结合自身的特点,使《少年科学》以崭新的面貌吸引更多的读者。杂志通过我的动物朋友、恐龙热线、走进大自然等栏目,吸引少年儿童的阅读兴趣。

【家居廊】

2004 年 7 月,经新闻出版总署批准,上海译文出版社与法国桦榭菲力柏契出版社《ELLE DACORATION》杂志版权合作的家居类杂志《家居廊》创刊,双月刊。《ELLE DACORATION》是一本生活类杂志,内容涵盖装饰、设计、格调、旅游、消闲、美食等,主要读者是 25 岁至 45 岁的女性,在全球有 20 多个版本。新闻出版总署同意《家居廊》在保持办刊宗旨不变的前提下,可有选择地有偿使用《ELLE DACORATION》部分文字和图片内容。依托丰富的图文资源和强大的国内编辑团队,《家居廊》为中国读者呈现当季流行居家风尚,分享来自全球顶级设计师家居装饰的建议,介绍知名设计品牌、设计师及颇具潜力的设计新秀,引领居家潮流,将创意融入生活。

【普知】

2008 年 1 月,经新闻出版总署批准,上海新闻出版发展公司与美国读者文摘公司版权合作的《普知》创刊,月刊。作为一本满足读者"知识方面兴趣"的杂志,《普知》提出"悦读生活,共享精彩"的办刊理念,内容涉及健康、医学、艺术、财经、家庭和个人发展等方方面面,通过介绍平凡人的不平凡故事,让读者领悟人生的真、善、美,见证时代的变迁。

三、出版业务进修

20 世纪 80 年代初,文化部出版事业管理局与英国出版商协会合作,安排国内出版社编辑赴英国出版社学习进修出版编辑业务。1983 年 1 月,上海译文出版社吴莹赴英国牛津巴兹尔·布莱克威尔出版社进修,为期半年,后延长到九个月。这是上海第一位赴国外出版社进修的编辑人员。进修期间,集中听取英国出版业总体情况介绍,接受版权公约和版权知识培训,并在对方出版社的编辑、出版、销售等不同部门参与实际工作,参加选题策划会、总经理定期召开的业务会,随销售代表去英国各地销售图书,参加书展,访问学校、书店等,对市场经济条件下的英国出版业做比较深入的了解。1985 年 5 月,上海科学技术出版社胡大卫赴英国培格曼出版公司进修半年,1988 年 8 月,上海科学技术出版社叶路赴德国施普林格出版公司接受培训 8 个月。1988 年 9 月,新闻出版署同意上海科学技术出版社与苏联和平出版社互派一名编辑到对方单位工作学习一个月。

20 世纪 90 年代,市新闻出版局及上海出版单位、发行企业赴国外参加业务洽谈、交流考察和培训的频次明显增加,交流更加深入,成果日益明显。据不完全统计,1998 年至 2003 年,市新闻出版局共组织 776 批 2 354 人次出国(境)参加各类书展和文化交流、学术研讨等活动,其中参加书展 700 多次,业务洽谈 600 多人次,文化学术交流 100 多人次,考察访问 300 多次,技术培训 200 多人次。

进入 21 世纪,随着国际交流的普及,出访考察成为常态,出版集团、出版社及印刷发行企业都可在政策范围内自行组织参加国际书展、应邀访问相关企业等。技术培训和业务进修则纳入市新闻出版局人才培养计划实施。

第二节　各类书业展会

一、参加各类书展

改革开放后,上海出版业开始关注法兰克福书展、伦敦书展、美国书展等有国际影响力的全球性书展,通过参加国际书展,与世界各国各地区同行对话交流。

1978 年,上海古籍出版社等通过中国国际书店,以《李贺诗歌集注》等图书参加法兰克福书展,展示中国优秀传统文化和中国改革开放的出版新貌。1987 年,上海科学技术出版社首次在法兰克福书展单独设立展台,成为上海解放以来第一家在大型国际书展上设摊进行版权贸易的出版社,为上海科技图书的引进和输出开辟了渠道,《解放日报》以"国际书市上第一个上海展台"为标题专门做了报道。

上海各出版社、上海新华书店随之通过参加北京组团或自行组团,每年都会组织参观、考察法兰克福书展。

自从上海世纪出版集团、上海文艺出版集团的相继组建,上海出版业加快了参与国际书展的步伐。

2005 年,上海新闻出版发展公司、上海世纪出版集团首次以集团形式组团参加第 57 届法兰克福书展,向海外出版商输出图书版权 90 多项,引进版权 301 项。上海出版界精心组织编写、翻译英语版"文化中国系列丛书",包括大型图册、图文书及文学作品,如《沈从文和他的湘西》《王蒙与新疆》《中国陶瓷艺术》和《上海》等参展。上海世纪出版集团 250 种参展图书中,有大众读物、少儿及教育读物以及科技、医药、生物、体育等学科的专业著作向海外参展商和海外读者进行了重点推荐。

2009 年,中国应邀成为第 61 届法兰克福书展的主宾国。市新闻出版局统一组团,局长焦扬率上海世纪出版股份有限公司、上海文艺出版集团和各大学出版社及社科文出版社 38 家出版社参展。这是上海出版业率先完成转企改制后首次在海外亮相,参展的主题是"阅读上海,走近世博",展位面积达 112 平方米,参展的 500 多种图书中,世博图书有 73 种,全部是上海出版业为 2010 年上海世博会度身定制的英文图书,包括《视觉上海》(五种文字版)《中外文明同时空》《行走中国》系列、"魅力中国系列"、《世博读本》《上海建筑秀》《古中国》等,全方位演绎世博会主题的文化内涵。上海代表团还策划举行了江泽民学术著作《论中国信息技术产业发展》和《中国能源问题研究》英文版全球首发式、吴建民畅谈世博暨新书《我与世博有缘》发布会、向法兰克福市图书馆赠送"世博图书"、汉堡大学孔子学院院长王宏图与德国歌德学院院长阿克曼之间的对话、德国前总理施罗德与中国经济学家林毅夫领衔出席的"中外经济学家论坛"等近 10 项重要活动。上海在书展共签订或意向签订版权贸易合同项目 316 个,其中版权输出项目 169 个,版权引进项目 147 个,输出项目与引进项目之比为 1.15∶1。在版权输出的 169 个项目中,上海世纪出版集团 83 项,"文化中国系列丛书"40 项,华东师范大学出版社 31 项,70% 以上输往欧美发达国家和地区。这是上海出版业参加法兰克福书展在版权贸易方面取得的最好成绩,在上海出版"走出去"的进程中具有标志性意义。

在市新闻出版局鼓励和支持下,上海各出版社还积极参加伦敦书展、美国书展、莫斯科书展、东京书展等国际性书展。上海外文图书公司 2009 年 4 月组团参加伦敦书展并设立展位,展示"文化中国系列丛书"外文版图书。展会期间,与多家欧美客户贸易接洽,包括美国读者文摘公司等国际知名出版及发行机构。

2010 年 5 月,上海外文图书公司组团参加美国书展并设立展位,重点陈列外文版"文化中国系列丛书"。上海外文出版物首次在美国书展亮相,受到自美国、英国、印度、比利时等国十几家出版单位的关注,现场洽商多笔版权交易业务。

市新闻出版局积极引导和支持上海出版业在国际出版领域拓展空间、塑造品牌、提升实力,通过优秀沪版图书的版权交易,让更多的海外读者了解上海、了解中国。国际书展是全世界出版同行展开交流、展示自身出版实力的大平台,上海出版业有选择地组团参加国际书展,通过与国际出版界的深入交流,为进一步扩大业务范围、拓宽"走出去"渠道创造了有利条件。

二、请进来办展会

改革开放后,百业待兴,各行各业急需借鉴先进的发展理念和经验,通过阅读外国图书和期刊是最便捷的途径,"请进来"的书业展会、座谈、讲座在上海频频举办。

1978 年 8 月,上海外文书店等在市工人文化宫举办为期一个月的外国科技图书展览,展出图书 140 000 种、期刊样本 3 000 种,以及录音机、录像放映机等。同时放映外国科技电影供专业人员观摩,共计放映 172 场,观看者达 11 万多人次。

1979 年 3 月,上海外文书店举办美国利顿教育出版公司图书展览,展出图书 400 种。8 月,为纪念《中日和平友好条约》签订一周年,由中国图书进口公司、上海外文书店等主办的日本图书展览会在上海展览馆举行。

1980 年 1 月,上海外文书店又举办美国时代-生活丛书出版社书展,展出书刊 1 000 种。6 月,上海外文书店等在上海展览馆举办法国书展,展出新书 7 428 种。

1981 年 5 月,上海外文书店等在上海展览馆举办美国书展,展品 18 000 种,包括图书、复印机、阅读机、电化教育用品等。

1985 年 4 月 30 日—5 月 6 日,上海国际书展(上海国际图书博览会)在上海展览中心举行。这是由上海外文书店刚刚更名的上海外文图书公司和香港国际展览公司及香港华达工贸服务有限公司联合举办的,书展展出英国、美国、法国、西德、日本等 16 个国家和地区、113 家出版社的 1.1 万种图书。

1985 年 5 月 10—16 日,中国图书进出口总公司上海分公司在上海美术馆举行美国麦格劳——希尔公司图书展。市人大常委会副主任赵祖康、市科委主任金柱青剪彩,中国图书进出口总公司副总经理魏永和、知名学者钱伟长等出席开幕式,图书展举办 7 天,参观人数达 9 600 多人次。

1985 年 9 月 3—10 日,中国图书进出口总公司上海分公司在上海展览中心举办首届外国及港台地区音乐音像制品展销会,展销品种 8 000 多种,大部分是世界著名的古典音乐、轻音乐作品。1987 年举办第二届。1990 年第三届更名为国际音乐音像制品展销会。1991 年举办第四届。1992 年与上海电视节合办,更名为国际音像制品博览会。1995 年、1997 年、1999 年与上海国际广播音乐节合办,先后共举办八届。

1986 年 9 月 5—11 日,首届北京国际图书博览会于北京展览馆举办。上海人民出版社、上海人民美术出版社、少年儿童出版社、上海辞书出版社、上海古籍出版社、上海文艺出版社、上海科学技术出版社、上海译文出版社、学林出版社以及上海有声读物公司、上海翻译出版公司等 11 家出版社组团参加,参展图书 660 余种。截至 2010 年,北京国际图书博览会共举办十七届,上海每年均组织出版单位参加。

1986 年 11 月,上海书画出版社、上海书法家协会、上海对外友好协会和与日本篆社书法篆刻研究会、大阪府日本中国友好协会在上海美术馆联合主办上海大阪篆刻交流展览。

1989 年 10 月,德意志民主共和国图书展在中国科技图书公司新书展销厅和读者见面,展出社会科学、自然科学、科学技术和德语语言学等图书 2 000 多册,其中有 1988 年民主德国最佳图书和新出版的中国作品选本等。

1990 年 12 月,日本内山书店图书专柜在中国科技图书公司三楼开业,'90 日本国图书展在中国科技图书公司新书展销厅举行。

1991 年 9 月 10 日,上海科学技术出版社和美国驻沪总领事馆文化处举办美国环保书展,为期 7 天。

1999 年 10 月,上海文艺出版社与瑞典皇家学院在上海共同主办瑞典青年诗集《冰雪的声音》座谈会,就中瑞两国友好往来展开交流。

2001 年 3 月,由国际期刊联合会总裁、首席执行官波·莫挺森率代表团访问上海。代表团由澳大利亚、巴西、德国、美国、法国等 12 个国家和地区 26 位期刊界人士组成,在上海与期刊界人士进行深入交流。

2004 年 7 月 10 日至 14 日,由中国出版集团、上海市新闻出版局等主办、上海世纪出版集团协办的上海国际儿童图书博览会在东亚体育馆举行。展览面积 1 650 平方米,海外参展出版社 37 家,展台 21 个,国内参展出版社 57 家,展台 51 个,参展的图书品种约 1.2 万种。除参展单位外,还有 10 个国家和地区近 40 家公司组团参观博览会。

2005 年 5 月,少年儿童出版社举办澳大利亚儿童文学读物及其出版业讲座,邀请澳大利亚儿童文学研究会副主席、昆士兰理工大学副教授凯里·马兰(Kerry Mallan)主讲。2006年10月,日本儿童文学作家山中恒在少年儿童出版社举办《儿童文学创作要紧贴孩子的生活感觉》讲座。

2007年11月,国际安徒生奖评委会主席佐拉·甘尼(Zohreh Ghaeni)女士在中国儿童读物促进会副会长、明天出版社社长刘海栖,明天出版社副总编傅大伟等的陪同下对上海儿童读物出版进行为期3天的考察访问。

2008年5月北京世纪文景文化传播公司邀请2006年诺贝尔文学奖得主奥尔罕·帕慕克来华访问,先后在中国社科院外国文学研究所、北京大学、绍兴文理学院、上海书城、上海外国语大学等处参加专题研讨会并作主题演讲,并在北京图书大厦及上海书城举办签售活动,与读者见面。

2010年5月,上海科技教育出版社邀请《B模式4.0:起来,拯救文明》作者莱斯特·布朗来上海,与受邀参加上海世博会的国际非政府组织WWF(世界自然基金会)和世博会"天下一家"的推广团队在中科院上海学术活动中心举办"低碳之道"环保沙龙暨《B模式4.0:起来,拯救文明》中文版首发式。远大集团总裁张跃、同济大学可持续发展与管理研究所所长褚大建和WWF中国副总监王利民作为嘉宾与布朗坐论低碳之道,畅谈B模式和低碳城市、低碳经济。

三、走出去办展会

随着中国出版实力和文化影响力的增强,上海图书版权输出越来越多。文化和出版走出去,在世界各地举办书业展会、参加国际书展,成为让世界了解当代中国和上海的重要方式之一。

1985年8月,上海各出版社在荷兰鹿特丹联合举办中国上海展。1993年4月14日至18日,上海市出版工作者协会、中国图书进出口上海公司、上海市广播电视发展公司与荷兰中港贸易中心在荷兰鹿特丹共同举办上海——鹿特丹中国文化节。上海市新闻出版局局长徐福生等参加,中国驻荷兰大使王庆余等出席文化节活动。来自荷兰、比利时、卢森堡、德国、英国、法国、意大利等各界来宾500余人出席文化节开幕式。

1987年和1990年,朵云轩书画展先后两次在美国洛杉矶举行。1996年12月,朵云轩名家书画拍卖预展在洛杉矶长青书局举行,书画家谢稚柳等出席。

1990年10月,上海书画出版社和新加坡中华书局在新加坡联合举办"朵云轩九十周年书画展"。1995年9月,朵云轩'96秋季中国艺术品拍卖预展在新加坡乌节坊龙华艺术公司展厅举行。1998年5月,朵云轩木版水印艺术展在新加坡乌节坊龙华艺术公司展厅举行。

1991年12月,中国出版对外贸易总公司上海分公司和商务印书馆新加坡分馆在新加坡联合举办'91上海书展,展出上海各出版社新书6 000余种。2005年,上海外文图书公司与新加坡合作方首次在新加坡书展推出阅读上海(Reading Shanghai)展区,阅读上海品牌首次创立,之后,阅读上海展区每年在新加坡书展亮相,受到新加坡华人华侨欢迎。

1996年7月,中图上海公司主办的中国图书文化展销会在澳大利亚悉尼举行,受到当地华人欢迎。2003年11月,应澳大利亚澳洲中国书店、新西兰国际交流服务中心的邀请,中图上海公司在悉尼举办2003悉尼上海书展,展出上海40家出版社的1 650余种、6 500册精品图书,同时举办反映上海城市面貌巨变和浓郁风情的《今日上海》摄影作品展。悉尼上海书展从2003年起每年举办一届。

1997年9月,市新闻出版局、市政府新闻办和法国《欧洲时报》社在法国巴黎联合举办1997上海—巴黎书展,上海28家出版社参展,2 000多种5 000多册图书被争购一空。

2000年7月和10月,纪念朵云轩成立一百周年名人书画展先后新加坡和加拿大温哥华举行。《朵云轩一百周年同仁书画展》在新加坡乌节坊龙华艺术公司展厅举行。

2002年6月,由中图上海公司和上海外文图书公司共同承办的圣彼得堡上海书展在俄罗斯圣彼得堡市艺术中心举行。市新闻出版局党委书记钟修身率上海出版代表团赴圣彼得堡参加书展开幕式。书展展出沪版精品图书1 500种,还举办《今日上海》摄影作品展和《江南情》绘画作品展。

2004年10月,2004上海书展在日本举行,上海15家出版社的5 000余种图书参展。

2006年3月10日至19日,由新加坡大众控股集团、中国图书进出口总公司主办,中国图书进出口上海公司承办的首届海外华文书展在新加坡博览中心举办。展览租用展位140个,参展图书7万余册。

第三节　友　好　往　来

一、与亚洲各国交流

【与日本交流往来】

上海与日本一衣带水,出版业交流早在改革开放之初就开始了。1978年9月,上海市出版局局长马飞海随中国出版印刷代表团访问日本,1988年又以《中国历代货币大系》总主编的身份访问日本,并与萨伊马尔出版会等8家日本出版社商谈17种图书合作出版事宜。1988年12月和1990年3月,上海人民出版社副社长宋存先后率团访问日本,参加中日刑事法学术讨论会,与日本成文堂社长阿部耕一、总编辑土子三男就《中日刑事法学会论文集》出版等问题进行磋商。1996年10月,上海市新闻出版局副局长陈昕率团访问日本。1986年6月,上海新华书店派出3人赴日本书业,进行为期3个月的研修。1987年1月,日本清水市户田书店设立上海新华书店专柜,上海新华书店汪天盛、秦本义访问日本。

1981年2月,日本时代生命出版社代表团到上海新华书店访问并座谈。1984年12月,日本图书贩卖株式会社代表团上海发行所和南京东路新华书店。1986年1月,日本八重周图书中心代表团参观南京东路新华书店,在南京东路新华书店设立日本户田书店专柜。1987年11月,由日本新闻学会理事及大学教授组团访问上海,到上海人民出版社就《青年一代》的内容、读者对象、作者队伍等进行采访。日本东方书店安井正幸等4人访问上海人民出版社洽谈合作。1994年8月,日本日中儿童文学美术交流中心成员来沪访问交流。2000年11月,以角川厉彦为团长的日本杂志协会、日本杂志广告协会一行17人访问上海文艺出版社参观。2005年1月,日本国际儿童图书研究会理事长、儿童文学理论家鸟越信等一行14人到少年儿童出版社参观交流。1988年5月,应日中友好协会邀请,任大霖率中国作家代表团访日,并作题为《中国儿童文学的现状》的演讲。1989年3月,中日儿童文学美术交流上海中心成立,陈伯吹为会长,任大霖为副会长;1993年5月,上海人民出版社与日本三洋电机株式会社在上海联合举行《我和三洋》一书中文版发行仪式,三洋副社长高木及井植茅子、井植基温和上海人民出版社领导巢峰、宋存、吴士余等出席仪式。1993年5月,中日儿童文学研讨会在沪召开,《战火中的孩子》中、日文版同时出版。1994年6月,上海人民出版社与日中时装株式会社共同举办中日服饰文化研究会,并推出"四季潇洒"系列丛书的第一本——《日本新潮衬衫集锦》。

【与韩国交流往来】

2002 年 4 月,上海文艺出版社社长何承伟任中国期刊代表团副团长,出席在韩国汉城召开的亚太地区期刊会议。2004 年 1 月,上海译文出版社与韩国驻沪总领事馆联合举行获韩国艺术院奖、大山文学奖的小说《南边的人,北边的人》新书发布会,韩国驻沪总领事、作者李浩哲出席,多家中韩媒体和部分韩国作家出席。2008 年 5 月 16 日,以"阅读照亮童年——从'大头儿子'和'马鸣加'登陆韩国谈起"为主题的座谈会在首尔韩国国际图书展中国展区举行。

【与越南交流往来】

上海人民出版社和越南国家政治出版社建立互访活动机制。应越南国家政治出版社邀请,从 1996 年 10 月到 2008 年 11 月,上海人民出版社总编辑郭志坤和副总编辑何元龙、范蔚文先后率团访问越南,越南国家政治出版社也对等组团访问上海。截至 2010 年,这一互访活动一共进行 6 次,通过参观访谈,双方进一步加深了解。

【与新加坡交流往来】

1994 年 12 月,上海文艺出版社社长、总编辑、中国微型小说学会会长江曾培和总编助理、《小说界》副主编郏宗培等一行 4 人应邀出席由新加坡作家协会、新加坡国立大学艺术中心和《联合早报》在新加坡举办的"首届世界华文微型小说研讨会"。

二、与美国交流

上海出版业与美国同行的交流交往也比较频繁。1984 年 1 月,由美国威斯康星大学分校新闻工作者访华小组一行五人访问上海人民出版社。1985 年 2 月,美国芝加哥大学远东图书馆馆长到上海图书公司参观。1987 年 7 月,美国国家图书馆馆长率代表团到上海图书公司参观访问。2000 年 3 月,上海外文图书公司首次参加在美国圣迭戈举办的东亚图书馆协会图书展,展陈图书。2000 年 9 月 29 日,中国驻美国大使李肇星专程前往美国费城的宾夕法尼亚大学图书馆,代表中国国家主席江泽民赠送一套上海人民出版社出版的《中华文化通志》(101 卷),庆祝图书馆成立 250 周年。2003 年 11 月,少年儿童出版社《作文世界》承办"中华杯"中美儿童双语作文大赛颁奖典礼,中美两国上万名小朋友共同参加这次双语作文比赛。2006 年 4 月 21 日,国家主席胡锦涛向美国耶鲁大学赠送上海文艺出版社的《话说中国》、上海书画出版社的《锦绣文章——中国传统织绣纹样》《中国碑帖经典》等图书。

三、与英国交流

1982 年 9 月,上海人民出版社社长、总编辑宋原放任中国出版工作者代表团副团长赴英国参观访问。1983 年 1 月,上海译文出版社吴莹在英国牛津巴兹尔·布莱克威尔出版社进修,代表上海辞书协会出席在英国埃克塞特(Exeter)举行的国际辞书会议。1984 年 9 月 3 日,英中了解协会主席李约瑟由学者胡道静陪同到上海古籍书店参观访问,在他们建议推动下,上海书店出版全套《道藏》。2004 年 11 月 29 日,上海科技教育出版社和英国驻沪总领事馆文化教育处在上海书城联合举办《为世界而生——霍奇金传》中文版新书首发式,作者、英国科学作家乔治娜·费里应邀访问上海,在上海书城和复旦大学作两场题为"科学需要英雄豪杰吗"的演讲,引起读者和大学生们的积极反响。2009年8月16日,应中文版出版方上海人民出版社之邀,英国前首相布莱尔的夫人切丽·布莱尔携中文版自传《道出真我》亮相上海书展,为读者签名,8月24日,《道出真我》新书发布会在北京人民大会堂举行,上海世纪出版集团副总裁胡大卫、上海人民出版社总编辑王为松出席。

四、与法国、德国交流

1987年9月5日,法国外交部图书管理局特派员让·冬,文化对话协会主席泰勒克访问上海文艺出版社,探讨加强中法两国合作出版的途径。1989年10月,由两国文化部主办的德意志民主共和国图书展在中国科技图书公司新书展销厅和读者见面,展出社会科学、自然科学、科学技术和德语语言学等图书2 000多册,包括1988年民主德国最佳图书和新出版的中国作品选本,以及反映德国风俗民情的图片等。2000年2月15日,上海文化出版社和法国DDB出版社在北京大学勺园举行'远近'丛书中文版首发式,上海文化出版社总编辑郝铭鉴主持,丛书主编乐黛云、金丝燕和法国人类进步基金会代表等相继发言,费孝通、季羡林、张世英、范曾、张芝联、杨辛、陈平原等专家学者和法国驻华大使毛磊等50人出席。2008年3月2日,德国前总理、瑞士荣格集团董事长私人顾问格哈德·施罗德,荣格集团董事长米歇尔·荣格等在中国前驻德国大使卢秋田陪同下,访问上海印刷集团青浦现代印刷中心。

五、与苏联和东欧交流

1979年6月,应南斯拉夫评论社邀请,中宣部出版局局长许力以、上海人民美术出版社社长李槐之访问南斯拉夫,上海人民美术出版社与南斯拉夫评论社草签合作出版《中国》摄影画册的协议。1980年12月,南斯拉夫评论社在贝尔格莱德为中南两国合作编辑的大型画册《中国》举行出版仪式。1981年12月,上海人民美术出版社和南斯拉夫评论社合作编辑出版的《西藏》大型画册塞尔维尔—克罗地亚文版在贝尔格莱德举行发行仪式,评论社社长马舍维奇、上海人民美术出版社社长李槐之、评论社出版委员会主席博博特和中国驻南大使临时代办于立暄到会祝贺。1987年11月,波兰书籍与知识出版社社长斯克拉巴拉克一行访问上海人民出版社。1988年5月,上海文艺出版社副总编郝铭鉴等应邀赴波兰访问并参加华沙书展。1988年9月,罗马尼亚政治出版社代表团访问上海人民出版社。1988年9月,新闻出版署批复同意上海科学技术出版社和苏联和平出版社互派编辑到对方单位学习、工作一个月。1989年4月,上海市新闻出版局和上海古籍出版社负责人赴苏联,洽谈合作影印出版列宁格勒所藏敦煌文献事宜。

第二章 沪港沪台合作

第一节 沪 港 合 作

一、出版业合作

在改革开放中兴起的沪港出版合作,是推动两座城市文化交流的重要起点。上海的强项是古籍整理、大型辞书编纂、原创学术著作和高档精美画册,香港的强项是生活时尚、心理励志、少儿绘本等。沪港两地各展所长,人员交流、互访频繁,出版合作项目接连不断。

1978 年,上海科学技术出版社将《中药大辞典》中文版海外出版发行权授予香港商务印书馆。1977 年上海科学技术出版社出版的《中药大辞典》,是新中国成立后出版的第一部大型中药专业工具书,分上、下册及附编三部分,共收载中药 5 767 味,动物药 740 味,矿物药 82 味及加工制成品等 172 味,1 000 余万字。

1982 年 3 月 23 日,上海译文出版社与香港商务印书馆就合作翻译出版日本白水社出版的《英语基本词词典》《德语基本词词典》《法语基本词词典》和《西班牙语基本词词典》签订出版协议。1982 年 8 月,双方又签订出版张道真编著的《英语常用动词用法词典》海外版协议,同意在香港印制、出版、发行《英语常用动词用法词典》。1988 年 12 月,上海译文出版社与英国朗文出版集团有限公司通过香港朗文出版(远东)有限公司签署协议,由上海译文出版社在中国内地印制并发行《朗文英汉双解活用词典》(简体字版)。1988 年至 1989 年,上海译文出版社与香港三联书店先后签订《新英汉小词典》《新法汉辞典》《袖珍汉日词典》《袖珍汉英词典》《袖珍汉德词典》《袖珍汉法词典》《英汉旅游词典》和《新德汉辞典》香港版出版合约。1989 年 6 月 23 日,上海译文出版社与香港商务印书馆签订《袖珍法汉词典》出版协议,上海译文出版社同意将《袖珍法汉词典》一书交香港商务用繁体字出版海外版,在中国大陆以外地区(包括香港、澳门及台湾等)出版、发行。1991 年 12 月,上海译文出版社与英国朗文出版集团有限公司通过香港朗文出版(远东)有限公司签订联合出版协议,同意上海译文出版社在中国内地翻译、出版、销售《朗文英汉双解商业词典》《朗文英汉常用搭配词典》中文简体字版本。1992 年 2 月,上海译文出版社与香港三联书店签订出版合约,授权香港三联书店在香港地区独家出版发行《英汉大词典》缩印版繁体字本和《新英汉词典》(修订版)繁体字本。1992 年 12 月,上海译文出版社与英国朗文出版集团有限公司通过香港朗文出版(远东)有限公司签订有关出版协议,同意《朗文袖珍英汉双解精选词典》(简体字版)《朗文英华(汉语拼音)图片词》(简体字版)《朗文常用英语正误词典》(简体字袖珍版)《朗文英汉双解活用词》(简体字袖珍版)在中国内地出版及销售。1996 年 5 月、1998 年 8 月,上海译文出版社与名人精工株式会社(香港)有限公司签订电子版版权许可使用合同,同意将《新英汉词典》和《新简明汉英词典》内容输入名人精工株式会社(香港)有限公司生产的电子词典、中英文记事簿以及有关的 IC 插卡中,并获得在中国大陆和港澳台地区的专有使用权。

1984 年 4 月,上海古籍出版社与香港三联书店签订双方合作出版"中国历代散文作家选集"丛书的协议书。丛书包括选题 24 种,上海古籍出版社负责组稿和编辑加工,香港三联书店负责制版及海外的出版、发行。1986年5月,上海古籍出版社与香港中华书局达成合作协议,双方可以采取多种方式合作出书,并确定第一批选题包括《中国科技史探索》《红楼梦(会评本)》《古文观止新编》等14种,以后又陆续增加其他品种。1986年9月,上海古籍出版社与香港万里书店有限公司签订合作出版"我与古人结伴游"丛书协议,从上海古籍出版社出版的《中国名胜古迹诗词丛书》中选取部分正文和注释纳入香港万里书店"我与古人结伴游"丛书,在香港出版。1988年2月,上海古籍出版社与香港三联书店签订合作出版《俞平伯论红楼梦》合约。1988年6月,上海古籍出版社与香港中华书局达成在合作出版《图说中国历史》基础上合作编撰《图说中国文化史》的相关事宜。1989年2月,上海古籍出版社与香港中华书局合作编写的《岁月山河——图说中国历史》在香港出版。

1988年1月,上海人民出版社和香港中华书局合作出版《生命伦理学》繁体字版。1998年2月27日,上海人民出版社和香港迪志文化出版有限公司召开《文渊阁四库全书》(电子版)出版新闻发布会。《文渊阁四库全书》是现今中国保存最完整、抄写最统一、规模最大的一部百科丛书,清乾隆年间编纂,收书3 400余种,7.93万余卷,约8亿字。由上海人民出版社和香港迪志文化出版有限公司联合出版,清华大学及微软公司(中国)研究开发中心开发电子版,建立了一个适用于中文简体字、繁体字和英文、日文、朝鲜文等多个语种、可在Window 95、Window 98、NT4.0等各种视窗环境的中文阅读平台,是中国古籍电子化进程中的亮点。

1988年12月,上海文艺出版社与香港三联书店签约合作出版国家文物局主编的《中国历代名人名胜大辞典》。1997年7月,上海文艺出版社授权香港天地图书出版有限公司出版《壮士中华行——余纯顺孤身徒步走西藏》繁体字版。2000年9月,上海文艺出版社授权香港花千树出版有限公司出版《无法直面的人生·鲁迅传》《新月下的夜莺·徐志摩传》《欲将沉醉换悲凉·郁达夫传》《浮世的悲哀·张爱玲传》繁体字版。2001年7月,上海文艺出版社授权中华书局(香港)出版"吾祖吾宗"系列7本繁体字版。

上海书画出版社1990年3月与香港万里明天出版社联合出版合辑本"中国画技法入门"丛书(八册)。上海人民美术出版社2008年授权香港商务印书馆有限公司出版连环画《中国成语故事》。

1991年8月,上海科技教育出版社授权香港商务印书馆有限公司出版繁体字版《实用中医知识百问》。1992年6月,授权香港三联书店有限公司出版繁体字版《养生五百忌》。1998年3月,授权香港万里机构有限公司出版繁体字版《古玉鉴赏》。

1995—1996年,上海辞书出版社和香港商务印书馆联合出版由国家文物局主编的《中国文物精华大辞典》(全四卷)。辞典收入上起旧石器时代,下迄1840年鸦片战争的代表性文物5 500余件,分为"陶瓷""青铜""金银玉石""书画"四卷,每件器物配精美插图一幅,由香港商务印书馆以最新技术印刷出版。

1998年,汉语大词典出版社与商务印书馆(香港)有限公司开发《汉语大词典》光盘1.0版,被国家新闻出版署选为向新中国成立50周年献礼的重点出版物之一。2003年,商务印书馆(香港)有限公司在《汉语大词典》光盘1.0版的基础增加书证部分,《汉语大词典》光盘繁体单机2.0版较1.0版更完善、更详尽。2007年又推出《汉语大词典》光盘繁体单机3.0版,增加屏幕取词、右键菜单、单字字头真人普通话发音等功能。

1999年,华东理工大学出版社授权香港星岛出版社出版《快速记忆法》,2003年又授权香港星岛出版社出版《快速读书法》。

2008年,上海人民美术出版社授权香港商务印书馆有限公司出版连环画《中国成语故事》。

二、印刷业合作

改革开放之初，设备先进，技术力量雄厚，纸张和印刷成本低廉的香港印刷业吸引上海出版业的关注。引进香港先进设备、合资办厂成为沪港印刷业合作基本的内容。1997 年香港回归以后，沪港印刷业合作进一步深化，开辟出一片新的天地。

1980 年 9 月 21 日，上海图书发行公司与香港商务印书馆签订补偿贸易协定，以补偿贸易形式引进小型胶印设备 2 台。次年上海书店成立上海影印厂。

1988 年，上海市印刷十一厂与香港和克域公司合资建成上海和克域立体印刷有限公司，专业生产立体及变形、变色画片，在市场上曾一度占据领先地位。

1990 年，上海市印刷二厂与香港中华商务（联合）印刷公司、上海出版发展公司、交通银行上海分行合资成立上海安全印务公司。

1991 年，中华书局上海印刷厂与香港卡特公司合资创办上海卡特彩印公司，开拓贺卡、艺术卡业务。

1992 年，商务印书馆上海印刷厂与香港合资在上海建立上海商务电脑票据公司。

1994 年，上海字模一厂与香港怡高有限公司合资建成上海怡高印刷器材公司，专事制造铜线产品打开海外市场。

2003 年 9 月，新闻出版总署同意上海印刷（集团）有限公司、上海佳华印刷技术装备有限公司与泰业（香港）有限公司合资设立上海泰业印刷有限公司。

2004 年 10 月，中华商务联合印刷（香港）有限公司在上海成立全资子公司上海中华商务联合印刷有限公司，2007 年 7 月在青浦工业园区举行开业典礼。上海中华商务生产经营的产品类型主要有商业印件、期刊杂志、图书，提供特色多语种客户服务，拥有精良的印刷包装设备，能为海内外客户提供全面的印刷包装解决方案。公司大力开拓印刷海外市场，海外业务占全部业务的 50％，可以印刷 32 种不同语言版本的图书。

2005 年 8 月，东浩集团与香港利丰雅高集团达成合作意向，将上海外贸印刷厂改制为沪港合作企业，2006 年 2 月 16 日更名为上海利丰雅高印刷有限公司。

三、联合举办展览

沪港出版业同处华文出版市场，书展、书画展、书画藏品拍卖会等是交流的重要渠道，也是两地读者加深相互了解和两地书商深化交流合作的重要平台。

1980 年 9 月 16 日至 30 日，上海人民美术出版社书籍绘画展览在香港三联书店新门市部展出，陈列美术图书 141 种，年画、连环画、宣传画原稿，还有上海知名画家的油画、版画、水彩画等原作204 件，参观者 2 万余人次。这是改革开放后上海的出版社在海外举办的第一个书籍绘画展。1981年 11 月，上海书画出版社、上海书店等单位组团参加香港集古斋等单位联合举办的"中国近代画展"。1984 年 6 月，上海市出版工作者协会与香港三联书店在香港联合举办上海书展，上海 20 家单位参展，9 天接待读者 6 万多人次，销售图书 17.3 万多册，成为改革开放后沪港出版文化交流史上的重大事件。同年 9 月份又在上海举办一次汇报展出。

1992 年 10 月，上海图书出版贸易公司和三联书店（香港）有限公司联合主办的上海书展在香港举行,展出上海各出版社图书 6 000 余种。1995 年 7 月上海出版界组团参加香港书展。1998 年 7 月,上海外文图书公司代表上海出版界以图书展销形式参加香港书展,图书销量 3 000 册,码洋 18 万元。

1986 年 7 月 25 日,上海书画出版社与香港博雅艺术公司在香港华润展览中心联合举办上海朵云轩书画展,展品近千件,参观者达 1.5 万人次。1992 年 4 月、10 月和 1993 年 4 月、10 月,上海书画出版社朵云轩与香港永成古玩拍卖有限公司合作在香港联合举办春秋两季书画拍卖会。1994 年 10 月,朵云轩木版水印复制艺术展览在香港大会堂举行。1995 年 6 月 26 日至 30 日,上海书画出版社朵云轩在香港大会堂举办朵云轩 95 周年纪念书画藏品展。1996 年 10 月,上海朵云轩文化经纪公司与香港联斋合作在上海和香港分别举办现代中国水墨画展。

1995 年 12 月 2 日至 12 日,上海古籍出版社与香港三联书店(香港)有限公司联合举办上海古籍出版社(香港)书展,向香港及海外读者介绍上海古籍出版社的出版物,新华社香港分社社长周南参观书展。

四、沪港出版年会

沪港出版年会由上海市新闻出版局和香港三联书店、中华书局、商务印书馆香港总管理处(1988 年 9 月改组为香港联合出版集团)共同发起。年会每次确定一个主题,研究出版,交流经验,洽谈合作,每两年举办一届,由沪港双方轮流主办,共举办十届。

第一届沪港出版年会 1988 年 8 月 22 日至 29 日在上海举行,主题是"中文图书怎样走向世界"。上海市新闻出版局局长袁是德、香港三联书店总经理、总编辑董秀玉共同担任本届年会主席。宋原放、袁是德、董秀玉、吴锦锐等沪港两地出版界人士围绕年会主题展开深入交流。

第二届沪港出版年会 1990 年 10 月 21 日至 25 日在深圳举行,主题是"90 年代中文出版趋势"。香港联合出版(集团)公司总经理李祖泽和上海市新闻出版局副局长赵斌分别主持。香港联合出版(集团)公司和上海市新闻出版局下属出版机构 50 余位代表出席。

第三届沪港出版年会 1991 年 11 月 5 日至 7 日在浙江绍兴举行,主题是"出版的个性与创意"。沪港两地出版界 50 余人出席。

第四届沪港出版年会 1993 年 8 月 31 日至 9 月 9 日在香港举行,主题是"现代出版概念与现代出版科技"。新华社香港分社领导和新闻出版署党委书记、中国出版工作者协会主席宋木文出席开幕式。

第五届沪港出版年会 1995 年 10 月 30 日至 11 月 2 日在江苏周庄举行,主题是"走向 1997 年的中文出版业及沪港两地出版社在其中的作用和地位"。沪港两地出版界 50 余位代表出席。

第六届沪港出版年会 1998 年 11 月 23 日至 25 日在香港举行,主题是"面对世纪之交出版业的回顾与展望"。沪港两地出版界代表出席。

第七届沪港出版年会 2000 年 11 月 1 日至 3 日在浙江金华举行,主题是"21 世纪数码化、网络化及电子商贸对出版的挑战:中国出版业近期发展趋势"。中国出版工作者协会主席、新闻出版署原署长于有先和上海市新闻出版局党委书记钟修身、局长孙颙等出席。

第八届沪港出版年会 2002 年 7 月 21 日至 23 日在香港举行,主题是"沪港出版面向新世纪的全方位合作"。上海市新闻出版局和香港联合出版(集团)公司 50 余位代表出席。

第九届沪港出版年会 2004 年 11 月 30 日至 12 月 2 日在江西庐山举行,主题是"研讨问题、交流经验、增进友谊、洽谈合作"。沪港两地出版界 50 余人出席。

第十届沪港出版年会 2006 年 7 月 17 日在香港举行，主题是"当前华文出版世界面临的重要课题"。沪港两地出版界人士出席。

五、沪港合作机构

通过成立沪港合作机构，有利于沪港两地出版界的进一步融合，推动中文图书更快地走向世界。

1987 年 7 月 28 日，市委宣传部批复同意在香港集古斋加挂上海书画出版社朵云轩特约经销处，9 月 14 日，上海市出版局派员赴香港参加朵云轩产品特约经销处挂牌仪式。9 月 28 日，上海书画出版社在香港集古斋设立朵云轩特约经销处，同时在香港大会堂举办朵云轩书画展览会。

1990 年 4 月，上海三联书店、香港三联书店和上海图书公司合资开设的上海香港三联书店有限公司成立。这是经新闻出版署批准成立的上海第一家沪港合资经营的文化企业。上海香港三联书店经营社科类、艺术类、经济管理类、港台类、进口英文原版类等形成自己经营特色，进出口部拥有专业团队为各类书店、企事业单位、大专院校及公共图书馆、涉外学校、海外研究机构等提供进口图书的零售、批发及国内图书的出口服务，业务遍布美、英、德、日、新加坡等国家和中国香港、台湾等地区。

2010 年 3 月，上海世纪出版股份有限公司在香港注册成立世纪传媒有限公司（Century Media Limited），作为集团拓展海外出版业务的平台。

第二节　沪台合作

一、出版业合作

沪台出版业合作始于 20 世纪 80 年代末，合作项目主要集中在中国传统文化、中华学术文化经典、科学技术传播及知识普及等领域。在两岸经贸文化交流中，出版业合作起步早、发展快、影响大，是两岸经济和文化交流中最活跃的部分。

1988 年 10 月，上海人民出版社和台湾桂冠图书公司协议合作出版《西方学术译丛》19 种繁体字版。1988 年 9 月，上海人民出版社和台湾东华图书公司协议合作出版《禅宗与中国文化》等 7 种繁体字版。1988 年 11 月，上海人民出版社和台湾星光出版社协议合作出版《中外史地知识手册》繁体字版。1990 年 5 月，上海人民出版社和台湾五南图书出版有限公司协议合作出版《当代管理箴言录》繁体字版，并和台湾南天书局、师大书苑协议合作出版《中国历代货币大系·先秦货币》。1990 年 6 月，上海人民出版社和台湾丹青图书有限公司协议合作出版《上海浦东开发简介》《上海概览》繁体字版。1992 年 7 月，上海人民出版社和台湾汉京文化公司签署《秦史稿》《秦汉史》《明史》《中华民国史辞典》《夫人政治》等 5 种图书繁体字版出版合约，并就断代史、中华文化史、中国通史的长期合作签订意向书。1992 年 10 月，上海人民出版社与台湾桂冠图书公司签订《影响人类历史的名人思想大观》等 8 种图书授权出版繁体字版的合同。

1989 年 6 月，上海辞书出版社和台湾东华书局正式签约合作出版《辞海》（1989 年版）繁体字版。1992 年 10 月，《辞海》（1989 年版）三卷本繁体字版在台湾出版。1990 年 9 月，上海辞书出版社和台湾五南图书有限公司经多次协商达成协议，在台湾出版发行《唐诗鉴赏辞典》繁体字版，1991

年6月又授权台湾五南图书公司出版《唐宋词鉴赏辞典》繁体字版。繁体字版《唐诗鉴赏辞典》《唐宋词鉴赏辞典》在简体字版基础上重新排印,配以精美装帧,出版后多次重印。1989年10月,上海辞书出版社和台湾国文天地杂志社签订"中国古典文学基本知识"丛书合作出版协议。

1994年5月,上海古籍出版社和台湾业强出版社就合作出版《神仙世界》《诗人世界》签署合作出版协议。1994年6月,上海古籍出版社与台湾建宏出版社达成版权贸易协议,合作出版《十大古典白话长篇小说》《十大古典白话短篇小说》《十大古典名著续书》《十大公案侠义小说》《红楼梦》(三会本)、《三国演义》(毛宗岗评本)、《水浒传》(容舆堂本)等43种图书。1994年6月,上海古籍出版社授予台湾地球出版社《古文观止新编》等7种图书的台湾版权。1995年4月28日,上海古籍出版社与台湾建宏出版有限公司签订《中国禁毁小说百话》《佛典精解》版权贸易合同。

1990年3月,上海科学技术出版社授权台湾牛顿出版公司出版《中国医学大成》海外版。1990年4月,上海科学技术出版社授权台湾新文丰出版公司出版《中药大辞典》繁体字版。1992年10月,上海科学技术出版社与台湾艺轩图书公司就1993年起在台湾合作出版《大众医学》(月刊)繁体字版签约。2000年3月,上海科学技术出版社授权台湾知音出版社出版5种高等医药院校教材繁体字版,2002年又授权出版16种高等医药院校教材繁体字版。这批教材2002年至2005年陆续出版。

1990年8月27日,上海译文出版社与台湾东华书局股份有限公司签约,授权东华书局在台湾地区独家出版发行《英汉大词典》(上卷)繁体字本,下卷授权协议1991年4月29日签订。1991年6月,上海译文出版社与作品权利人、台湾中华书局股份有限公司签约,购得外国文学作品《乱世佳人》(又名《飘》)续集《斯佳丽》中文简体字版在大陆出版发行权,这是中国大陆出版业首次取得国外畅销书的独家版权。1993年2月,上海译文出版社通过台湾大苹果股份有限公司与兰登书屋签订购买威廉·福克纳《圣殿》《去吧,摩西》《我弥留之际》《喧哗与骚动》《押沙龙,押沙龙!》《掠夺者》《坟墓的闯入者》著作权授权合同,之后又签订《八月之光》《福克纳随笔》《随笔·演讲·书信》和《野棕榈》著作权授权合同。上海译文出版社出版的《喧哗与骚动》获新闻出版署第三届外国优秀文学图书二等奖,《圣殿》获新闻出版署第四届外国优秀文学图书三等奖。

1991年12月,上海文艺出版社授权台湾泉源出版有限公司出版《中国熟语大系》繁体字版。1992年3月至12月,上海文艺出版社授权台湾泉源出版有限公司出版《中国神话》《中国童话》《中国仙话》《中国鬼话》《中国佛话》《世界著名动物故事大观》繁体字版。1999年12月,上海文艺出版社授权台湾猫头鹰出版社出版《乐器》《佛像》《书法》《灯具》繁体字版。2009年3月,上海文艺出版社授权台湾泰电电业股份有限公司出版《先秦诸子百家争鸣》繁体字版。2009年7月,上海文艺出版社授权台湾城邦文化(麦田出版事业部)出版《王立群读〈史记〉之吕后》繁体字版。2010年5月,上海文艺出版社授权台湾远足文化事业有限公司(八旗文化)使用《记忆的群岛》中译本在台湾出版繁体字版。

1992年9月,上海科技教育出版社授权台湾渡假出版社有限公司出版繁体字版《中药补肾壮阳大全》。1993年5月,上海科技教育出版社授权台湾渡假出版社有限公司出版繁体字版《怎样做个业余的植物采集家》。1994年5月,上海科技教育出版社授权台湾建宏书局有限公司出版繁体字版《高中物理学习手册》《高中化学学习手册》《高中数学学习手册》。2000年8月,上海科技教育出版社授权台湾晓园出版社有限公司出版《20世纪物理学概观》《物理学与高新技术》《我们周围的物理学》《物理学与现代家庭生活》繁体字版。2001年5月,上海科技教育出版社与台湾世潮出版有限公司在第二届上海版权贸易洽谈会上签署版权贸易合约,授权台湾世潮出版有限公司出版科学人文图书《诺贝尔奖百年鉴》（29卷）繁体字版。2001年6月，上海科技教育出版社授权台湾世茂出版社、台湾世潮出版有限公司出版繁体字版《世界科技英才录——科学精神卷》《世界科技英才录——科学思想卷》《世界科技英才录——科学方法卷》《世界科技英才录——技术发明卷》。

1993年4月，上海文化出版社授权台湾巧妙堂茶艺陶瓷开发公司出版《中国茶经》繁体字版。2001年6月，上海文化出版社授权台湾小知堂文化事业有限公司出版《智库》繁体字版。

2004年3月11日，北京世纪文景文化传播公司授权台湾知本家文化事业有限公司出版《毕业那天我们一起失恋》繁体字版。

2005年，上海人民美术出版社授权台湾三言社出版《丰子恺美术讲堂：艺术欣赏与人生的四十堂课》《丰子恺音乐讲堂：音乐欣赏入门的二十八堂课》。2010年，授权台湾城邦文化事业股份有限公司出版连环画《红楼梦》。

1998年，立信会计出版社向台湾五南图书出版有限公司输出《财务管理》《国际经济地理》《会计理论》《投资银行实务集锦与投资组合》《外汇经济学》《西方经济思想史》《现代决策应用与方法分析》《证券投资学原理》《中国经济思想史》等9种图书的版权。

二、海峡两岸书展

海峡两岸书展是两岸文化交流的重要组成部分。通过书展深化两岸文化交流与合作，扩大大陆出版物在台湾的市场份额，推动版权贸易。

1988年10月，海峡两岸图书展览在上海河南中路原商务印书馆、中华书局总部的中国科技图书公司举行。这是上海首次举办的海峡两岸大型图书展览，由中国出版对外贸易总公司、台贸国际有限公司等联合举办。大陆300家出版社和台湾100家出版社带来新版书籍近万种，参展图书达2.4万余种。

2005年9月，由上海市新闻出版局、上海出版工作者协会与台湾联经出版事业公司主办，上海外文图书公司与台北上海书店协办的首届台北上海书展在台北联合报系大楼举办，展出上海40家出版社6 000余种图书，是台湾地区举办的规模最大、品种最多的以城市为主题的中文简体字书展。上海市新闻出版局局长孙颙、上海市作协主席王安忆分别率上海出版代表团和上海作家代表团赴台北参加书展，作家金庸亲临台北上海书展开幕活动。2008年9月，台北上海书展以"海上人文与阅读"为主题再次举办。

2009年10月30日至11月1日，上海作为主宾市赴厦门参加第五届海峡两岸图书交易会，上海世纪出版集团等44家出版单位、印刷企业、版权代理公司及版权交易中心参展。上海展区面积约762平方米，分设主宾城市形象区、出版物主题展区、主题活动区、订货展销区4个区域，以"海派出版，世博书香"为主题，参展图书近8 000种，零售码洋100万元。

2010年9月15日，上海再次作为主宾市组团赴台北参加第六届海峡两岸图书交易会。市新闻出版局局长焦扬率上海50家参展单位80余名代表参会。上海主宾城市展区面积600平方米，分设精品图书展示区、主题活动区、图书出版展示区、数字出版和音像制品展示区。参展图书3 000余种。

三、其他活动

1989年5月，上海书画出版社朵云轩首次在台湾举办朵云轩藏名家书画展。2000年7月，上海文艺出版社和台湾南华大学编译出版中心在上海书城联合举办"两岸网络与出版"研讨会。2002年4月,台湾"吴大猷学术基金会"主办的"第一届吴大猷科学普及著作奖"评选揭晓,上海科技教育出版社出版的原创作品《中国恐龙》和翻译作品《完美的对称——富勒烯的意外发现》获奖。2008年7月,少年儿童出版社出版的"生物学家谈生物"丛书获得第四届吴大猷科学普及著作奖创作类金签奖。

四、沪台合作机构

2001年10月,上海世纪出版集团与台湾秋雨物流行销股份有限公司合资组建上海世纪秋雨物流有限公司开业。这是中国大陆第一家运用电子标签和自动识别输送流道进行拣货、集货的现代出版物流企业,运用现代网络传输和通信技术及先进的图书配送模式,实现网络化、智能化,物流、商流和信息流等业务环节在网上完成。

2005年3月,由上海外文图书有限公司与台湾联经出版事业公司等合作经营的上海书店在台北开业,开业初期展销大陆图书约3万种,内容涉及大陆政治、历史、文化、经济、文学、艺术等。

第三章 "走出去"工程

第一节 "走出去"项目

进入 21 世纪后,按照中央要求,上海出版业加快"走出去"的规划和布局。市新闻出版局出资成立上海长江出版交流基金会,组建上海长江对外出版有限公司,并由下属上海新闻出版发展公司启动外文版"文化中国系列丛书"项目,开始海外主流销售渠道的拓展工作。在创设对接德国莱比锡"世界最美的书"评选的"中国最美的书"评选活动的同时,推动"北美上海书展""香港上海书展""台北上海书展"等沪版图书海外推广工作,培育一批出版"走出去"的企业和项目。

一、"世界最美的书"

2003 年开始,市新闻出版局、"中国最美的书"评委会面向全国开展"中国最美的书"评选活动,邀请海内外顶尖的书籍设计师担任评委,评选和推荐当年度"中国最美的书"并送往德国莱比锡参加次年度"世界最美的书"的评选。当年共评出 16 本"中国最美的书",其中《梅兰芳(藏)戏曲史料图画集》在 2004 年"世界最美的书"评选中获金奖。2003 年至 2010 年有 148 种"中国最美的书"送德国莱比锡参展,8 种获"世界最美的书"奖项。

表 9 - 3 - 1　2004—2010 年"世界最美的书"中国获奖作品情况表

获奖年份	奖 项	作 品 名 称	设 计 者
2004 年	金 奖	梅兰芳(藏)戏曲史料图画集	版式设计:蠹鱼阁(申少君)、高绍红 封面设计:张志伟
2005 年	荣誉奖	土地	王序
	荣誉奖	朱叶青杂说系列	何君
2006 年	金 奖	曹雪芹风筝艺术	赵健工作室
2007 年	铜 奖	不裁	朱赢椿
2008 年	荣誉奖	之后	耿耿、王成福
2009 年	荣誉奖	中国记忆——五千年文明瑰宝	吕敬人
2010 年	荣誉奖	诗经	刘晓翔

二、"文化中国系列丛书"

"文化中国系列丛书"是国家文化"走出去"重点项目,由上海市新闻出版局组织策划,上海新闻出版发展公司编辑出版。丛书专门为海外读者精选、精编、精译,面向海外主流图书市场,全方位多角度介绍中国文化。2002年开始组稿、翻译,2004年出版第一批7种图书。2005年出版《中国读本》。2008年与美国读者文摘公司合作出版大型重点图书《西藏》。2010年出版《锦绣文章》《清明上河图》和《绘本红楼梦》等图书。至2010年底,"文化中国系列丛书"共出版192种,进入北美、欧洲、亚洲多个国家主流图书市场实体书店、网上书店等销售渠道。

"文化中国系列丛书"题材涉及文学、历史、艺术、儿童读物等多个方面,既有高品质、精美的艺术类图书,也有文本类表现中国文化精髓的经典典籍,更有定位于海外儿童、表现中国传统文化的绘本。丛书以图书"走出去"的形式,帮助各国读者全面深入地了解中国丰富多彩的文化。2004年11月,上海市新闻出版局局长孙颙带队赴美国纽约、华盛顿、旧金山、洛杉矶等城市推广"文化中国系列丛书",中国驻美大使杨洁篪出席在华盛顿召开的发布会。

2005年,市新闻出版局邀请专家学者对"文化中国系列丛书"出版规划进行论证,受到中央和国家有关部门高度重视。中办、国办2005年7月发文,要求抓好大型对外出版工程"文化中国系列丛书"等的出版翻译工作。丛书随后亮相法兰克福书展。2006年列入国家"十一五"重点图书出版规划。

2007年,上海长江对外出版公司下属宏图房地产有限公司,积极运用正在发展中的互联网技术,建立一个网址为cultural-china.com的英文网站,以配合"文化中国系列丛书"等宣传推广为主要宗旨,显示互联网在对外传播中国文化方面的跨空间和海量信息优势。网站86%的访问者来自海外,40%以上来自北美,访问者遍布200多个国家和地区,为海外浏览者提供中国文化和以对外出版物为主的各类文化产品的海量信息,其被谷歌、搜索等引擎收入的有效页面超过10万个。

截至2010年,先后有9种外文版"文化中国系列丛书"获奖。2004年联手美国读者文摘公司出版的英语版《沈从文和他的湘西》被国际独立出版家协会授本杰明·富兰克林内文版式设计奖(彩色图书类),为本杰明·富兰克林艺术类成就奖三部入围作品之一。2006年出版的《彩色的花雨》获"中国最美的书"称号。另有7种图书分别获上海市外宣"银鸽奖"出版类一、二、三等奖。

三、海外主流销售渠道

2004年11月,外文版"文化中国系列丛书"在美国华盛顿召开推广发布会,"文化中国系列丛书"开始进入美国最大的零售书店Borders和Barnes and Nobel及网上书店Amazon.com(亚马逊网站)、barnesandnobel.com销售。

2010年4月,上海新闻出版发展公司与全球最大的亚洲题材英语图书出版商和发行商美国TUTTLE PUBLISHING签署外文版"文化中国系列丛书"欧美地区独家代理协议。外文版"文化中国系列丛书"开始成规模进入欧美主流销售渠道。

2010年9月,上海新闻出版发展公司与法国拉加代尔服务公司在爱尔兰都柏林签署国际销售服务协议,法国拉加代尔服务公司承诺,在集团旗下位于全球交通枢纽的3 000多家书店推广并销售外文版"文化中国系列丛书"。

2009年10月,上海新闻出版发展公司配合法兰克福书展中国主宾国活动,与全球最大的跨国图书发行零售商法国拉加代尔服务集团合作,举办首届"阅读中国"春节联展。外文版"文化中国系列丛书"在法国拉加代尔服务公司所属的法兰克福机场17家连锁书店展销。

2010年2月3日至24日,上海新闻出版发展公司与法国拉加代尔服务公司合作,在澳大利亚七个城市的27个机场书店,举办为期三周的中国春节外语版中国图书联展。

四、北美上海书展

1997 年 8 月 6 日至 19 日，上海外文图书公司与香港联合出版集团（有限）公司合作，在联合出版集团下属洛杉矶三联书店、纽约东方文化事业公司、多伦多三联书店举办"97 上海书展"。书展组织上海 38 家出版社近 8 000 种图书参加书展展销，受到当地读者的欢迎。

从 1997 年至 2007 年，北美上海书展连续举办 11 年，陆续在美国纽约、旧金山、洛杉矶和加拿大温哥华、多伦多举办，累计展销图书 30 万册，人民币码洋 580 余万元。书展期间，还举办多次围绕中国出版与中国文化的研讨会及演讲。

北美上海书展展示上海出版业的实力和形象，扩大上海版图书的影响，对当地的读者、书店产生一定的影响力和吸引力，也起到扩大沪版图书的实物出口和版权贸易的作用。

五、中华文化与出版——上海论坛

2002 年 5 月，首届"中华文化与出版——上海论坛"在上海海鸥饭店举行。论坛由市新闻出版局主办、上海外文图书公司承办，来自 10 多个国家与港台地区的学者及国内出版社社长、总编等 80 余人参加研讨。论坛使国内出版界了解国内图书在海外出版发行、中华文化在海外受不同人群关注的情况，并就如何体现中国特色、把握文化差异、寻找共同空间，以一种更具亲和力的姿态把中国图书推向世界等问题交换意见。第二届至四届"中华文化与出版——上海论坛"2003 年 2 月、2005 年 9 月、2007 年 9 月在上海举行。

六、国家文化出口重点企业、重点项目

2007 年 11 月，上海世纪股份有限公司、上海新闻出版发展公司、上海新华传媒股份有限公司、上海印刷（集团）有限公司、上海联合光盘有限公司、文汇新民报业集团等获商务部、文化部、广播电影电视总局、新闻出版总署 4 部委颁发的国家文化出口重点企业称号。外文版"文化中国系列丛书""走进中国系列丛书"和《细胞研究（英文）》等获国家文化出口重点项目称号。

2009 年 11 月，上海世纪出版股份有限公司、中国图书进出口上海公司、上海外文图书公司、上海新闻出版发展公司、上海印刷（集团）有限公司、上海新汇文化娱乐（集团）有限公司上海联合光盘有限公司、中国唱片上海公司等获商务部、文化部、广播电影电视总局、国家工商管理总局、新闻出版总署和中国贸促会颁发的"国家文化出口重点企业"称号，外文版"文化中国系列丛书"获"国家文化出口重点项目"称号。

七、对外服务机构

【上海长江出版交流基金会】

2006 年 7 月，经市委宣传部和市新闻出版局同意，市社会团体管理局批准成立上海长江出版交流基金会，吴莹任理事长。基金会的宗旨是以资助出版的方式推动中国文化更好的走向世界，提高国际影响力。基金会的业务范围：创办并组织实施符合基金会宗旨的资助项目；接受国家、政府的

划拨资金和管理运作国家、政府的相关专项资金;接受国家或其他机构委托管理企业为实现基金会宗旨服务;面向法人、自然人或其他组织开展符合基金会宗旨的募捐活动;开展和资助中国文化产品在国际文化市场上的出版、发行工作;创办和资助中华文化的国际合作项目;组织和资助传播中华文化的国际交流活动;组织和资助推进传播中华文化"走出去"的研究、咨询活动;设立和资助开展中华文化的教育、培训项目;创办和组织开展中华文化的展览、会议活动;奖励和表彰为中华文化"走出去"作出贡献的团体和个人;资助将中国文化以其他文字翻译与传播的工作;开展与海外友好团体、人士和国际友好组织、企业、人士的交流和合作;以及符合章程的投资。

从 2006 年成立至 2010 年,基金会分别资助外文版"文化中国系列丛书"项目、"文化中国"英文网站项目、国际主流图书销售渠道建设项目、向美国 102 所大学图书馆捐赠英文版"文化中国系列丛书"等主题图书等共 250 多万元。

【上海长江对外出版有限公司】

为落实出版"走出去"的战略,经市委宣传部批准,2008 年 6 月 12 日,上海长江对外出版有限公司成立。公司下属上海新闻出版发展公司、上海外文图书有限公司和上海宏图房地产有限公司,注册资本 300 万元,孙颙担任公司理事会理事长。按照市委宣传部、市新闻出版局要求,公司业务工作主要围绕"文化中国系列丛书"展开。截至 2010 年,"文化中国系列丛书"已经出版 300 多种,通过海外代理商向全球发行。公司经营范围还包括出版专业领域内的技术开发、技术转让、技术咨询、技术服务;图书、杂志的展览服务;对外文化交流策划;国际贸易,转口贸易,区内企业间的贸易及贸易代理;区内商业性简单加工。上海新闻出版发展公司负责"走出去"图书的编辑出版,上海外文图书有限公司负责英文图书海外发行,上海宏图房地产有限公司负责提供资金保障。

第二节 "走 出 去"成 果

改革开放以后,上海出版业与海外交流合作不断发展,上海出版物和出版人在国际上获得一系列奖项和荣誉,"走出去"取得重要成果。

少年儿童出版社出版的《陈胜与吴广》和《小蝌蚪找妈妈》的插图,1978 年 12 月获联合国教科文组织亚洲文化中心颁发的"野间儿童图书插图奖"二等奖。1980 年 12 月,"野间儿童图书插图奖"再次评选,少年儿童出版社出版的《中国古代寓言》和上海人民美术出版社出版的《孙悟空三打白骨精》(作者赵宏本、钱笑呆)分别获一等奖和三等奖。儿童读物类获得的国际奖项还有少年儿童出版社出版的《幼幼成长图画书》(第一辑 6 种)2009 年获亚太图书奖银奖。

1988 年,上海书店的《丁丑劫余印存》(丁鹤庐等编,陆全根设计,1985 年 10 月出版)获莱比锡国际书籍艺术博览会银奖,这是改革开放后上海获得的第一个书籍设计类的国际奖项。1989 年 5 月,朵云轩印制、上海书画出版社出版的重刊明本《十竹斋书画谱》又获莱比锡国际书籍艺术博览会最高奖——国家大奖,学林出版社出版的大型画册《中国历代服饰》获铜奖。2005 年,由上海新闻出版发展公司与美国读者文摘公司合作出版的英语版《沈从文和他的湘西》被国际独立出版家协会授予本杰明·富兰克林内文版式设计奖(彩色图书类),同时也是本杰明·富兰克林艺术类成就奖的最后三名入围作品之一。

上海出版的工具书、典籍类出版物获国际奖项的有:2000 年 1 月,上海人民出版社和(香港)迪志文化出版有限公司联合出版的《文渊阁四库全书》(电子版),与其他四部推荐作品一起代表中国参加在巴黎举行的第八届莫必斯多媒体光盘国际大奖赛,获文化鼓励奖。2003 年 8 月,上海译文出版社出版的多功能综合性日汉双语词典《日汉大词典》获得亚太出版商联合会(APPA)综合文学图书金奖。

上海出版物获得国际印刷类奖项的有:2004 年,上海书画出版社出版、上海界龙艺术印刷有限公司印刷的《淳化阁帖最善本》获第二届亚洲印刷大奖赛限量版本艺术复制印刷品类金奖。2007 年,上海书店出版社的《城市,让生活更美好——迎接 2010 年世博会上海国际海报大赛优秀作品集》(画册)获 2007 年美国金墨奖。

上海出版人在国际上获得荣誉和奖项的有:1981 年 4 月,上海人民出版社编审胡道静经国际科学史研究院新院士和通讯院士选举,当选国际科学史研究院通讯院士。1989 年 10 月,上海译文出版社副编审高宗文被朝鲜民主主义共和国主席金日成授予二级友谊勋章,高宗文夫人刘锦岫被授予友谊奖章。1997 年 9 月,上海译文出版社社长骆兆添获法国政府颁发的法国荣誉骑士勋章。2002 年 10 月,在第 26 届国际儿童读物联盟(IBBY)大会上,少年儿童出版社《中国儿童文学》主编秦文君获国际安徒生奖提名奖。2006 年 5 月,因研究和翻译俄罗斯文学取得突出成绩,上海译文出版社资深编辑郭振宗、戴际安获俄罗斯作家协会颁发的马克西姆·高尔基奖。

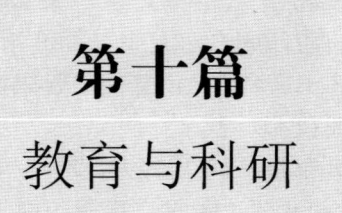

第十篇

教育与科研

党的十一届三中全会后,上海出版教育和科研发展迅速,成果显著。上海印刷学校是新中国第一所印刷专业学校,1953 年创办。1987 年升格为大专。1992 年更名为上海出版印刷高等专科学校,至 2010 年,累计培养 3 万多名出版印刷专业人才。1962 年创办的上海市印刷职业学校,1972 年更名为上海市印刷技工学校,1998 年更名为上海新闻出版职业技术学校。至 2010 年,先后为新闻出版行业培养近 1.1 万名中等职业技术人才。

1985 年,复旦大学开始试办编辑专业,三年后停办。2003 年,上海师范大学、华东师范大学开始招收编辑出版专业学生。同年,上海理工大学设立出版印刷学院,初期设有印刷包装工程、出版与传播、数字印刷、新媒体 4 个研究所,招收本科生。2010 年,复旦大学获教育部标准,成为全国首批出版硕士学位(MP)授权点。

除大中专院校全日制教育外,上海还举办专业证书班、短期培训班、研修班等,开展继续教育和职业培训。1994 年,上海市新闻出版局职工大学和上海市技工学校组建上海新闻出版教育培训中心,逐渐形成学历教育和非学历教育、职前培训和职后培训、党政管理干部和专业技术人员培训为一体的多层次、多形式、多规格的综合办学特色。2002 年中心开始组织出版专业职业资格考试。全市新参加工作的出版专业技术人员须经职业培训、通过考核后才能受聘上岗。中心还开办出版社社长和总编、主编等培训班,成为上海出版教育的重要力量。

上海印刷技术研究所 1956 年成立。1978 年后,研究所开展对油墨、制版、字体设计、激光照排、汉字信息处理等的研究,为印刷行业新材料、新工艺、新设备的研发作出贡献,先后获科研成果和国家专利 200 多项,“汉字印刷字体书写技艺”被列入上海市非物质文化遗产。研究所还编辑出版《印刷杂志》。

上海韬奋纪念馆是 1958 年在韬奋故居基础上设立的。1978 年后,纪念馆藏品征集、史料研究及图书出版等取得丰硕成果。2003 年,上海开始筹建出版博物馆。博物馆筹建办公室开展了藏品征集,史料整理,学术研究,口述历史采访拍摄,馆刊、文库出版,藏品库建设等工作。

第一章 教 育

第一节 上海出版印刷高等专科学校

上海出版印刷高等专科学校的前身为上海印刷学校,1953 年 10 月创办,为当时中国唯一一所印刷类专业学校。50 多年来为全国各地培养了大批印刷技术人才。

初创阶段的上海印刷学校属技校性质,培养目标是技术工人,学制 2 年,全国定向招生。1957 年秋改为中等专业学校,文化部委托上海市出版局代管。学校招收各省、自治区、直辖市出版系统印刷企业的青工,培养目标是技术员,学制 3 年。1960 年后,改为面向社会招收初中毕业生,学制 4 年。1960 年至 1964 年,学校试办过一届为期 4 年的印刷技术专修班(大专)。1970 年学校停办,教职员工被安排下企业劳动,校舍被其他企业占用,教学资源遭受严重破坏。

1978 年底,党的十一届三中全会召开,教育被摆在现代化建设优先发展的地位,上海印刷学校复校,开始面向全国出版印刷企业招收初中文化程度、5 年以上工龄的青年入学。116 名新生来自全国 28 个省市,分为制版、印刷和印刷设备管理三个专业,学制 4 年。学校由此重新踏上紧跟国际出版印刷事业发展步伐、以培养高技能人才为目标的职业教育办学之路。

经国家教委批准,1987 年 9 月,上海印刷学校升格为大专,更名为上海出版印刷专科学校。新闻出版署和上海市高教局签署协议,学校实行双重领导,以新闻出版署为主,学校党的工作、思想政治工作及日常行政工作委托上海市新闻出版局管理,上海市高教局在教育业务上对学校进行指导。学校设有印刷、印刷设备与管理、出版、美术 4 个系,开始参加全国高等专科学校统一招生。1992 年 4 月,上海出版印刷专科学校更名为上海出版印刷高等专科学校。2000 年 5 月属地化管理,隶属于上海市教委。

2003 年 5 月,上海出版印刷专科学校划归上海理工大学管理,组建上海理工大学出版印刷学院,保留上海出版印刷高等专科学校建制。2005 年 11 月,上海市政府与新闻出版总署签署共建上海出版印刷高等专科学校和上海理工大学出版印刷学院的协议,明确学校作为上海市和全国出版印刷行业培养高端技能型专业人才,满足出版印刷企业对印刷复制、数字印刷、电子出版、数字出版、动漫游戏等高端技能型人才需求的国家级人才培养基地的功能与地位。

1978 年到 2010 年,上海出版印刷专科学校对深化教学改革提升教学质量、推进实验室建设完备教学设施、注重师资队伍和教材建设、拓展办学空间推进合作办学等做了多方面的尝试与努力,同时积极开展产学研合作,与众多出版印刷企业建立长期稳定的实训基地,合作培养技能人才。学校逐渐形成了互相渗透、相互支撑的印刷工程、出版传播和艺术设计与动漫三大专业群,在教学活动中既独立自成体系,又相互交叉、相互渗透、相互支撑,培养学生"精一知二"的知识与能力结构。2008 年,在教育部高职高专院校人才培养工作水平评估工作中,学校凭借"工文艺融汇、编印发贯通、教学做互动"的人才培养特色获优秀等级。2010 年,被财政部、教育部确定为国家骨干高职院校立项建设单位。

截至 2010 年底,学校设有印刷包装工程系、出版与传播系、印刷设备工程系、艺术设计系、基础教学部、中外合作教育部和继续教育部 7 个教学部门。全日制在校生 4 000 人,教职工 318 人,其中专任教师 205 人。学校拥有国家级教育教学改革试点专业 1 个,国家级重点建设专业 5 个,省级重点建设专业 7 个;3 门国家级精品课程,2 门国家级精品资源共享课程,上海市精品课程 5 门,上海市重点课程 10 门。主编出版教材 140 部,形成全国出版印刷教育类较为齐全、高职高专特点鲜明的教材体系。

学校重视实践教学,抓住实验、实训、实习三个关键环节,构建了以技能为主线、工学结合的培训体系,逐步形成并完善了"订单式""预备技师""产学合作"和"项目引领"等培养模式,同时引入国际标准和行业标准,确定相应的技能和能力模块,形成了由基本技能、专业技能和综合技能(多种能力)训练课程构成的实践教学体系。2008 年起,学校参加全国印刷行业职业技能大赛获优异成绩,为日后代表国家参加世界技能大赛印刷媒体技术项目竞赛奠定了基础。学校积极推进产学合作,建立产学研合作联盟拓展技术与技能培养,提高学生对职业岗位能力要求的适应程度,共同培养出版印刷人才。至 2010 年,学校建有校外实践教学基地 112 个,专业建设指导委员会 20 个。2008 年至 2010 年,学校获新闻出版总署、财政部、教育部和上海市政府专项建设经费 2 800 万元,已完成传播科学实验中心、现代印刷技术研发中心和数字出版实验中心(一期)等建设项目;企业在学校投入的出版印刷设备价值约为 3 500 万元,联合建设了方正畅流实验室、爱克发 CTP 实验室、艾司科包装设计示范中心和惠普数字成像实验室等实验实训室。

在国际化办学方面,学校大力构建国际化行业特色现代职教体系,加强国际交流合作,引进海外优质教育资源,促进人才培养模式创新。1984 年,学校开始筹建由联合国援建的中国意大利印刷培训中心,1990 年 7 月中心成立后,承担在校学生和印刷企业在职人员的实习教学和职后培训工作。1992 年 4 月,学校与日本出版编辑学校开始每年一届的出版教育学术交流会,这一专业研讨和文化交流活动延续近 10 年时间。2001 年 4 月,学校与美国罗切斯特理工学院开展合作办学,双方就图文信息处理、电子出版专业进行专业教学。学校还与莫斯科印刷大学、乌克兰印刷学院、英国兰开夏大学等开展合作办学与学术交流。

到 2010 年,学校累计为行业和社会输送合格毕业生 3 万多名,就业率平均达到 97% 以上,位居全市高校前列。25 位毕业生获出版、印刷界"毕昇奖""韬奋出版奖""书籍装帧设计奖"等最高奖项;许多毕业生已成为行业企业的领导和管理人才、技术骨干,并涌现出众多的知名企业家和领军人物。

2009 年学校被评为上海市文明单位。2010 年学校被列为国家 100 所示范性骨干高职院校建设单位,被确认为国家高等职业教育专业教学资源库建设单位。

1978 年复校至 2010 年,历任主要领导为万启盈(兼)、吕纪、吴世民、孙竞斋、龚应荣、唐祥庆、杜飞龙、童祖光、江才妹、朱南勤、陈敬良。

地址:上海市水丰路 100 号　　邮编:200093

第二节　上海新闻出版职业技术学校

上海市印刷技工学校的前身是 1962 年创办的上海市印刷职业学校,由上海出版印刷公司主办,招收初中毕业生,学制三年,学生半工半读,总校设在新华印刷厂,分别在中华印刷厂、商务印刷厂、上海市印刷一厂设立分校。

1966 年 6 月学校停止招生。1972 年复校,更名为上海市印刷技工学校,下设上海中华印刷厂、上海新华印刷厂、上海商务印刷厂、上海市印刷一厂、上海美术印刷厂、上海市印刷三厂六所分校。招收高中毕业生,学制两年。1978 年,学校管理实行学校总部和办学厂双重领导。

1983 年,上海市计委批复同意新建上海市印刷技工学校,学制三年(部分专业四年),实行半工半读办学模式。1988 年,市新闻出版局批复同意上海市印刷技工学校新校区建设设计方案,新校区呼兰路 721 号(后调整为呼兰路 921 号)1990 年 11 月 24 日落成,占地面积 23 亩,建筑面积 1.3 万平方米,原六所分校全部集中到新校区办学。

1994 年 9 月,上海市编制委员会批复同意市新闻出版局职工大学和上海市印刷技工学校合并组建为上海新闻出版教育培训中心,保留原两校建制,上海新闻出版教育培训中心和原两校为三块牌子一套班子。1998 年,撤销上海市新闻出版局职工大学建制。1998 年 11 月,上海市印刷技工学校更名为上海新闻出版职业技术学校。

2008 年,上海印刷技术开放实训中心在上海新闻出版职业技术学校立项建设。2009 年 11 月通过市教委、市教育评估院评估验收,对外开放。

2010 年 2 月经市新闻出版局和市委宣传部同意筹建上海新闻出版职业技术学校青浦校区,3 月上海新闻出版职业技术学校与青浦工业园区签订关于土地转让协议,依法取得原香花桥中学土地使用权,筹建上海新闻出版职业技术学校青浦校区。同年 4 月上海市发改委批复同意上海新闻出版职业技术学校青浦校区一期工程项目建议书。

自 1962 年建校伊始,印刷技能人才培养一直是学校特色。1983 学校设有照相排版、平版制版、凸版制版、铜锌版制版、平版印刷、凸版印刷、书刊装订印刷 7 个专业。随着产业发展,学校专业设置不断调整。至 2010 年,有印刷技术(平版印刷)、印刷技术(数字印刷)、印刷技术(电脑排版)、计算机及应用(图文信息)、计算机及应用(动漫设计与制作)、出版与发行(图书发行)、机械加工(印刷机维修)、工艺美术(包装装潢设计)、文秘(文档秘书)8 个专业。学校有教职员工 147 人,内含专业技术人员 86 人,其中教师 60 人,高级职称 10 人,中级职称 40 人。

截至 2010 年,上海新闻出版职业技术学校共为新闻出版印刷行业培养近 1.1 万名中等职业技术人才。这些人才主要面向出版社、杂志社、报社、图书发行部门、图书贸易部门、书店、音像公司、电子出版机构从事出版与发行业务和管理工作。

与学校有合作关系的实习单位近 290 家,其中包括解放日报报业集团、文汇新民联合报业集团和上海书城、朵云轩、当纳利印刷有限公司、中华商务印刷有限公司等知名企业。学生每年实习对口率和毕业生就业率保持在 98% 以上,印刷特色专业毕业生就业率达 100%。

1998 年 9 月,上海市印刷技工学校被上海市教委批准为上海市重点技工学校;2005 年 4 月,经劳动和社会保障部组织专家评审,上海新闻出版职业技术学校入选国家重点技工学校和高级技工学校。2005 年和 2007 年学校两次被评为上海市文明单位。2007 年 2 月,被评为全国新闻出版系统重点中等职业学校。2008 至 2010 年连续三年获"上海市中小学行为规范示范校"称号。

1990 年至 2010 年,历任主要领导为严遐林、林贵森、周建平、贾丽进。

地址:上海市呼兰路 921 号　　邮编:200431

第三节　上海新闻出版教育培训中心

上海新闻出版教育培训中心前身是上海印刷工业公司"七二一"工人大学,1974 年 12 月创办,1978 年开设大专班,经考试选拔录取 32 名平凸版印刷专业学生,学制三年,旨在培养一批专业教师和技术骨干。1980 年 6 月,经上海市高教局验收合格并报市政府批准,上海印刷工业公司"七二一"工人大学更名为上海出版印刷公司职工大学,并首次通过上海市高等学校统一考试招收 49 名学生,开设印刷技术、平版制版两个专业班。1984年,上海出版印刷公司职工大学更名为上海市出版局职工大学,当年学校招收学生138名,开设了印刷制版、印刷管理、中文编辑以及党政干部专修班(电大)等专业。1989年2月更名为上海市新闻出版局职工大学。

1990年,受新闻出版署委托,举办首期全国印刷企业厂长岗位培训班。1991年,举办首期全国多色机机长培训班。1992年,首次将培训的触角伸向出版社、期刊社,举办首期上海新进大学生编辑岗位培训班。

1994年9月,经上海市编制委员会批复同意,上海市新闻出版局职工大学和上海市印刷技工学校合并组建为上海新闻出版教育培训中心。保留原两校的教学功能。

1996年始,上海新闻出版教育培训中心相继承办全国印刷企业厂长岗位培训班、上海市出版单位编辑室主任岗位培训班、上海市期刊主编岗位培训班、上海市印刷企业厂长岗位培训班。并开始对全行业进行计算机初级、中级能力考试培训、彩色桌面系统计算机培训,培养了一大批计算机人才。

1997年8月,上海市劳动局批复同意上海新闻出版教育培训中心设立上海市新闻出版行业第一职业技能鉴定所。2000年10月中心获新闻出版署教育培训中心上海分中心的授牌。

2001年,受上海市新闻出版局委托,上海新闻出版教育培训中心组织承办了首期出版专业高级研修班,20位学员赴美国纽约大学出版研究中心进行为期两周的专业培训。之后中心又相继与美国、英国、德国、加拿大、澳大利亚、瑞典等大学建立了培训中长期合作计划。

2002年,上海新闻出版教育培训中心承担首届全国出版职业资格考试上海地区考前辅导工作,424人取得合格证书,上海地区考试合格率获全国第一名。

2004年2月,上海市新闻出版局同复旦大学签署委托培养传播学专升本学历教育协议书,明确上海新闻出版教育培训中心举办传播学专升本业余班。同年10月,由上海市新闻出版局主办、上海新闻出版教育培训中心承办的首届"世界最美的书"装帧设计大师专题讲座在上海刘海粟美术馆开办。

2005年4月,上海新华发行集团新闻出版特有工种职业技能鉴定002站划归上海新闻出版教育培训中心。同年8月,上海市印刷品质量检测站从上海印刷技术研究所改挂靠至中心。同年9月,中心开通全国出版职业资格考试考前培训远程教育网。

2006年3月,"新闻出版知识在线"完成50门专业课程审定、上网调试及网络平台试运行工作,新闻出版总署副署长柳斌杰等相关领导200多人在上海参加了"新闻出版知识在线"学习平台开通仪式。同年5月,上海新闻出版教育培训中心与英国斯特灵大学签订教育交流协议。斯特灵大学出版研究中心每年招收由中心选送的具有出版专业管理经验的人员和优秀应届毕业生进入斯特灵大学攻读硕士学位,学制一年。2008年10月,中心与武汉大学研究生院签订协议,双方合作开办在职人员攻读管理工程硕士学位研究生班,本期研究生学员19名。

上海新闻出版教育培训中心成立后,为新闻出版行业输送了大批人才,先后获上海市文明单位、全国新闻出版系统先进集体等荣誉称号。

1980年至2010年,历任主要领导为张逢奇、王国忠、史寿康、严遐林、林贵森、周建平、贾丽进。

地址:上海市呼兰路921号　　邮编:200431

第四节　上海新华书店发行学校和职工中专

上海新华书店发行学校1978年9月成立。黄巨清兼校长。学校招收应届高中毕业生,学制两年,培养目标是书店营业员、发行员。第一届招生60人。以后每年招生一期,保持两个班级约100

名在校学生。校址在广东路 306 号。

到 1983 年,前后招生 5 届,毕业学生 275 人。学校有专职教职员工 11 人,开设政治、文化、业务课 14 门(包括政治、语文、史地、英语、书法、图书发行业务、图书发行事业史、图书分类知识、图书宣传知识、珠算、体育等),并逐步完善了教学计划和各项规章制度。学校办学经费由上海新华书店拨付。学生每年以三分之一时间(12 周)参加实习劳动。学校在市区部分书店门市部建立实习劳动基地,聘请一批老营业员任指导老师,并制定指导老师职责、学生实习考核办法等制度。学校还组织学生在假期节日义务参加售书劳动。学校办学 5 年间,先后共编写《图书发行概论》《图书发行业务》《书的知识》《图书分类》《企业管理知识》《作家作品》《科技知识》等专业教材 10 种。后由于生源无法保证,1983 年停止招生,1984 年 9 月停办。

上海新华书店职工中等专业学校 1984 年 9 月成立。张泽民兼校长。学校开设图书发行和图书储运两个专业,招收上海新华书店系统及其他图书发行单位年龄不超过 35 岁、具有初中毕业文化水平和两年工龄的正式职工入学,全脱产两年,国家承认其学历,学生毕业后仍回原单位工作。

学校培养对象为培养德智体全面发展、热爱图书发行事业、具有较为广博的基础知识、掌握较为系统的专业理论及一定业务技能的书店各部门尤其是销售部门的业务骨干。教学内容按新闻出版署颁布的成人中专图书发行两年制教学计划和课程设置进行。

学校有教职员 12 人(有高级讲师 2 名、讲师 2 名)。第一期职工中专 1984 年 9 月开学,招收新生 61 名,分设 2 个班级。学校规定学生每年须有 4 周回原工作单位参加实习劳动,并选定专题进行调查研究,积累素材,在毕业时写出调查报告,作为毕业作业。学校共招收五期、学生 150 人。

学校新编、修订改编的教材有《图书发行学基础》《图书分类知识》《图书宣传知识》《图书发行事业史》《图书发行企业管理知识》《图书出版印刷知识》《科技图书知识》等 20 多种。同时,通过与市中中学合办图书发行专业高中班、中专班以及创办两届电视大学商业企业管理和商业会计专业教学班、设立武汉大学图书情报学院图书发行专业函授班,培养了 96 名大专毕业生。1990 年停办。

发行学校地址:广东路 306 号　　邮编:200001

职工中专地址:沪太路 785 号　　邮编:200072

第五节　上海高校出版教育

20 世纪八九十年代,随着出版业快速发展和编辑学出版学研究的兴起,国内一些高校纷纷开设编辑出版类本科专业。1998 年,教育部调整高等院校本科专业目录,"编辑出版学"本科专业正式设立。2010 年 7 月,经国务院学位办批准,复旦大学等 14 所高校获得首批出版硕士专业学位(MP)授权点。上海出版专业教育开始形成包括中等职业、高等职业、普通本科、硕士研究生、博士研究生教育等多专业、多层次、多渠道的培养体系。

一、复旦大学出版专业

1985 年,复旦大学新闻系开设书刊编辑专业,首届学生从复旦大学哲学系、历史系、外文系、法律系、经济系等文科各系已学习两年的学生中选拔。学生写作基础比较扎实,有志于从事书刊编辑工作。转入编辑专业后,在继续学习原系科的主要课程的同时,接受编辑业务的专门训练。

书刊编辑专业先后招生三届学生,1988 年转入中文系后停办。新闻系教授姚福申开设《中国编辑史》课程的讲义后出版并为其他高校采用。一些出版社派资深编辑开设主修课,如张汶的《编辑学概论》、吴添汉的《编辑应用写作》、徐庆凯的《编辑与写作》。新闻系还请中文系教授陈炳迢开设《工具书应用》。这四门课的教材后来都作为专著出版。上海出版界名家罗竹风、宋原放、巢峰、江曾培、郝铭鉴等曾来校开设专题讲座。

2010年,复旦大学获批成为全国首批出版硕士学位授权点。复旦大学出版硕士专业学位点以复旦大学中文系为依托,整合复旦大学新闻学院、复旦大学出版社、上海世纪出版集团等校内外优质资源,致力于建设国际一流、国内领先的高层次、复合型、应用型出版专门人才培养基地。

二、华东师范大学编辑出版专业

2003年,经教育部批准,华东师范大学在传播学院传播学系开办编辑出版学本科专业,同年9月开始从全校各专业二年级学生中转专业招生,采用2+2培养模式,毕业生授予文学学士学位。2004级培养模式与2003级相同。2005年开始从高考考生中招收第一届编辑出版学专业四年制本科;2004年招收传播学(文化理论与编辑出版实务)学术学位硕士;2009年在中国语言文学一级学科下设"文学与传媒"方向,在传播学院招收博士,授予文学博士学位。截至2010年,编辑出版学本科招生163人,硕士招生38人,博士招生2人。

编辑出版学专业依托华东师范大学综合性研究型大学的影响力以及学校丰厚的人文传统与出版资源,发挥传播学院"大传播、多媒介"特色,以"博雅学识"与"适用技术"协同发展为培养原则,旨在培养具备系统的现代编辑出版理论知识与实践应用技能的高级专门人才,注重培养学生跨媒介内容生产和传播的综合能力。学生在读期间可进入华东师范大学出版社、上海人民出版社、上海九久读书人文化实业有限公司、上海读客图书有限公司、阅文集团等学院实习基地实习,也可进入上海世纪出版集团、复旦大学出版社、上海交通大学出版社等海内外知名出版传媒企业实践。

在联合培养和海外交流方面,华东师范大学编辑出版专业学生可参加学院与美国密苏里大学、澳大利亚昆士兰大学、英国诺丁汉特伦特大学开展的本科双学位合作项目及与英国利兹大学传播学院、诺丁汉特伦特大学媒体学院、拉夫堡大学社会科学系、香港城市大学媒体与传播学院建立的1+1+1硕士双学位项目。先后有多名本科生毕业后进入北京大学、复旦大学、南京大学、上海交通大学、美国明尼苏达大学、荷兰莱顿大学等海内外名校深造。毕业生就业领域遍及各类媒体组织。

三、上海师范大学编辑出版专业

2002年,经教育部和市教委批准,上海师范大学在人文与传播学院文化典籍系创建编辑出版学专业,2003年正式面向全国招收编辑出版学四年制本科生,招生规模每年35人左右。2006年开始招收传播学(编辑出版学方向)学术学位硕士(学制三年)。2008年设立现代出版研究中心。2009年获学校第五批重点学科建设。2010年开始筹建数字新闻出版实验室,并利用实验室创办上海编辑出版网、"槐市人"工作室等教学研究和实践机构。同年,编辑出版学开设网络传播方向专升本三年制夜大学,并开始招生。2010年,学校成立新闻传播学一级学科,下设传播学和新闻学两个二级学科硕士点,新闻学硕士点下设编辑出版学方向,有出版文化与新媒体实务研究、出版市场与营销研究、网络出版研究三个招生方向。

编辑出版学着重培养传统媒体及新媒体出版的编辑、策划与设计、制作、营销、管理等各方面人才,创办以来本科毕业率保持 100%,平均就业率高达 97%,研究生毕业率与就业率均保持在 100%。就业单位是一些大学与传统媒体及各类新媒体传媒公司。

截至 2010 年,上海师范大学编辑出版学专业共招生七届本科生,五届研究生,为社会培养和输送编辑出版人才百余人,成为上海市卓越新闻传播人才教育培养基地和全国高校出版专业教育指导委员会成员单位。

四、上海理工大学出版印刷学院

2003 年 5 月,根据上海市对上海高校布局结构调整的决策,上海出版印刷高等专科学校划归上海理工大学,并组建出版印刷学院,开展出版印刷本科教育。7 月 24 日,上海理工大学举行出版印刷学院成立大会暨挂牌仪式。上海出版印刷高等专科学校党委书记、副书记、校长、副校长分别兼任学院党委书记、副书记、院长、副院长,实行"两块牌子、一套班子"的管理模式,双方共同建设出版印刷专业教育,共享行业资源。这一办学模式一直延续至 2007 年。

2003 年,出版印刷学院正式招收编辑出版学、印刷工程(印刷技术方向、电子出版方向)专业及专业方向的本科生 176 人。2004 年包装工程、传播学、广告学 3 个本科专业正式招生。2005 年增设数字印刷本科专业,为全国第一个数字印刷本科专业。学院建院初期,以研究所建制取代系、部建制,设出版与传播、新媒体、印刷包装工程、数字印刷 4 个研究所。2006 年改系、部建制,成立新媒体与出版传播系、印刷与包装工程系,分别设立编辑出版学、传播学、印刷技术、包装工程等本科专业,积极开展科学研究和重点学科建设。

2005 年 11 月,为进一步推进上海和全国出版印刷行业高层次人才的培养,上海市政府和新闻出版总署签署协议,共建上海理工大学出版印刷学院和上海出版印刷高等专科专科学校。新闻出版总署在上海理工大学出版印刷学院和上海出版印刷高等专科专科学校设立出版印刷人才培养基地,为上海和全国出版印刷行业培养出版印刷专业的全日制专科、本科、研究生等高级专门人才,在满足上海和全国出版印刷对编辑出版、印刷复制、动漫游戏、数字出版、数字印刷等技能人才的需要的同时,承担有关产业发展、技术进步、人才培养等方面的科研任务和相关工作,承担编辑出版教育与产业结合的专题研究任务等,促进产学研合作。

2005 年,学院印刷出版学科成为上海市特色重点学科,同时筹建现代印刷科学实验中心和现代传播科学实验中心。现代传播科学实验中心通过新闻出版总署审核,被确认为总署数字传播科学重点实验室后,又申报教育部国家级实验教学中心,2007 年成为教育部国家级现代出版印刷实验教学示范中心。

2007 年 5 月,出版印刷学院与艺术设计学院合并,成立出版印刷与艺术设计学院,设新媒体与出版传播系、印刷与包装工程系、艺术设计系、动画系和工业设计系等系、部,有编辑出版学、数字印刷、包装工程、印刷美术、视觉传达、工业设计等 9 个本科专业和数字印刷、印刷包装工程、出版与传播、数字出版和现代艺术 5 个研究所。新媒体与出版印刷学科群成为上海理工大学重点建设的六大学科群之一。

学院成立初期,围绕上海市重点科学和本科教育高地建设,承担出版传播与印刷工程各类研究项目近 10 项;大力建设并完善了现代印刷、现代出版传播、现代创意设计三大实验系统,共计 15 个实验室。2006 年,学院依托上海理工大学管理科学与工程、光电工程一级学科博士点,设立传媒管理和印刷光学工程 2 个二级学科博士点。2005 年,学院与中国出版科学研究所(后更名中国新闻出版研究院)联合申报传播学硕士点,2006 年 1 月,学院得获传播学二级硕士学位授予权点,2007 年正式招生。硕士点设有出版传播与文化、数字传媒与新媒体、出版经济与产业政策 3 个研究方向。2010 年,学院获批招收印刷光学工程硕士,设有色彩再现理论与应用、数字出版技术、数字印刷 3 个研究方向。截至 2010 年底,学院有专职教师 129 名,其中正高职称 16 名、副高职称 22 名。

第二章　出版科研馆所

第一节　上海印刷技术研究所

上海印刷技术研究所（简称印研所）的前身为上海市印刷工业公司试验室，1956年8月创办，是新中国建立后在上海建立的专业印刷科研机构。1961年8月，上海印刷研究所正式成立，编制扩至120人，确立以新工艺、新技术、新材料、新设备为研究主要内容，重点是汉字印刷字体、印刷新材料和技术资料情报等。"文化大革命"中，印研所发展遭受挫折。1972年，创办内刊《印刷技术动态》。

1978年，上海印刷研究所更名为上海印刷技术研究所，由市出版局和市科委双重领导。研究所确定了新的研究方向：一是采用电子计算机信息处理技术的中文排版，包括汉字信息处理和配套照排字体的研究；二是新工艺、新设备的应用，包括部分胶印材料、特种油墨的研制；三是新型装帧材料、粉箔和装订材料、胶黏剂等的研制。

1984年7月，经上海市委宣传部和市出版局同意，印研所向市科委申报，获准为全市第一批上海科技体制改革的24个科研机构扩权试点单位之一，实行所长负责制，经费包干，逐步核减事业费，五年核减到位，实现经费自主，自负盈亏。同年，《印刷技术动态》更名为《印刷杂志》公开出版。1985年，《印刷杂志》编辑部改制为印刷杂志社。

1986年5月，为有利于上海印刷技术研究所科研成果的开发和投产，加强科研生产的密切结合，加快开发新产品，上海市出版局批复同意将原属上海出版印刷公司领导的上海市印刷八厂划归上海印刷技术研究所领导。

1993年上海印刷技术研究所发起并经上海市新闻出版局同意，成立上海市新闻出版局印刷品质量监督检测站（1995年升格为上海市印刷品质量监督检测站）。1992年和2002年，鉴于上海印刷技术研究所在字体设计、柔印技术领域的成就和领先优势及其在国内影响和地位，中国印刷技术协会柔性版印刷专业委员会（2005年更名中国印刷技术协会柔印分会）、中国中文信息学会汉字字形信息专业委员会先后挂靠上海印刷技术研究所。

1989年，作为市科技承包七家试点单位之一，从建立并完善科研经营机制方面进行配套改革；1992年，被列入市综合改革二十七家试点单位之一，从完善市场机制以及内部运行机制方面进行综合改革；2000年，根据上海市政府关于上海地方应用型研究所体制改革方案，上海印刷技术研究所与上海出版印刷物资公司、上海印刷器材制造厂、上海字模一厂、上海市印刷十厂等企业组建成以科研单位上海印刷技术研究所为母体的上海印刷新技术（集团）有限公司；2000年12月，上海印刷技术研究所改制为科技企业；2005年4月，上海印刷新技术（集团）有限公司成为上海文艺出版总社成员单位之一。

2010年，上海印刷技术研究所在职职工80余人，大专以上学历占64%，其中具有初级以上职称人员占71%，中级职称以上占41%，高级职称占11%。管理部门为党政办公室、人力资源部、资产财务部、科研开发部、行政管理科；专业科研部门为字体研究室、印刷材料研究室、印刷器材研究室、数字化研究室和《印刷杂志》社等。

1978年至2010年，历任主要领导为张漱芳、周寿彭、蔡纯新、顾国安、俞志惠、曹培章、周建宝。

地址：上海市新闸路1209弄60号　　邮编：200041

第二节 上海韬奋纪念馆

1956年,文化部批准在上海筹建韬奋纪念馆。馆址为原卢湾区重庆南路205弄(万宜坊)53、54号。1958年11月5日建成对外开放,沈钧儒题写馆名。1965年闭馆修改陈列,"文化大革命"中闭馆。1978年经上海市委宣传部批准复馆,1979年7月24日重新开放。1985年6月15日由市文化局划归市出版局领导。1996年11月和2003年1月,先后被市政府命名为上海市青少年教育基地和爱国主义教育基地。2005年1月14日,与中共一大会址纪念馆等11家单位,被上海市委宣传部列为"坚持党的宗旨,坚定理想信念"主题教育基地。

韬奋纪念馆由陈列室和故居两部分组成。陈列室在53号,分两层,按时间顺序,以照片、文字和实物展示韬奋从少年起,几经曲折,艰苦奋斗,成为杰出的新闻记者、政论家和出版家历程,及韬奋逝世后追悼和纪念他的情况。故居在54号,是韬奋一家1930年4月—1936年4月的住所,按原貌保存。作为市级文物保护建筑,1995年与2003年按"修旧如旧"原则进行修缮。

除接待参观外,韬奋纪念馆还开展各种形式的纪念活动。1978年,为迎接重新开馆,再版《韬奋文集》《邹韬奋》《韬奋的道路》,影印出版韬奋最后的手稿《患难余生记》,并且协助拍摄了韬奋传记影片。1984年7月在北京举行韬奋逝世40周年座谈会,胡愈之、邹家华等100余人出席;1985年,为纪念韬奋诞辰90周年,邮电部发行韬奋纪念邮票;1995年,为纪念韬奋诞辰100周年,召开《韬奋全集》发布会、韬奋思想研讨,拍摄电视专题片《韬奋在上海》;1998年,与上海三联书店在上海图书馆联合举办上海·读书·新知三联书店成立50周年和韬奋纪念馆成立40周年图片展;2003年,为配合故居修缮后重新开馆,请雕塑家郑炎风创作韬奋半身铜像,制作韬奋铜章等纪念品;2005为纪念韬奋诞辰110周年,组织诗、文、书画征集活动,收到夏征农、于友先等的题词及书画作品近40件。

2003年11月,出版博物馆(筹)成立。2004年2月,经市委宣传部批复同意开始前期工作。2007年9月,市新闻出版局决定上海韬奋纪念馆与出版博物馆(筹)合署办公,一个机构、两块牌子。2008年7月,上海市市长韩正与新闻出版总署柳斌杰署长签订部市合作框架协议,正在筹建的出版博物馆作为部市合作共建项目,后经新闻出版总署批复同意更名为中国近现代新闻出版博物馆。

2003年11月以来,出版博物馆(筹)陆续开展了藏品征集,史料研究整理,口述历史采访拍摄,馆刊、文库出版,藏品库建设等工作。出版博物馆(筹)配备专业摄影棚和后期制作设备,以出版人和出版事件为线索,开展口述历史采访。结合口述历史采访,制作了多部电视专题片,包括为纪念邹韬奋诞辰110周年制作的《韬奋人生》,为纪念张元济诞辰140周年制作的《世纪书生》,与上海电视台纪实频道合作制作了8集纪录片《火种——中国科学社》等。

出版博物馆筹建以来还举办了一系列文化活动,包括"上海,中国近代出版业从这里起步"主题展;纪念夏丏尊诞辰120周年、逝世60周年学术研讨会;纪念张元济诞辰140周年暨第三届学术思想研讨会;赵家璧诞辰100周年纪念座谈会;《金性尧全集》出版座谈会;王仿子《出版生涯七十年》座谈会等。

2008年,在钦州南路81号出版大楼内建设上海韬奋纪念馆和出版博物馆藏品库及藏品管理信息系统。截至2010年底,上海韬奋纪念馆共保存和征集文物、资料、照片4 000余件,其中一级文物8件。藏品主要有邹韬奋手迹、遗物、生活用品、著译的各种版本、主编的刊物原版本、未公开发表过的文章;生活书店的主要档案;重大历史事件资料和邹韬奋逝世后,叶剑英、宋庆龄、邓颖超的题词手迹等。

出版博物馆(筹)已入库藏品1万余件/套,以近现代出版物和名人手稿、书信、照片、生活用品、生产用品等为主。征集的第一件藏品是由商务印书馆上海印刷股份有限公司捐赠的巴金为商务百年庆题字手迹,此外还有张元济使用过的家具及用品、开明书店股权收据、万叶书店股票、赵宏本绘连环画手稿、史久芸日记、民国时期的石印机、木活字等。

1978年至2010年,历任主要领导为袁信之、韩罗以、王永序、邹嘉骊、倪墨炎、陈保平、雷群明、林丽成。

地址:上海市重庆南路205弄53、54号　　邮编:200025

第三节　上海中华印刷博物馆

上海中华印刷博物馆原名为中华印刷展示馆,2008年年初由上海印刷(集团)有限公司出资与上海中华印刷有限公司、商务印书馆上海印刷有限公司共同筹建,选址在青浦区汇金路889号上海印刷(集团)有限公司青浦现代印刷基地内,展览面积2 000多平方米。2009年4月建成试运行,2009年6月18日对外开放,2009年8月被市委宣传部、市科学技术委员会、市教育委员会、市科学技术协会命名为上海市科普教育基地,2009年12月被上海市人民政府命名为上海市爱国主义教育基地。

上海是中国近现代出版印刷的发源地。商务印书馆和中华书局及印刷所的历史变迁、发展概况代表着上海乃至中国近代出版印刷史的发展历程。商务印书馆和中华书局员工具有光荣的革命传统,在新民主主义时期的历次重大斗争中,涌现出刘华等30多位革命烈士。

上海中华印刷博物馆以上海近代印刷发展史为时间主线,以印刷馆的主题"印刷让文化更灿烂,让世界更文明"为空间交织点,通过上千幅珍贵历史照片和实物,综合介绍了商务印书馆、中华书局及印刷所等中国主要出版印刷企业的历史变迁、发展概况及为振兴民族印刷工业、弘扬中华优秀文化、繁荣我国出版、印刷事业所作的贡献。展馆中关于商务印书馆和中华书局工运史及烈士的介绍,是上海工运史的一部分,也是中共上海党史的一部分。

上海中华印刷博物馆由序厅及发展历程馆、企业文化馆、技术质量馆、生产设备馆、印刷知识馆和现代产品馆组成。展馆结合商务印书馆和中华书局及印刷所当年的生产实际,通过大量实物、照片和文字说明,对制版、印刷及装订的技术、设备、工艺、特点等作了生动详细的展示,演绎中国古代雕版印刷术和活字印刷术的起源与发展史。特色品牌项目是"一本书是怎样做成的"。

2009年至2010年,主要领导为杨龙根、林伟成。

地址:上海市汇金路889号一楼　　邮编:201707

第四节　上海印刷博物馆

上海印刷博物馆1998年10月落成,由上海出版印刷高等专科学校筹建并对外开放。最初馆名为中国印刷博物馆上海展馆,2003年更名为上海印刷博物馆,是上海市爱国主义教育基地和上海市科普教育基地,上海市未成年人校外教育活动示范性场所,属高校博物馆系列。

上海印刷博物馆展览面积1 200平方米,馆藏展品约有1 900件。展馆以"存史育人"为宗旨,荟萃中国古代印刷术的发展源流与印刷文化的精华,展示近代上海印刷业的发展轨迹及其对中国近代社会文化与经济发展的影响。通过馆内的印刷工坊等展陈内容,观众还可以亲身体验印刷术的千年演变过程,感受印刷术如何美化人类生活,了解在新媒体时代印刷术仍然担负着让文化更灿烂、让世界更文明的重任。

上海印刷博物馆以丰富多彩的展品展现上海作为中国近代印刷工业的发源地,如何由手工作坊式的古代印刷技术向以机械操作作为主要特征的近现代印刷技术转换,并逐步形成具有中国本土特色的近代印刷工业的历史进程。展陈特色是以传统展示与数字化技术相结合,为观众呈现印刷精品的制作过程,诠释印刷术深厚的科技与文化内涵。

上海印刷博物馆推送印刷文化,为社会大众提供优质服务,传承中华文明,构筑和谐文化的教育平台,并建立了以博物馆为纽带的教学→实践→科研一体化育人平台,以及社会共享的专业服务支撑平台,将博物馆教育融入中小学教学实践,提升对青少年服务的质量,同时创新博物馆文化传播方式,注重互联网的运用,增强文化育人有效性,形成了良好的社会影响力。

1998年至2010年,历任主要领导为顾凯、乐秀文、滕莉。

地址:上海市水丰路100号　　邮编:200093

第三章　教育和科研成果

第一节　教　育　成　果

一、高等教育成果

【上海市新闻出版局职工大学】

上海市新闻出版局职工大学前身是上海印刷工业公司"七二一"工人大学,1974 年创办,是一所成人高等专科学校。1978 年开始招收大专班学生,至 1988 年共培养学历班大专生 586 人。1998 年撤销建制。

学校参与编写不少大专教材。1976 年至 1978 年,完成《手选照相制版》《高分子凸印版材化学》《平版印刷工艺学》《胶印机结构和调节》《印刷机械基础》《凸版书刊印刷工艺》《凸版书刊印机结构》《书刊装订》,并修订了《印刷概论》。1980 年,以上海出版印刷公司职工大学名义印行了《凸版图版印刷工艺》《凸版印刷机结构》《胶印机调节和使用》。此后陆续编写的有《平版晒版》《铜锌版照相制版》《上海书刊印刷企业管理讲义》《书刊印刷质量管理》《上海书刊印刷工业企业管理》等。1985 年出版局职工大学开办印刷工业企业管理专业,编写完成《书刊印刷工业企业管理》《书刊印刷工业统计》《书刊印刷工业会计》。为满足全国印刷企业对在职职工中级培训教学需要,1987 年至 1992 年编写完成 14 种中级工专业教材,包括《平版印刷工艺》《印刷机结构和原理》《图版装潢印刷技术》《书刊装订技术》《书刊装订机械》《手动照相排版技术》《平印照相制版技术》《电分的层次与色彩调校》《书刊印刷工艺》等,内部发行。

1989 年,启动编写印刷工人高级技术培训教材,1991 年至 1992 年,以上海市新闻出版局职工大学名义,印行了《活字装版工艺》《平版印刷工艺原理》《装订工艺与结构》《电子照相排版》《平版印刷机结构原理》5 种教材。

1994 年 9 月,经上海市编制委员会批复同意,上海市新闻出版局职工大学和上海市印刷技工学校合并组建为上海新闻出版教育培训中心。1998 年上海市新闻出版局职工大学撤销建制。

【上海出版印刷高等专科学校】

1957 年始,上海出版印刷高等专科学校的前身——上海印刷学校即相继成立情报资料室和专业教材编审委员会,编译专业教材和参考资料。至 1963 年 8 月共编写并出版教材 50 余种,对当时全国的印刷教学工作和教材建设起到了积极推动作用。

1978 年复校后,又开始编写或修订教材,至 1986 年共编写教材《印刷色彩学》《印刷材料学》等 20 余种。1987 年学校升格为大专后,开始组织编写印刷类高专试用教材一套 11 册,1992 年出版。1995 年设立教材编审委员会,根据专业设置和教学计划的调整与改革,重新组织编写与新技术、新需求相适应的《图像处理》《数字加网技术》《现代印刷机原理与结构》《数字印刷》等新教材。

1987 年建立印刷工程研究室、《印刷业大全》编辑部、出版研究室等,开展科研活动。1994 年编辑出版《印刷业大全》,1995 年编辑出版《中国近代印刷史》。1987 年以来,学校相继承担"微球复合型钢轨绝缘弹性垫板""印刷机故障诊断""多色胶印机自动控制模拟系统""无水平版印刷关键因素及印刷适性研究""电子出版高效快速输出技术研究""高等学校教育成本结构比例及其优化研究""电脑制版关键技术研究""国产印刷材料在印刷分色中应用研究""基于自适应神经网络的图像质量远程控制技术""基于 PPML 的可变数据印刷技术研究"等省市部委级项目。

1990 年 1 月,学校主办的《出版与印刷》专业技术性杂志创刊,始为半年刊,1995 年改季刊,至 2010 年底已出版 79 期。杂志面向出版与印刷领域,着眼于出版实务与印刷工程的理论研讨与技术开发应用,反映行业的动态与科研成就,提高出版印刷技术,促进新设备、新材料、新技术、新工艺应用的专业技术性杂志。设有学科建设、出版研讨、印刷工程、视觉传达设计、教育与培训等栏目,可读性与实用性很强。

1998 年 10 月,中国印刷博物馆上海展馆在学校落成,2003 年更名为上海印刷博物馆。

2000 年至 2010 年,学校承担全国教育科学"十五"规划重点课题、上海市自然科学基金项目 1 项、上海市哲学社会科学规划课题等重要科研项目,科研经费总额 230 多万元,平均每年公开发表出版传播、印刷类科技学术论文近百篇。

2005 年,学校建立印刷出版教育高地、传播科学基础实验中心(动漫研发与教育基地),新闻出版总署在学校设立出版印刷人才培养基地。

2006 年,受新闻出版总署委托,举办全国第一期新媒体出版与传播高级研修班。

2007 年,印刷技术、出版传播专业被确认为上海市重点专业,学校建立现代印刷实验中心。

2008 年,通过数字印刷实训中心、数字出版实验室项目论证,举办数字化时代出版印刷人才培养高峰论坛和新闻出版总署全国第一期图书动漫出版专业人才业务培训班。

【上海理工大学出版印刷学院】

上海理工大学出版印刷学院建院之初就坚持以科研为主导,设有出版与传播、新媒体、印刷包装工程和数字印刷等 4 个研究所。

学院教材建设由教材建设委员会负责。2000 年以后,学院教师编写大学教材,已出版《色彩学》《数字印前技术》《印刷概论》《凹版印刷》《印刷色彩管理》《现代印刷机原理与结构》《印刷工艺与原理》《电子出版概论》《成像技术》《排版技术》《数字媒体基础与实验》《印刷图像处理》《平版制版、晒版、打样实训教程》《平版印刷和平版多色印刷实训教程》《数字印刷》等。

2005 年 11 月 2 日至 4 日,由新闻出版总署主办,上海理工大学、中国出版科学研究所和中国印刷科学技术研究所共同承办的 2005 年上海印刷出版技术与教育国际研讨会在上海出版印刷高等专科学校举行。出席研讨会的海内外嘉宾共 160 余名,分别就数字印刷、印刷工程与包装、出版与传播、新媒体等技术与教育进行了专题研讨和学术交流。参会的 180 篇论文收入在《2005 上海印刷出版技术与教育国际研讨会论文集》(《出版发行研究》增刊)中。

2003 年学院成立后,科研水平获得较大提高。至 2006 年,教师在各类刊物发表论文 394 篇,出版著作 10 部,在各类学术会议上发表论文 52 篇,并承担上海市教委课题、上海市教委优秀青年教师后备人选基金项目等纵向和横向科研项目共 61 项,促进了出版印刷学科建设的发展和教学工作的进步。其中承担的省市部级项目有"社会变迁中的图书出版""上海地区图书销售网点合理性及其优化研究""电脑制版关键技术研究""图文混合可变数据印刷的实现技术研究""数字媒体的色彩管理技术研究""非吸收性材料印刷适性的研究""基于平面理论的数字印刷分色模型研究"等。

【其他高校的编辑出版专业】

截至 2010 年,上海师范大学编辑出版学专业教师主持和参与了"中外出版物定价机制的比较研究""普通编辑学""上海音像产业的现状、问题与对策研究"等多项国家和省部级项目及横向项目,在国内外期刊发表数十篇论文,出版《现代图书编辑实务》《出版学基础》《成功出版完全指南》等多部著作和教材。

华东师范大学编辑出版专业主持和参与了多项国家和省部级项目,如国家社科项目"印刷现代性与中国现代文学的发生——以晚清民初的出版活动为中心"、上海社科项目"晚清民初印刷技术转型与文学变革";国家社科项目"新媒体环境下阅读引导与读者服务的协同推进研究";上海市语委语言文字应用研究"十一五"重点课题"网络语言文字使用动态研究与分析"等。

二、中等职业教育成果

上海市印刷技工学校 1962 年创办后,编写完成首批印刷技工专业教材。1975 年上海印刷工业公司"七二一"工人大学成立后,教材编写多以大学名义进行。

2008 年,学校组织教师参加由全国新闻出版系统职工技术学校统编教材审定委员会组织的教材编写工作。上海新闻出版职业技术学校主编或参编教材有《平版印刷工艺》《印后加工》《柔性版印刷工艺》《包装概论》《印刷机结构与调节》《电脑排版工艺》。

三、教育培训

为适应新闻出版行业发展需要,上海新闻出版教育培训中心(上海新闻出版职业技术学校)的培训层次、培训质量和培训规模逐年提升,全国新闻出版系统出版职业资格培训形成品牌、新闻采编人员培训形成规模、出版会计人员岗位培训形成制度,印刷发行技能培训与技能竞赛全面融和。特别是信息化建设取得明显成效,出版职业资格远程教育和新闻出版知识在线在全国出版界获得认可。职后学历教育也取得突破性的进展,中心与复旦大学、武汉大学、英国斯特灵大学建立了多种层次的职后学历教育,形成了短期培训与职后学历教育并举的格局。中心每年定期策划大型活动和高层论坛,成功策划了世界最美图书论坛、出版发行国际论坛、全国图书发行高层论坛等活动。其中成为培训品牌和亮点的有:

1991 年至 2010 年举办全国四色胶印机机长培训班共 40 期,为全国各地培养 1 200 余名技术骨干;1996 年至 2010 年举办全国卷筒纸胶印机机长培训班 20 多期,培训机长 700 余人。

1996 年至 2010 年为全国新闻出版行业包括报社社长、总编,期刊社社长、主编,新编辑,互联网出版主编等岗位举办培训班,共培训 2 763 人。

1996 年至 2010 年举办全国书刊定点印刷企业厂长培训班共 23 期,培训厂长 672 人。

1997 年至 2010 年为行业内职业资格技能鉴定 19 952 人,鉴定合格发证 12 380 人。

2002 年至 2010 年经培训后参加出版职业资格考试合格人数达 3 888 人,上海地区连年考试合格率获全国第一名。

2005 年至 2009 年与复旦大学继续教育学院合作举办专升本班毕业人数 195 人。

2006 年至 2010 年与英国斯特灵大学合作进行的硕士培训毕业人数 44 人。

上海新闻出版教育培训中心受市新闻出版局委托,先后与美国纽约大学、英国斯特灵大学、澳大利亚悉尼科技大学、加拿大西蒙佛雷泽大学、瑞典乌普萨拉大学出版研究中心和新闻学院建立了培训中长期合作计划。从 2001 年第一批 20 人赴美国纽约大学出版研究中心进行国际培训起至 2010 年共培养合格的国际出版人才 214 人。2004 年至 2010 年为评选"中国最美的书"举办的设计研讨会与培训人数为 939 人。

2006 年首创"新闻出版知识在线"学习平台,至 2010 年开设课程 290 门,上线学习人数共计4 160 人。

上海新闻出版教育培训中心坚持立足行业、依托行业、服务行业的办学理念,以特色鲜明、专业突出,干部培训和职业教育相结合的办学模式,培养造就了一大批出版、印刷行业的经营管理干部和专业技术人才,多次获得新闻出版总署肯定。

第二节　科 研 成 果

一、上海印刷技术研究所科研成果

上海印刷技术研究所自成立以来,共获得国家级、省部级科研成果 200 余项奖项,并拥有一批具有自主知识产权的科技创新产品,尤其是在汉字印刷字体的设计与创写、汉字信息处理及照排系统、微机管理软件、印前图文制作数据库等备受业界和社会各方瞩目。在印刷材料(包括 PS/CTP版、热熔胶、橡皮布、水性油墨、装帧材料、柔性版材和金属网纹辊等)的研制开发方面,同样硕果累累。2009 年 6 月由上海市人民政府批准,汉字印刷字体书写技艺项目被列入第二批上海市非物质文化遗产项目名录;《古文字诂林》查询系统等多款软件获国家版权局"计算机软件著作权登记证书"。编辑出版的印刷专业期刊《印刷杂志》在业界颇具影响并深受关注。周寿彭和顾国良、沈康年等获毕昇印刷技术成就奖和森泽信夫印刷技术奖。

【保护、传承、开发原创字稿】
在传统手工设计与计算机接轨的探索和实践中,上海印刷技术研究所对原创字稿进行保护、传承、开发工作,相继完成《大辞海》宋、黑体和字典宋体以及古琴减字谱等新字体的开发与字库制作;与北大方正公司多次合作,研制开发华隶体、胖娃体、金农体、卡通体等字体。其间还完成了"大字符集汉字基本属性系统"科研项目。

【推动印刷技术革命】
上海印刷技术研究所为我国印刷技术第二次革命作出贡献。在配合排版技术改革方面,曾先后为劳动仪表厂的照相排字机研制玻璃字模版提供了技术支持,又参与半自动照排机的研制,乃至后来在国务院领导的批准下,与中国印刷科学技术研究所联合引入英国蒙纳公司的中文激光照排系统,由北京、上海两地进行联合演示。在上海市政府及市新闻出版局的支持下,调集大批技术人员参与该项目在上海市印刷三厂的展出与演示。因蒙纳公司演示的中文激光照排系统字库中可演示的汉字寥寥无几,大量的汉字字表编排、创写与数字化工作需要印研所承担。上海印刷技术研究所成立激光照排实验室,完成蒙纳中文激光照排系统的四副通用简体汉字印刷字体的设计创写和字库建设以及与汉字信息处理相关技术的研发。1989 年,由上海印刷技术研究所中国长城计算机集团联合设计制造的中文电脑排版系统,在联合国投标中标并在联合国纽约总部投入使用。

【完成 99 版《辞海》印前制作技术攻关】

被列为上海市重大文化工程的 99 版《辞海》印前制作,由上海印刷技术研究所领衔进行技术攻关并完成,解决了 99 版《辞海》和《大辞海》的大字符集字库与新颖的彩色图文照相排版的工艺技术难题,填补了出版印刷史上的多项国内技术空白。在为"集万卷于一册,汇众说于一编"的国家古籍整理重点出版项目《古文字诂林》的成功出版,运用计算机技术解决甲骨文、金文等八大类古文字的排版难题提供了解决方案,化解了古文字字形"难辨、难识、难输入、难修改"的难题,在古文字电脑排版方面取得了突破和成功,对我国大型工具书的出版以及多媒体网络出版产生重要的影响。

【承担重要会议重要活动文印工作】

2001 年,上海印刷技术研究所根据市有关部门的要求,组建上海埃佩克数码快印有限公司,在举世瞩目的上海 APEC 会议期间承担上海五国首脑会议和 APEC 上海会议及中国对外友协等举行的中美《上海公报》发表三十周年纪念会等文印工作,得到外交部和上海市领导表扬,获上海市委宣传部和上海市新闻出版局嘉奖。完成了 2002 年 5 月在上海召开的亚行年会会议文件印制任务,受到主办方和市有关部门领导好评,为以后在数字印刷技术方面提供了经验与借鉴。

【印刷新材料研发成果丰硕】

在计算机直接制版用版材(CTP 版)研发方面,完成"光敏、热敏 CTP 版材产业化关键技术及工艺的研发""UV－CTP 印刷版材生产流水线技术改造"等项目,自主研发了国内首个光聚合 CTP 版高性能感光胶,使新生产的非银光聚合 CTP 版的感光度大幅度提高,并成功研制了一套能生产光敏、热敏 CTP 版及 PS 版三位一体的高性能版材的电解、氧化高性能设备。在印刷柔性版研发方面,完成"高速柔性印刷版""柔性版挤出法生产工艺流程应用"等项目的研发。三是在网纹辊研发方面,完成了"高精度涂胶辊""高精度 PET 膜涂胶网纹辊轧制技术与工艺研发"等项目,研发出适应不同用途的高精度网胶辊,不仅应用于印刷包装产品,还适用于汽车膜、建筑膜、功能膜、装饰膜、IT 膜等领域,其成果获得了实用新型国家专利证书。

【沪版图书内容数字化开发】

上海印刷技术研究所进入上海文艺出版总社后,抓住机遇,承担总社"沪版图书内容数字化"的开发的重任,完成上海咬文嚼字文化传播有限公司的"《咬文嚼字》为基础的汉语言文字数字化传播建设"、上海音乐出版社的"钢琴类作品数据库"、上海人民美术出版社的"年画、宣传画数据库"等合作研发项目。此外还自主研发了"基于出版内容资源化建设的计算机数据处理系统"等科研项目。

二、上海韬奋纪念馆、出版博物馆(筹)科研成果

【上海韬奋纪念馆】

1978 年以来,上海韬奋纪念馆解读、研究韬奋佚文及手迹等史料,组织研讨会,弘扬"热爱人民,真诚地为人民服务,鞠躬尽瘁,死而后已"的韬奋精神,取得不少研究成果。

依托丰富的馆藏,纪念馆在披露史料,出版文献和研究成果上做了大量工作。1981 年、1982 年

影印出版韬奋在香港主编的《生活日报》和《大众生活》(香港复刊版),为韬奋研究者提供了第一手资料。1982年,由上海韬奋纪念馆供稿、曹辛之主编的《韬奋画传》在北京三联书店出版,画传以图文并茂展示韬奋的一生,后与韬奋自传《经历》合编2004年再版。1984年,《韬奋手迹》由香港三联书店出版,汇集了多年收集、整理的韬奋手迹,国家名誉主席宋庆龄题签,留下她最后的遗墨。2005年,《韬奋手迹》新编出版,增加新发现的韬奋手迹24件及《患难余生记》手稿全文,并为手迹增添释文。此外还出版了《韬奋论新闻出版》(1990)、《事业管理和职业修养》(2004)、《浩气长存——纪念韬奋诞生110周年画集》(2005)。

1990年11月,上海韬奋纪念馆与中国韬奋基金会、市新闻出版局等联合举办韬奋研究首届学术研讨会,宋原放、王维、方行、赵斌、邹嘉骊等出席。1995年11月,为纪念韬奋诞辰100周年和《韬奋全集》的出版,上海韬奋纪念馆和中国韬奋基金会等再次举办韬奋思想研讨会。两次研讨会的论文和韬奋诞辰100周年纪念会的重要发言,汇编成《韬奋研究论文集》出版。

2003年11月,上海韬奋纪念馆与中国编辑学会、中国韬奋基金会、上海市编辑学会等联合举办韬奋新闻出版思想研讨会,次年出版第一辑《邹韬奋研究》。之后,每次研讨会后,都会将论文结集出版新一辑《邹韬奋研究》。2005年7月,为纪念韬奋诞辰110周年,上海韬奋纪念馆与中国编辑学会、北京印刷学院出版传播与管理学院、江西省新闻出版局等联合主办韬奋思想研讨会。2007年,上海韬奋纪念馆与北京印刷学院共同主编的三卷本《店务通讯》排印本出版。《店务通讯》是生活书店的一个内部刊物,为研究韬奋和生活书店的重要史料。排印本出版后,以北京印刷学院年轻教师和研究生为骨干的研究者发表了不少研究文章,后收入2008年出版的第三辑《邹韬奋研究》。

【出版博物馆(筹)】

2004年起,博物馆组织出版"出版博物馆文库",文库由史料、专集、研究三个系列组成。至2010年,史料系列出版了《连坛回首录》《郭沫若与群益出版社》《出版家黄洛峰》《书简情——欧阳文彬藏信选》《出版生涯七十年》,专集系列出版了《金性尧全集》,研究系列出版了《历史上的中国出版与东亚文化交流》。

2004年始,开展口述历史采访,先后采访拍摄王选、夏征农、曾彦修等200余位出版前辈,还就《辞海》、"老三联""现代汉语词典""连环画"等进行专题采访拍摄。2007年,博物馆与上海电视台纪实频道合作,将中国科学社的口述历史采访内容制作了八集专题纪录片《火种——中国科学社》。

2007年,馆刊《出版博物馆》创刊,至2010年底已出版12期。馆刊立足于中国近现代新闻出版的史料收集、整理、研究,旨在促进出版史的学术交流,内容涉及近现代的报纸、书籍、刊物及相关机构、人物的历史研究;尚未披露的日记、书信、手稿的发表;出版口述历史的整理等。开设书业史话、书界故人、书林刊苑、序跋选读、馆藏赏阅等栏目,被美国国会图书馆、哈佛燕京图书馆等国内外重要学术机构编目收藏。

2008年至2010年,先后与复旦大学、香港城市大学、日本关西大学等合作举办"历史上的中国出版与东亚文化交流""出版文化的新世界:香港与上海""印刷出版与知识环流:16世纪以后的东亚"三次出版史国际学术研讨会。通过持续的学术活动,建立起一支国际化的学术顾问团队,为博物馆筹建、发展提供学术支持。

三、上海出版研究著述、论文简介

【著述】

《韬奋与出版》 钱小柏、雷群明著。学林出版社 1983 年 6 月出版。分为韬奋生平、韬奋出版的基本思想、韬奋与编辑工作、韬奋与印刷发行、韬奋与经营管理 5 部分，系统反映了韬奋出版工作的真实情形。书后附有韬奋出版工作大事编年、韬奋译著及编辑的书目、生活周刊社及生活书店出版的刊物和图书目录。

《回忆亚东图书馆》 汪原放著。学林出版社 1983 年 11 月出版。上海亚东图书馆，前身是芜湖科学图书社，由汪原放的叔叔汪孟邹创办。作者根据亲身经历和有关日记、书信、文件等撰写的这本回忆录，提供大量有关亚东图书馆和当时上海出版业的出版史料。2006 年 2 月更名《亚东图书馆与陈独秀》出版修订本。修订本附录有《亚东图书馆简史》《亚东图书馆同人名录》等及郑超麟、陈旭麓、吉少甫的文章。

《在出版界二十年》 张静庐著。上海书店 1984 年 9 月影印出版。1938 年由汉口上海杂志公司出版，为张静庐自传，主要回忆其在出版界风风雨雨二十年的经历，对于了解当时上海出版业的情况也有重要参考价值，附录《杂志发行经验谈》。

《忆韬奋》 邹嘉骊编。学林出版社 1985 年 11 月出版。全书分 3 部分，第 1 部分文件、文献，收入中共中央唁电、周恩来致邹韬奋夫人沈粹缜的慰问信等；第 2 部分收入各界人士撰写的回忆、纪念文章百余篇，入选文章以史料保存价值为衡量标准；第 3 部分收入韬奋逝世 40 余年来各界人士的题词、挽词、诗歌等，其中不少为首次公布。书末还附有韬奋研究资料目录索引。

《我与开明》 中国出版工作者协会编。中国青年出版社 1985 年 8 月出版。为开明书店 60 周年纪念文集，分 3 个部分，第 1 部分 30 篇，由前辈编辑、作家追忆自己与开明的深厚情谊；第 2 部分 16 篇，缅怀已作古的开明人物；第 3 部分 16 篇，由作者总结在开明工作经验。附后记等 4 篇，并由唐锡光撰写《开明的历程》。

《印刷史话》 魏隐儒、王金雨编著。上海科学技术出版社 1988 年 9 月出版。以简明通俗的表述，分专题介绍我国印刷术的发展历程及在各方面的创造发明。书末附有《印刷史大事年表》。收入"中国科技史话"丛书。

《中国印刷史》 张秀民著。上海人民出版社 1989 年 9 月出版。国内第一部全面、详尽和系统的中国印刷史专著，追溯印刷术发明 1 000 多年间的刻书和印书历史，详细讨论各个时代的刻书地点、刻本内容、版本特色、刻工印工的生活和事迹以及各种刻印的方法。书前有有关印刷史的图版、照片等 25 页。附录有《中国印刷史大事年表》《北宋至清年号简表》等。

《中国编辑史》 姚福申著。复旦大学出版社 1990 年 1 月出版。分上下两编。上编着重探讨编辑工作的起源，历代典籍体制的演进，著名编辑家的业绩以及社会政治、经济、文化等因素对古代编辑出版工作的影响。下编主要阐述自鸦片战争以来到新中国成立之前的编辑出版活动，评述为进步文化事业作出重大贡献的近代编辑家。2004 年 6 月出版修订本，增补新中国成立以后的三个章节及有关图片和索引。

《中国图书业经济分析》 陈昕、杨龙、罗靖著。学林出版社 1990 年 12 月出版。以图书市场为研究对象，分析近 10 多年来中国图书市场的基本状况：从卖方市场转为买方市场；图书价格管制从严紧趋向宽松；图书市场已展开短期竞争但长期竞争不足；书业信息搜索费用转移，开发潜在图书市场;新华书店面临发展瓶颈。书末比较了中外图书市场发展的背景。

《中国科学技术史：纸和印刷业》 ［美］钱存训著,刘祖慰译。科学出版社、上海古籍出版社 1990 年 7 月联合出版。为李约瑟主编《中国科学技术史》第五卷《化学及相关技术》的第一分册,按通史规模写作,研究中国文化中造纸与印刷术的起源与发展,涵盖各个不同时期,设计工艺、美学、用途及在全世界的传播和影响等。

《上海出版十年(1979—1988)》 上海市新闻出版局办公室编。百家出版社 1990 年 8 月出版。分前言、概述、专页、上海市报刊名录、上海出版统计表 5 部分。概述介绍近十年上海图书出版、报刊出版、印刷生产、发行渠道、科技教育、对外交往的概况。专页部分按单位排列,有出版主管单位、行业协会、出版社、科教机构、印刷厂概况。

《中国近代报刊名录》 史和、姚福申、叶翠娣编。福建人民出版社 1991 年 2 月出版。较完整收入 1815 年中国近代报刊创刊至 1911 年辛亥革命期间出版的中文报刊 1 753 种和国内出版的外文报刊 136 种,对每一种报刊都作简要介绍,一些重要报刊并叙述其历史沿革、社会影响及各大图书馆收藏情况。附录有《中国近代中文报刊创刊年表兼索引》《中国近代中文报刊出版地点分列表兼索引》。

《中国出版史》 宋原放、李白坚著。中国书籍出版社 1991 年 6 月出版。以文化发展为背景,对已有的出版史料作新的编排和考察,力图对中国出版史作宏观描述,勾勒中国出版史的发展线索、出版业的大致轮廓和出版业兴衰的历史动因。全书包括雕版印刷术发明前的文字传播、雕版印刷术的发明、书籍出版的黄金时代、古典文化总结时期的书籍出版、中西文化冲突中的近代出版业以及绪论、结语和附录等章节。

《上海商务印书馆职工运动史》 上海市新闻出版局、上海商务印书馆职工运动史编写组编。中共党史出版社 1991 年 6 月出版。《上海商务印书馆职工运动史》分四编,包括商务印书馆的沿革和职工队伍基本情况;上海商务印书馆职工运动史;中国共产党商务印书馆组织史;回忆录,人物小传,史料照片等。

《中华书局总厂职工运动史》 上海市新闻出版局、上海商务印书馆职工运动史编写组编。中共党史出版社 1991 年 6 月出版。《中华书局总厂职工运动史》介绍中华书局概况和沿革,叙述五四运动到新中国成立前夕中华书局总厂职工革命斗争史,收有中国共产党中华书局组织史资料和革命回忆录、烈士传等。

《书的知识》 贲炜著。湖南文艺出版社 1991 年 5 月出版。《书讯报》连载文章汇编,作者沿着人类历史的长河追踪图书运行的轨迹,分书的源流、书的结构、书的编辑、书的印刷、书的分类、书的使用、书的版权、书的版权贸易 8 个部分加以叙述。书后附有《中华人民共和国著作权法》。

《专科辞典学》 杨祖希、徐庆凯著。四川辞书出版社 1991 年 8 月出版。研究专科辞典的开拓性著作,分 12 章,分别论述了专科辞典的类型、编纂过程、总体设计、编写体例、选词、释义和稿件的审读加工等问题,深入探索了专科辞典从组织编纂到出版的全过程。

《上海革命文化大事记》(全 2 册) 市委党史资料征集委员会等编辑。上海翻译出版公司 1991 年 8 月、上海书店出版社 1995 年 5 月分别出版。分《上海革命文化大事记》(1937—1949)和《上海革命文化大事记》(1919—1937),以编年体形式记述 1919 年到 1949 年发生在上海的电影、戏剧、戏曲、新闻、出版、广播、文学、音乐、美术、教育和社会科学等方面的革命文化活动。

《中国出版简史》 吉少甫主编。学林出版社 1991 年 11 月出版。分三编论述中国出版发展的演进历程。从横断面来看,又包括编辑、印刷、发行和管理诸环节,有重点地叙述出版史上的重要史实,勾勒出出版历史的轨迹,并力求进行对出版规律的探讨。书前有 32 页有关出版史的照片、书影。

《近现代上海出版业印象记》　朱联保编撰,曹予庭校订。学林出版社 1993 年 2 月出饭。根据文献记录及作者自己的亲身经历,对自鸦片战争后上海辟为租界时起,一直到上海解放后对私营出版企业进行社会主义改造为止的上海地区书业情况的发展变化进行回忆与论述,涉及书店、出版社600 多家。

《风雨砥砺四十秋：上海新华书店简史(1949—1989)》　张泽民、任俊达主编。上海交通大学出版社 1993 年 12 月出版。记述上海新华书店各个不同时期的发展轨迹和若干重大事件的始末,从多侧面反映上海新华书店 40 年风雨砥砺的历程。

《新知书店的战斗历程》　《新知书店的战斗历程》编委会编。三联书店 1994 年 5 月出版。以1935 年在上海酝酿创办新知书店前后为上限,1948 年在香港和生活书店、读书出版社合并,建立生活•读书•新知三联书店为下限,收入回忆文章 82 篇,按时间顺序分 9 个部分,还有人物照片、书影、题词等 20 面。

《上海印刷工人运动史》　上海市新闻出版局党委、上海印刷工人运动史编写组编。中共党史出版社 1994 年 12 月出版。主要介绍上海印刷业概况及职工队伍概况,记述上海印刷工人自 1921年 7 月中国共产党成立至 1949 年 5 月上海解放这 28 年中,在中国共产党领导下进行革命斗争的史实及上海印刷系统共产党组织史和有关文献回忆资料、英名录等。收入“上海工厂企业党史工运史丛书”。

《生活书店史稿》　《生活书店史稿》编委会编。三联书店 1995 年 10 月出版。作者都是在生活书店创办时或以后各个时期参加书店工作的。全书分五编,以翔实可信的史料叙述生活书店的历史发展：生活书店的前身——《生活》周刊社、生活书店成立到抗战爆发、抗日战争前期大发展和国民党当局迫害、皖南事变后的战斗历程、与读书出版社、新知书店合并组成的三联书店迎接历史新任务。

《出版纵横》　宋原放著。上海人民出版社 1998 年 9 月出版。分 4 个部分：出版学与出版工作研究文集、革命战争年代出版生涯回忆、近现代中国出版大事年表、近现代上海出版家百人名录。其中近现代中国出版大事年表有 10 多万字,百人名录收入作者为《上海出版志》撰写的近现代上海出版家传略,有一定的史料价值。

《我与上海出版》　上海市出版工作者协会、上海市编辑学会编。学林出版社 1999 年 9 月出版。为反映新中国成立 50 年上海出版业发生的巨大变化,上海市出版工作者协会、上海市编辑学会联合举办“我与上海出版”的征文活动。收入的 50 篇文章大多是征文来稿,也有一部分取自各出版社的纪念册和作者的文集,从不同角度展示几代上海出版人为繁荣新中国出版业辛勤耕耘的赤诚心灵。书后附录《上海出版五十年》,介绍新中国成立后上海出版业的发展历程。

《新四军印刷史集》　上海市新四军历史研究会印刷印钞委员会及丛刊社编。学林出版社 1999年 9 月出版。分新四军及华中抗日根据地印刷事业概述、新四军军部及各师、地区印刷事业大事记和回忆录三部分,对新四军及华中根据地出版、印刷情况作比较全面的介绍。书前有新四军军歌、新四军印刷厂厂歌等。

《中国古代图书流通史》　李瑞良著。上海人民出版社 2000 年 5 月出版。以时代为序,前两章探讨周秦时期和两汉时期图书的生产与流通,第三到第六章分别论述三国两晋南北朝、隋唐五代、宋元、明清各阶段的图书流通,反映中国图书生产和流通的发展脉络与演进轨迹。

《WTO 与中国出版》　陈昕著。广西师范大学出版社 2000 年 7 月出版。收入作者《中国出版业应积极迎接加入WTO后的挑战》《日本出版流通体系考察》《中国出版业发展的三个阶段与新的出版组织的培育》《欧洲出版集团考察》《论组建出版集团的若干问题》等文章。

《**上海商务印书馆(1897—1949)**》 〔法〕戴仁著,李桐实译。商务印书馆2000年8月出版。作者为法国汉学家、法兰西远东学院院长。原作1978年出版,分别论述商务印书馆的诞生和成长、从1919年五四运动至1932年1月28日被炸的商务印书馆、商务印书馆的兴盛与衰落、商务印书馆的产量。附录收有《商务印书馆出版发行的期刊》《商务印书馆出版的丛书和词典》等。

《**商务印书馆:民间出版业的兴衰**》 杨扬著。上海教育出版社2000年11月出版。描述商务印书馆由兴到衰的历史过程,前半部分围绕张元济,后半部分围绕王云五,重点介绍现代中国所遭遇的各种战争灾难与文化摧残及知识分子不屈不挠抗争的过程。书末附《商务印书馆大事记》。收入"中国现代知识分子群体研究"丛书。

《**精品图书的诞生**》 上海市出版工作者协会、上海市编辑学会编。学林出版社2000年11月出版。选取改革开放以来上海一批精品图书的选题策划、编辑创意、审校加工进行个案解剖,如《中华文化通志》的编辑出版过程、《中国通史》的编辑出版纪实、《中国近代文学大系》的编纂体会等。

《**20世纪上海翻译出版与文化变迁**》 邹振环著。广西教育出版社2000年12月出版。主要叙述明末至1999年上海的翻译出版活动。作者将翻译出版作为学术史、文化史的一部分来加以考察,将翻译出版的风云变幻与近代中国文化变迁紧密结合起来加以分析。书末附《20世纪上海重要翻译出版机构一览表》。

《**福州路文化街**》 胡远杰主编。文汇出版社2001年7月出版。描述作为文化街的福州路,内容包括福州路报馆业、福州路书业、福州路文化用品业、福州路文化娱乐业、福州路商业(饮服业)、福州路风化区、人物、杂视。另有附录《1947年福州路行号路图录》《福州路文化街商业网点示意图》《1948年福州路附近上海商业同业公会览表》《1865—1886年福州路两侧外语培训班(学校)一览表》等。

《**战斗在白区——读书出版社(1934—1948)**》 范用编。三联书店2001年10月出版。分三部分:读书出版社工作人员和读书出版社朋友们对读书出版社历史和出版物等的介绍;回忆读书出版社的创始人以及回忆黄洛峰等主要领导人的文章;有关读书出版社征股说明、刊物发刊词等资料性文字。

《**书林初探**》(增订本) 吉少甫著。上海三联书店2001年出版。收入作者32篇有关出版史研究的文章,其中一部分是对中国出版史和中外文化交流史的研究,如论述中国古代出版事业的特点,近现代著作物的版权、编辑、专业作家、稿酬、版税的由来,《圣经》的翻译和出版,马克思列宁主义著作在中国的传播等,还有专文论及为中日文化交流作出贡献的田中庆太郎、内山完造等;另一部分是对抗日战争、解放战争时期革命出版工作的回忆。附录增补有《亚东图书馆的盛衰》相关史料。

《**良友忆旧:一个画报与一个时代**》 马国亮著。三联书店2002年1月出版。作者是《良友》第4任主编,1933年接任后亲历《良友》几十年的兴衰。书中精选近400幅画报图片、良友书影及历史照片,借以引出《良友》的历史和发展,与文字参照阅读,反映当年的时事、政治、体育、电影、戏剧等诸多社会侧面。

《**书城管理模式**》 哈九如主编。上海人民出版社2002年5月出版。分总则、规程、附录3部分。总则分绪论、组织机构、员工手册3章;规程分业务管理、营业管理、计算机管理、人力资源管理、财务管理、企划营销管理、综合管理7章。

《**中国连环画目录汇编(1949—1994)**》 王玉兴汇编。上海画报出版社2003年9月出版。收入约 3.6 万余种连环画目录,涉及 9 000 余作者、近 400 家出版单位。目录以年代为序,以一年作为间隔期。1949 年以前附以《民国时期总书目》连环画书目部分,同时附有各出版单位全称及其所在地。

《我与〈辞海〉》 李伟国等主编。上海辞书出版社 2003 年 9 月出版。收入专家学者、作家、大学教授、机关干部、工人、农民、人民解放军官兵、公安干警和中小学生撰写的与《辞海》相识、学习、收获和结缘的文章 125 篇。

《巴金与文化生活出版社》 李济生编著。上海文艺出版社 2003 年 11 月出版。书中"当事人忆谈"收入吴朗西、巴金、郭安仁(丽尼)谈论或回忆"文生社"的文字,"文化生活出版社始末"其实是一部文化生活出版社简史。还介绍了文化生活出版社图书装帧和图书广告,有照片、书影、广告等插页,以巴金《上海文艺出版社三十年》一文代序。

《中国近现代出版史料》(全 8 册) 张静庐辑注。上海书店 2003 年 12 月影印出版。共 7 编 8 册约 250 万字,收入自 1862 年京师同文馆创立至 1949 年新中国成立 78 年间中国出版业的重要资料,包括图书、报刊、教科书、印订技术、出版法令等,还有三四百幅图片和书影。影印出版时收入专门编制的全书分类总目录置于卷首,作者和篇目综合索引置于卷末。

《上海图书馆馆藏近现代中文期刊总目》 上海图书馆编。上海科学技术文献出版社 2004 年 6 月出版。收入上海图书馆收藏的自 1868 年到 1949 年之间出版的中文期刊 18 485 种。主体目录采用刊名字顺排检法,按有关规定著录,分为题名与责任者、卷期年月标识项、出版发行项、文献细节描述项、附注项等。《后记》介绍了近现代中文期刊发展脉络、特色及概况。

《连坛回首录》 黎鲁著。上海画报出版社 2005 年 7 月出版。作者是 20 世纪 50 年代上海连环画出版部门的主要领导者,也是一位画家。书中记述连环画艺坛往事,包括回首录、呼吁文、一家鸣、友情赞四个栏目,反映上海连环画发展的历史。附有多幅连环画佳作和大量黑白插图、图片资料等。收入"出版博物馆"文库。

《郭沫若与群益出版社》 吉少甫主编。百家出版社 2005 年 8 月出版。收入有关于群益出版社的回忆文章及出版的书目资料和历史图片。群益出版社是在中共南方局指导支持下,由郭沫若及亲属 1942 年在重庆开办的。在抗日战争中后期和解放战争时期做了大量文化积累的工作,出版了一批优秀图书。新中国成立以后,群益出版社与海燕书店、大孚出版公司等合并为上海新文艺出版社即上海文艺出版社的前身。

《中国图书发行史》 高信成著。复旦大学出版社 2005 年 12 月出版。梳理和描述中国图书出版发行史,对各个时期书肆、书坊、书店的发生、发展、繁荣、衰落均有记述,并具体介绍相关出版物在发行方法和发行网络上的特点及效果,揭示不同历史时期图书发行工作的地位、功能和规律。书前有姚福申撰写的绪论。

《我的父亲张元济》 张树年著。百花文艺出版社 2006 年 1 月出版。重点讲述张元济家庭生活中的琐事,从不同侧面反映了其在文化事业上的成就、个人修养及为国家所作出的贡献。附录有孙辈的三篇回忆录及张元济年表。

《民国书业经营规章》 汪耀华选编。上海书店出版社 2006 年 8 月出版。收入上海市书业同业公会的资料,包括不同时期的会章、"划一图书售价实施办法"的操作案例。主体部分出版社经营规章,辑录不同类型的三个出版社(商务、开明、百新)的史料,对于出版经营有一定参考价值。

《宽容与理性:〈东方杂志〉的公共舆论研究(1904—1932 年)》 洪九来著。上海人民出版社 2006 年 11 月出版。对 1904—1932 年《东方杂志》的考察,涉及办刊人员及办刊理念流变、刊物作者群体的构成和基本倾向,展示《东方杂志》如何依靠一批固守着理性、宽容、多元、渐进、调和等基本价值观念的知识分子,构造温和的自由主义公共空间。被收入"都市空间与知识群体研究书系"。

《中国出版产业论稿》 陈昕著。复旦大学出版社 2006 年 12 月出版。分上下两编,上编中国出版产业发展阶段研究(1978—2005)运用经济学和管理学的理论和方法,对改革开放以来中国图书出版产业的发展阶段作了系统研究;下编中国出版产业若干问题研究,收入作者 1986 年起发表的 26 篇文章,从经济学视角对近 30 年来中国图书出版产业发展的过程和问题作专题研究。

《新华书店七十纪事(1937—2006)》 哈九如编著。上海人民出版社 2007 年 4 月出版。主要记载新华书店初创时总管理处、总店及相关的重要会议、文件、人事,以及上海新华书店相关组织机构的建立和演变、区级店的机构变动、重要著作发行、重大活动或有重要意义的活动、全市性重要会议和与国外的交流。并附有新华书店同人录。

《出版论稿》 巢峰著。复旦大学出版社、上海辞书出版社 2007 年 6 月出版。收入作者在长期出版工作实践进行理论思考,撰写和发表的一批较有影响的出版理论和出版评论的文章及辞书研究的相关文章共 70 余篇,分为"出版理论""出版改革""出版评论""辞书研究""辞书评论""辞书纪事""治社之本"7 个部分。

《书的记忆》《那时文坛》《百年书业》 俞子林主编。上海书店出版社 2008 年 5 月出版。《书的记忆》收入老一辈著作家、编辑家、出版家对过去所著、所编、所出版书刊的回忆,也有部分是古旧书从业者对某些珍贵典籍搜集与发现经过的记述以及部分重要图书编辑出版过程的回顾总结;《那时文坛》主要叙述 20 世纪三四十年代发生在上海文化出版界的一些事件及相关人士的回忆等;《百年书业》主要回顾 20 世纪 20 至 40 年代上海众多知名书店的经营及出版情况,既有史料价值,也有很多不为人知的故事。

《我与三联:生活·读书·新知三联书店成立六十周年纪念集(1948—2008)》 王世襄等著。上海三联书店 2008 年 11 月出版。分三辑收入文章 98 篇,第一辑 56 篇,为三联部分骨干作者应约撰稿;第二辑 16 篇,为老三联人和部分出版界同人的文章;第三辑 26 篇,则是三联书店成立 30 周年(1987)之际,与三联书店前身生活书店、读书生活出版社、新知书店渊源较深的作者、编者等的回忆或纪念文章。

《中国出版标记大观》 张泽贤著。上海远东出版社 2008 年 11 月出版。以民国版本书籍封底的出版标记为切入点,介绍"商务""中华""世界""大东""开明"等有较大名气的书局,同时也介绍有自身明显特色的书局的出版标记,并兼及其他中小书局。

《北新书局与中国现代文学》 陈树萍著。上海三联书店 2008 年 12 月出版。分从新潮社到北新书局、言说空间的营造与书局的代言、筚路蓝缕:北新书局的新文学书籍出版和"半部文学史":北新书局与文人等章节,介绍北新书局为鲁迅、周作人、郁达夫等搭建言论空间与公共平台,在中国现代文学史上扮演的重要角色,填补国内北新书局研究专著的空白。附有北新书局大事记和参考文献。

《中国现代电影期刊全目书志》 上海图书馆编。上海科学技术文献出版社 2009 年 1 月出版。收入 1949 年前出版的电影杂志 376 种,所收期刊均有内容列举、特色分析、出版经过的考证,且都附相关书影。

《倾听书海——好书背后的故事》 《编辑学刊》编辑部编。郝铭鉴、孙欢主编。上海锦绣文章出版社 2009 年 2 月出版。由知悉详情的人撰文,讲述《新华字典》《红旗谱》到《牛虻》《尤利西斯》等名著出版背后很多有趣的内幕,提供很多鲜为人知的细节。

《上海沦陷时期文学期刊研究》 李相银著。上海三联书店 2009 年 4 月出版。将左翼文人、通俗文人及其他文人在上海沦陷时期的文学活动放在同一文学层面加以论述,突破以往单一的政治视角与新文学视角,完整呈现出这一时期文学生动而丰富的面貌,拓展了抗战时期上海沦陷区文学的研究。

《老杂志创刊号赏真》　彭卫国著。河北教育出版社 2010 年 4 月出版。收入 1 180 种老杂志创刊号书影,分 12 类,介绍包括编辑者、出版者、发行者、出版周期、开本、创刊年月、栏目、主要作者、停刊日期及总期数等。

【部分获奖论文】

上海作为中国近现代出版的发源地,重视出版理论研究是有传统的。改革开放后,上海出版人联系出版工作实际进行理论思考,撰写了很多有深度、有高度的出版研究论文,在全国产生了广泛影响,成为上海出版界的骄傲。这里收入部分在全国的获奖论文。

表 10 - 3 - 1　上海出版人部分获奖论文表

题　　目	作者及单位	发表/出版时间	获 奖 情 况
出版物的特殊性——出版经济学绪论	巢峰 上海辞书出版社	1984 年第 1 期 《出版工作》	第一届全国出版科学研究优秀论文奖(1991)
关于图书市场及其管理问题	任俊达 上海新华书店		第一届全国出版科学研究优秀论文奖(1991)
江南制造局翻译馆史略	熊月之 上海历史研究所	1989 年第 1 期 《出版史料》	第一届全国出版科学研究优秀论文奖(1991)
论编辑创造的特殊性	王华良 上海复旦大学	1990 年第 2 期 《编辑学刊》	第一届全国出版科学研究优秀论文奖(1991)
郑振铎对古籍整理工作的重大贡献(上中下)	陈福康 上海外国语学院	1989 年第 2—4 期 1990 年第 1 期 《出版史料》	第一届全国出版科学研究优秀论文奖(1991)
论图书宣传的层次	夏德元 复旦大学出版社	1995 年第 5 期 《编辑学刊》	第二届全国出版科学研究优秀论文奖(1996)
试论编辑在出版经营中的地位和作用	王华良 复旦大学		第二届全国出版科学研究优秀论文奖(1996)
图书的个性与编辑的个性	戴俊 上海文艺出版社		第二届全国出版科学研究优秀论文奖(1996)
高级科普书刊在科技传播链中的作用	潘友星 上海科学技术出版社	1995 年第 6 期 《科技与出版》	第三届全国出版科学研究优秀论文奖(1999)
近年出版业的几个热门话语	江曾培 上海文艺出版总社		第三届全国出版科学研究优秀论文奖(1999)
探讨计算机病毒对著作权保护的冲击	缪宇峰 上海科学技术出版社		第三届全国出版科学研究优秀论文奖(1999)
环境·价值·智慧——期刊生存之道	郝铭鉴 上海文艺出版总社	2000 年第 9 期 《出版广角》	第四届全国出版科学研究优秀论文奖(2001)
思源思进,续写上海出版历史新篇章	陈纪宁 市新闻出版局	2000 年第 4 期 《编辑学刊》	第四届全国出版科学研究优秀论文奖(2001)

（续表一）

题　　目	作者及单位	发表/出版时间	获 奖 情 况
中国出版业应积极迎接加入WTO后的挑战	陈昕 上海世纪出版集团	2000年第7期《出版广角》	第四届全国出版科学研究优秀论文奖(2001)
从《我为歌狂》谈图书营销策划	邵敏 上海人民出版社	2002年第2期《编辑学刊》	第五届全国出版科学研究优秀论文奖(2003)
关于"出版策划"的思考	吴智仁 上海科学技术出版社	2002年第2期《编辑学刊》	第五届全国出版科学研究优秀论文奖(2003)
论上海网络出版发展战略	阮光页 华东师范大学出版社	2002年第2期《编辑学刊》	第五届全国出版科学研究优秀论文奖(2003)
普及读物的四个定位	高克勤 上海古籍出版社	2003年第2期《编辑学刊》	第五届全国出版科学研究优秀论文奖(2003)
《续修四库全书》是怎样"修"成的	李国章　王兴康 吴旭民　水赍佑 上海古籍出版社	2002年第5期《编辑学刊》	第五届全国出版科学研究优秀论文奖(2003)
构建"以学术为本"的战略高地	郭志坤 上海人民出版社	2004年第6期《编辑学刊》	第一届中华优秀出版物全国优秀出版科研论文奖(2006)
关于科学出版观的初步思考	贺圣遂 复旦大学出版社	中国编辑学会第十届年会论文集(2005)	第一届中华优秀出版物全国优秀出版科研论文奖(2006)
中国图书出版业的滞涨现象——兼论出版改革的症结所在	巢峰 上海辞书出版社	2005年第1期《编辑学刊》	第一届中华优秀出版物全国优秀出版科研论文奖(2006)
重视与规划大众读物出版	曹维劲 学林出版社	2004年第1期《编辑学刊》	第一届中华优秀出版物全国优秀出版科研论文奖(2006)
出版企业：使命追求和经营之道	陈昕 上海世纪出版集团		第二届中华优秀出版物全国优秀出版科研论文奖(2008)
辞书质量技术保障系统的研发与应用	乐嘉民 上海辞书出版社	2007年第1期《中国编辑》	第二届中华优秀出版物全国优秀出版科研论文奖(2008)
对于"'十一五'国家重点图书出版规划"上海地区项目的分析	陈达凯　许乃青　郑勤 上海理工大学出版印刷学院、市新闻出版局图书管理处	2007年第6期《社会科学》	第二届中华优秀出版物全国优秀出版科研论文奖(2008)
关于编辑职能演变的思考	贺圣遂 复旦大学出版社	2007年第1期《中国编辑》	第二届中华优秀出版物全国优秀出版科研论文奖(2008)
中国的图书市场	巢峰 上海辞书出版社	2006年第1期《出版科学》	第二届中华优秀出版物全国优秀出版科研论文奖(2008)
21世纪的竞争卖的就是品牌——出版社品牌建设的若干思考	庄智象 上海外语教育出版社	2009年第6期《编辑学刊》	第三届中华优秀出版物全国优秀出版科研论文奖(2010)
为出版插上飞翔的翅膀——论技术在出版变迁中的作用	贺圣遂 复旦大学出版社	2009年第2期《编辑学刊》	第三届中华优秀出版物全国优秀出版科研论文奖(2010)

（续表二）

题　目	作者及单位	发表/出版时间	获　奖　情　况
中国经济学曾经有过一个"三联学派"——写在三联书店成立 60 周年之际	陈昕 上海世纪出版集团	2008 年第 6 期《编辑学刊》	第三届中华优秀出版物全国优秀出版科研论文奖(2010)
"杂志竞争力"与"钻石理论"	夏一鸣 上海故事会杂志社	2010 年第 6 期《新闻前哨》	第三届中华优秀出版物全国优秀出版科研论文奖(2010)
装帧设计要有大境界	宋焕起 东方出版中心	2008 年第 1 期《中国编辑》	第三届中华优秀出版物全国优秀出版科研论文奖(2010)

第十一篇
队伍建设

从 1978 年开始,上海出版业持续稳定健康发展,与此相适应,队伍建设也在不断推进。到 2010年,上海基本形成以编辑出版专业人员、经营管理人员、发行人员、印刷技术人员和版权贸易人员等为主体、结构比较合理的人才队伍,为出版业的改革发展提供人才支撑。

改革开放初期,为解决"文化大革命"带来的人才断层,一批阅历丰富、学有专长的专家学者回到或调入出版社,很快成为重要骨干或领军人物。恢复高考后毕业的大学生走上工作岗位,更成为上海出版业承前启后的新生力量。上海市出版局(新闻出版局)党委、工会坚持把人才当作第一资源,在优化劳动组合、转换经营机制、推行全员劳动合同制等具体工作中,围绕出版业改革发展,做好人才队伍建设工作。各基层工会、共青团组织开展"知我中华、爱我中华、兴我中华"为主题的振兴中华读书活动和创建文明窗口、"为读者找书,为书找读者"的规范服务达标活动,举办各种技术、技能培训班和业务操作比赛、质量竞赛,努力提高职业技术水平。与此同时,上海出版界注重在实践中培养、发现和选拔人才,从业人员队伍规模不断壮大,总体素质不断提高,人才队伍的专业性、年龄梯次的合理性不断完善。1985 年底,上海全面实行出版系列专业技术职务任职资格评定,一批出版人获得编审、副编审等专业技术职称。

1992 年党的十四大后,随着社会主义市场经济体制的逐步确立,人才引进和流动及对高端人才的培养成为上海出版人才工作的显著特色。从 1995 年起,上海出版界开始实施素质工程、跨世纪人才工程,创新人才培养、考核、使用的体制机制。2002 年 9 月,首次全国出版专业技术人员资格考试开考,出版行业开始全面推行职业资格制度。出版单位领导需经岗位培训,持证上岗,同时对责任编辑实行资格登记注册制度。

党的十六大提出深化文化体制改革后,经营性出版单位全面转企改制。新的业态呼唤一批既懂经营又懂出版、能够进行跨媒体经营的复合型人才。上海推出领军人才工程和高技能人才工程,以出版高端人才群体引领和带动整个人才队伍结构进一步优化,出版从业人员数量持续增长,高学历、年轻化趋势显著。

第一章 编辑队伍

第一节 素质工程

一、职称评定制度

上海出版业在"文化大革命"中遭受挫折,改革开放初期,编辑队伍青黄不接的现象相当普遍。市出版局(新闻出版局)在市委宣传部领导下,成立人才工作机构,对全市出版人才队伍建设进行规划和指导,同时编制人才培养规划,开展不同类型、不同层次的人才培养项目(岗位培训、职业资格培训、在职研究生课程进修、出国考察培训),加快局属出版、印刷、发行等单位的人才队伍建设,提升员工综合业务水平。同时,充分发挥民主党派组织和成员的积极性,协助工会、团委开展基层组织工作、青年人才队伍建设等活动。

1979 年 5 月,为提高青年编辑人员的业务水平,加强出版队伍的建设,市出版局举办第一次编辑业务进修班,提出编辑人员要有高度的事业心和责任感,热爱本职工作;要有高度的政治敏感性和判断力,与党中央保持一致;要有广博的知识,能懂一、二门外国语言,一门至几门的专业学问,还要有一定的社会活动能力。这几条在后来的编辑队伍建设贯穿始终。

1979 年,上海人民出版社为适应出版工作日益发展的需要,培养更多的编辑人才,制订《青年编辑人员进修与考核的办法》,规定 1970 年以后分配进社的工农兵大学生和从农场、农村、工厂抽调及部队复员来参加编辑工作的青年,均应参加规定的业务进修,包括专业理论知识、编辑业务能力、文字水平和组织能力等,经过考核符合要求者,分别给予相应的职称。这成为上海出版界的共识,各出版社相继推出进修、考核办法,激活人的潜力,鼓励出版从业人员学习进步。

1982 年,根据国务院批转的《编辑干部业务职称暂行规定》和国家人事局《关于贯彻执行国务院颁发的七种业务技术职称暂行规定若干问题的说明》,市出版局结合上海具体情况,制定《关于贯彻执行〈编辑干部业务职称暂行规定〉的试行细则》。同时,受市人事局委托,市出版局对部分编辑人员(主要是青年编辑)进行学识水平测验。这项工作从明确测验对象、确定测验科目、选择各科教材、编印复习大纲、组织辅导讲座到命题、阅卷、评分、发证,前后历时一年。学识水平测验包括政治常识(哲学、政治经济学、党史)、语文知识和专业知识。各出版社对这次测验相当重视,为有关编辑安排脱产复习的时间,并聘请教师进行辅导。第一批政治常识和语文知识测验在 1982 年 3 月进行;第二批从 4 月起脱产复习,7 月测验;专业知识测验 9 月完成。同时,上海人民出版社、上海文艺出版社、上海辞书出版社、上海科学技术出版社、上海译文等出版社和汉语大词典编纂处也联合对美术设计人员进行专业知识测验,300 多人参加测验。通过测验,使编辑人员知道自己的"分量"和今后努力的方向,同时也使各级领导掌握用人所长的尺度和方向。

1985 年年底,上海全面实行出版系列专业技术职务评定制度。1986 年 11 月 12 日,市出版局召开职称改革工作会议,明确上海人民出版社、上海辞书出版社、上海科学技术出版社为试点单位,可以进行中级职称评审工作。1987 年 6 月 10 日,市出版局发布《关于由罗竹风等 15 位同志为上海市出版系列高级专业技术职务资格评审委员会成员的通知》。各个出版社按出版专业人员的学历情况,分配高、中、初级职称名额,进行申报评审。通过职称评审的人员由单位聘任,与工资福利等待遇挂钩,实行评聘结合。

1999年,上海市出台《上海市专业技术职称(资格)评定与专业技术职务聘任相分离的暂行办法》及相关配套文件,实行评聘分离,分级分类管理。出版系列中、初级职称实行只聘不评,单位根据专业技术人员学历、工作情况,直接聘任相应的中、初级职称,高级职称实行审定。截至2000年,获得出版高级专业技术职务任职资格1273人,其中编审255人,副编审1018人。2001年8月,人事部和新闻出版总署联合发布《出版专业技术人员职业资格考试暂行规定》,实行多年的出版专业中、初级专业技术职务审定工作终止。

2001年,第一届上海市出版系列高级专业技术职务任职资格审定委员会成立。由孙颙等22名专家组成专家库,每届任期3年。委员会下设文学、社科、科技、美术4个专业学科组,负责上海市出版单位(出版社和正式登记、公开发行、有单独编制的期刊社、编辑部等)中直接从事出版工作的专业技术人员高级专业技术职务任职资格的审定工作。审定委员会按照国家及上海市有关职称改革政策,依据《上海市出版系列高级专业技术职务任职资格审定条例(试行)》对申报对象进行审定,重点考察工作业绩和实际贡献,注重创新和创造能力。

2000年至2010年,全市获出版系列高级专业技术职务任职资格727人,其中编审189人,副编审538人。

二、持证上岗制度

1988年,根据中宣部、新闻出版署《关于当前出版社改革的若干意见》和《关于当前图书发行体制改革的若干意见》,市新闻出版局在出版单位试行社长负责制,进行内部经营管理机制改革,拉开收入分配差距,出版社中层干部考核聘任制和专业技术职务"低职高聘""高职低聘"等聘任考评机制初步建立。

1995年12月,新闻出版署、中宣部、国家教委、人事部下发《关于在出版行业开展岗位培训实施持证上岗制度的规定》的通知,上海积极响应。从1996年5月起,上海出版业全面开展出版行业岗位培训并分阶段实施持证上岗制度,提出用三年时间,将全市各出版社(含音像出版单位、电子出版公司)社长、总编辑、编辑室主任、期刊主编及这些岗位的副职全部培训一遍,再用两年时间,完成出版行业其他主要岗位在职干部的培训。1997年起,全市新任上述岗位的干部必须经过培训,取得相应的《岗位培训合格证书》才能上岗;新批准成立的出版单位,在其他手续完备的情况下,社长、总编辑、主编必须经过岗位培训取得《岗位培训合格证书》才能安排上岗。出版单位参加岗位培训和执行持证上岗制度,被纳入市新闻出版局对出版单位年检考核的内容之一。

1996年至2000年,上海全市出版、印刷、发行等有1200人次按规定参加岗位培训,基本实现重要岗位持证上岗的要求。700多人次还参加以计算机技术、多媒体和电子出版物为重点的新技术、新知识的培训。

2002年6月,新闻出版总署发布《新闻出版行业领导岗位持证上岗实施办法》后,市新闻出版局加强对出版社、期刊社、报社、发行企业、印刷企业、音像复制企业负责人及副职持证上岗管理。到2003年年检时,上述企事业单位的领导已全部持证上岗。同时,从事编辑、出版、校对、发行等专业的从业人员通过出版专业技术人员职业资格考试获得职业资格,达到上岗要求。

三、职业资格制度

实行出版职业资格制度,是加强出版队伍建设的重要举措。出版职业资格分为高、中、初三个层级。初级为从业资格;中级为执业资格;高级由考试与评审相结合,相当于高级专业技术职称。

2001年8月,人事部、新闻出版总署联合发布《关于印发〈出版专业技术人员职业资格考试暂行规定〉和〈出版专业技术人员职业资格考试实施办法〉的通知》。9月,市人事局、市新闻出版局转发通知,明确从文件印发之日起,出版行业逐步推行出版专业技术人员职业资格(简称"出版职业资格")考试制度,这标志出版专业职业资格制度的建立。

出版职业资格考试由国家统一资格标准,统一组织考试命题,每年举行一次统一考试,统一确定合格分数线,由人事部和新闻出版总署统一颁发资格证书,证书在全国范围有效。实施范围包括正式批准的出版社(图书、音像、电子),期刊社(科技、社科)中从事编辑、出版、校对、发行等专业技术工作的人员。

考试科目包括"出版基础知识""出版理论与实务"。其中2001年9月21日前已受聘担任出版中级或初级专业技术职务的人员,可免试相应级别的《出版基础知识》一个科目的考试。考两门科目的,只有在当年同时及格,方可取得出版职业资格证书,否则第二年继续考两科。考试时间是每年10月长假后的第一个星期日。

上海新闻出版教育培训中心承担首次全国出版专业职业资格考试(上海地区)的培训工作,共接受学员800余名报名。全市出版单位及部分中央直属出版单位1166名出版专业技术人员报名参加考试,人数位列全国第三。2002年9月22日,首次全国出版专业技术人员资格考试开考,上海984名专业技术人员参加。经过全国统一阅卷评分,94人获得初级资格合格证书,合格率为54.34%,名列全国第二;463人获得中级资格合格证书,合格率为57.09%,名列全国第一。

2004年,上海率先进行出版职业资格登记注册试点工作。出版初级职业资格为出版单位专业技术人员从业资格,出版中级职业资格为责任编辑岗位资格。同年,上海出版职业资格初级登记注册人数如下:登记注册总人数728人。其中中级579人,初级149人。登记注册人员涉及单位83家,其中出版社47家,期刊社32家,报社1家,其他3家。

2008年2月,新闻出版总署发布《出版专业技术人员职业资格管理规定》,进一步明确规定正式出版单位(图书、期刊、音像、电子出版)担任社领导职务和责任编辑的人员,必须具有出版专业中级职业资格,所有在岗的专业技术人员都要通过考试取得相应级别的出版职业资格,并实行责任编辑资格登记注册制度。上海共有3300人完成职业资格登记注册申报工作。

2010年,全市报名参加出版职业资格考试的人员1165人,其中中级714人,初级451人。参加考前培训500余人。当年出版高级职称评审工作,申报评审出版高级职称121人(其中正高49人,副高72人)。在2010年度出版职业资格登记注册工作中,发放出版职业资格责任编辑证书2420多份;在完善责任编辑信息工作中,对2009年由于网上个人申报信息不完善而被总署终审退回的人员信息进行维护,再次上报申请,并获通过终审。上海共有2942人获得责任编辑注册证书。

2002年至2010年共举行10次职业资格考试,上海报名参加出版职业资格考试人员9244人次,其中中级6497人次,初级2747人次;参加考试人员共7179人次,其中中级5107人次,初级2072人次,通过考试人员共3888人次,其中中级2900人,初级988人,通过率54.16%,高于全国平均30.92%的通过率。

四、高素质人才工程

1996 年,市新闻出版局开始实施跨世纪人才工程:制定出版行业跨世纪人才工作纲要,筹集出版人才培养专项资金,开展不同类型、不同层次的人才培养项目。各出版单位随后推出一系列行之有效的实施办法。

上海人民美术出版社采取内退等办法先后分流 34 人,占全社人员总数的 21.5%,腾出岗位用于引进优秀人才。2000 年和 2001 年两年中,先后向社会招聘、引进 22 人,其中博士 1 人,博士程度 1 人,硕士 5 人,本科 13 人,大专 2 人。这 22 人中 21 人从事编辑工作,1 人负责出版社计算机管理。上海人民美术出版社还创造各种培训机会,如送市新闻出版局青年干部培训班学习、轮岗培训、短期出国深造及出境考察,用多种方式营造留住优秀人才的氛围。

上海译文出版社建立"一岗一薪"的岗位工资制度,设置"以岗定薪",淡化职称在工资构成中的比例,逐步加大工资构成中活的(变动)部分,实行完整的"一岗一薪"的工资制度。逐步创造一个岗位"能上能下",待遇"能高能低",人才"能进能出"的良性循环的机制。

上海书画出版社实行合同制管理,营造人员能进能出的内部环境。从 1995 年开始,所有新进人员全部实行合同制管理:严格考核,清退不合格人员;多渠道分流富余人员;充分利用合同管理淘汰平庸人员;拓宽进人渠道,引进优秀人才。在招聘、考核、试用、使用、管理上对新进人员严格把关,重点培养。共引进硕士生 4 人,本科生 15 人,大专生 6 人,为出版社干部队伍和专业编辑队伍注入新鲜血液。采取辞退等办法共"退出"21 人,占全社人员总数的 11.2%。

上海科技教育出版社在"能上能下的用人制度"方面加大力度,推进改革。具体措施包括加强思想教育,强调岗位职责;推行严格、公正的考核制度,以无记名打分、取平均分值的方式确定每个人的考核等级。年底以同样方式确定年度考核等级;落实中层干部每年聘任一次的制度,2001 年初,一次"下"了 7 名干部,占 20%,中层干部平均年龄明显下降,收入待遇有所提高,体现能者多劳、多劳多得的分配原则。

学林出版社 2000 年起在编辑部门实施《项目策划制目标管理办法》,收入逐步拉开差距,激励约束机制的作用日渐显现,"重岗位、重贡献、重实绩"开始成为干部员工在收入分配问题上的共识。

上海出版业人才评价体系也逐步完善。规范出版高级职称审定评价机制,建立以考试为主的初、中级出版专业职业资格评价机制。岗位培训工作力度不断加大,各单位普遍制定分层次、分阶段的干部教育培训规划,培训形式和内容有新的发展,培训时间、人数、种类逐年增多。通过上岗培训班、党校培训班、境外培训班、业务研修班等,人才队伍的知识结构有一定改善,综合素质有所提高。

第二节　高层次人才工程

1995 年,上海出版业开始高层次人才工程建设。高层次人才主要是指:马克思主义理论素养好、执政能力强、具有战略思维和国际眼光的新闻出版领导人才;精通新闻出版业务,熟悉现代传媒运营,具有把握市场、参与竞争,尤其是参与国际传媒业竞争能力的高级管理人才;社会责任感强、专业基础坚实、精通外语、具有较强创新能力的复合型、外向型出版专业人才;文化素质高、技术水平一流、能够成为本领域的技术带头人的高技能人才。

市新闻出版局通过举办国际性论坛，加强与境外出版专业高校、出版机构的合作，拓宽行业人才境外学习培训渠道等多种途径，加快出版行业高层次人才的培养。

2004年5月，市新闻出版局召开局人才工作会议，提出未来5年的人才发展目标，即围绕建设现代出版中心，以高层次急需人才为重点，实施领军人才培养工程。具体内容包括：培养选拔在国内出版界享有盛誉，各方面堪称一流的出版家、名编辑、印刷和发行行业的权威专家后备人选若干名；培养选拔在出版界各领域、各学科、有较高水平的学科带头人约40人；培养选拔在出版界各专业领域取得一定成果并具有较大发展潜力和后劲的优秀青年人才约100人。

"十一五"期间，市新闻出版局大力实施人才强国、人才兴业战略，以培养高层次人才为重点，组织实施领军人才工程、素质工程、高技能人才工程等三大工程，全面推进新闻出版人才资源整体开发工作，逐步形成"政府引导、企业负责、社会参与"的人才培养机制和"评聘分离、人尽其才"的管理机制，人才队伍在总量、结构、素质等方面取得长足进步，为上海新闻出版业的改革和发展提供坚强有力的组织保证和人才智力支持。

一、"九五"期间人才工程（1996—2000）

【初步形成多层次人才后备队伍】

按照市委宣传部要求和《上海市新闻出版局跨世纪人才规划》确定的目标，建立局、处级领导干部后备人选队伍。先后培训100余名具有经营管理发展潜力的后备干部，并从中遴选10余名重点人选；每年从基层单位挑选年轻干部参加为期一个月的青年干部培训班，培训人数近150名；到2000年末，直属单位领导班子中配备一名40岁以下的年轻干部。

【加强人才引进力度】

"九五"期间，市新闻出版局所属各企事业单位共引进各类专业技术人才500余人，主要为大学及以上学历者。引进大学本科生和研究生等高学历人才，已成为各单位特别是出版社引进人才和补充员工的主要来源。

【发挥职称杠杆作用】

开辟晋升高级职称"快车道"，为优秀中青年走上高级专业技术岗位创造条件。全市有10余名45岁左右的优秀专业技术人员晋升编审职称、20余名35岁左右的优秀专业技术人员晋升副编审职称。到2000年末，局系统各类高级专家总量，从"九五"初期不足400人增加到480人，拔尖专家梯队结构初步形成。

【建立和完善奖掖激励机制】

"九五"期间，上海出版界有6人获国务院政府特殊津贴，6人被推荐为全国优秀中青年图书编辑，8人被评为上海市中青年优秀编辑。旨在表彰优秀出版工作者的首届上海出版人奖评选工作顺利完成。

【人才培训基地建设】

1994年10月，上海新闻出版教育培训中心成立。作为市新闻出版局直属单位，中心为职前与职后、学历教育与非学历教育,党政管理干部和专业技术人员培训为一体的综合性培训机构。2000年,中心成为新闻出版总署教育培训中心上海分中心。

二、"十五"期间人才工程(2001—2005)

"十五"期间上海出版人才工程的总体目标是:全面提高干部人才队伍的整体素质,培养适应上海出版业实现跨世纪发展战略目标需要,数量充足、素质较高、结构合理的干部人才队伍;力争人才队伍的综合实力在国内出版界居先。实现培养造就"四支队伍"、实施"一个工程"、健全"一套机制"的目标,即培养领导干部队伍、高级经营管理人才队伍、专业技术人才队伍、中高级技术工人队伍;实施以智力交流为特征的"引智工程",对国内外优秀人才实行"不求所有,只求所用"的人才柔性流动政策;健全建立和完善人才引进、培养、使用和激励约束机制,不断推进人事制度改革。

根据《上海市新闻出版局"十五"人才队伍建设规划》,自 2001 年 9 月开设出版专业研修班,在为期两个半月的时间中,经历国内研修和赴美国培训考察两个阶段,共有学员 20 人,大部分是出版社的中青年业务骨干,也有来自发行等单位的干部。市新闻出版局指定上海新闻出版教育培训中心具体组织上海出版业高层次人才培养工作。2001 年,上海新闻出版教育培训中心与美国纽约大学出版中心就进一步开发合作培训项目达成意向:今后三年每年在纽约举办一期出版业务研修班,第一年的主题确定为出版"市场与营销管理",第二年和第三年的研修主题将由双方另行共同选定;纽约大学出版中心每年秋季(9—12 月)接待若干名由上海选送的进修生,选择进修三门以上纽约大学推出的证书课程,经过正规学习后颁发课程结业证书;纽约大学出版中心帮助上海新闻出版教育培训中心构建针对新入出版行业人员的基础知识培训课程体系,并派专家来上海帮助培训教师。

2002 年始,上海新闻出版教育培训中心先后与美国纽约大学、英国斯特灵大学、悉尼科技大学、加拿大西蒙弗雷泽大学、瑞典乌普萨拉大学建立人才培养合作关系,先后有近 200 名出版业中青年业务骨干参加国际培训。2006 年起,国际培训逐渐从短期培训向中长期培训转移,先后又开拓加拿大西蒙弗雷泽大学 3 个月的中期培训和英国斯特灵大学"国际出版管理"培训项目。

同时,在国内举办各类研讨(研修)班,邀请国外专家前来授课,使更多学员受益。

2002 年 8 月,市新闻出版局举行编辑工作恳谈会暨拜师结对仪式,来自上海人民出版社、上海科学技术出版社、少年儿童出版社、上海译文出版社、上海辞书出版社、上海教育出版社的 7 对新老编辑进行拜师结对,充分发挥老编辑的指导、示范作用。各个出版社也持续开展各种形式的拜师、结对、辅导等人才培养工作。

2003 年,市新闻出版局对行业人才情况进行全面调查,结果显示:上海有图书出版社 38 家,3 500 多从业人员;电子音像出版社 14 家,700 多从业人员;期刊社(编辑部)629 家,3 500 多从业人员;印刷企业 5 000 多家,11 万多从业人员;发行企业 7 000 多家,3 万多从业人员。出版业从业人员总数 15 万人左右。从年龄结构看,基本呈橄榄型分布,总体上年轻人员的数量不足。

从文化结构看,出版社人员学历层次较高,印刷、发行企业较低。出版社人员中博士占 1.43%,硕士占 10.63%,本科生占 32.97%,大专及以下学历人员占 54.97%。国有发行企业硕士所占比例为 0.5%;本科为 3.11%,大专生为 17.95%,中专高中及以下为 78.44%。印刷企业硕士所占比例为 0.5%;本科为 3.26%,大专生为 13.07%,中专高中及以下为 83.17%。

从专业职称和技术等级结构看,全市出版社正高职称人员占 3.3%,副高职称人员占 18.37%,中级职称人员占 38.7%。中青年占高级职称尤其是正高职称的很少,51 岁以上的高级职称人员占

80.6％。新闻出版局系统发行企业中,高级职称人员占 0.52％,中级职称人员占 5.21％,技师 2 人,高级工占 8.6％,中级工占 37.1％;印刷企业中,高级职称人员占 0.04％,中级职称人员占 0.3％,高级技师 3 人,技师 25 人(占 1.4％),高级工占 7.1％,中级工占 40％。

从业人员年龄结构:出版社从业人员年龄结构呈橄榄型分布,基本合理,但总体上年轻人员的数量不足。35 岁以下从业人员仅占 24％;36—50 岁从业人员占 50％;51 岁以上占 26％。

三、"十一五"期间人才工程(2006—2010)

"十一五"出版人才队伍建设的具体目标设定为:争取经过五年左右的努力,在出版单位中高级专家要占从业人员的 25％左右,本科以上学历的从业人员要达到 60％左右,编辑专业人员中本科以上学历要达到 80％左右。

以高层次急需人才为重点,培养选拔进入第一梯次的在国内出版界享有盛誉,各方面堪称一流的名出版家、名编辑后备人选若干名;培养选拔进入第二梯次的在出版界各领域、各学科、各专业、各门类有较高水平的学科带头人约 40 人左右;培养选拔进入第三梯次的在出版界各专业工作领域取得一定成果并具有较大发展潜力和后劲的优秀青年人才 100 人左右。力争在第一梯次后备人选中有 45—50 岁的人员、第二梯次中有 45 岁以下的人选、第三梯次中有三分之一 35 岁以下的优秀青年人选。

加快上海出版业人才队伍建设的措施包括以培养领军人才为重点,实施领军人才培养工程。从在校博士、硕士研究生和优秀大学生中物色和遴选出版业的紧缺人才;通过特聘、兼职、选题策划、项目合作与攻关等方式,吸引海内外的高层次人才。设立学术著作出版基金,支持优秀人才科学研究、著书立说。进一步完善上海出版人奖与上海出版新人奖的评选办法。

"十一五"期间,上海世纪出版集团、上海文艺出版总社在人才建设方面取得显著成绩。

上海世纪出版集团获国家表彰的高层次人才近 40 人次。通过搭建事业平台,吸引人才并给予他们更大的发展空间,实现人才建设和事业发展的良性互动;重压工作担子,促使优秀人才经受艰苦环境的考验,进而成为集团事业发展的领军人才;着力岗位锻炼,通过设置助理岗位、干部交流等方式,培养更多的管理和领导人才。

上海文艺出版总社与上海交大安泰管理学院等高校教育培训机构合作,先后举办高层管理人员培训班,开展提升青年干部管理技能的合作项目,分批选送新任领导干部参加高校开设的工商管理 MBA 课程研修班学习,提高干部管理出版企业的理论修养。集团采取选送国外培训、院校培训、上级部门挂职轮岗等形式,加强领导干部和年轻后备干部等重要骨干培训。5 年中,选送直属单位领导干部参加上述培训约占总数 90％。

"十一五"期间,上海世纪出版集团和上海文艺出版总社涌现一批优秀人才和领军人物,先后有 20 多人获中国出版政府奖优秀出版人物奖、全国新闻出版系统先进工作者、全国新闻出版行业领军人才、全国新闻出版业有突出贡献中青年专家、中国百名优秀出版企业家、中国百名有突出贡献的新闻出版专业技术人员等国家级荣誉。50 多人获上海市劳动模范、上海领军人才、上海出版人奖、上海出版新人奖等荣誉称号。

上海其他出版社在人才队伍建设方面也取得成绩。华东师范大学出版社构建复合型出版人才培训体系,拓宽发展通道,形成复合型出版人才成长机制。教辅分社一位副社长和高教分社一位副社长都是从编辑岗位成长起来的复合型出版人才,他们入社 5 年左右,所带领的团队分别承担出版社教辅图书和高教图书码洋的半壁江山。截至 2010 年,出版社 40 岁以下青年员工占全员比例为 66％,其中 85％具有本科或本科以上学历,60％拥有中高级职称、编辑职业资格及其他相关从业资格。复旦大学出版社建立"传帮带"导师制,促进编辑人才快速成长,对刚刚进社的青年编辑实施"一对一"的培养;重视在职培训,邀请业界和学界的专家学者现场讲学;引进高端人才,培养学者型编辑人才。

"十一五"期间,上海出版从业人员中本科和研究生学历的比例稳步上升,年均增长 1.5％左右。图书编辑人员中,研究生及以上学历占总数 16.40％,大学本科学历占总数的 45.58％。截至 2010 年,上海已涌现 20 名全国出版行业领军人才,5 名上海市领军人才;12 人获新中国 60 年百名优秀出版人物称号,6 人获新中国 60 年百名优秀出版企业家称号,5 人获新中国 60 年有突出贡献的新闻出版专业技术人员称号,4 人获中国出版荣誉纪念章,10 人获中国出版政府奖优秀出版人物、优秀编辑奖。

为表彰优秀中青年编辑,提高编辑队伍素质,1994 年 12 月,中国出版工作者协会、中国编辑学会主办首届全国优秀中青年图书编辑评选,全国共有 105 人获奖。截至 2003 年,评选举办了五届,上海有 16 位中青年编辑获奖。

图 11-1-1　全国优秀中青年图书编辑名单

姓　名	性　别	单　位	奖　项	年　份
陈克俭	男	上海交通大学出版社	首届全国优秀中青年图书编辑	1994 年
张良一	男	上海辞书出版社	首届全国优秀中青年图书编辑	1994 年
张建平	男	上海译文出版社	首届全国优秀中青年图书编辑	1994 年
虞厚安	男	上海科学技术出版社	首届全国优秀中青年图书编辑	1994 年
郑大民	男	上海译文出版社	第二届全国优秀中青年图书编辑	1996 年
王界云	男	上海人民出版社	第二届全国优秀中青年图书编辑	1996 年
夏德元	男	复旦大学出版社	第二届全国优秀中青年图书编辑	1996 年
高克勤	男	上海古籍出版社	第三届全国优秀中青年图书编辑	1998 年
戴　俊	男	上海文艺出版社	第三届全国优秀中青年图书编辑	1998 年
高敬泉	男	上海医科大学出版社	第三届全国优秀中青年图书编辑	1998 年
虞万里	男	上海辞书出版社	第四届全国优秀中青年图书编辑	2002 年
赵南荣	男	上海文艺出版社	第四届全国优秀中青年图书编辑	2002 年
裘树平	男	少年儿童出版社	第四届全国优秀中青年图书编辑	2002 年
祝振玉	男	上海辞书出版社	第五届全国优秀中青年图书编辑	2003 年
邵　敏	男	上海人民出版社	第五届全国优秀中青年图书编辑	2003 年
段　韬	男	上海科学技术出版社	第五届全国优秀中青年图书编辑	2003 年

第二章 印刷队伍

第一节 人才结构变化

1978年，上海印刷公司划归市出版局管理。上海出版印刷企业人才队伍建设被纳入上海出版人才队伍建设总体规划统筹考虑，为书刊印刷业的稳步发展创造条件。

据1986年工业普查统计，上海拥有印刷机和印刷设备器材制造厂，以及与其配套的工厂达38家，从业人员1.5万人左右。1988年，市出版局直属印刷工业企业全员人数为14 533人。其中全民所有制企业14 062人，工厂占地面积196 192平方米，拥有各类设备2 000余台(套)，印制完成各类图书、期刊、画册共6亿余册(套)。当年，上海印刷公司对印刷行业的7个主要工种进行中级工技术培训考核，有1 000余名工人取得合格证书。同时，通过与职大、电大等单位协作，举办各种类型的职后教育，如脱产或半脱产的大专班、学历证书班、计划、统计、业务、技术专题学习班等，使印刷系统各厂的厂长、书记、车间主任、科长等各级管理人员有机会不断充实自己的专业知识，以适应管理、技术日益更新和发展的需要，现职岗位厂、科级领导干部，绝大部分都是经过培训上岗的，一般都具有中级专业技术职称。

截至2008年末，全市36 388个印刷业技术岗位中，高级工以上的高技能人才6 232人，占技工队伍总数的17.1%。146 151名印刷业从业人员中，有博士65名、硕士499名，本专科毕业生25 774名，占到印刷业从业人员总数的23.55%。

截至2010年末，通过年度核验的4 606家印刷企业数据显示，上海印刷业的人才结构发生良性改变，具体如下：

男女员工比例 男性员工87 881人，同比减少0.17%；女性员工72 357人，同比增长5.55%。男性员工总数比女性员工多15 524人。

年龄分布 20岁及以下从业人员7 083人，占4.42%；21～30岁从业人员57 808人，占36.07%；31～40岁从业人员48 358人，占30.18%；41～50岁从业人员30 711人，占19.16%；51～60岁从业人员14 232人，占8.88%；61岁以上从业人员2 046人，占1.28%。

工人等级工分布 技术岗位员工30 193人，占18.84%(其中有一部分印刷企业将在技术岗位工作、但未取得等级工证书的人员不计算在技术岗位员工总数中，很大一部分外来民工也没有计算在内，实际技术岗位员工总数应超过18.84%)。其中，技师(含高级技师)1 698人，占技术岗位员工总数的5.62%；高级工3 501人，占11.60%；中级工7 988人，占26.46%；初级工13 678人，占45.30%；没有等级的工人3 328人，占11.02%。

技术职称分布 取得各类技术职称的11 160人，占6.96%。其中，取得高级技术职称的1 004人，占取得技术职称人员总数的9.00%；取得中级技术职称的3 922人，占35.14%；取得初级技术职称的6 234人，占55.86%。

学历分布 取得博士学位74人，占0.04%；取得硕士学位578人，占0.36%；具有本科学历8 205人，占5.12%；具有大专学历18 226人，占11.37%；具有高中学历36 535人，占22.80%；具有中专学历22 670人，占14.15%；初中及以下学历73 950人，占46.15%。

2010年,上海印刷业从业者中具有各类、各级技术职称的人数11 160人,占总人数的比例6.96％;具有中级以上职称的人数4 926人,占总人数的3.07％。上海印刷业从业者中技术岗位的员工总人数30 193人,占总人数的18.84％;具有高级工以上的技术工人为5 199人,占技术岗位工人总人数的17.21％;中级工以上的技术工人为13 187人,占技术岗位工人总人数的43.67％。

第二节 高技能人才

根据《中华人民共和国职业分类大典》,在生产、运输和服务等领域岗位一线,熟练掌握专门知识和技术,具备精湛的操作技能,并在工作实践中能够解决关键技术和工艺的操作性难题的人员,被认定为高技能人才,包括生产、运输和服务等一线劳动者中取得高级工、技师和高级技师职业资格及相应职级的人员。

2004年10月,新闻出版总署召开全国新闻出版(版权)人才工作会议,把高技能人才工程列入人才工作的三大工程(素质工程、领军人才工程、高技能人才工程)之一加以规划。市新闻出版局作为全市印刷业的行政主管部门,构建政府搭台、企业或相关组织唱戏的高技能人才培养框架,并给予相应的配套资金,促进高技能人才的成长。

领军人才培养工程 建立领军人才培养体系,形成行业、单位衔接配套的分级分类指导机制和选拔标准。按照规定程序,建立动态管理机制,定期选拔一批领军人才进入行业重点培养范围并提供个性化服务。2010年组建上海市新闻出版局印刷工程专业中级专业技术职务任职资格评审委员会,为全市印刷专业技术人员搭建评价平台。

国际化培训计划 推出与资质信誉优良的国际著名大学、企业、高级培训机构合作开展人才培训项目,长、中、短期并举;定期选派优秀人才到国外研修和挂职考察,合作举办出版专业硕士学位班;按照"走出去"与"请进来"相结合原则,继续邀请国外专家来华交流讲学。

利用高校教育培训资源 加强与高校联手培养高级专业人才,以学分制等方式,将学历教育与岗位培训结合起来,组织并支持在职人员参加工商管理硕士、公共管理硕士、高级工商管理硕士等高层次教育培训。

对青年人才开发培养 组织参观、考察、学习、交流、参与重点项目建设、挂职锻炼等方式,拓宽青年人才的视野和思路,提高青年人才的实践能力。引导用人单位重视人才梯队建设,为青年人才成长营造良好的环境。

构建人才考核评价体系 2006年,开发印刷企业经理人认证项目,并进行2次培训认证,有50人取得由市人事局职业能力考试院、市文化人才认证中心和市新闻出版局共同颁发的印刷经理人认证证书。2007年,组织开展考核与评定相结合的高级工技能竞赛和高级工考评鉴定。

加强技能人才培育基地建设 上海新闻出版职业技术学校是一所培养印刷技能劳动者的专业学校,为全市印刷企业培养输送数千名一线技能人员。2004年,学校被国家劳动和社会保障部批准为印刷高级技工学校。2010年与青浦区合作,通过青浦校区扩大办学规模。

上海印刷技术开放实训中心 2010年建成上海印刷技术开放实训中心,为上海印刷企业、大专院校,以及参加全国印刷行业职业技能大赛和上海印刷行业职业技能大赛的选手共计4 434人提供实训服务。

上海各印刷企业在促进员工提高技能方面也采取一系列措施:

上海印刷集团所属企业实行持证上岗制,明确规定机长必须持有高、中级等级证书。上海中华印刷有限公司建立机长等级制,不参加技术等级的培训,不达到一定的等级,就做不了机长。商务印书馆上海印刷股份有限公司建立技能工资制,对中级工以上工人在工资上有一定补贴。上海市印刷四厂实行等级效益挂钩制,明确每一等级的工资。上海烟草印刷公司推出首席技师,除每月享受一定的岗位津贴之外,还享有继续学习深造的机会,并成立以首席技师命名的工作室。

拜师学技通过传、帮、带,促使员工技术上等级、业务上水平。上海印刷集团8家企业有25对师徒进行技能登高结对(技师、高级工对初级工进行传、帮、带,促使徒弟技能上一等级)。上海中华印刷有限公司一名印刷专业毕业的大学生,通过两次拜师学技活动,通过技师考核,成为高技能人才。

2000年5月开始,上海印刷集团开展"精品生产机台"活动,通过对各企业多色机机台产品质量的不定期的随机抽检,培养一线员工在生产操作中的质量意识。每月两次分别对参加活动的机台印刷产品经评定达标的机台将给予表彰。活动期间,产品合格率达到100%。

第三节　教 培 结 合

市新闻出版局一直高度重视高技能人才培养工作,营造高技能人才成长环境,以学校教学和专业培训为抓手,通过上海印刷学校、职工大学、印刷技工学校、上海新闻出版教育培训中心等机构,不断向印刷企业输送新鲜血液,对企业职工进行培训,培养优秀的印刷人才。

1978年11月,上海印刷学校挂牌复校,面向全国招生中专生,由国家出版局领导,是新中国出版印刷专业教育的摇篮和印刷出版人才培养的重要基地。1988年升格为大专,改为上海出版印刷专科学校,1992年更名为上海出版印刷高等专科学校,2000年由新闻出版总署管理改由上海市教委管理,由上海市与新闻出版总署共建。

"七五"期间(1986—1990),市出版局(新闻出版局)职工大学累计培养大专生近700人,加上参加各类夜大学和业余大学学习的,超过"七五"期间人才培养目标。"七五"期间,中专、技校、职业中专培养毕业生500名左右,加上在校生600多人,也超过"七五"期间人才培养目标。到2010年,上海印刷企业通过学历教育达到中专和高中以上文化程度的管理人员,已占到管理人员总数的84%。

1989年,市新闻出版局系统依托教育资源对印刷中级工进行岗位培训和技术培训,7600名技术工人中完成培训的有近3000人,232人参加高级工培训。对企业班组长进行管理知识培训,1400名班组长中有1200名完成培训。对企业车间主任的管理知识培训,实际完成250名。完成企业技术人员职务评聘工作,共有3250人参加评聘。

1990年4月,市新闻出版局首次召开48名工人技师发证大会。局属企业共有近万名技术工人,其中有60多个技术工种属技师评聘范围,市新闻出版局从1989年6月开始举办10个工种的高级技工培训班,学员233名,第一批5个工种共培训113人,其中89人获高级工证书,48人获技师证书。

1990年全年,局系统印刷中级工累计培训2950名,从中选拔22名进行高级工应知应会培训,完成70%左右的工厂车间主任的岗位培训。

1993年,组织印刷行业8个工种的中级工培训考核工作,有314名工人通过中级工考核,局系统印刷工人中中级工比例超过60%。开展两期高级工培训班,18名工人取得高级工等级证书。

1996年,根据中宣部、国家教委、人事部、新闻出版署的通知,从1996年起将用3年时间对所有书刊印刷厂的厂级干部进行岗位培训,凡在1998年还没有取得岗位证书的,不得担任厂级干部。为此,市新闻出版局组织上海新闻出版教育培训中心举办3期全国书刊印刷厂厂长培训班(其中有外省市的书刊印刷厂厂长参加)和 3 期市级书刊印刷厂厂长培训班。上海 105 名书刊印刷厂厂长培训合格后,取得新闻出版总署核发的书刊印刷厂厂长上岗证书。此外,上海新闻出版教育培训中心还承办全国印刷企业厂长岗位培训和多色机机长培训、全国轮转机机长培训。

1998 年,成立的上海新闻出版职业技能培训学校以职业技能培训为核心,面向上海,服务全国。开展的培训项目主要有:印前制作员、平版印刷工、印品整饰工、出版物发行员等印刷和发行行业的职业资格培训和岗位能力培训;面向全国开展印刷机长培训和企业经营管理培训;根据企业需求,开展企业内训等。2000 年 10 月,新闻出版署教育培训中心分中心在上海设立,这是新闻出版总教育培训中心在北京以外设立的第一个分中心。

2001 年,上海印刷集团技术等级培训班陆续开设照排、制版、印刷和装订 4 个主要工种共 11 个初、中、高级培训班,460 人参加各类工种的技术培训和理论知识学习。其中 396 人技术等级上一台阶,3 人晋升为高级技师,实现集团高级技师零的突破。据统计,2001 年集团公司中级工比例从上年的 17.8% 提高到 30.4%,高级工累计 123 人,占集团上海公司技术工人比例的 5.8%。

2006 年,市新闻出版局推出印刷企业经理人认证项目,指导协调印刷和出版物发行员两所鉴定站开展工作,全年共计鉴定 1 272 人次(其中初级 423 人次、中级 543 人次、高级 306 人次),平均合格率为 80% 左右。

2007 年至 2010 年,市新闻出版局通过技能竞赛、技能鉴定、考评鉴定(鉴定与考核相结合)、高师带徒、校企合作等方式培养高技能人才,每年有 500 名高级工以上的高技能人才产生。

上海新闻出版教育培训中心建立多个工种的初、中、高级印刷职业技能标准、教学计划和题库系统,组织多项上海市印刷行业职工技术登高活动。建设上海新闻出版职业技术学校青浦校区,组织各种技能大赛、发行师鉴定培训等,推进高技能人才培养,开发印刷专业高层次紧缺人才,以印刷行业职业技能竞赛为抓手的日常培训,上海组队参加全国印刷行业竞赛,两届竞赛中取得两个全国第一名。2010 年起,实施外来农民工职业技能水平特别培训计划。以实训平台为基础,推进特色培训。上海市职业培训公共实训中心下属的印刷媒体实训室,为印刷行业高技能人才培养搭建一个公共实训平台。截至 2010 年底,教培中心培训人数达到 15 370 人次,涌现出一批技术能手。

第四节　技　能　竞　赛

市新闻出版局会同上海市劳动和社会保障部门疏通技术工人成才渠道,通过搭建技能比武竞赛、技术考评鉴定等平台,以促进优秀技能人才的脱颖而出。

1989 年 5 月,市新闻出版局举行系统技术操作比赛,有 164 名选手参加,产生出 11 个项目的 36 名优胜者。

2001 年,全市进行电脑照排技术操作竞赛,具有照排能力的出版印刷企业全部派员参加,26 位选手进行应会操作竞赛。

2005 年,市新闻出版局、市新闻出版工会联合举办上海印刷专业"方正杯"计算机照排操作员业务技能竞赛。

2006 年,市印刷协会组织 2006 年"光华杯"四色机高级工技能竞赛,由市印刷协会组队参加全国"方正杯"照相排版总决赛。

2007 年 6 月,市新闻出版局要求全市印刷行业开展职工技术"登高"活动,突破年龄、资历、身份和比例限制,凡持有初级工证书者或者在岗位工作满 6 年但无技术等级证书者都可以参加技术"登高"活动,一旦在应知应会考试中通过便可以取得高级工证书。2007、2008 年举办的两次技术登高活动中,有 90 多家企事业单位的 840 名选手参加,涉及排版、印前制作、晒版、凹版印刷、平版印刷、平装混合工和模切工等 7 个工种。通过竞赛,665 名选手通过理论知识和技能操作考核,获得国家职业资格三级(高级工)证书,另有 50 位优秀选手晋升为技师。

2007 年至 2010 年,上海市连续 4 年举办印刷行业高级工职业大赛,成为展示上海印刷人才队伍技能水平的平台,成为培养和选拔印刷业高技能人才的阵地,通过竞赛,行业高技能人才比例从 6% 提高到 17.6%,部分印刷工种(柔性版印刷)通过竞赛诞生首批高级工。

2008 年 4 月,启动首届全国印刷行业职业技能大赛。经过 8 个月的竞赛准备和竞赛考核,11 月结束。上海烟草包装印刷有限公司葛巍获大赛职工组第一名,被人力资源部和社会保障部授予"全国技术能手"荣誉称号,晋升为高级技师。上海印刷高等专科学校眭若愚获大赛学生组第一名。2009 年、2010 年,多人在印刷行业技能竞赛中获"上海印刷技术能手"和全国印刷职业技能大赛三等奖、上海印刷行业职业技能竞赛第一名的优异成绩。

2010 年 8 月,第二届全国印刷行业职业技能大赛平版制版工全国总决赛学生组和职工组比赛在上海出版印刷高等专科学校进行,227 名选手从全国各地上万名平版制版专业的职工和学生中脱颖而出。2010 年 12 月,上海印刷行业职业技能竞赛启动,来自全市国企、合资、民营等 46 家印刷企业及学校的 350 名选手报名参加,成绩合格者获相应的国家职业资格证书,还可享受政府补贴及取得直接申报高一等级的国家职业资格。

上海各印刷企业为满足企业和员工个人发展需要,提高企业核心竞争力,想方设法敞开员工职务晋升通道,对员工提供专业培训、出国培训,加快出版印刷人才的培养,为行业输送更多的高层次人才。

上海烟草印刷公司坚持"实战培训",建立"高师带徒"制、提升型培训制、见习制、生产一线管理技能培训制等多项高技能人才培训制度,以促进高技能人才队伍的培养和建设。培训涵盖印刷、质检、糊盒等多种工种。至"十一五"末,一线操作岗位上的 592 名员工中已有高级技师 2 人、技师 16 人、高级工 103 人、中级工 303 人。2009 年,组织 22 个工种 706 名员工参加技术培训和应知应会比武活动。参加比武的岗位涵盖胶印机长、凹印机长等多个操作岗位,占到企业岗位总数的 13.66%,各岗位员工技术培训参与率为 94.24%。公司还推选优秀技术员工参加各类国家级、市级比赛,并创建"技术交流角""技术论坛""机长沙龙"等载体,引导高技能人才对技术问题展开交流和探讨,促进其技术水平不断提升。并设立"青工讲师堂",组织高技能人才担任授课讲师,成立企业培训师队伍。

上海中华商务联合印刷有限公司为提高员工技能水平,制定"三坚持、四确保"的方针,即坚持教技术、教管理、送上岗;坚持开展员工国际化人才管理,业务专业培训;坚持结合印刷外贸加工质量标准、经验参与社会职业技能竞赛,把实践提升作为常态化。四确保,即确保人才培训经费到位(采用三个一点方法,行政付一点、工会奖一点、个人拿一点,使技能人才培训由要我学变为我要学的学习氛围),确保人才培训因材施教(针对员工不同要求,按照缺什么补什么,需什么学什么原则);确保人才培训方式有效(积极探索有实效培训方式,重点在实践培训方式,重点放在实践操作上,用实践操作带动理论学习),确保人才培训考评制度严格完善(持证上岗;健全考试考核晋升制度;岗位技能竞赛制度;全员培训绩效档案资料等)。

为培养新一代印制精品的技术人才,生 2000 年 5 月,上海新闻出版职业技术学校选派 8 名学生赴新加坡培训,这是上海印刷行业首次选派学生出国培训。

第五节　技术能手评选

为激励员工学习技术，上海印刷系统还展开一系列评奖活动，一批"技术能手"因此脱颖而出。

由上海市印刷行业协会主办、上海光华印刷机械有限公司协办的 2006 年"光华杯——2006 年上海市多色胶印机（单张纸）高级印刷工技能竞赛"是上海市首次印刷操作工比赛，共有 22 家企事业单位的 54 名选手参赛，46 名选手通过鉴定晋升为高级工，4 位优秀选手晋升为技师，并由上海市劳动和社会保障局分别颁发国家职业资格三级（高级工）和二级（技师）证书，名次靠前的陈钦春还被批准为"上海市技术能手"。

上海 2007 年至 2009 年职业技能竞赛的 8 位优秀选手被市人力资源和社会保障局授予"上海市技术能手"荣誉称号，其中有文汇新民联合报业集团徐鸿、上海新闻出版职业技术学校沈国荣、上海人民印刷八厂周国仁、解放日报报业集团印刷厂成曙平、上海市委办公厅文印中心顾磊、上海教育出版社经营公司任燕春、上海今明出版信息技术有限公司杨玮和上海人民印刷八厂周勇。

2001 年，上海印刷行业四色胶印机（单张纸）高级工技能竞赛历时半年多，分理论知识竞赛和技能操作比赛两部分 60 名选手参加比赛，有 27 名选手成绩合格。第一、二、三名分别获得"上海市技术能手"和"上海印刷行业技术能手"荣誉称号。20 名选手经过竞赛晋升为印刷高级工。

第三章 发 行 队 伍

第一节 队 伍 建 设

一、基本情况

改革开放以后,上海新华书店等国有书店通过创办职工业余学校进行文化补课、组织脱产补习、自学考试复习,设立电大教学班等多种办法,帮助员工提高文化知识水平。1978年起,上海新华书店先后通过创办发行学校、与普通中学联办图书发行职业高中班等措施,招收一大批新员工充实图书销售第一线。上海发行队伍的年轻化、知识化情况逐步改善。

1978年至1989年,上海新华书店由发行学校、职工中专、职业高中班毕业参加书店工作的达650人,约占全店总人数的四分之一,加上各种专业训练班的举办,先后参加培训的达2 079人次。

1989年,上海新华书店员工总数3 200余人,其中,具有大专及以上文化程度的296人,高中(包括中专、技校)文化水平的950人,分别比1978年增加17.4倍和2.7倍。

1991年,上海新华书店共有员工2 592人,其中,具有大专及以上文化程度的258人,占总人数的10%;高中(包括中专、职高)文化程度的927人,占总人数的37.2%;初中及初中以下文化程度的1 362人,占总人数的52.5%。

2010年,上海新华传媒连锁有限公司共有员工1 696人,其中,具有大专及以上文化程度的795人,占总人数的46.9%;高中(包括中专、职高)文化程度的692人,占总人数的40.8%;初中及初中以下文化程度的209人,占总人数的12.3%。1 696名员工中,高级工356人,中级工545人,初级工264人,拥有技能等级人数占总人数的68.7%。员工文化程度、拥有技能等级比改革开放之初有大幅度提高。

上海图书公司、上海外文图书公司、中国科技图书公司、上海音乐图书公司等国营书店与新华书店同步或合作开展一系列培训教学工作,在专业图书销售人才培养方面进行多方面的尝试。

二、获得荣誉

改革开放中,以上海新华书店为代表的上海图书发行企业形成一系列服务品牌。始于20世纪六七十年代南京东路新华书店谢翠凤和沈文凤热心为读者服务的"双凤"精神,影响几代新华人;20世纪90年代末"尹鹏热线"服务品牌,以"辛苦我一人,方便给读者"为服务宗旨,受到业界的高度赞誉。

【全国先进工作者】
2000年,普陀区店营业员尹鹏被评为全国先进工作者。

【全国出版发行系统先进工作者】
1979年,上海新华书店谢翠凤被评为全国图书发行系统先进工作者。
1983年开始,上海新华书店宝山县店张文豹、上海音乐书店陈奖生、上海科技书店李守常、黄浦区店沈文凤、青浦县店王寄根、储运部李登发和徐其生相继被评为全国新华书店系统先进工作者。1992年,上海新华书店许鸣获全国新闻出版系统先进工作者称号。

2007年4月,上海书城赖友炯被人力资源和社会保障部、新闻出版总署授予新华书店系统全国先进个人称号。

【全国百佳出版工作者】

1996年开始,新华书店静安区店钱永林、新华书店上海发行所陈木林、上海新华音像和音图公司陆介蓉、上海新华发行集团西区分公司史再裕等分别获全国百佳出版工作者称号。

【中国书刊发行奖】

1997年至2003年,上海新华书店张金福、上海新华书店黄浦区店王锦华、杨浦区店王高潮、徐汇区店史再裕、宝山区店张文豹、嘉定区店许鸣、浦东新区店杜士衡、上海书城赵建平等陆续获中国书刊发行奖。

【上海市劳动模范】

1980年开始,上海新华书店黄浦区店沈文凤、青浦区店王寄根、普陀区店尹鹏、徐汇区店黄绮玉、东方书城周平先后获上海市劳动模范称号。

【行业先进个人】

1979年7月,谢翠凤、吴慧芬、张海滨被评为上海市财贸系统先进工作者。

1982年11月,上海新华书店参加上海市财贸系统"六好职工"评选活动,黄浦区店、普陀区店被评为市财贸系统"五好企业",沈文凤、王寄根、李守常、沈桂珍、李登发被评为市财贸系统"六好职工"。

2003年2月,东方书城营业员鲍韧获得上海市商业委员会评定的"服务明星"称号。

2004年3月,华东师范大学出版社缪宏才、上海外语教育出版社伊静波、上海外文图书公司顾斌、上海东方发行代理公司王幼芬、东方书城周平、上海书城赖友炯、明君书店明君、上海图书公司杜永平、思考乐书局路培庆、上海新华书店崇明县店黄晓骐入选上海书刊发行业协会评选的上海书业首届十大发行人。

2006年4月,新华书店上海发行所李斌勇、复旦大学出版社朱文艺、上海世纪出版集团发行中心高骥、上海东方书报刊服务有限公司史金虎、上海外语教育出版社吴树明、华东师范大学出版社庄晓明、上海科学技术出版社金增良、上海书城陶建敏、上海图书公司姚一鸣、上海新华书店闵行区店高列萍等入选上海书刊发行业协会评选的上海书业第二届十大发行人。

2009年9月,上海市召开第三批迎世博贡献奖表彰会,东方书城教辅班组主任华强获"优质服务贡献奖"。

第二节　员工管理和培训

党的十一届三中全会后,图书市场出现繁荣兴旺,图书品种剧增,图书发行员工队伍建设急需加强。上海新华书店等发行单位为加强队伍管理,提升员工的技能水平,制定一系列规章制度,规范员工的职业行为,并为员工提供一系列的培训、进修学习的机会。

一、员工管理

1978 年,上海新华书店颁布《基层书店发行组工作规章制度》《基层店业务员岗位责任制》《接待外宾购书人员注意事项》等制度,对发行员、基层业务员、接待外宾购书人员、营业员等书店员工的职业行为进行规范。

1979 年 8 月,上海新华书店制订《关于进一步加强农村图书发行工作的几点意见》《农村发行员守则》(试行稿),对农村发行员的职业行为进行规范。在青浦县举办农村发行员学习班,强调各县书店要有一位经理负责农村发行工作,规定农村发行员每月下乡不少于 16 天。

1980 年,上海新华书店制订《上海新华书店店规》(试行稿)、《县店经理工作主要职责》及《上海郊县书店农村图书发行工作考核标准》(试行稿),下发各店门市部,对上海新华书店服务宗旨、郊县书店农村图书发行考核标准、县店经理的主要职责,营业员考勤、着装、仪表、礼貌用语等进行规范。10 月,举办企业管理学习班,各县店经理与党支部书记参加学习。1982 年 3 月,《上海新华书店店规》(试行稿)试行近两年后,经职代会讨论通过开始全面执行。

1981 年 4 月,上海新华书店制订《关于加强图书进货管理工作的规定》和《关于基层书店主动供应工作分工问题的规定》(试行稿),并于 1983 年 6 月修订《关于加强进货管理工作的规定》,下发各基层店及上海新华书店有关部门执行。

1982 年,上海新华书店制定《关于基层店(部门)做好学徒工培训工作的职责》等一系列规章、条例,对学徒工、熟练工分年考核标准作出规定,并对学徒工的职业行为进行规范。

1989 年 8 月,上海新华书店制订《关于加强图书、期刊进货管理工作的暂行规定》,对发行人员的职业行为进行规范。

2001 年 4 月,上海新华发行集团先后 6 次邀请复旦、同济、市委党校等大学教授前来讲授现代管理科学知识。经过招聘,从社会上引进 16 名大专以上学历人员充实到各级经营管理岗位,为优秀管理人才队伍输送新鲜血液。

随着改制、上市,建立健全科学的管理体系,上海新华发行集团、上海新华传媒股份有限公司等开展一系列管理理念、拓展训练等培训,建立人才引进与退出机制,积极探索"老人老办法、新人新办法"的管理模式,积极引进相关专业人士,在巩固老阵地、拓展新领域等层面充分发挥人才的优势。

二、员工培训

1981 年 8 月,上海新华书店举办新职工训练班,112 人参加。

1983 年 10 月,新华书店上海发行所承办第一届南三区新华书店储运工作培训班,学员 42 人。1984 年 4 月,上海发行所、安徽省店共同承办第二届南三区新华书店图书储运工作培训班(安徽省黄山市),9 省市 20 个收发货店 37 人参加。

1986 年 12 月,上海新华书店在全系统开展业务基本功岗位练兵活动,组织全市基层店门市营业员强化累计小发票、结算盘存表、售书连续操作等业务技能训练。

1987 年至 1991 年,上海新华书店先后编辑、摄制《市店门市规范化服务》《书店营业员业务技能规范》《图书发行基础知识》等三部电视教学录像片,为 29 个省、自治区、直辖市新华书店和发行学校复制发行三部电视教学录像片 1 200 套,其中《书店营业员业务技能规范》获得上海市首届成人教育教学录像片评比三等奖,新华书店总店向各地新华书店及图书发行专业院校推荐此片,作为培训教材。

1989年3月,上海新华书店举办第一期微机操作培训班,共有37名学员参加培训,其中代外地新华书店培训14人。

1989年10月25日至11月26日,上海新华书店开设首期"班组管理知识"培训班,11月26日参加全市统考,考试成绩全部合格。

1990年11月,上海新华书店制订《上海新华书店职工教育条例》,对定期进行书店职工培训作出规定。1990年举办各类业务人员培训班12期,参加人数达370人。

1992年6月,上海新华书店举办全市供销社图书发行员业务培训班。来自市郊9县的农村供销社图书发行人员及部分县店经理、发行股长43人参加培训。

1995年,上海新华书店受市新闻出版局委托,负责对全市图书发行员、音像发行员、图书仓储员、图书运输员、图书发货员等级工考核工作。年内,在全面培训的基础上,对580名图书发行员进行中级工登记考核,合格率达75%。

1996年5月,上海出版业全面实施持证上岗制度。1996年至1998年,上海所有发行企业经理,包括上海新华书店市、区、县经理,上海图书公司、上海外文图书公司、中国科技图书公司、上海音乐图书公司等单位的经理,参加由市新闻出版局组织的培训,取得相应《岗位培训合格证书》后上岗。

1999年至2000年,上海书城员工参加各类培训达860人次,在参加新华书店系统业务技能比赛中,有16位员工分别获得单项前三名(4人获第一名);在局系统全能比赛中,前十名的名次中书城占据6个席位,还各有2名员工被授予局图书发行技术能手和星级营业员称号。

2000年,上海书城采取实习录用制招聘员工——选择合适的生源,实习生经过培训上岗后,由主管营业员带教,实习期满后,进过综合素质考评择优录用。2000年度实习生20名,录用11名,录用比率55%。2001年度实习生30名,录用16名,录用比率53%。

2001年9月,为配合APEC会议在上海召开,上海书城组织员工参加"商务英语100句"的培训,100%通过考核,部分员工取得优异的成绩。

2002年5月,上海新华发行集团人才培训交流中心和市经济管理干部学院联合举办第一期中小企业管理技能培训班。参加培训班的经理、书记、集团部室主任共68人,门市部主任117人。

2002年11月,东方音像连锁有限公司与上海电视中专联合开设的东方音像培训实习基地揭牌开学,东方音像连锁在加大员工培训力度,提高员工的业务能力和技术水平,在改善企业用人机制,培养、留住人才方面,迈出实质性一步。

自2002年起,上海主要国营书店员工培训,大多采取以自学、参加社会培训为主,配以营销活动培训、新职工上岗培训等。随着员工文化程度的普遍提高、平均年龄的下降和电子技术的普及,书店培训从内容和形式都出现新的变化。

第三节　技能竞赛和职称评聘

一、技能竞赛

1979年5月至7月,上海新华书店在全市开展以提高发行质量、完成企业计划、改善服务态度为主要内容的百日竞赛活动。全店有270多名职工被评为百日竞赛优胜者,其中谢翠凤等5人被推荐参加上海市职工庆祝新中国成立三十周年表彰先进大会,吴淞新华书店等6个集体在竞赛中成绩优秀受到表彰。

1985 年 12 月,上海新华书店组织黄浦、南市、普陀、闸北等区店及中国科技图书公司举行基本功汇报表演赛。其中,南京东路新华书店王持芬以 1 分 42 秒获得累计 50 张销售发票一等奖;南京东路新华书店吕瑜以 4 分 28 秒获逐笔结算盘存表 30 笔一等奖;闸北区店潘月珍获"售书连续作业"一等奖;南京东路新华书店严钟麟在答问熟悉 600 余种学术著作类图书时得到在场人员赞叹。《新民晚报》以《主考官接连出难题,售书人个个问不倒》为题做了报道。

1987 年 6 月,上海新华书店举行纪念建店 50 周年业务基本功汇报会,来自全市六个赛区的选手和 87 届图书发行职高班学员共 102 人,进行累计小发票、结算盘存表、售书连续作业和熟悉主管图书等项目的角逐。黄浦区店、中国科技图书公司和 87 届职高班分获团体总分的前三名。黄浦区店王持芬以 1 分 22 秒 3 获累计 50 张发票计算第一名,黄浦区店孔庆豪获熟悉图书汇报表演赛第一名等。

1987 年 9 月,市新闻出版局举办新华书店营业员业务技能操作比赛大会,南市区店周礼华、青浦县店蔡建新、中国科技图书公司宋志良等分获结算盘存表、50 本书售书连续作业和累计 50 张销售发票的第一名。

1990 年 1 月,市新闻出版局组织优秀中青年营业员技术业务操作比赛,南京东路新华书店马黎梦获总分第一名。

1991 年 12 月,市新闻出版局组织全市发行系统业务操作比赛,在熟悉图书业务知识和操作比赛两大类项目中,上海新华书店的选手囊括比赛项目的前三名。

1992 年 11 月,上海新华书店组队赴北京参加北京、天津、上海三市新华书店业务技能竞赛活动。上海队获团体总分第一名;长治书刊经营部沙菲获"个人技能全能"第二名;静安区店沈洁、黄浦区店王持芬等分别获"结算 50 张销售发票"第二和第五名;浦东分店张颖、静安区店叶韵、闸北区店陈军等分别获"结算盘存表"第二、三、四名;黄浦区店阙梅兰、闸北区店潘月珍等分别获"售书连续操作"第四和第五名。上海队在"书籍知识"集体赛项目中获第三名。

1993 年 10 月,全市新闻出版系统书店职工业务技能操作竞赛,上海新华书店核算盘存表沙菲获第一名,累计 50 张销货发票沈洁获第一名,售书连续操作阙梅兰获第一名。11 月 11 日,北京、天津、上海三市新华书店业务技能竞赛在上海举行,沙菲获个人技术全能一等奖。天津队获团体总分第一名,北京队和上海队分获第二、三名。

1994 年 10 月,新华书店上海发行所张易在总店举办的第二届全国新华书店系统"长城杯"计算机邀请赛中,获数字录入第一名。

1997 年 3 月,全国新华书店知识技能比赛复赛在北京举行。上海代表队沈婷获计算机文字录入处理员技能比赛第二名。

1999 年,市新闻出版局系统图书发行员业务技能竞赛举行,上海音乐图书公司周慧在决赛中获第一名,和获第二、第三名的上海书城韩露、顾峻等被授予"图书发行技术能手"称号。

1999 年 12 月,市新闻出版局召开图书发行系统技能竞赛总结表彰暨"星级书店""星级营业员"命名大会。表彰获技能竞赛前 10 名的选手,命名 50 家"星级书店"和 10 名"星级营业员"。

2002 年举办的上海高级图书发行员业务技能竞赛,参赛选手 153 人。第一轮应知部分考核中,合格率达 83％;第二轮应会部分考核中,有 87 名初、中级职称的图书发行员晋升为高级发行员,占总参赛选手的 66.7％;名列前三名的高级图书发行员向市职业技术鉴定中心申报图书发行技师职称。上海书城、上海音乐图书公司等单位参赛选手全部出线并取得优秀成绩。民营书店从业人员首次参赛,有 5 名选手出线。

2010年1月,全市开展迎世博图书发行技能大赛,30多家窗口单位近千名职工参加竞争,20名技术能手获熟悉图书、点钞、文字输入、图书连续操作的等4个比赛项目的奖项。

二、职称评聘、持证上岗

【职称评聘】

1988年7月,上海新华书店成立职称改革工作领导小组和职称改革工作办公室,开展职改工作。1989年12月,上海新华书店职称改革工作基本完成。1989年,首次职称评聘工作中,有838人获各类专业技术职称。评出上高级职称8名(其中高级经济师3名,高级会计师2名,高级讲师2名,副编审1名),中级职称186名,初级职称644名。其中上海外文图书公司评出高级职称3名(高级经济师2名,高级会计师1名),中级职称25名,初级职称5名。上海图书公司评上高级职称6名(编审1名,副编审5名),中级职称49名,初级职称63名。

1992年12月,上海新华书店召开职称初评委评审会,对各区(县)店上报的材料进行评审,有61人通过初级职称评审。

2001年,上海新华发行集团已有19.3%的员工获初级营业员职称,57.9%的职工获中级营业员职称,4.9%的职工获高级营业员职称,共计有82.2%的职工获资格证书,为培养优秀管理人才打下基础。

2010年,上海新华传媒连锁有限公司员工中有初级工264人,占比15.57%;中级工545人,占比32.13%;高级工356人,占比20.99%。

【持证上岗】

1996年3月,上海新华书店向首批获初、中级图书发行员技术等级证书的574名职工(中级工549人)颁发证书。

根据新闻出版署、劳动部1998年3月联合下发的《关于对图书发行员实行职业资格证书制度的通知》,市新闻出版局2000年12月成立"新闻出版行业特有工种002号鉴定站"。2001年7月,市新闻出版局发布《关于实行上海市图书发行员职业资格证书制度的通知》,对全市图书发行从业人员实施职业技能鉴定,实行就业准入控制和职业资格证书制度,并将企业法人具备中级图书发行员职业资格作为发行企业开业的前置条件。

经考核取得初级技术等级证书的图书发行员,即获图书发行员从业资格,可以从事图书发行工作;取得中级以上(含中级)技术等级证书的图书发行员,即获图书发行员执业资格,可以依法独立开业。图书发行员必须持证上岗。

2001年至2010年,新闻出版行业特有工种002号鉴定站鉴定发行系统初级职业资格4586人,其中中级职业资格1895人,初级职业资格2691人。

表11-3-1　2001—2010年发行系统取得职业资格人数统计表

年　份	初级职业资格	中级职业资格	合　计
2001年	166	53	219
2002年	526	48	574
2003年	756	369	1 125

（续表）

年　份	初级职业资格	中级职业资格	合　计
2004 年	430	190	620
2005 年	183	142	325
2006 年	131	106	237
2007 年	204	151	355
2008 年	130	328	458
2009 年	47	207	254
2010 年	118	301	419
总　计	2 691	1 895	4 586

2004 年 5 月,国务院下发《关于第三批取消和调整行政审批项目的决定》,图书发行员职业资格证书不再作为发行企业开业的前置条件。作为职业资格证书制度的重要内容,职业技能鉴定工作是提高劳动者素质、增强劳动者就业能力的一项有效措施,也是在社会主义市场经济条件下国家综合管理全社会劳动力的重要手段。

【职业技能鉴定】

2010 年,市新闻出版局印发《关于开展出版物发行师技能鉴定工作的实施意见》,根据出版物发行师申报条件,上海各发行企业积极推荐相关人员报名。凡具有高级发行员职业资格、连续从事出版物发行职业工作 5 年以上的人员均可申报出版物发行师职业技能鉴定。

2010 年 7 月,市新闻出版局召开出版物发行师职业技能鉴定工作动员会,并组织授课教师试讲和鉴定方案研讨等系列活动,上海出版物发行师鉴定工作全面启动。经过三个月(120 课时)培训、考核、鉴定,上海有 45 位业务骨干取得结业证书(其中有 3 位是星级发行师),成为上海第一批出版物发行师。

【星级发行师资质考评】

2009 年 2 月,上海市书刊发行行业协会发起星级发行师资质考评活动,开展书刊发行行业窗口单位"迎世博,星级服务、英语导购"培训,培养了一批迎世博星级服务员、英语导购员、高级书刊发行员及发行师。在此基础上,协会组织星级发行师资质考评,根据培训成绩、岗位实绩和技能等级,评出首批 52 名星级发行师。

"星级服务"培训先后举办 14 期,授课的是上海市新闻出版教培中心的资深专业讲师,参加培训的学员 1 526 人;"英语导购"培训先后举办 4 期,授课的是大学高级英语会话讲师,参加培训的学员 126 人。培训每期为时一个月,员工接受集中培训教育的时间不少于 8 小时(课时),考试合格者近九成,分别获市新闻出版局、市书刊发行行业协会颁发的"上海市书刊行业窗口服务员工迎世博星级服务培训合格证书"和上海市书刊发行行业协会、上海外国语大学颁发的"上海市窗口服务行业员工迎世博英语导购培训合格证书"。

此外,上海市书刊发行行业协会还与上海东方国际手语教育学校合作,在重点商区、重点发行企业开展为期一个月的手语培训,参加培训的学员 32 人,合格者获上海东方国际手语教育学校与市书刊发行行业协会颁发的合格证书。

2010年,市书刊发行行业在全市迎世博城市服务文明指数测评中表现优异。市委宣传部对宣传系统65家窗口单位进行社会公众满意度测评,书刊发行行业服务文明指数达87.15分,整体服务水准有较大提升。

附:

表 11‑3‑2   1978—2010 年上海市文明单位

年 度	单 位 名 称
1984	上海市印刷六厂
1985	上海辞书出版社
1986	上海辞书出版社 上海市印刷四厂
1987—1988	上海辞书出版社 上海市印刷四厂
1989—1990	上海辞书出版社 上海市印刷四厂
1991—1992	上海印刷技术研究所 上海辞书出版社
1993—1994	上海科技教育出版社 上海图书出版贸易公司
1995—1996	上海科技教育出版社 上海外文图书公司
1997—1998	上海科技教育出版社 上海外文图书公司 上海教育出版社 上海印刷技术研究所
1999—2000	上海科技教育出版社 上海教育出版社 上海印刷新技术集团印刷技术研究所 新华发行集团上海书城 上海科学技术出版社
2001—2002	上海科技教育出版社 上海教育出版社 上海科学技术出版社 上海书城 上海人民出版社 上海中华印刷有限公司 上海辞书出版社
2003—2004	上海科技教育出版社 上海教育出版社 上海人民出版社 上海译文出版社 上海古籍出版社 上海新闻出版教育培训中心 上海书城 上海中华印刷有限公司
2005—2006	上海书画出版社 上海古籍出版社 上海书城 上海教育出版社 上海科技教育出版社 上海译文出版社 上海人民出版社 上海新闻出版教育培训中心 上海中华印刷有限公司
2007—2008	上海书画出版社 上海教育出版社 上海科学技术出版社 上海图书公司 上海书城 上海科技教育出版社 上海人民美术出版社 上海人民出版社 上海译文出版社 上海古籍出版社 上海中华印刷有限公司
2009—2010	上海图书公司 上海译文出版社 上海古籍出版社 上海市印刷三厂 上海人民美术出版社 上海教育出版社 上海科学技术出版社 上海科技教育出版社 上海人民出版社 上海世纪出版股份有限公司发行中心 上海中华印刷有限公司 上海书城

表 11‑3‑3   全国优秀出版单位、百佳图书出版单位

单 位	奖 项	年 度
上海译文出版社	第一批全国优秀出版单位	1993 年
少年儿童出版社	第一批全国优秀出版单位	1993 年
上海科学技术出版社	第一批全国优秀出版单位	1993 年
上海辞书出版社	第二批全国优秀出版单位	1994 年

（续表）

单　　位	奖　　项	年　　度
上海人民出版社	第三批全国优秀出版单位	1998 年
上海人民出版社	全国百佳图书出版单位	2009 年
上海科学技术出版社	全国百佳图书出版单位	2009 年
复旦大学出版社	全国百佳图书出版单位	2009 年
华东师范大学出版社	全国百佳图书出版单位	2009 年
上海外语教育出版社	全国百佳图书出版单位	2009 年
上海文艺出版社	全国百佳图书出版单位	2009 年
上海译文出版社	全国百佳图书出版单位	2009 年

表 11 - 3 - 4　上海出版新人奖名单

姓　　名	性　别	单　　位	所获奖项	获奖时间
叶　路	男	上海译文出版社	首届上海出版新人奖	2003 年
周　晴	女	少年儿童出版社	首届上海出版新人奖	2003 年
张　宏	男	上海外语教育出版社	首届上海出版新人奖	2003 年
陈鸣华	男	上海文艺出版社	首届上海出版新人奖	2003 年
王为松	男	上海教育出版社	首届上海出版新人奖	2003 年
薛　克	男	中华印刷有限公司	首届上海出版新人奖	2003 年
许伟国	男	新华书店上海发行所	首届上海出版新人奖	2003 年
王　焰	女	华东师范大学出版社	首届上海出版新人奖	2003 年
施宏俊	男	世纪文景文化传播公司	第二届上海出版新人奖	2005 年
邱孟瑜	女	上海人民美术出版社	第二届上海出版新人奖	2005 年
李　华	男	复旦大学出版社	第二届上海出版新人奖	2005 年
温泽远	男	上海教育出版社	第二届上海出版新人奖	2005 年
姜　明	男	上海辞书出版社	第二届上海出版新人奖	2005 年
顾　斌	男	上海外文图书公司	第二届上海出版新人奖	2005 年
尹利欣	男	上海文艺出版社	第二届上海出版新人奖	2005 年
孙　晶	女	复旦大学出版社	第三届上海出版新人奖	2008 年
黄　磊	男	上海财经大学出版社	第三届上海出版新人奖	2008 年
黄昱宁	女	上海译文出版社	第三届上海出版新人奖	2008 年
王　敏	男	《咬文嚼字》编辑部	第三届上海出版新人奖	2008 年
江　利	女	上海新华传媒股份有限公司	第三届上海出版新人奖	2008 年
郑　理	男	上海文艺出版社	第三届上海出版新人奖	2008 年

（续表）

姓　名	性　别	单　　位	所　获　奖　项	获奖时间
常绍伟	男	上海交通大学出版社	第三届上海出版新人奖	2008 年
汤哲明	男	上海书画出版社	第三届上海出版新人奖	2008 年
姚映然	女	世纪文景文化传播公司	第三届上海出版新人奖	2008 年
田松青	男	上海古籍出版社	第三届上海出版新人奖	2008 年

第十二篇
出版人物

本篇分《人物传略》和《人物表》两章。

按照生不立传的原则，兼顾出版卷编纂的具体情况，《人物传略》收入 2018 年底以前已经去世的以下人物：1992 年前被评为编审（教授、研究员等），在业界享有较高声誉的老出版工作者；2010年前被评为编审，并获中国出版政府奖优秀出版人物奖、中国韬奋出版奖、上海出版人奖，或被评为新中国 60 年百名优秀出版人物、百名优秀出版企业家、百名有突出贡献的新闻出版专业技术人员及全国新闻出版行业领军人物的出版工作者；1978 年至 2010 年曾在上海和中央在沪出版机构工作的副局级以上领导干部。2000 年《上海出版志》已经收入的，不再重复收入。《人物传略》共收入148 人，以逝世年份先后排序。他们中有早年投身革命、为党的出版事业奋斗一生的领导干部；有学贯中西、著作等身、声名卓著的专家学者；有学有专攻、几经坎坷、矢志不渝的老出版人；也有为他人做嫁衣，乐于奉献的资深编辑。他们丰富的出版工作阅历和著述等，为后人留下宝贵的精神财富。

对上海出版界其他领导干部和出版工作者工作的经历和业绩，以《人物表》形式加以介绍，包括主要领导任职表、高级专业技术人员名录和获奖人物表。获奖人物表收入 1978 年至 2010 年间获中国出版政府奖优秀出版人物奖、中国韬奋出版奖、上海出版人奖和被评为中国百名优秀出版企业家、百名有突出贡献的新闻出版专业技术人员、全国新闻出版行业领军人物等的出版工作者名录，同时收入享受国务院特殊津贴人员、全国和上海市劳动模范名录，力求全面、清晰地反映改革开放以来上海出版界人才辈出、群英荟萃的景象。

第一章 人物传略

蒯斯曛（1906—1987） 原名蒯世勋，笔名施君澄

江苏吴江人。1928 年复旦大学商院管理系毕业。曾任柳亚子主持的上海通志馆编纂，编有《上海公共租界史稿》。1926 年开始在《黎明》周刊、《民国日报》副刊发表作品，著有短篇小说集《凄咽》，译作短篇小说集《呼唤的声音》和中篇小说《新时代的曙光》，合译有宁姆·韦尔思的《续西行漫记》等。1938 年参加首部《鲁迅全集》义务校对。曾任文艺刊物《白露》和丛刊《译文》的编辑。1940 年加入中国共产党。1942 年 1 月赴苏中抗日根据地，曾任《滨海报》《苏中报》编辑。1944 年 11 月转入新四军，曾任第三野战军司令部秘书处主任，华东军区政治部外文学校政治委员。1954 年 5 月转业到上海，历任新文艺出版社副社长、副总编辑，上海文艺出版社社长兼总编辑。1964 年 6 月任人民文学出版社上海分社社长兼总编辑。1970 年秋起，负责中型双语工具书《新英汉词典》的编写工作，为三位责任编辑之一。1978 年 1 月起任上海译文出版社副总编辑、总编辑，主持《新英汉词典》（增补本）的编写出版工作，《新英汉词典》后获第一届上海市优秀图书一等奖、上海市高校文科科研成果一等奖。1979 年 3 月任市出版局顾问。

袁是德（1942—1989）

浙江镇海人。1964 年上海师范学院物理系毕业，进入上海教育出版社期刊编辑室，任《上海教育》（月刊）理科编辑。1969 年 11 月到黑龙江瑷珲县工作，培训中学教师，辅导学生补课，被评为模范教师。1972 年加入中国共产党。1974 年 6 月回上海人民出版社教育编辑室，担任《中学科技活动资料》《教学示波器》《无线电遥控技术》责任编辑。1978 年任编辑室副主任，主持《中学科技》工作，提出建立编辑部、研究室、实验工厂、服务部的科技教育出版中心的改革设想，在出书办刊和开拓发展中取得成绩。1983 年至 1985 年在中央党校学习，提交《关于改进党校教育的建议》，受到学校重视。1985 年 9 月起先后任市出版局副局长、局长，市新闻出版局局长、代理党委书记，提出上海出版改革的总体设想，推动上海出版界立足上海、面向全国；在深入调研的基础上，联合工商、公安部门制定《上海市图书报刊市场管理规定》；推进上海出版业对外开放，促成沪港两地出版合作；为上海新闻出版事业发展筹措资金，在市委、市政府和各有关方面支持下，设立上海出版印刷企业专项改造基金和学术著作出版基金，筹建上海新闻出版发展公司，创办为各界出书服务的百家出版社，为繁荣发展上海新闻出版事业作出重要贡献。曾任全国科普报刊广播电视记者协会理事、《汉语大词典》工作委员会委员、《科学》杂志编委。

刘火子（1911—1990）

广东台山人。出生于香港。1927 年大革命失败后，受进步思想影响走上革命道路。20 世纪 30 年代初，开始撰写文艺评论宣传“左翼”文学，出版过诗集《不死的荣誉》等。1938 年，参加“港九青年战地服务团”工作，抗战期间先后在香港《大众日报》《珠江日报》任记者、战地记者。1946 年 2 月 10 日，重庆发生“较场口血案”，与多名记者联名发表《致国民党中央社公开信》，揭露反动派罪恶阴谋。后遭追捕来到上海，任上海《文汇报》新闻版编辑。1947 年 5 月《文汇报》被查封后前往香港，为《新生晚报》编辑《新闻之钥》副刊，继续揭露国民党罪恶统治。1948 年，参加创办香港《文汇报》，先后任主编、部主任、总编辑，组织报道解放战争胜利消息和国民党在香港机构起义的新闻。1951 年

5月,回上海任《文汇报》副总编辑,1956年加入中国共产党。"文化大革命"中遭受迫害。"文化大革命"后负责《文汇报》冤假错案复查工作。1978年调任中国大百科全书出版社上海分社临时党组成员、副总编辑,负责编辑中国第一部大型综合性年鉴——《中国百科年鉴》。上海市作协会员、上海市社联委员、上海市辞书学会理事,上海市人大代表、政协委员。1987年被评为编审。

吴秾(1922—1990)　原名吴剑贤,曾用笔名胡越、可蒙、司徒湖

湖南常宁人。1939年在沅陵《国民日报》发表散文《湘西梦痕录》14篇,开始文学创作生涯。1942年起先后任沅陵《国民日报》《黔阳民报》、长沙《国民日报》编辑。1948年在《国民日报》创办《诗与木刻》周刊,发表许多富有革命战斗性的短诗及木刻作品。1949年由《诗与木刻》组织举办全国木刻展览,展出不少来自解放区的作品,产生较大反响。1950年到上海从事美术编辑工作,历任上海大众美术出版社编委、上海新美术出版社副总编辑、上海人民美术出版社连环画编辑室副主任、上海人民美术出版社编审。编写的连环画脚本《赵百万》获上海市文化局连环画奖,《红岩》获文化部颁发的二等奖。上海市作协会员,中国连环画研究会理事,上海连环画研究会副会长。发表连环画专论《连环画历史及其艺术的探索——重温鲁迅、瞿秋白对连环画的论述》,对中国美术和连环画创作有启迪作用。著有小说集《在地狱里》,诗集《英雄树》《江河集》。1988年被评为编审。

严大椿(1909—1991)　原名严锡寿

江苏吴县人。1930年11月法国国立格城大学文学院肄业。回国后历任上海开明书店和儿童书局《儿童故事》《儿童知识》等杂志编辑。1951年2月到华北人民革命大学学习,后进中国青年出版社任编辑,编辑出版《罗文应的故事》《我看见了什么》《苏联儿童文学论文集(第一册)》《学校》《丘克和盖克》《马利耶夫在学校和家里》等一批中外儿童文学作品。1952年加入中国作协。1955年2月调入少年儿童出版社,先后任译文科、文艺创作科编辑,编辑出版《三个火枪手》《小儿子的街》《格林童话》《小彼得》《表》《六千里寻母记》《一只想飞的猫》《上海十年文学选》(儿童文学分册)《金玉凤凰》等图书。后任少年儿童出版社第三编辑室副主任,负责自然科学部分,编辑出版《比安基科学童话选》《黑龙号失踪》《蜜蜂的故事》《爱迪生》《巴甫洛夫》《哥白尼》等图书,还组织《昆虫记》选译工作,参加《十万个为什么》(1962年版)的修订工作。曾任民进上海市委少儿社直属支部主委。1989年被评为编审。

赵超构(1910—1992)　笔名林放

浙江瑞安人。1934年中国公学大学部政经系毕业,进南京《朝报》任编辑。1938年参加《新民报》工作,任重庆《新民报》主笔、副总主笔。1944年参加中外记者西北参观团访问延安,写出长篇通讯《延安一月》,比较客观地报道中共领导的陕甘宁边区的情况,被周恩来称作中国记者写的《西行漫记》。1945年毛泽东也肯定这本书,两人成为朋友,先后七次晤谈。1946年从重庆到上海,参与上海《新民报》(晚刊)创刊工作,先后任《新民报》总管理处副总主笔、总主笔兼上海《新民报》(晚刊)总编辑,上海解放后任社长。从事新闻工作近六十年,笔耕不辍。从20世纪30年代初开始,先后在《新民报》《新民晚报》今日论语、随笔、未晚谈等专栏撰写杂文和时评,有时甚至一天两篇。1956年至1957年率先提出许多新闻改革设想,特别是针对《新民晚报》面临问题,提出"短、广、软"要求。这一时期的《新民晚报》曾受到毛泽东肯定。"文化大革命"中《新民晚报》被迫停刊,下放劳动。1973年任《辞海》编辑,1978年任上海辞书出版社副社长,1979年1月任市出版局顾问。1982年《新民晚报》复刊任社长,确定"宣传政策,传播知识,移风易俗,丰富生活"的十六字编辑方针和"飞入寻常百姓家"的办报宗旨。1987年被评为高级记者。1991年起享受国务院特殊津贴。曾任中国民主同盟中央常委,全国人大代表,全国政协常委,上海市政协副主席,中国记协副主席、顾问,

全国晚报工作者协会会长。著有《林放杂文选》《未晚谈》《赵超构文集》等。

陈虞孙（1904—1994）　又名陈椿年，笔名张绍贤、仲亨

江苏江阴人。1921年至1928年在南京金陵大学求学，后在江苏、福建厦门、天津、上海等地中学任教。"八一三"淞沪抗战爆发后参加抗日救亡运动，在上海文化界救亡协会的救亡工作人员训练所担任指导员。1937年底到武汉参加抗战宣传活动，次年1月参加回乡服务队，任第一大队队长，到浙江省遂昌县工作。1938年加入中国共产党，从事党的统战和宣传工作，曾任《浙江日报》总编辑。1946年1月，任上海《文汇报》副总主笔、上海地下党宣传委员会委员。1947年5月《文汇报》被国民党当局查封后，参加《评论家》《文萃》等杂志的编辑出版工作、1948年10月，任上海地下党文化工作委员会书记。上海解放后，历任上海市军管会文管会秘书长，解放日报社副社长，上海市文教委员会秘书长，上海市文化局副局长，文汇报社副社长兼总编辑，并先后兼任上海市政府副秘书长，上海市新闻出版印刷工会主席，上海市文史研究馆副馆长，上海市对外文化协会副秘书长，文汇报顾问，上海市新闻工作者协会副主席、名誉主席，上海市政协文史资料委副主任。曾任上海市人大代表，市政协常委。1978年，负责筹建中国大百科全书出版社上海分社，先后任临时党组书记和总编辑，参与《中国大百科全书》总体规划设计和制定分卷框架、确定体例原则、组织编辑队伍、物色分卷主编等工作。1987年被评为编审。1992年起享受国务院特殊津贴。著有《陈虞孙杂文随笔选》《访港散记》等。

周原冰（1915—1995）　原名周元斌

安徽天长人。1934年4月加入共产主义青年团，开始走上革命道路。1939年10月加入中国共产党，翌年初奉命到新四军第五支队工作，先后担任天长县民主政府秘书长、新四军五支队政治部宣传股长、新四军二师五旅政治部统战科长。1943年调淮南根据地天高办事处任秘书、党组副书记、书记。1944年9月起先后担任高邮县县长、淮南路东专署财经处长、副专员、代理专员等。解放战争中，任苏皖边区政府行政干部学校秘书长兼行政系主任、华东建设大学行政系主任兼总支书记。1948年，任济南市委宣传部干部教育科科长，负责文化出版工作。解放后筹备上海市委党校，后任党校教育处处长兼秘书长，实际负责党校工作。1956年任《学术月刊》总编辑。1962年2月至1966年7月任上海市委副秘书长、华东局和上海市委合办的《未定文稿》副总编辑。1979年3月任华东师范大学副校长。1980年2月任华东师范大学出版社筹备组领导成员，同年被评为教授。

翁逸之（1921—1995）

上海人。早年师从张充仁学画。1938年秋参加新四军，为教导队学员、战地服务团团员。1939年任新四军三支队政治部宣传干事及新四军政治部组织干事。皖南事变后辗转回到上海，在永兴邮包运输公司任职，并先后任中国女中教员，《月刊》杂志编辑及大中图书公司编辑。1950年任上海市文化局美术科科员。1952年调华东人民美术出版社成为专业宣传画创作干部，后任宣传画年画编辑室副主任。曾创作《保卫和平是英雄　建设祖国是好汉》等美术作品，《庆祝中国共产党成立六十周年》获1983年全国宣传画二等奖，《庆祝中华人民共和国成立三十五周年》被上海市文化局和上海市美术家协会评为优秀奖。晚年致力于西方艺术与中国民族民间艺术融合的探索。中国美术家协会会员、中国美术家协会上海分会理事、上海粉画协会顾问、上海青浦画院名誉画师。1988年被评为编审。

俞沛铭（1934—1995）

江苏无锡人。1951年5月上海中华职业学校高级财经专业毕业，进人民教育出版社上海办事处任办事员、科员。1953年6月进上海人民出版社，1958年初调任历史编辑室助理编辑、编辑。

1973 年 3 月起调上海人民出版社少儿读物编辑室、少年儿童出版社任历史编辑,编辑出版图书 80 多种,1 100 多万字,包括中国历史故事集《上下五千年》(1—5 册)、外国历史故事集《世界五千年》(1—6 册)和中国现代历史故事集《天翻地覆三十年》(1—6 册)。这些通史性历史故事集知识容量大,主题明确,出版后社会反响热烈,其中《上下五千年》被国家出版局和全国少儿文化艺术委员会评为 1980—1981 年全国优秀少年儿童读物,并获团中央、教育部等举办的第二届全国中学生评书活动优秀读物奖。此外,编辑出版的《货币史话》获中国史学会和中国出版工作者协会 1984 年评选的爱国主义优秀通俗历史读物优秀奖,《中国革命历史故事》(二)1983 年获少年百科丛书优秀读物奖。1990 年被评为编审。

李龙牧(1918—1996)   笔名龙谟、农慕之

北京人。1938 年起在《华光日报》《大刚报》《力报》《云南日报》任编辑、主笔。1946 年 5 月在上海参加《群众》杂志等筹备工作,后任《文汇报》编辑,并参加《文萃》编辑工作。1947 年 7 月任湖南《新潮日报》《湖南日报》《实践晚报》主笔。1949 年加入中国共产党。1949 年 8 月湖南和平解放后,任长沙《大众晚报》总主笔、长沙市委新闻党支部书记。1950 年 1 月调任中央人民政府新闻总署研究室秘书、政务院文委秘书,中央高级党校新闻教研室讲师。1957 年 11 月到复旦大学工作,历任新闻系新闻史教研室副主任、新闻系副主任。"文化大革命"中遭受迫害。"文化大革命"结束后任复旦大学新闻系副主任。1981 年 5 月任复旦大学出版社社长,后兼任总编辑。任职期间坚持大学出版社为教学科研服务的办社宗旨,提出把复旦大学出版社办成学术出版社的奋斗目标,重视复旦学者科研成果的整理与出版,组织出版陈子展《诗经直解》、董问樵《浮士德研究》和译作《浮士德》及复旦大学历史系《中国文化》研究辑刊等。曾任上海市编辑学会副会长。著有《中国新闻事业史稿》,获上海市哲学社会科学优秀成果著作奖、国家教委优秀教材一等奖。1985 年被评为教授。

孙鹤鸣(1930—1996)

上海松江人。1951 年上海交通大学机械系毕业。后在重工业部汽车工业筹备组、北京 752 工厂、上海华东机电安装公司、长春第一机电安装公司、洛阳第一机电安装公司、上海第一机电安装公司、兰州第一机电安装公司和西安第三机电安装公司等单位工作,先后任工程师、建设工地副主任、公司技术科副科长等职。1961 年 10 月至 1978 年 1 月,在一机部安装公司、设计总院工作,具体负责组织全国通用规范《机械设备安装工程施工及验收规法》(16 个分类)的修订工作,为第一册、第二册主要执笔人和修订工作主要技术负责人。1978 年 2 月任同济大学安装专业教研室任副主任,尝试将现代科学理论引入专业教材。1980 年 3 月进上海科学技术出版社,编写《工科书稿学术内容常见的一些差错分类》《关于科技译稿的审校加工问题》《工科书稿文字表达常见的一些差错分类》等。1984 年 6 月任上海科学技术出版社副总编辑,1990 年 3 月任总编辑。任职期间将六维分析法运用于选题结构管理,对全社选题进行删削调整,提升选题结构的优化和科学性;主持制定《上海科学技术出版社"七五"期间出书选题规划》,坚持综合平衡的原则,提出出书方向、专业设置、出书重点、出书数量和结构比例、重点工程和骨干工程。曾任上海市编辑学会理事。1988 年被评为编审。

顾方本(1929—1997)

上海人。1948 年在上海大同大学求学时投身革命,参与学校进步刊物《新生代》编辑工作,1949 年加入中国共产党。新中国成立后,进上海市教育局工作,从事基础教育管理和教育刊物的编辑工作,先后任《上海扫盲》周刊总编,《上海教育》期刊主编。后任上海人民出版社少儿知识读物编辑室主任,上海教育出版社副总编辑。1986 年上海科技教育出版社成立,任总编辑,1988 年任社长。在多年出版工作实践中,组织、策划、编辑和审定过上千种出版物,其中不少是精品或有重大影响的教育书刊,如《上下五千年》、"少年自然科学丛书""中学生文库"《中学劳动技术课本》《中学科技》《语文学习》等。作为上海科技教育出版社主要初创者,在确立出版社方向定位、凸显产品特色及开发新图书品种、创建新期刊、尝试开展多种经营等方面做了大量工作。1987 被评为编审。

吴大业(1930—1997)

上海人。早年在上海法政大学法律系学习,后入东吴大学法学院研究院攻读研究生,获硕士学位。1955 年进上海新美术出版社,后转入上海人民美术出版社从事摄影编辑工作。参与编辑的大型摄影画册有《江山如此多娇》《庐山》《孙中山故居》《桂林山水》《欢庆社会主义改造的伟大胜利》《把青春献给祖国》等,其中画册《江山如此多娇》受到周恩来称赞。编辑的《摄影问答》获 1979 年度市新闻出版局优秀图书奖,"摄影丛刊"(1—10 期)被《摄影报》列为国内出版的优秀摄影图书之一,编译、审校的《现代英汉摄影词典》为中国第一部百科性英汉摄影辞典。中国摄影家协会会员、上海市法学会会员、上海市政治学会会员、上海市辞书协会会员、上海市编辑学会会员、上海社会科学院特约研究员。著译有《新中国》《欧洲摄影艺坛》《法国摄影职业教育一瞥》《英国全息摄影业余教育简讯》《美国新版权法对摄影作品的版权保护》等。1990 年被评为编审。

罗洛(1927—1998) 原名罗泽浦

四川成都人。1945 年开始发表诗歌作品,曾任成都中学执行委员和《学生报》编辑。1946 年考入成都华西协合大学哲学系,积极投身于进步学生运动和革命文艺活动,参与编辑多种刊物,以笔名罗洛在进步刊物上发表诗歌、散文、翻译作品。新中国成立后,历任上海军管会轻工处文书、上海《青年报》记者、新文艺出版社编辑。1955 年受胡风案牵连,被开除党籍。1958 年调至青海,转入科学部门工作。1981 年改正并恢复党籍后,历任中科院西北高原生物研究所图书馆馆员、副所长、副研究员,中科院兰州图书馆馆长等职,撰写的论文《关于青藏高原国外文献的收集和研究》获 1982 年青海自然科学论文奖。1984 年调回上海,历任中国大百科全书出版社上海分社副总编辑、党委书记、社长、总编辑。担任主编的《中国大百科全书·宗教卷》《中国百科年鉴》获 1989 年上海市优秀图书奖。上海市党代表、市人大代表。中国作协上海分会副主席、主席、党组书记,上海市编辑学会副会长,上海国际笔会中心书记。诗集《雨后》获青海省庆祝建国 35 周年文艺评奖荣誉奖,诗评《险拔峻峭·朴实无华》获 1987 年《诗刊》优秀评论奖。著有《罗洛文集》(4 卷)。1987 年被评为编审。

石啸冲(1908—1998)

辽宁辽阳人。1927 年在北京朝阳大学法律系求学,1930 年赴德国柏林大学留学,1932 年获硕士学位。回国后参加东北民众抗日救国会工作,主编《东北旬刊》。1937 年 8 月在绥远参加东北挺进军。1938 年 4 月到武汉和重庆参加郭沫若领导的国民政府政治部第三厅工作。抗战胜利后在上海中外出版社主编《文汇周报》。1946 年 5 月起,先后在上海民治新闻专科学院、上海大夏大学、华东新闻学院和华东师范大学政治教育系任教。其间曾借调上海市社联担任《学术月刊》副总编辑。1980 年 2 月任华东师范大学出版社筹备组领导成员,同年 6 月任副社长、副总编辑。1985 年加入中国共产党。曾任中国政治学会副会长,上海政治学会会长、名誉会长,《中国大百科全书·政治学卷》副主编,第一至第六届上海市政协委员。1951 年前就评为教授。撰写论文《欧洲反法西斯民主运动》《历史转变的年代》《战后世界殖民地问题》《新民主主义国家建设的斗争》《论世界危机》等,著有《新政治学》《政治学史论》《东南欧新民主国家史纲》《新南斯拉夫》《印度民族解放运动史》《社会发展史学习提纲》《东南新民主国家史纲》等。

周炳侯（1917—1998） 原名周班侯,笔名班公、平斋等

江苏苏州人。1939 年清华大学外文系毕业。曾任中学教员,上海天地出版社、《锻炼》杂志编辑,《申报》记者、编辑、编译等。新中国成立后,历任上海澄衷中学教导主任,上海市教育局中专学校师资训练班教务工作负责人。1957 年 1 月进新知识出版社(上海教育出版社前身),先后任编辑、中学部组长。"文化大革命"中下放劳动。回上海教育出版社字典组后,主持《简明汉语字典》《汉语成语词典》《小学生字典》的编辑出版工作,参与条目编写、改写工作。《汉语成语词典》后被市出版局评为优秀图书。1977 年起主持《中国现代文学史参考资料》(全 18 册)的编辑出版工作,并协助终审重点图书,参与全社选题计划制定。1981 年主持全社青年编辑语文进修学习班工作,并任新华书店上海发行所干部培训班、市出版局青年编辑学习班讲课老师,讲课内容收入《编辑应用文》。曾任民盟上海市文史资料委副主任。译有独幕剧《解甲归来》《别墅出售》、短篇小说《画像》等,合译有《四强外交秘密》。1987 年被评为编审。

任意（1925—1998） 原名任之骥

浙江萧山人。1948 年上海美术专科学校毕业。新中国成立后进华东人民出版社(上海人民出版社前身)从事书籍装帧工作,任装帧组组长。后调入上海人民出版社任美术科科长,装帧设计的代表作《中国货币史》获 1959 年莱比锡国际书籍艺术博览会银奖。1972 年调上海人民出版社教育读物编辑室。后任上海教育出版社美编室副主任、主任。创作书刊装帧作品在国内多次获奖,其中《汉语诗律学》《实用汉语 600 句》《简明社会科学词典》分别获 1980—1982 年全国书籍装帧优秀作品奖,《书林》获 1986 年全国首届期刊封面设计一等奖、《中国历代服饰》获 1986 年全国第三届书籍艺术展览会图书整体设计荣誉奖和 1989 年莱比锡国际书籍艺术博览会铜奖。论文《在探索中寻求》获 1989 年全国首届装帧艺术论文和研究成果一等奖。1984 年调上海大学美术学院任副院长,后被评为教授,享受国务院特殊津贴,曾任上海市政协委员、民进上海市委委员、上海市文联委员、上海市文史研究馆馆员、上海装帧艺术研究会会长等职。

林克勤（1920—1999）

浙江鄞县人。1949 年沪江大学商学院第二院(夜校部)工商管理系毕业。历任中国人民银行华东区行会计处文书科、货币管理处工矿科等负责人。1955 年起在中国人民银行华东干校部学校任教,兼任企业经济活动分析教研组组长。1958 年 4 月起,任中国人民银行上海分行《银行简报》编辑小组组长。1959 年底调入上海人民出版社任经济读物编辑室主任,其间参与编辑出版涉及马克思主义理论、中国工商业社会主义改造与建设、旧中国经济资料研究等图书 60 多种,其中《社会主义生产目的例解》通过实例阐述经济理论,探索走经济理论通俗化的新路。参与编辑蒋学模主编的《政治经济学教材》,先后获 1983 年全国通俗政治理论读物二等奖,1997 年普通高校国家级教学成果二等奖。曾任《简明社会科学词典》编委。合著有《书籍编辑学简论》。1987 年被评为编审。

钱震之（1920—1999）

江苏常州人。1956 年起任上海科学技术出版社美术编辑、装帧设计组组长,先后装帧设计图书数百种,其中《中国果树修剪技术》《鱼类分类学》等代表国家参加 1960 年莱比锡国际书籍艺术博览会。1963 年调上海市印刷技术研究所工作,为中国第一代印刷字体设计的开创者之一,曾参与《辞海》新字体的评审,设计整套长仿宋字体。负责审阅我国第一副 32×32 点阵字和设计 24×24 点阵外文和符号。著有《实用装饰图案手册》《实用外文字体设计手册》,编辑出版《国外书籍封面设计选》等。曾任上海市包装技术协会第一、二、三届理事,上海翻译出版公司美术顾问,中国美术家协会会员,现代美术设计家协会理事长兼秘书长,民进上海市委委员,美国现代美术设计家协会理

事等。创办上海现代美术设计研究所任所长。1988 年被评为编审。

王韬(1916—2000)　曾用名胡云志

江苏徐州人。1936 年在江苏睢宁县参加抗日救亡活动，投身革命。1937 年秋进入山西民族革命大学学习，加入中国共产党，任分党支部书记。1938 年 4 月在中国人民抗日军政大学总校和二分校学习，任党支部委员、政教干事。1939 年 5 月任晋察冀军区教导团指导员、干事、副教导员、分党总支书记。1943 年 10 月调晋察冀军区所辖冀晋军区，先后任后勤党总支书记、宣传部《子弟兵报》编辑。1945 年 9 月任冀晋军区生产管理处政委。1948 年 9 月任山西阳泉炼铁厂厂长。1950 年 5 月任天津钢厂总厂厂长。1952 年 10 月起在冶金工业部历任钢铁局办公室主任、处长，生产技术司副司长，政治研究室主任。1960 年 10 月调华东局计经委任副局长。"文化大革命"中受到冲击。1978 年 1 月任上海市出版局党委副书记、副局长，坚持党的十一届三中全会的路线、方针、政策，解放思想，实事求是，在拨乱反正、真理标准讨论、平反冤假错案、干部队伍建设和书刊印刷工作中倾注了心血。1981 年 1 月当选为第一届上海市出版工作者协会副主席。

田野(1920—2000)　原名周守良

浙江宁波人。全面抗战爆发前在中学读书，学习广告画绘制。后在李公朴任校长的良才补习学校读书，参加抗日救亡活动。1939 年去苏北解放区。1940 年在淮南解放区参加新文字研究会组织的工作队。1942 年由组织派到安徽新四军二师所在地淮南解放区工作，参加淮南路东文化局抗敌协会总会，从事美术和新文字推广工作，先后任《路东农民》《新路东报》《淮南日报》记者，《淮南大众》编辑、主编，华中青委《青年生活》杂志编辑，华东军区《军政报》编辑，山东渤海地区《渤海大众》主编、《渤海日报》副刊主编等。1950 年 5 月，担任《大众日报》农村大众编辑部编辑室主任。1950 年 7 月调上海，在郊区工委负责《沪郊农民报》编辑工作。1951 年调上海市委宣传部工作。1954 年负责创办《支部生活》，任编辑组组长。1955 年调《解放日报》，任《党的生活》组副组长。1957 年任《农村工作》副总编辑、总编辑。1961 年进中央高级党校理论班学习，毕业后留北京任国务院宗教事务局政策研究室副主任，负责编辑《宗教工作通讯》。1976 年调回上海，任上海市农场管理局政宣组和局党校负责人。1978 年 11 月，任上海人民出版社副总编辑，分管期刊《青年一代》等。1989 年被评为编审。

倪延英(1924—2000)　女

浙江余姚人。1947 年中央大学哲学系毕业。后继续在中央大学哲学研究所、上海苏联商学院俄语专修班、中国人民大学俄语专修班学习。1951 年 12 月起先后任时代出版社、新文艺出版社、上海文艺出版社、人民文学出版社上海分社、上海人民出版社编译室编辑。1978 年调入上海译文出版社。编辑出版《契诃夫文集》(13 卷)、《陀思妥耶夫斯基中短篇小说集》(3 卷)、普希金的《叶甫盖尼·奥涅金》、涅克拉索夫的《谁在俄罗斯能过好日子》《马耶可夫斯基诗选》(3 卷)、高尔基的《俄国文学史》和苏联美学著作《论美和艺术》《艺术的审美实质》《文艺复兴时期的美学》《美学》等。1983 年被授予全国三八红旗手称号，当选上海市劳动模范。中国作协上海分会会员、上海市编辑学会会员、上海市翻译家协会会员。译作有捷克作家奥勃拉赫特的《无产者安娜》、俄罗斯作家格里戈罗维奇的《苦命人安东》、陀思妥耶夫斯基的《一件糟心的事》《诚实的贼》及《陀思妥耶夫斯卡娅回忆录》等。合译有《同时代人回忆契诃夫》。1988 年被评为编审。

顾用中(1913—2000)

上海南汇人。1932 年上海民治新闻学院毕业。后在上海民治中小学、上海民治新闻专科学校任教。1947 年至 1953 年在时代出版社任编外特约编译、编辑。1949 年至 1958 年先后任上海俄文专修夜校、上海中苏友协俄文夜校副校长。1953 年 3 月至 1985 年 3 月，先后在新文艺出版社、上海文艺出版社、人民文学出版社上海分社、上海译文出版社从事外国文学的研究、编辑出版工作。中国作协上海分会会员、上海市统战理论研究会会员、上海市翻译家协会会员、上海市外文学会理事，上海市人大代表、政协委员，民盟上海市委委员、常委。编著有《俄文读本》《俄语会话教程》《俄文选》，译作有《高尔基早期作品集》、果戈理的《外套》、奥斯特罗夫斯基的《得来容易去得快》、冈察尔短篇小说集、安·卡拉瓦叶娃的《火光》、安德列也夫的《红笑》等。1988年被评为编审。

赵宏本(1915—2000)　又名赵卿、张弓

江苏阜宁人。1931年学习连环画创作。1939年开始独立创作。1940年发起组织连环画人联谊会，提倡绘制进步连环画，并连续创作《嘉定三屠》《海国英雄》《戚继光》《张巡殉国》等赞颂民族英雄、抨击侵略者的作品及《雷雨》《天堂和地狱》等进步现实题材的作品。擅长人物和动物创作，被誉为连环画"四大名旦"之首。抗战胜利后，为中共地下刊物《生活知识》画插图和宣传画，还配合上海工人运动，自编自绘自印宣传品。1947年加入中国共产党。新中国成立后，在新华书店华东总分店编辑部、华东人民出版社、上海新美术出版社、上海人民美术出版社担任连环画编辑和创作部门领导，承担上海旧连环画改造和新连环画发展的工作，组织创作大型连环画《三国演义》《红楼梦》《西汉演义》《东周列国故事》《中国成语故事选》等重要作品。同时不废创作，代表作有《将相和》《白蛇传》《桃花扇》等，合作创作的《孙悟空三打白骨精》获1963年第一届全国连环画绘画一等奖和1981年联合国教科文组织亚洲文化中心举办的野冈儿童画、插图比赛三等奖。曾任全国人大代表、政协委员，中国连环画研究会副会长，上海连环画作者联谊会理事长。著有《赵宏本连环画生涯50年》《赵宏本画集》《赵宏本从艺六十年》等。1988年被评为编审。

范泉(1916—2000)　原名徐炜

上海人。1941年复旦大学新闻系毕业，曾任上海《中美日报》副刊主编、上海永祥印书馆编辑部主任。上海解放后任市总工会机关报编辑、上海印刷学校分校副校长。1954年受胡风事件牵连。1958年被错划为"右派分子"，下放青海劳动。1979年获得改正，1981年被评为青海师范大学教授，后任青海省政协常委，1985年加入中国共产党。1986年回上海，任上海书店（即上海图书公司）编审，同时兼任青海师范大学教授至1989年7月。从1933年起，先后编辑过《文艺春秋》《文艺》《文学新刊》等期刊、丛书和《中美日报》、香港《星岛日报》等报纸的副刊和上海《文汇报》等报纸。创作有小说集《浪花》、散文集《江水》《绿的北国》《创世纪》《翻身的日子》《文海硝烟》、童话集《哈巴国》《幸福岛》、台湾高山族传说集《神灯》（黄永玉木刻插图）等。翻译有日本小田岳夫的《鲁迅传》、川端康成的《文章》、岛崎藤村的《断片》、中野重治的《孩子和花》、朝鲜张赫宙的《朝鲜风景》《黑白记》，并编译"世界少年文学名著故事丛书"12种。中国作协会员。1993年起享受国务院特殊津贴。主持编纂的《中国近代文学大系》(30卷)1997年9月获第三届国家图书奖荣誉奖。

谢泉铭(1927—2000)　笔名晓野

浙江绍兴人。1950年上海大同大学文学院史地系毕业。历任华东军政委员会文化部戏改处干部、文艺处秘书，上海市文艺工作委员会秘书，上海市委宣传部秘书，《新民晚报》副刊编辑，《解放日报》副刊编辑，上海文艺出版社文学编辑。1983年加入中国共产党。中国作协会员。编辑出版过吴强、陈登科、草明、谢璞、芦芒等老作家的书稿，发现和扶植过张抗抗、叶辛、王安忆、王小鹰、韩静霆等青年文学人才，在文学界、出版界广受赞誉。编有《外国小说传世之作》（两册），选编《世界文学金库》（中篇小说卷）等。1989年被评为编审。

朱石基(1922—2000)　曾用名朱士基，别名朱重一

湖北武昌人。1942年起在重庆国立艺术专科学校学习西洋画。1945年参加新四军，在随军工

作团和部队文工队从事绘画宣传工作。1948 年加入中国共产党。1952 年调华东文化部艺术处负责年画、宣传画创作的组织工作。1954 年任上海画片出版社编辑部副主任。1958 年任上海人民美术出版社年画宣传画编辑室主任。创作的美术作品有年画《二月二》、油画《上海西郊风景》、国画《枫桥夜泊》等。长期从事年画的编辑、组织和调查研究工作,撰写论文《怎样认识和掌握年画特点》等 30 余篇。曾任中国美术家协会会员,中国美术家协会上海分会理事,中国出版工作者协会年画研究会顾问,中国民间艺术研究会会员等。1990 年被评为编审。

周本湘(1917—2000)

安徽合肥人。1938 年至 1942 年在浙江大学理学院生物学系求学,1945 年浙江大学研究院生物学部研究生毕业,留校担任浙江大学理学院生物学系助教、讲师。1951 年高等学校院系调整,到华东师范大学生物学系任教,1980 年被评为教授,同年 6 月担任华东师范大学出版社副总编辑。长期从事生物学研究,专业领域涉及脊椎动物学、比较解剖学及鸟类学等,擅长鸟类学研究。1980 年中国鸟类学会成立后任第一届学会理事,继任第二、三届学会副理事长。曾任中国野生动物保护协会常务理事,中国鹤类联合保护委员会顾问、专家组主任,中国西北五省野生动物保护委员会特邀顾问,上海市野生动物保护协会副会长,上海自然博物馆动物学分馆馆长等。1954 年至 1990 年任上海动物学会常务理事兼秘书长,长达 36 年。发表《太湖的野鸭》《上海市郊麻雀的种群组成》等论文 30 余篇,著有《蛙体解剖学》《中国珍稀动物(鸟纲)》等,主译美国学者约翰 W·金布尔《生物学》。

张云皋(1933—2000)

江苏无锡人。1960 年华东师范大学外语系毕业后留校工作,历任华东师范大学外语系资料室负责人、《国外外语教学》和《中小学英语教学与研究》杂志编辑、华东师范大学出版社第四编辑室副主任。1955 年加入中国共产党。负责编辑出版的图书有《小学英语听力训练》《英语泛听》和托福教程《实用听力教程》《中学英语拾级读物》等,其中《英语》(高等学校师范院校专业用)获 1995 上海普通高校优秀教材二等奖,《英语语法大全》获华东地区大学出版社首届优秀图书二等奖,《美国二十世纪小说选读(上、下)》获上海市高校文科科研成果奖三等奖,《基础英语 1—4》获江苏省地方属普通高校首届人文社会科学类优秀教材三等奖。参与策划编辑《英语辨析大辞典》。发表论文《神经语言学与外语教学》《自然途径简介》《外语教学改革家威廉·菲托尔》等,合译《第二次世界大战起源历史文件资料》《英语语法大全》《超人》。1992 年被评为编审。

郭云(1919—2001)

山西晋城人。青年时代就读于山西省长治师范学校。1936 年在太原参加抗日统一战线的进步团体——牺盟会。1937 年加入中国共产党,后历任山西晋城中心县委、宿北县委、余杭和长兴区委、清江市委宣传干事、区委副书记、书记和市委常委、宣传部部长等职。1947 年至 1949 年,历任《盐阜日报》《苏北日报》《新华日报》、扬州《人民报》、镇江《前进日报》主编、副总编辑、副社长等职。解放后,历任华东新闻出版局秘书处副处长、上海人民出版社副总编辑,少年儿童出版社、新知识出版社、上海教育出版社社长兼总编辑等。"文化大革命"中遭受迫害。1972 年任上海人民出版社教育读物编辑室负责人。1978 年任上海教育出版社社长、总编辑、党组书记。从事教育出版前后共20 余年,组织出版大量中小学各学科教材、教辅读物、教师手册和"中学生文库"、《汉语成语词典》及挂图、期刊等。1981 年调中国大百科全书出版社上海分社,任临时党组成员、副社长。1984 年离休后,曾任上海新四军历史研究会大江南北杂志社社长。1988 年被评为编审。

夏心彬(1939—2001)

江苏无锡人。1956 年无锡长泾中学毕业,考入中国人民解放军空军第十六航空学校。1961 年毕业后留校,历任教员、学员大队副政委、训练团二大队政委、政治部秘书科科长、训练团政委等。"文化大革命"后,在平反冤假错案等工作中,坚持实事求是思想路线,把党的政策落到实处,先后获三等功两次。1985年3月转业到上海市委宣传部工作,先后任部打击经济犯罪活动办公室副主任、纪检组副组长、副局级巡视员。1999年2月,调任上海世纪出版集团党委副书记、纪委书记,上海新汇光盘集团党委副书记、纪委书记,在加强集团领导班子和后备干部队伍建设中做了大量工作,为集团组建、发展作出贡献。

方去疾(1922—2001)

浙江温州人。1935年进胞兄方节庵创办的上海宣和印社工作,兼学书画、篆刻,用心揣摩和临摹汉印。16岁时所刻印章,已有浓郁而老成的秦汉意韵。出版《四角亭泥古》,记录为出新而泥古,又在泥古基础上出新的印迹。1960年进朵云轩收购处工作,1964年起任朵云轩印谱编辑、上海书画出版社编辑。曾积数十年之功,潜心研究明清以来1 500种印谱和200种、数百万字印学论著,1980年编订出版《明清篆刻流派印谱》,对124位印家的风格和师承渊源逐一评析,发掘一批被历史尘封的印人印作,纠正以往史料中诸多不详不当之处,成为中国明清篆刻研究的突破性成果,被认为"大有功于印坛"。热心上海文博事业,生前数次将珍藏的古代书画、印章捐赠给上海博物馆。曾任中国书法家协会副主席,西泠印社副社长、上海市文联副主席、上海市书法家协会副主席。著有《去疾印稿》《方去疾篆唐诗》,合著有《瞿秋白笔名印谱》《毛主席诗词集联印谱》等。1988年被评为编审。

种明章(1930—2001)

山东滕县人。1952年华东师范大学中文系毕业。曾在上海外贸学院、上海外国语学院任教。1983年进华东师范大学出版社任文科编辑室编辑。策划编辑出版的《比较文学简编》获全国首届比较文学奖教材二等奖。参加徐中玉主编的《大学语文》修订出版工作。《大学语文》被全国文、法、理、工、医等300余所大专院校作为教材,社会影响广泛。对中国古典文学研究有不少成果,曾发表论文《别出蹊径 藏蓄不露——析韩愈〈送李愿归盘谷序〉》《读王昌龄〈从军行〉(其四)》《天涯沦落 共诉心曲——析白居易〈琵琶行〉》等。著有《唐宋山水散文赏析》,参与编选《中国古典长篇小说选讲》。1991年被评为编审。

汤季宏(1916—2002)

江苏吴县人。1938年1月参加上海学生救亡协会,任联络干事,并任中共领导的进步团体——上海拉丁新文字研究会理事。1939年加入中国共产党。8月到上海新知书店、苏北大众书店工作,长期参与并主持秘密运输工作,把大量进步书刊、印刷器材等运往苏北、胶东、浙东等革命根据地。1944年遭日寇逮捕。出狱后,在党组织安排下,到华中建设大学财经系学习,后调苏中地区任华中银行沿海办事处负责人。抗战胜利后回上海,继续为解放区秘密运送军需物资。再次被捕出狱后,经组织安排赴山东解放区。上海解放后,历任华东新闻出版局出版处处长、副局长,商务印书馆、中华书局董事,上海市出版事业管理处处长,市出版局副局长、党组书记等职。20世纪50年代,支持在上海创办出版学校,先后开设出版、校对、资料、美术、图书发行、印刷制版等专业。1960年策划、组建印刷字体研究机构,经过十多年努力,印刷新字体成为国内广泛采用的标准字体,并用于排印《辞海》等重要图书。组织领导印制《上海博物馆藏画》《宝晋斋法帖》等高质量出版物,《上海博物馆藏画》获1959年莱比锡国际书籍艺术博览会金奖。1978年负责筹建中国大百科全书出版社上海分社,后任临时党组副书记、社长,主持《中国大百科全书》第一版的装帧设计、材料选用、印刷工艺等工作。曾任《辞海》编委兼分科主编、中国出版工作者协会理事、上海市出版工作者协会副主席、上海市辞书学会会长等。

包文棣（1920—2002）　又名包文弟，笔名辛未艾、闻歌等

浙江鄞县人。1936 年考入中华书局发行所当练习生。1942 年加入中国共产党，从事党的地下工作。新中国成立后，历任时代出版社编译，新文艺出版社副总编辑，上海文艺出版社副总编辑，人民文学出版社上海分社副总编辑，上海人民出版社编译室编辑。1978 年起先后任上海译文出版社副总编辑、总编辑、党组副书记，主持、策划"外国文学名著丛书""外国文艺理论丛书"和"马克思主义文艺理论丛书"三套丛书的出版工作。1981 年又推出"二十世纪外国文学丛书"，使上海译文出版社出版的外国文学译作在读者中赢得很高的学术声誉。"外国文学名著丛书""二十世纪外国文学丛书"及"外国文学研究资料丛刊"获第一届全国优秀外国文学图书奖特别奖。译作有《杜勃罗留波夫选集（2 卷）》《车尔尼雪夫斯基论文学（4 卷）》《赫尔岑论文学》《别林斯基选集》等。曾任中国作协上海分会副主席，中国外国文学学会常务理事，中国翻译家协会理事，上海市翻译家协会副会长，中国苏联文学研究会副会长，《辞海》编委、外国文学分科主编，《世界文学》杂志编委，《上海学生英文报》顾问等。1993 年起享受国务院特殊津贴。1988 年被评为编审。

钱大昕（1922—2002）　笔名夏洪

上海人。早年从事实用美术和水彩画创作，曾在杭州任中学美术教员。新中国成立后，历任上海人民美术工场创作干部，上海人民美术出版社创作组长，编辑室副主任、主任，上海人民美术出版社副总编辑。在上海人民美术出版社期间，初审连环画二百余部，年画、挂历和年历等一千余种，宣传画一百几十幅及少量的画册。擅长宣传画创作，先后创作出版宣传画、年画、连环画、油画、水彩画、水粉画等美术作品近百种，其中大部分为宣传画，重要作品有《争取更大丰收 献给社会主义》《列宁——无产阶级革命的伟大导师》等，《延河长流 鱼水情深》获 1983 年全国宣传画展二等奖，《万象更新》获第六届全国美展优秀奖。在 1983 年、1991 年全国宣传画评奖中两次获个人荣誉奖。曾用夏洪笔名与人合著《怎样画宣传画》。中国美术家协会上海分会理事、中国出版工作者协会年画研究会常务理事、上海出版工作者协会连环画研究会顾问、上海水彩画研究会顾问、上海市编辑学会会员。1988 年被评为编审。

杨关林（1930—2002）

广东大埔人。1943 年在上海三育中学初中求学，后因家庭经济困难辍学，进永安公司工作。1946 年加入中国共产党。1950 年 5 月起，先后任上海市店员工会筹委会干事、上海市委民改办公室联络员、上海市店员工会私企部劳动工资组组长。1954 年 9 月，在上海市委党校一部学习，任学习组组长、支部组织委员。1955 年 4 月至 1956 年 9 月，任上海市行政干部党校教务科副科长。1956 年 9 月至 1957 年 2 月，在北京中央高级党校党史短训班学习。1957 年 3 月起任上海市委党校三部学员党支部书记、党史教研室教员。1973 年至 1976 年参加《辞海》修订工作。1978 年进上海辞书出版社工作，先后任编辑室副主任、主任，机关党支部书记，1982 年任上海辞书出版社副社长。负责和参与编辑的图书有《中国名胜词典》《中国历史文化名城词典》《中国人名大词典·历史人物卷》等，《中国名胜词典》获 1987 年全国优秀畅销书奖。主持编纂的《中国文物精华大全》1995 年获首届中国辞书奖一等奖，1996 年获国家图书奖。参与《辞海（未定稿）》《辞海（1979 年版、1989 年版）》《简明社会科学词典》等的审读工作，为《中国人名大词典·当代人物卷》等撰写条目近一百万字。撰有《劝工大楼事件》《编写中的〈中国名胜词典〉》《锦绣山河的斑斓画卷》等文章。1992 年被评为编审。

沃新能（1930—2002）

浙江镇海人。1952 年 7 月大连工学院毕业。进中科院长春光机所工作，先后从事光学研究和

光学情报资料分析研究。1964年进中科院上海光机所,任情报室负责人和《国外激光》《激光索引》编辑。1980年7月参加筹建《光学学报》,任责任编辑。1984年、1985年先后获中国光学学会期刊工作个人先进一等奖和中国科学院期刊工作先进个人奖。中国光学学会科技情报专业委员会委员。发表论文《CaF2:U3+荧光晶体的红外受激发射》《近二十年来激光发展概况》《定向释能激光武器》,编纂《英汉激光与红外技术词汇》《光学系统的研究与检验》《非线性光学》等图书。1990年被评为编审。

胡道静(1913—2003)

安徽泾县人。1931年上海持志大学文科国学系毕业。1932年,随父亲胡怀琛到柳亚子主持的上海通志馆参与修志工作,有《上海图书馆史》《上海新闻事业之史的发展》等著述出版。全面抗战爆发后,先后任《通报》《中美日报》《密勒氏评论报》、金华《东南日报》记者,从事抗日宣传。抗战胜利后,在上海《正言报》等新闻机构工作。新中国成立后,曾任华东军政委员会文化部文物处图书馆科科长。1956年,所著《梦溪笔谈校证》出版,引起国内外科技史学界高度关注。1958年,进中华书局上海编辑所,编辑古典目录学工具书《中国丛书综录》。"文化大革命"期间遭受迫害。1978年调上海人民出版社。担任《中国科技史探索》国际、国内版执行编辑,参加《徐光启著译集》辑校编纂等工作。后受聘担任国务院古籍整理出版规划小组成员、顾问,上海古籍整理出版规划小组顾问,1981年被国际科学史研究院选为通讯院士。曾任上海科技史学会理事长,复旦大学、华东师范大学等多所高等院校的兼职教授或研究生导师及上海市宗教学会等多家学术机构顾问。2009年入选新中国60年百名优秀出版人物。著有《中国古代类书》《农书·农史论集》《胡道静文集》(7卷)等。1988年被评为编审。

徐中尼(1920—2003)

上海人。1940年上海民治新闻专科学校毕业。1941年赴苏北抗日民主根据地投身革命,同年加入中国共产党。后参加创办中共苏中三地委领导的《如西报》《江潮报》,任记者、编辑科长、总编辑及新华通讯社苏中三支社副社长。抗战胜利后,任苏皖边区《江海导报》总编辑、《新华日报》华中版副总编辑。1949年上海解放后,任新华社华东总分社和上海分社财经组长、工业组长及编委等。1958年调新华社总社任国内部工业组长,负责国内工业报道。1959年,受党内"左"的思潮影响被错误对待,下放黑龙江安达等地工作。1978年底十一届三中全会召开,错案得到纠正。1979年后,任新华社上海分社党组成员、顾问,上海市新闻学会副会长、顾问。1985年参加创办上海市新四军历史研究会主办的《大江南北》杂志,任主编,在确定编辑方针、落实重点选题、调整栏目设置等方面做了大量工作,撰写大量编辑部文章和言论,为《大江南北》杂志发展打下基础。著有《新闻写作讲座》等。1988年被评为高级记者。

贺崇寅(1923—2003)

江苏南京人。1940年加入中国共产党,历任上海中华职业学校党支部书记、上海工业专科学校党支部书记、新四军城工部驻上海政治交通员、中共南京市委上海联络站负责人等。新中国成立后,历任上海市总工会秘书室主任,邑庙区工会办事处主任,邑庙区委委员、区财经工作部部长,上海市委办公厅二室副主任。1957年调任上海科学技术出版社党组书记、副社长、副总编辑,组织出版一批总结中国科研学术成果和国外先进科技成果的图书,推动上海科技出版事业的繁荣发展。1960年,上海科学技术出版社被评为上海文教先进集体。"文化大革命"期间遭受迫害。1978年回上海科学技术出版社工作,创办《自然》杂志并任主编。1983年受命创办上海翻译出版公司(上海远东出版社前身),任总经理、社长兼总编辑,创办《上海译报》《创业者》等报刊并担任主编。曾任上海市科技翻译学会理事长和学会会刊《上海科技翻译》首任主编,《辞海》编委。主编《自然科学年鉴》《厉恩虞纪念集》等。1988 年被评为编审。

陆萼庭（1924—2003）

浙江镇海人。1947 年 7 月复旦大学中文系毕业。在校时先后从王佩诤、赵景深治戏曲史,并为赵景深主编的《俗文学》等刊物和报纸副刊撰稿。新中国成立后,任北新书局、四联出版社编辑。1955 年转入上海文化出版社任编辑室副主任,从事戏剧编辑工作,组织编写并出版业余昆剧表演家徐凌云口述《昆剧表演一得》、"传"字辈教师华传浩口述《我演昆丑》及戏曲教材等书稿。1972 年调上海人民出版社教育读物编辑室,主持"语文知识丛书"编辑工作和"汉语知识讲话丛书"修订工作,负责大学教材《新编现代汉语》的复审,《新编现代汉语》被全国多所高校采用,影响甚广。担任上海声像出版社《中国戏曲精编·昆剧卷》特约编辑,《中国曲学大辞典》编委,并为上海戏曲志昆剧卷做了大量撰稿工作。所著《昆剧演出史稿》获第一届全国戏剧理论著作奖。曾任中国戏曲学会理事,中国昆剧研究会理事,上海市古典文学研究会理事等。著有《清代戏曲家丛考》《清代戏曲与昆剧》《钟馗考》等,合著有《中国文学十讲》等。1987 年被评为编审。

陈文鑑（1913—2003）

浙江嵊县人。1932 年浙江省建设人员养成所土木工程系毕业。1932 年 7 月起先后在浙江省建设厅、浙赣铁路局、湘黔铁路局、黔桂铁路局、天府煤矿、粤汉铁路局、九龙永性塑胶厂任事务员、工务员、主任、工程师、专员、厂长等职。1956 年 4 月任上海科学技术出版社编辑,与他人共同整理桥梁专家罗英遗作《中国桥梁史料》,审订《中国古代建筑史》,改编出版苏联专家组所写的《武汉长江大桥结构与施工》《管理基础》两部大型专著。参加《辞海》科技条目的会审及最后定稿工作。1973 年调上海人民出版社编译室任编辑。退休后,协助《自然》杂志创办并任副主编。上海市科技翻译工作者协会会员,《自然科学年鉴》副主编、执行主编。合译《黑非史》《中非史》《开罗文件》《基辛格——一个超级德国佬的冒险经历》《基辛格——一个智者的画像》《卡扎菲和利比亚》《星加坡人民行动党》《国际事务概览,1939—1946》等。1988 年被评为编审。

姜彬（1921—2004）　笔名天鹰

浙江慈溪人。1939 年 11 月参加革命,同年加入中国共产党。1942 年开始发表作品。新中国成立后,历任新华书店华东总分店副总编辑、华东人民出版社副总编辑、上海人民出版社副社长兼副总编辑、上海市委宣传部文艺处副处长、中国作协上海分会党组专职副书记和书记处书记。"文化大革命"后,任上海文艺出版社总编辑、上海社会科学院文学研究所所长、研究员。1981 年参与创办《文学报》。主编《吴越民间信仰民俗》获 1986—1993 年上海市哲学社会科学成果著作三等奖、上海社会科学院特别奖,《稻作文化与江南民俗》获首届国家社会科学基金项目优秀成果专著类二等奖、1996—1997 年上海市哲学社会科学优秀成果著作类一等奖。曾任中国文联委员、上海市文联副主席、中国民间文艺家协会副主席、上海民间文艺家协会主席、上海民俗学会会长、《中国民间文化》主编等。著有《中国古代歌谣散论》《论歌谣的表现手法及其体例》《中国民间故事初探》《论吴歌及其他》《区域文化与民间文艺学》和《姜彬文集》（五册）等。

龚淡樵（1919—2004）

广东广州人。1937 年上海雷士德工程学院无线电系毕业。1940 年上海法政学院政治经济系毕业。后进入中国银行总管理处任无线电总台技术员。1951 年进上海私营美通线圈厂任工程师。新中国成立初期,编写一套以当时中学程度读者为对象的"无线电学习丛书",包括《怎样学习无线电》（基本原理部分）、《怎样装制收音机》（理论结合实践）、《怎样设计放大器》（与他人合编）、《怎样修理无线电机》(上册独自编写,下册与他人合编)等。1956年到上海科学技术出版社任编辑,编辑出版大量专业著作和翻译书稿,包括国外大学教材《机电能量转换》《电桥理论与计算》等。1958年参与创办《无线电与电视》月刊,任责任编辑,同时任大型工具书《无线电工业大辞典》责任编辑。1963年与上海电机工程学会协作编辑出版"电工技术文库"及"自动化丛书",组织翻译出版《第一届国际自动化学术会议论文集》。1979年调少年儿童出版社,参加修订《十万个为什么》新版本,参与制定《少年自然百科词典》的编辑方针及组稿工作,并担任生物分册的主要责任编辑。生物分册出版后获中国图书奖。1985年4月后,担任少年儿童出版社《少年自然百科词典》农业、工业、技术分册的责任编辑。1988年被评为编审。

杨兆麟(1919—2004)

江苏建湖人。早年在扬州中学德文班、暨南大学中国文学系就读。1948年参加中共地下党组织的油印宣传品等活动,后进入新华书店华东总分店编辑部,从事连环画编辑工作。1950年任华东人民出版社编辑。后进华东人民美术出版社(上海人民美术出版社前身)工作,1954年任连环画编辑科副科长。1956年新美术出版社并入上海人民美术出版社,连环画编辑科扩充为编辑室,任编辑室副主任,负责古典与外国题材连环画编辑工作。长期从事连环画创作、编辑工作,创作的连环画文学脚本《老孙归社》获第一届全国连环画评比三等奖,《中国成语故事》获第二届全国连环画评比文学脚本一等奖,《李自成》获文学脚本二等奖。负责编辑的《三国演义》《红楼梦》《李自成》《山乡巨变》《楚汉相争》《西汉演义》《朱元璋》等多部中国历史题材的连环画册也先后获奖。1988年被评为编审。

巴金(1904—2005)　原名李尧棠,字芾甘,笔名黑浪、王文慧、余一等

浙江嘉兴人,生于四川成都。1920年进成都外国语专门学校学习。1923年到上海、南京等地求学,并从事社会活动和编译工作。1927年1月赴法国巴黎求学。其间,创作第一部长篇小说《灭亡》,1929年以"巴金"笔名在《小说月报》发表。1928年底回到上海从事文学创作。30年代初创作长篇小说《激流》(即《家》)。此后又创作长篇小说《春》和"爱情三部曲"、中篇小说《新生》《死去的太阳》《砂丁》《雪》及短篇小说集《复仇》《光明》《电椅》等。1935年后任文化生活出版社总编辑,主编"文化生活丛刊""译文丛书""文学丛刊"等。抗战期间曾担任全国文艺界抗敌协会理事、《救亡日报》编委,主编《呐喊》(后改名《烽火》)周刊,创作"抗战三部曲"《火》,长篇小说《秋》《憩园》《第四病室》等。1946年完成长篇小说《寒夜》。新中国成立后,历任平明出版社总编辑,《文艺月报》《收获》《上海文学》主编。1978年底起,历时八年完成5卷本《随想录》,反思"文化大革命",产生重大社会影响。曾任中国作协上海分会主席、名誉主席,上海市文联主席、名誉主席,中国作协主席,中国文联副主席,全国人大常委会委员,全国政协副主席等。1985年创议建立中国现代文学馆。2003年被国务院授予"人民作家"荣誉称号。有《巴金全集》行世。

宋原放(1923—2005)

江苏扬州人。1942年加入中国共产党。曾任中共扬州工委委员、代书记,新华通讯社苏中支社科长,苏中出版社、华中新华书店编辑,华东新华书店编辑部副主任。新中国成立后,历任新华书店华东总分店编辑部副主任、华东出版委员会编审室副主任、华东人民出版社和上海人民出版社副社长兼总编辑、上海人民出版社社长兼总编辑。"文化大革命"期间被停职检查,下放劳动。恢复工作后,1978年2月任上海人民出版社社长兼总编辑,任职期间,兼顾政治理论读物和学术研究著作的出版,力求使上海人民出版社成为一家有全国影响的哲学社会科学出版社。1979年2月起,任市出版局副局长、局长、党委副书记、书记,认真落实党的知识分子政策,选拔优秀人才,充实出版队

伍,加强思想建设,重视图书质量,支持对印刷业进行技术改造,扶持和发展专业书店,为繁荣发展上海新闻出版事业作出重要贡献。合著《中国出版史》,力图对中国出版史作宏观的描述,勾勒出中国出版史的发展线索、出版事业的轮廓和出版事业兴衰的历史动因。曾任中共十二大代表,上海市人大代表,中国出版工作者协会理事、副主席,上海出版工作者协会主席,上海市编辑学会会长,上海市哲学学会副会长,上海市古籍整理出版规划小组副组长。2003 年获中国韬奋出版奖。主编《上海出版志》《中国近现代出版史料》《简明社会科学词典》《出版史料》杂志等。

陈振鹏(1920—2005)

广东南海人。1940 年 1 月考入浙江兴业银行上海总行,在上海和江苏银行业任职。1940 年加入中国共产党,参加革命工作。1954 年 5 月后在上海市文化局艺术处、上海人民京剧团、上海京剧院、《新民晚报》和《文汇报》副刊任职。1974 年 8 月调任上海人民出版社辞海编辑室编辑,参加《辞海》中国古典文学条目修订和《辞海》合订本审读工作。1978 年 4 月调上海古籍出版社,历任第一编辑室主任、编审室编审。1981 年 11 月任副总编辑、党组成员。编辑出版唐圭璋《元人小令格律》、钱仲联《剑南诗稿校注》、邓广铭《稼轩词编年笺注》(增订本)、项楚《王梵志诗校注》等,其中《剑南诗稿校注》获 1988 年全国古籍优秀图书奖一等奖、1989 年上海市优秀图书一等奖、1991 年首届全国古籍整理图书奖一等奖;《王梵志诗校注》获 1992 年全国古籍优秀图书奖一等奖、1993 年上海市优秀图书奖一等奖;《稼轩词编年笺注》获 1994 年全国古籍优秀图书奖一等奖、2000 年全国古籍整理图书奖一等奖。1985 年 5 月离休后,应邀为上海辞书出版社主持审订《唐诗鉴赏辞典》《唐宋词鉴赏辞典》,主编《古文鉴赏辞典》;在上海古籍出版社主编《实用灯谜大全》《谜话》等。1988 年被评为编审。

范志民(1921—2005)

山东五莲人。1949 年南京中央大学艺术系肄业,参加中国人民解放军,任华东海军政治部文艺科工作人员、《海军画报》社见习编辑。1954 年加入中国共产党。1957 年 12 月调上海人民美术出版社,历任编辑、美术编辑室副主任。1958 年 9 月至 1960 年 9 月在浙江美术学院进修。长期从事美术编辑工作。编辑出版美术理论著作《顾恺之研究》《中国画法研究》《剪纸研究》,工具书《中国美术家人名辞典》,画册《中国古典文学版画选》《黄宾虹画集》《明刊西厢记全图》等,其中《中国美术家人名辞典》编辑历时二十载,是一部有重要学术和资料价值的大型美术专业工具书,获 1991 年首届全国优秀美术图书奖。负责审阅的书稿有《中国绘画史》《中国美术史》《上海博物馆藏明清扇面》《南京博物院藏画》等。担任上海人民美术出版社《中国美术全集》绘画编版画卷副主编,全集后获第一届国家图书奖荣誉奖、首届中国优秀美术图书特别金奖。获第一届韬奋出版奖。中国美术家协会会员。1988 年被评为编审。

秦鹤皋(1907—2005) 字云汀,曾用名秦润田

江苏无锡人。1929 年上海大同大学英美文学专业毕业。1930 年起先后在上海古华中学、公时中学、金科中学、致远中学任教。1946 年任上海大同银行副经理。1949 年任私营上海出版公司经理,出版《鲁迅日记》《可爱的中国》《鲁迅杂感选集》《鲁迅的故乡》《鲁迅全集补遗续编》等。1955 年起先后在新文艺出版社外国文学编辑室、上海文艺出版社资料室、人民文学出版社上海分社外国文学编辑室任编辑、副主任等职,编译出版《没有祖国的孩子》《福谷传奇》《一个医生的女儿》《银冰鞋》《黑色的火焰》等作品。1978 年调入上海译文出版社社科编辑室任编辑,主持编辑《非洲历史译名汇编》(五册)、大型国际关系丛书《国际事务概览》(共 46 卷)等。上海市外文学会会员。译作有《一个推销员的故事》《赤道漫游记》《国际事务概览·1954 年》《国际事务概览·1963 年》等。1988 年被评为编审。

严霜(1919—2005) 原名谈悚红

上海人。1942年5月随进步人士组织的"新文字工作队"赴新四军二师参加革命,先后在淮南苏皖边区《新路东报》社语文部、图书馆和《淮南日报》社发行、校对等部门工作。1943年加入中国共产党。1946年起在《大众日报》社研究二部、山东新华书店工作。1951年3月后任华东人民出版社总编室秘书,市出版局副科长、科长。1956年7月起任新知识出版社、上海教育出版社副总编辑。1958年9月到中华书局辞海编辑所工作,后任上海辞书出版社副总编辑,1981年4月任顾问。参与领导和主持《辞海》启动修订到多个版本的出版工作,参与制定《辞海》修订过程中形成的一些带有普遍意义的辞书编纂原则、方法、体例等。曾任中国聋哑人福利会委员,上海市盲人聋哑人协会副主任,上海残疾人福利基金会理事。1988年被评为编审。

胡嘉(1912—2006) 别名佳生

江苏无锡人。1938年清华大学历史系毕业,曾参加"一二·九"抗日救亡运动。20世纪30年代在北新书局任史地编辑主任,兼任北新中学、沪清中学、苏州女子师范沪校、苏州振华女中沪校、江阴南菁中学沪校、育才公学等学校教员。1938年后任安徽学院史地系和光华大学历史系教授,兼上海交通大学、上海师范专科学校、无锡国专沪校教授。1949至1956年任上海开明书店、中国青年出版社编辑。1957年任中科院历史所副研究员,参加中国历史文物图谱编辑工作。1961后在安徽大学、合肥师范学院、安徽师范大学任教。"文化大革命"中下放劳动。1975年借调到北京天文台天象资料组,编辑《中国古代天象记录总表》(待定稿)和《中国古代天文史料汇编》(待定稿)。1979年调中国大百科全书出版社上海分社,负责《天文学》卷的《天体测量》分支学科条目的试排及《中国天文学史》的审读。1983年任上海分社编委,参加校订"中国学术丛书"。中国史学会会员、中国地方史志协会会员。1987年被评为编审。

鲁兵(1924—2006) 曾用名严光化

浙江金华人。1945考入浙江大学英文系。1946年开始儿童文学创作,编辑《中国儿童时报》等。1949年3月加入浙东游击队金萧支队,同年6月参加中国人民解放军。1951年初参加中国人民志愿军。1955年转业到少年儿童出版社,先后任文艺编辑室副主任、低幼读物编辑室主任,主持《小朋友》《儿童文学研究》等期刊编辑工作。1978年少年儿童出版社重新挂牌后,组织编写《365夜故事》《365夜儿歌》《365夜谜语》等儿童读物,出版后受到年轻父母和不同年龄段孩子的欢迎。创作的《唱的是山歌》获全国第二次儿童文学评奖一等奖,《老虎外婆》获全国儿童读物优秀奖,《小猪奴尼》获儿童文学园丁奖优秀作品奖,主编的《365夜故事》获全国优秀儿童读物一等奖和国家图书奖等。率先提出"儿童文学就是教育儿童的文学"的观点,在全国引发一场关于儿童文学的大讨论。曾获第一届韬奋出版奖、第六届樟树奖、第二十一届陈伯吹儿童文学杰出贡献奖。中国作协会员,曾任中国出版工作者协会幼儿读物研究会会长,上海市作协理事,上海诗词学会理事。1993年起享受国务院特殊津贴。1988年被评为编审。

陈振大(1935—2006)

江苏吴县人。1955年7月考入西安第一航空工业学校。毕业留校任政治辅导员。1956年加入中国共产党。1957年,作为调干生被抽调到南昌航空工业专科学校学习,后留校任航空金属工艺教员。1961年调上海118厂,先后任技术员、工程师、冶金科科长兼党支部书记等职。"文化大革命"初期受到冲击。1972年,调上海市国防工办航空处从事大型客机的研制和技术管理工作。1978年调国防工办科技处,先后参与大型导弹护卫舰主机研制和我国第一艘"半潜式海上石油钻探船"试制等重大项目。1983年被评为高级工程师。1984年调中国大百科全书出版社上海分社工作,先后任党政办公室副主任、主任、党委委员、党委副书记、副局级巡视员。

王彤福（1943—2006）

上海人。1965 年 7 月上海外国语学院英语系英语语言文学专业毕业,留校任教。历任低年级教研室主任、高年级教研室主任、研究生教研室主任。1981 年至 1983 年应邀赴加拿大多伦多大学进修。1993 年至 2000 年任上海外语教育出版社总编辑。主要从事应用语言学、外语习得、外语教学法研究,曾参与制定《高等院校英语专业基础阶段教学大纲》,出版的专著和主编的辞书包括《英语基础词分级词典》《新编袖珍英语词典》《英语微型词典》《加拿大风情录》《加拿大文学词典》等。1992 年被评为教授,享受国务院特殊津贴。

李信（1920—2007） 笔名冀夫

河北满城人。1937 年冬在河北满城县参加青年抗日救国会。1939 年到冀西民族革命学校学习。1939 年加入中国共产党,曾任河北定兴县五区区委书记,定兴县委宣传部部长,《北岳日报》政策研究室副主任等职。新中国成立后,历任《皖南日报》编委,上海求新造船厂党委书记,上海市委第一重工业党委宣传部副部长、上海锅炉厂党委副书记等职。1957 年 12 月起,任上海文化出版社副社长兼副总编辑,上海文艺出版社副社长兼副总编辑,人民文学出版社上海分社副社长、副总编辑兼上海文化出版社社长、总编辑。"文化大革命"中受到冲击。1970 年 1 月重新工作,先后任上海出版革命组副组长、上海人民出版社编辑组负责人、上海人民出版社党委副书记。1977 年 9 月到中央党校学习。1978 年 1 月任市出版局党委副书记、政治部主任。曾任市出版工作者协会副主席。著有长篇小说《红角》等。

沈霞飞（1930—2007）

浙江杭州人。早年在上海求学。1949 年 7 月参加中国人民解放军西南服务团,随第二野战军进军西南。1950 年加入中国共产党,先后任重庆市第十八区、第六区区委组织部和重庆市委组织部干事、党员管理处副组长等。1955 年底调上海工作,任市人民委员会新闻出版事业管理处党总支组织干事。1957 年任上海市北郊区庙行乡下放干部总领队及庙行乡党委委员。1958 年任上海《农民日报》《农村工作内刊》记者、编辑。1960 年调上海市农村工作党委办公室,先后在金山县、松江县参加"四清"工作团。1966 年 8 月任青浦县委办公室主任。"文化大革命"期间受到迫害。1978 年 9 月参加中国大百科全书出版社上海分社筹建工作,先后任办公室负责人、临时党支部书记、党总支书记、编辑部主任、党委委员,1986 年 10 月任中国大百科全书出版社上海分社党委副书记。上海市党代表。1993 年起享受国务院特殊津贴。

汤永宽（1925—2007） 曾用名海天,笔名沈凝

江苏武进人。1949 年复旦大学文学院外文系毕业,任杭州高级中学教师。1952 年至 1954 年在华东军政委员会文化部研究室、秘书处工作。1954 年后到新文艺出版社、上海文艺出版社、人民文学出版社上海分社、上海人民出版社编译室工作,任编辑、编辑组长、总编室主任等。1978 年 1 月起任上海译文出版社副总编辑。主编《外国文艺》,发起编辑"外国文艺丛书",介绍大量西方现当代文学思潮流派,因编辑及选题严谨,受到国内外文艺界好评。1980 年起分管哲学社会科学编辑室工作,策划并主编的"二十世纪西方哲学译丛""当代学术思潮丛书",学术含量高,社会反响积极,持续热销。2002 年被全国翻译家协会授予"资深翻译家"称号。曾任全国美国文学研究会副会长、上海市翻译家协会理事、上海市作协理事,国际笔会上海中心会员。译作有雪莱抒情诗剧《钦契》、泰戈尔散文诗《游思集》和《采果集》、卡夫卡长篇小说《城堡》、海明威长篇小说《永别了,武器》、卡波蒂中篇小说《在蒂法尼进早餐》等;合译有《海明威短篇小说》《菲茨杰拉德短篇小说集》《孤独的玫瑰——当代外国抒情诗选》等。1988年被评为编审。

姜恺悌(1924—2007)

江苏苏州人。1940年参加革命工作。1950年起,先后在中国油脂公司上海分公司、粮油进出口公司和上海市外贸局工作。1955年起负责上海市外贸局党委宣传部《上海对外贸易》编辑工作。1960年进上海人民出版社,任编辑室主任,1977年至1981年间编发书稿50余部,涉及政治经济学、中外经济思想史、中国经济史、世界经济、企业管理、会计统计等许多学科,《荣家企业史料》《刘鸿生企业史料》《上海钱庄史料》《中国经济思想史》等出版后产生较大影响,引起学术界高度重视,特别是经济学家陈岱孙第一部著作《从古典经济学派到马克思》,出版后获经济学界高度评价。参与编辑蒋学模主编的《政治经济学教材》,先后获全国通俗政治理论读物二等奖和普通高校国家级教学成果二等奖。1987年被评为编审。

金性尧(1916—2007)　　笔名文载道

浙江定海人。年轻时为《舟报》副刊撰稿,并给鲁迅写信请教作文。全面抗战爆发后,迁至上海,和王任叔等创办《鲁迅风》周刊,在《古今》等杂志写了不少风土人情的散文,后结集《星屋小文》《风土小记》《文钞》出版。新中国成立后,任春明出版社、上海文化出版社编辑。1956年11月进古典文学出版社。1958年4月进中华书局上海编辑所任第二编辑组副组长,从事中国古典文学研究著作及其普及读物的编辑出版工作。"文化大革命"中被下放劳动。"文化大革命"结束后回上海古籍出版社担任书稿复审工作,参与编辑出版"中华活叶文选""中国古典文学基本知识""中国古典文学作品选读"等丛书。曾任刘大杰《中国文学发展史》(1962年版)等学术著作责任编辑。退休后注释编选出版《唐诗三百首新注》《宋诗三百首》《明诗三百首》,著有《金性尧全集》(9卷)、《金性尧集外文编》(4卷)等。1988年被评为编审。

杨友仁(1918—2007)

江苏昆山人。1943年2月光华大学中文系毕业,先后任中学语文教师,一知书店、学林书店编辑。1956年11月进入古典文学出版社,担任刘大杰《中国文学发展史》(1957年初版)责任编辑。1958年6月任中华书局上海编辑所编辑,担任《韩非子集释》《许顾学林》《章太炎先生家书》《楚辞解故》《经籍纂诂》等学术著作的责任编辑。1968年11月蒙冤被判刑七年,1975年刑满释放后在白茅岭农场劳动。1978年5月改正后进上海古籍出版社工作,被聘为上海市文史研究馆馆员。1979年6月退休后,担任《顾亭林诗集汇注》责任编辑。《顾亭林诗集汇注》后获首届全国古籍整理图书奖三等奖。1987年12月,应邀参加上海书店《中国近代文学大系》编辑工作,《中国近代文学大系》后获第三届国家图书奖荣誉奖。1988年被评为编审。著有《缅怀金松岑先生》《金松岑先生行年与著作简谱》等。

陆枫(1932—2007)　　原名陆昌本

江苏江都人。1958年9月南开大学历史系毕业。1959年9月进中华书局上海编辑所担任编辑,负责和参与编辑的图书有《秋瑾集》《历代职官表》《唐人行第录》等。20世纪70年代初期,参加国家重大古籍整理项目校点本《二十四史》中《旧唐书》《新唐书》《旧五代史》《新五代史》等的校点和编辑整理工作,提出和参与制定审读体例、专门设计校点长编记录图表,保证校点和编辑整理工作有序进行。1978年1月任上海古籍出版社编辑,策划编辑出版《说文解字注》《黄侃手批白文十三经》《史记会注考证附校补》《汉书艺文志讲疏》等,为影印本《二十五史》、文渊阁本《四库全书》等撰写的出版说明,言之有物,持论平稳。1991年2月任上海古籍出版社第四编辑室主任。1996年1月退休后,继续为上海古籍出版社从事书稿审订工作,并被聘为《二十四史》修订项目专家。1990

年被评为编审。

方轶群（1914—2007）

江苏苏州人。1934年上海民立中学高中毕业，先后在杭州浙江公路局任练习生和上海私立惠灵中学、上海私立华华小学任教。1947年至1952年在中华书局编辑所儿童读物部任编辑，1952年转少年儿童出版社第二编辑室任副主任。1974年12月在上海人民出版社编译室退休，后被少年儿童出版社聘为低幼儿编辑室及《小朋友》编辑室编辑。长期从事少年儿童读物的编辑工作，尤其是低幼文学方面创造"统篇文字，分面插图"的形式，增强幼儿文学的文艺性。中国作协会员。创作的童话故事《萝卜回来了》获第二届全国少年儿童文艺创作一等奖，并译成日语和法语在日本和法国出版；《你喜欢谁》获1980—1981年全国优秀少年儿童读物优秀奖。著有《妙得多没意思》《不骄傲的绳》《小巧儿》《假如我在动物园》《多嘴多舌的小猪罗罗》《老公公的玩具店》《忘了自己的猴子》等。1988年被评为编审。

顾伦（1923—2007）

上海川沙人。1945至1949年在上海任职员，其间曾就读于上海中国新闻专科学校、民治新闻专科学校。1949年12月进苏南新华书店编审科任科员。1950年7月在华东新华书店编辑部通俗文艺科任助理编辑。1951年起，历任华东人民出版社文艺读物科编辑、新文艺出版社通俗文艺组副组长、上海文艺（文化）出版社二编室副主任。1956年10月加入中国共产党。1962年参与创办《小舞台》；1963年参与创办《故事会》并担任创刊号复审工作。"文化大革命"中受冲击，被隔离审查并下放到干校参加劳动。1972年后任上海人民出版社美术室连环画编文组负责人、文艺室群众文艺组负责人；上海文艺出版社戏剧电影读物编辑室副主任、主任。曾任中国曲艺家协会上海分会理事，上海编辑学会会员。负责编辑的图书有《华东地方戏曲丛刊》《戏曲小丛书》《京剧剧目初探》、昆剧剧本《李慧娘》、长篇弹词《西厢记》等。1987年被评为编审。

吉少甫（1919—2008）

江苏江都人。1939年2月考入生活书店练习生。同年9月加入中国共产党。先后在桂林文化供应社实习和桂林、曲江等地任新知书店分店经理。1941年4月到香港创办新知书店与文化供应社合作的南洋图书公司，再版延安的《解放》、重庆《新华日报》的《群众》等革命期刊及一批进步图书。1945年5月，到重庆主持群益出版社工作，协助郭沫若出版《屈原》《虎符》等抗战剧作。1946年初至1948年初，在上海任群益出版社经理与发行人，编印出版郭沫若全套史剧丛书、历史研究丛书和译作等。1948年10月转移至香港，以海洋书屋作为香港群益出版社副牌，编印介绍解放区新文艺的《北方文丛》。1949年6月，到上海参加接管国民党文化出版单位的工作。新中国成立后，历任人民教育出版社经理部、出版部主任，上海教育图片出版社社长兼总编辑，上海教育出版社社长兼总编辑，上海出版学校第一副教务主任，朵云轩经理，市出版局业务处处长。"文化大革命"期间被隔离审查，下放黑龙江瑷珲县农村劳动。1972年11月恢复工作，任上海人民出版社业务组副组长。1978年1月起，历任市出版局办公室主任、副局长、顾问。1985年12月离休后，担任上海三联书店名誉总经理和顾问，倡导和支持上海出版博物馆的筹建。曾任中国出版工作者协会理事，中国韬奋基金会理事，中国郭沫若研究会理事，上海市出版工作者协会副主席等。主编《中国出版简史》《郭沫若与群益出版社》等，著有《书林初探》等。

楼荣敏（1954—2008）

浙江义乌人。1978年3月起，先后任黄浦区粮食局宣传科副科长，黄浦区委办公室调研科科长，区委宣传部副部长兼区委党校副校长，东昌路街道党委书记、陆家嘴路街道党工委书记，黄浦区委办公室主任、研究室主任,黄浦区委常委、宣传部部长,其间组织开展一系列群众性思想教育活动,着力打造外滩广场音乐会、南京路购物放心街、人民广场和平鸽放飞等上海精神文明建设标志性项目。1997年12月任市新闻出版局、市版权局副局长后,积极推动上海出版业改革发展和版权服务工作,主持创办上海版权贸易洽谈会,从1999年起连续举办四届,为世纪之交中外出版界合作交流构建平台。力推上海反盗版联盟,在公安部门支持下深挖盗版源头,破获盗版《辞海》《十万个为什么》《大学英语》《故事会》《上海城市交通图》等一系列大案要案,打击盗版活动的嚣张气焰,市版权局连续多年被评为全国先进单位。参加2008年上海书展筹办工作,书展的多项指标刷新历史纪录。曾任中国版权协会常务理事。主编画册《外滩历史和变迁》,合著《素描上海》。

陆吉平(1921—2008) 笔名方平

上海人。1939年大经中学毕业后,在上海昌兴银行、浙江兴业银行等处任职。1952年11月起先后任上海文化出版社、上海文艺联合出版社、新文艺出版社、上海文艺出版社、人民文学出版社上海分社编辑。1978年调入上海译文出版社第一编辑室任编辑、编辑室主任。编辑规划的重点图书有《狄更斯文集》(28卷)、《高尔斯华绥文集》(12卷)、《勃朗特姐妹文集》(7卷)、《奥斯汀小说集》(6卷)等,负责审校的图书有《外国文学作品选》(4卷)《西方文论选》(2卷)《近代文学批评史》(第一卷),以及"外国文学名著丛书"中的《大卫·科坡菲》《玛丽·巴顿》《汤姆大伯的小屋》《失乐园》《傲慢与偏见》等。中国作协会员、上海市作协理事、中国翻译工作者协会理事、中国莎士比亚研究会理事、《莎士比亚研究》(年刊)编委。译作有《莎士比亚喜剧五种》、艾米莉·勃朗特的《呼啸山庄》、莎士比亚的《奥赛罗》《亨利五世》《维纳斯与阿基尼》《李尔王》、白朗宁夫人的《抒情十四行诗集》等,与王科一合译薄伽丘的《十日谈》。著有论文集《和莎士比亚交个朋友吧》《三个从家庭出走的妇女》等。1988年被评为编审。

余白墅(1920—2008)

浙江慈溪人。早年学习漫画。1936年受鲁迅倡导新兴木刻运动的影响,从事木刻创作。全面抗战爆发后在江西、浙江等地多次举办个人木刻展览。主编《救亡木刻》,合作抗日漫画《怒潮》,编著出版《木刻技法点滴》《抗战八年木刻选集》等。创作有不少反映劳工和农民生活的木刻作品如《矿工》《起来!不愿做奴隶的人们》等。1946年参加中华全国木刻协会,当选为常务理事。1949年主编《木刻》画集迎接新中国成立。后当选中华全国美术工作者协会上海分会理事,任编辑出版部副部长,继续美术创作与编辑工作,历任大众美术出版社、新美术出版社、上海人民美术出版社编委。1956年9月起负责筹建朵云轩,以木版水印为主复制国画与现代版画、胶印和珂罗版出版国画,出版选字本字帖、胶印国画与年画,并在上海、香港等地和希腊等国举办展览,为朵云轩赢得声誉。中国美术家协会和中国版画家协会会员,上海版画家协会顾问,慈溪画院顾问。代表作《晚归》《牧马》《瓶花》《鸭司令》等入选《中国新兴版画五十年选集》《中国现代版画展》。1991年被中国美术家协会、中国版画家协会授予"新兴版画纪念奖"。1989年评为编审。

林剑修(1922—2008) 原名孙建嵩,又名孙志霄,笔名林鉴

山东牟平人。1937年在牟平县中学求学时全面抗战爆发,抗日烽火中投身革命。1942年加入中国共产党,先在小学任教,参加县委工作队,后调任牟平县各界抗日救国联合会文化协会组织干事、农会宣教干事。曾在胶东《群力报》社、新华社胶东分社从事通联工作。后任新华社胶东分社解放青岛记者团和新华社青岛分社记者,《胶东日报》社编辑。1950年8月调上海《青年报》社,先后担任青农组组长、编委、编辑部副主任、副总编辑、总编辑。1961年8月调少年儿童出版社,任副社长兼副总编辑。1964年8月调上海科学技术出版社任副社长兼副总编辑。1974年2月回上海人民

出版社少儿读物编辑室,后任少年儿童出版社副社长兼副总编辑。创作发表新闻、文艺作品和评论、杂文200多篇。1983年12月离休后,应聘参加少年儿童出版社《少年文库》编辑工作。合著有以上海电机厂技术革新为题材的《一场革命风暴》。1988年被评为编审。

束纫秋(1919—2009)　笔名言微、荆中棘

江苏丹阳人。1937年起开始业余文艺创作,在《文汇报》副刊"世纪风"和《新中国文艺丛刊》《大公报》等报刊发表小说和散文,参与上海职工刊物《职工生活》编辑工作。1939年参加中国共产党。1949年上海解放后,在上海市委宣传部和市委文艺工作部从事宣传、文化、新闻出版等方面的工作。1957年调新民晚报社,历任副总编辑、总编辑。"文化大革命"中下放劳动。1972年调上海人民出版社辞海编辑所,参加重新修订出版《辞海》的筹备工作。1978年,辞海编辑所更名为上海辞书出版社后,任市出版局副局长兼上海辞书出版社社长、总编辑,《辞海》副主编,主持出版1979年版《辞海》。1981年主持《新民晚报》复刊筹备工作。1982年《新民晚报》复刊后任党组书记、总编辑。主持《新民晚报》工作期间,对新时期如何办好一张社会主义晚报进行探索。撰写大量言论和杂文,在副刊"夜光杯"开设一笑之余等专栏。1992年起享受国务院特殊津贴。上海市人大代表,中国晚报工作者协会副会长兼学术委员会主任、顾问、名誉会长。2001年主持《中国晚报学》编撰工作,总结我国晚报事业蓬勃发展的历史经验和新鲜经验。《中国晚报学》出版后获上海社会科学类读物一等奖。著有《一笑之余》《悚然失敬》《做晚报的一只眼睛》《长话短说》等。1987年被评为高级编辑。

贾安坤(1937—2009)

江苏南京人。1960年上海社会科学院(复旦大学)法律系毕业,进《解放日报》任记者、编辑。1979年后主持《解放日报》农村部工作,创办《解放日报》(市郊版),旗帜鲜明为农村改革鸣锣开道。1978年4月发表署名工作手记《徐文彩该不该戴大红花》,提出反对"出身歧视"和"以一般历史错误否定现实成绩"的"左"的思想观念,收到各地读者来信上千封。1982年10月支持记者采写新闻《哪个好,哪个差,田里庄稼讲了话》,并配发编者按,最早报道上海市郊农村实行联产承包责任制带来的变化,冲破当时上海不支持、不赞成、不反对的"三不"禁区。1985年底任《解放日报》编委,到夜班编辑部协助领导工作。1986年4月任《解放日报》总编辑助理。1989年1月全面负责夜班编辑工作,对国内国际一些重大新闻的处理精心独到,其中1989年6月7日第一版版面获上海好新闻一等奖。1993年4月任市新闻出版局副局长,分管报纸和期刊工作,负责筹建上海书城。1994年11月任人民日报华东分社秘书长、机关党委书记。著有《与农村干部谈工作方法》《必要的沟通》《夜班甘苦录》等。1992年被评为高级编辑。

何满子(1919—2009)　原名孙承勋

浙江富阳人。全面抗战爆发后,辗转上海、延安、成都、南京等地从事新闻工作。新中国成立后,任大众书店编辑、震旦大学中文系教授。因受胡风案牵连被羁押,后重归自由。1956年9月进古典文学出版社任编辑。1958年10月被错划成"右派分子",全家被发配到宁夏贺兰山下劳动。后经上海市委领导关心,1964年调回上海出版文献编辑所工作。"文化大革命"中被遣送回富阳老家务农。1978年底再次回到上海。1979年1月进上海古籍出版社,编辑出版《宋五家诗钞》《明史欧洲四国传注释》《古代文言短篇小说选》《古典小说丛稿》等,并承担大量书稿的复审工作。早期从事美学与文艺理论研究,后治中国古代小说,兼治思想史、民俗学等。1979年后进入写作高峰。著有《艺术形式论》《论〈儒林外史〉》《汲古说林》《中国酒文化》《中国爱情小说中的两性关系》及杂文随笔集《五杂侃》《人间风习碎片》《中古文人风采》《图品三国》等。1983年被评为编审。

叶麟鎏(1929—2009) 笔名鹿金

上海人。1952年9月华东师范大学外文系毕业。1954年任平明出版社编辑,1955年任新文艺出版社编辑。1958年至1962年离开上海去青海省博物馆筹备处任职。1978年11月进上海译文出版社,历任编辑、第四编辑室主任等职,把主要精力投入到《外国文艺》杂志和"外国文艺丛书"的编辑工作中,为介绍当代外国文学流派作出很大成绩,受到学术界好评。1989年担任上海译文出版社总编辑后,抓紧推进一系列具有较高学术价值的文化工程建设,担任"外国文学研究资料丛书""外国文学名著丛书""二十世纪外国文学丛书"编委,推出海明威、普希金、契诃夫等的文集。为满足不同层次读者需求,20世纪90年代初,又相继推出"世界文学名著珍藏本""世界文学名著普及本"两大书系。从20世纪50年代初开始外国文学的翻译,先后翻译杰克·伦敦、果戈理、法朗士、海明威、菲茨杰拉德、波特等人的作品。1992年12月获全国新闻出版系统先进工作者称号。1993年起享受国务院特殊津贴。2003年获"中国资深翻译家"称号。译作有《圣诞节前夜》《约旦先生来了》《波特中短篇小说集》《有钱人和没钱人》《愚人船》《鲁滨逊漂流记》等。1988年被评为编审。

冯英子(1915—2009) 原名冯轶

江苏昆山人。1932年进《昆山民报》《新昆山报》当记者,后任苏州《早报》记者,苏州《明报》战地记者兼上海《大晚报》记者,《大公报》战地记者。1938年任中国青年新闻记者协会干事、国际新闻社记者。后任湖南邵阳《力报》主编、采访主任,桂林《力报》总编辑,《正中日报》评论部长,吉安《前方日报》总编辑,沅陵《力报》副社长兼总编辑,《中国晨报》副社长兼总编辑。1945年8月在湖南芷江采访日本无条件投降受降仪式。1945年后任南京《中国日报》总编辑,《新中华日报》总经理,苏州《大江日报》社长。1949年任香港《周末报》副社长兼总编辑、香港《文汇报》代总编辑。1953年任《新闻日报》编委兼编辑部主任。1960年起任《新民晚报》编委、评论员。"文化大革命"中《新民晚报》停刊,下放劳动。1974年到上海人民出版社辞海编辑室,参加《辞海》编辑工作。1982年《新民晚报》复刊后,任副总编辑,以方任笔名在第一版今日论语专栏撰写不少针砭时弊的文章。1992年起享受国务院特殊津贴。上海市政协委员、常委,《当代中国上海卷》副主编。著有《当代杂文选萃——冯英子卷》《苏杭散记》《长江行》《移山集》。1987年被评为高级记者。

骆兆添(1929—2009) 曾用名骆义门

广东台山人。1951年1月圣约翰大学毕业,先后任《新闻日报》《解放日报》国际版编辑。1966年2月调上海市人事局外语干训班,培养当时急需的翻译人才。1977年11月进上海人民出版社编译室,参加《英汉大词典》编纂工作。1983年3月调上海翻译出版公司筹备组,参与创办《上海译报》。1986年5月回上海译文出版社,历任副总编辑、社长、社长兼总编辑。其间积极调整出书结构,优化出版选题,发掘优秀选题,签约购买外国文学作品《斯佳丽》中文简体字版权,在中国加入国际版权组织前首次按国际惯例取得国外畅销书版权,开中国图书版权贸易之先河。参与同法国阿歇特出版集团谈判,《世界时装之苑》成为改革开放后中国内地第一本中外合作的时尚类杂志。1992年上海译文出版社被评为全国新闻出版系统先进集体,1993年又被评为首批全国家优秀图书出版单位。曾任"外国文学研究资料丛书""外国文学名著丛书""二十世纪外国文学丛书"编委,上海市翻译家协会会员,上海市辞书学会理事。第八届全国人大代表。因对促进中法文化交流作出贡献,1997年9月被法国政府授予法国国家荣誉骑士勋章。1988年被评为编审。

尚丁(1921—2009)

江苏丹阳人。1942年重庆民治新闻专科学校毕业。1943年参加中国民主同盟,曾任爱国人士黄炎培秘书,重庆《国讯》杂志、《宪政》月刊编辑,国讯书店经理,上海民治新闻专科学校教员,上海

《展望》周刊经理。抗战胜利后,任民盟华东地区执行委员、上海市支部组织部长,坚持参加民盟组织的民主革命运动。新中国成立后,历任《展望》周刊总编辑,新知识出版社、古典文学出版社副社长兼副总编辑。1955 年 5 月作为"胡风分子"被捕入狱,并被怀疑是"军统",后被排除,恢复名誉。1962 年调入上海出版文献编辑所。1973 年调入上海人民出版社辞海编辑室。1979 年参与创办《辞书研究》并任编辑部主任。上海市人大代表、政协委员,民盟中央委员、参议委员会常委,民盟上海市委常委、副主委,中华职业教育社理事、顾问,上海辞书学会副会长、会长,中国年鉴研究会秘书长、会长,《上海盟讯》主编、社长。著有四幕剧本《咫尺天涯》,诗剧《仓央嘉错》,传记《黄炎培》,散文集《四十年编余忆往》《芳草斜阳忆行踪》《鸦雀有声》等。1987 年被评为编审。

严君默(1920—2009)　原名严晋

浙江吴兴人。1942 年中央大学文学院外文系毕业。先后在重庆民国经济部资源委员会和重庆中央大学文学院外文系任职。1946 年至 1949 年 7 月在上海《申报》馆和《解放日报》资料室任职。1949 年 8 月起先后任上海市复兴中学、上海市第三女中教导主任。1956 年被评为上海市优秀教师。1958 年 9 月调入上海教育出版社,任第二编辑室副主任,主持选题规划、组稿及审读出版各类教材和其他出版物。编辑出版《传统语文教育初探》《语言与言语讨论集》《汉语诗体学》等。1960 年被评为上海市出版系统先进工作者。1972 年调上海人民出版社编译室,参加翻译《非洲史》《塞拉勒窝内》(上下册)和"非洲各国历史丛书"中的《冈比亚》《利比亚》等。1976 年 8 月参加《英汉大词典》编纂工作,任《英汉大词典》编委,负责二稿修改、审订工作。1978 年调上海译文出版社,任第三编辑室副主任,参与编写《英汉短语动词词典》,审订《英汉双解朗文活用词典》等。上海市外文学会、上海辞书学会会员。译作有《乔治桑传·爱底寻求》《第二次世界大战中的重大战役》等。1988 年被评为编审。

储照(1915—2009)　原名储朗三

浙江长兴人。日本东京大学毕业。1947 年在永祥印书馆台北分馆任副经理兼编辑部主任。1949 年在上海任永祥印书馆编辑部主任。1956 年到上海科学技术出版社任编辑科长,主持编审工作。1972 年起先后任上海人民出版社辞海编辑室和上海辞书出版社科技编辑室编辑。在永祥印书馆工作期间,主持编写"中国农业丛书"《中国的畜牧业》《中国的养马业》和"高级农业丛书"等图书。在上海科学技术出版社工作期间,参加《中国棉花栽培学》《农业大辞典》《动物学集成》等编审工作。在上海辞书出版社工作期间,担任《辞海》(1979 年版)科技条目审稿工作,并任《中国大百科全书·农业卷》编委,协助审稿。发表论文《〈中国桑树栽培学〉第二版评介》《台湾的凤梨及其加工》《〈中国棉花栽培学〉评介》等。1988 年被评为编审。

胡启明(1926—2009)

江苏昆山人。高中毕业后从事基础教育工作,1947 年加入中国共产党。后在多所学校任教,秘密参加党的地下工作,迎接新中国成立。解放后,进上海市教育局工作,1957 年开始从事教育出版,历任上海市教育局《上海扫盲》编辑室负责人、上海教育出版社期刊编辑室副主任、中共中央华东局宣传部《农村青年》编委、《上海科技报》副总编辑、市出版局出版处负责人等。1986 年上海科技教育出版社成立,任社长,通过合理安排部门架构和人员配备,建设高效的工作团队和合理的产品生产线,为上海科技教育出版社从无到有、发展壮大打下基础。1987 年被评为编审。

王国忠(1927—2010)

江苏无锡人。1947 年考入江南大学农学院农艺系。1948 年加入中国共产党,后任中共江南大学党支部书记。1949 年 3 月赴北平出席第一次全国青年代表大会,进入中央团校学习,结业后到苏南团工委、苏南区党委工作。1951年7月起，先后任《苏南农村青年报》总编辑，华东青年出版社编委，《新少年报》编委、编辑主任，少年儿童出版社知识读物编辑科科长、第三编辑室主任、副总编辑，上海人民出版社科技读物编辑室、文艺读物编辑室负责人。1978年1月任上海科学技术出版社社长、总编辑、党组书记。1983年10月任市出版局局长、党委副书记。1986年10月任市文史研究馆馆长。曾任市出版工作者协会副主席、市科普作家协会副理事长、中国科普作家协会少儿科普创作专业委员会主任等职。主持编辑出版《十万个为什么》《新编十万个为什么》等多种影响深远的科普类书籍。在上海市文史研究馆期间创办《上海文史》杂志并兼任主编，1993年7月在《上海文史》基础上主持创办由中央文史研究馆与上海市文史研究馆联合主办的文史纪实类双月刊《世纪》杂志，兼任社长、主编。参与由中央文史研究馆发起组织、全国各省市文史研究馆参加编撰的"新编文史笔记丛书"，任副主编，实际领导丛书编辑部工作。主编《中国少儿科普50年精品文库》《少年自然百科辞典》《上海旧政权建置志》和"历史现场目击书系"等。著有《王国忠文集》。

刘培康（1927—2010） 曾用名刘妙光

广东番禺人。1949年上海沪江大学工商管理系毕业。后在上海市青年干部训练班、上海华东团校学习。1950年2月起任上海华东团校干事、秘书。1956年4月起历任上海文化出版社编辑室主任、副总编辑。"文化大革命"中下放劳动。1972年11月恢复工作，先后任上海人民出版社业务组组长、少儿读物编辑室负责人。1978年3月任少年儿童出版社社长兼总编辑，坚持拨乱反正，积极调整出版选题，为新时期上海少儿出版的发展和繁荣打下基础。1979年起任市出版局出版处处长、副局长，1986年兼任学林出版社社长，探索自费出版业务，获得社会各界欢迎。1987年5月任市新闻出版局副局长。曾任市政协委员兼文化委员会副主任，市出版工作者协会秘书长、副主席，市出版系列高级专业技术职务评审委员会委员。曾编辑出版《美国工商年鉴》《上海投资环境与涉外经济法规》等。

何兆源（1932—2010）

浙江上虞人。1956年哈尔滨外国语专科学校俄语专业毕业，留校任教，并加入中国共产党。曾任哈尔滨外国语学院（后更名为黑龙江大学）讲师。1974年起在黑龙江大学辞典编辑室从事编辑工作。1984年调中国大百科全书出版社上海分社，先后任总编办公室主任、百科全书和辞典编辑部主任、副总编辑，负责编辑《苏联百科词典》。1992年5月任中国大百科全书出版社上海分社代社长。1995年10月，中国大百科全书出版社上海分社更名为东方出版中心后，任副总编辑。参与领导《中国大百科全书》第一版后期出版工作和《百科知识词典》《二十世纪外国文学辞典》《简明基督教百科全书》《简明英汉百科辞典》等的编辑出版工作。上海市政协委员。1997年退休后继续主持和参与《上海百科全书》《20世纪上海文史资料文库》等的编撰工作。1992年起享受国务院特殊津贴。主编《俄语新词新义词典》。1987年被评为编审。

孙家晋（1918—2010） 笔名吴岩

江苏昆山人。1941年暨南大学外文系毕业。历任中学教师、图书馆员、文物局秘书。1955年起，先后在新文艺出版社、人民文学出版社上海分社、上海人民出版社工作，任编辑、编辑室主任、副总编辑等。1956年被评为上海市和全国文化先进工作者。1978年调入上海译文出版社，任编辑室副主任、主任、副总编辑、社长兼党组书记，担任"外国文学研究资料丛书""外国文学名著丛书""二十世纪外国文学丛书"编委，"二十世纪外国文学丛书"主要策划者。筹备出版国内第一本中外合作的时尚类杂志《世界时装之苑》。翻译过大量外国文学作品，如《克雷洛夫寓言》，托尔斯泰《哥萨克镇》《塞瓦斯托波尔的故事》，莱蒙特的《农民》（四部曲），纪伯伦《流浪者》，泰戈尔《园丁集》《流萤集》

《鸿鹄集》《茅庐集》《吉檀迦利》《情人的礼物》《心笛神韵》和《泰戈尔抒情诗选》等。中国作协会员、上海市作协理事、中国翻译家协会理事、上海市翻译家协会副主席、上海市编辑学会副会长。译作《泰戈尔抒情诗选》获全国优秀外国文学图书奖一等奖。1997年被中国作协授予鲁迅文学奖。著有小说集《株守》、散文集《风云侧记》《落日秋风》等。1987年被评为编审。

杨可扬(1914—2010)

浙江遂昌人。幼时对美术产生兴趣,成年后走上木刻艺术之路。全面抗战爆发后,加入中华全国木刻界抗敌协会,从事进步木刻运动,以刻刀为武器,宣传抗日,真实记录社会现状。新中国成立后,进华东人民美术出版社(后更名上海人民美术出版社),全身心投入到编辑出版工作中,自己只做一个"业余的业余画家"。在任出版社副总编辑期间,参与策划、主持编辑的图书、画册数以百计。任上海人民美术出版社《中国美术全集》绘画编版画卷副主编,全集后获第一届国家图书奖荣誉奖、首届中国优秀美术图书特别金奖。参与编辑的《上海博物馆藏画》《永乐宫壁画》获1959年莱比锡国际书籍艺术博览会金奖。1992年起享受国务院特殊津贴。曾任全国文代会代表、上海市人大代表、中国版画家协会副主席、中国版协顾问、中国美协藏书票研究会艺术顾问、上海市美协副主席、顾问、上海大学美术学院客座教授、上海版画会会长和名誉会长、《辞海》编委等。1988年被评为编审。

金庆祥(1941—2010)

浙江鄞县人。1964年山东海洋学院物理海洋系毕业。长期从事物理海洋学研究。主要科研成果有"上海石化总厂煤码头选址可行性研究""海岸工程对水下岸坡和环境影响研究"等,其中"海滩剖面塑造理论及其应用的研究"获1988年国家教委科技进步二等奖。1988年参加中国民主建国会。曾任民建上海市委委员,华东师范大学第一、第二届支部委员会副主任和第三、第四、第五届支部委员会主任。1992年被评为研究员。1993年1月任华东师范大学出版社副总编辑,策划编辑出版的图书《长江口锋面研究》获第11届全国优秀科技图书奖三等奖、第11届全国师范大学出版社发行研讨会优秀图书奖。发表论文《应用EOF方法分析金汇潮滩随时间波动》《上海泥质潮滩的EOF应用》等。合著《海洋潮汐》《海岸万里行》。

戴可霁(1932—2010)　女

浙江定海人。1957年北京师范大学教育系学前教育专业毕业,进上海教育图片出版社(上海教育出版社前身)从事学前教育图书编辑工作。1975年创办我国第一本专门以3—6岁幼儿为读者对象的彩色画刊《看图说话》,曾获中国首届少儿报刊封面一等奖、童话一等奖,首届中国优秀少儿报刊奖金奖,首届上海优秀少儿期刊最佳奖等奖项,连续被评为教育部推荐优秀幼儿读物。1981年2月起担任上海教育出版社幼儿教育编辑室副主任,1986年10月担任上海教育出版社副总编辑。1978年、1984年获上海市三八红旗手称号,1985年被评为上海市宣传系统先进工作者,1987年获全国幼儿图书编辑工作荣誉奖。1989年被聘任为上海市中小学教材编审委员会美术学科审查组组长。1992年起享受国务院特殊津贴。曾任中国出版工作者协会幼儿读物研究会理事兼副秘书长。主编低幼刊物《看图说话》《拼拼读读》,合著有《我喜欢的书》《幼儿智力天地》《多功能识字卡片》等。1990年被评为编审。

丰陈宝(1920—2010)　女

浙江桐乡人。1945年重庆国立中央大学外文系毕业。先后在重庆私立南开中学、苏州省立苏州中学、杭州私立中正中学、杭州国立浙江大学附属中学、厦门私立双十中学任英语教员。1950年10月进中央音乐学院上海分院翻译室从事翻译工作。1958年9月起在上海音乐出版社、上海文艺出版社、人民文学出版社上海分社、上海译文出版社任编辑。参与编辑《法汉词典》和《袖珍法汉词典》,先后担任《军人不是天生的》《伊格纳托夫游击队》(上中下)《进攻》《别林斯基选集》第一卷、第二卷的责任编辑。上海市外文学会会员。译作有瓦尔特·辟斯顿的《和声学》、戈登·雅谷的《管弦线法》、尼古拉斯夫的《钢琴教学论集》、列夫·托尔斯泰的《艺术论》。合译有《简明音乐词典》、斯克列勃科夫的《复调音乐》、李姆斯基-科萨考夫的《我的音乐生活》、普列汉诺夫的《艺术与社会生活》、阿尔泰莫夫、萨马林的《十七世纪外国文学》等。1988年被评为编审。

饶忠华(1933—2010)

江苏吴县人。1951年3月进上海科学技术普及协会任干事,1954年加入中国共产党。1955年1月起,先后任《科学画报》编辑部编辑、上海科学普及出版社编务室副主任、上海科学技术出版社(科技卫生出版社)第五编辑室副主任、理科编辑室副主任。1960年12月至1963年4月在市出版局出版处担任审读工作,参加《辞海》(试行本)定稿工作。后回上海科学技术出版社任科学普及编辑室副主任,负责制订《上海科学技术出版社科普读物长远出书规划》,规划10套科普读物,其中"科学小实验丛书"出版后受到青少年读者欢迎,每种印数达60万册。1973年负责《科学画报》编辑工作,1978年4月担任编辑室主任,先后对《科学画报》办刊方向作了三次大的改革,《科学画报》期发行量跃升至100万份。1982年,《科学画报》编辑室邀请中国27位科学家推荐1982年世界十大科技进展,《人民日报》在第一版作报道。曾任中国科普编辑记者协会副理事长,上海科普作家协会理事、秘书长、常务副理事长、名誉理事长等。论文《从历史两个"接力"谈科学普及》《科普学与现代科学》在《光明日报》发表。著有《中国科幻小说大全》《科学神话》。1988年被评为编审。

杨光瑶(1923—2010)

四川梁平人。1945年7月中央大学农学院园艺系毕业,后在四川眉山高级农业学校、四川省立成都女子职业学校、四川省立成都女子中学任教。1956年6月进上海科学技术出版社,长期从事园艺科学方面的图书编辑工作,负责编辑出版《中国果树史与果树资源》《中国桑树栽培学》《现代果树科学集论》(26种)和"现代蔬菜科学丛书"(14种)等一大批既有学术水平、又有实用价值的农业科技图书。特别是任《现代果树科学集论》责任编辑时,深入科研、生产第一线调查研究,并查考大量文献史料,解决原稿中存在的理论性不强等问题,提出科学技术在农业理论著作中"外为中用"的理念,并在实践中加以运用,促进中国果树科学的发展。1988年被评为编审。

王自强(1918—2010)

浙江海盐人。1944年考入浙江大学教育系,后因家庭经济困难辍学。1951年进华东人民出版社任编辑。1953年到《展望》周刊社进行对私改造,后进新知识出版社,任文教读物和地理读物编辑、编辑室主任。1960年进中华书局辞海编辑所任编辑,开始从事辞书编辑工作,负责和参与编辑的图书有《政治经济学词典》《简明人口学词典》《汉语小词典》《中医人物词典》《辞海·百科增补本》《辞海·语言学分册》等。曾任《辞海》《简明社会科学词典》编委,参加《辞海》(1979年版、1989年版)通读工作,先后两次起草、修订《辞海体例》,重编《辞海编纂手册》。起草拟定的《统一汉字部首表》和《部首排检法说明》为《汉语大词典》采用。编著的《现代汉语虚词词典》获中国辞书奖二等奖。著有《容易用错的字》《新词用法例解》《标点符号用法讲话》《改病句练习》《写文章常识》《常用字连词造句》《容易用错的词》等。1987年被评为编审。

毕兆嵩(1929—2010)　　曾用名毕东颐、毕阆笙

浙江鄞县人。1952年复旦大学生物系毕业。后在平原农学院、河南省百泉农业学校、上海晋元中学、第二军医大学生物教研室等处任教。1956年进上海科学技术出版社任编辑,组织、编辑、审读出版《畜牧兽医研究报告汇编》《疟原虫镜检》《茶树病虫害及其防治》等十余种专著。1959年

进中华书局辞海编辑所,负责《辞海》(试行本)、《辞海》(试排本)、《辞海》(未定稿)、《辞海》(1979 年版)、《辞海·百科增补本》生物学科以及《辞海·生物学分册》的编辑审读工作,先后为《辞海》(1979 年版)和《辞海·百科增补本》等编写中国生物学家、动植物名称等条目三百余条。此外还负责和参与编辑《简明生物学词典》《简明社会学词典》《简明外国人名词典》等。发表论文《关于静生生物调查所》《蜡梅与腊梅》《水杉是哪一年发现的》等。1989 年被评为编审。

赵书文(1911—2010)

吉林伊通人。1937 年北平师范大学地理系毕业。1946 年美国哥伦比亚大学地理系(硕士)毕业。1949 年兼任光明中学校长。1953 年受命筹办上海中学教师进修学院(上海教育学院前身)。1958 年 10 月进中华书局辞海编辑所工作。负责和参与编辑的图书有《辞海》地理学科、《外国地名语源词典》《地理学词典》《汉语小词典》《世界地名词典》和"各国手册丛书"等。1956 年被评为上海科学技术普及工作积极分子和全国科学普及工作积极分子,1982 年被评为全国地理科学普及积极分子。曾任民盟上海市委常委、学习委员会副主任,上海市政协委员、市政协学习委员会委员,全国地理学会科学普及委员,上海地理学会顾问,上海科学普及创作协会基础科学委员会主任委员,《地理文摘》主编,《辞海》编委等。发表论文《论中国行政区域的划分》《论地理学的真谛》《从地理上看我们伟大的祖国》等。合著《澳大利亚自然地理》。1990 年被评为编审。

马达(1925—2011)

安徽安庆人。1941 年 2 月参加革命,1942 年起历任苏中《滨海报》《苏中报》特派记者,《群众报》《人民报》通联科长、通讯部主任,新华社华中二支社副社长、《人民报》总编辑、华中《新华日报》地方版主编。1949 年起任《苏南日报》副总编辑、《工人生活报》编委会书记。1949 年上海解放后,历任《劳动报》社长兼总编辑、《解放》杂志评论员、上海市委副秘书长、解放日报党委书记兼总编辑。1978 年任文汇报党委书记、总编辑。1985 年 5 月创办文汇出版社并兼首任社长。这是全国第一家由省市报纸创办的出版社。曾任市人大代表,市人大常委会委员兼教科文卫委员会副主任,中国记协常务理事,中国新闻学会联合会副会长,上海市新闻学会会长,复旦大学新闻学院、南京大学新闻传播学系兼职教授,上海市新四军历史研究会顾问,韬奋基金会理事,上海公共关系协会顾问等。1992 年起享受国务院特殊津贴。著有《报苑耕耘:马达自选文集》《马达自述:办报生涯 60 年》等。1988 年被评为高级编辑。

朱金城(1921—2011)

江苏南京人。1942 年交通大学财务管理系毕业。先后在海关、税务部门及企业担任财务和管理工作。1956 年调入新文艺出版社中国古典文学编辑组任编辑。此后历任古典文学出版社、中华书局上海编辑所编辑、编辑组长。"文化大革命"中因蒙冤被监督劳动。1978 年 1 月进入上海古籍出版任编辑,并获平反。承担过不少重要书籍的组稿和出版工作,如《洛阳伽蓝记校注》《文选》(标点本)《唐宋诗举要》等。20 世纪 60 年代初,在瞿蜕园指导下,合作整理《李白集校注》,历时近 20 年,1980 年出版。《李白集校注》纠正前人的一些错误,成为李白集整理和研究的重要成果。1988 年又整理出版《白居易集笺校》,对白居易的每篇作品做编年、笺释和校勘,达到当时白居易集整理和研究的最高水平。曾任中国李白研究会副会长、顾问,中国唐代文学学会常务理事、顾问,河南大学兼职教授,主编《李白学刊》。著有《白居易年谱》《白居易研究》《近代人物谈荟》等。1983 年被评为编审。

费世奎(1921—2011)

江苏吴江人。1943 年暨南大学化学系毕业。在上海市真如中学、南洋女子中学、同德医学院任教。1950年加入中国共产党,历任南洋女子中学教导主任,上海市教育局教研室中学自然科学教学组副组长,人民教育出版社编辑。1956年11月任上海教育图片出版社(上海教育出版社前身)编绘部副主任。1958年5月起,先后任上海教育出版社第三编辑室副主任、主任,理科编辑室主任等。长期从事中学理科教材及相关读物的编辑工作,熟悉教材出版业务,善于规划整合选题,为理科读物的开拓发展作出贡献。20世纪80年代,义务撰写讲义,开办讲座,精心带教青年编辑;还着手开发微机应用,建立编辑室数据库,为管理部门开办操作讲习班,推广新技术。编著有《帮你学好高中物理》《帮你学好高中化学》等。译有《普通化学习题》《光学仪器和原子结构》(挂图)等。1987年被评为编审。

龚刚(1939—2011)

上海人。1961年8月山东工学院毕业,进上海科学技术出版社从事编辑工作。1974年冬,赴黑龙江大庆组织《大庆技术革新成果选编》书稿,确定编写人员、完成书稿的初审与选定等工作。1977年后,牵头组织国内37所高校、100多位教授及教师编写高校机械制造专业联编教材(12种),成为中国第一套机械制造专业本科教材。1978年1月任上海科学技术出版社工科编辑室副主任,主抓选题计划的可行性和书稿质量的事前控制,力争把问题解决在书稿进出版社之前。1984年6月,担任上海科学技术出版社副社长兼副总编辑,分管经营管理和出版工作,提出发稿品种数、发稿字数、印数与排印能力相匹配,多出初版书,减少在制品,压缩出版周期,强调编辑、校对、出版、发行各环节相互协作与力量配备的平衡。1986年,兼任新创办的《上海服饰》主编,并任市经委组织编写的大型系列工具书《工人岗位规范手册》(8卷)副主编。1990年3月任上海科学技术出版社社长,1992年11月任总编辑,撰写并发表《关于出书社会效益与经济效益相统一的思考》。规划、组织出版的图书有10余种获奖。1990年被评为编审。

哈琼文(1925—2012)

北京人。1949年重庆中央大学艺术系绘画专业西画科毕业后,参加中国人民解放军,任华东军政大学文艺系美术教员。1953年调总政文化部美术工作室任美术教员。1955年转业到上海人民美术出版社,以专业创作人员身份从事宣传画创作和出版工作,先后创作过一百多幅家喻户晓的宣传画,为宣传党的主张,组织和动员群众,发挥重要作用,其中为迎接新中国成立十周年创作的《毛主席万岁》,印数高达200多万张。宣传画《美帝国主义从越南南方滚出去》《以最佳精神创最佳成绩》,油画《志愿军铁道侦察英雄》《建设炼油塔的人们》等多次入选全国美展,部分作品获全国美展银奖及佳作奖,被中国美术馆、上海美术馆等单位收藏。全国文代会代表,中国美术家协会会员,上海美术家协会理事,上海市文史研究馆馆员。1988年被评为编审。

周访渔(1926—2012) 曾用名方予

江苏金坛人。高中毕业后在江苏金坛北湖头小学、儒林小学任教。1951年7月起在新文化出版社、上海文艺联合出版社任编辑。1956年起先后在新文艺出版社、上海文艺出版社、人民文学出版社上海分社、上海人民出版社编译室任编辑。1978年调入上海译文出版社第一编辑室任编辑,担任《走向新岸》《顿巴斯》《俄罗斯苏维埃文学简史》《金蔷薇》《普里瓦洛夫的百万家私》《车尔尼雪夫斯基论文学》《罪与罚》和狄更斯的《艰难时世》《老古玩店》《匹克威克外传》等图书的责任编辑,策划制定西班牙和拉美文学出版的长远规划。中国作协上海分会会员、上海市翻译家协会会员、上海市编辑学会会员、上海市外文学会会员。译作有《爽直的人》《姑娘们》《我的老师》《捷雅河畔》《个性与典型性》《阳光绚烂的冬天》《集体农庄的孩子们》《黄金村》《草原上的田庄》《白色孤帆》《佩比塔·希梅尼斯》《情感的故事》《迷雾》等。1988年被评为编审。

修孟千(1917—2012) 原名修进文

山东海阳人。1942年山东抗战建国研究院文学系毕业,后在中小学任教。1947年加入中国共产党。1947年8月任《烟台日报》编辑、记者。1948年4月任华东野战军第四纵队前线记者,深入前线采访,在《战地新闻》报发表一批有分量的新闻通讯,并由新华社广播。1949年2月调徐州市《新徐日报》任编辑室主任,参加徐州市文联领导工作,任文联执委、文学组组长,主编《淮海文艺》,创作报告文学《西蒙诺夫巡礼淮海战场记》。1950年4月调《大众日报》任文教组组长。1950年8月调上海市委办公厅任党刊《上海工作》编辑。1953年1月调上海市委宣传部编《增产节约报》,编辑出版《怎样进行民主革命》小册子。1954年任上海市委宣传部文艺处群众文艺科副科长。1955年12月调新知识出版社任《展望》周刊编辑室第一副主任。1960年12月调少年儿童出版社任《少年文艺》编辑。1964年6月调上海出版文献编辑所,搜集编写出版资料。1977年11月重回少年儿童出版社文艺编辑室任编辑。1979年开始从事专业写作。合著反映淮海战役的长篇小说《决战》、反映战争年代知识分子命运的长篇小说《路迢迢》等。1984年加入中国作协。1988年被评为编审。

车茂丰(1926—2012)

浙江镇海人。1948年上海大夏大学经济系毕业。1959年起在中华印刷厂实验室从事科研工作。1979年进入上海印刷技术研究所,先后任情报资料室副主任、激光照排实验室副主任。1981年起任上海印刷技术研究所副所长,兼任《印刷杂志》主编,上海出版印刷高等专科学校顾问、教授。任课题组长的"感光性树脂版"课题研究项目1977年获上海市重大科技成果奖。从20世纪80年代起,重点跟踪国际印刷科技发展趋势,主持上海及华东地区印刷科技情报搜集、采编与交流工作,并任国家经委印刷技术装备协调小组考察团高级顾问及翻译,多次随团出访英、德、意、日、美国及香港地区,参加重大项目谈判。1985年受市科委委托,主持编制上海市印刷行业十五年科技发展规划。代表上海印刷技术研究所与中国印刷科学技术研究所合作制订《印刷技术术语标准》,任《印刷专业汉语主题词表》的主编审人之一。曾任上海市印刷技术协会副理事长。2000年获毕昇印刷技术奖。编撰出版《透过水晶球看印刷——车茂丰文集》。1988年被评为编审。

马飞海(1916—2013) 原名马恭铎

福建福清人。1940年暨南大学数学物理系毕业。1936年10月参加上海大学学生救国联合会,投身抗日救亡运动。1939年6月加入中国共产党,历任中共暨南大学支部委员、大学区委委员、教育界运动委员会委员。新中国成立后,历任上海市委党校副校长,市委副秘书长,市教育局副局长,市业余教育局局长,市出版局局长、党委书记等职。"文化大革命"中遭到迫害,被隔离审查,下放至上海中国纺织机械厂劳动。1977年1月恢复工作,任上海人民出版社党委副书记。1978年1月起,先后任市出版局局长、党委书记,市委宣传部副部长。1983年9月任市委党史资料征集委员会办公室副主任、委员会副主任。组织撰写《解放战争时期的上海教师运动》《上海教师运动史》《上海革命文化大事记》,主持编纂《上海人民革命史画册》等,对地方党史研究工作作出重要贡献。20世纪50年代开始收藏和研究中国古钱币,团结广大钱币研究的专家学者参与筹建上海市钱币学会,策划并主持编纂12卷本的《中国历代货币大系》。曾任上海市党代表,市人大代表,市政协委员兼文史资料工作委员会副主任,中国出版工作者协会副主席、顾问,中国国际交流协会理事,上海市对外友好协会副会长,上海市钱币学会名誉理事,中国钱币学会学术委员会委员等。

万启盈(1920—2013)

河北丰润人。1937年北平新闻专科学校肄业。1936年参加中华民族解放先锋队,同年加入中国共产党。1938年赴延安,曾任延安中央印刷厂部门主任、工会主席、党支部书记、厂长等。1948

年6月任新华社总社秘书。1949年1月起任北平、南京军事管制委员会出版处副处长,以军代表身份负责两地印刷业的接管工作。1949年10月调上海,历任华东军政委员会出版局印刷管理处处长,华东行政委员会出版处副处长,华东行政委员会新闻出版局副局长,上海市出版事业管理处副处长,上海市出版局副局长、党组成员等,主持对上海两千余家印刷企业的管理、改造工作,为上海印刷业发展作出积极贡献。1953年主持创办上海印刷学校并兼任校长,为中国印刷工业发展培养大批人才。1958年6月,被错误地定为"反党分子",开除党籍、撤销职务,下放至中华印刷厂和上海印刷研究所参加劳动,其间仍关注出版印刷业的发展,参加自动照相排字机研制和设计工作。1979年10月重新走上领导岗位,任市出版局副局长、党委委员,兼任上海印刷学校党委书记。1983年10月被任命为市出版局顾问。参与《辞海》《中国大百科全书·新闻出版卷》《出版词典》《印刷科技实用手册》等的编纂工作,编著出版《中国近代印刷工业史》。曾任中国印刷技术协会副理事长,上海市印刷技术协会理事长、顾问。1997年获毕昇印刷技术奖。2009年入选新中国60年百名优秀出版人物。

杜淑贞(1916—2013) 女 曾用名杜兆栟、李华

广东番禺人。1942年11月上海沪江大学外文系肄业,到淮北新四军江淮大学参加革命工作。1943年加入中国共产党。曾任上海市委学委《学生新闻》党组书记、女中区委书记、新城分区委书记等职。新中国成立后,历任共青团上海市委青年妇女部副部长,组织部副部长、部长,秘书长,副书记,上海市委工业政治部副主任,上海市委副秘书长等职。"文化大革命"中遭受迫害,下放劳动。1974年9月恢复工作,任上海第一印染厂党委委员。1977年9月起,历任上海书画出版社社长、总编辑,上海文艺出版社社长、总编辑。1979年5月任市出版局副局长。1984年5月起,历任中国福利会党组书记兼副秘书长、秘书长,中国福利会副主席,上海宋庆龄基金会副主席,上海宋庆龄研究会会长。曾任团中央委员、全国政协委员、上海市政协常委。在中国福利会工作期间,为儿童时代社编辑"中华子孙"丛书(10辑)《宋庆龄的故事》等。散文《12岁的故事》获1990年陈伯吹儿童文学园丁奖。

张玫(1917—2013) 原名张锡卿

浙江海宁人。1941年至1945年在广西桂林汉民中学、四川泸州县立女子中学任教。1950年3月进新华书店华东总分店编辑部工作,先后任华东人民出版社文字编辑部编辑,一般读物、理论读物编辑室编辑。编辑并编写反映抗美援朝及社会发展史方面的书稿和画集《为保卫和平和文化而战斗》《战斗在敌后》《社会发展史画集》等。1954年上海人民出版社成立历史读物编辑室,任编辑室主任。编辑出版的历史读物有《中国的奴隶制和封建制》《战国史》《魏晋南北朝初唐史》等,人物传记有《孔子的故事》《司马迁》《白居易》《李白》《辛弃疾》等,《李时珍》被改编成电影剧本。1960年任上海人民出版社总编办公室主任。1979年任古代史读物编辑室主任,组织编辑出版《中国印刷史》《中国古代天文史》《周予同经学史论集》《中国历代户口、田地、田赋统计》《永宁纳西族阿注婚姻和母系家庭》等。1987年被评为编审。

吴国祺(1923—2013) 曾用名吴吉甫,笔名吴劳

江苏苏州人。1951年上海圣约翰大学英国文学系毕业。就读期间曾被中央军委二局抽调到北京劳动大学外文培训班培训。1951年至1958年在上海从事专业文学翻译工作。1981年2月调入上海译文出版社第一编辑室任编辑,负责审校的图书有福克纳的《喧哗与骚动》、海明威的《丧钟为谁而鸣》《太阳照常升起》、索尔·贝娄的《雨王汉德森》、德莱塞的《嘉莉妹妹》等。全国美国文学研究会理事、上海市翻译家协会理事、中国作协上海分会会员、上海市编辑学会会员。译作有阿菲

塔洛斯的《风吹的方向》、亚马多的《无边的土地》、伐基姆·梭白柯的《和平的保证》、莫洛佐夫的《莎士比亚在苏联舞台》、杰克·伦敦的《铁蹄》《马丁·伊登》、哥尔德的《没有钱的犹太人》、弗兰克·诺里斯的《章鱼》、海明威的《老人与海》等,合译有辛格的《卢布林的魔术师》、赫尔曼·沃克的《战争与回忆》等。1988年被评为编审。

黄衣青(1914—2013)　女　原名黄懿青

福建仙游人。1931年考入厦门大学教育系,1934年转入上海大夏大学文学系。1936年6月赴日本留学,在日本东亚补习学校及早稻田研究院听课并为儿童书局撰稿。1938年回国后在桂林、昆明、上海等地任教。1947年2月起在中华书局任编辑。1950年加入中国共产党。1952年12月调入少年儿童出版社,从事儿童文学创作及翻译,曾出版幼儿童话20多种。1956年任少年儿童出版社低幼读物编辑室主任,策划出版小学低年级与幼儿园读物,如革命传统故事《刘胡兰》、知识童话《动脑筋爷爷》、生活故事《月牙儿》、民间故事《三打白骨精》等,其中《宝船》《三号了望哨》等被选送参加莱比锡国际书籍艺术博览会,童话《小黄莺学唱歌》《找小哥哥》被上海美术电影制片厂改编拍摄成美术片。翻译出版英国《猎熊的孩子》、俄国《小天鹅》等世界儿童文学名著10多种,《小公鸡吹喇叭》曾获全国儿童文学创作奖。主编《小朋友》杂志,发行量最高达120多万份,并远销香港、新加坡等地。著有《黄衣青作品选》。1989年被评为编审。

叶文西(1926—2013)　原名叶文熹

河北保定人。1947年国立艺术专科学校(中国美术学院前身)油画系毕业。1952年起在第三野战军政治部《华东战士画报》任编辑。后到上海人民美术出版社工作,先后任美术编辑、美术编辑室主任。参与策划并编辑出版《中国美术全集》《日本美术史》《法国绘画史》《中东美术史》《英国水彩画史》《欧洲绘画史》等图书。创作以油画为主,同时也创作国画、年画、漫画等。油画《解放一江山战役》被中国军事博物馆收藏,《夸新娘》被中国美术馆收藏,《野火烧不尽》入选第六届全国美展,《春风吹又生》参加上海大阪美术交流展,《盛世奥运万马奔腾》入选2008年奥林匹克美术大会作品集。中国美术家协会会员、上海市美术家协会理事、《中国美术全集》编委、中国民间文艺研究会会员暨上海分会会员、中国书画家协会会员、上海市美学研究会会员、泰中文艺家联合会荣誉顾问等。1988年被评为编审。

陈惠丽(1931—2013)　女

浙江杭州人。1952年上海财经学院统计系毕业,留校任教。后去中国人民大学教师研究生班进修两年,1958年到上海社会科学院经济研究所工作。“文化大革命”中下放劳动,后参加上海市知识青年上山下乡学习慰问团赴江西慰问。1973年7月任复旦大学经济系讲师,1978年12月任上海社会科学院部门经济研究所学术委员、研究生导师、室主任,1991年5月任上海社会科学院出版社总编辑。在上海社会科学院部门经济研究所工作期间,主持工业经济、劳动经济等多个课题的研究。在上海社会科学院出版社工作期间,主要负责书稿终审,参与《上海地方志》编写、审稿工作。1987年获上海市三八红旗手称号。1988年获上海市巾帼奖。主编或参加编辑的《经济大辞典·工业经济卷》《上海经济(1949—1982)劳动工资篇》《工业经济管理》《上海经济发展战略研究》等获上海市哲学社会科学著作奖。曾任上海市劳动学会副秘书长、常务理事,上海市总工会专家咨询委员等。1988年被评为研究员。

姚芳藻(1926—2014)　女

浙江鄞县人。1946年中国新闻专科学校研究班毕业。1942年开始发表作品。1946年4月参加革命。曾任《上海前线日报》《联合晚报》、香港《文汇报》实习记者、记者。1949年6回上海参加

《文汇报》复刊工作,历任文教组长、文艺组长、驻北京记者。1953年随赴朝慰问团到朝鲜采访,撰写的通讯报道结集《朝鲜的水》出版。驻京期间采写的《中宣部副部长周扬答〈文汇报〉记者问》由新华社转发;长篇报道《马里种茶记》由《人民日报》转载,并被中央人民广播电台改成为广播剧。1959年8月被错划成"右派分子",下放农场劳动。1960年6月回《文汇报》工作。1968年9月起到干校和工厂劳动。1977年11月起任《文汇报》资料员。1978年12月调中国大百科全书出版社上海分社,参与《百科知识》《中国百科年鉴》《中国大百科全书·中国文学》卷的编辑工作。1982年调丛书编辑室任副主任,组织出版"实用法律丛书""青年知识丛书""中国学术丛书"等。编辑的《因明学研究》获1986年上海哲学社会科学著作奖。著有《在夏令营里》《柯灵传》《秦怡:深渊中的明星》《踏上荆棘路》等。1988年被评为编审。

倪墨炎(1933—2013)

浙江绍兴人。1956年上海师范专科学校(上海师范大学前身)语言文学专修科毕业留校工作。1958年加入中国共产党。1960年起,在中华书局上海编辑所、上海人民出版社从事编辑工作。1976年被借调到北京参加新版《鲁迅全集》的编辑、注释工作。1978年后,历任市出版局图书出版管理处审读员、副处长、主持工作的副处长(正处级)。1996年任上海韬奋纪念馆馆长。1998年退休后笔耕不辍,继续承担市新闻出版局图书出版管理处的审读工作。曾任中国鲁迅研究会理事。著有《鲁迅旧诗浅说》《鲁迅后期思想研究》《鲁迅与书》《鲁迅革命活动考述》《现代文坛偶拾》《现代文坛随录》《鲁迅与许广平》《鲁迅的社会活动》《大鲁迅传》等。1986年创办并主编《编辑学刊》,1993年创办并主编《书城》杂志。1988年被评为编审。

王勉(1916—2014)　笔名鲲西

福建长乐人。1938年清华大学社会学系毕业,后在昆明广播电台、昆明美军战略服务处、美军顾问团等处从事编辑、翻译等工作。1949年11月起历任海燕书店、新文艺出版社、古典文学出版社编辑。1957年被错划成"右派分子",后又因担任美军翻译的"历史问题"被遣送到浙江农场劳动改造。1979年改正后进上海古籍出版社工作。编辑出版多种有学术价值的古典文学研究著作,如罗宗强著《隋唐五代文学思想史》、朱东润著《陈子龙及其时代》、缪钺著《冰茧庵丛稿》、陈贻焮著《杜甫评传》、郭曾炘著《读杜札记》等,并负责编辑《红楼梦研究集刊》《明清小说戏曲研究辑刊》等,撰写并发表有关《红楼梦》和明清诗文小说研究的论文。出版全面研究清初大诗人吴伟业生平及其文学成就的专著《吴伟业》。退休后以鲲西笔名发表一系列品书和怀旧的文章。著有《三月书窗》《推窗集》《深宫里的温莎娘们》《清华园感旧录》《听音小札》《作家的隐私》《寻我旧梦》等。1987年被评为编审。

刘方(1921—2014)　笔名尹洛

山东济南人。1944年考入西南联合大学历史系,参加闻一多领导的新诗社,参与创办文艺期刊《十二月》并创作《树》《罢工》《郑如意小姐》《江边》《邮票》等诗作,受到闻一多、朱自清等肯定。诗歌《血的种子是不死亡的》曾在"一二·一"运动期间广为流传,其中一节被刻在四烈士墓和闻一多衣冠冢墓碑上。1946年转入北京大学继续求学,参与编辑《北大校刊》《五四纪念专刊》等,并任《经世日报》记者,同时为《燕京新闻》撰稿。1948年北京大学史学系毕业赴华北解放区,在华北大学政治班学习。1949年在济南《新民主报》任编辑,后转入《大众日报》任编辑,翻译《新俄罗斯问题》《关于高尔基的〈母亲〉》等苏联报刊文章。1950年起到上海市政府新闻处工作,参加宋庆龄《为和平而奋斗》一书的英译汉工作。自译《巴基斯坦印象》一书由文光书店出版。1953年在上海市文教委员会工作。1954年调入上海人民出版社历史编辑室,先后编辑出版林举岱的《十七世纪英国资产阶级革命》、魏建猷的《第二次鸦片战争》、牟世安的《中法战争》等书稿20余部。1958年蒙冤被迫离开上海人民出版社。十一届三中全会后经复查获平反。1981 年重返上海人民出版社从事编辑工作。1988 年被评为编审。

陆子淳(1922—2014)　女　曾用名陆全娟

上海人。1935 年 9 月至 1939 年 7 月在上海务本女中就读,参加革命。1940 年加入中国共产党。后根据组织安排,在大夏大学、大同大学、浙江大学教育、经济、化学专业学习,担任学校中共地下党支部委员。1945 年 9 月起,参加上海学委领导的小学和民校教师工作及基督教女青年会职业妇女会工作,编辑出版《妇女》月刊。1948 年 2 月任中国福利会第三儿童福利站副站长。1949 年 7 月起,历任华东财经委员会机要秘书,上海市工商管理局机要秘书、科长,上海市纺织局科长等职。1958 年 4 月起,历任上海教育图片出版社副总编辑,上海教育出版社副总编辑、总编辑,参与制定长远规划、选题计划,组织落实重点稿件和大型丛书出版工作。"文化大革命"后复出工作,1982 年 9 月任上海教育出版社总编辑,根据"抓住重点,照顾全面,立足当前,面向未来"的方针,主持"中学生文库"和《中小学各科教师手册》《特级教师经验集》《江山多娇》图片集等编辑出版工作。1988 年被评为编审。

傅欣(1923—2014)　曾用名傅道生、陈禾、傅辛

浙江鄞县人。1945 年昆明中法大学毕业。在昆明《生活导报》、重庆《中国时报》任编辑。1951 年 3 月起在华东人民出版社、新文艺出版社、《萌芽》杂志、上海文艺出版社、人民文学出版社上海分社、上海人民出版社任编辑。1970 年 8 月起参加《法汉词典》编写工作,为责任编辑和最后定稿人之一。《法汉词典》后获上海社会科学优秀图书奖。1978 年调入上海译文出版社任编辑。担任《俊友》《温泉》《诸神渴了》《春天的燕子》《南朝鲜小说集》《仁爱院》《印度文学研究集刊》(第一、二辑)和《茅盾译文选集》《蒂博一家》等图书责任编辑。上海市作协会员、上海市外文学会会员、上海市编辑学会会员、中国南亚学会会员、上海市翻译家协会会员、中国印度文学研究会会员。译作有《拜访集》《光明》《曼侬·雷斯戈》《黛依丝》《苦儿流浪记》《北极星》,合译有《罗马尼亚现代短篇小说选集》《起义者》《玛戈王后》《布拉热洛纳子爵》等。1988 年被评为编审。

杨涵(1920—2014)

浙江温州人。1939 年参加革命。1940 年参加浙江省战时木刻研究社木刻函授班,在浙南从事木刻运动。1943 年参加新四军,先后任《苏中画报》《江淮画报》《华东战士画报》《华东战士》等杂志的编辑、编辑组长、主编等。1950 年入中央美术学院华东分院进修油画。1958 年转业到上海人民美术出版社,历任编辑室主任、副社长、副总编辑。担任《中国美术全集》编委会副主任,负责上海承担的 19 卷编辑出版工作,并主编明清绘画部分。策划和主持《中国美术家人名辞典》出版工作。负责主编国内首创的《艺苑掇英》大型季刊三十多期。版画代表作入选各种画集。《修运河水闸》《淮海战役》收入《中国新兴版画五十年选集》,获新兴版画贡献奖。中国美术家协会会员、中国美协华东分会理事、中国版画家协会理事、上海市美术家协会理事、上海市版画协会副会长、上海市连环画研究会会长、上海市编辑学会副会长、上海市诗词学会理事、钱松喦艺术研究会顾问、中国老年书画研究会上海分会顾问。著有《杨涵木刻选》《杨涵山水画辑》《新四军美术工作回忆录》等。1988 年被评为编审。

叶冈(1926—2014)

浙江桐庐人。1936 年考入南京中央大学附属实验中学高中部。全面抗战爆发后弃学投身抗日救亡运动。1938 年 4 月,由兄长叶浅予带领,加入军委会政治部第三厅抗日漫画宣传队,辗转武昌、休宁、长沙、桂林、上饶等地创作漫画宣传抗日,并给《前线日报》副刊和《刀与笔》杂志写稿。

1947年10月起,分别在南京《中国青年》月刊和《新民报》《江南晚报》从事编辑工作。1949年6月起,历任《文汇报》编辑、记者组长、编辑部副主任、编委。1951年和1953年,作为特派记者两次赴朝鲜前线进行采访,撰写的战地通讯结集为《在朝鲜战场上》。1969年下放劳动,1972年派赴上海电机厂辅导青工创作。1975年起,历任上海人民出版社古籍编辑室、上海古籍出版社编辑。编辑出版《陈亮诗文选注》《崔东壁遗书》《贞观政要》等,其中《农政全书校注》获1980年上海市优秀图书奖。撰写《浅予画踪》《马得天趣》《西厓工笔》《张乐平艺事录》等文章。著有《山村杂记》《浅予画传》《散点碎墨》等。1989年被评为编审。

王克武(1932—2014)

四川眉山人。1958年北京大学西语系毕业。到中科院长春光机所情报室从事翻译工作。1964年进中科院上海光机所情报室工作。1972年参与组织编写出版中国第一本激光专业著作,1973年参与组织创办《激光》(后更名《中国激光》杂志)。先后撰写、编译《国外激光市场的现况与展望》《国外激光市场和工业的现状与展要》《关于科技术语的译名探讨》《世界激光器市场的现状与发展动向》等多篇关于国外激光研究、技术与市场的文章。曾任中国光学学会情报专业委员会激光情报组副组长,中国科学院科技翻译工作者协会理事、上海分会副主任。1988年被评为译审。

张诚濂(1927—2014)

上海人。1949年7月加入中国人民解放军,在华东军政大学预科学习,同年12月转入本科政治系。1950年结业转入军事学院。先后参加解放战争及抗美援朝战争。1955年进上海文化出版社任编辑。1972年后在上海人民出版社辞海编辑室和上海辞书出版社所担任戏曲、曲艺方面的编辑工作,编辑出版《体育词典》《中国象棋词典》《国际象棋词典》《围棋词典》等。策划、编辑的《中国戏曲曲艺词典》《中国戏曲剧种大辞典》等。曾被聘为《辞海》曲艺类词条撰稿人,担任《中国戏曲志》《中国曲艺志·上海分卷》编委。为《中国戏曲曲艺词典》撰写释文800条约10万字;为《中国大百科全书·戏曲曲艺》撰写释文6条;为《辞海》(未定稿、1979年版)曲艺学科撰写释文各120条。撰写论文《独角戏浅探》《苏州弹词考源》等。1990年被评为编审。

魏同贤(1930—2015)

山东滕县人。1949年6月就读济南华东大学(后并入山东大学)。1953年山东大学中文系毕业,进中国青年出版社工作,任助理编辑。1955年3月调少年儿童出版社任助理编辑、编辑。1969年9月下放劳动。1973年10月进上海人民出版社,在文艺读物编辑室、古籍读物编辑室任编辑。1978年1月调上海古籍出版社,历任编辑、编辑室副主任、副总编辑、副社长,策划并编辑出版《陈寅恪文集》《文心雕龙创作论》《红楼梦论丛》《海外红学论集》《茅盾古典文学论文集》等一批有较高学术价值和社会影响力的图书。担任上海古籍出版社社长后,又主持影印出版《文渊阁四库全书》《古本小说集成》等;策划出版《敦煌吐鲁番文献集成》及《黑水城文献集成》,用影印复制方式,出版英藏、法藏、俄藏西域、敦煌文献等百余册,其中《俄藏敦煌文献》所收为举世罕见的秘籍,所有文献均为第一次发表,推进这一领域的研究。主编出版《冯梦龙全集》。1983年加入中国共产党。1997年离休后,主持《中华大典》历史典和教育典的出版编辑工作,整理出版《凌濛初全集》。曾任上海市古籍整理出版规划小组副组长,上海市出版工作者协会副主席等。1987年被评为编审。

庄葳(1925—2015)　曾用名祖海

江苏武进人。1949年江苏省立教育学院社会教育系毕业,任常州武南中学教员。1951年3月考入华东人民出版社,在《文化学习》杂志从事编辑工作。1953年到上海人民出版社历史编辑室任编辑组长,负责古代史、近代史选题的书稿,先后编辑出版杨宽著《战国史》、邓广铭著《辛弃疾传》等学术专著。1973 年 10 月调上海人民出版社教育读物编辑室(上海教育出版社前身),编辑出版的重点工具书有《中学历史教师手册》《小学历史教师手册》《中国近代史参考图录》等,学术著作《中国制度史》获华东地区优秀教育图书奖,普及读物《先秦历史故事》获全国优秀通俗历史读物奖。编写的《中国古代四大发明》由外文出版社出版法文、西班牙文、阿拉伯文等版本。著有《三国人物》《中国书的历史》及历史小丛书《戊戌变法》《严复》《李鸿章》等,合著有《古今中外三百名人》《古今中外三百大事》等。1987 年被评为编审。

乔彬(1923—2015)　原名乔世隆

辽宁旅顺人。1946 年 3 月到山东大学求学。1946 年 12 月,在华东军政大学政治队学习。1947 年 12 月,任渤海军区第一军分区文化干事,1948 年加入中国共产党,后任渤海第一中学教员、渤海行署教育处干事。1950 年 3 月,到华东局党校、华东人民革命大学学习,任教务处教育科副股长、干事。1954 年 6 月任第三中级党校哲学教研室研究员、讲师,曾在高级党校师训部接受培训。1958 年 5 月任上海市委《解放》杂志编辑。1960 年 11 月进学术月刊杂志社,担任历史、经济、文学编辑,积极组织开展哲学普及研究工作。"文化大革命"中下放劳动。1978 年 12 月回学术月刊杂志社工作,历任哲学组长、历史组长、副总编辑,坚持实践标准,贯彻"双百"方针,扶持和培养一大批中青年作者。曾短期负责《学术月刊》全面工作,经手签发文稿 800 多篇,约 600 万字,保持《学术月刊》"敢为学术先,宽容百家言"的良好风格。1987 年评为编审。

黄志达(1919—2015)　原名黄德思,曾用名王栋

山东菏泽人。1943 年进入中央大学中文系学习。1945 年按照中共南方局青年组织的要求,去北平参加筹备全国学联,后因内战爆发未果。1946 年回中央大学复读,1948 年毕业。1949 年进《解放日报》任文艺部编辑。1950 年调《劳动报》工作。1953 年加入中国共产党。1958 年回《解放日报》工作。1972 年进上海人民出版社辞海编辑室任编辑,后任上海辞书出版社语词编辑室主任。负责和参与编辑的图书有《辞海·语词分册》《辞海》(1979 年版)语词部分、《辞海·语词分册增补本》《实用汉字字典》《常用典故词典》《简明同义词词典》《现代汉语虚词用法小词典》《宋元语言词典》等。1983 年离休后继续从事书稿审订工作。曾编写《怎样读报》。1988 年被评为编审。

秦鹤仁(1920—2015)

河北遵化人。早年就读于北平辅仁大学、日本庆应医科大学和上海圣约翰大学。毕业后在上海善保会制药公司筹备处、华东人民制药公司、新疆军区干部部、新疆省人事厅、北京科技出版社等单位工作。1959 年进上海印刷技术研究所,先后担任情报资料室翻译、副主任,精通英语、日语,主持情报资料室的国内外情报资料的编译、整理、分析等工作,编写大量文字和资料,先后在三十多种刊物上发表。1972 年负责创办国内唯一的印刷专业刊物《印刷动态》(《印刷杂志》前身),负责国外资料的稿件选编与审订工作。1977 年应国家出版局邀请,出席国家科委召开的全国科技规划会议,参加全国印刷科技发展近期和长远规划等的制定。编译审订《英汉印刷辞典》,参加编写《中国印刷词典》,为《辞海》等撰写印刷专业词条。1978 年起主持《国外印刷技术简讯》编审工作。1988 年被评为编审。

浦允南(1917—2015)　又名浦琴南

江苏无锡人。1940 年毕业于中央政治学校外文系。1950 年毕业于华东革命大学附设上海俄文学校(上海外国语大学前身)首届俄语高级班。历任上海俄文学校科学研究部主任、俄语系主任、上海外语教育出版社总编辑、上海外国语学院苏联研究所所长。精通多国语言,长期从事外语教学、翻译工作和国外语言学动向等研究。九三学社社员。曾兼任中国西班牙语葡萄牙语研究会会

长、上海翻译家协会副会长。主要著作和译著有《俄国史教程》《尼采学说的反动本质》《绝对真理与相对真理》等。1980年被评为教授。

陈义君(1927—2016) 曾用名陈思真

江苏江宁人。1945年9月至1947年9月在上海中国新闻专科学校学习。1947年加入中国共产党,后被组织安排到南京江宁彦清义务学校、上海市十八民众学校、工人学校任教。上海解放后,任浦东工农学校校长,市教育局扫盲科视导员、科长,参加编写扫盲课本,举办群众教师培训班,组建群众性扫盲师资队伍,被评为全国扫盲工作积极分子。1956年1月起,任上海市中学教师进修学院党支部书记,上海教育学院师资培训部副主任、党总支副书记。1970年1月下放劳动。1979年5月调上海教育出版社,历任副社长、副总编辑、党组副书记。1984年6月任社长、党组书记,分管教育、政治编辑室,主编《政治教育》,参与或主持《中小学各科教师手册》《教育大辞典》和"中学生文库"三大重点工程的选题决策工作,并担任《教育大辞典》领导小组成员。曾任中国出版工作者协会理事、中国教育出版研究会副会长、上海市出版工作者协会副主席。1988年被评为编审。

贺友直(1922—2016)

浙江镇海人。早年自学绘画,1949年开始连环画创作。1952年进新美术出版社工作,1956年随社并入上海人民美术出版社。曾创作连环画120余种及大量小说插图和少儿读物等美术作品。在《火车上的战斗》获1957年全国青年美术作品展览一等奖后,刻苦钻研中国传统线描技法,20世纪60年代初创作思想性、艺术性较高又独具风格的代表作《山乡巨变》,1963年获全国第一届连环画评奖一等奖。《白光》《十五贯》分别获1981年第二届全国连环画评奖一、二等奖,《朝阳沟》获1979年新中国成立30周年全国美展三等奖,《小二黑结婚》获1999年第九届全国美展银奖,《皮九辣子》获第四届全国连环画评奖绘画创作二等奖。集中介绍其创作成就的画册《贺友直艺术》获上海市第四届文学艺术优秀成果奖。2010年获首届"中国美术奖·终身成就奖"。1980年被借调中央美术学院任教授。曾任中国美术家协会常务理事、连环画艺术委员会主任,中国连环画研究会副会长,上海市文联委员、上海市连环画研究会顾问。1993年起享受国务院特殊津贴。著有《贺友直短篇连环画选集》《贺友直画自己》等。1988年被评为编审。

任大星(1925—2016) 原名任大炘

浙江萧山人。1941年起担任小学教师、职员,并开始写小说。1949年5月在杭州参加革命。1953年9月调少年儿童出版社,历任助理编辑、编辑、编辑室副主任等。编辑大量儿童文学读物,发掘并扶植一批儿童文学新作者。著有少年儿童小说和童话《吕小钢和他的妹妹》《湘湖龙王庙》《我的第一个先生》《小小男子汉》及论著《儿童小说创作艺术谈》等三十余种,作品曾获全国少年儿童文艺创作评奖文学一等奖、全国优秀少年儿童读物奖、陈伯吹儿童文学奖之优秀作品奖、中华儿童文学创作奖等多个奖项,部分作品被翻译成英、俄、日等多国文字在国外发表或出版。2007年10月获陈伯吹儿童文学奖之杰出贡献奖。中国作协会员,上海市作协理事。1988年被评为编审。

曹燕芳(1925—2016) 女

湖北武汉人。1949年6月四川大学物理系毕业,在成都私立建国中学任教。1951年7月进山东人民出版社,任助理编辑。1953年7月进少年儿童出版社任编辑,长期从事儿童科普读物的编审工作。担任"少年自然科学丛书""少年科技活动丛书"等多种图书的责任编辑,负责编辑的"电波世界丛书"从内容到形式面目一新,给科普作者留下深刻印象。承担第一版《十万个为什么》(共5个分册)中4册的主要编辑工作,发现和培养了叶永烈等一批科普作者。担任终审的图书多次获奖,其中第四版《十万个为什么》获全国畅销书奖,《海洋牧场》获新长征优秀科普奖,《气象万千》获第二届全国优秀科普作品二等奖,《少年自然百科辞典》(生物生理卫生分册)获 1986 年中国图书奖。1964 年获上海市三八红旗手称号。1978 年任少年儿童出版社副总编辑,全面负责修订《十万个为什么》。曾任上海市人大代表、市人大常委会委员、中国科普创作协会常务理事、上海市科普创作协会副秘书长、上海市青少年科普促进会副理事长、上海市科普创作协会理事等。1988 年被评为编审。

陈邦炎(1920—2016)

湖北浠水人。1944 年中国大学政治经济系毕业。曾任《华北日报》撰述记者、英文翻译,交通银行职员等。新中国成立后,任民进上海市委秘书、候补委员兼组织处副主任。1958 年 4 月被错划成"右派分子",下放劳动。1961 年 10 月回民进上海市委秘书处工作。1968 年 9 月下放劳动。1978 年 4 月进入上海古籍出版社工作,历任编辑、编辑室副主任、主任,策划并编辑出版俞平伯的《论诗词曲杂著》、叶嘉莹的《迦陵论词丛稿》、叶嘉莹和前辈学者缪钺合撰的《灵溪词说》等。1990年 12 月退休后,为上海古籍出版社主编《词林观止》《曲苑观止》等选本,编选出版《赵朴初诗词曲手迹选》《赵朴初韵文集》。曾任民进中央委员,民进上海市委委员、常委,中国韵文学会常务理事,中国词学研究会理事,上海市红楼梦学会理事,上海市古典文学研究会理事。著有《唐代藩镇》《清末民初云烟录》《唐人绝句鉴赏集》《临浦楼论诗词存稿》等,还与叶嘉莹合作撰写《清词名家论稿》。1987 年被评为编审。

郑镖(1927—2016) 曾用名郑剑丞

江苏靖江人。1949 年中国新闻专科学校毕业。参加爱国学生运动和中共地下党组织的读书会、人民保安队,迎接上海解放。1949 年 7 月进解放日报,任文艺部记者、编辑。1952 年秋,为采访"抗美援朝爱国日"活动,在嘉善农妇口中第一次把在杭嘉湖地区广泛流传的田歌《五姑娘》完整记录下来,为保留这一长篇民间史诗倾注心血。1957 年到文汇报工作,先后任文艺部、理论部记者、编辑、副主任。1969 年 11 月下放到上海新闻出版五七干校。1974 年 9 月起,先后在上海人民出版文艺编辑室、上海文艺出版社任编辑、副总编辑、调研员。参加《中国新文学大系》《中国历代名人胜迹大辞典》和"中国珍宝鉴赏丛书"等重大选题的酝酿、策划和出版工作。负责筹划创刊和编辑出版《文艺论丛》《美学》等丛刊。曾任中国作协上海分会理论组成员,上海市美学学会理事、上海市当代文学研究会副会长等。1988 年被评为编审。

林烨卿(1921—2016) 原名林占星、林青

浙江温岭人。曾在苏南无锡中国文学院、公立文化教育学院和华东人民革命大学就读。1950年 11 月到新华书店华东总分店编辑部工作。1951 年 2 月起,先后在新华书店华东总分店、华东人民出版社、上海人民出版社从事编辑工作。负责和参与编辑的图书有《府兵制度考释》《汉唐间封建土地所有制形式研究》《敦煌莫高窟的艺术》《战国史》《魏晋南北朝史》《隋唐五代史》等,其中《魏晋南北朝史》《隋唐五代史》被选为高等学校文科教材,《魏晋南北朝史》获高等学校文科优秀教材奖。著有《怎样学习祖国的历史》《黄巢》《玄奘的故事》《陈胜吴广起义》等,撰写论文《谈核对史实》《跟青年编辑一道工作》《谈编辑加工》等。1989 年被评为编审。

韩世钟(1928—2016) 曾用名韩家兴

浙江桐乡人。1953 年南京大学德国语言文学专业毕业。后在北京对外文化联络局、浙江省人事厅工作。1954 年 11 月起在新文艺出版社、上海文艺出版社、人民文学出版社上海分社、上海人民出版社文艺读物编辑室任编辑。1978 年调上海译文出版社第一编辑室任编辑、副主任,从事德语文学出版工作三十余年,为莱辛的《敏娜·封·巴尔海姆》《爱曼丽雅·迦洛蒂》、歌德的《诗集》(上

下)、席勒的《威廉·退尔》、克莱斯特的《破瓮记》《赫尔曼战役》、施托姆《骑白马的人》《木偶戏子保罗》、布莱希特的《巴黎公社的日子》、阿登纳的《阿登纳回忆录》(4卷)、《斯特劳斯》等图书的责任编辑。中国作协上海分会会员、中国德语文学研究会理事、上海市翻译家协会理事、上海市出版工作者协会和上海市编辑学会会员。译作有《黑人诺比》《菲力浦·慕勒》《卡尔与安娜》《歌德戏剧三种》《库密阿克一家》《堆普特曼戏剧两种》《雄猫穆尔的生活观》等。合译有《莫斯科七战士》《斐哀斯科》等。1988年被评为编审。

张跃进(1958—2016)

浙江定海人。1986年华东师范大学地理学系毕业,进上海科学技术出版社,先后任编辑,办公室副主任、主任,副总编辑。其间担任"科学大师佳作系列丛书"策划编辑,为丛书中文版出版做了大量工作,受到不少科学家称赞。2004年9月任上海远东出版社社长、党总支书记、总编辑,带领全社职工努力突破瓶颈,打开发展空间。2009年12月任上海教育出版社社长、总编辑,兼任《中国教育大百科全书》副主编,为全书出版作出贡献。1985年加入中国共产党。2004年获全国百佳出版工作者称号,2009年获上海市五一劳动奖章。2003年被评为编审。

丁景唐(1920—2017)

浙江镇海人。1937年参加革命,1938年加入中国共产党。1938年起,在上海编辑《蜜蜂》《文艺半月刊》《小说月报》《文坛月报》等进步刊物。1944年上海光华大学中文系毕业。新中国成立后,历任上海市委宣传部文艺处处长、宣传处处长、新闻出版处处长、市出版局副局长。1979年任上海文艺出版社社长、总编辑、党组书记,主持影印出版赵家璧主编的《中国新文学大系》第一辑(1917—1927),编纂《中国新文学大系》第二辑(1927—1937)20卷,并任第三辑(1937—1949)、第四辑(1949—1976)顾问和第四辑《资料·索引》卷主编。《中国新文学大系(1927—1937)》后获第六届中国图书奖一等奖。全国文代会代表,中国鲁迅研究学会理事和顾问理事,中国出版工作者协会理事和上海市出版工作者协会副主席,上海市编辑学会名誉顾问,中国韬奋基金会理事,中国作协会员等。1992年起享受国务院特殊津贴。著有《犹恋风流纸墨香——六十年文集》《学习鲁迅作品的札记》《瞿秋白著译系年目录》《左联五烈士研究资料编目》《诗人殷夫的生平及其作品》《瞿秋白的研究文选》《鲁迅和瞿秋白合作的杂文及其他》《中国现代著名编辑家编辑生涯》等。1987年被评为编审。

钱谷融(1919—2017)　原名钱国荣

江苏武进人。1942年中央大学国文系毕业,在重庆国立交通大学任教。1946年随校迁回上海。1951年调入华东师范大学中文系。"文化大革命"后,与徐中玉共同主编《大学语文(组编本)》,主编《中国现代文学作品选读(上、下)》,对中国现代作家作品的分析显示对人性的深刻体察和对文学形式的高度敏感。曾担任中国现代文学研究会副会长、《文艺理论研究》主编、华东师范大学文学研究所所长。1980年被评为教授,同年6月任华东师范大学出版社副总编辑。1986年华东师范大学中文系设立中国现当代文学博士点后开始招收博士研究生。曾获上海市和教育部优秀教学成果奖。1988年被评为上海市劳动模范。1999年当选为中国文艺理论学会第四届理事会名誉会长。2008年获上海市第九届哲学社会科学优秀成果学术贡献奖。主持、参与编写多种大型文学研究丛书,主编国家"七五"期间重点科研项目"中国新文学社团、流派丛书"获全国高等学校人文社会科学研究优秀成果奖一等奖。著有《论"文学是人学"》《〈雷雨〉人物谈》等,其中《〈雷雨〉人物谈》获上海市哲学社会科学优秀著作奖。

张林岚(1922—2017)　原名张世椁,笔名一张、马蓝

浙江浦江人。1943年初国立西北大学国文系肄业。全面抗战爆发后加入中华民族解放先锋

队,任浦江队部宣传部长,主编《吼声》周刊。1945年起,在陕西《青年日报》《华北新闻》《新运日报》《新民报》和《新民晚报》工作,历任编辑、记者、编辑部主任、文艺部主任、主笔、编委。"文化大革命"中《新民晚报》停刊,下放劳动。1974年后到上海人民出版社辞海编辑室参加《辞海》编辑工作。1982年《新民晚报》复刊后,任编委、副总编辑,兼任《漫画世界》常务副主编。以"一张"笔名撰写大量杂文、随笔。1981年加入中国共产党。1993年起享受国务院特殊津贴。曾任上海市政协委员,上海市新闻学会副会长,《上海新闻志(1985—1996)》副主编。著有《梦里的童年》《月下小品》等,《赵超构传》获中国传记文学学会优秀传记文学奖。1987年被评为高级记者。

徐庆凯(1932—2017)

浙江杭州人。1951年浙江大学肄业,进华东人民出版社、上海人民出版社,历任编辑、编辑室副主任。1959年加入中国共产党。1978年调上海辞书出版社,从事哲学、社会科学书稿的编辑工作,历任编辑、编辑室副主任、主任、副总编辑。1979年参加《法学辞典》编辑工作。1998年参加《法学大辞典》编辑工作,任副主编。《法学大辞典》获第四届国家图书奖提名奖。1982年参加编辑的《简明社会科学辞典》获上海市第一届哲学社会科学优秀著作奖。1992年参加编辑的《哲学大辞典》,获第一届国家图书奖提名奖。参加《辞海》第三版至第七版的编纂修订工作,为1999年版《辞海》总通读人,对保证《辞海》的质量发挥重要作用。曾任中国辞书学会常务理事、中国逻辑与语言研究会理事。1993年起享受国务院特殊津贴。著有《编辑与逻辑》《逻辑要领》《专科词典论》等,合著有《生活中的逻辑》《辞海论》等。1987年被评为编审。

汪贤度(1930—2017)

浙江衢州人。1958年北京大学中文系毕业,进中华书局上海编辑所任编辑,编辑出版《苏舜钦集》《范石湖集》《郑板桥集》《敦煌变文字义通释》《唐诗纪事》《清诗话》等图书。1969年8月下放劳动。1973年3月到上海人民出版社任编辑。1978年1月进入上海古籍出版社,历任编辑、编辑室副主任、副总编辑,提出编辑出版"中国古典文学丛书"的设想,不仅拟定选题,还负责确定体例、组织稿件,并执笔撰写编辑说明。"中国古典文学丛书"后成为上海古籍出版社出版时间最长、学术含量最高、最能体现古籍精品图书特色的大型丛书。1991年6月被聘为市政府参事,在科技教育、文化卫生、城市建设等方面积极建言献策。1991年执笔的《关于恢复福州路文化街和建造上海图书发行大楼(上海书城)的建议》,得到市领导重视。编著有《贾岛评传》《阅微草堂笔记选译》《柳宗元散文选》等。1987年被评为编审。

汪裕荪(1924—2017)

安徽歙县人。1949年12月参加华东新闻学院研究班学习,1950年6月在华东军政委员会新闻出版局秘书处任文书。1952年4月后在人民教育出版社上海办事处、华东人民出版社秘书科任文员。1956年6月进上海人民出版社哲学编辑室,先后任助理编辑、编辑。1969年10月下放劳动,后到上海人民出版社编译室任编辑。1978年调入上海译文出版社,任第二编辑室副主任,主持编制"二十世纪西方哲学译丛"规划,复审《苏联哲学百科全书》(1—2卷)、《第二次世界大战史》(1—12卷)、《勃列日涅夫言论集》(1—13卷)、"二十世纪西方哲学译丛""当代学术思潮译丛"等书稿。上海市哲学学会、上海市外文学会、上海市苏东学会会员,民进上海市委委员。译作有《傅立叶传》《塞瓦主人的历史》《伏尔泰》《洛克的哲学》《关于灵魂不灭的信仰》《托马斯·霍布斯》《费希特的哲学》《第二次世界大战后的利比利亚》《西欧农工综合体与农村》《马克思主义伦理学》《近代哲学史》《十九世纪至二十世纪初资产阶级社会学史》《哲学通俗讲座》《唯物主义辩证法理论概要》,合译有《苏联哲学百科全书》(1—3卷)《哲学辞典》《哲学百科辞典》等。1988年被评为编审。

范政浩（1931—2017） 曾用名范长源、王路

江苏苏州人。1950年12月进入上海通联书店工作。1954年8月到上海图书发行公司工作，任审读组组员。1956年6月加入中国共产党。1955年7月起，先后任新文艺出版社、人民文学出版社上海分社、上海市出版革命组、上海人民出版社文艺读物编辑室编辑、编辑组组长。1978年3月任上海文艺出版社副总编辑。1985年6月起，任上海文艺出版社调研室、编审室调研员。曾任上海市出版工作者协会理事、中国作家协会上海分会会员、上海市编辑学会会员。负责终审出版的图书有《中国新文学大系（1937—1949）》《小说界文库·长篇小说系列》《西线轶事》《彩虹坪》《重放的鲜花》《双桅船》《太平洋大海战》《徐海东将军传》《冰心文集》《周立波文集》《张天翼文集》（第8集）等。发表有《关于提高出书质量的几个问题》《出版学应有鲜明的社会主义特色》等。1990年被评为编审。

路修（1925—2018） 曾用名路启宣

江苏宜兴人。1952年复旦大学经济研究所毕业。1952年起在上海市商业局计财处、上海市第一商业局计划处工作。1957年至1958年在上海财经出版社任编辑。1958年后到上海人民出版社经济编辑室、上海市出版局、上海人民出版社翻译组、翻译编辑室、政治读物编辑组工作，任编辑、审读、编审等，1978年任上海译文出版社副总编辑。1971年起负责外汉、汉外双语词典的编辑工作，担任《新英汉词典》责任编辑，审阅全部稿件。组织和出版《新英汉词典》《德汉词典》《法汉词典》《实用日汉词典》《简明西汉词典》《英汉大词典》《现代俄汉大词典》等双语词典。1973年起负责外国哲学社会科学著作的选题开发和译介工作，陆续推出"二十世纪西方哲学译丛""当代学术思潮译丛""外国人丛书"和"当代外国文科系列辞书"等。参与和香港商务印书馆合作出版外语基本词词典，翻译《德语基本词词典》《西班牙语基本词词典》《俄语基本词词典》等。上海市经济学会、上海市外文学会、上海市翻译家协会会员，上海市辞书学会理事。译作有汉森的《经济政策与充分就业》、加耳布雷思的《丰裕社会》、庇埃内的《中世纪欧洲经济社会史》、琼理斯的《英国海外帝国经济史》等。1988年被评为编审。

赵昌平（1945—2018）

浙江上虞人。1968年北京大学中文系毕业。后在内蒙古开鲁县、安徽来安县教育部门工作。1982年华东师范大学中文系唐代文学专业研究生毕业，进上海古籍出版社，先后任编辑、编辑室主任、副总编辑、总编辑。编辑出版的《嘉祐集笺注》获第三届全国古籍优秀图书奖二等奖、1993年上海市优秀图书奖二等奖。担任二审的《文心雕龙义证》《刘禹锡集笺证》获首届全国古籍整理图书奖一等奖。策划编辑出版"中国古代生活文化丛书"、《文科十万个为什么》《十大小说系列》《新世纪文史哲经典读本》等图书。参与主编的《二十五史新编》获第十一届中国图书奖优秀普及著作奖、1998年上海市哲学社会科学优秀成果奖二等奖；"中国古代生活文化丛书"（第一辑）获第二届全国古籍优秀图书奖三等奖。主笔《二千年前的哲言》，被列为全市中学思想教育课程教材，1998年获上海市优秀图书特等奖。1992年被评为全国新闻出版系统先进工作者，2000年获上海出版人奖，2007年获第一届中国出版政府优秀出版人物奖，2009年入选新中国60年百名有突出贡献的新闻出版专业技术人员。曾任全国政协委员、上海市政协委员、上海市文史研究馆馆员、中国唐代文学学会副会长、上海市出版协会理事长、上海市编辑学会副会长等。1995年起享受国务院特殊津贴。著有《赵昌平自选集》《开天辟地：中华创世神话考述》等。1992年被评为编审。

汪沛霖（1927—2018）

浙江温州人。1948年7月上海圣约翰大学土木工程系毕业。后在中国生化制药厂、中国科学

图书仪器公司图书部任业务员、编辑。1956 年 1 月进入上海科学技术出版社工科编辑室任编辑，编辑出版的"建筑工人技术操作图说丛书"（7 种），从选题、组稿、文字编撰和图稿绘制，均由建筑工人、技术员和编辑在施工现场完成。1961 年 8 月调上海科学技术出版社理科编辑室，承担"数理化自学丛书"（物理）4 个分册的编辑工作，对读者对象、书稿内容和文字表达等提出许多重要意见和建议。组织编译我国第一本大型综合性科技工具书《现代科学技术词典》（上、下册），出版后得到科学家钱三强、周培源、于光远肯定。编辑出版杨振宁博士的《基本粒子发现简史》中文版，在科技界引起较大反响。1986 年 3 月调上海科学技术出版社国际部负责对外出版编辑工作，参加与美国约翰·威利父子出版公司的合作洽谈，完成《中国气候》《计算几何》《中国岩溶》《中国冰川》《练功十八法》英文版版权输出。1990 年被评为编审。

马如瑾（1925—2018）　女

河北安次人。1948 年参加中共地下党领导的进步艺术青年联盟。1949 年 4 月加入中国新民主主义青年团。1951 年中央美术学院实用美术系毕业留校，后调团中央出版委员会任美术设计。1952 年 12 月进少年儿童出版社，任美术科编辑、副科长，设计近 400 种图书的封面，创作大量插图，代表作有《在森林中》《金玉凤凰》《夸父逐日》《狐狸的一家》《小山羊》《小松鼠》《火焰山上的十天》《神笔马良》《小公鸡历险记》《李时珍》等。其中《小公鸡历险记》《李时珍》等被选送参加莱比锡国际书籍艺术博览会获铜奖；《夸父追日》获 1980—1981 年全国优秀儿童读物一等奖；《狐狸的一家》获 1982 年华东地区优秀插图奖；《小山羊》获 1985 年全国期刊封面设计二等奖；《小松鼠》获 1987 年全国儿童美术邀请赛优秀作品奖。曾任中国美术家协会上海分会理事、上海装帧艺术研究会常务理事。合著《书籍装帧》曾被用作出版学校教材。1988 年被评为编审。

姜英（1933—2018）　原名姜膺古，又名姜膺

山东烟台人。1948 年 11 月在华北大学政治班学习。1949 年 1 月进北京育才小学任教。1949 年 11 月加入中国新民主主义青年团。1953 年调中国青年出版社儿童读物编辑室工作。1955 年进入少年儿童出版社。从事儿童文学编辑工作近 40 年，编发小说、戏剧、散文、诗稿 100 多种，约 600 多万字，编辑出版的图书《我和小荣》《马莲花》《"强盗"的女儿》《小砍刀的故事》《燃烧的圣火》《这里是恐怖的森林》《少年爆炸队》《小钢苏和》《友情》等在全国获奖。1980 年 10 月任少年儿童出版社文艺编辑室副主任，审读《儿童文学选刊》，复审《贺宜文集》《金近文集》《陈伯吹文集》《豹子哈奇》《蛇宝石》等图书，参与编辑《中国神怪故事大观》。曾任中国作协第一届儿童文学奖初评委，全国儿童优秀读物奖评委，上海市文化系统儿童剧本奖评委。1990 年被评为编审。

郏宗培（1950—2018）

浙江鄞县人。华东师范大学夜大学中文系毕业。1974 年底进上海人民出版社文艺读物编辑室，1978 年起从事文学编辑工作。1985 年加入中国共产党。历任上海文艺出版社助理编辑，《小说界》编辑、副主编、主编，文学编辑室主任兼理论编辑室主任，上海文艺出版社总编辑助理、副总编辑，上海文艺出版总社副社长，上海文艺出版社总编辑，《小说界》杂志社社长，《艺术世界》杂志社出品人，《东方剑》杂志主编，"小说界文库"主编。《中国新文学大系》执行编委，参与或负责《中国新文学大系》第三、四、五辑编纂出版工作。参与"中国留学生文学大系"（6 卷）编辑出版工作。曾获 1988 年度全国报告文学奖编辑奖，第一至第六届上海市中长篇小说大奖编辑奖，2008 年获上海出版人奖。中国作协会员，上海市作协理事，中国微型小说学会会长，世界华文微型小说研究会会长。1998 年被评为编审。

第二章 人物表

第一节 主要领导任职表

《主要领导任职表》收入市出版局、市新闻出版局、出版行业社团和出版、期刊、印刷、发行等单位 1978 年至 2010 年正职及主持工作副职领导名单。上海世纪出版集团、上海文艺出版总社所属出版社按 2010 年底集团、总社组织架构和隶属关系列表。

表 12‐2‐1　市出版局、市新闻出版局主要领导任职表

姓　名	性　别	单　位	职　务	任 职 时 间
马飞海	男	市出版局	局长	1978 年 1 月—1980 年 12 月
			党委书记	1978 年 1 月—1982 年 8 月
宋原放	男	市出版局	局长	1980 年 12 月—1983 年 10 月
			党委书记	1982 年 8 月—1985 年 9 月
王国忠	男	市出版局	局长	1983 年 10 月—1986 年 8 月
袁是德	男	市出版局	代理党委书记	1986 年 10 月—1987 年 6 月
			局长	1987 年 1 月—1987 年 7 月
		市新闻出版局	局长	1987 年 7 月—1989 年 5 月
			代理党委书记	1987 年 6 月—1989 年 2 月
潘维明	男	市新闻出版局	党委书记	1989 年 2 月—1989 年 7 月
冯士能	男	市新闻出版局	代理党委书记	1989 年 10 月—1991 年 11 月
			党委书记	1991 年 11 月—1993 年 11 月
徐福生	男	市新闻出版局	局长	1992 年 1 月—1997 年 3 月
王仲伟	男	市新闻出版局	党委副书记（主持党委工作）	1993 年 11 月—1995 年 3 月
郭开荣	男	市新闻出版局	党委书记	1995 年 8 月—1998 年 11 月
孙　颙	男	市新闻出版局	局长	1997 年 3 月—2008 年 2 月
			党组书记	2005 年 7 月—2008 年 2 月
钟修身	男	市新闻出版局	党委书记	1998 年 11 月—2005 年 7 月
焦　扬	女	市新闻出版局	党组书记　局长	2008 年 2 月—

表 12-2-2　上海出版行业社团主要领导任职表

姓　名	性　别	单　位	职　务	任职时间
李俊民	男	上海市出版工作者协会	主席	1981 年 1 月
宋原放	男	上海市出版工作者协会	主席	1986 年 6 月
徐福生	男	上海市出版工作者协会	主席	1993 年 11 月
江曾培	男	上海市出版工作者协会	主席	1999 年 4 月
曹培章	男	上海市出版工作者协会	主席	2005 年 3 月
赵世杰	男	上海市书刊发行业协会	会长	1991 年 1 月
张金福	男	上海市书刊发行行业协会	会长	1997 年 12 月
哈九如	男	上海市书刊发行行业协会	会长	2007 年 6 月
万启盈	男	上海市印刷技术协会	理事长	1981 年 4 月
陈振康	男	上海市印刷技术协会	理事长	1988 年 5 月
俞志惠	男	上海市印刷技术协会	理事长	1995 年 5 月
印德明	男	上海市印刷协会	会长	1999 年 11 月
		上海市印刷行业协会	会长	2004 年 4 月
白　烽	男	上海市包装技术协会	会长	1978 年 10 月
			理事长	1980 年 7 月
金其达	男	上海市包装技术协会	代理事长	1982 年 3 月
明志澄	男	上海市包装技术协会	理事长	1984 年 1 月
李晓航	男	上海市包装技术协会	理事长	1996 年 10 月
庄英杰	男	上海市包装技术协会	理事长	2007 年 2 月
周建潮	男	上海市音像出版制作行业协会	会长	2003 年 12 月
徐福生	男	上海市期刊协会	会长	1997 年 3 月
陈　和	男	上海市期刊协会	会长	2002 年 3 月
徐福生	男	上海版权保护协会	会长	1994 年 11 月
孙　颙	男	上海版权保护协会	会长	1998 年 10 月
胡大卫	男	上海版权保护协会	会长	2005 年 4 月
张瑛文	男	上海出版社经营管理协会	理事长	1986 年 9 月
吴智仁	男	上海出版社经营管理协会	理事长	1995 年 12 月
郁椿德	男	上海出版社经营管理协会	理事长	2005 年 3 月
何承伟	男	上海故事家协会	会长	1994 年 7 月
秦文君	女	上海市少儿读物促进会	理事长	2007 年 12 月
吉少甫	男	生活·读书·新知三联书店上海联谊会	会长	1991 年 12 月
戴承平	男	生活·读书·新知三联书店上海联谊会	会长	1993 年 4 月

（续表）

姓　名	性别	单　　位	职　务	任职时间
徐剑俊	男	生活·读书·新知三联书店上海联谊会	会长	2002年4月
鲁育才	男	生活·读书·新知三联书店上海联谊会	会长	2006年5月
吴　莹	女	上海长江出版交流基金会	理事长	2006年9月
宋原放	男	上海市编辑学会	会长	1985年6月
巢　峰	男	上海市编辑学会	会长	1997年10月
贺圣遂	男	上海市编辑学会	会长	2002年12月
汤季宏	男	上海市辞书学会	会长	1982年7月
尚　丁	男	上海市辞书学会	会长	1988年12月
鲍克怡	女	上海市辞书学会	会长	1994年5月
朱明钰	男	上海市辞书学会	会长	2005年7月
冯士能	男	上海市报纸行业协会	会长	1994年4月
孙洪康	男	上海市报纸行业协会	会长	2008年12月

表12-2-3　上海世纪出版集团、上海文艺出版总社主要领导任职表

姓　名	性别	单　　位	职　　务	任职时间
陈　昕	男	上海世纪出版集团	党委书记　社长	1999年2月
		上海世纪出版股份有限公司	党委书记　董事长　总裁	2005年11月
杨益萍	男	上海文艺出版总社	党委书记　社长	2004年6月
胡国强	男	上海文艺出版总社	党委书记　副社长	2008年7月
张晓敏	男	上海文艺出版总社	社长　党委副书记	2008年7月
何承伟	男	上海文艺出版总社	总编辑	2008年7月

表12-2-4　市出版局、市新闻出版局和上海世纪出版集团所属出版社主要领导任职表

姓　名	性别	单　　位	职　　务	任职时间
宋原放	男	上海人民出版社	社长　总编辑	1978年2月
赵　斌	男	上海人民出版社	社长　总编辑	1986年1月
巢　峰	男	上海人民出版社	社长　总编辑	1989年5月
陈　昕	男	上海人民出版社	社长　总编辑	1994年2月
曹培章	男	上海人民出版社	党委书记	1994年2月
郭志坤	男	上海人民出版社	总编辑	1995年9月
丁荣生	男	上海人民出版社	党委书记	1999年2月
			社长	2004年9月
李伟国	男	上海人民出版社	总编辑	2004年9月

（续表一）

姓　名	性　别	单　位	职　务	任职时间
王为松	男	上海人民出版社	总编辑	2008 年 7 月
郭　云	男	上海教育出版社	社长　总编辑　党支部书记	1978 年 1 月
陈怀白	女	上海教育出版社	总编辑　党组书记	1981 年 7 月
陆子淳	女	上海教育出版社	总编辑	1982 年 9 月
陈义君	男	上海教育出版社	社长　党组书记	1984 年 6 月
曹余章	男	上海教育出版社	总编辑	1984 年 6 月
陈　和	男	上海教育出版社	社长　总编辑	1988 年 9 月
包南麟	男	上海教育出版社	社长　总编辑	1999 年 8 月
袁正守	女	上海教育出版社	党委书记	1999 年 8 月
朱明钰	男	上海教育出版社	党委书记	2007 年 7 月
张跃进	男	上海教育出版社	社长　总编辑	2009 年 12 月
周　晔	女	上海译文出版社	社长　总编辑	1978 年 1 月
			党组书记	1980 年 1 月
蒯斯曛	男	上海译文出版社	总编辑	1980 年 1 月
包文棣	男	上海译文出版社	总编辑	1981 年 11 月
彭子铃	男	上海译文出版社	社长　党组书记	1982 年 8 月
孙家晋	男	上海译文出版社	社长　党组书记	1985 年 2 月
骆兆添	男	上海译文出版社	社长	1989 年 2 月
			社长　总编辑	1992 年 8 月
叶麟鎏	男	上海译文出版社	总编辑	1989 年 1 月
杨心慈	女	上海译文出版社	社长　党委书记	1995 年 8 月
吴　莹	女	上海译文出版社	总编辑	1996 年 12 月
叶　路	男	上海译文出版社	总编辑　党委副书记(主持工作)	2000 年 10 月
			社长　总编辑	2006 年 5 月
韩卫东	男	上海译文出版社	党委书记	2004 年 9 月
			党委书记　社长	2006 年 11 月
史领空	男	上海译文出版社	总编辑	2006 年 11 月
何元龙	男	格致出版社	社长　总编辑	2005 年 12 月
金福林	男	格致出版社	总编辑	2006 年 11 月
王　涛	男	汉语大词典出版社	社长　总编辑	1988 年 8 月
阮锦荣	男	汉语大词典出版社	社长	1992 年 8 月
阮智富	男	汉语大词典出版社	总编辑	1992 年 10 月

（续表二）

姓　名	性　别	单　位	职　　务	任职时间
李梦生	男	汉语大词典出版社	社长	2001 年 3 月
王界云	男	汉语大词典出版社	总编辑	2001 年 10 月
刘文祥	男	汉语大词典出版社	总编辑　党支部书记	2004 年 9 月
张晓敏	男	汉语大词典出版社	社长	2006 年 7 月
罗伟国	男	上海书店出版社	党支部书记	2001 年 5 月
王为松	男	上海书店出版社	社长	2004 年 10 月
			党支部书记	2006 年 6 月
金良年	男	上海书店出版社	总编辑	2004 年 10 月
戚铭渠	男	上海古籍出版社	党支部书记（兼）	1978 年 3 月
			党支部书记　总编辑（兼）	1980 年 2 月
			党组书记（兼）	1980 年 10 月
李俊民	男	上海古籍出版社	社长　总编辑	1978 年 3 月
			社长	1980 年 2 月
钱伯城	男	上海古籍出版社	总编辑	1984 年 10 月
魏同贤	男	上海古籍出版社	社长	1988 年 10 月
李国章	男	上海古籍出版社	总编辑	1992 年 11 月
			社长	1994 年 3 月
赵昌平	男	上海古籍出版社	总编辑	1994 年 3 月
王兴康	男	上海古籍出版社	党委书记	2001 年 4 月
			党委书记　社长	2002 年 12 月
刘培康	男	少年儿童出版社	社长　总编辑	1978 年 3 月
陈向明	女	少年儿童出版社	社长　总编辑	1979 年 4 月
张瑛文	男	少年儿童出版社	社长	1989 年 1 月
任大霖	男	少年儿童出版社	总编辑	1989 年 1 月
周舜培	女	少年儿童出版社	社长　总编辑	1992 年 10 月
应新华	男	少年儿童出版社	党委书记	1998 年 11 月
王一方	男	少年儿童出版社	社长　总编辑	2004 年 10 月
王伟海	男	少年儿童出版社	党委书记	2005 年 5 月
李远涛	男	少年儿童出版社	社长　总编辑	2007 年 8 月
王国忠	男	上海科学技术出版社	社长　总编辑	1978 年 1 月
高孝湛	男	上海科学技术出版社	总编辑	1984 年 6 月
徐福生	男	上海科学技术出版社	社长	1984 年 6 月
			社长　总编辑	1987 年 10 月

（续表三）

姓　名	性　别	单　　位	职　　务	任职时间
龚　刚	男	上海科学技术出版社	社长	1990 年 3 月
			总编辑	1992 年 11 月
孙鹤鸣	男	上海科学技术出版社	总编辑	1990 年 3 月
徐荣生	男	上海科学技术出版社	社长	1992 年 11 月
吴智仁	男	上海科学技术出版社	社长	1997 年 8 月
胡大卫	男	上海科学技术出版社	总编辑	1997 年 8 月
			社长	2005 年 4 月
周建国	男	上海科学技术出版社	党委书记	2005 年 4 月
毛文涛	男	上海科学技术出版社	社长	2008 年 5 月
束纫秋	男	上海辞书出版社	社长　总编辑	1978 年 3 月
巢　峰	男	上海辞书出版社	党组书记　社长　总编辑	1986 年 5 月
			党组书记　社长	1993 年 1 月
			党委书记　社长	1993 年 12 月
			党委书记	1996 年 7 月
鲍克怡	女	上海辞书出版社	总编辑	1993 年 1 月
李伟国	男	上海辞书出版社	社长	1996 年 7 月
			社长　总编辑	1999 年 7 月
朱明钰	男	上海辞书出版社	党委书记	2000 年 3 月
张晓敏	男	上海辞书出版社	社长　总编辑	2004 年 10 月
刘文祥	男	上海辞书出版社	党委书记	2007 年 7 月
彭卫国	男	上海辞书出版社	社长　党委书记	2008 年 8 月
潘　涛	男	上海辞书出版社	总编辑	2008 年 8 月
刘培康	男	学林出版社	社长	1986 年 1 月
雷群明	男	学林出版社	社长	1988 年 10 月
			总编辑	1999 年 10 月
柳肇瑞	男	学林出版社	总编辑	1988 年 10 月
曹维劲	男	学林出版社	党支部书记	1988 年 9 月
			社长	1999 年 10 月
刘文祥	男	学林出版社	总编辑	2002 年 1 月
			总编辑	2008 年 10 月
王界云	男	学林出版社	总编辑	2004 年 9 月
贺崇寅	男	上海翻译出版公司	总经理	1986 年 12 月
		上海远东出版社（1990 年 11 月更名）	社长　总编辑	1990 年 11 月

（续表四）

姓　名	性　别	单　　位	职　　务	任职时间
杨泰俊	男	上海远东出版社	社长　总编辑	1992 年 8 月
陈达凯	男	上海远东出版社	党总支书记　总编辑	1999 年 9 月
			社长	2001 年 6 月
贾建明	男	上海远东出版社	总编辑	2001 年 6 月
张跃进	男	上海远东出版社	党总支书记　社长	2004 年 9 月
			社长　总编辑	2006 年 5 月
罗伟国	男	上海远东出版社	党总支书记	2006 年 5 月
高克勤	男	上海远东出版社	社长　总编辑	2009 年 12 月
胡启明	男	上海科技教育出版社	社长	1986 年 10 月
顾方本	男	上海科技教育出版社	总编辑	1986 年 10 月
			社长	1988 年 10 月
吴智仁	男	上海科技教育出版社	总编辑	1988 年 10 月
			社长	1992 年 11 月
翁经义	男	上海科技教育出版社	总编辑	1995 年 8 月
			社长	1997 年 8 月
张英光	男	上海科技教育出版社	社长　党总支书记	2007 年 6 月
张莉琴	女	上海科技教育出版社	总编辑	2010 年 2 月

说明：1999 年 2 月，上海世纪出版集团成立，市新闻出版局所属上海人民出版社、上海教育出版社、上海译文出版社、汉语大词典出版社、上海图书公司成为集团成员单位。2003 年 9 月，上海世纪出版集团扩容，市新闻出版局所属上海科学技术出版社、上海辞书出版社、少年儿童出版社、上海古籍出版社、上海科技教育出版社、学林出版社、上海远东出版社并入集团。

表 12－2－5　市出版局、市新闻出版局和上海文艺出版总社所属出版社主要领导任职表

姓　名	性　别	单　　位	职　　务	任职时间
杜淑贞	女	上海文艺出版社	社长　总编辑	1978 年 3 月
			党支部书记	1978 年 5 月
姜　彬	男	上海文艺出版社	总编辑	1978 年 5 月
丁景唐	男	上海文艺出版社	社长　总编辑	1979 年 9 月
			党组书记	1981 年 5 月
孙　颙	男	上海文艺出版社	社长	1985 年 6 月
江曾培	男	上海文艺出版社	总编辑	1985 年 6 月
			社长　总编辑　党委书记	1992 年 8 月
何承伟	男	上海文艺出版社	总编辑	1997 年 8 月
			社长	1999 年 6 月
陈保平	男	上海文艺出版社	党委书记　总编辑	1999 年 6 月

（续表一）

姓　名	性　别	单　　　位	职　　　务	任职时间
郏宗培	男	上海文艺出版社	总编辑	2004 年 6 月
陈　徵	男	上海文艺出版社	党支部书记　社长	2009 年 9 月
郝铭鉴	男	上海文化出版社	总编辑	1999 年 6 月
陈鸣华	男	上海文化出版社	总编辑　党支部书记	2004 年 9 月
			社长	2008 年 10 月
			党支部书记	2010 年 3 月
纪大庆	男	上海文化出版社	党支部书记	2008 年 10 月
王　刚	男	上海文化出版社	总编辑	2010 年 12 月
王秦雁	男	上海音乐出版社	副总编辑（主持工作）	1997 年 8 月
费维耀	男	上海音乐出版社	党支部书记　总编辑	2004 年 9 月
			社长	2008 年 10 月
叶建初	男	上海音乐出版社	党支部副书记（主持工作）	2008 年 10 月
余震琪	男	上海音乐出版社	党支部书记	2009 年 6 月
李槐之	男	上海人民美术出版社	社长　总编辑　党支部书记	1978 年 3 月
			党组书记	1980 年 3 月
居纪晋	男	上海人民美术出版社	社长	1989 年 6 月
龚继先	男	上海人民美术出版社	总编辑	1989 年 6 月
邓　明	男	上海人民美术出版社	社长	1991 年 6 月
袁春荣	男	上海人民美术出版社	总编辑	1993 年 6 月
吴士余	男	上海人民美术出版社	社长	1994 年 1 月
祝君波	男	上海人民美术出版社	社长　党委书记	1999 年 6 月
李维琨	男	上海人民美术出版社	总编辑	1999 年 6 月
李　新	男	上海人民美术出版社	社长	2001 年 4 月
			总编辑	2003 年 1 月
唐宝顺	男	上海人民美术出版社	党委书记	2003 年 1 月
朱延龄	男	上海画报出版社	党支部书记　社长　总编辑	1992 年 8 月
邓　明	男	上海画报出版社	社长　总编辑	1997 年 7 月
张仲煜	男	上海锦绣文章出版社（2007 年更名）	社长	2008 年 5 月
周蔚芸	女	上海书画出版社	社长　总编辑　党支部书记	1978 年 3 月
续靖宇	男	上海书画出版社	社长　党支部书记	1978 年 12 月
黎　鲁	男	上海书画出版社	副社长　总编辑	1978 年 12 月
蔡大搏	男	上海书画出版社	社长　党组书记	1984 年 11 月

(续表二)

姓　名	性　别	单　　位	职　　务	任职时间
祝君波	男	上海书画出版社	党委书记	1989 年 2 月
			社长	1991 年 10 月
卢辅圣	男	上海书画出版社	总编辑	1988 年 9 月
			社长	2001 年 3 月
崔晓力	男	上海书画出版社	党委书记	2004 年 10 月
顾林凡	男	上海书画出版社	社长　党委书记	2009 年 10 月
蒋维嵩	男	百家出版社	副社长　总编辑(主持工作)	1990 年 4 月
			社长　总编辑	1993 年 1 月
			总编辑	1999 年 10 月
顾林凡	男	百家出版社	社长	1999 年 10 月
			社长　总编辑	2003 年 1 月
朱士信	男	百家出版社	党支部书记　副社长	2003 年 1 月
胡南榆	男	百家出版社	社长　总编辑	2004 年 11 月
			党支部书记	2005 年 7 月
丁国联	男	百家出版社	社长　总编辑	2005 年 7 月
梅雪林	男	百家出版社 上海世界书局(2009 年 9 月更名)	副社长(主持工作)	2008 年 1 月
姜逸青	男	百家出版社 上海世界书局(2009 年 9 月更名)	总编辑	2008 年 1 月
徐忠良	男	上海世界书局 中西书局(2010 年 5 月更名)	常务副总编辑　副总经理	2010 年 1 月
秦志华	男	中西书局	常务副总编辑　副总经理(主持工作)	2010 年 6 月

说明：2004 年 6 月,上海文艺出版总社成立,市新闻出版局所属上海文艺出版社(含上海文化出版社、上海音乐出版社、上海文艺音像出版社)、上海书画出版社、上海人民美术出版社、上海画报出版社、百家出版社成为总社成员单位。2009 年 6 月,上海文艺出版总社更名为上海文艺出版集团。

表 12‑2‑6　高等院校出版社主要领导任职表

姓　名	性　别	单　　位	职　　务	任职时间
李　仲	男	上海外语教育出版社	社长	1979 年 12 月
			党总支书记	1980 年 3 月
浦允南	男	上海外语教育出版社	总编辑	1979 年 12 月
张　坚	男	上海外语教育出版社	党总支书记	1982 年 7 月
			社长	1984 年 3 月
			总编辑	1984 年 7 月

（续表一）

姓　名	性　别	单　　位	职　　务	任职时间
邬孝先	男	上海外语教育出版社	党总支书记	1984 年 5 月
			总编辑	1990 年 2 月
林秉申	男	上海外语教育出版社	社长	1985 年 12 月
李良佑	男	上海外语教育出版社	总编辑	1985 年 12 月
陆金忠	男	上海外语教育出版社	党总支书记	1985 年 7 月
王益康	男	上海外语教育出版社	社长	1989 年 12 月
王彤福	男	上海外语教育出版社	总编辑	1993 年 6 月
庄智象	男	上海外语教育出版社	社长	1997 年 12 月
			党总支书记	2001 年 3 月
			总编辑	2004 年 6 月
			党总支书记	2009 年 10 月
汪义群	男	上海外语教育出版社	总编辑	2001 年 3 月
谈志耀	男	上海外语教育出版社	党总支书记	2002 年 1 月
孙　玉	男	上海外语教育出版社	党总支书记	2010 年 7 月
林　远	男	华东师范大学出版社	社长　总编辑	1980 年 6 月
杜曰喜	男	华东师范大学出版社	党支部书记	1982 年 5 月
王世云	男	华东师范大学出版社	党总支书记	1984 年 8 月
郭豫适	男	华东师范大学出版社	社长	1984 年 8 月
万中一	男	华东师范大学出版社	社长	1992 年 9 月
洪本健	男	华东师范大学出版社	社长	1994 年 8 月
王铁仙	男	华东师范大学出版社	总编辑	1994 年 9 月
戎甘润	男	华东师范大学出版社	党总支书记	1996 年 3 月
朱杰人	男	华东师范大学出版社	社长	1997 年 8 月
朱文秋	女	华东师范大学出版社	党总支书记	2007 年 11 月
李龙牧	男	复旦大学出版社	社长	1981 年 5 月
			总编辑	1984 年 6 月
汤金年	男	复旦大学出版社	直属党支部书记	1981 年 9 月
徐余麟	男	复旦大学出版社	社长	1984 年 6 月
刘宏谊	男	复旦大学出版社	总编辑	1985 年 10 月
强义国	男	复旦大学出版社	党总支书记	1986 年 2 月
王　智	男	复旦大学出版社	党总支书记	1990 年 5 月
张德明	男	复旦大学出版社	社长	1993 年 2 月

（续表二）

姓　名	性　别	单　位	职　务	任职时间
施岳群	男	复旦大学出版社	社长	1994 年 4 月
高若海	男	复旦大学出版社	总编辑	1994 年 4 月
徐志伟	男	复旦大学出版社	社长	1995 年 4 月
李振华	女	复旦大学出版社	党总支书记	1995 年 4 月
陈丽琴	女	复旦大学出版社	党总支书记	2000 年 1 月
贺圣遂	男	复旦大学出版社	社长	2000 年 9 月
王凤霞	女	复旦大学出版社	党总支书记	2006 年 12 月
朱雅轩	男	上海交通大学出版社	社长	1983 年 7 月
林栋梁	男	上海交通大学出版社	总编辑	1983 年 7 月
施福升	男	上海交通大学出版社	社长	1985 年 6 月
盛振邦	男	上海交通大学出版社	总编辑	1985 年 6 月
张泉宝	男	上海交通大学出版社	党总支书记	1985 年 10 月
徐德胜	男	上海交通大学出版社	常务副社长	1992 年 9 月
张天蔚	男	上海交通大学出版社	社长	1994 年 3 月
			总编辑	2006 年 11 月
陈鑫木	男	上海交通大学出版社	党总支书记	1997 年 3 月
韩正之	男	上海交通大学出版社	总编辑	2000 年 5 月
杨祥玉	女	上海交通大学出版社	党总支书记	2006 年 9 月
韩建民	男	上海交通大学出版社	社长	2008 年 11 月
余安东	男	同济大学出版社	社长	1984 年 1 月
黄国新	男	同济大学出版社	社长　总编辑	1992 年 1 月
叶守仁	男	同济大学出版社	社长	1993 年 1 月
叶传满	男	同济大学出版社	社长　总编辑	1997 年 2 月
郭　超	男	同济大学出版社	社长　总编辑	2000 年 11 月
王国伟	男	同济大学出版社	总编辑	2010 年 3 月
严世芸	男	上海中医学院出版社	社长	1985 年 5 月
徐　平	女	上海中医学院出版社	党支部书记	1988 年 3 月
洪嘉禾	男	上海中医学院出版社	社长	1991 年 9 月
金文明	男	上海中医学院出版社	总编辑	1991 年 9 月
翁志芳	女	上海中医药大学出版社(1998年 1 月更名)	党支部书记	1991 年 9 月
潘朝曦	男	上海中医药大学出版社	总编辑	1996 年 9 月

（续表三）

姓　名	性　别	单　位	职　务	任职时间
周敦华	男	上海中医药大学出版社	社长	1998 年 1 月
王伶俐	女	上海中医药大学出版社	党支部书记	1998 年 1 月
朱邦贤	男	上海中医药大学出版社	社长　总编辑	2001 年 4 月
陈秋生	男	上海中医药大学出版社	党支部书记	2003 年 4 月
			社长	2004 年 6 月
黄　健	男	上海中医药大学出版社 上海浦江教育出版社（2010 年 12 月重组并更名）	总编辑	2006 年 7 月
华卫国	男	上海中医药大学出版社	社长	2007 年 7 月
			党支部书记	2008 年 2 月
		上海浦江教育出版社	社长　党支部书记	2010 年 12 月
孙庆元	男	立信会计图书用品社	社长	1986 年 12 月
			党总支书记	1988 年 5 月
欧阳仲华	男	立信会计图书用品社	总编辑	1987 年 3 月
马钟榆	男	立信会计图书用品社	社长	1988 年 12 月
詹文锦	男	立信会计图书用品社	党总支书记	1988 年 12 月
			社长	1991 年 9 月
朱祖萱	男	立信会计图书用品社 立信会计出版社（1993 年 4 月更名）	总编辑	1993 年 2 月
陈惠丽	女	立信会计出版社	社长	1996 年 10 月
孙时平	男	立信会计出版社	总编辑	1999 年 1 月
			常务副社长　总编辑	2002 年 12 月
			社长　总编辑	2006 年 1 月
黄汉江	男	立信会计出版社	社长	2002 年 12 月
窦瀚修	男	立信会计出版社	党总支书记	2006 年 1 月
			社长	2010 年 1 月
邬敏懿	女	立信会计出版社	党总支书记	2010 年 1 月
陆盛强	男	立信会计出版社	总编辑	2010 年 1 月
朱世能	男	上海医科大学出版社	社长	1987 年 1 月
薛光华	男	上海医科大学出版社	总编辑	1987 年 10 月
汪家禄	男	上海医科大学出版社	社长	1991 年 11 月
萧　俊	男	上海医科大学出版社	总编辑	1994 年 7 月

（续表四）

姓　名	性别	单　位	职　务	任职时间
曹世龙	男	上海医科大学出版社	总编辑	1997 年 5 月
王德耀	男	上海医科大学出版社	社长	1999 年 3 月
何剑秋	男	上海医科大学出版社	总编辑	1999 年 6 月
吴东棣	男	华东化工学院出版社	社长　总编辑	1987 年 11 月
朱学存	男	华东化工学院出版社 华东理工大学出版社(1994 年 9 月更名)	社长　总编辑	1990 年 6 月
郑斯雄	男	华东理工大学出版社	社长	1998 年 3 月
荣国斌	男	华东理工大学出版社	总编辑	1999 年 4 月
朱广忠	男	华东理工大学出版社	社长	2001 年 7 月
		华东理工大学电子音像出版社	社长	2003 年 12 月
徐　宏	男	华东理工大学出版社 华东理工大学电子音像出版社	社长	2006 年 9 月
孙俊康	男	中国纺织大学出版社	社长	1993 年 2 月
秦鸿昌	男	中国纺织大学出版社	社长　总编辑	1994 年 3 月
陈旭伟	男	中国纺织大学出版社 东华大学出版社(2001 年 2 月更名)	社长　总编辑	1996 年 7 月
孙福良	男	东华大学出版社	社长	2002 年 12 月
贾　平	男	东华大学出版社	总编辑	2002 年 12 月
王克斌	男	东华大学出版社	总编辑	2008 年 9 月
蒋智威	男	东华大学出版社	社长	2010 年 6 月
谈　敏	男	上海财经大学出版社	社长	1995 年 1 月
裘逸娟	女	上海财经大学出版社	总编辑	1995 年 1 月
丛树海	男	上海财经大学出版社	总编辑	1997 年 3 月
熊诗平	男	上海财经大学出版社	社长	1998 年 9 月
曹均伟	男	上海财经大学出版社	总编辑	2001 年 1 月
黄　磊	男	上海财经大学出版社	总经理	2010 年 7 月
周哲玮	男	上海大学出版社	社长	1996 年 10 月
汪元章	男	上海大学出版社	总编辑	1996 年 10 月
李顺祺	男	上海大学出版社	社长	2000 年 3 月
冯兆荣	男	上海大学出版社	党总支书记	2000 年 10 月

姓　名	性　别	单　位	职　务	任职时间
姚铁军	男	上海大学出版社	总编辑	2002 年 3 月
			社长	2003 年 12 月
欧阳华	男	上海大学出版社	党总支书记	2003 年 1 月
陈基明	男	上海大学出版社	党总支书记	2007 年 4 月
陈志宏	男	上海大学出版社	党委书记	2009 年 6 月
郭纯生	男	上海大学出版社	社长　党委书记	2010 年 10 月
殷学平	男	第二军医大学出版社	社长	1997 年 6 月
曹金盛	男	第二军医大学出版社	总编辑	1997 年 6 月
李春德	男	第二军医大学出版社	总编辑	2000 年 5 月
石进英	女	第二军医大学出版社	社长	2003 年 7 月
陆小新	男	第二军医大学出版社	社长	2010 年 10 月
洛　秦	男	上海音乐学院出版社	社长　总编辑	2003 年 5 月

表 12－2－7　其他出版单位和中央在沪出版机构主要领导任职表

姓　名	性　别	单　位	职　务	任职时间
林耀琛	男	上海三联书店	总经理	1988 年 10 月
陈　昕	男	上海三联书店	总编辑	1988 年 10 月
陈保平	男	上海三联书店	总编辑	1994 年 6 月
			总编辑（主持工作）	1994 年 8 月
朱国安	男	上海三联书店	总经理	1999 年 10 月
吴士余	男	上海三联书店	总编辑	1999 年 10 月
戴　俊	男	上海三联书店	总经理	2001 年 9 月
			总编辑	2009 年 7 月
陈启甸	男	上海三联书店	总编辑	2004 年 12 月
			总经理	2004 年 12 月
			董事长　总经理	2009 年 7 月
徐　阳	男	上海社会科学院出版社	社长　总编辑	1986 年 7 月
朱庆祚	男	上海社会科学院出版社	总编辑	1988 年 11 月
陈俊言	男	上海社会科学院出版社	社长	1991 年 5 月
陈惠丽	女	上海社会科学院出版社	总编辑	1991 年 5 月
孙克勤	男	上海社会科学院出版社	社长	1994 年 7 月
张家骏	男	上海社会科学院出版社	总编辑	1994 年 7 月

（续表一）

姓　名	性　别	单　　位	职　　务	任职时间
承　载	男	上海社会科学院出版社	社长	2001 年 6 月
			总编辑	2004 年 12 月
			社长	2007 年 12 月
陈　军	男	上海社会科学院出版社	总编辑	2001 年 6 月
朱金元	男	上海社会科学院出版社	社长	2004 年 12 月
马　达	男	文汇出版社	社长	1985 年 5 月
吴振标	男	文汇出版社	总编辑	1986 年 11 月
			社长	1993 年 6 月
郭志坤	男	文汇出版社	总编辑	1987 年 5 月
黄胜铭	男	文汇出版社	社长	1999 年 1 月
			总编辑	2000 年 4 月
陶顺良	男	文汇出版社	总编辑	1999 年 1 月
萧关鸿	男	文汇出版社	总编辑	2002 年 1 月
			社长	2004 年 5 月
桂国强	男	文汇出版社	总编辑	2006 年 1 月
			社长	2007 年 10 月
荣绛蓉	女	上海科学技术文献出版社	社长	1979 年 3 月
康诗英	女	上海科学技术文献出版社	社长	1984 年 3 月
王林珍	女	上海科学技术文献出版社	社长	1986 年 1 月
项暑烽	男	上海科学技术文献出版社	社长　总编辑	1991 年 6 月
陈燮君	男	上海科学技术文献出版社	社长	1996 年 5 月
朱家骅	男	上海科学技术文献出版社	社长　总编辑	1997 年 6 月
王世伟	男	上海科学技术文献出版社	社长	1999 年 5 月
童志强	男	上海科学技术文献出版社	社长	2001 年 3 月
			总编辑	1999 年 5 月
何剑秋	男	上海科学技术文献出版社	总编辑	2003 年 3 月
赵　炬	男	上海科学技术文献出版社	社长	2003 年 5 月
李敦厚	男	上海科学普及出版社	社长	1986 年 11 月
张千里	男	上海科学普及出版社	总编辑	1988 年 7 月
毕淑敏	女	上海科学普及出版社	社长　总编辑	1993 年 4 月
金培奇	男	上海科学普及出版社	社长	1999 年 5 月
陈纪宁	男	上海科学普及出版社	社长　总编辑	2002 年 4 月

（续表二）

姓　名	性　别	单　位	职　务	任职时间
夏桂芳	男	上海科学普及出版社	社长	2006 年 8 月
胡名正	男	上海科学普及出版社	总编辑	2009 年 2 月
张　鸣	女	中国福利会出版社	社长	2002 年 11 月
秦文君	女	中国福利会出版社	总编辑	2003 年 5 月
姜复生	男	中国福利会出版社	副社长（法人代表）	2005 年 12 月
张绍军	男	中国福利会出版社	执行社长	2006 年 11 月
顾琳敏	女	中国福利会出版社（2007 年 6 月重组） 中国中福会出版社（2010 年 12 月更名）	社长　总编辑	2007 年 8 月
陈　落	男	汉语大词典编纂处	副主任（主持工作）	1980 年 1 月
王　涛	男	汉语大词典编纂处	主任	1985 年 11 月
阮锦荣	男	汉语大词典编纂处	主任	1992 年 8 月
李梦生	男	汉语大词典编纂处	主任	2001 年 3 月
石　磊	男	上海新闻出版发展公司	总经理	1988 年 11 月
臧令仪	男	上海新闻出版发展公司	总经理	1992 年 11 月
王有布	男	上海新闻出版发展公司	总经理	1999 年 9 月
洪森泉	男	中华地图学社	主任	1983 年 3 月
李治浩	男	中华地图学社	主任	1985 年 3 月
姚志雄	男	中华地图学社	主任　总编辑	1990 年 10 月
言道良	男	中华地图学社	社长	1992 年 12 月
路丽华	男	中华地图学社	总编辑　副社长（主持工作）	2003 年 2 月
杨树德	男	中华地图学社	社长	2008 年 9 月
陈虞孙	男	中国大百科全书出版社上海分社	总编辑　临时党组书记	1981 年 2 月
汤季宏	男	中国大百科全书出版社上海分社	社长	1981 年 2 月
罗　洛	男	中国大百科全书出版社上海分社	党委书记	1985 年 2 月
			社长　总编辑	1989 年 1 月
徐福生	男	中国大百科全书出版社上海分社	社长　总编辑	1990 年 8 月
			党委书记	1991 年 2 月
何兆源	男	中国大百科全书出版社上海分社	代社长	1992 年 5 月
乔友农	男	东方出版中心	总经理	1995 年 10 月
			党委书记	1995 年 11 月

（续表三）

姓　名	性　别	单　　位	职　　务	任职时间
祝君波	男	东方出版中心	党委书记	2006 年 5 月
			总经理	2006 年 7 月
宋焕起	男	东方出版中心	总编辑	2008 年 5 月
		中国出版集团驻上海办事处	主任	
裘承裕	男	世界图书出版上海有限公司	经理	1992 年 7 月
				1997 年 4 月
严炬新	男	世界图书出版上海有限公司	经理	1995 年 8 月
冯国雄	男	世界图书出版上海有限公司	经理	2000 年 9 月
陆　琦	女	世界图书出版上海有限公司	总编辑	2007 年 4 月

表 12－2－8　期刊出版单位主要领导任职表

姓　名	性　别	单　　位	职　　务	任职时间
沈惠乐	女	中文自修杂志社	主编	2001 年 2 月
李　锋	男	中文自修杂志社	常务副主编　编辑部主任	2001 年 3 月
			主编　编辑部主任	2003 年 9 月
			主编	2004 年 9 月
			社长	2010 年 11 月
王意如	女	中文自修杂志社	编辑部主任	2004 年 9 月
			副主编　编辑部主任	2005 年 1 月
			主编	2010 年 11 月
荒　砂	女	现代家庭杂志社	社长	1981 年 8 月
叶国强	男	现代家庭杂志社	社长　副总编辑	1991 年 1 月
孙小琪	女	现代家庭杂志社	总编辑　副社长	1991 年 1 月
			社长	1998 年 9 月
纪大庆	男	现代家庭杂志社	社长	2009 年 7 月
蔡北华	男	沪港经济杂志社	总编辑	1985 年 5 月
俞天白	男	沪港经济杂志社	总编辑	1993 年 8 月
蒋小馨	男	沪港经济杂志社	总编辑	1994 年 11 月
哈　华	男	萌芽杂志社	主编	复刊至 1986 年 5 月
曹　阳	男	萌芽杂志社	主编	1986 年 5 月
赵长天	男	萌芽杂志社	主编	1995 年 8 月
巴　金	男	上海文学杂志社	主编	创刊至 1990 年 12 月

（续表一）

姓　名	性　别	单　位	职　务	任职时间
周介人	男	上海文学杂志社	执行副主编	1987 年 10 月
			主编	1998 年 1 月
蔡　翔	男	上海文学杂志社	执行副主编	1999 年 7 月
赵丽宏	男	上海文学杂志社	社长	2003 年 1 月
陈思和	男	上海文学杂志社	主编	2003 年 1 月
王亚夫	男	学术月刊杂志社	总编辑	1978 年 10 月
章恒忠	男	学术月刊杂志社	总编辑	1980 年 9 月
黄迎暑	男	学术月刊杂志社	社长	1985 年 7 月
顾谋中	男	学术月刊杂志社	常务副总编辑	1987 年 7 月
			总编辑	1988 年 12 月
陆海明	男	学术月刊杂志社	社长	1992 年 11 月
林炳秋	男	学术月刊杂志社	社长	1994 年 10 月
王邦佐	男	学术月刊杂志社	社长　总编辑	1998 年 7 月
施岳群	男	学术月刊杂志社	社长	2001 年 1 月
田卫平	男	学术月刊杂志社	总编辑	2005 年 7 月
徐中尼	男	大江南北杂志社	主编	1986 年 2 月
郭　云	男	大江南北杂志社	社长	1986 年 4 月
陈　扬	男	大江南北杂志社	社长	1993 年 3 月
唐功儒	男	大江南北杂志社	主编	1995 年 2 月
钦本立	男	社会科学杂志社	编委会主任	1979 年 7 月
罗　宗	男	社会科学杂志社	总编辑	1984 年 9 月
陈招顺	男	社会科学杂志社	社长　总编	1990 年 10 月
徐明棋	男	社会科学杂志社	总编辑	1999 年 4 月
陈家海	男	社会科学杂志社	社长　总编	2001 年 12 月
钱　杭	男	社会科学杂志社	社长　总编辑	2004 年 12 月
熊月之	男	社会科学杂志社	社长　总编辑	2007 年 7 月
胡　键	男	社会科学杂志社	社长　总编辑	2009 年 7 月
冯秉序	男	儿童时代社	社长	1978 年 4 月
徐　玲	女	儿童时代社	社长	1984 年 12 月
洪绳之	男	儿童时代社	社长	1986 年 12 月
艾柏英	男	儿童时代社	社长	1989 年 2 月
邱士龙	男	儿童时代社	社长	1992 年 8 月
			总编辑	1993 年 12 月

（续表二）

姓　名	性　别	单　　位	职　　务	任职时间
马永杰	女	儿童时代社	社长	1998 年 6 月
			总编辑	1998 年 7 月
吴　申	男	儿童时代社	社长	2001 年 1 月
张成明	男	儿童时代社	社长	2001 年 12 月
韩先梅	女	儿童时代社	副社长（主持工作）	2002 年 6 月
孙建平	男	儿童时代社	副社长（主持工作）	2004 年 4 月
顾琳敏	女	儿童时代社	副社长（主持工作）	2005 年 5 月
			社长	2006 年 4 月
		（2007 年 6 月与中国福利会出版社合并重组更名为中国福利会出版社）	社长　总编辑	2007 年 6 月
赵抗卫	男	上海电视杂志社	主编	1988 年 1 月
卑根源	男	上海电视杂志社	主编	1989 年 4 月
张炳元	男	上海电视杂志社	主编	1990 年 1 月
王根发	男	上海电视杂志社	主编	1991 年 7 月
王　庄	男	上海电视杂志社	主编	1991 年 11 月
王　豫	女	上海电视杂志社	主编	1996 年 9 月
陈雨人	男	上海电视杂志社	主编	2007 年 9 月
应典典	女	上海电视杂志社	主编	2008 年 9 月
刘森民	男	音像世界杂志社	总编辑（兼）	1987 年 6 月
王铁城	男	音像世界杂志社	编辑部主任	1987 年 6 月
劳为民	男	音像世界杂志社	常务副社长　副总编辑	1987 年 6 月
吴为庆	男	音像世界杂志社	常务副社长	2001 年 2 月
巴　金	男	收获文学杂志社	主编	1979 年 1 月
李小林	女	收获文学杂志社	主编	1980 年 11 月
肖元敏	男	收获文学杂志社	执行主编	2003 年 1 月
程永新	男	收获文学杂志社	执行主编	2003 年 1 月
张晓时	女	《电世界》编辑部	副主任（主持工作）	1979 年 1 月
林淦秋	男	《电世界》编辑部	主任	1985 年 2 月
		电世界杂志社	社长	1991 年 1 月
朱仲卿	男	《电世界》编辑部	副主任	1985 年 2 月
		电世界杂志社	副社长	1991 年 1 月
			总编辑	2000 年 1 月

（续表三）

姓　名	性　别	单　　位	职　　务	任职时间
冯维泰	男	《电世界》编辑部	副主任　副总编辑	1988 年 2 月
		电世界杂志社	总编辑	1991 年 1 月
杨若凡	女	电世界杂志社	社长	2004 年 8 月
陆　弘	男	电世界杂志社	总编辑	2004 年 8 月
郑红华	女	电世界杂志社	社长	2008 年 4 月
杨　蕾	女	中国激光杂志社	总经理	2009 年 12 月
彭正勇	男	新民周刊社	主编	1999 年 1 月
郦国义	男	新民周刊社	主编	2002 年 2 月
丁曦林	男	新民周刊社	主编	2003 年 6 月
谭建忠	男	理财周刊社	总编辑	2001 年 1 月
			社长	2005 年 9 月
周　虎	男	理财周刊社	总编辑	2005 年 9 月
余　立	男	高等学校文科学报文摘杂志社	主编	1984 年 1 月
姜方昆	男	高等学校文科学报文摘杂志社	主任	1984 年 11 月
卜中和	男	高等学校文科学报文摘杂志社	主编	1987 年 1 月
陈秋祥	男	高等学校文科学报文摘杂志社	副主任（主持工作）	1988 年 1 月
			主任、社长	1992 年 9 月
伍贻康	男	高等学校文科学报文摘杂志社	主编	1992 年 1 月
陶本一	男	高等学校文科学报文摘杂志社 高等学校文科学术文摘杂志社（2003 年更名）	主编	1996 年 1 月
姚　申	男	高等学校文科学报文摘杂志社	副社长　副主任（主持工作）	1996 年 2 月
			主任（社长）	2000 年 12 月
		高等学校文科学术文摘杂志社	主任（社长）	2003 年 1 月
张民选	男	高等学校文科学术文摘杂志社	总编辑	2004 年 1 月
黄　刚	男	高等学校文科学术文摘杂志社	总编辑	2006 年 3 月
吴圣苓	男	上海教育报刊总社	社长　党委书记	2001 年 1 月
曹荣瑞	男	上海教育报刊总社	社长　党委书记	2009 年 1 月
仲立新	男	上海教育报刊总社	党委书记	2010 年 1 月
王海江	男	上海大学期刊社	工委会主任	2003 年 3 月
秦　钠	女	上海大学期刊社	社长	2006 年 2 月
杨权斌	男	上海海事大学杂志总社	副社长（主持工作）	2003 年 6 月
			直属党支部书记	2006 年 9 月

（续表四）

姓　名	性　别	单　位	职　务	任职时间
祝炳发	男	上海海事大学杂志总社	联合直属党支部书记	2003 年 11 月
袁林新	男	上海海事大学杂志总社	社长　总编辑	2004 年 7 月
楼　进	男	上海海事大学杂志总社	直属党支部书记	2007 年 6 月
李光宇	男	《华东师范大学学报（哲学社会科学版）》编辑部	主任	1984 年 9 月
濮　侃	男	《华东师范大学学报（哲学社会科学版）》编辑部	主任	1991 年 11 月
高瑞泉	男	《华东师范大学学报（哲学社会科学版）》编辑部	主任	1997 年 12 月
姚　耐	男	《财经研究》编辑部	主编	1980 年 1 月
叶孝理	男	《财经研究》编辑部	主编	1984 年 12 月
谈　敏	男	《财经研究》编辑部	主编	1992 年 7 月
侯维瑞	男	《外语界》编辑部	主编	1985 年 1 月
吴克礼	男	《外语界》编辑部	主编	1990 年 1 月
吴友富	男	《外语界》编辑部	主编	1996 年 4 月
庄智象	男	《外语界》编辑部	主任	1985 年 1 月
张逸岗	男	《外语界》编辑部	主任	1994 年 1 月
胡孟浩	男	《外国语》编辑部	主编	1979 年 5 月
戴炜栋	男	《外国语》编辑部	主编	1992 年 11 月
束定芳	男	《外国语》编辑部	主编　主任	2006 年 1 月
李良佑	男	《外国语》编辑部	主任	1978 年 2 月
刘　犁	男	《外国语》编辑部	主任	1986 年 1 月
黄　任	男	《外国语》编辑部	主任	1992 年 1 月
夏　画	男	《青年一代》编辑部	主编	1979 年 4 月
张宝妮	女	《青年一代》编辑部	主编	1991 年 9 月
郁椿德	男	《青年一代》编辑部	主编	1997 年 1 月
贺旭东	男	《青年一代》编辑部	主编	1999 年 2 月
舒光浩	男	《青年一代》编辑部	主编	2004 年 7 月
施雁冰	女	《故事大王》编辑部	主编	1983 年 3 月
余鹤仙	男	《故事大王》编辑部	主编	1984 年 4 月
朱　彦	男	《故事大王》编辑部	主编	1992 年 1 月
沈振明	男	《故事大王》编辑部	主编	1996 年 4 月
王一方	男	《故事大王》编辑部	主编	2006 年 6 月

（续表五）

姓　名	性　别	单　　位	职　　务	任职时间
秦文君	女	《故事大王》编辑部	主编	2007 年 5 月
张伯文	男	《小朋友》编辑部	主编	1978 年 1 月
许培奋	男	《小朋友》编辑部	主编	1985 年 7 月
戴洋藩	男	《小朋友》编辑部	主编	1987 年 1 月
洪祖年	男	《小朋友》编辑部	主编	1988 年 1 月
陈伯吹	男	《小朋友》编辑部	主编	1989 年 6 月
张瑛文	男	《小朋友》编辑部	主编	1991 年 1 月
洪祖年	男	《小朋友》编辑部	主编	1993 年 4 月
沈振明	男	《小朋友》编辑部	主编	1997 年 1 月
				2004 年 11 月
丁晓玲	女	《小朋友》编辑部	主编	2000 年 4 月
刘以浦	男	《小朋友》编辑部	主编	2004 年 4 月
唐　兵	女	《小朋友》编辑部	主编	2007 年 1 月
王国忠	男	《科学画报》编辑部	主编	1978 年 1 月
徐福生	男	《科学画报》编辑部	主编	1984 年 5 月
龚　刚	男	《科学画报》编辑部	主编	1989 年 10 月
胡大卫	男	《科学画报》编辑部	主编	2001 年 4 月
毛文涛	男	《科学画报》编辑部	主编	2010 年 1 月
梅　朵	男	《文汇月刊》编辑部	主编	1980 年 1 月
李槐之	男	《上海画报》编辑部	主编	1982 年 1 月
王　义	男	《上海画报》编辑部	主编	1984 年 1 月
安　肇	男	《上海画报》编辑部	主编	1989 年 3 月
朱延龄	男	《上海画报》编辑部	主编	1993 年 1 月
邓　明	男	《上海画报》编辑部	主编	1997 年 9 月
孙月海	男	《上海画报》编辑部	主编	2007 年 1 月
罗　英	女	《上海画报》编辑部	主编	2010 年 10 月
章　雷	男	《世界之窗》编辑部	主任	1979 年 1 月
徐荻洲	男	《世界之窗》编辑部	主任	1982 年 1 月
周志龙	男	《世界之窗》编辑部	主任	1988 年 1 月
张　秋	男	《世界之窗》编辑部	主任	2003 年 1 月
李庆云	男	《社会》编辑部	主编	1981 年 1 月
李友梅	女	《社会》编辑部	主编	2004 年 1 月

（续表六）

姓 名	性 别	单 位	职 务	任职时间
沈承恩	男	《天风》编辑部	主编	1980 年 10 月
梅康钧	男	《天风》编辑部	主编	2002 年 9 月
单渭祥	男	《天风》编辑部	主编	2008 年 4 月
何承伟	男	《故事会》编辑部	主编	2006 年 4 月
江曾培	男	《艺术世界》编辑部	主编	1979 年 1 月
聂文辉	男	《艺术世界》编辑部	主编	1985 年 1 月
邢庆祥	男	《艺术世界》编辑部	主编	1996 年 1 月
何承伟	男	《艺术世界》编辑部	主编	1998 年 1 月
陈保平	男	《艺术世界》编辑部	主编	2000 年 1 月
张 翔	男	《艺术世界》编辑部	主编	2001 年 1 月
龚 彦	女	《艺术世界》编辑部	主编	2009 年 1 月
王须兴	男	《文化与生活》编辑部	主任	1979 年 1 月
王存礼	男	《文化与生活》编辑部	主任	1981 年 1 月
邵德鑫	男	《文化与生活》编辑部	主任	1985 年 1 月
江俊绪	男	《文化与生活》编辑部	主任	1992 年 1 月
张辽民	女	《文化与生活》编辑部	主任	1994 年 1 月
夏征农	男	《复旦学报(社会科学版)》编辑部	编委会主任	1978 年 11 月
蔡尚思	男	《复旦学报(社会科学版)》编辑部	编委会主任	1982 年 3 月
蒋学模	男	《复旦学报(社会科学版)》编辑部	编委会主任	1987 年 3 月
			总编辑	1981 年 11 月
张家骏	男	《复旦学报(社会科学版)》编辑部	主编	1987 年 5 月
蒋孔阳	男	《复旦学报(社会科学版)》编辑部	编委会主任	1991 年 5 月
董 平	男	《复旦学报(社会科学版)》编辑部	主编	1991 年 5 月
黄颂杰	男	《复旦学报(社会科学版)》编辑部	主编	1995 年 11 月
章培恒	男	《复旦学报(社会科学版)》编辑部	编委会主任	2000 年 1 月
熊兴辉	男	《上海故事》编辑部	主编	1985 年 1 月
徐维新	男	《上海故事》编辑部	主编	1990 年 2 月
季金安	男	《上海故事》编辑部	主编	1993 年 11 月
马亚平	男	《上海故事》编辑部	主编	2005 年 5 月
邵以华	男	上海《支部生活》编辑部	主编	1980 年 6 月
吴经灿	男	上海《支部生活》编辑部	主编	1984 年 12 月
李尚智	男	上海《支部生活》编辑部	主编	1995 年 3 月

（续表七）

姓　名	性　别	单　位	职　务	任职时间
徐仲达	男	上海《支部生活》编辑部	主编	1997 年 9 月
司徒伟智	男	上海《支部生活》编辑部 《上海支部生活》编辑部 （2005 年 1 月更名）	主编	2001 年 8 月
施全根	男	《上海支部生活》编辑部	主编	2004 年 6 月
洪祖年	男	《少年文艺》编辑部	主任	1978 年 1 月
郑　马	男	《少年文艺》编辑部	主任	1982 年 3 月
任哥舒	男	《少年文艺》编辑部	主任	1985 年 4 月
乔　林	男	《探索与争鸣》编辑部	主编	1985 年 8 月
张凌云	男	《探索与争鸣》编辑部	主编	1991 年 3 月
陈麟辉	男	《探索与争鸣》编辑部	常务副社长　常务副主编	1994 年 1 月
王德敏	男	《探索与争鸣》编辑部	常务副主编　副社长	1996 年 11 月
			主编	1998 年 7 月
潘立明	男	《探索与争鸣》编辑部	主编	2000 年 1 月
秦维宪	男	《探索与争鸣》编辑部	副主编（主持工作）	2007 年 7 月
			主编	2010 年 8 月
王秀玲	女	《印染》编辑部	主编	创刊至 1992 年 6 月
沈安京	男	《印染》编辑部	主编	1992 年 8 月
李国豪	男	《同济大学学报（自然科学版）》编辑部	主编	1978 年 2 月
翁智远	男	《同济大学学报（自然科学版）》编辑部	主编	1982 年 5 月
俞载道	男	《同济大学学报（自然科学版）》编辑部	主编	1986 年 9 月
吴启迪	女	《同济大学学报（自然科学版）》编辑部	编委会主任	1996 年 9 月
赵松龄	男	《同济大学学报（自然科学版）》编辑部	主编	2000 年 4 月
万　钢	男	《同济大学学报（自然科学版）》编辑部	编委会主任	2004 年 4 月
李　杰	男	《同济大学学报（自然科学版）》编辑部	主编	2004 年 4 月
裴　钢	男	《同济大学学报（自然科学版）》编辑部	编委会主任	2010 年 6 月
汪　猷	男	《化学学报》编辑部	主编	1975 年复刊起

（续表八）

姓　名	性　别	单　位	职　务	任职时间
黄维垣	男	《化学学报》编辑部	主编	1989 年 1 月
沈延昌	男	《化学学报》编辑部	主编	1993 年 1 月
丁光生	男	《中国药理学报》编辑部	主编	1980 年 1 月
张淑改	女	《中国药理学报》编辑部	主任	1985 年 1 月
王伟成	女	《中国药理学报》编辑部	主任	1991 年 1 月
肖　宏	男	《中国药理学报》编辑部	主任	1997 年 1 月
陈凯先	男	《中国药理学报》编辑部	主编	2003 年 1 月
吴民淑	女	《中国药理学报》编辑部	主任	2006 年 1 月
丁　健	男	《中国药理学报》编辑部	主编	2008 年 1 月
冯德培	男	《生理学报》编辑部	主编	复刊至 1985 年
刘育民	男	《生理学报》编辑部	主编	1985 年 1 月
杨雄里	男	《生理学报》编辑部	主编	1988 年 1 月
姚　泰	男	《生理学报》编辑部	主编	2001 年 1 月
				2007 年 1 月
朱培宏	男	《生理学报》编辑部	主编	2006 年 1 月
鲍国华	男	《大众医学》编辑组	负责人	1978 年 2 月
杨又才	女	《大众医学》编辑部	主任	1984 年 5 月
王伟海	男	《大众医学》编辑部	主任	1988 年 10 月
杨又才	女	《大众医学》编辑部	主任	1997 年 10 月
曾建设	男	《大众医学》编辑部	主任	1994 年 5 月
贾永兴	男	《大众医学》编辑部	主任	2002 年 1 月
姚毅华	女	《大众医学》编辑部	主任	2005 年 2 月
章德书	男	《低压电器》编辑部	主编	1978 年 1 月
唐式金	男	《低压电器》编辑部	主编	1983 年 9 月
包　革	男	《低压电器》编辑部	主编	1991 年 3 月
叶云棠	男	《上海交通大学学报》编辑部	主任	1978 年 1 月
龚汉忠	男	《上海交通大学学报》编辑部	主任	1995 年 1 月
汪　猷	男	《中国化学》编辑部	主编	1983 年 1 月
黄维垣	男	《中国化学》编辑部	主编	1989 年 1 月
陆熙炎	男	《中国化学》编辑部	主编	1994 年 1 月
计国桢	男	《中国化学》编辑部	主编	1996 年 1 月
吴士余	男	《中外书摘》编辑部	主编	1985 年 6 月

（续表九）

姓　名	性　别	单　　位	职　　务	任职时间
郁椿德	男	《中外书摘》编辑部	主编	1995 年 3 月
黄　亨	男	《中外书摘》编辑部	主编	1999 年 6 月
汪耀华	男	《中外书摘》编辑部	主编	2007 年 1 月
姚　鑫	男	《细胞研究》编辑部	主编	1990 年 1 月
裴　钢	男	《细胞研究》编辑部	主编	2006 年 1 月
李党生	男	《细胞研究》编辑部	常务副主编	2006 年 1 月
褚君浩	男	《红外与毫米波学报》编辑部	执行主编	1982 年 2 月
糜正瑜	男	《红外与毫米波学报》编辑部	执行主编	1990 年 2 月
邢怀中	男	《红外与毫米波学报》编辑部	执行主编	2002 年 2 月
傅柔励	男	《红外与毫米波学报》编辑部	执行主编	2004 年 2 月
沈　宏	男	《红外与毫米波学报》编辑部	执行主编	2010 年 2 月
骆兆添	男	《世界时装之苑》编辑部	主编	1988 年 6 月
吴　莹	女	《世界时装之苑》编辑部	主编	1997 年 1 月
陈　和	男	《世界时装之苑》编辑部	主编	2000 年 1 月
叶　路			副主编（主持工作）	
史领空	男	《世界时装之苑》编辑部	副主编（主持工作）	2006 年 11 月
胡大卫	男	《世界时装之苑》编辑部	主编	2010 年 1 月
陆占咸	男	《应用数学和力学（英文版）》编辑部	主任	1984 年 1 月
徐明德	男	《应用数学和力学（英文版）》编辑部	主任	1987 年 1 月
郭洪海	男	《应用数学和力学（英文版）》编辑部	主任	1989 年 1 月
沈荣富	男	《应用数学和力学（英文版）》编辑部	主任	1991 年 1 月
沈美芳	女	《应用数学和力学（英文版）》编辑部	主任	2005 年 1 月
徐海丽	女	《应用数学和力学（英文版）》编辑部	主任	2009 年 12 月
王国忠	男	《世纪》编辑部	社长　主编	1993 年 7 月
徐福生	男	《世纪》编辑部	社长　主编	1997 年 7 月
吴孟庆	男	《世纪》编辑部	编委会主任　社长　主编	2005 年 1 月
沈祖炜	男	《世纪》编辑部	编委会主任　社长　主编	2010 年 1 月
漆世贵	男	《检察风云》编辑部	社长	1993 年 11 月

（续表十）

姓 名	性 别	单 位	职 务	任职时间
吴元浩	男	《检察风云》编辑部	副社长 总编辑	1993 年 11 月
俞云波	男	《检察风云》编辑部	社长	1996 年 4 月
林阿连	男	《检察风云》编辑部	社长	2009 年 1 月
倪墨炎	男	《书城》编辑部	主编	1983 年 1 月
陈保平	男	《书城》编辑部	主编	1998 年 1 月
吴士余	男	《书城》编辑部	主编	2001 年 11 月
戴 俊	男	《书城》编辑部	主编	2006 年 6 月
黄育海	男	《书城》编辑部	执行主编	2006 年 6 月
杭 苇	男	《上海教育》编辑部	主编	1978 年 1 月
刘元璋	男	《上海教育》编辑部	主编	1985 年 1 月
金正扬	男	《上海教育》编辑部	主编	1995 年 1 月
俞恭庆	男	《上海教育》编辑部	总编辑	2001 年 1 月
金志明	男	《上海教育》编辑部	总编辑	2003 年 1 月
唐洪平	男	《上海教育》编辑部	总编辑	2008 年 1 月
赵国荣	男	《上海教育》编辑部	总编辑	2010 年 1 月
龚 坚	男	《中国新药与临床杂志》编辑部	主任	1981 年 8 月
俞耀松	男	《中国新药与临床杂志》编辑部	主任	1986 年 8 月
倪力强	男	《中国新药与临床杂志》编辑部	主任	2003 年 8 月
郝铭鉴	男	《咬文嚼字》编辑部	主编	1995 年 1 月
孙 欢	女	《咬文嚼字》编辑部	常务副主编（主持工作）	2010 年 3 月
李伟国	男	《家居主张》编辑部	主编	2000 年 1 月
上官消波	男	《家居主张》编辑部	主编	2004 年 12 月
唐克敏	男	《家居主张》编辑部	主编	2004 年 12 月
刘毅强	男	《家居主张》编辑部	主编	2010 年 7 月
王应睐	男	《生物化学与生物物理学报》编辑部	主编	复刊至 1987 年
林其谁	男	《生物化学与生物物理学报》编辑部	主编	1988 年 1 月
王德宝	男	《生物化学与生物物理学报》编辑部	主编	1996 年 1 月
张友尚	男	《生物化学与生物物理学报》编辑部	主编	2002 年 1 月
李伯良	男	《生物化学与生物物理学报》编辑部	主编	2007 年 1 月

（续表十一）

姓　名	性别	单　位	职　务	任职时间
石方禹	男	《上影画报》编辑部	主编	1982 年 1 月
沈　寂	男	《上影画报》编辑部	负责人	1982 年 7 月
陈　青	男	《上影画报》编辑部	主编	1983 年 2 月
许朋乐	男	《上影画报》编辑部	社长　主编	1986 年 5 月
夏　瑜	男	《上影画报》编辑部 《世界电影之窗》编辑部（2005年 4 月更名）	主编	1996 年 2 月
徐　杰	男	《世界电影之窗》编辑部 《东方电影》编辑部（2010年更名）	主编	2008 年 3 月

表 12－2－9　音像电子出版单位主要领导任职表

姓　名	性别	单　位	职　务	任职时间
江绵恒	男	上海新汇文化娱乐（集团）有限公司	董事长	1997 年 2 月
车大林	男	上海新汇文化娱乐（集团）有限公司	总经理	1997 年 2 月
陈　昕	男	上海新汇文化娱乐（集团）有限公司	党委书记　总经理	1999 年 2 月
黎瑞刚	男	上海新汇文化娱乐（集团）有限公司	董事长　总经理	2004 年 6 月
宗　明	女	上海新汇文化娱乐（集团）有限公司	党委书记	2004 年 10 月
顾　勤	女	上海新汇文化娱乐（集团）有限公司	党委书记　总经理	2007 年 4 月
方　彦	男	上海音像公司	总经理	1983 年 1 月
朱文宝	男	上海音像公司	总经理	1985 年 1 月
徐能学	男	上海音像公司	总经理	1988 年 9 月
			总编辑	1991 年 6 月
朱小临	男	上海音像公司	常务副经理（法人代表）	1995 年 1 月
			总经理	1996 年 6 月
陆福庆	男	上海音像公司	总经理	2001 年 8 月
顾　勤	女	上海音像公司	总经理	2007 年 5 月
臧彦彬	男	上海音像公司	总编辑	2007 年 5 月
黄巨清	男	上海有声读物公司	经理	1983 年 3 月
严　正	男	上海有声读物公司	经理	1985 年 4 月

（续表）

姓　名	性　别	单　　位	职　　务	任职时间
吴伯玫	男	上海有声读物公司	经理	1987 年 1 月
胡战英	男	上海声像出版社	社长	1992 年 12 月
翁铭泽	男	上海声像出版社	社长	1999 年 12 月
朱　刚	男	上海声像出版社	代社长	2006 年 11 月
			总编辑	2007 年 5 月
顾　勤	男	上海声像出版社 上海声像电子出版社	社长	2007 年 5 月
籍耿龙	男	上海音像出版社	社长　总编辑	1984 年 9 月
韦　芝	女	上海音像出版社	社长	1997 年 1 月
孙世丰	男	上海音像出版社	党支部书记	1997 年 1 月
孙立功	男	中国唱片上海公司	经理　党委书记(临时)	1983 年 1 月
陈厚均	男	中国唱片上海公司	经理	1987 年 10 月
方根生	男	中国唱片上海公司	代经理　经理	1990 年 7 月
周建潮	男	中国唱片上海公司	经理	1996 年 3 月
杨林海	男	中国唱片上海公司	经理	2005 年 9 月
张　勇	男	上海久诚信息技术有限公司	执行董事　法定代表人	2000 年 9 月
盛　斌	男	上海久诚信息技术有限公司	执行董事　法定代表人	2003 年 3 月
秦　洁	男	上海久诚信息技术有限公司	执行董事　法定代表人	2004 年 6 月
王　勇	男	上海第九城市信息技术有限公司(由上海久诚信息技术有限公司变更)	执行董事　法定代表人	2006 年 8 月
陈天桥	男	上海数龙科技有限公司(前身为盛大网络发展有限公司)	董事长　CEO	2004 年 11 月
李　瑜	女	上海数龙科技有限公司盛大游戏	CEO	2008 年 1 月
谭群钊	男	上海数龙科技有限公司盛大游戏	董事长	2009 年 1 月
			CEO	2010 年 1 月
汪海兵	男	上海淘米网络科技有限公司	经理	2007 年 8 月
曹年宝	男	上海邮通科技有限公司	董事长	2004 年 11 月
徐福生	男	上海电子出版公司	董事长	1994 年 9 月
顾国安	男	上海电子出版公司	总经理	1994 年 4 月
刘奇惕	男	上海电子出版公司	副总经理(主持工作)	1998 年 1 月
翁铭泽	男	上海电子出版公司	董事长	2000 年 4 月
朱国安	男	上海电子出版公司	总经理	2001 年 1 月

表 12 - 2 - 10　书刊印刷企业主要领导任职表

姓　名	性　别	单　位	职　务	任职时间
张泽民	男	上海商务印刷厂	党委书记	1978 年 8 月
胡根良	男	上海商务印刷厂	厂长	1978 年 8 月
周体育	男	上海商务印刷厂	党委书记	1980 年 8 月
胡根良	男	商务印书馆上海印刷厂	党委书记	1984 年 8 月
蔡国强	男	商务印书馆上海印刷厂	厂长	1984 年 8 月
单云清	男	商务印书馆上海印刷厂	党委副书记（主持工作）	1986 年 11 月
陈　皓	男	商务印书馆上海印刷厂	厂长	1986 年 11 月
单云清	男	商务印书馆上海印刷厂	党委书记	1988 年 8 月
丁　法	男	商务印书馆上海印刷厂	厂长	1991 年 11 月
			党委书记	1993 年 3 月
印德明	男	商务印书馆上海印刷厂	厂长	1993 年 3 月
丁　法	男	商务印书馆上海印刷厂	厂长	1995 年 8 月
		商务印书馆上海印刷股份有限公司	总经理	1998 年 6 月
沈鹏飞	男	商务印书馆上海印刷股份有限公司	总经理	2005 年 1 月
			党委书记	2009 年 9 月
王建明	男	商务印书馆上海印刷股份有限公司	党委书记	2010 年 8 月
郑　勇	男	上海中华印刷厂	党委书记	1978 年 9 月
胡良骏	男	上海中华印刷厂	党委书记	1981 年 6 月
陈连庆	男	上海中华印刷厂	厂长	1978 年 8 月
朱平安	男	上海中华印刷厂	厂长	1983 年 12 月
李福民	男	上海中华印刷厂	党委书记	1985 年 11 月
庄宪清	男	上海中华印刷厂	厂长	1985 年 11 月
徐信甫	男	上海中华印刷厂	厂长	1987 年 5 月
潘晓东	男	上海中华印刷厂	厂长	1996 年 11 月
杨泰俊	男	上海中华印刷有限公司	董事长	1998 年 4 月
俞志惠	男	上海中华印刷有限公司	监事长	1998 年 4 月
印德明	男	上海中华印刷有限公司	董事长	2001 年 10 月
沈剑毅	男	上海中华印刷有限公司	监事长	2000 年 8 月
张建浩	男	上海中华印刷有限公司	监事长	2005 年 9 月
潘晓东	男	上海中华印刷有限公司	党委书记	1998 年 6 月
			总经理	1998 年 6 月

（续表一）

姓　名	性　别	单　位	职　务	任职时间
陈保平	男	上海中华印刷有限公司	董事长	2008年3月
沈剑毅	男	上海中华印刷有限公司	董事长	2010年5月
陈世旗	男	上海中华印刷有限公司	总经理	2009年1月
过瑞兴	男	上海中华印刷有限公司	党委副书记（主持工作）	2009年1月
凌　吉	男	上海中华印刷有限公司	党委书记	2010年8月
王源康	男	上海中华印刷有限公司	总经理	2010年8月
钱震中	男	上海新华印刷厂	厂长	1978年9月
陈德英	女	上海新华印刷厂	党委书记	1978年9月
			党委书记　厂长	1982年4月
奚全达	男	上海新华印刷厂	厂长	1984年5月
韩忠芳	男	上海新华印刷厂	党委书记	1987年5月
杨德兴	男	上海新华印刷厂	厂长	1987年5月
林贵森	男	上海新华印刷厂	党委书记	1990年4月
杨德兴	男	上海新华印刷	党委书记	1994年2月
孟如方	男	上海新华印刷厂	厂长	1996年3月
傅鸿磊	男	上海新华印刷厂	党委书记	1996年3月
曹盘林	男	上海新华印刷厂	副厂长（主持工作）	1998年1月
凌　吉	男	上海新华印刷厂	党委书记	2001年1月
虞如模	男	上海新华印刷厂	厂长	1999年1月
		上海新华印刷有限公司	总经理	2002年6月
凌　吉	男	上海新华印刷有限公司	党委书记	2002年6月
			总经理	2006年10月
王国龙	男	上海新华印刷有限公司	总经理	2010年1月
翁汉清	男	上海市印刷一厂	党委书记	1978年9月
王文田	男	上海市印刷一厂	厂长	1978年9月
李焕章	男	上海市印刷一厂	厂长	1987年9月
鲁炳兴	男	上海市印刷一厂	厂长	1990年12月
龚洪奎	男	上海市印刷一厂	党委书记	1991年4月
			厂长	1995年7月
曹振华	男	上海市印刷一厂	厂长	1996年3月
马积明	男	上海市印刷一厂	厂长	1996年4月
凌　吉	男	上海市印刷一厂	副厂长（主持工作）	2001年1月
			党委书记	2001年4月

（续表二）

姓　　名	性　别	单　　位	职　　务	任职时间
费国海	男	上海市印刷三厂	党总支书记	1981 年 1 月
			党委书记	1984 年 7 月
王康年	男	上海市印刷三厂	厂长	1984 年 7 月
朱戬仁	男	上海市印刷三厂	党委书记	1985 年 11 月
李成忠	男	上海市印刷三厂	厂长	1985 年 11 月
胡良骏	男	上海市印刷三厂	党委书记	1988 年 5 月
李成忠	男	上海市印刷三厂	党委书记	1996 年 3 月
王建明	男	上海市印刷三厂	党委书记	2002 年 5 月
			厂长	2005 年 1 月
方联亮	男	上海市美术印刷厂	党委书记	1978 年 9 月
柳　晴	男	上海市美术印刷厂	厂长	1978 年 9 月
王崇昌	男	上海市美术印刷厂	党委书记	1984 年 8 月
金信桥	男	上海市美术印刷厂	厂长	1984 年 8 月
陈鑫海	男	上海市美术印刷厂	厂长	1988 年 7 月
严祖兴	男	上海市美术印刷厂	党委书记	1988 年 11 月
方惠平	男	上海市美术印刷厂	厂长	1993 年 10 月
杜国荣	男	上海市美术印刷厂	厂长	2002 年 1 月
陆有海	男	上海市美术印刷厂	厂长	2002 年 8 月
王国龙	男	上海市美术印刷厂	厂长	2005 年 3 月
戚忠华	男	上海市美术印刷厂	厂长	2009 年 12 月
臧令仪	男	上海安全印务有限公司	董事长	1990 年 4 月
王有布	男	上海安全印务有限公司	董事长	2000 年 1 月
周　放	男	上海安全印务有限公司	总经理	1990 年 4 月
张月明	男	上海安全印务有限公司	董事长	2002 年 1 月
丁　法	男	上海安全印务有限公司	总经理	2007 年 1 月
梁兆贤	男	上海安全印务有限公司	董事长	2010 年 7 月
印德明	男	上海印刷（集团）有限公司	总经理	1999 年 12 月
胡南榆	男	上海印刷（集团）有限公司	董事长	2001 年 4 月
			党委书记	2001 年 4 月
胡劲军	男	上海印刷（集团）有限公司	董事长	2004 年 8 月
陈保平	男	上海印刷（集团）有限公司	党委书记	2004 年 10 月
			董事长	2007 年 11 月

（续表三）

姓　名	性　别	单　　位	职　　务	任职时间
李成忠	男	上海印刷（集团）有限公司	总经理	2004 年 9 月
赵和平	男	上海印刷（集团）有限公司	党委书记	2005 年 8 月
沈剑毅	男	上海印刷（集团）有限公司	总经理	2007 年 11 月
高韵斐	男	上海印刷（集团）有限公司	董事长	2010 年 2 月
俞志惠	男	上海印刷新技术（集团）有限公司	董事长	1999 年 12 月
周建宝	男	上海印刷新技术（集团）有限公司	党委书记　总经理	1999 年 12 月
龚仁俦	男	上海印刷新技术（集团）有限公司	董事长	2001 年 11 月
杨益萍	男	上海印刷新技术（集团）有限公司	董事长	2005 年 4 月
胡国强	男	上海印刷新技术（集团）有限公司	董事长	2009 年 2 月
庄宪清	男	上海中华商务联合印刷有限公司	董事　总经理	2004 年 10 月
麦棠基	男	上海文艺大一包装设计印刷有限公司	董事长	1993 年 12 月
亢培琳	女	上海文艺大一包装设计印刷有限公司	总经理	1993 年 12 月
林金宝	男	上海丽佳分色制版有限公司	总经理	1993 年 2 月
沈鹤松	男	上海丽佳分色制版有限公司	董事长	1994 年 10 月
陈永明	男	上海丽佳分色制版有限公司	总经理	1995 年 5 月
薛洪祥	男	上海丽佳分色制版有限公司	董事长	2001 年 6 月
周宪国	男	上海丽佳制版印刷有限公司（2002 年 11 月更名）	副总经理（主持工作）	2005 年 2 月
王源康	男	上海丽佳制版印刷有限公司	董事长	2010 年 4 月
杜维兴	男	上海外贸印刷厂	厂长	1978 年 1 月
吴世友	男	上海外贸印刷厂	厂长	1987 年 1 月
吴建男	男	上海外贸印刷厂	厂长	1988 年 1 月
张定国	男	上海外贸印刷厂	厂长	2002 年 11 月
蒋文勇	男	上海外贸印刷厂	厂长	2004 年 8 月
		上海利丰雅高印刷有限公司（2006 年 2 月更名）	董事长	2005 年 11 月
张世美	男	上海利丰雅高印刷有限公司	总经理	2006 年 2 月

（续表四）

姓　名	性　别	单　　位	职　　务	任职时间
王有布	男	上海当纳利印刷有限公司	法定代表人	2001 年 8 月
万　捷	男	上海雅昌彩色印刷有限公司	执行董事　法定代表人	2006 年 6 月
杨立望	男	上海雅昌彩色印刷有限公司	总经理	2006 年 12 月
戴　虎	男	上海雅昌彩色印刷有限公司	总经理	2009 年 9 月

表 12－2－11　包装印刷企业主要领导任职表

姓　名	性　别	单　　位	职　　务	任职时间
陈　明	男	上海市包装装潢工业公司	经理	1978 年 6 月
章元杰	男	上海市包装装潢工业公司	经理	1984 年 2 月
闻松泉	男	上海包装装潢公司	总经理	1988 年 6 月
刘福玉	男	上海包装装潢公司	副总经理（主持工作）	1990 年 7 月
张文中	男	上海包装装潢公司	总经理	1993 年 2 月
江礼昶	男	上海包装装潢公司	总经理	1997 年 2 月
蔡鸿祥	男	上海包装装潢公司	总经理	1998 年 2 月
虞毅伟	男	上海包装（集团）有限公司	董事长	2000 年 3 月
毛　来	男	上海包装（集团）有限公司	总经理	2000 年 3 月
沈国臣	男	上海包装造纸（集团）有限公司	董事长	2002 年 1 月
游隆基	男	上海包装造纸（集团）有限公司	董事长	2004 年 4 月
高汝楠	男	上海包装造纸（集团）有限公司	总经理	2004 年 4 月
费钧德	男	上海界龙实业集团股份有限公司	董事长　总经理	1993 年 12 月
			董事长	2000 年 5 月
沈伟荣	男	上海界龙实业集团股份有限公司	总经理	2000 年 5 月
费屹立	男	上海界龙实业集团股份有限公司	董事长	2009 年 5 月
徐伟亮	男	上海柯创印刷有限公司	执行董事　总经理	2002 年 8 月

表 12－2－12　图书发行单位主要领导任职表

姓　名	性　别	单　　位	职　　务	任职时间
何　平	男	上海新华书店　新华书店上海发行所	党委书记	1978 年 12 月
黄巨清	男	上海新华书店　新华书店上海发行所	副经理（主持工作）	1978 年 12 月
			经理	1980 年 4 月
			党委副书记（主持工作）	1980 年 4 月

（续表一）

姓　名	性　别	单　　位	职　　务	任职时间
浦士泉	男	上海新华书店　新华书店上海发行所	党委副书记	1984 年 4 月
			党委书记	1992 年 8 月
张泽民	男	上海新华书店　新华书店上海发行所	经理	1984 年 8 月
汪天盛	男	上海新华书店　新华书店上海发行所	副经理主持工作	1988 年 5 月
张金福	男	上海新华书店　新华书店上海发行所	副经理主持工作	1992 年 8 月
			经理	1994 年 1 月
沈　烈	男	上海新华书店　新华书店上海发行所	党委副书记（主持工作）	1994 年 9 月
			党委书记	1997 年 8 月
哈九如	男	上海新华书店　新华书店上海发行所	总经理	1997 年 7 月
毕　青	男	上海书店	总经理	1978 年 12 月
			党支部书记	1978 年 12 月
丁之翔	男	上海书店	党总支书记	1982 年 6 月
俞子林	男	上海书店	总经理	1984 年 6 月
		上海图书公司		1984 年 6 月
张美钧	女	上海书店	党总支书记	1984 年 11 月
		上海图书公司		1984 年 11 月
樊秀珍	女	上海图书公司	总经理　党总支书记	1993 年 1 月
彭卫国	男	上海图书公司	总经理	1999 年 8 月
李冰君	女	上海图书公司	党总支书记	1999 年 8 月
朱　旗	男	上海图书公司	总经理	2008 年 9 月
毕克理	男	上海外文书店	经理	1978 年 12 月
赵世杰	男	上海外文书店	党支部书记	1978 年 12 月
王一尘	男	上海外文书店	经理	1984 年 11 月
		上海外文图书公司		1985 年 5 月
金丽华	女	上海外文书店	党总支书记	1984 年 11 月
		上海外文图书公司		1991 年 8 月
张瑞芷	男	上海外文图书公司	总经理	1991 年 8 月
吴新华	男	上海外文图书公司	总经理	2003 年 1 月
田蓉珍	女	上海科技书店	经理	1978 年 12 月
朱顺兴	男	上海科技书店	党支部书记	1983 年 10 月

（续表二）

姓　名	性　别	单　位	职　务	任职时间
秦鸿令	男	中国科技图书公司（1984 年 7 月更名）	经理	1984 年 7 月
哈九如	男	中国科技图书公司	总经理	1993 年 3 月
赵建平	男	中国科技图书公司	总经理	1997 年 7 月
李可燕	男	中国科技图书公司	总经理	1999 年 2 月
潘柏华	男	中国科技图书公司	总经理	2000 年 8 月
郭琴龙	男	中国科技图书公司	总经理	2003 年 6 月
张龙飞	男	中国科技图书公司	总经理	2010 年 1 月
陈木林	男	中国科技图书公司	总经理	2010 年 7 月
胡美云	女	上海音乐书店	经理	1978 年 4 月
方文伟	男	上海音乐书店	副经理（主持工作）	1984 年 3 月
朱顺兴	男	上海音乐书店 上海音乐图书公司（1990 年 10 月扩建后更名）	经理	1988 年 9 月
忻　愈	男	上海音乐图书公司	总经理	1993 年 5 月
吕　瑜	男	上海音乐图书公司	总经理	2000 年 11 月
薛　天	男	上海音乐图书公司	总经理	2001 年 5 月
哈九如	男	上海新华发行集团有限公司	董事长　总经理	2000 年 5 月
			董事长	2005 年 4 月
			党委书记	2005 年 12 月
		上海新华传媒股份有限公司	党委书记　董事长	2006 年 8 月
徐瑞仪	男	上海新华发行集团有限公司	党委书记	2000 年 6 月
李　权	男	上海新华发行集团有限公司	常务副总裁	2005 年 4 月
			总裁	2006 年 1 月
		上海新华传媒股份有限公司	总裁	2006 年 8 月
童传恺	男	上海新华发行集团有限公司	常务副总裁	2006 年 7 月
陈剑峰	男	上海新华发行集团有限公司	总裁	2008 年 1 月
		上海新华传媒股份有限公司	董事长	2010 年 4 月
范幼元	男	上海新华传媒股份有限公司	总裁	2007 年 12 月
王力为	男	上海新华传媒股份有限公司	常务副总裁	2009 年 11 月
哈九如	男	上海书城	总经理	1997 年 7 月
张金福	男	上海书城	党委书记	1997 年 7 月
赵建平	男	上海书城	党委书记	1999 年 1 月
			总经理	2000 年 11 月

（续表三）

姓　名	性　别	单　位	职　务	任职时间
沈勇尧	男	上海书城	总经理	2008 年 4 月
周蔚芸	女	上海书画出版社(朵云轩)	社长　总编辑	1978 年 3 月
续靖宇	男	上海书画出版社(朵云轩)	社长	1978 年 12 月
黎　鲁	男	上海书画出版社(朵云轩)	总编辑	1978 年 12 月
蔡大搏	男	上海书画出版社(朵云轩)	社长	1984 年 11 月
祝君波	男	上海书画出版社(朵云轩)	社长(总经理)	1991 年 10 月
卢辅圣	男	上海书画出版社(朵云轩)	总编辑	1991 年 10 月
			社长(总经理)	2001 年 3 月
崔晓力	男	上海朵云轩集团有限公司	党委书记	2009 年 9 月
金　浩	男	上海钟书实业有限公司	董事长	1995 年—

表 12-2-13　报刊发行单位主要领导任职表

姓　名	性　别	单　位	职　务	任职时间
陈正廉	男	上海市邮政报刊发行局	局长	1985 年 8 月
初乐夫	男	上海市邮政报刊发行局	局长	1991 年 9 月
陈麟骅	男	上海市邮政报刊发行局	局长	1996 年 1 月
杜　勋	男	上海市邮政报刊发行局	局长	2006 年 9 月
金昂国	男	上海市邮政报刊发行局	局长	2009 年 4 月
陆龙根	男	上海久远经营有限公司	董事长	1992 年 12 月
			总经理	2004 年 1 月
支绍和	男	上海久远经营有限公司	总经理	1992 年 12 月
支绍和	男	上海久远出版服务有限公司	董事长	2000 年 1 月
			总经理	2001 年 6 月
梁信军	男	上海久远出版服务有限公司	总经理	2000 年 1 月
杨泰俊	男	上海久远出版服务有限公司	董事长	2004 年 9 月
胡德明	男	上海久远出版服务有限公司	董事长	2006 年 9 月
秦立德	男	上海久远出版服务有限公司	董事长	2008 年 1 月
张祖雄	男	上海久远出版服务有限公司	总经理	2004 年 9 月
吴新华	男	上海空港文化传播有限公司	董事长	2008 年 10 月
秦立德	男	上海空港文化传播有限公司	总经理	2008 年 10 月
郭东兴	男	上海地铁书刊服务有限公司	董事长	1999 年 8 月
周兴财	男	上海地铁书刊服务有限公司	董事长	2001 年 7 月

姓　名	性　别	单　位	职　务	任职时间
秦立德	男	上海地铁书刊服务有限公司	董事长	2009 年 9 月
支绍和	男	上海久远出版服务有限公司	董事长	2000 年 1 月
			总经理	2001 年 6 月
梁信军	男	上海久远出版服务有限公司	总经理	2000 年 1 月
杨泰俊	男	上海久远出版服务有限公司	董事长	2004 年 9 月
胡德明	男	上海久远出版服务有限公司	董事长	2006 年 9 月
秦立德	男	上海久远出版服务有限公司	董事长	2008 年 1 月
张祖雄	男	上海久远出版服务有限公司	总经理	2004 年 9 月
吴新华	男	上海空港文化传播有限公司	董事长	2008 年 10 月
秦立德	男	上海空港文化传播有限公司	总经理	2008 年 10 月

表 12 - 2 - 14　音像电子发行和图书进出口单位主要领导任职表

姓　名	性　别	单　位	职　务	任职时间
陆介蓉	女	上海新华书店音像公司	经理	1994 年 7 月
薛　天	男	上海新华书店音像公司	经理	2001 年 5 月
马一勤	男	上海新华书店音像公司	经理	2003 年 4 月
宋人伟	男	上海东方音像连锁有限公司	总经理	2000 年 12 月
马一勤	男	上海东方音像连锁有限公司	总经理	2003 年 4 月
吴庆麟	男	中国图书进出口上海公司	总经理	1984 年 6 月
周载生	男	中国图书进出口上海公司	党委书记	1984 年 6 月
秦扶一	男	中国图书进出口上海公司	总经理	1991 年 12 月
李天聪	男	中国图书进出口上海公司	党委书记	1997 年 6 月
许建刚	男	中国图书进出口上海公司	总经理	2000 年 1 月
刘志华	男	中国图书进出口上海公司	党委书记	2001 年 4 月
侯相鏊	男	上海图书发行公司	副经理（主持工作）	1979 年 9 月
周善德	男	中国出版对外贸易总公司上海分公司	经理	1981 年 7 月
张美华	女	中国出版对外贸易总公司上海分公司	经理	1987 年 4 月
张瑞芷	男	上海图书出版贸易公司	总经理	1992 年 1 月
沈建成	男	中国国际图书贸易总公司上海分公司	总经理	1993 年 8 月
杨名良	男	中国国际图书贸易总公司上海分公司	总经理	2000 年 4 月

（续表）

姓　名	性　别	单　位	职　务	任职时间
夏峥嵘	男	中国国际图书贸易总公司上海分公司	总经理	2003 年 9 月
刘　媛	女	中国国际图书贸易集团公司上海分公司	总经理	2010 年 9 月
翁铭泽	男	上海香港三联书店有限公司	总经理	1990 年 2 月
戴承平	男	上海香港三联书店有限公司	总经理	1993 年 1 月
彭卫国	男	上海香港三联书店有限公司	董事长	2000 年 2 月
徐剑俊	男	上海香港三联书店有限公司	总经理	2002 年 3 月
鲁育才	男	上海香港三联书店有限公司	总经理	2006 年 3 月
朱　旗	男	上海香港三联书店有限公司	董事长	2008 年 10 月
黄迪浩	男	上海远洋航海图书公司	经理	1984 年 1 月
姚逢时	男	上海远洋航海图书公司	经理	1988 年 7 月
季俊龙	男	上海远洋运输公司海图公司	经理	1991 年 5 月
			党支部书记	2003 年 6 月
张鹤鸣	男	上海远洋运输公司海图公司	党支部书记	1998 年 5 月
吴文虎	男	上海远洋运输公司海图公司 上海远洋运输有限公司海图公司（2009 年 6 月更名）	经理　党支部书记	2007 年 9 月

表 12－2－15　教育与出版科研馆所主要领导任职表

姓　名	性　别	单　位	职　务	任职时间
万启盈	男	上海印刷学校	党委书记	1980 年 4 月
吕　纪	男	上海印刷学校	校长	1980 年 4 月
吴世民	男	上海印刷学校	校长	1983 年 3 月
孙竞斋	男	上海印刷学校	校长	1984 年 9 月
龚应荣	男	上海出版印刷专科学校	校长	1987 年 9 月
唐祥庆	男	上海出版印刷专科学校	党委书记	1991 年 6 月
杜飞龙	男	上海出版印刷高等专科学校	校长	1993 年 8 月
童祖光	男	上海出版印刷高等专科学校	党委书记	1997 年 10 月
江才妹	女	上海出版印刷高等专科学校	党委书记	2001 年 1 月
朱南勤	男	上海出版印刷高等专科学校	党委书记	2003 年 6 月
陈敬良	男	上海出版印刷高等专科学校	校长	2003 年 7 月
张逢奇	男	上海出版印刷公司职工大学	校长	1980 年 4 月

（续表）

姓　名	性　别	单　位	职　务	任职时间
王国忠	男	市出版局职工大学	校长	1984 年 10 月
史寿康	男	市新闻出版局职工大学	校长	1989 年 6 月
严遐林	男	市新闻出版局职工大学	校长	1990 年 3 月
		上海新闻出版教育培训中心（1994 年 9 月与上海市印刷技工学校合并组建）	主任	1994 年 9 月
林贵森	男	上海新闻出版教育培训中心	党委书记	1998 年 3 月
		上海新闻出版职业技术学校	校长	2003 年 5 月
周建平	男	上海新闻出版教育培训中心	主任	2003 年 5 月
贾丽进	女	上海新闻出版教育培训中心	主任	2008 年 11 月
张漱芳	女	上海印刷技术研究所	所长　党委书记	1978 年 5 月
周寿彭	男	上海印刷技术研究所	所长	1981 年 4 月
蔡纯新	男	上海印刷技术研究所	党委书记	1981 年 4 月
顾国安	男	上海印刷技术研究所	所长	1984 年 7 月
曹培章	男	上海印刷技术研究所	党总支书记	1989 年 4 月
俞志惠	男	上海印刷技术研究所	所长	1986 年 10 月
			党总支书记	1991 年 1 月
			党委书记	1993 年 2 月
周建宝	男	上海印刷技术研究所	党委书记	1995 年 5 月
			所长	2001 年 12 月
袁信之	男	上海韬奋纪念馆	副馆长（主持工作）	1978 年 2 月
韩罗以	男	上海韬奋纪念馆	副馆长（主持工作）	1983 年 12 月
王永序	男	上海韬奋纪念馆	副馆长（主持工作）	1984 年 10 月
邹嘉骊	女	上海韬奋纪念馆	党支部书记	1985 年 6 月
倪墨炎	男	上海韬奋纪念馆	馆长	1995 年 7 月
陈保平	男	上海韬奋纪念馆	馆长	1997 年 8 月
雷群明	男	上海韬奋纪念馆	馆长	2001 年 10 月
林丽成	女	上海韬奋纪念馆	馆长	2007 年 9 月

第二节　高级专业技术人员名录

　　《高级专业技术人员名录》收入截至 2010 年底，上海出版、期刊等单位被评为编审、教授、研究员、译审和高级编辑、高级记者等高级专业技术职称人员的名单。评定时间为年。按主要领导任职表中单位先后排序。

表 12 - 2 - 16　上海世纪出版集团及所属出版社高级专业技术人员名录

姓　名	性　别	单　位	职　称	评定年份
陈　昕	男	上海世纪出版集团	编审	1993 年
陈　和	男	上海世纪出版集团	编审	1994 年
胡大卫	男	上海世纪出版集团	编审	1996 年
郁椿德	男	上海世纪出版集团	编审	1998 年
李远涛	男	上海世纪出版集团	编审	2010 年
宋原放	男	上海人民出版社	编审	1987 年
宋　存	男	上海人民出版社	编审	1987 年
张　玟	男	上海人民出版社	编审	1987 年
叶亚廉	男	上海人民出版社	编审	1987 年
林克勤	男	上海人民出版社	编审	1987 年
范一辛	男	上海人民出版社	编审	1987 年
胡道静	男	上海人民出版社	编审	1988 年
钱雪门	男	上海人民出版社	编审	1988 年
刘　方	男	上海人民出版社	编审	1988 年
田　野	男	上海人民出版社	编审	1989 年
唐　丘	男	上海人民出版社	编审	1989 年
魏允和	男	上海人民出版社	编审	1989 年
林烨卿	男	上海人民出版社	编审	1989 年
姜恺悌	男	上海人民出版社	编审	1989 年
严忠树	女	上海人民出版社	编审	1989 年
吴慈生	男	上海人民出版社	编审	1989 年
金永华	男	上海人民出版社	编审	1990 年
郝盛潮	男	上海人民出版社	编审	1990 年
李伟国	男	上海人民出版社	编审	1993 年
周琪生	男	上海人民出版社	编审	1993 年
王有为	男	上海人民出版社	编审	1994 年
王树鸣	男	上海人民出版社	编审	1995 年
郭志坤	男	上海人民出版社	高级编辑	1995 年
黄行发	男	上海人民出版社	编审	1996 年
丁荣生	男	上海人民出版社	研究员	1998 年
顾兴业	男	上海人民出版社	编审	1998 年
胡小静	男	上海人民出版社	编审	1999 年

（续表一）

姓　名	性　别	单　　　位	职　称	评定年份
唐燕能	男	上海人民出版社	编审	2000 年
崔美明	女	上海人民出版社	编审	2000 年
陆凤章	男	上海人民出版社	编审	2001 年
苏颂兴	男	上海人民出版社	编审	2002 年
张美娣	女	上海人民出版社	编审	2003 年
虞信棠	男	上海人民出版社	编审	2004 年
邵　敏	男	上海人民出版社	编审	2004 年
齐书深	男	上海人民出版社	编审	2005 年
顾兆敏	男	上海人民出版社	编审	2005 年
曹培雷	女	上海人民出版社	编审	2006 年
陆宗寅	男	上海人民出版社	编审	2008 年
苏贻鸣	男	上海人民出版社	编审	2008 年
屠玮涓	女	上海人民出版社	编审	2010 年
费世奎	男	上海教育出版社	编审	1987 年
庄　葳	男	上海教育出版社	编审	1987 年
陆萼庭	男	上海教育出版社	编审	1987 年
周炳侯	男	上海教育出版社	编审	1987 年
曹余章	男	上海教育出版社	编审	1988 年
陆子淳	女	上海教育出版社	编审	1988 年
陈义君	男	上海教育出版社	编审	1988 年
王建智	男	上海教育出版社	编审	1988 年
戴可霁	女	上海教育出版社	编审	1990 年
范守纲	男	上海教育出版社	编审	1995 年
方鸿辉	男	上海教育出版社	编审	1999 年
韩焕昌	男	上海教育出版社	编审	2000 年
顾景祥	男	上海教育出版社	编审	2000 年
戚　华	男	上海教育出版社	编审	2000 年
袁正守	女	上海教育出版社	编审	2000 年
陈人雄	男	上海教育出版社	编审	2001 年
黄强华	男	上海教育出版社	编审	2001 年
唐发铙	男	上海教育出版社	编审	2001 年
郑石平	男	上海教育出版社	编审	2003 年

（续表二）

姓　名	性　别	单　　位	职　称	评定年份
韩希塘	男	上海教育出版社	编审	2003 年
张跃进	男	上海教育出版社	编审	2003 年
耿　坚	男	上海教育出版社	编审	2004 年
吴耀南	男	上海教育出版社	编审	2004 年
张诗忠	男	上海教育出版社	编审	2004 年
张志筠	女	上海教育出版社	编审	2006 年
徐欢欢	女	上海教育出版社	编审	2007 年
朱明钰	男	上海教育出版社	编审	2009 年
任以奇	男	上海译文出版社	编审	1987 年
包文棣	男	上海译文出版社	编审	1988 年
孙家晋	男	上海译文出版社	编审	1988 年
骆兆添	男	上海译文出版社	编审	1988 年
叶麟鎏	男	上海译文出版社	编审	1988 年
路　修	男	上海译文出版社	编审	1988 年
顾用中	男	上海译文出版社	编审	1988 年
陆吉平	男	上海译文出版社	编审	1988 年
吴国祺	男	上海译文出版社	编审	1988 年
傅　欣	男	上海译文出版社	编审	1988 年
倪延英	女	上海译文出版社	编审	1988 年
汤永宽	男	上海译文出版社	编审	1988 年
周访渔	男	上海译文出版社	编审	1988 年
韩世钟	男	上海译文出版社	编审	1988 年
杨立信	男	上海译文出版社	编审	1988 年
汪绍麟	男	上海译文出版社	编审	1988 年
秦鹤皋	男	上海译文出版社	编审	1988 年
方轶群	男	上海译文出版社	编审	1988 年
丰陈宝	女	上海译文出版社	编审	1988 年
严君默	男	上海译文出版社	编审	1988 年
汪裕荪	男	上海译文出版社	编审	1988 年
陈文鑑	男	上海译文出版社	编审	1988 年
吴钧陶	男	上海译文出版社	编审	1989 年
王振孙	男	上海译文出版社	编审	1990 年

（续表三）

姓　名	性　别	单　位	职　称	评定年份
郭振宗	男	上海译文出版社	编审	1990 年
戴际安	男	上海译文出版社	编审	1992 年
吴　莹	女	上海译文出版社	编审	1992 年
高宗文	男	上海译文出版社	编审	1993 年
黄杲炘	男	上海译文出版社	编审	1995 年
陶雪华	女	上海译文出版社	编审	1994 年
杨心慈	女	上海译文出版社	编审	1996 年
周克希	男	上海译文出版社	编审	1997 年
张福基	男	上海译文出版社	编审	1998 年
赵月瑟	女	上海译文出版社	编审	1999 年
史领空	男	上海译文出版社	编审	2000 年
郑大民	男	上海译文出版社	编审	2001 年
傅石球	男	上海译文出版社	编审	2002 年
叶　路	男	上海译文出版社	编审	2003 年
朱志顺	男	上海译文出版社	编审	2003 年
沈志彦	男	上海译文出版社	编审	2003 年
张建平	男	上海译文出版社	编审	2004 年
谭宝全	男	上海译文出版社	编审	2004 年
袁松月	女	上海译文出版社	编审	2008 年
朱亚军	男	上海译文出版社	编审	2009 年
沈维藩	男	上海译文出版社	编审	2009 年
李小蓉	女	上海译文出版社	编审	2009 年
张宝发	男	上海译文出版社	编审	2010 年
张　磊	男	上海译文出版社	编审	2010 年
傅元恺	男	汉语大词典出版社	编审	1987 年
王　涛	男	汉语大词典出版社	编审	1990 年
阮智富	男	汉语大词典出版社	编审	1991 年
李梦生	男	汉语大词典出版社	编审	1993 年
阮锦荣	男	汉语大词典出版社	编审	1995 年
徐文堪	男	汉语大词典出版社	编审	1996 年
郭忠新	男	汉语大词典出版社	编审	1997 年
王土然	男	汉语大词典出版社	编审	2000 年

（续表四）

姓　名	性　别	单　位	职　称	评定年份
黄丽丽	女	汉语大词典出版社	编审	2000 年
范　泉	男	上海书店出版社	教授	1981 年
罗伟国	男	上海书店出版社	编审	2000 年
金良年	男	上海书店出版社	编审	2010 年
钱伯城	男	上海古籍出版社	编审	1983 年
何满子	男	上海古籍出版社	编审	1983 年
朱金城	男	上海古籍出版社	编审	1983 年
李俊民	男	上海古籍出版社	编审	1987 年
魏同贤	男	上海古籍出版社	编审	1987 年
王　勉	男	上海古籍出版社	编审	1987 年
陈邦炎	男	上海古籍出版社	编审	1987 年
汪贤度	男	上海古籍出版社	编审	1987 年
陆　枫	男	上海古籍出版社	编审	1987 年
陈振鹏	男	上海古籍出版社	编审	1988 年
金性尧	男	上海古籍出版社	编审	1988 年
富寿荪	男	上海古籍出版社	编审	1988 年
包敬第	男	上海古籍出版社	编审	1988 年
杨友仁	男	上海古籍出版社	编审	1988 年
于在春	男	上海古籍出版社	编审	1989 年
叶　冈	男	上海古籍出版社	编审	1989 年
周华严	男	上海古籍出版社	编审	1989 年
刘哲民	男	上海古籍出版社	编审	1989 年
李国章	男	上海古籍出版社	编审	1990 年
赵昌平	男	上海古籍出版社	编审	1992 年
高章采	男	上海古籍出版社	编审	1995 年
李学颖	女	上海古籍出版社	编审	1995 年
李剑雄	男	上海古籍出版社	编审	1997 年
史良昭	男	上海古籍出版社	编审	1998 年
王兴康	男	上海古籍出版社	编审	1998 年
李祚唐	男	上海古籍出版社	编审	2000 年
曹光甫	男	上海古籍出版社	编审	2002 年
丁如明	男	上海古籍出版社	编审	2003 年

（续表五）

姓　名	性　别	单　　位	职　称	评定年份
吴旭民	男	上海古籍出版社	编审	2004 年
曹明纲	男	上海古籍出版社	编审	2004 年
蒋维崧	男	上海古籍出版社	编审	2004 年
聂世美	男	上海古籍出版社	编审	2004 年
黄益元	男	上海古籍出版社	编审	2004 年
章　行	男	上海古籍出版社	编审	2007 年
府宪展	男	上海古籍出版社	编审	2007 年
吕　健	男	上海古籍出版社	编审	2007 年
郭子建	男	上海古籍出版社	编审	2010 年
陈向明	女	少年儿童出版社	编审	1988 年
陈伯吹	男	少年儿童出版社	编审	1988 年
鲁　兵	男	少年儿童出版社	编审	1988 年
郑　马	男	少年儿童出版社	编审	1988 年
马如瑾	女	少年儿童出版社	编审	1988 年
任大星	男	少年儿童出版社	编审	1988 年
包启新	男	少年儿童出版社	编审	1988 年
叶　飞	男	少年儿童出版社	编审	1988 年
曹燕芳	女	少年儿童出版社	编审	1988 年
施雁冰	女	少年儿童出版社	编审	1988 年
林剑修	男	少年儿童出版社	编审	1988 年
修孟千	男	少年儿童出版社	编审	1988 年
龚淡樵	男	少年儿童出版社	编审	1988 年
任大霖	男	少年儿童出版社	编审	1989 年
严大椿	男	少年儿童出版社	编审	1989 年
黄衣青	女	少年儿童出版社	编审	1989 年
俞沛铭	男	少年儿童出版社	编审	1990 年
姜　英	男	少年儿童出版社	编审	1990 年
俞　理	女	少年儿童出版社	编审	1990 年
周　晓	男	少年儿童出版社	编审	1992 年
朱庆坪	女	少年儿童出版社	编审	1994 年
朱　彦	男	少年儿童出版社	编审	1995 年
洪祖年	男	少年儿童出版社	编审	1996 年

（续表六）

姓　名	性　别	单　位	职　称	评定年份
周舜培	女	少年儿童出版社	编审	1997 年
马永杰	女	少年儿童出版社	编审	1997 年
李名慈	男	少年儿童出版社	编审	1998 年
王一方	男	少年儿童出版社	编审	1998 年
倪绍勇	男	少年儿童出版社	编审	2000 年
王伟海	男	少年儿童出版社	编审	2003 年
朱效文	男	少年儿童出版社	编审	2003 年
任哥舒	男	少年儿童出版社	编审	2003 年
周玉洁	女	少年儿童出版社	编审	2004 年
沈振明	男	少年儿童出版社	编审	2005 年
周　晴	女	少年儿童出版社	编审	2006 年
裘树平	男	少年儿童出版社	编审	2009 年
朱丽蓉	女	少年儿童出版社	编审	2010 年
谢倩霓	女	少年儿童出版社	编审	2010 年
孙鹤鸣	男	上海科学技术出版社	编审	1988 年
汪沛霖	男	上海科学技术出版社	编审	1988 年
杨光瑶	女	上海科学技术出版社	编审	1988 年
饶忠华	男	上海科学技术出版社	编审	1988 年
姚允祥	男	上海科学技术出版社	编审	1988 年
鲍国华	男	上海科学技术出版社	编审	1990 年
龚　刚	男	上海科学技术出版社	编审	1990 年
吴智仁	男	上海科学技术出版社	编审	1990 年
陈春福	男	上海科学技术出版社	编审	1991 年
钱增英	女	上海科学技术出版社	编审	1992 年
柯如仙	女	上海科学技术出版社	编审	1993 年
戴雪文	男	上海科学技术出版社	编审	1994 年
徐荣生	男	上海科学技术出版社	编审	1994 年
潘友星	男	上海科学技术出版社	编审	1995 年
高一聪	男	上海科学技术出版社	编审	1997 年
应兴国	男	上海科学技术出版社	编审	1998 年
虞厚安	男	上海科学技术出版社	编审	1999 年
濮紫兰	女	上海科学技术出版社	编审	2000 年

（续表七）

姓　名	性　别	单　　位	职　称	评定年份
陆正华	男	上海科学技术出版社	编审	2000 年
王桂华	女	上海科学技术出版社	编审	2001 年
应小雄	男	上海科学技术出版社	编审	2001 年
刘宗达	男	上海科学技术出版社	编审	2002 年
马根娣	女	上海科学技术出版社	编审	2002 年
冯晓江	男	上海科学技术出版社	编审	2005 年
李维靖	男	上海科学技术出版社	编审	2006 年
曾建设	男	上海科学技术出版社	编审	2006 年
段　韬	女	上海科学技术出版社	编审	2007 年
李　珺	女	上海科学技术出版社	编审	2007 年
季英明	男	上海科学技术出版社	编审	2008 年
魏晓峰	男	上海科学技术出版社	编审	2009 年
巢　峰	男	上海辞书出版社	编审	1987 年
徐庆凯	男	上海辞书出版社	编审	1987 年
严庆龙	男	上海辞书出版社	编审	1987 年
赵书文	男	上海辞书出版社	编审	1987 年
尚　丁	男	上海辞书出版社	编审	1987 年
王自强	男	上海辞书出版社	编审	1987 年
王芝芬	女	上海辞书出版社	编审	1988 年
储　照	男	上海辞书出版社	编审	1988 年
严　霜	男	上海辞书出版社	编审	1988 年
黄志达	男	上海辞书出版社	编审	1988 年
陈光裕	男	上海辞书出版社	编审	1989 年
毕兆崙	男	上海辞书出版社	编审	1989 年
鲍克怡	女	上海辞书出版社	编审	1990 年
张诚濂	男	上海辞书出版社	编审	1990 年
谈宗英	男	上海辞书出版社	编审	1990 年
杨关林	男	上海辞书出版社	编审	1992 年
汤高才	男	上海辞书出版社	编审	1993 年
卢润祥	男	上海辞书出版社	编审	1994 年
薛国屏	男	上海辞书出版社	编审	1994 年
潘敬选	男	上海辞书出版社	编审	1995 年

(续表八)

姓　名	性　别	单　　位	职　称	评定年份
林飘凉	男	上海辞书出版社	编审	1996 年
祝振玉	男	上海辞书出版社	编审	1997 年
乐嘉民	男	上海辞书出版社	编审	1997 年
杨蓉蓉	女	上海辞书出版社	编审	1999 年
徐祖友	男	上海辞书出版社	编审	2000 年
于鹏彬	男	上海辞书出版社	编审	2000 年
任余白	男	上海辞书出版社	编审	2000 年
王有朋	男	上海辞书出版社	编审	2001 年
唐克敏	男	上海辞书出版社	编审	2002 年
宦荣卿	男	上海辞书出版社	编审	2002 年
蔡才宝	男	上海辞书出版社	编审	2004 年
沈伟麟	男	上海辞书出版社	编审	2004 年
杨宝林	男	上海辞书出版社	编审	2006 年
王　岳	男	上海辞书出版社	编审	2006 年
秦振庭	男	上海辞书出版社	编审	2006 年
刘文祥	男	上海辞书出版社	编审	2006 年
潘　涛	男	上海辞书出版社	编审	2006 年
张良一	男	上海辞书出版社	编审	2008 年
柳肇瑞	男	学林出版社	编审	1987 年
王界云	男	学林出版社	编审	1994 年
沈兆荣	男	学林出版社	编审	1995 年
曹维劲	男	学林出版社	编审	1999 年
张建一	男	学林出版社	编审	2005 年
林震浩	男	学林出版社	编审	2009 年
贺崇寅	男	上海远东出版社	编审	1988 年
杨泰俊	男	上海远东出版社	编审	1994 年
潘龙杰	男	上海远东出版社	编审	1997 年
章　雷	男	上海远东出版社	编审	1999 年
陈达凯	男	上海远东出版社	编审	1999 年
高克勤	男	上海远东出版社	编审	2000 年
胡启明	男	上海科技教育出版社	编审	1988 年
顾方本	男	上海科技教育出版社	编审	1988 年

（续表九）

姓　名	性　别	单　位	职　称	评定年份
王义炯	男	上海科技教育出版社	编审	1996 年
翁经义	男	上海科技教育出版社	编审	1997 年
吴延祺	男	上海科技教育出版社	编审	1998 年
卞毓麟	男	上海科技教育出版社	编审	1998 年
王福康	男	上海科技教育出版社	编审	1999 年
刘正兴	男	上海科技教育出版社	编审	2004 年
朱惠霖	男	上海科技教育出版社	编审	2004 年
洪如蕙	女	上海科技教育出版社	编审	2005 年
郑晓林	女	上海科技教育出版社	编审	2005 年
张莉琴	女	上海科技教育出版社	编审	2008 年

表 12－2－17　上海文艺出版总社及所属出版社高级专业技术人员名录

姓　名	性　别	单　位	职　称	评定年份
胡国强	男	上海文艺出版总社	高级编辑	2004 年
张晓敏	男	上海文艺出版总社	编审	2001 年
张安平	女	上海文艺出版总社	编审	2008 年
严炬新	男	上海文艺出版总社	编审	2009 年
丁景唐	男	上海文艺出版社	编审	1987 年
江曾培	男	上海文艺出版社	编审	1987 年
何礼蔚	男	上海文艺出版社	编审	1987 年
周　天	男	上海文艺出版社	编审	1987 年
顾　伦	男	上海文艺出版社	编审	1987 年
郑　镗	男	上海文艺出版社	编审	1988 年
谢泉铭	男	上海文艺出版社	编审	1989 年
范政浩	男	上海文艺出版社	编审	1990 年
邢庆祥	男	上海文艺出版社	编审	1991 年
孙　颙	男	上海文艺出版社	编审	1992 年
王存礼	男	上海文艺出版社	编审	1992 年
江俊绪	男	上海文艺出版社	编审	1993 年
郝铭鉴	男	上海文艺出版社	编审	1994 年
李丹芬	女	上海文艺出版社	编审	1994 年
何承伟	男	上海文艺出版社	编审	1995 年
陈学娅	女	上海文艺出版社	编审	1995 年

（续表一）

姓　名	性　别	单　位	职　称	评定年份
顾承甫	男	上海文艺出版社	编审	1997 年
陈保平	男	上海文艺出版社	编审	1998 年
郏宗培	男	上海文艺出版社	编审	1998 年
张贺琴	女	上海文艺出版社	编审	2000 年
王秦雁	男	上海文艺出版社	编审	2000 年
李国强	男	上海文艺出版社	编审	2001 年
姚方正	男	上海文艺出版社	编审	2002 年
徐华龙	男	上海文艺出版社	编审	2004 年
赵南荣	男	上海文艺出版社	编审	2005 年
夏一鸣	男	上海文艺出版社	编审	2007 年
姚自豪	男	上海文艺出版社	编审	2008 年
修晓林	男	上海文艺出版社	编审	2009 年
刘育文	女	上海文艺出版社	编审	2010 年
陈鸣华	男	上海文化出版社	编审	2007 年
费维耀	男	上海音乐出版社	编审	2006 年
方立平	男	上海音乐出版社	编审	2008 年
居纪晋	男	上海人民美术出版社	编审	1988 年
杨可扬	男	上海人民美术出版社	编审	1988 年
钱大昕	男	上海人民美术出版社	编审	1988 年
叶文西	男	上海人民美术出版社	编审	1988 年
杨兆麟	男	上海人民美术出版社	编审	1988 年
吴　秭	男	上海人民美术出版社	编审	1988 年
哈琼文	男	上海人民美术出版社	编审	1988 年
赵宏本	男	上海人民美术出版社	编审	1988 年
范志民	男	上海人民美术出版社	编审	1988 年
杨　涵	男	上海人民美术出版社	编审	1988 年
张苏予	男	上海人民美术出版社	编审	1988 年
朱石基	男	上海人民美术出版社	编审	1988 年
贺友直	男	上海人民美术出版社	编审	1988 年
翁逸之	男	上海人民美术出版社	编审	1989 年
周瑞庄	男	上海人民美术出版社	编审	1990 年
吴大业	男	上海人民美术出版社	编审	1990 年

（续表二）

姓　名	性　别	单　　位	职　称	评定年份
龚继先	男	上海人民美术出版社	编审	1990 年
陆宗铎	男	上海人民美术出版社	编审	1991 年
周　峰	男	上海人民美术出版社	编审	1993 年
吴士余	男	上海人民美术出版社	编审	1994 年
陆全根	男	上海人民美术出版社	编审	1995 年
刘明毅	男	上海人民美术出版社	编审	1995 年
袁春荣	男	上海人民美术出版社	编审	1996 年
李　新	男	上海人民美术出版社	编审	1997 年
杨学昭	男	上海人民美术出版社	编审	2000 年
李维琨	男	上海人民美术出版社	编审	2000 年
沈宝发	男	上海人民美术出版社	编审	2001 年
张企荣	男	上海人民美术出版社	编审	2005 年
薛建华	男	上海人民美术出版社	编审	2005 年
姚宏翔	男	上海人民美术出版社	编审	2007 年
王　义	男	上海画报出版社	编审	1988 年
安　肇	男	上海画报出版社	编审	1992 年
邓　明	男	上海画报出版社	编审	1998 年
张仲煜	男	上海锦绣文章出版社	编审	2009 年
黎　鲁	男	上海书画出版社	编审	1988 年
方去疾	男	上海书画出版社	编审	1988 年
赵　坚	男	上海书画出版社	编审	1988 年
余白墅	男	上海书画出版社	编审	1989 年
卢辅圣	男	上海书画出版社	编审	1992 年
茅子良	男	上海书画出版社	编审	1999 年
沈培方	男	上海书画出版社	编审	2002 年
舒士俊	男	上海书画出版社	编审	2003 年
王立翔	男	上海书画出版社	编审	2005 年
胡传海	男	上海书画出版社	编审	2006 年
张伟生	男	上海书画出版社	编审	2008 年
华逸龙	男	上海书画出版社	编审	2010 年
蒋维强	男	百家出版社	编审	1991 年
徐忠良	男	中西书局	编审	2006 年

表 12-2-18 高等院校出版社高级专业技术人员名录

姓　名	性　别	单　位	职　称	评定年份
浦允南	男	上海外语教育出版社	教授	1980 年
顾霞君	男	上海外语教育出版社	教授	1987 年
龚继光	男	上海外语教育出版社	教授	1988 年
庄智象	男	上海外语教育出版社	教授	1998 年
王彤福	男	上海外语教育出版社	教授	1992 年
汪义群	男	上海外语教育出版社	编审	1992 年
刘　书	女	上海外语教育出版社	编审	2002 年
石啸冲	男	华东师范大学出版社	教授	1951 年前
周原冰	男	华东师范大学出版社	教授	1980 年
钱谷融	男	华东师范大学出版社	教授	1980 年
周本湘	男	华东师范大学出版社	教授	1980 年
郭豫适	男	华东师范大学出版社	教授	1984 年
林炯如	男	华东师范大学出版社	教授	1986 年
施亚西	女	华东师范大学出版社	编审	1987 年
王铁仙	男	华东师范大学出版社	教授	1988 年
曹伯言	男	华东师范大学出版社	编审	1990 年
万中一	男	华东师范大学出版社	编审	1990 年
种明章	男	华东师范大学出版社	编审	1991 年
丑立本	男	华东师范大学出版社	编审	1991 年
张云皋	男	华东师范大学出版社	编审	1992 年
金庆祥	男	华东师范大学出版社	研究员	1992 年
李凌云	男	华东师范大学出版社	编审	1993 年
刘　凌	男	华东师范大学出版社	编审	1994 年
张圣章	男	华东师范大学出版社	编审	1994 年
张哲永	男	华东师范大学出版社	编审	1996 年
洪本健	男	华东师范大学出版社	编审	1997 年
朱杰人	男	华东师范大学出版社	教授	1997 年
阮光页	男	华东师范大学出版社	编审	1998 年
范剑华	男	华东师范大学出版社	编审	2001 年
钟明奇	男	华东师范大学出版社	编审	2002 年
姜汉椿	男	华东师范大学出版社	编审	2003 年
缪宏才	男	华东师范大学出版社	编审	2005 年

（续表一）

姓　名	性　别	单　位	职　称	评定年份
倪　明	男	华东师范大学出版社	编审	2009 年
李龙牧	男	复旦大学出版社	教授	1985 年
徐余麟	男	复旦大学出版社	编审	1994 年
张德明	男	复旦大学出版社	教授	1995 年
高若海	男	复旦大学出版社	编审	1995 年
徐志伟	男	复旦大学出版社	编审	1999 年
林骧华	男	复旦大学出版社	编审	1998 年
贺圣遂	男	复旦大学出版社	编审	2001 年
陈以鸿	男	上海交通大学出版社	编审	1987 年
叶云棠	男	上海交通大学出版社	编审	1993 年
施福升	男	上海交通大学出版社	编审	1993 年
徐德胜	男	上海交通大学出版社	编审	1993 年
江上清	女	上海交通大学出版社	编审	1996 年
张泉宝	男	上海交通大学出版社	编审	1996 年
马　波	男	上海交通大学出版社	编审	1997 年
张天蔚	男	上海交通大学出版社	编审	1998 年
韩建民	男	上海交通大学出版社	编审	2000 年
王超明	男	上海交通大学出版社	编审	2005 年
吴味隆	男	同济大学出版社	研究员	1994 年
黄国新	男	同济大学出版社	编审	1996 年
叶守仁	男	同济大学出版社	研究员	1996 年
封　云	女	同济大学出版社	研究员	2002 年
姚建中	男	同济大学出版社	编审	2003 年
王国伟	男	同济大学出版社	编审	2003 年
辜　翔	男	同济大学出版社	编审	2006 年
郭　超	男	同济大学出版社	研究员	2008 年
张平官	男	同济大学出版社	编审	2010 年
洪嘉禾	男	上海中医药大学出版社	研究员	1993 年
金文明	男	上海中医药大学出版社	编审	1994 年
朱邦贤	男	上海中医药大学出版社	研究员	1996 年
葛德宏	男	上海中医药大学出版社	研究员	1998 年
潘朝曦	男	上海中医药大学出版社	研究员	1998 年

（续表二）

姓　名	性　别	单　位	职　称	评定年份
华卫国	男	上海中医药大学出版社	研究员	2001 年
裘逸娟	女	上海财经大学出版社	教授	1986 年
谈　敏	男	上海财经大学出版社	教授	1990 年
丛树海	男	上海财经大学出版社	教授	1995 年
曹均伟	男	上海财经大学出版社	研究员	1998 年
熊诗平	男	上海财经大学出版社	编审	2002 年
汪元章	男	上海大学出版社	编审	1987 年
姚铁军	男	上海大学出版社	编审	2002 年
李顺祺	男	上海大学出版社	编审	2003 年
江振新	男	上海大学出版社	编审	2008 年
欧阳仲华	男	立信会计出版社	编审	1987 年
窦瀚修	男	立信会计出版社	研究员	1999 年
吴尚云	男	立信会计出版社	编审	2000 年

表 12 - 2 - 19　其他出版单位和中央在沪出版机构高级专业技术人员名录

姓　名	性　别	单　位	职　称	评定年份
林耀琛	男	上海三联书店	编审	1990 年
朱金元	男	上海社会科学院出版社	编审	1997 年
孙克勤	男	上海社会科学院出版社	编审	1998 年
陈如江	男	上海社会科学院出版社	编审	2002 年
陈　军	男	上海社会科学院出版社	编审	2004 年
张广勇	男	上海社会科学院出版社	编审	2007 年
张龙华	男	上海社会科学院出版社	编审	2007 年
马　达	男	文汇出版社	高级编辑	1988 年
吴振标	男	文汇出版社	高级编辑	1994 年
王均熙	男	文汇出版社	编审	2002 年
王林珍	女	上海科学技术文献出版社	编审	1992 年
项暑烽	男	上海科学技术文献出版社	编审	1992 年
童志强	男	上海科学技术文献出版社	编审	1993 年
赵　炬	男	上海科学技术文献出版社	编审	2000 年
张千里	男	上海科学普及出版社	编审	1999 年
毕淑敏	女	上海科学普及出版社	编审	1988 年

姓　名	性　别	单　　位	职　称	评定年份
陈纪宁	男	上海科学普及出版社	编审	2004 年
胡名正	男	上海科学普及出版社	编审	1999 年
安春杰	男	上海科学普及出版社	编审	2002 年
秦文君	女	中国福利会出版社	编审	2006 年
陈　苏	女	中国福利会出版社	编审	2009 年
孙　悦	女	中国福利会出版社	编审	2010 年
张怡琮	女	上海新闻出版发展公司	编审	2008 年
陈虞孙	男	中国大百科全书出版社上海分社	编审	1987 年
刘火子	男	中国大百科全书出版社上海分社	编审	1987 年
罗　洛	男	中国大百科全书出版社上海分社	编审	1987 年
何兆源	男	中国大百科全书出版社上海分社	编审	1987 年
胡　嘉	男	中国大百科全书出版社上海分社	编审	1987 年
陶家祥	男	中国大百科全书出版社上海分社	编审	1988 年
姚芳藻	女	中国大百科全书出版社上海分社	编审	1988 年
郭　云	男	中国大百科全书出版社上海分社	编审	1988 年
徐福生	男	中国大百科全书出版社上海分社	编审	1990 年
施伟达	男	中国大百科全书出版社上海分社	编审	1993 年
杨秉岩	男	中国大百科全书出版社上海分社	编审	1993 年
费良琼	男	东方出版中心	编审	1993 年
沈宝良	男	东方出版中心	编审	1999 年
石蔚春	女	东方出版中心	编审	1999 年
宋焕起	男	东方出版中心	编审	1999 年
张民权	男	东方出版中心	编审	2000 年
祝君波	男	东方出版中心	编审	2007 年
褚赣生	男	东方出版中心	编审	2009 年

表 12 - 2 - 20　期刊出版单位高级专业技术人员名录

姓　名	性　别	单　　位	职　称	评定年份
李　锋	男	中文自修杂志社	编审	2007 年
孙　毅	男	现代家庭杂志社	编审	1988 年
孙小琪	女	现代家庭杂志社	编审	1999 年
马尚龙	男	现代家庭杂志社	编审	2009 年
任雪蕊	女	现代家庭杂志社	编审	2010 年

（续表一）

姓　名	性　别	单　　位	职　称	评定年份
俞天白	男	沪港经济杂志社	编审	1993 年
章恒忠	男	学术月刊杂志社	编审	1987 年
黄迎暑	男	学术月刊杂志社	编审	1987 年
乔　彬	男	学术月刊杂志社	编审	1987 年
梁友尧	男	学术月刊杂志社	编审	1994 年
林榕立	女	学术月刊杂志社	编审	1995 年
田卫平	男	学术月刊杂志社	编审	2001 年
夏锦乾	男	学术月刊杂志社	编审	2003 年
翁美琪	女	学术月刊杂志社	编审	2003 年
谢宝耿	男	学术月刊杂志社	编审	2003 年
徐中尼	男	大江南北杂志社	高级记者	1988 年
马永杰	女	儿童时代社	编审	1999 年
王克武	男	《激光与光电子学进展》编辑部	译审	1988 年
沃新能	男	《光学学报》编辑部	编审	1990 年
雷仕湛	男	《中国激光》编辑部	编审	1992 年
李逸峰	男	《光学学报》编辑部	编审	1993 年
裴佩霞	女	《光学学报》编辑部	编审	1998 年
陈秀娥	女	《激光与光电子学进展》编辑部	编审	2000 年
叶　超	男	《光学学报》编辑部	编审	2001 年
周稳观	男	《中国激光》编辑部	编审	2002 年
杨　蕾	女	中国激光杂志社	编审	2008 年
姚　申	男	《高等学校文科学术文摘》杂志社	编审	2001 年
林凤生	男	上海大学期刊社	编审	2003 年
尤红斌	男	上海大学期刊社	编审	2004 年
袁林新	男	上海海事大学杂志总社	编审	1999 年
谭树杰	男	《华东师范大学学报》编辑部	编审	1996 年
孔祥骅	男	《华东师范大学学报》编辑部	编审	2000 年
胡范铸	男	《华东师范大学学报》编辑部	编审	2000 年
王善平	男	《华东师范大学学报》编辑部	编审	2006 年
李尚智	男	上海《支部生活》编辑部	高级编辑	1995 年
孙乐英	男	上海《支部生活》编辑部	高级记者	1996 年
徐仲达	男	上海《支部生活》编辑部	高级记者	2004 年

姓　名	性　别	单　位	职　称	评定年份
司徒伟智	男	上海《支部生活》编辑部	高级编辑	2004 年
秦维宪	男	《探索与争鸣》编辑部	编审	2009 年
丁光生	男	《中国药理学报》编辑部	研究员	1986 年
肖　宏	男	《中国药理学报》编辑部	编审	2002 年
张玉青	男	《低压电器》编辑部	教授	2007 年
韩铁马	男	《检察风云》编辑部	编审	2003 年
孙　欢	女	《咬文嚼字》编辑部	编审	2009 年

表 12－2－21　音像电子出版发行单位高级专业技术人员名录

姓　名	性　别	单　位	职　称	评定年份
夏德元	男	上海教育音像出版社	编审	2006 年
秦勤为	女	上海音像出版社	编审	1996 年
张银昌	男	上海音像出版社	编审	1996 年
陆福庆	男	上海音像公司	编审	1999 年
刘奇惕	男	上海声像出版社	编审	2005 年
周建潮	男	中国唱片上海公司	编审	2005 年
张　磊	男	中国唱片上海公司	编审	2006 年

表 12－2－22　教育与出版科研馆所高级专业技术人员名录

姓　名	性　别	单　位	职　称	评定年份
陈敬良	男	上海出版印刷高等专科学校	教授	1997 年
黄祖兴	男	上海出版印刷高等专科学校	教授	1998 年
姚海根	男	上海出版印刷高等专科学校	教授	2000 年
曾　忠	男	上海出版印刷高等专科学校	教授	2002 年
滕跃民	男	上海出版印刷高等专科学校	教授	2006 年
车茂丰	男	上海印刷技术研究所	编审	1988 年
周寿彭	男	上海印刷技术研究所	编审	1988 年
钱震之	男	上海印刷技术研究所	编审	1988 年
秦鹤仁	男	上海印刷技术研究所	编审	1988 年
顾国良	男	上海印刷技术研究所	教授级高级工程师	1999 年
倪墨炎	男	上海韬奋纪念馆	编审	1988 年
雷群明	男	上海韬奋纪念馆	编审	1993 年
林丽成	女	上海韬奋纪念馆	研究馆员	2010 年

第三节　获奖人物表

《获奖人物表》收入 1978 年至 2010 年底,上海出版界获国家及上海重要奖项的人员名录。同时收入国务院特殊津贴获得者、全国和上海市劳动模范名录。

表 12－2－23　2009 年新中国 60 年百名优秀出版人物名录

姓　名	性　别	单　　位
万启盈	男	上海市新闻出版局
万　捷	男	雅昌企业(上海)集团有限公司
江曾培	男	上海文艺出版社
宋原放	男	上海市新闻出版局
陈天桥	男	上海盛大网络发展有限公司
陈　昕	男	上海世纪出版集团
罗竹风	男	上海辞书出版社
胡道静	男	上海人民出版社
赵家璧	男	上海文艺出版社
钱君匋	男	上海文艺出版社
巢　峰	男	上海辞书出版社
舒新城	男	上海辞书出版社

表 12－2－24　2009 年新中国 60 年百名优秀出版企业家名录

姓　名	性　别	单　　位
庄智象	男	上海外语教育出版社
朱杰人	男	上海华东师范大学出版社
何承伟	男	上海文艺出版总社《故事会》文化传媒有限公司
陈　昕	男	上海世纪出版股份有限公司
陈天桥	男	上海盛大网络发展有限公司
哈九如	男	上海新华发行集团有限公司
费钧德	男	上海界龙集团有限公司
贺圣遂	男	复旦大学出版社
周建潮	男	中国唱片上海公司

表 12－2－25　2009 年新中国 60 年百名有突出贡献的新闻出版专业技术人员名录

姓　名	性　别	单　　位
陈敬良	男	上海出版印刷高等专科学校
胡大卫	男	上海世纪出版集团

姓　名	性　别	单　位
袁银昌	男	上海文艺出版社
郝铭鉴	男	上海咬文嚼字文化传播有限公司
赵昌平	男	上海古籍出版社

表 12－2－26　中国出版政府奖优秀出版人物、优秀编辑奖获得者名录

姓　名	性　别	单　位	奖　项	获奖时间
陈　昕	男	上海世纪出版集团	第一届中国出版政府奖优秀出版人物奖	2007 年
何承伟	男	上海文艺出版总社	第一届中国出版政府奖优秀出版人物奖	2007 年
赵昌平	男	上海古籍出版社	第一届中国出版政府奖优秀出版人物奖	2007 年
朱杰人	男	华东师范大学出版社	第二届中国出版政府奖优秀出版人物奖	2010 年
贺圣遂	男	复旦大学出版社	第二届中国出版政府奖优秀出版人物奖	2010 年
俞志康	男	上海烟草包装印刷有限公司	第二届中国出版政府奖优秀出版人物奖	2010 年
张晓敏	男	上海文艺出版总社	第二届中国出版政府奖优秀出版人物奖	2010 年
巢　峰	男	上海辞书出版社	第二届中国出版政府奖优秀编辑奖	2010 年
卢辅圣	男	上海书画出版社	第二届中国出版政府奖优秀编辑奖	2010 年
邵　敏	男	上海世纪文睿文化传播公司	第二届中国出版政府奖优秀编辑奖	2010 年

表 12－2－27　中国韬奋出版奖获得者名录

姓　名	性　别	单　位	奖　项	获奖时间
鲁　兵	男	少年儿童出版社	首届中国韬奋出版奖	1987 年
范志民	男	上海人民美术出版社	首届中国韬奋出版奖	1987 年
赵家璧	男	上海文艺出版社	第二届中国韬奋出版奖	1990 年
吴　莹	女	上海译文出版社	第三届中国韬奋出版奖	1993 年
鲍克怡	女	上海辞书出版社	第四届中国韬奋出版奖	1995 年
巢　峰	男	上海辞书出版社	第五届中国韬奋出版奖	1997 年
丁光生	男	上海药物杂志社	第五届中国韬奋出版奖	1997 年
江曾培	男	上海文艺出版社	第六届中国韬奋出版奖	1999 年
何承伟	男	上海文艺出版总社《故事会》编辑部	第七届中国韬奋出版奖	2001 年
吴智仁	男	上海科学技术出版社	第七届中国韬奋出版奖	2001 年
宋原放	男	上海市新闻出版局	第八届中国韬奋出版奖	2003 年
李伟国	男	上海辞书出版社	第八届中国韬奋出版奖	2003 年
庄智象	男	上海外语教育出版社	第九届中国韬奋出版奖	2006 年
贺圣遂	男	复旦大学出版社	第十届中国韬奋出版奖	2008 年

表 12‐2‐28　全国新闻出版行业领军人才名录

姓　名	性　别	单　　　位	奖　　项	获奖时间
陈敬良	男	上海出版印刷高等专科学校	首届全国新闻出版行业领军人才	2007 年
缪宏才	男	上海社会科学院出版社	首届全国新闻出版行业领军人才	2007 年
陈　昕	男	上海世纪出版集团	首届全国新闻出版行业领军人才	2008 年
张晓敏	男	上海文艺出版总社	首届全国新闻出版行业领军人才	2008 年
李　新	男	上海人民美术出版社	首届全国新闻出版行业领军人才	2008 年
秦文君	女	少年儿童出版社	首届全国新闻出版行业领军人才	2008 年
王兴康	男	上海人民出版社	首届全国新闻出版行业领军人才	2008 年
庄智象	男	上海外语教育出版社	首届全国新闻出版行业领军人才	2008 年
费维耀	男	上海音乐出版社	首届全国新闻出版行业领军人才	2008 年
陈天桥	男	上海盛大网络发展有限公司	首届全国新闻出版行业领军人才	2008 年
张　宏	男	上海外语教育出版社	全国新闻出版行业第二批领军人才	2010 年
陈　徽	男	上海文艺出版社	全国新闻出版行业第二批领军人才	2010 年
施宏俊	男	上海世纪出版集团	全国新闻出版行业第二批领军人才	2010 年
梁信军	男	上海复星高科技(集团)有限公司	全国新闻出版行业第二批领军人才	2010 年
滕跃民	男	上海出版印刷高等专科学校	全国新闻出版行业第二批领军人才	2010 年

表 12‐2‐29　全国百佳出版工作者获得者名录

姓　名	性　别	单　　　位	奖　　项	获奖时间
巢　峰	男	上海辞书出版社	首届全国百佳出版工作者	1996 年
吴智仁	男	上海科学技术出版社	首届全国百佳出版工作者	1996 年
魏昌富	男	少年儿童出版社	首届全国百佳出版工作者	1996 年
钱永林	男	上海新华书店静安区店	首届全国百佳出版工作者	1996 年
顾林凡	男	上海科学技术出版社	首届全国百佳出版工作者	1996 年
李伟国	男	上海辞书出版社	第二届全国百佳出版工作者	1998 年
郁椿德	男	上海人民出版社	第二届全国百佳出版工作者	1998 年
包南麟	男	上海教育出版社	第二届全国百佳出版工作者	1998 年
何承伟	男	上海文艺出版社	第二届全国百佳出版工作者	1998 年
潘友星	男	上海科学技术出版社	第二届全国百佳出版工作者	1998 年
李国章	男	上海古籍出版社	第三届全国百佳出版工作者	2000 年
袁正守	女	上海教育出版社	第三届全国百佳出版工作者	2000 年
应小雄	男	上海科学技术出版社	第三届全国百佳出版工作者	2000 年
陈木林	男	新华书店上海发行所	第三届全国百佳出版工作者	2000 年

（续表）

姓　名	性别	单　　位	奖　项	获奖时间
王伟海	男	上海科学技术出版社	第三届全国百佳出版工作者	2000 年
郭志坤	男	上海人民出版社	第四届全国百佳出版工作者	2002 年
胡大卫	男	上海科学技术出版社	第四届全国百佳出版工作者	2002 年
庄智象	男	上海外语教育出版社	第四届全国百佳出版工作者	2002 年
丁　法	男	上海商务印刷厂	第四届全国百佳出版工作者	2002 年
陆介蓉	女	上海新华书店音像公司公司	第四届全国百佳出版工作者	2002 年
周建潮	男	中国唱片上海公司	第四届全国百佳出版工作者	2002 年
高若海	男	复旦大学出版社	第五届全国百佳出版工作者	2004 年
王兴康	男	上海古籍出版社	第五届全国百佳出版工作者	2004 年
张跃进	男	上海科学技术出版社	第五届全国百佳出版工作者	2004 年
潘晓东	男	上海中华印刷厂	第五届全国百佳出版工作者	2004 年
史再裕	男	上海新华书店徐汇区店	第五届全国百佳出版工作者	2004 年
孟庆和	男	上海外语音像出版社	第五届全国百佳出版工作者	2004 年
张爱兰	女	上海生物化学与细胞生物学	第五届全国百佳出版工作者	2004 年

表 12 - 2 - 30　毕昇印刷技术奖获得者名录

姓　名	性别	单　　位	奖　项	获奖时间
吕　纪	男	上海印刷学校	首届毕昇印刷技术奖	1987 年
陈岳兴	男	上海凹凸彩印厂	首届毕昇印刷技术奖	1987 年
周寿彭	男	上海印刷技术研究所	第二届毕昇印刷技术奖	1989 年
施旦民	男	上海人民机器厂	第三届毕昇印刷技术奖	1991 年
徐志放	男	上海市印刷公司	第三届毕昇印刷技术奖	1991 年
杨海蛟	男	上海油墨总厂	第四届毕昇印刷技术奖	1993 年
万启盈	男	上海市新闻出版局	第五届毕昇印刷技术奖	1997 年
车茂丰	男	上海《印刷杂志》社	第六届毕昇印刷技术奖	2000 年
费钧德	男	上海界龙集团有限公司	第六届毕昇印刷技术奖	2000 年
蔡春华	男	上海纺印印刷包装有限公司	第七届毕昇印刷技术奖	2003 年
李成忠	男	上海印刷(集团)有限公司	第八届毕昇印刷技术奖	2005 年
万　捷	男	雅昌企业(上海)集团有限公司	第八届毕昇印刷技术奖	2005 年
胡雄卿	男	上海电气包装机械集团	第九届毕昇印刷杰出成就奖	2007 年
俞志康	男	上海烟草包装印刷有限公司	第十届毕昇印刷杰出成就奖	2009 年

注：从第九届起，毕昇印刷技术奖更名为毕昇印刷杰出成就奖。

表 12‑2‑31　中国书刊发行奖获得者名录

姓　名	性　别	单　　位	奖　　项	获奖时间
张金福	男	新华书店上海发行所	首届中国书刊发行奖	1997 年
王锦华	男	上海新华书店黄浦区店	首届中国书刊发行奖	1997 年
樊秀珍	女	上海图书公司	首届中国书刊发行奖	1997 年
应新华	男	少年儿童出版社	首届中国书刊发行奖	1997 年
张伟民	男	上海外文图书公司	首届中国书刊发行奖	1997 年
张瑞芷	男	上海外文图书公司	第二届中国书刊发行奖	1999 年
忻　愈	男	上海音乐图书公司	第二届中国书刊发行奖	1999 年
王高潮	男	上海新华书店杨浦区店	第二届中国书刊发行奖	1999 年
顾金良	男	上海辞书出版社发行所	第二届中国书刊发行奖	1999 年
吴明霞	女	上海图书公司上海旧书店	第二届中国书刊发行奖	1999 年
史再裕	男	上海新华书店徐汇区店	第三届中国书刊发行奖	2001 年
张文豹	男	上海新华书店宝山区店	第三届中国书刊发行奖	2001 年
许　鸣	男	上海新华书店嘉定区店	第三届中国书刊发行奖	2001 年
刘瑞刚	男	上海世纪出版集团发行中心	第三届中国书刊发行奖	2001 年
朱文艺	男	复旦大学出版社发行部	第三届中国书刊发行奖	2001 年
彭卫国	男	上海图书公司	第四届中国书刊发行奖	2003 年
赵建平	男	上海书城	第四届中国书刊发行奖	2003 年
吴新华	男	上海外文图书公司	第四届中国书刊发行奖	2003 年
杜士衡	男	上海新华书店浦东新区店	第四届中国书刊发行奖	2003 年
周　皓	男	上海科学技术出版社	第四届中国书刊发行奖	2003 年

表 12‑2‑32　全国劳动模范(先进工作者)和上海市劳动模范、模范集体名录

名　　单	奖　项	年　度
尹鹏　　上海新华书店普陀区店	全国先进生产者	2000 年度
张英光　　上海科技教育出版社	全国劳动模范	2010 年度
欧阳仲华　　立信会计出版社	上海市劳动模范	1979 年度
祝庆英(女)　　上海文艺出版社	上海市劳动模范	1979 年度
汪永健　　上海字模一厂	上海市劳动模范	1979 年度
舒荣权　　上海照相制版厂	上海市劳动模范	1979 年度
沈文凤(女)　　上海新华书店黄浦区店	上海市劳动模范	1979 年度
唐德源　　上海市印刷七厂	上海市劳动模范	1979 年度
郑炳中　　上海辞书出版社	上海市劳动模范	1981 年度

（续表一）

名　　　单	奖　项	年　度
祝庆英（女）　　上海文艺出版社	上海市劳动模范	1981 年度
汪永健　　上海字模一厂	上海市劳动模范	1981 年度
王寄根　　上海新华书店青浦区店	上海市劳动模范	1981 年度
杨灶生　　上海商务印刷厂	上海市劳动模范	1983 年度
成效愚　　上海外文书店	上海市劳动模范	1983 年度
倪延英（女）　　上海译文出版社	上海市劳动模范	1983 年度
郑炳中　　上海辞书出版社	上海市劳动模范	1983 年度
成效愚　　上海外文书店	上海市劳动模范	1985 年度
印德明　　上海印刷集团有限公司	上海市劳动模范	1987 年度
陶雪华（女）　　上海译文出版社	上海市劳动模范	1987 年度
钟学敏　　上海市印刷七厂	上海市劳动模范	1989 年度
顾杰　　上海书画出版社	上海市劳动模范	1995 年度
尹鹏　　上海新华书普陀区店	上海市劳动模范	1997 年度
洪如蕙（女）　　上海科技教育出版社	上海市劳动模范	1997 年度
冯战（女）　　上海教育出版社	上海市劳动模范	1998—2000 年度
周舜培（女）　　少年儿童出版社	上海市劳动模范	1998—2000 年度
黄绮玉（女）　　上海新华书店港汇店	上海市劳动模范	1998—2000 年度
包南麟　　上海教育出版社	上海市劳动模范	2001—2003 年度
薛克　　中华印刷有限公司	上海市劳动模范	2001—2003 年度
曹利群　　上海人民出版社	上海市劳动模范	2001—2003 年度
张英光　　上海科技教育出版社	上海市劳动模范	2004—2006 年度
姚宏翔　　上海人民美术出版社	上海市劳动模范	2004—2006 年度
周平　　新华传媒连锁上海书城	上海市劳动模范	2004—2006 年度
王兴康　　上海古籍出版社	上海市劳动模范	2007—2009 年度
卢辅圣　　上海书画出版社	上海市劳动模范	2007—2009 年度
海峰印刷厂胶印车间	上海市模范集体	1981 年度
上海科学技术出版社《科学种田》编辑部	上海市模范集体	1983 年度
中华印刷厂彩印电分机组	上海市模范集体	1983 年度
上海人民出版社《青年一代》编辑室	上海市模范集体	1983 年度
上海中华印刷厂彩印车间地图组	上海市模范集体	1985 年度
上海人民出版社政治法律编辑部	上海市模范集体	1989 年度
上海辞书出版社语词编辑室	上海市模范集体	1991 年度

(续表二)

名　　单	奖　项	年　度
上海市美术印刷厂胶印车间4色3号组	上海市模范集体	1993年度
上海图书公司博古斋书刊收购整理组	上海市模范集体	1993年度
上海文艺出版社《故事会》编辑部	上海市模范集体	1995年度
上海文艺出版社《故事会》编辑部	上海市模范集体	1997年度
上海人民出版社第四编辑部第十四策划编辑室	上海市模范集体	1997年度
上海市印刷三厂制卡中心	上海市模范集体	2000年度
上海科学技术出版社《上海服饰》编辑部	上海市模范集体	2000年度
上海科学技术出版社医学编辑部	上海市模范集体	2001—2003年度
上海译文出版社版权室	上海市模范集体	2001—2003年度
上海文艺出版总社《咬文嚼字》编辑部	上海市模范集体	2004—2006年度
少年儿童出版社《十万个为什么》项目组	上海市模范集体	2010—2014年度

表12-2-33　全国新闻出版系统先进集体、先进工作者和劳动模范名录

名　　单	奖　项	年　度
上海译文出版社	全国新闻出版系统先进集体	1992年
少年儿童出版社	全国新闻出版系统先进集体	1992年
上海音乐图书公司	全国新闻出版系统先进集体	1992年
上海印刷技术研究所	全国新闻出版系统先进集体	1992年
上海辞书出版社	全国新闻出版系统先进集体	1992年
上海市印刷七厂	全国新闻出版系统先进集体	1992年
上海中华印刷厂	全国新闻出版系统先进集体	1992年
上海人民出版社	全国新闻出版系统先进集体	1997年
上海文艺出版社《故事会》编辑部	全国新闻出版系统先进集体	1997年
少年儿童出版社	全国新闻出版系统先进集体	1997年
上海市印刷七厂	全国新闻出版系统先进集体	1997年
金山县新华书店	全国新闻出版系统先进集体	1997年
上海古籍出版社	全国新闻出版系统先进集体	2006年
《咬文嚼字》编辑部	全国新闻出版系统先进集体	2006年
上海书城	全国新闻出版系统先进集体	2006年
上海中华印刷有限公司	全国新闻出版系统先进集体	2006年
上海新闻出版教育培训中心培训部	全国新闻出版系统先进集体	2006年
叶麟鎏　　上海译文出版社	全国新闻出版系统先进工作者	1992年

（续表）

名　　　单	奖　　项	年　　度
赵昌平　　上海古籍出版社	全国新闻出版系统先进工作者	1992 年
沈海亭　　上海商务印刷厂	全国新闻出版系统先进工作者	1992 年
许鸣　　上海嘉定县新华书店	全国新闻出版系统先进工作者	1992 年
陈爱红（女）　　上海美术印刷厂	全国新闻出版系统先进工作者	1992 年
王克美　　上海市印刷七厂	全国新闻出版系统先进工作者	1992 年
翁经义　　上海科技教育出版社	全国新闻出版系统先进工作者	1992 年
吴智仁　　上海科技教育出版社	全国新闻出版系统先进工作者	1997 年
祝君波　　上海书画出版社	全国新闻出版系统先进工作者	1997 年
陈和　　上海教育出版社	全国新闻出版系统先进工作者	1997 年
冯桂民　　上海中华印刷厂胶印专业厂	全国新闻出版系统劳动模范	1997 年
卢辅圣　　上海书画出版社	全国新闻出版系统先进工作者	2006 年
郁椿德　　上海世纪出版集团	全国新闻出版系统先进工作者	2006 年
王建才　　上海市新华发行集团有限公司	全国新闻出版系统劳动模范	2006 年
朱国范　　上海三印时报印刷有限公司	全国新闻出版系统劳动模范	2006 年

表 12 - 2 - 34　国务院特殊津贴获得者名录

姓　　名	性　　别	单　　位	年　　度
巢　峰	男	上海辞书出版社	1991 年
胡道静	男	上海人民出版社	1991 年
陈伯吹	男	少年儿童出版社	1991 年
任大霖	男	少年儿童出版社	1991 年
鲍克怡	女	上海辞书出版社	1992 年
李俊民	男	上海古籍出版社	1992 年
钱伯城	男	上海古籍出版社	1992 年
魏同贤	男	上海古籍出版社	1992 年
戴可霁	女	上海教育出版社	1992 年
姚允祥	男	上海科学技术出版社	1992 年
钱增英	女	上海科学技术出版社	1992 年
宋　存	男	上海人民出版社	1992 年
杨可扬	男	上海人民美术出版社	1992 年
陆全根	男	上海人民美术出版社	1992 年
卢辅圣	男	上海书画出版社	1992 年

（续表一）

姓　名	性　别	单　　位	年　度
张耀祖	男	上海外文图书公司	1992 年
丁景唐	男	上海文艺出版社	1992 年
何礼蔚	男	上海文艺出版社	1992 年
江曾培	男	上海文艺出版社	1992 年
吴　莹	女	上海译文出版社	1992 年
骆兆添	男	上海译文出版社	1992 年
任溶溶	男	上海译文出版社	1992 年
顾国良	男	上海印刷技术研究所	1992 年
柳肇瑞	男	学林出版社	1992 年
朱杰人	男	华东师范大学出版社	1992 年
阮智富	男	汉语大词典出版社	1993 年
徐庆凯	男	上海辞书出版社	1993 年
李国章	男	上海古籍出版社	1993 年
曹余章	男	上海教育出版社	1993 年
吴智仁	男	上海科学技术出版社	1993 年
任　侃	男	上海科学技术出版社	1993 年
林克勤	男	上海人民出版社	1993 年
郝盛潮	男	上海人民出版社	1993 年
贺友直	男	上海人民美术出版社	1993 年
徐　炜	男	上海图书公司	1993 年
钱君匋	男	上海文艺出版社	1993 年
秦　浩	男	上海文艺出版社	1993 年
赵家璧	男	上海文艺出版社	1993 年
何承伟	男	上海文艺出版社	1993 年
汪天盛	男	上海新华书店	1993 年
包文棣	男	上海译文出版社	1993 年
叶麟鎏	男	上海译文出版社	1993 年
孙家晋	男	上海译文出版社	1993 年
盛俊峰	男	上海译文出版社	1993 年
陶雪华	女	上海译文出版社	1993 年
章　雷	男	上海远东出版社	1993 年
孙峻青	男	少年儿童出版社	1993 年

（续表二）

姓　名	性　别	单　位	年　度
鲁　兵	男	少年儿童出版社	1993 年
傅元恺	男	汉语大词典出版社	1994 年
赵昌平	男	上海古籍出版社	1995 年
李伟国	男	上海辞书出版社	1996 年
陈　和	男	上海世纪出版集团	1997 年
杨泰俊	男	上海远东出版社	1998 年
周舜培	女	少年儿童出版社	1998 年
郭志坤	男	上海人民出版社	1999 年
雷群明	男	学林出版社	1999 年
陈　昕	男	上海世纪出版集团	2000 年
郝铭鉴	男	上海文艺出版社	2000 年
翁经义	男	上海科技教育出版社	2001 年
邓　明	男	上海书画出版社	2002 年
李　新	男	上海人民美术出版社	2005 年
王兴康	男	上海古籍出版社	2007 年
郁椿德	男	上海世纪出版集团	2007 年
庄智象	男	上海外语教育出版社	2007 年
茅子良	男	上海书画出版社	2009 年

表 12－2－35　上海出版人奖获得者名录

姓　名	性　别	单　位	所获奖项	获奖时间
陈　和	男	上海世纪出版集团	首届上海出版人奖	2000 年
吴智仁	男	上海科学技术出版社	首届上海出版人奖	2000 年
郭志坤	男	上海人民出版社	首届上海出版人奖	2000 年
庄智象	男	上海外语教育出版社	首届上海出版人奖	2000 年
李伟国	男	上海辞书出版社	首届上海出版人奖	2000 年
雷群明	男	学林出版社	首届上海出版人奖	2000 年
赵昌平	男	上海古籍出版社	首届上海出版人奖	2000 年
袁银昌	男	上海文艺出版社	首届上海出版人奖	2000 年
王建才	男	上海新华书店	首届上海出版人奖	2000 年
高若海	男	复旦大学出版社	首届上海出版人奖	2000 年
龚仁俦	男	上海印刷技术研究所	首届上海出版人奖	2000 年

（续表一）

姓 名	性 别	单 位	所 获 奖 项	获奖时间
卢辅圣	男	上海书画出版社	第二届上海出版人奖	2002 年
张瑞芷	男	上海外文图书公司	第二届上海出版人奖	2002 年
李成忠	男	上海市印刷三厂	第二届上海出版人奖	2002 年
朱杰人	男	华东师范大学出版社	第二届上海出版人奖	2002 年
李名慈	男	少年儿童出版社	第二届上海出版人奖	2002 年
洪如蕙	女	上海科技教育出版社	第二届上海出版人奖	2002 年
高一聪	男	上海科学技术出版社	第二届上海出版人奖	2002 年
孙小琪	女	《现代家庭》杂志社	第二届上海出版人奖	2002 年
杨蓉蓉	女	上海辞书出版社	第二届上海出版人奖	2002 年
郝铭鉴	男	上海文化出版社	第三届上海出版人奖	2004 年
贺圣遂	男	复旦大学出版社	第三届上海出版人奖	2004 年
张英光	男	上海科技教育出版社	第三届上海出版人奖	2004 年
丁 法	男	上海商务印刷厂	第三届上海出版人奖	2004 年
张天蔚	男	上海交通大学出版社	第三届上海出版人奖	2004 年
邵 敏	男	上海人民出版社	第三届上海出版人奖	2004 年
李梦生	男	汉语大词典出版社	第三届上海出版人奖	2004 年
顾林凡	男	百家出版社	第三届上海出版人奖	2004 年
孟庆和	男	上海外语音像出版社	第三届上海出版人奖	2004 年
张爱兰	女	上海生物化学与细胞生物学研究所	第三届上海出版人奖	2004 年
曹维劲	男	学林出版社	第四届上海出版人奖	2006 年
吴士余	男	上海三联书店	第四届上海出版人奖	2006 年
茅子良	男	上海书画出版社	第四届上海出版人奖	2006 年
高克勤	男	上海古籍出版社	第四届上海出版人奖	2006 年
熊诗平	男	上海财经大学出版社	第四届上海出版人奖	2006 年
杜荣根	男	复旦大学出版社	第四届上海出版人奖	2006 年
潘晓东	男	上海中华印刷厂	第四届上海出版人奖	2006 年
沈康年	男	上海印刷技术研究所杰申电脑排版公司	第四届上海出版人奖	2006 年
李 新	男	上海人民美术出版社	第四届上海出版人奖	2006 年
金良年	男	上海书店出版社	第四届上海出版人奖	2006 年
彭卫国	男	上海辞书出版社	第五届上海出版人奖	2008 年
胡大卫	男	上海世纪出版集团	第五届上海出版人奖	2008 年
翁经义	男	上海科技教育出版社	第五届上海出版人奖	2008 年

（续表二）

姓　名	性　别	单　　位	所 获 奖 项	获奖时间
王兴康	男	上海古籍出版社	第五届上海出版人奖	2008 年
陈鸣华	男	上海文化出版社	第五届上海出版人奖	2008 年
陈天桥	男	上海盛大网络发展有限公司	第五届上海出版人奖	2008 年
丁荣生	男	上海人民出版社	第五届上海出版人奖	2008 年
郏宗培	男	上海文艺出版社	第五届上海出版人奖	2008 年
姚铁军	男	上海大学出版社	第五届上海出版人奖	2008 年

第十三篇

专记

《辞海》从第一版到第六版

《辞海》是以字带词，集字典、语文词典和百科词典主要功能于一体，并以百科知识为主的国内唯一的大型综合性词典。自 1915 年由出版家陆费逵动议编纂到 2009 年第六版出版，《辞海》已走过近百年的路程，其间经历过五次修订，传承人类文明，反映时代进步。

一、《辞海》的编纂历史

《辞海》（第一版）：开基立业。

1915 年，在商务印书馆出版《辞源》后，中华书局总经理陆费逵（伯鸿）与同仁徐元诰、范源濂等商议，编一部超过《辞源》的大辞典，书名定为《辞海》。陆费逵四处物色编纂主事者，从 1923 年到 1928 年 4 月先后相邀 7 次，最终感动了舒新城。舒新城答应主持《辞海》编纂工作。经过 8 年苦心孤诣，更有十几位编纂者 21 年默默无闻的辛劳，1936 年《辞海》上册出版，1937 年《辞海》下册出版。《辞海》（第一版）共收单字条目 13 955 个，多字条目中的语词条目 21 724 个，百科条目 50 124 个，总条目数 85 803 个，正文总字数 637 万，版面总字数 676 万。

《辞海》（第一版）以当时世界上通行的韦氏大词典为体系，收词范围不仅着眼历史典籍中的旧词，而且收入当时发生的重大事件，如"塘沽协定""上海事变""甲午之战""山东问题"等，彰显了民族大义。在当时的时代背景下，这是冒着极大政治和经济风险的。中华书局内部有人对舒新城的做法持反对意见，主张把《辞海》语词部分改为只收旧词的《国语大词典》，自然科学部分另编成《自然科学辞典》出版，并提出把《辞海》中出现的人名、地名等一概取消，以免日本人找麻烦。舒新城坚决反对。他认为日本出版的词典对"上海事件"之类条目多有颠倒是非之处，"我以立场不同，绝不能将日人的污蔑之词一一抄入，替政府增罪名，替强邻造反证"，表现出中国知识分子的铮铮铁骨。

《辞海》（第一版）收入一大批政治条目，坚持中国人的立场。如【塘沽协定】条称："日军自九一八（参阅九一八之役）起，侵占我国辽、吉、热、黑四省后，又陆续向关内进兵，威胁平、津……。"【山东问题】条称："民国四年，欧战初起，日本以对德宣战为名，占领胶州青岛以及胶济路……。"这些词条适应了当时国家民族救亡图存的时代气氛，因此《辞海》一出版，即获社会广泛赞誉。同时，由于《辞海》出版晚于《辞源》，使其得以借鉴和吸收《辞源》的优点，克服其缺点。如单字的音义分辨较详；词语的解释比较确切；引证完善，并出作者名、书名和篇名，便于读者查考；体例比较严整，等等。《辞海》出版后销量超过了《辞源》。

《辞海》（第二版）：脱胎换骨。

1949 年新中国成立，中国社会制度发生翻天覆地的变化。而经过第二次世界大战，世界格局的变化也很大。《辞海》（第一版）已不能适应读者的需求，许多条目还存在着半殖民地半封建社会的烙印。如将【九一八之役】条定义为"日本军队在我国东北四省开始行动之战役"；【台湾海峡】条中称"日属台湾"。有些条目的定义存在不少问题，如释"神"为"天神，引发万物也"，释"鬼"为"人所归为鬼",等等。《辞海》必须作脱胎换骨的改造。

1957年9月17日,毛泽东在上海接见舒新城,对舒新城提出修订《辞海》和出版百科全书的建议表示极为赞成,主张先修订《辞海》,并请舒新城继续挂帅。随后,国务院把修订《辞海》的任务交给上海,1958年在上海成立中华书局辞海编辑所(上海辞书出版社前身),舒新城为主任,李俊民为副主任。1959年成立辞海编辑委员会,舒新城为主任,罗竹风、曹漫之为副主任。1960年舒新城逝世。1961年陈望道继任辞海编辑委员会主任、《辞海》主编。经过历时八年的编纂,1965年《辞海》(未定稿,即第二版)作为内部出版物出版。《辞海》(第二版)修订原则强调"外行看得懂,内行说不错","有意识地选择政治上能鼓舞人或生活上有意义的事例作证";淘汰了一部分不适合的条目,增加反映马克思列宁主义、毛泽东思想的条目和反映社会主义国家的条目,以体现新时期在政治、社会生活以及其他各方面的新变化;同时对旧有条目进行大规模修订。第二版16开,上下两册,1 116万字,从总体上说,文字比较简练,体例比较严谨,特别是运用马克思主义观点对20世纪30年代至60年代初的世界风云变化作了记载和概括。

但《辞海》(第二版)也留有时代的烙印。如【中国人民解放军】【井冈山会师】等条目违背历史事实,把林彪名字排在朱德之后、陈毅之前,俨然成为会师的领导人。由于彭德怀受到错误批判,《辞海》(第二版)删去了【平江起义】【百团大战】等条目,在【八路军】【第一野战军】等条目中也不提彭德怀。因田汉受到"批评",连【义勇军进行曲】也干脆不收了。关于陈独秀在【中国共产党】条目中不提他是首任党的总书记,等等。

《辞海》(第三版):拨乱反正。

1976年粉碎"四人帮",结束了十年动乱。为向新中国成立30周年献礼,1978年10月,国家出版局多次向上海市出版局传达中宣部指示,要求1979年国庆前出版新一版《辞海》。当时面临的困难巨大。首先,1977年《辞海》第二任主编陈望道逝世,谁来做《辞海》掌门人,并组织队伍,在短时间内高质量地完成编纂修订任务? 其次,许多重大的禁区还没有突破,如刘少奇等重大冤假错案还没有结论;"无产阶级专政下继续革命""阶级斗争""路线斗争"怎么写?"文化大革命"怎么写? 有一些重要人物如陈独秀、瞿秋白、林彪、康生、谢富治等条目怎么写? 国民党以及台湾问题怎么写? 孔子、海瑞、李秀成等历史人物怎么写? 美帝、"苏修"怎么写? 第三,编纂修订工作以《辞海》(未定稿)为底稿,但未定稿带有明显的"左"的倾向,在修订过程中如何消除这些倾向?

当时,上海辞书出版社在中华书局辞海编辑所的基础上刚刚更名成立。社长束纫秋等社领导迅速提出了出版方案。上海市委成立以市委书记王一平为组长的辞海编辑出版领导小组,同时决定由夏征农任主编,并请尚未"解放"的罗竹风出山继续任副主编,主持常务工作。在夏征农、罗竹风等支持下,上海辞书出版社副总编辑巢峰起草了《〈辞海〉处理稿件的几点具体意见》,共8条39款,大胆否定《辞海》编纂中存在的"左"的倾向。在编纂队伍方面,组织了近百位学者集中修订,同时向上海人民、科技、文艺等出版社商调了几十名编辑和校对人员,夜以继日、通宵达旦地展开编纂修订工作。1979年7月,《辞海》(第三版)编纂完成,共收单字条目14 872个,多字条目中的语词条目22 741个,百科条目68 965个,总条目数106 578个,总字数1 342.8万多字,册数从两册变为三册。《辞海》(第三版)在客观上承担了改革开放初期思想解放的任务,成为改革开放的一支报春花。许多词条的释文具有突破性。如涉及"文化大革命"的一些条目在处理方法上十分大胆。"文化大革命"肯定的事物,如破四旧、大串联、一月风暴、夺权、大联合、斗批改、资产阶级知识分子、五七干校等等,一律不收,在实质上予以否定。凡"文化大革命"否定的事物,如四五运动,以及瞿秋白、罗瑞卿、邓拓、吴晗、田汉、周信芳等人物,则予以列目,充分肯定。刘少奇因尚未平反,暂不予列目。

涉及台湾词条的释义原则是："不用'一定要解放台湾'的口号,不用'窃据''盘踞''尚待解放'等用语,强调祖国统一,反对台独。对台湾的经济、文化和社会生活,尊重事实,不随便使用'残酷剥削''民不聊生''经济凋敝'等字眼。"相关军事条目方面,经辞海编辑委员会请示中央,最后由邓小平批示,责成军事科学研究院承担编纂任务。

《辞海》(第三版)是在真理标准大讨论和党的十一届三中全会召开后出版的,因思想解放,释义新颖,受到全社会广泛关注。从这一版《辞海》开始,确立了十年一修订的制度,建立起较为稳定的作者和编辑队伍。

《辞海》(第四版):精益求精。

《辞海》(第四版)编纂修订工作于1984年启动,1989年出版。党的十一届三中全会后,社会主义现代化建设成为国家的主要任务,随着经济和社会发展,人们的思想观念也进一步解放。这充分反映在《辞海》(第四版)的修订中。

1. 建立了较为完整的学科体系。社会学、美学、伦理学、政治学、固体物理学、环境保护等学科成为独立学科,完善了内部的学科体系,反映了时代的需求和学术的发展。

2. 进一步清除了"左"的残余。如【文化大革命】条,定性为"给党、国家和各族人民带来严重灾难的内乱",予以彻底否定。在人物概括语中不再"戴帽子""贴标签"。对有些术语类条目,改为"中性"介绍。

3. 增补条目,准确反映历史事实。如反映抗日战争历史的条目,原来只强调中国共产党领导的战争,第四版增补了国民党正面战场的条目。

4. 订正错误,更新内容,进一步完善了释文。如【专利权】条,原来的释文是"资本主义国家发明人对其成果享有独占和经营获利的权利。在社会主义国家,专利权属于国家",第四版彻底进行了改写。

5. 检索方式上,在原有的笔画查字表、拼音索引、外文索引以及部首查字表之外,增加了四角号码检字索引。

《辞海》(第五版):与时俱进。

《辞海》(第五版)编纂修订工作于1996年启动,1999年出版。《辞海》(第五版)收入单字19 485个(含繁体字和异体字),总条目122 835条,总字数1 983万字。第五版一改以前的黑白印刷加线描图的形式,以彩图本为主体版本,并由江泽民题写书名。在内容方面,也体现了"与时俱进"的原则:

新的词目:新增词目6 000条,大部分是近十年新出现的词语。既有普通语词,也有百科条目。

新的解释:大量政治、经济、科技、地名等条目,作了新的解释,反映了国际形势、国内经济体制、科学技术等的重大变化。

新的规范:法律、行政、科技等方面出台了许多新的规范,新版《辞海》都按照新规范行文。

新的数据:对于数以万计的人口数、产量数和各项经济值以及一切涉及数据的条目,凡有资料变动者均予更新。

新的图片:通过多种途径和渠道,向有关部门征集了1.6万余幅彩色照片,彩图本《辞海》是我国大型辞典中之首创。

新的编排:考虑到读者查检习惯,将主体版本从原来的按部首编排改为按拼音音序编排。

《辞海》(第六版):继往开来。

《辞海》(第六版)编纂修订工作于2005年启动,2009年出版,由夏征农、陈至立担任主编。其篇幅较第五版略增,总字数约2 200万字,比第五版增加约10%,总条目近12.7万条。除了新增条目,在原有条目中,也大量援引新的提法,作出新的解释,反映新的情况,执行新的规范,运用新的数据。

在增补以前遗漏的词目、音项、义项和释文内容,改正解释、资料、文字、符号等差错,精简不必要的词目和不合适的释文等方面亦着力甚多,充分反映了新中国成立60年和改革开放30年的新事物、新成果。

第六版的创新之处有:

1. 增补并充实了有关邓小平理论的条目,增收了"三个代表"重要思想及其系列条目,增收了科学发展观及其系列条目,使中国特色社会主义理论体系条目形成系列,同时使马克思主义和科学社会主义在中国的发展的条目形成系列。

2. 突破《辞海》只收古代汉语的惯例,增收5 000多条常用的近现代汉语和网络用语,更加贴近群众,贴近生活,贴近实际,贴近时代。

3. 增加大量科学技术条目,反映科学技术的飞速发展。如航天科学、生物学、医学、纺织学,以及反映我国新的建设成就的标志性工程和建筑,等等。

4. 传统学科推陈出新。表现在文学、艺术和传播、出版、历史地理等学科的收词和释义上,都体现了新的发展变化和新的研究成果。

5. 开展数字化方面的探索。《辞海》(第六版)除了出版主体版本彩图本以及普及本、缩印本等纸质版本外,2010年3月还推出以《辞海》(第六版)为主要内容的辞海悦读器。

二、新中国《辞海》编纂的主要特点

《辞海》的编纂在新中国成立后实现了脱胎换骨式的变化。综观第二版到第六版《辞海》的编纂修订,主要有以下几个特点:

一是编纂修订工作始终得到党和国家领导人的亲切关怀。《辞海》是我国重大文化工程,代表了我国的文化软实力。1957年毛泽东采纳舒新城建议决定修订《辞海》,并把这一任务交给上海。1974年邓小平对《辞海》修订作出重要批示。1998年江泽民为《辞海》题写书名,1999年接见《辞海》主编、副主编。2004年胡锦涛看望《辞海》主编夏征农,勉励做好《辞海》修订工作。2009年中宣部和新闻出版总署在北京人民大会堂召开《辞海》出版总结表彰大会,中央有关领导在会前接见《辞海》编纂出版人员并作重要讲话。上海市委、市政府也对《辞海》编纂修订工作高度重视,一直给予大力支持。

二是拥有两支高水平的、相对稳定的队伍。1936年版《辞海》(即第一版)受当时客观条件的限制,编纂队伍仅有一支,十七八个人。新中国成立后组建了两支编纂队伍,一支是作者队伍,一支是编辑出版队伍。作者队伍中,网罗了全国一流的专家、学者,如舒新城、陈望道、赵朴初、张友渔、钱伟长、周予同、裴沸然、苏步青、李国豪、谈家桢、郭绍虞、刘大杰、沈克非、程门雪、周信芳、俞振飞、贺绿汀、丰子恺、蒋孔阳、周谷城、谭其骧、朱物华、冯契、石美鑫、谢希德、费孝通、叶叔华、翁史烈、杨福家等。此外,中央文献研究室、中央党史研究室、中央编译局、国家宗教事务局、军事科学院、中国社会科学院、国家测绘局等有关部门和单位都组织力量参与编纂《辞海》条目。编辑出版队伍中,有夏征农、石西民、赵超构、李俊民、杭苇、罗竹风、陈落、束纫秋、巢峰、严霜、杨祖希、陈昕、鲍克怡、徐庆凯、杨关林、王芝芬、严庆龙、李伟国等。这支队伍在学科专业知识上包罗齐全,具有辞书编纂的经验,其中不乏在某个研究领域很有造诣的专家。两支队伍保持相对的稳定性,并有新的力量不断充实进来。

三是编纂者具有创新的勇气和智慧。《辞海》第一版是有开创性的词典,在体例、收词、释义等方面比以前出版的辞典更胜一筹。第二版是对第一版脱胎换骨的改造,规定了各学科收词比例,在注音、体例、插图、编排、版式等方面都作了较大变革,并开始组建高水平的作者队伍、编辑队伍。第

三版以"解放思想、实事求是"为原则,成为突破当时思想禁锢的典范。第四版进一步健全了学科体系,进一步肃清了"左"的思想影响,成为精益求精之作。第五版适应时代的要求,收列新的词目,采用新的解释,执行新的规范,使用新的数据,选用新的图片,改革了编排方式,并出版了图文并茂的彩图版。第六版不仅出版了各种纸质版本,还适应数字化时代读者的需求,推出了辞海悦读器。

四是形成了一种"辞海精神"。1989 年 3 月 15 日,在《辞海》(第四版)即将问世之际,江泽民为《辞海》题词:"发扬一丝不苟、字斟句酌、作风严谨的'辞海'精神,为提高中华民族的文化素质而努力。"把编纂《辞海》中形成的严谨细致的工作态度和工作作风概括为"辞海精神",并把这一精神与提高中华民族的文化素质密切联系起来。这不仅对从事《辞海》编纂的人员是很大鼓舞和鞭策,更对整个出版工作有重要指导意义。

五是严密的组织工作。《辞海》在编纂过程中形成了一套严密的组织制度,包括制定编纂方案、编纂体例,组织收词论证、试写样稿、编写、定稿、编辑加工、校对、印制等工作。而制定切实可行的编纂方案和编纂手册更是组织工作的重心。舒新城在总结 1936 年版《辞海》的编纂经验教训时说,当年编纂时没有一个通盘计划,各学科极不平衡,以致在第二版编纂修订时需进行脱胎换骨的改造。后来几版在编纂时,从制定比较简单的编纂计划到形成一整套较为完善的编纂方案、编纂手册,经历了几十年的摸索。如《辞海》(第二版)在编纂之前,对百科条目进行分类,规定了各学科收词的适当比例。第三版编纂时,"文化大革命"刚刚结束,很多思想禁锢还没有解除,不少重大条目撰写遇到难题,在这种情况下,《〈辞海〉处理稿件的几点具体意见》振聋发聩,为第三版《辞海》编纂指明了方向。第五版编纂之初,一整套较为完善的编纂方案形成。第六版在此基础上,进一步系统完善,确立了《辞海》编纂的方针原则、基本框架、组织架构、编排方式、时间进度、工作流程等,成为《辞海》编纂出版工作的"灵魂"。编纂手册更对收词范围、收词原则、词目的定名、词目的分级和字数、释文的撰写顺序、图片配置、各种技术规格等作了详细规定,并且在实际编纂修订过程中,对每一个步骤的具体实施也有具体要求,使作者和编辑都能做到"有章可循"。

"外国文学名著丛书"的 40 年之旅

1977 年 10 月,曾被打入"封资修"行列的《斯巴达克斯》再版,成为"文化大革命"后最早出版的外国文学名著。这本书责任编辑、上海译文出版社外国文学编辑室编辑郭振宗以"冯春"的笔名撰写前言。他觉得,知识分子的春天终于到了。

1982 年 2 月,《斯巴达克斯》被收入"外国文学名著丛书"再次出版。"外国文学名著丛书"由中科院外国文学所、人民文学出版社和上海译文出版社共同研究制定选题出版,初期名为"外国古典文学名著丛书","文化大革命"中中止。1978 年后继续出版,定名"外国文学名著丛书"。至 2000 年,丛书共出版 145 种,经历了 40 年的漫长出版之路。

1958 年,中宣部部长陆定一指示中科院文学所所长何其芳筹组一个编委会,编选一套"外国古典文学名著丛书"。后又增加了"外国古典文艺理论丛书"和"马克思主义文艺理论丛书",简称"三套丛书"。编委会集中了朱光潜、冯至、钱钟书、杨绛、季羡林、叶水夫、罗大冈、杨周翰、卞之琳、戈宝权、罗念生、杨宪益、陈占元等二三十位外国文学权威、专家以及相关出版社的主要负责人。编委会下设办事机构——工作组,负责具体事宜,由中科院文学所牵头,最早的负责人是中科院文学所研究员、翻译家戈宝权。

1961 年,"三套丛书"的编选计划制订完毕,初步确定"外国古典文学名著丛书"为 120 种,"外国古典文艺理论丛书"为 39 种,"马克思主义文艺理论丛书"为 12 种。

也就在这一年,上海市委宣传部决定成立编译所。编译所实际上是上海文艺出版社的附属机构,负责人是上海文艺出版社社长蒯斯曛。当时,上海外国文学翻译力量强大,骨干力量除出版社编辑,还有一批社会上的自由翻译家。上海编译所吸收了约 20 位没有编制的翻译家,每月发放生活津贴。津贴分为四档,罗稷南、满涛、草婴三位上海政协委员为第一档,每月 120 元,相当于处级干部工资水平。第二档 80 元,第三档 60 元,第四档 40 元。上海编译所风气较为开明,强调"三不主义"——不抓辫子、不打棍子、不戴帽子。每周翻译家来编译所开两次会,学习时事政治,自由发表意见,开会不做记录,被称为开"神仙会"。

当时,外国文学图书的出版机构全国只有两家:北京的人民文学出版社和上海文艺出版社。人民文学出版社是国家出版社,局级单位;上海文艺出版社是地方出版社,处级单位。由于两家地位不同,上海往往得绕道走。虽然选题重复或冲突时北京也有让步的时候,有时"各出各的译本",但在总体上还是以北京为主、"上海也可以出一点"、"其他地方出版社一律不出"的格局。

"外国文学名著丛书"最初计划由人民文学出版社独家出版。1961 年冬,上海市委宣传部副部长白彦带蒯斯曛和上海文艺出版社副总编辑孙家晋去北京谈判。白彦在中宣部和文化部之间穿梭联系,希望上海也能分担一部分出版任务,得到陆定一首肯。蒯斯曛和孙家晋则去文化部出版局、中科院文学所、人民文学出版社商量。文化部出版局副局长陈原和中科院文学所所长何其芳表示欢迎上海分担一部分出版任务。

几经协商,编委会同意分给上海 38 个选题,包括荷马史诗《伊利亚特》《奥德修记》、弥尔顿的《失乐园》、惠特曼的《草叶集》、乔叟的《坎特伯雷故事》、狄更斯的《荒凉山庄》《大卫·考坡菲》、夏·勃朗特的《简·爱》、艾·勃朗特的《呼啸山庄》、斯陀夫人的《汤姆大伯的小屋》、梭罗的《华尔腾》、巴尔扎克的《农民》、司汤达的《红与黑》《巴马修道院》等。另外两套丛书,一套"马克思主义文艺理论丛书"按规定由中央的国家出版社出版,另一套"外国古典文艺理论丛书"仍由北京单独承担出版任务。

蒯斯曛、包文棣和孙家晋被增补为"外国古典文学名著丛书"编委会委员。编委会每年开一两次会,会上能接触国内第一流的外国文学专家学者。更重要的是,这意味着上海也有资格出版外国一流作家的代表作了。后经协商,人民文学出版社同意上海文艺出版社出版乔叟、狄更斯、勃朗特姐妹、赫尔岑、冈察洛夫、车尔尼雪夫斯基、杜勃罗留波夫、司汤达、法朗士、高尔斯华绥、雪莱等的文集或多卷本选集。上海出版外国古典文学图书的阵容初现。

1964 年,上海文艺出版社并入人民文学出版社,改称"人民文学出版社上海分社",蒯斯曛任社长兼总编辑,包文棣和孙家晋任副总编辑。总社还给了蒯斯曛总社副社长头衔,以便北京、上海一体运作。

1966 年夏,"文化大革命"开始了,上海很多翻译界老人烧掉了自己的大量译稿,所有的出版社都停止了工作。人民文学出版社上海分社除留用少数人员负责印制毛泽东著作和领袖像外,其余人员都到上海奉贤的五七干校参加"斗批改",至此,"外国古典文学名著丛书"的出版中断了。

"文化大革命"结束后拨乱反正,"三套丛书"编委会恢复活动。1978 年 1 月 1 日,上海市出版局重建,下设 10 个专业出版社,包括在上海人民出版社编译室的基础上成立以翻译介绍外国文学、社会科学和出版外语教材为主的上海译文出版社,孙家晋担任社长。

1978 年 10 月,"三套丛书"首次工作组扩大会议在北京召开,会上传达了中宣部的指示,"三套丛书"正式恢复出版。经编委会再三研究,"文化大革命"前的编委会成员,除去病逝和健康条件不允许者,一律留任,不采取 60 岁退休的方法,只进新人,不退老人。"文化大革命"前曾在工作组工作的朱虹、柳鸣九、董衡巽、陈燊等改任编委,并特聘上海的巴金任编委。中科院外国文学所所长叶水夫主持工作组工作,和人民文学出版社副总编辑孙绳武、上海译文出版社总编辑包文棣,成为工作组最核心的三个人。

几经讨论,"外国文学名著丛书"的下限恢复到 1958 年定下的"十月革命"或第一次世界大战结束时。丛书原定选题 120 种,这时扩充为 200 种。上海译文出版社承担的选题已不止最初计划的 38 种,截至 2000 年,先后出版了 65 种。选题的确定也突破了一些老框框,譬如《傲慢与偏见》终于列入"丛书"出版,并由朱虹作序。丛书的名字略有改变,"古典"二字被拿掉了,改为"外国文学名著丛书"。

1977 年 10 月,上海人民出版社重新出版曾被打入"封资修"之列《斯巴达克斯》,这是"文化大革命"后第一部重新出版的外国文学名著。责任编辑郭振宗撰写了上万字的前言,并应约在《光明日报》发表评论文章。1982 年 2 月,《斯巴达克斯》被收入"外国文学名著丛书"出版。从 1979 年起,每年都有几种"外国文学名著丛书"的最新译作面世。由上海译文出版社出版的《简·爱》(1980)、《十日谈》(选本)(1981)、《斯巴达克斯》(1982)、《傲慢与偏见》(1985)、《呼啸山庄》(1986)等外国文学名著风靡一时。

1978 年 5 月,为缓解书荒,国家出版局组织调动全国出版印刷力量,调拨 1 500 吨纸,重印了 35 种中外文学名著投放市场,其中"外国文学名著丛书"有 16 种。各家新华书店的门口经常排起长长的买书队伍,读者通宵达旦排队购买重版的 35 种中外文学著作,60 天内上海累计发行 150 多万册。

1984 年 6 月,"外国文学名著丛书"工作组邀请上海文艺、新闻、出版等各界人士座谈,会上大家主要提了两点意见:一是出书速度太慢,有些重要选题没抓住,比如傅雷的书被安徽出版;二是书籍存在疏漏,封面颜色很怪。"外国文学名著丛书"的封面最初是编委会约请书籍装帧设计家曹辛之设计的,但人民文学出版社的美编认为其与曹辛之之前设计的另一封面雷同,都是一棵大树结着硕果,不同意采用。后编委会采用人民文学出版社美编设计的绿色网格图案。由于出书时间不同,绿色掌握深浅不一,反映不大好。但几经讨论还是沿用了下来。这套"外国文学名著丛书"也因此被藏书者称为"网格本"。

随着改革开放不断深入,各种外国文学流派纷纷涌入。1984 年,人民文学出版社、中国社会科学院外国文学研究所在首都图书馆召开读者座谈会。不少读者在发言中反映,古典名著的读者越来越少,现当代作品和美英日法文学较受欢迎。中、短篇小说比长篇小说读者更多,名人传记受青年读者喜爱。

1985 年之后,由于经费困难,多数编委又都年迈,开会诸多不便,因此不再召开编委会,丛书编辑中的问题主要由工作组处理。20 世纪 80 年代后期,已担任上海译文出版社外国文学编辑室副主任的郭振宗也加入工作组,经常和人民文学出版社的孙绳武、秦顺新,中国社会科学院外国文学研究所的叶水夫、陈燊等讨论书稿。他还担任丛书中《复活》《莱蒙托夫诗选》《当代英雄》《谢甫琴科诗选》等书的责任编辑。

1991 年,新闻出版署主办全国优秀外国文学图书奖(1980—1990)。这实际上是新中国第一次外国文学图书评奖。6 种图书获特别奖,"外国文学名著丛书"名列第一。2000 年 7 月,三套丛书的出版宣布告竣。至此,"外国文学名著丛书"已出版 145 种。

"外国文学名著丛书"根据"一流的原著、一流的译本、一流的译者"的原则进行翻译和出版工作,是新中国成立以来第一套系统介绍外国文学作品的大型丛书,也是外国文学名著翻译的奠基性工程，体现了中国外国文学研究界、翻译界和出版界的最高水平。丛书问世几十年来，受到几代读者的喜爱，为外国文学在中国的传播，增进中外文化交流作出了重要贡献。在世界文明交流互鉴空前频繁的 21 世纪，"外国文学名著丛书"仍然以系统性、权威性和普及型，为中国读者津津乐道。

表 13-2-1　上海译文出版社"外国文学名著丛书"书目

书　　名	作　者	译　　者	出版时间
十字军骑士（上、下册）	［波兰］显克维支	陈冠商	1978 年 1 月
福尔赛世家 第一部	［英］高尔斯华绥	周煦良	1978 年 2 月
福尔赛世家 第二部	［英］高尔斯华绥	周煦良	1978 年 2 月
福尔赛世家 第三部	［英］高尔斯华绥	周煦良	1978 年 2 月
玛丽·巴顿	［英］盖斯凯尔夫人	荀枚　佘贵棠	1978 年 4 月
喜剧六种	［法］莫里哀	李健吾	1978 年 5 月
傀儡（上、下册）	［波兰］普鲁斯	庄瑞源	1978 年 6 月
当代英雄	［俄］莱蒙托夫	草婴	1978 年 11 月
哈克贝里·芬历险记	［美］马克·吐温	张万里	1979 年 2 月
谁在俄罗斯能过好日子	［俄］涅克拉索夫	飞白	1979 年 3 月
喜剧五种	［英］莎士比亚	方平	1979 年 5 月
奥勃洛摩夫	［俄］冈察洛夫	齐蜀夫	1979 年 7 月
巴马修道院	［法］司汤达	郝运	1979 年 7 月
罪与罚	［俄］陀思妥耶夫斯基	岳麟	1979 年 7 月
臣仆	［德］亨利希·曼	傅惟慈	1979 年 8 月
荒凉山庄	［英］狄更斯	黄邦杰　陈少衡　张自某	1979 年 8 月
奥德修纪	［古希腊］荷马史诗	杨宪益	1979 年 9 月
农民	［法］巴尔扎克	陈占元	1979 年 11 月
艾菲·布里斯特	［德］台奥多尔·冯塔纳	韩世钟	1980 年 1 月
诗选	［俄］莱蒙托夫	余振	1980 年 6 月
简·爱	［英］夏洛蒂·勃朗特	祝庆英	1980 年 7 月
大卫·考坡菲（上、下册）	［英］狄更斯	张谷若	1980 年 10 月
傲慢与偏见	［英］奥斯汀	王科一	1980 年 10 月
复活	［俄］托尔斯泰	草婴	1980 年 10 月
莱辛戏剧两种	［德］莱辛	商章孙	1980 年 11 月
罗兰之歌	［法］佚名	杨宪益	1981 年 2 月
十日谈（选本）	［意大利］卜迦丘	方平　王科一	1981 年 7 月
马丁·伊登	［美］杰克·伦敦	吴劳	1981 年 9 月
红字	［美］霍桑	侍桁	1981 年 10 月

（续表一）

书　名	作　者	译　者	出版时间
斯巴达克斯（上、下册）	［意大利］拉·乔迈尼奥里	李俍民	1982 年 2 月（新一版）
汤姆大伯的小屋	［美］斯陀夫人	黄继忠	1982 年 7 月
白鲸	［美］赫尔曼·麦尔维尔	曹庸	1982 年 9 月
谢甫琴科诗选	［乌克兰］谢甫琴科	戈宝权等	1983 年 2 月
坎特伯雷故事	［英］杰弗雷·乔叟	方重	1983 年 2 月
维加：戏剧选	［西班牙］维加	朱葆光	1983 年 5 月
木工小史	［法］乔治·桑	齐香	1983 年 8 月
谢德林童话集	［俄］萨尔蒂科夫-谢德林	张孟恢	1983 年 9 月
章鱼	［美］弗兰克·诺里斯	吴劳	1984 年 7 月
失乐园	［英］弥尔顿	朱维之	1984 年 11 月
阿马罗神父的罪恶	［葡萄牙］埃萨·德克罗兹	瞿象俊　叶扬	1984 年 11 月
克莱斯特小说戏剧选	［德］克莱斯特	商章孙等	1985 年 6 月
拉辛戏剧选	［法］拉辛	齐放　张廷爵　华辰	1985 年 12 月
霍普特曼戏剧两种	［德］霍普特曼	韩世钟　章鹏高	1986 年 3 月
巴塞特郡纪事　一、巴彻斯特养老院	［英］特罗洛普	主万	1986 年 6 月
巴塞特郡纪事　二、巴彻斯特大教堂			1987 年 9 月
中短篇小说选	［俄］托尔斯泰	草婴	1986 年 6 月
中短篇小说选	［德］托马斯·曼	钱鸿嘉　刘德中	1986 年 7 月
雄猫穆尔的生活观	［德］霍夫曼	韩世钟	1986 年 10 月
呼啸山庄	［英］艾米莉·勃朗特	方平	1986 年 11 月
红与黑	［法］司汤达	郝运	1986 年 12 月
最后的莫希干人	［美］库柏	宋兆霖	1987 年 9 月
金驴记	［古罗马］阿普列乌斯	刘黎亭	1988 年 4 月
英国诗选		王佐良主编	1988 年 9 月
喜剧三种	［意大利］哥尔多尼	万子美　刘黎亭	1989 年 5 月
诗选	［匈牙利］裴多菲	兴万生	1990 年 11 月
高乃依戏剧选	［法］高乃依	张秋红　马振骋	1990 年 12 月
草叶集（上、下册）	［美］惠特曼	赵萝蕤	1991 年 11 月
小说选	［法］法朗士	郝运　萧甘	1992 年 4 月
克雷洛夫寓言集	［俄］克雷洛夫	辛未艾	1992 年 7 月
瓦尔登湖	［美］亨利·戴维·梭罗	徐迟	1993 年 5 月

（续表二）

书　　名	作　　者	译　　者	出版时间
弃儿汤姆·琼斯史（上、下册）	［英］菲尔丁	张谷若	1993 年 10 月
德国诗选		钱春绮	1993 年 11 月
董贝父子（上、下册）	［英］狄更斯	祝庆英	1994 年 10 月
格林兄弟童话选	［德］格林兄弟	叶文等	1994 年 10 月
熙德之歌	［西班牙］佚名	赵金平	1994 年 12 月
卡尔德隆戏剧选	［西班牙］卡尔德隆	周访渔	1997 年 8 月
都德小说选	［法］都德	郝运	2000 年 9 月
约婚夫妇	［意大利］曼佐尼	吕同六	2001 年 4 月

“中国古典文学丛书”：半个多世纪打造精品

　　上海古籍出版社以古典文学典籍整理出版为重点，经过半个多世纪辛勤耕耘，已成为海内外古典文学典籍出版的重镇。

　　20 世纪 50 年代，上海古籍出版社的前身——1956 年成立的古典文学出版社和其后组建的中华书局上海编辑所，就出版过不少经过整理的古典文学典籍，其中有钱仲联增补集说校勘的《鲍参军集注》、马其昶校注的《韩昌黎文集校注》、钱仲联系年集释的《韩昌黎诗系年集释》、萧涤非整理的《皮子文薮》、邓广铭编年笺注的《稼轩词编年笺注》、夏承焘笺校的《姜白石词编年笺校》、王佩诤校点的《龚自珍全集》等。这些集子的原作者都是中国古代文学家，其作品流传不衰，堪称中国古典文学的名作；整理者又均为当代造诣深厚的学者，其整理方式严谨细致，堪称古籍整理的典范。这种原作及其整理者、整理方式的选择，为日后上海古籍出版社形成自己的出版特色奠定了扎实的基础。

　　1978 年，上海古籍出版社恢复建制后就推出了“中国古典文学丛书”。编辑说明特别指出：我们编辑出版这套“中国古典文学丛书”，就是为了给一般研究工作者、大中学校教师及有关文化工作者提供一套比较系统的中国古典文学基本资料，以便读者分析研究，作为发展和繁荣社会主义新文化的借鉴和参考。“中国古典文学丛书”将有选择地出版我国先秦以来较有代表性的优秀文学作品，其中以诗文别集为主；少数著名的总集及影响较大的戏曲、小说也酌量收入。丛书根据不同情况分别采用前人旧注或集注本，一般均作必要的校勘并加新式标点；有些品种也将采用今人新注的形式。

　　上海古籍出版社据此拟定了一个含 200 种图书的丛书书目，网罗了文学史上几乎所有有影响的作家作品。后根据作家作品在文学史上的地位和影响，又将书目调整压缩为 100 种，开展了广泛的组稿和编辑、出版工作。值此春回大地、百废待兴之机，首先重印或修订重版了“文化大革命”前十年古典文学出版社和中华书局上海编辑所出版的近 10 种古典文学典籍整理本，将其纳入丛书之中；随后出版了朱东润编年校注的《梅尧臣集编年校注》、钱伯城笺校的《袁宏道集笺校》等一批老学者从事多年的整理著作。在之后 20 多年里，“中国古典文学丛书”基本上以每年出版 2—4 种的速度不断推出新的品种,到 2009 年上海书展期间丛书出齐 100 种。上海古籍出版社召开"中国古典文学丛书"出版座谈会,在听取专家学者的意见,邀请他们为丛书出版出谋划策的基础上,决定丛书扩容,开始扩充选目、增补品种。扩充选目、增补品种的标准,一是填补空白,尽快组约文学史上有重大影响的作家作品,如洪本健校笺的《欧阳修诗文集校笺》、高克勤点校的《王荆文公诗笺注》、陈振鹏标点并由李学颖校补的《陈维崧集》等;二是丛书中原有作品,后起学人新整理者也予以收入,如龚斌校释的《世说新语校释》;三是重要作家作品有影响的不同注释本也予以收入,不再仅限于一种,如杜甫诗除收入清人杨伦笺注的《杜诗镜诠》外,还收入林继中辑校的《杜诗赵次公先后解辑校》(修订本)、清人钱谦益笺注的《钱注杜诗》;四是随着文学观念和评价标准的变化,以前出版的一些未收入丛书而整理质量不错的文集整理本也收入丛书,如项楚校注的《王梵志诗校注》(增订本)、蒋寅校注的《戴叔伦诗集校注》、严寿澂等笺注的《郑谷诗集笺注》、沈文倬校点的《王令集》、钱伯城校点的《白苏斋类集》和《珂雪斋集》等。在新增品种中,词集占很大比重。丛书前 100 种中仅收 4 种词集。20 世纪 80 年代,上海古籍出版社曾出版《宋词别集丛刊》十余种,偏于中小词家,影响相对不大,难以为继。为凸显品牌,打造精品,《宋词别集丛刊》中的不少品种经过修订,纳入"中国古典文学丛书",如马兴荣等的《山谷词校注》、徐培均的《淮海居士长短句笺注》、邓子勉的《樵歌校注》、曹济平的《芦川词笺注》等;还收入了一些名家整理的词集,如龙榆生的《东坡乐府笺》、罗忼烈的《清真集笺注》、钱仲联的《后村词笺注》等。

"中国古典文学丛书"是上海古籍出版社出版时间最长、学术含量最高、最能体现出版社精品图书特色的大型丛书,堪称新中国古籍整理出版成就的标志性项目。丛书选目全而见精,勾勒出中国文学史的发展概貌。21 世纪初,上海古籍出版社又启动"中国近代文学丛书"的编辑出版,其中多为晚清作家的作品;此外还启动了"中国古代文学批评要籍丛书"的编辑出版,出版了《沧浪诗话校笺》《原诗笺注》等多种。

"中国古典文学丛书"每一种都称得上是中国文学的传世经典,整理的目的在于发掘其价值、彰显其特色,体现当代学者的认识高度,为当代读者所接受。上海古籍出版社在选择这套丛书的整理者时,首先把目光投向专业研究者,尤其是这个专业中的领军人物甚至是大师级的学者。凭着出版社的良好声誉以及编辑的专业水准和人脉,组约稿件往往能如其所愿。如丛书中高亨的《诗经今注》、汤炳正的《楚辞今注》、余嘉锡的《世说新语笺疏》(修订本)、詹锳的《文心雕龙义证》、瞿蜕园的《刘禹锡集笺证》、瞿蜕园等的《李白集校注》、朱金城的《白居易集笺校》、朱东润的《梅尧臣集编年校注》、邓广铭的《稼轩词编年笺注》(增订本)、夏承焘的《姜白石词编年笺校》、钱伯城的《袁宏道集笺校》、王蘧常的《顾亭林诗集汇注》等,整理者都是其研究领域的一流学者,不少是大师和领军人物。他们整理的这些古籍著作反映了他们的治学成果,有的凝聚了他们毕生的心血,代表了一个时期研究的最高水平,获学术界和读者好评。钱仲联的《剑南诗稿校注》获 1988 年全国优秀图书一等奖;詹锳的《文心雕龙义证》获 1994 年首届国家图书奖提名奖和 1991 年首届全国古籍整理优秀图书一等奖;瞿蜕园的《刘禹锡集笺注》、曹融南的《谢宣城集校注》和邵海清校、李梦生笺的《忠雅堂集校笺》分获 1991 年首届、1992 年第二届、1994 年第三届全国古籍整理优秀图书一等奖。整理者中还有不少是学有专长的中青年学者,如《诗品集注》的整理者曹旭、《杜诗赵次公先后解辑校》的整理者林继中,他们从事整理工作以其早年的博士论文为基础,而今他们也年近古稀,分别成为海内外《诗品》和杜诗研究专家。

在这套丛书的整理者中,钱仲联(1908—2003)是与上海古籍出版社合作时间最久、著述最繁富的一位。在近半个世纪中,钱仲联在上海古籍出版社出版了十余种著作,收入"中国古典文学丛书"

的就有《鲍参军集注》《韩昌黎诗系年集释》（全二册）、《剑南诗稿校注》（全八册）、《后村词笺注》《牧斋初学集》（全三册）、《牧斋有学集》（全三册）、《牧斋杂著》（全二册，与前两种又合为《钱牧斋全集》）、《人境庐诗草笺注》（全三册）等，达千余万字。钱仲联青年时代开始从事古典文学研究，在长达70余年的治学生涯中，以学问广博、勤于著述而享誉学界。《人境庐诗草笺注》1936年由上海商务印书馆刊行，1957年、1981年由古典文学出版社、上海古籍出版社推出新版。他的最后一部古籍整理著作《牧斋杂著》收入《钱牧斋全集》，2003年9月在他逝世前不久出版。

"中国古典文学丛书"的出版，也凝聚着出版人的心血和智慧。上海古籍出版社先后担任这套丛书的编辑，如陈振鹏、周劭、富寿荪、朱金城、李学颖、汪贤度、李国章、曹光甫、赵昌平、史良昭、李梦生等，本身就是知识渊博、长于古籍整理的学者型编辑，有不少著述问世，有的还参与了丛书一些品种的整理，其中有陈振鹏标点并由李学颖校补的《陈维崧集》、周劭标点的《敬业堂诗集》、富寿荪标校的《范石湖集》、朱金城笺校的《白居易集笺校》、李学颖集评标校的《吴梅村全集》、李学颖和曹光甫标点的《瓯北集》、汪贤度标点的《王子安集注》、李国章校点的《两当轩集》、李梦生标校的《揭傒斯全集》等。此外，整理"三袁"诗文集的钱伯城、《沧溟先生集》的标校者包敬第、《王荆文公诗笺注》的点校者高克勤等也是上海古籍出版社资深编辑。由于本身就是古典文学研究者，又长期从事古籍整理稿的审读，熟悉古籍整理规范，他们在审稿过程中，能发现来稿中存在的问题或不够完善之处，并对来稿进行大量补证，甚至做了大量计在整理者名下的校注工作。陈振鹏责编《稼轩词编年笺注》一书的工作，曾得到作者邓广铭的高度肯定。《稼轩词编年笺注》凝聚了邓广铭毕生的心血，在半个世纪中多次修订。1993年上海古籍出版社出版增订三版，增订本字数逾60万字，篇幅比初版增加一倍以上。增补部分包含了责任编辑陈振鹏的成果。从1985年接到邓广铭的增补本来稿，到1993年出版，编辑出版工作达8年之久。邓广铭在题记中说："陈先生对于这本《稼轩词编年笺注》的审查工作，严肃认真，一丝不苟。他签贴了数以百计的意见，将全稿寄回，要我参照修改。我翻读之后，觉得他的意见无不确切谛当；他对于原笺原注中的错误，都能指点得切中要害；他所建议添换的新的笺注，也都使本书在质量上得到很大提高。"这篇题记充分表现出邓广铭虚怀若谷的治学态度和对编辑工作的充分尊重。经陈振鹏审阅的书稿还有钱仲联的《剑南诗稿校注》、项楚校注的《王梵志诗校注》等，钱仲联、项楚也在书中向陈振鹏表示感谢。李学颖曾为钱仲联《后村词笺注》补漏增完，纠正错注近百条，被钱仲联称"当代照圆"。李学颖审阅王蘧常的《顾亭林诗集汇注》，王蘧常评价她"商榷体例，复审资料，莫不心细如发，目利于刃，真编辑中之巨匠也"。正是因为有像邓广铭、王蘧常这样治学严谨的学者的参与，有像陈振鹏、李学颖这样的认真负责的编辑的把关，有上海古籍出版社这样的以弘扬中华优秀文化为己任、始终担起出版人责任的出版社的坚持，才有"中国古典文学丛书"这样的持续半个多世纪的精品出现。

《家庭医学全书》：医学科普图书的经典

让"每一对夫妇都和谐美满；每一个婴幼儿都茁壮聪慧；每一个男女青年都健康生活；每一个中年人都精力充沛；每一个老年人都长葆青春，享受长寿"。1982年出版的《家庭医学全书》前言中的这段文字，是169位医学大家聚集在一起编写这本中国家庭实用图书的初衷，也是上海科学技术出版社医学编辑部出版图书普及医学知识的追求。30多年来，《家庭医学全书》多次再版，累计销售100多万册，已成为中国医学科普图书的一部经典。

20世纪70年代末，瑞金二路最南端的450号是上海科学技术出版社所在地。当时中国医学出版的格局是"北有人民卫生,南有上海科技"。上海科学技术出版社集聚了一大批有深厚医学、人文素养的编辑,医学出版在国内举足轻重,出版过许多优秀的医学著作。其中 20 世纪 60 年代出版的《医学卫生普及全书》,是一本用来向非医务人员及初级医务人员普及医学知识的图书。有一次,毛泽东在中南海一位保健医生那里看到这本书,大加称赞,指示可在这本书基础上出版一部《医学百科全书》。因为"文化大革命"爆发,构想中的《医学百科全书》被搁置了。

1978 年召开的党的十一届三中全会,开启了中国改革开放的伟大历程。上海科学技术出版社的医学编辑发现,随着经济和社会发展,普通百姓把眼光更多地投向日常生活与身体健康,但他们的医学健康知识非常贫乏。电视尚未普及,资讯还不发达,图书无疑是传播健康知识的最好工具。但十年动乱后的医学出版业百废待举,可供普通百姓阅读、学习的医学科普图书少之又少。于是,医学编辑想到了那本主要面向初级医务人员的《医学卫生普及全书》,考虑以它为蓝本,组织编写一本供普通百姓查阅的医学科普读物。

在这群医学编辑中,有我国药理学奠基人张绍昌的夫人史伊凡。20 世纪 40 年代国难深重时,张绍昌、史伊凡夫妇放弃美国哈佛大学的教职回到祖国。张绍昌后执教于上海第一医学院,史伊凡则到上海科学技术出版社担任医学编辑,像许多知识分子一样,他们有学问更有社会责任感。编辑部决定把组织编写一部医学科普图书的重任,托付给已年过六旬的史伊凡。

在距瑞金二路 450 号大约 3 公里的地方,是上海第一医学院。这是我国现代医学的发祥地之一,医学大家云集。上海科学技术出版社与上海第一医学院来往素来密切,编辑与作者之间常常兼具师生、同学、朋友等多重关系,许多医学编辑也是这所著名学府毕业的。物以类聚,人以群分,"上科技"和"上医"人在气质上有那么一些相似:有知识分子的责任感与担当,有东部沿海城市的开放眼光,还有着上海人的严谨、细致与温和。当史伊凡到上海第一医学院谈编辑部的设想时,双方一拍即合,为普通百姓编写一本优秀的医学科普全书的方案很快形成了。在上海第一医学院教务长金问涛的组织下,"上海第一医学院《家庭医学全书》编委会"成立,金问涛任编委会主任,外科专家孟承伟和心血管专家诸骏仁任编委会副主任。编委会其他 20 位成员也都是各专业的骨干。

当时,"家"这个概念刚刚从"国"的遮蔽下显露出来,家庭生活在社会生活中有了其应有的地位。编委会与编辑部一致认为,家庭是社会的细胞,健康知识的传播应当以家庭为单位,瞄准一家一户的需求;同时,要编一本"全书","凡医学领域中包含的各科内容,不论中医和西医,预防和医疗,医疗体育和药物,群众可能感兴趣的,本书基本上都能查到",因此将这本书的书名定为《家庭医学全书》。编委会与编辑部确定了这本书编写的四个原则,即全、精、新、普。所谓"全",是指内容齐全,凡属医学范畴的内容,无论何科,均可在本书查到;所谓"精",指的是选材精到,文字精练,易查易用;所谓"新",是与时俱进,符合医学发展的趋势,符合时代的需求;所谓"普",则指文字通俗而实用,价格亦平易近人,家庭普及性强。

经过 169 位作者和数位编辑的辛勤工作,1982 年春天,《家庭医学全书》问世了。这是一本 32 开的精装书,像一本厚厚的字典。布纹封面上烫着金色的书名,前后环衬是浅绿色的,底纹是描述各种家庭生活情景的版画,透着浓浓的"家庭"味道。这是一本为中国家庭"定制"的医学科普图书,框架的设立、内容的选择、行文配图都以家庭需求为导向。考虑到普通中国家庭的经济状况,选用小 5 号字,力求增加每个版面的容量。这本 1 170 多页、135.2 万字,内容涵盖家庭生活所需医学保健知识方方面面的图书,定价只有 3.7 元。参与编写的 169 位作者的名字,30 年后大多如雷贯耳,在中国医学界熠熠生辉。

《家庭医学全书》是新中国第一本为普通百姓编写的医学百科全书,出版后受到了中国家庭的普遍欢迎,每隔几个月就要重印一次,30多年累计销售100多万册。2010年,《家庭医学全书》第四版在网络书店上销售,读者书评中经常出现的描述就是"在妈妈的书架上有一本老版本的,一直是我们家庭的保健医生",透露出无数中国家庭对这本书的美好情感。

《家庭医学全书》面世后,中国社会生活发生着快速而深刻的变化。物质生活逐渐丰富,科学技术飞速发展,生活方式不断改变,人们的价值观念也在变化。随着生活条件、生活方式、关注重点的变化,家庭对医学健康知识的需求也在变化。而编写和出版《家庭医学全书》的上海第一医学院和上海科学技术出版社同样也在变化中。上海第一医学院在20世纪80年代中期更名为"上海第一医科大学",2000年并入复旦大学,2002年改称"复旦大学上海医学院"。上海科学技术出版社经历了20世纪八九十年代的蓬勃发展后,2003年成为上海世纪出版集团成员单位,后转企改制,成为市场主体。在这样的变化中,《家庭医学全书》坚持着"变"与"不变"。1989年《家庭医学全书》修订后出版第二版,2000年、2010年分别推出了第三版和第四版的网络版,基本上是每十年更新一次。在这三次修订中,对版块设置进行调整,吐故纳新,使内容适合变化的家庭生活和知识需求;更新内容,保持新鲜度,以体现医学科学和实践的发展;装帧设计不断创新,在保持权威性的同时,增加其亲和力。另外,随着人们阅读、购买习惯的变化,《家庭医学全书》的销售和推广方式也在不断变化,从以往的"酒香不怕巷子深",到通过地面店和网店的立体销售渠道,以及书展、电视、纸媒、电子媒体等传播渠道,进行多维度地推广。考虑到我国农村人口的特殊需求,上海科学技术出版社还与《家庭医学全书》编委会一起,为农村家庭量身打造了《家庭医学全书(农村版)》。

但更多的是"不变":权威的作者群不变,编写主体一直是上医专家群,由医学院负责人承担起组织专家编写的重担,每次修订,参与编写的作者均为医学院及各附属医院的学科带头人及业务骨干。这些专家学者以一个集体的名称亮相于封面——《家庭医学全书》编委会。精良的编辑队伍不变,四版《家庭医学全书》的编辑都是编辑部的骨干,在稿件编辑加工及出版各环节上精益求精,耗时耗力不菲;"全、精、新、普"的四项基本原则不变,严谨、质朴的风格不变。在各色各样、良莠不齐的医学保健图书大行其道,以夺人眼球的观念、剪贴拼凑的内容、眼花缭乱的图书形式充斥于医学保健图书市场时,《家庭医学全书》始终保持内容严谨、语言精练的风格,不哗众取宠,像一位老朋友那样可靠、值得信赖。甚至连外观也特意保持了延续性,内文采用紧凑而清晰的排版方式,装帧则保留了蓝色和红色的基调。

30多年来,《家庭医学全书》多次获全国优秀畅销书奖受农村读者欢迎的图书等奖项。2009年被《中国图书商报》评选为新中国60年中国最具影响力的300本书之一,100多万册的销售量是其受读者喜爱的最直接的表现。

成功的背后站着一群一流的医学专家。健康教育家、中山医院原院长杨秉辉参加了《家庭医学全书》第一至第四版编写。当时年富力强的主治医师,年过七旬仍致力于向民众传播健康知识,撰写了近1000篇医学科普文章,举办过600多场健康讲座。在市场经济条件下,医生撰写科普图书在经济上得不偿失,尤其是编写像《家庭医学全书》这样的大型图书,更是费时费力。《家庭医学全书》之所以能得以传承与发展,靠的就是像杨秉辉这样的"上医人"。他们有知识分子的社会关怀与责任担当,有对医学事业的热爱,有深厚的专业造诣,有严谨质朴而不事声张的性格。因为有这样一个群体,才会有《家庭医学全书》这样一部传世经典。

《家庭医学全书》的背后还站着另外一群人,那就是上海科学技术出版社一群乐于"为他人做嫁衣"的医学编辑。他们不像作者那样名声在外,但却是一群医学素养高、严谨踏实、眼光开阔、关心社会的笔耕者。30多年来,一批批老编辑离开,一批批新编辑加入,但优良作风代代相传。《家庭医学全书》之所以成为我国医学科普图书的经典，成为"最有影响力的书"，不是因为策划、写作和编辑的技术与技巧，而是因为它的内涵。没有花哨的形式和词藻，却字字可信赖，就像它身后的作者与编辑一样。

《十万个为什么》：科普读物出版的一座里程碑

1961 年 4 月，少年儿童出版社《十万个为什么》第一版出版，包括物理、化学、天文气象、农业和生理卫生 5 个分册，很快成为我国影响最大的科普图书。1998 年，第四版《十万个为什么》获国家科学技术进步奖二等奖，这是国家科学技术进步奖设立以来第一次授予一套科普图书；1999 年，又被读者推选为"感动共和国的 50 部图书"。2007 年《十万个为什么（新世纪版）》获首届中国政府出版奖。截至 2010 年，《十万个为什么》先后出版 5 个版本，销售达 1 000 多万套、1 亿多册，堪称"科普读物出版史上的里程碑"。

《十万个为什么》从 20 世纪 50 年代就开始酝酿。1956 年，中共中央发出"向科学进军"的号召，少年儿童出版社的编辑深受鼓舞，他们一心想为孩子们多出一些科普好书，打破当时科普读物非薄即少的现状。1958 年"大跃进"影响到当时的出版工作，讲速度，比干劲，干劲十足，粗制滥造。1959 年秋天，头脑冷静下后，大家终于认识到：书籍出版要注意到稳定性、系统性、知识性，"质量第一"才是正道。这成为《十万个为什么》的最初定位。当时 30 多岁、而今已进入耄耋之年、有的已离开人世的少儿社前辈如王国忠、曹燕芳、张伯文、洪祖年、黄廷元、潘勋照、姚遐等，为《十万个为什么》打下第一块坚实的基石。

1961 年，《十万个为什么》第一版出版后，在全社会重视青少年教育及科学知识普及的社会氛围里，引起强烈反响。1962 年，在全国共青团干部会议上，与会者都拿到一套《十万个为什么》。团中央第一书记胡耀邦在会上提倡团干部要从中学点知识。因为胡耀邦热情推荐，《中国青年》杂志以醒目标题选载 4 篇"为什么"。全国团支部行动起来，组织大、中学校同学甚至部分小学生一起阅读和讨论。上海市委机关报《解放日报》连续发表几篇社论。丰富多彩的科学世界满足人们的求知欲望，《十万个为什么》风靡全国。越南民主共和国主席胡志明也喜欢阅读《十万个为什么》。许多年后，少儿社接到毛主席纪念堂打来的电话，说要找一套"文化大革命"前出版的《十万个为什么》，越南胡志明纪念馆想搞一个陈列。20 世纪 90 年代，少儿社一位副社长访问越南，在胡志明故居参观，果然发现陈列着一套《十万个为什么》。

1964 年，《十万个为什么》推出第二版，销量达到 4 000 万册。"文化大革命"中出版的《十万个为什么》（第三版），添加了许多"政治元素"，走过一段弯路。但在"书荒"年代，"文革版"《十万个为什么》仍深受读者欢迎。这期间，少年儿童出版社被解散，和上海市出版局及市属各出版社合并为上海人民出版社，简称"大人民"，"文革版"《十万个为什么》出版单位也改为"上海人民出版社"。直至 1978 年 1 月，少年儿童出版社恢复原建制，第三版《十万个为什么》最后一个分册，才重新署上"少年儿童出版社"的社名。

1979 年，党的十一届三中全会后，经过拨乱反正，少儿社以 1965 年出版的第二版为基础，重新出版《十万个为什么》。1993 年 3 月，又一次性出版了 10 本续编本。这是《十万个为什么》的第四个版本。

到了 20 世纪 90 年代中期，如何延续《十万个为什么》的品牌效应，要不要将这一老品牌继续做下去，成为当时少儿社领导考虑的问题。社长周舜培等分析各方面条件，大家认为，中央提出"科教兴国"战略,如同 1956 年的"向科学进军",是党的第三代领导集体的重大决策。而一段时间里一些人打着科学旗号到处散布伪科学,影响甚至毒害青少年,更凸显科普传播、普及的重要性,这正是出版工作者的责任所在。新时期《十万个为什么》没有过时,科教兴国需要它,提高广大民众特别是青少年的科学素养,更需要一套符合新时期特点的《十万个为什么》。少儿社应该打造一套新的《十万个为什么》,提升出版社在新时期形象。

思想统一了,怎么做,是修订再版,还是不断增补调整,考虑到 1993 年《十万个为什么》续编本出版后,已形成 24 册的规模,老版本中部分内容有些过时,而且随着纸张、印工价格的上升,丛书总定价越来越高。周舜培等提出,要从市场需求出发,为读者着想,重新整理出版一套既延续老版本风格、又有新时期特色的新版本,以内容丰富、文章短小,知识新颖、科学严谨作为重新出版《十万个为什么》的编辑方针。经过精心策划,反复论证,少儿社形成了一个比较完整的出版方案,《十万个为什么》(新世纪版)列入了"九五上海重点图书出版规划"和"九五国家重点图书出版规划"中。

为使这套丛书继续保持原有的权威性、知识的准确性,少儿社聘请中科院院士担任丛书的主编、编委,并专门去北京走访中科院院长卢嘉锡,得到大力支持。卢嘉锡答应担任丛书主编,要求将有关分册安排、主要目录等及时寄给他。1997 年,趁北京召开两院院士大会,少儿社领导专程到北京京西宾馆拜访部分院士,恳请他们担任丛书编委,为这套书出谋划策,撰写文章,审稿把关。不少院士听说是编《十万个为什么》,都毫不犹豫答应下来,并提出不少积极的建议,希望能为编好这套丛书出力。

为使这套丛书的内容贴近青少年读者、贴近科技发展的前沿,表现形式更具有时代特色,少儿社《十万个为什么》编辑部的编辑像前辈一样走访学校、召开座谈会,了解中小学生的知识需求,拜访科学家、科研院所,了解当前科学发展的新动态新成果,访问前辈编辑、科普作者,商讨编撰方案,讨论编辑思想、编辑体例。最后确定各分册的学科定位,即在原有学科分类基础上新增了环境科学、材料科学、信息科学、基因科学等最前沿的科学知识。为增强这部科普读物的实用性,《十万个为什么》(新世纪版)还别具匠心编纂了《索引资料》分册,采取关键词索引,突出了《十万个为什么》作为工具书、"百科全书"的实用性,方便读者的使用与阅读。

科学家对《十万个为什么》(新世纪版)的编纂给予热情支持。物理学家谢希德曾审阅过两篇关于微电子技术和集成电路的文章,审阅这样两篇文章对谢希德来说其实并不复杂,但实际上却花费了她相当的精力。正在住院的谢希德数次打电话到复旦大学征求同行意见。有同事和学生来看她,她也是请他们一起讨论,看如何表达得更准确些。谢希德说:"写科普文章难度也相当大。一些科学常识,不仅要用通俗的语言表达出来,而且要准确,不能有一点错。《十万个为什么》是学生课堂以外的重要参考书,所以一定要认真。"1999 年的 7 月,《十万个为什么》(新世纪版)编纂完成即将开机印刷。为扩大影响,加大宣传,少儿社在商务印刷厂举办了一个《十万个为什么》开机印刷仪式。中科院院士、医学专家吴孟超早早来到开印现场,他对前来采访的记者说,再忙我也要来,因为这套书在我心目中占有很重要的位置。地球科学分册主编、气象学家严济远也来到现场,他说,要将自己的学识、观念写给青少年看,这是一种责任,你不写,他不写,伪科学就要出笼,就要去毒害人。

社会各界对少儿社重新编写《十万个为什么》(新世纪版)给予极大关注,不少读者甚至一些远在海外的学子来信,回忆自己成长的过程,正是《十万个为什么》引领他们走上科学道路,表达对出版这套书的出版社及老编辑的感激之情,他们期望看到新的《十万个为什么》的诞生,并愿意承担部分稿件的撰写,以回报《十万个为什么》的哺育之情。这些读者、作者的来信增强了少儿社领导和编辑的责任感和使命感。1999 年初,《十万个为什么》获国家科学技术进步奖二等奖后,读者来信纷至沓来,询问《十万个为什么》(新世纪版)的出版时间。为满足读者需求,向新中国成立50周年献礼,少儿社将原计划2000年6月1日前出版的新版本提前到1999年的9月。出版社各个部门铆足了劲,出版工作进度会从年初的每周一次,到后来的每周两次,最后是每天一次,集中出版社的编辑、出版印制、发行、宣传等各个部门的员工,打了一场大会战。

上海市委宣传部、市新闻出版局领导也对这套丛书的出版给予了极大的关心和帮助。市委宣传部曾两次召集会议,与上海各主要媒体商量协调《辞海》(1999版)和《十万个为什么》新世纪版的新闻宣传。在一次新闻通气会上,文汇新民联合报业集团社长赵凯为《十万个为什么》(新世纪版)想出两句宣传广告语:一辈子用得着,几代人忘不了。这两句宣传广告语随着《十万个为什么》红遍大江南北,也真实反映了《十万个为什么》在出版的50年里产生的影响和发挥的作用。

1999年国庆前夕,《十万个为什么》(新世纪版)出版发行,这也是它的第五个版本。新世纪版共有12分册,涉及50多个学科,3 000多个"为什么",总计300余万字。9月18日在上海书城举行的院士编委签名售书活动,买书的读者排起两公里长队,警察跑来维持秩序,两个小时售书700多套。此后一个月内印制、发行18.6万套,到年底发行超过30万套。承担印刷的工厂连夜加班抢印,发行单位的货车在装订厂外排成长队,等着装运新书。发行科日夜忙碌,抢着发货。"还有人找我走后门购买《十万个为什么》,这是书荒问题解决后十余年未出现过的现象。"市新闻出版局局长孙颙后来这么说。

从《十万个为什么》先后出版的5个版本,可以看到品牌对于一家出版社的重要意义。出版社之间的竞争就是品牌的竞争,优秀的品牌产品是出版社的立社之本。少儿社多年来积累不少好的品牌,不仅有《十万个为什么》,还有《365夜故事》系列、《上下五千年》系列、《动脑筋爷爷》系列等等。这些系列品牌图书几十年畅销不衰,总印数达几亿册,带来的社会效益和经济效益是十分巨大的。从某种程度上说,出版社的历史是由出版物写成的,一个出版社在读者心目中的形象和地位,更是出版物铸就的。

《申报》影印本的出版和发行

1982年底,经上海市出版局批准,上海书店组织力量,正式启动全套《申报》的影印项目。到1987年底,400套影印任务圆满完成,满足了全国各省市和海外文化教育和学术界的需要,实现了较好的社会效益和经济效益。

一、《申报》的历史和主要内容

《申报》创刊于1872年4月30日(清朝同治十一年三月二十三日),1949年5月27日上海解放时停刊,历时78年,是解放前中国历史最悠久的一份报纸。它最早的创办人是英国人美查,因在上海出版,上海又名申江,故起名《申报》。后美查回国,报纸转让给买办席子佩,再由史量才等接办。史量才力行改革,报纸内容不断丰富,销数逐步增加,成为当时全国发行量最大的报纸之一。

《申报》创办初期,只登一些"宫门抄""辕门抄"、上谕、奏折和各省官吏任免之类的公报,政治新闻、国际消息都比较少。以后逐步重视国内外大事的采访和记载,并且注意刊登市井琐闻和社会发展变化的消息,因此就有中法战争、甲午战争和在中国领土和领海上进行的日俄战争以及戊戌变法、义和团运动、八国联军入侵北京等重大事件的报道和比较重要的社会新闻。随着时间的推移,《申报》的内容不断丰富,举凡政治、经济、工农业生产、交通运输、商业、军事、外交、国际、文学艺术、文化教育、体育运动、医药卫生、工人运动和劳资纠纷以及社会生活等各个方面都一一具备,资料十分丰富,特别是对一些重大事件中的记载,已成为珍贵的史料,如辛亥革命时武昌起义和清帝逊位的报道;五四运动中"北京学生爱国风潮扩大、火烧赵家楼、痛打章宗祥"的消息;五卅惨案时"南京路发生大血案、巡捕开枪死伤数十人"的新闻以及"九一八""一·二八""七七""八一三"事变和全面抗战时刊登的大量电讯报道。当30年代日本帝国主义加紧侵略中国、形势日益严重时,在中国共产党和左翼文化力量的影响下,全国人民抗日情绪高涨,《申报》的言论也趋向进步,要求抗日救国,反对进行内战,曾发表过宋庆龄、蔡元培、鲁迅等爱国民主人士的文章和言论。

《申报》除刊登重要新闻外,还辟出各种专栏。如经济专刊、教育消息、商业新闻、科学周刊、通俗讲座、医药周刊、电影专刊以及读者顾问、图画周刊和副刊自由谈等。自由谈的历史比较长,影响也比较大,1911年8月24日创刊至1949年5月27日上海解放时终刊,共出了39年,先后由王纯根、陈蝶仙、周瘦鹃等编辑。内容原只注重趣味性,供读者茶余酒后消遣娱乐。1932年12月史量才改组自由谈编辑部,聘请黎烈文为主编,刷新版面,充实内容,约请鲁迅、茅盾、陈望道、夏丏尊、周建人、叶圣陶等撰稿。老舍、沈从文、巴金、郁达夫、张天翼等也都向报纸投稿。他们的文章在读者中影响很大,起到了推动社会前进的积极作用。

《申报》对广告业务十分重视。几十年来刊登了很多有关政治、经济、文化教育、社会生活的各种广告、布告、通告、公告和启事等。从大量的广告、启事中可找到有关中国近代史和现代史的各种资料。例如帝国主义的侵略、阶级斗争的情况、民族资本的兴起和衰落、历年币制的变动、物价的涨落以及各地农村破产、手工业凋敝、社会黑暗、人民生活痛苦等等情况,还有当年中共领导的地下工作者为通讯联系用暗语刊登启事,与国民党特务进行斗争的广告。此外,关于戏剧电影、交通运输、建筑工业、商业贸易、新闻出版等各行各业的发展和变化情况,在广告中也可发现许多资料。

二、原报的整理和配补

为适应各地有关部门研究参考需要,避免这一重要历史资料的报纸损坏散失,1957年12月,经中宣部批准,文化部向中华书局下达影印全套《申报》的任务。1958年7月,中华书局请中华书局上海编辑所承担这一任务。因为纸张紧缺等缘故,出版计划一再推延。1965年8月,上海出版文献资料编辑所成立《申报》影印筹备小组,试印过一本缩印的样本,后因十年动乱,工作中断。党的十一届三中全会后,影印全套《申报》项目重新提出,在做好各项准备工作后,上海书店即与上海图书馆联系,了解库藏《申报》情况,订立原报借用协议,明确规定借还手续和应付报酬等问题。上海书店派出人员驻在上海图书馆徐家汇藏书楼对原报进行整理编号,注明册数页数,合计共有84万版,33.6万多页。在整理核对中发现不少问题,如清代部分的原报版面大小不一,附刊的《京报》时有时无;还有喜庆时用红油墨印和国丧时用蓝油墨印的版面;更有日期搞错,如1885年3月30日(光绪十一年二月十四日)有一张"单张"(即"号外")因未印上具体日期而被误贴在1884年3月11日(光绪十年二月十四日)后,时间相差一年。整理中还发现缺漏情况。上海图书馆徐家汇藏书楼所存的《申报》是全国最齐全的一套,但详细核点后发现仍缺12天。这缺少的张数除了先从上海图书馆另外存藏的残缺不齐的一套复本中查出6天补齐外,还要向各省市图书馆和大专院校资料室联系请求协助查补,终于在北京清华大学补到了1939年7月7日、9日和10日3天的香港版《申报》;在南京图书馆补到了1939年7月2日的汉口版《申报》;在桂林图书馆补到了1939年6月18日的香港版《申报》;又辗转在江苏常熟市图书馆补到了1909年10月17日(清宣统元年九月四日)的原报,使缺漏的报纸全部补全。

原报整理、核对、配缺、编号后要考虑版面的安排,因为历时 78 年的《申报》版面大小各有不同,有直式、有横式,有的阔 48 厘米,有的阔 39 厘米,因此排版、制版都要仔细研究。同时,由于每天出版的《申报》张数有多有少,从 3 张到 5 张,有时达 12 张,这就必须把原报按版次顺序编好册码和页码,排成书本一样进行拼版拍照、印刷和装订,各项工作必须一丝不苟,处处谨慎小心,以求珍贵的原报不受丝毫损害。

三、调查研究和宣传推广

在原报整理工序安排过程中,同时对订户对象和需要情况进行研究和考虑,上海书店为此进行了以下几项工作:(1) 邀请上海市部分大专院校、科研单位图书馆负责人座谈,向他们介绍准备影印《申报》的打算,听取意见,了解需求;(2) 利用开会去香港大学图书馆察看那里购藏的台湾出版的《申报》影印本,发现只有清代 1872 年(同治十一年)至 1887 年(光绪十三年)这部分的若干册,既不完整,印制质量也不高,深感影印全套《申报》确有必要;(3) 从上海图书馆了解到文化部将在吉林省长春市召开全国省市图书馆工作会议,经文化部同意,赶往长春参加会议,向与会代表介绍影印《申报》的打算并征求意见和需要,得到绝大多数代表的支持,增加了影印全套《申报》的信心;(4) 编写关于《申报》影印的"征询启事"和"复信意见表"分发给各省、自治区、直辖市和部分市县图书馆及大专院校、科研机构和新闻出版单位,从回复中进一步了解了各地各单位的需要情况。

宣传推广是发行工作中的开路先锋。为做好《申报》影印本的宣传,上海书店拟订了一份宣传计划,按计划逐步进行。先召开新闻发布会,向上海新闻界介绍《申报》影印工作的筹备情况,征求对《申报》影印的意见和建议,并请他们发布有关的消息报道;同时组织力量撰写介绍《申报》历史和内容的文章及各地有关单位订购情况的消息,陆续发给北京、广州、香港等地的报纸刊登。半年中在《人民日报》《光明日报》《解放日报》《文汇报》《新民晚报》《北京晚报》《羊城晚报》、香港《大公报》及上海电视台、上海广播电台刊发文章和消息 18 则,刊登广告 7 次。广告设计新颖,文字简明扼要,内容实事求是,收到了较好的推广效果。

根据当时经济核算,每套影印本定价 2.2 万元,必须订出 300 套才能保本,但开始两个月只订出 159 套,距离目标很远。为打开局面,上海书店派人去广东、福建、浙江、天津、北京、西安等省市的大专院校、中等专科学校、党校、档案馆、社会科学院各研究所推广,向这些单位的图书馆、资料室的负责人当面介绍《申报》的历史、内容和作用,并带去样张请他们参阅和考虑订购。不少单位听了介绍都表示需要订购。北京社会科学院文学所当场将预订单盖章交上海书店带回。北京图书馆原来已订一套,听了介绍又增订一套。天津市委党校因经费不足原来未订购,听了介绍决定向上级申请拨款订购。天津市社会科学院原来因房子较小,影印本为 8 开共 400 册,存放场地有问题。经上海书店介绍这套报纸资料的重要性,当场表示也预订一套。广东、福建、浙江、陕西等地一些单位在书店去人推荐介绍后也都增加了订数。通过上门访问,调查了解了各单位需要情况,分析读者对象和存在实际问题,上海书店拟定了每套预订费 5 000 元可以分次汇付,经费实在困难的也可以联合订购,并请各地党委宣传部门予以关心,协助转告所属单位及时预订。对上海有关单位更是不嫌烦琐,再三上门联系,推荐介绍,从而使上海预订数逐步增加。考虑到请各地新华书店和古旧书店协助征订的措施,还制定了《关于各地新华书店、古旧书店代订〈申报〉影印本办法》和《向各单位征订〈申报〉影印本的宣传材料》分发各地书店。办法规定发货折扣为八五折,邮运、包装费由上海书店承担。由于各地书店了解到印行这套资料确有意义又无需担负存货积压的风险,因此都很乐意代为征订,也陆续增加了订户数量。关于在港澳地区和国外发行,经与国际书店洽谈,一次就定了 25

套。后国际书店加大宣传,国外预订数不断增加。经过这些扎扎实实的工作,到开印之前影印本已订出 436 套,其中直接向上海书店预订的 263 套,经各地书店代订的 148 套,收到预订费 180 万元。影印数量究竟多少为宜,上海书店领导与工作小组人员开会研究,考虑到影印本开本大、册数多、定价较贵、存放又需地方等各种因素,最后决定影印 550 套,比订出数 436 套多印了 114 套。《申报》影印本出版后,上海书店继续积极宣传推广,通过各种方法和各个渠道,最终将多印的 100 多套陆续销出。

四、排版校对和印刷装订

全套《申报》的影印工作是很复杂艰巨的,是在上级领导部门支持、有关单位协助和一些从事出版工作多年的退休老同志参加及在职的中青年同志配合下,共同努力才得以完成的。例如排版,由于因各期报纸的式样、张数、大小、各不相同,因此必须仔细研究,做到按顺序编好册码和页码,排成书本一样进行拼版、印刷和装订。在印、订工作中还要采取“交叉排版”的办法解决印刷厂要求单片印、装订厂又要求折页印的矛盾。原报由于存放久,纸张大都风化发黄,字迹渗油、模糊不清,如在原报上进行修改必使文物受损,为此又想办法先用静电复印,再在复印件上加工描绘,然后修版付印,防止珍贵的原报被损害,受到上海图书馆赞赏。对原报的版数成本统计,全套和分阶段的定价核算、印刷和装订工作的安排,以及纸张、原材料的定制和采购,每一项都需花不少精力。为保证影印本的正文质量,所用纸张向上海长江造纸厂采购;封面所需的亚麻布到哈尔滨购买,开始只买到7 800 米,可是全套《申报》封面需要 12 万米,还缺 11 万多米。经各处奔走,最后从外贸部门调拨。但因这批亚麻布纤维较短,经过染色布面发毛,烫金不易,有损美观。经与印染厂联系研究,采用退浆、烧毛、染色、上浆再轧光等工艺解决问题,提高了质量。

《申报》影印本的封面装帧是请专家设计的,其中需用黑色粉箔 5 万张,因原来生产这种粉箔的上海烫金材料厂停产采购不到。经过多方奔走联系,要求工厂请回技术工人,又向上海市化工局申请配给原料,才解决了封面装帧的用料。在印刷、装订方面分别与上海市印刷七厂和上海装订厂等单位订立合同,严格按合同办事。总的要求是“用纸好、装订牢、质量高、印刷清晰、检查方便、有利收藏”。这几点后来都做到了。

五、全面完成出版和发行任务

按照各地单位研究工作需要的缓急和预订印制的程序,全套《申报》分四个阶段进行,首先印出的是第一阶段中的 1912 年(即民国元年),分 4 册,编号是第 116 号到第 119 号。这一年正当辛亥革命之后,《申报》上有许多重要新闻和历史资料,对研究近代史有很大参考作用。如《孙中山在南京就任临时大总统》《临时政府的组织和人员名单》《孙中山对各国的宣言》及《清帝逊位》等。在这第一册影印本 1982 年 12 月 26 日出版时,上海书店及时与各报联系,送去报道底稿,北京的《人民日报》《光明日报》和上海的《解放日报》《新民晚报》等中央和多方报纸都第一时间在主要版面刊登消息,引起社会各界的关注,已经订购的单位也来信来电要求早日收到这一影印本。对出版以后发行问题,上海书店也作了专门研究并拟订具体办法。如根据订单分清地区,将订户名称、地址详细记录,事先写好贴头,在发寄时再复查,以防止差错;对同一地区的订户要一起寄发,以便能同时收到,等等。影印本由装订厂送到仓库后,必须每本都认真检查,没有质量问题再打包,先用厚瓦楞纸四周包裹,再用厚牛皮纸包扎牢固,然后按省市地区送往邮局寄发。对原由各新华书店、古旧书店代订的订户则均寄往各书店,由他们代发。由于制度严密,手续周到,几年中无差错发生。有一次,安徽一家单位突然寄回一册受过水浸受潮、封面变形的影印本要求调换补发。经向邮局详细查询，了解到这是邮寄途中遇到水灾，按规定邮局对自然灾害造成的损失不负赔偿责任。上海书店将此情况告知对方，得到谅解。但他们仍希望能予补救，后经与工厂洽商设法将正文压平，封面加换了一个，重新装好寄去，订户收到后写来感谢信。影印本发行后，各地报刊发表了不少评论，有的认为印制精良，装帧设计庄重典雅，确是珍贵的参考资料；也有赞扬上海图书公司和上海书店花了大量心力，不惜工本影印出版，为积累文化资料做了一件好事。

在市委宣传部、市出版局领导和上海图书馆等有关单位支持下，经过参加这项出版工程人员的努力，《申报》影印出版和发行任务全面完成。1984年，申报影印组被评为市出版局先进集体；1988年《申报》影印本又获上海市优秀图书一等奖。《申报》影印本的出版和发行，实现了社会效益和经济效益双丰收。

披沙拣金精益求精：《汉语大词典》的编纂特色

《汉语大词典》的出版是中国现代辞书史上的一个里程碑。其编纂工作自1975年开始，由上海辞书出版社于1986年11月出版第一卷。1987年成立了汉语大词典出版社，《汉语大词典》从第二卷起，由汉语大词典出版社出版。全书分为正文12卷、《附录·索引》1卷，共13卷。总计收词37万余条，约5千万字，插图2 253幅。《汉语大词典》出版后，党和国家领导人江泽民、李鹏等在北京人民大会堂亲切会见参加编纂工作的主要人员，并欣然题词，后获首届国家图书奖等其他各种奖项，1989年被联合国教科文组织确定为世界权威工具书之一，在海内外影响巨大。

1986年11月25日，江泽民在《汉语大词典》首卷出版新闻发布会上指出："世界上凡是历史悠久、影响巨大的国家，或是已经出版了反映本民族语言全貌的大型语文性词典，或是正在致力于编纂这类词典，因为这类词典集民族语言之大成，体现着一个国家和民族的传统文化，一般都看作是国家的荣誉和民族自立的象征，所以历来都受到本国政府和人民的重视。我们中国是一个具有五千年悠久历史和灿烂文化的伟大国家，中华民族是一个对世界文明作出贡献的伟大民族，更何况全世界有10亿多人在使用汉语，我们更应该有一部能反映汉语言全貌的大型词典。"英、法、德、美、俄等国在20世纪初已完成这项任务。中国因为鸦片战争后的内忧外患不断，民族灾难深重，无力顾及。虽然从20世纪30年代起，语言学家们如黎锦熙、王云五、吕叔湘等都曾有过这个梦，但时世艰难，好梦难圆。1949年新中国成立后词典编纂工作提上国家议事日程，但真正启动《汉语大词典》这部大型汉语语文词典则是在1975年初夏，邓小平已复出主持中央工作后，国家出版局和部分省市在广州制定1975—1985年编写160种中外语文词典规划，《汉语大词典》是其中规模最大的项目。同年9月，国家出版局在上海召开山东、江苏、安徽、浙江、福建和上海有关负责人会议，商定《汉语大词典》由五省一市协作编写，上海负责出版。

语言现象是错综复杂的。语言文字既是一个民族科学文化的载体，又是人们一刻也不能缺少的交际手段。概括总结各种语言现象，使之条理化和系统化，阐明其内在的固有规律，是编纂《汉语大词典》的根本主旨。主编罗竹风曾有个比方："《汉语大词典》就是古往今来汉语词汇的档案库。比方说有那么50万个词，每个词有个档案，它是什么时候产生的，原来什么意义，它后来意义有什么变化，不出现了，不用了，或者只用这个意思，不用那个意思了。每个词写个档案，放在这个库里头，放在《汉语大词典》里头。"《汉语大词典》就是这样的一部大型汉语语文辞书。

《汉语大词典》的编纂方针是"古今兼收，源流并重"，按照历史原则编纂，集古代汉语和现代汉语词语之大成。过去编纂词典,选收词目往往互相参照,陈陈相因,以类书和旧词典为采择对象。《汉语大词典》在编写过程中虽然曾经把已有的旧词典集中在一起加以研究,但是全书并不仅仅依据旧词典收入词目、从事释义。《汉语大词典》在收词立目这一工序上动员了千余人,用三年时间从古今一万多种最重要的图书典籍中收词制卡 880 多万张,其中先秦至近代的主要典籍都包括在内,除经、史、子、集四部书外,特别注意从早期白话作品和佛教、道教、科技、地理等类书籍和出土简帛书中补充新资料。现代汉语词汇的资料主要采自革命先辈、知名作家和各方面有代表性人士的作品,旁及报纸、杂志、教科书等。对国内外已有的引得、通检(包括大陆、台湾和日本、法国等编制的)也进行了比较全面的调查,尽可能搜集、复印,供编写人员使用。在中国社会科学院语言研究所的大力支持下,汉语大词典编纂处还复印了部分曾由"中国大辞典编纂处"积累的资料,特别是其中宋、元、明小说戏曲的卡片。此外,编写人员还自行编纂了一些索引,如《〈韩非子〉引得》《〈盐铁论〉引得》《〈文心雕龙〉引得》《〈孟子〉词语汇编》等,这对《汉语大词典》的编写工作发挥了很好的作用。这样,通过各种方式,《汉语大词典》累积资料卡片约 880 多万张,可以说这是我国辞书编纂史上规模最大的资料工作。

《汉语大词典》从历史原则出发,广集了先秦至今汉语发展各个时期的词汇材料,同时以科学的收词原则为准绳,选词有目的、有系统,绝不盲目搜罗,一味求全。《汉语大词典》仅收入有音有义并有证可引的单字,对于虽有音、义,但只见于字书、韵书而无书证可引的单字,或虽有书证可引,但音、义未详的单字均不予收列。《汉语大词典》的收词原则明确规定了词和词组界限,详细制订了词语(包括借词、译词、方言词、专科词以及典故、熟语等)的选收范围和立目标准,在编写过程中避免了海外某些大型汉语词典片面求全、收词过滥或误把自由词组及句子立作条目的弊病。《汉语大词典》对汉语词汇结构从历时和共时的角度作了词层划分,确定并区分了选词区域,从而为有计划、有系统地收集各个时期的语言材料奠定了科学基础。《汉语大词典》的词目和释义依据的是古今重要的汉语文献资料,因此,它不同于那些陈陈相因的旧词典,而成为一部完全是新编的大型汉语语文辞书。

在语词条目的收入方面,涉及词藻和词组如何收入的问题。从传统的观点看,我国历来都很重视词藻,如清代最大的两部类书《佩文韵府》和《骈字类编》收入的基本上都是词藻。实际上我国古代传统典籍中保留下来的口语并不很多,大都是文人词汇,许多都是词藻。人们在阅读这些典籍时所要解除的语言障碍,往往也是这类词语。如果对这类词汇弃之不收,势必影响辞书的实用价值。《汉语大词典》从这一观点出发,对凡是一般读者不易理解的词藻、词组、短语(四字格)等均从宽收入。

例如:宋司马光《赐新除知枢密院事陈升之上第一表辞恩命不允断来章批答》:"卿历事三世,克肩一心,事效已明,时望攸属。"批答中的这四句话,有三句明白如话,但"克肩一心"句却不易理解。《汉语大词典》将其作为条目收入,引出其语本《书·盘庚下》"式敷民德,永肩一心",并据孔传释为"谓能一心以事君"。此句即涣然冰释。

又如,唐皮日休《何武传》:"何武者,寿之骁卒……武之至也,责其强暴者,尽擒而械之。俟簿圆,将申寿宁,请杀之。"文中的"簿圆"是一个松散的词组。但对"簿"字却有不同的理解。或以为"簿"通"薄",是迫近之意;"圆"谓月圆。因而将"簿圆"解释为月之十五日。但何以必须等十五这天才申报寿州太守,请求处以死刑?显然于理未允。其实,这里的"簿"是指"供状",所谓"簿圆"即"供状齐备"之意。对于这种并非一望而知的词组,《汉语大词典》予以收入,对一般读者也是有帮助的。

词的变体如何处理是收词中的另一问题。锐意创新,"词必己出""唯陈言之务去",是我国文学家的重要传统之一。人们即使使用成语典故,也往往略加变动,以求其新,因而出现了许多变式。

为反映这一特色，《汉语大词典》对所有变式都尽可能收入。例如既收"比肩继踵"，也收"比肩接踵""比肩随踵"，既收"百二山河"（喻险固之地），也收"百二山川""百二关河""百二金瓯"。这既保存了丰富的语言资料，也利于读者检索。

一部词典的好坏，很大程度上取决于释义的质量。《汉语大词典》在释义方面博采众长，自成体系。一方面继承了我国辞书传统释义从字形推求词义，从字音发现词义，从训诂研究词义的方法，充分吸收历代语言学家研究语义的成果；另一方面又以现代语义学理论为指导，对语言材料进行科学分析，精确地概括词义，划分义项，从共时和历时的角度全面揭示汉语词语的语义结构。大型语文辞书对语义发展演变的内部规律的揭示不是从方式上加以说明，而是从义项的建立上，用字或词为单位，逐一展开字词义的历史图卷，从而形成字词义的发展简史。

《汉语大词典》释义的特点为：（一）义项齐备，古义今义兼收；（二）对词义概括与辨析清楚，词义、细微含义和使用范围条分缕析，层次分明；（三）义项分合编排得当，在一定程度上反映了词义发展的历程。

如第 1 卷第一个字目"一"，用近 4 000 张资料卡，参阅刘半农专题论文和大量有关文献，仔细考证"一"在古今汉语中的语义、语法变化，先后四易其稿，最后定下 24 个义项，超过了以往词书。又如"豁"字，《中华大字典》立 11 个义项，内中 3 个是复词，1 个是异体字，实际只有 7 个义项，而《汉语大词典》分两个字头，共立 18 个义项，比《中华大字典》多 11 个义项。又如"九轨"一词，《大汉和辞典》和《中文大辞典》都只根据《周礼·考工记·匠人》的书证，立了"九条车辙相并之幅广"的义项，《汉语大词典》另据苏辙、陆游、刘大魁等人的诗文，新增了"指城中的大道"和"犹言众车"2 个义项。再如"承局"一词，一般词书都只收"差役"义，《汉语大词典》除这一义项外，还根据文献资料另收了"宋代的低级军职"和"清代皇商在各地的承办人"2 个义项。

法国《小拉鲁斯插图新词典》的编者曾经不止一次地重复这样一句格言："一部没有例句的词典只是一堆枯骨。"书证的丰富、典范历来是大型语文辞书的独到之处，书证是用具体的、活的语言材料阐明词的意义的必要手段。概括的词义解释只能给词目涵义提供一个抽象的概念，典型的例证才能使孤立的词语回复到 它赖以生存的语言土壤中去，重新变得血肉丰满，易于理解。《汉语大词典》的书证有体现源流、提示用法、辅助释义、提供知识的作用。全书的书证选自先秦至今的一万余种汉语典籍和优秀作品，资料广泛，选材严谨，示例典范，可以说开了汉语语文辞书的先河。

《英汉大词典》诞生记

1994 年，《英汉大词典》（上、下卷）获第一届国家图书奖，《英汉大词典》（缩印本）获 1993 年度精神文明建设"五个一工程"奖。之前，《英汉大词典》已获 1991—1992 年度上海市优秀图书特等奖和上海市高校哲学社会科学优秀科研成果奖等奖项。这些荣誉是编写这部巨著的全体学人的光荣，也是承担出版任务的上海译文出版社的光荣。

《英汉大词典》1976 年开始筹备编写，到 1989 年出版上卷（A—L），1991 年出版下卷（M—Z），历时十五载。如果算上 1992 年秋出版的台湾东华书局繁体字版、香港三联繁体字缩印版及 1993 年秋出版的译文版简体字缩印本，那么总共是 17 年，前后参加编写工作的有近百人，而为这部词典的问世出过力的就更多了。

《英汉大词典》是我国第一部自建第一手资料语库、独立研编而非编译的大型英汉词典，是一部严肃的学术著作和多用途的参考型工具书。全书收词 20 万条左右，设附录 14 种，两卷共 4 200 多页,总字数为1 600万。它的特色是收词丰富精当,兼顾英语历史和现状,兼顾英语各个品种,兼顾语词和百科,兼顾雅俗,尤注意现状;释义准确完备,收有不少旧词新义,力求英汉直接对译等值,必要时附加说明;例证充实有据,译文贴切,有不少采自第一手资料,具有针对性、适用性和稳定性;百科注释翔实客观,包括大量信息和各种知识,注释实事求是,并保证释文有效的相对稳定性;习语广泛详尽;注音求真适用;附录新颖实用,有几个为英汉词典之首创。此外,《英汉大词典》许多词条中设有简明确凿的词源说明,这在我国英汉词典编写中尚属首次,被已故知名学者杨周翰教授誉是"带革命性的尝试"。

上述这些品质使《英汉大词典》在海内外获高度评价。语言学家吕叔湘称"《英汉大词典》的编者兢兢业业工作了十多年,完成了一项重要的文化基本建设工作,实属难能可贵。"语言学家陈原说:"《英汉大词典》是一部高质量的双语词典,可以称为我国当代内容最丰富、规模最大的英汉词典。"北京外国语学院教授王佐良认为:"《英汉大词典》的出版表明我国双语词典的编写达到了新的高点,十分可喜。"复旦大学教授杨岂深称赞《英汉大词典》"条目丰富、释义精当、例证广博",并称之为"同类词典中的'旗舰'作品"。英美词典专家也称《英汉大词典》"具有超世纪的生命力"。联合国翻译处开始普遍使用《英汉大词典》。

编写出版《英汉大词典》的缘起,要从《新英汉词典》说起。1970年夏,刚刚结束清理外文敌伪档案的几位同志,深感我国缺少外语工具书,提出编写一部适合中国实际的英汉词典,打报告给市里,没想到即获批准,上海师范大学(由上海师范学院、华东师范大学和上海教育学院合并而成)组建了编写组。当时,复旦大学外文系恰好也在筹划编写一部英汉词典。两支力量合并,正式开始编写《新英汉词典》。不久,上海人民出版社("文化大革命"中的大社)派路修和杨立信介入此事。词典发稿后,十余名编写人员(包括复旦大学教授葛传椝)直接到人民出版社编译室(即译文出版社前身)进行修改和审读校样等工作。编译室组建以蒯斯曛为首的审定和校对班子。1975年3月,十六开本的《新英汉词典》正式问世。

1975年5月,邓小平已复出主持中央工作,国家出版局在广州召开中外语文词典编写出版规划座谈会,《新英汉词典》编写组派员参加。可能是因为有《新英汉词典》的基础,会议确定由上海市承担编写出版规划内最大的双语词典——《英汉大词典》。8月,周恩来抱病签发国务院文件,正式下达规划内各种辞书的编写任务。根据国务院文件要求,1976年3月由复旦大学、上海外国语学院、上海人民出版社编译室、上海师范大学等单位抽调16人,成立《英汉大词典》筹备组,陆续向全市各单位借调人员。1977年9月成立50余人的编写组,开始从英美报刊书籍中摘取第一手资料、制订编写大纲和细则、编写样稿、讨论体例、选词等多项工作。1978年1月上海译文出版社成立后,编写组的党的关系、人事、财务、后勤等明确由上海译文出版社领导,业务工作则由复旦大学和上海译文出版社共同领导。1978年国务院批转关于加快和改进词典编写出版工作的请示报告,包括《英汉大词典》在内的一批大型工具书被列为国家文化建设的重要科研项目,《英汉大词典》进入实质性编写初稿阶段。

但当时编写工作面临极大的困难,进展缓慢,主要原因是编写力量严重不足,编写人员极不稳定。编写组由近30个单位抽调来的人员临时组成,业务骨干仅20人左右,多数缺乏辞书编写经验,不少人健康状况欠佳。由于"文化大革命"刚刚结束,百废待兴,有些单位尤其是高等院校因工作急需不断调回人员;而国门打开后,不少人公派或自费出国去了;还有些人因借调在外,影响提职提升及住房和奖金分配而不安心工作。此外,办公用房、办公条件、图书资料、经费等方面,也遇到不少困难。编写组数次向上级报告,反映情况。

　　《英汉大词典》编写困难重重，进展迟缓，引起社会关注。新闻界的一些同志在深入调查研究的基础上发了内参。中央办公厅及中央和上海市有关领导作了多次文字和口头指示。1984 年至 1985 年间，上海市出版局领导开始过问《英汉大词典》编写人员和进展情况。1985 年 6 月 4 日和 5 日，上海市委宣传部龚心瀚、市政府教卫办潘洪萱、市出版局赵斌召集各派出编写人员单位负责同志联席会议（第一次工作会议），在听取编写组从筹备开始 9 年来的工作情况汇报，了解《英汉大词典》编写工作面临的严重困难的同时，重申《英汉大词典》是国家确定由上海市（而不是一两个具体单位）承担的一项文化建设重点工作，阐明了编写出版这部我国最大的双语词典的重要意义，并在人事和福利等方面拟议定了一些积极、稳妥的措施，使《英汉大词典》的编写工作"绝处逢生"，由低谷转出，渐呈起色。1986 年 1 月又召开《英汉大词典》第二次工作会议，继续有力地推进这项工作。在 1986 年 11 月 7 日举行的第三次会议上，市委宣传部副部长龚心瀚宣布《英汉大词典》编委会名单，复旦大学外文系教授陆谷孙任主编。会上还初步决定在四年时间完成《英汉大词典》编写工作，脱稿付印。

　　编委会成立后，编写工作更加紧张有序地开展。1987 年 5 月，经专家论证和无记名投票，《英汉大词典》被列为国家哲学社会科学"七五"规划的重点项目。1987 年下半年起，词典在试排后开始分段发排和校对通读。主编陆谷孙和同事们精诚团结，日夜奋战。尽管工作量大而人手紧缺，尽管要求高而报酬少，尽管社会上一度盛行"一切向钱看""短、平、快"挣钱的诱惑多，由于主编带头，目标明确，分工合理，措施落实，编写、改稿、发排、校对等工作进展较快。主编陆谷孙教授在编委会成立之初曾许下诺言：为了集中时间和精力，一不出国，二不另外编书，三不在外固定兼课。他信守诺言，不分白天、晚上、星期天或节假日，全身心加班加点投入繁重的审稿改稿工作。在市新闻出版局领导下，编写、出版、排印三方面定期举行协调会，随时解决实际问题。1989 年 9 月，《英汉大词典》上卷（A—L）终于问世。钱锺书为词典题写书名。

　　上卷的出版让人振奋。但收获的喜悦也笼罩着忧虑。一部词典分上、下两卷出版，无论对编写者还是对出版者、发行者，压力都是很大的，是要冒很大风险，要有相当胆量和魄力的。下卷（M—Z）能不能在 1991 年 9 月如期送到读者手中，既涉及出版社和新华书店的经济效益，更涉及是不是对读者负责的道义和信用问题。1989 年秋天，编写组又有人要出国留学或探亲，人员有减无增，还有几位倒在了岗位上，其中包括自学成才的钱永心，去世时年仅 36 岁。病号也在增多，疲劳厌战情绪有所抬头。编写组不仅需要战胜困难，还必须战胜自我。这一点，他们最终还是做到了。从 1989 年至 1991 年，陆谷孙带领他的团队在自己营造的"书香气十足、铜臭气淡薄"的氛围中，马不停蹄，一鼓作气，忘我劳动，辛勤作业，与出版社、印刷厂精诚团结，密切合作，终于在 1991 年秋如期把下卷交到读者手中。

　　《英汉大词典》的成功出版可以给人很多启示。第一，质量是出版物的生命。《英汉大词典》能获专家的肯定、社会的承认及诸多奖项，主要就是因为它的内在质量，就是因为狠抓质量始终贯穿于编书成书的全过程。具体措施除初稿、二稿、三稿、通读四道工序外，还增加了条条块块的检查复核，定期发布"勘误通报"以引起大家警惕，设立"质量检查员"，召开质量研讨会，印发"集思广益试题"供讨论研究等等，可谓层层设防，人人把关。主编陆谷孙提倡"人人眼前要有个读者的形象，背后要有个苛严挑剔的批评家形象，宁可多一些近忧，从而保证少一些远虑"。第二，一项重大的代表国家水平的文化工程，必须有人力、物力、财力的保障。从人力来讲，需要一支认真负责、埋头苦干、高水准的专业队伍，需要年富力强、德才兼备的带头人。从中国特定国情和社会主义初级阶段的实际出发，重大的文化建设项目首先必须得到各级领导的高度重视，必须得到政策的有力支持，有了领导的重视和政策的支持,就可以解决人力、物力、财力等一系列问题。

《英汉大词典》(上、下卷)出版后,为及时反映现代英语中的新发展,上海译文出版社在1999年又出版了陆谷孙主编的《英汉大词典补编》,延续了《英汉大词典》的生命力。2001年起,上海译文出版社着手对出版已有10年的《英汉大词典》进行全面修订,主要任务是针对硬伤勘误纠错,更新专名和术语的信息,增补英语新词、新义、新用法,同时对词典的微观结构进行改进性修订。全新的《英汉大词典》(第二版)2007年3月出版发行。

《大学英语》:从一套教材到一条产业链

上海外语教育出版社出版的《大学英语》系列教材,是教育部组织全国六所高校分工编写的,由复旦大学教授董亚芬任总主编。1986年出版试用本,1992年出版正式本,1998年出版修订本,2006年出版第三版。截至2010年,这套系列教材已被全国上千所高校选用,累计发行近5亿册,销售码洋近20亿元,并先后获全国高校第二届优秀教材特等奖、国家教委高等学校第二届优秀教材一等奖,并被评为国家级精品教材、教育部大学英语类推荐使用教材,入选"十五""十一五"国家级规划教材。

1985年2月,国家教委颁布《大学英语教学大纲》(高等学校理工科本科用),要求有关院校从1985年秋季起参照执行。同时下发的《通知》说:"《大纲》总结了我国大学英语教学的经验,同时汲取了国外语言学和英语教学的一些研究成果,是一份在广泛调查研究的基础上形成的教学大纲。它基本上体现了科学性、先进性、实用性和灵活性,是全面改革大学英语教学的一个重要尝试。"这一教学大纲,除具有理工科大纲的很多共同属性外,特别重视英语语言基础的教学及交际能力的培养,文理科通用,读、听、译、写、说分三个层次列入教学目的,实行分级教学,注重定性、定量等。新《大纲》较以前的公共英语教学大纲有重大的改革和变化,有些具体要求和内容是颠覆性的。如何贯彻新《大纲》,实现和完成新《大纲》所制定的教学目标、要求和任务,师资和教材是关键。当时尽管公共英语教材不少,但都存在着各种比较明显的缺陷。为此,急需编写出版一套以新《大纲》为依据、能满足教学需求的新教材。在广泛调研的基础上,1985年底,按照国家教委要求,复旦大学、北京大学、华东师范大学、中国人民大学、武汉大学和南京大学正式启动合作编写《大学英语(文理科本科用)》系列教材。教材分精读、泛读、快速阅读、听力和语法练习等五种。按分级教学要求,除语法与练习只编四册外,其他各教程各编六册,每级一册。精读、听力配有录音和教师用书。后来根据不少院校要求,又增加精读预备级二册、泛读预备级二册。编写这一系列教材是大学英语教学史上一项规模空前的工程。为保证教材质量,国家教委专门聘请两名外籍专职外语专家参加编写和审定工作。各教程也由教学经验丰富、英文功底深厚的中年教师担任主编并聘请各主编学校的老专家担任主审。经过一年多时间的艰苦工作,1986年,《大学英语(试用本)》各教程陆续出版。由于编写时间紧,印刷力量不足,为赶在秋季开学试用,无奈之下只能打字后用小胶印印刷出版。

这一系列教材问世后,对大学英语教学产生了巨大的影响和冲击。首先,这是第一套根据新《大纲》要求编写的教材,无论从规模和系列上看都不亚于当时的英语专业教材;其次,这套教材完全不同于以往的公共英语仅要求学生具备一定的阅读能力的要求,而是对听、说、读、写、译都有具体要求;再次,尝试将文理打通,把教学重点放在语言共核上,坚持语言基础与教学能力培养并重,突出阅读技能培养,博采众长而不是偏重求"新",同时各教程既有分工又相互补充。这是教材编写史上的一次革命,是教学理念的创新、教学方法和手段的革新,同时师资队伍建设也提出了新的要求。但教材销售不理想,一年下来还不到 6 000 册。无奈之下,上海外语教育出版社决定自办发行,业务员背着教材到一个个学校宣传推广,逐渐打开局面。为更好地推广和使用教材,外教社开展师资培训,请主编解读编写的理念、原则,教材的特点和使用建议等;请一线的教师上示范课,交流使用的体会和经验,共同探讨教材使用中碰到的困难和问题;对教材中存在的问题和不足尽可能给予弥补;同时努力做好各项售后服务工作,维护和巩固市场,使《大学英语(试用本)》成了一个时期最畅销和最受欢迎的大学英语教材。

《大学英语(试用本)》推出后,外教社和《大学英语》主编主动收集教材使用的反馈意见和建议,注意有关学术期刊对教材的评论文章。凡对教材提高质量和水平有关的意见和建议,都虚心听取,并作分析研究;凡有可能及时修改的,便及时处理;若碰到需伤筋动骨的问题,先做好预案,然后利用每一次举办教学研讨会的机会,召开教师座谈会,听取意见、建议和批评。经过六年准备和努力,1992 年出版《大学英语(正式本)》。正式本比试用本体系更完备,质量更可靠。在试用过程中,有高校提出这套教材确实很好,但全国差别较大,不可能所有高校都"齐步走",应该有更大的选择性,实行分级教学,实现因材施教。根据这个意见和建议,外教社和《大学英语》主编在教材结构和体系上作了调整,补编《大学英语》精读预备级二册、泛读二册,以满足起点较低学生的需要,而起点较高的学生可以从第三册开始学习。同时,更换和调整了一些不太合适的材料和练习,加强和充实教师用书,并修订了以前存在的各种编写、排版、印制等差错,实践证明,正式本质量明显提升,可以满足各级各类高校英语教学的需要,尤其是有利于帮助学生打下扎实的语言基本功。因质量、特点和广泛的影响及各项首创性,1992 年国家教委组织的教材评奖,《大学英语(正式本)》获全国高等学校第二届优秀教材特等奖。

《大学英语(正式本)》推出后,被很多高校英语教师作为首选教材,全国 800 多所高校先后选用这一教材。因为体系和质量有很好的口碑,教材发行和使用相当稳定。1996 年全国大学外语教学指导委员会根据高等教育形势的发展和英语教学要求的变化,以及大学英语教学质量和水平的提高,按教育部要求修订已执行十多年的大学英语教学大纲,并将原来的理工科、文理科教学大纲整合为一。修订后的教学大纲对教学目标、教学内容和教学要求作了与时俱进的调整和更新,要求学生达到较强的阅读能力和一定的听、说、读、写、译能力,打下扎实的语言基础,掌握良好的语言学习方法,提高文化素养,以适应社会发展和经济建设需要。当时高等教育开始步入大发展期,大规模扩大招生,大规模圈地建大学城,硬件发展迅速,而师资队伍、教学设备、资料等软件跟不上。作为大学基础必修课的大学英语教学也遇到困难和问题。如何解决这些困难和问题? 外教社和《大学英语》主编根据新的形势和要求,调整了以前制定的修订方案和已修订完成的教材,更新了包括课文和练习等材料。由于在做万人问卷调查时,绝大多数教师都非常喜欢大部分的课文,且已积累了比较丰富的教学资料和经验,教学效果也不错,希望修订时不要替换太多的课文。所以这次修订原则上每册只替换两篇课文,但练习基本上重新编写。修订样稿完成后征求意见,教师们颇感满意。但师资不足、教学资源缺乏的矛盾并没有得到解决。当时全国已开始试行多媒体教学。受此启发,外教社和《大学英语》主编决定将修订本的主干教材配上多媒体教学光盘。经全国招标和筛选,选择华南理工大学作为合作伙伴,联合开发《大学英语》精读教程的多媒体教学光盘;选择中国科技大学作为合作伙伴,联合开发《听力》教程的多媒体教学光盘,在 1998 年底制作出版了《精读》和《听力》教程的教学光盘,很多学校看了演示爱不释手,纷纷选用,并向学校申请建立多媒体教室。《大学英语(修订本)》不但更新材料,提升水平,更为重要的是创新手段,开创了外语教材立体化、电子化的先河。这套多媒体教学光盘后获教育部优秀教学成果二等奖(一等奖空缺)、广东省优秀教材优秀成果一等奖,并为以后大型教材的数字化、网络化做好了铺垫。

进入21世纪以后,社会各界对掌握科技、精通外语、能够参与国际竞争的高层次高素质人才的需求不断高涨,为大学英语学科建设带来了良好的发展机遇。但我国高等教育快速发展,连续数年以10%以上的扩大招生,从精英教育向大众教育转化,大学英语教学无论是课程设置、师资队伍、教学材料、教学方法和手段等都有待进一步改革和完善。由于师资队伍的增长滞后于学生的增长,大学英语教师的负担不断加重,如何开发和利用现代高新技术、提升大学英语的教学水平,尤其是增强学生的听说能力,是摆在大学英语教师和大学英语教学管理者面前的又一个亟待解决的课题。2002年秋,教育部高教司启动新一轮的大学英语教学改革工程,以《大学英语教学大纲》(修订本)为基础,研制《大学英语课程教学要求》。2004年1月,《大学英语课程教学要求(试行)》下发,第一次提出对不同的学校应有不同的要求,即一般要求、较高要求和更高要求。对语言技能的要求是"全面提高学生的英语综合应用能力,尤其是听说能力"。对计算机网络教学的要求是"新的教学模式应以现代信息技术为支撑,特别是网络技术,使英语教学朝着个性化学习、不受时间和地点限制的学习、主动式学习的方向发展。"《课程要求》还指出"各高等学校应根据自身的条件和学习情况,设计出适合本校情况的基于单机或局域网以及校园网的多媒体听说教学和训练。读、写、译课程的教学既可在课堂进行,也可在计算机上进行"。按照《大学英语课程教学要求(试行)》提出的改革措施和要求,外教社和《大学英语》主编开始了《大学英语》再一次修订工作,以保持教材的科学性、先进性和适应性。受教育部委托,外教社还同时开始研制开发大学英语网络教学系统。这一系统2003年11月通过教育部高教司组织的专家组评估验收,向全国各高校推荐使用。经过三年时间的修订、试用,2006年1月,外教社举行《大学英语(第三版)》出版新闻发布会,正式推出《大学英语(第三版)》,同时推出的还有多媒体教学与辅导助学光盘、助教光盘、电子教案、MP3光盘、大学英语分级试题库、大学英语口语考试系统局域网产品等,以及正在研发的大学英语网络课件、外教社大学英语教学网等网络产品。《大学英语》教材开始由单一的纸质教材向立体化(CDROM、MP3、DVD)、网络(数字)化迈进,但纸质版年销售仍达数百万册,并被教育部评为国家级精品教材。

自1986年出版《大学英语(试用本)》以来,上海外语教育出版社把出版高校所需的外语教材放在整个出版工作的重要地位。除维护、修订已出版的教材,还不断创新、注入新的内涵,根据教育发展的需要研制和开发新的产品,占领国内外语教材编写的制高点。截至2010年,外教社已出版的外语教材有大学英语三套:《大学英语系列教材(第三版)》《大学英语系列教材(全新版)》和《新世纪大学英语系列教材》;高职高专英语两套:《新世纪高职高专英语系列教材》《新标准高职高专英语系列教材》;英语专业三套:《新编英语教程》《交际英语教程》《新世纪高等院校英语专业本科生系列教材》;英语专业研究生和公共外语研究生英语系列教材及日语、德语、法语、俄语、西班牙语、阿拉伯语、韩语、意大利语等本科生系列教材几十套近千个品种,不少是"十五"和"十一五"国家级规划教材,有的还是国家级精品教材。与这些教材配套的教学参考读物就更多了。从一套《大学英语》教材到形成一条完整的产业链,这正是上海外语教育出版社20多年咬定青山,勇于攀登,交出的一份答卷。

《中国医学百科全书》编纂工作纪实

《中国医学百科全书》是新中国成立以来集聚全国医药卫生力量编写的大型医学参考工具书。作为我国第一部医学百科全书,其学科之全、规模之大、篇幅之多、内容之权威,是世界各国的医学百科全书无法比拟的。全书由分卷本和综合本两大部分构成。分卷本 93 卷(包括蒙古、藏、维吾尔、朝鲜等少数民族医学卷),设有 22 000 余条目,总篇幅 4 400 多万字,1993 年问世;综合本分 5 大部分 9 大卷,设有 11 000 余条目,总篇幅 1 900 多万字,1998 年出齐。两大部分相加,全书规模相当于《辞海》的 4～5 倍,比美、英、法、日、德、意等国出版的医学百科全书的卷册字数要多 2～4 倍。

这一工程浩大、影响深远的大型医学参考工具书,曾被列入我国科技出版十项重点工程之一,不仅起步早,堪称第一,就医学百科全书而言,更是前无先例。全书编辑工作,从酝酿、编著到出版历时 30 多年,其中因"文化大革命"中断十年时间。历经艰辛,几近夭折,终于克服重重困难,在新中国成立 50 周年前夕按原定设想全面完成。这部巨著的问世,凝聚着作者和编辑的智慧和心血,为我国医学百科全书事业的发展积累了宝贵经验,在中国医学出版史上留下浓墨重彩的一笔。

《中国医学百科全书》的选题设想最早是毛泽东提出的。1960 年初,毛泽东看到上海第一医学院编写、上海科学技术出版社出版的《医学卫生普及全书》(1959 年版,现改名为《家庭医学全书》)后,口头指示可在上海出版的《医学卫生普及全书》的基础上,编写一本《医学百科全书》。这一指示经卫生部下达后,上海科学技术出版社和上海第一医学院即着手调研和筹备工作,并希望将这项工程作为国家任务,纳入卫生部工作计划。1964 年初,上海科学技术出版社第一次以书面报告形式向卫生部提出关于编辑出版《医学百科全书》的初步设想,阐明了出版目的、读者对象、编写体例、内容范围、组织领导和工作计划等。1964 年 4 月 2 日,上海科学技术出版社召开上海医学专家座谈会,讨论《医学百科全书》的机构框架、编写要求、组织领导等工作,卫生部副部长钱信忠专程来上海主持会议并听取意见。当时还设想在北京也召开一次类似会议,尽快推进相关工作。但时隔不久,"文化大革命"爆发了,《医学百科全书》筹备工作被迫中断。粉碎"四人帮"后,1977 年 11 月,上海科学技术出版社向上海市委递交《编辑出版〈医学百科全书〉的请示报告》,得到市委同意和支持,后向卫生部领导汇报,也得到支持。《医学百科全书》编撰任务再次列入卫生部议事日程。

当时,在"文化大革命"中被打倒的一大批医学权威、专家陆续恢复名誉,出来工作,钱信忠也重返卫生部领导岗位。他把编写《医学百科全书》作为团结和动员全国医药卫生力量、拨乱反正的重大举措,全力支持。1978 年 8 月,卫生部在北京召开《医学百科全书》筹备和落实任务会议,钱信忠主持会议。与会的有上海第一医学院、中国医学科学院、中国中医研究院、军事医学科学院以及全国重点医学院校、军事医学院校等 20 个单位的代表或负责人,国家科委、国家出版局、上海市出版局、中国大百科全书出版社、人民卫生出版社、上海科学技术出版社、中华医学会及卫生部有关局、室也派人参加。会议拟订了《医学百科全书》编写方案(草案)。1978 年 9 月 6 日,卫生部下达文件,明确分工,《医学百科全书》的编写和出版工程全面启动。

"七分组织,三分编写",组织工作是编前工作的重要组成部分,对大型书稿编撰来说至关重要。在卫生部统筹安排下,《医学百科全书》的作者组织工作设计得十分周密。编委会由有关领导部门、主编和副主编单位负责人、各分卷主编和有影响的医学专家共 159 人组成,阵营强大,很具有权威性和号召力。编委会是编辑出版《医学百科全书》的领导机构,任务是组织全国力量,统筹安排工作,研究重大问题,审定稿件质量。钱信忠任编委会主任委员,卫生部科教局局长陈海峰任秘书长。编委会下设办公室,是编委会常设办事机构,具体负责组织、联络和编审等日常事务工作,掌握编写进度,组织经验交流,根据需要建议召开编委会或编写工作会议。编委会副秘书长戴自英兼办公室主任,上海科学技术出版社副总编辑俞克忠、鲍国华先后任办公室副主任。办公室实际上发挥了编辑部功能,起到上通下达、协调各方、沟通信息、掌握动态的作用。办公室扩大会议经常邀请《医学百科全书》编辑室全体编辑人员参加,交流各分卷本编撰情况,发现问题及时解决。钱信忠和陈海峰对办公室工作十分关心，经常听取汇报、作出指示，并说"你们不方便说的话，由我们来说"，支持编辑部工作。

93卷分卷的正、副主编都是国内学有所长的医学专家。为保证《医学百科全书》编撰工作的顺利开展，明确指定了主编、副主编单位，上海第一医学院为主编单位，中国医学科学院、中国中医研究院、军事医学科学院等32个单位为副主编单位。主编、副主编单位是主要编写单位，其任务是主持有关各分卷的编写工作，包括组织编写力量、拟订编写条目、督促检查稿件撰写进度和质量等。

值得一提的是，93卷分卷除主编、副主编外，都配有一至两名学术秘书。学术秘书由年富力强、有一定学术造诣、文字水平好又具有组织才干的研究生、青年医师或青年教师担任。实践证明，学术秘书的工作卓有成效，成为主编的得力助手和参谋，既减轻了年事已高、重任在肩的主编的工作压力，又在出版社编辑人力不足的情况下发挥了"特约编辑"的作用，协助做好内容审定、体例统一和文字加工等工作。这些曾经的学术秘书，后来几乎都成了学术权威、学科带头人或走上重要领导岗位。

编纂《医学百科全书》是一个新的课题，既缺乏理论指导，又缺少实践经验。参加编写工作的教授、专家编写过教材和专著，有一定写作经验，但对于用条目形式撰写全书却是第一次。怎样设计框架，条目之间怎样上挂下联，怎样撰写条目，写出百科全书的特色，开始都感到很难把握，难以落笔。《医学百科全书》有4 800多人参加撰写，如果不清楚了解全书的基本架构和体例特点，是难以完成编写任务的。更重要的是百科全书不同于一般书籍，作者不能随心所欲，编辑方针、体例框架、文字风格以及各种附录索引都必须规范化。这些工作由编辑部统一筹划，拿出方案和主见供编委会决策。编辑部作了大量调查研究工作，特地请中国大百科全书出版社姜椿芳介绍编写大百科全书的经验，还借鉴国外出版的医学百科全书的编写体例，特别是对《法国医学（内外科）百科全书》《英国医学百科全书》《苏联医学大百科全书》作了比较和剖析，博采众家之长。在这些工作的基础上，编辑部结合我国国情，起草了《关于国外出版的医学百科全书的资料》《医百编写方案（草案）》《医百编写须知》《医百编写体例》《有关医百编写的几个问题》等报告，供编委会和撰稿人写作时参考。针对有些专家反映，百科全书是"四不像"，既不像教材、辞典，又不像专著、手册的问题，编辑部选择一些专题条目，如小儿蛔虫病、焦虑症、昏迷、骨胶敏感性肠病等中小条目，与教材、专著、辞典的释文加以比较，通过比较对照，帮助大家加深理解、达成共识，即百科条目的内容应比辞典详尽、比教材深入、比专著精炼。写百科条目是一种创作，也是一种艺术。要在有限的篇幅里讲清楚那么多内容，重要的一点儿也不能遗漏，多余的一点儿也不能保留。因此写百科条目要花很大的工夫来遣词造句。

编辑部坚持以点带面，推敲样稿，树立榜样，推动全局。《耳鼻咽喉科学》分卷先行一步，在短短100天时间里，完成65万字样稿。他们的经验是先拟订条目，从基础的解剖、生理到临床治疗、预防，共2 600多条，可以说包罗万象，一应俱全，格式基本上与教材及参考书目录一样。后通过反复讨论、删改和调整（分、合、增、删），最后定为396条。《耳鼻咽喉科学》分卷的做法为其他分卷本的编写提供了示范。如《妇产科》分卷高度认同《耳鼻咽喉科学》"祖孙同堂"的写法：教材和专著按篇、章、节系统排列，是"长幼有序"的体例；而条目式编写不按篇、章、节系统排列，是"祖孙同堂"的体例。他们照此处理，将"宫颈癌"从宫颈恶性疾病中分列出来，使两者同堂。《妇产科》分卷原订800多个条目压缩成不到300条。除《耳鼻咽喉科学》《妇产科》分卷外，其他各分卷在编撰条目过程中也创造了不少好的经验，同时也不可避免地出现一些难题和困惑。负责联系各分编委的编辑发挥"沟通"的作用，汇总相关情况，再由编辑部从全局出发，有针对性地起草各种报告，如《两种版本长期共存》《医百的基础医学》《编辑加工参考》《图稿绘制要求》《综合本的设想》《厦门会议以来的工作情况及今后的打算》等,以加强对编撰工作的指导。

编辑百科全书是项系统工程,也是一门学问。为了提高《医学百科全书》的编撰质量,编辑部提出了"全、精、新"的要求。《医学百科全书》既包括现代医学的各个领域,又包含中医和少数民族医学等传统医学内容。现代医学内容涉及基础医学、临床医学、预防医学和军事医学等学科,可以说学科门类齐全、条目内容全面。《医学百科全书》最后冠以"中国",定为《中国医学百科全书》是以"全"作为依据之一的。"精"是指内容精确、文字精练、插图精致,一般来说也没有歧义。可是对"新"字的理解就很不一致。有人认为求新不是百科全书之长,由于出版周期长,内容永远"新"不了。但围绕"新"字,《医学百科全书》仍有所体现。比如,现代医学不少分卷中有许多新的专业、新兴学科,如康复医学、医学工程学、分子生物学、细胞生物学等都独立成卷;社会医学和卫生管理学分卷是首次全面总结了新中国卫生工作经验,比较系统地反映了我国卫生事业的发展和现状;计划生育卷尽可能详细地介绍各种节育原理和各种技术措施,还收集了有关体外受精和胚胎移植(试管婴儿)等新技术内容的条目。后来编辑部还建议在"全、新、精"以外加一个"准"字,"准"有"准确""标准""准绳""以此为准"之意。全书内容不仅要全而精,而且要新而准,是读者最可信赖的必备工具书和读物。这一建议得到钱信忠等领导和专家的赞同和认可。

钱信忠统筹《医学百科全书》编写,从长远考虑,要求《医学百科全书》除分卷本外还要组织编写综合本,并提出两种版本长期共存。为此,办公室和编辑部听取、综合各方意见,起草了《综合本编写须知(草案)》。综合本是在分卷本的基础上编纂的,但在内容结构、编写体例上有所改革和创新,以减少重复、补充遗漏、更新内容、统一体例,使两种版本各具特色、长期并存,满足读者的不同需要。综合本的条目设置采用了四种方式:(一)综合,根据几个分卷本的同类条目,加以综合编写,以减少重复,加强横向联系;(二)"移植",直接采用分卷本条目,仅作文字体例上的修改和压缩,不作实质性改动;(三)改写,采用分卷本条目的部分内容,对大部分或主要内容予以更新和改写;(四)新增,分卷本没有的条目,全部由综合本编撰者予以增加和释文。综合本的条目编排以知识体系分类为主,确定分为中医学、基础医学、临床医学、预防医学和军事医学五大部分。这一设想为综合本编纂成书描绘了一个大体的轮廓。

《医学百科全书》的出版,是国内医学专家集体智慧的结晶,凝聚了4 800多名老中青中西医药专家的心血,也集中体现了上海科学技术出版社编辑默默奉献的精神。已故《医学百科全书》编委会办公室副主任、上海科学技术出版社副总编辑俞克忠从20世纪60年代初开始,就全身心投入《医学百科全书》编写出版工作,提出的很多方案和具体意见,对完成这部巨著发挥了重要作用,被钱信忠等称为"医百的总设计师"。

100卷《中国新文学大系》:出版界跨世纪工程

2009年6月,新中国成立60周年前夕,经过几代出版人近80年的跨世纪努力,《中国新文学大系》100卷全部编纂完成。当五辑100卷经过影印补缺,统一封面设计、统一标注卷号,整整齐齐呈现在读者面前时,上海文艺出版社总编辑郏宗培松了一口气:几代上海文艺出版人的愿望终于实现了。

《中国新文学大系》第一辑(1917—1927)是1934年春夏之际由良友图书公司编辑、解放后曾任上海文艺出版社副总编辑的赵家璧酝酿、倡议的。他这个精选五四以来文学作品编纂一套丛书的构想一经提出,即得到前辈作家的一致认可。创造社老将郑伯奇当"参谋"出谋划策;阿英慷慨提供自己珍藏的大量原版藏书;经常去内山书店的施蛰存将自己熟悉的日本以"大系"为名的编选方法提供给他,并商定了"中国新文学大系"这个叫得响、传得开、留得下的丛书名;茅盾倾心投入,确定10年为断代的分期法;郑振铎建议请五四文学代表人物胡适、周作人等担任分集编选;郁达夫、郭沫若、朱自清、洪深等也热心襄助。更重要的是,赵家璧得到了鲁迅的鼎力支持,鲁迅同意亲自出任《中国新文学大系》小说二集的编选。蔡元培在撰写的总序中,称赞赵家璧以"大系"形式对五四以来第一个十年先作一个总检查的编选方法,"使吾人有以鉴既往而策将来,绝不是无聊的消遣!"在第一辑出版后,赵家璧还有续编《中国新文学大系》后三辑的计划。后因时局动荡,战火频仍,新中国成立后百废待兴,20世纪五六十年代"左"的思潮盛行,因为种种原因,这一计划没能实现。

20世纪70年代末,在党的十一届三中全会精神鼓舞下,上海文艺出版社解放思想,编选出版了在文坛率先拨乱反正的小说散文集《重放的鲜花》,引起强烈反响。社长、总编辑丁景唐感到,是实现赵家璧续编《中国新文学大系》后三辑计划的时候了。他提议先影印《中国新文学大系》第一辑10卷,同时开始着手编选、出版第二辑(1927—1937)20卷。后在上海文艺出版社继任社长孙颙、江曾培分别主持下,又编选、出版了第三辑(1937—1949)和第四辑(1949—1976)各20卷。2008年,在上海文艺出版社总编辑郏宗培主持下,《中国新文学大系》第五辑(1976—2000)30卷也完成了。至此,反映20世纪中国文学发展历程和概貌的《中国新文学大系》五辑共100卷全部编纂完成,几代上海文艺出版人接力完成了这一跨世纪工程。

赵家璧当年组织编选《中国新文学大系》时,还是一位刚跨出大学校门不久、并没有多少出版实践的普通编辑。面对20世纪30年代各路纷争激烈,各派繁复杂呈的政局文坛,他以自己的睿智、灵敏和虚心,调动了诸多大家名流,硬是编选出版了《中国新文学大系》第一辑10卷。一个年仅20多岁的小编辑,没有胸怀远大,不是目标纯正、信念笃定、意志坚强,要挑起这副重担,是不能设想的。伟大的时代是具有历史感的。新文化运动是我国知识分子的创世纪,是新思维、新观念反对专制主义和蒙昧主义的伟大的启蒙运动。《中国新文学大系》第一辑的编选留存,是出版界前辈赵家璧等为读者和研究者解读这一中华民族集体记忆,提供的一份不可多得的文学路径和历史坐标。

从《中国新文学大系》第一辑起,分卷的选编、主编都是文坛大家。第一辑有鲁迅、茅盾、胡适、郁达夫等;第二辑有周扬、巴金、夏衍、艾青等;第三辑有王瑶、柯灵、臧克家、沙汀等;第四辑有冯牧、王蒙、徐迟、吴祖光等;第五辑有王蒙、王元化、谢冕、吴泰昌、雷达等。他们都对《中国新文学大系》给予了极大的关爱与支持。1982年,为编选第二辑,丁景唐和赵家璧在北京和上海分别拜访叶圣陶、周扬、夏衍、聂绀弩、吴组缃、巴金、丁玲、师陀等前辈作家。丁景唐等还向胡乔木作了书面汇报,胡乔木对《大系》的续编工作提出了许多宝贵意见,给予很大支持和鼓励。周扬、夏衍、艾青等也都认为续编《中国新文学大系》是一件大事、好事。按周扬的说法,就是"有助于概括和总结我国新文学运动的历史经验,裨益社会主义新时代文学的发展",欣然允诺为《大系》写序。叶圣陶年事已高,难于为散文卷作序,但热情地推荐了吴组缃,吴组缃欣然答应。柯灵为第三辑散文卷作序,这一辑的散文创作于抗日战争和解放战争期间,作为过来人,他大多都接触过。但他并没有凭借这点"资本"就动手,而是首先阅读所选的文字,又查阅当年60多种散文集。初稿写成后,"冷处理"一段时间,感到不满意,又推倒重来,最后终以深沉的历史眼光与当代的审美意识,写下了一篇见解不凡而情文并茂的序文。

1995年6月,上海文艺出版社社长江曾培率领编辑在北京召开《中国新文学大系》第四辑分卷主编会议。王蒙、袁鹰、邹荻帆、吴祖光等对如何编好《大系》新中国成立以来的部分提出了很好的意见。荒煤当时卧病在床,为自己不能出席会议一再致歉,同时表示一定会把电影卷编好。在他病床旁,放着几页电影选目的稿纸。他说,《中国新文学大系》第四辑是反映新文学整体面目的一个选本,如何以一定的篇幅选准作品,既不漏掉代表这一时期文学主流的优秀之作,同时又兼顾不同的风格流派,是要费一些功夫的。后来,荒煤为电影卷写了一万多字的长序。序文谈到1957年反右派斗争与1958年的"拔白旗"运动对电影事业的摧残时,特意提到他的一篇错误文章:"我当时写那文章,当然有时代因素,但终究在当时扩大了左倾错误的影响。我又是这个电影卷的主编,这点错误都不承担,不提一下,不自我批评一下,是不好的。"

报告文学卷主编徐迟也未能出席那次会议。他来信说:"我已从过去武汉出版的《中国报告文学丛刊》中,找到了1949年以后的好些作品,开始阅读和考虑作序。以后每半个月给你们一信。"从那时一直到1996年报告卷定稿时,差不多每半个月都能接到他一封信,说明编选的进度与意见。序文的初稿写好后,他还复印多份来征求意见。一位80高龄老作家如此执着与认真的精神,让所有参与选编工作的人员都深深感动。

编选1976年至2000年四分之一世纪新文学作品的任务,2004年交到王蒙和王元化手中。2007年5月,《中国新文学大系》第五辑分卷主编第一次会议在杭州举行。由于身体原因,王元化只能以书面的形式表达对编撰工作的看法和意见。他除了充分肯定"这二十多年是文学史上非常重要的一个阶段"外,还对选家的个性问题提出建议:"希望主编不要过于发挥自己的个性,而是应该尽量从文学史的角度出发,尊重文学史上的评价,以历史文献的眼光进行编选……要有一份公允心。"这个建议得到各分卷主编的响应。短篇小说卷主编李敬泽说,编选工作要坚持一个原则:多冲突,在冲突中找到最好的。此外还要考虑文学史价值和作品是否具有现实意义,"希望能够突出重点作家的作品,而不是面面俱到"。

在第五辑各分卷中,长篇小说最受关注。7篇全文收入的小说,是主编雷达花两三年时间从近3 000部作品中挑选出来的。这无疑是一项极易引起争议的工作。他硬着头皮选出古华的《芙蓉镇》、铁凝的《玫瑰门》、王蒙的《活动变人形》、张炜的《古船》、陈忠实的《白鹿原》、白先勇的《孽子》和王安忆的《长恨歌》。但正如事先预料到的,质疑声接踵而来。为什么铁凝的作品能入选? 路遥的《平凡的世界》怎么没收入? 原先计划在内的金庸的《射雕英雄传》最后为何不见踪影……在和王蒙等人商量后,雷达确定了"深刻的文化内容和完美的艺术形式相结合",也就是"诗与史完美结合"作为挑选的标准,雷达回答说,他肯定铁凝作品的价值;《平凡的世界》没有全文收入是受限于过长的篇幅;而金庸则因为之前已有《笑傲江湖》收入在第四辑中。

《中国新文学大系》汇集我国一个世纪新文学的精华,凝聚着几代优秀作家、编选家和编辑家的精神和心血,跨度从五四至20世纪末。大系对一个国家一个民族几乎一个世纪的文学发展作了梳理,从五辑百卷近70篇或短或长、或学究或潇洒的序与跋,可以看出一个大致的、变动的、或高昂或压抑、或呼啸前行或低回缓慢的我国20世纪文学发展的节奏与轮廓。前四辑所编选的半个多世纪的文学,多和战争和灾难结缘。第五辑的时代背景则进入一个相对宽松的氛围,这一时期的文学参与者最多,创作的数量与涉及的题材最丰富,社会影响也最大。为做好第五辑编选,上海文艺出版社倾全社之力,尽可能为选编者提供周到的服务和后勤保障。从西子湖畔的杨公堤金溪山庄到上海肇嘉浜路中科院上海学术活动中心,留下了总主编、分卷主编的身影和在工作会议上的坦诚交流的画面。2008年,王元化在生命的最后时日还惦念着第五辑编选"这意义相当深远"的工作,说这段时期"是很让人留恋的","意义是相当深远的"。各分卷编选者在尊重以往传统体例的基础上,坚持选文的文献性、文学性、权威性、客观性、包容性。在文学理论卷和长篇小说卷的选目等方面,编选者几经周折,多方考虑才最后审定。根据文学样式的发展,第五辑增设了微型小说卷和儿童文学卷,使这两大文学样式堂堂正正进入文学大系的殿堂。经编选者多次研讨,将原"报告文学卷"更名为"纪实文学卷",专家认为这样的称谓、概念较为宽泛合理。大系编委会还采纳了众多专家、读者的建议,将散刊于五辑百卷的序跋和前言后记集于一卷,即"史料·索引卷二",便于阅读与研究。

1982年11月,赵家璧曾撰文呼吁:"已经重印了《中国新文学大系》第一辑的'上海文艺',难道不能考虑第二辑、第三辑的编辑计划,列入'骨干工程'立即上马么? 我恳切地提出这个建议。"1984年11月,在上海文艺出版社的一次聚会上,他衷心祝愿老同事"一要质量,二要速度",建议将全部《中国新文学大系》"放在我们面前的桌子上","我再来参加一次规模更大的庆祝会,我再来说几句祝贺的话,那我就不算虚度此生了"。20多年后,上海文艺出版社完成了赵家璧嘱托的第二、第三辑编选出版,而且推进到第五辑整整100卷。赵家璧当年精心设计的封页前后衬里的麦绥莱勒式的版画装饰已为百卷五辑所沿袭;赵家璧1983年10月所撰写的《话说〈中国新文学大系〉》已作为附录刊于卷末。出版前辈编选《中国新文学大系》的功绩,不会因时间的流逝而湮灭。正如王蒙在第五届总序中开篇列言:"从赵家璧先生于七十多年前在良友图书公司主编出版了第一辑《中国新文学大系》以来,上海文艺出版社自20世纪80年代起,一代一代,前后编了近八十年,上百卷。百卷沧桑,百卷心事,百卷才具,百卷风流。呜乎,不亦盛哉!"

范泉和《中国近代文学大系》

1997年9月6日,北京人民大会堂小礼堂举行第三届国家图书奖颁奖仪式,上海书店出版的《中国近代文学大系》获国家图书奖荣誉奖。这套12集30卷2000余万字的大型系列图书,从启动到出齐花了近10年时间。总策划、总编纂范泉和他的同事们在一大批专家学者支持下,聚精会神,付出了艰辛的劳动,终于完成了这一具有深远文化意义、填补出版空白的文化工程。

上海书店原名上海古旧书店,20世纪60年代起兼营古旧书影印。1976年后,影印出版有了更大发展。在影印《申报》《天一阁地方志》和近现代文学书刊后自设影印厂。但上海书店不是正式出版单位,没有书号,怎么会选择《中国近代文学大系》这个出版选题的呢? 这与范泉到上海书店任职有关。

范泉原名徐炜,江苏金山(今属上海市)人,1941年毕业于复旦大学新闻系。1944年进上海永祥印书馆任编辑部主任,主编《文艺春秋》,结识茅盾、郭沫若、巴金、田汉等进步作家。出版过小说集《浪花》、散文集《绿的北国》、论著《战争与文学》,翻译日本小田岳夫原著的《鲁迅传》。1949年后,范泉曾在上海新闻出版印刷工会任职,后任上海出版学校副校长,1958年被错划为"右派分子",遭送青海劳动。1979年范泉恢复名誉,1981年任青海师范大学教授,后任青海省政协常委。那时他回上海,有时会到上海书店走走,那里有他在出版学校的学生。他和上海书店经理俞子林曾是市、区两级新闻出版印刷工会同事。俞子林到他居住的招待所和他长谈。范泉谈了去青海经过和在青海的苦难,说现在一切都过去了。俞子林说,上海有你的家、你的事业,为什么不能调回来呢? 1986年8月,范泉终于回到上海,进上海书店担任编审。这年他70岁。

范泉回到上海,因编文学期刊的愿望难以实现,便在1987年9月向上海书店提议编一部《中国近代文学大系》。他说,从鸦片战争到五四运动,我国社会发生了急剧变化,文学也发生了变化。近代文学是进步文学,它开始走向社会,接近人民群众。没有近代文学转变期的量变,就不会产生现代文学即五四新文学的质变。要研究现代文学而不研究近代文学,不可能取得更加全面、深入的成果。近代文学资料繁、碎、乱,难以寻找。他提出要把这些浩如烟海、隐显杂错、良莠不齐、濒于佚失的近代文学资料,分门别类地搜集、索隐、筛选、点校,整理出一套有点有面、鲜明系统的资料系列,以便于文学研究、教学工作者和文学爱好者使用。

范泉的设想符合上海书店多年来形成的出版方向。上海书店在"文化大革命"后的影印出版工作中,逐渐积累经验,确立了"积累文化、提供资料"的出书方向。就近代文学而言,已影印了《绣像小说》《月月小说》《小说林》等多种晚清文学期刊,影印了颇有影响的中国留日学生刊物《浙江潮》,汇编出版了由二十多种晚清文史笔记组成的《清代历史资料丛刊》以及陈乃乾编的《清名家词》、郑振铎编的《晚清文选》。范泉提出的《中国近代文学大系》,是同上述选题思路一致的。

俞子林把编纂大系的设想向市出版局局长袁是德和分管副局长赵斌作了汇报,他们都认为这是个好选题,是填补出版空白的项目。在大系的第一次编辑会议上,袁是德说,此书如果编成,将使文学史环环相扣,为建筑我们民族的文化长城添上一块金灿灿的砖瓦,对我们后代是功德无量的。由于当时上海书店还不是正式出版单位,不能出版新书,袁是德、赵斌建议先做起来,同时申请成立出版社。如果到出版时出版社还没批下来,也可与别的出版社合作。

作为大系的总策划、总编纂,范泉是深知编纂的难度的,也知道上海书店当时虽已有相当的出版实力(主要在影印出版方面),但缺乏编纂大系的编辑力量。1988年,他在给友人的信中这样说:大系的编纂远难于《中国新文学大系》。首先是因为编纂者都不是亲历其境的人,只能借助于自行研究开掘,基本理清当时情况后才能确定或基本确定取舍标准。其次是文献资料繁乱,时隔半个世纪以上,有的已经失散。第三是对近代文学研究资料匮乏,无所适从。他还说,《中国新文学大系》第一辑编纂,由赵家璧组织,聘请了一批当事人编选,组织者可以少费心思。第二辑由丁景唐组织,聘请了一批文坛前辈挂名主编并作序,编选工作是动员上海文艺出版社百余位编辑完成的。上海书店无此条件,可能会产生一些无可弥补的缺点。

从上海书店实际出发,结合近代文学本身及研究的特点,范泉提议以编辑室极少人力,聘请专家学者担任分集主编,通过组织学者广泛讨论,高质量地完成编纂任务。这一设想得到上海书店领导的赞同和肯定。从1987年起,范泉全身心投入编纂工作。首先是联络专家学者,聘请编委和各分集主编,探讨有关编纂的各种问题。从他1987年的日记中可以看到,有几个月他几乎每天都在外奔走,和专家学者讨论。不仅在上海,还去北京、开封、济南、苏州等地,信件往来更是频繁。被访者中有巴金、柯灵、王元化、郑逸梅、贾植芳、徐中玉、丁景唐、赵家璧、陈子展、伍蠡甫、李一氓、胡绳、叶至善、骆宾基、臧克家、许杰、张庚、周而复、马学良、钱仲联、任访秋、钱谷融、章培恒、季镇淮、施蛰存、陈左高、吴仞之、姜彬、刘北汜、柏彬、薛汕、张伟、端木蕻良、王知伊、魏绍昌等,多达60多人,有的还不止一两次。

1987年12月10日,上海书店召开第一次大系编纂工作座谈会,大系编委会成立,各分集主编基本确定,编纂工作正式启动。后大系编纂架构有所调整,又增补了多位编委,最终确定的编委名单共25人,他们是马学良、王元化、任访秋、伍蠡甫、吴仞之、吴组缃、陈子展、陈则光、时萌、张庚、郑逸梅、周振甫、季镇淮、范泉、范伯群、柯灵、钟敬文、施蛰存、徐中玉、钱仲联、贾植芳、章培恒、楼适夷、端木蕻良、魏绍昌。编委中,有14人兼任分集主编。分集主编根据工作需要,聘请副主编及编辑组成员,建立工作班子。到正式出版时,印在各集版权页上的编辑人员名单共71人。如果包括参与讨论研究、协助收集资料等等的人员,超过100人。

编纂人员众多,又分处在上海、北京、广州、苏州、开封等地,如何做到观念、体例上的基本一致?除了部分分集通过专门会议讨论外,上海书店和范泉决定编辑一份《〈中国近代文学大系〉编辑工作信息》,以沟通情况,展开讨论,尽可能做到集思广益,统一认识。这种方式受到编纂者和广大学者的欢迎,认为是一种学术民主的形式,可以广征意见,扩大参照系,为大系编纂创造出一种有效的工作方法。在《编辑工作信息》上参与交流、讨论的,除了编纂人员,还有许多非编纂人员,他们中有教授、编辑、作家、研究者、在校研究生等,几乎成为一个关于研究近代文学的学术园地。这份《编辑工作信息》自1987年12月20日至1992年4月12日共编印74期。这是一份内容丰富的近代文学争鸣录,有其独特的历史意义和学术价值。

当时的上海书店为适应影印出版工作需要设有出版部,共有包括编辑在内的工作人员近20人,主要任务是影印文史类古籍、近现代报刊和书画艺术类图书,每年出书约几十种至近百种,任务较为繁重。大系出版任务确定后,只有刘华庭、罗伟国、徐力励等临时协助范泉做些辅助工作,经理室先后由林国华、路俊分管和协调。后成立大系编辑室,聘请王知伊、周劭、杨友仁三位退休老编辑,又调入龚建星、郑晓方两位青年编辑,后期还有彭卫国、刘毅强等参加审稿。当时出版部狭隘拥挤,只得在食堂楼上划出一块地方,放了三张写字台和几个书橱,就是编辑室了。

大系是一套资料系列,需要在收集资料的基础上按照一定的观点和标准,衡量取舍,整理编排。近代文学资料前人整理出版的很少,大多尚处在原始状态,需要从当时出版的报纸、期刊和个人诗文集、小说单行本以至手稿中去寻找。各分集主编都是研究近代文学的专家,有的是大学教授,他们依靠学校的馆藏,掌握了部分资料。有的主编由于专业爱好,自己也收藏部分资料,如陈左高藏有不少清人日记,张海珊藏有不少清代民国笔记等。俗文学资料零碎分散,图书馆也很少收藏。《俗文学集》主编之一金名长期从事俗文学研究,收藏丰富,在编纂中又得到上海、吉林等多位同好的帮助。上海书店本身藏有部分近代书籍和报刊,也为编辑工作提供了便利。

当然,编纂工作更需要依靠各大图书馆的协助。上海图书馆孙继林、张伟、祝均宙三位馆员分别被聘为《翻译文学集》和《史料索引集》副主编。祝均宙及时编出《中国近代文学杂志126种编目》和《中国近代文艺报纸65种编目》,供大系编者们使用。张伟查清了近代翻译史上不少有待弄清的问题并提供有关资料。为搜集某一方面资料,编辑室曾专门发信给北京、上海、广州、天津、重庆、兰州等地的社科院和大学图书馆,请求他们查阅推荐近代报刊上发表的优秀短篇小说,后得到了马君武、叶圣陶、胡适等人多种早期创作和译作。《大系·戏剧集》编辑组也给各地发信,并走访一些单位,查阅一些期刊,发现一些过去未掌握的资料,如早期的文明戏剧本《家庭恩怨记》、同治年间的京剧刻本《醉白集》以及反映孙中山革命事迹的剧本等。

编纂大系的过程,也是对近代文学上许多问题展开争鸣的过程。在编纂过程中展开争鸣的几个主要问题是:关于大系的架构,关于中国近代文学的特色和时代精神,关于各分集编辑设想和编目,关于总序、导言等。大家畅所欲言,充分发表意见,在许多方面取得共识。最早出书的《翻译文学集》导言,曾一再改写,而总序更是画龙点睛之作,编委会请明清文学研究家、北京大学教授吴组缃,中国近代文学研究家、北京大学教授季镇淮和《中国近代文学史》作者、中山大学教授陈则光负责。范泉曾与执笔者陈则光作过两次长谈,要求把《总序》写好,从社会历史背景和文学发展渊源出发,梳理出近代文学的主流、支流、逆流和回流,给人以宏观的理解和微观的指南。总序初稿写出后,经吴、季两位审改,以《信息·号外》全文发表,广泛征求意见,作者感到"获益不少,深受启发,当尽量采纳,参照这些意见,予以适当的补充修改,以求有些提高",很快写出定稿。

除总序和各集导言外,大系其他各种编辑体例、编务上的问题诸如作者小传、曲种介绍、艺人介绍、解题、出处以及有关各种政策性问题、标点格式等问题,甚至《中国近代文学大系》及各集的英译名,都是反复听取意见,写出样式,最后修改定稿。由于大系慎重处理每一个细节问题,出版后赢得学术界的普遍好评。大系12集30卷编纂工作,1987年逐渐开展,到1989年有近10卷陆续交稿,进入审稿和排校阶段。在此期间,1988 年 6 月 16 日,上海书店被批准成为正式出版单位,解决了出版问题。1991 年 4 月大系《翻译文学集》首先出版。但由于个别卷启动较晚,有的卷因校点质量问题反复审改,直到 1996 年 7 月大系才出版最后一卷。这时距开始编纂已过去将近十年。

《中国近代文学大系》的出版,范泉功不可没。是他首先提出了这个选题,也是在他亲自带领下完成了这一重大文化工程的。他是总策划、总编纂,也是编纂工作的具体负责人。大系出版的意义体现在四个方面:一是通过广泛收集资料,发掘出许多被历史尘沙淹没的作家和作品,经过精心编排,全面真实地体现了近代文学的历史风貌和时代精神;二是突出地保存了转型期文学文献,为深入研究我国文学史特别是近现代文学史提供了资料;三是由于种种原因,我国近代文学资料一直处于繁、碎、乱的原生态状况,大系第一次对它进行了比较全面系统的整理,填补了一个重大的出版空白;四是大系在收编范围、编辑体例等各方面有开创性的成就,总序和各集主编撰写的导言,对近代文学的发生发展作了历史的叙述,对作家作品做了科学的分析,构成了一部简明的中国近代文学史。

“当代经济学系列丛书”和“三联学派”

1986 年 8 月,在上海市政府顾问汪道涵等的关心下,上海三联书店成立。汪道涵希望上海三联书店抓住上海作为全国经济中心城市的特点,以出版经济管理类读物为核心,办出自己的特色,与北京三联和香港三联形成映照。出于对上海三联书店出版定位的考虑,市出版局派学林出版社编辑部主任、对经济学研究很有兴趣的陈昕到上海三联书店,先任副总编辑,后任总编辑。陈昕到任后按照汪道涵要求,策划、主编出版“当代经济学系列丛书”,引进现代经济学的理论和方法,聚焦了一批“中国问题”,创生了一些“中国路径”和“中国案例”,尤其是团结了一群有学术抱负和使命的青年学人,使他们脱颖而出,突显出经济学世代交替的特征。到 1991 年初,“当代经济学系列丛书”已出版 50 多种,引起广泛的社会反响,有学者在一些学术场合提出了中国经济学“三联学派”的概念。

20 世纪 80 年代对中国经济和中国经济学而言,是一个发生巨大变化的年代。随着改革开放的不断深入,中国经济开始不断地出现新的情况和问题,需要经济学进行实证的分析,并给出解决问题的方案。然而传统的政治经济学侧重进行单纯的规范性研究,不告诉人们现实经济是如何运行的,只告诉人们作者希望现实经济如何运行。在不断变化的中国经济面前,传统的政治经济学有点苍白无力。正是在这样的大背景下,一大批青年经济学人开始从现代经济学的理论和方法中寻找借鉴之物,试图对中国国民经济的运行进行实证的研究。新古典经济学、交易费用经济学、新制度经济学以及短缺经济学等理论被引进中国,中国的青年经济学人运用这些理论和方法对中国经济进行实证分析,并逐步地显示了他们广阔的视野、深刻的思考和直面现实问题的能力。在上海三联书店这套“当代经济学系列丛书”中,举凡中国经济改革开放和发展的重大问题,如宏观经济运行、微观经济运行、经济增长、通货膨胀、价格机制、收入分配、资金流动、国际收支、汇率机制、金融体系、货币政策、企业改革、财政体制、对外贸易、农村改革、劳动力流动、产业结构、区域经济等,都有分量颇重的专著问世,不少专著一经出版便引起热烈反响,学术期刊和大众媒体不时有书评和报道,加以介绍。

“当代经济学系列丛书”和“青年学者丛书”中的经济学版块一起,很大程度上代表了中国经济学的发展水平。从 20 世纪 80 年代开始,中国经济学大致经历了四个阶段。第一阶段,中国学者尝试用现代经济学的方法和原理来探索中国的专门问题,陈琦伟的《国际竞争论》算是这一阶段的代表作;第二阶段是以符战、史正富、金重仁的《社会主义宏观经济分析》和潘振民、罗首初的《社会主义微观经济均衡论》为代表,标志着中国学者逐步把现代经济学的基本框架、概念、方法比较多地"拿"过来了。特别是潘振民、罗首初的著作,已经比较系统、成熟地运用微观经济学的方法来分析企业运行问题。第三阶段是樊纲等的《公有制宏观经济理论大纲》出版,中国经济学家在宏观层面已经达到能比较娴熟地运用现代经济学方法的水准。

但这三个阶段的研究成果还都是在新古典经济学的范围之内,理论创新的意义不大。20 世纪90 年代后中国经济学的发展进入了第四阶段,其突出特征是运用新制度经济学的方法来研究中国经济问题,并形成了"中国的过渡经济学"这一重大理论成果。中国进行的经济改革,为运用制度经济学方法研究中国问题的学者提供了一个极好的舞台。"当代经济学系列丛书"这方面的成果颇丰,先后出版了盛洪的《分工与交易》、林毅夫的《制度、技术与中国农业发展》、刘世锦的《经济体制效率分析导论》、张军的《"双轨制"经济学:中国的经济改革(1984—1992)》等。1991 年,在一次学术研讨会上有经济学家提出,改革开放以来中国的制度变迁实在太大,如果这种变迁和由其带来的增长与发展能持续下去,如果经济学家深入其中,在准确把握这些变化的基础上,进行各种规范与实证的分析,提炼出具有一般意义的经济学成果,那么中国经济学家就完全有可能在世界经济学界取得自己的地位,并为此提出了"中国的过渡经济学"的概念。"当代经济学系列丛书"鼓励经济学家在这方面努力,希望他们能够突破当时所处的较为一般的研究层次而有纵深拓展(包括进行大量的个案研究)。为推进"中国的过渡经济学"建设,上海三联书店从 1990 年至 1994 年,连续五年每年召开一次学术研讨会。青年经济学家从全国各地聚集到上海,争论中国过渡经济的各种问题。1993 年后,留美经济学家易纲、海闻、汪丁丁等也从海外赶来参加。中国社会科学院副院长刘吉每年参加研讨会,说在这里看到了中国经济学的未来和希望。1994 年,上海三联书店推出盛洪主编的《中国的过渡经济学》一书,收入 11 篇有代表性的文章。中国的过渡经济学的提出及其代表性著作的出版,标志着中国经济学从传统向现代的转型,开始成熟起来。"当代经济学系列丛书"中的"当代经济学文库"通过其所出版的近百种图书,真实地记录了这一重要的学术发展进程。就这个意义上说,称中国经济学曾经有过一个"三联学派",并不为过。

"当代经济学系列丛书"除"当代经济学文库"外还有另外三个系列,其中"当代经济学译库"和"当代经济学教学参考书系"也曾在中国经济学的建设上发挥过重要的作用。从 20 世纪 80 年代起,"当代经济学译库"持续不断引进现代经济学各个学派的代表性著作,既着眼于现代经济学领域经典的研究文献,更注重经济学前沿问题的研究向度。如科斯的《论生产的制度结构》、施蒂格勒的《产业组织》、奥尔森的《集体行动的逻辑》、索洛的《经济增长理论:一种解说》、贝克尔的《人类行为的经济分析》、巴泽尔的《产权的经济分析》、马科维兹的《资产组合选择与资本市场的均值——方差分析》、诺斯的《经济史中的结构与变迁》,以及汇集了科斯、威廉姆森、阿尔钦等经济学大师经典论文的《财产权利与制度变迁:产权学派与新制度学派译文集》《企业制度与市场组织——交易费用经济学文选》等书。这 50 多种现代经济学的经典著作,尤其是新制度学派的著作,对中国经济学发展起到了极其重要的作用。"当代经济学教学参考书系",则出版国内外高等院校的经典教材,共 30 种。如范里安的《微观经济学:现代观点》、萨克斯的《全球视角的宏观经济学》、梅耶的《货币、银行与经济》、张维迎的《博弈论与信息经济学》、考特的《法和经济学》、韦登鲍姆的《全球市场中的企业与政府》、德瓦特里庞的《合同理论》等,为国内经济学研究和教学的现代化、标准化提供了不可多得的范本,对帮助国内经济学研究和教学从概念、术语、范畴、方法等方面融入现代经济学主流范式,起到了重要的作用。这三个子系列，犹如一个学术"金三角"，构成一个越滚越大的思想大"雪球"，其目标意旨是当代中国经济学的国际化、本土化、标准化和现代化，学术轨道是展示新古典经济学到新制度经济学的逻辑演进，当这个目标意旨与中国转型期特有的问题导向、方法更新意识捏合在一起时，就展现出一种别样的风景。

"当代经济学系列丛书"还有一个"当代经济学新知文丛"的系列，意在向大众普及现代经济学的知识，20 世纪 90 年代出版过樊纲、张军、张春霖等人的几种著作。后因组稿困难等原因而中断了，未能在普及方面作出更大贡献。

"当代经济学系列丛书"抓住了历史的机遇，是成功的。20 世纪 90 年代，国内就有媒体的评价它是中国现代经济学术史上的一座里程碑，培养了一代经济学人。国际经济学界也给了这套丛书较高的评价。1991 年，日本大阪市立大学经济系教授、经济学家盐泽由典（后任日本演化经济学会会长）在日本主流经济学刊物上撰写长篇评论，称它"不仅在内容上具有划时代的意义，在引起理论讨论的广泛性上也是划时代的"。他还认为，这套丛书反映出中国经济学的水准已经超过了日本马克思主义经济学的研究水准。

对"当代经济学系列丛书"的策划和出版，汪道涵十分关心，经常听取丛书出版情况的汇报，不时提出重要意见。丛书作者遍布全国各地，他们到上海总想拜会汪道涵，汇报自己的研究工作及最新的研究成果，谈谈自己对经济形势的看法与想法。汪道涵尽管很忙，但总是尽量抽出时间来接待他们，带着他那"招牌式"的微笑，与这些学术新锐们倾心长谈。新知书店的创始人之一、经济学家徐雪寒对这套丛书的出版也给予很多鼓励。1991 年初，陈昕去北京向他汇报这套丛书的出版情况和社会反响，徐雪寒十分高兴。他介绍当年新知书店宣传和普及马克思主义经济学、研究中国经济社会发展问题所进行的努力，肯定"当代经济学系列丛书"所作的工作，正是继承包括新知书店在内的三联书店传统。

1993 年底，陈昕调任上海人民出版社社长兼总编辑，"当代经济学系列丛书"改由上海三联书店和上海人民出版社联合出版。1999 年初上海世纪出版集团成立后，对丛书部分内容资源作了一次调整，并交由新成立的格致出版社与上海人民出版社、上海三联书店共同出版。2006 年夏天，在这套丛书策划 20 周年之际，上海世纪出版集团举行大型出版座谈会，向丛书作者林毅夫、张维迎、樊纲、盛洪、史正富、陈琦伟、史晋川、洪银兴、贝多广、王新奎、周振华、蔡昉、袁志刚等发出邀请。当年的莘莘学子如今成了经济学家、政府高官或商界巨子，他们珍藏着那个特定时期留下的记忆，从中国乃至世界各地抽身赶来。大家回顾改革开放 30 年来中国经济崛起背景下中国经济学的"中兴"之旅，热议当下社会经济生活中的激越与徘徊，笃诚与荒谬，寄寓着早年青春热血与梦想的"当代经济学系列丛书"也是一个重要话题。南京大学党委书记、经济学家洪银兴回忆和陈昕在苏南一家乡镇印刷厂简陋的招待所校订清样时的时光，昏暗的灯光、床褥里的臭虫与尽情的自由讨论，逐段的细密切磋，顷刻间的豁然开朗。央行货币政策委员会委员、经济学家樊纲忆及博士论文《现代三大经济理论体系的比较与综合》在一家出版机构"雪藏"多年，心急无策，出于无奈，在"当代经济学系列丛书"刚刚出版《公有制宏观经济理论大纲》后，又希望丛书出版他这部博士论文的经过。上海交通大学教授、经济学家、企业家陈琦伟讲述上海三联书店帮助他把两篇论文发展为他第一部著作《国际竞争论》，并获孙冶方经济科学著作奖的故事。复旦大学经济学院院长、经济学家袁志刚谈起 1986 年在复旦大学读研究生期间，在上海三联书店帮助下翻译出版法国经济学大师贝纳西的代表作《宏观经济学：非瓦尔拉斯分析方法导论》，后因此到法国巴黎高师师从贝纳西攻读博士学位，最终在"当代经济学系列丛书"出版其博士论文的成长道路。二十年来，这套丛书被喻为青年经济学家的"孵化器",或经济学新生代崛起的"助推火箭"。陈昕后来回忆自己的编辑生涯,认为自己对编辑工作的认识是在上海三联书店和香港三联书店工作期间逐步成熟起来的。在这六年时间里,他先后策划了十多套丛书、三四百种选题,担任过近百种图书的责任编辑,这些图书获得过许许多多各种各样的奖励和荣誉,但最难以忘怀的,还是策划和主编这套"当代经济学系列丛书"。

《教育大辞典》:中国教育辞典集大成者

1998 年 8 月,新中国第一部大型教育专科辞典《教育大辞典》(增订合编本)由上海教育出版社出版,顾明远主编。《教育大辞典》是国家教委"七五"期间国家教育科研重点项目,1988—2000 年全国辞书编写出版规划重点项目,1986 年 4 月开始编纂,至 1992 年出齐 12 卷本。之后广泛听取读者意见,吸收教育发展和教育研究新成果,本着"再创造,高质量"的精神对分卷本进行修订,经过六年打磨,终于在 1998 年出版了《教育大辞典》增订合编本。增订合编本分上、下两卷,以 2.3 万个词条 700 余万字,涵盖了教育科学的方方面面,成为 20 世纪中国教育辞典的集大成者和代表作。

在 1928 年中华书局出版《中国教育辞典》、1930 年商务印书馆出版《教育大辞书》之后的半个多世纪里,中国一直没有一部权威的大型教育辞典。20 世纪 80 年代中期,改革开放大潮涌动,科技和教育作为推动经济发展、建设现代化强国的先导摆在了中国发展战略的首位,教育界迸发出火一样的激情,《教育大辞典》编纂和出版开始酝酿。当时,哲学、历史、经济、文学、法学等都有本学科的辞典,但教育学科没有。上海教育出版社与中国教育学会的老一辈教育家共同策划,倡议编纂新中国第一部《教育大辞典》。1985 年 11 月,中国教育学会在武汉召开学术讨论会,与会者赞同这一倡议。1986 年国家教委将《教育大辞典》列为"七五"期间国家教育科研重点项目。1989 年 7 月,新闻出版署将《教育大辞典》列为 1988—2000 年全国辞书编写出版规划重点项目。1986 年 4 月《教育大辞典》第一次编纂会议在北京召开,制定了编纂计划。1987 年秋开始条目撰写。1990 年 7 月起分卷本陆续出版,1992 年 9 月出齐。分卷本收词 2.5 万余条,800 余万字,共 12 卷 25 个分册,涵盖教育学、课程和各科教学、中小学校、师范教育、幼儿教育、特殊教育、高等教育、职业技术教育、成人教育、军事教育、民族教育、华侨华文教育、港澳教育、教育心理学、教育哲学、教育经济学、教育社会学、教育边缘学科、教育技术学、教育统计与测量、教育管理学、中国古代教育史、中国近现代教育史、外国教育史、比较教育等。

《教育大辞典》分卷本出齐后,编委会立即着手进行第二期工程,即编纂增订合编本。编纂领导小组组长张承先对合编本提出六个字的原则,即"再创造,高质量"。1992 年 8 月合编本编委会在呼和浩特召开会议,制定了合编本的编纂工作方针,即"并、改、增、删"。"并",是将分卷本之间内容重复、交叉的词目合并。出分卷本时,为了照顾各学科的相对完整性,有许多词目是重复的。例如,"孔子"条,在中国古代教育史分册中有,在教育哲学分册中也有;"巴黎大学"条,外国教育史分册中写了巴黎大学的创立和历史,比较教育分册中写了巴黎大学的现状和发展,词目重复,但内容各有侧重。合编本中就不能再出现两个"孔子"词目、两个"巴黎大学"词目,而需要将它们合并,改写成完整的一条。需要处理的这种重复词目在分卷本中有 2 000 余条。"改",即修改、修订,使释义更科学、更准确、更充实。分卷本是过去几年陆续出版的,有些内容已有新的发展,有些资料显得陈旧,有些词目的释义不尽如人意,都需要修订,或改正错误,或更新内容,或增加信息,使释义更确切,内容更丰满。"增",即拾遗补漏。分卷本中有一些重要词目缺收;同时,分卷本陆续出版的几年间,教育科学发展很快,国内外教育改革和实践也有许多新鲜经验,需要补充到辞典中,真正实现辞典

"大、齐、新"的目标。"删",即删除一些重复的、词级偏低的、与教育没有太大关系的、见词明义的条目,使辞典更精炼。"并、改、增、删"不只是一项技术工作,而且是一种新的研究、新的锤炼,使辞典质量再上一个台阶。

在12卷分卷本的基础上,增订合编本合并重复条目3000余条,删除条目600余条,增加条目1700余条,总修订幅度达30%以上。修订的内容主要包括四方面:一是增加新条目,如增加了《中华人民共和国教育法》《中华人民共和国教师法》《中华人民共和国职业教育法》等重要法律条目,香港、澳门特别行政区基本法中的教育法规,以及根据教育学科和教育实践发展,已趋成熟的一些新的名词术语、教材教法、课程理论流派等。二是修订释义内容。2000余条重复词目在作合并处理时几乎全部重新撰写和修订;重点词目几易其稿,并请专家审议,认真修订。三是更新数据和资料。其中变动最多的是比较教育,由于20世纪80年代末90年代初东欧剧变、苏联解体,这些国家的教育变动很大。为了保持历史面貌,辞典在比较教育部分仍保留苏联教育制度,对解体后的国家,根据当时的资料收入俄罗斯、乌克兰、白俄罗斯、哈萨克斯坦等国家的教育制度。四是调整框架结构。为便于读者检索,增订合编本条目按汉语拼音字母顺序排列,并在原分册框架的基础上,调整编排分类目录,为使各分册在框架中形成较完整的体系,一些虚条仍在学科框架目录中重复出现。增订合编本的编纂工作整整进行了六年。

编纂大型教育工具书是教育事业的一项基本建设。质量第一是《教育大辞典》编纂者始终坚持的指导思想。知识性、科学性、实用性以及能较充分地反映现代教育科学水平,是《教育大辞典》的质量标准。《教育大辞典》立足世纪之交的中国,力求古今中外熔于一炉。为继承中外教育遗产,借鉴外国,总结经验,更好地为建设有中国特色的社会主义教育事业服务,有关教育理论、历史、现状的内容,《教育大辞典》均尽量收入。由此形成了自己鲜明的特色。

一、全面反映教育事业的发展历程和研究成果

我国最早的教育辞书是20世纪20年代中华书局出版的《中国教育辞典》和30年代商务印书馆出版的《教育大辞书》。此后长达半个世纪,几乎没有出过一本像样的教育辞书。1980年《辞海·教育心理》出版,体量虽小,但打破了半个世纪以来教育辞书的沉寂。从1987年开始,教育辞书开始繁荣,一些中小型教育辞书出版。这些辞书的出版为教学和科研提供了实用工具,对教育学和教育事业的发展具有重要意义。但综观全貌,不外两种情况:一是分量不足,条目大多1000～5000条,篇幅几十万字或一两百万字,无法涵盖教育的所有方面;二是只反映教育的某一个侧面或教育学的某一个分支,难以成为综合性的教育专科辞书。

《教育大辞典》(增订合编本)涵盖教育的方方面面,全面、充分地反映了中外教育领域的发展成果,不仅对普通教育和高等教育,对幼儿教育、师范教育、职业技术教育、成人教育在20世纪80年代中期之后的理论建树和科研成果亦都予吸收,尤其是民族教育、军事教育、华侨华文教育方面的内容,更是创教育辞书之新。

二、收词齐全具有较完整的学科体系

作为一部大型专科工具书,《教育大辞典》(增订合编本)具有严密完整的学科框架,收词完备。在收词上,从编纂初期的5万余条词目中筛选出2.3万余条,几上几下,反复修订,对各分支学科的理论范畴和客观实际进行了科学的分析和整理。整部辞典的词目分教育学科、各级各类教育、中国教育史、外国教育四大部分,包括教育学原理、教育哲学、教育经济学、教育社会学、教育心理学、课

程论、教育技术学、教育统计与测量、教育管理学、其他教育分支学科、初等教育和普通中等教育、中小学校、幼儿教育、特殊教育、职业教育、高等教育、成人教育、师范教育、民族教育、军事教育、港澳台教育、华侨华文教育、中国古代教育史、中国近现代教育史、外国教育史、比较教育等共 28 章(部分),28 章中又细分为 172 节。如教育学科的第一章"教育学原理",下分总论、德育、智育、体育、美育、劳动技术教育、学校教学工作、学校卫生、课外活动、教师与学生 10 节,构成了比较完整的教育学原理框架。在 172 节下,有的学科还分目,计 123 目。四大部分 28 章 172 节 123 目,构成涵盖古今中外、方方面面的教育大辞书的学科体系,系统、齐全、新颖、科学,特色鲜明。所谓系统,从学科框架中可见一斑;齐全,即凡属教育的方方面面,均在其中;新颖,即力求反映新观点、新方法、新技术、新资料;科学,是系统、齐全和新颖的综合。《教育大辞典》的立目、取材力求反映教育研究和实践的最新成果和现状。如教育技术学中就收有电化教育、视听教育、媒体技术、系统技术、教育控制论、信息论、系统论、卫星电视教学、计算机教育等 400 余条,各国教育制度收有百余条,各国大学凡知名者,均列其中,一书在手,现代教育技术和各国教育现状一目了然。

三、条目信息量大,知识性强

《教育大辞典》(增订合编本)释义翔实,观点正确。如"教育"条,当为全书重中之重。全文不足 1 500 字,但信息量大。有"教育"的内涵,有中外各学派代表人物对"教育"的见解,有"教""育""教育"在中国和外国的来源,有教育的功能,有关于教育的各种分类,等等。条目释文符合马克思主义观点,肯定教育在阶级社会为统治阶段服务的历史唯物主义观点,又摆脱了按社会发展史论述教育的程式,还考虑到人是先天遗传素质与后天环境教育相互作用的产物,以及教育的内外因,外因通过内因起作用等,指出教育是根据人身心发展的具体条件及其需要,教育者有目的、有计划、有组织地对受教育者施加影响,以培养一定社会需要的人的活动。很显然,条目释文对教育本质的认识更科学、更准确。又如"教师节"条,在阐明其内涵的同时,还写了教师节的来龙去脉,具体介绍近代中国设立教师节的历史变迁,并介绍了外国的教师节。全书条目及释文古今中外兼收并蓄,内容丰富翔实,信息量大。

四、体例规范,检索方便

《教育大辞典》(增订合编本)体例规范严谨。每个词目一般都有定义或概括语。一词多义的分列义项,义项含义清楚。条目除了纯粹是中国本土的、中国教育历史的之外,一般都加注外文,尤其是外来名词、术语、团体、机构、学校等,均按其原始出处标注原文,为读者提供切实可靠的知识信息。卷末附有中国教育大事年表和外国教育大事年表。

检索系统是辞书的门户,关系读者的使用。《教育大辞典》的检索系统有分类词目表、词目笔画索引和音节表,读者可以从任何一个门户进入,都能实现快捷检索。

五、编纂队伍比较权威

工具书的权威性在极大程度上取决于编纂者的学术地位和撰写质量。《教育大辞典》主编顾明远是学贯中西的教育家,各学科主编汇集我国顶尖的教育研究专家,如张瑞璠、邵瑞珍、潘懋元、吴式颖、鲁洁、钟启泉等。中国教育学会为编写这部新时期大型教育工具书组织了强大的作者队伍。作为全国最大的教育学术团体,中国教育学会有教育学、教育管理、比较教育、教育史、教学法等分会和专业委员会 45 个,具有教育专业人才齐备、学科全面、组织健全的优势。为保证辞典的质量,反映中国当代教育的最高水平,《教育大辞典》成立了由 10 人组成的领导小组,30 人组成的顾问班子,56 人组成的编纂委员会和 92 人组成的各分卷正、副主编;具体参与编写的各科教育专家、学者更是多达 1 100 余人,是我国有史以来参与人数最多的一部教育辞典。许多知名的教育专家、学者担任各教育分支学科和各级各类教育部分的主编,进行条目撰写,保证了全书质量。

《教育大辞典》出版后引起教育界和全社会热烈反响,并发行至美国、日本、澳大利亚、新加坡等地,受到海内外教育工作者的欢迎和重视。《人民日报》《光明日报》《新闻出版报》《中国教育报》等先后作了专门报道。《教育大辞典》项目鉴定专家组认为:"《教育大辞典》内容完整,系统性强,囊括了教育科学群体的各门学科,熔古今中西教育于一炉。收词之齐全、内容之丰富、篇幅之宏大,是新中国成立以来的第一部。""这本辞典的编纂出版是一项高质量的科研成果,具有国内一流水平。"1999 年 2 月 23 日,辞书编纂专家巢峰在《中国教育报》撰文,称《教育大辞典》是"中国教育辞书的集大成者,是七十年来教育辞书的新的代表作""是我国教育工具书带有历史性的总结"。《新闻出版报》记者采访主编顾明远后撰文指出,"这部大型工具书填补了近代教育辞书出版的空白"。

《教育大辞典》先后获学术界、教育界和出版界多个重要奖项:第七届中国图书奖(1993,分卷本),上海市优秀图书一等奖(1994,分卷本),首届中国辞书奖三等奖(1995,分卷本),第一届全国教育图书一等奖(1999),第二届全国教育科学优秀成果一等奖,第四届吴玉章人文社会科学奖一等奖,第四届国家图书奖提名奖(1999)等。1999 年 9 月,专为中小学教师选编的《教育大辞典》简编本出版。《教育大辞典》已成为教育工作者案头必备的工具书。

"哲人石丛书"是怎样打造的

"哲人石丛书"是上海科技教育出版社自主策划引进的融合科学与人文的中高级科普丛书,1998 年底开始出版,到 2010 年底,已出版 3 辑共 95 种。丛书得到学术界和普通读者广泛好评,成为国内科学文化图书领域的知名品牌。

20 世纪 90 年代,为了适应国内广大读者对时代感强、感染力深的科普精品的渴求,国内兴起科学文化图书引进出版热潮。上海科技教育出版社策划出版的"哲人石丛书",是其中规模体量最大、选题范围最广和持续时间最长的一套,在中国科普图书出版史上占据着重要一席。

1997 年,在充分调研国内外科普出版状况的基础上,上海科技教育出版社社长兼总编辑翁经义,与科普作家卞毓麟、北京大学科学史博士潘涛共同策划"哲人石丛书",以填补国内科学人文类图书的空白。"哲人石"又称"点金石",是中世纪人们假想的具有点铁成金之功、祛病延年之效的魔法石,可以其譬喻永不枯竭的科学创造之源。丛书以"哲人石"冠名,旨在以此反映科学技术对人类社会的推动作用,隐喻科普图书对科学文化的促进效应,并赋予丛书更多的人文内涵。丛书定位为中高级科普,选择国外兼具经典性和时代性的科普图书引进出版,为开放式系列,其出版宗旨是:立足当代科学前沿,彰显当代科技名家,介绍当代科学思潮,激扬科技创新精神。推出伊始时分"当代科普名著系列""当代科技名家传记系列"和"当代科学思潮系列"三个子系列,2004 年起又增加了"科学史与科学文化系列"。

1998 年 12 月到 1999 年 1 月,"哲人石丛书"第一批 5 种《确定性的终结——时间、混沌与新自然法则》《PCR 传奇——一个生物技术的故事》《虚实世界——计算机仿真如何改变科学的疆域》《完美的对称——富勒烯的意外发现》《超越时空——通过平行宇宙、时间卷曲和第十维度的科学之旅》出版,因其选题新颖、译笔谨严、印制精美,迅即受到科普界和广大读者关注。

在 2003 年之前,"哲人石丛书"每年出版 10～12 种;其后每年以 5～8 种的速度持续出版。至 2010 年底,出版品种数达 95 种,其中《确定性的终结——时间、混沌与新自然法则》《美丽心灵——纳什传》《失败的逻辑——事情因何出错,世间有无妙策》《迷人的科学风采——费恩曼传》《超越时空——通过平行宇宙、时间卷曲和第十维度的科学之旅》《暗淡蓝点——展望人类的太空家园》《数学大师——从芝诺到庞加莱》《大脑工作原理——脑活动、行为和认知的协同学研究》《改变世界的方程——牛顿、爱因斯坦和相对论》《大流感——最致命瘟疫的史诗》《素数之恋——黎曼和数学中最大的未解之谜》《宇宙秘密——阿西莫夫谈科学》等,均成为一印再印、一版再版的畅销书、常销书。

"哲人石丛书"所选作品都是国外科学家、科普作家的上乘佳作。作者中有诺贝尔奖得主伊利亚·普利高津、克里斯蒂安·德迪夫、彼得·梅达沃、尤金·P·维格纳、利昂·莱德曼等,有科普大师艾萨克·阿西莫夫、卡尔·萨根、约翰·格里宾、迈克尔·怀特、保罗·霍夫曼等,有科学家加来道雄、赫尔曼·哈肯、戴维·玻姆、迪特里希·德尔纳、沃尔特·阿尔瓦雷斯、海尔特·弗尔迈伊、卡尔·杰拉西、哈拉尔德·弗里奇等,还有科学史家、科学哲学家 G·E·R·劳埃德、罗杰·G·牛顿、欧阳莹之、爱德华·肖特、史蒂文·夏平等。译者中有范岱年、王鸣阳、暴永宁、周惠民、叶式辉、卢炬甫、金吾伦、吴启迪、刘钝、孙小淳、钟扬、邢志忠等学者和科普翻译家。对作者和译者的严格选择,确保了丛书的内容质量和翻译水准。

"哲人石丛书"内容涉及数学、物理学、化学、生命科学、地球科学、工程学、科学技术哲学、科学史等众多领域,体现科学前沿及学科交叉,凸显科学人文特色。丛书密切关注当代科技最新前沿成就和最新科学思想,同时系统梳理 20 世纪发生的重大科学事件,帮助读者了解现代科学思想诞生的过程,感悟科学精神在人性中的体现,观察科学知识的变化轨迹,理解科学方法对现代人类活动的意义。

2000 年,人类基因组工作草图亮相,"哲人石丛书"及时推出《生物技术世纪——用基因重塑世界》《人之书——人类基因组计划透视》,让读者了解基因技术的来龙去脉和伟大前景;2002 年,诺贝尔奖得主纳什的传记电影《美丽心灵》获奥斯卡最佳影片奖,而此前已经出版的《美丽心灵——纳什传》正是该影片的原型;2005 年是狭义相对论发表 100 周年和世界物理年,《爱因斯坦奇迹年——改变物理学面貌的五篇论文》《恋爱中的爱因斯坦——科学罗曼史》等品种让读者可以重温科学史上的革命性时刻和爱因斯坦的传奇故事;2009 年,当甲型 H1N1 流感在世界各地传播着恐慌之际,《大流感——最致命瘟疫的史诗》成为人们获得流感的科学和历史知识的首选读物……另外,像《地外文明探秘——寻觅人类的太空之友》《迷人的科学风采——费恩曼传》《数学大师——从芝诺到庞加莱》《人生舞台——阿西莫夫自传》都深受读者欢迎;《早期希腊科学——从泰勒斯到亚里斯多德》《真科学——它是什么,它指什么》《科学哲学——当代进阶教程》等学术性浓厚的图书则成为大学科学哲学、科学社会学等专业的大学生和研究生的辅助性教材,或者被选作学位论文的题目。

"哲人石丛书"始终保持选题精良、翻译忠实流畅、编校质量上乘等特色,获良好社会反响,被誉为"独树一帜的科普图书品牌","彰显了出版社对社会价值的追求","为公众理解科学提供了一个坚实的平台"。中科院院士、天文学家王绶琯,中科院院士、数学家王元,天文作家、科普活动家李元,化学家、科普活动家胡亚东,《科技日报》首任社长兼总编辑林自新等前辈学人及刘兵、吴国盛、江晓原、刘华杰、田松、张大庆、李大光等科学文化人,都对"哲人石丛书"给予高度评价。王绶琯评价说:"在科普的拨乱反正中,着力开拓国际名著的引进显然是必由之道。对于我们的初期开拓者,面对嗷嗷待哺的读者和尚待摸索的市场,选题和翻译无疑是最关键的要素。对于我,'哲人石丛书'所做的选择确实带给了我意外的惊喜。其中策划者的眼力,编者的胆识,还有翻译者的理解和表达的能力,曾久久地在心中留下了回响。"清华大学教授刘兵认为:"'哲人石丛书'既为相关学术领域直接提供了最新的学术资源,为新型科学文化人才的培养提供了新的教本,也为更长久的科普发展在准备着学术基础。"他说:"从中国科普出版的历史与现实来看,今后如果要写中国科普发展史,或者科学文化出版史,'哲人石丛书'的出版都会是其中不可缺少的重头的一笔。"北京大学教授刘华杰评价说:"我觉得它是中国最好的科普书,或者说科学文化书。'之一'可以去掉。"科普活动家汤寿根认为,"哲人石丛书"的主旨不是传播"知识",而是传播"智慧";它的内容涵盖了科学、技术和社会,属于大文化的范畴;它传播的是科学精神、科学思想、科学方法、科学态度以及人文精神。科学松鼠会创始人姬十三曾在豆瓣网站上发起调查,他总结说:"从读者反馈来看,'哲人石'确实是国内对科普读者影响最大的品牌,在读者心目中被认为是国内科普的第一品牌,当之无愧。"

2005年起,上海世纪出版集团推出"世纪人文系列丛书"。截至2010年底,"哲人石丛书"有23个品种列入这一系列丛书的"开放人文"子系列出版。

进入21世纪后,"哲人石丛书"中有多个品种先后荣获各类奖项,《迷人的科学风采——费恩曼传》获第四届全国科普作品二等奖(2001);《改变世界的方程——牛顿、爱因斯坦和相对论》获第三届吴大猷科学普及著作奖佳作奖(2006)和第二届文津图书奖(2007);《大流感——最致命瘟疫的史诗》获第五届吴大猷科普著作奖翻译类佳作奖和上海市优秀图书一等奖(2010);在2000年"科学家推介的20世纪科普佳作"评选中,《确定性的终结——时间、混沌与新自然法则》《超越时空——通过平行宇宙、时间卷曲和第十维度的科学之旅》《完美的对称——富勒烯的意外发现》《PCR传奇——一个生物技术的故事》《技术的报复——墨菲法则和事与愿违》《生机勃勃的尘埃——地球生命的起源和演化》《失败的逻辑——事情因何出错,世间有无妙策》入选;《生物技术世纪——用基因重塑世界》《暗淡蓝点——展望人类的太空家园》被评为2000年全国十大科普好书;《暗淡蓝点——展望人类的太空家园》和《超越时空——通过平行宇宙、时间卷曲和第十维度的科学之旅》分别获上海市优秀图书一等奖(2002)、二等奖(2000);《人生舞台——阿西莫夫自传》《数学大师——从芝诺到庞加莱》和《旷世奇才——巴丁传》获上海图书奖二等奖(2004、2006、2008),此外,丛书中还有多个品种分别获全国引进版优秀图书、《Newton-科学世界》杯优秀科普作品奖、科学时报读书杯科普佳作奖、上海市优秀科普图书、华东地区优秀教育图书等奖项。

为做好"哲人石丛书"的版权引进和图书编辑出版工作,上海科技教育出版社专门成立版权部(后改称科普图书编辑部)。版权部经过多年发展,长期维持比较精干的建制,并用项目带动人才队伍建设,涌现出多位优秀科普编辑。

"哲人石丛书"的出版,是上海科技教育出版社"愿做科教兴国马前卒"的真实写照,也为中国科学传播事业提供了一份珍贵的范本。

表13-15-1　"哲人石丛书"书目

第一辑

序号	出版年份	书　名	作者、译者	所属系列
1	1998	确定性的终结——时间、混沌与新自然法则	[比] 普利高津著;湛敏译	当代科普名著
2	1998	PCR传奇——一个生物技术的故事	[美] 拉比诺著;朱玉贤译	当代科普名著
3	1998	虚实世界——计算机仿真如何改变科学的疆域	[美] 卡斯蒂著;王千祥等译	当代科普名著

序号	出版年份	书　　名	作者、译者	所属系列
4	1999	完美的对称——富勒烯的意外发现	[美] 巴戈特著;李涛等译	当代科普名著
5	1999	超越时空——通过平行宇宙、时间卷曲和第十维度的科学之旅	[美] 加来道雄著;刘玉玺等译	当代科普名著
6	1999	欺骗时间——科学、性与衰老	[英] 戈斯登著;刘学礼等译	当代科普名著
7	1999	失败的逻辑——事情因何出错,世间有无妙策	[德] 德尔纳著;王志刚译	当代科普名著
8	1999	技术的报复——墨菲法则和事与愿违	[美] 特内著;徐俊培译	当代科普名著
9	1999	地外文明探秘——寻觅人类的太空之友	[英] 怀特著;黄群等译	当代科普名著
10	1999	生机勃勃的尘埃——地球生命的起源和演化	[比] 德迪夫著;王玉山译	当代科普名著
11	1999	迷人的科学风采——费恩曼传	[英] 格里宾,J.,[英] 格里宾,M.著;江向东译	当代科技名家传记
12	1999	推销银河系的人——博克传	[美] 利维著;朱保如译	当代科技名家传记
13	1999	一只会思想的萝卜——梅达沃自传	[英] 梅达沃著;袁开文等译	当代科技名家传记
14	1999	无与伦比的手——弗尔迈伊自传	[美] 弗尔迈伊著;朱进宁等译	当代科技名家传记
15	1999	无尽的前沿——布什传	[美] 扎卡里著;周惠民等译	当代科技名家传记
16	2000	大爆炸探秘——量子物理与宇宙学	[英] 格里宾著;卢炬甫等译	当代科普名著
17	2000	暗淡蓝点——展望人类的太空家园	[美] 萨根著;叶式辉等译	当代科普名著
18	2000	探求万物之理——混沌、夸克与拉普拉斯妖	[美] 牛顿著;李香莲等译	当代科普名著
19	2000	亚原子世界探秘——物质微观结构巡礼	[美] 阿西莫夫著;朱子延等译	当代科普名著
20	2000	终极抉择——威胁人类的灾难	[美] 阿西莫夫著;王鸣阳译	当代科普名著
21	2000	卡尔·萨根的宇宙——从行星探索到科学教育	[美] 特奇安等著;周惠民等译	当代科普名著
22	2000	激情澎湃——科学家的内心世界	[英] 沃尔珀特,[英] 理查兹著;柯欣瑞译	当代科普名著
23	2000	数字情种——埃尔德什传	[美] 霍夫曼著;米绪军等译	当代科技名家传记
24	2000	星云世界的水手——哈勃传	[美] 克里斯坦森著;何妙福等译	当代科技名家传记
25	2000	美丽心灵——纳什传(上、下册)	[美] 娜娅著;王尔山译	当代科技名家传记
26	2000	大脑工作原理——脑活动、行为和认知的协同学研究	[德] 哈肯著;郭治安等译	当代科学思潮
27	2000	生物技术世纪——用基因重塑世界	[美] 里夫金著;付立杰等译	当代科学思潮

（续表二）

序号	出版年份	书　　名	作者、译者	所属系列
28	2000	从界面到网络空间——虚拟实在的形而上学	［美］海姆著；金吾伦等译	当代科学思潮
29	2000	隐秩序——适应性造就复杂性	［美］霍兰著；周晓牧等译	当代科学思潮
30	2000	混沌与秩序——生物系统的复杂结构	［德］克拉默著；柯志阳等译	当代科学思潮
31	2001	霸王龙和陨星坑——天体撞击如何导致物种灭绝	［美］阿尔瓦雷斯著；马星垣等译	当代科普名著
32	2001	双螺旋探秘——量子物理学与生命	［英］格里宾著；方玉珍等译	当代科普名著
33	2001	师从天才———个科学王朝的崛起	［美］卡尼格尔著；江载芬等译	当代科普名著
34	2001	分子探秘——影响日常生活的奇妙物质	［英］埃姆斯利著；刘晓峰等译	当代科普名著
35	2001	乱世学人——维格纳自传	［美］维格纳，［美］桑顿著；关洪译	当代科技名家传记
36	2001	何为科学真理——月亮在无人看它时是否在那儿	［美］牛顿著；武际可译	当代科学思潮
37	2001	混沌七鉴——来自易学的永恒智慧	［美］布里格斯，［英］皮特著；陈忠等译	当代科学思潮
38	2001	病因何在——科学家如何解释疾病	［加］萨加德著；刘学礼译	当代科学思潮
39	2001	伊托邦——数字时代的城市生活	［美］米切尔著；吴启迪等译	当代科学思潮
40	2001	爱因斯坦奇迹年——改变物理学面貌的五篇论文	［美］施塔赫尔主编；范岱年等译	当代科学思潮

第二辑

序号	出版年份	书　　名	作者、译者	所属系列
41	2002	人生舞台——阿西莫夫自传	［美］阿西莫夫著；黄群等译	当代科技名家传记
42	2002	人之书——人类基因组计划透视	［美］博德默尔，［美］麦凯著；顾鸣敏译	当代科普名著
43	2002	知无涯者——拉马努金传	［美］卡尼格尔著；胡乐士等译	当代科技名家传记
44	2002	逻辑人生——哥德尔传	［奥］卡斯蒂，［奥］德波利著；刘晓力等译	当代科技名家传记
45	2002	突破维数障碍——斯梅尔传	［美］巴特森著；邝仲平译	当代科技名家传记
46	2002	真科学——它是什么，它指什么	［美］齐曼著；曾国屏等译	当代科学思潮
47	2002	我思故我笑——哲学的幽默一面	［美］保罗斯著；徐向东译	当代科学思潮
48	2002	共创未来——打造自由软件神话	［美］韦纳著；王克迪等译	当代科普名著
49	2002	反物质——世界的终极镜像	［美］弗雷泽著；江向东等译	当代科普名著

（续表）

序号	出版年份	书　　名	作者、译者	所属系列
50	2002	奇异之美——盖尔曼传	［美］约翰逊著；朱允伦等译	当代科技名家传记
51	2003	技术时代的人类心灵——工业社会的社会心理问题	［德］盖伦著；何兆武等译	当代科学思潮
52	2003	物理与人理——对高能物理学家社区的人类学考察	［美］特拉维克著；刘君君等译	当代科学思潮
53	2003	无之书——万物由何而生	［美］巴罗著著；何妙福等译	当代科普名著
54	2003	恋爱中的爱因斯坦——科学罗曼史	［美］奥林比著；冯承天等译	当代科普名著
55	2003	展演科学的艺术家——萨根传（上、下册）	［美］戴维森著；暴永宁等译	当代科技名家传记
56	2004	科学哲学——当代进阶教程	［美］罗森堡著；刘华杰译	当代科学思潮
57	2004	为世界而生——霍奇金传	［英］费里著；王艳红等译	当代科技名家传记
58	2004	数学大师——从芝诺到庞加莱	［美］贝尔著；徐源译	当代科普名著
59	2004	科学的统治——开放社会的意识形态与未来	［英］富勒著；刘钝译	科学史与科学文化
60	2004	爱因斯坦恩怨史——德国科学的兴衰	［美］斯特恩著；方在庆等译	科学史与科学文化
61	2004	科学革命——批判性的综合	［美］夏平著；徐国强译	科学史与科学文化
62	2004	早期希腊科学——从泰勒斯到亚里士多德	［英］劳埃德著；孙小淳译	科学史与科学文化
63	2004	整体性与隐缠序——卷展中的宇宙与意识	［英］玻姆著；洪定国等译	科学史与科学文化
64	2005	避孕药的是是非非——杰拉西自传	［美］杰拉西著；姚宁译	当代科技名家传记
65	2005	改变世界的方程——牛顿、爱因斯坦和相对论	［德］弗里奇著；邢志忠等译	当代科普名著
66	2005	"深蓝"揭秘——追寻人工智能圣杯之旅	［美］许峰雄著；黄军英等译	当代科普名著
67	2005	新生态经济——使环境保护有利可图的探索	［美］戴利，［美］埃利森著；郑晓光等译	当代科学思潮
68	2006	脆弱的领地——复杂性与公有域	［美］莱文著；吴彤等译	当代科学思潮
69	2006	孤独的科学之路——钱德拉塞卡传	［美］瓦利著；何妙福等译	当代科技名家传记
70	2006	千年难题——七个悬赏 1 000 000 美元的数学问题	［美］德夫林著；沈崇圣译	当代科普名著
71	2006	一种文化？——关于科学的对话	［美］拉宾格尔，［美］柯林斯著；张增一等译	科学史与科学文化
72	2006	寻求哲人石——炼金术文化史	［德］舒特著；李文潮等译	科学史与科学文化

第三辑

序号	出版年份	书　　名	作者、译者	所属系列
73	2007	哲人石——探寻金丹术的秘密	［英］马歇尔著；赵万里等译	当代科学思潮
74	2007	旷世奇才——巴丁传	［美］霍德森，［美］戴奇著；文慧静等译	当代科技名家传记
75	2007	黄钟大吕——中国古代和十六世纪声学成就	［美］程贞一著；王翼勋译	科学史与科学文化
76	2007	精神病学史——从收容院到百忧解	［美］肖特著；韩健平等译	科学史与科学文化
77	2008	认识方式——一种新的科学、技术和医学史	［美］皮克斯通著；陈朝勇译	科学史与科学文化
78	2008	爱因斯坦年谱	［美］卡拉普赖斯著；范岱年译	科学史与科学文化
79	2008	心灵的嵌齿轮——维恩图的故事	［英］爱德华兹著；吴俊译	当代科普名著
80	2008	工程学——无尽的前沿	［美］欧阳莹之著；李啸虎等译	当代科学思潮
81	2008	古代世界的现代思考——透视希腊、中国的科学与文化	［英］劳埃德著；钮卫星译	科学史与科学文化
82	2008	天才的拓荒者——冯·诺伊曼传	［美］麦克雷著；范秀华等译	当代科技名家传记
83	2008	素数之恋——黎曼和数学中最大的未解之谜	［美］德比希尔著；陈为蓬译	当代科普名著
84	2008	大流感——最致命瘟疫的史诗	［美］巴里著；钟扬等译	当代科普名著
85	2008	原子弹秘史——历史上最致命武器的孕育	［美］罗兹著；江向东等译	当代科普名著
86	2009	宇宙秘密——阿西莫夫谈科学	［美］阿西莫夫著；吴虹桥等译	当代科普名著
87	2009	谁动了爱因斯坦的大脑——巡视名人脑博物馆	［美］布赖恩·伯勒尔著；吴冰青等译	当代科普名著
88	2009	穿越歧路花园——司马贺传	［美］克劳瑟－海克著；黄军英等译	当代科技名家传记
89	2009	不羁的思绪——阿西莫夫谈世事	［美］阿西莫夫著；江向东等译	当代科普名著
90	2009	星光璀璨——美国中学生描摹大科学家	［美］莱德曼，［美］谢普勒编；冯承天等译	当代科技名家传记
91	2010	解码宇宙——新信息科学看天地万物	［美］塞费著；隋竹梅译	当代科普名著
92	2010	阿尔法与奥米伽——寻找宇宙的始与终	［美］塞费著；隋竹梅译	当代科普名著
93	2010	盛装猿——人类的自然史	［美］霍姆斯著；朱方译	当代科普名著
94	2010	大众科学指南——宇宙、生命与万物	［英］格里宾，J.，［英］格里宾，M.著；戴吾三等译	当代科普名著
95	2010	传播，以思想的速度——爱因斯坦与引力波	［美］肯尼菲克著；黄艳华译	当代科普名著

《中华文化通志》编辑出版的前前后后

《中华文化通志》1998年11月由上海人民出版社出版。这一巨著编撰工作历时8年，编辑出版工作历时3年零5个月，是新中国出版史上原创性著作出版规模最大、投入编校力量最多、编辑出版周期最长的出版工程。11月9日，中共中央总书记、国家主席江泽民在北京人民大会堂福建厅会见《中华文化通志》编委会主任萧克及部分编委和出版社编校人员，衷心祝贺《中华文化通志》出版。

《中华文化通志》是1991年由中华炎黄文化研究会会长萧克创意编撰的一部记述以汉文化为主体、包括全国55个少数民族文化在内的中华五千年文化的巨著。全书分为十"典"，每一典10卷，加上"序卷"，共101卷，是一部门类众多、卷帙浩繁的原创性巨著。萧克任编委会主任，李学勤、宁可、王尧、刘泽华、孙长江、庞朴、陈美东、刘梦溪、汤一介、姜义华等学者任编委。经全国范围招标，确认教授、副教授、研究员、副研究员占95％以上的212位老中青(包括少数民族)学者为撰稿人。

1993年新春，《中华文化通志》召开开笔第一次作者大会。萧克在会上说，这是"全面系统地对中华文化进行总结"，"是为了填补这一空白"。党和国家领导人李瑞环、杨尚昆、王震等出席会议或题词。1994年1月18日，江泽民为《中华文化通志》题词："弘扬中华民族优秀文化传统　加强社会主义精神文明建设。"

《中华文化通志》的编辑出版也采取在全国招标的方式。编委会要求承担编辑出版任务的出版社，必须在全书编撰工作完成后尽可能短的时间里高质量地完成编辑出版任务，一次全部推出。也就是说，要一次完成近4 000万字的一百卷原创性著作的编辑出版任务。

编辑出版招标信息1992年10月发布后，中央党校出版社首先表示愿意承担这一任务，并与编委会签订了出版意向合同。1994年初，上海人民出版社新一届领导班子组成后，社长陈昕与编委会联系，提出编辑出版这套巨著的愿望。之后，社领导班子以实事求是的科学态度对完成这一任务的主客观条件进行反复分析研究，既认识到这项出版工程编辑工作量巨大、高素质编辑需要投入较多、编辑出版周期相对较长、占用资金更多，与已列入年度选题的出书计划有一定矛盾，又清楚地看到上海人民出版社有长期从事文史类学术著作编辑出版的经验，有一批政策和学识水平较高的资深编辑，有一支业务能力较强的出版校对专业技术队伍，有在长期出版工作实践中形成的敢打硬仗的作风，有这些年一步一个台阶创造与积累的经济实力。经过反复论证、周密思考，社领导认为，只要充分发挥优势，制定切实有效的措施，弥补存在的不足，全社上下协力拼搏，就一定能在确保完成既定年度出书计划的同时，确保《中华文化通志》出版工程高质量如期完成。陈昕还从香港募集100万元赞助资金，解决前期资金投入问题。

1995年5月初，中央党校出版社社长叶佐英和上海人民出版社社长陈昕分别向《中华文化通志》编委会第七次会议报告拟承担《中华文化通志》编辑出版任务的意向及为此所做的各项准备。与会编委经过讨论，决定上海人民出版社为《中华文化通志》编辑出版单位。5月28日，萧克专程来上海人民出版社视察，带来已撰写完成并经审定的第一批18部书稿。

1995年6月8日，上海人民出版社召开《中华文化通志》编辑出版工作动员大会。陈昕在会上宣布：设立《中华文化通志》编辑部，朱金元、虞信棠任正副主任，从各编辑部不同专业学科的中高级编辑中遴选出18位成员作为编辑部编辑，此外还从社内外调集16位有相当政策与学识水平的老同志组成复决审班子，同时参与初审编辑工作。两支队伍中，副编审职称以上的专业人员占70％以上。陈昕和社党委书记曹培章在会上提出，要以高度的政治责任感和事业心投入工作，发扬连续作战、艰苦拼搏的精神，全社一盘棋，团结协作，编辑、出版、校对、发行各个环节密切配合，行政部门也要为之提供良好后勤服务的要求。会后，《中华文化通志》编辑部以《简报》形式将这些信息向编委会及全体作者作了通报。

编辑部的设立与运作，标志《中华文化通志》编辑出版正式拉开帷幕。编辑部落实第一批书稿的编辑任务，18位长期从事文史类学术著作编辑工作的中高级编辑开始审读书稿，对体例、结构、内容及文字表述等提出审读评估意见。这些意见通过第二期简报递交编委会。萧克感谢上海人民出版社把好书稿质量关，1995年9月派姜义华、宁可、刘泽华、孙长江、陈美东、刘梦溪、张国琦几位编委在上海召开由第一批书稿责任编辑参加的第八次编委会扩大会议，对历史事件与人物评介、"史""志"体例异同、"习俗"与"迷信"区分，以及引文、纪年等规范统一等问题进行探讨。会后，编辑部印发书稿审读中必须严格把关的有关规定，以及目录、引文、表格、图稿、注释、纪年、外文、数字等规范统一的具体要求，加快了包括后续两批书稿在内的书稿初审、编辑加工、复审以及提出具体修改意见请作者再作修改，重新审读并加工、发稿、校读等环节的工作进度。

陈昕主持《中华文化通志》编辑出版工作，投入了相当多的精力。从第一批书稿审读开始，每周听取工作进度及情况汇报，先后8次主持召开由编辑部全体成员和审读室、美编室、出版校对等部门有关业务人员参加的编辑工作会议，评估每一批书稿的总体质量、明确严格把关的具体要求、把握编审排校的流程进度、协调各环节在衔接中的问题、部署下一阶段的任务；近百次召集有关编辑、审读、美编、出版、校对等部门的有关人员，专题分析研究书稿编辑加工凡例、书稿审读把关重点、排校进度及力量组织、装帧设计方案论证确定、印刷装订计划部署落实等一系列相关问题。为确保编辑工作开局质量，并使陆续交付编辑加工的书稿有统一章法可循可依，陈昕还拟定了编辑质量把关的6条凡例，对明显偏离主题的内容，枝蔓与水分过多的文字，需要改变历史人物和事件已有定论的说法，涉及政治、历史、民族、宗教、外交等敏感的问题，历史地图与现今地图绘制与审核程序，书稿中的某些落后面内容的处理等，提出了明确的要求与具体解决办法。社党委书记曹培章、总编辑郭志坤、副社长兼副总编辑郁椿德也参与有关重大问题的决策及组织实施，郁椿德还具体负责整部巨著的总监制工作。编辑部朱金元、虞信棠两位也付出了艰苦的劳动。

1996年1月13日，《中华文化通志》编委会举行第九次会议，听取编辑出版工作进程汇报，研究了加快撰稿进度及与编辑出版工作相关的事宜。萧克及出席会议的编委对上海人民出版社部署得当、措施有力、严格把关、确保质量给予充分肯定与高度评价。

在《中华文化通志》编撰过程中，萧克始终强调，《中华文化通志》的核心问题是质量，没有高质量，就没有生命力。陈昕在每一次编辑出版工作会议上也反复强调，参与编辑出版工作的每一位同志必须牢固树立两个意识：第一是精品意识，第二是政策和政治意识。要按照萧克将军视察上海人民出版社时再三强调的"一丝不苟"的原则，确保每部书稿都符合出版要求。《中华文化通志》的编辑出版工作，体现这种"一丝不苟"的精神。

一是增加审读校次。《中华文化通志》编辑出版工作有步骤地展开后，在出版周期较长、出书任务相当繁重的情况下，为确保编校质量，社领导决定，配备必要的审校力量，在通常三审四校的基础上增加必要的审校次数。每部书稿都经过七审八校（七审为初审、复审、决审、责编审读清样、审读室审读校样及清样、整稿小组全面审核付印样；八校为初、二、三、四校，以及校样四次审读改样的校对），全社职工都为此都默默作出奉献。

二是延请行家外审。为确保《中华文化通志》中专业学科性强、涉及相关专业知识面广的书稿质量把关，编辑部根据书稿内容的不同专业性质，延请社外从事相关学科书稿编审工作的行家承担外审,尤其是"科学技术典"中的一些书稿,都请长期从事相关学科书稿编审加工的行家进行审读,提高和保证了这些书稿的出版质量。

三是组织重点把关。《中华文化通志》书稿中,有的涉及对我国近现代一些带有政党性质社团的评述,有的涉及我国新闻事业发展及若干新闻人士的评价,有的涉及对传统文化中民主性精华与封建性糟粕的具体区别,还有一些涉及既要充分展现各民族文化的特色,同时又要避免因记述落后面过多而客观带来负面效应的问题。对于这些需要慎重把握的问题,社领导及时组织编辑工作经验丰富,并有相当学识水平和政策水平的编审反复斟酌,提出具体处理意见。

四是严格送审程序。《中华文化通志》中"民族文化典"的十志,"宗教与民俗典"中的《佛教志》《道教志》《伊斯兰教志》《基督教犹太教志》,"中外文化交流典"中的《中国与南亚文化交流志》《中国与东南亚文化交流志》《中国与中亚文化交流志》《中国与东北亚文化交流志》等涉及民族、宗教、中国与周边国家外交及双边关系的书稿,社领导要求编辑部严格按规定程序送国家民委、国务院宗教事务管理局和外交部审查,并详细了解有关部门审读意见和作者与责任编辑的处理情况和审读修改后的送审样,以确保这些书稿的政治质量。

五是实施出片付印前整稿。清样审校工作进入即将出片付印阶段时,陈昕根据抽检个别出片清样时发现的问题,决定组成由其亲自负责的全部出片付印清样整理小组,对 100 卷清样从文字内容到版式规范再作一次逐页检查,对其中必须改动的内容、文字或可能存在差错而需要再作复核的疑问,夹出浮签,再作修改。这是印前最后一次质量把关,时间紧迫,有关同志夜以继日埋头其间。通过对出片付印前清样的整理,有的作了相关内容的章节增补,有的作了进一步文字整理和框架结构标题的修改,有的作了经典性定义阐述文字的再次把关,有的作了历史人物评价的进一步斟酌,有的作了必要的补充性说明。

1998 年 5 月,萧克致信江泽民报告《中华文化通志》撰写、编辑进展情况,恳请准予公开发表江泽民 1994 年为《中华文化通志》的题词,并将江泽民 1997 年 11 月 1 日在美国哈佛大学演讲中论中国文化部分独立成篇,置于《中华文化通志》全书序卷之首,作为全书代序。5 月 15 日,江泽民批示同意公开发表题词及《大力弘扬中华民族的优秀历史文化》一文。

《中华文化通志》出版后引起热烈反响,1999 年 8 月获第四届国家图书奖荣誉奖。2000 年,美国宾夕法尼亚大学为庆祝美国历史最悠久的图书馆之一的宾夕法尼亚图书馆成立 250 周年,校长朱迪思·罗丁提请世界各重要国家元首赠书,专门致函中国国家主席江泽民,希望赠送一套能代表中国及其丰富文化传统的书籍。9 月 29 日,中国驻美国大使李肇星代表江泽民向宾夕法尼亚大学赠送了这部《中华文化通志》。

《中国通史》:一部史学巨著,一座文化丰碑

在上海人民出版社的历史上,多卷本《中国通史》的编辑出版是值得记载的。《中国通史》12 卷 22 册,1 400 万字,历史学家白寿彝担任总主编,还有 22 位历史学家担任分卷主编,近 500 位作者参与撰写,筹划、编辑时间之长,投入之大,规模之巨,在现代中国出版史上并不多见。全书以马克思主义唯物史观为指导,系统论述远古时代至 1949 年的中国历史,充分反映 20 世纪学术界最新研究成果,编写体例新颖独特。从 1979 年 10 月召开第一次编写会议,到 1989 年第一卷《导论》出版,再到 1999 年 12 卷全部出版完成,《中国通史》的编辑出版历经 20 个春秋,上海人民出版社参与其中,与许多专家学者结下了深厚的友谊,也为中国学术文化建设与发展作出了贡献。

20 世纪 70 年代,因为参加"二十四史"和《清史稿》点校工作,上海人民出版社的编辑和白寿彝相识,听说他有意编写一部新的《中国通史》,并已开始准备。1978 年,编辑王界云到北京为一部书稿的出版征求专家意见,白寿彝约他到家中见面,介绍了《中国通史》的编写计划,希望与上海人民出版社合作。王界云随即打电话给社领导,详细汇报了白寿彝关于《中国通史》的构想。第二天,他接到社长宋原放的电话:"这个通史工程,我们上海人民社一定做,而且一定做好!"

上海人民出版社领导和编辑几次到北京拜访白寿彝,达成了《中国通史纲要》《中国通史》《中国史学史》等学术著作的出版意向。有一次,历史编辑室主任叶亚廉到白寿彝家请教商谈出版事宜,白寿彝让助手拍照留念,风趣地说:"通史系列项目的出版就是你们的了,我们立此存照!"1978 年正是拨乱反正、百废待兴之际,"左"的阴影依然笼罩在学术界上空。上海人民出版社以海纳百川、但开风气的气度与格局,陆续出版一系列学术著作,在学术界、读书界和出版界赢得良好口碑,其所以引起白寿彝的关注,显然也是有原因的。

1979 年 10 月,在北京师范大学一幢简陋的校舍内,白寿彝主持召开多卷本《中国通史》第一次编写会议。参加会议的有分卷主编徐喜辰、杨钊、何兹全、陈光崇、王毓铨、龚书铎等几十位专家学者和上海人民出版社编辑林烨卿、张美娣。会议初步拟定了通史的编纂要求、体例、卷数,并对史学界长期以来有纷争的重大学术问题进行了研究。会上还决定,由白寿彝主编的《中国通史纲要》由上海人民出版社着手编辑,准备出版。一年后,《中国通史纲要》出版。《中国通史纲要》运用马克思主义理论指导通史的撰述,成为《中国通史》的完备提纲。《中国通史》撰写、编辑工作由此逐步展开。

为做好前期准备工作,上海人民出版社为通史的编写提供各种帮助,除列出专项资金用于编写"通史通讯"、支付在京的编委和部分作者的交通费用以及其他相关开支,还协助白寿彝联系分散在全国各地的各分卷主编及诸多作者,参加各分卷提纲和写作要求的讨论,深得白寿彝信任。早在通史"导论"卷还未出版时,白寿彝就多次写信给叶亚廉,"希望出版社有一位同志参加编委会,以便利于工作进行","导论排版情况进行如何,请注意把您的大名列入编辑委员会名单"。在白寿彝主张和邀约之下,上海人民出版社王界云、叶亚廉和张美娣先后加入通史编纂委员会。他们陪白寿彝多次远涉西安、南京等地,联系落实分卷主编人选,多次参与召集、协调各卷的编写会议。

《中国通史》规模巨大,内容涉及广、编辑出版时间跨度长,几乎所有书稿中会出现的问题,在通史的编辑工作中都会遇到。例如各部分之间的重复交叉问题,行文风格不一致问题,格式体例不统一问题、各卷进度不协调等等。考虑到白寿彝年事已高,又承担很多社会工作,上海人民出版社的编辑工作尽可能多想一点,多做一点。虽然这会增加不少工作量,对编辑工作也提出更高要求,但大家无怨无悔,因为这不是简单地出一本作者负责撰写、出版社承担出版的学术著作,而是和作者一起共同打造文化丰碑。为提高书稿质量,每一位编辑都以高标准严格要求自己,仔细阅读书稿,在段落划分、选取标题上反复推敲,就某些学术观点与作者进行探讨,严格按照编委会确定的撰述要求对书稿提出修改意见。在书稿出版的后期,由于时间紧迫、作者写作任务繁重,编辑除做好文字加工、核查资料、纠错改谬、统一格式等常规编辑工作外,张美娣甚至还在白寿彝鼓励和指导下,直接参与了明史卷综述的撰写。在距离全部书稿完稿仅一年的时候,近代卷科技史部分遇到书稿字数大大超出规定字数的问题。此时分卷主编何绍庚为保证其他几卷科技史的发稿,分身乏术。上海人民出版社提出种种解决办法,但都无法实现,白寿彝一度曾考虑放弃这一部分内容。为保持全书体例的完整与统一,张美娣和青年编辑李远涛承担起调整篇幅、压缩修改的重担。经过连续一个多月日夜奋战终于完成任务,使通史得以及时完稿出版。事后,何绍庚对编辑忘我的工作精神和认真的工作态度夸赞不已,称之为"上海出版社的作风"。

与通史的编辑一样,这部巨著的出版也曾有过曲折。随着市场经济的影响,出版社面临经济上的压力。有的出版社开始以压缩学术著作的出版来维持经济效益,社会上出现"出书难"现象。作为大型系列工程的通史项目,也在上海人民出版社成为被关注的话题,有人提出如此巨大的出版项目费时长、见效慢,是否可以暂时搁置以待时机成熟时再行出版。但即使是在出版社经济最困难的时候,上海人民出版社历任领导和有关编辑都始终坚持通史系列的选题和出版计划。特别是1994年出版社新一届领导上任后,明确提出"创一流"的口号,坚持出版高品位高质学术著作的方向,《中国通史》相继被列为出版社、上海市重点出版工程。之后的五年中,在社长陈昕、总编辑郭志坤等的主持、督促下,经过编辑、校对、美编的共同努力,《中国通史》后11卷相继顺利出版。

历经20个春秋的磨砺,《中国通史》从一粒种子茁壮成长为一棵参天大树,这凝结着白寿彝等几代学人和出版人的共同心血。《中国通史》第一卷出版后,白寿彝曾亲笔致信王界云,"多卷本中国通史是国内史学界的一件大事,也是出版界的一件大事。咱们搞这个工作的本身,就是有历史性的大事",鼓励大家继续齐心协力,共同将通史早日完成。当《中国通史》全部出版时,编委、分卷主编和作者中有几位先后离开人世。好几卷《中国通史》编纂工作是由几代学人薪火相传才得以完成的。科技史的编纂最早由王振铎主持,王振铎去世后,何绍庚接过这项工作。负责元史卷的韩儒林去世后,其弟子陈得芝接任主编,带领南京大学元史研究室的同事完成元史卷编写任务。明史部分由王毓铨主持,但后来因身体原因,大部分工作是由其弟子商传完成的。与编纂工作一样,通史的编辑出版也是由老中青三代编辑共同完成的。参与通史工作的出版社老一代编辑先后离退休,其中刘伯涵业已作古。不少当年的大学生、研究生进入出版社,就投入了通史编辑工作。张美娣从20世纪70年代末从复旦大学毕业来到出版社,在通史编辑出版的20年里做了大量的编辑及联络、协调工作,《中国通史》"已然成了生活的轴心"。《中国通史》22卷全部出版完成时,白寿彝曾握着她的手,感慨地说:"你是大功臣!"

1999年4月26日,北京师范大学举行祝贺白寿彝从事学术活动70周年暨多卷本《中国通史》出版大会,江泽民、李鹏、李瑞环、李岚清等党和国家领导人来信来电表示祝贺,祝贺《中国通史》全部出版。江泽民在贺信中对白寿彝和同事们在史学研究上取得的重要成就表示衷心祝贺,认为22卷《中国通史》的出版,是我国史学界的一大喜事,高度赞扬了白寿彝"在耄耋之年,仍笔耕不辍,勤于研究","老骥伏枥、壮志不已"的精神,称赞"这套《中国通史》,一定会有益于推动全党全社会进一步形成学习历史的浓厚风气","对我们推进今天祖国的建设事业,更好地迈向未来,具有重要的意义"。贺信说:"中华民族的历史,是全民族的共同财富。全党全社会都应该重视对中国历史的学习,特别是要在青少年中普及中国历史的基本知识,以使他们学习掌握中华民族的优秀传统,牢固树立爱国主义精神和正确的人生观、价值观,激励他们为中华民族的伟大复兴而奉献力量。"江泽民还强调:"党和国家的各级领导干部要注重学习中国历史,高级干部尤其要带头这样做。领导干部应该读一读中国通史。这对于大家弄清楚我国历史的基本脉络和中华民族的发展历程,增强民族自尊心、自信心和奋发图强的精神,增强唯物史观,丰富治国经验,都是很有好处的。"

专家学者周一良、季羡林、王钟翰、戴逸、齐世荣、金冲及、林甘泉等在会上发言,也高度评价《中国通史》的学术成就。当众人问白寿彝还有什么计划,他笑着说:"假如多给些时间,第一就是要把《中国史学史》全部完成。这项计划因为通史的工作而推迟了。"2000年3月21日,白寿彝逝世。他一直挂念着的《中国史学史》只有第一卷1986年由上海人民出版社出版,其余5卷尚未完成。为实现白寿彝的遗愿,上海人民出版社社长丁荣生要求有关编辑与北京师范大学史学研究所各位作者继续通力协作,加快编写和出版进度。2006 年终于将 6 卷本《中国史学史》全部出版。北京师范大学教授瞿林东说,6 卷本《中国史学史》得以出版,得到上海人民出版社长期的、始终如一的热情支持,这是对白寿彝最好的纪念。

2009 年 5 月,北京师范大学举行白寿彝学术思想研讨会暨纪念白寿彝诞辰 100 周年大会。上海世纪出版集团总裁陈昕在致辞中说,上海世纪出版集团和上海人民出版社与白寿彝先生有着很深的感情。特别是通史项目的出版,上海人民出版社至今仍流传着这么一段表述:一位总主编担纲主持、呕心沥血,几任出版社领导班子具体负责编务,十几位编辑通力合作、参与组稿,22 位分卷主编、数百位作者同心协力,才有了《中国通史》这样一部史学巨著。陈昕感慨地说,因为有像白先生那样的道德文章足以光耀后世的大学者,有在座专家、学者们共同的不懈追求,才有了《中国通史》这样里程碑式著作的诞生,上海世纪出版人做一代又一代中国人的文化脊梁的使命追求才能得到实现。

盛世修书:《续修四库全书》的编辑出版

上海古籍出版社出版的《续修四库全书》,从 1994 年全面启动,到 2002 年全书出齐,历时 8 年,全套 1 800 册,共收书 5 213 种,每册平均 700 页,所收古籍多达 250 万册页,按经、史、子、集四部分类,用绿、红、蓝、赭四色装饰封面。这项浩大的古籍整理出版工程,体现多方协作、团结奋进的精神,为大型出版项目从选题策划、编辑出版和经营管理等积累宝贵的经验。

《四库全书》是清代乾隆三十七年(1772)开始编纂的,当时集中了大批人力、财力,组织各学科领域最有成就的学者,历经 10 年编成。这部中国历史上规模最大的百科性质的丛书共收古籍 3 462 种,其文献价值与学术史价值均称巨大。然而由于历史原因,清廷在编纂《四库全书》时,寓禁于征,对所谓“悖逆”“违碍”的书籍,或全部销毁,或部分“删改抽撤”,以维系封建统治的秩序。加上编纂者的某些学术偏见,使不少应该选录的优秀古籍没有入选,有价值的民间文学作品及戏曲、小说都被视为小道,排除在全书之外。这些都需要匡谬补缺。更重要的是,从乾隆中期以后至辛亥革命以前,中国学术界又积累了大量重要的成果,加上散失海外的古籍善本回归本土,考古发掘使竹简帛书重见天日,私藏民间的以稿本形式流传的优秀著作不断现世,对这个时期学术文化的发展必须进行新的归纳总结。因此,《四库全书》编成之后,数代专家学者和有识之士曾多次倡议续修,均因时局动荡,无法实现。

以党的十一届三中全会召开为标志,我国进入改革开放和社会主义现代化建设的新时期,这为编纂出版《续修四库全书》创造了最有利的条件。1981 年 9 月 17 日中共中央发出《关于整理我国古籍的指示》,国务院随后恢复全国古籍整理出版规划领导小组设置,我国古籍整理和出版事业蓬勃发展,取得显著成绩。进入 20 世纪 90 年代中期,社会稳定,经济发展,学术繁荣,已具备续修《四库全书》的条件。从编纂出版条件看,当年乾隆皇帝编修《四库全书》,是皇帝下诏官修,令行禁止,非常方便。上海古籍出版社集合全国古籍研究专家以民间形式进行编纂和出版工作,相对来说难度大得多。但是也有有利的方面,古籍收藏大都集中在国家和地方图书馆,借书相对方便,全书采取影印方式,不须一一重抄,技术条件比过去先进得多。从上海古籍出版社的发展历史看,具备编辑和出版《续修四库全书》的能力。上海古籍出版社的创办者、社长李俊民与戚铭渠、包敬第等后继领导,以求贤若渴、海纳百川的胸怀,为出版社培养出一大批优秀的编辑出版人才,出版了大量古籍整理和研究著作,在海内外具有广泛的影响。1984 年后,社长魏同贤、总编辑钱伯城继承上海古籍出版社优良传统,大力开拓创新,影印出版文渊阁《四库全书》,编纂出版《古本小说集成》《敦煌吐鲁番文献集成》等大型出版项目,也为承担《续修四库全书》编辑出版任务打下良好基础。

在影印《四库全书》完成之后,魏同贤、钱伯城曾召开社内中层干部会议,提出"《四库全书》出版以后怎么办",经过大家讨论,明确了续修《四库全书》的构想,并认真对选题进行论证,因当时面临两大难题未能立即实施。一是编纂班子要有权威性,单靠出版社的力量是有困难的;二是古籍出版处于低谷,未能筹集到可观的出版资金。一项大型出版工程之成败,有其偶然性,更有其必然性,可以说是机遇与挑战并存,困难与希望同在。经历届社领导带领全社职工的不断探索,形成重要的共识,在贯彻党的出版方针的前提下,必须坚持和强化专业意识,既要推陈出新,又要加强独创性,不断开拓与调整选题结构,以适应时代发展和读者的需求。出版社选题结构必须是大中小项目合理配置,以形成良性循环的效益。其中大型项目就像是"蓄水池",需要五年甚至十年以上重大的人力、财力投入,而暂时较少甚至没有产出;然而一旦成功,便如"蓄水池"开闸,不仅可带来超乎投入的经济效益,且会以其重大的学术影响,提升出版社的品牌与地位,更是一笔巨大的隐性资产。影印《四库全书》之成功,丰富了这一理念。

鉴于上述认识,1994年5月,新一届社领导班子成立后进一步统一思想,协调分工,将当时社内外对《续修》的各种议论,化为完善项目设计的动力。在运作上,形成超大型项目与常规项目的互动机制,即常规项目必须加大发展力度,以期在维持出版社日常运转的同时,为"蓄水池"注水;"蓄水池"倒逼常规项目保质增量,并在放水时,为常规项目提供强有力的资金与经验支撑。社领导班子合理分工,社长李国章总掌全局,并主持《续修》的编辑与出版工作,李伟国(后改为王兴康)协助。其他班子成员则倾力于常规项目的开发。两方面分工不分家,经常会商,互相支持,协同一致。当时上海古籍出版社还面临一个重大的实际困难,20世纪八九十年代开始兴建的古籍印刷厂、西郊厂房、仓库、大量的职工住房等,处处要钱,社里一部分职工为《续修》资金的投入感到担心。社领导经过分析后提出,即便举债也要上《续修》,同时也要确保基建与常规项目的正常开展。后来的发展证明这一决策是正确的。《续修》编辑出版的八年,也是上海古籍出版社常规选题高速发展的八年,后来形成的一些块面,即对古籍名著集成性整理与出版,大型资料性丛书的出版,学术研究著作与普及传统文化知识读物的更新换代,熔学术性、知识性、鉴赏性于一炉的大中型画册的出版等,便是在当时形成的选题架构。各项基建也如期完成,当"蓄水池"放水时,连同常规选题开拓所取得的经济效益,债务很快就得到清偿。

1994年6月,李国章得悉中国出版工作者协会主席、新闻出版署原署长宋木文在北京酝酿编纂出版《续修四库全书》的方案,编纂班子已基本落实,深圳市南山区政府拟投资这一项目,正在选择出版单位。经社领导班子讨论,在总编辑赵昌平、副社长兼副总编李伟国和副社长高章采等支持下,李国章即与宋木文联系,表示愿意承担出版任务。宋木文熟悉上海出版界情况,认为"上海古籍出版社是一家老社,领导班子团结务实,编辑力量强,有经营管理经验",当即表示欢迎。上海古籍出版社正式承担起这项划时代文化出版工程的编辑、出版工作。

1994年7月4日至5日,《续修四库全书》编纂出版工作会议在北京龙泉宾馆召开。中国出版工作者协会、国家古籍整理出版规划小组办公室、文化部图书馆司、深圳市南山区委、上海古籍出版社主要负责同志出席会议。会议还并邀请北京图书馆(现国家图书馆)、上海图书馆等5家大型图书馆古籍版本专家参加。会议讨论了编纂的必要性、学术价值及其整体面貌与框架,收书范围与编选原则,确定了全书的编纂出版方案。会议认为,全书应包括:1.《四库全书》未收的乾隆以前有学术价值的著述;2.《四库存目》及禁毁书中学术价值较高的著作;3.《四库全书》已收而版本残劣,有善本足可替代者;4.《四库全书》未及收入的乾嘉以来著述之重要者;5.《四库全书》所不收的戏曲、小说,取其有重要文学价值者;6. 新从域外访回之汉籍而合于本书选录条件者;7. 新出土的简帛类古籍而卷帙成编者。在此 7 项之中,第 4 项是全书的重点。会议决定成立工作委员会和编纂委员会,宋木文任工作委员会主任,中国出版工作者副主席伍杰任常务副主任。编纂委员会由工委会聘任,主编请德高望重的版本目录学家顾廷龙担任。顾廷龙一生致力于古籍整理和研究工作,文化底蕴深厚,他同时还担任《中国古籍善本书目》主编。编委会中,有不少版本目录学家,还有全国各主要图书馆的参与和支持,这对于确定选目和取舍版本是有利的。主持编委会日常工作的是当时担任国家古籍整理出版规划小组秘书长、中华书局总编辑傅璇琮。傅璇琮后与顾廷龙一起担任主编。常务副主编由北京图书馆业务处长、原善本部主任李致忠担任。会议还确定了投资方案,深圳市南山区政府投资 2/3,上海古籍出版社承担全书的出版任务并投资 1/3,同时提出全书征订工作方案,积极开展《续修四库全书》的宣传工作。随后,《人民日报》《光明日报》《新闻出版报》《解放日报》《文汇报》《新民晚报》等多家报纸刊登了《续修四库全书》开始编纂的消息,续修《四库全书》的工程全面启动。

1995 年 8 月 24 日,为《续修四库全书》"经部·易类"40 册面世,在人民大会堂举行出版座谈会。与会专家学者从学术文化的继承与发展上充分肯定了续修《四库全书》的重要意义。"经部·易类"40 册的顺利出版开了一个好头,为后续工作积累了经验,此后,《续修四库全书》编纂出版全面展开,1997 年出版经部 260 册,1999 年 1 月出版史部 670 册,2000 年初出版子部 370 册,2002 年 3 月出版集部 500 册。前后历经八年时间,2002 年 5 月终于完成全套 1 800 册的编纂出版任务。

2002 年 5 月 9 日,在北京人民大会堂隆重举行《续修四库全书》出版座谈会,陈列全套 1 800 册《续修四库全书》,像一道厚重高大的"书墙"。中央政治局常委、全国政协主席李瑞环出席座谈会,盛赞《续修四库全书》的出版是功在当代,泽及后世的盛举。他还说:《续修四库全书》和《四库全书》相配套,构筑起一座中华传统文化的大型书库,这是一项了不起的工程,对保存、研究和弘扬中华民族的传统文化,必将产生重大的影响。他希望大家认真总结《续修四库全书》工作的经验,为保护、挖掘、整理文化遗产,为弘扬优秀传统文化作出更大的贡献。

《续修四库全书》作为一套特大型的古籍影印丛书,既有一般古籍影印图书的共性,也因其特大型、持续时间长的特性,编纂出版工作十分复杂,难度极大。八年时间,李国章和李伟国、王兴康(曾任上海古籍出版社副社长、社长)全力以赴,带领编辑、出版、发行部门的有关人员,以"团结、敬业、开拓、奉献"的精神,克服时间紧迫、任务繁重的困难,不断提高工作效率,以精益求精,谨慎操作,质量第一的工作态度,认真负责地做好《续修四库全书》的编辑出版工作。为了确保圆满完成编辑和出版任务,社里成立续修四库全书编辑室,由资深的编审、年富力强的青年编辑及有较丰富出版经验的技术编辑组成。《续修四库全书》编辑出版流程大致包括以下十几个环节:确认选目,核查藏书单位,借书,清点登录,还原复制,编辑初审,拼版,描修,电脑制作,编定辑封,中缝卷序,各册顺序,二审,三审,设计出版格式,制版印刷,装订成册。由于环节较多,各环节之间难免产生矛盾,有时出现埋怨、扯皮、推诿等现象。社里根据《续修四库全书》编辑出版工作的特点和难点,制定了一系列编辑发稿加工的规章条例,有《底本图书的借用和复制工作程序》《续修四库全书审稿要点》《分册目录与辑封著录条例》《拼版制作的步骤和要求》等,这些实用性很强的操作条例的制订,对整套书的编辑出版工作起到了重要作用,使整个编辑出版工作有章可循,井然有序,确保全书编辑出版工作的连贯性、一致性和编辑出版质量。

上海古籍出版社与编委会紧密合作,社里三位领导分别担任编委会副主编、和编委,他们直接参加编选工作。编委会提出选目和版本方案后的各项工作都由出版社完成,包括核查藏书单位、核对选目和选定底本、借书与还原复制,以及编辑的各个环节。各部类的选目,经编委会认证筛选确定,并经众多专家的审核后确认,具有学术上的权威性,但由于客观条件的限制,不可能把每种书都征集到北京加以遴选,难免百密一疏。真正能将全部图书放在面前比对审定的,只能是出版社的编辑。影印图书质量的好坏,最关键的是底本优劣,尽可能寻找好的版本,即内容完整、字迹清晰的版本作底本,是保证全书质量的前提。为了尽可能选择最好、最早、最为完整的底本,必须对稿本、抄本、批校本与刊刻本进行对照比较,慎重抉择,还要对缺卷残页进行配补等,工作量及其难度之大为一般人难以想象。在长达六年半的借书过程中,负责资料收集和底本借阅的水赉佑等奔波于国内各种图书馆、博物馆和私人藏家共 115 处,还联系部分海外图书馆及私人藏书,查阅图书 1.5 万余种,最后选用 5 213 种(不包括附录),用书单位 82 家(不包括国外及私人藏书)。同时,因配补而用的图书达 1 800 种,补配约 1.2 万页。在工委会指导和协调下,编辑室与编委会紧密配合,心往一处想,劲往一处使,提高了出版质量和出书进度。

在编辑工作紧张和严密地进行的同时,印刷工作也随之跟上。严格把住印刷装订质量关,对质量未能达标的图书就推倒重来。在第一批印制"经部·易类"40 册时,发现有些已印订好的书装订太松、书脊过大,封面墨粉片和电化铝易脱落,经工委会和出版社研究决定报废重做,对已经发出去的前十册也主动发函收回重装,受到客户的好评。此后在印刷出版的全过程严格把好质量关,从而使全书达到精品图书的要求。

《续修四库全书》虽经国家古籍整理出版规划小组立项,并由新闻出版署列入国家"八五"重点图书出版规划,但并无资金补贴,所有编纂出版费用均靠自筹。由于这项特大型出版工程编纂出版的时间跨度很长,需要巨额投资,最初预计完成这套大书需要投资 8 000 万元,经济上面临巨大压力。在确保编纂出版和印制质量的前提下,宣传、征订、发行工作的好坏也直接关系到全书的成败。因此,从这项工程启动开始,上海古籍出版社就提出全书的宣传征订方案,并在媒体刊登大幅广告。1995 年 11 月,上海古籍出版社在香港举办图书展,同时展出刚出版的《续修四库全书》"经部·易类"40 册,并召开记者招待会推介《续修四库全书》。香港《大公报》《文汇报》等纷纷刊登文章介绍这套大书。在《续修四库全书》工委会协调下,上海古籍出版社在通过新华书店系统征订、发行外,还与中国版协、深圳市南山区政府组织专门的发行队伍,分片到全国各地推广。文化部图书馆司还向各省区市文化厅和图书馆发文推动征订工作。随着征订数不断增加,预收款采取滚动式投入编纂出版和印刷制作,减少了投资压力。全书各项成本支出超过 1 亿元,由于采取边预售边投资、分段出版的方式,实际投资 1 050 万元,其中深圳市南山区政府出资 700 万元,上海古籍出版社出资 350 万元。全书出齐后陆续返回投资款,成为按照社会主义市场经济原则,进行大型出版项目运作的成功案例。

《续修四库全书》出版后取得社会效益与经济效益双丰收,其学术价值和出版质量得到学术界和出版界高度肯定,2003 年获第六届国家图书奖荣誉奖和第四届全国古籍图书奖荣誉奖。正如宋木文在《续修四库全书》出版座谈会上所说:"亲身参与编纂出版这部巨型丛书,是我们的光荣;生活在有条件出版这部巨型丛书的安宁昌盛的时代,是我们的幸运!"

集万卷于一册汇众说于一编的《古文字诂林》

2004 年底,经数十位学者十四年不懈努力,《古文字诂林》由上海教育出版社出齐。这是我国规模最为宏大、搜罗最为齐备的古文字汇释类工具书，全书 12 册，汇集了 1 万多个字头，1 000 多万字的考释资料，完整体现了两千年来我国古文字研究领域的基本状况和近百年来古文字研究领域的最新成果，是古文字字形汇集和古文字字义考释两方面的集大成者。

改革开放后，古文字研究领域成果不断涌现。至 20 世纪末，研究古文字的专著和工具书无论是品种还是质量都大大超过前几十年，呈现繁荣景象。但把汉字各种字形收入在一起，并把各家对文字的阐释集中起来，即"字形汇编＋考释"两者俱全的这样一种大型工具书还没有，而学术界又迫切需要这样的工具书。

文字学是传统文化的根基。我国历代文化巨匠，几乎都是"小学"大师，无不对文字有精深的研究。20 世纪 30 年代，陈寅恪倡导"读书先识字""解释一字即是做一部文化史"的治学理念，希望能将中国传统的文字学与西方现代的文化史学结合起来，通过考索文字本义及其随历史发展而演变的各个时代的意义，来获得对文化底蕴的深切著明的了解。随着经济社会的发展和学术的繁荣，编纂一部大型古文字工具书已经具备条件。20 世纪 80 年代初，学者、上海市古籍整理出版规划小组组长王元化指出，学术研究既要重视理论开拓，也要重视基础工作。文字学研究是弘扬优秀传统文化的重要方面，传统国学没有文字学研究作为基础等于是空中楼阁。

1991 年，王元化倡议将《古文字诂林》作为上海市古籍整理出版规划重点项目立项，委托华东师范大学承担编纂工作。华东师范大学随后组建了一个编委会。编委会聘请古文字学家朱德熙、李学勤、胡厚宣、马承源、张政烺、裘锡圭、戴家祥、顾廷龙担任顾问，李圃（李玲璞）担任主编。全国古籍整理出版规划领导小组将《古文字诂林》确定为国家古籍整理出版"十五"重点规划中的重点图书项目。《古文字诂林》立项后，艰苦细致的编撰工作随后开始。市委、市政府领导非常关心项目进展情况，多次听取工作汇报，将《古文字诂林》明确定位为"上海市文化建设新的标志性工程"。在各级领导关心支持下，《古文字诂林》出版计划逐步推进。经过深入调研和考察，《古文字诂林》编委会认为上海教育出版社有专业的编辑力量，又有较强的经济实力，建议由其承担《古文字诂林》出版任务。

具有 60 多年历史的上海教育出版社有出版语言文字著作的传统，语言文字专著特别是语文工具书的编辑出版是其强项，所出版的《汉语成语词典》发行量超过百万册，《世界文字发展史》《汉字学》《敦煌俗字典》等语言学著作均受到学术界、出版界的赞誉，有些成为语言学名著。1997 年 5 月，上海教育出版社正式承担《古文字诂林》的编辑出版工作。1999 年上海世纪出版集团成立后，将《古文字诂林》的出版列为集团的重点出版工程，对出版工作给予悉心指导。

本着打造一流精品图书的目标，上海教育出版社高度重视《古文字诂林》的出版工作，全社上下紧密配合，通力合作。社里成立《古文字诂林》出版领导小组，两任社长、总编亲自挂帅，担任领导小组负责人，统筹整个出版工作。《古文字诂林》项目 20 世纪 90 年代主要由上海市古籍整理规划小组提供经费，后来遇到编写经费不足问题。为保证项目的正常运行，上海教育出版社专门投入资金对《古文字诂林》的编纂予以资助，还出巨资与《古文字诂林》编委会、杰申电脑排版有限公司联合研发国内首创的"古文字字形库及电脑排版系统"，为《古文字诂林》的排版印刷创造了必要的条件。在《古文字诂林》印制阶段，上海教育出版社在用纸、装帧、印刷、装订等环节，精益求精、不惜工本。据不完全统计，上海教育出版社为《古文字诂林》项目先后投入资金超过 800 万元。

为高质量完成《古文字诂林》的出版任务，上海教育出版社专门为项目组制定了周密务实的规章制度，在岗位安排、工作量考核、编纂进度、员工奖惩等方面作出明确、严格的规定，有效促进了项目组顺利完成任务。项目编辑组除了从相关编辑室挑选工作能力强、专业水平高的骨干编辑外，还专门招聘了古文字专业的研究人员组成《古文字诂林》项目组,负责日常编辑工作。这些编辑大多毕业于重点高校的语言学专业,拥有博士、硕士学位,基础扎实,工作勤奋,可谓"精兵强将"。为保障《古文字诂林》的学术水准,上海教育出版社组织项目组编辑参加"辞书编纂"和"古文字知识"两方面业务培训,在办公用房不宽裕的情况下,拨出市中心一套房产作为专门的办公场所,安排编辑、排版、校对、资料、软件研发等部门同时进驻,便于各部门及时沟通联系;同时为《古文字诂林》项目组购置了大批古文献参考资料,配备了高精度扫描仪、复印机、传真机等先进的办公设备,提高工作效率。

《古文字诂林》是王元化倡导并组织实施的文化项目。从筹划到出版的10余年间,从立项、组织编纂队伍、聘请学术顾问、听取学术论证,直至排印方式与协调出版,王元化倾注大量心血。在他的指导与关心下,编委会和出版社通力合作,克服重重困难,完成了这项嘉惠学林、泽被后世的大型文化积累工程。因为王元化不从事古文字研究,所以除为《古文字诂林》题写书名外,坚持不在书内以任何形式署名。在《古文字诂林》主编李玲璞教授为《古文字诂林》也付出了辛勤的劳动。早在1982年,李玲璞就组织古文字研究小组编纂过一部《说文部首汇释》,虽说规模不大,仅仅是谈部首的,但已初具后来《古文字诂林》的雏形。与《说文部首汇释》相比,《古文字诂林》规模要大得多。李玲璞接受这一重任后,聘请八位学者担任顾问,同时以华东师范大学为主体,邀请中国社会科学院、上海图书馆、复旦大学、吉林大学、四川大学和上海师范大学等单位的青年学者组成编纂委员会,在华东师范大学设立编纂室。这是一支年富力强、学有专攻、勤勤恳恳、脚踏实地的编辑学术团队,又得到学术顾问和其他专家学者的指导,为《古文字诂林》编纂工作顺利开展打下了坚实基础,并最终实现市领导提出的"完成一个项目,培养一支队伍,既出成果,又出人才"的目标。

《古文字诂林》在学术研究和编辑出版领域大胆创新,实现了多项第一:将千百年来历代学者的古文字研究成果荟萃于一编,这在中国学术史上是第一次;运用计算机技术解决了甲骨文、金文、古陶文、货币文、简牍文、帛书、玺印文和石刻文等八大类古文字的排版印刷问题,这在中国出版史上是第一次;根据秦汉篆书厘定了近万个篆书古隶定字样,为研究篆书演变至后世楷书架起了一座桥梁,在中国字样史上是第一次。能取得这样的成就,是因为其有一套高效务实的组织运作模式。单就甲骨文、金文、古陶文、货币文、简牍文、帛书、玺印文和石刻文等八大类古文字的排版、印刷来说,没有一套自己开发的照排系统就无从谈起。在上海教育出版社支持下,《古文字诂林》采用自主研发的"古文字字形库及电脑排版系统"进行排版,使古文字的保真度、清晰度及整体排版印刷效果上都远远胜过其原始资料,具有鲜明的时代色彩。

《古文字诂林》是上下三千年历史中各类古文字形体的集大成,也是千百年来历代学者关于古文字研究成果的集大成。它既有古代典籍中的材料,也有近代出土的文献,将甲骨文、金文、古陶文、货币文、简牍文、帛书、玺印文和石刻文等八大类古文字字形和考释资料汇为一编,进行综合整理。它的字形著录堪称详备,考释资料可谓宏富,既有取自文字学专著的,又有采于论文集及报纸、杂志上的单篇论文的;从时间跨度上来说,既有两千年前东汉许慎的《说文解字》、南宋薛尚功的《历代钟鼎彝器款识法帖》,又有清代、民国直至今天学者的著述。凡有真知灼见,能自成一家之言者,悉载靡遗。《古文字诂林》遵循形、音、义相统一的原则,按照历史发展的线索,着重提供阐释的古文字形体与它表示的单音词之间的音义关系,从而向世人展示先民如何把有声的汉语转换成有形的书面汉语,并以此作为语言文化的载体传承至今。读者一编在手,就可以了解每个字的字形演变史、字义演化史,以及两千年来文字学研究的学术演进史。《古文字诂林》从每个字的取象发生到成字造义,参验众说,考察字形结构与所表语词的关系,将形体规范、理据充分的秦汉篆书分笔书写,使其笔画化,将出土古文字、篆书到古隶定字、后代楷书的发展脉络清晰地勾勒了出来,使得读者能够更加清晰地了解汉字发展的历史面貌。这一成果解决了古文字形体是如何过渡到今天的文字形体的问题,填补了中国文字发展史上一个重要阶段的空白。

《古文字诂林》的出版,为汉语言文字学研究、出土文献释读、大型字典词典编纂、古代典籍整理、历史文化研究考证,以及关涉到汉字形、音、义考察的社会科学史和自然科学史的研究提供了一部材料翔实的无可替代的工具书。因此,它既是一部规模宏大的学术研究型工具书,也是一项民族文化建设的重要工程。1993 年 10 月,《古文字诂林》编纂工作论证会在京召开,许嘉璐、王元化、任继愈、周一良、李学勤、张政烺、张岱年、汤一介、顾廷龙、傅璇琮、安平秋等学者与会,一致认为这将是一部"集万卷于一册,汇众说于一编"的学术精品图书。李学勤说,《古文字诂林》是不寻常的学术成果,称其集万卷于一册,汇众说于一编,并非夸诞之辞。中国古文字学渊源久远,一般上推到东汉许慎的《说文解字》,实际许氏之学本自《周礼》"六书",已经是对前贤的总结。甲骨金文研究盛行以后,现代古文字学论著更是更仆难数,如想以一人之力,全部通读,是没有可能的。有了《古文字诂林》,对要了解的字,过去各家有什么成说,都可以尽可能快地检索出来。

中华文明薪火相传,生生不息,文字是最重要的载体。《古文字诂林》出版后在海内外学术界引起广泛关注,先后获首届中国出版政府奖、首届中华优秀出版物图书奖、上海市优秀图书特等奖、上海市第八届哲学社会科学优秀成果著作类一等奖等奖项,一些分卷多次重印,为弘扬祖国优秀传统文化、推进学术发展作出了贡献。

《大学语文》30 年

华东师范大学出版社 1980 年恢复建制后,在教育园地深耕细作,出版了一大批与教育相关的优秀图书,其中《大学语文》尤其值得称道。这本给大学生使用的公共基础课教材,以编者团队权威、选目编排经典、编写风格稳健、影响力大、让几代人受益等特点闻名于世,成为华东师范大学出版社的一张亮丽名片。

20 世纪 70 年代末 80 年代初,经历了十年动乱的教育界拨乱反正,思想活跃。华东师范大学中文系主任徐中玉和南京大学校长匡亚明倡议,恢复开设因 1952 年全国高校院系大调整而中断的大学语文课程,组织部分全国高校专家学者编写新的《大学语文》教材。1981 年,《大学语文》就由刚恢复建制不久的华东师范大学出版社出版,成为新时期第一本《大学语文》教材,主编徐中玉因此成为此后几十年大学语文教育领域的灵魂人物。

考察我国高等教育发展可以看到,大学语文教育已有百余年历史。早在我国现代高等教育诞生初期,北京大学前身京师大学堂等就在预科开设"经学""诸子""词章"等科目,这是最早的大学语文课程雏形。这一课程名称在 1904 年发布并实施的癸卯学制中叫"中国文学"。后避免与专业的中国文学课相混淆,改名为"国文"。此后,国文课成为大学一年级学生共同必须科目,因而就有了更为周知的"大一国文"之名。1952 年高校院系调整,大学教育学习苏联模式,文理科分家,"大一国文"课停开。1978 年,经过沉寂的大学语文教育开始活跃起来。1980 年 10 月在上海召开的全国高校大学语文教学研讨会上,徐中玉和匡亚明倡议恢复开设大学语文课程,华东师范大学和南京大学带头。倡议得到周培源、臧克家、苏步青等学者的支持和全国高校的普遍认同,大学语文课程的开设在全国高校蔚然成风。

倡导恢复开设大学语文课程,体现出前辈学者在时代变革面前的自觉担当。这种担当出于文化人的使命和责任,更是一个教师对专业领域长期关注和思考的结果。徐中玉一直关注大学国文教育,1948 年发表《国文教学五论》,其中第四论《关于大学一年级国文》,对"大一国文"课程的性质和定位进行了深入阐述。他和匡亚明的倡议受到众多专家学者的支持,引出了"如何教、教什么、为什么教、教材怎么编"的讨论。关注课程的开设、思考课程的性质,成为徐中玉领衔编写《大学语文》重点关注的问题。

恢复开设大学语文课程,教材编写必须紧紧跟上。1980 年 10 月召开的全国高校语文教学研讨会有 20 所高校参加。会议决定编写全国协作教材,请徐中玉主编。徐中玉阐述了自己的想法,《大学语文》教材要延续此前大学国文教材的优良传统,精选历朝历代经典优秀文章,按一定体例,汇编成书。在这个思想指导下,第一版编选文章时稍显保守,选编的多是中国古典文学作品;结构上采用文学史的办法,从先秦两汉南北朝到唐宋元明清,最后到近代、现代;在编著体例上采取的是原文、作者简介、注释、练习题几部分,选文 96 篇,其中仅 13 篇涉及中国近、现代文学名篇,其余为中国古代文学篇目。尽管教材出版后大受欢迎,被全国 300 多所高校采用,并被上海市自学考试委员会书列为自学考试教材,但徐中玉也听到一些不同意见,意识到第一版还存在欠缺,于是在 1982 年 5 月推出《大学语文补充教材》,在"编者的话"中作了这样的表述:"教材现代文学部分较薄弱,而且缺少外国文学部分,希望有所补充。因此,我们又修订编写了这本《大学语文补充教材》,供教师同志们选用。明年原书再版时,当将补充教材并入,使之成为一本比较完善的《大学语文》教材。"

从 1981 年第一版算起,《大学语文》每隔三至五年便会推出新的修订版,截至 2010 年,已修订出版至第 9 版。每一版在修订时,编者团队都反复讨论,对内容、编排进行调整,还召开座谈会,向专家、学者、资深任课教师征求使用意见。这种与时俱进、认真务实的作风,一直体现在《大学语文》各个版本中。

1981 年第一版和 1982 年第一版补充教材。选文 96 篇,其中 13 篇涉及中国近、现代文学名篇,其余为中国古代文学篇目。1982 年 5 月推出补充教材,增收现当代文学作品 8 篇,外国文学代表作品 10 篇。篇目编排按文学史时间前后顺序。

1983 年第二版。在坚持以中国古代文学作品为主的同时,增加了少部分现当代文学作品和外国文学作品。为满足不同高校的需要,第二版教材曾经分出两个版本,一个只有我国的古代文学作品,一个包括古今中外的文学作品。

1985 年第三版。撤换与中学语文教材重复的文章,补充、修改、重写了某些说明、注释和思考练习题,增加了《常用应用文写作要点》和《学年论文、毕业论文写作要点》。教材收入由巴金翻译的屠格涅夫《门槛》,因为在修订中向巴金请教过问题,巴金把这篇散文重新翻译了一遍。

1987 年第四版。当时有人认为,传统中有一些表现"民族劣根性的东西",许多作品都"已经陈旧,不必再读",大学语文也应该把这些东西清除掉。徐中玉坚持认为不能全盘否定我们的传统文化。

1988 年第五版。这一版更贴切应该称第四版修订版。较大的改变是增选阅读与写作方面的一组例文,如鲁迅的《拿来主义》等。为适应不同阶段自学考试的不同需要,由全国高等教育自学考试指导委员会所属的中文专业委员会组织编写了供本科考生用的《大学语文》(全国组编本,1988 年)和供专科考生用的《大学语文》(应用专科公共课教材,1994 年)两种。

1996 年第六版。受国家教委高教司委托编写,明确为全国全日制各高等院校开设大学语文课程的通用教材,即全日制高校通用教材。教材出版前言的落款是"国家教委高教司 1996 年 4 月 30日"。第六版编排不以文学史知识为线索,也不以写作知识为中心,而以经反复筛选的古今短小动人的精美文章为实体,力求用选文的典范性来达到提高文化素质的主要目的,以选文的丰富性取得思想启迪、道德熏陶、文学修养、审美陶冶、写作借鉴等多方面的综合效应。体例也不再按文学史或文体分组排列,而采取根据实际内容或特色灵活分组的方式,即根据其所写的内容比较接近来归类。

2001年第七版。普通高等教育"九五"国家级重点教材,教育部高教司组织编写,为全日制高校通用教材(即第六版)的增订本,封面上也冠以"增订本"之名。选文编排力求更加周全,选入的文章除中外小说外,根据题材及主旨大体细分为十类,内容适当扩充,连同"附录",70多万字。

2005年第八版。教育部高教司组织编写,全日制高校通用教材,普通高等教育"十五"国家级重点教材,普通高等教育"十一五"国家级规划教材。教材总体上要求对读者有吸引力,能感染人。在弘扬优秀文学传统的基础上,重视加强爱国主义的教育;在精美动人的前提下,注意文学史涵盖面和名家名作;要求题材广泛,体式多样,每篇各有特色,整体丰富多彩;注意体现各种表现方法和写作风格;适当安排文言文与白话文、诗歌与散文、记叙与议论、抒情与说明等的比例。

2007年第九版。教育部高教司组织编写,全日制高校重点教材,普通高等教育"十二五"国家级规划教材。在加强教材人文性的同时,不忘对于教材工具性的重视。增设"学文例话"一栏,分《记叙文的阅读与写作》《议论文的阅读与写作》《诗歌的阅读与欣赏》《小说的阅读与欣赏》四项,希望对学生的阅读欣赏与写作能力的提高有所帮助。

30年来,《大学语文》的编写凸显了两个维度:人文性和工具性,坚持人文性与工具性并举,注重丰富学生的精神世界,陶冶情操、净化心灵、涵养性情,并着重提高大学生的语文文字运用能力。

关于人文性,最直接的体现就是教材精选的优秀篇目,是中外优秀文化的载体。教材通过所选篇目,承担起对大学生进行人文精神和文化修养的培养。

教材直接使用对象是大学生,大学生在掌握专业知识与技能外,应具备高尚的道德修养和人文素养,包括大学语文在内的人文社会科学课程,正是培养这些品德的有效载体。秉持这样的理念,徐中玉主编的《大学语文》教材,着重选择古今中外优秀的文学作品,同时包括一些历史、哲学类作品,作为课堂教学、学生阅读之用。

在诸多作品中,教材更多选取中国古代文学作品,诗词曲赋、小说戏曲,文体兼备。这些作品大都文情优美,内容是对各色人物不同遭遇、社会百态和人性情感的描写,既有思想的深刻又有艺术的魅力。若能对这些作品多多品读与体会,能够帮助年轻人对人性善恶、人情炎凉、品德高低有所辨别,同时领悟优秀传统文化的魅力。与此同时,名家名作各有优点,但未必没有局限,需要人们独立思考,择善而从,而不是全盘照搬。

课堂教学时,教师从对作品本身魅力的领悟和欣赏出发,可以使年轻学子在愉悦中受到感染与熏陶。这种感染和熏陶,贵在以情感人,以理喻人。年轻人对名家名作进行阅读、感悟、思考、辨析,积累多了,就自然而然地丰富了自己,当人文素养得以提升,再加上实际生活中的体验,二者进行比较、互为补充。

关于工具性,坚持把语文阅读与表达能力的培养作为大学语文教材编写的重要任务。徐中玉在《关于大学一年级的国文》一文中曾提出,"要以国文科来代替学术史思想史甚至所谓'固有文化'的传授根本是不可能的事。不但学者不可能接受,教者也不可能传授"。对大一国文课程的性质和定位,他倾向于"应重在作文的训练,希望学生真能自由运用语体文和用'近代文言'写作明白清楚的文字"。重视对学生实际写作能力的培养,帮助他们用写作来叙事、说理、表情、达意,一直贯穿于徐中玉大学语文教育的思想中。这就不难理解,为什么在徐中玉领衔编写大学语文教材时,一直保留着一个栏目,即"学文例话"。《大学语文》第九版精选几十篇古今中外经典篇目,全面体现家国情怀、个人修为、世界意识、自然生命等主题,按照主题分为十二个单元,每三个单元后设置"学文例话"栏目,涉及如何写作说理、抒情、叙事、写人的文章,与所选篇目的写作方式遥相呼应。

大学语文课程的实际定位应该是通识教育,《大学语文》教材成了实行通识教育的媒介。相对于专业教育培养某一领域的专门人才,通识教育致力于培养人格健全的人。《大学语文》在选目上明确提出所挑选的作品都应符合这样的标准:能够体现高尚的理想、健全的人格和积极向上的精神,能够深刻反映历史上、生活中为人们所密切关注的问题,能够表现真挚的思想情感、智慧理性与审美价值等,能够表现时代精神与民族特色,能够对我们的社会进程有所参考。这些选目标准直指通识教育的核心——关注人是否拥有健全的人格、深厚的人文底蕴、开阔的社会视野、独立的思考和批判、理性的价值建构、丰富的审美能力等。学习《大学语文》教材,学生通过阅读、思考、讨论、辨析,批判地继承和借鉴前人丰富而深刻的体验、感受和思考,受到潜移默化的熏陶,其心理素质、精神境界、人生追求和价值标准将受到有益的启发。

同时,从篇目选择和编排理念看,《大学语文》还重在弘扬和传承中华优秀传统文化方面,体现了语文教育与文化传承的密不可分。从宏观层面来说,语文教育的最高目标就是深度认识和理解中华文化,让优秀的文化成果熏染当代青年的灵魂,在母语学习中确认和巩固中华民族共同体成员的文化认同,从而提高青年人解释和表述世界的能力。2006年,《国家"十一五"时期文化发展规划纲要》强调要"重视中华优秀传统文化教育和传统经典、技艺的传承","高等学校要创造条件,面向全体大学生开设中国语文课。加强传统文化教学与研究基地建设,推动相关学科发展",明确把弘扬民族优秀传统文化与高等语文教育联系起来。

在1981年第一版出版到2010年,《大学语文》累计发行数千万册,曾获国家级教学成果奖二等奖、上海市优秀教学成果特等奖。更重要的是,影响了上千万大学生的人生,成为几代青年学子共同的文化记忆。

《话说中国》:用故事展现中华五千年灿烂文明

2005年3月,经8年时间的编纂,由李学勤任总顾问,何承伟任总策划的《话说中国》16卷本由上海文艺出版社出齐。这是一部以历史学、考古学和社会学研究最新成果为底蕴,采用读者喜闻乐见的故事方式,配以大量精美文物照片编辑而成的新体裁中国通史类读物,担任撰稿、审读、顾问工作的都是中国史学界一流学者,出版后引起热烈反响。2005年5月,中宣部出版局和上海市委宣传部在北京召开民族精神史诗出版工程暨《话说中国》出版发行座谈会,与会者对《话说中国》融故事体文本阅读、精彩细腻图片鉴赏、便捷实用检索功能于一体,展现中华民族上下五千年的灿烂文明给予高度肯定。

中国有编史、修史、讲史的文化传统。从孔子、左丘明、司马迁一直到今天的一大批史学家,都持续不断地以一种不负民族的坚韧精神,将自己观察和感悟到的一切记录在一本又一本的史册上。历史丰富和凝聚着民族的智慧、伦理、情感和意志,对民族素质的提高、文化心理结构的塑造有不可替代的价值。一个不了解历史的民族是没有希望的民族。为让史学家的研究成果大众化,通过出版物让更多的人从历史中获取知识和力量,让所有的炎黄子孙都为自己祖国拥有的悠久历史和灿烂文化感到骄傲,这正是《话说中国》的策划起点和编辑团队多年的心愿。正是因为这种精神力量、文化追求,何承伟和他的同事克服种种困难,用自己的创造性劳动,潜心在史学专家和广大读者间架起一座沟通的桥梁。一群普普通通的编辑,没有多少显赫的社会地位,但他们却因此拥有了穿越时空的翰墨芬芳和寄托心灵的文化殿堂。出版是影响力经济,其对社会影响力的贡献,超过了对社会经济力的贡献。《话说中国》出版后,中央电视台《焦点访谈》记者采访何承伟问:"当初启动这个项目时,你想到过今天吗?"何承伟坦率回答:"上《焦点访谈》并不是我的目标,为读者编一套好书才是我的初衷。"

在八年漫长的编辑过程中,何承伟和编辑团队取得不少重大突破和创新。新中国成立后,出过不少普及性的历史读物,但总体而言,对现在读者的影响力不是很大。历史读物展现的是过去的事,与现在读者存在时空上的距离。如何穿越时空,让历史知识走近现在读者,是大众历史读物出版的一个难点。事实上,与国际上同类作品相比,中国的历史读物存在着相当大的差距。改革开放,解放思想,开阔了出版人的视野,激发出出版界的活力,也给大众历史读物出版提供了展示"后发优势"的机遇。事实证明,只要心中有读者,虚心学习借鉴,就一定能打造出能代表中国水平有世界影响同时又为读者喜闻乐见的出版物。《话说中国》最花心血的就在于此,最成功的亮点也在于此。功夫不负有心人,付出是有回报的。2003 年的 8 月,《话说中国》还没有面世,美国《读者文摘》看了样稿就提出购买海外版权。书出版后更引起国内读者的关注,2005 年上海书展期间,不少人买了书,花上大笔邮资把书寄给远在海外的亲人,许多青少年读者用自己积攒起来的压岁钱购买这套书,《话说中国》成为这届上海书展销售量最高、最吸引人的一个亮点。后来《话说中国》在宝岛台湾也成畅销书。同是炎黄子孙,中国是海峡两岸共同的名字。

与不少同类书比,《话说中国》重要的突破和创新主要表现在四个方面。

一、力求成为大众历史读物的精品。中国史学会会长、教育部历史学教学指导委员会主任、国家社科基金中国史学科组组长李文海评价说:《话说中国》很不错。编辑意图很明确,就是要把中国的历史,比较准确但又非常生动地表达出来。形式上很讲究、很精美,是一个精品。《话说中国》读者喜欢看,对专家学者来讲也有参考价值。两者结合,在两方面发挥作用,很了不起。

二、吸纳最新的历史信息。《话说中国》编辑过程中,不但参考已有的史料,还及时收集新的信息。2003 年春,陕西眉县杨家村出土窖藏西周青铜器,其中一个四足附耳盘上的铭文达 370 多字,追述了文王至厉王 12 代周天子的业绩等,这是新中国成立后出土铭文最长的西周青铜重器。《话说中国》及时地把这条信息补充进去,纠正了以前一些不正确判断,得到西周史专家、美国匹兹堡大学客座教授许倬云高度评价。

三、立体化地展现中华五千年历史。以往普及型的历史书讲得最多的是朝代更替的政治史。在中国历史中,帝王将相、朝代更替确实是重要的一个方面,但中国五千年历史仅仅讲这些是远远不够的,还应该涉及自然科学、文化艺术等各个方面,甚至普通百姓的衣食住行。《话说中国》突破传统历史读物注重叙述王朝兴衰的框架,以全方位、多侧面来反映整个中国历史的真实全貌,以世界眼光探寻中国历史的发展脉络与规律,以密集的信息弥补故事叙述中知识点不足的局限。有细节的历史由此成了最丰富、最真实的历史。

四、创造出一种全新的表述方式。为使广大读者轻松走进历史大门,《话说中国》正文 15 卷,读者可以从其中的任何一个页面,带着游历绚烂历史文化长河的愉悦心境读这套书。全新的表达方式还表现在书中所附的《清明上河图》《兰亭序》《韩熙载夜宴图》等著名书画巨作的精心制作和完美点评上。编辑团队根据原图精心仿真制作,再现其风采,还邀请了相关的学者专家作了精湛的评说,使读者不但能近距离观赏原作,而且可以深入了解国宝的精髓。

《说话中国》主体部分采用"说故事"的方式。用说故事的方式表现,是权衡许多种方法后最终选定的。故事有通俗、生动、形象和简洁的特点,运用得好,不仅不会降低而且可以提升一本书的学术价值。史学家张荫麟只活 38 岁,但他"融会前人研究结果和作者玩索所得,以说故事的方式出之"的《中国史纲》却被后人长久地记住。《中国史纲》是张荫麟的代表作,1940 年出版。半个多世纪过去,这本以故事说历史的书依然不失其学术价值,重印过多次,不时被人提起。"说故事"不等于没有学术性、权威性,关键是要把故事中的人说好、说活。记住了一个故事,也就记住了一段历史;而记住故事中的一个人,也就记住了这一段历史的魂。用通俗的故事说明高深的道理,更是难能可贵。

《话说中国》中的故事作品是作者写的。但许许多多的附文、表格,几乎所有图片的文字说明,包括历史地图的解读,都是编辑或其他人创意设计或撰写文字的。《清明上河图》的使用权是通过北京故宫博物院获得的,而《清明上河图》的文字解读,却是何承伟用 3 个多月的时间,通过学习一条一条撰写的。图书出版具有两种不同性质的工作方式:一种是书的内容完全依靠作者,编辑只是做一些技术加工,做些出版规范化的工作。这种工作方式,考验编辑的是对内容的选择能力、判断能力和对市场运作的转化能力。许许多多学者的专业著作、大作家的著作,属于这一类。另一种是编辑深度参与创作。学者并不完全等同于作者。学者研究的是学问,不是研究图书对他的学问的呈现方式。所以一些重大的出版项目,往往有编辑的深度介入。在这里,编辑不仅是一种判断和选择,更是一种创造。图书出版中另一种工作方式于是出现了:出版者经过整体策划,从不同的作者那里,通过市场运作方式,采集购买到所需要的文字、图片以及音频和视频的资料,进行加工整合与提升。在出版面向大众的专业出版物时,这种编辑方式更为可取。国际上一流的出版机构都拥有这样的看家作品。在这一类图书中,编辑的创造和劳动尤其不应该被埋没。

编完《话说中国》这套书,何承伟和他的编辑团队感悟甚多。何承伟后来回忆说,这 8 年我像是重读了一遍中国史。我想到一句话:我们每个人都生活在某一个历史阶段当中,是历史选择了人,而不是人选择历史。面对乱世,我们应具有一种崛起奋斗的精神,去战胜挫折,摆脱困境;面对盛世,我们应珍惜生活,乘势而上,为自己的幸福,也为中华民族的长盛不衰而奉献我们每一个人的力量。我想,今天的中国需要像《话说中国》这样的书。越来越多的人注重对文史哲为主体的中国文化的感受,认识到"历史是一个民族的记忆,一个丧失了记忆的民族是不会有前途的",越来越相信读一点历史,会使人发生积极进取、潜移默化的变化,会感悟到中华民族精神的精髓,会使我们永远记住:中国,是每一个中华儿女的共同名字。

《话说中国》出版以后,上海文艺出版社和总策划何承伟不断收到来自海内外的许多读者的来信,赞美者有之,评议者有之,提问者有之,争鸣者亦有之,仁者见仁,智者见智,但几乎所有人都肯定上海文艺出版社花这么长的时间去编一部面向大众的中国历史文化大书。2006 年 4 月 21 日,国家主席胡锦涛访问美国,向耶鲁大学赠送用故事体写成的中华文明史《话说中国》。也是在 2006 年 4 月,《话说中国》获上海市优秀图书特等奖。截至 2010 年,《话说中国》累计销售总码洋近 2 亿元,实现了社会效益和经济效益双丰收。

历经十载出齐《中国书画全书》

2000 年 7 月,《中国书画全书》(14 卷)由上海书画出版社出齐。这部由卢辅圣主编的大型美术理论丛书,囊括我国自先秦至清代的书画专著 400 余种,计 2 400 万字,历代重要的书画理论成果在书中得以全面系统地呈现。2001 年,《中国书画全书》获第五届国家图书奖提名奖。

20 世纪 80 年代末,现代化的诉求逐渐感染书画艺术思维,而那个绵延数千年,曾经占据广袤的空间,曾经发放迷人的光彩,曾经营造伟大的民族艺术精神和人文气象的中华自足思维体系,则以日趋模糊的传统面目,渐渐远去。为了提防传统文脉中断,提升人们衔接传统与当下的能力,有必要对传统书画理论思维作一次全面深入的调查和梳理,并达成适当的物化形态以嘉惠后人。这就是上海书画出版社着手编纂《中国书画全书》的初衷。

自从意识到书画的人生价值与艺术价值以来,这部大书的编纂工作就已开始。从工匠到文人,从官修到私撰,从专著到通论,从实录到玄谈,从创言到敷衍,从零散到类聚,林林总总,纷纷扬扬,随着时间的加厚而不断增大其容量。也许古人早已懂得,只有通过文字的网结,才能让那些嫁身于纸绢和头脑的过眼烟云留下痕迹,才能使这些痕迹连成历史与文化的缆绳,才能用这种缆绳来牵引一个悠久民族的审美精灵。但是,是非、雅俗、弃取的变幻无常,人们代复一代充实进新的成果,同时也不断对传统成果进行各取所需的扬弃改造,或裁大为小,或衍简为繁,或增删其篇目,或阙易其姓名。这部大书于是乎成了一个深不见底的海洋,在变幻莫测的时代风云中载舟覆舟、喜怒无常,对之作任何简单的概括和裁割,都会损害其丰富的生命节律。

像清代御制《佩文斋书画谱》那样广收约取、槌骨沥髓的方法,显然不适合今天对《中国书画全书》的编纂。大刀阔斧的手术,尽管可以按照人的意志浓缩一个生命体,却会由此丧失天然的活力。像民国《美术丛书》那样宽泛不羁、触类而长的方法,同样不适合编纂《中国书画全书》。无边无垠的篇帙,势必使编者和读者的敏感神经疲于奔命、不知所终。历史要求对正在逝去的文言世界作出揭示史实的努力,建立一个全面反映传统书画思维同时又便利于现代人使用的文献资料库。它既要以深沉锐利的历史眼光,纬天经地,探幽发微,从繁缛浩瀚的书画典籍中梳理出各个方位、各种层次的代表著作,使之形成连贯的序列;又要用缜密周详的爬梳功夫,钩沉辑佚,剔垢磨光,从星罗棋布的旁邻典籍中搜求到与书画相涉相关的文献资料,使之趋于有效的集合;而且,所有这一切,还应当在充分保持历史面目的前提下,纳入一种相对完整的、系统的、工具性与学术性相结合,并浓缩有限载体上的现代或准现代化的方法之中。

不言而喻,这是一项面临着诸多难题的浩大工程。

首当其冲的困难,当然是访求图书。中华民族乃发明造纸与印刷术的历史骄子。但遗憾得很,这个为写书和印书创造好了一切条件的民族,却没有足够的能力来保存、足够的气度来使用这些书。书画古籍作为一个并不显要的门类,其收藏流传更是处于散乱无序和自生自灭的状态。虽然通过多种途径的努力,并得到海内外许多藏家的帮助,仍然难以填平从存目到存书的巨大差距,而且即便千辛万苦追访到了某种存书,又有可能因为韫椟藏珠而失之交臂。至于对版本的精益求精,更如大海捞针,若非特别机缘,往往百无所成。

紧接着的麻烦是定夺取舍。由于“好事者而为之”的特点,中国古代允称书画专著者虽不很多,却跟随着大批反复纂录历代书画史论的文字。倘若广收博取,量的堆积并无大助于质的提高;倘若苛求割爱,在时空变迁中发生着微妙损益的以述为作的历史发展轨迹,又将无从寻觅。与此同时,更为大量的是非专业性著作以及附着于其中的相关片段,广而求之,则卷帙成灾,茫无际涯,置而不用,则怀宝迷邦,玉石同沉。何况岁月侵蚀,烟尘漫漶,人事迁移,闻见异侁,加上臆断疑义和篡改历史者又从中制造了更多的雾障,以至真谬杂处、讹舛纷呈。如何在不破坏原生态的前提下,去伪存真,去芜取精,准确、全面而又系统地将各具价值的历史资料纳有序的统一体中,确是颇费踌躇的。

第三个问题,涉及编纂体例。属于书画类的专门著作,应该完整地收纳,对于量大而分散的旁涉书画者,则只需辑录相关片段,用统一的体例是无法兼顾的。而专注于修养机制内在超越方式的文化取向,又往往宏阔迂深、波谲云诡,合道、理、法为一体,熔文、史、哲于一炉,使得任何着眼于学科分类的努力尽皆失去意义。剩下的办法是按成书时间编排,但如此一来,又将抱残守拙,与当代所能达到的信息处理能力无缘。信息的有效性在于有序,茫茫书海,若不能贯以相应的经纬纲目,则无异于徒手捕鱼,始终跳不出原始作业的圈子。

还有一个难题,就是标点。从文言世界到白话世界,人们已经习惯了在新式标点规定下的阅读方法,为发挥更广远的作用,以影印或不加点校的重排方式出版,显然不合时宜。但新式标点毕竟是受惠于西方文化的现代产物,以之追加文言,固然有助于当代人的理解,却不得不付出强通悟为穿凿、变活意为死意的沉重代价。许多经由著名学者悉心点校的古籍,总是可以找到不少差失,正是因为古人并没有用现代标点的逻辑化头脑去思维,方枘圆凿,难以措巧。

如此等等,不一而足。唯一的选择,只能是在种种两难所交叉的中间地带确立一个彼此兼顾的立足点。经过反复思考论证,编者终于把这项大工程分解成了形式上独立而内涵上互补的三部曲:第一部仍名《中国书画全书》,用完整收入的方式汇编历史上已曾单独成书的史、论、法、鉴等书画专著;第二部另名为《中国书画文献综录》,以文摘汇编的方式蒐集散见于其他书籍和存世书画作品中有关书画的文字资料;第三部则在前两部的基础上根据现代学术研究的要求而编制多功能的分类索引,名之曰《中国书画文献索引》。所有入编文字,均用旧式断句,以便人皆能读,且又少犯“执者失之”的错误。对于底本欠佳者,尽量以其他版本互为校勘。发现原书错误,则小心求证,附加按语,而严格保持正文原貌,不加妄改。每种书前均附有题记,扼要说明作者和版本情况。

《全书》和《综录》之间,有个亦此亦彼的交叉地带。根据体例,倘若未曾独立成书,则虽系名篇,也只能辑入《综录》。但事实上,越是早期的书画论著,越是容易为后代的丛辑反复录存,因此,除了像颜之推《杂艺篇》、陈介祺《习字诀》、钱泳《书学》等少数名篇之外,一般都能随着相关丛辑收入《全书》。为了查检之便,拟于《全书》末册另列篇目索引。这是关于第一种情况的处理办法。第二种情况,某些书被一般古籍目录归为书画类著作,其实书画内容并不占主要篇幅,如赵希鹄《洞天清录》、项元汴《蕉窗九录》、安世凤《墨林快事》、张文泷《定川草堂文集小品》等,为节约篇幅计,《全书》不收,而汇辑其相关篇章入《综录》。当然,此类书中也会有某些条目为他书所辑录并随之进入《全书》,如李之仪《姑溪题跋》、曹昭《格古要论》等,则视其被辑录的条目多寡,而决定是否在《综录》中以更完整的面目重出。第三种情况,同一作者有相类似的著作,如董其昌的《画旨》与《画禅室随笔》,彼此重复部分甚多,因而酌选最具代表性者入《全书》,倘若余下之书有相异条目,则辑入《综录》以见其全。第四种情况是伪托的著作,只要时代较早,又有价值,或者虽然价值不大,但亦自成气候,均收入《全书》;而另一些时代较晚,又多采前人之说敷衍成书者,如《六如居士画谱》等,则留待《综录》中采撷其为别本所无的零星章句。最后一类,是带有图谱性质的著作,选择其文字自成章节且富独立价值者入《全书》,如李衎《竹谱详录》、吴太素《松斋梅谱》、王概《芥子园画传》等,其余则由《综录》作选编。

在许多专家学者以及社会有关各界的通力合作下,经过近10年的努力,《中国书画全书》终于出版发行了。尽管从整个工程来说只是铺设了最基础的部分,但可以肯定,它毕竟以前所未有的规模,对整个文言时代的书画论著作了一次总结性的梳理。这是中国书画艺术实现其现代化转型之前对自身传统充满深情的回顾。这是文言书画论著独特而悠久的人文气象经过时空浓缩的展现。这是民族艺术精神以其种属生命的力量嵌入我们心理结构的见证。这是我们挟带着生命意识的历史渊薮走向现代的依据。这也是历史与时代赋予我们这一代人责无旁贷地为后代子孙、为未来世界留下有效连结点的光荣使命。其意义,绝非仅仅表现为对历史研究工作增加便利条件而已。

由于时间和水平所限,更由于社会上对于文物资料的公用程度未能完全跨越旧式藩篱,《中国书画全书》还存在着不少遗憾。尤其是某些交臂失之的善本、秘本，比如金阶《翰墨会纪》、周之士《游鹤堂墨薮》、曾协钧《壬戌销夏记》、卞永誉《式古堂朱墨书画记》等，给本书的完善化造成了明显的损失。另外，出于减轻读者负担的考虑，在最后的成书印制阶段，又把《佩文斋书画谱》这一类篇幅过于庞大的集录性著作给删除了。当时的想法是《全书》精简，尚有《综录》可纳。殊不知《全书》只是整个大工程中易于成功的部分，《综录》则要比其涉猎范围更广，投放人力更多，花费时间更长，而且具有更为严酷的学术性难度。距离《全书》出版过去 10 多年，《综录》的工作仍进展甚微，不成气候，多半要夭折了。所幸的是第三部曲《索引》中针对《全书》部分接踵于《全书》出版而配套完成，使《全书》成为便利现代人使用的有序信息库，或可聊补一些遗憾。

值得顺便一提的是《全书》的独特印刷方式。为了尽少损失入选各版本的历史信息，不仅需要繁体字排印，而且对俗体字、异体字、通假字、避讳字之类不作改易，这就很难适应当时已经兴起的电子排版技术。经过多方测试之后，最终依托一家专门为这部书新建繁体字铅印车间的印刷厂，通过大量手工刻字的充实而成就版型的。鉴于卷帙浩瀚，工序繁重，又尝试省去打纸型的环节，直接用活字排版上机印刷，从而很可能不期而然地成为历史上最后一部活字印刷图书。

《华东师大版一课一练》打造"金牌教辅"

《华东师大版一课一练》是华东师范大学出版社出版的一种教辅图书，从 20 世纪 90 年代起到 2010 年，累计销量已近 1 亿册。2008 年，入选由中国书业权威机构评选的"改革开放 30 年中国最具影响力的 300 本书"名单，2009 年，入选"新中国 60 年中国最具影响力的 600 本书"名单。

上海 20 世纪 80 年代开始课程、教材、考试改革的试点，90 年代全面实行"一期课改"，获得单独命题地方高考的权力，市场上很需要针对上海教材和上海考卷的教辅，而学生的选择很少，很少有紧跟课程的同步类教辅，学完一课想要夯实基础的学生，感觉教材上寥寥几道习题"吃不饱"，却找不到其他题目"垫饥"。

在市场化改革的观念引导下，华东师范大学出版社提出建立选题经济指标考核制度，鼓励编辑以市场为导向策划组稿，希望探索一种新的发展模式。出版社看准教辅图书这个市场，组织一个班子专门做《一课一练》。这是一套中小学课后练习丛书，由于满足了当时读者对教辅材料的需求，很快在市场上声名鹊起。

《一课一练》问世后走红，引来市场上跟风的同类产品不断涌现，1997 年，仅上海一地，书名叫"一课一练"的产品就有十几种，鱼龙混杂，给读者的选用造成麻烦。1997 年，《一课一练》更名为《华东师大版一课一练》。1999 年，华东师大出版社决定集合全社资源将《一课一练》这个品牌做大。各个学科编辑室认领自己的科目，由社里的编辑策划组稿，精心组织人员编纂。2000 年前后是《一课一练》的全盛期，单季销量最高达 280 多万册，年总销售码洋达 6 000 万元左右，上海学校学生接近人手一册。一种教辅图书，没有教育行政部门支持，不上教育图书目录，纯粹通过市场销售就能取得这样辉煌的成果，且长盛不衰，可算是一个奇迹，其背后是众多因素形成合力的结果。

一、定位明确，为上海基础教育服务

华东师范大学出版社一直以来坚持以"大教育"为出版宗旨，为各级各类教育服务。《华东师大版一课一练》一开始的定位就是为上海市中小学教学服务，具体来说，就是"紧扣教学大纲，严格配套教材"。《华东师大版一课一练》的编写原则、内容、教学顺序都与教材配套，一开始的使用者定位是学习中上水平的学生,适用面广泛,因此深受广大教师和学生的欢迎。后来,通过大量调查,对《华东师大版一课一练》进行改进设计,每课(或单元)练习分三档:基础题、提高题、拓展题。"基础题"主要巩固课堂所学,以复习课本为主;"提高题"主要是综合几个知识点的练习,难度有所上升;"拓展题"相当于难题,适用于少数能力较强的学生。在题量上大致按4︰4︰2的比例设计。这样做的目的是为了便于学生根据自己的水平来选择,有助于提高习题训练的有效性,同时也体现了《华师大版一课一练》追求的目标:"注重均衡、兼顾全面,适合大部分学生的要求。"

同步类教辅要编得贴近实际需求,最重要的是要吃透课程标准。以初中语文《一课一练》为例,牵头编写的是浦东教育发展研究院教研员夏智,他要求编写老师熟悉课程标准对语文教学的要求,了解上海市语文学科教学要求,掌握上海市考试院每年编写的"考试要求",从而做到选材规范和命题规范。在教材改革中,同步类教辅也会跟着修订,哪一家出版社最先推出贴近教材的新教辅,谁就获得市场。2000年前后,上海市开始"二期课改",教材年年修订,给"配套教材"造成了相当大的困难。当时很多出版社6月才能见到新教材,短短两个月时间,就要推出配套的教辅,难度极大。华东师大出版社会根据提前确定的教材章节、目录和编写体系先做一部分内容。教委一边在编教材,出版社同步就开始做教辅,等见到新的教材再对局部进行调整,这样确保9月份学生上学前就能用上跟新教材完全配套的《华东师大版一课一练》。

同时,《华东师大版一课一练》编写团队吸收教材主要作者以及课改试点学校的教师,他们的参与编写,很好地体现贯彻了课程改革的理念,根据上海课改、考试改革和教师最新的教育成果,对内容进行及时更新和修订,确保对基础教育起到切实的辅助功能。

二、关注教学需求,体现与时俱进

从20世纪80年代末,上海市试点"一期课改",到1993年全面铺开,实现高考独立命题,并且有自己的课程标准,《一课一练》顺应了这一要求,成为课堂补充,填补了当时教辅市场的空白。草创期的《一课一练》,只有3—9年级语、数、外三科21个品种,均为全年一册。后来增加了初中物理、化学等学科,并根据上海一期课改的实际需要,配齐了各种版本。到1999年,《一课一练》已成为从小学一年级到高三阶段的全科教辅。后来又增加高中政治、历史、地理、生物,均为全一册。2000年,根据"教材是分上下学期的"这一事实,决定除了初三和高三年级保留全一册形式外,其余全部拆分为上下册。首批下册上市是2001年春,根据上海新华书店发行所统计,由于《一课一练》有了春季产品,带动了整个上海春季教辅图书的销售。

到上海"二期课改"时,《华东师大版一课一练》已经成为一个比较成熟的品牌,得到了越来越多读者的认可。在一次《华东师大版一课一练》的座谈讨论会上,有资深专家做了这样一个概括:"教师不用不放心,家长不买不放心,学生不做不放心。"这在某种程度上体现了《华东师大版一课一练》等教辅图书在读者心中的地位,背后折射的更是读者对《华东师大版一课一练》教育价值的认可。

《华东师大版一课一练》满足中小学教学的部分需求,对学生巩固课堂所学,拓展相关知识,提高学习能力有一定帮助。更重要的是,它关注教学需求,体现与时俱进。2001年,上海市进行"二期课改",提出把习题作为一个训练系统,《华东师大版一课一练》也打上了"新课标训练系统"几个字,完全紧跟配合这一进程,包括当时提出要让学生预习,《一课一练》习题前增加一个"课前感悟"栏目。

《华东师大版一课一练》系列共有70多个品种,由一线教师和教研员组成的百余人团队编者,主力是上海市重点、区重点中小学老师,大部分是学校里的学科带头人。每个年级每个科目由三五人组成。教辅书作者同时自己也是使用者,平时会把教学上积累、收集或创作的好题目积累下来,修订教辅时就把同类型更好的题目换上去,把更新的学习方法交给学生。常修常新是教辅图书保持活力的关键,即使教材没有变动,《一课一练》也保持着一两年做一次小修订,三年进行一次大修订的惯例。

三、精益求精,打造"金牌教辅"

就减轻学生负担而言,教辅资料作为课堂教学和课后练习的重要材料,被看作是这一话题的风向标,并与此也衍生出有关教育与市场化的讨论。《一课一练》常常因为知名度高而被一些人视作反"减负"的靶子,但实际上华东师范大学出版社很早就提出做学术教辅的概念,"学术教辅"的主要特征表现在先进性、原创性、科学性、规范性、教学性和实用性六个方面,这些都涉及图书的品质。2008 年,在上海教育博览会关于青少年素质培养的论坛上,出版社提出了《华东师大版一课一练》承担着四个方面的责任:减轻学生负担、提高学生学习兴趣、影响学生处事态度、传播科学知识。《华东师大版一课一练》之所以能在上海市场成为教辅图书的第一品牌,最关键的就是秉持着这种做学术教辅的责任意识与担当精神。

中国教育经验证明,如果大量做同样类型的习题或者不合适的习题,用"题海"战术,学生的学习效率反而会很低。而经过教学研究,精心挑选习题的教辅,可以让学生做比较少的题就能掌握核心知识,对减轻学生负担反而是有利的。《华东师大版一课一练》的定位是要做"减负型、创新性"教辅,它题型设计合理,含金量较高,难度按基础、提高、拓展阶梯上升,使用者可以根据自己的水平各取所需,这样做,目的是提高《一课一练》训练的有效性,达到真正减负的作用。

《华东师大版一课一练》在组织编写、出版过程中秉持严谨认真、精益求精的工作态度。各学科编辑抓命题质量,作者交稿后,出版社进行内容审核,抽查题目是否符合组稿要求以及教学大纲、答案是否正确、体例是否统一等。同时,审读编辑抓文字正确性和答案正确性,对书上的习题一般要检查验算 2—3 遍,书稿付梓之前还有最后一道质量检查,以确保图书的内容质量和图书质量。之后在读者的使用过程中,出版社注重与读者沟通,通过信件、电邮、微博、微信等多种方式,收集反馈信息,及时修订,有时候也会根据使用者的需求做出调整,比如以前每课配一个练习,不超过 10 道题,很多老师反映这样的设置还不够,因为每周学校会有个单元训练,希望有周练,于是华东师范大学出版社又推出了《华东师大版一课一练》增强版。

作为老牌教辅书,《华东师大版一课一练》是上海乃至全国多年教学研究的结晶。2009 年,华东师范大学出版社组织召开"《一课一练》教育价值"研讨会,邀请教育专家、一线教师、家长和学生代表参加,通过研讨提高认识、改进工作,更好地为基础教育服务。始终追求品质,守护教育宗旨,为每个学生打下扎实的基础,使得每个孩子都能稳步前进,这些正是《华东师大版一课一练》成为"金牌教辅"的根本原因。

《中国文学史新著》出版纪实

2007 年 11 月,中国社会科学院、北京大学、复旦大学、南京大学、南开大学、中山大学、浙江大学、华东师大、苏州大学、扬州大学 30 多位知名学者会聚上海,研讨刚刚由复旦大学出版社出版的章培恒、骆玉明主编《中国文学史新著》。与会者称赞这是一部"有思想的文学史",为学界提供了一个"有思想的知识体系"。11 年前的 1996 年,在《新著》前身——《中国文学史》出版之际,也在学界和社会上引起热议,并引发了一场"文学史热"。这两个版本深受读者欢迎,截至 2010 年,累计销售已突破 30 万套。

从《中国文学史》到《中国文学史新著》，可说是一波三折。1993 年，复旦大学出版社总编辑高若海等正筹划一套意与剑桥中国史媲美的复旦版史著系列，复旦大学教授朱维铮、葛剑雄、周振鹤等承诺将自己最重视的著作交给复旦大学出版社出版。这引起刚从复旦大学古籍所调到出版社任副社长的贺圣遂极大兴趣。贺圣遂在古籍所就知道复旦大学教授章培恒受教育部委托，1987 年起与高足骆玉明共同承担了主编《中国文学史》的任务。作为章培恒的学生和骆玉明的好友，贺圣遂很清楚章、骆新编《中国文学史》的价值，也意识到这部著作对于复旦大学出版社的意义，产生了将其纳入复旦版史著系列的想法。

但他将这个想法告知骆玉明，得到的回答却是，上海两家专业出版社已有出版此书的意向，而章培恒对此也有自己的想法，于是不便再提。1994 年贺圣遂参加全国书市，看到琳琅满目的出版物，又想起心中一直割舍不下这本书。一天晚上，在和业内及媒体朋友聚谈时，他情不自禁地谈到此书即将杀青付梓，在座的朋友鼓励说，这是一部不可多得的优秀著作，也是一个千载难逢的出版机会，对一个出版人而言，错过了或许会懊悔一生。复旦大学出版社总编助理夏德元言辞更是激烈。在大家激励下，贺圣遂当晚即飞回上海拜谒章培恒、骆玉明，以真诚的态度和周详的出版方案说服两位主编，恳请他们将这部已将完稿的著作交给母校出版社出版。

对作者而言，他们都希望自己的学术工作和著作能为更多的人所认可与接受，当时，章培恒的研究已引起教育部和复旦大学重视，在其学术研究生涯中，这部著作的价值是不言而喻的。骆玉明虽有学问，深受学子敬重，但仍是讲师。这部著作对他而言，也是学术生涯中关键的一环。贺圣遂坦诚地告诉两位主编，《中国文学史》若能在复旦大学出版社出版，我们一定以最大的努力，制定最周全的编辑出版计划和营销方案，使其能得到更广泛的传播，让他们的学术研究成果为更多人了解。因为上海一家出版社已经将部分书稿发排，贺圣遂承诺复旦大学出版社将向这家出版社支付前期的所有投入。精诚所至，金石为开，章培恒、骆玉明终于决断，将《中国文学史》交由复旦大学出版社出版。

复旦大学出版社成立项目组，由贺圣遂、夏德元担任责任编辑。由于时间很紧，社长助理杜荣根也加入进来，最后责任编辑由两人变成三人。在校对环节，全社几十位编校人员核对原文，查找文献，一丝不苟。装帧设计数易其稿，为追求完美，还向社会征集方案。复旦大学出版社充分发挥学界和媒体的作用。当时学界正在开展"重写文学史"的讨论，《中国文学史》成为学界关注热点。章培恒、骆玉明两位主编接受全国各地十几家媒体的采访，就文学史研究和中国文学的发展阐述他们的看法。这些访谈内容为《中国文学史》聚集了最早一批读者。1996 年 1 月，在沪版图书看样订货会上，尚未见到样书，定价 68 元一套的三卷本《中国文学史》居然订出 22 600 套。接下来，新华书店上海发行所 50 000 套包销数更是吸引了媒体的目光。媒体的报道使《中国文学史》未出先热，吊足读者胃口，大家都等着要看，这究竟是一部什么样的书……。

《中国文学史》一时"洛阳纸贵"，是有其原因的。人有人格，书有书品。在历史洪流中留下的往往是具有创新价值同时又闪烁着智慧光芒的思想文化。章培恒、骆玉明主编的《中国文学史》是一部具有创新精神的著作，突破对以往文学史撰写过程中的"阶级模式"，讴歌文学中蕴含着人性美、情感美，探讨中国文学史古今演变的内在规律，给读者留下内心震撼。"文学的历史原来是这样的""原来这才是优异的文学作品"，很多读者看了章、骆新编的《中国文学史》，都有这种眼界顿开的感受。

出版的真正意义是传播优秀文化，弘扬时代精神。在出版工作中，积累、总结人类已有文化成果固然重要,然而更有价值的还是发掘代表人类精神发展和时代文化进步方向的作品。在章、骆新编的《中国文学史》出版以前,已经有众多文学史版本,其中还不乏名家名作,但这些著作没能与"文化大革命"后改革开放的思想文化发展同步,其论述视角和叙事框架不能满足在新时代背景下人们的精神需求。一个时期里,文学史的写作和教学往往把人的问题简单化了,对人的复杂性及人性的丰富性关注不够,机械唯物主义和僵化的教条主义盛行。改革开放后,这些陈旧观念日益受到人们的质疑和摒弃,人们的精神风貌为之一变。如何看待人、理解人、尊重人、关心人,越来越受到人们的关注。章、骆新编的《中国文学史》把准时代的脉搏,对中国文学史发展过程中的内在规律和自身逻辑进行深入细致的发掘和描绘,将人们渴望了解而在以往文学史中却鲜有着墨的东西,那种传统文学中曾因众所周知的原因被刻意回避和遮蔽压抑的个性和人性精神呈现给读者。就这个意义说,复旦大学出版社《中国文学史》的畅销,是作者和出版人顺应时代精神使然。

1996 年 4 月 19 日,复旦大学出版社联合《文汇读书周报》举办《中国文学史》专家研讨会,学界名家徐中玉、钱谷融、王元化、钱伯城、郭豫适、齐森华、王水照、陈伯海、孙逊等出席,给予高度评价。名家褒扬使《中国文学史》迅速成为学界热门话题。与此同时,两位主编应邀在江、浙、沪、闽、赣等多个省市举办讲座,所到之处,听者云集,《中国文学史》随着主编的脚步走遍了大江南北。媒体热情依旧,给予持续关注。据统计,关于《中国文学史》出版的消息及评论不下 200 篇,形成话题以后,又极大地促进了《中国文学史》的销售。

书籍是人类智慧、思想的结晶,没有对文化的敬仰和悟性是做不好编辑工作的。编辑要能够识别什么样的著作才是优异的、独特的,要对编辑流程涉及的各项技术有谙熟的把握,使一部好著作经过最精细的整饬,力求以最完美的形式呈现。《中国文学史》之所以能在复旦大学出版社出版,是对这部书"以人性的发展作为文学演变的基本线索"的突破性价值有准确的判断和深刻的认识,有了这样的认识,才全力以赴做好全面周密的出版计划,争取并赢得作者的信任。

编辑出版工作是传播而不是创造知识,这要求编辑要为创造知识的作者服务好。编辑要有真诚为作者服务的思想,越是优秀的作者,其个性越强,编辑越要充分尊重、理解和容忍,有些时候,甚至要有"牺牲自我""不怕委屈自己"的精神。《中国文学史》出版后,章、骆两位主编曾在媒体的访谈中谈及初版还不如人意,而读书界反映之炽,使他们有意进一步完善理论、观点和资料,打算花两年时间重新修订以推出新版。这本来是作者对读者负责、治学严谨的表现。但由于有些媒体没有理解作者的本意,曲意误导以制造新闻热点,使《中国文学史》一时疑云涌动。加上由于出版社没有及时做好解释工作,引出多重误会,使作者与出版社的合作出现波折。后来,作者将部分修改稿交给上海另外一家出版社,打算推出修订版。但由于章培恒健康原因,三卷本迟迟未能面世。复旦大学出版社关注新著出版,以精诚的态度、足够的耐心,再次说服两位主编并协调各方面关系,使复旦大学出版社与《中国文学史》再续前缘。为保证《新著》以更完美的形式问世,出版社请师从章培恒多年的韩结根参与编辑工作,全程负责质量把关。2007 年 11 月,增订版《中国文学史新著》出版,2008 年获中华优秀出版物图书奖。

附 录

中华人民共和国著作权法

(1990 年 9 月 7 日第七届全国人民代表大会常务委员会第十五次会议通过 根据 2001 年 10 月 27 日第九届全国人民代表大会常务委员会第二十四次会议《关于修改〈中华人民共和国著作权法〉的决定》第一次修正 根据 2010 年 2 月 26 日第十一届全国人民代表大会常务委员会第十三次会议《关于修改〈中华人民共和国著作权法〉的决定》第二次修正)

目 录

第一章 总 则

第一条 为保护文学、艺术和科学作品作者的著作权，以及与著作权有关的权益，鼓励有益于社会主义精神文明、物质文明建设的作品的创作和传播，促进社会主义文化和科学事业的发展与繁荣，根据宪法制定本法。

第二条 中国公民、法人或者其他组织的作品，不论是否发表，依照本法享有著作权。

外国人、无国籍人的作品根据其作者所属国或者经常居住地国同中国签订的协议或者共同参加的国际条约享有的著作权，受本法保护。

外国人、无国籍人的作品首先在中国境内出版的，依照本法享有著作权。

未与中国签订协议或者共同参加国际条约的国家的作者以及无国籍人的作品首次在中国参加的国际条约的成员国出版的，或者在成员国和非成员国同时出版的，受本法保护。

第三条 本法所称的作品，包括以下列形式创作的文学、艺术和自然科学、社会科学、工程技术等作品：

（一）文字作品；

（二）口述作品；

（三）音乐、戏剧、曲艺、舞蹈、杂技艺术作品；

（四）美术、建筑作品；

（五）摄影作品；

（六）电影作品和以类似摄制电影的方法创作的作品；

（七）工程设计图、产品设计图、地图、示意图等图形作品和模型作品；

（八）计算机软件；

（九）法律、行政法规规定的其他作品。

第四条　著作权人行使著作权，不得违反宪法和法律，不得损害公共利益。国家对作品的出版、传播依法进行监督管理。

第五条　本法不适用于：

（一）法律、法规，国家机关的决议、决定、命令和其他具有立法、行政、司法性质的文件，及其官方正式译文；

（二）时事新闻；

（三）历法、通用数表、通用表格和公式。

第六条　民间文学艺术作品的著作权保护办法由国务院另行规定。

第七条　国务院著作权行政管理部门主管全国的著作权管理工作；各省、自治区、直辖市人民政府的著作权行政管理部门主管本行政区域的著作权管理工作。

第八条　著作权人和与著作权有关的权利人可以授权著作权集体管理组织行使著作权或者与著作权有关的权利。著作权集体管理组织被授权后，可以以自己的名义为著作权人和与著作权有关的权利人主张权利，并可以作为当事人进行涉及著作权或者与著作权有关的权利的诉讼、仲裁活动。

著作权集体管理组织是非营利性组织，其设立方式、权利义务、著作权许可使用费的收取和分配，以及对其监督和管理等由国务院另行规定。

第二章　著　作　权

第一节　著作权人及其权利

第九条　著作权人包括：

（一）作者；

（二）其他依照本法享有著作权的公民、法人或者其他组织。

第十条　著作权包括下列人身权和财产权：

（一）发表权，即决定作品是否公之于众的权利；

（二）署名权，即表明作者身份，在作品上署名的权利；

（三）修改权，即修改或者授权他人修改作品的权利；

（四）保护作品完整权，即保护作品不受歪曲、篡改的权利；

（五）复制权，即以印刷、复印、拓印、录音、录像、翻录、翻拍等方式将作品制作一份或者多份的权利；

（六）发行权，即以出售或者赠与方式向公众提供作品的原件或者复制件的权利；

（七）出租权，即有偿许可他人临时使用电影作品和以类似摄制电影的方法创作的作品、计算

机软件的权利,计算机软件不是出租的主要标的的除外;

（八）展览权,即公开陈列美术作品、摄影作品的原件或者复制件的权利;

（九）表演权,即公开表演作品,以及用各种手段公开播送作品的表演的权利;

（十）放映权,即通过放映机、幻灯机等技术设备公开再现美术、摄影、电影和以类似摄制电影的方法创作的作品等的权利;

（十一）广播权,即以无线方式公开广播或者传播作品,以有线传播或者转播的方式向公众传播广播的作品,以及通过扩音器或者其他传送符号、声音、图像的类似工具向公众传播广播的作品的权利;

（十二）信息网络传播权,即以有线或者无线方式向公众提供作品,使公众可以在其个人选定的时间和地点获得作品的权利;

（十三）摄制权,即以摄制电影或者以类似摄制电影的方法将作品固定在载体上的权利;

（十四）改编权,即改变作品,创作出具有独创性的新作品的权利;

（十五）翻译权,即将作品从一种语言文字转换成另一种语言文字的权利;

（十六）汇编权,即将作品或者作品的片段通过选择或者编排,汇集成新作品的权利;

（十七）应当由著作权人享有的其他权利。

著作权人可以许可他人行使前款第（五）项至第（十七）项规定的权利,并依照约定或者本法有关规定获得报酬。

著作权人可以全部或者部分转让本条第一款第（五）项至第（十七）项规定的权利,并依照约定或者本法有关规定获得报酬。

第二节　著作权归属

第十一条　著作权属于作者,本法另有规定的除外。

创作作品的公民是作者。

由法人或者其他组织主持,代表法人或者其他组织意志创作,并由法人或者其他组织承担责任的作品,法人或者其他组织视为作者。

如无相反证明,在作品上署名的公民、法人或者其他组织为作者。

第十二条　改编、翻译、注释、整理已有作品而产生的作品,其著作权由改编、翻译、注释、整理人享有,但行使著作权时不得侵犯原作品的著作权。

第十三条　两人以上合作创作的作品,著作权由合作作者共同享有。没有参加创作的人,不能成为合作作者。

合作作品可以分割使用的,作者对各自创作的部分可以单独享有著作权,但行使著作权时不得侵犯合作作品整体的著作权。

第十四条　汇编若干作品、作品的片段或者不构成作品的数据或者其他材料,对其内容的选择或者编排体现独创性的作品,为汇编作品,其著作权由汇编人享有,但行使著作权时,不得侵犯原作品的著作权。

第十五条　电影作品和以类似摄制电影的方法创作的作品的著作权由制片者享有,但编剧、导演、摄影、作词、作曲等作者享有署名权,并有权按照与制片者签订的合同获得报酬。

电影作品和以类似摄制电影的方法创作的作品中的剧本、音乐等可以单独使用的作品的作者有权单独行使其著作权。

第十六条　公民为完成法人或者其他组织工作任务所创作的作品是职务作品,除本条第二款的规定以外,著作权由作者享有,但法人或者其他组织有权在其业务范围内优先使用。作品完成两年内,未经单位同意,作者不得许可第三人以与单位使用的相同方式使用该作品。

有下列情形之一的职务作品,作者享有署名权,著作权的其他权利由法人或者其他组织享有,法人或者其他组织可以给予作者奖励:

（一）主要是利用法人或者其他组织的物质技术条件创作,并由法人或者其他组织承担责任的工程设计图、产品设计图、地图、计算机软件等职务作品;

（二）法律、行政法规规定或者合同约定著作权由法人或者其他组织享有的职务作品。

第十七条 受委托创作的作品,著作权的归属由委托人和受托人通过合同约定。合同未作明确约定或者没有订立合同的,著作权属于受托人。

第十八条 美术等作品原件所有权的转移,不视为作品著作权的转移,但美术作品原件的展览权由原件所有人享有。

第十九条 著作权属于公民的,公民死亡后,其本法第十条第一款第（五）项至第（十七）项规定的权利在本法规定的保护期内,依照继承法的规定转移。

著作权属于法人或者其他组织的,法人或者其他组织变更、终止后,其本法第十条第一款第（五）项至第（十七）项规定的权利在本法规定的保护期内,由承受其权利义务的法人或者其他组织享有;没有承受其权利义务的法人或者其他组织的,由国家享有。

第三节　权利的保护期

第二十条 作者的署名权、修改权、保护作品完整权的保护期不受限制。

第二十一条 公民的作品,其发表权、本法第十条第一款第（五）项至第（十七）项规定的权利的保护期为作者终生及其死亡后五十年,截止于作者死亡后第五十年的 12 月 31 日;如果是合作作品,截止于最后死亡的作者死亡后第五十年的 12 月 31 日。

法人或者其他组织的作品、著作权（署名权除外）由法人或者其他组织享有的职务作品,其发表权、本法第十条第一款第（五）项至第（十七）项规定的权利的保护期为五十年,截止于作品首次发表后第五十年的 12 月 31 日,但作品自创作完成后五十年内未发表的,本法不再保护。

电影作品和以类似摄制电影的方法创作的作品、摄影作品,其发表权、本法第十条第一款第（五）项至第（十七）项规定的权利的保护期为五十年,截止于作品首次发表后第五十年的 12 月 31 日,但作品自创作完成后五十年内未发表的,本法不再保护。

第四节　权利的限制

第二十二条 在下列情况下使用作品,可以不经著作权人许可,不向其支付报酬,但应当指明作者姓名、作品名称,并且不得侵犯著作权人依照本法享有的其他权利:

（一）为个人学习、研究或者欣赏,使用他人已经发表的作品;

（二）为介绍、评论某一作品或者说明某一问题,在作品中适当引用他人已经发表的作品;

（三）为报道时事新闻,在报纸、期刊、广播电台、电视台等媒体中不可避免地再现或者引用已经发表的作品;

（四）报纸、期刊、广播电台、电视台等媒体刊登或者播放其他报纸、期刊、广播电台、电视台等媒体已经发表的关于政治、经济、宗教问题的时事性文章,但作者声明不许刊登、播放的除外;

（五）报纸、期刊、广播电台、电视台等媒体刊登或者播放在公众集会上发表的讲话,但作者声明不许刊登、播放的除外;

（六）为学校课堂教学或者科学研究,翻译或者少量复制已经发表的作品,供教学或者科研人员使用，但不得出版发行；

（七）国家机关为执行公务在合理范围内使用已经发表的作品；

（八）图书馆、档案馆、纪念馆、博物馆、美术馆等为陈列或者保存版本的需要，复制本馆收藏的作品；

（九）免费表演已经发表的作品，该表演未向公众收取费用，也未向表演者支付报酬；

（十）对设置或者陈列在室外公共场所的艺术作品进行临摹、绘画、摄影、录像；

（十一）将中国公民、法人或者其他组织已经发表的以汉语言文字创作的作品翻译成少数民族语言文字作品在国内出版发行；

（十二）将已经发表的作品改成盲文出版。

前款规定适用于对出版者、表演者、录音录像制作者、广播电台、电视台的权利的限制。

第二十三条　为实施九年制义务教育和国家教育规划而编写出版教科书，除作者事先声明不许使用的外，可以不经著作权人许可，在教科书中汇编已经发表的作品片段或者短小的文字作品、音乐作品或者单幅的美术作品、摄影作品，但应当按照规定支付报酬，指明作者姓名、作品名称，并且不得侵犯著作权人依照本法享有的其他权利。

前款规定适用于对出版者、表演者、录音录像制作者、广播电台、电视台的权利的限制。

第三章　著作权许可使用和转让合同

第二十四条　使用他人作品应当同著作权人订立许可使用合同，本法规定可以不经许可的除外。

许可使用合同包括下列主要内容：

（一）许可使用的权利种类；

（二）许可使用的权利是专有使用权或者非专有使用权；

（三）许可使用的地域范围、期间；

（四）付酬标准和办法；

（五）违约责任；

（六）双方认为需要约定的其他内容。

第二十五条　转让本法第十条第一款第（五）项至第（十七）项规定的权利，应当订立书面合同。

权利转让合同包括下列主要内容：

（一）作品的名称；

（二）转让的权利种类、地域范围；

（三）转让价金；

（四）交付转让价金的日期和方式；

（五）违约责任；

（六）双方认为需要约定的其他内容。

第二十六条　以著作权出质的，由出质人和质权人向国务院著作权行政管理部门办理出质登记。

第二十七条　许可使用合同和转让合同中著作权人未明确许可、转让的权利，未经著作权人同意，另一方当事人不得行使。

第二十八条　使用作品的付酬标准可以由当事人约定，也可以按照国务院著作权行政管理部门会同有关部门制定的付酬标准支付报酬。当事人约定不明确的,按照国务院著作权行政管理部门会同有关部门制定的付酬标准支付报酬。

第二十九条 出版者、表演者、录音录像制作者、广播电台、电视台等依照本法有关规定使用他人作品的,不得侵犯作者的署名权、修改权、保护作品完整权和获得报酬的权利。

第四章 出版、表演、录音录像、播放

第一节 图书、报刊的出版

第三十条 图书出版者出版图书应当和著作权人订立出版合同,并支付报酬。

第三十一条 图书出版者对著作权人交付出版的作品,按照合同约定享有的专有出版权受法律保护,他人不得出版该作品。

第三十二条 著作权人应当按照合同约定期限交付作品。图书出版者应当按照合同约定的出版质量、期限出版图书。

图书出版者不按照合同约定期限出版,应当依照本法第五十四条的规定承担民事责任。

图书出版者重印、再版作品的,应当通知著作权人,并支付报酬。图书脱销后,图书出版者拒绝重印、再版的,著作权人有权终止合同。

第三十三条 著作权人向报社、期刊社投稿的,自稿件发出之日起十五日内未收到报社通知决定刊登的,或者自稿件发出之日起三十日内未收到期刊社通知决定刊登的,可以将同一作品向其他报社、期刊社投稿。双方另有约定的除外。

作品刊登后,除著作权人声明不得转载、摘编的外,其他报刊可以转载或者作为文摘、资料刊登,但应当按照规定向著作权人支付报酬。

第三十四条 图书出版者经作者许可,可以对作品修改、删节。

报社、期刊社可以对作品作文字性修改、删节。对内容的修改,应当经作者许可。

第三十五条 出版改编、翻译、注释、整理、汇编已有作品而产生的作品,应当取得改编、翻译、注释、整理、汇编作品的著作权人和原作品的著作权人许可,并支付报酬。

第三十六条 出版者有权许可或者禁止他人使用其出版的图书、期刊的版式设计。

前款规定的权利的保护期为十年,截止于使用该版式设计的图书、期刊首次出版后第十年的12月31日。

第二节 表 演

第三十七条 使用他人作品演出,表演者(演员、演出单位)应当取得著作权人许可,并支付报酬。演出组织者组织演出,由该组织者取得著作权人许可,并支付报酬。

使用改编、翻译、注释、整理已有作品而产生的作品进行演出,应当取得改编、翻译、注释、整理作品的著作权人和原作品的著作权人许可,并支付报酬。

第三十八条 表演者对其表演享有下列权利:

(一)表明表演者身份;

(二)保护表演形象不受歪曲;

(三)许可他人从现场直播和公开传送其现场表演,并获得报酬;

(四)许可他人录音录像,并获得报酬;

(五)许可他人复制、发行录有其表演的录音录像制品,并获得报酬;

(六)许可他人通过信息网络向公众传播其表演,并获得报酬。

被许可人以前款第(三)项至第(六)项规定的方式使用作品,还应当取得著作权人许可,并支付报酬。

第三十九条　本法第三十八条第一款第(一)项、第(二)项规定的权利的保护期不受限制。

本法第三十八条第一款第(三)项至第(六)项规定的权利的保护期为五十年,截止于该表演发生后第五十年的 12 月 31 日。

第三节　录音录像

第四十条　录音录像制作者使用他人作品制作录音录像制品,应当取得著作权人许可,并支付报酬。

录音录像制作者使用改编、翻译、注释、整理已有作品而产生的作品,应当取得改编、翻译、注释、整理作品的著作权人和原作品著作权人许可,并支付报酬。

录音制作者使用他人已经合法录制为录音制品的音乐作品制作录音制品,可以不经著作权人许可,但应当按照规定支付报酬;著作权人声明不许使用的不得使用。

第四十一条　录音录像制作者制作录音录像制品,应当同表演者订立合同,并支付报酬。

第四十二条　录音录像制作者对其制作的录音录像制品,享有许可他人复制、发行、出租、通过信息网络向公众传播并获得报酬的权利;权利的保护期为五十年,截止于该制品首次制作完成后第五十年的 12 月 31 日。

被许可人复制、发行、通过信息网络向公众传播录音录像制品,还应当取得著作权人、表演者许可,并支付报酬。

第四节　广播电台、电视台播放

第四十三条　广播电台、电视台播放他人未发表的作品,应当取得著作权人许可,并支付报酬。

广播电台、电视台播放他人已发表的作品,可以不经著作权人许可,但应当支付报酬。

第四十四条　广播电台、电视台播放已经出版的录音制品,可以不经著作权人许可,但应当支付报酬。当事人另有约定的除外。具体办法由国务院规定。

第四十五条　广播电台、电视台有权禁止未经其许可的下列行为:

(一)将其播放的广播、电视转播;

(二)将其播放的广播、电视录制在音像载体上以及复制音像载体。

前款规定的权利的保护期为五十年,截止于该广播、电视首次播放后第五十年的 12 月 31 日。

第四十六条　电视台播放他人的电影作品和以类似摄制电影的方法创作的作品、录像制品,应当取得制片者或者录像制作者许可,并支付报酬;播放他人的录像制品,还应当取得著作权人许可,并支付报酬。

第五章　法律责任和执法措施

第四十七条　有下列侵权行为的,应当根据情况,承担停止侵害、消除影响、赔礼道歉、赔偿损失等民事责任:

(一)未经著作权人许可,发表其作品的;

(二)未经合作作者许可,将与他人合作创作的作品当作自己单独创作的作品发表的;

(三)没有参加创作,为谋取个人名利,在他人作品上署名的;

(四)歪曲、篡改他人作品的;

(五)剽窃他人作品的;

（六）未经著作权人许可，以展览、摄制电影和以类似摄制电影的方法使用作品，或者以改编、翻译、注释等方式使用作品的，本法另有规定的除外；

（七）使用他人作品，应当支付报酬而未支付的；

（八）未经电影作品和以类似摄制电影的方法创作的作品、计算机软件、录音录像制品的著作权人或者与著作权有关的权利人许可，出租其作品或者录音录像制品的，本法另有规定的除外；

（九）未经出版者许可，使用其出版的图书、期刊的版式设计的；

（十）未经表演者许可，从现场直播或者公开传送其现场表演，或者录制其表演的；

（十一）其他侵犯著作权以及与著作权有关的权益的行为。

第四十八条 有下列侵权行为的，应当根据情况，承担停止侵害、消除影响、赔礼道歉、赔偿损失等民事责任；同时损害公共利益的，可以由著作权行政管理部门责令停止侵权行为，没收违法所得，没收、销毁侵权复制品，并可处以罚款；情节严重的，著作权行政管理部门还可以没收主要用于制作侵权复制品的材料、工具、设备等；构成犯罪的，依法追究刑事责任：

（一）未经著作权人许可，复制、发行、表演、放映、广播、汇编、通过信息网络向公众传播其作品的，本法另有规定的除外；

（二）出版他人享有专有出版权的图书的；

（三）未经表演者许可，复制、发行录有其表演的录音录像制品，或者通过信息网络向公众传播其表演的，本法另有规定的除外；

（四）未经录音录像制作者许可，复制、发行、通过信息网络向公众传播其制作的录音录像制品的，本法另有规定的除外；

（五）未经许可，播放或者复制广播、电视的，本法另有规定的除外；

（六）未经著作权人或者与著作权有关的权利人许可，故意避开或者破坏权利人为其作品、录音录像制品等采取的保护著作权或者与著作权有关的权利的技术措施的，法律、行政法规另有规定的除外；

（七）未经著作权人或者与著作权有关的权利人许可，故意删除或者改变作品、录音录像制品等的权利管理电子信息的，法律、行政法规另有规定的除外；

（八）制作、出售假冒他人署名的作品的。

第四十九条 侵犯著作权或者与著作权有关的权利的，侵权人应当按照权利人的实际损失给予赔偿；实际损失难以计算的，可以按照侵权人的违法所得给予赔偿。赔偿数额还应当包括权利人为制止侵权行为所支付的合理开支。

权利人的实际损失或者侵权人的违法所得不能确定的，由人民法院根据侵权行为的情节，判决给予五十万元以下的赔偿。

第五十条 著作权人或者与著作权有关的权利人有证据证明他人正在实施或者即将实施侵犯其权利的行为，如不及时制止将会使其合法权益受到难以弥补的损害的，可以在起诉前向人民法院申请采取责令停止有关行为和财产保全的措施。

人民法院处理前款申请，适用《中华人民共和国民事诉讼法》第九十三条至第九十六条和第九十九条的规定。

第五十一条 为制止侵权行为，在证据可能灭失或者以后难以取得的情况下，著作权人或者与著作权有关的权利人可以在起诉前向人民法院申请保全证据。

人民法院接受申请后，必须在四十八小时内作出裁定；裁定采取保全措施的，应当立即开始执行。

人民法院可以责令申请人提供担保，申请人不提供担保的，驳回申请。

申请人在人民法院采取保全措施后十五日内不起诉的，人民法院应当解除保全措施。

第五十二条　人民法院审理案件，对于侵犯著作权或者与著作权有关的权利的，可以没收违法所得、侵权复制品以及进行违法活动的财物。

第五十三条　复制品的出版者、制作者不能证明其出版、制作有合法授权的，复制品的发行者或者电影作品或者以类似摄制电影的方法创作的作品、计算机软件、录音录像制品的复制品的出租者不能证明其发行、出租的复制品有合法来源的，应当承担法律责任。

第五十四条　当事人不履行合同义务或者履行合同义务不符合约定条件的，应当依照《中华人民共和国民法通则》《中华人民共和国合同法》等有关法律规定承担民事责任。

第五十五条　著作权纠纷可以调解，也可以根据当事人达成的书面仲裁协议或者著作权合同中的仲裁条款，向仲裁机构申请仲裁。

当事人没有书面仲裁协议，也没有在著作权合同中订立仲裁条款的，可以直接向人民法院起诉。

第五十六条　当事人对行政处罚不服的，可以自收到行政处罚决定书之日起三个月内向人民法院起诉，期满不起诉又不履行的，著作权行政管理部门可以申请人民法院执行。

第六章　附　　则

第五十七条　本法所称的著作权即版权。

第五十八条　本法第二条所称的出版，指作品的复制、发行。

第五十九条　计算机软件、信息网络传播权的保护办法由国务院另行规定。

第六十条　本法规定的著作权人和出版者、表演者、录音录像制作者、广播电台、电视台的权利，在本法施行之日尚未超过本法规定的保护期的，依照本法予以保护。

本法施行前发生的侵权或者违约行为，依照侵权或者违约行为发生时的有关规定和政策处理。

第六十一条　本法自 1991 年 6 月 1 日起施行。

出版管理条例

（2001 年 12 月 25 日中华人民共和国国务院令第 343 号公布 根据 2011 年 3 月 19 日《国务院关于修改〈出版管理条例〉的决定》修订）

第一章 总 则

第一条 为了加强对出版活动的管理，发展和繁荣有中国特色社会主义出版产业和出版事业，保障公民依法行使出版自由的权利，促进社会主义精神文明和物质文明建设，根据宪法，制定本条例。

第二条 在中华人民共和国境内从事出版活动，适用本条例。

本条例所称出版活动，包括出版物的出版、印刷或者复制、进口、发行。

本条例所称出版物，是指报纸、期刊、图书、音像制品、电子出版物等。

第三条 出版活动必须坚持为人民服务、为社会主义服务的方向，坚持以马克思列宁主义、毛泽东思想、邓小平理论和"三个代表"重要思想为指导，贯彻落实科学发展观，传播和积累有益于提高民族素质、有益于经济发展和社会进步的科学技术和文化知识，弘扬民族优秀文化，促进国际文化交流，丰富和提高人民的精神生活。

第四条 从事出版活动，应当将社会效益放在首位，实现社会效益与经济效益相结合。

第五条 公民依法行使出版自由的权利，各级人民政府应当予以保障。

公民在行使出版自由的权利的时候，必须遵守宪法和法律，不得反对宪法确定的基本原则，不得损害国家的、社会的、集体的利益和其他公民的合法的自由和权利。

第六条 国务院出版行政主管部门负责全国的出版活动的监督管理工作。国务院其他有关部门按照国务院规定的职责分工，负责有关的出版活动的监督管理工作。

县级以上地方各级人民政府负责出版管理的部门（以下简称出版行政主管部门）负责本行政区域内出版活动的监督管理工作。县级以上地方各级人民政府其他有关部门在各自的职责范围内，负责有关的出版活动的监督管理工作。

第七条 出版行政主管部门根据已经取得的违法嫌疑证据或者举报，对涉嫌违法从事出版物出版、印刷或者复制、进口、发行等活动的行为进行查处时，可以检查与涉嫌违法活动有关的物品和经营场所；对有证据证明是与违法活动有关的物品，可以查封或者扣押。

第八条 出版行业的社会团体按照其章程，在出版行政主管部门的指导下，实行自律管理。

第二章 出版单位的设立与管理

第九条 报纸、期刊、图书、音像制品和电子出版物等应当由出版单位出版。

本条例所称出版单位，包括报社、期刊社、图书出版社、音像出版社和电子出版物出版社等。

法人出版报纸、期刊，不设立报社、期刊社的，其设立的报纸编辑部、期刊编辑部视为出版单位。

第十条 国务院出版行政主管部门制定全国出版单位总量、结构、布局的规划，指导、协调出版产业和出版事业发展。

第十一条　设立出版单位,应当具备下列条件:

(一)有出版单位的名称、章程;

(二)有符合国务院出版行政主管部门认定的主办单位及其主管机关;

(三)有确定的业务范围;

(四)有30万元以上的注册资本和固定的工作场所;

(五)有适应业务范围需要的组织机构和符合国家规定的资格条件的编辑出版专业人员;

(六)法律、行政法规规定的其他条件。

审批设立出版单位,除依照前款所列条件外,还应当符合国家关于出版单位总量、结构、布局的规划。

第十二条　设立出版单位,由其主办单位向所在地省、自治区、直辖市人民政府出版行政主管部门提出申请;省、自治区、直辖市人民政府出版行政主管部门审核同意后,报国务院出版行政主管部门审批。设立的出版单位为事业单位的,还应当办理机构编制审批手续。

第十三条　设立出版单位的申请书应当载明下列事项:

(一)出版单位的名称、地址;

(二)出版单位的主办单位及其主管机关的名称、地址;

(三)出版单位的法定代表人或者主要负责人的姓名、住址、资格证明文件;

(四)出版单位的资金来源及数额。

设立报社、期刊社或者报纸编辑部、期刊编辑部的,申请书还应当载明报纸或者期刊的名称、刊期、开版或者开本、印刷场所。

申请书应当附具出版单位的章程和设立出版单位的主办单位及其主管机关的有关证明材料。

第十四条　国务院出版行政主管部门应当自受理设立出版单位的申请之日起60日内,作出批准或者不批准的决定,并由省、自治区、直辖市人民政府出版行政主管部门书面通知主办单位;不批准的,应当说明理由。

第十五条　设立出版单位的主办单位应当自收到批准决定之日起60日内,向所在地省、自治区、直辖市人民政府出版行政主管部门登记,领取出版许可证。登记事项由国务院出版行政主管部门规定。

出版单位领取出版许可证后,属于事业单位法人的,持出版许可证向事业单位登记管理机关登记,依法领取事业单位法人证书;属于企业法人的,持出版许可证向工商行政管理部门登记,依法领取营业执照。

第十六条　报社、期刊社、图书出版社、音像出版社和电子出版物出版社等应当具备法人条件,经核准登记后,取得法人资格,以其全部法人财产独立承担民事责任。

依照本条例第九条第三款的规定,视为出版单位的报纸编辑部、期刊编辑部不具有法人资格,其民事责任由其主办单位承担。

第十七条　出版单位变更名称、主办单位或者其主管机关、业务范围、资本结构,合并或者分立,设立分支机构,出版新的报纸、期刊,或者报纸、期刊变更名称的,应当依照本条例第十二条、第十三条的规定办理审批手续。出版单位属于事业单位法人的,还应当持批准文件到事业单位登记管理机关办理相应的登记手续;属于企业法人的,还应当持批准文件到工商行政管理部门办理相应的登记手续。

出版单位除前款所列变更事项外的其他事项的变更,应当经主办单位及其主管机关审查同意,向所在地省、自治区、直辖市人民政府出版行政主管部门申请变更登记,并报国务院出版行政主管部门备案。出版单位属于事业单位法人的,还应当持批准文件到事业单位登记管理机关办理变更登记;属于企业法人的,还应当持批准文件到工商行政管理部门办理变更登记。

第十八条 出版单位中止出版活动的,应当向所在地省、自治区、直辖市人民政府出版行政主管部门备案并说明理由和期限;出版单位中止出版活动不得超过 180 日。

出版单位终止出版活动的,由主办单位提出申请并经主管机关同意后,由主办单位向所在地省、自治区、直辖市人民政府出版行政主管部门办理注销登记,并报国务院出版行政主管部门备案。出版单位属于事业单位法人的,还应当持批准文件到事业单位登记管理机关办理注销登记;属于企业法人的,还应当持批准文件到工商行政管理部门办理注销登记。

第十九条 图书出版社、音像出版社和电子出版物出版社自登记之日起满 180 日未从事出版活动的,报社、期刊社自登记之日起满 90 日未出版报纸、期刊的,由原登记的出版行政主管部门注销登记,并报国务院出版行政主管部门备案。

因不可抗力或者其他正当理由发生前款所列情形的,出版单位可以向原登记的出版行政主管部门申请延期。

第二十条 图书出版社、音像出版社和电子出版物出版社的年度出版计划及涉及国家安全、社会安定等方面的重大选题,应当经所在地省、自治区、直辖市人民政府出版行政主管部门审核后报国务院出版行政主管部门备案;涉及重大选题,未在出版前报备案的出版物,不得出版。具体办法由国务院出版行政主管部门制定。

期刊社的重大选题,应当依照前款规定办理备案手续。

第二十一条 出版单位不得向任何单位或者个人出售或者以其他形式转让本单位的名称、书号、刊号或者版号、版面,并不得出租本单位的名称、刊号。

出版单位及其从业人员不得利用出版活动谋取其他不正当利益。

第二十二条 出版单位应当按照国家有关规定向国家图书馆、中国版本图书馆和国务院出版行政主管部门免费送交样本。

第三章 出版物的出版

第二十三条 公民可以依照本条例规定,在出版物上自由表达自己对国家事务、经济和文化事业、社会事务的见解和意愿,自由发表自己从事科学研究、文学艺术创作和其他文化活动的成果。

合法出版物受法律保护,任何组织和个人不得非法干扰、阻止、破坏出版物的出版。

第二十四条 出版单位实行编辑责任制度,保障出版物刊载的内容符合本条例的规定。

第二十五条 任何出版物不得含有下列内容:

(一)反对宪法确定的基本原则的;

(二)危害国家统一、主权和领土完整的;

(三)泄露国家秘密、危害国家安全或者损害国家荣誉和利益的;

(四)煽动民族仇恨、民族歧视,破坏民族团结,或者侵害民族风俗、习惯的;

(五)宣扬邪教、迷信的;

(六)扰乱社会秩序,破坏社会稳定的;

(七)宣扬淫秽、赌博、暴力或者教唆犯罪的;

(八)侮辱或者诽谤他人,侵害他人合法权益的;

（九）危害社会公德或者民族优秀文化传统的；

（十）有法律、行政法规和国家规定禁止的其他内容的。

第二十六条　以未成年人为对象的出版物不得含有诱发未成年人模仿违反社会公德的行为和违法犯罪的行为的内容，不得含有恐怖、残酷等妨害未成年人身心健康的内容。

第二十七条　出版物的内容不真实或者不公正，致使公民、法人或者其他组织的合法权益受到侵害的，其出版单位应当公开更正，消除影响，并依法承担其他民事责任。

报纸、期刊发表的作品内容不真实或者不公正，致使公民、法人或者其他组织的合法权益受到侵害的，当事人有权要求有关出版单位更正或者答辩，有关出版单位应当在其近期出版的报纸、期刊上予以发表；拒绝发表的，当事人可以向人民法院提起诉讼。

第二十八条　出版物必须按照国家的有关规定载明作者、出版者、印刷者或者复制者、发行者的名称、地址、书号、刊号或者版号，在版编目数据，出版日期、刊期以及其他有关事项。

出版物的规格、开本、版式、装帧、校对等必须符合国家标准和规范要求，保证出版物的质量。

出版物使用语言文字必须符合国家法律规定和有关标准、规范。

第二十九条　任何单位和个人不得伪造、假冒出版单位名称或者报纸、期刊名称出版出版物。

第三十条　中学小学教科书由国务院教育行政主管部门审定；其出版、发行单位应当具有适应教科书出版、发行业务需要的资金、组织机构和人员等条件，并取得国务院出版行政主管部门批准的教科书出版、发行资质。纳入政府采购范围的中学小学教科书，其发行单位按照《中华人民共和国政府采购法》的有关规定确定。其他任何单位或者个人不得从事中学小学教科书的出版、发行业务。

第四章　出版物的印刷或者复制和发行

第三十一条　从事出版物印刷或者复制业务的单位，应当向所在地省、自治区、直辖市人民政府出版行政主管部门提出申请，经审核许可，并依照国家有关规定到工商行政管理部门办理相关手续后，方可从事出版物的印刷或者复制。

未经许可并办理相关手续的，不得印刷报纸、期刊、图书，不得复制音像制品、电子出版物。

第三十二条　出版单位不得委托未取得出版物印刷或者复制许可的单位印刷或者复制出版物。

出版单位委托印刷或者复制单位印刷或者复制出版物的，必须提供符合国家规定的印刷或者复制出版物的有关证明，并依法与印刷或者复制单位签订合同。

印刷或者复制单位不得接受非出版单位和个人的委托印刷报纸、期刊、图书或者复制音像制品、电子出版物，不得擅自印刷、发行报纸、期刊、图书或者复制、发行音像制品、电子出版物。

第三十三条　印刷或者复制单位经所在地省、自治区、直辖市人民政府出版行政主管部门批准，可以承接境外出版物的印刷或者复制业务；但是，印刷或者复制的境外出版物必须全部运输出境，不得在境内发行。

境外委托印刷或者复制的出版物的内容，应当经省、自治区、直辖市人民政府出版行政主管部门审核。委托人应当持有著作权人授权书，并向著作权行政管理部门登记。

第三十四条　印刷或者复制单位应当自完成出版物的印刷或者复制之日起 2 年内，留存一份承接的出版物样本备查。

第三十五条　从事出版物总发行业务的单位，经所在地省、自治区、直辖市人民政府出版行政主管部门审核后，报国务院出版行政主管部门批准。国务院出版行政主管部门应当自受理申请之日起 60 日内,作出批准或者不批准的决定。

从事出版物批发业务的单位,须经省、自治区、直辖市人民政府出版行政主管部门审核许可。

从事出版物零售业务的单位和个体工商户,须经县级人民政府出版行政主管部门审核许可。

从事出版物连锁经营业务的单位,在省、自治区、直辖市范围内经营的,应当经其总部所在地省、自治区、直辖市人民政府出版行政主管部门批准;跨省或者在全国范围内经营的,应当经其总部所在地省、自治区、直辖市人民政府出版行政主管部门审核后,报国务院出版行政主管部门批准。国务院出版行政主管部门应当自受理申请之日起 60 日内,作出批准或者不批准的决定。

从事出版物发行业务的单位和个体工商户经出版行政主管部门批准、取得《出版物经营许可证》,并向工商行政管理部门依法领取营业执照后,方可从事出版物发行业务。

第三十六条 通过互联网等信息网络从事出版物发行业务的单位或者个体工商户,应当依照本条例规定取得《出版物经营许可证》。

提供网络交易平台服务的经营者应当对申请通过网络交易平台从事出版物发行业务的单位或者个体工商户的经营主体身份进行审查,验证其《出版物经营许可证》。

第三十七条 从事出版物发行业务的单位和个体工商户变更《出版物经营许可证》登记事项,或者兼并、合并、分立的,应当依照本条例第三十五条的规定办理审批手续,并持批准文件到工商行政管理部门办理相应的登记手续。

从事出版物发行业务的单位和个体工商户终止经营活动的,应当到工商行政管理部门办理注销登记,并向原批准的出版行政主管部门备案。

第三十八条 出版单位可以发行本出版单位出版的出版物,不得发行其他出版单位出版的出版物。

第三十九条 国家允许设立从事图书、报纸、期刊、电子出版物发行业务的中外合资经营企业、中外合作经营企业、外资企业。

第四十条 印刷或者复制单位、发行单位不得印刷或者复制、发行有下列情形之一的出版物:

(一)含有本条例第二十五条、第二十六条禁止内容的;

(二)非法进口的;

(三)伪造、假冒出版单位名称或者报纸、期刊名称的;

(四)未署出版单位名称的;

(五)中学小学教科书未经依法审定的;

(六)侵犯他人著作权的。

第五章 出版物的进口

第四十一条 出版物进口业务,由依照本条例设立的出版物进口经营单位经营;其他单位和个人不得从事出版物进口业务。

第四十二条 设立出版物进口经营单位,应当具备下列条件:

(一)有出版物进口经营单位的名称、章程;

(二)有符合国务院出版行政主管部门认定的主办单位及其主管机关;

(三)有确定的业务范围;

(四)具有进口出版物内容审查能力;

(五)有与出版物进口业务相适应的资金;

（六）有固定的经营场所；

（七）法律、行政法规和国家规定的其他条件。

第四十三条 设立出版物进口经营单位，应当向国务院出版行政主管部门提出申请，经审查批准，取得国务院出版行政主管部门核发的出版物进口经营许可证后，持证到工商行政管理部门依法领取营业执照。

设立出版物进口经营单位，还应当依照对外贸易法律、行政法规的规定办理相应手续。

第四十四条 出版物进口经营单位变更名称、业务范围、资本结构、主办单位或者其主管机关，合并或者分立，设立分支机构，应当依照本条例第四十二条、第四十三条的规定办理审批手续，并持批准文件到工商行政管理部门办理相应的登记手续。

第四十五条 出版物进口经营单位进口的出版物，不得含有本条例第二十五条、第二十六条禁止的内容。

出版物进口经营单位负责对其进口的出版物进行内容审查。省级以上人民政府出版行政主管部门可以对出版物进口经营单位进口的出版物直接进行内容审查。出版物进口经营单位无法判断其进口的出版物是否含有本条例第二十五条、第二十六条禁止内容的，可以请求省级以上人民政府出版行政主管部门进行内容审查。省级以上人民政府出版行政主管部门应出版物进口经营单位的请求，对其进口的出版物进行内容审查的，可以按照国务院价格主管部门批准的标准收取费用。

国务院出版行政主管部门可以禁止特定出版物的进口。

第四十六条 出版物进口经营单位应当在进口出版物前将拟进口的出版物目录报省级以上人民政府出版行政主管部门备案；省级以上人民政府出版行政主管部门发现有禁止进口的或者暂缓进口的出版物的，应当及时通知出版物进口经营单位并通报海关。对通报禁止进口或者暂缓进口的出版物，出版物进口经营单位不得进口，海关不得放行。

出版物进口备案的具体办法由国务院出版行政主管部门制定。

第四十七条 发行进口出版物的，必须从依法设立的出版物进口经营单位进货。

第四十八条 出版物进口经营单位在境内举办境外出版物展览，必须报经国务院出版行政主管部门批准。未经批准，任何单位和个人不得举办境外出版物展览。

依照前款规定展览的境外出版物需要销售的，应当按照国家有关规定办理相关手续。

第六章 监 督 与 管 理

第四十九条 出版行政主管部门应当加强对本行政区域内出版单位出版活动的日常监督管理；出版单位的主办单位及其主管机关对所属出版单位出版活动负有直接管理责任，并应当配合出版行政主管部门督促所属出版单位执行各项管理规定。

出版单位和出版物进口经营单位应当按照国务院出版行政主管部门的规定，将从事出版活动和出版物进口活动的情况向出版行政主管部门提出书面报告。

第五十条 出版行政主管部门履行下列职责：

（一）对出版物的出版、印刷、复制、发行、进口单位进行行业监管，实施准入和退出管理；

（二）对出版活动进行监管，对违反本条例的行为进行查处；

（三）对出版物内容和质量进行监管；

（四）根据国家有关规定对出版从业人员进行管理。

第五十一条 出版行政主管部门根据有关规定和标准，对出版物的内容、编校、印刷或者复制、装帧设计等方面质量实施监督检查。

  第五十二条 国务院出版行政主管部门制定出版单位综合评估办法,对出版单位分类实施综合评估。

  出版物的出版、印刷或者复制、发行和进口经营单位不再具备行政许可的法定条件的,由出版行政主管部门责令限期改正;逾期仍未改正的,由原发证机关撤销行政许可。

  第五十三条 国家对在出版单位从事出版专业技术工作的人员实行职业资格制度;出版专业技术人员通过国家专业技术人员资格考试取得专业技术资格。具体办法由国务院人力资源社会保障主管部门、国务院出版行政主管部门共同制定。

第七章 保 障 与 奖 励

  第五十四条 国家制定有关政策,保障、促进出版产业和出版事业的发展与繁荣。

  第五十五条 国家支持、鼓励下列优秀的、重点的出版物的出版:

  (一)对阐述、传播宪法确定的基本原则有重大作用的;

  (二)对弘扬社会主义核心价值体系,在人民中进行爱国主义、集体主义、社会主义和民族团结教育以及弘扬社会公德、职业道德、家庭美德有重要意义的;

  (三)对弘扬民族优秀文化,促进国际文化交流有重大作用的;

  (四)对推进文化创新,及时反映国内外新的科学文化成果有重大贡献的;

  (五)对服务农业、农村和农民,促进公共文化服务有重大作用的;

  (六)其他具有重要思想价值、科学价值或者文化艺术价值的。

  第五十六条 国家对教科书的出版发行,予以保障。

  国家扶持少数民族语言文字出版物和盲文出版物的出版发行。

  国家对在少数民族地区、边疆地区、经济不发达地区和在农村发行出版物,实行优惠政策。

  第五十七条 报纸、期刊交由邮政企业发行的,邮政企业应当保证按照合同约定及时、准确发行。

  承运出版物的运输企业,应当对出版物的运输提供方便。

  第五十八条 对为发展、繁荣出版产业和出版事业作出重要贡献的单位和个人,按照国家有关规定给予奖励。

  第五十九条 对非法干扰、阻止和破坏出版物出版、印刷或者复制、进口、发行的行为,县级以上各级人民政府出版行政主管部门及其他有关部门,应当及时采取措施,予以制止。

第八章 法 律 责 任

  第六十条 出版行政主管部门或者其他有关部门的工作人员,利用职务上的便利收受他人财物或者其他好处,批准不符合法定设立条件的出版、印刷或者复制、进口、发行单位,或者不履行监督职责,或者发现违法行为不予查处,造成严重后果的,依法给予降级直至开除的处分;构成犯罪的,依照刑法关于受贿罪、滥用职权罪、玩忽职守罪或者其他罪的规定,依法追究刑事责任。

  第六十一条 未经批准,擅自设立出版物的出版、印刷或者复制、进口、发行单位,或者擅自从事出版物的出版、印刷或者复制、进口、发行业务,假冒出版单位名称或者伪造、假冒报纸、期刊名称出版出版物的,由出版行政主管部门、工商行政管理部门依照法定职权予以取缔;依照刑法关于非法经营罪的规定,依法追究刑事责任;尚不够刑事处罚的,没收出版物、违法所得和从事违法活动的专用工具、设备,违法经营额 1 万元以上的,并处违法经营额 5 倍以上 10 倍以下的罚款,违法经营额不足 1 万元的,可以处 5 万元以下的罚款;侵犯他人合法权益的,依法承担民事责任。

第六十二条　有下列行为之一,触犯刑律的,依照刑法有关规定,依法追究刑事责任;尚不够刑事处罚的,由出版行政主管部门责令限期停业整顿,没收出版物、违法所得,违法经营额 1 万元以上的,并处违法经营额 5 倍以上 10 倍以下的罚款;违法经营额不足 1 万元的,可以处 5 万元以下的罚款;情节严重的,由原发证机关吊销许可证:

(一)出版、进口含有本条例第二十五条、第二十六条禁止内容的出版物的;

(二)明知或者应知出版物含有本条例第二十五条、第二十六条禁止内容而印刷或者复制、发行的;

(三)明知或者应知他人出版含有本条例第二十五条、第二十六条禁止内容的出版物而向其出售或者以其他形式转让本出版单位的名称、书号、刊号、版号、版面,或者出租本单位的名称、刊号的。

第六十三条　有下列行为之一的,由出版行政主管部门责令停止违法行为,没收出版物、违法所得,违法经营额 1 万元以上的,并处违法经营额 5 倍以上 10 倍以下的罚款;违法经营额不足 1 万元的,可以处 5 万元以下的罚款;情节严重的,责令限期停业整顿或者由原发证机关吊销许可证:

(一)进口、印刷或者复制、发行国务院出版行政主管部门禁止进口的出版物的;

(二)印刷或者复制走私的境外出版物的;

(三)发行进口出版物未从本条例规定的出版物进口经营单位进货的。

第六十四条　走私出版物的,依照刑法关于走私罪的规定,依法追究刑事责任;尚不够刑事处罚的,由海关依照海关法的规定给予行政处罚。

第六十五条　有下列行为之一的,由出版行政主管部门没收出版物、违法所得,违法经营额 1 万元以上的,并处违法经营额 5 倍以上 10 倍以下的罚款;违法经营额不足 1 万元的,可以处 5 万元以下的罚款;情节严重的,责令限期停业整顿或者由原发证机关吊销许可证:

(一)出版单位委托未取得出版物印刷或者复制许可的单位印刷或者复制出版物的;

(二)印刷或者复制单位未取得印刷或者复制许可而印刷或者复制出版物的;

(三)印刷或者复制单位接受非出版单位和个人的委托印刷或者复制出版物的;

(四)印刷或者复制单位未履行法定手续印刷或者复制境外出版物的,印刷或者复制的境外出版物没有全部运输出境的;

(五)印刷或者复制单位、发行单位或者个体工商户印刷或者复制、发行未署出版单位名称的出版物的;

(六)出版、印刷、发行单位出版、印刷、发行未经依法审定的中学小学教科书,或者非依照本条例规定确定的单位从事中学小学教科书的出版、发行业务的。

第六十六条　出版单位有下列行为之一的,由出版行政主管部门责令停止违法行为,给予警告,没收违法经营的出版物、违法所得,违法经营额 1 万元以上的,并处违法经营额 5 倍以上 10 倍以下的罚款;违法经营额不足 1 万元的,可以处 5 万元以下的罚款;情节严重的,责令限期停业整顿或者由原发证机关吊销许可证:

(一)出售或者以其他形式转让本出版单位的名称、书号、刊号、版号、版面,或者出租本单位的名称、刊号的;

(二)利用出版活动谋取其他不正当利益的。

第六十七条 有下列行为之一的,由出版行政主管部门责令改正,给予警告;情节严重的,责令限期停业整顿或者由原发证机关吊销许可证:

(一)出版单位变更名称、主办单位或者其主管机关、业务范围,合并或者分立,出版新的报纸、期刊,或者报纸、期刊改变名称,以及出版单位变更其他事项,未依照本条例的规定到出版行政主管部门办理审批、变更登记手续的;

(二)出版单位未将其年度出版计划和涉及国家安全、社会安定等方面的重大选题备案的;

(三)出版单位未依照本条例的规定送交出版物的样本的;

(四)印刷或者复制单位未依照本条例的规定留存备查的材料的;

(五)出版进口经营单位未将其进口的出版物目录报送备案的;

(六)出版单位擅自中止出版活动超过 180 日的;

(七)出版物发行单位、出版物进口经营单位未依照本条例的规定办理变更审批手续的;

(八)出版物质量不符合有关规定和标准的。

第六十八条 未经批准,举办境外出版物展览的,由出版行政主管部门责令停止违法行为,没收出版物、违法所得;情节严重的,责令限期停业整顿或者由原发证机关吊销许可证。

第六十九条 印刷或者复制、批发、零售、出租、散发含有本条例第二十五条、第二十六条禁止内容的出版物或者其他非法出版物的,当事人对非法出版物的来源作出说明、指认,经查证属实的,没收出版物、违法所得,可以减轻或者免除其他行政处罚。

第七十条 单位违反本条例,被处以吊销许可证行政处罚的,应当按照国家有关规定到事业单位登记管理机关或者工商行政管理部门办理注销登记或者变更登记;逾期未办理的,由事业单位登记管理机关撤销登记或者由工商行政管理部门吊销营业执照。

第七十一条 单位违反本条例被处以吊销许可证行政处罚的,其法定代表人或者主要负责人自许可证被吊销之日起 10 年内不得担任出版、印刷或者复制、进口、发行单位的法定代表人或者主要负责人。

出版从业人员违反本条例规定,情节严重的,由原发证机关吊销其资格证书。

第七十二条 依照本条例的规定实施罚款的行政处罚,应当依照有关法律、行政法规的规定,实行罚款决定与罚款收缴分离;收缴的罚款必须全部上缴国库。

第九章 附 则

第七十三条 行政法规对音像制品和电子出版物的出版、复制、进口、发行另有规定的,适用其规定。

接受境外机构或者个人赠送出版物的管理办法、订户订购境外出版物的管理办法、网络出版审批和管理办法,由国务院出版行政主管部门根据本条例的原则另行制定。

第七十四条 本条例自 2002 年 2 月 1 日起施行。1997 年 1 月 2 日国务院发布的《出版管理条例》同时废止。

印刷业管理条例

（中华人民共和国国务院令第 315 号《印刷业管理条例》已经 2001 年 7 月 26 日国务院第 43 次常务会议通过，现予公布，自公布之日起施行）

第一章　总　　则

第一条　为了加强印刷业管理，维护印刷业经营者的合法权益和社会公共利益，促进社会主义精神文明和物质文明建设，制定本条例。

第二条　本条例适用于出版物、包装装潢印刷品和其他印刷品的印刷经营活动。

本条例所称出版物，包括报纸、期刊、书籍、地图、年画、图片、挂历、画册及音像制品、电子出版物的装帧封面等。

本条例所称包装装潢印刷品，包括商标标识、广告宣传品及作为产品包装装潢的纸、金属、塑料等的印刷品。

本条例所称其他印刷品，包括文件、资料、图表、票证、证件、名片等。

本条例所称印刷经营活动，包括经营性的排版、制版、印刷、装订、复印、影印、打印等活动。

第三条　印刷业经营者必须遵守有关法律、法规和规章，讲求社会效益。

禁止印刷含有反动、淫秽、迷信内容和国家明令禁止印刷的其他内容的出版物、包装装潢印刷品和其他印刷品。

第四条　国务院出版行政部门主管全国的印刷业监督管理工作。县级以上地方各级人民政府负责出版管理的行政部门（以下简称出版行政部门）负责本行政区域内的印刷业监督管理工作。

县级以上各级人民政府公安部门、工商行政管理部门及其他有关部门在各自的职责范围内，负责有关的印刷业监督管理工作。

第五条　印刷业经营者应当建立、健全承印验证制度、承印登记制度、印刷品保管制度、印刷品交付制度、印刷活动残次品销毁制度等。具体办法由国务院出版行政部门会同国务院公安部门制定。

印刷业经营者在印刷经营活动中发现违法犯罪行为，应当及时向公安部门或者出版行政部门报告。

第六条　印刷行业的社会团体按照其章程，在出版行政部门的指导下，实行自律管理。

第二章　印刷企业的设立

第七条　国家实行印刷经营许可制度。未依照本条例规定取得印刷经营许可证的，任何单位和个人不得从事印刷经营活动。

第八条　设立印刷企业，应当具备下列条件：

（一）有企业的名称、章程；

（二）有确定的业务范围；

（三）有适应业务范围需要的生产经营场所和必要的资金、设备等生产经营条件；

（四）有适应业务范围需要的组织机构和人员；

（五）有关法律、行政法规规定的其他条件。

审批设立印刷企业，除依照前款规定外，还应当符合国家有关印刷企业总量、结构和布局的规划。

第九条 设立从事出版物、包装装潢印刷品和其他印刷品印刷经营活动的企业，应当向所在地省、自治区、直辖市人民政府出版行政部门提出申请；其中，设立专门从事名片印刷的企业，应当向所在地县级人民政府出版行政部门提出申请。申请人经审核批准的，取得印刷经营许可证；并按照国家有关规定持印刷经营许可证向公安部门提出申请，经核准，取得特种行业许可证后，持印刷经营许可证、特种行业许可证向工商行政管理部门申请登记注册，取得营业执照。

个人不得从事出版物、包装装潢印刷品印刷经营活动；个人从事其他印刷品印刷经营活动的，依照前款的规定办理审批手续。

第十条 出版行政部门受理设立从事印刷经营活动的企业申请，应当自收到申请之日起60日内作出批准或者不批准的决定。批准设立申请的，应当发给印刷经营许可证；不批准设立申请的，应当通知申请人并说明理由。

印刷经营许可证应当注明印刷企业所从事的印刷经营活动的种类。

印刷经营许可证不得出售、出租、出借或者以其他形式转让。

第十一条 印刷业经营者申请兼营或者变更从事出版物、包装装潢印刷品或者其他印刷品印刷经营活动，或者兼并其他印刷业经营者，或者因合并、分立而设立新的印刷业经营者，应当依照本条例第九条的规定办理手续。

印刷业经营者变更名称、法定代表人或者负责人、住所或者经营场所等主要登记事项，或者终止印刷经营活动，应当向原办理登记的公安部门、工商行政管理部门办理变更登记、注销登记，并报原批准设立的出版行政部门备案。

第十二条 国家允许设立中外合资经营印刷企业、中外合作经营印刷企业，允许设立从事包装装潢印刷品印刷经营活动的外资企业。具体办法由国务院出版行政部门会同国务院对外经济贸易主管部门制定。

第十三条 单位内部设立印刷厂（所），必须向所在地县级以上地方人民政府出版行政部门办理登记手续，并按照国家有关规定向公安部门备案；单位内部设立的印刷厂（所）印刷涉及国家秘密的印件的，还应当向保密工作部门办理登记手续。

单位内部设立的印刷厂（所）不得从事印刷经营活动；从事印刷经营活动的，必须依照本章的规定办理手续。

第三章 出版物的印刷

第十四条 国家鼓励从事出版物印刷经营活动的企业及时印刷体现国内外新的优秀文化成果的出版物，重视印刷传统文化精品和有价值的学术著作。

第十五条 从事出版物印刷经营活动的企业不得印刷国家明令禁止出版的出版物和非出版单位出版的出版物。

第十六条 印刷出版物的，委托印刷单位和印刷企业应当按照国家有关规定签订印刷合同。

第十七条 印刷企业接受出版单位委托印刷图书、期刊的，必须验证并收存出版单位盖章的印刷委托书，并在印刷前报出版单位所在省、自治区、直辖市人民政府出版行政部门备案；印刷企业接受所在地省、自治区、直辖市以外的出版单位的委托印刷图书、期刊的，印刷委托书还必须事先报印刷企业所在地省、自治区、直辖市人民政府出版行政部门备案。印刷委托书由国务院出版行政部门规定统一格式，由省、自治区、直辖市人民政府出版行政部门统一印制。

印刷企业接受出版单位委托印刷报纸的，必须验证报纸出版许可证；接受出版单位的委托印刷报纸、期刊的增版、增刊的，还必须验证主管的出版行政部门批准出版增版、增刊的文件。

第十八条　印刷企业接受委托印刷内部资料性出版物的，必须验证县级以上地方人民政府出版行政部门核发的准印证。

印刷企业接受委托印刷宗教内容的内部资料性出版物的，必须验证省、自治区、直辖市人民政府宗教事务管理部门的批准文件和省、自治区、直辖市人民政府出版行政部门核发的准印证。

出版行政部门应当自收到印刷内部资料性出版物或者印刷宗教内容的内部资料性出版物的申请之日起 30 日内作出是否核发准印证的决定，并通知申请人；逾期不作出决定的，视为同意印刷。

第十九条　印刷企业接受委托印刷境外的出版物的，必须持有关著作权的合法证明文件，经省、自治区、直辖市人民政府出版行政部门批准；印刷的境外出版物必须全部运输出境，不得在境内发行、散发。

第二十条　委托印刷单位必须按照国家有关规定在委托印刷的出版物上刊载出版单位的名称、地址、书号、刊号或者版号，出版日期或者刊期，接受委托印刷出版物的企业的真实名称和地址，以及其他有关事项。

印刷企业应当自完成出版物的印刷之日起 2 年内，留存一份接受委托印刷的出版物样本备查。

第二十一条　印刷企业不得盗印出版物，不得销售、擅自加印或者接受第三人委托加印受委托印刷的出版物，不得将接受委托印刷的出版物纸型及印刷底片等出售、出租、出借或者以其他形式转让给其他单位或者个人。

第二十二条　印刷企业不得征订、销售出版物，不得假冒或者盗用他人名义印刷、销售出版物。

第四章　包装装潢印刷品的印刷

第二十三条　从事包装装潢印刷品印刷的企业不得印刷假冒、伪造的注册商标标识，不得印刷容易对消费者产生误导的广告宣传品和作为产品包装装潢的印刷品。

第二十四条　印刷企业接受委托印刷注册商标标识的，应当验证商标注册人所在地县级工商行政管理部门签章的《商标注册证》复印件，并核查委托人提供的注册商标图样；接受注册商标被许可使用人委托，印刷注册商标标识的，印刷企业还应当验证注册商标使用许可合同。印刷企业应当保存其验证、核查的工商行政管理部门签章的《商标注册证》复印件、注册商标图样、注册商标使用许可合同复印件 2 年，以备查验。

国家对注册商标标识的印刷另有规定的，印刷企业还应当遵守其规定。

第二十五条　印刷企业接受委托印刷广告宣传品、作为产品包装装潢的印刷品的，应当验证委托印刷单位的营业执照或者个人的居民身份证；接受广告经营者的委托印刷广告宣传品的，还应当验证广告经营资格证明。

第二十六条　印刷企业接受委托印刷包装装潢印刷品的，应当将印刷品的成品、半成品、废品和印板、纸型、底片、原稿等全部交付委托印刷单位或者个人，不得擅自留存。

第二十七条　印刷企业接受委托印刷境外包装装潢印刷品的，必须事先向所在地省、自治区、直辖市人民政府出版行政部门备案；印刷的包装装潢印刷品必须全部运输出境，不得在境内销售。

第五章 其他印刷品的印刷

第二十八条 印刷标有密级的文件、资料、图表等,按照国家有关法律、法规或者规章的规定办理。

第二十九条 印刷布告、通告、重大活动工作证、通行证、在社会上流通使用的票证的,委托印刷单位必须出具主管部门的证明,并按照国家有关规定向印刷企业所在地公安部门办理准印手续,在公安部门指定的印刷企业印刷。公安部门指定的印刷企业必须验证主管部门的证明和公安部门的准印证明,并保存主管部门的证明副本和公安部门的准印证明副本2年,以备查验;并且不得再委托他人印刷上述印刷品。

印刷机关、团体、部队、企业事业单位内部使用的有价票证或者无价票证,或者印刷有单位名称的介绍信、工作证、会员证、出入证、学位证书、学历证书或者其他学业证书等专用证件的,委托印刷单位必须出具委托印刷证明。印刷企业必须验证委托印刷证明。

印刷企业对前两款印件不得保留样本、样张;确因业务参考需要保留样本、样张的,应当征得委托印刷单位同意,在所保留印件上加盖"样本"、"样张"戳记,并妥善保管,不得丢失。

第三十条 印刷企业接受委托印刷宗教用品的,必须验证省、自治区、直辖市人民政府宗教事务管理部门的批准文件和省、自治区、直辖市人民政府出版行政部门核发的准印证;省、自治区、直辖市人民政府出版行政部门应当自收到印刷宗教用品的申请之日起10日内作出是否核发准印证的决定,并通知申请人;逾期不作出决定的,视为同意印刷。

第三十一条 从事其他印刷品印刷经营活动的个人不得印刷标有密级的文件、资料、图表等,不得印刷布告、通告、重大活动工作证、通行证、在社会上流通使用的票证,不得印刷机关、团体、部队、企业事业单位内部使用的有价或者无价票证,不得印刷有单位名称的介绍信、工作证、会员证、出入证、学位证书、学历证书或者其他学业证书等专用证件,不得印刷宗教用品。

第三十二条 接受委托印刷境外其他印刷品的,必须事先向所在地省、自治区、直辖市人民政府出版行政部门备案;印刷的其他印刷品必须全部运输出境,不得在境内销售。

第三十三条 印刷企业和从事其他印刷品印刷经营活动的个人不得盗印他人的其他印刷品,不得销售、擅自加印或者接受第三人委托加印委托印刷的其他印刷品,不得将委托印刷的其他印刷品的纸型及印刷底片等出售、出租、出借或者以其他形式转让给其他单位或者个人。

第六章 罚 则

第三十四条 违反本条例规定,擅自设立印刷企业或者擅自从事印刷经营活动的,由公安部门、工商行政管理部门依据法定职权予以取缔,没收印刷品和违法所得以及进行违法活动的专用工具、设备,违法经营额1万元以上的,并处违法经营额5倍以上10倍以下的罚款;违法经营额不足1万元的,并处1万元以上5万元以下的罚款;构成犯罪的,依法追究刑事责任。

单位内部设立的印刷厂(所)未依照本条例第二章的规定办理手续,从事印刷经营活动的,依照前款的规定处罚。

第三十五条 印刷业经营者违反本条例规定,有下列行为之一的,由县级以上地方人民政府出版行政部门责令停止违法行为,责令停业整顿,没收印刷品和违法所得,违法经营额1万元以上的,并处违法经营额5倍以上10倍以下的罚款;违法经营额不足1万元的,并处1万元以上5万元以下的罚款;情节严重的,由原发证机关吊销许可证;构成犯罪的,依法追究刑事责任:

（一）未取得出版行政部门的许可,擅自兼营或者变更从事出版物、包装装潢印刷品或者其他印刷品印刷经营活动,或者擅自兼并其他印刷业经营者的;

（二）因合并、分立而设立新的印刷业经营者,未依照本条例的规定办理手续的;

（三）出售、出租、出借或者以其他形式转让印刷经营许可证的。

第三十六条　印刷业经营者印刷明知或者应知含有本条例第三条规定禁止印刷内容的出版物、包装装潢印刷品或者其他印刷品的,或者印刷国家明令禁止出版的出版物或者非出版单位出版的出版物的,由县级以上地方人民政府出版行政部门、公安部门依据法定职权责令停业整顿,没收印刷品和违法所得,违法经营额 1 万元以上的,并处违法经营额 5 倍以上 10 倍以下的罚款;违法经营额不足 1 万元的,并处 1 万元以上 5 万元以下的罚款;情节严重的,由原发证机关吊销许可证;构成犯罪的,依法追究刑事责任。

第三十七条　印刷业经营者有下列行为之一的,由县级以上地方人民政府出版行政部门、公安部门依据法定职权责令改正,给予警告;情节严重的,责令停业整顿或者由原发证机关吊销许可证:

（一）没有建立承印验证制度、承印登记制度、印刷品保管制度、印刷品交付制度、印刷活动残次品销毁制度等的;

（二）在印刷经营活动中发现违法犯罪行为没有及时向公安部门或者出版行政部门报告的;

（三）变更名称、法定代表人或者负责人、住所或者经营场所等主要登记事项,或者终止印刷经营活动,不向原批准设立的出版行政部门备案的;

（四）未依照本条例的规定留存备查的材料的。

单位内部设立印刷厂（所）违反本条例的规定,没有向所在地县级以上地方人民政府出版行政部门、保密工作部门办理登记手续,并按照国家有关规定向公安部门备案的,由县级以上地方人民政府出版行政部门、保密工作部门、公安部门依据法定职权责令改正,给予警告;情节严重的,责令停业整顿。

第三十八条　从事出版物印刷经营活动的企业有下列行为之一的,由县级以上地方人民政府出版行政部门给予警告,没收违法所得,违法经营额 1 万元以上的,并处违法经营额 5 倍以上 10 倍以下的罚款;违法经营额不足 1 万元的,并处 1 万元以上 5 万元以下的罚款;情节严重的,责令停业整顿或者由原发证机关吊销许可证;构成犯罪的,依法追究刑事责任:

（一）接受他人委托印刷出版物,未依照本条例的规定验证印刷委托书、有关证明或者准印证,或者未将印刷委托书报出版行政部门备案的;

（二）假冒或者盗用他人名义,印刷出版物的;

（三）盗印他人出版物的;

（四）非法加印或者销售受委托印刷的出版物的;

（五）征订、销售出版物的;

（六）擅自将出版单位委托印刷的出版物纸型及印刷底片等出售、出租、出借或者以其他形式转让的;

（七）未经批准,接受委托印刷境外出版物的,或者未将印刷的境外出版物全部运输出境的。

第三十九条　从事包装装潢印刷品印刷经营活动的企业有下列行为之一的,由县级以上地方人民政府出版行政部门给予警告,没收违法所得,违法经营额 1 万元以上的,并处违法经营额 5 倍以上 10 倍以下的罚款;违法经营额不足 1 万元的,并处 1 万元以上 5 万元以下的罚款;情节严重的,责令停业整顿或者由原发证机关吊销许可证;构成犯罪的,依法追究刑事责任:

（一）接受委托印刷注册商标标识，未依照本条例的规定验证、核查工商行政管理部门签章的《商标注册证》复印件、注册商标图样或者注册商标使用许可合同复印件的；

（二）接受委托印刷广告宣传品、作为产品包装装潢的印刷品，未依照本条例的规定验证委托印刷单位的营业执照或者个人的居民身份证的，或者接受广告经营者的委托印刷广告宣传品，未验证广告经营资格证明的；

（三）盗印他人包装装潢印刷品的；

（四）接受委托印刷境外包装装潢印刷品未依照本条例的规定向出版行政部门备案的，或者未将印刷的境外包装装潢印刷品全部运输出境的。

印刷企业接受委托印刷注册商标标识、广告宣传品，违反国家有关注册商标、广告印刷管理规定的，由工商行政管理部门给予警告，没收印刷品和违法所得，违法经营额1万元以上的，并处违法经营额5倍以上10倍以下的罚款；违法经营额不足1万元的，并处1万元以上5万元以下的罚款。

第四十条 从事其他印刷品印刷经营活动的企业和个人有下列行为之一的，由县级以上地方人民政府出版行政部门给予警告，没收印刷品和违法所得，违法经营额1万元以上的，并处违法经营额5倍以上10倍以下的罚款；违法经营额不足1万元的，并处1万元以上5万元以下的罚款；情节严重的，责令停业整顿或者由原发证机关吊销许可证；构成犯罪的，依法追究刑事责任：

（一）接受委托印刷其他印刷品，未依照本条例的规定验证有关证明的；

（二）擅自将接受委托印刷的其他印刷品再委托他人印刷的；

（三）将委托印刷的其他印刷品的纸型及印刷底片出售、出租、出借或者以其他形式转让的；

（四）伪造、变造学位证书、学历证书等国家机关公文、证件或者企业事业单位、人民团体公文、证件的，或者盗印他人的其他印刷品的；

（五）非法加印或者销售委托印刷的其他印刷品的；

（六）接受委托印刷境外其他印刷品未依照本条例的规定向出版行政部门备案的，或者未将印刷的境外其他印刷品全部运输出境的；

（七）从事其他印刷品印刷经营活动的个人超范围经营的。

第四十一条 有下列行为之一的，由公安部门给予警告，没收印刷品和违法所得，违法经营额1万元以上的，并处违法经营额5倍以上10倍以下的罚款；违法经营额不足1万元的，并处1万元以上5万元以下的罚款；情节严重的，责令停业整顿或者吊销特种行业许可证：

（一）印刷布告、通告、重大活动工作证、通行证、在社会上流通使用的票证，印刷企业没有验证主管部门的证明和公安部门的准印证明的，或者再委托他人印刷上述印刷品的；

（二）不是公安部门指定的印刷企业，擅自印刷布告、通告、重大活动工作证、通行证、在社会上流通使用的票证的；

（三）印刷业经营者伪造、变造学位证书、学历证书等国家机关公文、证件或者企业事业单位、人民团体公文、证件的。

印刷布告、通告、重大活动工作证、通行证、在社会上流通使用的票证，委托印刷单位没有取得主管部门证明的，或者没有按照国家有关规定向印刷企业所在地公安部门办理准印手续的，或者未在公安部门指定的印刷企业印刷的，由县级以上人民政府公安部门处以500元以上5000元以下的罚款。

第四十二条 印刷业经营者违反本条例规定，有下列行为之一的，由县级以上地方人民政府出版行政部门责令改正，给予警告；情节严重的，责令停业整顿或者由原发证机关吊销许可证：

（一）从事包装装潢印刷品印刷经营活动的企业擅自留存委托印刷的包装装潢印刷品的成品、半成品、废品和印板、纸型、印刷底片、原稿等的；

（二）从事其他印刷品印刷经营活动的企业和个人擅自保留其他印刷品的样本、样张的，或者在所保留的样本、样张上未加盖"样本"、"样张"戳记的。

第四十三条　印刷业经营者被处以吊销许可证行政处罚的，应当按照国家有关规定到工商行政管理部门办理变更登记或者注销登记；逾期未办理的，由工商行政管理部门吊销营业执照。

第四十四条　印刷企业被处以吊销许可证行政处罚的，其法定代表人或者负责人自许可证被吊销之日起 10 年内不得担任印刷企业的法定代表人或者负责人。

从事其他印刷品印刷经营活动的个人被处以吊销许可证行政处罚的，自许可证被吊销之日起 10 年内不得从事印刷经营活动。

第四十五条　依照本条例的规定实施罚款的行政处罚，应当依照有关法律、行政法规的规定，实行罚款决定与罚款收缴分离；收缴的罚款必须全部上缴国库。

第四十六条　出版行政部门、公安部门、工商行政管理部门或者其他有关部门违反本条例规定，擅自批准不符合设立条件的印刷企业，或者不履行监督职责，或者发现违法行为不予查处，造成严重后果的，对负责的主管人员和其他直接责任人员给予降级或者撤职的行政处分；构成犯罪的，依法追究刑事责任。

第七章　附　　则

第四十七条　本条例施行前已经依法设立的印刷企业，应当自本条例施行之日起 180 日内，到出版行政部门换领《印刷经营许可证》。

依据本条例发放许可证，除按照法定标准收取成本费外，不得收取其他任何费用。

第四十八条　本条例自公布之日起施行。1997 年 3 月 8 日国务院发布的《印刷业管理条例》同时废止。

音像制品管理条例

（2001 年 12 月 25 日中华人民共和国国务院令第 341 号公布 根据 2011 年 3 月 19 日《国务院关于修改〈音像制品管理条例〉的决定》修订）

第一章 总 则

第一条 为了加强音像制品的管理，促进音像业的健康发展和繁荣，丰富人民群众的文化生活，促进社会主义物质文明和精神文明建设，制定本条例。

第二条 本条例适用于录有内容的录音带、录像带、唱片、激光唱盘和激光视盘等音像制品的出版、制作、复制、进口、批发、零售、出租等活动。

音像制品用于广播电视播放的，适用广播电视法律、行政法规。

第三条 出版、制作、复制、进口、批发、零售、出租音像制品，应当遵守宪法和有关法律、法规，坚持为人民服务和为社会主义服务的方向，传播有益于经济发展和社会进步的思想、道德、科学技术和文化知识。

音像制品禁止载有下列内容：

（一）反对宪法确定的基本原则的；

（二）危害国家统一、主权和领土完整的；

（三）泄露国家秘密、危害国家安全或者损害国家荣誉和利益的；

（四）煽动民族仇恨、民族歧视，破坏民族团结，或者侵害民族风俗、习惯的；

（五）宣扬邪教、迷信的；

（六）扰乱社会秩序，破坏社会稳定的；

（七）宣扬淫秽、赌博、暴力或者教唆犯罪的；

（八）侮辱或者诽谤他人，侵害他人合法权益的；

（九）危害社会公德或者民族优秀文化传统的；

（十）有法律、行政法规和国家规定禁止的其他内容的。

第四条 国务院出版行政主管部门负责全国音像制品的出版、制作、复制、进口、批发、零售和出租的监督管理工作；国务院其他有关行政部门按照国务院规定的职责分工，负责有关的音像制品经营活动的监督管理工作。

县级以上地方人民政府负责出版管理的行政主管部门（以下简称出版行政主管部门）负责本行政区域内音像制品的出版、制作、复制、进口、批发、零售和出租的监督管理工作；县级以上地方人民政府其他有关行政部门在各自的职责范围内负责有关的音像制品经营活动的监督管理工作。

第五条 国家对出版、制作、复制、进口、批发、零售音像制品，实行许可制度；未经许可，任何单位和个人不得从事音像制品的出版、制作、复制、进口、批发、零售等活动。

依照本条例发放的许可证和批准文件，不得出租、出借、出售或者以其他任何形式转让。

第六条 国务院出版行政主管部门负责制定音像业的发展规划，确定全国音像出版单位、音像复制单位的总量、布局和结构。

第七条　音像制品经营活动的监督管理部门及其工作人员不得从事或者变相从事音像制品经营活动,并不得参与或者变相参与音像制品经营单位的经营活动。

第二章　出　　版

第八条　设立音像出版单位,应当具备下列条件:

(一)有音像出版单位的名称、章程;

(二)有符合国务院出版行政主管部门认定的主办单位及其主管机关;

(三)有确定的业务范围;

(四)有适应业务范围需要的组织机构和符合国家规定的资格条件的音像出版专业人员;

(五)有适应业务范围需要的资金、设备和工作场所;

(六)法律、行政法规规定的其他条件。

审批设立音像出版单位,除依照前款所列条件外,还应当符合音像出版单位总量、布局和结构的规划。

第九条　申请设立音像出版单位,由所在地省、自治区、直辖市人民政府出版行政主管部门审核同意后,报国务院出版行政主管部门审批。国务院出版行政主管部门应当自受理申请之日起 60 日内作出批准或者不批准的决定,并通知申请人。批准的,发给《音像制品出版许可证》,由申请人持《音像制品出版许可证》到工商行政管理部门登记,依法领取营业执照;不批准的,应当说明理由。

申请书应当载明下列内容:

(一)音像出版单位的名称、地址;

(二)音像出版单位的主办单位及其主管机关的名称、地址;

(三)音像出版单位的法定代表人或者主要负责人的姓名、住址、资格证明文件;

(四)音像出版单位的资金来源和数额。

第十条　音像出版单位变更名称、主办单位或者其主管机关、业务范围,或者兼并其他音像出版单位,或者因合并、分立而设立新的音像出版单位的,应当依照本条例第九条的规定办理审批手续,并到原登记的工商行政管理部门办理相应的登记手续。

音像出版单位变更地址、法定代表人或者主要负责人,或者终止出版经营活动的,应当到原登记的工商行政管理部门办理变更登记或者注销登记,并向国务院出版行政主管部门备案。

第十一条　音像出版单位的年度出版计划和涉及国家安全、社会安定等方面的重大选题,应当经所在地省、自治区、直辖市人民政府出版行政主管部门审核后报国务院出版行政主管部门备案;重大选题音像制品未在出版前报备案的,不得出版。

第十二条　音像出版单位应当在其出版的音像制品及其包装的明显位置,标明出版单位的名称、地址和音像制品的版号、出版时间、著作权人等事项;出版进口的音像制品,还应当标明进口批准文号。

音像出版单位应当按照国家有关规定向国家图书馆、中国版本图书馆和国务院出版行政主管部门免费送交样本。

第十三条　音像出版单位不得向任何单位或者个人出租、出借、出售或者以其他任何形式转让本单位的名称,不得向任何单位或者个人出售或者以其他形式转让本单位的版号。

第十四条　任何单位和个人不得以购买、租用、借用、擅自使用音像出版单位的名称或者购买、伪造版号等形式从事音像制品出版活动。

图书出版社、报社、期刊社、电子出版物出版社,不得出版非配合本版出版物的音像制品;但是,可以按照国务院出版行政主管部门的规定,出版配合本版出版物的音像制品,并参照音像出版单位享有权利、承担义务。

第十五条 音像出版单位可以与香港特别行政区、澳门特别行政区、台湾地区或者外国的组织、个人合作制作音像制品。具体办法由国务院出版行政主管部门制定。

第十六条 音像出版单位实行编辑责任制度,保证音像制品的内容符合本条例的规定。

第十七条 音像出版单位以外的单位申请设立独立从事音像制品的制作业务的单位(以下简称音像制作单位),由所在地省、自治区、直辖市人民政府出版行政主管部门审批。省、自治区、直辖市人民政府出版行政主管部门应当自受理申请之日起 60 日内作出批准或者不批准的决定,并通知申请人。批准的,发给《音像制品制作许可证》,由申请人持《音像制品制作许可证》到工商行政管理部门登记,依法领取营业执照;不批准的,应当说明理由。广播、电视节目制作经营单位的设立,依照有关法律、行政法规的规定办理。

申请书应当载明下列内容:

(一)音像制作单位的名称、地址;

(二)音像制作单位的法定代表人或者主要负责人的姓名、住址、资格证明文件;

(三)音像制作单位的资金来源和数额。

审批设立音像制作单位,除依照前款所列条件外,还应当兼顾音像制作单位总量、布局和结构。

第十八条 音像制作单位变更名称、业务范围,或者兼并其他音像制作单位,或者因合并、分立而设立新的音像制作单位的,应当依照本条例第十七条的规定办理审批手续,并到原登记的工商行政管理部门办理相应的登记手续。

音像制作单位变更地址、法定代表人或者主要负责人,或者终止制作经营活动的,应当到原登记的工商行政管理部门办理变更登记或者注销登记,并向省、自治区、直辖市人民政府出版行政主管部门备案。

第十九条 音像出版单位不得委托未取得《音像制品制作许可证》的单位制作音像制品。

音像制作单位接受委托制作音像制品的,应当按照国家有关规定,与委托的出版单位订立制作委托合同;验证委托的出版单位的《音像制品出版许可证》或者本版出版物的证明及由委托的出版单位盖章的音像制品制作委托书。

音像制作单位不得出版、复制、批发、零售音像制品。

第三章 复 制

第二十条 设立音像复制单位应当具备下列条件:

(一)有音像复制单位的名称、章程;

(二)有确定的业务范围;

(三)有适应业务范围需要的组织机构和人员;

(四)有适应业务范围需要的资金、设备和复制场所;

(五)法律、行政法规规定的其他条件。

审批设立音像复制单位,除依照前款所列条件外,还应当符合音像复制单位总量、布局和结构的规划。

第二十一条 申请设立音像复制单位,由所在地省、自治区、直辖市人民政府出版行政主管部门审核同意后,报国务院出版行政主管部门审批。国务院出版行政主管部门应当自受理申请之日起60日内作出批准或者不批准的决定,并通知申请人。批准的,发给《复制经营许可证》,由申请人持《复制经营许可证》到工商行政管理部门登记,依法领取营业执照;不批准的,应当说明理由。

申请书应当载明下列内容:

(一)音像复制单位的名称、地址;

(二)音像复制单位的法定代表人或者主要负责人的姓名、住址;

(三)音像复制单位的资金来源和数额。

第二十二条　音像复制单位变更业务范围,或者兼并其他音像复制单位,或者因合并、分立而设立新的音像复制单位的,应当依照本条例第二十一条的规定办理审批手续,并到工商行政管理部门办理相应的登记手续。

音像复制单位变更名称、地址、法定代表人或者主要负责人,或者终止复制经营活动的,应当到原登记的工商行政管理部门办理变更登记或者注销登记,并向国务院出版行政主管部门备案。

第二十三条　音像复制单位接受委托复制音像制品的,应当按照国家有关规定,与委托的出版单位订立复制委托合同;验证委托的出版单位的《音像制品出版许可证》、营业执照副本、盖章的音像制品复制委托书以及出版单位取得的授权书;接受委托复制的音像制品属于非卖品的,应当验证委托单位的身份证明和委托单位出具的音像制品非卖品复制委托书。

音像复制单位应当自完成音像制品复制之日起2年内,保存委托合同和所复制的音像制品的样本以及验证的有关证明文件的副本,以备查验。

第二十四条　音像复制单位不得接受非音像出版单位或者个人的委托复制经营性的音像制品;不得自行复制音像制品;不得批发、零售音像制品。

第二十五条　从事光盘复制的音像复制单位复制光盘,必须使用蚀刻有国务院出版行政主管部门核发的激光数码储存片来源识别码的注塑模具。

第二十六条　音像复制单位接受委托复制境外音像制品的,应当经省、自治区、直辖市人民政府出版行政主管部门批准,并持著作权人的授权书依法到著作权行政管理部门登记;复制的音像制品应当全部运输出境,不得在境内发行。

第四章　进　　口

第二十七条　音像制品成品进口业务由国务院出版行政主管部门批准的音像制品成品进口经营单位经营;未经批准,任何单位或者个人不得经营音像制品成品进口业务。

第二十八条　进口用于出版的音像制品,以及进口用于批发、零售、出租等的音像制品成品,应当报国务院出版行政主管部门进行内容审查。

国务院出版行政主管部门应当自收到音像制品内容审查申请书之日起30日内作出批准或者不批准的决定,并通知申请人。批准的,发给批准文件;不批准的,应当说明理由。

进口用于出版的音像制品的单位、音像制品成品进口经营单位应当持国务院出版行政主管部门的批准文件到海关办理进口手续。

第二十九条　进口用于出版的音像制品,其著作权事项应当向国务院著作权行政管理部门登记。

第三十条　进口供研究、教学参考的音像制品,应当委托音像制品成品进口经营单位依照本条例第二十八条的规定办理。

进口用于展览、展示的音像制品,经国务院出版行政主管部门批准后,到海关办理临时进口手续。

依照本条规定进口的音像制品,不得进行经营性复制、批发、零售、出租和放映。

第五章 批发、零售和出租

第三十一条 设立音像制品批发、零售单位,应当具备下列条件:

(一)有音像制品批发、零售单位的名称、章程;

(二)有确定的业务范围;

(三)有适应业务范围需要的组织机构和人员;

(四)有适应业务范围需要的资金和场所;

(五)法律、行政法规规定的其他条件。

第三十二条 申请设立音像制品批发单位,应当报所在地省、自治区、直辖市人民政府出版行政主管部门审批。申请从事音像制品零售业务,应当报县级地方人民政府出版行政主管部门审批。出版行政主管部门应当自受理申请书之日起 30 日内作出批准或者不批准的决定,并通知申请人。批准的,应当发给《出版物经营许可证》,由申请人持《出版物经营许可证》到工商行政管理部门登记,依法领取营业执照;不批准的,应当说明理由。

《出版物经营许可证》应当注明音像制品经营活动的种类。

第三十三条 音像制品批发、零售单位变更名称、业务范围,或者兼并其他音像制品批发、零售单位,或者因合并、分立而设立新的音像制品批发、零售单位的,应当依照本条例第三十二条的规定办理审批手续,并到原登记的工商行政管理部门办理相应的登记手续。

音像制品批发、零售单位变更地址、法定代表人或者主要负责人或者终止经营活动,从事音像制品零售经营活动的个体工商户变更业务范围、地址或者终止经营活动的,应当到原登记的工商行政管理部门办理变更登记或者注销登记,并向原批准的出版行政主管部门备案。

第三十四条 音像出版单位可以按照国家有关规定,批发、零售本单位出版的音像制品。从事非本单位出版的音像制品的批发、零售业务的,应当依照本条例第三十二条的规定办理审批手续,并到原登记的工商行政管理部门办理登记手续。

第三十五条 国家允许设立从事音像制品发行业务的中外合作经营企业。

第三十六条 音像制品批发单位和从事音像制品零售、出租等业务的单位或者个体工商户,不得经营非音像出版单位出版的音像制品或者非音像复制单位复制的音像制品,不得经营未经国务院出版行政主管部门批准进口的音像制品,不得经营侵犯他人著作权的音像制品。

第六章 罚 则

第三十七条 出版行政主管部门或者其他有关行政部门及其工作人员,利用职务上的便利收受他人财物或者其他好处,批准不符合法定设立条件的音像制品出版、制作、复制、进口、批发、零售单位,或者不履行监督职责,或者发现违法行为不予查处,造成严重后果的,对负有责任的主管人员和其他直接责任人员依法给予降级直至开除的处分;构成犯罪的,依照刑法关于受贿罪、滥用职权罪、玩忽职守罪或者其他罪的规定,依法追究刑事责任。

第三十八条 音像制品经营活动的监督管理部门的工作人员从事或者变相从事音像制品经营活动的,参与或者变相参与音像制品经营单位的经营活动的,依法给予撤职或者开除的处分。

音像制品经营活动的监督管理部门有前款所列行为的,对负有责任的主管人员和其他直接责任人员依照前款规定处罚。

第三十九条　未经批准,擅自设立音像制品出版、制作、复制、进口、批发、零售单位,擅自从事音像制品出版、制作、复制业务或者进口、批发、零售经营活动的,由出版行政主管部门、工商行政管理部门依照法定职权予以取缔;依照刑法关于非法经营罪的规定,依法追究刑事责任;尚不够刑事处罚的,没收违法经营的音像制品和违法所得以及进行违法活动的专用工具、设备;违法经营额 1 万元以上的,并处违法经营额 5 倍以上 10 倍以下的罚款;违法经营额不足 1 万元的,可以处 5 万元以下的罚款。

第四十条　出版含有本条例第三条第二款禁止内容的音像制品,或者制作、复制、批发、零售、出租、放映明知或者应知含有本条例第三条第二款禁止内容的音像制品的,依照刑法有关规定,依法追究刑事责任;尚不够刑事处罚的,由出版行政主管部门、公安部门依据各自职权责令停业整顿,没收违法经营的音像制品和违法所得;违法经营额 1 万元以上的,并处违法经营额 5 倍以上 10 倍以下的罚款;违法经营额不足 1 万元的,可以处 5 万元以下的罚款;情节严重的,并由原发证机关吊销许可证。

第四十一条　走私音像制品的,依照刑法关于走私罪的规定,依法追究刑事责任;尚不够刑事处罚的,由海关依法给予行政处罚。

第四十二条　有下列行为之一的,由出版行政主管部门责令停止违法行为,给予警告,没收违法经营的音像制品和违法所得;违法经营额 1 万元以上的,并处违法经营额 5 倍以上 10 倍以下的罚款;违法经营额不足 1 万元的,可以处 5 万元以下的罚款;情节严重的,并责令停业整顿或者由原发证机关吊销许可证:

(一)音像出版单位向其他单位、个人出租、出借、出售或者以其他任何形式转让本单位的名称,出售或者以其他形式转让本单位的版号的;

(二)音像出版单位委托未取得《音像制品制作许可证》的单位制作音像制品,或者委托未取得《复制经营许可证》的单位复制音像制品的;

(三)音像出版单位出版未经国务院出版行政主管部门批准擅自进口的音像制品的;

(四)音像制作单位、音像复制单位未依照本条例的规定验证音像出版单位的委托书、有关证明的;

(五)音像复制单位擅自复制他人的音像制品,或者接受非音像出版单位、个人的委托复制经营性的音像制品,或者自行复制音像制品的。

第四十三条　音像出版单位违反国家有关规定与香港特别行政区、澳门特别行政区、台湾地区或者外国的组织、个人合作制作音像制品,音像复制单位违反国家有关规定接受委托复制境外音像制品,未经省、自治区、直辖市人民政府出版行政主管部门审核同意,或者未将复制的境外音像制品全部运输出境的,由省、自治区、直辖市人民政府出版行政主管部门责令改正,没收违法经营的音像制品和违法所得;违法经营额 1 万元以上的,并处违法经营额 5 倍以上 10 倍以下的罚款;违法经营额不足 1 万元的,可以处 5 万元以下的罚款;情节严重的,并由原发证机关吊销许可证。

第四十四条　有下列行为之一的,由出版行政主管部门责令改正,给予警告;情节严重的,并责令停业整顿或者由原发证机关吊销许可证:

(一)音像出版单位未将其年度出版计划和涉及国家安全、社会安定等方面的重大选题报国务院出版行政主管部门备案的;

（二）音像制品出版、制作、复制、批发、零售单位变更名称、地址、法定代表人或者主要负责人、业务范围等，未依照本条例规定办理审批、备案手续的；

（三）音像出版单位未在其出版的音像制品及其包装的明显位置标明本条例规定的内容的；

（四）音像出版单位未依照本条例的规定送交样本的；

（五）音像复制单位未依照本条例的规定留存备查的材料的；

（六）从事光盘复制的音像复制单位复制光盘，使用未蚀刻国务院出版行政主管部门核发的激光数码储存片来源识别码的注塑模具的。

第四十五条 有下列行为之一的，由出版行政主管部门责令停止违法行为，给予警告，没收违法经营的音像制品和违法所得；违法经营额1万元以上的，并处违法经营额5倍以上10倍以下的罚款；违法经营额不足1万元的，可以处5万元以下的罚款；情节严重的，并责令停业整顿或者由原发证机关吊销许可证：

（一）批发、零售、出租、放映非音像出版单位出版的音像制品或者非音像复制单位复制的音像制品的；

（二）批发、零售、出租或者放映未经国务院出版行政主管部门批准进口的音像制品的；

（三）批发、零售、出租、放映供研究、教学参考或者用于展览、展示的进口音像制品的。

第四十六条 单位违反本条例的规定，被处以吊销许可证行政处罚的，应当到工商行政管理部门办理变更登记或者注销登记；逾期未办理的，由工商行政管理部门吊销营业执照。

第四十七条 单位违反本条例的规定，被处以吊销许可证行政处罚的，其法定代表人或者主要负责人自许可证被吊销之日起10年内不得担任音像制品出版、制作、复制、进口、批发、零售单位的法定代表人或者主要负责人。

从事音像制品零售业务的个体工商户违反本条例的规定，被处以吊销许可证行政处罚的，自许可证被吊销之日起10年内不得从事音像制品零售业务。

第四十八条 依照本条例的规定实施罚款的行政处罚，应当依照有关法律、行政法规的规定，实行罚款决定与罚款收缴分离；收缴的罚款必须全部上缴国库。

第七章 附 则

第四十九条 除本条例第三十五条外，电子出版物的出版、制作、复制、进口、批发、零售等活动适用本条例。

第五十条 依照本条例发放许可证，除按照法定标准收取成本费外，不得收取其他任何费用。

第五十一条 本条例自2002年2月1日起施行。1994年8月25日国务院发布的《音像制品管理条例》同时废止。

中华人民共和国著作权法实施条例

（2002 年 8 月 2 日中华人民共和国国务院令第 359 号公布 根据 2011 年 1 月 8 日《国务院关于废止和修改部分行政法规的决定》第一次修订 根据 2013 年 1 月 30 日《国务院关于修改〈中华人民共和国著作权法实施条例〉的决定》第二次修订）

第一条 根据《中华人民共和国著作权法》（以下简称著作权法），制定本条例。

第二条 著作权法所称作品，是指文学、艺术和科学领域内具有独创性并能以某种有形形式复制的智力成果。

第三条 著作权法所称创作，是指直接产生文学、艺术和科学作品的智力活动。

为他人创作进行组织工作，提供咨询意见、物质条件，或者进行其他辅助工作，均不视为创作。

第四条 著作权法和本条例中下列作品的含义：

（一）文字作品，是指小说、诗词、散文、论文等以文字形式表现的作品；

（二）口述作品，是指即兴的演说、授课、法庭辩论等以口头语言形式表现的作品；

（三）音乐作品，是指歌曲、交响乐等能够演唱或者演奏的带词或者不带词的作品；

（四）戏剧作品，是指话剧、歌剧、地方戏等供舞台演出的作品；

（五）曲艺作品，是指相声、快书、大鼓、评书等以说唱为主要形式表演的作品；

（六）舞蹈作品，是指通过连续的动作、姿势、表情等表现思想情感的作品；

（七）杂技艺术作品，是指杂技、魔术、马戏等通过形体动作和技巧表现的作品；

（八）美术作品，是指绘画、书法、雕塑等以线条、色彩或者其他方式构成的有审美意义的平面或者立体的造型艺术作品；

（九）建筑作品，是指以建筑物或者构筑物形式表现的有审美意义的作品；

（十）摄影作品，是指借助器械在感光材料或者其他介质上记录客观物体形象的艺术作品；

（十一）电影作品和以类似摄制电影的方法创作的作品，是指摄制在一定介质上，由一系列有伴音或者无伴音的画面组成，并且借助适当装置放映或者以其他方式传播的作品；

（十二）图形作品，是指为施工、生产绘制的工程设计图、产品设计图，以及反映地理现象、说明事物原理或者结构的地图、示意图等作品；

（十三）模型作品，是指为展示、试验或者观测等用途，根据物体的形状和结构，按照一定比例制成的立体作品。

第五条 著作权法和本条例中下列用语的含义：

（一）时事新闻，是指通过报纸、期刊、广播电台、电视台等媒体报道的单纯事实消息；

（二）录音制品，是指任何对表演的声音和其他声音的录制品；

（三）录像制品，是指电影作品和以类似摄制电影的方法创作的作品以外的任何有伴音或者无伴音的连续相关形象、图像的录制品；

（四）录音制作者，是指录音制品的首次制作人；

（五）录像制作者，是指像制品的首次制作人；

（六）表演者，是指演员、演出单位或者其他表演文学、艺术作品的人。

第六条　著作权自作品创作完成之日起产生。

第七条　著作权法第二条第三款规定的首先在中国境内出版的外国人、无国籍人的作品,其著作权自首次出版之日起受保护。

第八条　外国人、无国籍人的作品在中国境外首先出版后,30日内在中国境内出版的,视为该作品同时在中国境内出版。

第九条　合作作品不可以分割使用的,其著作权由各合作作者共同享有,通过协商一致行使;不能协商一致,又无正当理由的,任何一方不得阻止他方行使除转让以外的其他权利,但是所得收益应当合理分配给所有合作作者。

第十条　著作权人许可他人将其作品摄制成电影作品和以类似摄制电影的方法创作的作品的,视为已同意对其作品进行必要的改动,但是这种改动不得歪曲篡改原作品。

第十一条　著作权法第十六条第一款关于职务作品的规定中的"工作任务",是指公民在该法人或者该组织中应当履行的职责。

著作权法第十六条第二款关于职务作品的规定中的"物质技术条件",是指该法人或者该组织为公民完成创作专门提供的资金、设备或者资料。

第十二条　职务作品完成两年内,经单位同意,作者许可第三人以与单位使用的相同方式使用作品所获报酬,由作者与单位按约定的比例分配。

作品完成两年的期限,自作者向单位交付作品之日起计算。

第十三条　作者身份不明的作品,由作品原件的所有人行使除署名权以外的著作权。作者身份确定后,由作者或者其继承人行使著作权。

第十四条　合作作者之一死亡后,其对合作作品享有的著作权法第十条第一款第(五)项至第(十七)项规定的权利无人继承又无人受遗赠的,由其他合作作者享有。

第十五条　作者死亡后,其著作权中的署名权、修改权和保护作品完整权由作者的继承人或者受遗赠人保护。

著作权无人继承又无人受遗赠的,其署名权、修改权和保护作品完整权由著作权行政管理部门保护。

第十六条　国家享有著作权的作品的使用,由国务院著作权行政管理部门管理。

第十七条　作者生前未发表的作品,如果作者未明确表示不发表,作者死亡后50年内,其发表权可由继承人或者受遗赠人行使;没有继承人又无人受遗赠的,由作品原件的所有人行使。

第十八条　作者身份不明的作品,其著作权法第十条第一款第(五)项至第(十七)项规定的权利的保护期截止于作品首次发表后第50年的12月31日。作者身份确定后,适用著作权法第二十一条的规定。

第十九条　使用他人作品的,应当指明作者姓名、作品名称;但是,当事人另有约定或者由于作品使用方式的特性无法指明的除外。

第二十条　著作权法所称已经发表的作品,是指著作权人自行或者许可他人公之于众的作品。

第二十一条　依照著作权法有关规定,使用可以不经著作权人许可的已经发表的作品的,不得影响该作品的正常使用,也不得不合理地损害著作权人的合法利益。

第二十二条　依照著作权法第二十三条、第三十二条第二款、第三十九条第三款的规定使用作品的付酬标准,由国务院著作权行政管理部门会同国务院价格主管部门制定、公布。

第二十三条　使用他人作品应当同著作权人订立许可使用合同,许可使用的权利是专有使用权的,应当采取书面形式,但是报社、期刊社刊登作品除外。

第二十四条　著作权法第二十四条规定的专有使用权的内容由合同约定,合同没有约定或者约定不明的,视为被许可人有权排除包括著作权人在内的任何人以同样的方式使用作品;除合同另有约定外,被许可人许可第三人行使同一权利,必须取得著作权人的许可。

第二十五条　与著作权人订立专有许可使用合同、转让合同的,可以向著作权行政管理部门备案。

第二十六条　著作权法和本条例所称与著作权有关的权益,是指出版者对其出版的图书和期刊的版式设计享有的权利,表演者对其表演享有的权利,录音录像制作者对其制作的录音录像制品享有的权利,广播电台、电视台对其播放的广播、电视节目享有的权利。

第二十七条　出版者、表演者、录音录像制作者、广播电台、电视台行使权利,不得损害被使用作品和原作品著作权人的权利。

第二十八条　图书出版合同中约定图书出版者享有专有出版权但没有明确其具体内容的,视为图书出版者享有在合同有效期限内和在合同约定的地域范围内以同种文字的原版、修订版出版图书的专有权利。

第二十九条　著作权人寄给图书出版者的两份订单在 6 个月内未能得到履行,视为著作权法第三十一条所称图书脱销。

第三十条　著作权人依照著作权法第三十二条第二款声明不得转载、摘编其作品的,应当在报纸、期刊刊登该作品时附带声明。

第三十一条　著作权人依照著作权法第三十九条第三款声明不得对其作品制作录音制品的,应当在该作品合法录制为录音制品时声明。

第三十二条　依照著作权法第二十三条、第三十二条第二款、第三十九条第三款的规定,使用他人作品的,应当自使用该作品之日起 2 个月内向著作权人支付报酬。

第三十三条　外国人、无国籍人在中国境内的表演,受著作权法保护。

外国人、无国籍人根据中国参加的国际条约对其表演享有的权利,受著作权法保护。

第三十四条　外国人、无国籍人在中国境内制作、发行的录音制品,受著作权法保护。

外国人、无国籍人根据中国参加的国际条约对其制作、发行的录音制品享有的权利,受著作权法保护。

第三十五条　外国的广播电台、电视台根据中国参加的国际条约对其播放的广播、电视节目享有的权利,受著作权法保护。

第三十六条　有著作权法第四十七条所列侵权行为,同时损害社会公共利益的,著作权行政管理部门可以处非法经营额 3 倍以下的罚款;非法经营额难以计算的,可以处 10 万元以下的罚款。

第三十七条　有著作权法第四十七条所列侵权行为,同时损害社会公共利益的,由地方人民政府著作权行政管理部门负责查处。

国务院著作权行政管理部门可以查处在全国有重大影响的侵权行为。

第三十八条　本条例自 2002 年 9 月 15 日起施行。1991 年 5 月 24 日国务院批准、1991 年 5 月 30 日国家版权局发布的《中华人民共和国著作权法实施条例》同时废止。

上海市出版物发行管理条例

(2002 年 10 月 28 日上海市十一届人民代表大会常务委员会第四十四次会议通过)

第一章 总 则

第一条 为了加强对出版物发行的管理,发展和繁荣文化事业,促进社会主义精神文明建设,根据国务院《出版管理条例》,结合本市实际情况,制定本条例。

第二条 本条例所称的出版物发行,是指报纸、期刊、图书、电子出版物和音像制品等出版物的总发行、批发、零售等经营行为。

第三条 本条例适用于本市行政区域内出版物的发行以及与发行相关的出租、征订、附送、散发、展示等行为及其管理。

行政法规对音像制品的发行另有规定的,从其规定。

邮政法对邮政企业发行报纸、期刊另有规定的,从其规定。

第四条 上海市新闻出版行政部门(以下简称市出版行政部门)主管本市出版物发行的监督管理工作,负责本条例的组织实施。

区、县负责出版管理的行政部门负责本辖区内出版物发行的监督管理工作,业务上受市出版行政部门领导。

工商行政、公安、物价、教育、邮政、海关等行政管理部门按照各自职责,做好出版物发行的相关监督管理工作。

第五条 市出版行政部门应当根据城市发展的实际需要和市民的文化需求,制定出版物发行的发展规划,经市人民政府批准后向社会公布。

出版物发行单位和出版物交易市场的设立,应当符合本市出版物发行发展规划规定的总量、结构和布局要求。

第二章 从事出版物发行的许可

第六条 本市对出版物的发行、出租实行许可制度。从事出版物发行、出租业务的,应当取得《出版物发行许可证》(以下简称许可证)。

从事出版物总发行业务和全国性出版物连锁经营业务的单位,应当按照国家有关规定办理许可手续。

中外合资经营企业、中外合作经营企业、外资企业从事出版物发行业务的,按照国家的规定办理。

第七条 从事出版物批发业务的单位或者从事出版物零售、出租业务的单位、个人,应当具备下列条件:

(一)有符合相应资质要求的管理人员;

(二)有固定的经营场所和必要的经营设施;

(三)有符合法律、法规规定的注册资金。

第八条　出版物连锁经营包括直营连锁经营和加盟连锁经营。

从事出版物直营连锁经营业务的单位,应当具备下列条件:

(一)具有法人资格;

(二)有符合工商行政管理部门要求的门店数量;

(三)有符合规定的连锁经营管理制度;

(四)有符合法律、法规规定的注册资金。

经营一年以上的出版物直营连锁经营单位,可以从事出版物加盟连锁经营业务。

加盟连锁经营的,应当是经许可设立的出版物发行单位或者个人。

第九条　设立出版物交易市场的单位,应当具有出版物总发行资质,并经市出版行政部门批准。

出版物交易市场,应当符合下列条件:

(一)有符合相应资质要求的管理人员;

(二)有符合规定的交易市场管理制度;

(三)有符合法律、法规、规章规定的注册资金和经营场地。

第十条　单位申请从事出版物批发、直营连锁经营业务的,应当向市出版行政部门提出申请。

单位和个人申请从事出版物零售、出租业务的,应当向区、县负责出版管理的行政部门提出申请。

第十一条　市出版行政部门或者区、县负责出版管理的行政部门应当自收到从事出版物发行、出租业务的申请材料之日起二十日内,作出批准或者不予批准的决定。予以批准的,发给许可证;不予批准的,应当书面说明理由。

经批准取得许可证的单位和个人,应当向工商行政管理部门依法领取营业执照后,方可开展经营活动。

第十二条　出版物连锁经营单位增设直营门店的,应当于该门店营业之日起二十日内向市出版行政部门备案;接纳加盟店的,应当在签订加盟合同之日起二十日内向市出版行政部门备案。

第十三条　出版物发行、出租单位和个人变更出版物发行经营范围、经营方式事项的,应当按照本条例第六条第二款、第十条的规定,重新办理许可手续;变更其他事项的,应当到原批准的市出版行政部门或者区、县负责出版管理的行政部门办理变更手续。

出版物发行、出租单位和个人终止发行、出租活动的,应当向原批准的市出版行政部门或者区、县负责出版管理的行政部门办理注销登记,并缴回许可证。

出版物连锁经营单位关闭直营门店或者终止加盟店合同的,应当在关闭直营门店或者终止加盟合同之日起二十日内向市出版行政部门备案。

出版物发行、出租单位和个人有前三款规定情形的,应当到工商行政管理部门办理相应手续。

第十四条　出版物发行、出租单位和个人应当向原批准的市出版行政部门或者区、县负责出版管理的行政部门办理许可证年度检验手续。

市出版行政部门或者区、县负责出版管理的行政部门应当对下列事项进行检验:

(一)从事出版物发行、出租业务的条件;

(二)有无违法经营行为;

(三)有无违反本条例许可证管理规定的其他行为。

检验不合格或者逾期未接受检验的,不得继续从事出版物发行业务。

第三章　出版物发行的管理

第十五条　出版物发行、出租单位和个人应当在核定的经营场所营业,并将许可证和营业执照置于核定经营场所的醒目位置。

许可证和营业执照不得涂改、转让、出租和出借。

第十六条　出版物发行单位和个人通过互联网开展出版物发行业务的,应当在开展业务前,持许可证、网站名或者所链接网站名、电子邮件地址等材料,向原批准的市出版行政部门或者区、县负责出版管理的行政部门备案。

出版物发行单位和个人通过互联网开展出版物发行业务的,应当在网站或者网页的醒目位置标明出版物发行许可证编号、发证部门、备案编号,所经营出版物的名称、出版单位及标准书号、刊号、版号,其中属进口出版物的,还应当同时标明进口单位名称。

第十七条　出版物交易市场应当成立市场管理组织。市场管理组织根据国家和本市的有关规定,管理市场内的交易活动。

第十八条　出版物批发单位不得向无许可证的单位和个人批发出版物。

出版物发行、出租单位和个人不得向无许可证的单位和个人购进出版物。

出版物交易市场不得向无许可证的单位和个人提供出版物发行的经营场所。

第十九条　出版物批发单位,应当在进货之日起三日内将进货凭证复印件报送市出版行政部门备案。

对首次在本市发行的出版物,市出版行政部门认为需要提供出版物样本的,应当书面告知当事人。当事人应当在书面告知的期限内提供出版物样本。市出版行政部门应当在接到样本之日起十日内审查完毕并将出版物样本返还给当事人,但有本条例第二十二条禁止内容或者情形的出版物样本除外。

第二十条　出版物发行单位在经营场所以外的地点举办出版物展销活动的,应当在举办展销前,向举办地的区、县负责出版管理的行政部门备案。

出版物发行行业协会举办出版物展销活动的,按前款规定执行。

第二十一条　中学小学教科书的发行单位由市出版行政部门、教育行政部门会同物价主管部门以招标或者其他公开、公正的方式确定,其他任何单位或者个人不得从事中学小学教科书的发行业务。

中学小学教科书的发行单位不得搭配销售或者强行推销中学小学教辅材料。

第二十二条　不得发行、出租、征订、附送、散发或者展示含有法律、行政法规和国家其他规定禁止内容的出版物、出版物宣传资料。

禁止发行、出租、征订、附送、散发或者展示非法进口、侵犯他人著作权以及有法律、法规规定不得发行的其他情形的出版物、出版物宣传资料。

有前两款规定禁止内容或者情形的出版物的鉴定由市出版行政部门负责,其所属的出版物鉴定机构可以承担具体的鉴定工作。

第二十三条　市出版行政部门或者区、县负责出版管理的行政部门根据已经取得的违法嫌疑证据或者举报,对涉嫌违法从事出版物发行活动的行为进行查处时,可以检查与违法活动有关的物品;对有证据证明是与违法活动有关的物品,可以查封或者扣押。行政执法人员执行公务时应当出示执法证件。

对被市出版行政部门或者区、县负责出版管理的行政部门告知禁止发行的出版物,从事出版物发行业务的单位和个人应当及时上缴或者听候处理,不得隐藏、变卖、转移、毁损。

第四章　法　律　责　任

第二十四条　违反本条例规定的行为,《出版管理条例》已规定处罚的,依照《出版管理条例》处罚。

违反本条例规定的下列行为,由市出版行政部门或者区、县负责出版管理的行政部门视情节轻重给予处罚:

(一)违反本条例第六条第一款规定,无许可证从事出版物出租业务的,责令停止违法行为,没收违法所得,处二千元以下的罚款。

(二)违反本条例第九条第一款规定,擅自设立出版物交易市场的,责令停止违法行为,没收违法所得,违法所得在一万元以上的,处违法所得二倍以上十倍以下的罚款;没有违法所得或者违法所得在一万元以下的,处五千元以上二万元以下的罚款。

(三)违反本条例第十二条、第十六条第一款规定,增设直营门店、接纳加盟店或者通过互联网开展出版物发行业务,未按规定备案的,责令限期改正,逾期未改正的,没收违法所得,处一百元以上一千元以下的罚款。

(四)违反本条例第十三条第一款规定,未办理许可证变更手续的,责令限期改正,处一百元以上五百元以下的罚款。

(五)违反本条例第十五条第一款规定,在核定的经营场所以外营业的,责令改正,处五百元以上五千元以下的罚款。

(六)违反本条例第十五条第二款规定,涂改、转让、出租或者出借许可证的,责令限期改正,没收违法所得,处一千元以上一万元以下的罚款;情节严重的,并处责令停业整顿或者吊销许可证。

(七)违反本条例第十八条规定,从事出版物发行、出租业务的单位和个人或者出版物交易市场,向无许可证的单位和个人批发出版物、购进出版物或者提供出版物发行经营场所的,没收出版物和违法所得,处五百元以上五千元以下的罚款;情节严重的,并处责令停业整顿或者吊销许可证。

(八)违反本条例第十九条规定,未报送进货凭证复印件备案或者提供出版物样本的,责令限期改正,逾期未改正的,每种出版物处五百元的罚款。

(九)违反本条例第二十一条第二款规定,搭配销售或者强行推销中学小学教辅材料的,责令停止违法行为,没收违法所得,处一千元以上五千元以下的罚款。

(十)违反本条例第二十二条规定,出租、征订、附送、散发、展示含有禁止内容或者情形的出版物或者出版物宣传资料的,没收出版物或者出版物宣传资料和违法所得,违法所得在一万元以上的,处违法所得二倍以上十倍以下的罚款;没有违法所得或者违法所得在一万元以下的,处五千元以上二万元以下的罚款;情节严重的,并处责令停业整顿或者吊销许可证。

第二十五条　对违反本条例规定向无许可证的单位和个人购进出版物,以及出租、征订、附送、散发、展示的出版物或者出版物宣传资料有本条例第二十二条规定内容或者情形的,当事人说明、指认来源,经查证属实的,除没收出版物、出版物宣传资料和违法所得外,可以减轻或者免除本条例规定的其他行政处罚。

第二十六条　对拒绝、阻碍行政管理部门工作人员依法执行职务,尚不够刑事处罚的,由公安部门依照《中华人民共和国治安管理处罚条例》处理;构成犯罪的,依法追究刑事责任。

第二十七条 当事人对市出版行政部门或者区、县负责出版管理的行政部门的具体行政行为不服的,可以依照《中华人民共和国行政复议法》或者《中华人民共和国行政诉讼法》的规定,申请行政复议或者提起行政诉讼。

当事人对具体行政行为逾期不申请复议,不提起诉讼,又不履行的,作出具体行政行为的市出版行政部门或者区、县负责出版管理的行政部门可以申请人民法院强制执行。

第二十八条 市出版行政部门或者区、县负责出版管理的行政部门直接负责的主管人员或者其他直接责任人员玩忽职守、滥用职权、徇私舞弊的,由其所在单位或者上级主管部门依法给予行政处分;构成犯罪的,依法追究刑事责任。

第五章 附 则

第二十九条 本条例有关用语的定义:

报纸,是指有固定名称、刊期、开版,每周至少出版一期的连续出版物。

期刊,是指有固定名称和栏目,用卷、期或者年、季、月、旬、周顺序编号,成册的连续出版物。

图书,是指各类书籍、画册、挂历、图片、年画、年历等出版物。

电子出版物,是指以数字代码方式将图文声像等信息编辑加工后存储在磁、光、电介质上,通过计算机或者具有类似功能的设备读取使用,用以表达思想、普及知识和积累文化,并可复制发行的大众传播媒体。

第三十条 本条例自 2003 年 1 月 1 日起施行。《上海市图书报刊市场管理条例》同时废止。

上海市音像制品管理条例

（1997 年 5 月 28 日上海市第十届人民代表大会常务委员会第三十六次会议通过 根据 2003 年 6 月 26 日上海市第十二届人民代表大会常务委员会第五次会议《关于修改〈上海市音像制品管理条例〉的决定》修正）

第一章 总 则

第一条 为了保障音像事业的健康、有序发展，促进音像事业的繁荣，丰富人民群众的文化生活，推进社会主义精神文明和物质文明建设，根据国务院《音像制品管理条例》及有关法律、法规，结合本市实际情况，制定本条例。

第二条 本条例适用于本市行政区域内录有内容的录音带、唱片、激光唱盘、录像带、激光视盘（含数码激光视盘）、激光唱视盘等音像制品的出版、制作、复制、进口、批发、零售、出租和放映等经营活动及其管理。

第三条 音像制品经营活动，应当遵守法律、法规，坚持为人民服务、为社会主义服务的方向。

鼓励传播有益于经济发展和社会进步的思想、道德、科学技术和文化知识的音像制品经营活动。

第四条 本市保护音像制品著作权人和音像制品经营者的合法权益。

第五条 本市对音像制品的经营活动实行许可证制度。

第二章 管理部门及其职责

第六条 上海市广播电影电视行政部门是本市音像制品经营活动的主管部门（以下称市音像制品行政管理部门），其主要职责是：

（一）贯彻执行国家和本市的有关法律、法规，负责本条例的实施；

（二）负责制订、组织实施本市音像事业的发展规划，并对音像制品经营单位的设立实行总量调控；

（三）负责对音像制品经营活动的监督和管理；

（四）负责对音像制品经营、管理人员的培训和考核；

（五）负责对音像制品的鉴定；

（六）对繁荣音像事业作出突出成绩的单位和个人进行表彰、奖励；

（七）对违反本条例的行为实施行政处罚。

上海市影视音像管理处负责对本市音像制品经营活动的日常管理，依法查处违反本条例的行为。

第七条 区、县主管音像制品的行政管理部门，负责对本辖区内音像制品经营活动的监督和管理，业务上受市音像制品行政管理部门的监督和指导，其主要职责是：

（一）贯彻执行国家和本市的有关法律、法规；

（二）根据本市音像事业的发展规划，制定本辖区内音像事业的发展计划并组织实施；

（三）负责对本辖区内音像制品批发、零售、出租和放映等经营活动的监督和管理；

（四）对繁荣音像事业作出突出成绩的单位和个人进行表彰、奖励；

（五）对违反本条例的行为实施行政处罚。

第八条 各级工商行政管理部门、公安部门以及其他行政部门应当依法履行各自职责，协同音像制品行政管理部门实施本条例。

第三章 申请与审批

第九条 从事音像制品经营活动，应当具备下列条件：

（一）有适应业务需要并具备规定资格的工作人员；

（二）有规定数额的资金；

（三）有必要的财务、统计等管理制度，其中音像制品放映单位还应当有必要的场务、票务管理制度；

（四）有必需的设备和符合规定条件的经营场所。

第十条 申请从事音像制品经营活动的，按照下列规定办理审批手续：

（一）申请设立音像出版（包括图书出版单位出版配合本版图书的音像制品）、复制单位，由申请单位的上级行政主管部门报市音像制品行政管理部门审核。市音像制品行政管理部门应当自收到申请之日起三十日内提出审核意见，经市人民政府同意后，由市音像制品行政管理部门报国务院新闻出版行政部门审批。

（二）申请从事音像制作或者音像制品批发业务的单位，应当报市音像制品行政管理部门审批。市音像制品行政管理部门应当自收到申请之日起三十日内作出审批决定。

（三）申请从事音像制品零售或者出租业务的，应当报所在地的区、县音像制品行政管理部门审批。区、县音像制品行政管理部门应当自收到申请之日起二十日内作出审批决定。

（四）连锁经营单位从事音像制品零售、出租业务的，应当向市音像制品行政管理部门申请，市音像制品行政管理部门应当自收到申请之日起三十日内作出审批决定。

（五）在客运交通工具内从事音像制品零售或者出租业务的，应当向市音像制品行政管理部门提出申请。市音像制品行政管理部门应当自收到申请之日起三十日内作出审批决定。

经音像制品行政管理部门审核批准的，由批准部门发给音像制品经营许可证。取得音像制品经营许可证的，应当按照国家有关规定，向工商行政管理部门申请营业执照。其中，申请设立音像复制单位的，还应当同时向公安部门申请特种行业许可证。

第十一条 对音像制品经营者的经营资格每两年复核一次。复核不合格或者未经复核的，不得继续从事音像制品经营活动。

第十二条 音像制品经营者变更名称、地址、法定代表人或者主要负责人的，应当向原发放音像制品经营许可证的行政管理部门办理变更手续。

音像制品经营者终止经营的，应当向原发放音像制品经营许可证的行政管理部门办理注销手续。

音像制品经营者改变经营范围的，应当按照本条例第十条的规定，重新办理审批手续。

第四章 对经营活动的管理

第十三条 音像制品经营者应当在经营场所的醒目位置展示音像制品经营许可证。

未经音像制品行政管理部门许可,任何单位和个人不得从事音像制品经营活动。

第十四条　音像制品经营许可证不得伪造、涂改、出借、出租或者转让。

第十五条　禁止经营有下列内容的音像制品:

(一)危害国家统一、主权和领土完整的;

(二)煽动民族分裂、破坏民族团结的;

(三)泄露国家秘密的;

(四)宣扬淫秽、迷信或者渲染暴力的;

(五)诽谤、侮辱他人的;

(六)有国家禁止出版、传播的其他内容的。

第十六条　音像出版单位可以制作、复制、销售本单位出版的音像制品;销售非本单位出版的音像制品的,应当按照本条例第十条的规定办理审批手续。

第十七条　音像出版单位应当根据批准的选题计划出版音像制品。

第十八条　音像制品出版选题计划的审批和音像制品内容的审核,按照国家有关规定执行。

第十九条　音像出版单位应当在出版的音像制品及其包装的明显位置,标明出版单位的名称、地址、版号以及出版时间、著作权人姓名等事项。

第二十条　音像出版单位不得向任何单位或者个人转让、出租、出售本单位的名称或者版号。

第二十一条　音像出版单位应当自音像制品出版之日起三十日内向市音像制品行政管理部门送交样品。

第二十二条　音像出版、制作单位制作故事类录像制品的,参照本条例第十条第一款第二项规定的程序向市音像制品行政管理部门另行办理审批手续。

音像出版、制作单位与香港特别行政区和澳门、台湾地区或者外国的组织、个人合作制作音像制品的,应当按照国家有关规定办理审批手续。

第二十三条　音像复制单位接受委托复制音像制品的,应当要求委托方提交有关证明文件,并凭委托方的委托书复制音像制品。

音像复制单位应当与委托方签订书面合同,并按照合同的约定复制音像制品。

音像复制单位不得接受非音像出版单位和个人的委托,复制经营性的音像制品。

第二十四条　音像复制单位未经委托不得自行复制音像制品;不得从事音像制品的销售业务。

第二十五条　音像复制单位接受香港特别行政区和澳门、台湾地区或者外国的组织、个人委托复制音像制品的,应当将委托方提供的母带、模版报送市音像制品行政管理部门审核,并持著作权人的授权书向著作权行政管理部门登记。复制的音像制品的交付应当遵守国家有关规定。

第二十六条　音像复制单位应当保存所复制的音像制品的样品和委托方提供的复制委托书及有关证明文件,保存的期限不少于三年。

第二十七条　音像制品经营者进口用于出版或者销售的音像制品的,应当按照国家有关规定,办理审批手续。

第二十八条　供研究、教学参考的进口音像制品,不得用于复制、批发、零售、出租或者放映等经营活动。

第二十九条　音像制品批发单位可以从事音像制品零售业务。

第三十条　音像制品出租、放映单位用于经营的音像制品,必须向持有音像制品经营许可证的出版、批发或者零售单位购买。

音像制品零售单位用于经营的音像制品,必须向持有音像制品经营许可证的出版或者批发单位购买。

第三十一条 符合下列条件之一的音像制品,可以用于批发、零售、出租或者营业性放映:

(一)经国家有关行政部门批准的音像出版单位出版的;

(二)国家有关行政部门批准进口的。

音像出版单位出版时声明供家庭专用的音像制品,不得用于营业性放映。

第三十二条 禁止音像制品经营者转承包经营。

第三十三条 在中小学、幼儿园、托儿所、医院以及本市规定的其他场所内不得进行音像制品的营业性放映活动。

第三十四条 举办音像制品展销等临时性经营活动的,举办者应当在举办临时性经营活动的十五日前,向区、县音像制品行政管理部门提出申请。区、县音像制品行政管理部门应当自收到申请之日起十日内作出审批决定。其中参加展销活动的经营者,应当持有音像制品经营许可证。

音像制品经营者在其经营场所内举办音像制品展销活动的,不必另行申请。

第三十五条 音像制品经营者应当将音像制品的经营报表送市或者区、县音像制品行政管理部门备案。

第三十六条 对出版后被国家和本市规定禁止经营的音像制品,音像制品经营者应当及时上交市或者区、县音像制品行政管理部门。经营者由此造成的损失按照国家有关规定向原供货单位索赔。

对依法查处的禁止经营的音像制品,由市音像制品行政管理部门统一销毁。

第三十七条 音像制品行政管理部门的管理人员,应当遵纪守法、秉公执法。

音像制品行政管理部门的检查人员对音像制品经营活动进行检查时,应当出示行政执法证件。

第三十八条 对检举或者协助查处音像制品违法经营活动有功的单位和个人,音像制品行政管理部门应当给予表彰和奖励。

第五章 法 律 责 任

第三十九条 违反本条例,有下列行为之一的,由上海市影视音像管理处或者区、县音像制品行政管理部门根据违法行为的情节,给予警告、没收违法音像制品、没收违法所得的处罚,可以并处违法所得五倍以上十倍以下的罚款:

(一)未取得音像制品经营许可证或者超越许可范围从事音像制品经营活动的;

(二)音像出版单位向其他单位或者个人转让、出租、出售本单位名称或者版号的;

(三)音像出版、制作单位未经批准制作故事类录像制品的;

(四)未经批准与香港特别行政区和澳门、台湾地区或者外国的组织、个人合作制作音像制品的;

(五)音像复制单位自行复制、批发、零售音像制品的;

(六)未经批准进口音像制品的;

(七)批发、零售、出租或者营业性放映供研究、教学参考的进口音像制品的;

(八)批发、零售、出租或者营业性放映非音像出版单位出版的音像制品的;

(九)批发、零售、出租或者营业性放映未经批准进口的音像制品的;

(十)经营本条例禁止经营的音像制品的。

有本条第一款所列行为,情节严重的,由市或者区、县音像制品行政管理部门责令停产停业,没收违法从事出版、复制经营活动的主要专用工具、设备,吊销音像制品经营许可证。其中,吊销音像制品出版、复制经营许可证,必须经国务院新闻出版行政部门批准。

有本条第一款所列行为,构成犯罪的,依法追究刑事责任。

第四十条　从事音像制品经营活动侵犯他人著作权的,由著作权行政管理部门依照《中华人民共和国著作权法》给予行政处罚;

从事音像制品经营活动,违反国家有关工商行政管理法律、法规的,由工商行政管理部门依照有关法律、法规给予行政处罚;

从事音像制品经营活动,违反《中华人民共和国治安管理处罚条例》的,由公安部门给予行政处罚。

第四十一条　当事人对音像制品行政管理部门的具体行政行为不服的,可以按照《中华人民共和国行政复议法》和《中华人民共和国行政诉讼法》的规定,申请行政复议或者提起行政诉讼。

当事人对音像制品行政管理部门作出的行政处罚决定在法定期限内不申请复议,不提起诉讼,又不履行的,音像制品行政管理部门可以依据《中华人民共和国行政诉讼法》的规定,申请人民法院强制执行。

第四十二条　音像制品行政管理部门的管理人员玩忽职守、滥用职权、徇私舞弊的,由其所在单位或者上级主管部门给予行政处分;构成犯罪的,依法追究刑事责任。

第六章　附　　则

第四十三条　本条例所称的音像制品经营许可证,是《音像制品出版经营许可证》《音像制品制作经营许可证》《音像制品复制经营许可证》《音像制品批发经营许可证》《音像制品零售经营许可证》和《音像制品出租经营许可证》的统称。

第四十四条　营业性文化娱乐场所放映非故事类的音像制品的管理,按照《上海市文化娱乐市场管理条例》执行。

第四十五条　本条例自 1997 年 10 月 1 日起施行。

上海市著作权管理若干规定

（2000年1月3日上海市人民政府发布，根据2002年4月1日上海市人民政府第119号令修改并重新发布）

第一条 （目的和依据）

为了加强著作权管理，保护著作权人和作品使用者、传播者的合法权益，鼓励有益于社会主义精神文明、物质文明建设的作品的创作和传播，促进本市对外科技、经济、文化合作与交流，根据《中华人民共和国著作权法》《中华人民共和国著作权法实施条例》和其他有关法律、法规，结合本市实际情况，制定本规定。

第二条 （适用范围）

本市行政区域内著作权以及与著作权有关权益的行使及其管理，适用本规定。

第三条 （主管和协管部门）

上海市版权局（以下简称市版权局）是本市著作权管理的行政主管部门，负责本规定的具体实施。

各级工商、新闻出版、广播电影电视、文化、公安、海关、科学技术、教育、技术监督、对外经济贸易、测绘等行政管理部门按照各自职责，做好著作权管理工作。

第四条 （版权保护协会）

上海版权保护协会是依法维护著作权人和作品使用者、传播者的合法权益的社会团体法人，在市版权局的指导和监督下，按照其章程开展著作权业务培训与学术交流，提供著作权业务咨询。

第五条 （著作权转让）

著作权中的财产权可以部分转让，也可以全部转让。转让著作权中的财产权的，转让人与受让人应当订立书面合同。

第六条 （无主著作权的行使）

享有著作权的法人或者其他组织终止后，无法人或者其他组织承受其权利义务的，作品的使用权和获得报酬权在法定保护期内，由市版权局代表国家行使。

享有著作权的公民死亡后，其著作权无人继承又无人受遗赠的，作品的使用权和获得报酬权在法定保护期内，由下列组织代为行使：

（一）作者生前是集体经济组织成员的，由所在集体经济组织行使；

（二）作者生前是非集体经济组织成员的，由市版权局代表国家行使。

市版权局按照本条第一款、第二款规定代为行使作品的使用权和获得报酬权的，应当提前发布公告，并将作品使用报酬上交国库。

第七条 （法定许可使用作品的报酬支付）

报社、杂志社、广播电台、电视台、录音制品制作者使用他人已发表的作品，按照《中华人民共和国著作权法》规定可以不经著作权人许可，但需要支付报酬的，使用人应当按照国家规定的付酬标准，在使用前或者自使用作品之日起30日内向著作权人支付报酬，著作权人姓名或者地址不详的，可以通过下列组织转付：

（一）使用音乐作品的报酬,由中国音乐著作权协会驻上海办事机构转付;

（二）使用其他作品的报酬,由市版权局指定的机构转付。

举办营业性组台演出的,应当由演出组织者支付报酬。

第八条　（商业经营活动使用作品的报酬支付）

在商业经营活动中,通过技术设备使用他人作品的,经营者应当取得著作权人或者著作权集体管理组织的许可,并支付报酬。

第九条　（作品登记申请与受理）

本市实行作品自愿登记制度。除计算机软件作品以外,其他作品的著作权人向市版权局或者其指定的登记机构(以下统称作品登记机构)申请作品登记的,应当提供下列材料:

（一）作品原件或者作品的出版物等复制件;

（二）公民的身份证明,或者法人、其他组织的批准设立、登记注册证明;

（三）法律、法规和规章规定的其他材料。

作品登记机构应当自收到前款规定材料之日起 30 日内进行核查。对超过著作权法定保护期的作品和依法禁止出版、传播的作品,作品登记机构不予登记;对准予登记的作品,由作品登记机构发给申请人作品登记证。

如无相反证明,作品登记证可以作为著作权人主张权利的证明。

作品登记机构应当对自愿登记的著作权人及其作品予以公告。

第十条　（作品登记的撤销）

作品登记机构发现有下列情形之一的,应当撤销作品登记,收回作品登记证:

（一）作品登记资料与司法判决、仲裁裁决或者事实情况不相符的;

（二）已登记的作品超过著作权法定保护期的;

（三）申请人申请撤销原作品登记的。

第十一条　（作品登记资料的查询）

作品登记机构应当妥善保管作品登记资料,并向公众提供作品登记资料查询服务。查询服务的具体管理办法,由市版权局另行规定。

第十二条　（著作权质押合同的登记与生效）

以著作权中的财产权出质的,出质人与质权人应当订立书面合同,并向市版权局办理质押合同登记。质押合同登记的程序和内容,按照国家版权局有关管理规定办理。著作权质押合同自登记之日起生效。

第十三条　（音像制品、电子出版物的使用）

未经音像制品和电子出版物制作者授权,任何组织和个人不得将音像制品和电子出版物复制、发行。

音像出版单位和电子出版单位出版时声明供家庭专用的音像制品和电子出版物,不得用于营业性播放。

第十四条　（境外作品出版合同的登记）

图书和电子出版物出版单位出版外国或者香港特别行政区、澳门特别行政区、台湾地区著作权人的图书和电子出版物,应当与著作权人订立出版合同,并向市版权局办理出版合同登记。

第十五条　（境外作品复制合同的登记）

音像制品和电子出版物复制单位接受委托,复制外国或者香港特别行政区、澳门特别行政区、台湾地区的组织和个人制作的音像制品和电子出版物,应当与复制委托人订立委托复制合同,并在复制的 15 日前向市版权局办理委托复制合同登记。

第十六条 (出版、复制和播放合同的登记程序)

市版权局应当自收到根据本规定第十四、十五条规定应当登记的合同之日起 15 日内,对合同的有关著作权内容进行核实。经核实未发现有侵犯著作权内容的,予以登记;发现有侵犯著作权内容的,不予登记,并书面告知合同登记办理人。

市版权局可以委托有关版权保护组织办理合同登记手续。

第十七条 (举办境外著作权贸易活动的备案)

举办外国或者香港特别行政区、澳门特别行政区、台湾地区组织或者个人的作品著作权贸易活动的,举办者应当在著作权贸易活动日的 15 日前报市版权局备案。

第十八条 (应用解释部门)

市版权局可以对本规定的具体应用问题进行解释。

第十九条 (施行日期)

本规定自 2000 年 3 月 1 日起施行。

关于印发《上海市出版系列高级专业技术职务任职资格审定条例(试行)》的通知

各部、委、办、区、县、局(集团)公司,各有关单位:

现将《上海市出版系列高级专业技术职务任职资格审定条例(试行)》印发给你们,请遵照执行。

上海市职称改革工作领导小组办公室

2000 年 12 月 6 日

上海市出版系列高级专业技术职务任职资格审定条例(试行)

第一章 总 则

第一条 为了贯彻职称改革精神,规范和完善上海市出版系列高级专业技术职务任职资格的申报、审定工作,根据《上海市实施专业技术职称(资格)评定与专业技术职务聘任相分离的暂行办法》等相关配套文件,结合本市出版系列专业技术队伍的实际情况,制定本条例。

第二条 本条例适用于在经新闻出版总署批准设立的本市图书出版社、音像制品和电子出版物出版单位、期刊社(编辑部)中从事编辑出版工作的在职专业技术人员(含办理了《上海市居住证》1 年以上的编辑出版专业技术人员)。

第三条 出版系列实行高级专业技术职务任职资格审定,重点考察申报对象的专业技术能力、专业理论水平、专业工作业绩,注重专业技术的创新和创造能力。

第四条 出版系列高级专业技术职务任职资格为副编审、编审。其中:编辑(含美术编辑,下同)专业设副编审、编审;技术编辑、校对专业设副编审。

第五条 申报副编审、编审任职资格的出版专业技术人员,必须遵守国家法律、法规,坚持党的出版方针,具有良好的职业道德和行为规范。

第二章 申 报 条 件

第六条 学历、资历

一、副编审

1. 获博士学位,任职中级(编辑、技术编辑、一级校对,下同)专业技术职务 2 年以上;

2. 获硕士学位或研究生毕业学历、大学本科毕业学历,任职中级专业技术职务 5 年以上;

3. 大学普通班、大学专科毕业学历,任职中级专业技术职务 7 年以上。

二、编审

1. 大学本科及以上毕业学历,取得副编审任职资格后任职副编审职务 5 年以上;

2. 大学普通班、大学专科毕业学历,取得副编审任职资格后任职副编审职务 7 年以上。

第七条 专业技术条件考试

一、职称外语、古汉语考试

申报副编审、编审任职资格的编辑出版专业技术人员,应参加国家人力资源和社会保障部组织的职称外语等级考试,或参加市人保局组织的职称古汉语等级考试(古汉语考试仅适用于从事中国古典文学、中国古代史、中国古代哲学、古代汉语、中医等相近、相关专业的编辑出版专业技术人员)。考试的具体要求按市人保局的有关规定执行。

二、职称计算机应用能力考试

职称计算机应用能力考试要求按市人保局的有关规定执行。

第八条　继续教育

申报副编审、编审任职资格的编辑出版专业技术人员,在现任专业技术职务期间,须至少参加一次编辑出版业务学习培训,取得规定的编辑出版岗位专业技术人员继续教育合格证书。

第三章　审 定 标 准

第九条　副编审

一、专业技术能力

任职中级专业技术职务期间,具备下列专业技术能力之一的:

1. 参与出版社选题、出版计划的策划、组织实施。

2. 担任编辑部(室)选题、出版计划的策划、组织实施。

3. 担任重点、专业性或学术性强的图书的策划、组织。

4. 担任书稿的复审或决审及重要书稿的责任编辑,能解决审稿或编辑中的疑难问题。

5. 负责重要图书的形式结构设计,能对形成图书装帧特色、诠释图书内容、提升图书品质起重要作用。

6. 负责重要图书的技术编辑或校对工作,能对提高图书质量起关键作用。

7. 担任期刊的主编(执行主编)、副主编,负责期刊的复审工作,或担任重要栏目的责任编辑(主持人)。

二、专业理论水平

任职中级专业技术职务期间,独立撰写2篇有一定学术水平的重点图书的选题报告或审读意见,或2篇有较高水平的总结技术编辑、校对专业工作的工作报告,并在论(译)著方面符合下列条件之一的:

1. 在省市(部)级及以上学术刊物上独立或为主(第一作者,下同)发表2篇论文,或在省市(部)级单位主办的学术会议上独立或为主发表、宣读2篇论文。

2. 在全国专业性科普图书评奖、省市(部)级科普图书评奖中有1种获奖的本人著作,或在省市(部)级专业性科普图书评奖中有2种获奖的本人著作。

3. 正式出版5万字以上(技术编辑、校对专业人员3万字以上)的学术论著或7万字以上(技术编辑、校对专业人员5万字以上)的译著。

三、专业工作业绩

1. 能完成单位规定的工作任务,在中级专业技术人员中,成绩优异,经考察表明,能履行副编审职责。

2. 任职中级专业技术职务期间,在编辑出版专业岗位上成绩突出,取得下列成绩之一的:

(1) 主要参与策划或组织市级以上重点图书的编辑出版工作,并有1部获国家图书奖(含提名奖)或"五个一工程"一本好书奖,或 2 部获全国专项优秀图书奖(一、二等奖)或上海市优秀图书奖(一、二等奖)。

(2)主要参与策划、组织编辑的期刊获市级及以上优秀期刊奖;或策划、组织编辑的期刊(专栏)已形成明显的自身特色和风格,并获专家认可。

(3)主要参与策划或组织出版的多种图书在思想、文化、科学、艺术等方面,有较高的学术价值、使用价值、文化积累价值或文献资料价值,并获专家认可。

(4)书刊装帧作品或美术作品有 1 项获全国书刊装帧艺术奖或全国美术作品奖,或 2 项获上海市优秀书刊装帧设计奖(一、二等奖);或多种书刊装帧设计在思想性、艺术性、实用性等方面,有较高的水平,并获专家认可。

(5)能研究解决技术编辑或校对中的重大技术疑难问题,在提高图书质量和指导培养技术编辑、校对专业技术人员方面有较大的贡献。

第十条　编审

一、专业技术能力

任职副编审职务期间,具备下列专业技术能力之一的:

1. 担任出版社选题、出版计划的策划、组织实施。

2. 负责编辑部(室)选题、出版计划的策划、组织实施。

3. 负责重点、专业性与学术性强的图书的策划、组织。

4. 担任重要书稿的决审,能解决审稿中的疑难问题。

5. 负责重要图书的形式结构设计,能对形成图书装帧特色,诠释图书内容,提升图书品质起决定作用。

6. 担任在全国同类期刊中有重大影响的期刊主编(执行主编)、副主编,负责期刊的决审工作。

二、专业理论水平

任职副编审职务期间,独立撰写 2 篇有较高学术水平、观点论证有深度的市级及以上重点图书的选题报告或审读意见,并在论(译)著方面符合下列条件之一的:

1. 在省市(部)级及以上学术刊物上独立或为主发表 2 篇论文,或在国际(地区)、全国性相关专业学术会议上独立或为主发表、宣读 2 篇论文。

2. 在全国性优秀科普图书评奖中有 1 种获奖的本人著作,或在全国专业性优秀科普图书评奖中有 2 种获奖的本人著作。

3. 正式出版 8 万字以上的学术论著或 10 万字以上的译著。

三、专业工作业绩

1. 能正确地履行副编审职责,完成单位规定的工作任务,在任职副编审专业技术人员中,成绩优异,经考察表明,能绿履行编审职责。

2. 任职副编审职务期间,在编辑专业岗位上成绩显著,取得下列成绩之一的:

(1)策划或组织市级及以上重点图书的编辑工作,并有 1 部获国家图书奖(含提名奖)或"五个一工程"一本好书奖,或 2 部获全国专项优秀图书奖(一等奖)或上海市优秀图书奖(一等奖)。

(2)策划或组织编辑的期刊获 1 次国家优秀期刊奖或 2 次省市(部)级优秀期刊奖。

(3)策划或组织出版的多种书刊在思想、文化、科学、艺术等方面,有较高的学术价值、使用价值、文化积累价值或文献资料价值,并获专家公认。

(4)书刊装帧作品或独立创作的美术作品有 2 项获全国书刊装帧艺术奖或全国美术作品奖,

或2项以上获上海市优秀书刊装帧设计奖(一等奖);或多种书刊装帧设计在思想性、艺术性、实用性等方面,有很高的水平,并获专家认可。

第四章 审 定 组 织

第十一条 出版系列高级专业技术职务任职资格,由上海市出版系列高级专业技术职务任职资格审定委员会(简称"出版高审委")审定。

第十二条 "出版高审委"下设文学、社科、科技、美术4个专业学科组,负责对申报对象按专业学科进行审议,对申报对象提交的学术论文(著)等进行评议鉴定,并按需要组织业务答辩。

技术编辑、校对专业的申报对象按所在单位和本人工作的性质,列入相关专业学科组进行审议。

第五章 附 则

第十三条 未达到大学本科毕业学历的申报对象,须通过学科组业务答辩后方可进入审定程序。

第十四条 出版系列一般不越级审定副编审、编审任职资格。对未达到大专毕业学历或规定任职资历的编辑出版专业技术人员,一般不再进行审定,极少数确有真才实学、成绩显著、贡献突出的编辑出版专业技术人员(或特殊人才),须经系列主管部门并经上级职改部门同意后方可进入审定程序。

第十五条 近两年内严重违反出版规定及其他有关法律、法规,受到有关部门查处的直接责任者,或正在查办中涉及的人员,暂不受理申报。

第十六条 在申报过程中,伪造学历、资历等弄虚作假者,或隐瞒第十五条情况者,将视情节轻重,予以通报或取消申报资格,对已审定通过的,将取消其相应的任职资格。

第十七条 本条例由上海市新闻出版局负责解释。

第十八条 本条例自公布之日起试行。

上海市著作权合同备案办法

（上海市版权局 2006 年 9 月 30 日发布）

第一条 为了实施《中华人民共和国著作权法实施条例》第二十五条的规定，规范本市著作权专有许可使用合同、转让合同（以下简称著作权合同）的备案，制定本办法。

第二条 本办法适用于本市著作权合同备案的申请、办理及其管理。

第三条 上海市版权局负责本市著作权合同的备案。

上海市版权局可以指定机构办理著作权合同备案的具体事务。

第四条 与著作权人订立著作权合同的本市居民、法人或者其他组织，可以申请著作权合同备案。

第五条 著作权合同备案的申请应当在著作权合同有效期内提出，并提交下列材料：

（一）自然人的身份证明或者法人、其他组织的主体资格证明；

（二）著作权合同备案申请书；

（三）著作权合同原件，合同原件是外文的，还应当提交中文译本或者合同主要条款的中文译文；

委托他人申请备案的，委托代理人还应当提交委托授权书、委托人及委托代理人的身份证原件或者其他有效证件。

第六条 申请人提交的材料符合本办法第五条规定的，上海市版权局自收到材料之日起 30 个工作日内予以备案，颁发著作权合同备案证书，并退还著作权合同原件。

第七条 经备案的著作权合同在上海市版权局网站上予以公示。

公示的内容包括：

（一）备案号；

（二）备案日期；

（三）合同签订日期；

（四）合同当事人；

（五）作品（制品）的名称；

（六）备注。

前款第（六）项的备注内容包括合同性质、权利范围、地域范围和合同期间等内容。

第八条 备案的著作权合同发生变更的，备案申请人可以申请备案变更。

申请备案变更应当提交下列材料：

（一）自然人的身份证明或者法人、其他组织的主体资格证明；

（二）备案变更申请书；

（三）变更后的合同原件，合同原件是外文的，还应当提交中文译本或者合同主要条款的中文译文；

（四）原备案证书。

第九条 备案的变更按照本办法第六条、第七条的规定办理。

第十条　有下列情形之一的,上海市版权局注销著作权合同的备案:

(一)备案申请人申请注销的;

(二)利害关系人持人民法院作出的已生效的判决书和仲裁机构作出的已生效的裁决书申请注销的。

第十一条　著作权合同备案被注销的,在上海市版权局网站上予以公示。

第十二条　本办法第七条、第九条、第十一条所规定的公示内容可以查询。

第十三条　著作权非专有许可使用合同的备案参照本办法执行。

第十四条　本办法第四条所称的本市居民是指具有本市户籍或者在本市连续居住一年以上的自然人。

第十五条　本办法自 2006 年 10 月 1 日起施行。

上海市报刊主管单位审读工作实施办法

（上海市新闻出版局 2007 年 1 月颁布）

第一条 为了规范上海报刊出版单位的主管单位（以下简称报刊主管单位）履行审读职责，根据国务院《出版管理条例》和新闻出版总署《报纸出版管理规定》《期刊出版管理规定》，结合上海实际，制定本办法。

第二条 本市报刊主管单位对其主管的报刊的审读及其管理适用本办法。

第三条 报刊主管单位应设专人负责审读工作，并报上海市新闻出版局备案，如有变动，须在15 个工作日内变更备案。

第四条 报刊主管单位的审读职责是，了解内容、掌握动态、研究倾向性问题、帮助出版单位总结经验、提高质量，促进报刊繁荣发展。

第五条 报刊审读主要包含以下内容：

（一）舆论导向和宣传纪律执行情况。重点审读是否符合党的基本路线、方针、政策；是否坚持为人民服务、为社会主义服务的方向；是否含有国家规定的禁载内容；是否坚持正面宣传为主和真实、全面、客观、公正的原则；是否遵守宣传纪律。

（二）出版法规、规章执行情况。主要审读是否偏离办报办刊宗旨；是否以出售、出租及其他形式转让报刊出版单位的名称、刊号、版面；重大选题是否备案；报刊名称和版本纪录是否规范；是否刊登有偿新闻；是否按期正常出版等。

（三）报刊出版质量。主要审读内容、编辑、校对、装帧、印刷、装订等质量是否达到相关标准。

第六条 报刊主管单位应定期向上海市新闻出版局报送审读简报。审读简报主要反映审读中发现的各类差错和问题。

报刊刊期为日刊至周刊的，每月至少报送一期；刊期为旬刊至月刊的，每季度至少报送一期；刊期为双月刊至年刊的，每年至少报送一期。

第七条 报刊主管单位应及时报送审读专报。审读专报主要反映审读中发现的含有国家规定的禁载内容，以出售、出租及其他形式转让报刊出版单位的名称、刊号、版面，违反宣传纪律等严重违纪违规情况以及重大质量事故。

第八条 报刊主管单位应每年报送综合性审读报告。综合性审读报告要归纳分析所属报刊一年内存在的倾向性问题，总结办报办刊经验，对于存在的问题应提出改进措施。综合性审读报告应注重准确性、客观性和指导性。

第九条 报刊主管单位的审读意见应及时反馈有关报刊出版单位。报刊出版单位对涉及本报刊的审读意见有异议的，可以向主管单位申辩，也可直接向上海市新闻出版局反映。

第十条 报刊主管单位要确保审读经费的落实。财政拨款的主管单位可以向有关部门专项申请审读经费，非财政拨款的主管单位应将审读经费列入年度预算。

第十一条 上海市新闻出版局将适时组织审读人员学习党的宣传政策和纪律、新闻出版法律法规以及业务知识，适时召开报刊审读工作会议，研讨审读工作，改进审读方法。

第十二条 上海市新闻出版局对于在报刊审读工作中认真负责、成绩显著的报刊主管单位和审读人员,予以表彰和奖励。

第十三条 本办法自 2007 年 1 月 1 日起施行。

上海市出版物进口单位进口图书
在沪印制管理办法

（上海市新闻出版局、上海市版权局 2007 年 10 月发布）

第一条 （目的和依据）

为了规范进口图书在沪印制活动，加强本市对外出版交流，促进适应本市经济、教育和科技事业发展的图书的引进发行，根据有关法律法规的规定，制定本办法。

第二条 （适用范围）

本市行政区域内取得出版物进口经营许可证的单位的进口图书在沪印制活动及其监督管理适用本办法。

在沪印制的进口图书限于教育类、科技类、旅游类、航海类图书。

进口图书的印制业务应当由取得《上海市印刷经营许可证》的出版物印制企业承接。

第三条 （主管部门）

上海市新闻出版局负责出版物进口单位进口图书在沪印制活动的监督管理。

第四条 （备案的申请）

进口图书在沪印制的，由出版物进口单位向上海市新闻出版局申请备案。

进口图书在沪印制备案的申请应当在图书进口合同有效期内提出，并提交下列材料：

（一）进口图书在沪印制备案表；

（二）权利人授权在沪印制的证明文件；

（三）图书进口合同副本。

本条第二款第二项、第三项规定的证明文件和合同副本是外文的，还应当提交中文译本或者主要条款的中文译文。

第五条 （备案的办理）

符合下列条件的，上海市新闻出版局自收到材料之日起五个工作日内予以备案，并在进口图书在沪印制备案表上加盖备案印章：

（一）申请材料齐全，符合规定形式；

（二）权利人委托在沪印制的证明文件关于图书及数量的记载与图书进口合同的约定一致。

第六条 （进口图书的在沪印制）

承接进口图书在沪印制业务的印制企业由上海市印刷行业协会推荐。

印制企业在验证加盖备案印章的进口图书在沪印制备案表后，方可承接进口图书印制业务，并将印制合同副本报上海市新闻出版局备案。

第七条 （印制要求）

印制的进口图书应当与权利人委印要求一致，版式、装帧、版权页等不得有任何变更。

印制企业应当将印制完成的图书全部交付委印的出版物进口单位，不得留存。

第八条 （备案的撤销）

有下列情形之一的，上海市新闻出版局撤销备案

（一）出版物进口单位委托本办法第六条规定以外的印制企业印制进口图书的；

（二）出版物进口单位擅自变更权利人委印要求的；

（三）其他应当撤销备案的情形。

第九条 （监督管理）

上海市新闻出版局建立对出版物进口单位和经认可承接进口图书在沪印制业务印制企业的培训制度，加强对进口图书在沪印制行为的日常监管。

第十条 （统计上报）

出版物进口单位应当每半年向上海市新闻出版局统计上报一次进口图书在沪印制的统计数据。出版物进口单位应当在每年的第二季度、第四季度结束后的十五日内完成上报。

第十一条 （施行日期）

本办法自发布之日起施行。

上海市农家书屋工程建设管理暂行办法

（上海市新闻出版局 2008 年 12 月印发）

第一章　总　　则

第一条　为进一步加强本市农村公共文化服务体系建设，规范农家书屋工程建设和管理，根据《上海市关于推进"农家书屋"工程建设的实施意见》，制定本办法。

第二条　本办法所称农家书屋是为满足农民文化需求，建在行政村且具有一定数量的图书、报刊、电子音像制品和相应阅读、播放条件，由农民自主管理、自我服务的公益性文化场所。

第三条　本市由政府投入和社会捐助建设的各类农家书屋及其管理，适用本办法。

第二章　实施部门及职责

第四条　市新闻出版局负责制定农家书屋工程总体建设规划和年度实施计划；制定农家书屋建设标准；编制农家书屋出版物采购目录；组织农家书屋工程验收；履行监督检查、考核、表彰职责。

第五条　各区（县）负责出版管理的行政部门，负责制定本行政区域内农家书屋工程建设规划和年度实施计划并报市新闻出版局备案；农家书屋的选址、申报、建设、管理；配备、管理、培训专职或兼职的管理员；制定符合当地实际的《农家书屋管理制度》《农家书屋借阅制度》《农家书屋管理员岗位细则》《农家书屋读者须知》等管理制度；负责农家书屋配置的出版物的采购；组织开展各类农民读书活动；报告社会捐赠情况。

第三章　区域、选址与建设标准

第六条　农家书屋工程建设区域为浦东新区、松江、奉贤、南汇、金山、青浦、嘉定、闵行、宝山、崇明等区（县）的行政村及类似行政村的农民集聚小区。

第七条　农家书屋统一设在村综合文化活动室内，书屋面积一般不少于 30 平方米，与东方农村信息苑、农民科技书屋等农村公共文化建设项目共建共享，一般不另辟地方单独设置。

第八条　根据农民文化需求的特点，农家书屋配置的出版物，以报刊为重点，保证一定数量的党报党刊和经济、科技、法律、卫生、文化类图书及电子出版物。每个书屋配置图书不少于 1 500 册，品种不少于 500 种，其中农科类读物不少于 200 册，新书年更新率达到 10％，并配置满足出版物陈列、借阅、阅读的基本条件。

第九条　农家书屋要充分利用村综合文化活动室中已有的宽带上网设施和电视电影播放设备等，充分利用现有的文化信息资源共享工程及现有公共文化配送服务内容的各类文化信息。

第四章　实施计划申报与编制

第十条　各区（县）负责出版管理的行政部门组织当地村委会填写《农家书屋建设申报表》，并对申报材料进行实地考察审核，将审核意见和申报材料报市新闻出版局。

第十一条　市新闻出版局对区（县）上报的审核意见和申报材料进行审查，编制本市农家书屋工程年度实施计划,并作为验收依据。

第五章　出版物采购与配送

第十二条　根据农家书屋出版物采购目录,各区(县)负责出版管理的行政部门负责所在区域农家书屋出版物的采购和报纸期刊的订阅。

农家书屋配置的图书由图书馆统一分类、编目、加工、配送。

第十三条　各区(县)负责出版管理的行政部门在确保采购目录配置前提下,可根据当地农民需求增添其他出版物。增添的出版物应报市新闻出版局备案。严禁非法出版物和盗版制品进入农家书屋。

第六章　社会捐赠管理

第十四条　农家书屋工程接受境内外自然人、法人及其他组织捐赠资金、出版物和相关设备等。捐赠人指定捐赠财物用途的,应当按照捐赠人的意愿使用。

第十五条　各区(县)负责出版管理的行政部门可受理向本行政区域农家书屋工程捐赠的出版物和相关设备,并登记备案,向捐赠人开具相关证明。捐赠的出版物报市新闻出版局备案后配送到农家书屋,捐赠的设备可直接配送到农家书屋。捐赠人指定对象的,应当按照捐赠人的意愿使用。

向本市农家书屋工程捐赠资金的,由市新闻出版局指定的机构受理,统筹安排使用。

第十六条　鼓励捐赠人认建农家书屋。捐赠2万元以上的,使用该捐赠建立的农家书屋可在统一标牌上加注援建人名或单位名称;捐赠10万元以上的,使用该捐赠建立的农家书屋可由捐赠人冠名。

第十七条　市新闻出版局对捐赠人给予表彰。

第七章　农家书屋管理

第十八条　农家书屋的日常管理纳入村综合文化活动室管理体系。

第十九条　农家书屋的管理员,原则上由当地村民担任,并由村民民主推荐产生,报所在地负责出版管理的行政部门备案。

管理员应具有初中以上文化程度,热心公益事业。

农家书屋的管理员负责以下日常工作:

(一)出版物的接收、登记、上架、借阅、归还、保管等;

(二)设备的定期维护和保养;

(三)台账的纪录与管理;

(四)防止出版物与设备被挪用、私分、毁坏、丢失等;

(五)防盗防火等安全工作;

(六)其他相关工作。

第二十条　农家书屋应当悬挂统一标牌,在书屋内醒目位置张贴《农家书屋管理制度》《农家书屋借阅制度》《农家书屋管理员岗位细则》《农家书屋读者须知》等管理制度。开放时间固定,免费借阅。

第二十一条　鼓励农家书屋拓展服务项目,组织读书活动,组织农业技术、文化知识、医疗保健等农民群众需要的各类讲座;培养农民阅读兴趣与习惯,保持农家书屋长久活力。

第八章　验　收　与　考　核

第二十二条　农家书屋建成后,市新闻出版局按照本办法确定的标准组织验收。验收内容为农家书屋房舍、配备的出版物和基本设备情况、管理制度制定和公示情况、管理员人选情况等。

第二十三条　验收结果为达标和不达标两类。验收达标的书屋,建设工程结案,相关资料纳入农家书屋工程信息库;验收不达标的书屋,应由区(县)负责出版管理的行政部门按标准继续建设,完工后重新进行验收。

第二十四条　市新闻出版局组织力量对农家书屋建设管理情况进行日常考核督导。考核内容为工程建设、管理制度的制定及落实情况、日常服务开展情况等,考核方式采用日常检查、专项检查、互查与抽查相结合。

第二十五条　考核结果分为优秀、合格、不合格三个等级,考核结果存入档案。对考核优秀的农家书屋及其组织领导机构和相关人员给予表彰和奖励;对考核不合格的农家书屋,区(县)负责出版管理的行政部门应对其进行整改。

第九章　附　　则

第二十六条　本办法自印发之日起执行。

上海市工商行政管理局、上海市新闻出版局关于本市从事数字出版业务工商登记有关问题的意见

各工商分局,各区县新闻出版行政管理部门,张江数字出版基地:

为了更好地支持、鼓励和引导本市数字出版行业的健康发展,现对本市从事数字出版业务的经营主体工商登记的有关事项提出如下意见:

一、数字出版的范围

本意见所称的数字出版包括以下几个方面的内容:

(一)数字作品的制作、集成;

(二)数字作品的存储管理;

(三)数字作品的传播与搜索;

(四)数字出版物的销售;

(五)与数字出版相关的技术和咨询服务;

(六)与数字出版相关的软硬件的研发和销售;

(七)数字内容与教具、文具、玩具等生产的结合。

二、数字出版经营主体的工商登记

(一)数字出版经营主体的组织形式

本市拟从事数字出版业务的申请人可以向工商部门提出申请,以公司、非公司企业法人、合伙企业、个人独资企业、个体工商户等多种组织形式从事数字出版经营。

(二)数字出版经营主体的名称

属于出版单位的从事数字出版业务的经营主体,可以直接使用"数字出版"作为行业表述,如上海××数字出版有限公司;不属于出版单位的从事数字出版业务的经营主体,"数字出版"只能作为行业限定词,不得单独使用,必须同时加上所属行业,如上海××数字出版科技有限公司、上海××数字出版软件技术有限公司等。

(三)数字出版经营主体的经营范围

1. 数字出版经营主体从事本意见规定的数字出版业务的,其从事的业务与经营范围表述对应关系如下:

	数字出版业务	经 营 范 围 表 述
许可经营项目	数字作品的传播	(按许可证表述)
	数字出版物的销售	(按许可证表述)
一般经营项目	数字作品的制作、集成	数字作品的制作、集成
	数字作品的存储管理	数字作品的数据库管理

	数字出版业务	经 营 范 围 表 述
一般经营项目	与数字出版相关的技术和咨询服务	（1）数字出版领域内的技术开发、技术转让、技术咨询、技术服务 （2）数字出版咨询
	与数字出版相关的软硬件的研发和销售	（1）数字出版软件领域内的技术开发、技术转让、技术咨询、技术服务 （2）数字出版软件的销售 （3）数字出版硬件领域内的技术开发、技术转让、技术咨询、技术服务 （4）数字出版硬件的销售 （5）数字作品阅读器领域内的技术开发、技术转让、技术咨询、技术服务 （6）数字作品阅读器的销售
	数字内容与教具、文具、玩具等生产的结合	教具、文具、玩具的嵌入式软件服务

2. 数字出版经营主体从事数字作品传播或者数字出版物销售的，应当取得相应的前置许可。

三、工作要求

本市各级工商行政管理机关和市新闻出版局要坚持鼓励数字出版行业发展的原则，关注数字出版经营主体的经营状况，建立多层次的沟通协调机制。

随着数字技术发展，申请人从事超出本意见所列范围但又与数字出版密切相关的新兴数字出版行业的工商登记办法，由上海市工商行政管理局和上海市新闻出版局另行研究处理。

四、实施

本意见由上海市工商行政管理局和上海市新闻出版局共同制定和解释，自公布之日起实施。

2009 年 7 月 28 日

上海市版权公开交易管理办法

（上海市版权局 2009 年 12 月 30 日发布）

第一条 为了规范本市版权公开交易行为，促进文化产业的健康发展，根据有关法律、法规、规章的规定，结合本市实际，制定本办法。

第二条 在本市进行的版权公开交易活动及其监督管理适用本办法。法律、法规和规章另有规定的，从其规定。

本办法所称的版权公开交易，是指通过经上海市人民政府批准、依法设立的交易机构或者交易市场，以版权以及相关权利的转让、许可使用、合资入股等交易方式以及质押、信贷等项目融资方式，通过挂牌、竞价、撮合、签约、交割等程序完成的交易行为。

第三条 版权公开交易应当遵循平等、自愿、诚实信用的原则，不得侵犯他人的合法权利、不得违反社会公德或者损害社会公共利益。

版权公开交易不受地区、行业、出资或者隶属关系的限制。

第四条 公开交易的版权以及相关权利应当真实、合法、有效，信息披露应当充分及时。

第五条 上海市版权局负责本市版权公开交易的监督管理，具体监督管理工作由上海市版权交易监督管理机构（以下简称监管机构）负责。

监管机构组织专家委员会，就具体监管事宜征询专家意见。

专家委员会的组成办法和议事规则另行规定。

第六条 下列作品的版权以及相关权利不得公开交易：

（一）违反法律、法规的；

（二）权利归属存在争议的。

第七条 版权以及相关权利已经设置质押的，或者作品存在侵权争议的，由交易机构或者交易市场决定是否交易。

第八条 有下列情形之一的，交易机构或者交易市场应当中止交易：

（一）作品可能有本办法第六条第（一）项情形的；

（二）版权以及相关权利存在归属纠纷且被法院、仲裁机构受理的；

（三）其他应当中止交易的情形。

第九条 因涉及本办法第八条第（一）项情形中止的交易，交易机构或者交易市场可决定恢复交易或者终止交易。

因涉及本办法第八条第（二）项情形中止的交易，交易机构或者交易市场可终止交易，恢复交易应当在权属明确后进行。

第十条 版权交易机构负责人或者版权交易市场的运营管理机构负责人，应当接受版权交易培训，获得版权交易资质。

版权交易机构会员或者取得版权交易市场内固定交易席位、从事版权公开交易的单位，应当有三名以上人员接受版权交易培训，获得版权交易资质。

第十一条 版权公开交易达成,应当签署书面合同。受让方可凭交易机构或者交易市场出具的交割凭证到市版权局办理合同备案手续。

第十二条 本办法自公布之日起施行。

索　引

一、出版物索引

G

H

X

Y

Z

（王彦祥、刘子涵、张若舒　编制）

二、主 题 索 引

（王彦祥、刘子涵、张若舒　编制）

三、人名索引

A～B

阿克曼 673

阿英 895

艾柏英 809

安春杰 847

安肇 813、843

奥尔罕·帕慕克 675

巴金 164、207、604、717、764、808、810、871

白烽 793

白寿彝 916～918

白先勇 167

白彦 870

柏杨 170

班公 756

包革 816

包敬第 836、876

包南麟 795、852、855

包启新 837

包起帆 623

包文弟 761

包文棣 761、795、834、858、870、871

鲍国华 816、838、893

鲍克怡 794、797、839、851、857

鲍韧 740

卑根源 810

彼得罗相 667

毕东颐 776

毕克理 826

毕闻笙 776

毕青 826

毕淑敏 806、846

毕兆崙 776、839

卞毓麟 841、907

博博特 678

博尔赫斯 158

卜中和 811

C

蔡北华 808

蔡才宝 840

蔡春华 853

蔡纯新 831

蔡大搏 799、828

蔡国强 821

蔡鸿祥 825

蔡纪万 97

蔡美彪 668

蔡尚思 814

蔡翔 809

蔡元培 172、896

蔡智恒 424

曹伯言 844

曹光甫 667、836、876

曹金盛 805

曹均伟 804、846

曹利群 855

曹漫之 866

曹明纲 837

曹年宝 820

曹盘林 822

曹培雷 833

曹培章 96、793、794、831、914

曹荣瑞 811

曹融南 875

曹世龙 804

曹维劲 797、840、860

曹辛之 871

曹旭 875

曹燕芳 786、837

曹阳 808

曹余章 795、833、858

曹振华 822

常绍伟 748

巢峰 794、797、839、850～852、857、866、907

车大林 819

Y

（王彦祥、张若舒、刘子涵　编制）

编　后　记

在市新闻出版局领导和市地方志办公室指导下，《上海市志·新闻出版分志·出版卷（1978—2010）》（以下简称《出版卷》）历经十个寒暑，终于与读者见面了。

在1978年至2010年的33年间中，上海出版业发生了前所未有的深刻变化。出版物不再极度短缺，41家出版社百花齐放、精品不断涌现；文化活动日益丰富，上海书展成为市民的文化盛宴；印刷产业规模快速发展，产值达到580亿。尤其进入21世纪后，出版业借助信息化技术创新突破、转型发展，网络文学、网络游戏为代表的数字出版异军突起，数字印刷方兴未艾，成为出版业新的亮点和增长点。

2011年，经市新闻出版局批准，上海出版志编纂委员会成立。市新闻出版局历任主要领导兼任编纂委员会主任。编纂委员会及办公室为《出版卷》编纂做了大量工作。各参编单位积极配合，先后完成148家参编单位的资料收集、初稿撰写等前期工作，为编纂工作奠定了一定的基础。

2019年，《出版卷》编纂进入最后冲刺阶段。按市新闻出版局领导要求，为加强力量，编纂工作由上海韬奋纪念馆牵头负责。纪念馆组成工作小组，参与编纂的同志克服机构改革、人事变动、资料缺失等种种困难，全力推进最后冲刺阶段的工作。总撰组、统稿组夙兴夜寐、只争朝夕，开展紧张高效的补写条目和统稿工作，用半年多时间陆续形成初稿、修改稿、征求意见稿，并将征求意见稿分送出版界老领导和专家学者审看。大家以对历史高度负责的精神，提出很多有建设性的修改意见。2020年春新型冠状病毒疫情爆发，但编纂工作没有停，总撰组、统稿组根据领导和专家学者提出的意见建议，逐字逐句修改、专篇专章改定，形成百万字的评议稿、审定稿、验收稿。经市地方志办公室组织专家验收通过，最终完成定稿。

在《出版卷》付梓之际，我们感谢市委宣传部和市新闻出版局领导关心和支持，感谢上海世纪出版集团专门组织职能部门审看全稿，感谢所有参编单位和编纂人员的参与和付出，也感谢所有为《出版卷》编纂工作作出贡献的新老出版人和各方人士。事非经过不知难。这次难忘的历练、这段同甘共苦的旅程，将珍藏在我们的记忆中。

回望33年，上海出版业乘着改革开放的春风日新月异。巨大深刻的发展变化，艰难曲折的发展历程，需要认真记录梳理，将散落的珍珠串成项链，把散乱的资料编纂成信史，积淀文化、留给后人、薪火传承。我们能承担这项工作，倍感荣幸。当前，出版业面临转型发展的重要时刻，机遇和挑战并存。出版人要牢记习近平总书记在致《大辞海》出版暨《辞海》第一版面世80周年的贺信中提出的要求：坚定文化自信，坚持改革创新，打造传世精品，将更多的优秀作品奉献给读者、留存给后代。

历史作为一面镜子,可以为今天乃至今后提供借鉴。希望这本出版卷也能如此。尽管在编纂过程中,我们已尽可能对有关史实多方核对、反复推敲,但由于学识水平、资料收集和时代的局限,仍然不免有疏漏和瑕疵。恳请读者批评指正。

是为记。

《出版卷》编纂办公室

2020 年 12 月

图书在版编目(CIP)数据

　　上海市志. 新闻出版分志. 出版卷: 1978—2010 /
上海市地方志编纂委员会编纂. —上海: 上海古籍出版
社, 2021.6
　　ISBN 978-7-5325-9992-9
　　Ⅰ.①上… Ⅱ.①上… Ⅲ.①上海—地方志②出版工
程—概况—上海—1978—2010　Ⅳ.①K295.1
②G239.275.1
　　中国版本图书馆 CIP 数据核字(2021)第 076699 号

责任编辑　王　珺　张家珍
封面设计　严克勤

上海市志·新闻出版分志·出版卷(1978—2010)
上海市地方志编纂委员会　编

出版发行　上海古籍出版社
　　　　　　(200020　上海瑞金二路 272 号)
印　　刷　上海中华商务联合印刷有限公司
开　　本　889×1194　1/16
印　　张　71
插　　页　25
字　　数　1,855,000
版　　次　2021 年 6 月第 1 版
印　　次　2021 年 6 月第 1 次印刷
ISBN 978-7-5325-9992-9/K·3009
定　　价　450.00 元